스트롱코드

James Strong's Concordance

히,헬 원어사전

Dictionary
of Hebrew, Aramic words
&
Greek words
with Strong's Code

라형택 편찬

ONO

일러두기

1. 본서는 미국 Hendrickson Publishers와의 독점계약에 의하여 STRONG'S EXHAUSTIVE CONCORDANCE of the BIBLE updated edition 중 Dictionary of Hebrew and Aramaic Words, Dictionary of Greek Words 부분을 번역 출판한 것이다.

2. Updated edition의 원서의 내용에 따라 스트롱코드의 앞에 붙은 H는 Hebrew(히브리어 단어)를 의미하고, G는 Greek(헬라어 단어)를 의미한다.

3. 발음은 가급적 원어에 가깝도록 노력하였으나 외국어를 우리말로 발음하는 데에는 한계가 있으므로, 아래와 같은 원칙을 세워 발음을 붙였다.

히브리어

1) א 와 ע (로마자 ʼ와 ʻ)은 모두"ㅇ"로 표기했으며, 어미에 놓인 경우에만 묵음으로 하였다.

2) כ 와 ק (로마자 k와 q)는 음가는 다르나 한글 발음상 'ㅋ'로 표기했다.

3) ה 와 ח (로마자 h와 ch)는 모두 "ㅎ"으로 표기했으며, 어미에 놓인 경우에는 ה는 묵음으로, ח는 "ㅎ"로, ה에 활점이 있는 הּ는 "흐"로 표기하였다.

4) שׂ은 "ㅅ"으로, שׁ은 영어의 "sh" 발음이 나도록 "샤, 셔, 쇼, 슈, 쉬"등으로, ס은 "ㅆ"으로 표기하였다.

5) ל은 이중 발음 "ㄹ"로, ר는 "ㄹ"로, ל가 어미에 놓인 경우에는 "ㄹ"을 받침으로, ר는 "르"로 표기하였다.

6) 중강점이 찍힌 문자는 이중발음하였다.(예. עמנואל 이마누엘→임마누엘)

일러두기

헬라어

1) θ 는 영어의 "think"의 th발음에 해당하므로, 비교적 정확한 발음을 내게 하기 위하여, 부득이 한글 고어에서 "ㅼㅏ ,ㅼㅔ, ㅼㅗ, ㅼㅡ"등을 원용하였다.

2) ρ 는 음절 앞에 올 때에는 "ㅎ" 발음이 섞여 나오므로 "흐"를 앞에 추가하였다.

3) φ 는 영어의 f발음이 나기 때문에 "ㅍ"앞에 "ㅎ"를 추가하였다. (예 φιλέω ㅎ필레오)

4) χ 는 ch발음이지만 부득이 "ㅋ"으로 통일하였다.

기타 정확하게 우리말로 발음하기 어려운 것은 한국 신학계의 관례에 따라 가급적 근접한 발음이 되도록 노력하였다.

4. 히브리어는 품사를 결정하기가 어려운 경우가 많으므로 품사 표시를 생략하였고 헬라어는 아래와 같이 약자를 사용하였다.

감	감탄사	여명	여성명사
관	관사	중명	중성명사
대	대명사	부	부사
관대	관계대명사	관부	관계부사
의대	의문대명사	분	분사
지대	지시대명사	불	불변사
동	동사	수	수사
명	명사	전	전치사
고명	고유명사	접	접속사
남명	남성명사	형	형용사

차 례

차 례

히브리어 문자표

문자(어미형)		상형의 뜻	명 칭		로마자 표기	한글 표기	숫자
א	אלף	황소	알레프	'Alêph	'	ㅇ	1/1000
ב	בית	집	베트	Bêyth	b(bh)	ㅂ	2
ג	גמל	낙타	기멜	Gîymel	g(gh)	ㄱ	3
ד	דלת	문	달레트	Dâleth	d(dh)	ㄷ	4
ה	הא	숨구멍	헤	Hê'	h	ㅎ	5
ו	וו	갈고리	바브	Vâv	w(v)	우, ㅂ	6
ז	זין	무기	자인	Zayin	z	ㅈ	7
ח	חית	울타리	헤트	Chêyth	ch	ㅎ	8
ט	טית	뱀	테트	Têyth	ṭ	ㅌ	9
י	יוד	손	요드	Iôwd	y	이, ㅇ	10
כ ך	כף	굽은손	카프	kaph	k(kh)	ㅋ	20
ל	למד	막대기	라메드	Lamed	l	ㄹ	30
מ ם	מים	물	멤	Mêm	m	ㅁ	40
נ ן	נון	물고기	눈	Nûwn	n	ㄴ	50
ס	סמך	지주,기둥	싸메크	Çâmek	ṣ	ㅆ	60
ע	עין	눈	아인	'Ayin	'	ㅇ	70
פ ף	פא	입	페	Phê	p(ph)	ㅍ	80
צ ץ	צדי	낚시바늘	차데	Tsâdêy	ts	ㅊ	90
ק	קוף	바늘귀	코프	Qôwph	k	ㅋ	100
ר	ריש	머리	레쉬	Rêysh	r	ㄹ	200
שׂ	שׂין	윗니	신	Sîn	s	ㅅ	300
שׁ	שׁין	아랫니	쉰	Shîn	sh	쉬	300
ת	תו	십자가	타브	Thâv	t(th)	ㅌ	400

헬라어 문자표

문자		명칭		로마자표기	한글표기	이중모음		
대문자	소문자					문자	로마자표기	한글표기
Α	α	알파	Alpha	a	ㅏ	αι	ai	아이
Β	β	베타	Bēta	b	ㅂ	ει	ei	에이
Γ	γ	감마	Gamma	g	ㄱ	οι	oi	오이
Δ	δ	델타	Delta	d	ㄷ	αυ	au	아우
Ε	ε	엡실론	Epsilon	e	ㅔ	ευ	eu	유
Ζ	ζ	제타	Zēta	dz	ㅈ	ου	ou	우
Η	η	에타	Eta	ē	ㅔ			
Θ	θ	데타	Thēta	th	ㄷ	ρ	rh	흐ㄹ,ㄹ
Ι	ι	이오타	Iōta	i	ㅣ	γγ	gg,ng	앞의 γ는 받침 ㅇ으로 쓴다
Κ	κ	캅파	Kappa	k	ㅋ	γκ	gk,nk	
Λ	λ	람다	Lambda	l	ㄹㄹ	γξ	gx,nx	
Μ	μ	뮈	Mu	m	ㅁ	γχ	gch,nch	
Ν	ν	뉘	Nu	n	ㄴ			
Ξ	ξ	크시	Xi	x	ㅋㅅ			
Ο	ο	오미크론	Omikron	o	ㅗ			
Π	π	피	Pi	p	ㅍ			
Ρ	ρ	로	Rhō	r	ㄹ			
Σ	σ	시그마	Sigma	s	ㅅ			
Τ	τ	타우	Tau	t	ㅌ			
Υ	υ	윕실론	Upsilon	y	ㅟ			
Φ	φ	피	Phi	ph	ㅍ			
Χ	χ	키	Chi	ch	ㅋ			
Ψ	ψ	프시	Psi	ps	ㅍㅅ			
Ω	ω	오메가	Omĕga	ō	ㅗ			

스트롱히브리어사전

א

H0001 אָב[1220회] **아브**
기본어; '아버지'(문자적 · 직접적 의미에서나, 비유적 · 간접적 적용에서):—우두머리, (선조-) 아버지(-없는), 세습재산, 장(長 principal), "Abi- 아비-"가 붙은 이름들과 비교.

H0002 אַב[9회] **아브**
아람어 〈1〉과 같음:—아버지.

H0003 אֵב[3회] **에브**
〈24〉와 같은 어근에서 유래; '푸른' 식물:—녹색, 과일.

H0004 אֵב[5회] **에브**
아람어 〈3〉과 같음:—과일.

H0005 אֲבַגְתָא[1회] **아박타**
외래어; '아박다', 크세르크세스(아하수에로)의 환관:—아박다(에1:10).

H0006 אָבַד[184회] **아바드**
기본어근; (정확히는) '헤매다', 즉 '길을 잃다', (함축적으로) '멸망하다', (사역 동사로 '파괴하다'):—부수다, 파괴하다(파멸), 피하지 못하다, 실패하다, 잃다, 멸망시키다, 써버리다, 철저히 파멸되다, 비게 되다, 피할 길이 없다.

H0007 אֲבַד[7회] **아바드**
아람어 〈6〉과 같음:—파멸하다, 멸망하다.

H0008 אֹבֵד[2회] **오베드**
〈6〉의 능동태 분사; (구상명사) '비참함', 또는 (추상명사) '파멸':—멸망하다.

H0009 אֲבֵדָה[4회] **아베다**
〈6〉에서 유래; (구상명사) '잃은 것':—(추상명사) '파멸', 즉 하데스:—잃은. 〈10〉과 비교.

H0010 אֲבַדֹּה[6회] **아밧도**
〈9〉와 동일; 〈11〉의 오기(誤記); '멸망함':—파멸.

H0011 אֲבַדּוֹן[6회] **아밧돈**
〈6〉에서 유래한 강조형; (추상명사) '멸망함', (구상명사) '하데스':—파멸.

H0012 אַבְדָן[1회] **아브단**
〈6〉에서 유래; '멸망함':—파멸.

H0013 אָבְדָן[1회] **오브단**
〈6〉에서 유래; '멸망함':—파멸.

H0014 אָבָה[54회] **아바**
기본어근; '호흡'을 맞추다, 즉 (비유적으로) '묵종하다':—동의하다, 만족하고 있다, 결의하다, 기꺼이 하다.

H0015 אָבֶה[2회] **아베**
〈14〉에서 유래; '갈망':—욕망.

H0016 אֵבֶה[2회] **에베**
〈14〉에서 유래(쪽으로 '기울어지는'의 의미에서); '파피루스':—신속한.

H0017 אֲבוֹי[1회] **아보이**
〈14〉에서 유래('바라는'의 의미에서); '원하다':—아쉬움.

H0018 אֵבוּס[3회] **에부쓰**
〈75〉에서 유래; '여물통', 또는 '막대기':—구유.

H0019 אִבְחָה[2회] **이브하**
사용되지 않은 어근(명백히 '돈다'는 의미)에서 유래;칼을 '휘두름':—뾰족한 끝.

H0020 אֲבַטִּיחַ[2회] **아밧티아흐**
불분명한 어원에서 유래; '참외'(복수로만 사용):—참외.

H0021 אֲבִי[1회] **아비**
〈1〉에서 유래; '아버지의'; 히스기야의 어머니인 '아비':—아비(왕하18:2).

H0022 אֲבִיאֵל[4회] **아비엘**
〈1〉과 〈410〉에서 유래; '하나님의 아버지(즉 '소유자')'; 두 이스라엘인의 이름 '아비엘':—아비엘(대상11:32, 삼상9:1).

H0023 אֲבִיאָסָף[1회] **아비아싸프**

〈1〉과 〈622〉에서 유래; '모으는 아버지'(즉 '모으는 자'); 한 이스라엘인 '아비아삽':—아비아삽(출6:24).

H0024 אָבִיב[9회] **아비브**

사용되지 않은 어근('부드럽다'는 의미)에서 유래; '녹색, 즉 곡식의 여린 '이삭'; 여기에서 '아빕월', 또는 니산월의 이름이 유래:—아빕(월),이삭, 곡식의 푸른 이삭들.

H0025 אֲבִי גִבְעוֹן[1회] **아비 기브온**

〈1〉과 〈1391〉에서 유래; '기브온의 아버지(즉, '창건자')', 아마 한 이스라엘인 '아비-기브온':—기브온의 아버지.

H0026 אֲבִיגַיִל[17회] **아비가일**

또는 짧게 **אֲבִיגַל 아비갈**

〈1〉과 〈1524〉에서 유래; '즐거움의 아버지(즉, '원천')'; 두 이스라엘 여인의 이름 '아비가일' 또는 '아비갈':—아비갈(삼상25:3, 대상2:16).

H0027 אֲבִידָן[5회] **아비단**

〈1〉과 〈1777〉에서 유래; '재판의 아버지(즉, '재판관')'; 한 이스라엘인 '아비단':— 아비단(민1:11).

H0028 אֲבִידָע[2회] **아비다**

〈1〉과 〈3045〉에서 유래; '지식의 아버지(즉, '앎')'; 아브라함이 그두라에게서 낳은 아들 '아비다':—아비다(창25:4).

H0029 אֲבִיָּה[26회] **아비야**

또는 길게 **אֲבִיָּהוּ 아비야후**

〈1〉과 〈3050〉에서 유래; '야(여호와)의 아버지(즉, '경배자')'; 몇 이스라엘 남자와 두 이스라엘 여인의 이름 '아비야':—아비야(삼상8:2, 왕상14:1).

H0030 אֲבִיהוּא[12회] **아비후**

〈1〉과 〈1931〉에서 유래; '그분'(즉, '하나님')의 '아버지(즉, '경배자')'; 아론의 아들 '아비후':—아비후(레10:1).

H0031 אֲבִיהוּד[1회] **아비후드**

〈1〉과 〈1935〉에서 유래; '명성의 아버지 '(즉, '소유자'); 두 이스라엘인의 이름 '아비훗':—아비훗(대상8:3).

H0032 אֲבִיהַיִל[2회] **아비하일**

또는 (더 바르게는) **אֲבִיחַיִל 아비하일**

〈1〉과 〈2428〉에서 유래; '힘의 아버지' (즉, '소유자')'; 세 이스라엘 남자와 두 이스라엘 여인의 이름 '아비하일':—아비하일(대하11:18, 대상2:29).

H0033 אֲבִי הָעֶזְרִי[3회] **아비 하에즈리**

관사가 삽입된 〈44〉에서 유래; '에셀인의 조상'; '아비에셀인', 혹은 아비에셀의 후손:—아비에셀인(삿6:24, 8:32).

H0034 אֶבְיוֹן[61회] **에브욘**

〈14〉에서 유래, '부족하다'는(특별히 느낌으로) 의미로; '빈곤한':—거지, 궁핍한, 가난한(사람).

H0035 אֲבִיּוֹנָה[1회] **아비요나**

〈14〉에서 유래; '욕망'의 자극제; '백화체' 열매(그 '자극적인' 맛에서):—욕망.

H0036 אֲבִיטוּב[1회] **아비투브**

〈1〉과 〈2898〉에서 유래; '선의 아버지'(즉, '선한'); 한 이스라엘인 '아비둡':—아비둡(대상8:11).

H0037 אֲבִיטַל[2회] **아비탈**

〈1〉과 〈2919〉에서 유래; '이슬의 아버지'(즉, '신선한'); 다윗왕의 아내 '아비달':—아비달(삼하3:4).

H0038 אֲבִיָּם5회 **아비얌**
〈1〉과 〈3220〉에서 유래; '바다의 아버지'(즉, '뱃사람'); 유다 왕 '아비얌'(또는, 아비야):—아비얌(왕상14:31).

H0039 אֲבִימָאֵל2회 **아비마엘**
〈1〉과 다른 곳에서 사용되지 않은 (아마 외래어) 단어에서 유래; '마엘(명백히 어떤 아랍 부족)의 아버지'; 욕단의 아들 '아비마엘':—아비마엘(창10:28).

H0040 אֲבִימֶלֶךְ67회 **아비멜렉**
〈1〉과 〈4428〉에서 유래; '왕의 아버지'; 두 블레셋 왕과 두 이스라엘인의 이름 '아비멜렉':—아비멜렉(창20:2, 삿8:31).

H0041 אֲבִינָדָב12회 **아비나답**
〈1〉과 〈5068〉에서 유래; '관용의 아버지'(즉, '관대한'); 네 이스라엘인의 이름 '아비나답':—아비나답(삼상16:8, 17:13, 31:2, 왕상4:11).

H0042 אֲבִינֹעַם4회 **아비노암**
〈1〉과 〈5278〉에서 유래; '즐거움의 아버지'(즉, '은혜로운'); 한 이스라엘인 '아비노암':—아비노암(삿4:6, 5:1).

H0043 אֶבְיָסָף3회 **에브야싸프**
〈23〉의 압축형; 한 이스라엘인 '에비아삽':—에비아삽(대상9:19).

H0044 אֲבִיעֶזֶר7회 **아비에제르**
〈1〉과 〈5829〉에서 유래; '도움의 아버지'(즉, '도움을 주는'); 두 이스라엘인의 이름 '아비에셀':—아비에셀(삼하23:27, 수17:2).

H0045 אֲבִי־עַלְבוֹן1회 **아비-알본**
〈1〉과 불분명한 어원의 사용되지 않은 어근에서 유래; 아마 '힘의 아버지'(즉, '용감한'); 한 이스라엘인 '아비알본':—아비알본(삼하23:31).

H0046 אָבִיר6회 **아비르**
〈82〉에서 유래; '강력하신'(하나님께 대해 말할 때):—강력하신 (분).

H0047 אַבִּיר17회 **압비르**
〈46〉 참조:—천사, 황소, 최고의, 강력한 (사람), 용감한, 강한 (사람), 용감한.

H0048 אֲבִירָם11회 **아비람**
〈1〉과 〈7311〉에서 유래; '높음의 아버지'(즉, '높은'); 두 이스라엘인의 이름 '아비람':—아비람(민16:1, 왕상16:34).

H0049 אֲבִישַׁג5회 **아비샥**
〈1〉과 〈7686〉에서 유래; '잘못의 아버지'(즉, '서투른'); 다윗의 첩 '아비삭':—아비삭(왕상1:3).

H0050 אֲבִישׁוּעַ5회 **아비슈아**
〈1〉과 〈7771〉에서 유래; '풍요의 아버지'(즉, '번영하는'); 두 이스라엘인의 이름 '아비수아':—아비수아(대상6:4, 8:4, 스7:5).

H0051 אֲבִישׁוּר2회 **아비슈르**
〈1〉과 〈7791〉에서 유래; '벽의 아버지'(즉, 아마 '석수'); 한 이스라엘인 '아비술':—아비술(대상2:28,29).

H0052 אֲבִישַׁי25회 **아비샤이** 또는 (짧게) **אַבְשַׁי 압샤이**
〈1〉과 〈7862〉에서 유래; '선물의 아버지'(즉, 아마 '관대한'); 한 이스라엘인 '아비새':—아비새(삼상26:6).

H0053 אֲבִישָׁלוֹם4회 **아비샬롬** 또는 (짧게) **אַבְשָׁלוֹם 압샬롬**
〈1〉과 〈7965〉에서 유래; '평화의 아버지'(즉, '친절한'); 다윗의 아들 '압살롬'; 또한 (긴 형태는) 후대의 한 이스라엘인:—아비살롬, 압살롬(대하11:20,21, 왕상15:2,10).

H0054 אֶבְיָתָר30회 **에브야타르**
〈1〉과 〈3498〉의 압축형; '풍요의 아버지'(즉, '관대한'); 한 이스라엘인 '아비아달':—아비아달(삼상22:20).

H0055 אָבַךְ1회 **아바크**
기본어근; 아마 위로 '말다':—오르다.

H0056 אָבַל39회 **아발**
기본어근; '슬퍼하다':—통곡하다, 한탄하다.

H0057 אָבֵל8회 **아벨**
〈56〉에서 유래; '슬퍼하는':—슬퍼하다[하는 자, 하는].

H0058 אָבֵל2회 **아벨**
사용되지 않은 어근(풀이 많다는 의미)에서 유래; '목초지':—초원, 또한 '아벨'로 시작되는 고유명사들과 비교하라(삿7:22, 11:33).

H0059 אָבֵל6회 **아벨**
〈58〉에서 유래; '목초지'; 팔레스타인에 있는 두 장소의 이름 '아벨':—아벨(창50:11).

H0060 אֵבֶל24회 **에벨**
〈56〉에서 유래; '비탄':—애도.

H0061 אֲבָל11회 **아발**
'부정'의 뜻을 통해 명백히 〈56〉에서 유래; '아니', 즉 '참으로', 또는 '아직':—그러나, 참으로, 그럼에도 불구하고, 진실로.

H0062 אָבֵל בֵּית־מַעֲכָה4회 **아벨 베트-마아카**
〈58〉과 〈1004〉와 〈4601〉에서 유래; '벳마가의 목초지'; 팔레스타인에 있는 한 장소 '벳-마가의 아벨':—아벨-벳마아가, 벳-마가의 아벨(왕상15:20).

H0063 אָבֵל הַשִּׁטִּים1회 **아벨 핫쉿팀**
〈58〉과 〈7848〉의 복수 형태에서 관사가 삽입되어 유래; '조각목의 목초지'; 팔레스타인의 한 장소 '아벨-하싯딤':—아벨싯딤(민33:49).

H0064 אָבֵל כְּרָמִים1회 **아벨 케라밈**
〈58〉과 〈3754〉의 복수 형태에서 유래; '포도원의 목초지'; 팔레스타인의 한 장소 '아벨-그라밈':—포도원의 평원, 아벨그라밈(삿11:33).

H0065 אָבֵל מְחוֹלָה3회 **아벨 메홀라**
〈58〉과 〈4246〉에서 유래; '춤의 목초지'; 팔레스타인의 한 장소 '아벨-므홀라':—아벨-므홀라(왕상4:12).

H0066 אַבֵל מַיִם1회 **아벨 마임**
〈58〉과 〈4325〉에서 유래; '물의 목초지'; 팔레스타인의 한 장소 '아벨-마임':—아벨마임(대하16:4).

H0067 אָבֵל מִצְרַיִם1회 **아벨 미츠라임**
〈58〉과 〈4714〉에서 유래; '애굽의 목초지'; 팔레스타인의 한 장소 '아벨마스라임':—아벨마스라임(창50:11).

H0068 אֶבֶן270회 **에벤**
'짓다'라는 의미를 통해 〈1129〉의 어근에서 유래; '돌':—석류석, 석수, 다림줄, 돌, 통풍석, 우박, 주춧돌, 투석(의), (다양한) 무게.

H0069 אֶבֶן8회 **에벤**
아람어 〈68〉과 같음:—돌.

H0070 אֹבֶן2회 **오벤**
〈68〉과 동형에서 유래; '한 쌍의 돌'(쌍수로만 사용); 토기장이의 '녹로', 또는 산파의 '(등 없는) 걸상'(평행한 두 원반이 버팀대로 연결된):—녹로, 걸상.

H0071 אֲבָנָה1회 **아바나**
아마 〈68〉의 여성형; '돌의'; 다메섹

근처에 위치한 강 '아바나':—아바나(왕하5:12).

H0072 אֶבֶן הָעֵזֶר 3회 에벤 하에제르
〈68〉과 〈5828〉에서 관사가 삽입되어 유래; '도움의 돌'; 팔레스타인의 한 장소 '에벤-하-에셀':—에벤에셀(삼상4:1).

H0073 אַבְנֵט 9회 아브네트
불분명한 어원에서 유래; '띠':—허리띠(출28:4).

H0074 אַבְנֵר 59회 아브네르
또는 (완전히는) אֲבִינֵר 아비네르
〈1〉과 〈5216〉에서 유래; '빛의 아버지'(즉, '밝힘'); 한 이스라엘인 '아브넬':—아브넬(삼상14:50,51).

H0075 אָבַס 2회 아바쓰
기본어근; (가축을) '먹이다':—살진, 마구간에 넣어진.

H0076 אֲבַעְבֻּעָה 2회 아바부아
(중복에 의해) 사용되지 않은 어근('내뿜다'의 의미)에서 유래; 염증을 일으키는 '농포'('발진'으로서):—농포, 악성종기(출9:9).

H0077 אֶבֶץ 1회 에베츠
아마 '빛나다'를 의미하는 사용되지 않은 어근에서 유래; '현저한'; 팔레스타인의 한 장소 '에베스':—에베스(수19:20).

H0078 אִבְצָן 2회 입찬
〈76〉과 동형에서 유래; '찬란한'; 한 이스라엘인 '입산':—입산(삿12:8).

H0079 אָבַק 2회 아바크
기본어근; 아마 (증기처럼) '사라지다'의 뜻이나, 〈80〉에서 유래한 명사 유래어로서만 사용됨; '먼지에 싸이다', 즉 '붙잡다':—씨름하다.

H0080 אָבָק 6회 아바크
〈79〉의 어근에서 유래; 가벼운 '입자'(휘발성의):—(작은) 먼지, 가루.

H0081 אֲבָקָה 1회 아바카
〈80〉의 여성형:—(화장)분가루, 향품(아3:6).

H0082 אָבַר 1회 아바르
기본어근; '날아오르다':—날다.

H0083 אֵבֶר 3회 에베르
〈82〉에서 유래; '날개 털':—긴 날개(달린).

H0084 אֶבְרָה 4회 에브라
〈83〉의 여성형:—깃털, 날개.

H0085 אַבְרָהָם 175회 아브라함
〈1〉과 사용되지 않은 어근 (아마 '인구가 조밀하다'는 뜻)에서 유래한 압축형; '무리의 아버지'; 아브람의 나중 이름 '아브라함':—아브라함.

H0086 אַבְרֵךְ 1회 아브레크
아마 '무릎 꿇다'는 의미의 애굽 단어:—무릎을 꿇다.

H0087 אַבְרָם 61회 아브람
〈48〉에서 유래한 압축형; '고귀한 아버지'; 아브라함의 원 이름 '아브람':—아브람.

H0088 אֹבֹת 4회 오보트
〈178〉의 복수형; 물 담는 '가죽부대'; 광야의 한 장소 '오봇':—오봇(민21:10).

H0089 אָגֵא 1회 아게
불확실한 어근에서 유래 [〈90〉과 비교]; 한 이스라엘인 '아게':—아게(삼하23:11).

H0090 אֲגַג 8회 아각 또는 אֲגָג 아각
불확실한 어원에서 유래 [〈89〉와 비교]; 불꽃(화염); 아말렉 왕들의 명칭 '아각':—아각(민24:7, 삼상15:8).

H0091 אֲגָגִי 5회 아가기

〈90〉에서 유래한 족속의 명칭(이름); '아각 족속', 또는 아각의 후손(신복):—아각 족속(에3:1,10, 8:3,5).

H0092 אֲגֻדָּה[4회] **아굿다**

사용되지 않은 어근('묶다'는 의미의) 의 여성 수동태 분사형; '띠', '다발', 고리', 또는 '아치':—다발, 짐, 부대(무리).

H0093 אֱגוֹז[1회] **에고즈**

아마 페르시아어에서 기원; '견과'(호도 따위의):—견과.

H0094 אָגוּר[1회] **아구르**

〈103〉의 수동태 분사; '모여진'(즉, 현인들에게서 받은); 솔로몬의 가상적인 이름 '아굴':—아굴(잠30:1).

H0095 אֲגוֹרָה[1회] **아고라**

〈94〉와 동형에서 유래; 아마 '모여진 것', 즉 '곡식', 또는 '장과'(딸기 따위의); 작은 은(銀) '동전'에만 사용됨:—은(銀) 조각

H0096 אֶגֶל[1회] **에겔**

사용되지 않은 어근에서 유래(물방울처럼 '흘러 내려가다', 또는 함께 '흐르다'는 의미의); '저수지':—물방울.

H0097 אֶגְלַיִם[1회] **에글라임**

〈96〉의 쌍수; '이중 연못'; 모압의 한 장소 '에글라임':—에글라임(사15:8).

H0098 אֲגַם[9회] **아감**

사용되지 않은 어근(물처럼 '모이다'는 의미의)에서 유래; '늪'; 여기에서 '골풀'(늪에서 자라는); 여기에서 갈대 '울타리':—못, 연못, 괴어있는 물.

H0099 אָגֵם[5회] **아겜**

아마 〈98〉과 동형에서 유래('괴어있는' 물의 의미의)에서 유래; 상징적으로 '슬픈':—못.

H0100 אַגְמוֹן[5회] **아그몬**

〈98〉과 동형에서 유래; 늪 같은 '연못'[다른 원형 '솥'에서 왔다는 이설도 있음]; 함축적으로 (그곳에서 자라는) '골풀'; 집합적으로 골풀로 꼰 '(밧)줄':—갈대, 큰 솥, 갈고리, 골풀.

H0101 אַגָּן[3회] **악간**

아마 〈5059〉에서 유래; '사발'(속이 비게 '두들겨 만든'):—대야, 잔, 술잔.

H0102 אַגָּף[7회] **악가프**

아마 〈5062〉에서 ('걸려있다'는 의미를 통하여) 유래; '뚜껑', 또는 '무더기'; 즉 (복수로만 사용) 군대의 '양익'(兩翼), 또는 부대의 '무리':—떼.

H0103 אָגַר[3회] **아가르**

기본어근; '추수하다':—모으다.

H0104 אִגְּרָא[3회] **익게라**

아람어 페르시아어에서 기원; '서신'(국가의 급사나 체부가 전한):—편지.

H0105 אֲגַרְטָל[2회] **아가르탈**

불분명한 어원에서 유래; '대야':—큰 접시.

H0106 אֶגְרֹף[2회] **에그로프**

〈1640〉에서 유래 ('움켜쥔다'는 의미에서); '꽉 쥔' 손:—주먹.

H0107 אִגֶּרֶת[10회] **익게레트**

〈104〉의 여성형; '서신':—편지

H0108 אֵד[2회] **에드**

〈181〉과 동형에서 유래('싸다'라는 의미에서); '안개':—안개, 수증기.

H0109 אָדַב[1회] **아답**

기본어근; '맥이 없어지다':—슬퍼하다

H0110 אַדְבְּאֵל[2회] **아드베엘**

아마 〈109〉('징벌'이란 의미에서)와 〈410〉에서 유래; '하나님의 징계를

받은'; 이스마엘의 아들 '앗브엘':—앗브엘(창25:13).

H0111 אֲדַד1회 **아다드**

아마 ⟨2301⟩의 철자법의 어미변화; 한 에돔인 '아닷' (또는 하닷):—하닷(왕상11:17).

H0112 אִדּוֹ2회 **잇도**

불확실한 어원에서 유래; 한 이스라엘인 '잇도':—잇도(스8:17).

H0113 אָדוֹן1334회 **아돈**

또는 (짧게) אָדֹן 아돈

사용되지 않은 어근('다스린다'는 의미의)에서 유래; '주권자', 즉 '통제자'(인간의, 또는 신적인):—주, 주인, 소유자. 또한 "아도니-"로 시작되는 이름과 비교.

H0114 אַדּוֹן1회 **앗돈**

아마 ⟨113⟩의 강조형; '강력한'; 한 이스라엘인 '앗돈':—앗돈(느7:61).

H0115 אֲדוֹרַיִם1회 **아도라임**

⟨142⟩에서 유래한 쌍수('높은 곳'의 의미에서); '이중 언덕'; 팔레스타인의 한 장소 '아도라임':—아도라임(대하11:9).

H0116 אֱדַיִן56회 **에다인**

[아람어] 불분명한 어원에서 유래; (시간상) '그때':—지금, 그때.

H0117 אַדִּיר28회 **앗디르**

⟨142⟩에서 유래; '넓은', 또는 (일반적으로) '큰'; 상징적으로 '강력한':—뛰어난, 유명한, 화려한, 영광스러운, 훌륭한, 위엄 있는, 힘센(전능자), 고귀한, 주요한, 값있는

H0118 אֲדַלְיָא1회 **아달야**

페르시아어에서 기원; 하만의 아들 '아달랴':—아달랴(에9:8).

H0119 אָדַם10회 **아담**

(얼굴을) '붉히다', 즉 '(얼굴이) 붉어지다' 또는 벌개지다:—붉다(붉어지다), 붉게 물들다, 붉게 되다, 붉은.

H0120 אָדָם561회 **아담**

⟨119⟩에서 유래; '불그스름한', 즉 '인간'(개인적, 또는 종(種)으로서의 '인류' 등):—다른 사람, 위선자, 보통 종류, 낮은 것, 사람(비열한, 낮은), 인간.

H0121 אָדָם2회 **아담**

⟨120⟩과 같음; 첫 사람의 이름, 또한 팔레스타인의 한 장소로서 '아담':—아담(창2:7, 수3:16).

H0122 אָדֹם9회 **아돔**

⟨119⟩에서 유래; '불그레한':—빨간, 붉은.

H0123 אֱדֹם100회 **에돔**

또는 (완전히는) אֱדוֹם 에돔

⟨122⟩에서 유래; '붉은'[창25:—25을 보라]; 야곱의 쌍둥이 아들 중 형 '에돔'; 여기에서 그가 차지한 지역 (이두매):—에돔, 에돔 족속, 이두매.

H0124 אֹדֶם2회 **오뎀**

⟨119⟩에서 유래; '붉음', 즉 '홍옥', '석류석', 또는 다른 붉은 보석:—홍옥수(紅玉髓). (대제사장의 가슴장식에 박은 루비로 상상되는 보석. 출28:17).

H0125 אֲדַמְדָּם6회 **아담담**

⟨119⟩에서 유래한 중복형; '붉은':—(다소) 붉은.

H0126 אַדְמָה5회 **아드마**

⟨127⟩의 압축형; '땅의'; 사해 근처의 한 장소 '아드마':—아드마(창10:19).

H0127 אֲדָמָה255회 **아다마**

⟨119⟩에서 유래; '땅'(그 일반적인 '붉음'에서):—시골, 땅, 흙, 농부, 농업,

토지.

H0128 אֲדָמָה[1회] **아다마**
〈127〉과 동일; 팔레스타인의 한 장소 '아다마':—아다마(수19:36).

H0129 אֲדָמִי[1회] **아다미**
〈127〉에서 유래; 땅의; 팔레스타인의 한 장소 '아다미':—아다미(수19:33).

H0130 אֱדֹמִי[1회] **에도미** 또는 (완전히는) **אֱדוֹמִי 에도미**
〈123〉에서 유래한 족속의 명칭; '에돔인', 또는 에돔의 후손 (또는 거민):—에돔인. 〈726〉을 보라

H0131 אֲדֻמִּים[2회] **아둠밈**
〈121〉의 복수형; '붉은' 점들; 팔레스타인에 있는 한 길 '아둠밈':—아둠밈(수15:7, 18:17).

H0132 אַדְמֹנִי[3회] **아드모니**
또는 (완전히는) **אַדְמוֹנִי 아드모니**
〈119〉에서 유래; (머리칼, 또는 안색이) '붉은':—붉은, 불그레한.

H0133 אַדְמָתָא[1회] **아드마타**
아마 기원은 페르시아어; 페르시아의 한 귀족 '아드마다':—아드마다(에1:14).

H0134 אֶדֶן[57회] **에덴**
〈113〉과 동형에서 유래('힘'이란 의미에서); (건물, 기둥 등의) '기초':—기초, 꽂는 구멍.

H0135 אַדָּן[1회] **앗단**
〈134〉와 동형에서 유래한 강조형; '확고한'; 한 이스라엘인 앗단:—앗단(스2:59).

H0136 אֲדֹנָי[425회] **아도나이**
〈113〉의 강조형; '주'(하나님의 고유명사로만 사용됨):—(내) 주.

H0137 אֲדֹנִי־בֶזֶק[3회] **아도니베제크**
〈113〉과 〈966〉에서 유래; '베섹의 주', 한 가나안 왕 '아도니-베섹':—아도니베섹(삿1:5-7).

H0138 אֲדֹנִיָּה[19회] **아도니야**
또는 (길게는) **אֲדֹנִיָּהוּ 아도니야후**
〈113〉과 〈3050〉에서 유래; 여호와의 '주'(즉, 예배자); 세 이스라엘인의 이름 '아도니야':—아도니야.

H0139 אֲדֹנִי־צֶדֶק[2회] **아도니체데크**
〈113〉과 〈6664〉에서 유래; '공의의 주'; 한 가나안 왕 '아도니-세덱':—아도니-세댁(수10:1,3).

H0140 אֲדֹנִיקָם[3회] **아도니캄**
〈113〉과 〈6965〉에서 유래; '상승의 주'(즉, 높은); 하나, 또는 두 이스라엘인의 이름 '아도니감':—아도니감(스2:13, 느7:18).

H0141 אֲדֹנִירָם[2회] **아도니람**
〈113〉과 〈7311〉에서 유래; '높음의 주'; 한 이스라엘인 '아도니람':—아도니람(왕상4:6).

H0142 אָדַר[3회] **아다르**
기본어근; '확장하다', 즉 '크다', 또는 (상징적으로) '장엄하다':—영광스러운(영광스러워지다), 존귀한.

H0143 אֲדָר[9회] **아다르**
기원은 외래어인 것 같음; 아마 '불'의 의미; 히브리의 제12번째 달 '아달':—아달(에3:7, 9:1,21).

H0144 אֲדָר[1회] **아다르**
아람어 〈143〉과 같음:—아달(스6:15).

H0145 אֶדֶר[2회] **에데르**
〈142〉에서 유래; '넓이', 즉 (구체적으로) '겉옷' 또한 (상징적으로) '화려':—훌륭한, 겉옷(미2:8).

H0146 אַדָּר[3회] **앗다르**
〈142〉에서 유래한 강세형; '풍부한';

팔레스타인의 한 장소 '아달'; 또한 한 이스라엘인:—아달(창46:21).

H0147 אִדַּר 1회 잇다르

아람어 〈142〉와 같은 어근에서 유래한 강세형; '풍부한', 즉 타작 '마당':—타작마당.

H0148 אֲדַרְגָּזֵר 2회 아다르가제르

아람어 〈147〉과 동형 및 〈1505〉에서 유래; '박수장' 또는 '점성가':—재판관.

H0149 אַדְרַזְדָּא 1회 아드라즈다

아람어 기원은 페르시아어인 것 같음; '빨리', 또는 '주의 깊게':—부지런하게.

H0150 אֲדַרְכֹּן 2회 아다르콘

기원은 페르시아어; '다릭', 또는 페르시야 동전:—드람, 다릭(대상29:7).

H0151 אֲדֹרָם 2회 아도람

〈141〉의 압축형; 한 이스라엘인 '아도람'(또는, 아도니람):—아도람(삼하20:24).

H0152 אַדְרַמֶּלֶךְ 1회 아드람멜레크

〈142〉와 〈4428〉에서 유래; '왕의 화려'; 앗시리아의 우상 이름 및 산헤립의 아들 이름 '아드람멜렉':—아드람멜렉(왕하17:31).

H0153 אֶדְרָע 1회 에드라

아람어 〈1872〉에서 철자법의 어미변화; '팔', 즉 (상징적으로)'능력':—힘.

H0154 אֶדְרֶעִי 8회 에드레이

〈153〉의 동의어에서 유래; '힘센'; 팔레스타인의 두 장소 '에드레이':—에드레이(민21:33).

H0155 אַדֶּרֶת 11회 앗데레트

〈117〉의 여성형; '풍부한' 것('큰' 포도나무, '넓은' 옷 같이); 또한 〈145〉와 동일:—의복, 영광, 훌륭한, 겉옷, 외투.

H0156 אָדַשׁ 1회 아다쉬

기본어근; (곡식을) '밟다':—타작하다.

H0157 אָהַב 208회 아합 혹은 אָהֵב 아헤브

기본어근; (성적(性的)으로나 다른 방법으로) '애정을 갖다':—사랑하다(사랑스런, 사랑받는, 애인), 좋아하다, 친구.

H0158 אַהַב 2회 아합

〈157〉에서 유래; '애정'(좋은 의미나 나쁜 의미로):—사랑, 애인.

H0159 אֹהַב 1회 오합

〈156〉에서 유래; 〈158〉과 같은 의미:—사랑.

H0160 אַהֲבָה 40회 아하바

〈158〉의 여성형이고 같은 의미:—사랑.

H0161 אֹהַד 2회 오하드

'연합되다'란 의미의 사용하지 않는 어근에서 유래; '통일'; 한 이스라엘인 '오핫':—오핫(창46:10).

H0162 אֲהָהּ 15회 아하흐

명백히 감탄적으로 '고통'을 표현하는 기본어근; '오!':—아! 아아!

H0163 אַהֲוָא 3회 아하와

어근은 외래어인 것 같음; 바벨로니아의 한 강 '아하바':—아하바(스8:21).

H0164 אֵהוּד 9회 에후드

〈161〉과 동형에서 유래; '연합된'; 둘 또는 세 이스라엘인의 이름 '에훗':—에훗(삿3:15).

H0165 אֱהִי 3회 에히

명백히 〈346〉의 철자법의 어미변화; '어디':—내가 있겠다(되겠다)(호13:10,14) [종종 〈1961〉에서 유래한 히브리어 동일형을 표현하고 있음]

H0166 אָהַל4회 아할
기본어근; '깨끗하다':—빛나다.

H0167 אָהַל4회 아할
〈168〉에서 유래한 명사 유래어; '장막을 치다':—장막을 치다, 장막을 걸다.

H0168 אֹהֶל345회 오헬
〈166〉에서 유래; '장막'(멀리서도 '분명하게' 보이는):—덮개, (거주하는) 장소, 집, 성막, 장막.

H0169 אֹהֶל1회 오헬
〈168〉과 동일; 한 이스라엘인 '오헬':—오헬(대상3:20).

H0170 אָהֳלָה5회 오홀라
〈168〉의 여성형이나 사실은 אָהֳלָהּ 오홀라흐의 대신임; '그녀의 장막'(즉, 우상의 '성소'); 사마리아의 상징적 이름 '오홀라':—오홀라(겔23:4).

H0171 אָהֳלִיאָב5회 오홀리압
〈168〉과 〈1〉에서 유래; (그의) '아버지의 장막'; 한 이스라엘인 '오홀리압':—오홀리압(출31:6).

H0172 אָהֳלִיבָה6회 오홀리바 (〈170〉과 유사하게) אָהֳלִיבָהּ 오홀리바흐의 대신임
〈168〉에서 유래; '내 장막이 그녀 가운데'(있다); 유다의 상징적 이름 '오홀리바':—오홀리바 (겔23:4).

H0173 אָהֳלִיבָמָה8회 오홀리바마
〈168〉과 〈1116〉에서 유래; '높음의 장막'; 에서의 아내 '오홀리바마':—오홀리바마(창36:2).

H0174 אֲהָלִים4회 아할림 또는 (여성형) אֲהָלוֹת 아할로트(이렇게 복수로만 사용됨)
어근은 외래어; '알로에' 나무(즉, 막대기들):—알로에, 알로에[노회(蘆薈)] 나무.

H0175 אַהֲרֹן347회 아하론
불확실한 어원에서 유래; 모세의 형 '아론':—아론(출6:20).

H0176 אוֹ319회 오
אַו 'a우'의 "연계형"이나 소유격으로 생각됨. 〈185〉의 단축형; '욕구하다'(아마 잠31:4와 같이); 여기에서 (양자택일의 방법으로) '또는', 또한 '만일':—또한, 그리고, (둘 중) 어느 한쪽의, 만일, 적어도, …도 아닌, 또는, 그렇지 않으면, 그러면, ~이든지(아니든지).

H0177 אוּאֵל1회 우엘
〈176〉과 〈410〉에서 유래; '하나님의 원하심'; 한 이스라엘인 '우엘':—우엘(스10:34).

H0178 אוֹב17회 오브
〈1〉과 동형에서 유래(명백히 아버지의 이름을 '혀짤배기소리로 말하다'는 생각을 통하여); 적절하게는 '중얼거림', 즉 물 '가죽자루'(그 텅빈 소리에서); 여기에서 '강신술사'(복화술자, 귀에 거슬리는 소리로부터):—병(甁), 잘 알려진 영(靈).

H0179 אוֹבִיל1회 오빌
아마 〈56〉에서 유래; '슬픔에 잠긴', 한 이스라엘인 '오빌':—오빌(대상27:30).

H0180 אוּבָל3회 우발
또는 (단축형) אֻבָל 우발
〈2986〉에서 (〈2988〉의 의미로) 유래; '개울':—강.

H0181 אוּד3회 우드
'긁어모으다'라는 의미의 사용되지 않은 어근에서 유래; '부지깽이'(등걸불을 '뒤집는' 또는 '모으는'):—타다

남은 나무, 관솔.

H0182 אוֹדוֹת[11회] **오도트** 또는 (단축형) **אֹדֹת 오도트**(이렇게 복수로만 사용) 〈**181**〉과 동형에서 유래; '변환들'(즉, '경우들'); (부사) '때문에':—원인, 왜냐하면, …에 관한, ~을 위한.

H0183 אָוָה[26회] **아와**
기본어근; …을 '바라다':—몹시 탐내다, 욕구하다, (크게) 바라다, 열망하다, 간절히 바라다, 갈망하다, 색정을 일으키다.

H0184 אָוָה[1회] **아와**
기본어근; '뻗다' 또는 '선정하다':—지적하다.

H0185 אַוָּה[7회] **아우와**
〈**183**〉에서 유래; '갈망':—욕망, 갈망, 쾌락.

H0186 אוּזַי[1회] **우자이**
아마 〈**5813**〉의 치환법에 의해서; '강한'; 한 이스라엘인 '우새':—우새(느3:25).

H0187 אוּזָל[3회] **우잘**
불확실한 파생어에서 유래; 욕단의 아들 '우살':—우살(창10:27).

H0188 אוֹי[24회] **오이**
아마 〈**183**〉에서 (실컷 '울다'라는 의미에서) 유래; '비탄'; 또한 감탄사 '오!':—아아! 화로다.

H0189 אֱוִי[2회] **에위**
아마 〈**183**〉에서 유래; '열망하는'; 한 미디안 족장 '에위':—에위(민31:8).

H0190 אוֹיָה[1회] **오야**
〈**188**〉의 여성형:—화로다.

H0191 אֱוִיל[26회] **에윌**
('외고집의'라는 의미의) 사용하지 않는 어근에서 유래; (상징적으로) '어리석은':—바보, 어리석은, 어리석은 사람.

H0192 אֱוִיל מְרֹדַךְ[2회] **에윌 메로다크**
아람어에서 파생, 그리고 '므로닥의 병사'를 의미하는 듯; 바벨론 왕 '에윌-므로닥':—에윌-므로닥(왕하25:27).

H0193 אוּל[2회] **울**
'꼬다', 즉 (함축적으로) '강하다'란 의미의 사용하지 않는 어근에서 유래; (함께 '똘똘 뭉쳐진') '몸'; 또한 '강한':—강력한, 힘.

H0194 אוּלַי[45회] **울라이**
또는 (단축형) **אֻלַי 울라이**
〈**176**〉에서 유래; '만일…이 아니라면'; 여기에서 '아마':—그렇다면, 아마도, 뜻밖에도, 만일…이 아니라면.

H0195 אוּלַי[1회] **울라이**
기원은 페르시아어; 페르시아의 강 '올래':—을래(단8:2).

H0196 אֱוִלִי[1회] **에윌리**
〈**191**〉에서 유래; '어리석은', '바보 같은'; 여기에서 (도덕적으로) '경건치 않은':—미련한.

H0197 אוּלָם[19회] **울람**
또는 (단축형) **אֻלָם 울람**
〈**481**〉에서 유래('매다'라는 의미에서); '현관'(건물에 '부속된'):—현관.

H0198 אוּלָם[4회] **울람**
명백히 〈**481**〉에서 유래 ('침묵'의 의미에서); '고독한'; 두 이스라엘인의 이름 '울람':—울람(대상7:16).

H0199 אוּלָם[34회] **울람**
명백히 〈**194**〉의 어미변화; '그렇지만', 또는 '반대로':—…에 관한 한, 그러나, ~라고는 하지마는, 실로, 확실히, 참으로, 그러므로.

H0200 אִוֶּלֶת[25회] **이우웰레트**
〈**191**〉과 같이 유래; '어리석음':—어

리석음, 바보 같이, 미련함.

H0201 אוֹמָר3회 오마르

〈559〉에서 유래; '수다스러운'; 에서 의 손자 '오말':—오말(창36:11).

H0202 אוֹן13회 온

아마 〈205〉와 동형에서 유래(성공적인 '노력'의 의미에서); '능력', '힘', (상징적으로)'부':—힘, 재물, 세력, 능력, 자산.

H0203 אוֹן1회 온

〈202〉와 동일; 한 이스라엘인 '온':—온(민16:1).

H0204 אוֹן1회 온 또는 (단축형) אֹן 온

어원은 애굽어; 애굽의 한 도시 '온':—온(창41:45).

H0205 אָוֶן77회 아웬

'헐떡거리다'란 의미의 사용하지 않는 어근에서 유래한 듯. (여기에서 헛되게 '노력하다' '실패로 끝나다'); 엄밀하게는 '아무 것도 아님'; 또한 '고통', '헛됨', '악함'; 특별히 '우상':—고통, 악, 잘못, 우상, 부정, 해악, 슬퍼하는 사람들, 슬퍼함, 무, 부정한, 불의한, 헛된, 헛됨, 사악한, 사악함. 〈369〉와 비교.

H0206 אָוֶן3회 아웬

〈205〉와 동일; '우상숭배', 세 장소, 곧 수리아의 한 곳, 애굽의 한 곳 (온) 및 팔레스타인의 한 곳 (벧엘)의 경멸적인 동의어 '아웬':—아웬(암1:5). 또한 〈204〉, 〈1007〉을 보라

H0207 אוֹנוֹ5회 오노

또는 (단축형) אֹנוֹ 오노

〈202〉에서 유래한 연장형; '강한(힘센)'; 팔레스타인의 한 장소 '오노':—오노(스2:33).

H0208 אוֹנָם4회 오남

〈209〉의 어미변화; '힘센'; 한 에돔인과 한 이스라엘인의 이름 '오남':—오남(대상2:26, 창36:23).

H0209 אוֹנָן8회 오난

〈207〉의 어미변화; '강한'; 유다의 아들 '오난':—오난(창38:9).

H0210 אוּפָז2회 우파즈

아마 〈211〉의 변조; 유명한 금 산지 '우바스':—우바스(렘10:9).

H0211 אוֹפִיר11회 오피르 또는 (단축형) אֹפִיר 오피르와 אוֹפִר 오피르

불확실한 파생어에서 유래; 욕단의 아들과 동방의 금 산지 이름 '오빌':—오빌(왕상9:28, 대하8:18).

H0212 אוֹפָן35회 오판

또는 (단축형) אֹפָן 오판

'회전하다'는 의미의 사용하지 않는 어근에서 유래; '바퀴':—바퀴

H0213 אוּץ10회 우츠

기본어근; '누르다'; (함축적으로) '가깝다', '서둘다', '움츠리다':—서두르다, 조급한, 노동, 좁다.

H0214 אוֹצָר81회 오차르

〈686〉에서 유래; '저장소':—병기고, 지하실, 저장, 저장(창고), 보물(고).

H0215 אוֹר43회 오르

기본어근; '빛을 내는'(사역동사 '빛나게 하다') (문자적으로, 또 은유적으로):—동이 트다, 영광스러운, 밝히다, 밝다, 밝히다, 비추다, 비친, 밝혀진, 불붙이다, 빛나다

H0216 אוֹר43회 오르

〈215〉에서 유래; '조명', 또는 (구체적으로) '발광체'('번갯불', '행복' 등을 포함하는 모든 의미에서):—밝은, 맑은, 낮, 빛(번개), 아침, 해.

H0217 אוּר122회 우르

〈215〉에서 유래; '불꽃', 여기에서 (복수형) '동방'(빛의 지역으로서):―불, 빛. 또한 〈224〉를 보라

H0218 אוּר 6회 **우르**

〈217〉과 동일; 갈대아의 한 장소 '우르'; 또한 한 이스라엘인:―우르(창11:28, 대상11:35).

H0219 אוֹרָה 4회 **오라**

〈216〉의 여성형; '밝음', 즉 (상징적으로) '번영'; 또한 한 식물(밝은):―초본(풀잎), 빛.

H0220 אֲוֵרָה 1회 **아웨라**

〈723〉의 치환법에 의해; '마구간':―(양 따위의) 우리(cote).

H0221 אוּרִי 8회 **우리**

〈217〉에서 유래; '불의(불같은)'; 세 이스라엘인의 이름 '우리':―우리(출31:2, 대상2:20, 왕상4:19).

H0222 אוּרִיאֵל 4회 **우리엘**

〈217〉과 〈410〉에서 유래; '하나님의 불꽃'; 두 이스라엘인의 이름 '우리엘':―우리엘(대상6:24, 15:5).

H0223 אוּרִיָּה 36회 **우리야**

또는 (연장형) **אוּרִיָּהוּ 우리야후**

〈217〉과 〈3050〉에서 유래; '여호와의 불꽃'; 한 헷 사람과 다섯 이스라엘인의 이름 '우리야':―우리야(왕하16:10, 느8:4).

H0224 אוּרִים 7회 **우림**

〈217〉의 복수; '빛들', 대제사장의 흉패에 붙은 것들의 신탁적 광휘:―우림.

H0225 אוּת 4회 **우트**

기본어근; 아마 '오다', 즉 (함축적으로) '동의하다':―동의하다.

H0226 אוֹת 79회 **오트**

아마 〈225〉에서 유래; ('나타나는'의 의미에서); '신호'(문자적으로나 상징적으로), '깃발', '횃불', '기념비', '전조', '비범', '증거' 등으로서:―표시, 기적, 기호, 깃발, 표.

H0227 אָז 141회 **아즈**

지시부사; '그때에'나 '그곳에'; 또한 접속사 '그러므로':―시작하는, 왜냐하면, …에서부터, 지금까지, 지금, 옛날에, 전에, 이래로, 그때, 그때에, 그러나.

H0228 אֲזָא 2회 **아자** 또는 **אֲזָה 아자**

[아람어] '~에 불을 붙이다'; (함축적으로) '뜨겁게 하다':―뜨겁게 하다, 뜨거운

H0229 אֶזְבַּי 1회 **에즈바이**

아마 〈231〉에서 유래; '우슬초 같은'; 한 이스라엘인 '에스배':―에스배(대상11:37).

H0230 אֲזָד 2회 **아자드**

[아람어] 불확실한 어원에서 유래; '확고한':―가버리다.

H0231 אֵזוֹב 10회 **에조브**

기원은 외래어인 듯; '우슬초':―우슬초.

H0232 אֵזוֹר 14회 **에조르**

〈246〉에서 유래; '둘러진' 것; '혁대', 또한 '띠':―(허리)띠.

H0233 אֲזַי 3회 **아자이**

〈227〉에서 유래한 듯; '그 때에':―그 때에.

H0234 אַזְכָּרָה 1회 **아즈카라**

〈2142〉에서 유래; '생각하게 하는 사람(것)'; 특별히 '추억을 제공하는':―기념물.

H0235 אָזַל 5회 **아잘**

기본어근; '가버리다', 여기에서 '사라지다':―실패하다, 돌아다니다, 이리

저리 가다 [그러나 겔27:—19에서 그 단어를 많은 사람은 "우살에서", 다른 이들은 "길쌈하는 실"로 해석함], 가버리다, 써버리다.

H0236 אֲזַל^5회 아잘

아람어 〈235〉와 동일; '떠나다':—(올라)가다.

H0237 אֶזֶל^2회 에젤

〈235〉에서 유래; '출발'; 팔레스타인에 있는 기념비 '에셀':—에셀(삼상20:19).

H0238 אָזַן^42회 아잔

기본어근; 아마 '펴다'; 그러나 〈241〉에서 유래한 명사 유래어로서만 사용됨; (손으로) '귀를 펴다', 즉 (함축적으로) '귀를 기울이다':—귀를 기울이다, 귀로 감지하다, 듣다, 경청하다. 〈0239〉를 보라

H0239 אָזַן^1회 아잔

기본어근 [오히려 마치 두 귀 같은 '천평'이란 생각에서 〈238〉과 동일]; '무게를 달다', 즉 (상징적으로) '숙고하다':—~에 잘 유의하다.

H0240 אָזֵן^1회 아젠

〈238〉에서 유래; '삽', 또는 (끝이 '넓은') '노':—무기.

H0241 אֹזֶן^187회 오젠

〈238〉에서 유래; '넓음', 즉 (구체적으로) '귀'(인간의 귀 모양으로부터):—광고하다, 청중, 불쾌하게하다, 귀, 청취, 보임.

H0242 אֻזֵּן שֶׁאֱרָה^1회 웃젠 셰에라

〈238〉과 〈7609〉에서 유래; '세에라의 작은 땅'(즉, 그에 의해 정착된); 팔레스타인의 한 장소 '우센세에라':—우센세에라(대상7:24).

H0243 אַזְנוֹת תָּבוֹר^1회 아즈노트 타보르

〈238〉과 〈8396〉에서 유래; '다볼의 평지들'(즉, 그 위에 위치한); 팔레스타인의 한 장소 '아스놋다볼':—아스놋다볼(수19:34).

H0244 אָזְנִי^1회 오즈니

〈241〉에서 유래; (민첩한) '귀를 가진'; 한 이스라엘인 '오스니'; 또한 (집합적으로) 그의 후손 '오즈니 족속':—오스니, 오스니 족속(민26:16).

H0245 אֲזַנְיָה^1회 아잔야

〈238〉과 〈3050〉에서 유래; '여호와에게 들려진'; 한 이스라엘인 '아사냐':—아사냐(느10:9).

H0246 אֲזִקִּים^2회 아직킴

〈213〉의 어미변화; '수갑(속박)':—쇠사슬(구속).

H0247 אָזַר^16회 아자르

기본어근; '띠를 띠다':—묶다(둘러싸다), 띠를 매다(에워싸다).

H0248 אֶזְרוֹעַ^2회 에즈로아

〈2220〉의 어미변화; '팔':—팔.

H0249 אֶזְרָח^17회 에즈라흐

〈2224〉에서 유래 ('뛰어 오르다, 자라다'는 의미에서); 자발적인 '성장', 즉 '토착인', 또는 '토착나무':—월계수, 태어난, 토착의(그 땅에서 난), 자기 나라(민족의), 본토박이의, 자국민의.

H0250 אֶזְרָחִי^3회 에즈라히

〈2246〉에서 유래한 족속의 명칭; 세라인, 또는 세라의 자손:—에스라 족속.

H0251 אָח^629회 아흐

기본어근; '형제'(문자적 관계와 은유적으로 친근성이나 유사라는 최광의의 의미에서 사용됨 [〈1〉과 같이]):—또 다른 형제(같은), 친척(…과 같은,

다른). 또한 "아-"나 "아히-"로 시작되는 고유명사와 비교

H0252 אַח[1회] **아흐**

아람어 〈251〉과 같음:—형제.

H0253 אָח[3회] **아흐**

〈162〉의 어미변화; '오!'(슬픔이나 놀람의 표현):—아, 아아.

H0254 אָח[2회] **아흐**

불확실한 어원에서 유래; (난로의) '화로'나 식탁용 풍로:—난로.

H0255 אֹחַ[1회] **오아흐**

〈253〉에서 유래한 듯; '짖는 동물', 또는 쓸쓸한 야생동물:—음울한 피조물.

H0256 אַחְאָב[92회] **아흐아브** 한번은(압축에 의해)(렘29:22) **אֶחָב 에하브**

〈251〉과 〈1〉에서 유래; (그의) '아버지의 형제'(즉, '친구'); 한 이스라엘 왕과 바벨론에 한 선지자 이름 '아합':—아합(렘29:21).

H0257 אַחְבָּן[1회] **아흐반**

〈251〉과 〈995〉에서 유래; '이해의 형제'(즉, 소유자); 한 이스라엘인 '아반':—아반(대상2:29).

H0258 אָחַד[2회] **아하드**

기본어근인 듯; '통일시키다', 즉 (상징적으로) (생각을) '모으다':—어떤 길로든 가다.

H0259 אֶחָד[699회] **에하드**

〈258〉에서 유래한 수사; 아마 '통일된', 또는 '하나' 또는 (서수로서) '첫째의':—하나의, 같은, 다만 홀로, 모두, 몇의, 어느, 하나에 대하여, 어떤, 확실히(즉, 날마다), 각자, 열한, 모든, 몇몇의, 첫 번째, 큰길, 한사람, 한번, 하나, 오직, 다른 약간의, 함께.

H0260 אָחוּ[2회] **아후**

불확실한 (아마 애굽의) 파생어에서 유래; '파피루스', 또는 늪에서 생기는 풀 (특히 나일강가의):—창포, 초원, (강변의 낮은) 풀밭.

H0261 אֵחוּד[1회] **에후드**

〈258〉에서 유래; '통일된'; 세 이스라엘인의 이름 '에훗':—에훗(대상8:6).

H0262 אַחְוָה[1회] **아흐와**

〈2331〉에서 유래(〈2324〉의 의미에서); '발언':—선언.

H0263 אַחֲוָה[1회] **아하와**

아람어 〈262〉와 같음; (수수께끼의) '해결':—보임, 진술.

H0264 אַחֲוָה[1회] **아하와**

〈251〉에서 유래; '형제임'('우애'):—형제의 관계(형제애).

H0265 אֲחוֹחַ[1회] **아호아흐**

〈251〉에서 유래한 중복형태; '형제의'; 한 이스라엘인 '아호아':—아호아(대상8:4).

H0266 אֲחוֹחִי[4회] **아호히**

〈264〉에서 유래한 족속의 명칭; '아호아 족속', 또는 아호아의 자손:—아호아 족속(삼하23:9,28).

H0267 אֲחוּמַי[1회] **아후마이**

〈251〉과 〈4325〉에서 유래한 듯; '물의 형제'(즉, '이웃'); 한 이스라엘인 '아후매':—아후매(대상4:2).

H0268 אָחוֹר[41회] **아호르**

또는 (단축형) **אָחֹר 아호르**

〈299〉에서 유래; '뒷' 부분; 여기에서 (부사적으로) '뒤에', '뒤로'; 또한 (북쪽을 향한) '서부':—뒤에, 뒤, 뒷부분, 뒤편, 금후로, 장차, …없이.

H0269 אָחוֹת[114회] **아호트**

〈251〉의 불규칙한 여성형; '자매'([〈250〉과 같이] 문자적으로, 또 상징

적으로 매우 넓게 사용됨):—(또, 다른) 자매 (함께).

H0270 אָחַז68회 **아하즈**

기본어근; '잡다' (종종 소유한다는 부수적 개념과 함께):—놀라다, 막다, 잡다(제지하다), 단단히 매다, 조종하다, 분배하다, 소유하다.

H0271 אָחָז41회 **아하즈**

〈270〉에서 유래; '소유자'; 한 유대 왕과 한 이스라엘인의 이름 '아하스':—아하스(대하27:9, 왕하20:11).

H0272 אֲחֻזָּה66회 **아훗자**

〈270〉에서 유래한 여성수동태 분사형; '붙잡힌 것', 즉 (특히 땅의) '소유':—소유.

H0273 אַחְזַי1회 **아흐자이**

〈270〉에서 유래; '붙잡은 자'; 한 이스라엘인 '아흐새':—아흐새(느11:13).

H0274 אֲחַזְיָה7회 **아하즈야**

혹은 **אֲחַזְיָהוּ 아하즈야후**

〈270〉과 〈3050〉에서 유래; '여호와께서 잡으셨다'; 한 유대인과 한 이스라엘 왕의 이름 '아하시야':—아하시야(왕상22:49).

H0275 אֲחֻזָּם1회 **아훗잠**

〈270〉에서 유래; '붙잡음'; 한 이스라엘인 '아훗삼':—아훗삼(대상4:6).

H0276 אֲחֻזַּת1회 **아훗자트**

〈272〉의 어미변화; '소유'; 한 블레셋인 '아훗삿':—아훗삿(창26:26).

H0277 אֲחִי2회 **아히**

〈251〉에서 유래; '형제의'; 두 이스라엘인의 이름 '아히':—아히(대상5:15, 7:34).

H0278 אֵחִי1회 **에히**

〈277〉과 동일한 듯; 한 이스라엘인 '에히':—에히(창46:21).

H0279 אֲחִיאָם2회 **아히암**

〈251〉과 〈517〉에서 유래; '어머니의 형제'(즉, 삼촌'); 한 이스라엘인 '아히암':—아히암(삼하23:33).

H0280 אֲחִידָה1회 **아히다**

아람어 〈2420〉과 같음; '수수께끼':—어려운 문장.

H0281 אֲחִיָּה19회 **아히야**

또는 (연장형) **אֲחִיָּהוּ 아히야후**

〈251〉과 〈3050〉에서 유래 '여호와의 형제'(즉, '경배자'); 아홉 이스라엘인의 이름 '아히야':—아히야(대상8:7, 대하10:15).

H0282 אֲחִיהוּד1회 **아히후드**

〈251〉과 〈1935〉에서 유래; '명성의 형제'(즉, '소유자'); 한 이스라엘인 '아히훗':—아히훗(민34:27).

H0283 אַחְיוֹ6회 **아흐요**

〈251〉에서 유래한 연장형; '형제의'; 세 이스라엘인의 이름 '아히오':—아효(삼하6:3, 대상8:14).

H0284 אֲחִיחֻד1회 **아히후드**

〈251〉과 〈2330〉에서 유래; '수수께끼(즉, 신비스러운)의 형제'; 한 이스라엘인 '아히훗':—아히훗(대상8:7).

H0285 אֲחִיטוּב15회 **아히툽**

〈251〉과 〈2898〉에서 유래; '선의 형제'; 여러 제사장의 이름 '아히둡':—아히둡(삼하8:17, 대상6:11).

H0286 אֲחִילוּד5회 **아힐루드**

〈251〉과 〈3205〉에서 유래; '태어난 자의 '형제'; 한 이스라엘인 '아힐룻':—아힐룻(삼하8:16, 왕상4:3).

H0287 אֲחִימוֹת2회 **아히모트**

〈251〉과 〈4191〉에서 유래; '죽음의 형제'; 한 이스라엘인 '아히못':—아히못(대상6:25).

H0288 אֲחִימֶלֶךְ17회 **아히멜렉**
〈**251**〉과 〈**4428**〉에서 유래; '왕의 형제'; 한 이스라엘인과 한 헷 사람의 이름 '아히멜렉':—아히멜렉(삼상21:2).

H0289 אֲחִימַן4회 **아히만**
또는 **אֲחִימָן 히만**
〈**251**〉과 〈**4480**〉에서 유래; '몫'(즉, '선물')의 '형제'; 한 아낙사람과 한 이스라엘인의 이름 '아히만':—아히만(민13:22).

H0290 אֲחִימַעַץ15회 **아히마아츠**
〈**251**〉 그리고 〈**4619**〉와 동의어에서 유래; '분노의 형제'; 세 이스라엘인의 이름 '아히마아스':—아히마아스(삼상14:50, 삼하15:27).

H0291 אַחְיָן1회 **아흐얀**
〈**251**〉에서 유래; '형제의'; 한 이스라엘인 '아히안':—아히안(대상7:19).

H0292 אֲחִינָדָב1회 **아히나답**
〈**251**〉과 〈**5068**〉에서 유래; '너그러움의 형제'; 한 이스라엘인 '아히나답':—아히나답(왕상4:14).

H0293 אֲחִינֹעַם7회 **아히노암**
〈**251**〉과 〈**5278**〉에서 유래; '즐거움의 형제'; 두 이스라엘 여인의 이름 '아히노암':—아히노암(삼상14:50, 삼하2:2).

H0294 אֲחִיסָמָךְ3회 **아히싸마크**
〈**251**〉과 〈**5564**〉에서 유래; '후원의 형제'; 한 이스라엘인 '아히사막':—아히사막(출31:6).

H0295 אֲחִיעֶזֶר6회 **아히에제르**
〈**251**〉과 〈**5828**〉에서 유래; '도움의 형제'; 두 이스라엘인의 이름 '아히에셀':—아히에셀(민1:12).

H0296 אֲחִיקָם20회 **아히캄**
〈**251**〉과 〈**6965**〉에서 유래; '일어남(즉, '높음')의 형제'; 한 이스라엘인 '아히감':—아히감(왕하25:22, 렘39:14).

H0297 אֲחִירָם1회 **아히람**
〈**251**〉과 〈**7311**〉에서 유래; '높음의 형제'(즉, '높은'); 한 이스라엘인 '아히람':—아히람(민26:38).

H0298 אֲחִירָמִי1회 **아히라미**
〈**297**〉에서 유래한 족속의 명칭; '아히람 인' 또는 아히람의 자손(집합적으로):—아히람 족속(민26:38).

H0299 אֲחִירַע5회 **아히라**
〈**251**〉과 〈**7451**〉에서 유래; '잘못의 형제'; 한 이스라엘인 '아히라':—아히라(민1:15).

H0300 אֲחִישָׁחַר1회 **아히샤하르**
〈**251**〉과 〈**7837**〉에서 유래; '새벽의 형제'; 한 이스라엘인 '아히살':—아히사할(대상7:10).

H0301 אֲחִישָׁר1회 **아히샤르**
〈**251**〉과 〈**7891**〉에서 유래; '노래하는 자의 형제'; 한 이스라엘인 '아히살':—아히살(왕상4:6).

H0302 אֲחִיתֹפֶל20회 **아히토펠**
〈**251**〉과 〈**8602**〉에서 유래; '어리석음의 형제'; 한 이스라엘인 '아히도벨':—아히도벨(삼하15:31).

H0303 אַחְלָב1회 **아흘라브**
〈**2459**〉와 같은 어근에서 유래; '살찜'(즉, '비옥한'); 팔레스타인의 한 장소 '알랍':—알랍(삿1:31).

H0304 אַחְלַי2회 **아흘라이**
〈**305**〉와 동일; '원하는'; 한 이스라엘 여인과 한 이스라엘인의 이름 '알래':—알래(대상2:31).

H0305 אַחֲלַי1회 **아할라이**

또는 אַחֲלֵי 아할레
⟨253⟩ 그리고 ⟨3868⟩의 어미변화에서 유래한 듯함; '그랬으면!':—그랬으면, 그렇게 되기를.

H0306 אַחְלָמָה[2회] **아흘라마**
아마 ⟨2492⟩에서 유래('꿈의 돌'); 한 보석, 아마 '자수정':—자수정.

H0307 אַחְמְתָא[1회] **아흐메타**
아람어 기원은 페르시아어; 페르시아의 여름궁전 '악메다'(즉, '엑바타나'):—악메다(스6:2).

H0308 אֲחַסְבַּי[1회] **아하쓰바이**
불분명한 파생어에서 유래; 한 이스라엘인 '아하스배':—아하스배(삼하23:34).

H0309 אָחַר[96회] **아하르**
기본어근; '빈둥거리다'(즉, '뒤지다'); (함축적으로) '지연하다':—계속하다, 연기하다, 늦추다, 방해하다, 늦다(느슨하다), (거기)머물다, (오래)체재하다.

H0310 אַחַר[17회] **아하르**
⟨209⟩에서 유래; '뒷' 부분인 듯함; 보통 부사나 접속사로 사용됨. '후에'(다양한 의미로):— 후에(후로), 다시, …에, …에서, 멀리, 뒤에서, 뒤쪽에, 뒤에, 곁에, 옆에, 뒤따르다(다음의), …이므로, …에서부터, 여기에서부터, 뒤끝, …보다 오래 살다, 박해하다, 후손, 추구하는, 남은, …을 볼 때,…때문에, 거기에서, …때, …함께.

H0311 אַחַר[3회] **아하르**
아람어 ⟨310⟩과 같음; '뒤에':—뒤에, 금후로는.

H0312 אַחֵר[166회] **아헤르**
⟨309⟩에서 유래; 아마 '뒷쪽의', 일반적으로 '다음의', '다른' 등:—(또) 다른 (사람), 다음의, 이상한.

H0313 אַחֵר[1회] **아헤르**
⟨312⟩와 동일; 한 이스라엘인 '아헬':—아헬(대상7:12).

H0314 אַחֲרוֹן[51회] **아하론**
또는 (단축형) אַחֲרֹן 아하론
⟨309⟩에서 유래; 아마 '뒷쪽의'; 일반적으로 '늦은', 또는 '마지막의', 특히 (동쪽을 바라볼 때) '서쪽의':—후에(후로), 닥쳐올, 뒤따르는, (맨)뒤의, 마지막의, 나중의, 가장 먼.

H0315 אַחְרַח[1회] **아흐라흐**
⟨310⟩과 ⟨251⟩에서 유래; (그의) '형제 뒤에'; 한 이스라엘인 '아하라':—아하라(대상8:—1).

H0316 אֲחַרְחֵל[1회] **아하르헬**
⟨310⟩과 ⟨2426⟩에서 유래; '참호 뒤의'(즉, '안전한'); 한 이스라엘인 '아하헬':—아하헬(대상4:8).

H0317 אָחֳרִי[5회] **오호리**
아람어 ⟨311⟩에서 유래; '다른':—(또) 다른.

H0318 אָחֳרֵין[1회] **오호렌**
또는 (단축형) אָחֳרֵן 오호렌
아람어 ⟨317⟩에서 유래; '마지막의':—드디어(마지막에).

H0319 אַחֲרִית[61회] **아하리트**
⟨310⟩에서 유래; '마지막', 또는 '끝', 여기에서 '미래'; 또한 '후손':—(마지막의, 나중의) 끝(시간), 뒤쪽의, 맨 마지막의, 극단의, 길이, 후손, 남은 자(것), 찌꺼기, 보상.

H0320 אַחֲרִית[1회] **아하리트**
아람어 ⟨311⟩에서 유래; ⟨319⟩와 동일; '더 늦은':—뒤쪽.

H0321 אָחֳרָן[11회] **오호란**

아람어 〈311〉에서 유래; 〈317〉과 동일; '다른':—(또) 다른.

H0322 אֲחֹרַנִּית[7회] **아호란니트**
〈268〉에서 유래한 연장형; '뒤로':—뒤, 뒤쪽으로, 뒤에 다시.

H0323 אֲחַשְׁדַּרְפַּן[4회] **아하쉬다르판**
기원은 페르시아어; 페르시아의 주요지방의 '태수(총독)', 또는 통치자:—부관, 대신(大臣).

H0324 אֲחַשְׁדַּרְפַּן[10회] **아하쉬다르판**
아람어 〈323〉과 같음:—방백, 총독, 고관.

H0325 אֲחַשְׁוֵרוֹשׁ[1회] **아하쉬웨로쉬** 또는 (짧게)(에10:1) **אֲחַשְׁרֵשׁ 아하쉬로쉬**
기원은 페르시아어; '아하수에로'(즉, 아하수에로 또는 아르타크세르크세스, 그러나 이 경우는 크세르크세스), 페르시아왕의(이름이기보다) 칭호:—아하수에로.

H0326 אֲחַשְׁתָּרִי[1회] **아하쉬타리**
아마도 페르시아어의 파생어; '아하스다 족속'(즉, 급사); 한 이스라엘인의 (이름이기보다) 호칭:—하아하스다리(관사포함)(대상4:6).

H0327 אֲחַשְׁתְּרָן[1회] **아하쉬타란**
기원은 페르시아어; '노새':—낙타.

H0328 אַט[4회] **아트**
아마 '부드럽게 움직이다'란 의미의 사용하지 않는 어근에서 유래; (명사로서) '강신술자'(그들의 잔잔한 주문에서), (부사로서) '점잖게':—요술장이, 점잖게, 비밀의, 부드럽게.

H0329 אָטָד[4회] **아타드**
아마 '찌르다' 또는 '날쌔게 만들다'란 의미의 사용하지 않는 어근에서 유래; '가시'나무(특히 '갈매나무'):—아닷(창50:10,11), 가시덤불, 가시.

H0330 אֵטוּן[1회] **에툰**
(아마 '매다'란 의미의) 사용하지 않는 어근에서 유래; 아마 '뒤틀린'(꼬인 실, 방사),즉 '주단':—가늘게 짠 천.

H0331 אָטַם[8회] **아탐**
기본어근; (입술을) '닫다', 또는 (귀를) '막다'; 유추에 의해 (창窓을 경사진 버팀기둥에 의해) '죄다':—좁히다, 닫다, 정지시키다.

H0332 אָטַר[1회] **아타르**
기본어근; '닫아버리다':—닫다.

H0333 אָטֵר[5회] **아테르**
〈332〉에서 유래; '불구의'; 세 이스라엘인의 이름 '아텔':—아텔(스2:42, 느7:45).

H0334 אִטֵּר[2회] **잇테르**
〈332〉에서 유래; '닫힌', 즉 (오른손의 사용이) '저지된':—왼손잡이의.

H0335 אַי[31회] **아이**
아마 〈370〉에서 유래; '어디? 여기에서 '어떻게?':—어떻게, 무엇, 어디로부터, 어디에, …인지, 어떤(길).

H0336 אִי[36회] **이**
('의문'이란 사상을 통하여) 〈335〉와 같은 듯함; '아니':—아니라도(욥22:30).

H0337 אִי[2회] **이**
〈188〉에서 유래한 압축형; '아!':—화로다!

H0338 אִי[3회] **이**
('슬픈' 소리라는 개념을 통하여) 〈337〉과 동일시된 듯; 짖는 짐승(복수로만 사용됨), 즉 고독한 야생동물:—섬들의 야생동물.

H0339 אִי[4회] **이**
〈183〉에서 유래; 아마 (소망하는 장소로서의) '거할 수 있는 곳'; 마른

'땅', '해안', '섬':—시골, 작은 섬, 섬.

H0340 אָיַב[12회] **아얍**

기본어근; (반대되는 부족이나 무리의 일원으로서) '미워하다'; 여기에서 '적대하다':—적이 되다.

H0341 אֹיֵב[4회] **오옙**

또는 (완전히는) **אוֹיֵב 오옙**

〈340〉의 능동태 분사; '미워하는'; '대적':—적, 원수.

H0342 אֵיבָה[5회] **에바**

〈340〉에서 유래; '적대감':—적의, 증오.

H0343 אֵיד[24회] **에드**

〈181〉과 동형에서 유래; (밑으로 '굽히다'라는 의미에서); '압박'; 함축적으로 '불행', '파멸':—재난, 파괴.

H0344 אַיָּה[3회] **아야**

아마 〈337〉에서 유래; '날카로운 소리를 내는 새', 즉 '매':—솔개, 독수리.

H0345 אַיָּה[2회] **아야**

〈344〉와 동일; 두 이스라엘인의 이름 '아야':—아야.

H0346 אַיֵּה[53회] **아예**

〈335〉에서 유래한 연장형; '어디?':—어디.

H0347 אִיּוֹב[58회] **이욥**

〈340〉에서 유래; '미움 받는'(즉, '핍박받는'); 인내로 유명한 족장 '욥':—욥.

H0348 אִיזֶבֶל[22회] **이제벨**

〈336〉과 〈2083〉에서 유래; '정숙한'; 아합 왕의 아내 '이세벨':—이세벨(왕상16:31, 왕하9:7).

H0349 אֵיךְ[61회] **에크** 또한 **אֵיכָה 에카**

그리고 **אֵיכָכָה 에카카**

〈335〉에서 유래한 연장형; '어떻게?' 또는 '어떻게!'; 또한 '어디':—어떻게, 무엇.

H0350 אִי־כָבוֹד[2회] **이카보드**

〈336〉과 〈3519〉에서 유래; '영광이 없다', 즉 불명예스러운; 비느하스의 아들 '이가봇':—이가봇(삼상4:21).

H0351 אֵיכֹה[1회] **에코**

아마 〈349〉에서 유래한 어미변화, 그러나 의문사는 아님; '어디':—어디.

H0352 אַיִל[182회] **아일**

〈193〉과 동형에서 유래; 아마 '힘'; 여기에서 '힘센' 것; 특히(정치적) 우두머리; 또한 (그 힘에서) '수양'; (강력한 지지물로서) '벽기둥'; '상수리나무', 또는 다른 강한 나무:—강력한 (사람), 위 인방, 상수리나무, 기둥, 수양, 나무.

H0353 אֱיָל[1회] **에얄**

〈352〉의 어미변화; '힘':—힘, 능력.

H0354 אַיָּל[11회] **아이얄**

〈352〉의 강의어('수양'이란 의미에서); '수사슴':—수사슴.

H0355 אַיָּלָה[11회] **아이얄라**

〈354〉의 여성형; '암사슴':—암사슴.

H0356 אֵילוֹן[10회] **엘론** 또는 (단축형)

אֵלוֹן 엘론 또는 **אֵילֹן 엘론**

〈352〉에서 유래; '상수리나무 숲'; 팔레스타인의 한 곳과 한 헷 사람 및 두 이스라엘인의 이름 '엘론':—엘론(수19:43).

H0357 אַיָּלוֹן[10회] **아얄론**

〈354〉에서 유래; '사슴들판'; 팔레스타인의 다섯 장소 이름 '아얄론':—아얄론(수10:12).

H0358 אֵילוֹן בֵּית חָנָן[1회] **엘론 베트 하난**

〈356〉, 〈1004〉 및 〈2603〉에서 유래; '은총의 집의 상수리 나무 숲'; 팔레스타인의 한 장소 '엘론벧하난':—엘론벧하난(왕상4:9).

H0359 אֵילוֹת[1회] **엘로트**
또는 **אֵילַת** **엘라트**
〈**352**〉에서 유래; '나무들' 또는 '작은 숲'(즉, 종려나무들); 홍해의 한 곳 '엘롯', 또는 '엘랏':—엘랏, 엘롯(신 2:8).

H0360 אֱיָלוּת[1회] **에얄루트**
〈**353**〉의 여성형; '능력'; 함축적으로 '보호':—힘.

H00361 אֵילָם[15회] **엘람** 또는 (단축형) **אֵלָם** **엘람** 또는 (여성형) **אֵלַמָּה** **엘람마**
아마 〈**352**〉에서 유래; '기둥 공간'(또는, 주랑), 즉 '구내'(또는, 주랑현관):—아치 문.

H0362 אֵילִם[6회] **엘림**
〈**352**〉의 복수형; 종려 '나무들'; 광야의 한 곳 '엘림':—엘림(출15:27, 민 33:9).

H0363 אִילָן[3회] **일란**
아람어 〈**356**〉과 같음; '나무':—나무.

H0364 אֵיל פָּארָן[2회] **엘 파란**
〈**352**〉와 〈**6290**〉에서 유래; '바란의 상수리나무'; 바란 지역의 한 구역 '엘-바란':—엘-바란.

H0365 אַיֶּלֶת[3회] **아옐레트**
〈**355**〉와 동일; '암사슴':—암사슴, 아옐레트.

H0366 אָיֹם[3회] **아욤**
('놀래다'란 의미의) 사용하지 않는 어근에서 유래; '무서운':—무시무시한.

H0367 אֵימָה[17회] **에마**
또는 (단축형) **אֵמָה** **에마**
〈**366**〉과 동형에서 유래; '공포'; 구체적으로 '우상'(공포의 근원으로서):—두려움, 무서움, 공포, 우상, 무시무시한, 전율.

H0368 אֵימִים[3회] **에밈**
〈**367**〉의 복수형; '공포들'; 초기 가나안 (또는 모압) 족속 '엠 족속':—엠 족속(창14:5).

H0369 אַיִן[787회] **아인**
마치 '없다', 또는 '존재하지 않다'는 의미의 기본어근에서 유래한 것 같음; '존재하지 않음'; 일반적으로 부정불변사로서 사용됨:—그외의, …외에, 실패하다, [아버지] 없는, …도 아닌, 결코 아닌, (어느 곳도) 아닌, 누구도 …아닌, (어느 것도) 아닌, 없음, (어떤 것도) 아닌, 영락한, 지나간, [찾을 수] 없는, 거의, …없이 사라진 치료할 수 없는. 〈**370**〉과 비교

H0370 אַיִן[17회] **아인**
'의문(질문)'의 의미에서 〈**369**〉와 동일한 것 같음; (〈**336**〉과 비교); '어디?'(전치사 어미와 관련될 때에만 '어디에서부터'):—어디에서부터, 어디.

H0371 אִין[1회] **인**
명백히 〈**369**〉의 압축형; 그러나 (〈**370**〉과 같이) 의문사임; 그것이 '아닌가?':—아닌.

H0372 אִיעֶזֶר[1회] **이에제르**
〈**336**〉과 〈**5828**〉에서 유래; '무력한'; 한 이스라엘인 '이에셀':—이에셀(민 26:30).

H0373 אִיעֶזְרִי[1회] **이에즈리**
〈**372**〉에서 유래한 족속의 명칭; '이에셀인' 또는 이에셀의 자손:—이에셀 족속(민26:30).

H0374 אֵיפָה[140회] **에파**
또는 (단축형) **אֵפָה** **에파**

애굽어의 파생어; '에바' 또는 곡식 측량단위; 여기에서 일반적으로 '측량':—에바, (여러) 곡물을 되는 단위(들).

H0375 אֵיפָה[10회] **에포**

〈335〉와 〈6311〉에서 유래; '어느 곳?'; 또한 (시간에 대하여) '언제?'; 또는 (방법에 대하여) '어떻게?':—무슨 방법, 어디.

H0376 אִישׁ[2179회] **이쉬**

〈582〉의 압축형 [또는 아마 '현존하다'는 의미의 사용하지 않는 어근에서 유래]; 한 개인, 또는 남자로서의 '사람', 흔히 보다 제한적인 용어의 부가어로 사용됨 (또, 이 같은 경우에는 흔히 번역에 표현되지 않음):—(또한, 또 다른, 어떤) 사람, (어떤) 투사, 동의, (각각의, 모든) 사람, 동료, 보병, 농부, (선한, 위대한, 힘센)사람, 그 사람, (높은 [정도]) 사람, 남편, 인류, 아무도 …아닌, 한사람, 백성, 청지기, 무슨(사람)이든지, 누구(든지) (가치 있는). 〈802〉와 비교

H0377 אִישׁ[1회] **이쉬**

〈376〉의 명사에서 파생한 동사; '남자이다', 즉 남자답게 행동하다:—자신을 남자로 보이다.

H0378 אִישׁ־בֹּשֶׁת[11회] **이쉬-보셰트**

〈376〉과 〈1322〉에서 유래; '수치의 사람'; 사울왕의 아들 '이스보셋':—이스보셋(삼하2:8).

H0379 אִישְׁהוֹד[1회] **이쉬호드**

〈376〉과 〈1935〉에서 유래; '명성의 사람'; 한 이스라엘인 '이스홋':—이스홋(대상7:18).

H0380 אִישׁוֹן[5회] **이숀**

〈376〉에서 유래한 지소형; 눈의 '작은 사람'; '눈동자' 또는 '안구'; 여기에서 (밤의) '한가운데':—[눈]동자 (검은, 어두운).

H0381 אִישׁ־חַיִל[1회] **이쉬-하일**

〈376〉과 〈2428〉에서 유래; '능력의 사람'; 필사의 오기(삼하23:20) **אִישׁ־חַי** 이쉬-하이 〈376〉과 〈2416〉에서 유래한 것같이 보임; '살아있는 사람'; 한 이스라엘 사람 '이스하일' (또는 '이스하이'):—용감한 사람.

H0382 אִישׁ־טוֹב[1회] **이쉬-톱**

〈376〉과 〈2897〉에서 유래; '돕의 사람'; 팔레스타인의 한 장소 '이스돕':—이스돕.

H0383 אִיתַי[138회] **이타이**

[아람어] 〈3426〉과 같음; 아마 '실재물'; 긍정의 불변사로서만 사용됨. '있다':—당신은 …이다, 당신들은 할 수 있[다한다], 그것이 … 되게 하라, …이다, 있다, 우리는 …하지 않을 것이다.

H0384 אִיתִיאֵל[3회] **이티엘**

아마도 〈837〉과 〈410〉에서 유래; '하나님께서 임하셨다'; 한 이스라엘인과 한 상징적 인물의 이름 '이디엘':—이디엘(잠30:1).

H0385 אִיתָמָר[21회] **이타마르**

〈339〉와 〈8558〉에서 유래; '종려'나무의 '해안'; 아론의 아들 '이다말':—이다말(출6:23, 민3:2).

H0386 אֵיתָן[14회] **에탄**

또는 (단축형) **אֵתָן** 에탄

('계속하다'는 의미의) 사용하지 않는 어근에서 유래; '영속'; 여기에서 (구체적으로) '영구한'; 특히 '두목':—딱딱한, 힘센, 거친, 힘, 강한.

H0387 אֵיתָן[8회] **에탄**

〈386〉과 동일; '영구한'; 네 이스라엘

인의 이름 '에단':—에단(시89편 제목).

H0388 אֵתָנִים 1회 에타님
〈**386**〉의 복수형; 항상 관사와 함께 사용됨; '영속하는' 개울들; 달(月)의 이름 '에다님':—에다님(왕상8:2).

H0389 אַךְ 161회 아크
〈**403**〉과 유사; 확신의 불변사, '확실히'; 여기에서 (제한적으로) '오직':—또한, 아무래도, 적어도, 그러나, 분명히, 조차, 그렇지만, 그럼에도 불구하고, 오직, …외에, 확실히, 분명히, 참으로, 진실로, 그러므로, 그러나.

H0390 אַכַּד 1회 악카드
'강하게 하다'를 뜻하는 듯한 사용하지 않는 어근에서 유래; '요새'; 바벨론의 한 장소 '악갓':—악갓(창10:10).

H0391 אַכְזָב 2회 아크잡
〈**3576**〉에서 유래; '거짓'; 함축적으로 '사기':—거짓말쟁이, 거짓말.

H0392 אַכְזִיב 4회 아크집
〈**391**〉에서 유래; '속이는'(여름에 '흐르지 않는' 겨울 급류란 의미에서); 팔레스타인의 두 장소 이름 '악십':—악십(수15:44, 19:29).

H0393 אַכְזָר 4회 아크자르
(명백히 '거칠게 행동하다'란 의미인) 사용하지 않는 어근에서 유래; '격렬한'; 함축적으로 '치명적인'; 또한 (좋은 의미에서) '용감한':—잔인한, 사나운.

H0394 אַכְזָרִי 8회 아크자리
〈**393**〉에서 유래; '무서운'('무시무시한'):—잔인한(사람).

H0395 אַכְזְרִיּוּת 1회 아크제리유트
〈**394**〉에서 유래; '사나움':—잔인한.

H0396 אֲכִילָה 1회 아킬라
〈**398**〉에서 유래한 여성형; '먹을 수 있는' 것, 즉 '음식':—식사.

H0397 אָכִישׁ 21회 아키쉬
불확실한 파생어; 블레셋 왕 '아기스':—아기스(삼상21:11).

H0398 אָכַל 807회 아칼
기본어근; '먹다'(문자적으로, 또는 상징적으로):—(전적으로) 태워버리다, 소비하다, 삼키다(삼키는 사람), 먹다, 먹어버리다(먹는 사람), (…로) 먹이다, 음식, (자유롭게) 음식물(차리다) (아주).

H0399 אֲכַל 7회 아칼
아람어 〈**398**〉과 같음:—고소하다, 삼키다, 먹다.

H0400 אֹכֶל 44회 오켈
〈**398**〉에서 유래; '음식':—먹음, 음식, 식사(시간), 음식물, 먹이, 양식.

H0401 אֻכָל 1회 우칼 또는 אֻכָּל 욱칼
명백히 〈**398**〉에서 유래; '삼키운'; 가상적인 이름 '우갈':—우갈(잠30:1).

H0402 אָכְלָה 18회 오클라
〈**401**〉의 여성형; '음식':—소비하다, 삼키다, 먹다, 음식, 음식물.

H0403 אָכֵן 18회 아켄
〈**3559**〉에서 유래 [〈**3651**〉과 비교]; '확고하게'; 상징적으로 '확실히'; 또한 (반의적으로) '그러나':—그러나, 확실히, 그럼에도 불구하고, 분명히, 참으로, 진실로.

H0404 אָכַף 1회 아카프
기본어근; 명백히 '구부러지다'는 의미(짐을 져서); '몰아대다':—갈망하다.

H0405 אֶכֶף 1회 에케프
〈**404**〉에서 유래; '짐'; 함축적으로 '타격'('위엄'):—손.

H0406 אִכָּר[7회] **익카르**
'파다'는 의미의 사용하지 않는 어근에서 유래; '농부':—농사꾼, 농부.

H0407 אַכְשָׁף[3회] **아크샤프**
⟨3784⟩에서 유래; '매혹'; 팔레스타인의 한 장소 '악삽':—악삽(수12:20).

H0408 אַל[725회] **알**
부정(否定)불변사[⟨3808⟩과 유사]; '…아닌'(한정된 부정, 불찬성의 말로 사용됨); 한번(욥24:25)은 명사로 '아무것도 아님':—아니, …도 아닌, 결코 아닌, 아닌, 아무것도 아닌 [가치 없는], 보다 오히려.

H0409 אַל[4회] **알**
아람어 ⟨408⟩과 같음:—아닌(not).

H0410 אֵל[235회] **엘**
⟨352⟩에서 온 압축형; '힘'; 형용사로서 '힘센'; 특히 '전능자'(그러나, 또한 어떤 '신성'에도 사용됨):—하나님(신), 훌륭한, 위대한, 우상, 힘(센자), 능력, 강한. "-엘"이 있는 이름과 비교

H0411 אֵל[8회] **엘**
지시 불변사 (그러나 복수의 의미에서만) '이것들' 또는 '저것들':—이것들, 저것들. ⟨428⟩과 비교

H0412 אֵל[1회] **엘**
아람어 ⟨411⟩과 동일:—이것들.

H0413 אֵל[5464회] **엘** 그러나 단지 이 단축 연계형 אֶל **엘**로만 사용됨.
기본 불변사; 정확히는 '향하여' 하는 동작을 나타내지만, 때로는 정지한 위치, 즉 '곁에', '함께' 또는 '가운데'로 사용됨; 종종 일반적으로 '…로(에)':—…에 관하여, …에 따라, …에 대하여, 사이에, …로서, …에, 왜냐하면, 앞에, 옆에, 둘 다, 의하여 …로부터, 안으로, 가까이, 의(로부터), 위로, 통하여, 에(향하여), 밑에, …로, …위에, …인지, 함께(안에).

H0414 אֵלָא[1회] **엘라**
⟨424⟩의 어미변화; '상수리나무'; 한 이스라엘인 '엘라':—엘라(왕상4:18).

H0415 אֵל אֱלֹהֵי יִשְׂרָאֵל[1회] **엘 엘로헤 이스라엘**
⟨410⟩ ⟨430⟩과 ⟨3478⟩에서 유래; '이스라엘의 전능하신 하나님'; 야곱에 의해 성별된 장소에 붙여진 명칭 '엘-엘로헤-이스라엘':—엘-엘로헤-이스라엘(창33:20).

H0416 אֵל בֵּית־אֵל[1회] **엘 베트엘**
⟨410⟩과 ⟨1008⟩에서 유래; '벧엘의 하나님'; 야곱에 의해 성별된 장소에 붙여진 명칭 '엘-벧엘':—엘-벧엘.

H0417 אֶלְגָּבִישׁ[3회] **엘가비쉬**
⟨410⟩과 ⟨1378⟩에서 유래; '우박'(마치 큰 '진주' 같은):—큰 우박들.

H0418 אַלְגּוּמִּים[3회] **알굼밈**
⟨484⟩의 도치형; '백단향' 나무로 된 지팡이들:—백단향 나무들.

H0419 אֶלְדָּד[2회] **엘다드**
⟨410⟩과 ⟨1730⟩에서 유래; '하나님이 사랑하셨다'; 한 이스라엘인 '엘닷':—엘닷(민11:26,27).

H0420 אֶלְדָּעָה[2회] **엘다아**
⟨410⟩과 ⟨3045⟩에서 유래; '지식의 하나님'; 미디안의 한 아들 '엘다아':—엘다아(창25:4).

H0421 אָלָה[1회] **알라**
기본어근; [오히려 '기원'이란 생각을 통해 ⟨4222⟩와 동일시됨]; '통곡하다':—슬퍼하다.

H0422 אָלָה[6회] **알라**
기본어근; 정확히는 '간청하다'; 즉

(보통 나쁜 의미에서) '빌다':—탄원하다, 저주하다, 맹세하다.

H0423 אָלָה[30회] **알라**

〈422〉에서 유래; '방자, 저주':—저주, 저주함, 매도, 서원, 맹세함.

H0424 אֵלָה[17회] **엘라**

〈352〉의 여성형; '상수리나무' 또는 다른 튼튼한 나무:—느릅나무, 상수리나무, 보리수.

H0425 אֵלָה[13회] **엘라**

〈424〉와 동일; 한 에돔인과 네 이스라엘인 및 팔레스타인의 한 장소 이름 '엘라':—엘라(왕상4:18, 왕하15:30, 대상4:15).

H0426 אֱלָהּ[95회] **엘라흐**

아람어 〈433〉과 같음; '하나님':—하나님, 신.

H0427 אַלָּה[1회] **알라**

〈424〉의 어미변화:—상수리나무.

H0428 אֵלֶּה[745회] **엘레**

〈411〉에서 유래한 연장형; '이(것)들' 또는 '저(것)들':—또 (다른), 한 종류, 그렇게, 약간, 그 같은, 그들을, 이들(같은), 그들은, 이(것), 저(것)들, 그러한, …한 것(사람).

H0429 אֵלֶּה[1회] **엘레**

아람어 〈428〉과 같음:—이(것)들.

H0430 אֱלֹהִים[2603회] **엘로힘**

〈433〉의 복수형; 통상적인 의미에서 '신들', 그러나 특별히 지존하신 '하나님'에 대하여 (복수로 특히 관사와 함께) 사용됨; 가끔 '높은 관리'들에게 경의를 표하는 방법으로 적용됨; 어떤 때는 최상급으로:—천사들 (뛰어난), 하나님(신들)(같은), (매우) (위대한) 재판장들, 강력한.

H0431 אֲלוּ[5회] **알루**

아람어 아마 〈412〉에서 유래한 연장형; '보라!':—보라.

H0432 אִלּוּ[2회] **일루**

아마 〈408〉에서 유래; '아니', 즉 (약하게) '만일':—그러나 만약, 그렇지만 만일.

H0433 אֱלוֹהַּ[57회] **엘로아흐**

아마 〈410〉에서 유래한 (강세적) 연장형; '신성':—하나님, 신. 〈430〉을 보라

H0434 אֱלוּל[20회] **엘룰**

〈457〉 참조; '아무짝에도 못쓸':—하찮은 것.

H0435 אֱלוּל[1회] **엘룰**

아마 외래어의 파생어; 유대력의 제6월 '엘룰':—엘룰(느6:15).

H0436 אֵלוֹן[8회] **엘론**

〈352〉에서 유래한 연장형; '상수리나무', 또는 다른 튼튼한 나무:—평원. 또한 〈356〉을 보라

H0437 אַלּוֹן[3회] **알론**

〈436〉의 어미변화:—상수리나무.

H0438 אַלּוֹן[2회] **알론**

〈437〉과 동일; 한 이스라엘인과 또한 팔레스타인의 한 장소 '알론':—알론.

H0439 אַלּוֹן בָּכוּת[1회] **알론 바쿠트**

〈437〉 그리고 〈1068〉의 어미변화에서 유래; '통곡의 상수리나무'; 기념나무 '알론바굿':—알론바굿(창35:8).

H0440 אֵלוֹנִי[1회] **엘로니**

또는 (단축형) אֵלֹנִי **엘로니**

〈438〉에서 유래한 족속의 명칭; '엘론인' 또는 엘론의 자손(집합적):—엘론 자손.

H0441 אַלּוּף[69회] **알루프**

또는 (단축형) אַלֻּף **알루프**

〈502〉에서 유래; '친한'; '친구', 또한 '온유한'; 여기에서 '황소'(길들은; 비록 남성이지만 '암소'에도 적용됨); 또한 '우두머리'(깨끗한 소떼처럼 두드러진):—우두머리, 군주, (주요한) 친구, 지배자, 안내자, 황소.

H0442 אָלוּשׁ2회 **알루쉬**
불확실한 파생어; 사막의 한 곳 '알루스':—알루스(민33:13).

H0443 אֶלְזָבָד2회 **엘자바드**
〈410〉과 〈2064〉에서 유래; '하나님이 베푸셨다'; 두 이스라엘인의 이름 '엘사밧':—엘사밧(대상26:7, 12:12).

H0444 אָלַח3회 **알라흐**
기본어근; '혼합하다', 즉(상징적으로, 자동사로) (도덕적으로) '부패해지다':—더럽게 되다.

H0445 אֶלְחָנָן4회 **엘하난**
〈410〉과 〈2603〉에서 유래; '하나님(은) 은혜로우시다'; 한 이스라엘인 '엘하난':—엘하난(삼하21:19, 23:24).

H0446 אֱלִיאָב21회 **엘리압**
〈410〉과 〈1〉에서 유래; (그의) '아버지의 하나님'; 여섯 이스라엘인의 이름 '엘리압':—엘리압(민1:9, 2:7, 삼상16:6, 17:13, 대상16:5).

H0447 אֱלִיאֵל10회 **엘리엘**
〈410〉의 중복형; '(그의) 하나님의 하나님'; 아홉 이스라엘인의 이름 '엘리엘':—엘리엘(대상5:24, 8:20, 11:46, 15:9, 대하31:13).

H0448 אֱלִיאָתָה1회 **엘리아타** 또는 (축약형) **אֱלִיָּתָה 리야타**
〈410〉과 〈225〉에서 유래; (그의) '허락, 동의하시는 하나님'; 한 이스라엘인 '엘리아다':—엘리아다(대상25:4).

H0449 אֱלִידָד1회 **엘리다드**
〈419〉와 동형에서 유래; (그의) '사랑의 하나님'; 한 이스라엘인 '엘리닷':—엘리닷(민34:21).

H0450 אֶלְיָדָע4회 **엘야다**
〈410〉과 〈3045〉에서 유래; '하나님은 알고 계시다'; 두 이스라엘인과 한 아람인 지도자의 이름 '엘리아다':—엘리아다(왕상11:23, 대하17:17).

H0451 אַלְיָה5회 **알야**
〈422〉에서 유래('힘'이란 본래 의미에서); '살찐' 부분, 즉 동양의 양의 살찐 '꼬리':—엉덩이.

H0452 אֵלִיָּה8회 **엘리야** 또는 (연장형) **אֵלִיָּהוּ 엘리야후**
〈410〉과 〈3050〉에서 유래; '여호와의 하나님'; 유명한 선지자와 두 다른 이스라엘인의 이름 '엘리야':—엘리야(왕하2:6, 대상8:27, 스10:21,26).

H0453 אֱלִיהוּ4회 **엘리후**
또는 (완전히는) **אֱלִיהוּא 엘리후**
〈410〉과 〈1931〉에서 유래; '그의 하나님'; 욥의 친구 중 한 사람과 세 이스라엘인의 이름 '엘리후':—엘리후(삼상1:1, 대상12:20, 욥32:2,4).

H0454 אֶלְיְהוֹעֵינַי9회 **엘예호에나이**
또는 (단축형) **אֶלְיוֹעֵינַי 엘요에나이**
〈413〉 〈3068〉과 〈5869〉에서 유래; '여호와를 향하여 나의 눈을(드나이다)'; 일곱 이스라엘인의 이름 '엘료에내':—엘료에내(대상4:36, 7:8, 26:3, 스8:4, 10:22).

H0455 אֶלְיַחְבָּא2회 **엘야흐바**
〈410〉과 〈2244〉에서 유래; '하나님이 감추실 것이다'; 한 이스라엘인 '엘리아바':—엘리아바(삼하23:32).

H0456 אֱלִיחֹרֶף1회 **엘리호레프**
〈410〉과 〈2779〉에서 유래; '가을의

하나님'; 한 이스라엘 '엘리호렙':—엘리호렙(왕상4:3).

H0457 אֱלִיל[20회] **엘릴**

명백히 ⟨**408**⟩에서 유래; '아무짝에도 쓸모없음', 유추적으로 '헛된', 또는 '헛됨'; 특히 '우상':—우상, 무가치, 보잘것없는 것.

H0458 אֱלִימֶלֶךְ[6회] **엘리멜레크**

⟨**410**⟩과 ⟨**4428**⟩에서 유래; '왕의 하나님'; 한 이스라엘인 '엘리멜렉':—엘리멜렉(룻1:2, 2:1).

H0459 אִלֵּין[5회] **일렌**

또는 (단축형) **אִלֵּן 일렌**

아람어 ⟨**412**⟩에서 유래한 연장형; '이(것)들':—그, 이(것)들.

H0460 אֶלְיָסָף[6회] **엘야싸프**

⟨**410**⟩과 ⟨**3254**⟩에서 유래; '하나님은 모으시는 분'(이시다); 두 이스라엘인의 이름 '엘리아삽':—엘리아삽(민1:14, 2:14, 3:24).

H0461 אֱלִיעֶזֶר[14회] **엘리에제르**

⟨**410**⟩과 ⟨**5828**⟩에서 유래; '도움의 하나님'; 한 다메섹인과 열 이스라엘인의 이름 '엘리에셀':—엘리에셀(창15:2, 출18:4, 대상7:8, 15:24, 대하20:37, 스8:6, 10:18).

H0462 אֱלִיעֵנַי[1회] **엘리에나이**

아마 ⟨**454**⟩의 압축형; 한 이스라엘인 '엘리에내':—엘리에내(대상8:20).

H0463 אֱלִיעָם[2회] **엘리암**

⟨**410**⟩과 ⟨**5971**⟩에서 유래; '백성의 하나님'; 한 이스라엘인 '엘리암':—엘리암(삼하11:3, 23:34).

H0464 אֱלִיפַז[15회] **엘리파즈**

⟨**410**⟩과 ⟨**6337**⟩에서 유래; '금의 하나님'; 욥의 한 친구와 에서의 아들의 이름 '엘리바스':—엘리바스(창36:4, 욥2:11).

H0465 אֱלִיפָל[1회] **엘리팔**

⟨**410**⟩과 ⟨**6419**⟩에서 유래; '심판의 하나님'; 한 이스라엘인 '엘리발':—엘리발(대상11:35).

H0466 אֱלִיפְלֵהוּ[2회] **엘리펠레후**

⟨**410**⟩과 ⟨**6395**⟩에서 유래; '그의 탁월의 하나님'; 한 이스라엘인 '엘리블레후':—엘리블레후(대상15:18,21).

H0467 אֱלִיפֶלֶט[8회] **엘리펠레트**

또는 (단축형) **אֶלְפֶּלֶט 엘펠레트**

⟨**410**⟩과 ⟨**6405**⟩에서 유래; '구원의 하나님'; 여섯 이스라엘인의 이름 '엘리벨렛', 또는 '엘벨렛':—엘리벨렛, 엘벨렛(대상3:6, 14:7).

H0468 אֱלִיצוּר[5회] **엘리추르**

⟨**410**⟩과 ⟨**6697**⟩에서 유래; '바위의 하나님'; 한 이스라엘인 '엘리술':—엘리술(민1:5, 2:10, 7:30).

H0469 אֱלִיצָפָן[4회] **엘리차판**

또는 (단축형) **אֶלְצָפָן 엘차판**

⟨**410**⟩과 ⟨**6845**⟩에서 유래; '보화의 하나님'; 한 이스라엘인 '엘리사반':—엘리사반(민3:30).

H0470 אֱלִיקָא[1회] **엘리카**

⟨**410**⟩과 ⟨**6958**⟩에서 유래; '거절의 하나님'; 한 이스라엘인 '엘리가':—엘리가(삼하23:25).

H0471 אֶלְיָקִים[12회] **엘야킴**

⟨**410**⟩과 ⟨**6965**⟩에서 유래; '일어남의 하나님'; 네 이스라엘인의 이름 '엘리야김':—엘리야김(왕하18:18, 23:34, 사22:20).

H0472 אֱלִישֶׁבַע[1회] **엘리셰바**

⟨**410**⟩과 ⟨**7651**⟩(**7650**의 의미)에서 유래; '맹세의 하나님'; 아론의 아내 '엘리세바':—엘리세바(출6:23).

H0473 אֱלִישָׁה 3회 **엘리샤**
아마 외래어의 파생어; 야완의 아들 '엘리사':—엘리사(창10:4, 겔27:7).

H0474 אֱלִישׁוּעַ 2회 **엘리슈아**
〈**410**〉과 〈**7769**〉에서 유래; '간구'(또는, '부')의 '하나님'; 다윗 왕의 아들 '엘리수아':—엘리수아(삼하5:15, 대상14:5).

H0475 אֶלְיָשִׁיב 17회 **엘야쉬브**
〈**410**〉과 〈**7725**〉에서 유래; '하나님이 돌이키실 것이다', 여섯 이스라엘인의 이름 '엘리아십':—엘리아십(대상3:24, 24:12, 스10:6, 느3:1).

H0476 אֱלִישָׁמָע 17회 **엘리샤마**
〈**410**〉과 〈**8085**〉에서 유래; '들으심의 하나님'; 일곱 이스라엘인의 이름 '엘리사마':—엘리사마(삼하5:16, 왕하25:25, 대상2:41).

H0477 אֱלִישָׁע 58회 **엘리샤**
〈**474**〉의 압축형; 유명한 선지자 '엘리사':—엘리사(왕하2:3).

H0478 אֱלִישָׁפָט 1회 **엘리샤파트**
〈**410**〉과 〈**8199**〉에서 유래; '심판의 하나님'; 한 이스라엘인 '엘리사밧':—엘리사밧.

H0479 אִלֵּךְ 13회 **일레크**
아람어 〈**412**〉에서 유래한 연장형; '이(것)들':—이(것)들, 저(것)들.

H0480 אַלְלַי 2회 **알라이**
〈**421**〉에서 유래한 중복형; '슬프다!':—화로다.

H0481 אָלַם 9회 **알람**
기본어근; 단단히 '매다'; 여기에서 (입의) '혀가 돌지 않게 되다':—묶다, 말이 없다, 침묵시키다.

H0482 אֵלֶם 2회 **엘렘**
〈**481**〉에서 유래; '침묵'(즉, 침묵하는 공의):—회중. 〈**3128**〉과 비교

H0483 אִלֵּם 6회 **일렘**
〈**481**〉에서 유래; '말 없는':—벙어리(의).

H0484 אַלְמֻגִּים 4회 **알묵김**
아마 외래어의 파생어(복수로만 사용됨); '백단향'(즉, 아마 백단 나무) 지팡이들:—백단향 나무들. 〈**418**〉과 비교

H0485 אֲלֻמָּה 5회 **알룸마** 또는 (남성형) **אָלֻם 알룸**
〈**481**〉의 수동태 분사; '묶인 것'; '묶음':—묶음.

H0486 אַלְמוֹדָד 2회 **알모다드**
외래어의 파생어에서 온 듯; 욕단의 아들 '알모닷':—알모닷(창10:26, 대상1:20).

H0487 אַלַּמֶּלֶךְ 3회 **알람멜렉**
〈**427**〉와 〈**4428**〉에서 유래; '왕의 상수리나무'; 팔레스타인의 한 곳 '알람멜렉':—알람멜렉(수19:26).

H0488 אַלְמָן 1회 **알만**
'사별'이란 의미에서 〈**481**〉에서 유래한 연장형; (이혼한 사람같이) '버림받은':—버림받은.

H0489 אַלְמֹן 1회 **알몬**
〈**488**〉에서 같이 〈**481**〉에서 유래; '사별':—과부신세.

H0490 אַלְמָנָה 56회 **알마나**
〈**488**〉의 여성형; '과부'; 또한 '버려진' 곳:—황폐한 집(장소), 과부.

H0491 אַלְמָנוּת 4회 **알마누트**
〈**488**〉의 여성형; 구체적으로 '과부'; 추상적으로 '과부신세':—과부, 과부신세.

H0492 אַלְמֹנִי 3회 **알모니**
'은폐'란 의미에서 〈**489**〉에서 유래;

'어떤' 사람(것) (즉, 사람이나 장소의 이름을 줌이 없이 '아무개', '무엇무엇'):—어떤 이, 어떤 곳, 그리고 그 같은 사람(곳).

H0493 אֶלְנָעַם[1회] **엘나암**
〈410〉과 〈5276〉에서 유래; '하나님은 (그의) 기쁨(이시다)'; 한 이스라엘인 '엘라암':—엘라암(대상11:46).

H0494 אֶלְנָתָן[7회] **엘나탄**
〈410〉과 〈5414〉에서 유래; '하나님은 주시는 분(이시다)'; 네 이스라엘인의 이름 '엘라단':—엘라단(왕하24:8, 스8:16).

H0495 אֶלָּסָר[2회] **엘라싸르**
아마 외래어의 파생어; 아시아의 옛 나라 '엘라살':—엘라살(창14:1,9).

H0496 אֶלְעָד[1회] **엘아드**
〈410〉과 〈5749〉에서 유래; '하나님이 증언하셨다'; 한 이스라엘인 '엘랏':—엘랏(대상7:21).

H0497 אֶלְעָדָה[1회] **엘아다**
〈410〉과 〈5710〉에서 유래; '하나님이 장식하셨다'; 한 이스라엘인 '엘르아다':—엘르아다(대상7:20).

H0498 אֶלְעוּזַי[2회] **엘우자이**
〈410〉과 〈5756〉(5797의 의미에서)에서 유래; '하나님은 방어하시는(분이시다)'; 한 이스라엘인 '엘루새':—엘루새(대상12:5).

H0499 אֶלְעָזָר[72회] **엘아자르**
〈410〉과 〈5826〉에서 유래; '하나님은 돕는 자(이시다)'; 일곱 이스라엘인의 이름 '엘르아살':—엘르아살(출6:23, 삼상7:1, 삼하23:9, 스8:33).

H0500 אֶלְעָלֵא[5회] **엘알레**
또는 (더 정확히는) **אֶלְעָלֵה 엘알레**
〈410〉과 〈5927〉에서 유래; '하나님이 올라가신다'; 요단강 동편의 한 장소 '엘르알레':—엘르알레(민32:3, 37, 사15:4).

H0501 אֶלְעָשָׂה[6회] **엘아사**
〈410〉과 〈6213〉에서 유래; '하나님이 만드셨다'; 네 이스라엘인의 이름 '엘르아사':—엘르아사(대상2:39, 8:37, 렘29:3).

H0502 אָלַף[5회] **알라프**
기본어근; …와 '사귀다'('연합시키다'); 여기에서 '배우다'(사역형 '가르치다'):—배우다, 가르치다, 발언하다.

H0503 אָלַף[2회] **알라프**
〈505〉에서 유래한 명사 유래어; 사역형으로 '천배로 만들다':—수천을 산출하다.

H0504 אֶלֶף[8회] **엘레프**
〈502〉에서 유래; '가족'; 또한 ('멍에를 메우다' 또는 '길들이다'는 의미에서 유래한) '황소' 또는 '암소':—가족, 암소들, 황소들.

H0505 אֶלֶף[509회] **엘레프**
정확히는 〈504〉와 동일; 여기에서 (황소의 머리는 알파벳의 첫 글자인데 이것이 결국 수사로 사용되어) '일천':—천.

H0506 אֲלַף[3회] **알라프** 또는 **אֶלֶף 엘레프**
[아람어] 〈505〉와 같음:—천.

H0507 אֶלֶף[1회] **엘레프**
〈505〉와 동일; 팔레스타인의 한 장소 '엘렙':—엘렙(수18:28).

H0508 אֶלְפַּעַל[3회] **엘파알**
〈410〉과 〈6466〉에서 유래; '하나님은 역사'(하신다); 한 이스라엘인 '엘바알':—엘바알(대상8:11,12,18).

H0509 אָלַץ[1회] **알라츠**

기본어근; '누르다':—몰아대다.

H0510 אַלְקוּם[1회] 알큼
아마 ⟨**408**⟩과 ⟨**6965**⟩에서 유래; '일어나지 않음'(즉, '저항할 수 없음'):—일어서지 아니함.

H0511 אֶלְקָנָה[20회] 엘카나
⟨**410**⟩과 ⟨**7069**⟩에서 유래; '하나님이 획득하셨다'; 일곱 이스라엘인의 이름 '엘가나':—엘가나(출6:24, 삼상1:1, 대상6:8,23, 12:6).

H0512 אֶלְקֹשִׁי[1회] 엘코쉬
불확실한 파생어의 이름에서 유래한 족속의 명칭; 엘고스인 또는 엘고스 지방사람:—엘고스 사람(나1:1).

H0513 אֶלְתּוֹלַד[2회] 엘톨라드
아마 ⟨**410**⟩, ⟨**8435**⟩[**8434**와 비교]의 남성형에서 유래; '하나님은 산출자'(이시다); 팔레스타인의 한 장소 '엘돌랏':—엘돌랏(수19:4, 15:30).

H0514 אֶלְתְּקֵא[2회] 엘테케
또는 (더 정확히는) **אֶלְתְּקֵה 엘테케**
불확실한 파생어에서 유래; 팔레스타인의 한 장소 '엘드게':—엘드게(수19:44).

H0515 אֶלְתְּקֹן[1회] 엘테콘
⟨**410**⟩과 ⟨**8626**⟩에서 유래; '하나님은 곧으시다'; 팔레스타인의 한 장소 '엘드곤':—엘드곤(수15:59).

H0516 אַל תַּשְׁחֵת[4회] 알 타쉬헤트
⟨**408**⟩과 ⟨**7843**⟩에서 유래; '너는 멸망해서는 안 된다'; 유행했던 노래의 머리말인 것 같음:—알다스헷(시57,58,65편 제목).

H0517 אֵם[220회] 엠
기본어; '어머니'(가족의 '결속'으로서); 넓은 의미에서(문자적으로, 상징적으로, [⟨**1**⟩과 같이]:—어미, 어머니, 이별.

H0518 אִם[1071회] 임
기본 불변사; 지시어로서 매우 넓게 사용됨, '보라!'; 의문사 '…인지'; 또는 조건문에서 '만일', '비록'; 또한 '오 저런!' '언제'; 여기에서 부정사로서 '아니':—(그리고, 틀림없이, 만일, …것이)(아닌), 할 수 없는, …도 아닌, 그럼에도 불구하고, 오 저런, 또는, 외에(오직, …외에), …를 보니, 때문에, 이므로, 만일 …아니라면, 진실로, …때, …인지, …반면, …아직.

H0519 אָמָה[56회] 아마
명백히 기본어; '여종' 또는 여자 노예:—하녀(시녀), 여자노예.

H0520 אַמָּה[248회] 암마
⟨**517**⟩에서 유래한 연장형; 정확히는 측량의 '어머니'(즉, '단위'), '전완'(팔꿈치 아래), 즉 한 '규빗'; 또한 문의 '기초'(입구의 기반으로서):—규빗, 백[⟨**3967**⟩과 교환으로], 측량, 장대.

H0521 אַמָּה[2회] 암마
아람어 ⟨**520**⟩과 동일:—규빗.

H0522 אַמָּה[1회] 암마
⟨**520**⟩과 동일; 팔레스타인의 한 언덕 '암마':—암마(삼하2:24).

H0523 אֻמָּה[3회] 움마
⟨**517**⟩과 동형에서 유래; '모음', 즉 사람들의 공동체:—나라, 민족, 백성.

H0524 אֻמָּה[3회] 움마
아람어 ⟨**523**⟩과 같음:—나라, 백성.

H0525 אָמוֹן[1회] 아몬
⟨**539**⟩에서 유래; 아마 '훈련'의 의미에서; '숙련된', 즉 건축가 [⟨**542**⟩와 같음]:—길리운 자, 창조자(잠8:30).

H0526 אָמוֹן[2회] 아몬
⟨**525**⟩와 동일; 세 이스라엘인의 이

름 '아몬':—아몬(왕하21:18, 느7:59).

H0527 אָמוֹן[2회] 아몬
〈1995〉의 어미변화; 백성의 '떼':—무리, 아몬(나3:8).

H0528 אָמוֹן[1회] 아몬
애굽어의 파생어 '아몬'; 애굽의 신 '아몬'(〈4996〉의 부속어구로서만 사용됨):—무리, 인구가 많은, 아몬(렘46:25).

H0529 אֵמוּן[8회] 에문
〈539〉에서 유래; '확립된', 즉 (상징적으로) '믿음직한'; 또한 (추상적으로) '신뢰성':—믿음(믿을 수 있는), 진실.

H0530 אֱמוּנָה[49회] 에무나
혹은 (단축형) אֱמֻנָה 에무나
〈529〉의 여성형; 문자적으로 '확고함'; 상징적으로 '안전'; 도덕적으로 '신실성':—믿음(신실한, 신실히, 신실성, [신실한 사람]), 확립된 직무, 안정성, 꾸준한, 진실로, 진실, 참으로.

H0531 אָמוֹץ[13회] 아모츠
〈553〉에서 유래; '강한'; 한 이스라엘인 '아모스':—아모스(사1:1, 2:1, 13:1).

H0532 אָמִי[2회] 아미
〈526〉의 약어; 한 이스라엘인 '아미':—아미(스2:57).

H0533 אַמִּיץ[6회] 암미츠
또는 (단축형) אַמִּץ 암미츠
〈553〉에서 유래; '강한', 또는 (추상적으로) '힘':—용기 있는, 힘센, 강한(자).

H0534 אָמִיר[2회] 아미르
명백히 ('스스로 높임'의 의미로) 〈559〉에서 유래; '정상'(나무나 산의):—가지, 큰 가지.

H0535 אָמַל[15회] 아말
기본어근; '수그러지다'; 함축적으로 '병들다', '한탄하다':—쇠약해지다, 약하다, 연약한 상태로 되다.

H0536 אֻמְלַל[15회] 우므랄
〈535〉에서 유래; '병든':—약한.

H0537 אֲמֵלָל[1회] 아메랄
〈535〉에서 유래; '활기 없는':—연약한.

H0538 אֲמָם[1회] 아맘
〈517〉에서 유래; '모이는 곳'; 팔레스타인의 한 장소, '아맘':—아맘(수15:26).

H0539 אָמַן[100회] 아만
기본어근; 아마 '세우다' 또는 '지탱하다'; 부모나 유모로서 '양육하다'; 상징적으로 '확고(하게)하다' 또는 신실하게 하다, '신뢰하다' 또는 믿다, '영구하다' 또는 조용하다; 도덕적으로 '진실하다' 또는 확실하다; 한번은 (사30:21; 〈541〉과 교체적으로) '오른쪽으로 가다':—여기에서 확신, 믿다, 키우다, 세우다, 실패하다, 신실하다(오래 계속하다, 꾸준하다, 확실하다, 확실히, 참으로, 확실한), 유모, (수양 아버지), 신뢰하다, 오른쪽으로 가다.

H0540 אֲמַן[3회] 아만
아람어 〈539〉와 같음:—믿다, 신실한, 확실한.

H0541 אָמַן[1회] 아만
〈3225〉에서 유래한 명사 유래어; '오른편' 길을 택하다:—오른쪽으로 돌다. 〈539〉를 보라

H0542 אָמָן[1회] 아만
〈539〉에서 유래('훈련'의 의미에서); '숙련자':—공교한 공인.

H0543 אָמֵן[30회] 아멘
〈539〉에서 유래; '확실한'; 추상적으로 '신실함'; 부사 '참으로':—아멘, 그렇게 되어지이다, 진실.

H0544 אֹמֶן[1회] 오멘
〈539〉에서 유래; '진실성':—진리.

H0545 אָמְנָה[1회] 옴나
〈544〉의 여성형; ('훈련'의 특유한 의미에서); '보육':—양육된.

H0546 אָמְנָה[2회] 옴나
〈544〉의 여성형; (그것의 통상적인 의미에서); 부사 '확실히':—참으로.

H0547 אֹמְנָה[1회] 오메나
〈544〉의 여성 능동태 분사('지탱'이라는 본래 의미에서); '기둥':—기둥.

H0548 אֲמָנָה[2회] 아마나
〈543〉의 여성형; '고정된' 것, 즉 '언약', '한도':—확실한 몫, 확실한.

H0549 אֲמָנָה[2회] 아마나
〈548〉과 동일; 다메섹 근처의 산 '아마나':—아마나(아4:8).

H0550 אַמְנוֹן[29회] 암논
또는 אֲמִנוֹן 아미논
〈539〉에서 유래; '신실한'; 다윗의 아들 '암논'(또는 아미논):—암논(삼하3:2).

H0551 אָמְנָם[9회] 옴남
〈544〉에서 유래한 부사; '진실로':—참으로, 의심 없이, 확실히, 진실(로).

H0552 אֻמְנָם[5회] 움남
〈551〉의 철자법의 어미변화:—참으로, 확실히.

H0553 אָמַץ[20회] 아마츠
기본어근; '방심하지 않다'; 육체적으로나(발로), 정신적으로(용기에서):—확증하다, 용기 있다, (용기 있는, 확고한 마음의, 강한, 더 강한), 확립하다, 요새화하다, 딱딱하게 하다, 증가시키다, 이기다, 강하게 하다(강해지다), (완강하게 하다, 서두르다).

H0554 אָמֹץ[2회] 아모츠
아마 〈553〉에서 유래; '강한' 색을 가진, 즉 '빨간'(다르게는 '빠른'):—적갈색의.

H0555 אֹמֶץ[1회] 오메츠
〈553〉에서 유래; '힘':—더 힘센.

H0556 אַמְצָה[1회] 암차
〈553〉에서 유래; '힘':— 세기.

H0557 אַמְצִי[2회] 암치
〈553〉에서 유래; '강한'; 한 이스라엘인 '암시':—암시(대상6:31, 46).

H0558 אֲמַצְיָה[40회] 아마츠야
또는 אֲמַצְיָהוּ 아마츠야후
〈553〉과 〈3050〉에서 유래; '여호와의 힘'; 네 이스라엘인의 이름 '아마샤':—아마샤(왕하12:22, 암7:10, 대상4:34).

H0559 אָמַר[5298회] 아마르
기본어근; '말하다'(광범위하게 사용됨):—대답하다, 지정하다, 확언하다, 명하다, 자신하다, 부르다, 증명하다, 도전하다, 비난하다, 명령하다, 교통하다, 숙고하다, 선언하다, 요구하다, 바라다, 정하다, 분명하게, 참으로, 뜻하다, 이름을 부르다, 명백히, 약속하다, 공표하다, 보고하다, 요청하다, 말하다, (…에 대해)말하다, 조용히, 가정하다, 전하다, 이름붙이다, 즉, 생각하다, [말을]사용하다, 발언하다, 진실로, 아직.

H0560 אֲמַר[71회] 아마르
아람어 〈559〉와 같음:—명하다, 선언하다, 말하다, 고하다, 이야기하다.

H0561 אֵמֶר[50회] 에메르

〈559〉에서 유래; '말해진' 것:—대답, 그에게 지정된, 말하는, 연설, 말.

H0562 אֹמֶר[5회] **오메르**

〈561〉과 동일:—약속, 연설, 물건, 말.

H0563 אִמַּר[71회] **임마르**

아람어 아마 〈560〉에서('낳다'는 의미에서) 유래; '어린양':—어린양.

H0564 אִמֵּר[10회] **임메르**

〈559〉에서 유래; '말이 많은'; 다섯 이스라엘인의 이름 '임멜':—임멜(스2:59, 느7:61, 렘20:1).

H0565 אִמְרָה[37회] **이므라**

또는 אֶמְרָה **에므라**

〈561〉의 여성형으로 같은 의미임:—명령, 연설, 말.

H0566 אִמְרִי[2회] **이므리**

〈564〉에서 유래; '말의'; 두 이스라엘인의 이름 '이므리':—이므리(느3:2, 대상9:4).

H0567 אֱמֹרִי[86회] **에모리**

아마 '명성', 즉 탁월의 의미에서 〈559〉에서 파생한 사용하지 않은 이름에서 유래한 족속의 명칭; '산악지방사람'; 가난한 족속중 하나인 '아모리 족속':—아모리 족속(창14:7).

H0568 אֲמַרְיָה[13회] **아마르야** 또는 (연장형) אֲמַרְיָהוּ **아마르야후**

〈559〉와 〈3050〉에서 유래; '여호와께서 말씀하셨다'(즉, 약속하셨다); 아홉 이스라엘인의 이름 '아마랴':—아마랴(대상6:7,11 느10:3, 4).

H0569 אַמְרָפֶל[2회] **아므라펠**

불확실한 (아마도 외래어) 파생어; 시날왕 '아므라벨':—아므라벨(창14:1,9).

H0570 אֶמֶשׁ[5회] **에메쉬**

'지나간' 시간, 즉 '어제' 또는 '어제밤':—이전시간, 어제(밤).

H0571 אֱמֶת[127회] **에메트**

〈539〉에서 온 압축형; '안정성'; 상징적으로 '확실함', '진리', '진실':—확실한(확실하게), 확립, 신실한, 옳은, 분명한, 참된(참으로, 진실), 진실로.

H0572 אַמְתַּחַת[15회] **암타하트**

〈4969〉에서 유래; 정확히는 '팽창성의' 것, 즉 자루:—부대(負袋).

H0573 אֲמִתַּי[2회] **아밋타이**

〈571〉에서 유래; '진실한'; 한 이스라엘인 '아밋대':—아밋대(왕하14:25, 욘1:1).

H0574 אֶמְתָּנִי[1회] **에멧타니**

아람어 〈4975〉의 어근과 같은 어근에서 유래; '허리'가 좋은(즉, 굵고 튼튼한), 또는 힘센:—무시무시한.

H0575 אָן[42회] **안** 또는 אָנָה **아나**

〈370〉에서 온 압축형; '어디에?'; 여기에서 '어디로?', '언제?'; 또한 '이리로', '저리로':—어디로나, 어디로나…(않다), 지금, 어디에, 어디로(나).

H0576 אֲנָא[16회] **아나** 또는 אֲנָה **아나**

아람어 〈589〉와 같음; '나':—나, 나로서는.

H0577 אָנָּא[13회] **온나** 또는 אָנָּה **온나**

명백히 〈160〉과 〈4994〉에서 온 압축형; '오 지금!':—당신께 간구합니다, 오!, 당신께 빕니다, 오!.

H0578 אָנָה[2회] **아나**

기본어근; '신음하다':—슬퍼하다, 한탄하다.

H0579 אָנָה[4회] **아나**

기본어근 [오히려 고통 중에 '위축'된다는 사상을 통해 〈578〉과 동일시되는 듯함]; '접근하다'; 여기에서 다양한 의미에서 '만나다':—일이 생기다, 넘겨주다, 일어나다, 다툼을 자청하다.

H0580 אֲנוּ[1회] 아누
⟨587⟩의 압축형; '우리':—우리.

H0581 אִנּוּן[3회] 인눈
또는 (여성형) אִנִּין 인닌
아람어 ⟨1992⟩와 같음; '그들':—이다, 그들을, 이(것)들.

H0582 אֱנוֹשׁ[42회] 에노쉬
⟨605⟩에서 유래; 아마 '죽을 수밖에 없는 존재'(그래서 보다 더 위엄을 갖춘 ⟨120⟩과는 다름); 여기에서 일반적으로 '사람'(개별적으로 집단적으로):—(또 다른, 피에 굶주린, 어떤) 녀석, (각색의) 동료, (한창 때에) 남편, (어떤, 죽을 수밖에 없는)사람, 백성, 그 무리, 종, 몇 사람(그들 중), 낯선 사람, 그(것)들. 그 무리 ⟨376⟩과 비교

H0583 אֱנוֹשׁ[3회] 에노쉬
⟨582⟩와 동일; 셋의 아들 '에노스':—에노스(창4:26, 5:6).

H0584 אָנַח[11회] 아나흐
기본어근; '한숨을 쉬다':—신음하다, 한탄하다, 한숨짓다.

H0585 אֲנָחָה[4회] 에나하
⟨585⟩에서 유래; '한숨짓는':—신음하는, 한탄하는, 한숨짓는.

H0586 אֲנַחְנָא[4회] 아나흐나 또는 אֲנַחְנָה 아나흐나
아람어 ⟨587⟩과 같음; '우리':—우리.

H0587 אֲנַחְנוּ[120회] 아나흐누
명백히 ⟨595⟩에서 유래; '우리':—우리 자신, 우리(를).

H0588 אֲנָחֲרָת[1회] 아나하라트
아마 ⟨5170⟩과 동일한 어근에서 유래; '협곡' 또는 좁은 통로; 팔레스타인의 한 장소 '아나하랏':—아나하랏.

H0589 אֲנִי[871회] 아니
⟨595⟩에서 온 압축형; '나':—나, 나를, 나로서는, 나의 것, 나 자신, 우리, ··한(나).

H0590 אֳנִי[7회] 오니
아마 ⟨579⟩에서 유래; ('운반'의 의미에서); '배', 또는 (집합적으로) '선단':—군함, 전함, 해군.

H0591 אֳנִיָּה[31회] 오니야
⟨590⟩의 여성형; '배':—배, 선원.

H0592 אֲנִיָּה[2회] 아니야
⟨578⟩에서 유래; '신음함':—비탄, 슬픔.

H0593 אֲנִיעָם[1회] 아니암
⟨578⟩과 ⟨5971⟩에서 유래; '백성의 신음함'; 한 이스라엘인 '아니암':—아니암(대상7:19).

H0594 אֲנָךְ[4회] 아나크
아마 '좁다'라는 의미의 사용하지 않는 어근에서 유래; 대부분의 경우 '다림'줄, 다른 경우 '갈고리':—다림줄.

H0595 אָנֹכִי[359회] 아노키
기본 대명사; '나':—나, 나를, …인(나).

H0596 אָנַן[2회] 아난
기본어근; '한탄하다', 즉 '불평하다':—불평하다.

H0597 אָנַס[1회] 아나쓰
'주장하다':—강제하다.

H0598 אֲנַס[1회] 아나쓰
아람어 ⟨597⟩과 같음; 상징적으로 '비탄':—고생.

H0599 אָנַף[14회] 아나프
기본어근; 거칠게 '숨쉬다', 즉 '격노하다':—노하다, 불쾌하다.

H0600 אֲנַף2회 아나프
아람어 〈639〉과 같음(다만 단수의 뜻으로 복수형으로); '얼굴':—얼굴, 용모.
H0601 אֲנָפָה2회 아나파
〈599〉에서 유래; 부정한 새, 아마 '앵무새'(그 성미가 급함에서):—왜가리, 백로.
H0602 אָנַק4회 아나크
기본어근; (날카롭게) '날카로운 소리를 지르다':—부르짖다, 신음하다.
H0603 אֲנָקָה4회 아나카
〈602〉에서 유래; '날카로운 소리를 지름':—부르짖음, 신음, 한숨.
H0604 אֲנָקָה1회 아나카
〈603〉과 동일; 도마뱀의 일종, 아마 '도마뱀붙이'(그 '울부짖는 소리'에서):—흰 족제비.
H0605 אָנַשׁ8회 아나쉬
기본어근; '깨지기 쉽다', '약하다', 또는 (상징적으로) '우울한':—절망적인, 지독하게 악한, 고칠 수 없는, 병든, 슬픈.
H0606 אֱנָשׁ5회 에나쉬 또는 אֱנַשׁ 에나쉬
아람어 〈582〉와 같음; '사람':—사람, 누구나.
H0607 אַנְתָּה11회 안타
아람어 〈859〉와 같음; '당신':—당신으로서는, 당신.
H0608 אַנְתּוּן1회 안툰
아람어 〈607〉의 복수형; '너희들':—너희들.
H0609 אָסָא58회 아싸
불확실한 파생어; 한 왕과 한 레위인의 이름 '아사':—아사(왕상15:9~24, 대상9:16).
H0610 אָסוּךְ1회 아쑤크
〈5480〉에서 유래; '기름부음 받은', 즉 기름'병':—단지.
H0611 אָסוֹן5회 아쏜
불확실한 파생어; '해'(害):—재앙.
H0612 אֵסוּר5회 에쑤르
〈631〉에서 유래; '차꼬'(특히 죄수의 '수갑'):—띠, 감옥.
H0613 אֱסוּר3회 에쑤르
아람어 〈612〉와 같음:—띠, 투옥.
H0614 אָסִיף2회 아씨프
또는 אָסִף 아씨프
〈622〉에서 유래; '모여진', 즉 (추상적으로) 곡식의 '수확':—수확.
H0615 אָסִיר15회 아씨르
〈631〉에서 유래; '매인', 즉 '포로':—묶인(사람들), 죄수.
H0616 אַסִּיר3회 앗씨르
〈615〉 참조:—죄수.
H0617 אַסִּיר2회 앗씨르
〈616〉과 동일; '죄수', 두 이스라엘인의 이름 '앗실':—앗실(출6:24, 대상6:22).
H0618 אָסָם2회 아쌈
함께 '쌓다'는 의미의 사용하지 않는 어근에서 유래; '보관 창고'(복수로만):—곳간, 보관창고.
H0619 אַסְנָה1회 아쓰나
불확실한 파생어; 느드님의 사람 '아스나':—아스나(스2:50).
H0620 אָסְנַפַּר1회 오쓰납파르
외래어의 파생어; 앗수르 왕 '오스납발':—오스납발(스4:10).
H0621 אָסְנַת3회 아쓰나트
애굽어의 파생어; 요셉의 아내 '아스낫':—아스낫(창41:45, 46:20).
H0622 אָסַף200회 아싸프
기본어근; 어떤 목적으로 '모으다'; 여

기에서 '받다', '빼앗다', 즉 제거하다(파괴하다, 뒤에 남기다, 세우다, 회복하다 등):—소집하다, 가져오다, 소비하다, 파괴하다, 가져오게 하다, 모으다(함께 모으다, 모아들이다, 다시 모으다), 일반적으로 얻다, 잃다, 함께 놓다, 받다, 회복시키다[문둥병에서 다른 사람을], 다시 상주다, 확실히, 빼앗다(빼앗아 들이다), 완전히 물러가다.

H0623 אָסָף[46회] **아싸프**
〈622〉에서 유래; '모으는 사람'; 세 이스라엘인과 그 중 한 가족의 이름 '아삽':—아삽(대상25:1, 대하20:14).

H0624 אָסֻף[3회] **아쑤프**
〈622〉의 수동태 분사; '모아진'(복수로만), 즉 (제물의) '모음':—문지방, 곳간(대상26:15).

H0625 אֹסֶף[3회] **오쎄프**
〈622〉에서 유래; (과일의) '무더기':—수확.

H0626 אֲסֵפָה[1회] **아쎄파**
〈622〉에서 유래; 백성의 '모임'(부사적으로만):—함께.

H0627 אֲסֻפָּה[1회] **아쑤파**
〈624〉의 여성형; (학식 있는) 사람들의 '모임'(복수로만):—집회.

H0628 אֲסַפְסֻף[1회] **아쓰페쑤프**
〈624〉에서 온 중복형; '같이 모여진', 즉 뒤섞인 (백성의) 회집:—뒤섞인 무리.

H0629 אָסְפַּרְנָא[7회] **오쓰파르나**
아람어 페르시아어의 파생어; '부지런히':—빠른, 즉시, 속도(빠르게).

H0630 אַסְפָּתָא[1회] **아쓰파타**
페르시아어의 파생어; 하만의 아들 '아스바다':—아스바다(에9:7).

H0631 אָסַר[72회] **아싸르**
기본어근; '멍에를 얹다' 또는 '얽히게 하다'; 유추적으로 어떤 의미에서 '매다', 전쟁에 '참가하다':—묶다, 조이다, 띠를 매다, 마구를 채우다, 쥐다, 보존하다, 준비하다, 명하다, 예비하다, 감옥(죄수), 속박하다, 배열하다, 매다.

H0632 אֱסָר[7회] **에싸르** 또는 **אִסָּר 이싸르**
〈631〉에서 유래; (금욕의) '의무' 또는 '맹세':—속박, 구속.

H0633 אֱסָר[6회] **에싸르**
아람어 〈632〉와 같음(법적 의미에서); '금지':—금령.

H0634 אֵסַר־חַדּוֹן[3회] **에싸르핫돈**
외래어의 파생어; 앗시리아 왕 '엣살핫돈':—엣살핫돈(왕하19:37, 사37:38).

H0635 אֶסְתֵּר[55회] **에쓰테르**
페르시아어의 파생어; 유대의 여걸 '에스더':—에스더(에2:7).

H0636 אָע[5회] **아**
아람어 〈6086〉과 같음; '나무' 또는 '목재':—재목, 목재.

H0637 אַף[277회] **아프**
기본 불변사; '접근'을 의미함(부사나 접속사로서 사용됨); '또한', 또는 '뿐만 아니라'; 반의적으로 '비록':—또한, 비록, 그리고(게다가, 아직), 그러나, 조차, 얼마나 많이 적게(많게, 오히려), 게다가, 함께, 그러면.

H0638 אַף[1회] **아프**
아람어 〈637〉과 같음:—또한.

H0639 אַף[134회] **아프**
〈599〉에서 유래; 아마 '코' 또는 '콧구멍'; 여기에서 '얼굴', 때때로 '사람'; 또한 (격정 중의 급한 호흡에서) '분노':—노(하는). 앞에, 표정, 얼굴 (참는), 이마, (오래) 참음, 코, 콧구멍, 콧김, (어울리는) 진노.

H0640 אָפַד[2회] **아파드**

기본어근 [오히려 〈646〉에서 유래한 명사유래어]; (에봇을) '입다':—매다, 띠를 띠다.

H0641 אֵפֹד[1회] **에포드**

짧은 형으로 〈646〉과 동일; 한 이스라엘인 '에봇':—에봇(민34:23).

H0642 אֲפֻדָּה[3회] **에풋다**

〈646〉의 여성형; (에봇의) '입기'; 여기에서 일반적으로 (금속의) '도금':—에봇, 장식.

H0643 אַפֶּדֶן[1회] **압페덴**

외래어의 파생어인 것 같음; '큰 천막' 또는 궁전 장막:—왕궁.

H0644 אָפָה[13회] **아파**

기본어근; '요리하다', 특히 '굽다':—굽다(굽는자 [고기]).

H0645 אֵפוֹ[15회] **에포** 또는 **אֵפוֹא** **에포**

〈6311〉에서 유래; 엄격히 지시불변사, '여기'; 그러나 시간에 대해서도 사용됨, '지금' 또는 '그때':—여기, 지금, 어디?

H0646 אֵפוֹד[49회] **에포드**

드물게 **אֵפֹד** **에포드**

외래어의 파생어인 것 같음; '띠'; 특히 '에봇' 또는 대제사장의 어깨받이; 또한 일반적으로 '우상':—에봇.

H0647 אֲפִיחַ[1회] **아피아흐**

아마 〈6315〉에서 유래; '산들바람'; 한 이스라엘인 '아비아':—아비아(삼상9:1).

H0648 אָפִיל[1회] **아필**

〈651〉과 동형에서 유래('약함'의 의미에서); '설익은':—자라지 않은.

H0649 אַפַּיִם[2회] **압파임**

〈639〉의 쌍수; '두 콧구멍'; 한 이스라엘인 '압바임':—압바임(대상2:30,31).

H0650 אָפִיק[19회] **아피크**

〈622〉에서 유래; 아마 '담는', 즉 '관'; 또한 개울의 '하상' 또는 '골짜기'; 또한 '힘센' 것 또는 '영웅':—개울, 수로, 힘센, 강, 저울, 시내, 강한 덩어리.

H0651 אָפֵל[1회] **아펠**

해가 '지다'라는 의미의 사용하지 않는 어근에서 유래; '어스레한':—매우 어두운.

H0652 אֹפֶל[9회] **오펠**

〈651〉과 동형에서 유래; '어스름':—어두움, 모호함, 은밀히.

H0653 אֲפֵלָה[10회] **아펠라**

〈651〉의 여성형; '어슴프레함', 상징적으로 '불행'; 구체적으로 '숨김':—어두운, 어두움, 암울한, 짙은.

H0654 אֶפְלָל[2회] **에플랄**

〈6419〉에서 유래; '재판관'; 한 이스라엘인 '에블랄':—에블랄(대상2:37).

H0655 אֹפֶן[1회] **오펜**

'회전하다'는 의미의 사용하지 않는 어근에서 유래; '회전', 즉 '계절':—알맞게.

H0656 אָפֵס[5회] **아페쓰**

기본어근; '사라지다', 즉 '그치다':—깨끗이 사라지다, 끝나다, 영락하다, 실패하다.

H0657 אֶפֶס[43회] **에페쓰**

〈656〉에서 유래; '정지', 즉 '끝' (특히 지구의); 가끔 부사로 '더 이상…이 아닌', 또한(〈6466〉 같이) 발목 (쌍수로), 다리나 발의 말단으로서:—발목, 오직, 끝, 그렇지만, 아무것도 아닌, 그럼에도 불구하고, 아무[데]도 아닌,

(…외에)누구도 아닌, …에도 불구하고, 보잘것없는 것, (…하는)외에, 저기에, 극단의 부분, 부족한, (이유)없이.

H0658 אֶפֶס דַּמִּים[1회] **에페쓰 담밈**
〈657〉 그리고 〈1818〉의 복수형에서 유래; '핏'방울의 한계선; 팔레스타인의 한 장소 '에베스-담밈':—에베스-담밈(삼상17:1).

H0659 אֶפַע[1회] **에파**
아마 '호흡하다'는 의미의 사용하지 않는 어근에서 유래; 아마 '호흡', 즉 '아무것도 아닌':—보잘것없는.

H0660 אֶפְעֶה[3회] **에프에**
〈659〉(뱀의 쉿 소리의 의미로)에서 유래; '독사' 또는 다른 독 있는 뱀:—독사.

H0661 אָפַף[5회] **아파프**
기본어근; '둘러싸다':—포위하다.

H0662 אָפַק[7회] **아파크**
기본어근; '억누르다', 즉 (재귀형으로) '삼가다':—억지로 시키다(하다), 제한하다.

H0663 אֲפֵק[8회] **아페크**
또는 **אֲפִיק 아피-크**
〈662〉에서 유래; ('힘'의 의미에서); '요새'; 팔레스타인의 세 장소이름 '아벡'(또는, '아빅'):—아벡, 아빅(수13:4, 삼상4:1, 29:1, 왕상20:26).

H0664 אֲפֵקָה[1회] **아페카**
〈663〉의 여성형; '요새'; 팔레스타인의 한 장소, '아베가':—아베가(수15:53).

H0665 אֵפֶר[22회] **에페르**
'흩뿌리다'는 의미의 사용하지 않는 어근에서 유래; '재':—재.

H0666 אֲפֵר[2회] **아페르**
('덮개'의 의미로) 〈665〉와 동형에서 유래; '터번':—재.

H0667 אֶפְרֹחַ[4회] **에프로아흐**
(껍질을 '깨다'는 의미로) 〈6524〉에서 유래; 새의 '한 배 새끼':—어린, 새끼.

H0668 אַפִּרְיוֹן[1회] **앞피르욘**
아마 애굽어의 파생어; '일 인승 가마':—(고대의) 전차(戰車).

H0669 אֶפְרַיִם[180회] **에프라임**
〈672〉의 남성형의 쌍수; '두 배의 과일'; 요셉의 아들 '에브라임'; 또한 그의 자손인 족속과 그 영역:—에브라임(수16:15), 에브라임 족속.

H0670 אֲפָרְסָי[1회] **아파레싸이**
[아람어] 외래어(복수로만 사용됨); 앗수르의 어느 지역의 주민 '아바새 족속':— 아바새 사람(스4:9).

H0671 אֲפַרְסְכָי[1회] **아파르쎄카이**
또는 **אֲפַרְסַתְכָי 아파르싸트카이**
[아람어] 외래어(복수로만 사용됨); 알려지지 않은 앗수르 어느 족속 '아바삭 족속':—아바삭 족속(스5:6).

H0672 אֶפְרָת[4회] **에프라트**
또는 **אֶפְרָתָה 에프라타**
〈6509〉에서 유래; 열매를 많이 맺음; 베들레헴의 딴 이름 '에브랏'; 한번은 (시132:6) 에브라임 가리키는 듯함; 또한 한 이스라엘 여인의 이름:—에브랏(창48:7), 에브라다(미5:2).

H0673 אֶפְרָתִי[5회] **에프라티**
〈672〉에서 유래한 족속의 명칭; '에브랏인' 또는 '에브라임 사람':—에브라임 사람(삿12:5), 에브랏 사람(삼상17:2).

H0674 אַפְּתֹם[1회] **앞페톰**
[아람어] 기원은 페르시아어; '수입, 세

입'; 다른 뜻은 '최종적으로':—소득.

H0675 אֶצְבּוֹן[2회] **에츠본**

또는 אֶצְבֹּן 에츠본

불확실한 파생어; 두 이스라엘인의 이름 '에스본':—에스본(창46:16, 대상7:7).

H0676 אֶצְבַּע[31회] **에츠바**

〈**6648**〉과 동형에서 유래('움켜잡다'는 의미에서); '잡는' 것, 즉 '손가락'; 유추적으로 '발가락':—손가락, 발가락.

H0677 אֶצְבַּע[3회] **에츠바**

아람어 〈**676**〉과 같음:—손가락, 발가락.

H0678 אָצִיל[2회] **아칠**

〈**680**〉에서 유래 ('분리'라는 이차적인 의미에서); '맨 끝'(사41:9), 또한 '고귀한' 사람:—주요인물, 귀인.

H0679 אַצִּיל[3회] **앗칠**

〈**680**〉에서 유래('연합하는'이라는 1차적 의미에서); 손의 '마디'(즉, '손가락 관절'); 또한 (어떤 이에 따르면) '간막이 벽'(겔41:8):—겨드랑이 (큰).

H0680 אָצַל[5회] **아찰**

기본어근; 정확히는 '결합하다'; 〈**681**〉에서 유래한 명사유래어로서만 사용됨; '분리시키다'; 여기에서 '선택하다', '거절하다', '수축시키다':—보관하다, 보존하다, 좁히다, 취하다.

H0681 אֵצֶל[61회] **에첼**

'결합하는'의 의미로 〈**680**〉에서 유래; '옆'; (전치사로서) '가까이':— …에, 곁에, (밖에서)(부터), 가까이(에서 …로), 향하여, 함께. 또한 〈**1018**〉을 보라

H0682 אָצֵל[7회] **아첼**

〈**680**〉에서 유래; '고상한'; 한 이스라엘인과 팔레스타인의 한 장소의 이름 '아셀':—아셀(대상8:37, 9:43).

H0683 אֲצַלְיָהוּ[2회] **아찰야후**

〈**680**〉과 〈**3050**〉에서 유래한 연장형; '여호와께서 보존하셨다'; 한 이스라엘인 '아살리야':—아살리야(대하34:8).

H0684 אֹצֶם[2회] **오쳄**

정확히는 '강하다'라는 의미의 사용하지 않는 어근에서 유래; '강함'(즉, '힘셈'); 두 이스라엘인의 이름 '오셈':—오셈(대상2:15).

H0685 אֶצְעָדָה[2회] **에츠아다**

〈**6807**〉에서 유래한 어미변화; 정확히는 발 묶는 '사슬'; 유추에 의해 '팔찌':—팔찌, 사슬.

H0686 אָצַר[5회] **아차르**

기본어근; '저장하다':—저장하다, 창고에 쌓다, 비축해두다, 창고지기로 만들다.

H0687 אֵצֶר[5회] **에체르**

〈**686**〉에서 유래; '보물'; 한 이두매인 '에셀':—에셀(창36:21,30).

H0688 אֶקְדָּח[1회] **에크다흐**

〈**6916**〉에서 유래; '불타는', 즉 '홍옥' 또는 다른 불같이 강렬한 보석:—홍옥, 석류석.

H0689 אַקּוֹ[1회] **악코**

아마 〈**602**〉에서 유래; '홀쭉한', 즉 '야생염소':—야생염소.

H0690 אֲרָא[1회] **아라**

〈**738**〉과 유관한 듯; '사자'; 한 이스라엘인 '아라':—아라(대상7:38).

H0691 אֶרְאֵל[1회] **에르엘**

〈**739**〉와 유관한 듯; (집합적으로) '영웅':—용감한 자.

H0692 אַרְאֵלִי[3회] **아르엘리**

〈691〉에서 유래; '영웅적인', 한 이스라엘인 '아렐리'와 그의 자손 (또는, 집합적으로 '아렐리인'):—아렐리(창46:16), 아렐리 종족(민26:17).

H0693 אָרַב[25회] 아랍
기본어근; '잠복하다':—잠복(숨어 기다리다), 복병시키다.

H0694 אֲרַב[1회] 아랍
〈693〉에서 유래; '잠복'; 팔레스타인의 한 장소 '아랍':—아랍(수15:52).

H0695 אֶרֶב[2회] 에렙
〈693〉에서 유래; '잠복':—맹수 굴, 엎드려 기다리다.

H0696 אֹרֶב[2회] 오렙
〈695〉와 동일:—기다리다.

H0697 אַרְבֶּה[24회] 아르베
〈7235〉에서 유래; '메뚜기'(그 빠른 '증가'에서):—메뚜기.

H0698 אָרֳבָה[1회] 오로바
〈696〉의 여성형(복수로만 사용됨); '매복':—전리품, 성과, 약탈

H0699 אֲרֻבָּה[9회] 아룹바
〈693〉의 여성수동태 분사('숨어 기다리기' 같은); '격자'; (함축적으로) '창', '비둘기장'(비둘기장의 드나드는 구멍들 때문에); 굴뚝(연기를 내보내는 구멍을 가진), 수문(물 내보내는 통로를 가진):—굴뚝, 창문.

H0700 אֲרֻבּוֹת[1회] 아룹보트
〈699〉의 복수형; 팔레스타인의 한 장소 '아룹봇':—아룹봇(왕상4:10).

H0701 אַרְבִּי[1회] 아르비
〈694〉에서 유래한 족속의 명칭; '아랍인', 또는 아랍 태생:—아랍 사람(삼하23:35).

H0702 אַרְבַּע[154회] 아르바 남성형
אַרְבָּעָה 아르바아
〈7251〉에서 유래; '넷':—넷.

H0703 אַרְבַּע[5회] 아르바
[아람어] 〈702〉와 같음:—넷.

H0704 אַרְבַּע[3회] 아르바
〈702〉와 동일; 아낙사람 '아르바':—아르바(수14:15).

H0705 אַרְבָּעִים[36회] 아르바임
〈702〉의 배수; '사십':—사십.

H0706 אַרְבַּעְתַּיִם[1회] 아르바타임
〈702〉의 쌍수; '네 배':—네 배.

H0707 אָרַג[5회] 아락
기본어근; '주름잡다' 또는 '짜다':—짜다(짜는 사람).

H0708 אֶרֶג[2회] 에렉
〈707〉에서 유래; '짜기'; '노끈'; 또한 (베틀의) '북':—들보, 직공의 북.

H0709 אַרְגֹּב[5회] 아르곱
〈7263〉과 동형에서 유래; '돌이 많은'; 팔레스타인의 한 지역 '아르곱':—아르곱(신3:4, 왕상4:13).

H0710 אַרְגְּוָן[1회] 아르게완
〈713〉의 어미변화; '자주색':—자주색.

H0711 אַרְגְּוָן[3회] 아르게완
[아람어] 〈710〉과 같음:—자주색.

H0712 אַרְגָּז[3회] 아르가즈
'매달려있다'는 의미로 〈7264〉에서 유래한 듯함; (당나귀 등 좌우에 걸치는 짐바구니 같은) '상자':—돈궤.

H0713 אַרְגָּמָן[38회] 아르가만
외래어; '자줏빛'(색 또는 염직물):—자줏빛.

H0714 אַרְדְּ[2회] 아르드
아마 '방랑하다'는 의미의 사용하지 않는 어근에서 유래; '도피하는'; 두 이스라엘인의 이름 '아릇':—아릇(창46:21, 민26:40).

H0715 אַרְדּוֹן1회 아르돈
〈714〉와 동형에서 유래; '배회'; 한 이스라엘인 '아르돈':—아르돈(대상 2:18).

H0716 אַרְדִּי1회 아르디
〈714〉에서 유래한 족속의 명칭; 아룻 사람 (집합적으로) 또는 아룻의 자손:—아룻 종족(민26:40).

H0717 אָרָה2회 아라
기본어근; '뜯다':—모으다, 뜯다.

H0718 אֲרוּ5회 아루
아람어 아마 〈431〉과 유사; '보라!':—보라.

H0719 אַרְוַד3회 아르와드
아마 〈7300〉에서 유래; '유랑자'들을 위한 피난처; 팔레스타인의 한 섬 도시 '아르왓':—아르왓(창10:18).

H0720 אֲרוֹד1회 아로드
〈719〉의 철자법의 어미변화; '도망하는'; 한 이스라엘인 '아롯':—아롯(민26:17).

H0721 אַרְוָדִי2회 아르와디
〈719〉에서 유래한 족속의 명칭; '아르왓인' 또는 아르왓의 시민:—아르왓 종족(대상1:16).

H0722 אֲרוֹדִי2회 아로디
〈721〉에서 유래한 족속의 명칭; '아롯인' 또는 아롯의 자손:—아롯인, 아롯 자손(민26:17).

H0723 אֻרְוָה3회 우르와
또는 אֲרָיָה 아라야
'먹임'의 의미로 〈717〉에서 유래; 동물을 위한 '목장':—외양간.

H0724 אֲרוּכָה6회 아루카
또는 אֲרֻכָה 아루카
〈748〉의 여성 수동태 분사(건강을 '회복하다'는 의미에서); '온전함'(문자적으로나 상징적으로):—건강, 이룩된, 완성된.

H0725 אֲרוּמָה1회 아루마
〈7316〉의 어미변화; '높이'; 팔레스타인의 한 장소, '아루마':—아루마(삿9:41).

H0726 אֲרוֹמִי1회 아로미
〈130〉의 필사의 오기; '에돔인'(난외주에서처럼):—시리아인, 아람 사람(왕하16:6).

H0727 אָרוֹן201회 아론 또는 אָרֹן 아론
'모음'의 의미로 〈717〉에서 유래; '상자':—궤, 상자, 관.

H0728 אֲרַוְנָה9회 아라우나 또는 (도치에 의해) אוֹרְנָה 오르나 또는 אַרְנְיָה 아르니야
모두 〈771〉의 철자법의 어미변화에 의해; 여부스인 '아라우나'(또는 '아르니야' 또는 '오르나'):—아라우나(삼하24:20).

H0729 אָרַז2회 아라즈
기본어근; 확고하다; 〈730〉에서 유래한 명사유래어로서 수동태분사로만 사용됨; '백향목'의:—백향목으로 된.

H0730 אֶרֶז73회 에레즈
〈729〉에서 유래; '백향목' 나무(그 뿌리의 질김에서):—백향목(나무).

H0731 אַרְזָה1회 아르자
〈730〉의 여성형; '백향목' 징두리 벽판:—백향목 제품.

H0732 אָרַח7회 아라흐
기본어근; '여행하다':—가다, (도보로) 여행하는 (사람).

H0733 אָרַח3회 아라흐
〈732〉에서 유래; '(도보) 여행(하는)'; 세 이스라엘인의 이름 '아라':—아라.

H0734 אֹרַח[59회] **오라흐**
〈732〉에서 유래; 자주 다니는 '도로'(길) (문자적으로나 상징적으로); 또한 '대상'(隊商):—방법, 길, 등급, 여행자, 부대, 대로, 곁길.

H0735 אֹרַח[2회] **오라흐**
아람어 〈734〉와 같음; '길'('도로'):—길.

H0736 אֹרְחָה[2회] **오레하**
〈732〉의 여성능동태분사; '대상'(隊商):—(여행하는) 무리.

H0737 אֲרֻחָה[6회] **아루하**
〈732〉의 여성수동태분사('지정하는'의 의미에서); 음식의 '정량':—정량, 식사, 음식.

H0738 אֲרִי[35회] **아리**
또는 (연장형) **אַרְיֵה 아르예**
'맹렬'의 의미로 〈717〉에서 유래; '사자':—(젊은)사자, 꿰찌르다 [난외주로부터].

H0739 אֲרִיאֵל[9회] **아리엘**
또는 **אֲרִאֵל 아리엘**
〈738〉과 〈410〉에서 유래; '하나님의 사자(獅子)', 즉 '영웅적인':—사자 같은 사람들.

H0740 אֲרִיאֵל[1회] **아리엘**
〈739〉와 동일; 예루살렘의 상징적 이름과 한 이스라엘인의 이름 '아리엘':—아리엘(스8:—16).

H0741 אֲרִאֵיל[6회] **아리엘**
〈739〉의 철자의 전환이거나 그보다는 〈2025〉의 철자법의 어미변화; 성전의 '제단':—제단.

H0742 אֲרִדַּי[1회] **아리다이**
기원은 페르시아어; 하만의 아들 '아리대':—아리대(에9:9).

H0743 אֲרִידָתָא[1회] **아리다타**
기원은 페르시아어; 하만의 아들 '아리다다':—아리다다(에9:8).

H0744 אַרְיֵה[10회] **아르예**
아람어 〈738〉과 같음:—사자(獅子).

H0745 אַרְיֵה[1회] **아르예**
〈738〉과 동일; '사자'(獅子); 한 이스라엘인 '아리에':—아리에(왕하15:25).

H0746 אַרְיוֹךְ[7회] **아르요크**
외래어; 두 바벨론 사람의 이름 '아리옥':—아리옥(창14:1,9, 단2:14).

H0747 אֲרִיסַי[1회] **아리싸이**
기원은 페르시아어; 하만의 아들 '아리새':—아리새(에9:9).

H0748 אָרַךְ[34회] **아라크**
기본어근; '길다'(사역동사 '길게 하다')(문자적으로나 상징적으로):—연기하다, 잡아 늘이다, 길게 하다, 길다(길어지다, 미루다), (더 오래) 살다, (오래) 체재하다.

H0749 אֲרַךְ[1회] **아라크**
아람어 〈748〉과 일치하는 듯하나 주어진 지점에 '도달하다'는 의미에서만 사용됨; '맞다':—적당하다.

H0750 אָרֵךְ[17회] **아레크**
〈748〉에서 유래; '긴':—오래 참는, 긴 날개를 가진, 인내하는, 화내기에 더딘.

H0751 אֶרֶךְ[1회] **에레크**
〈748〉에서 유래; '길이'; 바벨론의 한 장소 '에렉':—에렉(창10:10).

H0752 אָרֹךְ[17회] **아로크**
〈748〉에서 유래; '긴':—긴.

H0753 אֹרֶךְ[96회] **오레크**
〈748〉에서 유래; '길이':—영원히, 길이, 긴.

H0754 אַרְכָּא[2회] **아르카**
또는 **אַרְכָּה 아르카**

[아람어] 〈749〉에서 유래; '길이':—길게 하는, 늘이는.

H0755 אַרְכֻבָה[1회] **아르쿠바**
[아람어] 무릎을 '구부리다'의 의미로 〈7392〉와 일치하는 사용하지 않는 어근에서 유래; '무릎':—무릎.

H0756 אַרְכְּוָי[1회] **아르케와이**
[아람어] 〈751〉에서 유래한 족속의 명칭; (집합적으로) '아렉 사람' 또는 아렉 태생:—아렉 사람(스4:9).

H0757 אַרְכִּי[6회] **아르키**
〈751〉과 유사한 이름의 다른 장소(팔레스타인의)에서 유래한 족속의 명칭; '아렉인' 또는 아렉 태생:—아렉 족속(수16:2).

H0758 אֲרָם[124회] **아람**
〈759〉와 동형에서; '고원'; '아람' 또는 시리아, 그리고 그 주민들; 또한 나홀의 손자, 셈의 아들과 한 이스라엘 인의 이름 '아람':—아람(삼하10:14, 왕상20:26), 메소포타미아, 시리아, 시리아인들.

H0759 אַרְמוֹן[32회] **아르몬**
('높혀지다'는 의미의) 사용하지 않는 어근에서 유래; '성채'(그 높이에서):—성, 왕궁. 〈2038〉과 비교

H0760 אֲרַם צוֹבָה[1회] **아람 초바**
〈758〉과 〈6678〉에서 유래; '소바의 아람':—아람 소바(시60편의 제목).

H0761 אֲרַמִּי[11회] **아람미**
〈758〉에서 유래한 족속의 명칭; '아람인':—아람 사람(왕하5:20, 창25:20, 28:5), 시리아인, 아람 여인.

H0762 אֲרָמִית[4회] **아라미트**
〈761〉의 여성형; (부사로만) '아람어에서':—(아람)시리아 말(단2:4), (아람)시리아 방언(스4:7, 사36:11).

H0763 אֲרַם נַהֲרַיִם[5회] **아람 나하라임**
〈758〉 그리고 〈5104〉의 쌍수에서 유래; '두 강들(유프라테스와 티그리스)의 아람' 또는 메소포타미아:—아람 나하라임, 메소포타미아.

H0764 אַרְמֹנִי[1회] **아르모니**
〈759〉에서 유래; '왕궁의'; 한 이스라엘인 '알모니':—알모니(삼하21:8).

H0765 אֲרָן[2회] **아란**
〈7442〉에서 유래; (곤충의) '찍찍 우는'; 한 에돔인 '아란':—아란(창36:28, 대상1:42).

H0766 אֹרֶן[1회] **오렌**
〈765〉와 동형에서 유래('힘'이란 의미에서); '물푸레나무'(그 거칠음에서):—물푸레나무.

H0767 אֹרֶן[1회] **오렌**
〈766〉과 동일; 한 이스라엘인 '오렌':—오렌(대상2:25).

H0768 אַרְנֶבֶת[2회] **아르네베트**
불확실한 파생어; '산토끼':—산토끼.

H0769 אַרְנוֹן[25회] **아르논**
또는 אַרְנֹן **아르논**
〈7442〉에서 유래; '콸콸거리는' 시냇물; 요단 동편의 강 '아르논'; 또한 그 지역:— 아르논(민21:13, 22:36, 신2:34, 4:48, 사16:2).

H0770 אַרְנָן[1회] **아르난**
〈769〉와 동형에서 유래한 듯함, '시끄러운'; 한 이스라엘인 '아르난':—아르난(대상3:21).

H0771 אָרְנָן[12회] **오르난**
아마 〈766〉에서 유래; '강한'; 한 여부스 사람 '오르난':—오르난(대상21:15, 대하3:1). 〈728〉을 보라

H0772 אֲרַע[21회] **아라**
[아람어] 〈776〉과 같음; '땅'; 함축적으

로(상징적으로) '낮은':—땅, 열등한.

H0773 אַרְעִית[1회] **아르이트**

아람어 〈772〉의 여성형; '바닥':—바닥.

H0774 אַרְפָּד[6회] **아르파드**

〈7502〉에서 유래; '펼치다'; 시리아의 한 장소 '아르밧':—아르밧(왕하18:34, 19:13, 사10:9, 렘49:23).

H0775 אַרְפַּכְשַׁד[9회] **아르파크샤드**

아마 외래어; 노아의 아들 '아르박삿'; 또한 그가 정착한 지역:—아르박삿(창10:22, 11:10-13).

H0776 אֶרֶץ[2504회] **에레츠**

아마 '확고하다'는 의미의 사용하지 않는 어근에서 유래; '땅'(전체적으로, 또는 부분적으로 '토지'):—공동의, 시골, 땅, 들, 흙, 토지, 옆방, 길, 광야, 세계.

H0777 אַרְצָא[1회] **아르차**

〈776〉에서 유래; '토질'; 한 이스라엘인 '아르사':—아르사(왕상16:9).

H0778 אֲרַק[1회] **아라크**

아람어 〈772〉의 어미변화; '땅':—땅.

H0779 אָרַר[63회] **아라르**

기본어근; '통렬히 비난하다':—심한 저주.

H0780 אֲרָרַט[4회] **아라라트**

외래어; '아라랏'(또는 그보다는 아르메니아):—아라랏(왕하19:37, 사37:38, 렘51:27), 아르메니아.

H0781 אָרַשׂ[11회] **아라스**

기본어근; 결혼을 위해 '약혼하다':—약혼하다, 장가들다.

H0782 אֲרֶשֶׁת[1회] **아레셰트**

〈781〉에서 유래(소유하기 '원하다'는 의미에서); '사모함':—요청.

H0783 אַרְתַּחְשַׁשְׁתָּא[5회] **아르타흐샤쉬타**

또는 אַרְתַּחְשַׁשְׁתְּא 아르타흐샤쉬테

또는 치환법에 의해 אַרְתַּחְשַׁסְתְּא 아르타흐샤쓰테

외래어; 여러 페르시아 왕들의 (이름이기보다는) 호칭 '아닥사스다' (또는 아르타크세르크세스):—아닥사스다(스4:8,11,23).

H0784 אֵשׁ[379회] **에쉬**

기본어; '불'(문자적으로나 상징적으로):—불타는, 불붙는, 불, 불화염의, 뜨거운.

H0785 אֵשׁ[1회] **에쉬**

아람어 〈784〉와 같음:—화염.

H0786 אִשׁ[2회] **이쉬**

〈784〉와 (어원과 형성에서) 동일시됨; '실재'; 부사로서만 사용됨, '…이 있다'(단수와 복수로):—…이 있다,…아무(것)도 할 수 없다. 〈3426〉과 비교

H0787 אֹשׁ[3회] **오쉬**

아람어 (도치와 생략에 의해) 〈803〉과 같음; '기초':—기반.

H0788 אַשְׁבֵּל[3회] **아쉬벨**

아마 〈7640〉과 동형에서 유래; '흐르는'; 한 이스라엘인 '아스벨':—아스벨(창46:21, 대상8:1).

H0789 אַשְׁבֵּלִי[1회] **아쉬벨리**

〈788〉에서 유래한 족속의 명칭; '아스벨인'(집합적으로) 또는 '아스벨 자손':—아스벨 종족(민26:38).

H0790 אֶשְׁבָּן[1회] **엣쉐반**

아마 〈7644〉와 동형에서 유래; '기운찬'; 한 이두매인 '에스반':—에스반(창36:26).

H0791 אַשְׁבֵּעַ[1회] **아쉬베아**

〈7650〉에서 유래; '탄원자'; 한 이스라엘인 '아스베아':—아스베아(대상

4:21).

H0792 אֶשְׁבַּעַל 2회 **에쉬바알**

〈376〉과 〈1168〉에서 유래; '바알의 사람'; 사울왕의 아들 '에스바알'(또는 이스보셋):—에스바알(대상8:33, 9:39).

H0793 אֶשֶׁד 1회 **에셰드**

'붓다'라는 의미의 사용하지 않는 어근에서 유래; '쏟아 부음':—개울.

H0794 אֲשֵׁדָה 6회 **아셰다**

〈793〉의 여성형; '협곡':—샘들.

H0795 אַשְׁדּוֹד 17회 **아쉬도드**

〈7703〉에서 유래; '파괴자'; 팔레스타인의 한 곳 '아스돗':—아스돗(수11:22, 15:46, 삼상5:1, 사20:1).

H0796 אַשְׁדּוֹדִי 5회 **아쉬도디**

〈795〉에서 유래한 족속; 아스돗 사람(자주 집합적으로) 또는 아스돗의 주민:—아스돗 족속(수13:3), 아스돗의.

H0797 אַשְׁדּוֹדִית 1회 **아쉬도디트**

〈796〉의 여성형; (부사로만) '아스돗 언어로':—아스돗 말로.

H0798 אַשְׁדּוֹת הַפִּסְגָּה 6회
아쉬도트 합피쓰가

〈794〉의 복수형과 〈6449〉에서 관사가 삽입되어 유래; '비스가의 골짜기들'; 요단강 동쪽의 한 장소 '아스돗-비스가':—아스돗 비스가(신3:17, 수13:20).

H0799 אֶשְׁדָּת 1회 **에쉬다트**

〈784〉와 〈1881〉에서 유래; '불의 법':—불같은 법.

H0800 אֶשָּׁה 1회 **엣샤**

〈784〉의 여성형; '불':—불.

H0801 אִשָּׁה 65회 **잇샤**

〈800〉과 동일하나, 예배식의 의미에서 사용됨; 정확히는 '번제'; 그러나 가끔 어떤 '희생'에 대해서도 사용됨:—불에 의한(만들어진) 제물, 희생.

H0802 אִשָּׁה 782회 **잇샤**

〈376〉이나 〈582〉의 여성형; 불규칙 복수형 נָשִׁים 나쉼; (〈582〉와 같이 넓은 의미에서 사용됨):—[음란한]여자, (각각의, 모든) 여성, (많은, …아무도, …아닌, 한, 함께) 아내, 여자.

H0803 אֲשׁוּיָה 1회 **아슈야**

'기초를 두다'는 의미의 사용하지 않는 어근에서 유래한 여성수동태분사; '기초':—기반.

H0804 אַשּׁוּר 152회 **앗슈르**

또는 אַשֻּׁר **앗슈르**

명백히 ('성공적인'이란 의미로) 〈833〉에서 유래; 셈의 둘째 아들 '앗수르'; 또한 그의 자손과 그들이 차지한 나라(즉, 앗수르), 그 지역과 제국:—앗수르, 앗시리아, 이수르인들. 〈838〉을 보라

H0805 אֲשׁוּרִי 1회 **아슈리**

또는 אַשּׁוּרִי **앗슈리**

〈804〉와 동형의 족속의 명칭에서 유래; 앗수르인 (집합적으로) 또는 앗수르의 주민, 팔레스타인의 한 지역:—앗수르인들.

H0806 אַשְׁחוּר 2회 **아쉬후르**

아마 〈7835〉에서 유래; '검은'; 한 이스라엘인 '아스훌':—아스훌(대상2:24, 4:5).

H0807 אֲשִׁמָא 1회 **아쉬마**

외래어; 하맛의 한 신 '아시마':—아시마(왕하17:30).

H0808 אָשִׁישׁ 1회 **아쉬쉬**

〈784〉와 동형에서 유래(굳게 '누르다'는 의미에서; 〈803〉과 비교); (파

괴된)'기초':—기반.

H0809 אֲשִׁישָׁה[5회] 아쉬샤

〈808〉의 여성형; 함께 밀접하게 '눌려진' 것, 즉 건포도 '빵'이나 단 과자:—식탁용 포도주 병.

H0810 אֶשֶׁךְ[1회] 에셰크

(아마 함께 '다발로 만들다'를 의미하는) 사용하지 않는 어근에서 유래; ('덩어리'로서) '고환':—돌.

H0811 אֶשְׁכּוֹל[9회] 에쉬콜

또는 אֶשְׁכֹּל 에쉬콜

아마 〈810〉에서 유래한 연장형; '포도송이' 또는 다른 과일:—(포도)송이.

H0812 אֶשְׁכֹּל[6회] 에쉬콜

〈811〉과 동일; 한 아모리인의 이름과 팔레스타인의 한 골짜기 이름 '에스골':—에스골(창14:13,24, 민13:23, 24, 32:9, 신1:24).

H0813 אַשְׁכְּנַז[3회] 아쉬케나즈

외래어; 야벳사람 '아스그나스', 또한 그의 자손:—아스그나스(창10:3, 렘51:27).

H0814 אֶשְׁכָּר[2회] 에쉬카르

〈7939〉 참조; '사례금':—선물.

H0815 אֶשֶׁל[3회] 에셸

불확실한 의미의 어근에서 유래; '위성류' 나무; 연장으로 어떤 종류의 '작은'숲:—작은 숲, 나무.

H0816 אָשַׁם[36회] 아샴

또는 אָשֵׁם 아시엠셈

기본어근; '죄 있는'; 함축적으로 '벌받다', 또는 '멸망하다':—(분명히) 황폐하다(해지다, 하게 하다), 파괴하다, (크게) 죄 있다(유죄로 되다), 범죄하다(죄 인식), 죄짓다.

H0817 אָשָׁם[46회] 아샴

〈816〉에서 유래; '죄과'; 함축적으로 '과오'; 또한 '속죄제':—유죄, 죄, 속죄제물, 범과하다, 속건제.

H0818 אָשֵׁם[3회] 아솀

〈816〉에서 유래; '죄 있는'; 여기에서 '속죄제를 드리는':—흠, 죄 있는 사람.

H0819 אַשְׁמָה[18회] 아쉬마

〈817〉의 여성형; '죄 있음', '과오', '속죄제를 드림':—죄짓다, 범죄하다, 속건제, 죄의 원인, 범죄하는.

H0820 אַשְׁמָן[1회] 아쉬만

아마 〈8081〉에서 유래; '비옥한' 들:—황폐한 곳.

H0821 אַשְׁמֻרָה[3회] 아쉬무라

또는 אַשְׁמוּרָה 아쉬무라

또는 אַשְׁמֹרֶת 아쉬모레트

〈8104〉에서 유래(여성형); 야간 '경계':—파수.

H0822 אֶשְׁנָב[2회] 에쉬납

(아마 '틈을 남기다'는 의미의) 사용하지 않는 어근에서 유래; 격자 '창':—여닫이 창문, 격자.

H0823 אַשְׁנָה[2회] 아쉬나

아마 〈3466〉의 어미변화; 팔레스타인의 두 장소의 이름 '아스나':—아스나(수15:33).

H0824 אֶשְׁעָן[1회] 에쉬안

〈8172〉에서 유래; '지지'; 팔레스타인의 한 장소 '에산':—에산(수15:52).

H0825 אַשָּׁף[2회] 앗샤프

(아마 '속살거리다', 즉 '요술을 부리다'는 의미의) 사용하지 않는 어근에서 유래; '요술장이':—점성가.

H0826 אָשַּׁף[5회] 앗샤프

아람어 〈825〉와 같음:—점성가.

H0827 אַשְׁפָּה[13회] 아쉬파

아마('덮는다'는 의미로) 〈825〉와 동형에서 유래(여성형); '전동(箭筒)',

또는 화살통:—전동.

H0828 אַשְׁפְּנַז1회 **아쉬페나즈**
외래어; 바벨론의 한 내시 '아스부나스':—아스부나스(단1:3).

H0829 אֶשְׁפָּר1회 **에쉬파르**
불확실한 파생어; 측정한 '몫':—(고기의) 좋은 부분.

H0830 אַשְׁפֹּת2회 **아쉬포트** 또는 **אַשְׁפּוֹת** **아쉬포트** 또는 (압축형) **שְׁפֹת** **쉐포트**
⟨**827**⟩과 동일한 명사 '복수형', ('긁어내다'는 의미로) ⟨**8192**⟩에서 유래; '쓰레기', 또는 '오물' 무더기:—똥(무더기).

H0831 אַשְׁקְלוֹן12회 **아쉬켈론**
아마 '무게를 다는' 장소(즉, 시장)라는 의미로 ⟨**8254**⟩에서 유래; 팔레스타인의 한 장소 '아스글론':—아스글론(삿1:18, 14:19, 삼상6:17, 삼하1:20).

H0832 אֶשְׁקְלוֹנִי1회 **에쉬켈로니**
⟨**831**⟩에서 유래한 족속의 명칭; 아스글론 사람 (집합적으로) 또는 아스글론의 주민:—에스글론 사람들(수13:3).

H0833 אָשַׁר43회 **아샤르**
또는 **אָשֵׁר** **아셰르**
기본어근 '곧다'(특별히 '평탄하다', '옳다', '행복하다'는 최광의의 의미로 사용됨); 상징적으로 '앞으로 가다', '정직하다', '번성하다':—복(복되다, 복되다고 하다, 행복하다), 가다, 인도하다, 안내하다, 구조하다.

H0834 אֲשֶׁר5495회 **아셰르**
(모든 성 · 수의) 기본 관계대명사; …한(것, 사람); 또한 (부사와 접속사로서) …때, …곳, …한 방법으로, …때문에, …하기 위하여 등:— 뒤에, 같이, 하자마자, 모든, …이므로, …에서부터, 어떻게(하든지), …인지, (하기)위하여, 통하여, …한(곳), …한(사람) 격변화하지 않으므로 자주 인칭대명사가 부가적으로 동반되어 관계를 보여주기 위해 사용됨.

H0835 אֶשֶׁר40회 **에셰르**
⟨**833**⟩에서 유래; '행복'; 감탄사로서 남성복수연계형으로만 사용됨, 얼마나 '행복한지!':—복된, 행복한.

H0836 אָשֵׁר43회 **아셰르**
⟨**833**⟩에서 유래; '행복한'; 야곱의 아들, 그의 후손인 족속, 그리고 그 영토, 또한 팔레스타인의 한 장소 '아셀':—아셀(창30:13, 35:26, 민1:40,41, 수17:7).

H0837 אֹשֶׁר1회 **오셰르**
⟨**833**⟩에서 유래; '행복':—행복한.

H0838 אָשֻׁר5회 **아슈르** 또는 **אַשֻּׁר** **앗슈르**
'보행'이라는 의미로 ⟨**833**⟩에서 유래; '걸음':—보행, 걸음.

H0839 אָשׁוּר152회 **아슈르**
⟨**8391**⟩의 압축형; '백향목' 나무 또는 어떤 다른 가볍고 탄력 있는 나무:—아술 사람.

H0840 אֲשַׂרְאֵל1회 **아사르엘**
⟨**833**⟩과 ⟨**410**⟩에서 유래한 철자법의 어미변화; '하나님의 공의'; 한 이스라엘인 '아사렐':—아사렐(대상4:16).

H0841 אֲשַׂרְאֵלָה1회 **아사르엘라**
⟨**840**⟩과 동형에서 유래; '하나님께 대해 옳음'; 한 이스라엘인 '아사렐라':—아사렐라(대상25:2). ⟨**3480**⟩과 비교

H0842 אֲשֵׁרָה40회 **아셰라**
또는 **אֲשֵׁירָה** **아셰라**
⟨**833**⟩에서 유래; '행복한'; 베니게의

한 여신 '아세라'; 또한 '아세라 우상': —작은 숲. 〈6253〉과 비교

H0843 אָשֵׁרִי[1회] **아셰리**
〈836〉에서 유래한 족속의 명칭; '아셀 사람'(집합적으로) 또는 아셀 자손:—아셀 사람들.

H0844 אַשְׂרִיאֵל[3회] **아스리엘**
〈840〉의 철자법의 어미변화; 두 이스라엘인의 이름 '아스리엘':—아스리엘(민26:31, 수17:2, 대상7:14).

H0845 אַשְׂרִאֵלִי[1회] **아스리엘리**
〈844〉에서 유래한 족속의 명칭; '아스리엘 사람'(집합적으로) 또는 아스리엘의 자손:—아스리엘 종족(민26:31).

H0846 אֻשַּׁרְנָא[2회] **웃샤르나**
아람어 〈833〉과 동일한 어근에서 유래; '벽'(그 똑바로 섬에서):—벽.

H0847 אֶשְׁתָּאֹל[7회] **에쉬타올**
또는 **אֶשְׁתָּאוֹל 에쉬타올**
아마 〈7592〉에서 유래; '간청'; 팔레스타인의 한 장소 '에스다올':—에스다올(수15:33, 19:41, 삿13:25, 16:31).

H0848 אֶשְׁתָּאֻלִי[2회] **에쉬타울리**
〈847〉에서 유래한 족속의 명칭; 에스다올 사람(집합적으로) 또는 에스다올의 주민:—에스다올 종족(대상2:53).

H0849 אֶשְׁתַּדּוּר[2회] **에쉬탓두르**
아람어 〈7712〉에서 유래(나쁜 의미에서); '반역':—선동, 소란, 폭동.

H0850 אֶשְׁתּוֹן[2회] **에쉬톤**
아마 〈7764〉와 동형에서 유래; '편안한'; 한 이스라엘인 '에스돈':—에스돈(대상4:—11,12).

H0851 אֶשְׁתְּמֹעַ[5회] **에쉬테모아**
또는 **אֶשְׁתְּמוֹעַ 에쉬테모아**
또는 **אֶשְׁתְּמֹה 에쉬테모**
〈8085〉에서 유래('복종'의 의미로); 팔레스타인의 한 장소 '에스드모아' 또는 에스드모:—에스드모아(수21:14, 삼상30:28, 대상4:17, 6:42, 57), 에스드모.

H0852 אָת[2회] **아트**
아람어 〈226〉와 같음; '전조':—조짐.

H0853 אֵת[10903회] **에트**
'실재'의 지시적 의미로 〈226〉에서 유래한 압축형인 듯함; 아마 '자아'(그러나 일반적으로 동사나 전치사의 목적을 보다 분명하게 지적하기 위하여 사용됨, '곧' 또는 '즉'):—[일반적으로 표현되지 않음]

H0854 אֵת[938회] **에트**
아마 〈579〉에서 유래; 정확히는 '가까움'(전치사나 부사어로만 사용됨), '가까운'; 여기에서 일반적으로 '…와 함께', '…곁에', '…에', '가운데', 등:—대하여, 가운데, …앞에, …곁에, …위해서, …에서, 안(으로), 밖에(으로), …와 함께, 가끔 다른 접두사가 붙은 전치사와 함께 사용됨.

H0855 אֵת[5회] **에트**
불확실한 파생어; '괭이' 또는 다른 파는 도구:—보습 날, 보습.

H0856 אֶתְבַּעַל[1회] **에트바알**
〈854〉와 〈1168〉에서 유래; '바알과 함께'; 베니게 왕 '엣바알':—엣바알(왕상16:31).

H0857 אָתָה[21회] **아타** 또는 **אָתָא 아타**
기본어근 [〈225〉에 연관되어 압축됨]; '도달하다':—오다, 되다, 닥쳐올 것들, 가져오다.

H0858 אֲתָה[744회] **아타** 또는 **אֲתָא 아타**
아람어 〈857〉과 같음:— 오다, 되다,

가져오다.

H0859 אַתָּה[279회] **앗타** 또는 (단축형) **אַתְּ 앗타** 또는 **אַתְ 아트** 또는 때로는 여성형 (불규칙) **אַתִּי 앗티** 또는 복수 남성형 **אַתֶּם 아템** 여성형 **אַתֵּן 아텐** 또는 **אַתֵּנָה 아테나** 또는 **אַתֵּנָּה 아텐나**

2인칭 기본대명사; '당신', 또는 (복수) '당신들'(이, 을):―당신(이, 들), 당신들(이, 을).

H0860 אָתוֹן[34회] **아톤**

아마 〈**386**〉과 동형에서 유래('인내'의 의미로); 암'나귀'(그 유순함에서): ―나귀, (암)나귀.

H0861 אַתּוּן[10회] **앗툰**

[아람어] 아마 〈**748**〉과 동일한 형에서 유래; 아마 벽난로, 즉 '용광로':―용광로.

H0862 אַתּוּק[4회] **앗투크**

또는 **אַתִּיק 앗티크**

'감소함'의 의미로 〈**5423**〉에서 유래; 건물의 '선반' 또는 벽단:―회랑.

H0863 אִתַּי[9회] **잇타이** 또는 **אִיתַי 이타이**

〈**854**〉에서 유래; '가까이에'; 한 가드 사람과 한 이스라엘인의 이름 '잇대': ―잇대(삼하15:19,22, 18:2, 23:29).

H0864 אֵתָם[4회] **에탐**

애굽어의 파생어; 사막의 한 장소 '에담':―에담(출13:20, 민33:6,8).

H0865 אֶתְמוֹל[6회] **에트몰** 또는 **אִתְמוֹל 이트몰** 또는 **אֶתְמוּל 에트물**

아마 〈**853**〉 또는 〈**854**〉와 〈**4136**〉에서 유래; '지금까지(에는)'; 한정적으로 '어제':―(그)때 전에, 지금까지(에는), 최근에, 지난 시대에, 어제.

H0866 אֶתְנָה[2회] **에트나**

〈**8566**〉에서 유래; '선물'(매춘의 값으로):―보상.

H0867 אֶתְנִי[1회] **에트니**

아마 〈**866**〉에서 유래; '아낌없이 줌'; 한 이스라엘인 '에드니':―에드니.

H0868 אֶתְנַן[11회] **에트난**

〈**866**〉과 동일; '선물'(매춘 또는 우상숭배의 값으로):―급료, 보상.

H0869 אֶתְנָן[1회] **에트난**

〈**867**〉의 의미로 〈**868**〉과 동일; 한 이스라엘인 '에드난':―에드난(대상4:7).

H0870 אֲתַר[8회] **아타르**

[아람어] 〈**871**〉과 동일한 어근에서 유래; '장소'; (부사로) '후에':―후에, 장소.

H0871 אֲתָרִים[1회] **아타림**

(아마 '걸어가다'는 의미의) 사용하지 않는 어근에서 유래한 복수형; '장소들'; 팔레스타인 가까운 한 장소 '아다림':―정탐들, 아다림(민21:1).

스트롱히브리어사전

ב

H0872 בִּאָה[1회] 비아
〈935〉에서 유래; 건물 '입구':—입구.

H0873 בִּאִישׁ[1회] 비우쉬
아람어 〈888〉에서 유래; '악한':—나쁜.

H0874 בָּאַר[3회] 바아르
기본어근; '파다'; 유추적으로 '새기다'; 상징적으로 '설명하다':—선언하다, 명백히 하다, 명백히.

H0875 בְּאֵר[38회] 베에르
〈874〉에서 유래; '구덩이'; 특히 '우물':—구덩이, 우물.

H0876 בְּאֵר[2회] 베에르
〈875〉와 동일; 광야의 한 장소, 또한 팔레스타인의 한 장소 '브엘':—브엘(민21:16-18, 삿9:21).

H0877 בֹּאר[5회] 보르
〈874〉에서 유래; '저수지':—물웅덩이.

H0878 בְּאֵרָא[1회] 베에라
〈875〉에서 유래; '우물'; 한 이스라엘인 '브에라':—브에라(대상7:37).

H0879 בְּאֵר אֵילִים[1회] 베에르 엘림
〈875〉와 〈410〉의 복수형에서 유래; '영웅들의 우물'; 광야의 한 장소 '브엘엘림':—브엘엘림(사15:8).

H0880 בְּאֵרָה[1회] 베에라
〈878〉과 동일; 한 이스라엘인 '브에라':—브에라(대상5:6).

H0881 בְּאֵרוֹת[5회] 베에로트
〈875〉의 여성복수형; '우물들'; 팔레스타인의 한 장소 '브에롯':—브에롯(수9:17, 18:25, 삼하4:2, 스2:25).

H0882 בְּאֵרִי[2회] 베에리
〈875〉에서 유래; '샘(분수)이 나는'; 한 헷 사람과 한 이스라엘인의 이름 '브에리':—브에리(창26:34, 호1:1).

H0883 בְּאֵר לַחַי רֹאִי[3회]
베에르 라하이 로이
〈875〉와 〈2416〉(접두사와 함께) 및 〈7203〉에서 유래; '살아계신(분) 나의 감찰자의 우물'; 광야의 한 장소 '브엘-라해-로이':—브엘-라해-로이(창16:14, 24:62, 25:11).

H0884 בְּאֵר שֶׁבַע[34회] 베에르 셰바
〈875〉와 〈7651〉(7650의 의미에서)에서 유래; '맹세의 우물'; 팔레스타인의 한 장소 '브엘-세바':—브엘-세바(삼하24:7).

H0885 בְּאֵרֹת בְּנֵי־יַעֲקָן[2회]
베에로트 베네-야아칸
〈875〉의 여성복수형과 〈1121〉의 복수 압축형 및 〈3292〉에서 유래; '야아간의 아들들의 우물들'; 광야의 한 장소 '브에롯-브네-야아간':—야아간의 자녀들의 브에롯, 브에론브네야아간(신10:6, 민33:31).

H0886 בְּאֵרֹתִי[5회] 베에로티
〈881〉에서 유래한 족속의 명칭; '브에롯 사람' 또는 브에롯의 주민:—브에롯 사람(삼하4:2,5,9).

H0887 בָּאַשׁ[18회] 바아쉬
기본어근; 나쁜 '냄새가 나다'; 상징적으로는 도덕적으로 '더러운':—미움받다, 미워하게 하다, 몹시 싫어하다, 악취(악취 나게 하다, 아주).

H0888 בְּאֵשׁ[1회] 베에쉬
아람어 〈887〉과 같음:—불쾌.

H0889 בְּאשׁ[3회] 베오쉬
〈887〉에서 유래; '악취':—고약한 냄새.

H0890 בָּאְשָׁה[1회] 보샤
〈889〉의 여성형; '악취 나는 잡초' 또는 어떤 다른 해롭고 무용한 식물:—독보리.

H0891 בְּאוּשִׁים[2회] 베우쉼

〈889〉의 복수형; '독 있는 딸기':—들포도.

H0892 בָּבָה1회 **바바**

'비우다'는 의미의 사용하지 않는 어근의 여성능동태 분사; (대문처럼) '비워진' 것, 즉 눈의 동공:—눈동자.

H0893 בֵּבַי6회 **베바이**

아마 외래어; 한 이스라엘인 '베배':—베배(스2:11, 8:11, 느7:16).

H0894 בָּבֶל286회 **바벨**

〈1101〉에서 유래; '혼란'; '바벨'(즉, 바벨론), 바빌로니아와 바벨론 제국을 포함하여:—바벨, 바빌론(창10:10, 왕하17:24, 20:12, 미4:10).

H0895 בָּבֶל12회 **바벨**

아람어 〈894〉와 같음:—바벨론(단2:12).

H0896 בַּבְלַי1회 **바블리**

아람어 〈895〉에서 유래한 족속의 명칭; '바벨론 사람':—바빌로니아.

H0897 בַּג2회 **바그**

페르시아어; '음식물':—약탈품 [〈957〉난외주에서 유래].

H0898 בָּגַד49회 **바가드**

기본어근; (옷으로) '덮다'; 상징적으로 '남몰래 행동하다'; 함축적으로 '약탈하다':—허위로(거짓으로, 불신실하게) 대하다, 범죄하다, 범과하다(범죄자), (떠나다), 속이는(상인, 사람), 불신실한(사람), (불신실하게, 매우)

H0899 בֶּגֶד215회 **베게드**

〈898〉에서 유래; '덮는 것', 즉 옷; 또한 '반역' 또는 '약탈':—옷, 의복, 겉옷, (옷의) 앞자락, 넝마, 의상, 외투, 매우[거짓으로], 의복, 의상(의류).

H0900 בֹּגְדוֹת1회 **보게도트**

〈898〉의 여성복수 능동태분사; '반역들':—반역하는.

H0901 בָּגוֹד2회 **바고드**

〈898〉에서 유래; '불충(不忠)한':—믿을 수 없는.

H0902 בִּגְוַי5회 **비그와이**

아마 외래어; 한 이스라엘인 '비그왜':—비그왜(스2:2,14, 8:14, 느7:19).

H0903 בִּגְתָא1회 **비그타**

페르시아어 파생어; 크세르크세스의 내시; '빅다':—빅다(에1:10).

H0904 בִּגְתָן2회 **비그탄**

또는 **בִּגְתָנָא 비그타나**

〈903〉과 유사한 파생어; 크세르크세스의 내시 '빅단' 또는 '빅다나':—빅단(에6:2), 빅다나.

H0905 בַּד158회 **바드**

〈909〉에서 유래; 아마 '분리'; 함축적으로 몸의 '부분', 나무의 '가지', 운반용 '장대'; 상징적으로 도시의 '우두머리'; 특별히 (접두사 붙은 전치사와 함께) 부사로서 '떨어져서', '오직', '그밖에':—혼자, …외에, 막대기, 가지, 혼자서, 각기 같이, …제외하고, 오직, 부분, 지팡이, 힘.

H0906 בַּד66회 **바드**

아마 〈909〉에서 유래('나뉘어진' 직물이란 의미에서); 아마로 꼰 '실' 또는 방적사; 여기에서 '아마' 옷:—아마(亞麻, 천),

H0907 בַּד6회 **바드**

〈908〉에서 유래; '허풍', 또는 '거짓말'; 또한 '거짓말쟁이':—거짓말(쟁이).

H0908 בָּדָא2회 **바다**

기본어근; (상징적으로) '발명하다':

—고안하다, 가장하다.

H0909 בָּדַד[3회] 바다드

기본어근; '나누다', 즉(재귀형) '고독하다':—혼자서.

H0910 בָּדָד[11회] 바다드

〈909〉에서 유래; '분리된'; 부사적으로 '따로따로':—혼자서, 황폐한, 오직, 고독한.

H0911 בְּדַד[2회] 베다드

〈909〉에서 유래; '분리'; 한 에돔인 '브닷':—브닷(창36:35).

H0912 בֵּדְיָה[1회] 베데야

아마 〈5662〉의 압축형; '여호와의 종'; 한 이스라엘인 '베드야':—베드야(스10:35).

H0913 בְּדִיל[6회] 베딜

〈914〉에서 유래; '합금'(녹여서 '제거된' 때문에); 유추적으로 '주석':—매다는 추, 주석.

H0914 בָּדַל[42회] 바달

기본어근; '나누다'(다양한 의미에서 문자적으로나 상징적으로 '분리하다', '구별하다', '다르다', '선택하다' 등):—구별(하다), (따로따로) 나누다, 구분(하다), 절단해내다(완전히).

H0915 בָּדָל[1회] 바달

〈914〉에서 유래; '부분':—조각.

H0916 בְּדֹלַח[2회] 베돌라흐

아마 〈914〉에서 유래; '조각들'로 된 것, 즉 '베델리엄', (향기로운) 수지(아마 '호박'); 다른 경우 '진주':—베델리엄(창2:12, 민11:7).

H0917 בְּדָן[3회] 베단

아마 〈5658〉의 압축형; '노예의'; 두 이스라엘인의 이름 '베단':—베단(삼상12:11).

H0918 בָּדַק[1회] 바다크

기본어근; '벌어지게 하다'; 〈919〉의 명사유래어로서만 사용됨; 틈을 '수선하다':—수선하다.

H0919 בֶּדֶק[10회] 베데크

〈918〉에서 유래; (건물이나 배의) '갈라진 틈' 또는 '새는 곳':—터진 곳, 틈 막는 것(사람).

H0920 בִּדְקַר[1회] 비드카르

아마 전치사를 접두사로 하여 〈1856〉에서 유래; '찌름에 의해', 즉 '암살자'; 한 이스라엘인 '빗갈':—빗갈(왕하9:25).

H0921 בְּדַר[2회] 베다르

[아람어] (전환법으로) 〈6504〉와 같음; '흩다':—흩다.

H0922 בֹּהוּ[3회] 보후

('비어있다'는 의미의) 사용하지 않는 어근에서 유래; '공허', 즉 (피상적으로) 구별할 수 없는 '폐허':—텅 빔, 공허.

H0923 בַּהַט[1회] 바하트

(아마 '반짝이다'는 의미의) 사용하지 않는 어근에서 유래; 흰 '대리석', 또는 아마 '설화석고':—붉은 대리석.

H0924 בְּהִילוּ[1회] 베힐루

[아람어] 〈927〉에서 유래; '서두름'; 부사로만 '성급하게':—급히, 서둘러서.

H0925 בָּהִיר[1회] 바히르

('밝다'는 의미의) 사용하지 않는 어근에서 유래; '빛나는':—밝은.

H0926 בָּהַל[39회] 바할

기본어근; 내부적으로 '떨다'(또는, '맥이 뛰다'), 즉 (상징적으로) (갑자기) '깜짝 놀라다'(놀라게 하다), 또는 '동요하다'(동요하게 하다); 함축적으로 염려하여 '서두르게 하다':—놀라다(놀라게 하다), 당황하다(당황하게 하다), 서두르다(서둘게 하다)(서둘러서), 급하게 하다(급하게), 밀어내다, 괴롭히다.

H0927 בְּהַל[11회] 베할
아람어 〈926〉과 같음; '겁나게 하다, 서두르다':—성급하게, 괴롭히다.

H0928 בֶּהָלָה[4회] 베할라
〈926〉에서 유래; '공황', '파괴':—공포, 고통.

H0929 בְּהֵמָה[190회] 베헤마
(아마 '침묵하다'는 의미의) 사용하지 않는 어근에서 유래; 정확히는 '말 없는' 짐승; 특별히 어떤 큰 네발짐승, 또는 '동물'(가끔 집합적으로):—짐승, 가축.

H0930 בְּהֵמוֹת[1회] 베헤모트
〈929〉의 복수 형태이나 사실은 애굽어의 파생어의 단수형; '물소', 즉 '하마', 또는 나일의 말:—베헤못(욥40:15), 하마.

H0931 בֹּהֶן[16회] 보헨
'두텁다'는 의미의 사용하지 않는 어근에서 유래; 손의 '엄지손가락', 또는 발의 '엄지발가락':—엄지(손가락, 발가락).

H0932 בֹּהַן[2회] 보한
〈931〉의 철자법의 어미변화; '엄지(손가락); 한 이스라엘인 '보한':—보한(수15:6, 18:17).

H0933 בֹּהַק[1회] 보하크
'창백하다'는 의미의 사용하지 않는 어근에서 유래; 흰 '비듬':—반점.

H0934 בַּהֶרֶת[12회] 보헤레트
〈925〉와 동일한 여성 능동태 분사; 피부의 '희끄무레한' 점:—밝은 점.

H0935 בּוֹא[2565회] 보
기본어근; '가다', 또는 '오다'(다양한 적용에서):—거하다, 적용하다, 얻다, …이다, …이 생기다, 포위하다, (내다, 가져오다, 생기게 하다), 부르다, 의심 없이 다시, 먹다, 고용하다, 들어가다(가게 하다)(들어감), 떨어지다, 데려오다, 따르다, 얻다, 주다, (내려, 안으로, 전쟁터로)가다, 승인하다, 가지다, 참으로, 침투하다, 인도하다, 들어 올리다, 언급하다, 끌다, 놓다, 다니다, 달려(내려)가다, 보내다, 확실히, 수용하다, 길.

H0936 בּוּז[14회] 부즈
기본어근; '무례하게' 대하다:—경멸하다, 철저히 멸시하다.

H0937 בּוּז[11회] 부즈
〈936〉에서 유래; '불경':—멸시(경멸적으로), 멸시받은, 망신당한.

H0938 בּוּז[3회] 부즈
〈937〉과 동일; 나홀의 아들과 한 이스라엘인의 이름 '부스':—부스(대상5:14).

H0939 בּוּזָה[2회] 부자
〈936〉의 여성수동태 분사; '멸시받은' 것, '경멸'의 대상:—멸시당한.

H0940 בּוּזִי[1회] 부지
〈938〉에서 유래한 족속의 명칭; '붓 사람', 또는 붓의 자손:—붓 사람.

H0941 בּוּזִי[3회] 부지
〈940〉과 동일; 한 이스라엘인 '부시':—부시(겔1:3).

H0942 בַּוַּי[1회] 바우와이
아마 기원은 페르시아어; 한 이스라엘인 '바왜':—바왜(느3:18).

H0943 בּוּךְ[3회] 부크
기본어근; '포함하다'(문자적으로, 또는 상징적으로):—얽히다, 당황하다.

H0944 בּוּל[3회] 불

〈2891〉 참조; (땅 등의) '산물':—음식물, 줄기.

H0945 בּוּל[1회] **불**

〈944〉와 동일('비'의 의미에서); 유대력의 제8월 '불':—불.

H0946 בּוּנָה[1회] **부나**

〈995〉에서 유래; '분별력'; 한 이스라엘인 '브나':—브나(대상2:25).

H0947 בּוּס[12회] **부쓰**

기본어근; '짓밟다'(문자적으로나 상징적으로):—몹시 싫어하다, 밟다([발]아래), 오염되다.

H0948 בּוּץ[8회] **부츠**

표백하다, 즉 (자동사로) '희다'를 의미하는 (동형의) 사용하지 않는 어근에서 유래; 아마 (어떤 종류의) '목화':—정교한 (흰) 아마천.

H0949 בּוֹצֵץ[1회] **보체츠**

〈948〉과 동형에서 유래; '빛나는'; 믹마스 근처의 바위 '보세스':—보세스(삼상14:4).

H0950 בּוּקָה[1회] **부카**

('비어있다'를 의미하는) 사용하지 않는 어근의 여성 수동태 분사; '텅 빔'(형용사로서):—텅 빈.

H0951 בּוֹקֵר[1회] **보케르**

정확히는 〈1241〉의 명사유래어로서 〈1239〉에서 유래한 능동태 분사인 듯함; '소떼를 지키는 자':—목동.

H0952 בּוּר[1회] **부르**

기본어근; '구멍을 뚫다', 즉 (상징적으로) '검사하다':—선언하다.

H0953 בּוֹר[64회] **보르**

〈952〉에서 유래 (〈877〉의 의미에서); 구덩이 '구멍'(특히, '우물'이나 '감옥'으로 사용되는 것):—저수지, 지하 감옥, 샘, 구덩이, 우물.

H0954 בּוּשׁ[109회] **부쉬**

기본어근; '창백하다', 즉 함축적으로 '부끄러워하다'; 또한 (함축적으로) '실망하다', 또는 '지연되다':—부끄럽다(부끄럽게 하다), 당황하다(당황하게 하다), 건조해지다, 연기하다.

H0955 בּוּשָׁה[4회] **부샤**

〈954〉의 여성 수동태 분사; '수치':—수치.

H0956 בּוּת[1회] **부트**

아람어 명백히 〈1005〉에서 유래한 명사유래어; 밤새 '투숙하다':—경야하다.

H0957 בַּז[24회] **바즈**

〈962〉에서 유래; '약탈하다':—노략물, 먹이, 약탈물(약탈당한).

H0958 בָּזָא[2회] **바자**

기본어근; 아마 '쪼개다':—약탈하다.

H0959 בָּזָה[43회] **바자**

기본어근; '업신여기다':—멸시하다, 싫어하다, 경멸하다(경멸적인), 얕보다, 비열한 인간.

H0960 בָּזֹה[1회] **바조**

〈959〉에서 유래; '경멸당한':—멸시하다.

H0961 בִּזָּה[10회] **빗자**

〈957〉의 여성형; '노략물':—먹이, 탈취물.

H0962 בָּזַז[42회] **바자즈**

기본어근; '약탈하다':—잡다, 모으다, 먹이로(취하다), 빼앗다(강도), 약탈하다, 노략(하다)(철저히).

H0963 בִּזָּיוֹן[1회] **빗자욘**

〈959〉에서 유래; '업신여김':—멸시.

H0964 בִּזְיוֹתְיָה[1회] **비즈요테야**

〈959〉와 〈3050〉에서 유래; '여호와의 멸시하심'; 팔레스타인의 한 장소

'비스요다':—비스요다(수15:28).

H0965 בָּזָק1회 **바자크**

'밝히다'는 의미의 사용하지 않는 어근에서 유래; 번개의 '번득임':—번갯불.

H0966 בֶּזֶק3회 **베제크**

⟨965⟩에서 유래; '번갯불'; 팔레스타인의 한 장소 '베섹':—베섹(삿1:4, 삼상11:8).

H0967 בָּזַר2회 **바자르**

기본어근; '흩뜨리다':—흩뿌리다.

H0968 בִּזְתָא1회 **비즈타**

기원은 페르시아어; 크세르크세스이 내시 '비스다':—비스다(에1:10).

H0969 בָּחוֹן2회 **바혼**

⟨974⟩에서 유래; 금속들의 '분석자':—탑.

H0970 בָּחוּר44회 **바후르**

또는 בָּחֻר **바후르**

⟨977⟩의 수동태 분사; 정확히는 '선택된', 즉 '청년'(가끔 집합적으로):—(선택된) 젊은(사람)(뽑힌), 구멍.

H0971 בַּחוּן1회 **바힌**

⟨975⟩의 또 다른 형태; 포위군의 파수'대':—탑.

H0972 בָּחִיר13회 **바히르**

⟨977⟩에서 유래; '선택':—선택, 선택된(사람, 것), 뽑힌(사람).

H0973 בָּחַל2회 **바할**

기본어근; '혐오하다':—혐오하다, 서둘러 얻다, [⟨926⟩의 난외주에서].

H0974 בָּחַן28회 **바한**

기본어근; (특히 금속들을) '검사하다'; 일반적으로, 또 상징적으로 '조사하다':—조사하다, 증명하다, 해보다, 시험하다(시험).

H0975 בַּחַן1회 **바한**

⟨974⟩에서 유래(계속 '경계'한다는 의미에서); 파수'대':—탑.

H0976 בֹּחַן2회 **보한**

⟨974⟩에서 유래; '시험'('시련'):—연단된.

H0977 בָּחַר172회 **바하르**

기본어근; 정확히는 '시험하다', 즉 (함축적으로) '선택하다':—받을만한, 지정하다, 선택(하다)(탁월한), 참가하다, (오히려) 요구하다.

H0978 בַּחֲרוּמִי1회 **바하루미**

(도치에 의해) ⟨980⟩에서 유래한 족속의 명칭; '바하룸 사람', 또는 바하룸 주민:—바하룸 사람(대상11:33).

H0979 בְּחֻרוֹת3회 **베후로트**

또는 בְּחוּרוֹת **베후로트**

⟨970⟩의 여성 복수형; 또한 (남성 복수형) בְּחֻרִים 베후림; '청년'(집합적으로 또 추상적으로):—청년, 젊은이들.

H0980 בַּחֻרִים5회 **바후림**

또는 בַּחוּרִים **바후림**

⟨970⟩의 남성복수; '청년들'; 팔레스타인의 한 장소 '바후림':—바후림(삼하3:16, 16:5, 17:18, 19:16, 왕상2:8).

H0981 בָּטָא4회 **바타** 또는 בָּטָה **바타**

기본어근; '서투른 말로 지껄이다'; 여기에서 화가 나서 '고함지르다':—발음하다, (분별없이) 말하다.

H0982 בָּטַח120회 **바타흐**

기본어근; 정확히는 피난하기 위해 '서둘러 가다'[⟨2620⟩처럼 '황급하게'는 아님]; 상징적으로 '신뢰하다', '확신하다', '확실하다':—담대하다(확신 · 신뢰 · 안전하다), 조심 없는(사람, 여자), 신뢰하다, 희망(을 걸다), 신뢰(하다).

H0983 בֶּטַח[42회] **베타흐**
〈982〉에서 유래; 정확히는 '피난처'; 추상적으로 사실('확실')과 감정('신뢰')의 양면으로 '안전', 가끔 (전치사 있거나 없는 부사로서) '안전하게':—확신, 담대하게, 조심(없이), 신뢰, 희망, 안전(한, 하게), 확실한, 확실히.

H0984 בֶּטַח[1회] **베타흐**
〈983〉과 동일; 시리아의 한 장소 '베다':—베다(삼하8:8).

H0985 בִּטְחָה[1회] **비트하**
〈984〉의 여성형; '신뢰':—신뢰.

H0986 בִּטָּחוֹן[3회] **빗타혼**
〈982〉에서 유래; '신뢰':—신뢰, 희망.

H0987 בַּטֻּחוֹת[1회] **밧투호트**
〈982〉에서 유래한 여성복수형; '안전':—안전(확실)한.

H0988 בָּטֵל[1회] **바텔**
기본어근; 노동을 '그만두다':—그치다.

H0989 בְּטֵל[6회] **베텔**
[아람어] 〈988〉과 같음; '멈추다':—그만두다(그치게 하다), 방해하다.

H0990 בֶּטֶן[72회] **베텐**
아마 '비어있다'는 의미의 사용하지 않는 어근에서 유래; '배' 특히 '자궁'('태'); 또한 어떤 것의 '가슴'이나 '몸체':— 배, 몸, 태어난 대로, 내부에, 태.

H0991 בֶּטֶן[1회] **베텐**
〈990〉과 동일; 팔레스타인의 한 장소 '베덴':—베덴(수19:25).

H0992 בֹּטֶן[1회] **보텐**
〈990〉에서 유래; (복수로만) '피스타치오' 땅콩(그 형태에서):—땅콩.

H0993 בְּטֹנִים[1회] **베토님**
아마 〈992〉에서 유래한 복수형; '오목한 곳들'; 팔레스타인의 한 장소 '브도님':—브도님(수13:26).

H0994 בִּי[12회] **비**
아마 〈1158〉에서 유래('청하다', '묻다'라는 의미에서); 정확히는 '요청'; 부사로만 사용됨(항상 "내 주님"과 함께); '청컨대', '원컨대':—슬프다, 아, 오.

H0995 בִּין[171회] **빈**
기본어근; 지적으로 '분리하다'(또는, '구별하다'), 즉 (일반적으로) '이해하다':—유의하다, 숙고하다, 민첩하다, 부지런하게, 직접적인, 분별력 있는, 유창한, 느끼다, 알리다, 가르치다, 인식을 갖다, 알다, 주의하다, 표시하다, 인지하다, 신중하다, 간주하다, 기술(있는), 가르치다, 생각하다, 이해(하다, 하게하다), 보다, 지혜[롭게 다루다, 로운 사람].

H0996 בֵּין[403회] **벤**
(가끔 남성, 또는 여성의 복수형으로); 정확히는 별로 사용되지 않는 〈995〉의 명사형의 압축 연계형; '구별' 그러나 전치사로서만 사용됨 … '사이에'(매 명사 앞에서 반복됨, 자주 다른 불변사와 함께); 또한 접속사로서 …'나 …나':— 가운데, 제각기, …에, 사이에, 에서(광의), 안에, 밖에, …인지, …안에서.

H0997 בֵּין[2회] **벤**
[아람어] 〈996〉과 같음:—가운데, 사이에.

H0998 בִּינָה[37회] **비나**
〈995〉에서 유래; '이해'('명철'):—지식, 의미, 완전하게, 이해, 지혜.

H0999 בִּינָה[1회] **비나**

아람어 〈998〉과 같음:—지식.

H1000 בֵּיצָה[6회] 베차

〈948〉과 동형에서 유래; '달걀'(그 흰 색깔에서):—달걀

H1001 בִּירָה[1회] 비라

아람어 〈1002〉와 일치함; '왕궁':—왕궁.

H1002 בִּירָה[16회] 비라

외래어; '성', 또는 '궁전':—궁전.

H1003 בִּירָנִית[2회] 비라니트

〈1002〉에서 유래; '요새':—성.

H1004 בַּיִת[2036회] 바이트

아마 〈1129〉에서 유래한 약어, '집'(아주 다양한 적용에서 특히 가족 등):—뜰, 딸, 문, 지하 감옥, 가족,(에서, 부터), (할 수 있는 대로 크게), 휘장, 본국(에서 난), [겨울]집, (안에, 으로), 궁전, 장소, 감옥, 청지기, 석판, 성전, 직물, (안에, 밖에).

H1005 בַּיִת[5회] 바이트

아람어 〈1004〉와 같음:—집.

H1006 בַּיִת[1회] 바이트

〈1004〉와 동일; 팔레스타인의 한 장소 '바잇':—바잇(사15:2).

H1007 בֵּית אָוֶן[7회] 베트 아웬

〈1004〉와 〈205〉에서 유래; '허영의 집'; 팔레스타인의 한 장소 '벧아웬':—벧아웬(수7:2, 삼상13:5).

H1008 בֵּית־אֵל[70회] 베트-엘

〈1004〉와 〈695〉와 〈410〉에서 유래; '하나님의 집'; 팔레스타인의 한 장소; '벧엘':—벧엘(수16:1,2, 삼상13:2).

H1009 בֵּית אַרְבֵאל[1회] 베프 아르벨

〈1004〉, 〈695〉와 〈410〉에서 유래; '하나님이 매복하신 집'; 팔레스타인의 한 곳 '벧-아벨':—벧-아벨(호10:14).

H1010 בֵּית בַּעַל מְעוֹן[1회] 베트 바알 메온

〈1004〉, 〈1168〉과 〈4583〉에서 유래; '거주하는 바알의 집'(분명히 전이에 의하여) 또는 (단축형) **בֵּית מְעוֹן** 베트 메온; (바알)의 '거주의 집'; 팔레스타인의 한 장소 '벧-바알-므온':—벧-바알-므온(수13:17). 〈1186〉과 〈1194〉와 비교

H1011 בֵּית בִּרְאִי[1회] 베트 비르이

〈1004〉와 〈1254〉에서 유래; '창조적인' 사람의 '집'; 팔레스타인의 한 장소 '벧비리':—벧비리(대상4:31).

H1012 בֵּית בָּרָה[2회] 베트 바라

아마 〈1004〉와 〈5679〉에서 유래; '여울의 집'; 팔레스타인의 한 장소 '벧바라':—벧바라(삿7:24).

H1013 בֵּית־גָּדֵר[1회] 베트-가데르

〈1004〉와 〈1447〉에서 유래; '벽의 집':— 팔레스타인의 한 장소 '벧-가델':—벧-가델(대상2:51).

H1014 בֵּית גָּמוּל[1회] 베트 가물

〈1004〉, 그리고 〈1576〉의 과거분사형에서 유래; '젖뗀 아이들의 집'; 요단강 동편의 한 장소 '벧-가물':—벧-가물(렘48:23).

H1015 בֵּיתדִּבְלָתַיִם[1회] 베트 디블라타임

〈1004〉, 그리고 〈1690〉의 쌍수에서 유래; '두 무화과 빵의 집'; 요단강 동편의 한 장소 '벧-디블라다임':—벧-디블라다임(민33:46).

H1016 בֵּית־דָּגוֹן[2회] 베트-다곤

〈1004〉와 〈1712〉에서 유래; '다곤의 집'; 팔레스타인의 두 장소의 이름 '벧-다곤':—벧-다곤(수15:41, 19:27).

H1017 בֵּית הָאֱלִי[1회] 베트 하엘리

〈1008〉에서 관사가 삽입되어 유래한 족속의 명칭; '벧엘 사람', 또는

벧엘의 주민:—벧엘 사람.

H1018 בֵּית הָאֵצֶל1회 **베트 하에첼**
〈**1004**〉, 그리고 〈**681**〉에서 관사가 삽입되어 유래; '그쪽의 집'; 팔레스타인의 한 장소 '벧에셀':—벧에셀(미1:11).

H1019 בֵּית הַגִּלְגָּל1회 **베트 학길갈**
〈**1004**〉, 그리고 〈**1537**〉에 관사가 삽입되어 유래; '길갈(굴림)의 집'; 팔레스타인의 한 장소 '벧길갈':—벧길갈(느12:29).

H1020 בֵּית הַיְשִׁימוֹת4회 **베트 하예쉬모트**
〈**1004**〉, 그리고 〈**3451**〉의 복수형에 관사가 삽입되어 유래; '사막들의 집'; 요단강 동편의 도시 '벧여시못':—벧여시못(수12:3, 13:20, 겔25:9).

H1021 בֵּית הַכֶּרֶם2회 **베트 학케렘**
〈**1004**〉, 그리고 〈**3754**〉에서 관사가 삽입되어 유래; '포도원의 집'; 팔레스타인의 한 장소 '벧학게렘':—벧학게렘(렘6:1, 느3:14).

H1022 בֵּית הַלַּחְמִי4회 **베트 할라흐미**
〈**1035**〉에서 관사가 삽입되어 유래한 족속의 명칭; '베들레헴 사람', 또는 베들레헴의 태생:—베들레헴 사람.

H1023 בֵּית הַמֶּרְחָק1회 **베트 함메르하크**
〈**1004**〉, 그리고 〈**4801**〉에서 관사가 삽입되어 유래; '넓음의 집'; 팔레스타인의 한 장소, '벧메르학':—벧메르학(삼하15:17), 멀리 떨어진 장소.

H1024 בֵּית הַמַּרְכָּבוֹת2회 **베트 함마르카보트** 또는 (단축형) **בֵּית מַרְכָּבוֹת 베트 마르카보트**
〈**1004**〉, 그리고 〈**4818**〉의 복수형에서 유래(관사가 삽입되거나 되지 않음); '병거들의 장소'; 팔레스타인의 한 장소 '벧-말가봇':—벧-말가봇(수19:5, 대상4:31).

H1025 בֵּית הָעֵמֶק1회 **베트 하에메크**
〈**1004**〉, 그리고 〈**6010**〉에서 관사가 삽입되어 유래; '그 골짜기의 집'; 팔레스타인의 한 장소 '벧에멕':—벧에멕(수19:27).

H1026 בֵּית הָעֲרָבָה3회 **베트 하아라바**
〈**1004**〉, 그리고 〈**6160**〉에서 관사가 삽입되어 유래; '그 광야의 집'; 팔레스타인의 한 장소 '벧아라바':—벧아라바(수18:18).

H1027 בֵּית הָרָם1회 **베트 하람**
〈**1004**〉, 그리고 〈**7311**〉에서 관사가 삽입되어 유래; '그 높음의 집'; 요단강 동쪽의 한 장소 '벧하람':—벧하람(수13:27).

H1028 בֵּית הָרָן1회 **베트 하란**
〈**1027**〉과 유관한 듯; '벧하란'; 요단강 동쪽의 한 장소:—벧하란(민32:36).

H1029 בֵּית הַשִּׁטָּה1회 **베트 핫쉿타**
〈**1004**〉, 그리고 〈**7848**〉에서 관사가 삽입되어 유래; '그 조각목의 집'; 팔레스타인의 한 장소 '벧싯다':—벧싯다(삿7:22).

H1030 בֵּית הַשִּׁמְשִׁי1회 **베트 핫쉼쉬**
〈**1053**〉에서 관사가 삽입되어 유래한 족속의 명칭; '벧세메스 사람', 또는 벧세메스의 주민:—벧세메스 사람.

H1031 בֵּית חָגְלָה3회 **베트 호글라**
〈**1004**〉, 그리고 〈**2295**〉와 동형에서 유래; '자고새 무리의 집'; 팔레스타인의 한 장소 '벧-호글라':—벧-호글라(수15:16, 18:19,21).

H1032 בֵּית חוֹרוֹן14회 **베트 호론**
〈**1004**〉와 〈**2356**〉에서 유래; '공허의 집'; 팔레스타인의 두 인접한 장소의 이름 '벧-호론':—벧-호론.

H1033 בֵּיתכַּר1회 **베트 카르**
〈**1004**〉와 〈**3733**〉에서 유래; '초장의 집'; 팔레스타인의 한 장소 '벧갈':—벧갈(삼상7:11).

H1034 בֵּית לְבָאוֹת1회 **베트 레바오트**
〈**1004**〉, 그리고 〈**3833**〉의 복수형에서 유래; '암사자들의 집'; 팔레스타인의 한 장소 '벧르바옷':—벧르바옷(수19:6). 〈3822〉와 비교

H1035 בֵּית לֶחֶם41회 **베트 레헴**
〈**1004**〉와 〈**3899**〉에서 유래; '떡의 집'; 팔레스타인의 한 장소 '베들레헴':—베들레헴(삿17:7,9, 룻1:1,2, 미5:1, 수19:15).

H1036 בֵּית לְעַפְרָה1회 **베트 레아프라**
〈**1004**〉, 그리고 〈**6083**〉의 여성형에서 유래(전치사가 삽입됨); '먼지의 집'; 팔레스타인의 한 장소 '베들레아브라':—아브라의 집, 베들레아브라(미1:10).

H1037 בֵּית מִלּוֹא2회 **베트 밀로**
또는 **בֵּית מִלֹּא 베트 밀로**
〈**1004**〉와 〈**4407**〉에서 유래; '성벽의 집'; 두 성채의 이름 '벧-밀로':—밀로의 집.

H1038 בֵּית מַעֲכָה1회 **베트 마아카**
〈**1004**〉와 〈**4601**〉에서 유래; '마아가의 집'; 팔레스타인의 한 장소 '벧마아가':—벧마아가(삼하20:15).

H1039 בֵּית נִמְרָה2회 **베트 니므라**
〈**1004**〉, 그리고 〈**5246**〉의 여성형에서 유래; '표범의 집'; 요단강 동편의 한 장소 '벧니므라':—벧니므라(민32:36). 〈**5247**〉과 비교

H1040 בֵּית עֵדֶן1회 **베트 에덴**
〈**1004**〉와 〈**5730**〉에서 유래; '즐거움의 집'; 시리아의 한 장소 '벧에덴':—벧에덴(암1:5).

H1041 בֵּית עַזְמָוֶת2회 **베트 아즈마웨트**
〈**1004**〉와 〈**5820**〉에서 유래; 팔레스타인의 한 장소 '아스마의 집':—벧아스마웻(느7:28, 스2:24). 〈**5820**〉과 비교

H1042 בֵּית עֲנוֹת1회 **베트 아노트**
〈**1004**〉, 그리고 〈**6030**〉의 복수형에서 유래; '응답들의 집'; 팔레스타인의 한 장소 '벧-아놋':—벧-아놋(수15:59).

H1043 בֵּית עֲנָת3회 **베트 아나트**
〈**1042**〉의 철자법의 어미변화; 팔레스타인의 한 장소 '벧아낫':—벧아낫(수19:38, 삿1:33).

H1044 בֵּית עֵקֶד2회 **베트 에케드**
〈**1004**〉, 그리고 〈**6123**〉 파생어에서 유래; '묶음의 집'(양털 깎기 위해); 팔레스타인의 한 장소 '벧-에게드':—털 깎는 집.

H1045 בֵּית עַשְׁתָּרוֹת1회
베트 아쉬타로트
〈**1004**〉, 그리고 〈**6252**〉에서 유래; '아스다롯의 집'; 팔레스타인의 한 장소 '벧아스다롯':—아스다롯의 집. 〈**1023**〉, 〈**6252**〉와 비교

H1046 בֵּית פֶּלֶט1회 **베트 펠레트**
〈**1004**〉와 〈**6412**〉에서 유래; '도피의 집'; 팔레스타인의 한 장소 '벧벨렛':—벧벨렛(수15:27).

H1047 בֵּית פְּעוֹר4회 **베트 페오르**
〈**1004**〉와 〈**6465**〉에서 유래; '브올의 집'; 요단강 동편의 한 장소 '벧-브올':—벧-브올(신3:29, 34:6, 수13:20).

H1048 בֵּית פַּצֵּץ[1회] **베트 팟체츠**
〈**1004**〉, 그리고 〈**6327**〉의 파생어에서 유래; '분산의 집'; 팔레스타인의 한 장소 '벧-바세스':—벧-바세스(수19:21).

H1049 בֵּית צוּר[4회] **베트 추르**
〈**1004**〉, 그리고 〈**6697**〉에서 유래; '바위의 집'; 팔레스타인의 한 장소 '벧술':—벧술(수15:58, 대하11:7).

H1050 בֵּית רְחוֹב[2회] **베트 레호브**
〈**1004**〉와 〈**7339**〉에서 유래; '거리의 집'; 팔레스타인의 한 곳 '베드르홉':—베드르홉(삿18:28, 삼하10:6).

H1051 בֵּית רָפָא[1회] **베트 라파**
〈**1004**〉와 〈**7497**〉에서 유래; '거인의 집'; 한 이스라엘인 '베드라바':—베드라바(대상4:12).

H1052 בֵּית שְׁאָן[6회] **베트 셰안**
또는 **בֵּית שָׁן 베트 샨**
〈**1004**〉와 〈**7599**〉에서 유래; '안락의 집'; 팔레스타인의 한 장소 '벧스안':—벧스안(수17:11,16, 삼상31:10,12, 삼하21:12).

H1053 בֵּית שֶׁמֶשׁ[21회] **베트 셰메쉬**
〈**1004**〉와 〈**8121**〉에서 유래; '태양의 집'; 팔레스타인의 한 장소 '벧세메스':—벧세메스(수15:10, 19:38, 삼상6:12, 대하28:18, 삿1:33, 렘43:13).

H1054 בֵּית תַּפּוּחַ[1회] **베트 탑푸아흐**
〈**1004**〉와 〈**8598**〉에서 유래; '사과(능금)의 집'; 팔레스타인의 한 곳 '벧답부아':—벧답부아(수15:53).

H1055 בִּיתָן[3회] **비탄**
아마 〈**1004**〉에서 유래; '궁전'(즉, '큰 집'):—궁전.

H1056 בָּכָא[1회] **바카**
〈**1058**〉에서 유래; '우는 것'; 팔레스타인의 한 골짜기 '바가':—바가, 눈물 골짜기(시84:6).

H1057 בָּכָא[5회] **바카**
〈**1056**〉과 동일; '우는' 나무(수액을 내는 나무, 아마 '발삼' 전나무):—뽕나무(삼하5:24, 대상14:15).

H1058 בָּכָה[114회] **바카**
기본어근; '울다'; 일반적으로 '통곡하다':—통곡하다, 불평하다, 애통하다(더욱), 한탄하다(몹시), 눈물로, 울다.

H1059 בֶּכֶה[1회] **베케**
〈**1058**〉에서 유래; '울기':—아픈, 슬픈.

H1060 בְּכוֹר[122회] **베코르**
〈**1069**〉에서 유래; '초태생'; 여기에서 '우두머리':—장자(의), 첫 새끼(의).

H1061 בִּכּוּר[17회] **빅쿠르**
〈**1069**〉에서 유래; 곡물의 '처음 열매':—처음 실과, 이른 열매.

H1062 בְּכוֹרָה[7회] **베코라** 또는 (단축형) **בְּכֹרָה 베코라**
〈**1060**〉의 여성형; 사람이나 짐승의 '초태생'; 추상적으로 '장자상속':—장자상속권, 초태생(의).

H1063 בִּכּוּרָה[4회] **빅쿠라**
〈**1061**〉의 여성형; '이른' 무화과:—처음 익은 과실.

H1064 בְּכוֹרַת[4회] **베코라트**
〈**1062**〉의 여성형; '장자상속'; 한 이스라엘인 '베고랏':—베고랏(삼상9:1).

H1065 בְּכִי[29회] **베키**
〈**1058**〉에서 유래; 울기; 유추적으로 '물방울 똑똑 떨어지기':—넘쳐흐르는, 쓰라린, (계속적인)울음, 울은.

H1066 בֹּכִים[2회] **보킴**

〈1058〉의 복수능동태 분사; (관사와 함께) '우는 사람들'; 팔레스타인의 한 장소 '보김':—보김(삿2:1,5).

H1067 בְּכִירָה[6회] **베키라**

〈1069〉에서 유래한 여성형; '장녀':—맏딸, 초태생.

H1068 בְּכִית[1회] **베키트**

〈1058〉에서 유래; '울기':—비탄, 곡.

H1069 בָּכַר[4회] **바카르**

기본어근; 정확히는 태를 '열다', 즉 (사역동사로) '배게 하다', 또는 (나무나 여자에게서) '이른 결실을 내게 하다'; 또한 (〈1061〉에서 유래한 명사유래어) '장자권을 주다':—초태생이 되게 하다, 초태생이 되다, 첫 아이 낳다, (새 열매를 맺다).

H1070 בֶּכֶר[1회] **베케르**

〈1069〉에서 유래('젊음'의 의미에서); 어린 '낙타':—단봉낙타.

H1071 בֶּכֶר[2회] **베케르**

〈1070〉과 동일; 두 이스라엘인의 이름 '베겔':—베겔(민26:35, 창46:21).

H1072 בִּכְרָה[1회] **비크라**

〈1070〉의 여성형; 어린 '암낙타':—단봉낙타.

H1073 בַּכֻּרָה[1회] **박쿠라**

〈1063〉의 철자법의 어미변화; '처음 익은' 무화과:—처음 익은.

H1074 בֹּכְרוּ[2회] **보케루**

〈1069〉에서 유래; '초태생의'; 한 이스라엘인 '보그루':—보그루(대상8:38, 9:44).

H1075 בִּכְרִי[8회] **비크리**

〈1069〉에서 유래; '젊은'; 한 이스라엘인 '비그리':—비그리(삼하20:1).

H1076 בַּכְרִי[1회] **바크리**

〈1071〉에서 유래한 이름; '베겔 인' (집합적으로), 또는 베겔의 자손:—베겔인들.

H1077 בַּל[69회] **발**

〈1086〉에서 유래; 정확히는 '실패'; 함축적으로 '무'(아무것도 아님); 보통 (부사로) 전혀 '아니게', 또한 …'아닌':—않도록, 아무도…아닌, 아닌….

H1078 בֵּל[3회] **벨**

〈1168〉의 압축형; 바벨론인들의 바알 '벨':—벨(사46:1, 렘50:2, 51:44).

H1079 בָּל[1회] **발**

아람어 〈1080〉에서 유래; 정확히는 '걱정', 즉 (함축적으로) 심장(걱정하는 자리로서):—심장.

H1080 בְּלָא[1회] **벨라**

아람어 〈1086〉과 같음(그러나 정신적 의미로서만 사용됨); '괴롭히다':—지치게 하다.

H1081 בַּלְאֲדָן[4회] **발르아단**

〈1078〉과 〈113〉(압축형)에서 유래; '벨(이 그의) 주(이다)'; 한 바벨론 방백의 이름 '발라단':—발라단.

H1082 בָּלַג[4회] **발라그**

기본어근; '부수다', 또는 '늦추다'(호의적인, 또는 비호의적인 의미로), 즉 (슬픔을) '이기다', 또는 (파괴하며) 침략하다:—위로하다, 힘을 회복하다, 강하게 하다.

H1083 בִּלְגָּה[3회] **빌가**

〈1082〉에서 유래; '그침'; 두 이스라엘인 이름 '빌가':—빌가(느12:5,18).

H1084 בִּלְגַּי[1회] **빌가이**

〈1082〉에서 유래; '그치는'; 한 이스라엘인 '빌개':—빌개(느10:9(8)).

H1085 בִּלְדַּד[5회] **빌다드**

불확실한 파생어; 욥의 한 친구 '빌닷':—빌닷(욥2:11, 8:1, 18:1, 25:1).

H1086 בָּלָה15회 **발라**
기본어근; '실패하다'; 함축적으로 '낡아지다', '부패하다'(사역동사로 '소비하다', '쓰다'):—소진하다, 오래가다, 낡아지다(낡게 하다), 쓰다, 낭비하다.

H1087 בָּלֶה5회 **발레**
〈1086〉에서 유래; '낡은':—오래된.

H1088 בָּלָה1회 **발라**
〈1087〉의 여성형; '실패'; 팔레스타인의 한 장소 '발라':—발라.

H1089 בָּלַה2회 **발라흐**
기본어근[그보다는〈926〉의 도치형]; '심장이 뛰다'; 여기에서 (사역동사) '놀라게 하다':—고통.

H1090 בִּלְהָה3회 **빌하**
〈1089〉에서 유래; 겁 많은; '빌하', 야곱의 한 첩의 이름; 또한 팔레스타인의 한 장소의 이름:—빌하(창30:4, 35:22, 대상4:29).

H1091 בַּלָּהָה10회 **발라하**
〈1089〉에서 유래; '경보'; 여기에서 '파괴':—공포, 고통.

H1092 בִּלְהָן4회 **빌한**
〈1089〉에서 유래; '겁많은'; 한 에돔인과 한 이스라엘인의 이름 '빌한':—빌한.

H1093 בְּלוֹ3회 **벨로**
아람어 〈1086〉과 일치하는 어근에서 유래; (소비된 물품에 대한) '세금':—조공.

H1094 בְּלוֹא2회 **벨로**
또는 (완전히) בְּלוֹי **블로이**
〈1086〉에서 유래(복수 연계형으로만) '넝마':—낡은.

H1095 בֵּלְטְשַׁאצַּר10회 **벨테샤차르**
외래어의 파생어; 다니엘의 바벨론 이름 '벨드사살':—벨드사살(단1:7).

H1096 בֵּלְטְשַׁאצַּר10회 **벨테샤차르**
아람어 〈1095〉와 같음:—벨드사살.

H1097 בְּלִי56회 **벨리**
정확히는 '실패', 즉 '무', 또는 '파괴'; 보통 (전치사와 함께) …'없이', …'아직 아닌', …'아니기 때문에', …'인(하는) 한' 등:—부패, 무[식하게], …없어서, …없는(아닌)곳에, …없기(아니기)때문에, 누구도…아닌, …없이.

H1098 בְּלִיל3회 **벨릴**
〈1101〉에서 유래; '혼합된', 즉 (특히) (가축을) '먹이다':—곡식, 먹이, 여물.

H1099 בְּלִימָה1회 **벨리마**
〈1097〉과 〈4100〉에서 유래; '무엇이든지 …아닌':—무, 공(空).

H1100 בְּלִיַּעַל27회 **벨리야알**
〈1097〉과 〈3276〉에서 유래; 이익 없이, 쓸모없음; 확대된 의미로 '파괴', '악함' (자주 〈376〉, 〈802〉, 〈1121〉 등과 관련하여):—벨리알, 악한, 보잘것없는, 불경건한(사람들), 사악한.

H1101 בָּלַל42회 **발랄**
기본어근; (특히 기름이) 넘쳐흐르다; 함축적으로 '섞다'; 또한 (〈1098〉에서 유래한 명사유래어) '꼴을 주다':—기름 붇다, 섞다, 퇴색하다, 뒤섞다, 섞이다, 여물을 주다, 달래다.

H1102 בָּלַם2회 **발람**
기본어근; '재갈 물리다':—억제되다.

H1103 בָּלַס1회 **발라쓰**
기본어근; 무화과를 '따다'(무화과를 익히기 위해 필요한 과정):—수확하는 사람.

H1104 בָּלַע49회 **발라**
기본어근; '없애다'(특히 '삼킴'으로); 일반적으로 '파괴하다':—덮다, 파괴하다, 삼키다, 먹어치우다, 영락하다.

H1105 בֶּלַע[2회] **벨라**

〈1104〉에서 유래; '꿀떡꿀떡 삼킴'; 상징적으로 '파괴':—삼킴, 그가 삼켜 버린 것.

H1106 בֶּלַע[7회] **벨라**

〈1105〉와 동일; 한 장소, 또한 한 에돔인과 두 이스라엘인의 이름 '벨라':—벨라(창14:2,8, 19:20, 36:32, 46:21, 32, 대상5:8).

H1107 בִּלְעֲדֵי[17회] **빌아데**

또는 **בִּלְעֲדֵי 발아데**

〈1077〉과 〈5703〉에서 유래한 복수 연계형; 때까지 …아닌, 즉(전치사나 부사로서) …제외하고, …외에, 그밖에:—그밖에, …아닌, 외에, …없이.

H1108 בַּלְעִי[60회] **발이**

〈1106〉에서 유래한 족속의 명칭; '벨라민'(집합적으로), 또는 벨라 자손:—벨라인들.

H1109 בִּלְעָם[60회] **빌암**

아마 〈1077〉과 〈5971〉에서 유래; '백성이 아닌' 즉 '외국인':—메소포타미아 선지자 '발람', 또한 팔레스타인의 한 장소 '빌람':—발람(민22:23, 신23:5, 수13:22, 24:9 미6:5, 대상6:55 (70)), 빌람.

H1110 בָּלַק[2회] **발라크**

기본어근; '무로 만들다':—황폐케 하다.

H1111 בָּלָק[43회] **발라크**

〈1110〉에서 유래; '낭비자'; 모압왕 '발락':—발락(민22:2).

H1112 בֵּלְשַׁאצַּר[6회] **벨샤차르**

또는 **בֵּלְאשַׁצַּר 벨샤차르**

외래어(〈1905〉와 비교); 바벨론 왕 '벨사살':—벨사살(단5:1).

H1113 בֵּלְשַׁאצַּר[6회] **벨샤차르**

[아람어] 〈1112〉와 같음:—벨사살(단5:1,2,29,30, 8:1).

H1114 בִּלְשָׁן[2회] **빌샨**

불확실한 파생어; 한 이스라엘인 '빌산':—빌산(스2:2, 느7:7).

H1115 בִּלְתִּי[111회] **빌티**

〈1086〉(〈1097〉과 동의어)의 여성 연계형; 정확히는 '…의 실패', 즉 (부정불변사로서만 대개 전치사를 접두어로 하여 사용됨) '아닌', '외에', '없이', '만일…이라면', '…외에', '…아니기 때문에', '까지' 등:—[만족시킬 수] 없기 때문에, 외에, 그러나, 계속적인, 제외하고, …로부터, …않도록, …도 아닌, 더 이상 아닌, 아무(것)도 아닌, …없이.

H1116 בָּמָה[92회] **바마**

('높다'는 의미의) 사용하지 않는 어근에서 유래; '고지':—높이, 높은 곳, 파도.

H1117 בָּמָה[1회] **바마**

〈1116〉과 동일; 팔레스타인의 한 장소 '바마':—바마(겔20:29). 또한 〈1120〉을 보라

H1118 בִּמְהָל[2회] **빔할**

〈4107〉에 전치사가 접두어로 붙는 것 같음; '전지하기'; 한 이스라엘인 '빔할':—빔할(대상7:33).

H1119 בְּמוֹ[9회] **베모**

접두 전치사의 연장형; '안에', '로', '의해' 등:—위해, 안에, 안으로, 통하여.

H1120 בָּמוֹת[2회] **바모트**

〈1116〉의 복수형; '높이들' 또는 (완전히) **בָּמוֹת בַּעַל** 바모트 바알; 〈1116〉과 〈1168〉에서 유래; '바알의

높은 것들'; 요단강 동편의 한 장소, '바못', 또는 '바못바알':—바못, 바못바알(수13:17).

H1121 בֵּן 4891회 **벤**
〈**1129**〉에서 유래; '아들'(가문을 '세우는' 자로서), ('손자', '신복', '민족', '자질'이나 '상태' 등을 포함하여 문자적, 상징적 관계에서 [〈**1**〉, 〈**251**〉 등과 같이]) 광범위한 의미에서:—괴롬받는 나이, [아호아][암몬][학몬][레위]인, [기름부음] 받은 자, …에 지정된, 화살, [앗수르][바벨론][애굽][희랍]사람, 출생자, 가지, 종족, (어린) 황소, (어린) 송아지, 로 들어가다, 어린이, 망아지, 공통의, 곡식, 딸, 첫째, 장자, 새끼, 매우 다산의, 조카, 나이든, 백성, 반역, 강도, 태어난 종, 군인, 아들, 호남아, 청지기, 이방인, 확실히, …의 그들을, 떠들썩한 자, (가장) 용맹있는, 새끼, 가치 있는, 젊은(이), 청년.

H1122 בֵּן 1회 **벤**
〈**1121**〉과 동일; 한 이스라엘인 '벤':—벤(대상15:18).

H1123 בֵּן 6회 **벤**
아람어 〈**1121**〉과 같음:—어린이, 아들, 젊은이.

H1124 בְּנָא 7회 **베나** 또는 **בְּנָה** **베나**
아람어 〈**1129**〉와 같음; '짓다':—짓다, 만들다.

H1125 בֶּן־אֲבִינָדָב 1회 **벤-아비나답**
〈**1121**〉과 〈**40**〉에서 유래; '아비나답의 아들'; 한 이스라엘인 '벤아비나답':—아비나답의 아들, 벤아비나답(왕상4:11).

H1126 בֶּן־אוֹנִי 1회 **벤-오니**
〈**1121**〉과 〈**205**〉에서 유래; '내 슬픔의 아들'; 베냐민의 원래 이름 '베노니':—베노니(창35:18).

H1127 בֶּן־גֶּבֶר 1회 **벤-게베르**
〈**1121**〉과 〈**1397**〉에서 유래; '영웅의 아들'; 한 이스라엘인 '벤게벨':—게벨의 아들, 벤게벨(왕상4:13).

H1128 בֶּן־דֶּקֶר 1회 **벤-데케르**
〈**1121**〉, 그리고 〈**1856**〉의 파생어에서 유래; '찌름'(또는, '창')의 아들; 한 이스라엘인 '벤데겔':—데겔의 아들, 벤데겔(왕상4:9).

H1129 בָּנָה 373회 **바나**
기본어근; '짓다'(문자적으로, 상징적으로):—짓다, 짓기 시작하다, 건축가, 아이들을 얻다, 만들다, 수선하다, 세우다(확실히).

H1130 בֶּן־הֲדַד 25회 **벤-하다드**
〈**1121**〉과 〈**1908**〉에서 유래; '하닷의 아들'; '벤하닷', 여러 시리아 왕들의 이름:—벤하닷(대하16:2, 왕상20:1, 왕하6:24, 8:7, 렘49:27, 암1:4).

H1131 בִּנּוּי 7회 **빈누이**
〈**1129**〉에서 유래; '세워진'; 한 이스라엘인 '빈누이':—빈누이(스8:33, 느3:24).

H1132 בֶּן־זוֹחֵת 1회 **벤-조헤트**
〈**1121**〉과 〈**2105**〉에서 유래; '소헷의 아들'; 한 이스라엘인 '벤소헷':—벤소헷(대상4:20).

H1133 בֶּן־חוּר 1회 **벤-후르**
〈**1121**〉과 〈**2354**〉에서 유래; '훌의 아들'; 한 이스라엘인 '벤훌':—훌의 아들, 벤훌(왕상4:8).

H1134 בֶּן־חַיִל 1회 **벤-하일**
〈**1121**〉과 〈**2428**〉에서 유래; '능력의 아들'; 한 이스라엘인 '벤하일':—벤하일(대하17:7).

H1135 בֶּן־חָנָן[1회] **벤-하난**
〈**1121**〉과 〈**2605**〉에서 유래; '하난의 아들'; 한 이스라엘인 '벤하난':—벤하난(대상4:20).

H1136 בֶּן־חֶסֶד[1회] **벤-헤쎄드**
〈**112**〉과 〈**2617**〉에서 유래; '친절의 아들'; 한 이스라엘인 '벤헤셋':—헤셋의 아들, 벤헤셋(왕상4:10).

H1137 בָּנִי[15회] **바니**
〈**1129**〉에서 유래; '세워진'; 다섯 이스라엘인의 이름 '바니':—바니(삼하23:36, 대상6:31(46), 9:4, 느3:17, 9:4,5, 10:14, 11:22, 스10:29,34,38).

H1138 בֻּנִּי[2회] **분니**
또는 (완전히) **בּוּנִּי 부니**
〈**1129**〉에서 유래; '지어진'; 한 이스라엘인 '분니' 또는 '부니':—분니(느9:4, 10:15).

H1139 בְּנֵי־בְרַק[1회] **베네-베라크**
〈**1121**〉의 복수 연계형과 〈**1300**〉에서 유래; '번개의 아들들'; 팔레스타인의 한 장소 '브네브락':—브네브락(수19:45).

H1140 בִּנְיָה[1회] **빈야**
〈**1129**〉에서 유래한 여성형; '구조물':—건물.

H1141 בְּנָיָה[11회] **베나야** 또는 (연장형) **בְּנָיָהוּ 베나야후**
〈**1129**〉와 〈**3050**〉에서 유래; '여호와께서 세우셨다'; 열두 이스라엘인의 이름 '브나야':—브나야(대상4:36, 대하20:14, 스10:25,30,35,43).

H1142 בְּנֵי־יַעֲקָן[2회] **베네 야아칸**
〈**1121**〉의 복수형과 〈**3292**〉에서 유래; '야아간의 아들들'; 광야의 한 장소 '브네야아간':—브네야아간(민33:31,32).

H1143 בֵּינַיִם[2회] **베나임**
〈**996**〉의 쌍수; '이중의 간격'; 즉 두 군대 사이의 공간:—전사.

H1144 בִּנְיָמִן[166회] **빈야민**
〈**1121**〉과 〈**3225**〉에서 유래; '오른손의 아들'; 야곱의 말째 아들 '베냐민'; 또한 그의 후손, 그의 영토:—베냐민(창35:24, 42:4, 민1:11, 신27:12, 삿5:14, 대상7:10, 스10:32).

H1145 בֶּן־יְמִינִי[9회] **벤-예미니** 가끔 (관사가 삽입되어), **בֶּן־הַיְמִינִי 벤-하예미니**
〈**376**〉이 삽입되어 (삼상9:1) **יְמִינִי בֶּן־אִישׁ** 벤 이쉬-예미니; '예미니의 사람의 아들', 또는 짧게 (삼상9:4; 에2:5), **אִישׁ יְמִינִי** 이쉬 예미니 '예미니의 사람' (삼상 20:1) 간단하게 **בְּנֵי יְמִינִי** 예미니 사람들, 복수 **יְמִינִי** 베네 예미니
〈**1144**〉에서 유래한 족속의 명칭; '베냐민 족속', 또는 베냐민 자손:—베냐민 족속, 베냐민의.

H1146 בִּנְיָן[7회] **빈얀**
〈**1129**〉에서 유래; '건축물':—건물.

H1147 בִּנְיָן[1회] **빈얀**
아람어 〈**1146**〉과 같음:—건물.

H1148 בְּנִינוּ[1회] **베니누**
아마 〈**1121**〉에 인칭어미가 붙음; '우리의 아들'; 한 이스라엘인 '브니누':—브니누(느10:14(13)).

H1149 בְּנַס[1회] **베나쓰**
아람어 불확실한 유사어; '진노하다':—노하다.

H1150 בִּנְעָא[2회] **빈아** 또는 **בִּנְעָה 빈아**
불확실한 파생어; 한 이스라엘인 '비느아':—비느아(대상8:37, 9:43).

H1151 בֶּן־עַמִּי[1회] **벤-암미**
〈**1121**〉과 인칭어미가 붙은 〈**5971**〉

에서 유래; '내 백성의 아들'; 롯의 아들 '벤암미':—벤암미(창19:38).

H1152 בְּסוֹדְיָה1회 **베쏘데야**
〈**5475**〉와 접두 전치사 붙은 〈**3050**〉에서 유래; '여호와의 성회에서'; 한 이스라엘인 '브소드야':—브소드야(느3:6).

H1153 בְּסַי2회 **베싸이**
〈**947**〉에서 유래; '권세를 부리는'; 느드님 사람 중 한 사람 '베새':—베새(느7:52, 스2:49).

H1154 בֶּסֶר1회 **베쎄르**
'시다'는 의미의 사용하지 않는 어근에서 유래; '덜 익은' 포도:—익지 않은 포도.

H1155 בֹּסֶר5회 **보쎄르**
〈**1154**〉와 동형에서 유래:— 신 포도.

H1156 בְּעָא12회 **베아** 또는 **בְּעָה 베아**
아람어 〈**1158**〉과 같음; '찾다' 또는 '구하다':—청하다, 바라다, 간청하다, 간구하다, 요청하다, 추구하다.

H1157 בְּעַד105회 **베아드**
〈**5704**〉에서 전치사가 접두어로 붙음; '…까지 안에' 또는 '…에 대하여', 일반적으로 …에, 곁에, 가운데, 뒤에, …대신에 등:—주위에, …에, …에 의해서, …위하여, 위에, 통하여, 안에(으로).

H1158 בָּעָה4회 **바아**
기본어근; '용솟음치다', 즉 '부풀다'; (상징적으로) 열렬히 '원하다'; 함축적으로 '청하다':—하게 하다, 묻다, 구하다, 잔뜩 부풀다.

H1159 בָּעוּ2회 **바우**
아람어 〈**1156**〉에서 유래; '요청':—탄원.

H1160 בְּעוֹר10회 **베오르**
〈**1197**〉에서 유래('타는'의 의미에서); '등'; 한 에돔 왕의 아버지 이름 '브올'; 또한 발람의 아버지 이름:—브올(민225, 신23:5(4), 창36:32, 대상1:43).

H1161 בִּעוּתִים2회 **비우팀**
〈**1204**〉에서 유래한 남성복수형; '경보들':—두려움들.

H1162 בֹּעַז3회 **보아즈**
불확실한 의미의 사용하지 않는 어근에서 유래; 다윗의 조상 '보아스'; 또한 성전 앞 기둥 이름:—보아스(룻2:1, 왕상7:21, 대하3:17).

H1163 בָּעַט2회 **바아트**
기본어근; '짓밟다', 즉 (상징적으로) '멸시하다':—(발로) 차다.

H1164 בְּעִי1회 **베이**
〈**1158**〉에서 유래; '기도자':—중대한(신중한).

H1165 בְּעִיר6회 **베이르**
〈**1197**〉에서 유래('먹는'의 의미에서); '가축':—짐승, 가축.

H1166 בָּעַל84회 **바알**
기본어근; '주인이 되다'; 여기에서(〈**1167**〉에서 유래한 명사유래어):—결혼하다, 결혼한(아내).

H1167 בַּעַל76회 **바알**
〈**1166**〉에서 유래; '주인'; 여기에서 '남편', 또는 (상징적으로) '소유자'(가끔 이 나중의 의미의 수식에서 또 다른 명사와 함께 사용됨):—궁수, 수다쟁이, 새, 두목, 주요한 사람, 동맹하다, …해야만 한다, 꿈꾸는 자, 의무자들, 격분하는, 격분자, 큰, 털이 많이, 소유자, 마부, 농부, 주인, 남자, 결혼한, 주인, 사람, 맹세한, …의(한) 그들.

H1168 בַּעַל[2회] **바알**
〈**1167**〉과 동일; 베니게의 신, 바알:—바알(삿6:25, 왕하10:18). [복수로] 바알림.

H1169 בְּעֵל[3회] **베엘**
아람어 〈**1167**〉과 같음:—수상(首相).

H1170 בַּעַל בְּרִית[2회] **바알 베리트**
〈**1168**〉과 〈**1285**〉에서 유래; '계약의 바알'; 세겜인들의 특별한 신 '바알브릿':—바알브릿(삿8:33, 9:4).

H1171 בַּעַל גָּד[3회] **바알 가드**
〈**1168**〉과 〈**1409**〉에서 유래; '운명의 바알'; 시리아의 한 장소 '바알갓':—바알갓(수11:17, 12:7, 13:5).

H1172 בַּעֲלָה[3회] **바알라**
〈**1167**〉의 여성형; '여주인':—가진(자), 여주인.

H1173 בַּעֲלָה[3회] **바알라**
〈**1172**〉와 동일; 팔레스타인의 세 곳의 이름 '바알라':—바알라(수15:9,29, 대상13:6).

H1174 בַּעַל הָמוֹן[1회] **바알하몬**
〈**1167**〉과 〈**1995**〉에서 유래; '다수의 소유자'; 팔레스타인의 한 장소 '바알하몬':—바알하몬(아8:11).

H1175 בְּעָלוֹת[1회] **베알로트**
〈**1172**〉의 복수형; '여주인들'; 팔레스타인의 한 장소 '브알롯':—브알롯(수15:24), 알롯에 [〈**5927**〉에 접두전치사가 붙은 복수형태로 잘못 보아서].

H1176 בַּעַל זְבוּב[4회] **바알 제붑**
〈**1168**〉과 〈**2070**〉에서 유래; '파리의 바알'; 에그론 사람들의 특별한 신 '바알세붑':—바알세붑(왕하1:2).

H1177 בַּעַל חָנָן[5회] **바알 하난**
〈**1167**〉과 〈**2603**〉에서 유래; '은총의 소유자'; 한 에돔인과 한 이스라엘인의 이름 '바알하난':—바알하난(창36:38,39, 대상27:28).

H1178 בַּעַל חָצוֹר[2회] **바알 하초르**
〈**1167**〉, 그리고 〈**2691**〉의 수정한 형태에서 유래; '마을의 소유자'; 팔레스타인의 한 장소 '바알하솔':—바알하솔(삼하13:23).

H1179 בַּעַל חֶרְמוֹן[2회] **바알 헤르몬**
〈**1167**〉과 〈**2768**〉에서 유래; '헤르몬의 소유자'; 팔레스타인의 한 장소 '바알 헤르몬':—바알 헤르몬(대상5:23, 삿3:3).

H1180 בַּעֲלִי[1회] **바알리**
〈**1167**〉에서 인칭어미와 함께 유래; '나의 주'; 여호와에 대한 상징적 이름 '바알리':—바알리.

H1181 בַּעֲלֵי בָמוֹת[1회] **바알레 바모트**
〈**1168**〉의 복수형과 〈**1116**〉의 복수형에서 유래; '높은 곳들의 바알들'; 요단강 동편의 한 곳 '바알레-바못':—높은 곳들의 주들, 바못바알(수13:17).

H1182 בְּעֶלְיָדָע[2회] **베엘야다**
〈**1168**〉과 〈**3045**〉에서 유래; '바알이 알았다'; 한 이스라엘인의 이름 '브엘랴다':—브엘랴다(대상14:7).

H1183 בְּעַלְיָה[1회] **베알야**
〈**1167**〉과 〈**3050**〉에서 유래; '여호와는 주님'(이시다); 한 에스라엘인 '브아랴':—브아랴(대상12:5).

H1184 בַּעֲלֵי יְהוּדָה[1회] **바알레 예후다**
〈**1167**〉의 복수형과 〈**3063**〉에서 유래; '유다의 주인들'; 팔레스타인의 한 장소 '바알레 유다':—유다의 바알레, 바알레유다(삼하6:2).

H1185 בַּעֲלִיס[1회] **바알리쓰**

〈5965〉에 접두전치사가 붙은 파생어에서 유래한 듯함; '환희 중에'; 암몬 왕 '바알리스':—바알리스(렘40:14).

H1186 בַּעַל מְעוֹן 3회 **바알 메온**
〈1168〉과 〈4583〉에서 유래; '거주의 바알'[〈1010〉과 비교]; 요단강 동편의 한 장소 '바알므온':—바알므온(민32:38, 대상5:8, 겔25:9).

H1187 בַּעַל פְּעוֹר 6회 **바알 페오르**
〈1168〉과 〈6465〉에서 유래; '브올의 바알'; 모압의 신 '바알브올':—바알브올(민25:3, 신4:3, 시106:28, 호9:10).

H1188 בַּעַל פְּרָצִים 2회 **바알 페라칩**
〈1167〉, 그리고 〈6556〉의 복수형에서 유래; '갈라진 틈들의 소유자'; 팔레스타인의 한 장소 '바알브라심':—바알브라심(삼하5:20, 대상14:11).

H1189 בַּעַל צְפוֹן 3회 **바알 체폰**
〈1168〉과 〈6828〉에서 유래('춥다'는 의미에서)[혹은, 파괴자 '디본'의 애굽 형태라고도 함]; '겨울의 바알'; 애굽의 한 장소 '바알스본':—바알스본(출14:2,9, 민33:7).

H1190 בַּעַל שָׁלִשָׁה 1회 **바알 샬리샤**
〈1168〉과 〈8031〉에서 유래; '살리사의 바알'; 팔레스타인의 한 장소 '바알살리사':—바알살리사(왕하4:42).

H1191 בַּעֲלָת 3회 **바알라트**
〈1172〉의 수정된 형태; '여주인 됨'; 팔레스타인의 한 장소 '바알랏':—바알랏(수19:44, 왕상9:18, 대하8:6).

H1192 בַּעֲלַת בְּאֵר 1회 **바알라트 베에르**
〈1172〉와 〈875〉에서 유래; '우물의 여주인'; 팔레스타인의 한 장소 '바알랏-브엘':—바알랏-브엘(수19:8).

H1193 בַּעַל תָּמָר 1회 **바알 타마르**
〈1167〉과 〈8558〉에서 유래; '종려나무의 소유자'; 팔레스타인의 한 장소 '바알다말':—바알다말(삿20:33).

H1194 בְּעֹן 1회 **베온**
아마 〈1010〉의 압축형; 요단강 동편의 한 장소 '브온':—브온(민32:3).

H1195 בַּעֲנָא 3회 **바아나**
〈1196〉과 동일; 네 이스라엘인의 이름 '바아나':—바아나(왕상4:12, 느3:4).

H1196 בַּעֲנָה 9회 **바아나**
〈6031〉에 접두전치사가 붙은 파생어에서 유래; '고통 중에'; 네 이스라엘인의 이름 '바아나':—바아나(삼하4:2, 23:29, 대상11:30).

H1197 בָּעַר 87회 **바아르**
기본어근; '불을 붙이다', 즉 (불로, 또는 먹어서) '소멸하다'; (또한 (〈1198〉에서 유래한 명사유래어) '잔인하다'('잔인해지다'):—잔인하다, 없애다, 태우다, 먹어버리다, (버리게 하다), 먹이다, 데우다, 불을 붙이다, ([불을])놓다, 파괴하다.

H1198 בַּעַר 12회 **바아르**
〈1197〉에서 유래; 정확히는 '음식'('먹어버린'); 즉 (확대된 의미로) 가축의 '사나움' (구체적으로); '어리석은':—짐승 같은(사람), 미련한.

H1199 בָּעֲרָא 1회 **바아라**
〈1198〉에서 유래; '짐승 같은'; 한 이스라엘 여자 '바아라':—바아라.

H1200 בְּעֵרָה 1회 **베에라**
〈1197〉에서 유래; '불타는 것':—불.

H1201 בַּעְשָׁא 28회 **바샤**
'고약한 냄새가 나다'는 의미의 사용하지 않는 어근에서 유래; '비위에 거슬림'; 한 이스라엘 왕 '바아사':—바아사(왕상15:16).

H1202 בַּעֲשֵׂיָה1회 바아세야
〈6213〉, 그리고 〈3050〉에서 접두전치사와 함께 유래; '여호와의 역사(役事)에서'; 한 이스라엘인 '바아세야': —바아세야(대상6:25(40)).

H1203 בְּעֶשְׁתְּרָה2회 베에쉬테라
접두어전치사와 함께 〈6251〉에서 유래(〈6252〉의 단수로서); '아스다롯과 함께'; 요단강 동편의 한 장소 '브에스드라':—브에스드라(수21:27).

H1204 בָּעַת16회 바아트
기본어근; '두려워하다':—놀라다(놀라게 하다), 두려워하다, 곤고.

H1205 בְּעָתָה2회 베아타
〈1204〉에서 유래; '두려움':—곤고, 놀라움.

H1206 בֹּץ1회 보츠
아마 〈948〉과 동일; '진흙'('희끄무레한' 찰흙 같은):—수렁.

H1207 בִּצָּה3회 빗차
〈1026〉에서 유래한 강의어; '늪':—늪, 소택지, 수렁.

H1208 בָּצוֹר3회 바초르
〈1219〉에서 유래; '접근할 수 없는', 즉 '높은':—포도수확[〈1210〉과 혼동에 의해].

H1209 בֵּצַי3회 베차이
아마 〈1153〉과 동일; 두 이스라엘인의 이름 '베새':—베새(스2:17).

H1210 בָּצִיר7회 바치르
〈1219〉에서 유래; '잘려진', 즉 '포도수확':—포도수확(기).

H1211 בֶּצֶל1회 베첼
명백히 '껍질을 벗기다'는 의미인 사용하지 않는 어근에서 유래; '양파':—양파.

H1212 בְּצַלְאֵל9회 베찰엘
아마 〈6738〉 그리고 접두 전치사가 붙은 〈410〉에서 유래; '하나님의 그늘(즉, 보호)안에'; 두 이스라엘인의 이름 '브사렐':—브사렐(출31:2).

H1213 בַּצְלוּת2회 바츨루트
또는 **בַּצְלִית** 바츨리트
〈1211〉과 동형에서 유래; '껍질 벗기기'; 한 이스라엘인 '바슬룻', 또는 '바슬릿':—바슬룻, 바슬릿(스2:52).

H1214 בָּצַע16회 바차
'꺾다'는 의미의 기본어근, 즉 (보통) '약탈하다'; 상징적으로 '끝내다', 또는 (자동사로) '그치다':—시기하다(시기하는), 잘라버리다, 끝내다, 이루다, (탐욕스럽게)얻다, [탐욕에] 몰두하다, 탐욕스러운, 이룩하다, 다치다(부상하다).

H1215 בֶּצַע23회 베차
〈1214〉에서 유래; '약탈하다'; 확대적 의미로 (보통 부정하게) '획득하다':—탐욕, (부정직한) 획득, 벌이, 이익.

H1216 בָּצֵק2회 바체크
기본어근; 아마 '부풀다', 즉 '물집이 생기다':—부풀다.

H1217 בָּצֵק5회 바체크
〈1216〉에서 유래; (발효에 의해 부푸는) 반죽:—반죽, 밀가루.

H1218 בָּצְקַת2회 보츠카트
〈1216〉에서 유래; 땅의 '부풀음'; 팔레스타인의 한 장소 '보스갓':—보스갓(수15:39).

H1219 בָּצַר38회 바차르
기본어근; '잘라내다'; 특히 (〈1210〉에서 유래한 명사유래어로서) 포도를 '수확하다'; 또한 '고립되어 있다'(즉, 높거나 요새화되어서 '접근할 수

없는'):—자르다, 방어된, 요새화 하다, (포도)수확(자), 강한 것들, 억제하다, 강한, 벽으로 막다, 물러가다.

H1220 בֶּצֶר2회 **베체르**

〈**1219**〉에서 유래; 엄격히 '자름', 즉 '금'('채광한'):—금, 방어.

H1221 בֶּצֶר3회 **베체르**

〈**1220**〉과 동일; '접근할 수 없는' 지점; 팔레스타인의 한 장소 '베셀'; 또한 한 이스라엘인:—베셀(신4:43).

H1222 בְּצַר1회 **베차르**

〈**1220**〉의 다른 형태; '금':—금.

H1223 בָּצְרָה2회 **보츠라**

〈**1219**〉에서 유래한 여성형; '둘러막음', 즉 '양의 우리':—보스라(미2:12).

H1224 בָּצְרָה9회 **보츠라**

〈**1223**〉과 동일; 에돔의 한 장소; '보스라':—보스라(사34:6).

H1225 בִּצָּרוֹן1회 **빗차론**

〈**1219**〉에서 유래한 남성 강의어; '요새':—성채.

H1226 בַּצֹּרֶת2회 **밧초레트**

〈**1219**〉에서 유래한 여성 강의어; (비의) '억제', 즉 '가뭄':—소멸(죽음), 가뭄.

H1227 בַּקְבּוּק3회 **바크부크**

〈**1228**〉과 동일; '느드님' 사람 '박북':—박북(스2:51).

H1228 בַּקְבֻּק3회 **바크부크**

〈**1238**〉에서 유래; '병(甁)'('비울' 때 나는 콸콸소리에서):—병, 단지.

H1229 בַּקְבֻּקְיָה3회 **바크부크야**

〈**1228**〉과 〈**3050**〉에서 유래; '여호와의 비우심'(즉, '진멸하심'); 한 이스라엘인 '박부갸':—박부갸(느11:17).

H1230 בַּקְבַּקַּר1회 **바크박카르**

〈**1239**〉에서 유래한 중복형; '탐색자'; 한 이스라엘인 '박박갈':—박박갈(대상9:15).

H1231 בֻּקִּי5회 **북키**

〈**1238**〉에서 유래; '낭비하는'; 두 이스라엘인의 이름 '북기':—북기(민34:22).

H1232 בֻּקִּיָּה2회 **북키야**

〈**1238**〉과 〈**3050**〉에서 유래; '여호와의 진멸하심'; 한 이스라엘인 '북기야':—북기야(대상25:—4,13).

H1233 בְּקִיעַ2회 **베키아**

〈**1234**〉에서 유래; '균열':—틈, 사이.

H1234 בָּקַע51회 **바카**

기본어근; '쪼개다'; 일반적으로 '찢다', '부수다', '째다', 또는 '열다':—틈을 만들다, 부수다, 터지게 되다, (따로따로)쪼개다, 베어내다, 나누다, (평행으로)새기다, (갈기갈기)찢다, 째다, 이기다.

H1235 בֶּקַע2회 **베카**

〈**1234**〉에서 유래; 한 세겔의(반) '조각', 즉 '베가'(저울 추, 동전):—브가, 반 세겔.

H1236 בִּקְעָא1회 **비크아**

[아람어] 〈**1237**〉과 같음:—평지.

H1237 בִּקְעָה7회 **비크아**

〈**1234**〉에서 유래; 정확히는 '쪼개진 틈', 즉 산사이의 넓고 평평한 '골짜기':—평지, 골짜기.

H1238 בָּקַק7회 **바카크**

기본어근; '쏟다 붓다', 즉 '비우다', 상징적으로 '인구를 감소시키다'; 유추적으로 '퍼지다'(풍요한 포도나무처럼):—빈(비게 하다), 실패하다, 아주 공허하게하다.

H1239 בָּקַר7회 **바카르**

기본어근; 정확히는 '밭갈다', 또는

(일반적으로) '꺾다', 즉 (상징적으로) '조사하다', '칭송하다', '돌보다', '숙고하다':—조사(하다), 탐색(하다), 찾아내다.

H1240 בְּקַר 5회 **베카르**

아람어 ⟨1239⟩와 같음:—조사하다, 묻다, 탐색하다.

H1241 בָּקָר 183회 **바카르**

⟨1239⟩에서 유래; 성에 관계없이(밭 '가는' 데 사용되는) 황소 종류의 동물; 집단적으로 '떼':—수소, 송아지, 암소, 큰[가축], 젊은 암소, 떼, 황소.

H1242 בֹּקֶר 214회 **보케르**

⟨1239⟩에서 유래; 정확히는 '새벽'(낮의 시작으로); 일반적으로 '아침':—낮, 낮 일찍이, 이른 아침, 내일.

H1243 בַּקָּרָה 1회 **박카라**

⟨1239⟩의 강의어에서 유래; '돌봄':—추구하다.

H1244 בִּקֹּרֶת 1회 **빅코레트**

⟨1239⟩에서 유래; 정확히는 '심문', 즉 (함축적으로) 형벌:—벌 받는.

H1245 בָּקַשׁ 225회 **바카쉬**

기본어근; '찾아내다'(어떤 방법으로든, 특히 예배와 기도로); 함축적으로 '추구하다':—구하다, 청하다, 간청하다, 원하다, 얻다, 탄원하다, 요구하다, 요청하다, 찾다

H1246 בַּקָּשָׁה 8회 **박카샤**

⟨1245⟩에서 유래; '탄원':—요청.

H1247 בַּר 4회 **바르**

아람어 ⟨1121⟩과 같음; '아들', '손자' 등:—나이든, 아들.

H1248 בַּר 2회 **바르**

(칭호로) ⟨1247⟩에서 차용된 ; (분명히 왕위의) '계승자':—아들.

H1249 בַּר 7회 **바르**

⟨1305⟩에서 (다양한 의미로) 유래; '사랑받는'; 또한 '순수한', '빈':—선택, 깨끗한, 순수한.

H1250 בָּר 6회 **바르** 또는 **בַּר 바르**

⟨1305⟩에서 유래 ('까부르다'는 의미로); 어떤 종류든지 '곡식'(밭에 있을 동안에도 사용됨); 확대된 의미로 열린 '교외':—곡식, 밀.

H1251 בַּר 5회 **바르**

아람어 ⟨1250⟩과 같음; '들':—들.

H1252 בֹּר 5회 **보르**

⟨1305⟩에서 유래; '순수성':—깨끗함, 순수함.

H1253 בֹּר 2회 **보르**

⟨1252⟩와 동일; 식물성 '잿물'(그 '깨끗케'하는 데서); 씻는 '비누'나 금속의 '용제'로 사용됨:—결코 그렇지 않다, 순수하게.

H1254 בָּרָא 48회 **바라**

기본어근; (절대적 의미로) '창조하다'; (권한을 가지고) (나무를) '찍어내다', 선택하다, 먹이다(형식적인 절차로서):—선택하다, 창조하다(창조자), 찍다, 부치다, 하다, 뚱뚱한(하게 하다).

H1255 בְּרֹאדַךְ בַּלְאֲדָן 2회

베로다크 발아단

⟨4757⟩의 어미변화; 바벨론 왕 '부로닥 발라단':—부로닥 발라단(왕하 20:12).

H1256 בְּרָאיָה 1회 **베라야**

⟨1254⟩와 ⟨3050⟩에서 유래; '여호와께서 창조하셨다'; '브라야', 한 이스라엘인:—브라야.

H1257 בַּרְבֻּר 2회 **바르부르**

⟨1250⟩에서 유래한 중복형; '들새'('곡식'으로 살찐):—들새.

H1258 בָּרַד[1회] 바라드
기본어근; '우박이 내리다':—우박.

H1259 בָּרָד[29회] 바라드
〈1258〉에서 유래; '우박':—우박.

H1260 בֶּרֶד[2회] 베레드
〈1258〉에서 유래; '우박'; 팔레스타인 남쪽의 한 장소와 한 이스라엘인의 이름 '베렛':—베렛(창16:14).

H1261 בָּרֹד[4회] 바로드
〈1258〉에서 유래; (마치 우박으로 된 것 같이) '점 있는':—얼룩진.

H1262 בָּרָה[7회] 바라
기본어근; '선택하다'; 또한 (〈1250〉에서 유래한 명사유래어로) '먹이다'; 또한 (〈1305〉와 대등어로서) '깨끗하게 하다'(전3:18):—선택하다, 먹다(먹이다), 명백히 하다, 고기(를 주다).

H1263 בָּרוּךְ[97회] 바루크
〈1288〉에서 유래한 수동태 분사; '복된'; 세 이스라엘인의 이름 '바룩':—바룩(렘32:12-16).

H1264 בְּרוֹם[1회] 베롬
아마 외래어; '다마스크 비단'(다채로운 실로 짠):—빛난 의상.

H1265 בְּרוֹשׁ[20회] 베로쉬
불확실한 파생어; '삼(杉)'(?)나무; 여기에서 '창(槍)', 또는 (그 나무로 만든) '악기':—전(나무).

H1266 בְּרוֹת[1회] 부로트
〈1265〉의 어미변화; '삼(杉)나무'(또는, 다른 탄력 있는 나무):—전나무.

H1267 בָּרוּת[2회] 바루트
〈1262〉에서 유래; '음식':—고기.

H1268 בֵּרוֹתָה[2회] 베로타
또는 **בֵּרֹתַי** 베로타이
아마 〈1266〉에서 유래; '삼(杉)나무' 또는 '삼나무 같은'; 팔레스타인 북쪽의 한 장소 '브로다', 또는 '베로대':—브로다, 베로대(겔47:16, 삼하8:8).

H1269 בִּרְזוֹת[1회] 비르조트
아마 ('찌르다'를 의미하는 듯한) 사용하지 않는 어근에서 온 여성복수형; '구멍들'; 한 이스라엘인 '비르사잇':—비르사잇인(대상7:31)[난외 주에서].

H1270 בַּרְזֶל[76회] 바르젤
아마 〈1269〉의 어근에서 유래; '철'('자르는'); 확대된 의미로 '철기':—(도끼)머리, 철.

H1271 בַּרְזִלַּי[11회] 바르질라이
〈1270〉에서 유래; '강철' 심장의; 세 이스라엘인 '바르실래':—바르실래(삼하17:27, 스2:61).

H1272 בָּרַח[1회] 바라흐
기본어근; '내닫다'; 즉 상징적으로 갑자기 '도망가다':—쫓다, 쫓아버리다, 몰다, 어쩔 수 없이(…하다), 도망가버리다, 도망가다, 서두르다, 도착하다, 달아나버리다, 쏘다.

H1273 בַּרְחֻמִי[1회] 바르후미
〈978〉의 도치형; '바르훔 사람'; 또는 '바르훔' 태생:—바르훔 사람(삼하23:31).

H1274 בְּרִי[2회] 베리
〈1262〉에서 유래; '살찐':—살찐.

H1275 בֵּרִי[1회] 베리
아마 〈882〉에서 유래한 압축형; 한 이스라엘인 '베리':—베리(대상7:36).

H1276 בֵּרִי[1회] 베리
불확실한 파생어(복수로만 관사와 함께 사용됨); 팔레스타인의 한 장소 '베림':—베림.

H1277 בָּרִיא[9회] 바리

〈1254〉에서 유래(〈1262〉의 의미로); '살찐', 또는 '통통한':—뚱뚱하게 (살찐), 배부른, 튼튼한, 풍성한, 무성한.

H1278 בְּרִיאָה[1회] **베리아**

〈1254〉에서 유래한 여성형; '창조', 즉, '새로움':—새 것.

H1279 בִּרְיָה[3회] **비르야**

〈1262〉에서 유래한 여성형; '음식':—고기.

H1280 בְּרִיחַ[47회] **베리아흐**

〈1272〉에서 유래; '빗장':—막대기, 도망자.

H1281 בָּרִיחַ[3회] **바리아흐**

또는 **בָּרִחַ 바리아흐**

〈1272〉에서 유래; '도망자', 즉 '뱀'('도망가는'), 또 그 이름으로 불리는 성좌:—굽은, 고상한, 찌르는.

H1282 בָּרִיחַ[1회] **바리아흐**

〈1281〉과 동일; 한 이스라엘인 '바리야':—바리야(대상3:22).

H1283 בְּרִיעָה[11회] **베리아**

명백히 접두 전치사와 함께 〈7451〉의 여성형에서 유래; '곤고한 중에'; 네 이스라엘인의 이름 '브리아':—브리아(창46:17).

H1284 בְּרִיעִי[1회] **베리이**

〈1238〉에서 유래한 족속의 명칭; '브리아인'(집합적으로), 또는 브리아 자손:—브리아인들(민26:44).

H1285 בְּרִית[283회] **베리트**

〈1262〉에서 유래('자르다'는 의미로 [〈1254〉와 같이]); '계약'(고기 '조각들' 사이로 지나감으로 맺어지기 때문에):—동맹, 연합, 계약, 연맹.

H1286 בְּרִית[1회] **베리트**

〈1285〉와 동일; 세겜의 신 '브릿':—브릿(삿8:33).

H1287 בֹּרִית[2회] **보리트**

〈1253〉의 여성형; 식물성 '알칼리':—비누.

H1288 בָּרַךְ[256회] **바라크**

기본어근; '무릎 꿇다'; 함축적으로 하나님을 '송축하다'(숭경의 행위로서), 또 (반대로) 사람을 (은혜로 복주다); 또한 (완곡법으로) '저주하다'(하나님이나 임금을, 반역으로):—(풍성하게, 전적으로, 전혀), 신성모독하다, 축복하다, 축하하다, 저주하다, 크게, 참으로, 무릎 꿇다, 찬양하다, 경배하다, 여전히, 감사하다.

H1289 בְּרַךְ[5회] **베라크**

아람어 〈1288〉과 같음:—축복하다, 무릎 꿇다.

H1290 בֶּרֶךְ[8회] **베레크**

〈1288〉에서 유래; '무릎':—무릎.

H1291 בֶּרֶךְ[1회] **베레크**

아람어 〈1290〉과 같음:—무릎.

H1292 בָּרַכְאֵל[2회] **바라크엘**

〈1288〉과 〈410〉에서 유래; '하나님이 축복하셨다'; 욥의 한 친구의 아버지 '바라겔':—바라겔(욥32:2,6).

H1293 בְּרָכָה[69회] **베라카**

〈1288〉에서 유래; '축복'; 함축적으로 '번성':—축복, 관대한, 연못, 선물.

H1294 בְּרָכָה[2회] **베라카**

〈1293〉과 동일; 한 이스라엘인과 팔레스타인의 한 골짜기 이름 '브라가':—브라가.

H1295 בְּרֵכָה[17회] **베레카**

〈1288〉에서 유래; '저수지'(낙타들이 안식처로서 거기에 '무릎 꿇는'):—못.

H1296 בֶּרֶכְיָה[6회] **베레크야**

또는 **בֶּרֶכְיָהוּ 베레크야후**

〈1290〉과 〈3050〉에서 유래; '여호와

의 무릎'(즉, '축복'); 여섯 이스라엘인의 이름'베레가':—베레가(대상3:20).

H1297 בְּרַם[5회] 베람

아람어 아마 접두 전치사와 함께 〈7313〉에서 유래; 정확히는 '높이', 즉 '확실히'; 그러나 반의적으로 '하지만':—그러나, 그럼에도 불구하고, 아직.

H1298 בֶּרַע[1회] 베라

불확실한 파생어; 소돔 왕 '베라':—베라(창14:2).

H1299 בָּרַק[1회] 바라크

기본어근; '밝히다'(번개):—던지다.

H1300 בָּרָק[21회] 바라크

〈1299〉에서 유래; '번개'; 유추적으로 '섬광'; 구체적으로 '번쩍이는 칼':—밝은, 빛나는, 번쩍이는 검, 번개.

H1301 בָּרָק[13회] 바라크

〈1300〉과 동일; 한 이스라엘인 '바락':—바락(삿4:6).

H1302 בַּרְקוֹס[2회] 바르코스

불확실한 파생어; 느드님 사람 '바르고스':—바르고스(스2:53).

H1303 בַּרְקָן[2회] 바르칸

〈1300〉에서 유래; '가시'(아마 '밝게' 타는 것 같은):—찔레.

H1304 בָּרֶקֶת[2회] 바레카트

또는 בָּרְקַת 바르카트

〈1300〉에서 유래; '보석'(빛나는), 아마 '에메랄드':—홍옥.

H1305 בָּרַר[18회] 바라르

기본어근; '맑게 하다'(즉, '밝게 하다'), '조사하다', '고르다':—밝게 하다, 선택, 선택된, 깨끗이 하다(깨끗하다), 깨끗하게, 광택이 나는, 순수한, 순수하게 하다, 닦아내다.

H1306 בִּרְשַׁע[1회] 비르샤

〈7562〉에 접두전치사가 붙은 것 같음; '악함으로'; 고모라의 한 왕 '비르사':—비르사(창14:2).

H1307 בֵּרֹתִי[1회] 베로티

〈1268〉에서 유래한 족속의 명칭; '베로대 사람', 또는 베로대 주민:—베로대 사람(삼하8:8).

H1308 בְּשׂוֹר[2회] 베소르

〈1319〉에서 유래한; '기분 좋은'; 팔레스타인의 시내 '브솔':—브솔(삼상30:9).

H1309 בְּשׂוֹרָה[6회] 베소라

또는 בְּשֹׂרָה 베소라

〈1319〉에서 유래한 여성형; 기쁜 '소식'; 함축적으로 '좋은 소식에 대한 보답':—소식에 대한 보답.

H1310 בָּשַׁל[30회] 바샬

기본어근; 정확히는 '끓이다'; 여기에서 요리가 '되다'; 상징적으로 '익히다':—굽다, 끓이다, 내다, 익다, 굽다, 삶다, 삶아진.

H1311 בָּשֵׁל[2회] 바셸

〈1310〉에서 유래; '끓인':—(완전히) 삶은.

H1312 בִּשְׁלָם[1회] 비쉴람

외래어의 파생어; 한 페르시아인 '비슬람':—비슬람(스4:7).

H1313 בָּשָׂם[1회] 바삼

'향기가 나다'는 의미의 사용하지 않는 어근에서 유래; [〈5561〉과 비교] '발삼'나무:—향료.

H1314 בֶּשֶׂם[30회] 베셈 또는 בֹּשֶׂם 보셈

〈1313〉과 동형에서 유래; '향기'; 함축적으로 '향료'('향긋함'); 또한 '발삼' 나무:—냄새, 향료, 달콤한(향기).

H1315 בָּשְׂמַת[7회] 보스마트

〈1314〉의 여성형(제2형); '향기'; 에

서의 아내와 솔로몬의 딸 이름 '바스맛':—바스맛(창26:34).

H1316 בָּשָׁן59회 **바샨**
불확실한 파생어; '바산'(자주 관사와 함께), 요단강 동쪽 지역:—바산(신3:10).

H1317 בָּשְׁנָה1회 **보슈나**
⟨954⟩의 여성형; '부끄러움':—수치.

H1318 בָּשַׁס1회 **바샤쓰**
기본어근; '짓밟다':—밟다.

H1319 בָּשַׂר24회 **바사르**
기본어근; 정확하게는 '신선하다', 즉 '만개한'(장미꽃이 '만발한', 상징적으로 '즐거운'); (기쁜 소식을) '선포하다':—전령, 전파하다, 공표하다, (좋은)소식(을) (전하다, 가져오다, 전파하다, 말하다).

H1320 בָּשָׂר270회 **바사르**
⟨1319⟩에서 유래; '살'(그 싱싱함에서); 확대된 의미로 '몸', '사람'; 또한 (완곡어법) 사람의 '외음부':—몸[살찐, 여윈]살(의), 친척, [인]류, 벌거벗음, 자아, 피부.

H1321 בְּשַׂר3회 **베사르**
아람어 ⟨1320⟩과 같음:—살.

H1322 בֹּשֶׁת30회 **보셰트**
⟨954⟩에서 유래; '수치'(느낌과 상태와 그 원인까지도); 함축적으로 (특히) '우상':—부끄러운, 혼돈, (크게) 수치(를 당케 하다), 수치스러운 물건.

H1323 בַּת574회 **바트**
⟨1129⟩에서 유래(⟨1121⟩의 여성형으로서); '딸'(문자적으로나 상징적으로 관계를 나타내는 다른 말들과 같이 광범위한 의미로 사용됨):—[눈]동자, 가지, 무리, 딸, (첫, 나이든) 부엉이, 읍, 마을.

H1324 בַּת8회 **바트**
아마 ⟨1327⟩과 동형에서 유래; 한 '밧', 또는 액체의 히브리 측량단위(분할의 방법으로):—밧.

H1325 בַּת2회 **바트**
아람어 ⟨1324⟩와 같음:—밧.

H1326 בָּתָה2회 **바타**
아마 ⟨1327⟩의 철자법의 어미변화; '폐허':—황폐한.

H1327 בַּתָּה2회 **밧타**
('부수다'라는 의미의) 사용하지 않는 어근에서 유래한 여성형; '황폐':—황폐한.

H1328 בְּתוּאֵל10회 **베투엘**
명백히 ⟨1326⟩과 ⟨410⟩의 동형에서 유래; '하나님에 의해 황폐된'; 아브라함의 조카와 팔레스타인의 한 장소 이름 '브두엘':—브두엘(창22:22). ⟨1329⟩와 비교

H1329 בְּתוּל1회 **베툴**
⟨1328⟩ 참조; 팔레스타인의 한 장소 '브둘'(즉, '브두엘'):—브두엘.

H1330 בְּתוּלָה50회 **베툴라**
'분리하다'는 의미의 사용하지 않는 어근의 여성 수동태 분사; '처녀'(그의 '숨겨짐'에서); 가끔(연장적으로) '신부'; 또한 (상징적으로) '도시', 또는 '국가':—소녀, 처녀.

H1331 בְּתוּלִים10회 **베툴림**
⟨1330⟩과 동형의 남성복수형; (집단적으로, 또 추상적으로) '처녀성'; 함축적으로, 또 구체적으로는 그것의 '표들':—소녀, 처녀성.

H1332 בִּתְיָה1회 **비트야**
⟨1323⟩과 ⟨3050⟩에서 유래; '여호와의 딸'(즉, 경배자); 한 애굽 여인 '비디

아':—비디아(대상4:—18).

H1333 בָּתַק[1회] 바타크

기본어근; 조각조각 '자르다':—밀어 젖히고 나아가다.

H1334 בָּתַר[2회] 바타르

기본어근; '자르다':—나누다.

H1335 בֶּתֶר[3회] 베테르

⟨1334⟩에서 유래; '절단':—부분, 조각.

H1336 בֶּתֶר[1회] 베테르

⟨1335⟩와 동일; 팔레스타인의 (바위가 많은) 한 장소 '베데르':—베데르(아2:17).

H1337 בַּת רַבִּים[1회] 바트 랍빔

⟨1323⟩, 그리고 ⟨7227⟩의 남성복수형에서 유래; '라바의 딸'(즉, 도시):—바드랍빔(아7:4).

H1338 בִּתְרוֹן[1회] 비트론

⟨1334⟩에서 유래; (관사와 함께) '바위가 많은' 지점; 요단강 동편의 한 장소 '비드론':—비드론(삼하2:29).

H1339 בַּת־שֶׁבַע[11회] 바트셰바

⟨1323⟩, 그리고 (⟨7650⟩의 의미로) ⟨7651⟩에서 유래; '맹세의 딸'; 솔로몬의 어머니 '밧세바':—밧세바(삼하11:3).

H1340 בַּת־שׁוּעַ[3회] 바트슈아

⟨1323⟩과 ⟨7771⟩에서 유래; '부의 딸'; ⟨1339⟩와 동일 '밧수아':—밧수아(대상3:5).

트롱히브리어사전

ג

H1341 גֵא[1회] **게**
〈**1343**〉 참조; '거만한':—교만한.

H1342 גָּאָה[7회] **가아**
기본어근; '올라가다'; 여기에서 일반적으로 '오르다', (상징적으로) '장엄하다':—영광스럽게, 자라다, 증가하다, 올리어지다, 승리하다.

H1343 גֵּאֶה[9회] **게에**
〈**1342**〉에서 유래; '높은'; 상징적으로 '오만한':—교만한.

H1344 גֵּאָה[1회] **게아**
〈**1342**〉의 여성형; '오만':—교만.

H1345 גְּאוּאֵל[1회] **게우엘**
〈**1342**〉와 〈**410**〉에서 유래; '하나님의 위엄'; 한 이스라엘인 '그우엘':—그우엘(민13:—15).

H1346 גַּאֲוָה[19회] **가아와**
〈**1342**〉에서 유래; '오만', 혹은 '위엄'; 함축적으로 (구상적) '장식':—탁월, 거만, 높음, 거만(하게), 부풀어 오른.

H1347 גָּאוֹן[49회] **가온**
〈**1342**〉에서 유래; 〈**1346**〉과 동일:—오만, 탁월(탁월한), 위엄, 화려, 교만, 거만, 부풀음.

H1348 גֵּאוּת[8회] **게우트**
〈**1342**〉에서 유래; 〈1346〉과 동일:—탁월한 것들, 들어 올림, 위엄, 자만, 거만하게, 맹렬한.

H1349 גַּאֲיוֹן[1회] **가아욘**
〈**1342**〉에서 유래; '오만한':—교만.

H1350 גָּאַל[59회] **가알**
기본어근; '무르다'(혈족관계에 대한 동양법을 따라), 즉 '가장 가까운 친척이 되다'(친척의 소유를 '다시 사든지', 그의 과부와 '결혼'하는 등에 의하여):—(아무래도, 하여간) 복수자, 구해내다, (일가나 일가가 될 의무를 행하는) 친척, 사다, 배상하다, 무르다(무르는 자), 설욕자.

H1351 גָּאַל[12회] **가알**
기본어근, [그보다는 '자유케 함', 즉 '인연을 끊다'는 개념을 통해 〈**1350**〉과 동일시 됨]; '더럽히다', 혹은 (상징적으로) '신성을 더럽히다':—(신성을) 모독하다, 더럽히다, 얼룩지게 하다.

H1352 גֹּאֶל[4회] **고엘**
〈**1351**〉에서 유래; '신성 모독':—(신성을) 모독하다.

H1353 גְּאֻלָּה[14회] **게울라**
〈**1350**〉의 여성 수동태 분사; (권리와 물건을 포함하여) '무르기'; 함축적으로 '친척관계':—혈연관계, 무르다, 무르기, 권리.

H1354 גַּב[11회] **갑**
'우묵한 곳', 혹은 '굽음'의 뜻의 사용하지 않는 어근에서 유래; '뒤'(둥근 것의)[〈**1460**〉과 〈**1479**〉와 비교]; 유추적으로 '꼭대기', 혹은 '가장자리', '두목', '둥근 천정', 눈의 '반원형', '보루':—후면, 몸체, 두목, 뛰어난(높은) 장소, [눈]썹, 바퀴테, 고리.

H1355 גַּב[1회] **갑**
아람어 〈**1354**〉와 같음:—후면, 등.

H1356 גֵּב[3회] **게브**
〈**1461**〉에서 유래; '(잘라낸) 통나무'; 또한 '우물', 또는 '수조'(파낸):—들보, 도랑, 함정.

H1357 גֵּב[1회] **게브**
아마 〈**1461**〉에서 유래[〈**1462**〉와 비교]; '메뚜기'(그 '자름'에서 유래):—메뚜기.

H1358 גֹּב[10회] **고브**
아람어 〈**1461**〉과 일치하는 어근에서

유래; (야생동물을 위한)('파내어진') '구덩이':—굴.

H1359 גֹּב[2회] **고브**

또는 (완전히는) **גּוֹב 고브**

〈**1461**〉에서 유래; '구덩이'; 팔레스타인에 있는 지명 '곱':—곱.

H1360 גֶּבֶא[3회] **게베**

아마 '모으다'의 뜻을 가진 사용하지 않는 어근에서 유래; '물웅덩이'; 유추적으로 '늪':—늪, 구덩이.

H1361 גָּבַהּ[34회] **가바흐**

기본어근; '솟아오르다', 즉 '높아지게 되다'; 상징적으로 '오만하게 되다':—높이다, 오만하게 되다, 높(이, 은 자)가 되다, (만들다), 들다, 올라가다, 거만하게 되다, 심히 높이 올라가다, (위로).

H1362 גָּבָהּ[4회] **가바흐**

〈**1361**〉에서 유래; '치솟은'(문자적으로 또는 상징적으로):—높은, 교만한.

H1363 גֹּבַהּ[17회] **고바흐**

〈**1361**〉에서 유래; '의기양양', '위엄', '오만':—탁월, 거만, 높음, 높은, 고상함, 교만.

H1364 גָּבֹהַּ[40회] **가보아흐**

또는 (완전히는) **גָּבוֹהַּ 가보아흐**

〈**1361**〉에서 유래; '높여진'(또는, '의기충천한') '강력한', '오만한':—거만한, 높음, 치솟은, 교만, 심히 거만하게.

H1365 גַּבְהוּת[2회] **갑후트**

〈**1361**〉에서 유래; '교만':—거만, 높은.

H1366 גְּבוּל[240회] **게불**

또는 (단축형) **גְּבֻל 게불**

〈**1379**〉에서 유래; 정확히는 '끈'('꼬여진'), 즉 (함축적으로) '경계선'; 확대된 의미로 에워싸인 '영역':—지경, 경계, 해안, (큰), 경계표, 한계, 지역, 공간.

H1367 גְּבוּלָה[10회] **게불라**

또는 (단축형) **גְּבֻלָה 게불라**

〈**1366**〉의 여성형; '경계선', '지역':—지경, 경계, 해안, 경계표, 장소.

H1368 גִּבּוֹר[159회] **깁보르**

또는 (단축형) **גִּבֹּר 깁보르**

〈**1397**〉의 동형에서 유래한 강세형; '강력한'; 함축적으로 '용사', '폭군':—투사, 우두머리, 빼어나다, 거인, 강력한(사람), 힘센(사람), 용감한 사람.

H1369 גְּבוּרָה[61회] **게부라**

〈**1368**〉과 동형에서 유래한 여성 수동태 분사; '힘'(문자적, 또는 상징적으로); 함축적으로 '용맹', '승리':—힘, 지배, 세력, 힘센(행동, 권력), 권력, 강함.

H1370 גְּבוּרָה[2회] **게부라**

아람어 〈**1369**〉와 같음; '힘', '세력':—힘.

H1371 גִּבֵּחַ[1회] **깁베아흐**

(앞이마가) '높아지다'의 뜻의 사용하지 않는 어근에서 유래; 앞이마가 '벗어진':—앞이마 대머리의.

H1372 גַּבַּחַת[4회] **갑바하트**

〈**1371**〉과 동형에서 유래; 앞이마가 '벗겨짐'; 유추적으로 의복 오른편에 나타난 색점:—앞이마 대머리, (~없이).

H1373 גַּבַּי[1회] **갑바이**

〈**1354**〉와 동형에서 유래; '집합적인'; 한 이스라엘인 '갑배':—갑배(느 11:8).

H1374 גֵּבִים[1회] **게빔**
〈1356〉의 복수형; '물웅덩이들'; 팔레스타인의 지명 '게빔':—게빔(사10:31).

H1375 גְּבִיעַ[14회] **게비아**
('볼록하게 되다'는 뜻의) 사용하지 않는 어근에서 유래; '술잔'; 유추적으로 꽃의 '꽃받침':—잔, 컵, 단지.

H1376 גְּבִיר[2회] **게비르**
〈1396〉에서 유래; '주인':—주.

H1377 גְּבִירָה[15회] **게비라**
〈1376〉의 여성형; '여주인':—여왕.

H1378 גָּבִישׁ[1회] **가비쉬**
(아마 '얼음이 얼다'는 뜻의) 사용하지 않는 어근에서 유래; '수정'(얼음과 같은 유사성에서):—진주.

H1379 גָּבַל[5회] **가발**
기본어근; 정확히는 줄처럼 '꼬이다'; 다만(〈1366〉에서 유래, 명사유래어로서) '경계를 짓다'(선으로):—경계가 되다, (둘레에) 경계선을 두다.

H1380 גְּבַל[2회] **게발**
〈1379〉에서 유래; ('일련'의 언덕들이란 점에서); '산'; '그발', 베니게의 한 지명:—게발.

H1381 גְּבָל[1회] **게발**
〈1380〉과 동일; 이두메의 한 지역 이름 '게발':—게발(시83:8(7)).

H1382 גִּבְלִי[2회] **기블리**
〈1380〉에서 유래한 족속의 명칭; '그발족', 혹은 그발의 거민:—그발의 거민들(수13:5), 석수.

H1383 גַּבְלֻת[2회] **가블루트**
〈1379〉에서 유래; 꼰 '사슬' 또는 '끈':—끈.

H1384 גִּבֵּן[1회] **깁벤**
'반원형이 되게 하다', 혹은 '수축시키다'는 뜻의 사용하지 않는 어근에서 유래; '곱사의', '등이 굽은':—곱사등이의.

H1385 גְּבִנָה[1회] **게비나**
〈1384〉와 동형에서 유래한 여성형; '응고된' 우유:—치즈.

H1386 גַּבְנֹן[2회] **갑논**
〈1384〉와 동형에서 유래; 언덕들의 '봉우리', 혹은 '꼭대기':—높은.

H1387 גֶּבַע[19회] **게바**
〈1375〉와 동형에서 유래; '낮은 산'; 팔레스타인에 있는 지역 이름 '게바':—게바(수18:24).

H1388 גִּבְעָא[1회] **기브아**
〈1389〉와 교환적으로; '언덕'; '기브아' 팔레스타인에 있는 장소 이름:—기브아(대상2:49).

H1389 גִּבְעָה[59회] **기브아**
〈1387〉과 동형에서 유래한 여성형; '작은 언덕':—언덕, 작은 언덕.

H1390 גִּבְעָה[38회] **기브아**
〈1389〉와 동일; 기브아; 팔레스타인에 있는 세 곳의 이름:—기브아(삼상13:15), 언덕.

H1391 גִּבְעוֹן[37회] **기브온**
〈1387〉과 동형에서 유래; '작은 산이 많은'; 팔레스타인에 있는 지역 '기브온':—기브온(수10:2).

H1392 גִּבְעֹל[1회] **기브올**
〈1375〉에서 유래한 연장형; 꽃의 '꽃받침':—둥근 꼬투리의.

H1393 גִּבְעֹנִי[8회] **기브오니**
〈1391〉에서 유래한 족속의 명칭; '기브온 족속', 혹은 '기브온의 거민':—기브온 족속(삼하21:1).

H1394 גִּבְעַת[1회] **기브아트**
〈1375〉와 동형에서 유래; '언덕들이

많음'; '기브앗':—기브앗(수18:28).

H1395 גִּבְעָתִי1회 기브아티

〈1390〉에서 유래한 족속의 명칭; '기브앗 족속', 혹은 기브앗의 거민:—기브앗 족속.

H1396 גָּבַר25회 가바르

기본어근; '강하게 되다'; 함축적으로 '이기다', '무례하게 행동하다':—초과하다, 확립하다, 위대하게 되다, 강하게 되다, 승하다, 더 큰(힘)을 가지다, 강하게 하다, 더 강하게 되다, 용맹스럽게 되다.

H1397 גֶּבֶר66회 게베르

〈1396〉에서 유래; 정확히는 '용맹한' 사람, 혹은 '용사'; 일반적으로 단순히 '사람':—모든 것, 사람, (힘센).

H1398 גֶּבֶר1회 게베르

〈1397〉과 동일; 두 이스라엘인의 이름 '게벨':—게벨(왕상4:19).

H1399 גְּבַר21회 게바르

〈1396〉에서 유래; 〈1397〉과 동일; '사람':—인간.

H1400 גְּבַר5회 게바르

아람어 〈1399〉와 같음:—(어떤), 사람.

H1401 גִּבָּר1회 깁바르

아람어 〈1400〉의 강세형; '용감한', 또는 '전사':—강력한.

H1402 גִּבָּר1회 깁바르

〈1399〉의 강세형; 한 이스라엘인의 이름 '깁발':—깁발

H1403 גַּבְרִיאֵל2회 가브리엘

〈1397〉과 〈410〉에서 유래; '하나님의 사람'; 천사장 '가브리엘':—가브리엘(단8:16, 9:21).

H1404 גְּבֶרֶת9회 게베레트

〈1376〉의 여성형; '여주인':—숙녀, 여주인.

H1405 גִּבְּתוֹן6회 깁베톤

〈1389〉에서 유래한 강세형; '언덕이 많은' 곳; 팔레스타인의 한 장소 '깁브돈':—깁브돈(수19:44).

H1406 גָּג30회 가그

아마도 〈1342〉에서 유래한 중복형; '지붕'; 유추적으로 제단의 '꼭대기':—(집의) 지붕, (집)꼭대기.

H1407 גַּד2회 가드

〈1413〉에서 유래('절단'이란 면에서); '고수풀' 씨(그것의 깊은 주름으로부터):—고수풀(열매는 양념`소화제로 씀; 미나리과).

H1408 גַּד2회 가드

〈1409〉의 어미변화; 바벨론의 신, '행운의 신', '운수신':—그 군대.

H1409 גָּד2회 가드

〈1464〉에서 유래('분배'의 의미에서); '행운':—군대.

H1410 גָּד8회 가드

〈1464〉에서 유래; 야곱의 아들 '갓', 그의 족속과 지역을 포함하여; 또한 한 선지자:—갓(창30:11).

H1411 גְּדָבַר2회 게다바르

아람어 〈1489〉와 같음; '재무관':—재무관.

H1412 גֻּדְגֹּדָה2회 굳고다

〈1413〉에서 유래한 중복형('절단'이란 뜻에서) '갈라진 틈'; 사막의 한 장소 이름 '굿고다':—굿고다(신10:7).

H1413 גָּדַד8회 가다드

기본어근[〈1464〉와 비교]; '군집하다'; 또한 '깊은 상처를 입히다'(마치 어떤 침입에 의하여):—(군대별) '회집하다'(함께 군인으로) 모이다, 자해하다.

H1414 גְּדַד[3회] **게다드**

[아람어] 〈1413〉과 같음; '베어' 넘어뜨리다:—찍어 넘어뜨리다.

H1415 גָּדָה[4회] **가다**

('베어내다'는 뜻의) 사용하지 않는 어근에서 유래; 강의 '가장자리'(강줄기에 의해 패여진):—둑.

H1416 גְּדוּד[34회] **게두드**

〈1413〉에서 유래; '무리'(특히 군병들의):—군대, (사람의) 무리, 일행, (도둑의) 떼.

H1417 גְּדוּד[2회] **게두드**

또는 (여성형) גְּדֻדָה **게두다**

〈1413〉에서 유래; ('자름'으로 생긴) '깊은 주름, 고랑':—깊은 주름, 고랑.

H1418 גְּדוּדָה[1회] **게두다**

〈1413〉의 여성 수동태 분사; '베기':—자름.

H1419 גָּדוֹל[526회] **가돌**

또는 (단축형) גָּדֹל **가돌**

〈1431〉에서 유래; (어떤 면에서든) '큰'; 여기에서 '더 늙은'; 또한 '건방진':—큰 목소리, 가장 늙은, 심히 큰 (크게), 먼, 위대한(사람, 일, 물건), (더 큰, 위대함), 높음, 긴, 소리가 큰, 힘센, 더욱, 많은, 고상한, 거만한 것, 심히, 아픈, 매우.

H1420 גְּדוּלָה[8회] **게둘라** 또는 (단축형) גְּדוּלָּה **게둘라** 또는 (덜 정확하게) גְּדֻלָּה **게둘라**

〈1419〉의 여성형; '위대함'; (구체적으로) '강력한 행동들':—위엄, 큰일들, 위대함, 장엄.

H1421 גִּדּוּף[3회] **깃두프** 또는 (단축형) גִּדֻּף **깃두프** 그리고 (여성형) גִּדּוּפָה **깃두파** 또는 גִּדֻּפָה **깃두파**

〈1422〉에서 유래; '비방':— 비난, 헐뜯음.

H1422 גְּדוּפָה[1회] **게두파**

〈1422〉의 여성 수동태 분사; '욕설':—비웃음.

H1423 גְּדִי[16회] **게디**

〈1415〉와 동형에서 유래; 어린 '염소'('풀 뜯는 것'에서):—새끼염소.

H1424 גָּדִי[2회] **가디**

〈1409〉에서 유래; '운이 좋은', '행운의'; 한 이스라엘인, '가디':—가디(왕하15:14).

H1425 גָּדִי[16회] **가디**

〈1410〉에서 유래한 족속의 명칭; (집합명사) '갓 족속', 혹은 갓의 자손:—갓 족속, 갓의 자손(삼하23:36).

H1426 גַּדִּי[1회] **갓디**

〈1424〉의 강세형; 한 이스라엘인 '갓디':—갓디(민13:11).

H1427 גַּדִּיאֵל[1회] **갓디엘**

〈1409〉와 〈410〉에서 유래; '하나님의 복됨'; 한 이스라엘인 '갓디엘':—갓디엘(민13:10).

H1428 גִּדְיָה[4회] **기드야**

또는 גַּדְיָה **가드야**

〈1415〉와 동일; '강가':—둑.

H1429 גְּדִיָּה[1회] **게디야**

〈1423〉의 여성형; 어린 암'염소':—새끼염소.

H1430 גָּדִישׁ[4회] **가디쉬**

('쌓아 올리다'는 뜻의) 사용하지 않는 어근에서 유래; 짚단의 '낟가리'; 유추적으로 '무덤':—(곡물의) 가리, (낟가리), 무덤.

H1431 גָּדַל[116회] **가달**

기본어근; 정확히는 '꼬다'[〈1434〉와 비교], 즉 크게 '되다'(사역동사; '크게 만들다')(육체, 정신, 소유, 명예, 또는 지존심 등의 여러 의미에서):—나아가다, 자랑하다, 기르다, 초과하다, 우수함, (이다, 되다, 하다, 주다, 만들다, 커지다), 큰(더 큰, 부자가 되다, 큰일들), 자라나다, 증가하다, 올리다, 확대하다(-한) 양육하다, 진전시키다, 거만하게[말하다], 망대.

H1432 גָּדֵל[3회] **가델**

〈1431〉에서 유래; '큰'(문자적, 또는 상징적으로):—위대한, 자라다.

H1433 גֹּדֶל[13회] **고델**

〈1431〉에서 유래; '위대함'(문자적, 또는 상징적으로):—위대함, 굳센, 굳셈.

H1434 גְּדִל[4회] **게딜**

〈1431〉에서 유래('꼬이는'의 의미에서); '실', 즉 (옷)'술', 또는 '꽃줄 장식':—옷술, 꽃모양의 무늬.

H1435 גִּדֵּל[12회] **깃델**

〈1431〉에서 유래; '건장한'; '깃델', 느드님 사람, 또한 솔로몬의 종들 중 한 사람의 이름:—깃델(스2:47,56).

H1436 גְּדַלְיָה[6회] **게달야**

또는 (연장형) גְּדַלְיָהוּ **게달야후**

〈1431〉과 〈3050〉에서 유래; '여호와는 위대하시다'; 다섯 이스라엘인 이름 '그다랴':—그다랴(렘40:5,8).

H1437 גִּדַּלְתִּי[2회] **깃달티**

〈1431〉에서 유래; '나는 위대하게 되었다'; 한 이스라엘인 '깃달디':—깃달디(대상25:4,29).

H1438 גָּדַע[22회] **가다**

기본어근; 나무를 '베어 넘기다'; 일반적으로 어떤 것을 '파괴하다':—자르다(산산이, 조각으로, 베어 넘기다, 베어내다), 벌목하다.

H1439 גִּדְעוֹן[34회] **기드온**

〈1438〉에서 유래; '벌목꾼'(즉, 전사); 한 이스라엘인 '기드온':—기드온(삿6:11-13).

H1440 גִּדְעֹם[1회] **그드옴**

〈1438〉에서 유래; '자름'(즉, '황폐케 함'); 팔레스타인에 있는 한 장소 '기돔':—기돔(삿20:45).

H1441 גִּדְעֹנִי[5회] **기드오니**

〈1438〉에서 유래; '호전적인'[〈1439〉와 비교]; 한 이스라엘인 '기드오니':—기드오니(민1:11).

H1442 גָּדַף[7회] **가다프**

기본어근; (말로) '난도질하다', 즉 '헐뜯다':—(신에게) 불경스런 말을 하다, 꾸짖다.

H1443 גָּדַר[10회] **가다르**

기본어근; '둘러' 막다, 혹은 주의를 '둘러' 싸다:—막다, 울을 두르다, 울타리를 만들다, 에워싸다, [울타리를] 수선하다, 수선공.

H1444 גֶּדֶר[2회] **게데르**

〈1443〉에서 유래; '성벽':—보루.

H1445 גֶּדֶר[1회] **게데르**

〈1444〉와 동일; 팔레스타인의 한 장소 '게델':—게델(수12:13).

H1446 גְּדֹר[3회] **게도르**

또는 (완전히) גְּדוֹר **게도르**

〈1443〉에서 유래; '둘러쌈'; 팔레스타인의 한 장소 '그돌'; 또한 세 이스라엘인의 이름:—그돌(대상8:31).

H1447 גָּדֵר[14회] **가데르**

〈1443〉에서 유래; '성벽'; 함축적으로 '둘러쌈':—울, 울타리, 벽.

H1448 גְּדֵרָה[8회] **게데라**

〈1447〉의 여성형; '둘러쌈'(특히 양떼들을 위하여):—[양]우리, (가축우리)의 울타리, 벽.

H1449 גְּדֵרָה[1회] **게데라**
⟨1448⟩과 동일; (관사와 함께) 팔레스타인의 한 장소 '그데라':—그데라(수15:36), 울타리들.

H1450 גְּדֵרוֹת[1회] **게데로트**
⟨1448⟩의 복수형; '성벽들'; 팔레스타인의 한 장소 '그데롯':—그데롯(수15:41).

H1451 גְּדֵרִי[1회] **게데리**
⟨1445⟩에서 유래한 족속의 명칭; '게델인', 또는 게델의 주민:—게델 족속(대상27:28).

H1452 גְּדֵרָתִי[1회] **게데라티**
⟨1449⟩에서 유래한 족속의 명칭; '그데라인', 또는 그데라의 주민:—그데라 사람(대상12:4).

H1453 גְּדֵרֹתַיִם[1회] **게데로타임**
⟨1448⟩의 쌍수; '이중벽'; 팔레스타인의 한 장소 '그데로다임':—그데로다임(수15:36).

H1454 גֵּה[1회] **게**
아마 ⟨2088⟩의 필사의 오기; '이것':—이것, 이.

H1455 גָּהָה[1회] **가하**
기본어근; '제거하다'(상처로 부터 붕대를 떼다, 즉 그것을 '치료하다'):—고치다.

H1456 גֵּהָה[1회] **게하**
⟨1455⟩에서 유래; '치유':—약.

H1457 גָּהַר[1회] **가하르**
기본어근; 자신이 '엎드리다':—엎드리다, 몸을 뻗치다.

H1458 גַּו[3회] **가우**
⟨1460⟩의 또 다른 형; '그 뒤':—뒤, 등.

H1459 גַּו[3회] **가우**
아람어 ⟨1460⟩과 같음; '중간':—가운데, 같은, 그 가운데에, 그 중에.

H1460 גֵּו[6회] **게우**
⟨1342⟩에서 유래[⟨1354⟩와 일치]; '뒤'; 유추적으로 '중간':—~의 가운데, ~의 뒤에, 몸.

H1461 גּוּב[1회] **구브**
기본어근; '파다':—농부.

H1462 גּוֹב[3회] **고브**
⟨1461⟩에서 유래; '메뚜기'(애벌레로서 어떤 것을 '파헤침'이란 뜻에서):—메뚜기(큰).

H1463 גּוֹג[12회] **고그**
불확실한 파생어; 한 이스라엘인 '곡', 또한 북방의 어떤 나라 이름:—곡(겔38:2,3).

H1464 גּוּד[3회] **구드**
기본어근; [⟨1413⟩과 유사함]; …에 '쇄도하다', 즉 '공격하다':—침략하다, 이겨내다.

H1465 גֵּוָה[1회] **게와**
⟨1460⟩의 여성형; '등', 즉 (확대하여) '사람':—몸.

H1466 גֵּוָה[3회] **게와**
⟨1465⟩와 동일; '높임'; (상징적으로) '오만':—올림, 교만.

H1467 גֵּוָה[1회] **게와**
아람어 ⟨1466⟩과 같음:—교만.

H1468 גּוּז[2회] **구즈**
기본어근[⟨1494⟩와 비교]; 정확히는 가위로 '잘라'내다; 그러나 오직 (상징적인) 면에서 빨리 '지나감'의 뜻으로 사용됨:—가져오다, 베어내다.

H1469 גּוֹזָל[2회] **고잘**
또는 (단축형) **גֹּזָל 고잘**
⟨1497⟩에서 유래; '갓깬 새끼새'(비교적 깃털이 '없는' 것으로서):—새끼(비둘기).

H1470 גּוֹזָן1회 **고잔**
아마 〈**1468**〉에서 유래; '채석장'(돌 '자르는' 장소로서); 앗수르의 한 지방 '고산':—고산(왕하17:6).

H1471 גּוֹי556회 **고이**
드물게 (단축형) גֹּי **고이**
명백히 〈**1465**〉와 동형에서 유래('한 덩어리가' 된다는 뜻에서); 이방 '나라'; 여기에서 '이방'; 또한 (상징적으로) 동물들의 '떼', 또는 메뚜기들의 '떼':—이교도, 이방인, 나라, 백성.

H1472 גְּוִיָּה13회 **게위야**
〈**1465**〉의 연장형; '몸', 살았거나 죽었거나 간에:—(죽은) 몸, 시체, 사체.

H1473 גּוֹלָה42회 **골라**
또는 (단축형) גֹּלָה **골라**
〈**1540**〉의 여성 능동태 분사; '포로'; 구체적으로 그리고 집합적으로 '유배자들':—(끌려간) 포로, 사로잡힘, (옮김).

H1474 גּוֹלָן4회 **골란**
〈**1473**〉에서 유래; '포로'; 요단강 동편의 한 지역 '골란':—골란(신4:43).

H1475 גּוּמָּץ1회 **굼마츠**
불확실한 파생어; '함정':—구덩이.

H1476 גּוּנִי1회 **구니**
아마 〈**1598**〉에서 유래; '보호된'; 두 이스라엘인의 이름 '구니':—구니(창46:24).

H1477 גּוּנִי1회 **구니**
〈**1476**〉에서 유래한 족속의 명칭; '구니사람'(접두관사를 가진 집합명사), 또는 구니의 자손:—구니족속(삼하23:32).

H1478 גָּוַע24회 **가와**
기본어근; 숨을 '거두다', 즉 (함축적으로) '죽다':—죽다, 죽게 되다, 영혼을 포기하다, 멸망하다.

H1479 גּוּף1회 **구프**
기본어근; 정확히는 '움푹 들어가게 하다', 또는 '활 모양으로 하다', 즉 (상징적으로) '닫다'; '잠그다':—닫다.

H1480 גּוּפָה2회 **구파**
〈**1479**〉에서 유래; '시체'(지각이 '정지됨'에서):—몸.

H1481 גּוּר81회 **구르**
기본어근; 정확히는 길옆으로 '벗어나다'(숙박, 또는 다른 목적으로), 즉 '거주하다'(손님으로서); 또한 '움츠리다', '두려워하다'('낯선' 장소에서처럼); 또한 '적대' 행위('두려움'으로)를 위해 '모이다':—거하다, 회집하다, 두려워하다, 거주하다, 모으다, 거주하다, 남다, 체류하다, ~을 매우 두려워하다, 낯선 사람, (몹시).

H1482 גּוּר8회 **구르**
또는 (단축형) גֻּר **구르**
아마 〈**1481**〉에서 유래; '새끼'(아직 굴 안에 '머무르는'), 특히 사자의:—강아지, 새끼, 어린 것.

H1483 גּוּר10회 **구르**
〈**1482**〉와 동일; 팔레스타인의 한 장소 '구르':—구르(왕하9:27).

H1484 גֹּור9회 **고르**
또는 (여성형) גֹּרָה **고라**
〈**1482**〉의 어미변화:—새끼.

H1485 גּוּר־בַּעַל1회 **구르-바알**
〈**1481**〉과 〈**1168**〉에서 유래; '바알의 거처'; 아라비아의 한 장소 '구르바알':—구르바알(대하26:7).

H1486 גּוֹרָל77회 **고랄**
또는 (단축형) גֹּרָל **고랄**

(돌처럼) '거칠다'는 뜻의 사용하지 않는 어근에서 유래; 정확하는 '자갈', 즉 '제비'(그 목적을 위해 사용되는 작은 돌); 상징적으로 '몫', 혹은 '운명'(제비에 의하여 결정된 것 같은): ―제비뽑기.

H1487 גּוּשׁ1회 **구쉬**

또는 그보다(교환적으로) גִּישׁ **기쉬**

불확실한 파생어; 흙의 '덩어리': ―흙덩어리.

H1488 גֵּז4회 **게즈**

〈1494〉에서 유래; (깎은) '양털뭉치'; 또한 베어진 풀: ―양털뭉치, 깎기, 깎은 풀.

H1489 גִּזְבָּר1회 **깃젭바르**

외래어의 파생어; '재무관': ―재무관.

H1490 גִּזְבָּר1회 **기즈바르**

아람어 〈1489〉와 같음: ―재무관.

H1491 גָּזָה1회 **가자**

기본어근[〈1468〉과 유사]; '베어내다', 즉 '분배하다': ―취하다.

H1492 גִּזָּה7회 **깃자**

〈1494〉의 여성형; '양털뭉치': ―양털뭉치.

H1493 גִּזוֹנִי1회 **기조니**

팔레스타인에 있는 듯한 사용하지 않는 한 장소의 이름에서 유래한 족속의 명칭; '기손 사람', 또는 기손의 주민: ―기손 사람(대상11:34).

H1494 גָּזַז15회 **가자즈**

기본어근[〈1468〉과 유사]; '베어'내다; 특히 가축의 털을 '깎다', 또는 머리를 '깎다'; 상징적으로 적을 '멸망시키다': ―베어내다(베어 넘어뜨리다), 털을 짧게 자르다, 깎다, (양)털 깎는 자.

H1495 גָּזֵז2회 **가제즈**

〈1494〉에서 유래; '양털 깎는 사람'; 두 이스라엘인의 이름 '가세스': ―가세스(대상2:46).

H1496 גָּזִית11회 **가지트**

〈1491〉에서 유래; 어떤 것을 '자르다', 즉 '다듬은' 돌: ―쪼갠, 뜨인 돌(정제한).

H1497 גָּזַל30회 **가잘**

기본어근; '뜯어내다'; 특히 가죽을 '벗기다', 또는 '빼앗다': ―잡다, 소비하다, (강탈)하다, 찢어내다, 노략질하다, (힘으로, 강제로) 가져가다, 찢다.

H1498 גָּזֵל6회 **가젤**

〈1497〉에서 유래; '강탈', 또는 (구체적으로) '약탈': ―강탈, 폭력으로 빼앗은 물건.

H1499 גֵּזֶל2회 **게젤**

〈1497〉에서 유래; '약탈', 즉 '폭력': ―폭력, 심한 왜곡.

H1500 גְּזֵלָה6회 **게젤라**

〈1498〉의 여성형으로 같은 뜻임: ―(그가 빼앗은)[그가 강제로 취한] 그것, 약탈하다, 폭력.

H1501 גָּזָם3회 **가잠**

'삼켜버리다'는 뜻의 사용하지 않는 어근에서 유래; '메뚜기' 일종: ―황충.

H1502 גַּזָּם2회 **갓잠**

〈1501〉과 동형에서 유래; '삼키는 자'; 느디님 사람 '갓삼': ―갓삼(스2:48).

H1503 גֶּזַע3회 **게자**

(나무를) '베어' 넘어뜨리다의 뜻의 사용하지 않는 어근에서 유래; 나무의 '줄기', 또는 '그루터기'(베어 넘긴, 혹은 심은 것의): ―줄기, 통나무.

H1504 גָּזַר13회 **가자르**

기본어근; '베어' 넘어뜨리다, 또는 베어내다; (상징적으로) '파괴하다', '나누다', '제외하다' 또는 '결정하다':—베어 넘어뜨리다, 베어내다, 선언하다, 나누다, 강탈하다.

H1505 גְּזַר 6회 게자르
아람어 ⟨1504⟩와 같음; '쪼아내다' '측정하다':—잘라내다, 점쟁이 예언자.

H1506 גֶּזֶר 2회 게제르
⟨1504⟩에서 유래; '잘라낸' 어떤 것; '몫':—부분, 조각.

H1507 גֶּזֶר 15회 게제르
⟨1506⟩과 동일; 팔레스타인의 한 장소 '게셀':—가셀, 게셀(수10:33).

H1508 גִּזְרָה 8회 기즈라
⟨1506⟩의 여성형; '형상', 또는 사람('조각한' 듯한); 또한 '울타리'(분리된):—광채를 냄, 분리된 곳.

H1509 גְּזֵרָה 2회 게제라
⟨1504⟩에서 유래; '사막'('떨어진'):—무인지경.

H1510 גְּזֵרָה 1회 게제라
아람어 ⟨1505⟩(1504와 동일)에서 유래; '법령':—명령.

H1511 גִּזְרִי 1회 기즈리
(난외주에) ⟨1507⟩에서 유래한 족속의 명칭; '게셀족'(집합명사), 또는 게셀의 주민, 그보다는(본문과 같이) 도치형 גִּרְזִי 기르지; ⟨1630⟩에서 유래한 족속의 명칭; '기르스 족'(집합명사), 또는 팔레스타인의 토착민의 일원:—기르스 사람(삼상27:8).

H1512 גָּחוֹן 2회 가혼
아마 ⟨1518⟩에서 유래; '외복부', '배'(태아의 '본거지'로서[⟨1521⟩과 비교]):—배.

H1513 גֶּחֶל 18회 게헬
또는 (여성형) גַּחֶלֶת 가헬레트
'빨갛게 타다', 또는 '불이 붙다'는 뜻의 사용하지 않는 어근에서 유래; '등걸불':—(타는) 숯불.

H1514 גַּחַם 1회 가함
'타다'는 뜻의 사용하지 않는 어근에서 유래; '불꽃'; 나홀의 아들 '가함':—가함(창22:24).

H1515 גַּחַר 2회 가하르
'감추다'의 뜻의 사용하지 않는 어근에서 유래; '잠복자'; 느디님 사람 '가할':—가할(스2:—47).

H1516 גַּיְא 30회 가이
또는 (단축형) גַּי 가이
아마(교환적으로) ⟨1466⟩과 동일한 어근에서 유래한(약어); '협곡'('높은 쪽'에서 볼 때; 여기에서 좁은 그러나 도랑, 또는 겨울 급류는 아님):—계곡.

H1517 גִּיד 7회 기드
아마 ⟨1464⟩에서 유래; '가죽끈'(압착을 위한); 유추적으로 '힘줄':—힘줄.

H1518 גִּיחַ 1회 기아흐
또는 (단축형) גֹּחַ 고아흐
기본어근; (물을) '내뿜다', 일반적으로 '흐르다':—내뿜다, 해산의 수고, 나오다, 끌어올리다, 끄집어내다.

H1519 גִּיחַ 5회 기아흐
또는 (단축형) גּוּחַ 구아흐
아람어 ⟨1518⟩과 같음; 앞으로 '돌진하다':—노력하다, 싸우다.

H1520 גִּיחַ 1회 기아흐
⟨1518⟩에서 유래; '샘'; 팔레스타인의 한 장소 '기아':—기아(삼하2:24).

H1521 גִּיחוֹן 4회 기혼
또는 (단축형) גִּחֹן 기혼

〈1518〉에서 유래; '시내'; 에덴의 한 강 이름 '기혼', 또한 예루살렘 근처의 계곡(또는, 연못) 이름:—기혼(왕상 1:33,38).

H1522 גֵּיחֲזִי 12회 게하지
또는 גֵּחֲזִי 게하지
명백히 〈1516〉과 〈2372〉에서 유래; '환상의 계곡'; 엘리사의 사환 '게하시':—게하시(왕하4:12).

H1523 גִּיל 45회 길
또는 (철자법의 교환에 의해) גּוּל 굴
기본어근; 정확히는 '뱅뱅 돌다'(어떤 강력한 감정의 영향으로) 즉, 늘 '기뻐하다', 또는 ('굽실거리며') '두려워하다':—기뻐하다, 즐거워하다, 흥겨워하다, 좋아하다.

H1524 גִּיל 10회 길
〈1523〉에서 유래; (시간의, 즉 '시대의') '순환'; 또한 '기쁨':—심히 기뻐함, 즐거움, (심히), 기쁨, 기뻐함, 부류.

H1525 גִּילָה 2회 길라 또는 גִּילַת 길라트
〈1524〉의 여성형; '기쁨':—기쁨, 즐거워함.

H1526 גִּילֹנִי 2회 길로니
〈1542〉에서 유래한 족속의 명칭; '길로 사람', 또는 길로의 주민:—길로 사람(삼하15:12).

H1527 גִּינַת 2회 기나트
불확실한 파생어; 한 이스라엘인 '기낫':—기낫(왕상16:22).

H1528 גִּיר 2회 기르
아람어 〈1615〉와 같음; '석회':—회반죽.

H1529 גֵּישָׁן 1회 게샨
〈1487〉과 동형에서 유래; '덩어리 같은'; 한 이스라엘인 '게산':—게산(대상2:47).

H1530 גַּל 34회 갈
〈1556〉에서 유래; '굴려진' 어떤 것, 즉 돌이나 오물 '더미'(복수 '폐허'); 유추적으로 물'샘'(복수 '파도'):—큰 물결, 더미, 샘, 파도.

H1531 גֹּל 8회 골
〈1556〉에서 유래; 기름을 담은 '컵'('둥근'):—사발.

H1532 גַּלָּב 8회 갈랍
'깎다'의 뜻의 사용하지 않는 어근에서 유래; '이발사':—이발사.

H1533 גִּלְבֹּעַ 8회 길보아
〈1530〉과 〈1158〉에서 유래; '분출의 샘'; 팔레스타인의 한 산 '길보아':—길보아(삼상28:4).

H1534 גַּלְגַּל 12회 갈갈
〈1556〉에서 유래한 중복형; '수레바퀴'; 유추적으로 '회오리바람'; 또한 먼지 (빙빙 도는):—하늘, 도는 것, 수레바퀴.

H1535 גַּלְגַּל 1회 갈갈
아람어 〈1534〉와 같음; '수레바퀴':—수레바퀴.

H1536 גִּלְגָּל 1회 길갈
〈1534〉의 어미변화:—수레바퀴.

H1537 גִּלְגָּל 40회 길갈
〈1536〉과 동일(고유명사로서 관사와 함께 쓰임); 팔레스타인의 세 곳의 이름 '길갈':—길갈(수4:—19). 또한 〈1019〉를 보라

H1538 גֻּלְגֹּלֶת 12회 굴골레트
〈1556〉에서 유래한 중복형; '해골(둥근)'; 함축적으로 '머리'(사람들을 셈에 있어서):—머리, 모든 사람, 정수리, 해골.

H1539 גֶּלֶד 1회 겔레드
아마 '닦다'의 뜻의 사용하지 않는 어근에서 유래; (인간의) '피부'('매끄러

운'):—피부.

H1540 גָּלָה113회 **갈라**

기본어근; '발가벗기다'(특히 수치스런 뜻에서); 함축적으로 (보통 옷이 '벗겨진' 포로들을) '끌고 가다'; 상징적으로는 '드러내다':—광고하다, 나타나다, 누설하다, 가져오다, 포로를 (옮기다, 인솔하다, ~로 다) 떠나다, 드러내다, 발견하다, 추방하다, 가버리다, 열다, 명백히, 널리 알리다, 옮기다, 나타내다, (부끄럼 없이), 보이다, (확실히), 말하다, 벗기다.

H1541 גְּלָה9회 **겔라** 또는 **גְּלָא 겔라**

아람어 〈1540〉과 같음:—데리고 오다, 가져가버리다, 나타내다.

H1542 גִּלֹה2회 **길로**

또는 (완전히) **גִּילֹה 길로**

〈1540〉에서 유래; '열다'; 팔레스타인의 한 장소 '길로':—길로(수15:51).

H1543 גֻּלָּה14회 **굴라**

〈1556〉의 여성형; '샘', '사발', 또는 '구(球)'(모두 '둥근' 것으로서):—사발, 안장의 앞머리, 샘.

H1544 גִּלּוּל48회 **길룰**

또는 (단축형) **גִּלֻּל 길룰**

〈1556〉에서 유래; 정확히는 ('둥근') '통나무'; 함축적으로 '우상':—우상.

H1545 גְּלוֹם1회 **겔롬**

〈1563〉에서 유래; '('포장된') 천':—의복.

H1546 גָּלוּת15회 **갈루트**

〈1540〉의 여성형; '포로'; 구체적으로 '유배자들'(집합명사):—(끌려간) 포로들, 사로잡힘.

H1547 גָּלוּת4회 **갈루트**

아람어 〈1546〉과 같음:—사로잡힘.

H1548 גָּלַח23회 **갈라흐**

기본어근; 정확히는 '벗겨지다', 즉 (사역동사로) '깎다'; 상징적으로 '황폐케 하다':—머리털을 짧게 깎다, 밀다.

H1549 גִּלָּיוֹן2회 **길라욘** 또는 **גִּלְיוֹן 길욘**

〈1540〉에서 유래; 글쓰기 위한 (공백인) '서판'; 유추적으로 ('평평한') '거울':—유리, 두루마리.

H1550 גָּלִיל4회 **갈릴**

〈1556〉에서 유래; 접는 문의 ('도는') '밸브'; 또한 '(둥근)고리':—경첩, 고리.

H1551 גָּלִיל6회 **갈릴**

또는 (연장형) **גָּלִילָה 갈릴라**

〈1550〉과 동일; '원'(관사와 더불어); 팔레스타인 북부에 있는 '갈릴'(특히 '순회구역'으로서):—갈릴리(수20:7).

H1552 גְּלִילָה5회 **겔릴라**

〈1550〉의 여성형; '순회구역' 또는 '지역':—경계, 해안, 교외.

H1553 גְּלִילוֹת2회 **겔릴로트**

〈1552〉의 복수형; '원들'; '글릴롯', 팔레스타인의 한 곳:—글릴롯(수22:10, 11).

H1554 גַּלִּים2회 **갈림**

〈1530〉의 복수형; '샘들'; '갈림', 팔레스타인의 한 곳:—갈림(삼상25:44).

H1555 גָּלְיַת6회 **골야트**

아마 〈1540〉에서 유래; '유배자'; 블레셋사람 '골리앗':—골리앗(삼상17:4,23).

H1556 גָּלַל16회 **갈랄**

기본어근; '구르다'(문자적, 혹은 상징적으로):—위탁하다, 옮기다, 굴러가다, 굴러 떨어지다, 같이 구르다, 흘러 내려오다, 기회를 찾다, 신뢰하다, 뒹굴다.

H1557 גָּלָל5회 **갈랄**

⟨1556⟩에서 유래; ('둥근'형의) '거름':—분토.

H1558 גָּלָל5회 **갈랄**

⟨1556⟩에서 유래; (주변을 '도는') '상황'; 부사로서만 사용됨, '~때문에':—~때문에, ~을 위하여.

H1559 גָּלָל3회 **갈랄**

⟨1560⟩의 의미에서 ⟨1556⟩에서 유래; '큰'; 두 이스라엘인의 이름 '갈랄':—갈랄(대상9:15,16 느11:17).

H1560 גְּלָל2회 **겔랄**

아람어 ⟨1556⟩과 일치하는 어근에서 유래; ('굴려진 것과 같은') '무게', 혹은 '크기':—큰.

H1561 גֵּלֶל4회 **겔렐**

⟨1557⟩의 파생어; '분토'(복수로는 오물의 둥근 '덩어리들'):—분토.

H1562 גִּלֲלַי1회 **길랄라이**

⟨1561⟩에서 유래; '거름의'; '길갈래', 이스라엘 사람:—길갈래(느12:36).

H1563 גָּלַם1회 **갈람**

기본어근; '접어 포개다':—함께 말다

H1564 גֹּלֶם1회 **골렘**

⟨1563⟩에서 유래; 포장한 것(그리고 일정한 '형태'가 없는 덩어리, 즉 '태아'로서):—아직 불완전한 물질.

H1565 גַּלְמוּד4회 **갈무드**

아마 ⟨1563⟩에서 유래한 연장형; (너무 딱딱하게 '싸여'있으므로 인한) '불모의'; 상징적으로 '황량한':—황량한, 고독한.

H1566 גָּלַע4회 **갈라**

기본어근; '완고한':—간섭하다, 참견하다.

H1567 גַּלְעֵד2회 **갈르에드**

⟨1530⟩과 ⟨5707⟩에서 유래; '증거의 무더기'; '갈르엣', 요단동편 돌무덤 기념비:—갈르엣(창31:23).

H1568 גִּלְעָד98회 **길르아드**

아마 ⟨1567⟩에서 유래; '길르앗', 요단 동편의 한 지역; 또한 세 이스라엘인의 이름:—길르앗, 길르앗 사람(민26:29,30).

H1569 גִּלְעָדִי11회 **길르아디**

⟨1568⟩에서 유래한 족속의 명칭; '길르앗 족속', 혹은 길르앗 자손:—길르앗 사람(민26:29).

H1570 גָּלַשׁ2회 **갈라쉬**

기본어근; 아마 (염소처럼) '뛰어 돌아다니다':—나타나다.

H1571 גַּם772회 **감**

'모으다'는 뜻의 사용하지 않는 어근에서 유래한 압축형; 정확히는 '회중'; 부사로만 사용됨, '역시', '까지도', '게다가', '비록'; 자주 상관관계가 있는 '둘 다의'로 반복됨:—다시, 서로 같은, 역시, (그것 역시) 그렇다, 둘 다, 모두, 그러나, 둘 중 하나, …까지도, ~에도 불구하고, 마찬가지로, 더구나, 둘 다, 아님, 하나, 그러면, (그런 고로) 비록, 무엇, 함께, 그래.

H1572 גָּמָא2회 **가마**

기본어근(문자적, 또는 상징적으로) '흡수하다':—삼키다, 마시다.

H1573 גֹּמֶא4회 **고메**

⟨1572⟩에서 유래; 정확히는 '흡수제', 즉 '애기부들'(그것의 '구멍'이 있으므로); 특히 '파피루스':—골풀줄기, 애기부들(파피루스).

H1574 גֹּמֶד1회 **고메드**

명백히 '움켜잡다'는 뜻인 사용하지 않는 어근에서 유래; 정확히는 한

'뼘':—규빗.

H1575 גַּמָּד[1회] **감마드**
〈**1574**〉와 같음; '전사'(무기를 '쥔'): —감마딤.

H1576 גְּמוּל[19회] **게물**
〈**1580**〉에서 유래; '대우', 즉 '행동'(선악 간에); 함축적으로 '봉사', 혹은 '보답':—봉사한, 혜택, 공적, 당연한 상벌, (그가 준), 그것, 보수, 보상.

H1577 גָּמוּל[1회] **가물**
〈**1580**〉의 수동태 분사; '보상받은'; 한 이스라엘인 '가물':—가물(대상24:17). 또한 〈**1014**〉를 보라

H1578 גְּמוּלָה[3회] **게물라**
〈**1576**〉의 여성형; 뜻도 같음:—행위, 보상, (이와 같은) 보수.

H1579 גִּמְזוֹ[1회] **김조**
불확실한 파생어; 팔레스타인의 한 지역 '김소':—김소(대하28:18).

H1580 גָּמַל[1회] **가말**
기본어근; (잘 혹은 잘못) 사람을 '다루다', 즉 '혜택', '보답'; 함축적으로 ('노력'에 의해) '원숙하게 하다', 즉 (특히)(젖을) '떼다':—주다, 관대하다, 다루다, (선을) 행하다, 보상, 보수, 보답, 익다, 섬기다, 떼다, 산출하다.

H1581 גָּמָל[37회] **가말**
명백하게 〈**1580**〉에서 유래('노동', 혹은 '짐을 짐'의 의미에서); '낙타':—낙타.

H1582 גְּמַלִּי[1회] **게말리**
아마 〈**1581**〉에서 유래; '낙타몰이꾼'; 한 이스라엘인 '그말리':—그말리(민13:12).

H1583 גַּמְלִיאֵל[5회] **가믈리엘**
〈**1580**〉과 〈**410**〉에서 유래; '하나님의 보상'; 한 이스라엘인 '가말리엘':—가말리엘(민1:10).

H1584 גָּמַר[5회] **가마르**
기본어근; '끝나다'('완성', 혹은 '실패'의 의미에서):—그치다, 끝나다, 실패하다, 완성하다, 수행하다.

H1585 גְּמַר[1회] **게마르**
아람어 〈**1584**〉와 같음:—완전한.

H1586 גֹּמֶר[6회] **고메르**
〈**1584**〉에서 유래; '완성'; 야벳의 아들과 그의 자손의 이름 '고멜'; 또한 한 히브리인의 이름:—고멜(창10:2,3).

H1587 גְּמַרְיָה[4회] **게마르야**
또는 **גְּמַרְיָהוּ** **게마르야후**
〈**1584**〉와 〈**3050**〉에서 유래; '여호와께서 완성하시다'; 두 이스라엘인의 이름 '그마랴':—그마랴(렘29:3).

H1588 גַּן[41회] **간**
〈**1598**〉에서 유래; '정원'('울타리가 있는'):—정원.

H1589 גָּנַב[40회] **가납**
기본어근; (문자적 또는 상징적으로) '훔치다'; 함축적으로 '속이다':—가지고 가버리다, (참으로), 비밀리에 가져가다, 도둑질 하다[해 가다], 몰래 가지다.

H1590 גַּנָּב[17회] **간납**
〈**1589**〉에서 유래; '훔치는 자':—도둑.

H1591 גְּנֵבָה[2회] **게네바**
〈**1589**〉에서 유래; '도둑질', 즉 (구체적으로) '잃어버린 것':—훔침.

H1592 גְּנֻבַת[2회] **게누바트**
〈**1589**〉에서 유래; '훔침'; 에돔족의 한 왕자 '그누밧':—그누밧(왕상11:20).

H1593 גַּנָּה[12회] **간나**
〈**1588**〉의 여성형; '정원':—동산(사

1:30).

H1594 גִּנָּה[4회] **긴나**
〈1593〉의 다른 형:—정원.

H1595 גֶּנֶז[3회] **게네즈**
'저장하다'는 뜻의 사용하지 않는 어근에서 유래; '보물'; 함축적으로 '금고':—돈궤, 보고(寶庫).

H1596 גְּנַז[3회] **게나즈**
아람어 〈1595〉와 같음; '보물':—보물.

H1597 גִּנְזַךְ[1회] **긴자크**
〈1595〉에서 유래; '금고, 보고, 곳간':—금고, 보고(寶庫).

H1598 גָּנַן[8회] **가난**
기본어근; 울타리를 '치다', 즉 (일반적으로) '보호하다':—방어하다.

H1599 גִּנְּתוֹן[2회] **긴네톤**
또는 **גִּנְּתוֹ 긴네토**
〈1598〉에서 유래; '정원사'; 한 이스라엘인 '긴느돈', 혹은 '긴느도이':—긴느도이, 긴느돈(느10:7(6)).

H1600 גָּעָה[2회] **가아**
기본어근; (소가) '큰소리로 울다':—음매 울다.

H1601 גֹּעָה[1회] **고아**
〈1600〉의 여성 능동태 분사; '소의 울음소리'; '고아', 예루살렘 인근지역:—고아(렘31:39).

H1602 גָּעַל[10회] **가알**
기본어근; '몹시 싫어하다'; 함축적으로 '거절하다':—몹시 싫어하다, 실패하다, 싫어하다, 심하게 던져버리다.

H1603 גַּעַל[9회] **가알**
〈1602〉에서 유래; '몹시 싫어함'; 한 이스라엘인 '가알':—가알(삿9:26).

H1604 גֹּעַל[1회] **고알**
〈1602〉에서 유래; '혐오':—몹시 싫어함.

H1605 גָּעַר[14회] **가아르**
기본어근; '꾸짖다':—타락하다, 꾸짖다, 비난하다.

H1606 גְּעָרָה[15회] **게아라**
〈1605〉에서 유래; '꾸짖음':—꾸짖다, 꾸지람, 견책.

H1607 גָּעַשׁ[9회] **가아쉬**
기본어근; 격렬하게 '흔들어대다':—움직이다, 흔들다, 요동하다, 괴롭히다.

H1608 גַּעַשׁ[3회] **가아쉬**
〈1607〉에서 유래; '흔들림'; 팔레스타인의 한 산 '가아스':—가아스(수24:30).

H1609 גַּעְתָּם[3회] **가탐**
불확실한 파생어; 에돔 사람 '가담':—가담(창36:11).

H1610 גַּף[4회] **가프**
'아치형으로 만들다'라는 뜻의 사용하지 않는 어근에서 유래; '등', 확대하여 '몸', 혹은 자신:—가장 높은 장소, 그 자신.

H1611 גַּף[3회] **가프**
아람어 〈1610〉과 같음; '날개':—날개.

H1612 גֶּפֶן[55회] **게펜**
'구부리다'는 뜻의 사용하지 않는 어근에서 유래; '덩굴'('싹'을 이룬), 특히 포도나무:—덩굴, (나무).

H1613 גֹּפֶר[1회] **고페르**
아마 '유숙하다'라는 뜻의 사용하지 않는 어근에서 유래; (건축에 사용하는) 나무, 또는 목재의 종류, 명백히 삼(杉)나무:—잣나무(창6:14).

H1614 גָּפְרִית[7회] **고프리트**
아마 〈1613〉의 여성형; 정확히는 삼(杉)나무의 '진'; 유추적으로 '유황'(동등하게 가연성의 것으로):—유황.

H1615 גִּר[1회] **기르**
아마 ⟨**3564**⟩에서 유래; '석회'(화로에서 타버린 것):—백묵.

H1616 גֵּר[92회] **게르**
또는 (완전히) **גֵּיר 게르**
⟨**1481**⟩에서 유래; 정확히는 '손님'; 함축적으로 '이방인':—외국인, 거류인, 낯선 사람.

H1617 גֵּרָא[9회] **게라**
아마도 ⟨**1626**⟩에서 유래; '곡물'; 여섯 이스라엘인의 이름 '게라':—게라(창46:21).

H1618 גָּרָב[3회] **가랍**
'긁다'라는 뜻의 사용하지 않는 어근에서 유래; (긁음으로 인한) '비듬':—(헌데, 상처의) 딱지, 비듬투성이의.

H1619 גָּרֵב[3회] **가레브**
⟨**1618**⟩과 같은 어원에서 유래; '우툴두툴한'; 한 이스라엘인의 이름 '가렙', 또한 예루살렘 근처의 한 언덕의 이름:—가렙(삼하23:38).

H1620 גַּרְגַּר[1회] **가르가르**
⟨**1641**⟩의 중복형; 딸기류('반추하는' 작은 알 같은):—장과(漿果).

H1621 גַּרְגְּרוֹת[3회] **가르게로트**
⟨**1641**⟩의 여성복수형; '목구멍'('반추'에 사용하는):—목.

H1622 גִּרְגָּשִׁי[7회] **기르가쉬**
사용하지 않는 이름에서 유래한 족속의 명칭[불확실한 파생어]; '기르가스족', 가나안 원주민의 한 부족:—기르가스 족속(창10:16).

H1623 גָּרַד[1회] **가라드**
기본어근; '문질러 벗겨지게 하다':—긁다.

H1624 גָּרָה[14회] **가라**
기본어근; 정확히는 '삐걱거리다', 즉 (상징적으로) '노하다':—싸우다, 간섭하다, 자극하다, 항쟁하다.

H1625 גֵּרָה[10회] **게라**
⟨**1641**⟩에서 유래; '새김질감'(목구멍을 '문지름' 같은):—새김질감.

H1626 גֵּרָה[5회] **게라**
⟨**1641**⟩에서 유래(⟨**1625**⟩에서와 같이); 정확히는 (⟨**1620**⟩과 같이) ('벗겨낸' 것처럼 둥근) '낟알', 즉 '게라' 또는 작은 무게(또한 동전):—게라.

H1627 גָּרוֹן[8회] **가론**
또는 (단축형) **גָּרֹן 가론**
⟨**1641**⟩에서 유래; '목구멍'[⟨**1621**⟩과 비교](통째로 삼킴에 의해서 '울퉁불퉁'하게 된):—(큰 목소리), 입, 목, 목구멍.

H1628 גֵּרוּת[1회] **게루트**
⟨**1481**⟩에서 유래; (임시적인) '거주':—우거.

H1629 גָּרַז[1회] **가라즈**
기본어근; '베어내다':—베어내다.

H1630 גְּרִזִים[4회] **게리짐**
⟨**1629**⟩에서 유래한 사용하지 않는 명사의 복수[⟨**1511**⟩과 비교], '난도질하다'(즉, 바위가 많은); 팔레스타인의 한 산의 이름 '그리심':—그리심(신11:29).

H1631 גַּרְזֶן[4회] **가르젠**
⟨**1629**⟩에서 유래; '도끼':—도끼.

H1632 גָּרֹל[1회] **가롤**
⟨**1486**⟩과 같은 어원에서 유래; '거친':—위대한 사람[⟨**1419**⟩로 쓰인 난외주처럼].

H1633 גָּרַם[3회] **가람**
기본어근; '절약하다', 혹은 '골격같이' 되다; ⟨**1634**⟩에서 유래한 명사유래어로만 사용함; (사역동사) '뼈를 발라내다', 즉 '껍질을 벗기다'(확대된 의미로 '바삭바삭 깨물다'):—뼈를 깨물어 갉다, 부수다.

H1634 גֶּרֶם[5회] **게렘**
〈1633〉에서 유래; (몸의 '골격'으로서) '뼈'; 여기에서 '자신', 즉 (상징적으로) '바로' 그것:—뼈, (강한), 꼭대기.

H1635 גֶּרֶם[1회] **게렘**
아람어 〈1634〉와 같음; '뼈':—뼈.

H1636 גַּרְמִי[1회] **가르미**
〈1634〉에서 유래; '뼈대가 굵은', 즉 '강한':—가미 사람(대상4:19).

H1637 גֹּרֶן[32회] **고렌**
'반드럽게 하다'는 뜻의 사용하지 않는 어근에서 유래; 타작 '마당'('고르게' 만든); 유추적으로 어떤 널따란 '지역':—(광, 곡물, 타작)마당, (타작, 빈)장소.

H1638 גָּרַס[2회] **가라쓰**
기본어근; '으깨다'; 또한 (자동사 그리고 상징적으로) '분해하다':—부수다.

H1639 גָּרַע[20회] **가라**
기본어근; '벗겨내다'; 함축적으로 '깎다', '제거하다', '경감하다' 혹은 '억제하다':—줄이다, 자르다, 감소하다, 치우다, 억제하다, 제지하다, 작게 만들다, 물러가다.

H1640 גָּרַף[1회] **가라프**
기본어근; 거칠게 '끌고 가다':—휩쓸어가다.

H1641 גָּרַר[20회] **가라르**
기본어근; 거칠게 '끌고 가다'; 함축적으로 새김질감을 '다시 꺼내다'('반추하다'); 유추적으로 톱으로 '켜다':—잡다, 씹다, (계속적으로), 파괴하다, 톱으로 켜다.

H1642 גְּרָר[5회] **게라르**
아마 〈1641〉에서 유래; '기복'이 있는 지역; 블레셋의 도시 '그랄':—그랄(창20:1).

H1643 גֶּרֶשׂ[2회] **게레스**
'껍질을 벗기다'는 뜻의 사용하지 않는 어근에서 유래; 낟알(집합적으로), 즉 '곡물':—찧은 곡식.

H1644 גָּרַשׁ[47회] **가라쉬**
기본어근; 소유지에서부터 '쫓아내다'; 특히 국외로 '추방하다' 또는 '이혼하다':—쌓아올리다(내던지다), 이혼한(부인), 몰아내다, (나아가다, 쫓아내다), 축출하다, 확실하게, 건어치우다, 괴롭히다, 내쫓다.

H1645 גֶּרֶשׁ[1회] **게레쉬**
〈1644〉에서 유래; '꺼내다'(내뱉듯이):—내밀다.

H1646 גְּרֻשָׁה[1회] **게루샤**
〈1644〉의 여성 수동태 분사; (추상적으로) '강탈':—강요.

H1647 גֵּרְשֹׁם[14회] **게레숌**
〈1648〉 참조; '게르솜', 네 이스라엘인의 이름:—게르솜(출2:22).

H1648 גֵּרְשׁוֹן[16회] **게레숀**
혹은 **גֵּרְשׁוֹם** **게레숌**
〈1644〉에서 유래; '피난자'; 이스라엘 사람 게르손, 또는 게르솜:—게르손, 게르솜(창46:11).

H1649 גֵּרְשֻׁנִּי[13회] **게레슈니**
〈1648〉에서 유래한 족속의 명칭; '게르손 사람', 또는 게르손의 자손:—게르손 사람, 게르손의 자손(민3:23).

H1650 גְּשׁוּר[9회] **게슈르**
('연결하다'는 뜻의) 사용하지 않는 어근에서 유래; '다리'; 시리아의 지방

'그술':—그술, 그술 사람(삼하3:3).

H1651 גְּשׁוּרִי6회 **게슈리**

〈1650〉에서 유래한 족속의 명칭; '그술 사람'(역시 집합명사), 혹은 그술의 거민:—그술 사람, 그술 족속(신3:14).

H1652 גָּשַׁם2회 **가샴**

기본어근; 격렬하게 '퍼붓다':—비가 오다, 비가 오게 하다.

H1653 גֶּשֶׁם35회 **게솀**

〈1652〉에서 유래; '소나기':—비, 소나기.

H1654 גֶּשֶׁם5회 **게솀**

또는 (연장형) גַּשְׁמוּ **가슈무**

〈1653〉과 동일; 아리비아인 '게셈', 혹은 '가스무':—게셈, 가스무(느2:19, 6:1,2).

H1655 גֶּשֶׁם5회 **게솀**

아람어 명백히 〈1653〉과 동일; 특수한 의미로 사용되어, '몸'(아마[상징적으로] '심한' 비의 개념으로):—몸.

H1656 גֹּשֶׁם1회 **고솀**

〈1652〉에서 유래; 〈1653〉과 동일:—~위에 비가 내리다.

H1657 גֹּשֶׁן15회 **고셴**

기원은 아마 이집트어; '고센', 이집트에서의 이스라엘의 거주지; 또한 팔레스타인의 한 장소:—고센(창45:10).

H1658 גִּשְׁפָּא2회 **기쉬파**

불확실한 파생어; 이스라엘 사람 '기스바':—기스바(느11:21).

H1659 גָּשַׁשׁ2회 **가샤쉬**

기본어근; 명백히 '더듬다'는 의미:—손으로 더듬다.

H1660 גַּת5회 **가트**

아마 〈5059〉에서 유래(포도를 '밟아 짜다'는 면에서); 포도즙 '틀'(또는, 포도를 밟아 짤 때 담는 큰 통):—포도즙 틀(포도즙 짜는 기구).

H1661 גַּת33회 **가트**

〈1660〉과 동일; 한 팔레스타인 도시 '갓':—갓(수13:3).

H1662 גַּת־הַחֵפֶר2회 **가트-하헤페르** 또는

(축소형) גִּתָּה־חֵפֶר **깃타-헤페르**

〈1660〉과 관사가 삽입된 〈1660〉에서 유래; '우물의 포도즙 틀'; 팔레스타인의 한 장소 '가드 헤벨':—가드 헤벨(수19:13).

H1663 גִּתִּי10회 **깃티**

〈1661〉에서 유래한 족속의 명칭; '가드 사람', 또는 가드의 거민:—가드 사람(삼하6:10,11).

H1664 גִּתַּיִם2회 **깃타임**

〈1660〉의 쌍수; '이중 포도즙 틀'; 팔레스타인의 한 장소 '깃다임':—깃다임(느11:33).

H1665 גִּתִּית3회 **깃티트**

〈1663〉의 여성형; '가드 족속'의 수금:—깃딧(시8, 81, 84편의 표제).

H1666 גֶּתֶר2회 **게테르**

불확실한 파생어; 아람의 아들 '게델', 또 그가 정착한 지역:—게델(창10:33).

H1667 גַּת־רִמּוֹן4회 **가트-림몬**

〈1660〉과 〈7416〉에서 유래; '석류의 즙을 내는 틀'; 팔레스타인에 있는 지역 '가드림몬':—가드림몬(수19:45).

트롱히브리어사전

ד

H1668 דָּא6회 다
[아람어] 〈2088〉과 같음; '이것':—하나는...다른 하나는, 이것.

H1669 דָּאַב3회 다압
기본어근; '갈망하다':—신음하다, 근심하다(슬퍼하는).

H1670 דְּאָבָה1회 데아바
〈1669〉에서 유래; 정확히는 '갈망함'; 유추적으로 '두려움':—슬픔.

H1671 דְּאָבוֹן1회 데아본
〈1669〉에서 유래; '갈망함':—슬픔.

H1672 דָּאַג7회 다아그
기본어근; '근심하다':—두려워하다, 조심하다, 후회하다, 슬픔, 생각하다.

H1673 דֹּאֵג3회 도엑
또는 (완전히) **דּוֹאֵג** 도에그
〈1672〉의 능동태 분사; '걱정하는'; 한 에돔사람 '도엑':—도엑(삼상21:8(7)).

H1674 דְּאָגָה6회 데아가
〈1672〉에서 유래; '걱정':—걱정, 조심성, 두려움, 답답함, 슬픔.

H1675 דָּאָה4회 다아
기본어근; '창을 던지다', 즉 급히 '날다':—날다.

H1676 דָּאָה1회 다아
〈1675〉에서 유래; '솔개'(그것의 빨리 '날음'으로 부터):—독수리. 〈7201〉을 보라

H1677 דֹּב12회 도브
또는 (완전히) **דּוֹב** 도브
〈1680〉에서 유래; '곰'(느려서):—곰.

H1678 דּוֹב1회 도브
[아람어] 〈1677〉과 같음:—곰.

H1679 דֹּבֶא1회 도베
사용하지 않는 어근에서 유래(〈1680〉과 비교)(아마 뜻은 '완만하게 되다', 즉 '평온한'); '고요한':—힘.

H1680 דָּבַב1회 다바브
기본어근(〈1679〉와 비교); 천천히 '움직이다', 즉 '미끄러지다':—말하는 원인.

H1681 דִּבָּה9회 딥바
〈1680〉에서 유래; ('은밀한' 행동이란 면에서); '중상':—모욕, 나쁜 소식, 불명예, 중상.

H1682 דְּבוֹרָה4회 데보라
또는 (단축형) **דְּבֹרָה** 데보라
〈1696〉에서 유래('질서 있는' 행동이란 면에서); '벌'(그것의 '조직적인' 본능으로부터):—벌.

H1683 דְּבוֹרָה10회 데보라
또는 (단축형) **דְּבֹרָה** 데보라
〈1682〉와 동일; '드보라', 두 히브리 여성의 이름:—드보라(삿4:4,5).

H1684 דְּבַח1회 데바흐
[아람어] 〈2076〉과 같음; (동물을) '제물로 바치다':—희생을 드리다.

H1685 דְּבַח1회 데바흐
[아람어] 〈1684〉에서 유래; '희생제물':—희생제물.

H1686 דִּבְיוֹן1회 디브욘 난외주를 따른 본문의 형은 **חֲרְיוֹן** 헤르욘
(복수로만 사용) 둘 다 불확실한 파생어; 아마 어떤 값싼 채소, 또는 구근의 뿌리:—비둘기의 오물.

H1687 דְּבִיר16회 데비르
또는 (단축형) **דְּבִר** 데비르
〈1696〉에서 유래(명백히 '신탁'의 의미에서); '전당' 또는 성소의 내전:—신탁.

H1688 דְּבִיר1회 데비르
또는 (단축형) **דְּבִר** 데비르
(수13:—26 [그러나 〈3810〉을 보라]), 〈1687〉과 같음; '드빌', 아모리 왕과

팔레스타인의 두 장소의 이름:—드빌(삿1:11).

H1689 דִּבְלָה[1회] 디블라
아마 ⟨7247⟩에 대한 오기; 시리아의 한 지역 '디블라':—디블라(겔6:14).

H1690 דְּבֵלָה[5회] 데벨라
'함께 누르다'는 뜻의 사용하지 않는 어근에서 유래(⟨2082⟩와 유사); 무화과를 '압축하여' 만든 '케익':—무화과 과자(뭉치).

H1691 דִּבְלַיִם[1회] 디블라임
⟨1690⟩의 남성에서 유래한 쌍수; '두 떡덩이'; 상징적인 이름 '디블라임':—디블라임(호1:—3).

H1692 דָּבַק[57회] 다바크
기본어근; 정확히는 '치다', 즉 '착 달라붙다', 혹은 '들러붙다'; 상징적으로 추적하여 '잡다':—확고히 머물다, 굳게 결합하다, 바싹 뒤따르다, 따라가 미치다, 힘써 좇아가다, 달라붙다, 가지다, 합세하다.

H1693 דְּבַק[1회] 데바크
아람어 ⟨1692⟩와 같음; ~에 '달라붙다':—굳게 결합하다.

H1694 דֶּבֶק[3회] 데베크
⟨1692⟩에서 유래; '이음새'; 함축적으로 '땜질':—접합, 땜.

H1695 דָּבֵק[3회] 다베크
⟨1692⟩에서 유래; 접착함:—접착, 결합, 굳게 결합하다.

H1696 דָּבַר[1137회] 다바르
기본어근; 아마 정확히는 '정돈하다'; 그러나 상징적으로 (말들을) '말하다'로 사용됨; 드물게(파괴적인 면에서) '정복하다':—대답하다, 지명하다, 명령하다, 명령을 내리다, 친하게 사귀다, 선언하다, 파괴하다, 주다, 이름하다, 약속하다, 선언하다, 연습하다, 말하다, 이야기하다, 대변자가 되다, 정복하다, 이야기 하다, 가르치다, 진술하다, 생각하다, [간청]하다, 발언하다, 잘, 일하다.

H1697 דָּבָר[1442회] 다바르
⟨1696⟩에서 유래; '말'; 함축적으로 '(언급된) 사실'이나, 혹은 '사물'; 부사적으로 '원인':—행동, 충고, 일, 대답, 어떤 일, ~때문에, 책, 사업, 관심, 경우, 이유, 어떤 비율, 연대기 사건들, 명령, 의사소통(하다), 관심, 수여하다, 모사, 고갈, 법령, 행위, 질병, 세금, 의무, 효과, 웅변의, 사명, [악을 좋아하는]좋아함, 영광, 해, 상처, 부정, 심판, 언어, 거짓말, 태도, 사실, 메시지, 없는 것, 신탁, 당위, 부분, 속함, 제발, 부분, 힘, 약속, 준비, 목적, 의문, 비율, 이유, 기록, 요구, 말한, 위하여, 말함, 선고, 감식, 그래서, 어떤[부정], 말할 약간의 것, 노래, 연설, 말한, 말하다, 직무, 저것, 일(관계된), 생각, 여기에서, 소식들, 무엇[도대체 무엇이], ~으로, 것, 말, 일.

H1698 דֶּבֶר[49회] 데베르
⟨1696⟩에서 유래('부수는'의 의미에서); '흑사병':—전염병, 페스트, 역병.

H1699 דֹּבֶר[2회] 도베르
⟨1696⟩에서 유래(그것의 근본 뜻에서); '목초지'(양떼들의 '정돈'됨에서):—가축우리, 태도.

H1699' דִּבֵּר[1회] 딥베르 ⟨1697⟩을 참조:—말.

H1700 דִּבְרָה[5회] 디브라
⟨1697⟩의 여성형; '이유', '소송', 혹은 '형식':—이유, 끝, 평가, 질서, 배려, 상태, 배려.

H1701 דִּבְרָה2회 디브라
아람어 〈1700〉과 같음:—의도, 이유.

H1702 דֹּבְרָה1회 도베라
'몰다'는 의미로 〈1696〉의 여성 능동태 분사[〈1699〉와 비교]; '뗏목':—뜨는 것.

H1703 דַּבָּרָה1회 답바라
〈1696〉의 강세형; '말':—말.

H1704 דִּבְרִי1회 디브리
〈1697〉에서 유래; '말 많은'; 한 이스라엘인 '디브리':—디브리(레24:11).

H1705 דָּבְרַת1회 다베라트
〈1697〉에서 유래(아마 〈1699〉의 의미로서); 팔레스타인의 한 장소 '다브랏':—다브랏(수21:28).

H1706 דְּבַשׁ54회 데바쉬
'점착성이 있다'는 뜻의 사용하지 않는 어근에서 유래; '꿀'(그것의 '달라붙는 성질'로 부터); 유추적으로 '당밀':—벌, 벌집.

H1707 דַּבֶּשֶׁת1회 답베셰트
〈1706〉과 같은 어근에서 유래한 강세형; 접착 '덩어리', 즉 낙타의 '혹':—낙타의 혹.

H1708 דַּבֶּשֶׁת1회 답베셰트
〈1707〉과 동일; 팔레스타인의 한 장소 '답베셋':—답베셋(수19:11).

H1709 דָּג15회 다그
또는 (완전히) **דָּאג 다그** (느13:16)
〈1711〉에서 유래; '물고기'('다산'하는); 또는 아마도 차라리 〈1672〉에서 유래 ('겁 많은' 것으로서); 그러나 더욱 더 좋은 것은 〈1672〉에서 유래('꿈틀거리는' 면에서, 즉 꼬리를 흔드는 행동에 의하여 움직임); '물고기'(가끔 집합명사로 사용):—물고기.

H1710 דָּגָה15회 다가
〈1709〉의 여성형, 그리고 뜻은 동일:—물고기.

H1711 דָּגָה1회 다가
기본어근; '빨리 움직이다'; 〈1709〉에서 유래한 명사유래어로만 사용; '알을 낳다', 즉 수가 '많아지다':—자라나다.

H1712 דָּגוֹן12회 다곤
〈1709〉에서 유래; '물고기 신'; 다곤, 블레셋의 신:—다곤(삿16:23).

H1713 דָּגַל4회 다갈
기본어근; '휘날리다', 즉 '기를 올리다'; 상징적으로 '눈에 띄게 되다':—기를 세우다, 가장 뛰어난.

H1714 דֶּגֶל14회 데겔
〈1713〉에서 유래; '깃발':—기, 군기(軍旗).

H1715 דָּגָן39회 다간
〈1711〉에서 유래; 정확히는 '증가하다', 즉 '곡물':—곡식, 밀

H1716 דָּגַר2회 다가르
기본어근; 달걀이나 새끼를 '품다':—모으다, 앉다.

H1717 דַּד4회 다드
명백히 〈1730〉과 같은 어근에서 유래; '가슴'('사랑'의 좌소로서, 혹은 그것의 형태로 부터):—가슴, 젖꼭지.

H1718 דָּדָה2회 다다
불분명한 어근; '점잖게 걷다':—(살며시, 함께) 가다.

H1719 דְּדָן11회 데단
또는 (연장형) **דְּדָנֶה 데다네** (겔25:13)
불확실한 파생어; 구스 사람들의 이름과 그들의 지역의 이름 '드단':—드단(창10:7).

H1720 דְּדָנִים1회 데다님
〈1719〉의 복수형(부족의 이름으로

서); '드단족', 드단의 자손, 또는 거민: —드단 사람들(사21:13).

H1721 דֹּדָנִים[1회] **도다님** 또는 (철자의 오기) **רֹדָנִים 로다님** (대상1:7)
불확실한 파생어의 복수형; '도다님족', 또는 야반의 아들의 자손들:—도다님(창10:4).

H1722 דְּהַב[22회] **데하브**
아람어 〈2091〉과 같음; '금':—금(으로 된).

H1723 דַּהֲוָא[1회] **다하바**
아람어 불확실한 파생어; '다하바', 사마리아에 이주한 사람들:—다하바 사람(스4:9).

H1724 דָּהַם[1회] **다함**
기본어근 (〈1740〉과 비교); '벙어리가 되다', 즉 (상징적으로) '말문이 막히게 하다':—놀래다.

H1725 דָּהַר[1회] **다하르**
기본어근; 등약(騰躍)하다, 또는 불규칙적으로 움직이다:—(말의) 도약.

H1726 דַּהֲהַר[1회] **다하하르**
〈1725〉에서 유래한 중복형; '갤럽(말의 질주)':—껑충껑충 뛰어가기.

H1727 דּוּב[1회] **두브**
기본어근; '침울해하다', 즉 (상징적으로) '애타게 그리워하다':—슬픔.

H1728 דַּוָּג[2회] **다우와그**
〈1771〉의 명사유래어로서 〈1709〉의 철자법의 어미변화; '어부':—어부.

H1729 דּוּגָה[3회] **두가**
〈1728〉과 같은 어근에서 유래한 여성형; 정확히는 '어업', 즉 고기 잡는 데 쓰는 '낚싯바늘':—낚싯바늘.

H1730 דּוֹד[61회] **도드**
또는 (단축형) **דֹּד 도드**
정확히는 '끓이다', 즉 (상징적으로) '사랑하다'는 뜻을 가진 사용하지 않는 어근에서 유래; 함축적으로 '사랑의 표', '연인', '친구'; 특히 '아저씨':—(가장) 제일 사랑받는, 아버지의 형제, 사랑, 아저씨.

H1731 דּוּד[8회] **두드**
〈1730〉과 동일형에서 유래; ('끓이기 위한') '솥'; 또한 (형태의 유사에 의해) '바구니':—광주리, 큰솥, 솥, 깊은 냄비.

H1732 דָּוִד[1023회] **다위드**
드물게 (완전히) **דָּוִיד 다위드**
〈1730〉과 동일; '사랑함'; '다윗', 이새의 말째 아들:—다윗(룻4:17, 삼상16:13).

H1733 דּוֹדָה[3회] **도다**
〈1730〉의 여성형; '아주머니':—아주머니, 아버지의 누이, 아저씨의 부인.

H1734 דּוֹדוֹ[6회] **도도**
〈1730〉에서 유래; '사랑함'; 세 이스라엘인의 이름 '도도':—도도(삿10:1).

H1735 דּוֹדָוָהוּ[1회] **도다와후**
〈1730〉과 〈3050〉에서 유래; '여호와의 사랑'; 한 이스라엘인 '도다와후':—도다와후(대하20:37).

H1736 דּוּדַי[6회] **두다이**
〈1731〉에서 유래; '끓이는 그릇' 혹은 '바구니'; 또한 '합환채'('정욕을 일으키는 것'으로서):—바구니, 합환채(合歡菜).

H1737 דּוֹדַי[1회] **도다이**
〈1736〉과 같은 형; '연애의'; 한 이스라엘인 '도대':—도대(대상27:4).

H1738 דָּוָה[6회] **다바**
기본어근; '병들다'(마치 월경에서처럼):—허약.

H1739 דָּוֶה[6회] **다웨**
〈**1738**〉에서 유래; '병'(특히 월경에서):—곤비한, 월경 때의 옷, 월경하는 여자, 병을 가진.

H1740 דּוּחַ[4회] **두아흐**
기본어근; '밀어젖히다'; 상징적으로 '씻다':—내던지다, 깨끗이 하다, 씻다.

H1741 דְּוַי[2회] **데와이**
〈**1739**〉에서 유래; '병'; 상징적으로 '혐오함':—차츰 쇠약해지는, 슬퍼하는.

H1742 דַּוָּי[3회] **다우와이**
〈**1739**〉에서 유래; '병난'; 상징적으로 '근심스러운':—곤비한.

H1743 דּוּךְ[1회] **두크**
기본어근; 절구에서 '찧어 빻다':—두들기다.

H1744 דּוּכִיפַת[2회] **두키파트**
불확실한 파생어; '오디새', 혹은 '뇌조':—댕기물떼새, 대승.

H1745 דּוּמָה[2회] **두마**
'벙어리가 되다'는 뜻의 사용하지 않는 어근에서 유래(〈**1820**〉과 비교); '침묵'; (상징적으로) '죽음':—정적(靜寂).

H1746 דּוּמָה[4회] **두마**
〈**1745**〉와 동일; '두마', 아라비아의 부족과 그 지역:—두마(창25:14).

H1747 דּוּמִיָּה[4회] **두미야**
〈**1820**〉에서 유래; '고요함'; 부사로 '고요하게'; 추상명사로 '고요', '신임':—침묵, 말없는, 기다리다.

H1748 דּוּמָם[3회] **두맘**
〈**1826**〉에서 유래; '고요함'; 부사로 '고요하게':—말 못하는, 조용한, 조용히 기다리다.

H1749 דּוֹנַג[4회] **도나그**
불확실한 파생어; '밀랍':—밀초.

H1750 דּוּץ[1회] **두츠**
기본어근; '도약하다':—돌다.

H1751 דּוּק[1회] **두크**
아람어 〈**1854**〉와 같음; '부스러뜨리다':—조각으로 부서지다.

H1752 דּוּר[2회] **두르**
기본어근; 정확히는 '선회하다'(또는, 원 안에서 움직이다), 즉, '남아있다':—거하다.

H1753 דּוּר[7회] **두르**
아람어 〈**1752**〉와 같음; '거주하다':—거하다.

H1754 דּוּר[3회] **두르**
〈**1752**〉에서 유래; '원', '공' 또는 '쌓은 더미':—공, 돌다, 주위에.

H1755 דּוֹר[167회] **도르**
또는 (단축형) **דֹּר** **도르**
〈**1752**〉에서 유래; 정확히는 시간의 '회전', 즉 '시대' 또는 세대; 또한 '거주':—시대, 영원히, 세대, 항상[결코 아니다], 자손.

H1756 דּוֹר[2회] **도르 또는** (치환법에 의해) **דֹּאר** **도르** (수17:11; 왕상4:11)
〈**1755**〉에서 유래; '거주함'; 팔레스타인의 한 장소 '돌':—돌(수17:11).

H1757 דּוּרָא[1회] **두라**
아람어 아마도 〈**1753**〉에서 유래; '원' 또는 '거주함'; 바벨론의 한 지역 '두라':—두라.

H1758 דּוּשׁ[16회] **두쉬** 또는 **דּוֹשׁ** **도쉬**
또는 **דִּישׁ** **디쉬**
기본어근 '짓밟다' 혹은 '타작하다':—부수다, 찢다, 도리깨질하다, 밟아 다지다(짓밟다), (풀을) [렘50:11, 〈**1877**〉에 대한 오기].

H1759 דּוּשׁ[1회] **두쉬**
아람어 〈1758〉과 같음; '짓밟다':—밟아다지다.

H1760 דָּחָה[8회] **다하**
또는 דָּחַח 다하흐(렘23:12)
기본어근; '내리밀다':—'쫓는', 몰아내다, 비틀거리다, 전복시키다, 추방하다, 쓰러지다, 떠밀다.

H1761 דַּחֲוָה[1회] **다하바**
아람어 〈1760〉의 동의어에서 유래; 아마 음악에 사용되는 '기구'('두들기는 것'으로):—음악에 사용하는 악기.

H1762 דְּחִי[12회] **데히**
〈1760〉에서 유래; '밀기', 즉 (함축적으로) '낙하':—떨어짐.

H1763 דְּחַל[1회] **데할**
아람어 〈2119〉와 같음; '살금살금 걷다', 즉 (함축적으로) '두려워하다', 또는 (사역동사) '무서운':—두렵게 하다, 무서운, 두려움, 무시무시한.

H1764 דֹּחַן[1회] **도한**
불확실한 파생어; '기장':—조.

H1765 דָּחַף[4회] **다하프**
기본어근; '강권하다', 즉 '재촉하다':—서두르다, 압박하다.

H1766 דָּחַק[2회] **다하크**
기본어근; '압박하다', 즉 '억압하다':—떠밀다, 성가시게 굴다.

H1767 דַּי[39회] **다이**
불확실한 파생어; '충분한'(명사 또는 부사로서), 주로 구에서 전치사와 함께 사용됨:—할 수 있다, 따라서, 능력을 따라서, ~중, ~할 때마다, (보다 더)충분히, ~로부터, ~안에, ~때문에, ~더 충분하게, 너무나 많은, 매우, 때.

H1768 דִּי[335회] **디**
아람어 명백히 〈1668〉과 유관; '저', '그', 관계사, 접속사로서 그리고 특히 (전치사와 함께) 부사구에 사용됨; 또한 전치사, '~의'로서:—만큼, 그러나, (같은 양)대해서, 지금, ~의, 보고 있는, ~보다, 저것, 그러므로, 까지, 무엇이든, 때, 것, 누구, 누구의.

H1769 דִּיבוֹן[11회] **디본**
또는 (단축형) דִּיבֹן 디본
〈1727〉에서 유래; '그리워함'; 팔레스타인에 있는 세 곳의 이름 '디본':—디본(민32:34), [또한 〈1410〉과 합쳐서 디본 갓].

H1770 דִּיג[1회] **디그**
〈1709〉에서 유래한 명사파생어; '물고기를 잡다':—물고기.

H1771 דַּיָּג[2회] **다야그**
〈1770〉에서 유래; '어부':—어부.

H1772 דַּיָּה[2회] **다야**
〈1675〉에서 유래한 강세형; '매'(그것의 '빨리' 날음으로부터):—독수리.

H1773 דְּיוֹ[1회] **데요**
불확실한 파생어; '잉크':—잉크.

H1774 דִּי זָהָב[1회] **디 자하브**
마치 〈1768〉과 〈2091〉에서 유래한 듯함; '금의'; '디사합', 사막의 한 장소:—디사합(신1:1).

H1775 דִּימוֹן[2회] **디몬**
아마 〈1769〉와 유관; 팔레스타인의 한 장소 '디몬':—디몬(사15:9).

H1776 דִּימוֹנָה[1회] **디모나**
〈1775〉의 여성형; 팔레스타인의 한 장소 '디모나':—디모나(수15:22).

H1777 דִּין[24회] **딘** 혹은 (창6:3) דּוּן 둔
기본어근[〈113〉과 비교]; '다스리다'; 함축적으로 '재판하다'(재판관으로서); 또한 '싸우다'(법으로서):—싸우

다, 판결하다, 심판하다, 재판을 집행하다, (소송의 이유를)진술하다, 사이가 나쁘다, 노력하다.

H1778 דִּין 2회 **딘**
아람어 ⟨1777⟩과 같음; '심판하다':—재판하다.

H1779 דִּין 19회 **딘**
혹은 (욥19:29) **דּוּן 둔**
⟨1777⟩에서 유래; '재판'(소송, 공의, 선고, 또는 법정); 함축적으로 또한 '싸움':—소송의 이유, 재판, 탄원, 다툼.

H1780 דִּין 5회 **딘**
아람어 ⟨1779⟩와 같음:—재판.

H1781 דַּיָּן 2회 **다얀**
⟨1777⟩에서 유래; '판사', 혹은 '대변자':—판사.

H1782 דַּיָּן 1회 **다얀**
아람어 ⟨1781⟩과 같음:—판사.

H1783 דִּינָה 8회 **디나**
⟨1779⟩의 여성형; '공의'; 야곱의 딸 '디나':—디나(창30:21).

H1784 דִּינַי 1회 **디나이**
아람어 불확실한 기본어근에서 유래한 족속의 명칭; '디나 사람', 혹은 어떤 알려지지 않은 앗시리아 지방의 거민:—디나 사람(스4:9).

H1785 דָּיֵק 6회 **다예크**
⟨1751⟩과 일치하는 어근에서 유래; '공성(攻城)'탑:—요새.

H1786 דַּיִשׁ 1회 **다이쉬**
⟨1758⟩에서 유래; '타작 시기':—타작.

H1787 דִּישׁוֹן 1회 **디숀 דִּישֹׁן 디숀 דִּשׁוֹן 디숀** 또는 **דִּשֹׁן 디숀**
⟨1788⟩과 동일; '디숀', 두 에돔 사람의 이름:—디숀(창36:21, 대상1:38).

H1788 דִּישֹׁן 7회 **디숀**
⟨1758⟩에서 유래; '뛰는 것', 즉 '영양':—영양(羚羊).

H1789 דִּישָׁן 5회 **디샨**
⟨1787⟩의 다른 형; 에돔 사람 '디산':—디산(창36:21).

H1790 דַּךְ 7회 **다크**
사용하지 않는 어근에서 유래(⟨1794⟩와 비교); '부서진', 즉 (상징적으로) '상처 입은':—괴롭혀진, 압박받은.

H1791 דֵּךְ 6회 **데크** 또는 **דָּךְ 다크**
아람어 ⟨1668⟩의 연장형; '이것':—같은 것, 이것.

H1792 דָּכָא 18회 **다카**
기본어근(⟨1794⟩와 비교); '부서지다'; 타동사, '상처를 입히다'(문자적, 혹은 상징적으로):—때려서 조각을 내다, (조각으로) 부수다, 상처를 입히다, 죄를 깊이 뉘우치다, 으스러뜨리다, 파괴하다, 낮추다, 압박하다, 치다.

H1793 דַּכָּא 3회 **닥카**
⟨1792⟩에서 유래; '분쇄된'(문자적으로 '가루', 혹은 상징적으로 '죄를 깊이 뉘우치는'):—죄를 깊이 뉘우치는, 파괴.

H1794 דָּכָה 5회 **다카**
기본어근(⟨1790⟩, ⟨1792⟩와 비교); '무너지다'(육체적, 또는 정신적으로):—부수다. 아프게 부수다, 죄를 깊이 뉘우치는, 쭈그리다.

H1795 דַּכָּה 1회 **닥카**
⟨1793⟩과 같이 ⟨1794⟩에서 유래; '절단된':—상처 입은.

H1796 דֳּכִי 1회 **도키**
⟨1794⟩에서 유래; 파도의 '밀려옴':—파도.

H1797 דִּכֵּן 3회 딕켄
아람어 〈1791〉의 연장형; '이것':—같은, 저것, 이것.

H1798 דְּכַר 3회 데카르
아람어 〈2145〉와 같음; 정확히는 '수컷', 즉 양의 수놈:—수양.

H1799 דִּכְרוֹן 2회 디크론
또는 דׇּכְרָן 도크란
아람어 〈2146〉과 같음; '등록부':—기록.

H1800 דַּל 47회 달
〈1809〉에서 유래; 정확히는 '매달려 있는', 즉 (함축적으로) '허약한' 혹은 '가냘픈':—야윈, 가난한, 가난한(사람), 약한 자.

H1801 דָּלַג 5회 달라그
기본어근; '튀다':—도약하다.

H1802 דָּלָה 6회 달라
기본어근(〈1809〉와 비교); 정확히는 '매달리다', 즉 양동이를 '내려놓다'(물을 '버리기' 위해); 상징적으로 '건져내다':—끌어내다, (충분히), 들다.

H1803 דַּלָּה 7회 달라
〈1802〉에서 유래; 정확히는 '매달려 있는 것', 즉 풀어진 '실' 혹은 '머리털'; 상징적으로 '곤궁한':—머리털, 파리해지는 병, 가난한(가장 가난한 부류).

H1804 דָּלַח 3회 달라흐
기본어근; 물을 '휘저어 흐리게 하다':—어지럽히다.

H1805 דְּלִי 2회 델리 또는 **דֳּלִי 돌리**
〈1802〉에서 유래; '물통', 혹은 '항아리'(물 '깃는'):—양동이.

H1806 דְּלָיָה 3회 델라야
혹은 (연장형) דְּלָיָהוּ 델라야후
〈1802〉와 〈3050〉에서 유래; '여호와께서 구출하셨다'; '들라야', 다섯 이스라엘 사람의 이름:—들라야(느6:10).

H1807 דְּלִילָה 9회 델릴라
〈1809〉에서 유래; '나른해짐'; '들릴라', 블렛셋 여인:—들릴라(삿16:4~18).

H1808 דָּלִיָּה 6회 달리야
〈1802〉에서 유래; '매달려 있는' 것, 즉 '큰 나무 가지':—가지.

H1809 דָּלַל 9회 달랄
기본어근(〈1802〉와 비교); '느슨해지다', 혹은 '허약하다'; 상징적으로 '억압당하다':—낮게 하다, 바싹 말리다, 비게 되다, 동등하지 못하다, 실패하다, 가난하게 되다, 여위게 되다.

H1810 דִּלְעָן 1회 딜르안
불확실한 파생어; '딜르안', 팔레스타인의 한 장소:—딜르안(수15:38).

H1811 דָּלַף 3회 달라프
기본어근; '똑똑 떨어지다'; 함축적으로 '눈물을 흘리다':—새다, 녹다, 붓다.

H1812 דֶּלֶף 2회 델레프
〈1811〉에서 유래; '똑똑 떨어짐':—떨어짐.

H1813 דַּלְפוֹן 1회 달르폰
〈1811〉에서 유래; '똑똑 떨어짐'; '달본', 하만의 아들:—달본(에9:7).

H1814 דָּלַק 1회 달라크
기본어근; '타오르다'(문자적, 혹은 상징적으로):—타고 있는, 추적하다, 타오르게 하다, 노하다, 핍박하다(핍박자), 열심히 추적하다.

H1815 דְּלַק 9회 델라크
아람어 〈1814〉와 동일:—타다.

H1816 דַּלֶּקֶת 1회 달레케트

〈1814〉에서 유래; '불타는 듯한' 열병:—불타오름.

H1817 דֶּלֶת[87회] **델레트**
〈1802〉에서 유래; '흔들리는' 것', 즉 문의 '문짝':—문, (두 짝의) 대문, 잎, 뚜껑. [시141:3의 dal(달)은 불규칙적 용어].

H1818 דָּם[360회] **담**
〈1826〉에서 유래(〈119〉와 비교); 사람이나 동물의 '피'(그것이 쏟아지므로 인해 '죽는'); 유추적으로 포도의 '즙'; 상징적으로 (특히 복수로) '피를 흘림'(즉, 핏방울들):—피, 피의, 유혈의 죄, 피에 굶주린, 무죄한.

H1819 דָּמָה[30회] **다마**
기본어근; '비교하다'; 함축적으로 '닮다', '견주다', '숙고하다':—비교하다, 장치하다, 비유하다, 뜻하다, 생각하다, 비유를 사용하다.

H1820 דָּמָה[17회] **다마**
기본어근; '벙어리가 되다', 혹은 '조용하게 되다'; 여기에서 '실패하다', 혹은 '멸망하다'; 타동사로 '파괴하다':—그치다, 베어 넘어지다, 잘라지다, 파괴하다, 침묵하게 되다, 파멸하다, (철저히).

H1821 דְּמָה[2회] **데마**
아람어 〈1819〉와 같음; '닮다':—같다.

H1822 דֻּמָּה[1회] **둠마**
〈1820〉에서 유래; '황폐', 구체적으로 '황폐한':—파괴하다.

H1823 דְּמוּת[25회] **데무트**
〈1819〉에서 유래; '유사'; 구체적으로 '모형', '모양'; 부사로 '같게':—양식, 닮(음), 방법, 유사.

H1824 דְּמִי[4회] **데미** 혹은 דֳּמִי **도미**
〈1820〉에서 유래; '조용한':—베어냄, 휴식, 침묵.

H1825 דִּמְיוֹן[1회] **딤욘**
〈1819〉에서 유래; '유사함':—같은.

H1826 דָּמַם[30회] **다맘**
기본어근[〈1724〉, 〈1820〉과 비교]; '벙어리가 되다'; 함축적으로 '놀라다', '그치다'; 또한 '멸망하다':—그치다, 잘라내다, 참다, 자신을 안정하다, 휴식, 조용하다, 침묵을 지키다, 가만히(서있다), 늦어지다, 기다리다.

H1827 דְּמָמָה[1회] **데마마**
〈1826〉의 여성형; '조용한':—고요함, 침묵, 정적.

H1828 דֹּמֶן[1회] **도멘**
불확실한 파생어; '비료':—거름.

H1829 דִּמְנָה[1회] **딤나**
〈1828〉과 같은 형에서 유래된 여성형; '거름더미'; 팔레스타인의 한 장소 '딤나':—딤나(수21:35).

H1830 דָּמַע[2회] **다마**
기본어근; '눈물을 흘리다':—(몹시) 울다.

H1831 דֶּמַע[1회] **데마**
〈1830〉에서 유래; '눈물'; 상징적으로 '즙':—액체.

H1832 דִּמְעָה[23회] **딤아**
〈1831〉의 여성형; '울음':—눈물들.

H1833 דְּמֶשֶׁק[1회] **데메셰크**
〈1834〉에서 유래한 철자법의 어미변화; 다마스크천(다마스쿠스의 섬유로 만든):—다메섹에 있는.

H1834 דַּמֶּשֶׂק[36회] **담메세크** 또는 דּוּמֶשֶׂק **두메세크** 또는 דַּרְמֶשֶׂק **다르메세크**
외래어; '다메섹', 시리아의 도시:—다메섹(창14:15, 삼하8:6, 왕상11:24, 왕하16:9, 아7:5(4), 사8:4, 10:9).

H1835 דָּן[52회] **단**
〈1777〉에서 유래; '재판관'; '단', 야곱의 아들들 중의 하나; 또한 그로부터 생긴 부족, 그리고 그 영역; 마찬가지로 그들에 의하여 개척된 팔레스타인의 장소:—단(수19:40-48).

H1836 דֵּן[42회] **덴**
아람어 〈1791〉의 철자법의 어미변화; '이것':—[앞선]시간, 이렇게 하여, 앞으로, 이쪽은…, 저쪽은, 이 같은, 그런고로, 이것들, 이(사건), 이와 같이, 왜, 어느 쪽.

H1837 דַּנָּה[1회] **단나**
불확실한 파생어; 팔레스타인의 한 장소 '단나':—단나(수15:49).

H1838 דִּנְהָבָה[2회] **딘하바**
불확실한 파생어, 에돔족의 도시 '딘하바':—딘하바(창36:32).

H1839 דָּנִי[5회] **다니**
〈1835〉에서 유래한 족속의 명칭; '단 사람'(자주 집합명사로), 혹은 단의 자손(혹은, 거주민):—단 족속, 단 사람(삿13:2).

H1840 דָּנִיֵּאל[42회] **다니엘** 에스겔서에서 דָּנִאֵל **다니엘**
〈1835〉와 〈410〉에서 유래; '하나님의 재판관'; 두 이스라엘 사람의 이름 '다니엘':—다니엘(단1:6, 겔14:14).

H1841 דָּנִיֵּאל[42회] **다니엘**
아람어 〈1840〉과 같음; '다니엘', 히브리 선지자:—다니엘(단2:13).

H1842 דָּן יַעַן[1회] **단 야안**
〈1835〉, 그리고 (명백히) 〈3282〉에서 유래; 목적 있는 재판관; '다나안', 팔레스타인의 한 장소:—다나안(삼하24:6).

H1843 דֵּעַ[5회] **데아**
〈3045〉에서 유래; '지식':—지식, 의견.

H1844 דֵּעָה[5회] **데아**
〈1843〉의 여성형; '지식':—지식.

H1845 דְּעוּאֵל[4회] **데우엘**
〈3045〉와 〈410〉에서 유래; '하나님에게 알려짐'; 이스라엘 사람 '드우엘':—드우엘(민1:14).

H1846 דָּעַךְ[9회] **다아크**
기본어근; '꺼지다'; 상징적으로 '소멸하다' 또는 '바싹 마르다':—꺼진, 소모된, (불을) 끈.

H1847 דַּעַת[91회] **다아트**
〈3045〉에서 유래; '지식':—기교 있는, 무식하게, 알다, 지식, 알아채지 못한, 의식하고서.

H1848 דֳּפִי[1회] **다피, 도피**
사용하지 않는 어근에서 유래 ('떠밀어 넘어뜨리다'라는 뜻); '거침돌':—가장 중상(中傷) 잘하는.

H1849 דָּפַק[3회] **다파크**
기본어근; '두드리다'; 유추적으로 심하게 '누르다':—치다, 두드리다, 혹사하다.

H1850 דָּפְקָה[2회] **도프카**
〈1849〉에서 유래; '두드림'; 사막에 있는 한 장소 '돕가':—돕가(민33:12).

H1851 דַּק[1회] **다크**
〈1854〉에서 유래; '으스러진', 즉 (함축적으로) '작은', 혹은 '가느다란':—난장이, [육체가] 여윈, 매우 작은 물건, 작은, 홀쭉한.

H1852 דֹּק[2회] **도크**
〈1854〉에서 유래; 어떤 '부서진' 것, 즉 '고운'('얇은 천'같은):—커튼.

H1853 דִּקְלָה[13회] **디클라**
외래어; 아라비아 지역 '디글라':—디

글라(창10:27).

H1854 דָּקַק[13회] **다카크**

기본어근[〈1915〉와 비교]; '부수다' (혹은 자동사로) '부서지다':—(작은) 조각으로 난도질하다, 찧어 빻다, 티끌을 만들다, 가루로 만들다, (매우) 작다, 짓밟다(작게).

H1855 דְּקַק[10회] **데카크**

아람어 〈1854〉와 같음; '부스러뜨리다', 혹은 (타동사) '부수다':—조각으로 부수다.

H1856 דָּקַר[11회] **다카르**

기본어근; '찌르다'; 유추적으로 '굶주리다'; 상징적으로 '헐뜯다':—찌르다, 꿰뚫다, 상하다.

H1857 דֶּקֶר[1회] **데케르**

〈1856〉에서 유래; '찌름'; 데겔, 한 이스라엘 사람:—데겔(왕상4:9).

H1858 דַּר[2회] **다르**

명백히 〈1865〉와 동일한 것에서 유래; 정확히는 '진주'(빨리 번쩍이는 그 광채로부터); 유추적으로 '진주', 즉 진주의 모(母)조개, 혹은 설화석고:—백색.

H1859 דָּר[2회] **다르**

아람어 〈1755〉와 같음; '시대':—세대.

H1860 דְּרָאוֹן[2회] **데라온**

또는 דֵּרָאוֹן 데라온

('물리치다'는 뜻의) 사용하지 않는 어근에서 유래; '싫어하는' 물건:—몹시 싫어함, 멸시.

H1861 דָּרְבוֹן[2회] **도르본**

[또한 דָּרְבָן 도르반]

불확실한 파생어; '막대기':—(가축의) 몰이 막대기.

H1862 דַּרְדַּע[2회] **다르다**

명백히 〈1858〉과 〈1843〉에서 유래; '지식의 진주'; 이스라엘 사람 '다르다':—다르다(왕상5:11(4:31), 대상2:6).

H1863 דַּרְדַּר[2회] **다르다르**

불확실한 파생어; '가시':—엉겅퀴.

H1864 דָּרוֹם[17회] **다롬**

불확실한 파생어; '남쪽' 시인(詩人), '남풍':—남쪽.

H1865 דְּרוֹר[8회] **데로르**

('빨리 움직이다'라는 뜻의) 사용하지 않는 어근에서 유래; '자유'; 여기에서 유출의 '자연스러움', 그러므로 '깨끗한':—자유, 순수한.

H1866 דְּרוֹר[2회] **데로르**

〈1865〉와 동일, 새에게 적용함; '칼새', 제비의 일종:—제비.

H1867 דָּרְיָוֶשׁ[25회] **다레야웨쉬**

기원은 페르시아어; '다리우스', 페르시아 여러 왕들의 (이름보다는 차라리) '칭호':—다리오(단6:1).

H1868 דָּרְיָוֶשׁ[4회] **다레야웨쉬**

아람어 〈1867〉과 같음:—다리오(스5:5, 6:12, 단6:1,9).

H1869 דָּרַךְ[62회] **다라크**

기본어근; '밟다'; 함축적으로 '걷다'; 또한 활에 '시위를 달다'(활을 굽히기 위해 밟아서):—활 쏘는 사람, 구부리다, 오다, 당기다, 건너다, 안내하다, 앞서서 이끌다, 타작하다, 짓밟다, 걷다.

H1870 דֶּרֶךְ[706회] **데레크**

〈1869〉에서 유래; '길'('밟히는'); 상징적으로 생의 '여정' 혹은 행동의 '양식', 자주 부사로:—~여기에서, 떨어져, 때문에, 에 의하여, 대화, 습관, [동]편, 여행, 태도, 통행자, 통하여, 향하여, 대로, 오솔길, 어디로[든지].

H1871 דַּרְכְּמוֹן4회 **다르케몬**
기원은 페르시아어; '드라크마', 또는 동전:—다릭(스2:69).

H1872 דְּרָע1회 **데라**
아람어 〈2220〉과 같음; '팔':—팔.

H1873 דָּרַע1회 **다라**
아마 〈1862〉의 압축형; 이스라엘 사람 '다라':—다라(대상2:6).

H1874 דַּרְקוֹן2회 **다르콘**
불확실한 파생어; '다르곤', "솔로몬의 종들" 중 하나:—다르곤(스2:56).

H1875 דָּרַשׁ164회 **다라쉬**
기본어근; 명백히 '밟다' 혹은 '자주가다'; 대개는 '따르다'(추적, 혹은 찾기 위해서); 함축적으로 '찾다' 혹은 '묻다'; 특히 '예배하다':—묻다, (전혀), 돌보다, 근면하게, 요구하다, 조사하다, 점쟁이, 질문, 청구하다, 찾다, 구하다[찾아내다], (확실히).

H1876 דָּשָׁא2회 **다샤**
기본어근; '움트다':—(싹이) 돋다, 싹이 트다.

H1877 דֶּשֶׁא14회 **데셰**
〈1876〉에서 유래; '싹'; 유추적으로 '풀':—(연한) 풀, 신록, (연한) 채소.

H1878 דָּשֵׁן11회 **다셴**
기본어근; '살지다'; 타동사 '살지게 하다'(혹은, 지방에 관하여); 특히 '기름붓다'; 상징적으로 '만족시키다'; (〈1880〉에서 유래한) 명사유래어로서 '(비옥한) (희생제물의) 재를 치우다':— 기름부음 받다, ~으로부터 재를 치우다, 재를 받다, 기름(밀납)을 만들다(바르다).

H1879 דָּשֵׁן3회 **다셴**
〈1878〉에서 유래; '지방(脂肪)'; 상징적으로 '부유한', '기름진':—지방.

H1880 דֶּשֶׁן14회 **데셴**
〈1878〉에서 유래; '지방(脂肪)'; 추상명사 '비옥함', 즉 (상징적으로) '풍부'; 특히 희생제물의 (기름기 있는) '재':—재, 살진 것.

H1881 דָּת21회 **다트**
불확실한 (아마도 외래어) 파생어; 왕의 '칙령' 또는 법령:—명령, 포고, 법령, 규례.

H1882 דָּת14회 **다트**
아람어 〈1881〉과 같음:—포고, 법.

H1883 דֶּתֶא2회 **데테**
아람어 〈1877〉과 같음:—연한 풀.

H1884 דְּתָבַר2회 **데타바르**
아람어 기원은 페르시아어; '법에 숙달한' 사람이란 뜻; '판사':—모사.

H1885 דָּתָן10회 **다탄**
불확실한 파생어; 이스라엘 사람 '다단':—다단(민16:1).

H1886 דֹּתָן2회 **도탄** 또는 **דֹּתַיִן** **도타인** (창37:—17),
불확실한 파생어의 아람어풍의 쌍수형태; 팔레스타인의 한 장소 '도단':—도단(창37:17).

.트롱히브리어사전

ה

H1887 הֵא[2회] **헤**

기본 불변화사; 보라!:— 자, 보라.

H1888 הֵא[12회] **헤** 또는 **הָא** **하**

아람어 〈1887〉과 같음:—바로, 보라.

H1889 הֶאָח[1회] **헤아흐**

〈1887〉과 〈253〉에서 유래; '아하!':—아아, 아하. 하.

H1890 הַבְהָב[1회] **합하브**

〈3051〉에서 유래한 중복체; (희생제물의) '헌물', 즉 '번제':—제물.

H1891 הָבַל[5회] **하발**

기본어근; 행동, 말, 또는 기대가 '헛되다'; 특히 '잘못으로 이끌다':—헛되다, 헛되게 되다, 헛되게 만들다.

H1892 הֶבֶל[73회] **헤벨**

또는 (드물게 절대형으로) **הֲבֵל** **하벨**

〈1891〉에서 유래; '텅빔' 혹은 '공허'; 상징적으로 '덧없는' 그리고 '만족스럽지 못한' 어떤 것; 자주 부사로서 사용됨:—전혀, 헛되이, 헛됨.

H1893 הֶבֶל[8회] **헤벨**

〈1892〉와 동일; 아담의 아들 '아벨':—아벨(창4:2).

H1894 הֹבֶן[1회] **호벤**

'단단하다'는 뜻의 사용하지 않는 어근에서 유래, 오직 복수로만 쓰임; '흑단':—흑단(黑檀).

H1895 הָבַר[1회] **하바르**

불확실한(아마 외래어) 파생어의 기본어근; '점성술사가 되다':—점성가.

H1896 הֵגֶא[1회] **헤게**

또는(치환법에 의해) **הֵגַי** **헤가이**

아마 기원은 페르시아어; '헤개' 또는 '헤가이', 아하수에로의 내시:—헤개(에2:3).

H1897 הָגָה[25회] **하가**

기본어근[〈1901〉과 비교]; '중얼거리다'(기쁘거나 화남으로); 함축적으로 '숙고하다':—상상하다, 묵상하다, 슬퍼하다, 속삭이다, 고함치다, (심하게), 말하다, 연구하다, 이야기하다, 발언하다.

H1898 הָגָה[3회] **하가**

기본어근; '옮기다':—머물다, 가져가다.

H1899 הֶגֶה[3회] **헤게**

〈1897〉에서 유래; '중얼거림'(한숨, 생각, 또는 소리 지름으로):—비탄, 소리, 이야기.

H1900 הָגוּת[1회] **하구트**

〈1897〉에서 유래; '숙고':—묵상.

H1901 הָגִיג[2회] **하기그**

〈1897〉과 유사한 사용하지 않는 어근에서 유래; 정확히는 '중얼거림', 즉 '불평':—묵상, 숙고.

H1902 הִגָּיוֹן[4회] **힉가욘**

〈1897〉에서 유래한 강세어; '중얼거리는' 소리, 즉 음악의 기보법(아마도 어떤 흐름의 장엄함을 지적함에 있어서 현대의 '감정을 넣어서'와 유사함); 함축적으로 '음모':—고안, 힉가욘(시9:16), 묵상, 장엄한 소리.

H1903 הָגִין[1회] **하긴**

불확실한 파생어 아마도 '적당한', 또는 '선회':—직접적으로 곧장.

H1904 הָגָר[12회] **하가르**

불확실한(외래어) 파생어; 이스마엘의 어머니 '하갈':—하갈(창16:1).

H1905 הַגְרִי[6회] **하그리**

또는 (연장형) **הַגְרִיא** **하그리**

아마도 〈1904〉에서 유래한 족속의 명칭; '하갈 사람', 또는 어떤 아라비아 부족의 구성원:—하갈족속, 하갈 사람(대상5:10), 하그리.

H1906 הֵד1회 헤드
〈1959〉 참조; '소리 지름':—다시 소리 남.

H1907 הַדָּבָר4회 핫다바르
아람어 아마 외래어; '고관':—모사.

H1908 הֲדַד12회 하다드
아마 외래어[〈111〉과 비교]; 우상의 이름, 또한 에돔의 여러 왕들의 이름, '하닷':—하닷(창36:35).

H1909 הֲדַדְעֶזֶר21회 하다드 에제르
〈1908〉과 〈5828〉에서 유래; '하닷'은 (그의) '도움'(이다); 시리아의 한 왕 '하닷에셀':—하닷에셀(삼하8:3). 〈1928〉과 비교

H1910 הֲדַדְרִמּוֹן1회 하다드림몬
〈1908〉과 〈7417〉에서 유래; 팔레스타인의 한 장소 '하다드림몬':—하다드림몬(슥12:11).

H1911 הָדָה1회 하다
기본어근[〈3034〉와 비교]; 손을 '쭉 뻗다':—놓다.

H1912 הֹדוּ2회 호두
외래어; 호두(즉, 힌두사람):—'인도'(에1:1).

H1913 הֲדוֹרָם1회 하도람
또는 הֲדֹרָם 하도람
아마도 외래어; 욕단의 아들과 그로부터 유래한 부족 '하도람':—하도람(창10:27).

H1914 הִדַּי1회 힛다이
불확실한 파생어; 한 이스라엘인 '힛대':—힛대(삼하23:30).

H1915 הָדַךְ1회 하다크
기본어근[〈1854〉와 비교]; 발로 '짓밟다':—억누르다.

H1916 הֲדֹם6회 하돔
'짓밟다'란 뜻의 사용하지 않는 어근에서 유래; 발'등상':—발판.

H1917 הַדָּם2회 핫담
아람어 〈1916〉의 것과 일치하는 어근에서 유래; '짓밟혀서' 조각난 것, 즉 '작은 조각':—조각.

H1918 הֲדַס6회 하다쓰
불확실한 파생어; '화석류':—화석류, 화석류 나무(도금양[상록관목]).

H1919 הֲדַסָּה1회 하닷싸
〈1918〉의 여성형; '하닷사'(또는 '에스더'):—하닷사(에2:7).

H1920 הָדַף11회 하다프
기본어근; '밀어' 재치다, 또는 '밀어' 넘어뜨리다:—내던지다, 쫓다, 축출하다, 밀어젖히다.

H1921 הָדַר6회 하다르
기본어근; '부어'오르다(문자적, 또는 상징적으로, 능동, 혹은 수동); 함축적으로 '호의를 보이다', 또는 '존경하다', '높다', 혹은 '자랑하다':—안면(顔面), 구부러진 곳, 영광스러운, 영예, 내밀다.

H1922 הֲדַר3회 핫다르
아람어 〈1921〉과 같음; '확대하다'(상징적으로):—영광 돌리다, 공경하다.

H1923 הֲדַר3회 하다르
아람어 〈1922〉에서 유래; '장엄':—영예, 위엄.

H1924 הֲדַר1회 하다르
〈1926〉과 동일; 에돔사람 '하달':—하달(창36:39).

H1925 הֶדֶר1회 헤데르
〈1921〉에서 유래; '영예'; 수도(예루살렘)에 대해서 (상징적으로) 사용됨:—영광.

H1926 הָדָר30회 하다르
〈1921〉에서 유래; '화려함', 즉 장식,

또는 빛남:—아름다움, 예쁨, 뛰어남, 영광스러운, 영광, 아름다운, 영예, 위엄.

H1927 הֲדָרָה[5회] **하다라**
〈1926〉의 여성형; '장식':—아름다움, 영예.

H1928 הֲדַרְעֶזֶר[1회] **하다르에제르**
〈1924〉와 〈5828〉에서 유래; '하달'(즉, 하닷, 〈1908〉)은 그의 '도움'이다; 시리아왕 '하달에셀'(즉 '하닷에셀' 〈1909〉):—하닷에셀(삼하10: 16).

H1929 הָהּ[1회] **하흐**
〈162〉의 단축형; '아!' 슬픔의 표현:—오호라!

H1930 הוֹ[1회] **호**
〈1929〉의 치환법에 의해; '오!':—슬프도다.

H1931 הוּא[1386회] **후** (모세5경 외에서) 여성형은 **הִיא 히**
기본어; 3인칭 대명사 단수, '그 남자'('그 여자', 혹은 '그것'); 오직 강조할 때나 동사 없이 표현; 또한(강세어로) '자신', 또는(특히 관사와 함께) '바로 그것'; 때때로(지시대명사) '이것', 혹은 '저것' 경우에 여기에서(계사 대신에) '같이', 혹은 '이다':—그는, 그 여자에 대해서, 그(자신), 그것, 같은 사람, 그녀(자신), 이 같은, 저것(…그것), 이것들, 그들, 이것, 저것들, 그것은, 그.

H1932 הוּא[14회] **후** 또는 (여성형) **הִיא 히**
아람어 〈1931〉과 같음:—이다, 그것, 이것.

H1933 הָוָא[6회] **하와** 또는 **הָוָה 하와**
기본어근[〈183〉, 〈1961〉과 비교]; 정확히는 '숨을 쉬다'를 뜻하는 듯함; '이다'(존재의 뜻에서):—이다, 가지다.

H1934 הֲוָא[65회] **하와** 또는 **הֲוָה 하와**
아람어 〈1933〉과 같음; '존재하다'; 적용면에서 매우 다양하게 쓰임(특히 다른 단어와 연결하여):—이다, 되다, 보라, (발생)하다, 그치다, 쪼개다, 생각하다, 하다, 주다, 가지다, 심판하다, 지키다, 일하다, 합세하다, 놓다, 보다, 찾다, 세우다, 살해하다, 주의하다, 떨다, 걷다, 하고자 하다.

H1935 הוֹד[24회] **호드**
사용하지 않는 어근에서 유래; '웅대'(즉, 당당한 모습, 혹은 자태):—아름다움, 예쁨, 탁월함, 영광스러운, 영광, 아름다운, 영예, 위엄.

H1936 הוֹד[1회] **호드**
〈1935〉와 동일; 이스라엘 사람 '홋':—홋(대상7:37).

H1937 הוֹדְוָה[1회] **호데와**
〈1938〉의 한 형태; 한 이스라엘인 '호드야':—호드야(느7:43).

H1938 הוֹדַוְיָה[3회] **호다우야**
〈1935〉와 〈3050〉에서 유래; '여호와의 엄위하심'; 세 이스라엘인 '호다위야':—호다위야(대상5:24).

H1939 הוֹדַיְוָהוּ[3회] **호다이와후**
〈1938〉의 한 형태; 이스라엘 사람 '호다위야':—호다위야.

H1940 הוֹדִיָּה[8회] **호디야**
〈3064〉의 여성형; '유태인 여성':—호디야(느8:7).

H1941 הוֹדִיָּה[1회] **호디야**
〈1938〉의 한 형태; 세 이스라엘인의 이름 '호디야':—호디야.

H1942 הַוָּה[16회] **하우와**
〈1933〉에서 유래(심하게 '탐하다가' 함축적으로 '떨어짐'의 뜻에서'); '갈망하다'; 또한 '파멸':—재난, 죄악, 재해, 해로운 (것), 버릇없음, 해로운, 괴팍한 것, 본질, 매우 사악함.

H1943 הֹוָה[3회] 호와
〈1942〉에 대한 다른 형; '파멸':—재해.

H1944 הוֹהָם[1회] 호함
불확실한 파생어; 가나안 족속의 왕 '호함':—호함(수10:3).

H1945 הוֹי[51회] 호이
〈1930〉의 연장형[〈188〉과 유사]; '오!':—아아, 슬프도다, 오오, 화로다.

H1946 הוּךְ[4회] 후크
아람어 〈1981〉과 같음; '가다'; 사역동사로 '가져오게 하다':—다시 가져오다, 오다, (올라)가다.

H1947 הוֹלֵלָה[5회] 홀렐라
〈1984〉의 여성 능동태 분사; '어리석음':—광기.

H1948 הוֹלֵלוּת[5회] 홀렐루트
〈1984〉의 능동태 분사; '어리석음':—광기.

H1949 הוּם[6회] 훔
기본어근[〈2000〉과 비교]; '몹시 떠들썩하게 만들다', 또는 심하게 '격동시키다':—파괴하다, 움직이다, 시끄럽게 하다, 놓다, 다시 울리다.

H1950 הוֹמָם[2회] 호맘
〈2000〉에서 유래; '격노함'; 에돔족의 두목 '호맘':—호맘(대상1:39). 〈1967〉과 비교

H1951 הוּן[1회] 훈
기본어근; 정확히는 '무가치하다', 즉 (상징적)으로 '가볍다' (사역동사) '가볍게' (행동하다):—준비하다.

H1952 הוֹן[26회] 혼
〈202〉의 의미에서 〈1951〉과 동일; '부'; 함축적으로 '충분한':—족한, 쓸데없이, 부, 물질, 부요.

H1953 הוֹשָׁמָע[1회] 호샤마
〈3068〉과 〈8085〉에서 유래; '여호와께서 들으셨다'; 한 이스라엘인 '호사마':—호사마(대상3:18).

H1954 הוֹשֵׁעַ[16회] 호셰아
〈3467〉에서 유래; '구원자'; 다섯 이스라엘인의 이름 '호세아':—호세아(민13:8, 왕하15:30, 호1:1,2).

H1955 הוֹשַׁעְיָה[3회] 호샤이
〈3467〉과 〈3050〉에서 유래; '여호와께서 구하셨다'; 두 이스라엘인의 이름 '호세야':—호세야(느12:32).

H1956 הוֹתִיר[2회] 호티르
〈3498〉에서 유래; 그가 '남아있게 하였다'; 한 이스라엘인 '호딜':—호딜(대상25:4).

H1957 הָזָה[1회] 하자
기본어근[〈2372〉와 비교]; '꿈꾸다':—잠자다.

H1958 הִי[1회] 히
〈5092〉를 참조; '애가':—화.

H1959 הֵידָד[5회] 헤다드
('소리 지르다'의 뜻의) 사용하지 않는 어근에서 유래; '환호':—소리(를 지름).

H1960 הֻיְּדָה[1회] 후예다
〈1959〉와 동일형에서 유래; 정확히는 '환호', 즉 노래하는 자들의 '합창':—감사.

H1961 הָיָה[3549회] 하야
기본어근 [〈1933〉과 비교]; '존재하다', 즉 '이다', 혹은 '되다', '발생하다' (늘 강조적으로 그러나 순전한 접속사나 조동사는 아님):—봉화, 전적으로, 있다(되다, 달성되다, 위탁되다, 같음), 부수다, 되게 하다, 발생(하

다), 계속하다, 하다, 기진하다, 떨어지다, 따르다, 생기다, 가지다, 지속하다, 물러나다(스스로), 요구하다, 사용하다.

H1962 הַיָּה[2회] 하이야
〈1943〉에 대한 다른 형; '폐허':—재앙.

H1963 הֵיךְ[2회] 헤크
〈349〉에 대한 다른 형; 어떻게?:—어찌.

H1964 הֵיכָל[80회] 헤칼
아마 〈3201〉에서 유래('용적'의 뜻에서); '궁'이나 '성전' 같은 큰 공공건물:—궁전, 성전.

H1965 הֵיכַל[13회] 헤칼
아람어 〈1964〉와 같음:—궁전 성전.

H1966 הֵילֵל[1회] 헬렐
〈1984〉에서 유래('밝음'이란 뜻에서); '새벽별':—샛별.

H1967 הֵימָם[1회] 헤맘
〈1950〉의 다른 형; 한 이두메아인 '헤맘':— 헤맘(창36:22)

H1968 הֵימָן[17회] 헤만
아마도 〈539〉에서 유래; '신실한'; 적어도 두 이스라엘인의 이름 '헤만':—헤만(대상2:6).

H1969 הִין[22회] 힌
아마 기원은 애굽어; '힌', 혹은 용액 측정단위:—힌.

H1970 הָכַר[1회] 하카르
기본어근; 명백히 '상처를 입히다'는 뜻:—모르는체하다.

H1971 הַכָּרָה[1회] 학카라
〈5234〉에서 유래; '존경', 즉 편애:—나타내다.

H1972 הָלָא[1회] 할라
아마도 〈1973〉에서 유래한 명사유래어; '옮기다', 혹은 '멀리 떨어지다':—멀리 쫓아내다.

H1973 הָלְאָה[16회] 홀아
관사 הַל 할의 기본형에서 유래; '먼 곳으로', 즉 '멀리에'; 또한 (시간의) '여태까지는':—뒤, 건너편, 앞(으로), 지금까지, 그때이래, 저쪽에.

H1974 הִלּוּל[2회] 힐룰
〈1984〉에서 유래('즐거워함'의 뜻에서); 추수로 인한 감사의 '축제':—즐거운, 찬양.

H1975 הַלָּז[7회] 할라즈
〈1976〉에서 유래; '이것', 혹은 '저것':—편, 저, 이.

H1976 הַלָּזֶה[2회] 할라제
관사[〈1973〉을 보라]와 〈2088〉에서 유래; '바로 이것':—이것.

H1977 הַלֵּזוּ[1회] 할레주
〈1976〉의 다른 형; '저것':—이것.

H1978 הָלִיךְ[1회] 할리크
〈1980〉에서 유래; '걷기' 즉 (함축적으로) '한 걸음':—걸음.

H1979 הֲלִיכָה[6회] 할리카
〈1978〉의 여성형; '걸음걸이'; 함축적으로 '행렬', 혹은 '행진', '대상(隊商)':—일행, 걸어감, 건다, 길.

H1980 הָלַךְ[1549회] 할라크
〈3212〉와 유사함; 기본어근; '걷다' (적용에 있어서 매우 다양함, 상징적, 혹은 문자적으로):—~을 여기에서, 처음부터, 빨리, (얌전히) 행동하다, 오다, 계속적으로, 잘 알고 있다, 떠나다, 진정하다, 들어가다, 연습하다, 따르다, 앞으로, 전방의, 얻다, 가다(돌아다니다, 외국에 가다, 함께 가다, 가버리다, 나아가다, 계속하다, 외출하다, 올라가다, 그리고 내려가다) 더 큰, 자라다, 늘 그렇게 나타나다, 이끌다, 행진하다, 더더욱, 움직이다, 필요, 가버리다, ~하려는 순간이다, 아주 뛰다, 보내다, 빨리, 퍼지다, 고요히, 확실히, 고자쟁이, 여행(자), 해외에 가다(나다니다, 이리저리 다니다, 오르내리다, 곳에 가다), 방황하다, 커지다, 방랑자, 약해지다, 빙빙 돌다.

H1981 הֲלַךְ 3회 **할라크**
아람어 〈**1980**〉과 같음[〈**1946**〉과 비교]; '걷다':—걷다.

H1982 הֵלֶךְ 2회 **헬레크**
〈**1980**〉에서 유래; 정확히는 '여행', 즉 (함축적으로) '여행자'; 또한 '흐름':—뚝뚝 떨어지는, 여행자.

H1983 הֲלָךְ 2회 **할라크**
아람어 〈**1981**〉에서 유래; 정확히는 '여행', 즉 (함축적으로) 길에서 물건들의 '통행세':—조세.

H1984 הָלַל 163회 **할랄**
기본어근; '분명해지다'(원래는 소리의, 그러나 보통 색에 사용); '빛나다'; 여기에서 자랑 삼아 '보이다', '자랑하다' 그러므로 (떠들썩하게) '어리석다' '정신없이 지껄이다'; 사역동사 '거행하다'; 또한 '어리석어 보이게 하다':—(자신을) 자랑하다, 거행하다, 칭찬하다, 어리석게 대하다, 어리석게 만들다, 영광, [빛을] 밝히다, 미치다, (미치게 만들다, 미친 척 가장하다), 며느리[사위]로 삼다[주다], 찬양[하다, 할 가치가 있다], 격노하다, 유명한, 비치다.

H1985 הִלֵּל 2회 **힐렐**
〈**1984**〉에서 유래; '찬양함' (즉, 하나님을); 한 이스라엘인 '힐렐':—힐렐(삿12:13,15).

H1986 הָלַם 8회 **할람**
기본어근; '때려' 눕히다; 함축적으로 '망치로 치다', '짓밟다', '정복하다', '해산하다':—때려(눕히다), 파괴하다, 극복하다, (망치로) 치다.

H1987 הֶלֶם 1회 **헬렘**
〈**1986**〉에서 유래; '치는 자'; 두 이스라엘인의 이름, '헬렘':—헬렘(대상7:35).

H1988 הֲלֹם 12회 **할롬**
관사에서 유래[〈**1973**〉을 보라]; '이리로':—여기, 이쪽으로[여기까지], 저쪽으로.

H1989 הַלְמוּת 1회 **할무트**
〈**1986**〉에서 유래; '방망이'(혹은 '망치'):—방망이.

H1990 הָם 1회 **함**
불확실한 파생어; 팔레스타인의 지역 '함':—함.

H1991 הֵם 1회 **헴**
〈**1993**〉에서 유래; '풍부', 즉 '부':—그들의 것들 중 어떤 것.

H1992 הֵם 237회 **헴**
또는 (연장형) **הֵמָּה 헴마**
〈**1931**〉에서 유래한 남성 복수형; '그들'(오직 강조할 때 사용함):—그것, 같이, 몇 개, 그렇게 많은, 그들은, 같음, 그렇게, 이와 같은, 그들의, 그들을, 이것들, 그들, 저것들, 어떤 것, 어떤 사람, 누구를, 게다가, 너희.

H1993 הָמָה 34회 **하마**
기본어근[〈**1949**〉와 비교]; '큰소리로 말하다'(영어의 '흥!'처럼); 함축적으로 '큰 동요', 혹은 '법석', '노하다', '전쟁', '신음', '떠들썩함':—시끄러운, 군중, 큰소리로 외치다, 설레게 되다, 큰소리, 한탄하다, 동요되다, 시끄럽다, 격노하다, 으르렁거림, 소리, 곤경에 처하다, 격동시키다, 떠들썩한, 몹시 떠들썩하다.

H1994 הִמּוֹ[9회] **힘모**

또는 (연장형) הִמּוֹן 힘몬

아람어 〈1992〉와 같음; '그들':—이다, 그들을, 저것들.

H1995 הָמוֹן[81회] **하몬**

또는 הָמֹן 하몬 (겔5:7)

〈1993〉에서 유래; '소음', '소요', '군중'; 또한 '동요', '부':—풍요, 동료, 많은, 무리, 불어나다, 시끄러움, 풍부, 차바퀴의 구르는 소리, 소리가 남, 저장, 소동.

H1996 הֲמוֹן גּוֹג[2회] **하몬 고그**

〈1995〉와 〈1463〉에서 유래; '곡의 무리'; 팔레스타인에 있는 상징적인 장소의 환상적인 이름:—하몬곡(겔39:11,15).

H1997 הֲמוֹנָה[1회] **하모나**

〈1995〉의 여성형; '무리'; '하모나', 〈1996〉과 동일:—하모나(겔39:16).

H1998 הֶמְיָה[1회] **헴야**

〈1993〉에서 유래; '소리':—소음.

H1999 הֲמֻלָּה[6회] **하물라** (렘11:16)

(폭풍우와 함께 오는 비같이) '몰아치다'의 뜻인 사용하지 않는 어근의 여성 수동태분사; '소리':—말, 소동.

H2000 הָמַם[13회] **하맘**

기본어근[〈1949〉, 〈1993〉과 비교]; 정확히는 '동요하게 하다'; 함축적으로 '어지럽히다', '몰다', '파괴하다':—부수다, 소모하다, 부스러뜨리다, 파괴하다, 소란케 하다, 괴롭히다, 초조하게 하다.

H2001 הָמָן[54회] **하만**

외래어의 파생어; 페르시아의 고관 '하만':—하만(에3:1하).

H2002 הַמְנִיךְ[3회] **함니크**

아람어 본문에는 외래어로 הַמוּנֵךְ 하무네크; '목걸이':—사슬.

H2003 הָמָס[1회] **하마쓰**

명백히 '딱딱 소리를 내다'라는 뜻인 사용하지 않는 어근에서 유래; 마른 작은 '가지', 혹은 '잘라낸 곁가지':—녹는.

H2004 הֵן[99회] **헨**

〈1931〉에서 유래한 여성 복수형, '그들'(오직 강조로 쓰임):—안에, 이 같은, 그들과(함께), 그것에 의하여, 거기에, (더욱)그들, 어디에, 그것 안에, 누구를, 게다가.

H2005 הֵן[16회] **헨**

기본 불변사; '보라!'; 또한(놀람의 표현으로서) '만일':—보라, 만일, 자!, 그래도.

H2006 הֵן[5회] **헨**

아람어 〈2005〉와 같음; '보라!' 또한 '그러므로', '만약 ~하지[않으면]; '인지 아닌지', '그러나', '만일':—만일(그렇다면), 혹은, 인지 아닌지.

H2007 הֵנָּה[30회] **헨나**

〈2004〉의 연장형; '그들 자신'(계사 대신에 강조로 자주 사용됨, 또한 간접관계로서):—안에, 이 같은(그리고 이 같은 것들), 그들의 그들(안에), 그런고로, 그 가운데에, 이것들, 그들이(가졌다),이편에서, 저것들, 어디에.

H2008 הֵנָּה[46회] **헨나**

〈2004〉에서 유래; '이쪽으로', 또는 '저쪽으로'(그러나 장소와 시간에 둘 다 사용):—여기, 여기에(지금까지), 지금, 이(저)편에, 이래, 이(저)방법, 저 쪽으로, 여태까지는, 여기저기로,

아직.

H2009 הִנֵּה[1회] 힌네

〈2005〉의 연장형 '보라!':—보라, 자!

H2010 הֲנָחָה[1회] 하나하

〈5117〉에서 유래; 휴식의 '허락', 즉 '조용한':—풀어놓다.

H2011 הִנֹּם[1회] 힌놈

아마도 외래어; '힌놈', 명백히 한 여부스족 사람:—힌놈(수15:8).

H2012 הֵנַע[1회] 헤나

아마도 외래어; '헤나', 명백히 메소포타미아에 있는 한 장소:— 헤나(왕하18:34).

H2013 הָסָה[1회] 하싸

기본어근; '잠잠하게 하다':—침묵을 지키다(정적을 유지하다), 말없다, 안돈시키다.

H2014 הֲפֻגָה[1회] 하푸가

〈6313〉에서 유래; '이완':—중단, 끊어짐.

H2015 הָפַךְ[1회] 하파크

기본어근; 빙그르 '돌다', 혹은 뒤집어 '엎다'; 함축적으로 '바꾸다', '뒤집다', '돌아오다', '곡해하다':—되다, 바꾸다, 오다, 개종되다, 주다, [잠자리를] 깔다, 전복하다(타도하다), 심술궂은, 물러나다, 넘어지다, 되돌아가다, 옆으로 비끼다, 다시 돌다, 반대로 돌다, 사방으로 돌다.

H2016 הֶפֶךְ[1회] 헤페크 또는 הֵפֶךְ 헤페크

〈2015〉에서 유래; '회전', 즉 '역':—반대.

H2017 הֹפֶךְ[1회] 호페크

〈2015〉에서 유래; '전복', 즉 (추상명사) '심술궂음':—물건을 뒤집음.

H2018 הֲפֵכָה[1회] 하페카

〈2016〉의 여성형; '파괴':—뒤엎다.

H2019 הֲפַכְפַּךְ[1회] 하파크파크

〈2015〉에서 유래한 중복체; '매우 심술궂은':—완고한.

H2020 הַצָּלָה[1회] 핫찰라

〈5337〉에서 유래; '구조':—구원.

H2021 הֹצֶן[1회] 호첸

명백히 '예리하다', 혹은 '강하다'는 뜻인 사용하지 않는 어근에서 유래; 전쟁용 '무기':—병거(兵車).

H2022 הַר[547회] 하르

〈2042〉의 단축형; '산', 혹은 언덕들의 '산맥' (때때로 상징적으로 사용):—언덕, 언덕지대, 산, 장려.

H2023 הֹר[12회] 호르

〈2022〉에 대한 다른 형; '산'; '호르', 이두메아와 수리아에 있는 산봉우리의 이름:—호르(민20:22-29).

H2024 הָרָא[1회] 하라

아마도 〈2022〉에서 유래; '산이 많은'; 메디아의한 지역 '하라':— 하라(대상5:26).

H2025 הַרְאֵל[1회] 하르엘

〈2022〉와 〈410〉에서 유래; '하나님의 산'; 상징적으로 번제'단':—번제단. 〈739〉와 비교하라

H2026 הָרַג[167회] 하라그

기본어근; 죽일 의도로 '세게 때리다':—파괴하다, 당장 죽이다, 살해하다, [죽도록] 내주다, [살육]하다, 살해하다, (확실히).

H2027 הֶרֶג[5회] 헤레그

〈2026〉에서 유래; '도살':—죽임당하다, 도살하다.

H2028 הֲרֵגָה[5회] 하레가

〈2027〉의 여성형; '도살하다':—대량학살하다.

H2029 הָרָה[54회] 하라

기본어근; '임신하다'(혹은, 되다), '수태하다'(문자적, 혹은 상징적으로):—낳다, 임신 중이다, 임신하다, 조상.

H2030 הָרֶה[7회] 하레
또는 הָרִי 하리 (호14:1)
〈2029〉에서 유래; '임신한':—아기를 가진(가지다), 임신부, 임신하다.

H2031 הַרְהֹר[2회] 하르호르
아람어 〈2029〉와 일치하는 어근에서 유래; 정신적 '착상':—생각.

H2032 הֵרוֹן[3회] 헤론 또는 הֵרָיוֹן 헤라욘
〈2029〉에서 유래; '임신':—수태.

H2033 הֲרוֹרִי[1회] 하로리
〈2043〉의 다른 형; '하롤 사람', 혹은 산지사람:—하롤 사람(대상11:27).

H2034 הֲרִיסָה[1회] 하리싸
〈2040〉에서 유래; '부수어진' 어떤 것:—파멸.

H2035 הֲרִיסוּת[1회] 하리쑤트
〈2040〉에서 유래; '파괴':—파멸.

H2036 הֹרָם[1회] 호람
('우뚝 솟다'는 뜻의) 사용하지 않는 어근에서 유래; '높은'; 가나안 왕 '호람':—호람(수10:33).

H2037 הָרֻם[1회] 하룸
〈2036〉과 동의어의 수동태분사; '높은'; 이스라엘 사람 '하룸':—하룸(대상4:8).

H2038 הַרְמוֹן[1회] 하르몬
〈2036〉과 동일; (그것의 높이로부터) '성':—궁.

H2039 הָרָן[7회] 하란
아마도 〈2022〉에서 유래한 듯함; '산 사람'; 두 사람의 이름 '하란':—하란(대상23:9).

H2040 הָרַס[43회] 하라쓰
기본어근; '헐어'내리다, 혹은 갈기갈기 찢다, '부수다', '파괴하다':—때려 넘어뜨리다, 파괴하다, 훼파하다, 전복하다, 허물어뜨리다, 헐다, 망하다, 넘어뜨리다, (완전히).

H2041 הֶרֶס[1회] 헤레쓰
〈2040〉에서 유래; '파괴':—멸망.

H2042 הָרָר[3회] 하라르
'흐릿하게 보이다'의 뜻의 사용하지 않는 어근에서 유래; '산':—언덕, 산.

H2043 הֲרָרִי[5회] 하라리 또는 הָרָרִי 하라리 (삼하23:—11) 또는 הָאֲרָרִי 하라리 (삼하23:34, 마지막 절)
명백히 〈2042〉에서 유래; '산지 사람':—하랄 사람(삼하23:33).

H2044 הָשֵׁם[1회] 하셈
아마도 〈2828〉과 동일; '부요한'; 이스라엘 사람 '하셈':—하셈.

H2045 הַשְׁמָעוּת[1회] 하쉬마우트
〈8085〉에서 유래; '포고':—들리게 함.

H2046 הִתּוּךְ[1회] 힛투크
〈5413〉에서 유래; '녹음':—녹아지다.

H2047 הֲתָךְ[1회] 하타크
아마도 외래어; 페르시아의 내시 '하닥':—하닥(에4:5).

H2048 הָתַל[10회] 하탈
기본어근; '비웃다'; 함축적으로 '속이다':—거짓으로 취급하다, 속이다, 조롱하다.

H2049 הָתֹל[1회] 하톨
〈2048〉에서 유래(오로지 복수집합 명사로서); '비웃음':—조롱하는 자.

H2050 הָתַת[1회] 하타트
기본어근; 정확히는 '~을 습격하다', 즉 '공격하다':—악행을 꾀하다.

트롱히브리어사전

ו

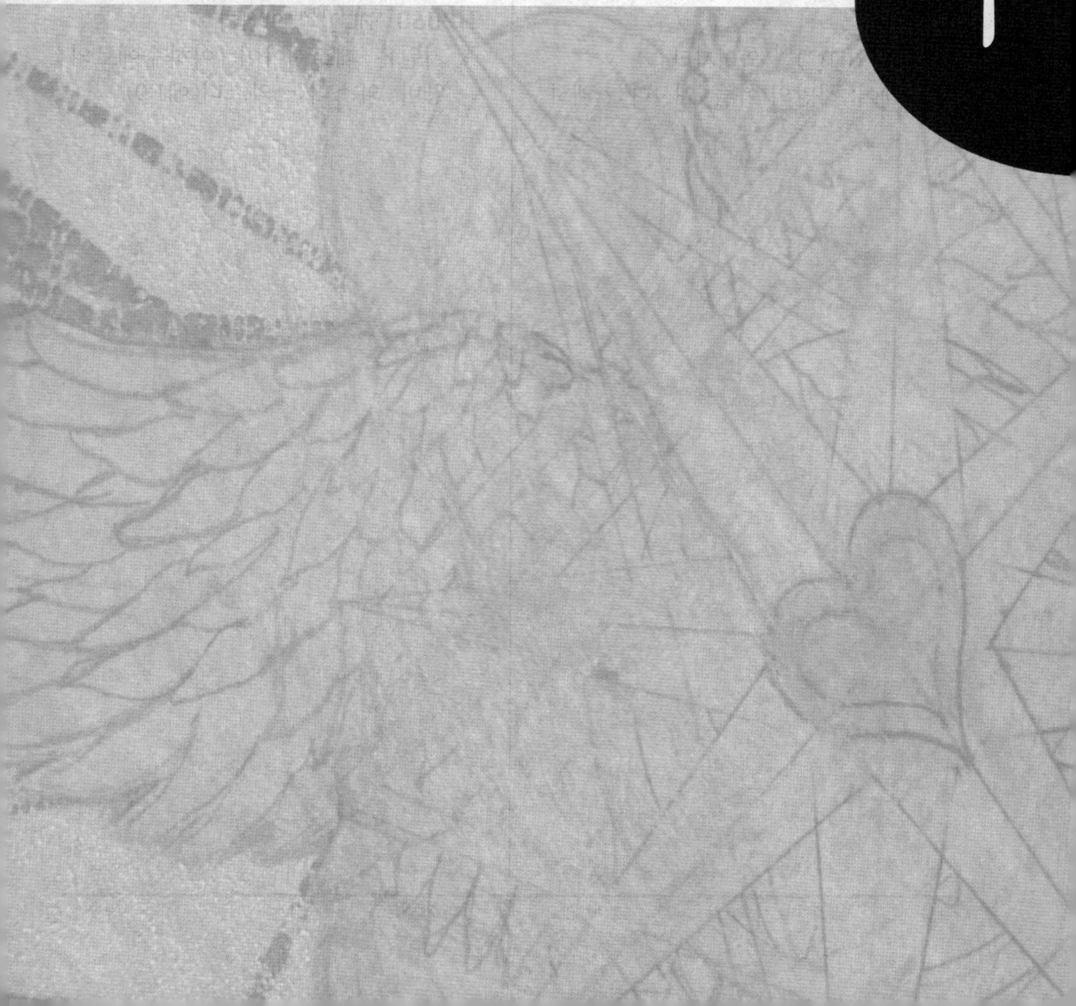

H2051 וְדָן[1회] 웨단
〈**5730**〉과 유관한 듯; '워단'(혹은 아덴), 아라비아의 한 장소:—또한 단, 워단(겔27:19).

H2052 וָהֵב[1회] 와헤브
불확실한 파생어; 모압의 한 장소 '와헙':—그가 행한 것, 와헙(민21:14).

H2053 וָו[3회] 와우
아마도 '고리'(히브리 문자 6번째 글자의 이름):—갈고리.

H2054 וָזָר[1회] 와자르
죄를 '지다'는 뜻의 사용하지 않는 어근에서 유래한 듯함; '범죄':—이상한.

H2055 וַיְזָתָא[1회] 와이자타
외래어; 하만의 아들 '왜사다':—왜사다(에9:9).

H2056 וָלָד[1회] 왈라드
〈**3206**〉을 참조; '소년':—아이.

H2057 וַנְיָה[1회] 완야
〈**6043**〉과 유관한 듯; 이스라엘 사람 '와냐':—와냐(스10:36).

H2058 וָפְסִי[1회] 우오프씨
아마도 〈**3254**〉에서 유래; '부가적인'; 이스라엘 사람 '웝시':—웝시(민13:14).

H2059 וַשְׁנִי[1회] 와쉬니
아마도 〈**3461**〉에서 유래; '약한'; 이스라엘 사람 '바슈니':—바슈니.

H2060 וַשְׁתִּי[10회] 와쉬티
기원은 페르시아어; 아하수에로의 왕비 '와스디':—와스디(에1:9).

트롱히브리어사전

ז

H2061 זְאֵב[7회] **제에브**
'노랗게 되다'란 뜻의 사용하지 않는 어근에서 유래; '이리':—이리.

H2062 זְאֵב[6회] **제에브**
〈2061〉과 동일; 미디안 족속의 방백 '스엡':—스엡(삿7:25).

H2063 זֹאת[600회] **조트**
〈2089〉의 불규칙적인 여성형; '이것'(자주 부사로 사용됨):—이 결과(여기에, 이와 함께), 그것, 마찬가지로, 전자(후자, 같은), 그녀, 그(만큼의), 이 같은(행위), 저것, 그러므로, 이것들, 이(일), 이와 같이.

H2064 זָבַד[1회] **자바드**
기본어근; '수여하다':—부여하다.

H2065 זֶבֶד[1회] **제베드**
〈2064〉에서 유래; '선물':—결혼지참금.

H2066 זָבָד[8회] **자바드**
〈2064〉에서 유래; '주는 자'; 일곱 이스라엘 사람의 이름 '사밧':—사밧(대상2:36).

H2067 זַבְדִּי[6회] **자브디**
〈2065〉에서 유래; '주는 것'; 네 이스라엘 사람의 이름 '삽디':—삽디(수7:1).

H2068 זַבְדִּיאֵל[2회] **자브디엘**
〈2065〉와 〈410〉에서 유래; '하나님의 선물'; 두 이스라엘 사람의 이름 '삽디엘':—삽디엘(느11:14).

H2069 זְבַדְיָה[9회] **제바디야**
또는 **זְבַדְיָהוּ** **제바드야후**
〈2064〉와 〈3050〉에서 유래; '여호와께서 주셨다'; 아홉 이스라엘 사람의 이름 '스바댜':—스바댜(대상8:15).

H2070 זְבוּב[2회] **제부브**
('훌쩍 날다'란 뜻의) 사용하지 않는 어근에서 유래; '파리'(특히 쏘는 성질을 가지고 있는 것 중 하나):—파리.

H2071 זָבוּד[1회] **자부드**
〈2064〉에서 유래; '주어진'; 이스라엘 사람 '사붓':—사붓(왕상4:5).

H2072 זַבּוּד[1회] **잡부드**
〈2071〉의 한 형태; '주어진'; 이스라엘 사람 '사붓':—사붓(스8:14).

H2073 זְבוּל[5회] **제불** 또는 **זְבֻל** **제불**
〈2082〉에서 유래; '주거':—거주하다, 거주함, 거주지.

H2074 זְבוּלוּן[45회] **제불룬** 또는 **זְבֻלוּן**
제불룬 또는 **זְבוּלֻן** **제불룬**
〈2082〉에서 유래; '거주'; 야곱의 아들 '스불론'; 또한 그의 지역과 부족:—스불론(수19:10-16).

H2075 זְבוּלֹנִי[3회] **제불로니**
〈2074〉에서 유래된 족속의 명칭; '스불론 사람', 혹은 스불론의 자손들:—스불론 사람(민26:27).

H2076 זָבַח[134회] **자바흐**
기본어근; '동물을 도살하다'(보통 제사에서):—죽이다, 드리다, 제사 드리다, 살해하다.

H2077 זֶבַח[162회] **제바흐**
〈2076〉에서 유래; 정확히는 '도륙', 즉 동물의 '살'; 함축적으로 '제사'(희생물, 또는 그 행위):—드리다, 헌물, 희생제물.

H2078 זֶבַח[12회] **제바흐**
〈2077〉과 동일; '희생제사'; 미디안 방백 '세바':—세바(삿8:5).

H2079 זַבַּי[2회] **잡바이**
아마도 〈2140〉에 대한 철자의 오기; 이스라엘 사람 '삽배'(혹은 '삭개'):—삽배(스10:28).

H2080 זְבִידָה[1회] **제비다**

〈2064〉에서 유래한 여성형; '주는 것'; 이스라엘 여인 '스비다':—스비다(왕하23:36).

H2081 זְבִינָא 1회 제비나
('구입하다'는 뜻)의 사용하지 않는 어근에서 유래; '수지가 맞음'; 이스라엘 사람 '스비내':—스비내(스10:43).

H2082 זָבַל 1회 자발
기본어근; 명백히 정확히는 '둘러싸다', 즉 '거주하다':—함께 거하다.

H2083 זְבֻל 1회 제불
〈2073〉과 동일; '거주함'; 이스라엘 사람 '스불':—스불(삿9:28). 〈2073〉과 비교.

H2084 זְבַן 1회 제반
아람어 〈2081〉의 어근과 같음; 구입에 의해 '획득하다':—얻다.

H2085 זָג 1회 자그
아마도 '둘러싸다'라는 뜻의 사용하지 않는 어근에서 유래; 포도의 '껍질':—껍데기.

H2086 זֵד 13회 제드
〈2102〉에서 유래; '거만한':—주제넘은, 교만한.

H2087 זָדוֹן 11회 자돈
〈2102〉에서 유래; '거만':—주제넘게, 교만, 교만한(자).

H2088 זֶה 1173회 제
기본어; 남성 지시 대명사, '이것', 또는 '저것':—그는, 그러므로, 여기, 그(자신), 지금, 그의, 전자, …후자, 다른 것, 보다 더, (같은), 이 같은, 것(사람), 이것들, 이것(이사람), 이편, 저편, 여기에서, 바로 그것, 어느 것 〈2063〉. 〈2090〉, 〈2097〉, 〈2098〉과 비교

H2089 זֶה 5회 제(삼상17:34)
〈7716〉의 치환법에 의해; '양':—어린양.

H2090 זֹה 11회 조
〈2088〉 참조; '이것', 또는 '저것':—다른 것과 마찬가지로, 그것, 이것, 저것, 이러이러하게.

H2091 זָהָב 387회 자하브
'희미하게 반짝이다'는 뜻의 사용하지 않는 어근에서 유래; '금'; 상징적으로 어떤 '금 색깔'의 것(즉, '노란'), '기름', '맑은 하늘' 같이:—금, 금으로 된, 맑은 날씨.

H2092 זָהַם 1회 자함
기본어근; '불쾌한', 즉 (타동사) '몹시 싫어하다':—혐오하다.

H2093 זַהַם 1회 자함
〈2092〉에서 유래; '몹시 싫어함'; 이스라엘 사람 '사함':—사함(대하11:19).

H2094 זָהַר 22회 자하르
기본어근; '번쩍이다'; 상징적으로 (경고에 의하여) '계몽하다':—훈계하다, 빛나게 하다, 가르치다, 경고(하다).

H2095 זְהַר 1회 제하르
아람어 〈2094〉와 같음; (수동태) '훈계 받다':—주의하다.

H2096 זֹהַר 2회 조하르
〈2094〉에서 유래; '광휘':—빛남.

H2097 זוֹ 2회 조
〈2088〉 참조; '이것', 혹은 '저것':—저것, 이것.

H2098 זוּ 14회 주
〈2088〉 참조; '이것', 혹은 '저것':—저것, 이것, 어떤 점에서, 어느 것, 누구를.

H2099 זִו 2회 지우

아마도 '탁월하다'는 뜻의 사용하지 않는 어근에서 유래; 정확히는 '밝음'[〈2122〉와 비교], 즉 (상징적으로) '꽃'들의 달; '시브월'(이얄, 혹은 5월과 같음):—시브월.

H2100 זוּב41회 **주브**
기본어근; (물처럼) 자유롭게 '흐르다', 즉 (특히)(성기에서) '하혈하다'; 상징적으로 '써버리다'; 또한 '넘치다':—흐르다, 솟아나오다, (계속)유출하다, 쇠약해지다, 뛰다.

H2101 זוֹב13회 **조브**
〈2100〉에서 유래; 정액의, 혹은 월경의 '유출':—유출병.

H2102 זוּד10회 **주드** 혹은 (치환법에 의해) **זִיד 지드**
기본어근; '끓어오르다'; 상징적으로 '거만한':—오만하다, 오만하게 대하다, 우쭐대다, 주제넘게(가다), 법석떨다.

H2103 זוּד1회 **주드**
아람어 〈2102〉와 같음; '오만하다':—오만하게.

H2104 זוּזִים1회 **주짐**
아마도 〈2123〉과 같은 어근에서 유래한 복수형; '탁월한'; 팔레스타인의 원주민 '수스 족속':—수스 족속(창 14:5).

H2105 זוֹחֵת2회 **조헤트**
불확실한 어원; 이스라엘 사람 '소헷':—소헷(대상4:20).

H2106 זָוִית2회 **자위트**
명백히 〈2099〉와 같은 어근에서 유래('탁월'이란 뜻에서); ('돌출한')'모서리', 즉 (함축적으로) '구석의 기둥'(또는, 벽 끝의 기둥):—모퉁이(돌).

H2107 זוּל2회 **줄**
기본어근[〈2151〉과 비교]; 아마도 '흔들어 털다', 즉 (함축적으로) 아낌없이 '흩다'; 상징적으로 '가볍게 취급하다':—낭비하다, 멸시하다.

H2108 זוּלָה16회 **줄라**
〈2107〉에서 유래; 정확히는 '흩어버림', 즉 '제거'; 부사로 사용 '제외하고':—외에, 그러나, 오직, ~외에는.

H2109 זוּן1회 **준**
기본어근; 아마도 정확히는 '부풀다', 즉 (타동사로)'살지게 하다':—먹이다.

H2110 זוּן2회 **준**
아람어 〈2109〉와 같음:—먹이다.

H2111 זוּעַ2회 **주아**
기본어근; 정확히는 '털어내다', 즉 (상징적으로)(두려움으로) '심하게 움직이다':—움직이다, 떨다, 괴롭히다.

H2112 זוּעַ1회 **주아**
아람어 〈2111〉과 같음; (두려움으로) '흔들리다':—떨다.

H2113 זְוָעָה6회 **제봐아**
〈2111〉에서 유래; '동요', '두려움':—제거되다, 고생, 괴로움. 〈2189〉와 비교

H2114 זוּר7회 **주르**
기본어근; '곁길로 들다'(특히 '숙박' 하려고); 여기에서 '이방인, 길손, 세속인이 되다'; 특히 (능동태 분사로) '간음하다':—다른(사람, 지역)(에서 오다), 키, 가버리다, (매춘부, 이상한 것, 이상한 여자), 이간하다.

H2115 זוּר4회 **주르**
기본어근; [〈6695〉와 비교]; 함께 '누르다', '죄다':—닫다, 부서뜨리다, 함께 밀어 넣다.

H2116 זוּרֶה1회 **주레**
〈**2115**〉에서 유래; '짓밟다':—부서진 것.

H2117 זָזָא1회 **자자**
아마도 〈**2123**〉의 어근에서 유래; '두드러진'; 이스라엘 사람 '사사':—사사.

H2118 זָחַח2회 **자하흐**
기본어근; '떠밀다', 혹은 '바꾸어 놓다':—매지 않은.

H2119 זָחַל3회 **자할**
기본어근; '기다'; 함축적으로 '두려워하다':—두려워하다, 뱀, 벌레.

H2120 זֹחֶלֶת1회 **조헬레트**
〈**2119**〉의 여성 능동태 분사; '기는 것'(즉, '뱀'); '소헬렛', 팔레스타인에 있는 지계석:—소헬렛(왕상1:9).

H2121 זֵידוֹן1회 **제돈**
〈**2102**〉에서 유래; 물의 '끓음', 즉 '물결':—거만함.

H2122 זִיו8회 **지우**
아람어 〈**2099**〉와 같음; (상징적으로) '쾌활':—밝음, 낯빛

H2123 זִיז3회 **지즈**
명백히 '현저하다'라는 뜻을 가진 사용하지 않는 어근에서 유래; 젖가슴의 '풍만함'; 또한 움직이는 '피조물':—풍요, 야생 짐승.

H2124 זִיזָא2회 **지자**
명백히 〈**2123**〉과 같은 것에서 유래; '현저'; 두 이스라엘 사람의 이름 '시사':—시사.

H2125 זִיזָה1회 **지자**
〈**2124**〉의 다른 형; 이스라엘 사람 '시사':—시사(대상23:11).

H2126 זִינָא2회 **지나**
〈**2109**〉에서 유래; '잘 먹여진'; 또는 아마도 〈**2124**〉에 대한 필사의 오기; 이스라엘 사람 '시나':—시나(대상23:10).

H2127 זִיעַ1회 **지아**
〈**2111**〉에서 유래; '동요'; 이스라엘 사람 '시아':—시아(대상5:13).

H2128 זִיף10회 **지프**
〈**2203**〉의 동일형에서 유래; 팔레스타인에 있는 한 장소 이름 '십'; 또한 이스라엘 사람의 이름 '십':—십(수15:55).

H2129 זִיפָה1회 **지파**
〈**2128**〉의 여성형; '흐름'; 이스라엘 사람 '시바'.

H2130 זִיפִי1회 **지피**
〈**2128**〉에서 유래한 족속의 명칭; '십 사람', 또는 십의 거민:—십사람, 십 족속.

H2131 זִיקָה4회 **지카** (사50:11) (여성형)
זִק 지크 또는 **זֵק 제크**
〈**2187**〉에서 유래; 정확히는 '튀어 오르는' 것, 즉 불의 '섬광', 또는 불타는 '화살'; 또한(어근의 본래의 뜻으로부터) '결속':—사슬, 차꼬, 횃불, 불꽃.

H2132 זַיִת38회 **자이트**
아마도 사용하지 않는 어근에서 유래 [〈**2099**〉와 유사]; '감람나무'('등불기름'을 산출하는), 나무, 가지, 또는 장과(漿果):—감람(나무, 나무 밭), 감람산.

H2133 זֵיתָן1회 **제탄**
〈**2132**〉에서 유래; '감람나무' 숲; 이스라엘 사람 '세단':—세단(대상7:10).

H2134 זַךְ11회 **자크**
〈**2141**〉에서 유래; '맑은':—정결한, 순결한.

H2135 זָכָה8회 **자카**
기본어근[〈**2141**〉과 비교]; '반투명하다'; 상징적으로 '무죄하다':—깨끗하다(하게 만들다), 청결하게 하다, 정하게 하다, 정하게 여기다.

H2136 זָכוּ1회 **자쿠**
아람어 〈**2135**〉와 일치하는 어근에서 유래; '순결':—결백.

H2137 זְכוּכִית1회 **제쿠키트**
〈**2135**〉에서 유래; 정확히는 '투명', 즉 '유리':—수정.

H2138 זָכוּר4회 **자쿠르**
정확히는 〈**2142**〉의 수동태 분사, 그러나 〈**2145**〉를 대신해서 쓰임; '수컷'(사람, 혹은 동물의):—수컷들, 사내아이들.

H2139 זַכּוּר10회 **작쿠르**
〈**2142**〉에서 유래; '주의 깊은'; 일곱 이스라엘인의 이름 '삭굴':—삭굴(민 13:4).

H2140 זַכַּי3회 **작카이**
〈**2141**〉에서 유래; '순결한'; 이스라엘 사람 '삭개':—삭개.

H2141 זָכַךְ4회 **자카크**
기본어근[〈**2135**〉와 비교]; '투명하다', 혹은 '깨끗하다'(육체적으로 또는 도덕적으로):—깨끗하다(하게 만들다), (더) 순결하다.

H2142 זָכַר222회 **자카르**
기본어근; 정확히는(알아보기 위하여) '표하다', 즉 '기억하다'; 함축적으로 '언급하다'; 또한(〈**2145**〉에서 유래한 명사 유래어로서) '남성이 되다':—향을 태우다, (진심으로), 수컷이다, ~들어 언급(하다), 마음에 품다, 상세히 말하다, 기록(자)하다, 기억하다, 기억되게 하다, 생각(나게 하다, 기억을 되살리다, 기억하고 있다, 상기시키다), 아직까지, 회상하다, (잘).

H2143 זֵכֶר23회 **제케르** 또는 **זֶכֶר** **제케르**
〈**2142**〉에서 유래; '기념물', 추상명사로 '회상'(극히 드물게); 함축적으로 '축하':—기념, 기억, 회상, 향기.

H2144 זֶכֶר1회 **제케르**
〈**2143**〉과 동일; 한 이스라엘인 '세겔':—세겔.

H2145 זָכָר82회 **자카르**
〈**2142**〉에서 유래; 정확히는 '기억된', 즉 '남성'(사람, 혹은 동물의 가장 두드러진 성으로서):—그를, 남성, 남자, 남아, 인류.

H2146 זִכְרוֹן24회 **지크론**
〈**2142**〉에서 유래; '기념물'(혹은, 기억할 수 있는 물건, 날, 또는 기록):—기념물, 기록.

H2147 זִכְרִי12회 **지크리**
〈**2142**〉에서 유래; '기억할만한'; 열두 이스라엘인의 이름 '시그리':—시그리(대상8:19).

H2148 זְכַרְיָה43회 **제카르야** 또는 **זְכַרְיָהוּ** **제카르야후**
〈**2142**〉와 〈**3050**〉에서 유래; '여호와께서 기억하셨다'; 이스라엘인 29명의 이름 '스가랴':—스가랴(왕하15:8).

H2149 זֻלּוּת1회 **줄루트**
〈**2151**〉에서 유래; 정확히는 '흔듬', 즉 아마도 '큰 폭풍우':—가장 비열한.

H2150 זַלְזַל1회 **잘잘**
〈**2151**〉에서 유래한 중복형; '떠는', 즉 '작은 가지':—잔가지.

H2151 זָלַל11회 **잘랄**
기본어근[〈**2107**〉과 비교]; '흔들다'(바람에 의해서), 즉 '진동하다'; 상징적으로 '해이해지다', 도덕적으로 '가치 없는', 또는 '낭비하는':—불어 넘어뜨리다, 대식가, 난폭한(시끄럽게 먹는 사람), 비열한.

H2152 זַלְעָפָה[3회] 잘르아파 또는 **זִלְעָפָה** 질르아파
〈2196〉에서 유래(바람, 혹은 노(怒)의) '맹렬함'; 또한 '기근' ('소모됨'으로 인한):—끔찍한, 무시무시한 것, 무서운.

H2153 זִלְפָּה[7회] 질파
명백히 몰약 같은 것이 '똑똑 떨어지다'라는 뜻의 사용하지 않는 어근에서 유래; 향내를 풍기며 '떨어짐'; 레아의 몸종 '실바':—실바(창29:24).

H2154 זִמָּה[29회] 짐마 또는 **זַמָּה** 잠마
〈2161〉에서 유래; '계획', 특히 악한 계획:—가증한 죄, 음탕(하게함), 실수, 목적, 생각, 사악한(계획, 마음, 사악함).

H2155 זִמָּה[3회] 짐마
〈2154〉와 동일; 두 이스라엘 사람의 이름 '심마':—심마(대상6:5(20), 27(42), 대하29:12).

H2156 זְמוֹרָה[5회] 제모라 또는 **זְמֹרָה** 제모라 (여성형) 그리고 **זְמֹר** 제모르 남성형
〈2168〉에서 유래; (다듬은) '잔가지':—포도나무, 가지, 꺾꽂이용 가지.

H2157 זַמְזֹם[1회] 잠좀
〈2161〉에서 유래; '음모를 꾸밈'; '삼숨밈 사람', 또는 팔레스타인의 원주민:—삼숨밈(신2:20).

H2158 זָמִיר[7회] 자미르 또는 **זָמִר** 자미르 그리고 (여성형) **זְמִרָה** 제미라
〈2167〉에서 유래; 악기로 반주되는 '노래':—시(인), 찬미, 노래.

H2159 זָמִיר[1회] 자미르
〈2168〉에서 유래; ('다듬은') '잔가지':—가지.

H2160 זְמִירָה[1회] 제미라
〈2158〉의 여성형; '노래'; 이스라엘 사람 '스미라':—스미라(대상7:8).

H2161 זָמַם[13회] 자맘
기본어근; 보통 악한 뜻에서 '계획하다':—생각하다, 꾀하다, 상상하다, 음모하다, 작정하다, (악을) 계획하다.

H2162 זָמָם[1회] 자맘
〈2161〉에서 유래; '음모':—사악한 계획.

H2163 זָמַן[3회] 자만
기본어근; (시간을) '결정하다':—지정하다.

H2164 זְמַן[1회] 제만
아람어 〈2163〉과 같음; (시간과 장소에) '동의하다':—준비하다.

H2165 זְמָן[4회] 제만
〈2163〉에서 유래; '정한' 때:—정한 기간, 때.

H2166 זְמָן[11회] 제만
아람어 〈2165〉에서 유래; 〈2165〉와 동일:—정한 기간, 때.

H2167 זָמַר[13회] 자마르
기본어근[아마도 손가락들로 '튕긴다'는 개념을 따라 〈2168〉과 동일]; 정확히는 악기의 현이나 부분을 '만지다', 즉 '연주하다'; 음성에 맞추어 음악을 '연주하다'; 여기에서 노래와 음악으로 '축하하다':—찬양하다, 찬송하다, 성가(들), 시(들).

H2168 זָמַר[3회] 자마르
기본어근[〈2167〉, 〈5568〉, 〈6785〉와 비교]; (포도나무를) '다듬다':—가지 치다, 전정(剪定)하다.

H2169 זֶמֶר[1회] 제메르
명백히 〈2167〉, 또는 〈2168〉에서 유래; '가젤'(그것이 가볍게 땅에 '디딘다'는 것으로부터):—영양(羚羊)류.

H2170 זְמָר[4회] 제마르
아람어 〈2167〉에 일치하는 어근에서 유래; '기악':—음악.

H2171 זַמָּר[1회] 잠마르
아람어 〈2170〉과 동일한 형에서 유래; '기악가':—노래하는 자.

H2172 זִמְרָה[8회] 지므라
〈2167〉에서 유래; 악기가 동반된 '음악의' 악보, 또는 '노래':—멜로디, 시편.

H2173 זִמְרָה[1회] 지므라
〈2168〉에서 유래; '다듬은'(즉, '고른') 과일:—최고의 과일.

H2174 זִמְרִי[15회] 지므리
〈2167〉에서 유래; '음악의'; 다섯 이스라엘 사람의 이름, 또 아라비아 부족의 이름 '시므리':—시므리(왕상 16:9,10, 왕하9:31).

H2175 זִמְרָן[2회] 지므란
〈2167〉에서 유래; '음악의'; 그두라가 낳은 아브라함의 아들 '시므란':—시므란(창25:2).

H2176 זִמְרָת[3회] 지므라트
〈2167〉에서 유래; '기악'; 함축적으로 '찬양':—노래.

H2177 זַן[3회] 잔
〈2109〉에서 유래; 정확히는 '길러진', 즉 (또는, 완전히 '발전한') '형태', 또는 '종류':—몇 개의 종류들, 저장의 모든 방법.

H2178 זַן[4회] 잔
아람어 〈2177〉과 같음; '종류':—종류.

H2179 זָנַב[2회] 자나브
'(꼬리 따위를) 흔들다'는 뜻을 가진 기본어근; 오직 〈2180〉에서 유래한 명사유래어로서 사용됨; '줄이다', 즉 꼬리를 '자르다':—가장 뒤쪽을 치다.

H2180 זָנָב[11회] 자나브
〈2179〉에서 유래(날개를 '퍼덕거리다'라는 본래의 의미로); '꼬리'(문자적, 또는 상징적으로):—꼬리.

H2181 זָנָה[60회] 자나
기본어근['포식한' 그리고 그러므로 '바람난']; '간음하다'(보통으로 여자의 간음, 가끔 간음, 드물게 강간당하므로); 상징적으로 '우상을 섬기다'(여호와의 배우자로서 간주된 유대백성이):—간음하다, 간음하게 하다, (계속적으로, 심히), 창녀(되다, 짓하다), 창기(가 되다, 가 되게 하다, 행위를 하다), 행음(하다, 에 빠지다), 매춘하러(가다, 가게 되다), 음란한.

H2182 זָנוֹחַ[5회] 자노아흐
〈2186〉에서 유래; '거절된'; 팔레스타인에 있는 두 장소의 이름 '사노아':—사노아(수15:34,56).

H2183 זָנוּן[12회] 자눈
〈2181〉에서 유래; '간통'; 상징적으로 '우상숭배':—매춘.

H2184 זְנוּת[9회] 제누트
〈2181〉에서 유래; '간통', 즉 (상징적으로) '불신앙', '우상숭배':—매춘.

H2185 זֹנוֹת[1회] 조노트
어떤 이들은 〈2109〉, 또는 사용하지 않는 어근에서 유래한 것 같다고 간주함, 그리고 군사 '무기'에 적용함; 그러나 분명히 〈2181〉의 여성 능동태 분사 복수임; '창기들':—갑옷.

H2186 זָנַח[20회] 자나흐
'밀어 제치다', 즉 '거절하다', '버리다',

'실패하다'는 뜻의 기본어근:—던져 버리다, 멀리 옮기다.

H2187 זָנַק[1회] **자나크**
기본어근; 정확히는 발을 '모으다'(마치 동물이 그의 먹이를 덮치는 것처럼), 즉 앞으로 '뛰어오르다':—도약하다.

H2188 זֵעָה[1회] **제아**
〈2111〉에서 유래 (〈3154〉의 의미로); '발한(發汗)':—땀.

H2189 זַעֲוָה[6회] **자아바**
〈2113〉의 치환형; '동요', '학대':—내쫓긴, 고생.

H2190 זַעֲוָן[2회] **자아반**
〈2111〉에서 유래; '불안하게 하다'; 이두메아인, '사아완':—사아완(창36:27).

H2191 זְעֵיר[2회] **제에르**
사용하지 않는 어근에서 유래[(글자를 치환함에 의해) 〈6819〉와 유사함], 뜻은 '줄다'; '작은':—조금.

H2192 זְעֵיר[1회] **제에르**
아람어 〈2191〉과 같음:—작은.

H2193 זָעַךְ[1회] **자아크**
기본어근; '끄다':—꺼지다.

H2194 זָעַם[12회] **자암**
기본어근; 정확히는 입에 '거품을 물다', 즉 '화내다':—혐오하다, 혐오할 만한, 노하다, 겁내지 않고 맞서다, 분노(하다).

H2195 זַעַם[22회] **자암**
〈2194〉에서 유래; 엄격히 말해서 입에서 '거품을 내뿜다', 즉 (상징적으로) '격분'(특히 죄에 대한 하나님의 불쾌):—분노, 진노, 격노.

H2196 זָעַף[4회] **자아프**
기본어근; 정확히는 '끓어'오르다, 즉 (상징적으로) '성마른', 또는 '노한':—초초하게 하다, 슬픈, 악한 것을 좋아하는, 노를 발하다.

H2197 זַעַף[4회] **자아프**
〈2196〉에서 유래; '노함':—진노, 분노(함), 격노.

H2198 זָעֵף[7회] **자에프**
〈2196〉에서 유래; '노함':—불쾌한.

H2199 זָעַק[71회] **자아크**
기본어근; '날카로운 소리를 지르다'(고통 또는 위험으로); 유추적으로 (전령으로서) 공공연히 '선포하다', 또는 '소집하다':—공적으로 모으다, 소집하다, 불러 모으다, 부르짖다, 무리와 함께 오다, 함께 모으다, 선포하게 하다.

H2200 זְעִק[1회] **제이크** 아람어
〈2199〉와 같음; '부르짖다':—고함치다.

H2201 זַעַק[18회] **자아크**
그리고 (여성형) **זְעָקָה 제아카**
〈2199〉에서 유래; '날카로운 소리를 지르다', 혹은 '큰 소리로 부르짖다':—부르짖다, 부르짖음.

H2202 זִפְרֹן[1회] **지프론**
('향기롭다'는 뜻의) 사용하지 않는 어근에서 유래; 팔레스타인의 한 장소 '시브론':—시브론(민34:9).

H2203 זֶפֶת[3회] **제페트**
('녹이다'는 뜻의) 사용하지 않는 어근에서 유래; '아스팔트'(태양에 의하여 연하게 되는 경향으로 부터):—피치(역청).

H2204 זָקֵן[5회] **자켄**
기본어근; '나이 먹다':—늙은 사람, (심히)늙은(사람)이 되다.

H2205 זָקֵן[4회] **자켄**
〈2204〉에서 유래; '늙은':—오래된,

옛날(사람), 가장(늙은), 늙은(남자, 남자들, 그리고 …여자들), 장로.

H2206 זָקָן[19회] 자칸
〈2204〉에서 유래; '수염'('나이든' 표시로서):—(턱)수염.

H2207 זֹקֶן[1회] 조켄
〈2204〉에서 유래; 늙은 '나이':—나이.

H2208 זָקֻן[4회] 자쿤
정확히는 〈2204〉의 수동태 분사(명사로서 오직 복수에만 사용됨); '노년':—노년.

H2209 זִקְנָה[6회] 지크나
〈2205〉의 여성형; '노년':—늙은(나이).

H2210 זָקַף[2회] 자카프
기본어근; '들어올리다', 즉 (상징적으로) '위로하다':—일으키다.

H2211 זְקַף[1회] 제카프
아람어 〈2110〉과 같음; '매달다', 즉 '꼼짝 못하게 하다':—세우다.

H2212 זָקַק[7회] 자카크
기본어근; '잡아당기다'; (상징적으로) '추출하다', '깨끗하게 하다':—순화하다, 부어내리다, 깨끗이 하다, 정결하게 하다, 정제하다.

H2213 זֵר[10회] 제르
〈2237〉에서 유래('흐트러뜨리는'의 의미에서); '화관'(꼭대기의 변두리가 '퍼진'), 즉 (특히) 테두리 '주형':—관.

H2214 זָרָא[1회] 자라
〈2114〉에서 유래('이간'이라는 점에서)[〈2219〉와 비교]; '싫증':—싫은.

H2215 זָרַב[1회] 자라브
기본어근; '흘러가다':—점점 따뜻해지다.

H2216 זְרֻבָּבֶל[22회] 제룹바벨
〈2215〉와 〈894〉에서 유래; 바벨론의, 즉 거기서 '태어난' 자손; 이스라엘 사람, '스룹바벨':—스룹바벨(스2:2, 학1:1).

H2217 זְרֻבָּבֶל[6회] 제룹바벨
아람어 〈2216〉과 같음:—스룹바벨.

H2218 זֶרֶד[4회] 제레드
성장에 있어서 '원기왕성하다'는 뜻인 사용하지 않는 어근에서 유래; '관목 숲'으로 줄지음; 사해 동편의 한 시내, '세렛':—사렛, 세렛(민21:12).

H2219 זָרָה[39회] 자라
기본어근[〈2114〉와 비교]; '던져 올리다'; 함축적으로 '흐트러뜨리다', '까부르다':—없애버리다, 에워싸다, 흩다, 까부르다, 흩어버리다, 퍼뜨리다, 흩뿌리다, 키질하다.

H2220 זְרוֹעַ[91회] 제로아 또는 (단축형) **זְרֹעַ 제로아** 그리고 (여성형) **זְרוֹעָה 제로아** 또는 **זְרֹעָה 제로아**
〈2232〉에서 유래; '팔'('쭉 펴는'), 또는 (동물의) '앞다리'; 상징적으로 '힘':—팔, 도움, 능력, 강함, 어깨, 힘.

H2221 זֵרוּעַ[3회] 제루아
〈2232〉에서 유래; '씨 뿌린' 어떤 것, 즉 '식물':—파종, 씨 뿌려진 것.

H2222 זַרְזִיף[1회] 자르지프
'흐르다'는 뜻의 사용하지 않는 어근에서 유래한 중복체; '퍼붓는 비':—물.

H2223 זַרְזִיר[1회] 자르지르
〈2115〉에서 유래한 중복체; 정확히는 단단히 '졸라매어진', 즉 아마 '경주자', 또는 어떤 빠른 동물(허리가 '가느다란' 것으로):—사냥개.

H2224 זָרַח[8회] 자라흐

기본어근; 정확히는 '비추다'(또는, 광선을 내뿜다), 즉 '올라오다'(해 같은 것); 특히 '나타나다'(나병의 징후로):—일으키다, 일어나다, 뜨다, 뜨자마자.

H2225 זֶרַח[1회] 제라흐
〈2224〉에서 유래; 빛의 '떠오름':—떠오르는.

H2226 זֶרַח[21회] 제라흐
〈2225〉와 동일; 세 이스라엘인의 이름, 한 이두메아인과 에티오피아 방백의 이름 '세라':—세라(창36:13,17).

H2227 זַרְחִי[6회] 자르히
〈2226〉에서 유래한 족속의 명칭; '세라족속', 또는 세라의 자손:— 세라족속(민26:13,20).

H2228 זְרַחְיָה[5회] 제라흐야
〈2225〉와 〈3050〉에서 유래; '여호와께서 일어나셨다'; 두 이스라엘인의 이름 '스라히야':—스라히야(대상5:32(6:6), 스7:4).

H2229 זָרַם[2회] 자람
기본어근; (물 같은 것이) '분출하다':—홍수로 쓸어버리다, 부어버리다.

H2230 זֶרֶם[9회] 제렘
〈2229〉에서 유래; 물의 '분출':—홍수, 넘침, 소나기, 폭풍, 폭풍우.

H2231 זִרְמָה[2회] 지르마
〈2230〉의 여성형; 유체(정액)의 '솟아나옴':—유출.

H2232 זָרַע[56회] 자라
기본어근; '씨 뿌리다'; 상징적으로 '(씨를) 흩뿌리다', '심다', '열매를 맺게 하다':—낳다, 열매 맺다, 씨 뿌리(다, 는 자), 산출하다.

H2233 זֶרַע[229회] 제라
〈2232〉에서 유래; '씨'; 상징적으로 '열매', '식물', '파종기', '자손':—육체적으로, 아이, 열매가 많은, 파종(기).

H2234 זְרַע[1회] 제라
아람어 〈2233〉과 같음; '자손':—씨.

H2235 זֵרֹעַ[2회] 제로아 또는 זֵרָעֹן 제라온
〈2232〉에서 유래; 어떤 '뿌려진' 것(복수로만), 즉 '채소'(음식물로서):—콩 종류.

H2236 זָרַק[35회] 자라크
기본어근; '뿌리다'(액체, 또는 고체 입자를):—여기저기 있다, 흩뜨려놓다, (액체·분말 따위를) 뿌리다, 흩뿌리다.

H2237 זָרַר[1회] 자라르
기본어근[〈2114〉와 비교]; 아마 '흩뜨리다', 즉 (특히) '재채기하다':—재채기하다.

H2238 זֶרֶשׁ[4회] 제레쉬
기원은 페르시아어; 하만의 부인 '세레스':—세레스(에6:13).

H2239 זֶרֶת[7회] 제레트
〈2219〉에서 유래; 손가락들을 '폄', 즉 '손바닥':—손바닥.

H2240 זַתּוּא[4회] 잣투
불확실한 파생어; 한 이스라엘인 '삿두':—삿두(스2:8).

H2241 זֵתָם[2회] 제탐
명백히 〈2133〉의 어미변화; 한 이스라엘인 '세담':—세담(대상23:8).

H2242 זֵתַר[1회] 제타르
기원은 페르시아어; 아하수에로 왕의 한 내시 '세달':—세달(에1:10).

트롱히브리어사전

ח

H2243 חֹב[1회] **호브**
〈2245〉에서 유래한 압축형; 정확히는 '품는 자', 즉 '가슴':—품.

H2244 חָבָא[34회] **하바**
기본어근[〈2245〉와 비교]; '숨기다':—잡힌, 숨기다, 자신을 감추다, 비밀리에 하다.

H2245 חָבַב[1회] **하바브**
기본어근[〈2244〉와 〈2247〉과 비교]; 정확히는(품 같은 곳에) '숨기다', 즉 (애정을 가지고) '소중히 하다':—사랑하다.

H2246 חֹבָב[2회] **호바브**
〈2245〉에서 유래; '품어진', 모세의 장인 '호밥':—호밥(민10:29).

H2247 חָבָה[5회] **하바**
기본어근[〈2245〉와 비교]; '비밀로 하다':—숨기다, 자신을 숨기다.

H2248 חֲבוּלָה[1회] **하불라**
아람어 〈2255〉에서 유래; 정확히는 '뒤엎어진', 즉 (도덕적으로) '범죄':—해(害), 침해.

H2249 חָבוֹר[3회] **하보르**
〈2266〉에서 유래; '연합된'; 앗수르의 강 '하볼':—하볼(왕하17:6).

H2250 חַבּוּרָה[7회] **합부라** 또는 חַבֻּרָה **합부라** 또는 חֲבֻרָה **하부라**
〈2266〉에서 유래; 정확히는 (줄로) '맨', 즉 '채찍자국'(또는, 검고 푸른 자국):—푸름(멍), 타박상, 상처, 채찍, 상함.

H2251 חָבַט[5회] **하바트**
기본어근; '떨어'내다, 또는 '떨어'버리다:—치다, 떼어내다, 두들겨 끄다, 타작하다.

H2252 חֲבַיָּה[2회] **하바이야**
또는 חֲבָיָה **하바야**
〈2247〉과 〈3050〉에서 유래; '여호와께서 숨기셨다'; 한 이스라엘인 '하바야':—하바야(스2:61).

H2253 חֶבְיוֹן[1회] **헤브욘**
〈2247〉에서 유래; '숨김':—감춤.

H2254 חָבַל[14회] **하발**
기본어근; 단단히 '감다'(끈으로), 즉 '묶다'; 특히 '전당잡힘'으로; 상징적으로 '벗어나게 하다', '파괴하다'; 또한 (특히 해산의) 고통으로 '몸부림치다':—(아주), 끈으로 동이다, 낳다, 타락시키다, 악하게 다루다, 파괴하다, 성나게 하다, 전당잡다, 볼모잡다, 진통하다, (심히), 보류하다.

H2255 חֲבַל[9회] **하발**
아람어 〈2254〉와 같음; '파멸시키다':—파괴하다, 상케 하다.

H2256 חֶבֶל[7회] **헤벨** 또는 חֵבֶל **헤벨**
〈2254〉에서 유래; 끈(꼰), 특히 척량 '줄'; 함축적으로 '지역', 혹은 '상속'('측량된'); 또는('끈'같은 것의) '올가미'; 상징적으로 '일행'(함께 '묶인' 것 같은); 또한 '심한 고통'(특히 해산의); 또한 '파괴':—무리, 해안, 떼, 줄, 지역, 파괴, 끈, 제비, 고통, 비통, 분깃, 밧줄, 올무, 슬픔, 방해.

H2257 חֲבָל[3회] **하발**
아람어 〈2255〉에서 유래; '피해'(인격적인 또는 금전상의):—손해, 해(害).

H2258 חֲבֹל[3회] **하볼**
또는 (여성형) חֲבֹלָה **하볼라**
〈2254〉에서 유래; '전당'(빚에 대한 담보):—전당물.

H2259 חֹבֵל[4회] **호벨**
〈2254〉에서 유래한 능동태 분사(줄을 '다루다'는 의미에서); '사공':—키잡이, 선장.

H2260 חִבֵּל[1회] **힙벨**
〈2254〉에서 유래('줄'로 설비되었다는 의미에서); '돛대':—돛대.

H2261 חֲבַצֶּלֶת[2회] **하밧첼레트**
불확실한 파생어; 아마 '초원의 사프란':—장미.

H2262 חֲבַצִּנְיָה[1회] **하밧찬야**
불확실한 파생어; 한 레갑 사람 '하바시냐':—하바시냐(렘35:3).

H2263 חָבַק[13회] **하바크**
기본어근; (손 또는 포옹으로) '꽉 잡다':—껴안다, (팔을) 끼다.

H2264 חִבֻּק[2회] **힙부크**
〈2263〉에서 유래; (게으름으로) 손을 '꽉 잡음':—(팔장을) 끼다.

H2265 חֲבַקּוּק[2회] **하박쿠크**
〈2263〉에서 유래한 중복체; '포옹'; 선지자 '하박국':—하박국(합1:1).

H2266 חָבַר[26회] **하바르**
기본어근; '결합하다'(문자적, 또는 상징적으로); 특히 (주문으로) '매혹하다':—주문을 걸다, 마법사, 빽빽하게 차다, 연결하다, 교제를 가지다, 쌓아 올리다, (서로) 결합하다, 동맹하다.

H2267 חֶבֶר[7회] **헤베르**
〈2266〉에서 유래; '집단'; 또한 '주문':—마법사, 매혹함, 무리, 마술, (폭넓은).

H2268 חֶבֶר[11회] **헤베르**
〈2267〉과 동일; '공동체'; 겐 족속 중 한 사람의 이름, 그리고 세 이스라엘인의 이름 '헤벨':—헤벨(삿4:11, 창46:17).

H2269 חֲבַר[3회] **하바르**
아람어 〈2266〉과 일치한 어근에서 유래; '동료':—친구, 동무.

H2270 חָבֵר[12회] **하베르**
〈2266〉에서 유래; '동료':—친구, 동무, 서로 밀착시키다.

H2271 חַבָּר[11회] **합바르**
〈2266〉에서 유래; '짝':—동료.

H2272 חֲבַרְבֻּרָה[1회] **하바르부라**
〈2266〉에서 유래한 중복체; (선 같은) '줄무늬', 호랑이에게 있는 것 같은:—반점.

H2273 חַבְרָה[1회] **하브라**
아람어 〈2269〉의 여성형; '동료':—다른 사람.

H2274 חֶבְרָה[1회] **헤브라**
〈2267〉의 여성형; '교제':—회합.

H2275 חֶבְרוֹן[63회] **헤브론**
〈2267〉에서 유래; '교제'의 자리; 팔레스타인의 한 장소, 또한 두 이스라엘인의 이름 '헤브론':—헤브론(창13:18, 출6:18, 삼하2:1, 대상5:28).

H2276 חֶבְרוֹנִי[6회] **헤브로니**
또는 **חֶבְרֹנִי 헤브로니**
〈2275〉에서 유래한 족속의 명칭; '헤브론 사람'(집합명사), 헤브론의 주민:—헤브론 사람들(민26:45).

H2277 חֶבְרִי[1회] **헤브리**
〈2268〉에서 유래한 족속의 명칭; '헤벨가족'(집합명사), 또는 헤벨의 자손:—헤벨 사람들(민26:—45).

H2278 חֲבֶרֶת[1회] **하베레트**
〈2270〉의 여성형; '배우자':—짝.

H2279 חֹבֶרֶת[2회] **호베레트**
〈2266〉의 여성 능동태 분사; '이음매':—연결한 것, 결합.

H2280 חָבַשׁ[33회] **하바쉬**
기본어근; 견고히 '감싸다'(특히 터번식 모자, 습포, 또는 '안장'을); 상징적으로 '그치다', '다스리다':—졸라매다, 띠, 띠우다, 통치하다, 치료자, 두다, 안장, 지우다, 둘러싸다.

H2281 חָבֵת1회 **하베트**
아마 '요리하다'는 뜻의 사용하지 않는 어근에서 유래[〈4227〉과 비교]; '튀긴' 어떤 것, 아마 번철로 구운 '과자':—(납작한) 냄비, 번철.

H2282 חַג62회 **하그** 또는 **חָג 하그**
〈2287〉에서 유래; '축전', 또는 그것의 '희생제물':—축제(날), 제물, 제전.

H2283 חָגָא1회 **하가**
'회전하다'는 뜻의 사용하지 않는 어근에서 유래[〈2287〉과 비교]; 정확히는 '현기(眩氣)', 즉 (상징적으로) '두려움':—공포.

H2284 חָגָב5회 **하가브**
불확실한 파생어; '메뚜기':—메뚜기.

H2285 חָגָב1회 **하가브**
〈2284〉와 동일; '메뚜기'; 느디님 사람 '하갑':—하갑(스2:46).

H2286 חֲגָבָא2회 **하가바**
또는 **חֲגָבָה 하가바**
〈2285〉의 여성형; '메뚜기'; 느디님 사람 '하가바':—하가바(스2:45, 느7:48).

H2287 חָגַג16회 **하가그**
기본어근[〈2283〉, 〈2328〉과 비교]; 정확히는 '원' 안에서 움직이다, 즉 (특히) 성스런 행군에서 '행진하다', 절기를 '지키다'; 함축적으로 '어지럽다':—기념하다, 춤추다, (엄숙한) 절기[종교상의 축제일]를 지키다, 이리저리 비틀거리다.

H2288 חֲגָו3회 **하가우**
'피난하다'는 뜻의 사용하지 않는 어근에서 유래; 바위의 '갈라진 틈':—갈라진 틈.

H2289 חָגוֹר4회 **하고르**
〈2296〉에서 유래; 띠를 '띤':—띠를 동인.

H2290 חָגוֹר5회 **하고르** 또는 **חֲגֹר 하고르**
또는 (여성형) **חֲגוֹרָה** 또는 **חֲגֹרָה 하고라**
〈2296〉에서 유래; (허리에 띠는) '띠':—앞치마, 갑옷, 띠(를 띠다).

H2291 חַגִּי3회 **학기**
〈2287〉에서 유래; '축제의'; 한 이스라엘인 '학기'; 또한 (족속의 명칭으로) '학기사람들', 또는 그 자손:—학기, 학기 사람(민26:15).

H2292 חַגַּי11회 **학가이**
〈2282〉에서 유래; '축제의'; 히브리 선지자 '학개':—학개(학1:1).

H2293 חַגִּיָּה1회 **학기야**
〈2282〉와 〈3050〉에서 유래; '여호와의 축제일'; 한 이스라엘인 '학기야':—학기야(대상6:15(30)).

H2294 חַגִּית5회 **학기트**
〈2291〉의 여성형; '축제의'; 다윗의 아내 '학깃':—학깃(삼하3:4).

H2295 חָגְלָה4회 **호글라**
불확실한 파생어; 아마 '자고새'; 한 이스라엘 여인 '호글라':—호글라(민26:33). 또한 〈1031〉을 보라

H2296 חָגַר44회 **하가르**
기본어근; '띠다'(띠나, 갑옷 등을):—입을 수 있다, 두려워하다, 정해진, 띠 띠다, 조이다, (사방에서).

H2297 חַד1회 **하드**
〈259〉의 축약형; '하나':—하나.

H2298 חַד14회 **하드**
아람어 〈2297〉과 같음; 기수로 '하나'; 관사로서 '단일의'; 부사로 '즉시':—하나의, 첫째, 하나, 함께.

H2299 חַד4회 **하드**

〈2300〉에서 유래; '날카로운':—날카로운.

H2300 חָדַד[6회] **하다드**

기본어근; '날카롭다'(사역동사 '날카롭게 하다') 또는 (상징적으로) '엄하다':—사납다, 날카롭게 하다.

H2301 חֲדַד[2회] **하다드**

〈2300〉에서 유래; '몹시 사나운'; 이스마엘 사람 '하닷':—하닷(창25:15).

H2302 חָדָה[3회] **하다**

기본어근; '즐거워하다':—기쁘게 하다, 가입되다, 기뻐하다.

H2303 חַדּוּד[1회] **핫두드**

〈2300〉에서 유래; '뾰족한 끝':—날카로운.

H2304 חֶדְוָה[2회] **헤드와**

〈2302〉에서 유래; '기뻐함':—즐거움, 기쁨.

H2305 חֶדְוָה[1회] **헤드와**

아람어 〈2304〉와 같음:—기쁨.

H2306 חֲדִי[1회] **하디**

아람어 〈2373〉과 같음; '가슴':—가슴.

H2307 חָדִיד[3회] **하디드**

〈2300〉에서 유래; '뾰족한 끝'; 팔레스타인에 있는 한 장소 '하딧':—하딧(스2:33).

H2308 חָדַל[59회] **하달**

기본어근; 정확히는 '무기력한', 즉 (함축적으로) '그만두다'; (상징적으로) '부족하다', 또는 '게으르다':—멈추다, 마치다, 실패하다, 금하다, 저버리다, 그치다, 내버려두다, 쉬다, 한가하다, 모자란.

H2309 חֶדֶל[1회] **헤델**

〈2308〉에서 유래; '쉬다', 즉 '죽음'의 '상태':—세상.

H2310 חָדֵל[1회] **하델**

〈2308〉에서 유래; '빈', 즉 '그침' 또는 '빈곤한':—금하는 자, 연약한, 버림받은.

H2311 חַדְלַי[1회] **하들라이**

〈2309〉에서 유래; '게으른'; 한 이스라엘인 '하들래':—하들래(대하28:12).

H2312 חֵדֶק[2회] **헤데크**

'찌르다'란 뜻의 사용하지 않는 어근에서 유래; '가시가 많은' 식물;-찔레나무, 가시나무.

H2313 חִדֶּקֶל[2회] **힛데켈**

아마 어근은 외래어; '힛데겔'(또는 '티그리스')강:—힛데겔(창2:14).

H2314 חָדַר[2회] **하다르**

기본어근; 정확히는 '둘러싸다'(방같이), 즉 (유추적으로) '포위하다'(포위공격 시에):—골방으로 들어가다.

H2315 חֶדֶר[38회] **헤데르**

〈2314〉에서 유래; (보통 문자적으로) '방':—안방[침실], 골방, 거실, 남향, (안에).

H2316 חֲדַר[1회] **하다르**

〈2315〉의 다른 형; '방'; 한 이스라엘인 '하달':—하달(창25:15).

H2317 חַדְרָךְ[1회] **하드라크**

불확실한 파생어; 시리아인의 신 '하드락':—하드락(슥9:1).

H2318 חָדַשׁ[10회] **하다쉬**

기본어근; '새것이 되다'; 사역동사로 '다시 세우다':—새롭게 하다, 중수하다, 수선하다.

H2319 חָדָשׁ[53회] **하다쉬**

〈2318〉에서 유래; '새로운':—신선한, 새것.

H2320 חֹדֶשׁ[281회] **호데쉬**

〈2318〉에서 유래; '새' 달; 함축적으로 '월':—달(마다), 월삭.

H2321 חֹדֶשׁ[1회] 호데쉬
〈**2320**〉과 동일; 한 이스라엘 여인 '호데스':—호데스(대상8:9).

H2322 חֲדָשָׁה[1회] 하다샤
〈**2319**〉의 여성형; '새로운'; 팔레스타인의 한 장소 '하닷사':—하닷사(수15:37).

H2323 חֲדַת[1회] 하다트
아람어 〈**2319**〉와 같음, '새로운':—새로운

H2324 חֲוָה[6회] 하와
아람어 〈**2331**〉과 같음; '보여주다':—보이다.

H2325 חוּב[2회] 후브 또한 חָיַב 하야브
기본어근; 아마 정확히는 '매다', 즉 (상징적으로 그리고 재귀동사로서) '빚지고 있다', 또는 (함축적으로) '상실하다':—위태롭게 하다.

H2326 חוֹב[1회] 호브
〈**2325**〉에서 유래; '빚':—빚진 자.

H2327 חוֹבָה[1회] 호바
〈**2247**〉의 여성 능동태 분사; '숨는' 장소; 시리아의 한 장소 '호바':—호바.

H2328 חוּג[1회] 후그
기본어근[〈**2287**〉과 비교]; '원'을 그리다:—(담 등을) 두르다.

H2329 חוּג[3회] 후그
〈**2328**〉에서 유래; '원':—원, 주위, (담 등을) 두르다.

H2330 חוּד[4회] 후드
기본어근; 정확히는 매듭을 '매다', 즉 (상징적으로) 수수께끼를 '내다':—(싹 따위가) 나오다.

H2331 חָוָה[5회] 하와
기본어근[〈**2324**〉, 〈**2421**〉과 비교]; 정확히는 '살다'; 함축적으로 (강조형) '선언하다', 또는 '보이다':—보이다.

H2332 חַוָּה[14회] 하우와
〈**2331**〉에서 유래한 사역동사; '생명을 주는 자'; 최초의 여자 '하와':—하와.

H2333 חַוָּה[5회] 하우와
정확히는 〈**2332**〉와 동일('생명을 줌', 즉 '생명의 처소'); 함축적으로 진을 침 또는 '마을':—(작은) 촌락.

H2334 חַוּוֹת יָאִיר[2회] 하우오트 야이르
〈**2333**〉의 복수형, 그리고 〈**3265**〉의 수정형에서 유래; 팔레스타인의 한 지역, '야일의 작은 마을들':—[바산] 하봇야일(민32:41, 삿10:4).

H2335 חוֹזַי[1회] 호자이
〈**2374**〉에서 유래; '환상의'; 한 이스라엘인 '호새':—선견자들, 호새(대하33:19).

H2336 חוֹחַ[10회] 호아흐
명백히 '꿰찌르다'는 뜻인 사용하지 않는 어근에서 유래; '가시'; 유추적으로 코의 '고리':—가시나무, 엉겅퀴, 가시.

H2337 חָוָח[2회] 하와흐
아마도 〈**2336**〉과 동일; '작은 골짜기', 또는 '갈라진 틈'(땅에 '구멍을 뚫은 것'같이):—잡목 숲.

H2338 חוּט[7회] 후트
아람어 〈**2339**〉의 어근과 같음, 아마 명사유래어; 서로 '끈으로 묶다', 즉 (상징적으로) '수선하다':—연결하다.

H2339 חוּט[25회] 후트
아마도 '꿰매다'란 뜻의 사용하지 않는 어근에서 유래; '끈'; 함축적으로 측정용 '끈':—줄, 끈, 긴 줄, 실.

H2340 חִוִּי[25회] 히우위
아마 〈**2333**〉에서 유래; '마을사람'; 팔레스타인의 토착 부족중 하나 '히위족속':—히위족속(창34:2).

H2341 חֲוִילָה7회 **하윌라**
아마 ⟨2342⟩에서 유래; '원형의'; 동부의 두세 지역의 이름 '하윌라' 또한 두 사람의 이름:—하윌라(창2:11).

H2342 חוּל15회 **훌** 또는 **חִיל 힐**
기본어근; 정확히는 '꼬다', 또는 '빙빙 돌리다'(원에서, 혹은 나선형의 방법으로), 즉 (특히) '춤추다',(특히 해산의) '진통을 겪다', 또는 두려움; 상징적으로 '기다리다', '곡해하다':—배다, 낳다(낳게 하다), 새끼를 낳다, 춤추다, 몰아내다, (고통으로) 근심에 빠지다, 두려워하다, 형성하다, 큰, 슬퍼하다, 희망하다, 보다, 만들다, 고통하다, 심히 고통하다, 쉬다, 흔들다, 형태를 이루다, 근심하다, 머물다, 늦어지다, 진통하다, 떨다, 밀다, 주의 깊게(끈기 있게), 기다리다, 상처 입다.

H2343 חוּל2회 **훌**
⟨2342⟩에서 유래; '원'; 아람의 아들 '훌'; 또한 그가 정착한 지역:—훌.

H2344 חוֹל23회 **홀**
⟨2342⟩에서 유래; '모래'('둥근' 또는 날리는 입자로서):—모래.

H2345 חוּם4회 **훔**
'따뜻하다'는 뜻의 사용하지 않는 어근에서 유래; (함축적으로) '햇볕에 탄', 또는 '거무스레한'(거무스름한):—다갈색의.

H2346 חוֹמָה133회 **호마**
명백히 '연결하다'는 뜻인 사용하지 않는 어근의 여성 능동태 분사; 방어 '벽':—성벽, 벽으로 둘러싼.

H2347 חוּס24회 **후쓰**
기본어근; 정확히는 '덮다', 즉 (상징적으로) '측은히 여기다':—긍휼히 여기다, (감정을 가지고) 보다, 아끼다.

H2348 חוֹף7회 **호프**
'덮다'는 뜻의 사용하지 않는 어근에서 유래; '작은 만'(잘 '방파된' 만으로서의):—[바다의]해안, 항구, 물가, 바닷가.

H2349 חוּפָם2회 **후팜**
⟨2348⟩과 동일한 어근에서 유래; '보호'; 한 이스라엘인 '후밤':—후밤(창46:21).

H2350 חוּפָמִי1회 **후파미**
⟨2349⟩에서 유래한 족속의 명칭; '후밤 족속', 또는 후밤의 자손:—후밤 사람들(민26:39).

H2351 חוּץ164회 **후츠** 또는 (단축형) **חֻץ 후츠** (둘 다 복수로 여성형을 이룸)
'절단하다'란 뜻의 사용하지 않는 어근에서 유래; 정확히는 벽에 의하여 '분리하다', 즉 '바깥', '밖에':—밖에, 들, 밖으로, 큰 길, 더욱, 밖(으로), 길거리, …없이.

H2352 חוּר2회 **후르**
또는 (단축형) **חֻר 후르**
아마 '뚫다'는 뜻의 사용하지 않는 어근에서 유래; 뱀의 '갈라진 틈'; '감방':—구멍.

H2353 חוּר2회 **후르**
⟨2357⟩에서 유래; '흰'세마포:—흰.

H2354 חוּר15회 **후르**
⟨2353⟩, 또는 ⟨2352⟩와 동일; 네 이스라엘인과 한 미디안 사람의 이름 '훌':—훌(출17:10,12).

H2355 חוֹר1회 **호르**
⟨2353⟩과 동일; '흰'세마포:—그물, 망. ⟨2715⟩와 비교

H2356 חוֹר7회 **호르**
또는 (단축형) **חֹר 호르**

〈2352〉와 동일; '움푹한 곳', '구멍', '굴':—동굴, 구멍.

H2357 חָוַר[1회] **하와르**

기본어근; '창백해지다'(수치 때문에):—핼쑥해지다.

H2358 חִוָּר[1회] **히우와르**

아람어 〈2357〉과 동일한 어근에서 유래; '흰':—흰.

H2359 חוּרִי[1회] **후리**

아마도 〈2353〉에서 유래; '세마포' 직조공; 한 이스라엘인 '후리':—'후리'(대상5:14).

H2360 חוּרַי[1회] **후라이**

아마도 〈2359〉의 철자법의 어미변화; 한 이스라엘인 '후래':—후래(대상11:32).

H2361 חוּרָם[13회] **후람**

아마 〈2353〉에서 유래; '순백함', 즉 고귀한; 한 이스라엘인과 두 시리아인의 이름 '후람':—후람(삼하5:11). 〈2438〉과 비교

H2362 חַוְרָן[2회] **하우란**

〈2357〉에서 유래한 듯함(〈2352〉의 의미에서); '동굴 같은'; 요단 동쪽지역 '하우란':—하우란.

H2363 חוּשׁ[21회] **후쉬**

기본어근; '서두르다'; 상징적으로 흥분과 즐거움으로 '열망하다':—급히 하다, 준비하다.

H2364 חוּשָׁה[1회] **후샤**

〈2363〉에서 유래 '서두르다'; 한 이스라엘인 '후사':—후사(대상4:4).

H2365 חוּשַׁי[1회] **후샤이**

〈2363〉에서 유래; '서두르는'; 한 이스라엘인 '후새':—후새(삼하15:32).

H2366 חוּשִׁים[3회] **후쉼** 또는 **חֻשִׁים** **후쉼** 또는 **חֻשִׁם** **후쉼**

〈2363〉의 복수형; '서두르는 자들'; 세 이스라엘인의 이름 '후심':—후심(대상7:12).

H2367 חוּשָׁם[1회] **후샴** 또는 **חֻשָׁם** **후샴**

〈2363〉에서 유래; '바삐'; 한 에돔인 '후삼':— 후삼(대상1:45).

H2368 חוֹתָם[14회] **호탐** 또는 **חֹתָם** **호탐**

〈2856〉에서 유래; '인장' 반지:—인장, 도장.

H2369 חוֹתָם[2회] **호탐**

〈2368〉과 동일; '인장'; 두 이스라엘인의 이름 '호담':—호담(대상7:32, 11:44).

H2370 חֲזָא[55회] **하자** 또는 **חֲזָה** **하자**

아람어 〈2372〉와 같음; '응시하다'; 정신적으로 '꿈꾸다', …보통이다(즉, …으로 보이다):—보다, [꿈을] 꾸다, 바라보다, 익숙하다.

H2371 חֲזָאֵל[23회] **하자엘**

또는 **חֲזָהאֵל** **하자엘**

〈2372〉와 〈410〉에서 유래; '하나님이 보셨다'; 수리아왕 '하사엘':—하사엘(왕상19:—15).

H2372 חָזָה[55회] **하자**

기본어근; '주시하다'; 정신적으로 '감지하다', '숙고하다'(기쁨으로); 특히 '이상을 보다':—보다, 바라보다, 예언하다, 준비하다, (이상을) 보다.

H2373 חָזֶה[13회] **하제**

〈2372〉에서 유래; '가슴'(앞에서 잘 보이는):—가슴.

H2374 חֹזֶה[31회] **호제**

〈2372〉의 능동태분사; 환상을 '본자'; 또한 '계약'(합의를 본):—합의, 선지자, 선견자, 점성가.

H2375 חֲזוֹ[1회] **하조**

〈2372〉에서 유래; '선견자'; 아브라

함의 조카 '하소':—하소(창22:22).

H2376 חֵזֵו[12회] 헤제우

아람어 〈2370〉에서 유래; '광경':—보다, 환상.

H2377 חָזוֹן[35회] 하존

〈2372〉에서 유래; '보는 것'(정신적으로), 즉 '꿈', '계시' 또는 '신탁':—이상(異像).

H2378 חָזוֹת[1회] 하조트

〈2372〉에서 유래; '계시':—환상.

H2379 חֲזוֹת[2회] 하조트

아람어 〈2370〉에서 유래; '광경':—보는 것.

H2380 חָזוּת[5회] 하주트

〈2372〉에서 유래; '주시'; 여기에서 (상징적으로) 두드러진 '모습', '계시', 또는 (함축적으로) '계약':—합의, 유명한(것, 사람), 환상.

H2381 חֲזִיאֵל[1회] 하지엘

〈2372〉와 〈410〉에서 유래; '하나님의 보심'; 한 레위인 '하시엘':—하시엘(대상23:9).

H2382 חֲזָיָה[1회] 하자야

〈2372〉와 〈3050〉에서 유래; '여호와께서 보셨다'; 한 이스라엘인 '하사야':—하사야(느11:5).

H2383 חֶזְיוֹן[1회] 헤즈욘

〈2372〉에서 유래; '환상'; 한 시리아인 '헤시온':—헤시온(왕상15:18).

H2384 חִזָּיוֹן[9회] 힛자욘

〈2372〉에서 유래; '계시', 특히 '꿈'에 의한:—환상.

H2385 חֲזִיז[3회] 하지즈

'눈부시다'는 뜻의 사용하지 않는 어근에서 유래; 빛의 '번쩍임':—밝은 구름, 번개.

H2386 חֲזִיר[7회] 하지르

아마도 '둘러싸다'는 뜻의 사용하지 않는 어근에서 유래; '돼지'(아마 '우리 안에 든'):—멧돼지, 돼지.

H2387 חֵזִיר[2회] 헤지르

〈2386〉과 동일; 아마도 '보호된'; 두 이스라엘인의 이름 '헤실':—헤실(대상24:15).

H2388 חָזַק[293회] 하자크

기본어근; '달라붙다'; 여기에서 '잡다', 강하다(상징적으로 '용기 있는', 사역동사로 '강하게 하다', 치료하다, 돕다, 수선하다, 강화하다), '완고한'; '묶다', '억제하다', '정복하다':—돕다, 수선하다, 메꾸는 것, 잡다, 쪼개다, 확인하다, 지속하다, 강제하다, 꾸준하다, 용기를 내다, 고무하다, 세워지다, 붙들어 매다, 강제하다, 강화하다, 강퍅하게 하다, 강퍅한, 조력하다, (굳게)지속되다, 기대다, 유지하다, 사나이답게 굴다, 고치다, 힘 있게 되다, 승리하다, 회복하다, 수리하다, 보유하다, 붙잡다, (심히)노하다, 강하게 하다, (자신을)강퍅하게 하다, 강하게(하다, 나타나다, 심히 강하다), (강한 자), 확신하다, 붙들다, 긴급하다, 용맹스럽게 행하다, 견디어내다.

H2389 חָזָק[56회] 하자크

〈2388〉에서 유래; '강한'(보통, 나쁜 면에서, '완고한', '대담한', '맹렬한'):—더욱 강퍅한, 가장 맹렬한, 뻔뻔스러운, 큰(소리), 강함, (심히), 강퍅한 [마음이], 강한.

H2390 חָזֵק[2회] 하제크

〈2388〉에서 유래; '힘 있는':—소리가 더 커지다, 더 강하여지다.

H2391 חֵזֶק[1회] 헤제크

〈2388〉에서 유래; '도움':—힘.

H2392 חֹזֶק5회 **호제크**

〈2388〉에서 유래; '힘':—권능.

H2393 חֶזְקָה4회 **헤즈카**

〈2391〉의 여성형; 우세한 '힘':—힘, 자신을 강하게 하다, 강한, 강했다.

H2394 חָזְקָה5회 **호즈카**

〈2392〉의 여성형; '격렬함'(보통 나쁜 의미에서):—강포, 힘 있게, 고치다, 급격하게.

H2395 חִזְקִי1회 **히즈키**

〈2388〉에서 유래; '강한'; 한 이스라엘인 '히스기':—히스기(대상8:17).

H2396 חִזְקִיָּה73회 **히즈키야** 또는 **חִזְקִיָּהוּ 히즈키야후** 또한 **יְחִזְקִיָּה 예히즈키야** 또는 **יְחִזְקִיָּהוּ 예히즈키야후**

〈2388〉과 유래; '여호와로 강해짐'; 유다 왕과 두 이스라엘인의 이름 '히스기야':—히스기야(왕하18:1, 대상3:23, 느7:21, 습1:1). 〈3169〉와 비교

H2397 חָח7회 **하흐** 한번은 (겔29:—4) **חָחִי 하히**

〈2336〉과 동형에서 유래; '코 거리'(또는 입술의):—팔찌, 사슬, 고리.

H2398 חָטָא238회 **하타**

기본어근; 정확히는 '빗나가다'; 여기에서(상징적, 일반적으로) '죄짓다'; 추론적으로 '상실하다', '부족하다'. '속하다', '회개하다', (사역동사) '타락시키다', '비난하다':—죄책을 지다, 깨끗이 하다, [죄를] 범하다, 과오로, 그가 행한, 해악, 손실, 빗나가다, 죄를 범(하게)하다, (하는 자), 속죄물을 드리다, 속죄하다, 정결케 하다, 화해하다, 범죄제하다, 범하다.

H2399 חֵטְא33회 **헤테**

〈2398〉에서 유래; '범죄' 또는 그 '형벌':—과오, (심하게), 범죄, 죄(의 벌).

H2400 חַטָּא19회 **핫타**

〈2398〉에서 유래한 강세형; '죄인' 또는 '유죄'로 간주된 사람:—범죄자, 죄 많은, 죄인.

H2401 חֲטָאָה8회 **하타아**

〈2399〉의 여성형; '위법', 또는 그것에 대한 '희생제물':—죄, 속죄제.

H2402 חַטָּאָה1회 **핫타아**

아람어 〈2401〉과 같음; '위법', '형벌', 또는 그것에 대한 '희생제물':—죄(속죄제).

H2403 חַטָּאָה221회 **핫타아**

또는 **חַטָּאת 핫타트**

〈2398〉에서 유래; '범법'(때로는 습관적인 '죄악'), 그리고 그것의 형벌, 경우, 희생제물, 또는 속죄; 또한 (구체적으로) '범법자':—(죄의)벌, (죄를)정결케 하다(함), 죄인, 속죄제.

H2404 חָטַב9회 **하타브**

기본어근; 나무를 '팍팍 찍다' 또는 '새기다':—벌목하다, 벌목꾼, 닦다.

H2405 חֲטֻבָה1회 **하투바**

〈2404〉의 여성 수동태 분사; 정확히는 '새김'; 여기에서 (무늬를 넣은) '태피스트리(장식용 비단)':—새긴.

H2406 חִטָּה30회 **힛타**

불확실한 파생어; '밀알', 또는 '밀대':—밀(로 만든).

H2407 חַטּוּשׁ5회 **핫투쉬**

불확실한 의미의 사용하지 않는 어근에서 유래; 네댓 이스라엘인의 이름 '핫두스':—핫두스(대상3:22).

H2408 חֲטִי1회 **하티**

아람어 〈2398〉과 일치하는 어근에서 유래; '범죄':—죄.

H2409 חַטָּיָא1회 **핫타야**

아람어 〈2408〉과 동형에서 유래; '속죄':—속죄제.

H2410 חֲטִיטָא[2회] 하티타

아마 '파내다'라는 뜻의 사용하지 않는 어근에서 유래; '탐험가'; 성전 문지기 '하디다':—하디다(스2:42).

H2411 חַטִּיל[2회] 핫틸

명백히 '물결치다'는 뜻의 사용하지 않는 어근에서 유래; '변동이 있는'; 솔로몬의 종 '하딜':—하딜(스2:57, 느7:59).

H2412 חֲטִיפָא[2회] 하티파

〈2414〉에서 유래; '강도'; 느디님사람 '하디바':—하디바(스2:54, 느7:56).

H2413 חָטַם[1회] 하탐

기본어근; '그치다':—그만두다.

H2414 חָטַף[3회] 하타프

기본어근; '꽉 잡다'; 여기에서 죄수를 '붙들다':—붙잡다.

H2415 חֹטֶר[2회] 호테르

불확실한 의미를 가진 사용하지 않는 어근에서 유래; '작은 가지':—매, 회초리.

H2416 חַי[239회] 하이

〈2421〉에서 유래; '살아있는'; 여기에서 '생'(살); '신선한'(풀, 물, 해), '힘센'; 또한(명사로서 특히 여성 단수로서 그리고 남성복수로) '생명'(또는, 살아 있는 것), 문자적이건, 상징적이건 간에:—나이, 산, 식욕, 야수, 동료, 회중, 생(애), 활발(하게), 살아있는(피조물, 것)유지, 즐거운, 다수, 늙다, 빠른, 날것의, 흐르는, 샘솟는, 군대.

H2417 חַי[7회] 하이

아람어 〈2418〉에서 유래; '살아있는'; 또한 (명사 복수로서) '생명':—생명, 산 것의, 살아있는.

H2418 חֲיָא[4회] 하야 또는 חֲיָה 하야

아람어 〈2421〉과 같음; '살다':—살다, 살아있다.

H2419 חִיאֵל[1회] 히엘

〈2416〉과 〈410〉에서 유래; '하나님의 사심'; 한 이스라엘인 '히엘':—히엘(왕상16:34).

H2420 חִידָה[17회] 히다

〈2330〉에서 유래; '수수께끼'; 여기에서 '계교', '어려운 문제', 교훈적인 '격언':—은밀히 말하는(문장, 말), 어려운 문제, 잠언, 수수께끼.

H2421 חָיָה[283회] 하야

기본어근[〈2331〉, 〈2424〉와 비교]; '살다', 문자적이건 상징적이건 간에; 사역동사, '재생시키다':—살아있다, 살게 하다, (확실히), 생명을 주다, (약속하다), 살려두다, 육성하다, 소성시키다, 회복시키다, (하나님께서) 구원하시다, (산채로, 생명, 생명들을), (정말로), 완전하다.

H2422 חָיֶה[1회] 하예

〈2421〉에서 유래; '원기 왕성한':—생기에 넘친.

H2423 חֵיוָא[20회] 헤와

아람어 〈2418〉에서 유래; '동물':—짐승.

H2424 חַיּוּת[1회] 하이유트

〈2421〉에서 유래; '생명':—살아있는 것.

H2425 חָיַי[160회] 하야이

기본어근[〈2421〉과 비교]; '살다' 사역동사, '다시 살리다':—살다, 생명을 건지다.

H2426 חֵיל[8회] 헬 또는 (단축형) חֵל 헬

〈2428〉의 평행형; '군대'; 또한 (유추

적으로) '참호':—군대, 성채, 많은 떼, (빈약한), 성벽, 참호, 벽.

H2427 חִיל[6회] **힐**
그리고 (여성형) חִילָה 힐라
⟨**2342**⟩에서 유래; '진통'(특히 아이 날 때):—고통, 격통, 슬픔.

H2428 חַיִל[244회] **하일**
⟨**2342**⟩에서 유래; 아마도 '힘', 남자이든, 방법이나 다른 자원이든지간에; '군대', '부', '덕', '용기', '힘':—할 수 있다, 활동, 군대, 사람(군인)의 무리, 동료, (거대한)힘, 상품, 무리, 힘, 권력, 재물, 힘, 재산, 행렬, 용감(히), 용맹, 유덕(하게), 전쟁, 가치 있는(있게).

H2429 חַיִל[7회] **하일**
아람어 ⟨**2428**⟩과 같음; '군대', 또는 '힘':—큰소리로, 군사, 가장 강력한, 권력.

H2430 חֵילָה[1회] **헬라**
⟨**2428**⟩의 여성형; '참호':—성채.

H2431 חֵילָם[2회] **헬람**
⟨**2428**⟩에서 유래; '요새'; 팔레스타인 동쪽지역 '헬람':—헬람(삼하 10:16).

H2432 חִילֵן[1회] **힐렌**
⟨**2428**⟩에서 유래; '요새'; 팔레스타인의 한 장소 '힐렌':—힐렌(대상6:43 (58)).

H2433 חִין[1회] **힌**
⟨**2580**⟩의 다른 형; '아름다움':—잘생긴.

H2434 חַיִץ[1회] **하이츠**
⟨**2351**⟩의 다른 형; '벽':—담.

H2435 חִיצוֹן[25회] **히촌**
⟨**2434**⟩에서 유래; 정확히는 (바깥) '벽 쪽'; 여기에서 '바깥쪽의'; 상징적으로 '세속적인'(신성한 것의 반대로서):—밖의, 밖을 향한, (철저한), ~없이.

H2436 חֵיק[38회] **헤크**
또는 חֵק 헤크 그리고 חוֹק 호크
명백히 '둘러싸다'는 뜻의 사용하지 않는 어근에서 유래; '가슴'(문자적 또는 상징적으로):—품, 바닥, 무릎, 중간, 안에.

H2437 חִירָה[2회] **히라**
'빛남'의 의미로 ⟨**2357**⟩에서 유래; 아둘람 사람 '히라':—히라(창38:1,12).

H2438 חִירָם[2회] **히람** 또는 חִירוֹם **히롬**
⟨**2361**⟩의 다른 형; 두 두로 사람의 이름 '히람' 또는 '히롬':—히람, 후람 (삼하5:11, 왕상9:14).

H2439 חִישׁ[1회] **히쉬**
⟨**2363**⟩의 다른 형; '서두르다':—서두르다.

H2440 חִישׁ[1회] **히쉬**
⟨**2439**⟩에서 유래, 정확히는 '서두름'; 여기에서 (부사) '빨리':—곧.

H2441 חֵךְ[18회] **헤크**
'맛보다'는 의미로 ⟨**2596**⟩에서 유래한 듯함; 정확히는 '입천장' 또는 입안; 여기에서 '입' 자체(말하고 맛보고 그리고 입 맞추는 기관으로서):—입(천장), 맛보다.

H2442 חָכָה[14회] **하카**
기본어근['찌르다'는 생각을 통하여 명백히 ⟨**2707**⟩과 유사]; 정확히는 '부착하다'; 여기에서 기다리다:—긴, 체재하다, 기다리다.

H2443 חַכָּה[3회] **학카**
아마 ⟨**2442**⟩에서 유래; '낚시'(걸리게 하는 것으로서):—낚시.

H2444 חֲכִילָה[3회] **하킬라**

〈2447〉과 동형에서 유래; '어두운'; 팔레스타인의 한 언덕, '하길라':—하길라(삼상23:19).

H2445 חַכִּים[14회] **학킴**

아람어 〈2449〉와 일치하는 어근에서 유래; '지혜로운', 즉 바벨론의 박사: —총명한.

H2446 חֲכַלְיָה[2회] **하칼야**

〈2447〉과 〈3050〉의 어간에서 유래; '여호와의 흑암'; 한 이스라엘인 '하가랴':—하가랴(느10:2(1)).

H2447 חַכְלִיל[1회] **하클릴**

명백히 '어두워지다'란 뜻의 사용하지 않는 어근에서 유래한 중복체; 희미하게 '번쩍임'(오로지 눈의); 좋은 의미에서, '번쩍번쩍 빛나는'(마치 술에 의해 자극되어):—붉은.

H2448 חַכְלִלוּת[1회] **하클릴루트**

〈2447〉에서 유래; '번쩍임'(눈의); 나쁜 의미로 '눈의 흐림':—붉음.

H2449 חָכַם[27회] **하캄**

기본어근; '지혜롭게 되다'(정신, 말, 또는 행동에서):—(대단한), 지혜를 가르치다, 지혜(롭다, 롭게 만들다, 롭게 보이다), 지혜롭게 다루다, 더 이상 지혜로울 수가 없다, 더 지혜롭게 하다.

H2450 חָכָם[138회] **하캄**

〈2449〉에서 유래; '지혜로운'(즉, 총명한, 능숙한 또는 교묘한):—간교한(자), 미묘한, 지혜로운([마음], 자), 지각없는.

H2451 חָכְמָה[153회] **호크마**

〈2449〉에서 유래; '지혜'(좋은 의미에서):—능숙한, 지혜, 명철하게, 재치.

H2452 חָכְמָה[8회] **호크마**

아람어 〈2451〉과 같음; '지혜':—지혜.

H2453 חַכְמוֹנִי[2회] **하크모니**

〈2449〉에서 유래; '능숙한'; 한 이스라엘인, '학몬':—학몬, 학몬 사람(대상11:11, 27:32).

H2454 חָכְמוֹת[3회] **호크모트**

또는 חַכְמוֹת **하크모트**

〈2451〉의 평행형들; '지혜':—지혜, 모든 지혜로운 여인.

H2455 חֹל[7회] **홀**

〈2490〉에서 유래; 정확히는 '드러난'; 여기에서 '불경스런':—비속한, 불경스런 (장소), 신성하지 않은.

H2456 חָלָא[2회] **할라**

기본어근[〈2470〉과 비교]; '병나다': —병들다.

H2457 חֶלְאָה[5회] **헬아**

〈2456〉에서 유래; 정확히는 '병'; 여기에서 '녹슬다':—떠 있는 찌끼.

H2458 חֶלְאָה[2회] **헬아**

〈2457〉과 동일; 한 이스라엘 여인, '헬라':—헬라.

H2459 חֵלֶב[91회] **헬레브** 또는 חֶלֶב **헬레브**

'살찌다'는 뜻의 사용하지 않는 어근에서 유래; '지방(脂肪)', 문자적이건 상징적이건 간에; 여기에서 '가장 살찐', 또는 가장 상등의 부분:—최상의, 기름(짐), 가장 훌륭한, 지방(脂肪), 골수(骨髓).

H2460 חֵלֶב[1회] **헬레브**

〈2459〉와 동일; '기름짐'; 한 이스라엘인, '헬렙':—헬렙(삼하23:29).

H2461 חָלָב[44회] **할라브**

〈2459〉와 동형에서 유래; '우유'(암소의 '풍부함'으로서):—치즈, 우유, 젖 빠는.

H2462 חֶלְבָּה[1회] **헬바**

⟨2459⟩의 여성형; '비옥'; 팔레스타인의 한 장소, '헬바':—헬바(삿1:31).

H2463 חֶלְבּוֹן[1회] **헬본**
⟨2459⟩에서 유래; '열매를 많이 맺는'; 시리아의 한 장소, '헬본':—헬본(겔27:18).

H2464 חֶלְבְּנָה[1회] **헬베나**
⟨2459⟩에서 유래; '풍지향(楓脂香)', 향기로운 수지(樹脂)(마치 '기름진' 것 같은):—풍지향.

H2465 חֶלֶד[5회] **헬레드**
명백히 빨리 '미끄러지다'는 뜻의 사용하지 않는 어근에서 유래; '일생'('흐르는' 시간의 일부로서); 여기에서 '세상'(덧없는):—나이, 짧은 시간, 세계.

H2466 חֵלֶד[1회] **헬레드**
⟨2465⟩와 동일; 한 이스라엘인, '헬렛':—헬렛(대상11:30).

H2467 חֹלֶד[1회] **홀레드**
⟨2465⟩와 동형에서 유래; '족제비'(그것의 '미끄러지듯 달리는' 모습에서):—족제비.

H2468 חֻלְדָּה[2회] **훌다**
⟨2467⟩의 여성형; 한 이스라엘 여인, '훌다':—훌다(왕하22:14).

H2469 חֶלְדַּי[2회] **헬다이**
⟨2466⟩에서 유래; '세속적임'; 두 이스라엘인의 이름, '헬대':—헬대(대상27:15).

H2470 חָלָה[75회] **할라**
기본어근[⟨2342⟩, ⟨2470⟩, ⟨2490⟩과 비교]; 정확히는 '문질러 지워지다', 또는 '닳아빠지다'; 여기에서 (상징적으로) '쇠약하다', '병들다', '괴로워하다'; 또는 (사역동사로) '슬프게 하다'. '아프게 하다'; 또한 '쓰다듬다'(아첨으로), '간청하다':—간구하다, 병든, 비통에 잠기다, 슬퍼하다, 애통(하다), 연약함, 간청하다, 고통을 주다, 구하다, 기도하다, 병나다(병들다), 몹시 아픈, 근심하다, 산기가 있는 여인, 약하여 지다, 상처 입다.

H2471 חַלָּה[15회] **할라**
⟨2490⟩에서 유래; '과자'(보통 '구멍 있는'):—떡.

H2472 חֲלוֹם[65회] **할롬** 또는 **חֲלֹם** **할롬**
⟨2492⟩에서 유래; '꿈':—꿈(꾸는 자).

H2473 חֹלוֹן[4회] **홀론** 또는 **חֹלֹן** **홀론**
아마 ⟨2344⟩에서 유래; '모래 많은'; 팔레스타인의 두 장소의 이름, '홀론':—홀론(수15:51, 렘48:21).

H2474 חַלּוֹן[31회] **할론**
'창문'(구멍을 낸):—창문.

H2475 חֲלוֹף[1회] **할로프**
⟨2498⟩에서 유래; 정확히는 '살아남음'; 함축적으로 (집합명사) '고아들':—파괴.

H2476 חֲלוּשָׁה[1회] **할루샤**
⟨2522⟩ 여성 수동태 분사; '패배':—압도당함.

H2477 חֲלַח[3회] **할라흐**
아마 기원은 외래어; 앗수르의 한 지역, '할라':—할라(왕하17:6).

H2478 חַלְחוּל[1회] **할훌**
⟨2342⟩에서 유래한 중복체; '비틀린'; 팔레스타인의 한 장소, '할훌':—할훌(수15:58).

H2479 חַלְחָלָה[4회] **할할라**
⟨2478⟩과 동형에서 유래한 여성형; (해산으로) '몸부림치는'; 함축적으로 '공포':—(심한, 많은) 고통.

H2480 חָלַט[3회] **할라트**
기본어근; '와락 붙잡다':—붙잡다.

H2481 חֲלִי[2회] **할리**
〈**2470**〉에서 유래; '자질구레한 장신구'('윤을 낸'):—보석, 장신구.

H2482 חֲלִי[1회] **할리**
〈**2481**〉과 동일; 팔레스타인의 한 장소, '할리':—할리(수19:25).

H2483 חֳלִי[24회] **홀리**
〈**2470**〉에서 유래; '질병', '근심', '재난':—질병, 슬픔, 병이 나다, 병.

H2484 חֶלְיָה[1회] **헬야**
〈**2481**〉의 여성형; '자질구레한 장신구':—보석.

H2485 חָלִיל[6회] **할릴**
〈**2490**〉에서 유래; '피리'('구멍이 뚫린'):—저.

H2486 חָלִילָה[21회] **할릴라**
또는 חָלִלָה **할릴라**
〈**2490**〉에서 유래한 지시형; 문자적으로 '신성을 더럽히는' 것에 관하여; (감탄사) '결단코 아니다!'로 사용:—멀다, 금하다, 그럴 리가 있나.

H2487 חֲלִיפָה[8회] **할리파**
〈**2498**〉에서 유래; '교체':—변경, 진로를 바꾸기.

H2488 חֲלִיצָה[2회] **할리차**
〈**2502**〉에서 유래; '전리품':—갑주(甲冑).

H2489 חֵלְכָא[3회] **헬레카**
아마 '어둡게 되다' 또는 (상징적으로) '불행한'이라는 뜻의 사용하지 않는 어근에서 명백히 유래; '가련한 사람', 즉 불운한:—가난한.

H2490 חָלַל[143회] **할랄**
기본어근[〈**2470**〉과 비교]; 정확히는 '구멍을 뚫다', 즉 (함축적으로) '상처를 입히다', '녹이다'; 상징적으로 '모독하다'(사람, 장소, 또는 어떤 것을), (약속을) '어기다', '시작하다'(절개용 쐐기를 사용하듯이); (〈**2485**〉에서 유래한)명사 유래어, (피리를) '불다':—시작하다, (사람들이 시작했다), 더럽히다, 부수다, 먹다(속된 음식을), 첫째, 거기에서 포도를 모으다, 상속하다, 피리, 악기들의 연주자, 욕되게 하다, (자신을)모독하다, 창기, 살해하다, (살해됨), 근심, 얼룩지게 하다, 상처.

H2491 חָלָל[94회] **할랄**
〈**2490**〉에서 유래; '찔린'(특히 죽도록); 상징적으로 '더럽혀진':—죽이다, 모독하다, 죽임을 당한(자), 살해된, 다친, 치명적으로 상처 입은.

H2492 חָלַם[29회] **할람**
기본어근; 정확히는 단단히 '묶다', 즉 (함축적으로) '불룩하게 만들다'(사역동사로); 또한 (상징적으로 '말없음'이란 의미에서) '꿈꾸다':—꿈꾸다, 꿈꾸게 하다, 꿈꾸는 자, 마음에 들다, 회복하다.

H2493 חֵלֶם[22회] **헬렘**
아람어 〈**2492**〉에서 일치한 어근에서 유래; '꿈':—꿈.

H2494 חֵלֶם[1회] **헬렘**
〈**2492**〉에서 유래; '꿈'; 한 이스라엘인 '헬렘':—헬렘(슥6:14). 〈2469〉와 비교

H2495 חַלָּמוּת[1회] **할라무트**
〈**2492**〉에서 유래('무미건조'의 의미에서); 아마 '흰자위':—달걀.

H2496 חַלָּמִישׁ[5회] **할라미쉬**
아마 〈**2492**〉에서 유래('굳음'의 의미에서); '아주 딱딱한 물건':—아주 단단한 물건, 부싯돌 같은, 바위.

H2497 חֵילֹן[5회] **헬론**

〈2428〉에서 유래; '강한'; 한 이스라엘인 '헬론':—헬론.

H2498 חָלַף[28회] 할라프

기본어근; 정확히는 '미끄러져 지나가다', 즉 (함축적으로) '서둘러' 가버리다, 시간이 '경과하다', '생기다', '찌르다', 또는 '변하다':—폐지하다, 바꾸다, 변경하다, 베어내다, 앞으로 나아가다, 자라다, (끝나다, 지나가다) 새롭게 하다, 움트다, 꿰뚫다.

H2499 חֲלַף[4회] 할라프

아람어 〈2498〉과 같음; (시간이) '지나다':—수동의.

H2500 חֵלֶף[2회] 헬레프

〈2498〉에서 유래; 정확히는 '교환하다'; 여기에서 (전치사로서) ~대신에:—위하여(대신에, 얼마로).

H2501 חֶלֶף[1회] 헬레프

〈2500〉과 동일; '바꾸다'; 팔레스타인의 한 장소 '헬렙':—헬렙(수19:33).

H2502 חָלַץ[27회] 할라츠

기본어근; '떼어 내다', 여기에서 (강의어) '벗기다', (재귀동사) '떠나다'; 함축적으로 '구출하다', '갖추다'(싸울 준비를); '제공하다', '강화하다':—무장하다, 무장한(사람, 군인), 구원하다, 살찌게 하다, 풀다, 준비된, 벗다, 치우다, 움츠리다.

H2503 חֶלֶץ[5회] 헬레츠 또는 חֵלֶץ 헬레츠

〈2502〉에서 유래; 아마 '힘'; 두 이스라엘인의 이름 '헬레스':—헬레스(대상2:39).

H2504 חָלָץ[10회] 할라츠

('힘'이라는 의미로) 〈2502〉에서 유래; 쌍수로만 사용됨; '허리'(정력의 좌소로서):—허리, 지배권.

H2505 חָלַק[56회] 할라크

기본어근; (상징적으로) '매끄럽다'; 함축적으로('제비'를 위해 매끄러운 돌들이 사용되기 때문에) '배분하다', 또는 '나누다':—다루다, 나누다, 가르다, 아첨하다, 주다, 한몫을 가지다, 몫을 취하다, 받다, 분리하다, 매끄럽다(매끄럽게 하는 것).

H2506 חֵלֶק[66회] 헬레크

〈2505〉에서 유래; 정확히는 (혀의) '매끄러움'; 또한 '할당':—치렛말, 유산, 부분, 참가하다, 몫.

H2507 חֵלֶק[2회] 헬레크

〈2506〉과 동일; '몫'; 한 이스라엘인 '헬렉':—헬렉(민26:30).

H2508 חֲלָק[3회] 할라크

아람어 〈2505〉와 일치하는 어근에서 유래; '부분':—몫.

H2509 חָלָק[12회] 할라크

〈2505〉에서 유래; '매끄러운'(특히 혀의):—아부하는, 매끄러운.

H2510 חָלָק[2회] 할라크

〈2509〉와 동일; '벌거벗은'; 이두메의 산 '할락':—할락.

H2511 חַלָּק[1회] 할라크

〈2505〉에서 유래; '매끄러운':—매끄러운.

H2512 חַלֻּק[3회] 할루크

〈2505〉에서 유래; '매끄러운':—매끄러운.

H2513 חֶלְקָה[23회] 헬카

〈2506〉의 여성형; 정확히는 '매끄러움'; 상징적으로 '아첨'; 또한 '할당':—들, 아첨하는(말), 땅, 꾸러미, 부분, 땅의 조각, 작은 땅, 몫, 미끄러운 장소, 매끄러운 (물건).

H2514 חֲלַקָּה[3회] 할락카

〈2505〉의 여성형; '아첨':—아첨.

H2515 חֲלֻקָּה[1회] **할룩카**
〈**2512**〉의 여성형; '분배':—나눔.

H2516 חֶלְקִי[1회] **헬키**
〈**2507**〉에서 유래한 족속의 명칭; '헬렉 족속', 또는 헬렉의 자손:—헬렉 사람들(민26:30).

H2517 חֶלְקַי[1회] **헬카이**
〈**2505**〉에서 유래; '할당된'; 한 이스라엘인 '헬개':—헬개(느12:15).

H2518 חִלְקִיָּה[19회] **힐키야**
또는 חִלְקִיָּהוּ **힐키야후**
〈**2506**〉과 〈**3050**〉에서 유래; '여호와의 분깃'; 여덟 이스라엘인의 이름 '힐기야':—힐기야(왕하18:18).

H2519 חֲלַקְלַקָּה[4회] **할라클락카**
〈**2505**〉에서 유래한 중복형; 정확히는 '매우 매끄러운' 어떤 것; 즉 '믿을 수 없는' 점; 상징적으로 '감언':—아첨, 교활한.

H2520 חֶלְקַת[1회] **헬카트**
〈**2513**〉과 동일; '매끄러움'; 팔레스타인의 한 장소 '헬갓':—헬갓(수19:25).

H2521 חֶלְקַת הַצֻּרִים[1회] **헬카트 핫추림**
〈**2520**〉 그리고 관사가 첨가된 〈**6697**〉의 복수에서 유래; '바위의 매끄러움'; 팔레스타인의 한 장소 '헬갓 핫수림':—헬갓 핫수림(삼하2:16).

H2522 חָלַשׁ[3회] **할라쉬**
기본어근; '넘어뜨리다'; 함축적으로 '뒤엎다', '쇠하다':—좌절시키다, 소멸하다, 약하게 하다.

H2523 חַלָּשׁ[1회] **할라쉬**
〈**2522**〉에서 유래; '무른':—약한.

H2524 חָם[4회] **함**
〈**2346**〉과 동형에서 유래; '장인'(인척으로서):—시부.

H2525 חָם[2회] **함**
〈**2552**〉에서 유래; '뜨거운':—뜨거운, 따뜻한.

H2526 חָם[16회] **함**
〈**2525**〉와 동일; (열대지방의 환경으로부터) '더운'; 노아의 아들 '함'; 또한 (족속의 명칭으로서) 그의 자손, 또는 그들의 나라:—함(창10:6-20).

H2527 חֹם[10회] **홈**
〈**2552**〉에서 유래; '더위':—더위, 덥다, 따뜻하다.

H2528 חֱמָא[2회] **헤마** 또는 חַמָּה **하마**
[아람어] 〈**2534**〉와 같음; '노염':—격노.

H2529 חֶמְאָה[11회] **헴아**
또는 (단축형) חֵמָה **헤마**
〈**2346**〉과 동형에서 유래; 엉긴 '젖', 또는 '치즈':—버터.

H2530 חָמַד[18회] **하마드**
기본어근; '기뻐하다':—아름다움, 심히 사랑 받는 자, 몹시 탐내다, 즐거운 것, (심히) 기뻐하다, 소망하다, 고귀한 (물건), 욕망.

H2531 חֶמֶד[5회] **헤메드**
〈**2530**〉에서 유래; '기쁨':—바람직한, 즐거운.

H2532 חֶמְדָּה[16회] **헴다**
〈**2531**〉의 여성형; '기쁨':—바라다, 훌륭한, 즐거운, 귀한.

H2533 חֶמְדָּן[1회] **헴단**
〈**2531**〉에서 유래; '유쾌한'; 한 에돔인 '헴단':—헴단(창36:26).

H2534 חֵמָה[125회] **헤마**
또는 (단11:44) חֵמָא **헤마**
〈**3179**〉에서 유래; '열'; 상징적으로 '분노', '독'(그 '발열'에서):—분, 병, 뜨거운 불쾌, 격노(한, 하여), 열, 분개, 독, 격노, 진노(한). 〈**2529**〉를 보라

H2535 חַמָּה[6회] 함마
〈2525〉에서 유래; '뜨거움'; 함축적으로 '해':—열, 해.

H2536 חַמּוּאֵל[1회] 함무엘
〈2535〉와 〈410〉에서 유래; '하나님의 진노'; 한 이스라엘인 '함무엘':—함무엘(대상4:26).

H2537 חֲמוּטַל[3회] 하무탈
또는 חֲמִיטַל 하미탈
〈2524〉와 〈2919〉에서 유래; '이슬의 시아버지'; 이스라엘 여인 '함무달':—함무달(왕하23:31).

H2538 חָמוּל[3회] 하물
〈2550〉에서 유래; '불쌍히 여겨진'; 한 이스라엘인 '하물':—하물(창46:12).

H2539 חָמוּלִי[1회] 하물리
〈2538〉에서 유래한 족속의 명칭; '하물 족속'(집합명사) 혹은 하물의 자손:—하물 사람들(민26:31).

H2540 חַמּוֹן[2회] 함몬
〈2552〉에서 유래; '온천'; 팔레스타인의 두 곳의 이름 '함몬':—함몬(수19:28).

H2541 חָמוֹץ[1회] 하모츠
〈2556〉에서 유래; 정확히는 '맹렬한'; 함축적으로 '강도':—압박받는.

H2542 חַמּוּק[1회] 함무크
〈2559〉에서 유래; '포장', 즉 '장롱':—접합 부분.

H2543 חֲמוֹר[96회] 하모르
또는 (단축형) חֲמֹר 하모르
〈2560〉에서 유래; '수나귀'(그것의 '붉'은 암갈색에서):—(수)나귀.

H2544 חֲמוֹר[13회] 하모르
〈2543〉과 동일; '나귀'; 가나안 사람 '하몰':—하몰(창33:19).

H2545 חֲמוֹת[11회] 하모트
또는 (단축형) חֲמֹת 하모트
시어머니; 〈2524〉의 여성형; '시어머니':—장모.

H2546 חֹמֶט[1회] 호메트
아마 '낮게 엎드리다'는 뜻의 사용하지 않는 어근에서 유래; '도마뱀'(기는 것으로서):—달팽이.

H2547 חֻמְטָה[1회] 훔타
〈2546〉의 여성형; '낮은'; 팔레스타인의 한 장소, '훔다':—훔다(수15:54).

H2548 חָמִיץ[1회] 하미츠
〈2556〉에서 유래; '맛을 낸', 즉 '소금을 친' 음식물:—깨끗한.

H2549 חֲמִישִׁי[33회] 하미쉬
또는 חֲמִשִּׁי 하밋쉬
〈2568〉에서 유래한 서수; '다섯째'; 또한 '오분의 일':—다섯째 (부분).

H2550 חָמַל[41회] 하말
기본어근; '가엾게 여기다'; 함축적으로 '아끼다':—불쌍히 여기다, 긍휼히 여기다, 아끼다.

H2551 חֶמְלָה[2회] 헴라
〈2550〉에서 유래; '동정':—자비로운, 불쌍히 여김.

H2552 חָמַם[25회] 하맘
기본어근; '뜨겁다'(문자적, 또는 상징적으로):—흥분시키다, 뜨거워지다, 뜨겁게 하다, (몸을) 덥게 (입히다).

H2553 חַמָּן[8회] 함만
〈2535〉에서 유래; '태양상':—상, 우상.

H2554 חָמַס[8회] 하마쓰
기본어근; '맹렬하다'; 함축적으로 '학대하다':—발가벗기다, 털어내다, 해하다, 해치다, 난폭하게 빼앗다, 나쁜 것을 생각하다.

H2555 חָמָס[60회] 하마쓰
〈2554〉에서 유래; '폭력'; 함축적으

로 '그릇됨'; 환유법에 의해 불의한 '소득':—잔인(함), 손해, 거짓, 부정, 압박자, 불의한, 흉악, 강포함(다스림), 악.

H2556 חָמֵץ[4회] **하메츠**

기본어근; '얼얼하다'; 즉 맛에 있어서('신', 즉 문자적으로 '발효한', 또는 상징적으로 '거친'), 색에 있어서('알록달록한'):—잔인한(사람), 물들인, 근심하게 되다, 발효되다.

H2557 חָמֵץ[11회] **하메츠**

〈2556〉에서 유래; '효소', (상징적으로) '강탈':—누룩, 유교(병), 누룩 있는 (떡).

H2558 חֹמֶץ[3회] **호메츠**

〈2556〉에서 유래; '초':—초(醋).

H2559 חָמַק[2회] **하마크**

기본어근; 정확히는 '감싸다'; 여기에서 '떠나다(즉, 방향을 '바꾸다'):—돌아다니다, 물러가다, 돌아오다.

H2560 חָמַר[5회] **하마르**

기본어근; 정확히는 '끓어오르다'; 여기에서 '부풀다'(거품을 내면서); 빨갛게 '달아오르다'; 명사유래어(〈2564〉에서 유래)로서 나무진을 '칠하다':—바르다, 더러운, 붉다, 괴롭히다.

H2561 חֶמֶר[2회] **헤메르**

〈2560〉에서 유래; '포도주'('발효된'):—순수한, 붉은 술.

H2562 חֲמַר[6회] **하마르**

아람어 〈2561〉과 같음; '포도주':—'포도주'.

H2563 חֹמֶר[31회] **호메르**

〈2560〉에서 유래; 정확히는 '부글부글 끓어 '오름', 즉 물의, '파도'; 땅의, '진흙', 또는 '흙'; 또한 '무더기'; 여기에서 곡물계량기구, '호멜':—진흙, 무더기, 호멜, 흙, 역청.

H2564 חֵמָר[3회] **헤마르**

〈2560〉에서 유래; '역청'(표면에 '바르는'):—진흙(구덩이).

H2565 חֲמֹרָה[1회] **하모라**

〈2560〉에서 유래[〈2563〉과 비교]; '무더기':—더미.

H2566 חַמְרָן[1회] **하므란**

〈2560〉에서 유래; '붉은'; 한 에돔인, '하므란':—하므란(대상1:41).

H2567 חָמַשׁ[1회] **하마쉬**

〈2568〉에서 유래한 명사 유래어; '5분의 1'을 과세하다:—5분의 1을 징수하다.

H2568 חָמֵשׁ[180회] **하메쉬**

남성형 חֲמִשָּׁה **하밋샤**

기수; '다섯':—열 '다섯', 다섯 번째, 다섯, 각각 다섯씩.

H2569 חֹמֶשׁ[1회] **호메쉬**

〈2567〉에서 유래; 5분의 1의 세금:—다섯 번째 부분.

H2570 חֹמֶשׁ[4회] **호메쉬**

아마 '살찐'의 뜻의 사용하지 않는 어근에서 유래; ('지나치게') 살찐 '배':—다섯째 갈빗대.

H2571 חָמֻשׁ[4회] **하무쉬**

〈2570〉과 동형의 수동태 분사; '견고한', 즉 숙련된 '군인':—무장한 (사람).

H2572 חֲמִשִּׁים[163회] **하밋쉼**

〈2568〉의 배수; '오십':—오십.

H2573 חֵמֶת[3회] **헤메트**

〈2346〉과 동형에서 유래; 가죽 '부대'('묶은'):—병(甁).

H2574 חֲמָת[35회] **하마트**

〈2346〉과 동형에서 유래; '벽으로 둘러싼'; 수리아의 한 장소, '하맛':—하맛(민13:21).

H2575 חַמַּת[1회] **함마트**
〈**2576**〉의 첫 부분에 대한 어미변화; '온천들'; 팔레스타인의 한 장소, '하맛':—하맛(수19:35).

H2576 חַמֹּת דֹּאר[1회] **함모트 도르**
〈**2535**〉의 복수와 〈**1756**〉에서 유래; '돌'의 '온천들'; 팔레스타인의 한 장소, '하맛돌':—하맛돌.

H2577 חֲמָתִי[2회] **하마티**
〈**2574**〉에서 유래한 족속의 명칭; '하맛 족속', 혹은 하맛의 원주민:—하맛 사람들(창10:18).

H2578 חֲמַת צוֹבָה[1회] **하마트 초바**
〈**2574**〉와 〈**6678**〉에서 유래; '소바의 하맛'; '하맛소바' 아마 〈**2574**〉와 동일:—하맛소바(대하8:3).

H2579 חֲמַת רַבָּה[1회] **하마트 랍바**
〈**2574**〉와 〈**7237**〉에서 유래; '라바의 하맛' '하맛라바' 아마 〈**2574**〉와 동일.

H2580 חֵן[69회] **헨**
〈**2603**〉에서 유래; '자비함', 즉 주관적으로('호의', '은혜'), 또는 객관적으로('아름다운'):—은총, 은혜(로운), 즐거운, 귀중한, 미모의.

H2581 חֵן[1회] **헨**
〈**2580**〉과 동일; '은혜'; '헨'; 한 이스라엘의 상징적 이름, 헨:—헨(슥6:14).

H2582 חֵנָדָד[4회] **헤나다드**
아마도 〈**2580**〉과 〈**1908**〉에서 유래; '하닷의 은총'; 한 이스라엘인, '헤나닷':—헤나닷(스3:9).

H2583 חָנָה[143회] **하나**
기본어근[〈2603〉과 비교]; 정확히는 '기울다'; 함축적으로 (저녁의 비낀 빛이) '기울어지다'; 특히 천막을 '치다'; 일반적으로 '진을 치다'(거주, 또는 공격을 위해):—(장막에) 거하다, 장막 치다, 거하다, 진 치다, 끝까지 자라다, 눕다, 천막에서 쉬다.

H2584 חַנָּה[13회] **한나**
〈**2603**〉에서 유래; '은총을 입은'; 한 이스라엘 여인 '한나':—한나(삼상1:2).

H2585 חֲנוֹךְ[16회] **하노크**
〈**2596**〉에서 유래; '시작된'; 대홍수 전의 족장, '에녹':—에녹(창4:17).

H2586 חָנוּן[11회] **하눈**
〈**2603**〉에서 유래; '은총을 입은'; 암몬 사람과 두 이스라엘인의 이름, '하눈':—하눈(삼하10:1).

H2587 חַנּוּן[13회] **한눈**
〈**2603**〉에서 유래; '은혜로운':—은혜로운.

H2588 חָנוּת[1회] **하누트**
〈**2583**〉에서 유래; 정확히는 '둥근 천장', 또는 '방'(아치형으로 된); 함축적으로 '감옥':—오두막집.

H2589 חַנּוֹת[1회] **한노트**
〈**2603**〉에서 유래('기도'의 의미로); '간구':—은혜롭다, 탄원된.

H2590 חָנַט[4회] **하나트**
기본어근; '양념을 넣다'; 함축적으로 '향료를 넣다'; 또한 익히다:—향료를 넣다.

H2591 חִנְטָה[2회] **힌타**
아람어 〈**2406**〉과 같음; '밀':—밀.

H2592 חַנִּיאֵל[2회] **한니엘**
〈**2603**〉과 〈**410**〉에서 유래; '하나님의 은총'; 두 이스라엘인의 이름, '한니엘':—한니엘(민34:23).

H2593 חָנִיךְ[1회] **하니크**
〈**2596**〉에서 유래; '시작된'; 즉 '연단된':—훈련된.

H2594 חֲנִינָה[1회] **하니나**

〈2603〉에서 유래; '은혜로움':—은총.

H2595 חֲנִית^47회 **하니트**

〈2583〉에서 유래; '창'('찌르기' 위한, 천막을 '칠' 때와 같은):—단창, 창.

H2596 חָנַךְ^5회 **하나크**

기본어근; 정확히는 '좁히다'[〈2614〉와 비교]; 상징적으로 '시작하다', 또는 '훈련하다':—바치다, 가르치다.

H2597 חֲנֻכָּה^4회 **하눅카**

아람어 〈2598〉과 같음; '헌당(식)':—봉헌(식).

H2598 חֲנֻכָּה^8회 **하눅카**

〈2596〉에서 유래; '개시', 즉 '헌당(식)':—봉헌(하는), 봉헌(식).

H2599 חֲנֹכִי^1회 **하노키**

〈2585〉에서 유래한 족속의 명칭; 하녹 족속(집합명사), 또는 하녹의 자손:— 하녹 사람들(출6:14).

H2600 חִנָּם^32회 **힌남**

〈2580〉에 유래; 즉 '무료의', 즉 비용, 이유 또는 이득이 전혀 없는:—(돈, 대가) 없이, 까닭 없는, 비용이 전혀 들지 않는, 공짜의[로], 흠 없는, 무해한, 헛되이.

H2601 חֲנַמְאֵל^4회 **하나므엘**

아마 〈2606〉에 대한 철자법의 어미 변화; 한 이스라엘인, '하나멜':—하나멜(렘32:7,9).

H2602 חֲנָמָל^1회 **하나말**

불확실한 파생어; 아마 '진디':—서리.

H2603 חָנַן^78회 **하난**

기본어근[〈2583〉과 비교]; 정확히는 '구부리다', 또는 아랫사람에게 호의로 몸을 굽히다; '은혜를 베풀다, 주다'; 사역동사 '애원하다'(즉, 간청으로 은혜를 구하다):—간구하다, 은총입다, 베풀다, 은혜롭게(대하다, 베풀다), 자비롭다, 자비를 베풀다, 긍휼히 여기다, 기도하다, 기원하다.

H2604 חֲנַן^2회 **하난**

아람어 〈2603〉과 같음; '호의를 보이다', 또는 (사역동사) '탄원하다':—자비를 보이다, 간구하다.

H2605 חָנָן^11회 **하난**

〈2603〉에서 유래; '은총'; 일곱 이스라엘인의 이름, '하난':—하난(대상11:43).

H2606 חֲנַנְאֵל^4회 **하난엘**

〈2603〉과 〈410〉에서 유래; '하나님께서 은총을 베푸셨다'; 아마 한 이스라엘인, '하나넬', 그의 이름을 따서 예루살렘의 한 망대가 명명됨:—하나넬(렘31:38).

H2607 חֲנָנִי^11회 **하나니**

〈2603〉에서 유래; '은혜로운'; 여섯 이스라엘인의 이름, '하나니':—하나니(왕상16:1).

H2608 חֲנַנְיָה^3회 **하난야**

또는 חֲנַנְיָהוּ **하난야후**

〈2603〉과 〈3050〉에서 유래; '여호와께서 은총을 베푸셨다'; 열 세 이스라엘인의 이름, '하나냐':—하나냐(렘28:1).

H2609 חָנֵס^1회 **하네쓰**

기원은 애굽어; 애굽의 한 장소, '하네스':—하네스(사30:4).

H2610 חָנֵף^11회 **하네프**

기본어근; '더럽히다', 특히 도덕적인 면에서:—타락하다, 더럽게 하다, (심히), 더럽히다, 모독하다.

H2611 חָנֵף^13회 **하네프**

〈2610〉에서 유래; '더럽혀진', (즉, 죄로), '불경건한':—외식하는(자).

H2612 חֹנֶף^1회 **호네프**

〈2610〉에서 유래; 도덕적인 '더러움', 즉 '사악함':—사곡, 외식.

H2613 חֲנֻפָּה1회 **하누파**

〈2610〉에서 유래한 여성형; '불경건':—신성모독.

H2614 חָנַק2회 **하나크**

기본어근[〈2596〉과 비교]; '좁다'; 함축적으로 '목을 조르다', 또는 (재귀동사), (끈으로)스스로 목 졸라 죽다:—스스로 목매달다, 질식시키다.

H2615 חַנָּתֹן1회 **한나톤**

아마 〈2603〉에서 유래; '은총 입은'; 팔레스타인에 있는 한 장소, '한나돈':—한나돈.

H2616 חָסַד3회 **하싸드**

기본어근; 정확히는 아마 '인사하다' (목으로만 [〈2603〉과 비교] 동류에게 예의로), 즉 '친절하다'; 또한 (완곡어법[〈1288〉과 비교] 그러나 드물게) '꾸짖다':—자비를 보이다, 부끄럽게 하다.

H2617 חֶסֶד246회 **헤쎄드**

〈2616〉에서 유래; '친절', 함축적으로 (하나님을 향한) '경건'; 드물게는 (반대로) '책망', 또는(주관적으로) '아름다움':—은총, 선행, 친절하게, 인자한, 인애, 자비, 연민, 견책, 악한 일.

H2618 חֶסֶד1회 **헤쎄드**

〈2617〉과 동일; '은총'; 한 이스라엘인, '헤셋':—헤셋(왕상4:10).

H2619 חֲסַדְיָה1회 **하싸드야**

〈2617〉과 〈3050〉에서 유래; '여호와께서 은총을 베푸셨다', 한 이스라엘인, '하사댜':—하사댜(대상3:20).

H2620 חָסָה37회 **하싸**

기본어근; 보호를 위해 '도피하다' [〈982〉와 비교]; 상징적으로 '신뢰하다':—소망을 가지다, 피난하다, 신뢰하다.

H2621 חֹסָה2회 **호싸**

〈2620〉에서 유래; '소망스러운'; 한 이스라엘인 '호사'; 또한 팔레스타인의 한 장소:—호사(대상16:38).

H2622 חָסוּת1회 **하쑤트**

〈2620〉에서 유래; '확신':—신뢰.

H2623 חָסִיד32회 **하씨드**

〈2616〉에서 유래; 정확히는 '친절한', 즉 (종교적으로) '경건한' (성도):—경건한 (사람), 선한, 거룩한 (자), 자비로운, 성도, 불경건한.

H2624 חֲסִידָה6회 **하씨다**

〈2623〉의 여성형; '다정한' (어미)새, 즉 '황새':—깃털, 황새.

H2625 חָסִיל6회 **하씰**

〈2628〉에서 유래; '황충', 즉 '메뚜기':—모충.

H2626 חֲסִין1회 **하씬**

〈2630〉에서 유래; 정확히는 '견고한', 즉 (함축적으로) '강한':—힘 있는.

H2627 חַסִּיר1회 **핫씨르**

아람어 〈2637〉과 일치하는 어근에서 유래; '부족한':—모자란.

H2628 חָסַל1회 **하쌀**

기본어근; '먹어치우다':—소모하다.

H2629 חָסַם2회 **하쌈**

기본어근; 입에 '망을 씌우다'; 유추적으로 코를 '막다':—망을 씌우다, 그치다.

H2630 חָסַן1회 **하싼**

기본어근; 정확히는 '죄다'; 함축적으로 '저장하다':—저축하다.

H2631 חֲסַן2회 **하싼**

아람어 〈2630〉과 같음; 소유로 '차지하다':—소유하다.

H2632 חֵסֶן 2회 헤쎈

아람어 〈2631〉에서 유래; '세력':—힘.

H2633 חֹסֶן 5회 호쎈

〈2630〉에서 유래; '부':—풍요, 강함, 보물.

H2634 חָסֹן 2회 하쏜

〈2630〉에서 유래; '힘 있는':—강한.

H2635 חֲסַף 9회 하싸프

아람어 〈2636〉과 일치하는 어근에서 유래; '흙덩이':—진흙.

H2636 חַסְפַּס 1회 하쓰파쓰

명백히 '껍질을 벗기다'란 뜻의 사용하지 않는 어근에서 유래한 중복체; 작은 '조각', 또는 얇은 '조각':—둥근 것.

H2637 חָסֵר 25회 하쎄르

기본어근; '결핍하다'; 함축적으로 '부족하다', '모자라다', '작게 하다':—감소되다, 앗아 가다, 물러가다, 실패케 하다, 부족하다, 더 낮게 하다, 결핍하다.

H2638 חָסֵר 14회 하쎄르

〈2637〉에서 유래; '부족함'; 여기에서 '없는':—결핍, 모자라다, 빈, 부족하다.

H2639 חֶסֶר 3회 헤쎄르

〈2637〉에서 유래; '부족'; 여기에서 '빈궁':—궁핍, 결핍.

H2640 חֹסֶר 3회 호쎄르

〈2637〉에서 유래; '궁핍':—모자라서.

H2641 חַסְרָה 2회 하쓰라

〈2637〉에서 유래; '결핍'; 한 이스라엘인, '하스라':—하스라(대하34:22).

H2642 חֶסְרוֹן 1회 헤쓰론

〈2637〉에서 유래; '부족함':—빠져 있는.

H2643 חַף 1회 하프

〈2653〉에서 유래(더럼이 '덮어졌다'는 도덕적인 면에서); '순수한':—결백한.

H2644 חָפָא 11회 하파

〈2645〉의 철자법의 어미변화; 정확히는 '덮다', 즉 (사악한 의미에서) '은밀하게 행동하다':—가만히 행하다.

H2645 חָפָה 1회 하파

기본어근[〈2644〉와 〈2653〉과 비교]; '덮다'; 함축적으로 '베일을 씌우다', '상자에 넣다', '보호하다':—씌우다, 가리다, 입히다.

H2646 חֻפָּה 3회 훕파

〈2645〉에서 유래; '닫집':—방, 작은 방, 방어.

H2647 חֻפָּה 1회 훕파

〈2646〉과 동일; 한 이스라엘인 '훕바':—훕바(대상24:13).

H2648 חָפַז 9회 하파즈

기본어근; 정확히는 갑자기 놀라 '뛰다', 즉 (함축적으로) '서둘러' 가다, '두려워하다':—서두르다, 급히 도망하다, 떨다.

H2649 חִפָּזוֹן 3회 힙파존

〈2648〉에서 유래; '급한 도피':—서두르다.

H2650 חֻפִּים 3회 훕핌

〈2646〉의 복수형[〈2379〉와 비교]; 한 이스라엘인 '훕빔':—훕빔(창46:21).

H2651 חֹפֶן 6회 호펜

불확실한 의미의 사용하지 않는 어근에서 유래; '주먹'(오직 쌍수로서):—두 주먹, (양)손, 한 움큼.

H2652 חָפְנִי 5회 호프니

〈2651〉에서 유래; 아마 '주먹으로 싸

우는 사람'; 한 이스라엘인 '홉니':—홉니(삼상1:3).

H2653 חָפַף[1회] **하파프**

기본어근[〈2645〉, 〈3182〉와 비교]; (보호하기 위해) '덮다':—덮다.

H2654 חָפֵץ[86회] **하페츠**

기본어근; 정확히는 '기울다'; 함축적으로(문자적으로는 드물게) '구부리다'; 상징적으로 '기쁘게 여기다', '갈망하다':—기뻐하다, 즐겨하다, 원하다, 좋아하다, 동하다, 마음에 들다, 즐거워하다, 할 것이다, 하고자 하다.

H2655 חָפֵץ[10회] **하페츠**

〈2654〉에서 유래; '기쁘게 여기다':—기뻐하다, 갈망하다, 호의를 가지다, 즐거워하다, 하고자 하는 자, 가까이 원하다.

H2656 חֵפֶץ[40회] **헤페츠**

〈2654〉에서 유래; '기쁨'; 여기에서 (추상명사) '소원'; 구체적으로 '가치 있는' 것; 여기에서 (확대하여) '내용' (마음에 둔):—받을만한, 기쁨, 매우 기쁜, 소원, 소원하는 것, 기뻐하는 내용, 기쁨(뻔), 의도, 기꺼이.

H2657 חֶפְצִי בָהּ[2회] **헤프치바흐**

접미사를 가진 〈2656〉에서 유래; '나의 기쁨이 그녀(이스라엘)에게 (있다)'; 팔레스타인에 대한 구상적인 이름 '헵시바':—헵시바(왕하21:1, 사62:4).

H2658 חָפַר[23회] **하파르**

기본어근; 정확히는 '파고들다'; 함축적으로 '탐구하다', '정탐하다':—파다, 앞발로 긁다, 탐지하다, 찾다.

H2659 חָפֵר[17회] **하페르**

기본어근[아마 그보다는 '탐지'의 개념을 통해서 볼 때 〈2658〉과 동일]; '얼굴을 붉히다'; 상징적으로 '수치를 당하다', '실망한'; 사역동사로 '부끄럽게 하다', '꾸짖다':—수치를 당하다, 당황시켜(부끄럽게 하다), 부끄럼을 당하다, 치욕을 주다, 비난을 가져오다.

H2660 חֵפֶר[9회] **헤페르**

〈2658〉 또는 〈2659〉에서 유래; '구덩이', 또는 '수치'; 팔레스타인의 한 장소 '헤벨'; 또한 세 이스라엘인의 이름:—헤벨.

H2661 חֲפֹר[1회] **하포르**

〈6512〉와 관계 하에서만 〈2658〉에서 유래, '구멍', 그보다는 한 단어로 결합시킴이 더 좋다. 그래서 〈2658〉에서 유래한 중복체 חֲפַרְפֵּרָה 하파르페라; '굴 파는 동물', 즉 '쥐'인 듯함:—두더지.

H2662 חֶפְרִי[1회] **헤프리**

〈2660〉에서 유래한 족속의 명칭; '헤벨 족'(집합명사), 또는 헤벨의 자손:—헤벨 사람들.

H2663 חֲפָרַיִם[1회] **하파라임**

〈2660〉의 쌍수; '두 구덩이'; 팔레스타인의 한 장소 '하바라임':—하바라임(수19:19).

H2664 חָפַשׂ[23회] **하파스**

기본어근; '추구하다'; 사역동사로 자신을 '숨기다'(즉, 찾게 두다), '가면을 쓰다':—바꾸다, 부지런히 찾다, 변장하다, 숨기다, 탐지하다.

H2665 חֵפֶשׂ[1회] **헤페스**

〈2664〉에서 유래; '은밀한' 어떤 것; 즉 '책략':—탐색.

H2666 חָפַשׁ[1회] **하파쉬**

기본어근; 느슨하게 '펼치다', 상징적으로 '석방하다':—자유롭다.

H2667 חֹפֶשׁ[1회] **호페쉬**
〈2666〉에서 유래; 느슨하게 '펼쳐져' 있는 것, 즉 '양탄자':—귀중한.

H2668 חֻפְשָׁה[1회] **후프샤**
〈2666〉에서 유래; '해방'(노예로부터):—자유.

H2669 חָפְשׁוּת[2회] **호프슈트**
그리고 **חָפְשִׁית 호프쉬트**
〈2666〉에서 유래; 병에 의한 '쇠약'(〈1004〉와 함께, '병원'):—몇몇의.

H2670 חָפְשִׁי[17회] **호프쉬**
〈2666〉에서 유래; '면제된'(포로, 세금, 또는 걱정으로부터):—자유하다, 해방.

H2671 חֵץ[55회] **헤츠**
〈2686〉에서 유래; 정확히는 '찌르는 것', 즉 '화살'; 함축적으로 '상처'; 상징적으로 (하나님의) '천둥번개'; (〈6086〉과 교체적으로) 창 '자루':—활 쏘는 자, 화살, 창, 채, 장대, 상처.

H2672 חָצַב[25회] **하차브** 또는 **חָצֵב 하체브**
기본어근; '자르다', 또는 새기다(나무, 돌, 또는 다른 재료를); 함축적으로 '베다', '쪼개다', '정방형으로 만들다', '채석하다', '새기다':—자르다, 파다, 나누다, 새기다, 떠내다(떠내는 사람), 만들다, 석공.

H2673 חָצָה[15회] **하차**
기본어근[〈2686〉과 비교]; '자르다', 또는 둘로 '쪼개다'; '반으로 하다':—나누다, 절반을 살다, 중간에 달하다, 부분.

H2674 חָצוֹר[18회] **하초르**
〈2691〉의 집합명사; '마을'; 팔레스타인의 두 장소와 아라비아의 한 장소 '하솔':—하솔(수11:1, 삿4:2, 왕상9:15, 왕하15:29, 느11:33, 렘49:28).

H2675 חָצוֹר חֲדַתָּה[1회] **하초르 하닷타**
〈2674〉, 그리고 〈2319〉의 여성형의 아람어형[〈2323〉과 비교]; 팔레스타인의 한 장소 '새 하솔':—하솔, 하닷다[마치 두 장소 같이](수15:25).

H2676 חָצוֹת[3회] **하초트**
〈2673〉에서 유래; (밤의) '중간':—한밤중.

H2677 חֵצִי[126회] **헤치**
〈2673〉에서 유래; '반', 또는 '중간':—반, 중간, 한밤중, 중앙, 부분, 두 부분.

H2678 חִצִּי[4회] **힛치** 또는 **חֵצִי 헤치**
〈2671〉에서 유래한 연장형; '화살':—화살.

H2679 חֲצִי הַמְּנֻחוֹת[1회] **하치 함메누호트**
〈2677〉과 관사가 붙은 〈4496〉의 복수형; '휴식처들의 중간':—므누홋 사람의 절반(대상2:52).

H2680 חֲצִי הַמְּנַחְתִּי[1회] **하치 함메나흐티**
〈2679〉에서 유래한 족속의 명칭:—마하낫 종족의 절반(대상2:54).

H2681 חָצִיר[1회] **하치르**
〈2691〉의 평행형; '뜰' 또는 '거주':—뜰.

H2682 חָצִיר[22회] **하치르**
아마 〈2681〉과 동일한 기원, 안뜰의 초록색에서 유래; '풀'; 또한 '부추'(집합명사):—풀, 건초, 목초, 부추.

H2683 חֵצֶן[3회] **헤첸**
'견고히' 잡다는 뜻의 사용하지 않은 어근에서 유래; (양팔 사이를 구성하는) '가슴':—품.

H2684 חֹצֶן[3회] **호첸**
〈2683〉의 평행형; 뜻은 동일:—팔, 무릎.

H2685 חֲצַף[2회] **하차프**

아람어 기본어근; 정확히는 '가위질하다', 또는 짧게 깎다; 상징적으로 '엄하다':—급한, 긴급하다.

H2686 חָצַץ[3회] **하차츠**
기본어근[〈**2673**〉과 비교]; 정확히는 '잘게 썰다', 찌르다, 또는 절단하다; 여기에서 '짧게 줄이다', '분배하다'(열 따라); 〈**2671**〉에서 유래한 명사 유래어로서 화살을 '쏘다':—활 쏘는 사람, 무리, 가운데를 자르다.

H2687 חָצָץ[3회] **하차츠**
〈**2686**〉에서 유래; 정확히는 '자르는' 어떤 것; 여기에서 '자갈'(모래 같은); 또한(〈**2671**〉과 같이) '화살':—화살, 자갈(돌).

H2688 חַצְצוֹן תָּמָר[2회] **하체촌 타마르** 또는 **חֲצֲצֹן תָּמָר 하차촌 타마르**
〈**2686**〉과 〈**8558**〉에서 유래; '종려나무의 구분'[즉, 줄로 늘어선 듯한]; 팔레스타인의 한 장소 '하사손 다말':—하사손 다말(창14:7, 대하20:2).

H2689 חֲצֹצְרָה[5회] **하초체라**
〈**2690**〉에서 유래한 중복체; '나팔'(그 울려 퍼지는 소리에서):—나팔(수).

H2690 חָצַר[6회] **하차르**
기본어근; 정확히는 말뚝으로 '둘러싸다'; 그래서 빈들을 '구획하다'; 그러나 오직 아래 중복형으로만 사용: — **חֲצֹצֵר** 하초체르 또는 (대하5:12) **חֲצֹרֵר** 하초레르
〈**2689**〉에서 파생된 것; '나팔을 불다', 즉 그 악기로 불다:—불다, 소리내다, 나팔 부는 자.

H2691 חָצֵר[190회] **하체르**
(남성과 여성); 원래 의미로 〈2690〉에서 유래; (울타리로 '둘러싸여진') '안마당'; 또한 (비슷하게 벽들로 '둘러싸여진') '작은 마을':—뜰, 탑, 마을.

H2692 חֲצַר אַדָּר[1회] **하차르 앗다르**
〈**2691**〉과 〈**146**〉에서 유래; '아달의 마을'; 팔레스타인의 한 장소, '하살아달':—하살 아달(민34:4).

H2693 חֲצַר גַּדָּה[1회] **하차르 갓다**
〈**2691**〉과 〈**1408**〉의 여성형에서 유래; '행운의 (여)신의 마을'; 팔레스타인의 한 장소 '하살-갓다':—하살갓다(수15:27).

H2694 חָצֵר הַתִּיכוֹן[1회] **하차르 핫티콘**
〈**2691**〉과 관사 붙은 〈**8484**〉에서 유래; '중간의 마을'; 팔레스타인의 한 장소 '하셀-핫-디곤':—하셀-핫-디곤(겔47:16).

H2695 חֶצְרוֹ[2회] **헤츠로**
〈2696〉의 철자법상의 변이에 의해; '울을 둘러침'; 한 이스라엘 사람 '헤스로':—헤스래(삼하23:35, 헤스로(대상11:37).

H2696 חֶצְרוֹן[4회] **헤츠론**
〈**2691**〉에서 유래; '안뜰'; 팔레스타인의 한 장소의 이름, 헤스론; 또한 두 이스라엘 사람의 이름:—헤스론.

H2697 חֶצְרוֹנִי[1회] **헤츠로니**
〈**2696**〉에서 유래한 족속의 명칭; '헤스론 족속', 또는 (집합명사로), 헤스론의 자손:—헤스론 사람들(민26:6).

H2698 חֲצֵרוֹת[6회] **하체로트**
〈**2691**〉에서 유래한 여성 복수형; '뜰들'; 팔레스타인의 한 장소 '하세롯':—하세롯(민11:35).

H2699 חֲצֵרִים[6회] **하체림**
〈**2691**〉의 남성복수형; '뜰들'; 팔레스타인의 한 장소 '하세림':—하세림

(신2:23).

H2700 חֲצַרְמָוֶת[2회] **하차르마웨트**
〈**2691**〉과 〈**4194**〉에서 유래; '죽음의 마을'; 아라비아의 한 장소 '하살마웻':—하살마웻(창10:26, 대상1:20).

H2701 חֲצַר סוּסָה[1회] **하차르 쑤싸**
〈**2691**〉과 〈**5484**〉에서 유래; '기병대의 마을'; 팔레스타인의 한 장소; '하살-수사':—하살-수사(수19:5).

H2702 חֲצַר סוּסִים[1회] **하차르 쑤씸**
〈**2691**〉과 〈**5483**〉의 복수형에서 유래; '말들의 마을'; 팔레스타인의 한 장소 '하살-수심':—하살-수심(대상4:31).

H2703 חֲצַר עֵינוֹן[1회] **하차르 에논**
〈**2691**〉과 〈**5869**〉의 파생어에서 유래; '샘들의 마을'; 팔레스타인의 한 장소 '하살-에논':—하살-에논(겔47:17).

H2704 חֲצַר עֵינָן[3회] **하차르 에난**
〈**2691**〉과 〈**5881**〉의 동형에서 유래; '샘들의 마을'; 팔레스타인의 한 장소 '하셀-에난':—하셀-에난(민34:9, 겔48:1).

H2705 חֲצַר שׁוּעָל[4회] **하차르 슈알**
〈**2691**〉과 〈**7776**〉에서 유래; '여우의 마을'; 팔레스타인의 한 장소 '하살수알':—하살-수알(수15:28).

H2706 חֹק[129회] **호크**
〈**2710**〉에서 유래; 법률의 '제정'; 여기에서 '지정'(시간, 공간, 양, 노동 또는 용법):—제정한, 한계, 계명, 편리한, 습관, 규례, 의무, 율법, 측정, 필요한, 법령, 몫, 정해진, 시간, 규정, 과업.

H2707 חָקָה[4회] **하카**
기본어근; '새기다'; 함축적으로 '윤곽을 그리다'; 또한 '참호로 에워싸다':—새긴 것, 그린, 자국을 남기다.

H2708 חֻקָּה[100회] **훅카**
〈**2706**〉의 여성형, 그리고 본질적으로 동일 의미:—제정된, 관습, 규례, 유적, 법도.

H2709 חֲקוּפָא[2회] **하쿠파**
아마 '구부리다'는 뜻의 사용하지 않는 어근에서 유래; '굽은'; 느디님사람 '하그바':—하그바(스2:51, 느7:53).

H2710 חָקַק[19회] **하카크**
기본어근; 정확히는 '거칠게 자르다', 즉 '새기다'(삿5:14, 단순히 '서기가 되다'); 함축적으로는 (원시시대에 돌판, 또는 금속판에 새긴 법들을) '제정하다', 또는 (일반적으로) '규정하다':—제정하다, 발포하다, 통치자, 새기다, 입법자, 기록하다, 묘사하다, 필사하다, 세우다.

H2711 חֵקֶק[2회] **헤케크**
〈**2710**〉에서 유래; 법률의 '제정', '결의':—법령, 사상.

H2712 חֻקֹּק[1회] **훅코크** 또는 (완전히는) **חוּקֹק 후코크**
〈**2710**〉에서 유래; '정해진'; 팔레스타인의 한 장소 '훅곡':—훅곡(수19:34).

H2713 חָקַר[27회] **하카르**
기본어근; 정확히는 '꿰뚫다'; 여기에서 치밀하게 '조사하다':—발견해내다, 찾다(찾게 하다, 찾아내다), 탐지하다(탐지해내다). 시험해보다, 시험하다.

H2714 חֵקֶר[12회] **헤케르**
〈**2713**〉에서 유래; '조사', '계수', '심사숙고':—발견해내는, 수를 세다, 찾다(찾을 수 있는[없는], 밝혀진[않은],

찾는).

H2715 חֹר4회 **호르**
또는 (완전히는) **חוֹר 호르**
⟨**2787**⟩에서 유래; 정확히는 '흰', 또는 '순수한'(불의 '정결케 하는', 또는 '빛나게 하는' 힘에서 [⟨**2751**⟩과 비교]); 여기에서 (상징적으로)(계급적으로) '귀인':—귀인(왕상21:8).

H2716 חֶרֶא1회 **헤레** 또한 **חֲרִי 하리**
아마 창자를 '비우다'는 사용하지 않는 (그리고 통속적인) 어근에서 유래; '배설물':—대변.

H2717 חָרַב43회 **하라브** 또는 **חָרֵב 하레브**
기본어근; (가뭄으로) '타다', 즉 (유추적으로) '황폐하다', '파멸하다', '죽이다':—몰락하다, 황무하다(황무해지다), 파멸하다(파멸자), (바짝)마르다, 살해하다, 확실히, 황무한(황무하게 되다, 황무하게 만들다, 황무해지다).

H2718 חֲרַב1회 **하라브**
아람어 ⟨**2717**⟩과 일치하는 어근에서 유래; '부수다':—파괴하다.

H2719 חֶרֶב411회 **헤레브**
⟨**2717**⟩에서 유래; '가뭄'; 또한 '칼', '검'과 같이(그것의 '파괴적인' 결과에서) 어떤 '자르는' 도구, 또는 예리한 다른 도구:—도끼, 단검, 칼, 곡괭이, 검, 연장.

H2720 חָרֵב8회 **하레브**
⟨**2717**⟩에서 유래; '타버린', 또는 '파멸된':—황폐한, 마른, 폐허.

H2721 חֹרֶב16회 **호레브**
⟨**2719**⟩의 평행형; '가뭄' 또는 '황폐':—황폐, 가뭄, 메마른, 열, (완전히), 폐허.

H2722 חֹרֵב11회 **호레브**
⟨**2717**⟩에서 유래; '황폐한'; 시내 산의 (일반적인) 명칭, '호렙':—호렙(출3:1, 신1:1).

H2723 חָרְבָּה41회 **호르바**
⟨**2721**⟩의 여성형; 정확히는 '가뭄', 즉 (함축적으로) '황폐':—황폐된 곳, 황량한(곳, 황량), 파괴, 황무지, 황폐하게 버려진(곳).

H2724 חָרָבָה9회 **하라바**
⟨**2720**⟩의 여성형; '사막':—마른(땅, 지역).

H2725 חֲרָבוֹן1회 **하라본**
⟨**2717**⟩에서 유래; 바싹 말리는 '열':—가뭄.

H2726 חַרְבוֹנָא2회 **하르보나**
또는 **חַרְבוֹנָה 하르보나**
기원은 페르시아어; 아하수에로 왕의 환관, '하르보나':—하르보나(에1:10).

H2727 חָרַג1회 **하라그**
기본어근; 정확히는 갑자기 '뛰다', 즉 (함축적으로) '당황하다':—두려워하다.

H2728 חָרְגֹּל1회 **하르골**
⟨**2727**⟩에서 유래; '뛰는' 곤충, 즉 '메뚜기':—딱정벌레.

H2729 חָרַד45회 **하라드**
기본어근; 공포에 '떨다'; 여기에서 '두려워하다'; 또한(걱정한 나머지) '서두르다':—두려워하다(두렵게 하다), 조심스럽다, 당황하게하다, 깜짝 놀라게 하다, 흔들다, 떨다.

H2730 חָרֵד6회 **하레드**
⟨**2729**⟩에서 유래; '두려운'; 또한 '존경을 나타내는':—두려워하는, 떨리는.

H2731 חֲרָדָה9회 **하라다**

〈2730〉의 여성형; '두려움', '걱정':—근심. (매우), 두려움, 흔들림, 떨림.

H2732 חֲרָדָה[2회] **하라다**

〈2731〉과 동일; 사막의 한 장소, '하라다':—하라다(민33:24).

H2733 חֲרֹדִי[1회] **하로디**

〈2729〉의 파생어에서 유래한 족속의 명칭[〈5878〉과 비교]; '하롯 족속', 또는 '하롯 주민':—하롯 사람(삼하23:25).

H2734 חָרָה[93회] **하라**

기본어근[〈2787〉과 비교]; '빨갛게 타다', 또는 더워지다; 상징적으로 (보통) 화, 열성, 열망이 '타오르다':—노하다, 타다, 불쾌하다, 애태우다, (심히), 뜨거워지다(불붙다), 노를 발하게 하다, (매우), 진노하다. 〈8474〉를 보라

H2735 חֹר הַגִּדְגָּד[1회] **호르학기드가드**

〈2356〉과 관사가 삽입된 〈1412〉(남성)의 평행형에서 유래; '터진 금의 틈'; 사막의 한 장소 '홀하깃갓':—홀하깃갓(민33:32).

H2736 חַרְהֲיָה[1회] **하르하야**

〈2734〉와 〈3050〉에서 유래; '여호와를 두려워 함'; 한 이스라엘인 '할해야':—할해야(느3:8).

H2737 חָרוּז[1회] **하루즈**

'구멍을 뚫다'라는 의미의 사용하지 않는 어근에서 유래; 정확히는 '꿰뚫어진', 즉 진주, 보석, 또는 옥의 구슬 (실로 꿰어진):—사슬.

H2738 חָרוּל[3회] **하룰**

또는 (단축형) חָרֻל **하룰**

명백히 아마 '가시가 많은'이란 뜻의 사용하지 않는 어근에서 유래한 수동태 분사; 정확히는 '뾰족한', 즉 찔레, 또는 다른 가시달린 잡초:—쐐기풀.

H2739 חֲרוּמַף[1회] **하루마프**

〈2763〉의 수동태분사와 〈639〉에서 유래; '들창코의'; 한 이스라엘인 '하루맙':— 하루맙(느3:10).

H2740 חָרוֹן[41회] **하론**

또는 (단축형) חָרֹן **하론**

〈2734〉에서 유래; 노가 '타오름':—심한 불쾌, 격렬한(격렬함), 격노, (심한)진노,(격노한).

H2741 חֲרוּפִי[1회] **하루피**

(아마) 〈2756〉의 평행형에서 유래한 족속의 명칭; '하룹 족속', 또는 '하룹 주민':—하룹사람(대상12:5).

H2742 חָרוּץ[19회] **하루츠**

또는 חָרֻץ **하루츠**

〈2782〉의 수동태 분사; 정확히는 '절개된' 또는 (능동적으로) '날카로운'; 여기에서 (남성 또는 여성명사로서) '참호'(파여진), '금'(캐낸), '타작기'(날카로운 이를 가진); (비유적으로) '결판'; 또한 '열망하는':—결정, 부지런한, (정)금, 뾰족한 것들, 날카로운, 타작기, 벽.

H2743 חָרוּץ[1회] **하루츠**

〈2742〉와 동일; '진지한'; 한 이스라엘인 '하루스':—하루스(왕하21:19).

H2744 חַרְחוּר[1회] **하르후르**

〈2746〉의 더 긴 형; '점화'; 느디님 사람 '할훌':—할훌(스2:51, 느7:53).

H2745 חַרְחַס[1회] **하르하쓰**

〈2775〉와 동형에서 유래; 아마 '빛나는'; 한 이스라엘인 '할하스':—할하스(왕하22:14).

H2746 חַרְחֻר[1회] **하르후르**

〈2787〉에서 유래; '열병'('뜨거운'):—극렬하게 탐.

H2747 חֶרֶט[2회] 헤레트
'새기다'는 의미의 기본어근에서 유래; '끌' 또는 '새기는 것'; 또한 기록용 '철필':—조각도구, 철필.

H2748 חַרְטֹם[11회] 하르톰
⟨2747⟩과 동형에서 유래; '술객'(마술적인 선이나 원을 '그리는'):—마술사.

H2749 חַרְטֹם[5회] 하르톰
아람어 ⟨2748⟩과 동일:—마술사.

H2750 חֳרִי[6회] 호리
⟨2734⟩에서 유래; '타오르는' (즉, 맹렬한) 분노:—격렬한, (심한), 열.

H2751 חֹרִי[1회] 호리
⟨2353⟩과 동형에서 유래; '흰'빵:—흰.

H2752 חֹרִי[4회] 호리
⟨2356⟩에서 유래; '동굴 거주인' 또는 혈거인(穴居人); '호리 족속' 또는 이두매의 원주민:—호리 사람들(신2:12,22).

H2753 חֹרִי[2회] 호리 또는 חוֹרִי 호리
⟨2752⟩와 동일; 두 사람의 이름 '호리':—호리(창36:22, 민13:5).

H2754 חָרִיט[11회] 하리트
⟨2747⟩과 동형에서 유래; 정확히는 '베어내다'(또는 '도려내다'), 즉 (함축적으로) '주머니':—자루, 지갑.

H2755 חֲרֵי־יוֹנִים[2회] 하레-요님
⟨2716⟩의 복수형과 ⟨3123⟩의 복수형에서 유래; 또는 오히려 단일 단어 חֲרָאיוֹן 하라욘과 비슷하거나 불확실한 파생어; '비둘기의 분비물; 아마 채소의 한 종류:—비둘기 똥.

H2756 חָרִיף[2회] 하리프
⟨2778⟩에서 유래; '가을의'; 두 이스라엘인의 이름 '하립':—하립(느7:24, 10:20).

H2757 חָרִיץ[3회] 하리츠 또는 חָרִץ 하리츠
⟨2782⟩에서 유래; 정확히는 '벰' 또는 (수동태로) '베어진'[⟨2742⟩와 비교]; 여기에서 '타작기'(날카로운 이가 있는); 또한 (벤) 조각:—치즈, 써레.

H2758 חָרִישׁ[3회] 하리쉬
⟨2790⟩에서 유래; '쟁기질' 또는 그 계절:—이삭이 팸, 이삭이 패는 (시기, 땅).

H2759 חֲרִישִׁי[1회] 하리쉬
'침묵'의 의미로 ⟨2790⟩에서 유래; '조용한', 즉 '무더운(여성명사 '열풍', 또는 무더운 동풍으로):—격렬한.

H2760 חָרַךְ[1회] 하라크
기본어근; '꼬다', '짜다'(즉, '말려들게 하다', 또는 함정에 빠뜨리다), 또는 (사냥감을) 그물로 '잡다':—굽다.

H2761 חֲרַךְ[1회] 하라크
아람어 아마 ⟨2787⟩의 동의어와 관련된 어근; '그슬리다':—태워 그슬리다.

H2762 חֶרֶךְ[1회] 헤레크
⟨2760⟩에서 유래; 정확히는 '그물', 즉 (유추적으로) '격자(格子)':—격자.

H2763 חָרַם[51회] 하람
기본어근; '격리하다'; 특히 (금기로) 종교적인 용도에 '봉헌하다'(특히 파괴); 육체적, 재귀적으로 코가 '뭉툭하다':—화를 입게 하다, 성별하다, 진멸하다, 바치다, 금지하다, 납작 코를 가지다, 철저히 죽이다.

H2764 חֵרֶם[29회] 헤렘
또는 (슥14:11) חֶרֶם 헤렘
⟨2763⟩에서 유래; 물질적으로는 '그물'(로 '둘러싸'듯이) (문자적, 또는 상징적으로); 보통, '운명이 정해 진' 대상; 추상적으로는 '근절':—저주(받은, 받은 것), 바친 것, 진멸되어야

될 것들, 완전히 멸하기(로 정해진), 바쳐진(것), 그물.

H2765 חֲרֵם[1회] **호렘**

〈2763〉에서 유래; '바쳐진'; 팔레스타인의 한 장소 '호렘':—호렘(수19:38).

H2766 חָרִם[3회] **하림**

〈2763〉에서 유래; '들창코의'; 한 이스라엘인 '하림':—하림(스2:32).

H2767 חָרְמָה[9회] **호르마**

〈2763〉에서 유래; '바쳐진'; 팔레스타인의 한 장소 '호르마':—호르마(민14:45).

H2768 חֶרְמוֹן[14회] **헤르몬**

〈2763〉에서 유래; '가파른'; 팔레스타인의 한 산 '헐몬', 또는 '헤르몬':—헐몬(시 133:3), 헤르몬(시89:13, 아4:8).

H2769 חֶרְמוֹנִים[1회] **헤르모님**

〈2768〉의 복수형; '헤르몬 봉우리들':—헤르몬 봉우리들.

H2770 חֶרְמֵשׁ[2회] **헤르메쉬**

〈2763〉에서 유래; '낫'('자르는 것'으로서):—낫.

H2771 חָרָן[12회] **하란**

〈2787〉에서 유래; '바싹 말라 타진'; 한 사람, 또는 한 장소의 이름 '하란':—하란(창11:31).

H2772 חֹרֹנִי[2회] **호로니**

〈2773〉에서 유래한 족속의 명칭; '호론 족속', 또는 호론 주민:—호론 사람들(느2:10).

H2773 חֹרֹנַיִם[4회] **호로나임**

〈2356〉의 파생어의 쌍수; '이중 동굴 도시'; 모압의 한 장소 '호로나임':—호로나임(사15:5).

H2774 חַרְנֶפֶר[1회] **하르네페르**

불확실한 파생어; 한 이스라엘인 '하르네벨':—하르네벨(대상7:36).

H2775 חֶרֶס[6회] **헤레쓰** 또는 (지시형 전접어(前接語)와 함께) **חַרְסָה** **하르싸**

'문지르다'는 뜻의 사용하지 않는 어근에서 유래; '옴'; 또한[아마 〈2777〉에서 온 개념에서 유래] '태양':—가려움, 태양.

H2776 חֶרֶס[1회] **헤레쓰**

〈2775〉와 동일; '빛나는'; 팔레스타인의 한 산 '헤레스':—헤레스(삼하23:2).

H2777 חַרְסוּת[1회] **하르쑤트**

〈2775〉에서 유래(명백히 긁기 위해서 사용한 빨간 '기와'라는 의미); '질그릇 조각', 즉 (함축적으로) '도기(陶器)'; 예루살렘 성문 이름:—동쪽.

H2778 חָרַף[41회] **하라프**

기본어근; '급히 벗다', 즉 (함축적으로) '노출하다'('벗겨진' 상태와 같이); 특히 '약혼하다'(마치 굴복과 같이); 비유적으로 트집 잡다, 즉 '모욕하다'; (〈2779〉에서 유래한) 명사 유래어로 '겨울'을 지내다:—정혼하다, 모독하다, 무시하다, 위태롭게 하다, 조롱하다, 책망하다, 꾸짖다.

H2779 חֹרֶף[7회] **호레프**

〈2778〉에서 유래; 정확히는 수확된 '곡식', 즉 (함축적으로) '가을'(그리고 겨울) 철; 상징적으로 '원숙한' 나이:—(추운), 겨울([겨울궁전]), 젊음.

H2780 חָרֵף[1회] **하레프**

〈2778〉에서 유래; '꾸짖는'; 한 이스라엘인 '하렙':—하렙(대상2:51).

H2781 חֶרְפָּה[73회] **헤르파**

〈2778〉에서 유래; '모욕적 언동', '치욕', '외음부':—비난, 질책(하는), 수치.

H2782 חָרַץ[11회] **하라츠**

기본어근; 정확히는 날카롭게 '지적하다', 즉 (문자적으로) '상처를 입히다'; 상징적으로 '방심 않다', '결정하다':—스스로 분발하다, 결정하다, 작성하다, 정하다, 불구로 만들다, 동작하다.

H2783 חֲרַץ11회 **하라츠**

아람어 '정력'이라는 의미로 〈2782〉와 일치하는 어근에서 유래; '허리'(힘의 좌소로서):—허리.

H2784 חַרְצֻבָּה2회 **하르춥바**

불확실한 파생어; '족쇄'; 상징적으로 '고통':—결박.

H2785 חַרְצַן1회 **하르찬**

〈2782〉에서 유래; '신포도'(맛이 '시큼한' 것에서):—(과실의) 인(仁).

H2786 חָרַק5회 **하라크**

기본어근; 이를 '갈다':—이를 갈다.

H2787 חָרַר9회 **하라르**

기본어근; '달아오르다', 즉 문자적으로 ('녹이다' '태우다', '마르게 하다'), 또는 상징적으로 ('감정을' '보이다', 또는 '일으키다'):—노하다, 태우다, 말리다, 타오르다.

H2788 חָרֵר1회 **하레르**

〈2787〉에서 유래; '건조한':—바싹 마른 곳.

H2789 חֶרֶשׂ27회 **헤레스**

〈2775〉와 〈2791〉을 연결하는 평행형; '옹기조각':—흙(흙으로 만들다), 토기 조각(질그릇 조각), 돌.

H2790 חָרַשׁ47회 **하라쉬**

기본어근; '긁다', 즉 (함축적으로) '새기다', '쟁기질하다'; 여기에서 (도구들을 사용함에서) '조립하다'(어떤 재료로); 상징적으로 '궁리하다'(나쁜 의미로); 여기에서 (입이 무거움에 의해) '침묵하다', '홀로 두다'; 여기에서 (함축적으로) '벙어리가 되다'(무언을 동반하여):—(아주), 멈추다, 감추다, 벙어리가 되다, 꾀하다, 새겨진, 상상하다, 말하기를 그만 두다, 쟁기질하다(쟁기꾼, 농부), 가만히 있다, 쉬다, 은밀히 실천하다, 침묵을 지키다, 잠잠하다, 한마디말도 없다, 혀를 물다, 일꾼.

H2791 חֶרֶשׁ4회 **헤레쉬**

〈2790〉에서 유래; 마술적인 '기교'; 또한 '침묵':—교활한, 비밀히.

H2792 חֶרֶשׁ1회 **헤레쉬**

〈2791〉과 동일; 한 레위인 '헤레스':—헤레스(대상9:15).

H2793 חֹרֶשׁ7회 **호레쉬**

〈2790〉에서 유래; '숲'(아마 건축자재를 공급하는):—큰 가지, 수풀, 장막, 목재.

H2794 חֹרֵשׁ1회 **호레쉬**

〈2790〉의 능동태 분사; '조립자', 또는 기계공:—기술공.

H2795 חֵרֵשׁ9회 **헤레쉬**

〈2790〉에서 유래; '귀머거리'(문자적 의미나 영적 의미로):—귀머거리.

H2796 חָרָשׁ37회 **하라쉬**

〈2790〉에서 유래; 어떤 자료로나 '공작하는 사람':—기술공, 목수, 장인, 새기는 자, 만드는 자, 석공, (숙련된), 철공, 일꾼, 공인(工人), (일하는).

H2797 חַרְשָׁא2회 **하르샤**

〈2792〉에서 유래; '마술사'; 느디님 사람 '하르사':—하르사(스2:52).

H2798 חֲרָשִׁים1회 **하라쉼**

〈2796〉의 복수형; '기계공들'; 예루살렘 한 계곡 이름:—하라심, 장인들.

H2799 חֲרֹשֶׁת2회 **하로셰트**

〈2790〉에서 유래; 기계적 '작업':—새기는 일, 깎는 일.

H2800 חֲרֹשֶׁת 13회 **하로셰트**
〈2799〉와 동일; 팔레스타인의 한 장소 '하로셋':—하로셋(삿4:2).

H2801 חָרַת 1회 **하라트**
기본어근; '새기다':—새겨진.

H2802 חֶרֶת 1회 **헤레트**
〈2801〉에서 유래[그러나 〈2793〉과 동일]; '수풀'; 예루살렘의 잡목 숲 '헤레스':—헤레스(삼상22:5).

H2803 חָשַׁב 123회 **하샤브**
기본어근; 정확히는 '엮다', 또는 서로 꿰뚫다, 즉 (문자적으로) '짜다', 또는 (일반적으로) '공작하다'; 상징적으로 '음모하다', 또는 꾀하다(보통 사악한 뜻으로); 여기에서 (정신적인 노력으로) '생각하다', '고려하다', '평가하다', '계산하다':—설명(하다), 생각하다, 계산하다, 공교한(사람, 일, 공장), 고안하다, 귀하게 여기다, 찾아내다, 예측하다, 여기다, 상상하다, 추정하다, 생각해내다, …와 같다, 의미하다, 의도하다, 간주하다.

H2804 חֲשַׁב 1회 **하샤브**
아람어 〈2803〉과 같음; '주목해서 보다':—여기다.

H2805 חֵשֶׁב 8회 **헤셰브**
〈2803〉에서 유래; '허리띠', 또는 혁대(꼬아서 짠):—공교히 짠 띠.

H2806 חַשְׁבַּדָּנָה 1회 **하쉬밧다나**
〈2803〉과 〈1777〉에서 유래; '신중한 재판'; 한 이스라엘인 '하스밧다나':—하스밧다나(느8:4).

H2807 חֲשֻׁבָה 1회 **하슈바**
〈2308〉에서 유래; '평가'; 한 이스라엘인 '하수바':—하수바(대상3:20).

H2808 חֶשְׁבּוֹן 5회 **헤쉬본**
〈2803〉에서 유래; 정확히는 '고안', 함축적으로 '명철':—궁구하다, 꾀하다, 추론하다.

H2809 חֶשְׁבּוֹן 38회 **헤쉬본**
〈2808〉과 동일; 요단강 동쪽의 한 장소 '헤스본':—헤스본(수13:17).

H2810 חִשָּׁבוֹן 2회 **힛샤본**
〈2803〉에서 유래; '고안', 즉 실제적 (전쟁 '무기'), 또는 정신적인 ('계략'):—기계장치, 발명품.

H2811 חֲשַׁבְיָה 12회 **하샤브야**
또는 חֲשַׁבְיָהוּ **하샤브야후**
〈2803〉과 〈3050〉에서 유래; '여호와께서 고려하셨다'; 아홉 이스라엘인의 이름 '하사바':—하사바(대상26:30, 스8:24).

H2812 חֲשַׁבְנָה 1회 **하샤브나**
〈2808〉의 여성형; '창의력이 풍부함'; 한 이스라엘인 '하삽나':—하삽나(느10:26(25)).

H2813 חֲשַׁבְנְיָה 2회 **하샤브네야**
〈2808〉과 〈3050〉에서 유래; '여호와께서 생각하심'; 두 이스라엘인의 이름 '하삽느야':—하삽느야(느3:10).

H2814 חָשָׁה 16회 **하샤**
기본어근; '조용히 하다' 또는 '잠잠하다':—화평을 유지하다, 침묵을 지키다, 조용하다, 가만히 있다.

H2815 חַשּׁוּב 5회 **핫슈브**
〈2803〉에서 유래; '명철한'; 두세 이스라엘인의 이름 '핫숩':—핫숩(대상9:14, 느3:23).

H2816 חֲשׁוֹךְ 1회 **하쇼크**
아람어 〈2821〉과 일치한 어근에서 유래; '어두운':—어두움.

H2817 חֲשׂוּפָא 2회 **하수파**

또는 חֲשֻׂפָא 하수파
〈2834〉에서 유래; '벌거벗음'; 느디님사람 '하수바':—하수바(스2:43).

H2818 חֲשַׁח[2회] **하샤흐**
아람어 '준비됨'의 의미로 〈2363〉에 일치한 어근의 평행형; ('편리'의 개념에서) '필요하다', 또는(타동사) '필요로 하다':—조심스러운, -가 필요하다.

H2819 חַשְׁחוּת[1회] **하쉬후트**
〈2818〉과 일치한 어근에서 유래; 필요성:—없어서는 안 되다.

H2820 חָשַׂךְ[17회] **하사크**
기본어근; '억제하다', 또는 (재귀동사) '자제하다'; 함축적으로 '거절하다', '아끼다', '보존하다'; 또한 (〈2821〉과 교체적으로) '엄수하다':—완화시키다, 어둡게 하다, 금지하다, 방해하다, 제지하다, 저지하다, 벌하다, 제하다, 보류하다, 아끼다, 억제하다.

H2821 חָשַׁךְ[17회] **하샤크**
기본어근; '어둡다'(빛을 '차단하는' 의미로); 타동사 '어둡게 하다':—검어지다, 어둡다, 어둡게 하다, 어두움을 야기하다, 어두침침하다, 감추다.

H2822 חֹשֶׁךְ[80회] **호셰크**
〈2821〉에서 유래; '어둠'; 여기에서 (문자적으로) '암흑'; 상징적으로 '불행', '파멸', '죽음', '무지', '슬픔', '사악':—어두운, 암흑, 밤, 불분명.

H2823 חָשֹׁךְ[1회] **하쇼크**
〈2821〉에서 유래; '어두운'(상징적으로 즉 '불분명한'):—뒤떨어지는.

H2824 חֶשְׁכָה[2회] **헤쉬카**
〈2821〉에서 유래; '흑암':—어두운.

H2825 חֲשֵׁכָה[27회] **하셰카**
또는 חֲשֵׁיכָה 하셰카
〈2821〉에서 유래; '흑암'; 상징적으로 '불행':—캄캄함.

H2826 חָשַׁל[27회] **하샬**
기본어근; '불안정하게 하다'(자동사 '불안정하다'), 즉 '약한':—나약한.

H2827 חֲשַׁל[1회] **하샬**
아람어 〈2826〉과 일치한 어근; '약하게 하다', 즉 '짓밟다':—억제하다.

H2828 חָשֻׁם[5회] **하슘**
〈2831〉과 동형에서 유래; '부유하게 된'; 두세 이스라엘인의 이름 '하숨':—하숨(스2:19).

H2829 חֶשְׁמוֹן[1회] **헤쉬몬**
〈2831〉과 동일; '풍부한'; 팔레스타인의 한 장소 '헤스몬':—헤스몬(수15:27).

H2830 חַשְׁמַל[3회] **하쉬말**
불확실한 파생어; 아마 '청동' 또는 빛나는 분광성 금속:—호박(보석의 일종).

H2831 חַשְׁמַן[1회] **하쉬만**
(아마 자원이 '확고한', 또는 '넉넉한'이란 의미의) 사용하지 않는 어근에서 유래; 명백히 '부유한':—방백들.

H2832 חַשְׁמֹנָה[2회] **하쉬모나**
〈2831〉의 여성형; '비옥한'; 사막의 한 장소 '하스모나':—하스모나(민33:29).

H2833 חֹשֶׁן[25회] **호셴**
아마 '내포하다', 또는 '번쩍이다'는 의미의 사용하지 않는 어근에서 유래; 아마 (우림과 둠밈을 담은) '주머니', 또는 (보석들이 박혀있는 것과 같이) '부요함', 대제사장의 '목에 거는 것'으로만 사용됨:—흉패.

H2834 חָשַׂף[11회] **하사프**
기본어근; '벗기다', 즉 일반적으로

'발가벗기다'(분발시키거나, 또는 모독하기 위해), (액체를) '따라 버리다', 또는 '퍼내다':—말갛게 벗기다, 깨끗이 하다, 발견하다, 길어내다, 뜨다, 드러내다.

H2835 חָשִׂף[1회] **하시프**
〈2834〉에서 유래; 정확히는 '물을 뺀', 즉 분리된; 여기에서 작은 '무리'(그 나머지로부터 분리된):—작은 떼.

H2836 חָשַׁק[4회] **하샤크**
기본어근; '달라붙다', 즉 '결합하다', (상징적으로) '사랑하다', '기뻐하다'; 생략적으로 (또는, 〈2820〉과 교체적으로) '건져내다':—기뻐하다, 욕망하다, 매다, 갈망하다, 연연하다.

H2837 חֵשֶׁק[3회] **헤셰크**
〈2836〉에서 유래; '기뻐하다':—바램, 기쁨.

H2838 חָשֻׁק[1회] **하슈크**
또는 **חָשׁוּק 하슈크**
〈2836〉의 수동태 분사; '부착된', 즉 '울타리', 또는 말뚝이나 기둥들을 연결하는 '가름대':—가름대.

H2839 חִשּׁוּק[1회] **힛슈크**
〈2836〉에서 유래; '함께 이어진', 즉 바퀴 '멈춤대', 또는 중심바퀴통과 바퀴 테를 연결하는 살:—바퀴의 살.

H2840 חִשֻּׁר[1회] **힛슈르**
서로 '묶다'의 의미의 사용하지 않는 어근에서 유래; '연결된', 즉 '바퀴통', 또는 바퀴의 축(살들을 함께 지탱하는 곳으로서):—(수레바퀴의) 살.

H2841 חַשְׁרָה[1회] **하쉬라**
〈2840〉과 동형에서 유래; 정확히는 '조합', 또는 회집, 즉 '비구름들'의 밀집:—어두운.

H2842 חָשַׁשׁ[2회] **하샤쉬**
〈7179〉의 어미변화; '건초':—왕겨.

H2843 חֻשָׁתִי[2회] **후샤티**
〈2364〉에서 유래한 족속의 명칭; '후사 족속', 또는 '후사 자손':—후사사람(삼하21:18).

H2844 חַת[4회] **하트**
〈2865〉에서 유래; 구체적으로 '눌러 짓이겨진'; 또한 '두려운'; 추상적으로 '공포':—부서진, 당황한, 무서운, 두려운.

H2845 חֵת[14회] **헤트**
〈2865〉에서 유래; '공포'; 가나안 토착민족 '헷':—헷(창10:15).

H2846 חָתָה[4회] **하타**
기본어근; '붙잡다'; 특히 불을 '주어 올리다':—쌓아올리다, 취하다, 나르다.

H2847 חִתָּה[1회] **힛타**
〈2865〉에서 유래; '두려움':—공포.

H2848 חִתּוּל[1회] **힛툴**
〈2853〉에서 유래; '감겨진', 즉 '붕대':—두루마리 붕대.

H2849 חַתְחַת[1회] **하트하트**
〈2844〉에서 유래; '공포':—두려움.

H2850 חִתִּי[48회] **힛티**
〈2845〉에서 유래한 족속의 명칭; '헷 족속', 또는 헷의 자손:—헷 사람(창27:46).

H2851 חִתִּית[8회] **힛티트**
〈2865〉에서 유래; '두려움':—공포.

H2852 חָתַךְ[1회] **하타크**
기본어근; 정확히는 '베어내다', 즉 (상징적으로) '포고하다':—결정하다.

H2853 חָתַל[1회] **하탈**
기본어근; '붕대로 감다':—(아주), 포대기로 폭 싸다.

H2854 חֲתֻלָּה[1회] **하툴라**
〈2853〉에서 유래; '감는' 옷감(상징

적으로):—강보, 둘둘 감는 천.

H2855 חֶתְלֹן2회 **헤틀론**

〈**2853**〉에서 유래; '감긴'; 팔레스타인의 한 장소 '헤들론':—헤들론(겔 47:15, 48:1).

H2856 חָתַם16회 **하탐**

기본어근; '밀폐하다'; 특히 '봉하다':—끝내다, 표시하다, 인봉하다(인을 치다), 막다.

H2857 חֲתַם1회 **하탐**

아람어 〈**2856**〉과 일치하는 어근; '봉인하다':—봉하다.

H2858 חֹתֶמֶת1회 **호테메트**

〈**2856**〉의 여성능동태 분사; '인':—도장.

H2859 חָתַן11회 **하탄**

기본어근; 결혼으로 (딸을) '넘겨주다'; 여기에서 (일반적으로) 결혼으로 '친척이 되다':—친척이 되다, 시아버지, 혼인하다, 시어머니, 사위.

H2860 חָתָן20회 **하탄**

〈**2859**〉에서 유래; 결혼에 의한 (특히 신부로 말미암은) '친척'; 상징적으로 '할례 받은' 아이 (일종의 종교적인 의식으로서):—신랑, 남편, 사위.

H2861 חֲתֻנָּה1회 **하툰나**

〈**2859**〉에서 유래; '혼인식':—혼인.

H2862 חָתַף1회 **하타프**

기본어근; '꽉 쥐다':—빼앗다.

H2863 חֶתֶף1회 **헤테프**

〈**2862**〉에서 유래; 정확히는 '강탈'; 상징적으로 '강도질':—탈취물.

H2864 חָתַר8회 **하타르**

기본어근; 밤도둑에 의하여 행해지는 것처럼 '헤치고 나가다'; 상징적으로 노를 가지고:—파헤치다, 노를 젓다.

H2865 חָתַת57회 **하타트**

기본어근; 정확히는 '넘어뜨리다'; 여기에서 (문자적으로) 폭력으로나 (상징적으로) 혼란과 두려움으로 '부서뜨리다':—폐지하다, 위협하다, 두려워하다(두렵게 하다), 놀래다, 때려 넘어뜨리다, 위축시키다, 낭패하다(낭패케 하다), 굴복하다, 깜짝 놀라게 하다, 무섭게 하다.

H2866 חֲתַת1회 **하타트**

〈**2865**〉에서 유래; '당황':—낙담시킴.

H2867 חֲתַת1회 **하타트**

〈**2866**〉과 동일; 한 이스라엘인 '하닷':—하닷(대상4:13).

트롱히브리어사전

ט

H2868 טְאֵב[1회] 테에브
아람어 기본어근; '기뻐하다':—기쁘다.

H2869 טָב[2회] 타브
아람어 〈2868〉에서 유래; 〈2896〉과 동일; '선한':—훌륭한, 좋은.

H2870 טָבְאֵל[2회] 타베엘
〈2895〉와 〈410〉에서 유래; '하나님께 기쁨을'; 한 수리아인과 한 페르시아인의 이름 '다브엘':—다브엘(스4:7).

H2871 טָבוּל[1회] 타불
〈2881〉의 수동태 분사; 정확히는 '염색한', 즉 '터번 수건'(아마 '채색천'으로 된):—염색된 의복.

H2872 טַבּוּר[2회] 탑부르
'쌓아 올리다'는 의미의 사용하지 않는 어근에서 유래; 정확히는 '축척된'; 즉 (함축적으로) '꼭대기':—중간, 중앙.

H2873 טָבַח[11회] 타바흐
기본어근; (동물이나 사람을) '학살하다':—죽이다, 도륙하다, 살해하다.

H2874 טֶבַח[12회] 테바흐
〈2873〉에서 유래; 정확히는 '도륙된' 어떤 것; 여기에서 '짐승'(또는, 도살된 것으로서 '고기'); 추상적으로 '도수장'(또는, 구체적으로, 도살하는 장소):—짐승, 도륙, 살육.

H2875 טֶבַח[9회] 테바흐
〈2874〉와 동일; '대학살'; 한 메소포타미아인과 한 이스라엘인의 이름; '데바':—데바(창22:24, 삼상9:23, 왕하15:8, 렘39:9).

H2876 טַבָּח[32회] 탑바흐
〈2873〉에서 유래; 정확히는 '도살자'; 여기에서 '근위병'(집행자와 같이 행동하기 때문에); 또한 '요리사'(보통 음식용 짐승을 잡는다는 의미로):—요리사, 호위병, 시위병.

H2877 טַבָּח[1회] 탑바흐
아람어 〈2876〉과 동일; '시위병':—근위병(호위자).

H2878 טִבְחָה[3회] 티브하
〈2874〉의 여성형으로 뜻이 동일:—살코기, 도살.

H2879 טַבָּחָה[1회] 탑바하
〈2876〉의 여성형; 여 '요리사':—요리사.

H2880 טִבְחַת[1회] 티브하트
〈2878〉에서 유래; '도살'; 수리아의 한 장소 '디브핫':—디브핫(대상18:8).

H2881 טָבַל[16회] 타발
기본어근; '적시다':—적시다, 던져 넣다.

H2882 טְבַלְיָהוּ[1회] 테발야후
〈2881〉과 〈3050〉에서 유래; '여호와께서 담그셨다'; 한 이스라엘인 '드발리야':—드발리야(대상26:11).

H2883 טָבַע[10회] 타바
기본어근; '가라앉다':—물에 빠진, 묶다, 안치하다, 가라앉다.

H2884 טַבָּעוֹת[2회] 탑바오트
〈2885〉의 복수형; '반지들'; 느디님 사람 '답바옷':—답바옷(스2:43).

H2885 טַבַּעַת[49회] 탑바아트
〈2883〉에서 유래; 정확히는 (밀초에 새긴 것으로서) '인', 즉 '도장'(인장용); 여기에서 (일반적으로) 어떤 종류의 '반지':—반지.

H2886 טַבְרִמֹּן[1회] 타브림몬
〈2895〉와 〈7417〉에서 유래; '림몬에게 기쁨이 되는'; 한 수리아인 '다브림몬':—다브림몬(왕상15:18).

H2887 טֵבֶת[1회] 테베트
아마 외래어의 파생어; 히브리력의 열

번째 달 '데벳월':—데벳월(에2:16).

H2888 טַבַּת[1회] **탑바트**

불확실한 파생어; 요단 동편의 한 장소 '답밧':—답밧(삿7:22).

H2889 טָהוֹר[95회] **타호르**

또는 **טָהֹר 타호르**

〈2891〉에서 유래; '순수한'(육체적, 화학적, 의식적, 또는 도덕적인 의미에서):—정결한, 깨끗한, 순수한, 흠 없음.

H2890 טְהוֹר[2회] **테호르**

〈2891〉에서 유래; '순수성':—흠이 없음.

H2891 טָהֵר[94회] **타헤르**

기본어근; 정확히는 '밝다'; 즉 (함축적으로) '정결한'(육체적으로 '건전한', '깨끗한', '순결한' 레위인의 '불결하지' 않은; 도덕적으로 '순결한', 또는 거룩한):—(정결케 하다, 자신을 정결케 하다, 정결함을 선포하다) 정결하다, (자신을) 깨끗이 하다, 정하게 하다.

H2892 טֹהַר[4회] **토하르**

문자적으로 '밝음'; 의식(儀式)에서 '정결':— 깨끗함, 영광, 정결케 함.

H2893 טָהֳרָה[13회] **토호라**

〈2892〉의 여성형; 의식(儀式)에서 '정결'; 도덕적 '순수성':—정결케 되다, 깨끗이 하는, 결례(潔禮)(정결케 하는 일).

H2894 טוּא[1회] **투**

기본어근; '쓸어버리다':—쓸다.

H2895 טוֹב[28회] **토브**

기본어근; 가장 넓은 의미에서 '선하다'(또는, '잘되다', 타동사로 '선을 행하다', '선하게 하다'):—더 낫다, (더 나은 일을 행하다), 기쁘게 하다, 선하다(선을 행하다, 선히 여기다), 아름답다(아름답게 하다), 기쁘게 하다, 낫다(잘 행하다, 잘 가다, 잘하다).

H2896 טוֹב[495회] **토브**

〈2895〉에서 유래; 가장 넓은 의미로 '좋은'(형용사로서); 남성과 여성, 단수와 복수의 명사로서 꼭 같이 사용됨('선한, '선한' 것, 또는 '선한' 일, 선한 남자, 또는 여자), 또한 부사로서('잘'):—아름다운, 최선의, 더 잘, 풍부한, 쾌활한, 편한, 좋은(상냥한 말), 좋아하다, 반가운, 선한, 자비롭게, 기쁘게, 친절하게, 친절, 가장 좋아한다, 사랑하는, 최고로, 기쁘다, 기뻐하는, 기쁨, 값진, 풍성, 준비된, 달콤한, 재산, 부귀, 잘되다(은총을 입은).

H2897 טוֹב[4회] **토브**

〈2896〉과 동일; '선한'; 명백히 요단강 동쪽의 한 지역 '돕':—돕(삿11:3).

H2898 טוּב[32회] **투브**

〈2895〉에서 유래; (명사로서) '선', 가장 넓은 의미로, 특히 '선함'(최상급 구체적으로 '최선의 것'), '아름다움', '즐거움', '복지':—아름다운, 반가움, 선한(선함, 선한 것, 선한 일), 기쁨, 잘 어울리다.

H2899 טוֹב אֲדֹנִיָּהוּ[7회]

토브 아도니야후

〈2896〉과 〈138〉에서 유래; '아도니야에게 기쁨이 되는'; 한 이스라엘인 '도바도니야':—도바도니야(대하17:8).

H2900 טוֹבִיָּה[17회] **토비야**

또는 **טוֹבִיָּהוּ 토비야후**

〈2896〉과 〈3050〉에서 유래; '여호와의 선하심'; 세 이스라엘인과 한 사마리아인의 이름 '도비야':—도비야(대하17:8, 느2:10, 슥6:10).

H2901 טָוָה2회 타와

기본어근; '방적하다':—실을 뽑다.

H2902 טוּחַ10회 투아흐

기본어근; '바르다', 특히 석회로:—회칠하다, 입히다, 바르다.

H2903 טוֹטָפָה3회 토타파

'돌아다니다', 또는 '감다'는 뜻의 사용하지 않는 어근에서 유래; 이마용 '띠':—이마에 붙인 장식.

H2904 טוּל13회 툴

기본어근; ~위에 '던지다', 또는 '실을 감다'; 여기에서 (타동사로) '내던지다', 또는 '던져버리다':—옮겨가다, (아주)엎드러뜨리다, 던져버리다, 보내버리다.

H2905 טוּר26회 투르

규칙적으로 '정렬시키다'는 의미의 사용하지 않는 어근에서 유래; '줄'; 여기에서 '벽':—열, 줄.

H2906 טוּר2회 투르

[아람어] 〈6679〉와 같음; '바위', 또는 언덕:—산.

H2907 טוּשׂ1회 투스

기본어근; 먹이를 취하는 새처럼 '달려들다':—급하게 굴다.

H2908 טְוָת1회 테와트

[아람어] 〈2901〉과 일치한 어근에서 유래; (뒤틀리듯 하는) '배고픔':—금식.

H2909 טָחָה1회 타하

기본어근; '궁수'로서, 활을 '당기다':—[화살을] 쏘다.

H2910 טֻחָה2회 투하

'씌우는'이란 의미로 〈2909〉 (또는, 〈2902〉)에서 유래; (복수 형태로서만 사용됨) '콩팥'('덮혀진' 것으로서); 여기에서 (상징적으로) 심중의 '생각':—내부.

H2911 טְחוֹן1회 테혼

〈2912〉에서 유래; 손 '맷돌'; 여기에서 '연자맷돌':—갈다.

H2912 טָחַן8회 타한

기본어근; 식사를 '갈다'; 여기에서 (고용된) '첩이 되다':—갈다, 맷돌질하는 사람.

H2913 טַחֲנָה1회 타하나

〈2912〉에서 유래; 손'맷돌'; 여기에서 (상징적으로) '씹음':—맷돌질.

H2914 טְחֹר1회 테호르

'불타다'라는 의미의 사용하지 않는 어근에서 유래; '종기', 또는 궤양(염증에서), 특히 항문이나 외음부에 난 종양(치질의 종기):—치질, 치핵.

H2915 טִיחַ1회 티아흐

〈2902〉(와 동의어로)에서 유래; 모르타르 또는 '회반죽':—회칠.

H2916 טִיט13회 티트

명백히 '끈적끈적하다'는 의미의 사용하지 않는 어근에서 유래 [그보다는 '쓸어버려'야 할 먼지라는 개념으로 〈2894〉에서 유래한 명사 유래어인 듯함]; '진흙', 또는 '점토 흙'; 상징적으로 '재앙':—점토 흙, 수렁, 진흙.

H2917 טִין2회 틴

[아람어] 아마 〈2916〉과 일치한 단어와 교체적으로 사용됨; '점토':—진흙투성이의.

H2918 טִירָה7회 티라

〈2905〉(의 동의어의)의 여성형; '벽'; 여기에서 '요새' 또는 '작은 마을':—성읍, 거처, 궁전, 열(줄).

H2919 טַל31회 탈

〈2926〉에서 유래; '이슬'(초목을 덮

는):—이슬.

H2920 טַל5회 **탈**

아람어 〈2919〉와 동일:—이슬.

H2921 טָלָא8회 **탈라**

기본어근; 정확히는 조각들로 '덮다'; 즉 (함축적으로) '얼룩지게 하다'. 또는 (비단같이) 다채로운 '색 무늬를 넣다':—기워진, 여러 색의, 아롱진.

H2922 טְלָה1회 **텔라**

명백히 (원래 의미에서)(보호하기 위해) '감쌈'이란 의미로 〈2921〉에서 유래; '어린양'[〈2924〉와 비교]:—어린양.

H2923 טְלָאִים1회 **텔라임**

〈2922〉의 복수형에서 유래; '어린 양들'; 팔레스타인의 한 장소 '들라임':—들라임(삼상15:4).

H2924 טָלֶה3회 **탈레**

〈2922〉의 어미변화; '어린양':—어린양.

H2925 טַלְטֵלָה1회 **탈텔라**

〈2902〉에서 유래; '전복' 또는 '거절':—사로잡힘.

H2926 טָלַל1회 **탈랄**

기본어근; 정확히는 위에 '뿌리다', 즉 (함축적으로) 지붕을 '얹다', 또는 (들보로) '입히다':—덮다.

H2927 טְלַל2회 **텔랄**

아람어 〈2926〉과 일치함; 그림자로 '덮다':—그늘지다.

H2928 טֶלֶם1회 **텔렘**

'분쇄하다', 또는 '난폭하게 다루다'는 의미의 사용하지 않는 어근에서 유래; '압제'; 이두매의 한 장소의 이름과 한 성전문지기의 이름 '델렘':—델렘(수15:24).

H2929 טַלְמוֹן5회 **탈몬**

〈2728〉과 동형에서 유래; '압제하는'; 한 성전문지기 '달문':—달문(스2:42).

H2930 טָמֵא163회 **타메**

기본어근; 특히 의식(儀式)적, 또는 도덕적 의미에서 '더러워지다'('오염된'):—(스스로) 더럽히다, (스스로) 부패하다, 부정하다, (부정하게 하다, 부정하게 되다, 부정하다고 선언하다), (철저히).

H2931 טָמֵא87회 **타메**

〈2930〉에서 유래; 종교적 의미에서 '더러운':—더럽혀진, 불명예스러운, 부패한(부패), 오염, 부정한.

H2932 טֻמְאָה36회 **투므아**

〈2930〉에서 유래; 종교적인 '불결':—더러운 것, 부정한 것(부정).

H2933 טָמָה2회 **타마**

〈2930〉의 평행형; 종교적인 의미에서 '불결하다':—불결하다, 불결하다고 여겨지다.

H2934 טָמַן31회 **타만**

기본어근; '감추다'(위에 '덮어서'):—숨기다, 감춰두다, 비밀로.

H2935 טֶנֶא4회 **테네**

아마 '짜다'는 의미의 사용하지 않는 어근에서 유래; '바구니'(고리버들로 함께 꼰):—광주리.

H2936 טָנַף1회 **타나프**

기본어근; '더럽게 얼룩지다':—더럽히다.

H2937 טָעָה1회 **타아**

기본어근; '헤매다'; 사역동사로 '잘못된 길로 이끌다':—유혹하다.

H2938 טָעַם11회 **타암**

기본어근; '맛보다'; 상징적으로 '감지하다':—그러나, 깨닫다, 맛보다.

H2939 טְעַם[2회] **테암**
아람어 〈2938〉과 같음; '맛보다'; 사역동사로 '먹이다':—먹게 하다, 먹이다.

H2940 טַעַם[25회] **타암**
〈2938〉에서 유래; 정확히는 '맛' 즉 (상징적으로) '지각'; 함축적으로 '명철'; 타동사적으로 '명령':—권고, 해동, 조서, 분별, 판단, 이유, 맛, 이해.

H2941 טַעַם[5회] **타암**
아람어 〈2939〉에서 유래; 정확히는 '맛보다', 즉(〈2940〉에서처럼) 법적 '선고':—보고, 명령을 받다, 명령, 일.

H2942 טְעֵם[30회] **테엠**
아람어 〈2939〉에서 유래; 그리고 〈2941〉과 동의어; 정확히는 '(독특한) 맛'; 상징적 으로 '판단'(주관적, 객관적으로); 여기에서 '보고'(주관적, 개관적으로):—방백, 명하다, 명령, 조서, 고려하다, 맛보다, 슬기, 지혜.

H2943 טָעַן[1회] **타안**
기본어근; 짐승에게 '짐을 싣다':—싣다.

H2944 טָעַן[1회] **타안**
기본어근; '찌르다':—꿰뚫다.

H2945 טַף[42회] **타프**
〈2952〉에서 유래 (아마 어린아이들의 아장아장 걷는 '걸음걸이'와 관련된 말); '가족'(대부분 단수로서 집합명사로 사용됨):—어린이들, 어린것들, 가족들.

H2946 טָפַח[2회] **타파흐**
기본어근; (장막과 같이) '평평하게 펴다' 또는 '치다'; 상징적으로 어린애를 '양육하다'(성장을 '촉진'시켜); 또는 아마 〈2947〉에서 유래한 명사 유래어, 손바닥으로 '어르다'는 말에서 유래:—뼘, 강보.

H2947 טֶפַח[9회] **테파흐**
〈2946〉에서 유래; 손의 '뻗음', 즉 '손바닥 넓이'(손가락으로 잰 뼘이 아님); 건축에서 '받침나무'(받치는 손바닥 모양의 물건으로):—가로대, 손넓이.

H2948 טֹפַח[3회] **토파흐**
〈2946〉에서 유래(〈2947〉과 동일):—손바닥 넓이(폭).

H2949 טִפֻּח[1회] **팁푸흐**
〈2946〉에서 유래; '양육':—뼘 길이의.

H2950 טָפַל[3회] **타팔**
기본어근; 정확히는 헝겊 조각으로 '위에 붙이다'; 상징적으로 잘못되게 '전가하다':—날조하다, 지어내다.

H2951 טִפְסַר[2회] **티프싸르**
외래어의 파생어; 군대 '장관':—대장.

H2952 טָפַף[1회] **타파프**
기본어근; 명백히 (짧은 걸음으로) 교태를 부리며 '경쾌한 발걸음으로 걷다'는 뜻:—맵시를 내며 걷다.

H2953 טְפַר[2회] **테파르**
아람어 〈6852〉와 일치하는 어근에서 유래, 그리고 뜻은 〈6856〉과 동일; '손톱'; 또한 '발굽' 또는 짐승의 '발톱':—손발톱.

H2954 טָפַשׁ[1회] **타파쉬**
기본어근; 정확히는 명백히 '두껍다'; 상징적으로 '미련하다':—살지다.

H2955 טָפַת[1회] **타파트**
아마 〈5197〉에서 유래; (연고(軟膏)의) '방울'; 한 이스라엘 여자 '다밧':—다밧(왕상4:11).

H2956 טָרַד[2회] **타라드**
기본어근; '계속 몰다'; 상징적으로 바짝 '따르다':—계속적인.

H2957 טְרַד[5회] **테라드**

아람어 〈**2956**〉과 같음 '쫓아내다':—내몰다.

H2958 טְרוֹם[1회] **테롬**

〈**2962**〉의 어미변화; '아직 아닌':—전에.

H2959 טָרַח[1회] **타라흐**

기본어근; '과도하게 싣다':—지친.

H2960 טֹרַח[2회] **토라흐**

〈**2959**〉에서 유래; '짐':—두통거리, 고생.

H2961 טָרִי[2회] **타리**

명백히 '축축하다'는 의미의 사용하지 않는 어근에서 유래; 정확히는 '방울져 떨어짐'; 여기에서 '신선한'(즉, 금방 만들어진):—새로운, 곪게 하는.

H2962 טֶרֶם[56회] **테렘**

명백히 '방해하다' 또는 '중지하다'는 뜻인 사용하지 않는 어근에서 유래; 정확히는 '발생하지 않음'; 부사적으로 사용하여 '아직 아니' 또는 '전에':—앞에, 전에, 아직 아니.

H2963 טָרַף[25회] **타라프**

기본어근; '뜯어내다', 또는 갈기갈기 '찢다'; 사역동사로(여러 소량으로) 음식을 '제공하다':—움키다, (의심없이), 먹이다, 강탈하다, 갈기갈기 찢다, (확실히), [조각조각] 찢다.

H2964 טֶרֶף[22회] **테레프**

〈**2963**〉에서 유래; '찢겨진' 것, 즉 조각, 예를 들면 '새' 잎사귀, '먹이', '음식':—잎, 고기, 먹이, 탈취물.

H2965 טָרָף[2회] **타라프**

〈**2963**〉에서 유래; 최근에 '찢어'진, 즉, '신선한':—잡아 찢어진.

H2966 טְרֵפָה[9회] **테레파**

〈**2694**〉의 여성형(집합명사); '먹이', 즉 동물들에 의해 먹히는 먹이 떼:—먹이, (동물들에 의해 물려) 찢긴(것).

H2967 טַרְפְּלָי[1회] **타르펠라이**

아람어 외래어에서 파생한 이름에서 유래; '다블래 족속'(집합적으로), 또는 다블래의 주민, 앗수르의 한 장소:—다블래 사람들(스4:9).

트롱히브리어사전

י

H2968 יָאַב[1회] **야아브**
기본어근; '바라다':—사모하다.

H2969 יָאָה[3회] **야아**
기본어근; '적당하다':—속하다.

H2970 יַאֲזַנְיָה[4회] **야아잔야**
또는 **יַאֲזַנְיָהוּ 야아잔야후**
〈**238**〉과 〈**3050**〉에서 유래; '여호와께 들으신바 된'; 네 이스라엘인의 이름 '야아사냐':—야아사냐(렘35:3, 겔11:1). 〈**3153**〉과 비교

H2971 יָאִיר[12회] **야이르**
〈**215**〉에서 유래; '계몽자'; 네 이스라엘인의 이름 '야일':—야일(민32:41, 삿10:3, 에2:5).

H2972 יָאִרִי[1회] **야이리**
〈**2971**〉에서 유래한 족속의 명칭; '야일 족속', 또는 야일 자손:—야일 사람(삼하20:26).

H2973 יָאַל[4회] **야알**
기본어근; 정확히는 '느슨하다', 즉 (상징적으로) '어리석다':—어리석게 되다, 우준하다(어리석다, 우매한 일을 하다).

H2974 יָאַל[19회] **야알**
기본어근 [아마 그 보다는 정신적인 '연약성'의 개념으로 〈**2973**〉과 동일]; 정확히는 '양보하다', 특히 '동의하다'; 여기에서 (적극적으로) 자유의사의 행동으로 '떠맡다':—시험적으로 해보다, 시작하다, 족하게 여기다, 기쁘게 하다, 감히…하다, 기꺼이 하고자하다.

H2975 יְאֹר[65회] **예오르**
기원은 애굽어; 도랑, 운하 같은 '수로'; 특히 애굽의 유일한 강으로서의 '나일 강'(그것의 부수적인 도랑들을 포함하여), 또는 앗수르의 주요한 강으로서의 '티그리스 강':—시내, 강물의 범람, 강, 개울.

H2976 יָאַשׁ[6회] **야아쉬**
기본어근; '단념하다', 즉 (상징적으로) '실망하다':—절망하다, 절망케 하다, 절망적인 자, 희망이 없다.

H2977 יֹאשִׁיָּה[53회] **요쉬야**
또는 **יֹאשִׁיָּהוּ 요쉬야후**
〈**803**〉과 〈**3050**〉의 동일한 어근에서 유래; '여호와께서 기초를 두심'; 두 이스라엘인의 이름 '요시야':—요시야(왕하23:23, 대하34:33, 슥6:10).

H2978 יְאִתוֹן[7회] **예이톤**
〈**857**〉에서 유래; '들어감':—입구.

H2979 יְאָתְרַי[1회] **예아테라이**
〈**871**〉과 동형에서 유래; '밟기'; 한 이스라엘인 '여아드레':—여아드레(대상6:6(21)).

H2980 יָבַב[1회] **야바브**
기본어근; '고함치다':—외치다.

H2981 יְבוּל[13회] **예불**
〈**2986**〉에서 유래; '산물', 즉 '수확' 또는 (상징적으로) '재산':—과일, 농산물.

H2982 יְבוּס[4회] **예부쓰**
〈**947**〉에서 유래; '밟힌', 즉 타작마당; 예루살렘의 원래 이름 '여부스':—여부스(삿19:10,11, 대상11:4,5).

H2983 יְבוּסִי[41회] **예부씨**
〈**2982**〉에서 유래한 종족; '여부스 족속' 또는 '여부스 주민':—여부스 사람들(창10:16, 15:21, 민13:29, 수15:63, 삼하5:6, 스9:1).

H2984 יִבְחַר[1회] **이브하르**
〈**977**〉에서 유래; '선택'; 한 이스라엘인 '입할':—입할(삼하5:15, 대상14:5).

H2985 יָבִין[8회] **야빈**

〈**995**〉에서 유래; '총명한'; 두 가나안 왕의 이름 '야빈':—야빈(수11:1, 삿4:2, 시83:10(9)).

H2986 יָבַל 18회 **야발**

기본어근; 정확히는 '흐르다'; 사역동사로 (특별히 성대하게) '데려오다':—데려오다, 운반하다, 인도하다(인도함을 받다).

H2987 יְבַל 3회 **예발**

아람어 〈**2986**〉과 같음; '가져오다':—옮기다, 가져오다.

H2988 יָבָל 2회 **야발**

〈**2986**〉에서 유래; '개울':—수로, 시내.

H2989 יָבָל 1회 **야발**

〈**2988**〉과 동일; 대홍수 이전 사람 '야발':—야발(창4:20).

H2990 יַבֵּל 1회 **얍벨**

〈**2986**〉에서 유래; 진이 흐르는 '종기':—혹.

H2991 יִבְלְעָם 3회 **이블레암**

〈**1104**〉와 〈**5971**〉에서 유래; '삼켜버리는 백성'; 팔레스타인의 한 장소 '이블르암':—이블르암(수17:11, 삿1:27, 왕하9:27).

H2992 יָבַם 3회 **야밤**

불분명한 뜻의 기본어근; 〈**2993**〉에서 유래한 명사유래어로서만 사용됨; (사망한) 형의 과부와 '결혼하다':—남편의 형제 된 의무를 이행하다, 혼인하다.

H2993 יָבָם 2회 **야밤**

〈**2992**〉(의 기원)에서 유래; '시형제':—남편의 형제.

H2994 יְבֵמֶת 3회 **예베메트**

〈**2992**〉의 여성분사형; '시누이':—형제의 아내, 시누이.

H2995 יַבְנְאֵל 2회 **야브네엘**

〈**1129**〉와 〈**410**〉에서 유래; '하나님에 의해 지어짐'; 팔레스타인의 두 장소의 이름 '얍느엘':—얍느엘(수15:11, 19:33).

H2996 יַבְנֵה 1회 **야브네**

〈**1129**〉에서 유래; '건물'; 팔레스타인의 한 장소 '야브네':—야브네(대하26:6).

H2997 יִבְנְיָה 1회 **이브네야**

〈**1129**〉와 〈**3050**〉에서 유래; '여호와에 의해 지어짐'; 한 이스라엘인 '이브느야':—이브느야(대상9:8).

H2998 יִבְנִיָּה 1회 **이브니야**

〈**1129**〉와 〈**3050**〉에서 유래; '여호와의 건물'; 한 이스라엘인 '이브니야':—이브니야(대상9:8).

H2999 יַבֹּק 7회 **얍보크**

아마 〈**1238**〉에서 유래; '퍼붓는'; 요단의 동쪽 장소 '얍복':—얍복(창32:23(22), 민21:24, 신2:37, 3:16, 수12:2, 삿11:13).

H3000 יְבֶרֶכְיָהוּ 1회 **예베레크야후**

〈**1288**〉과 〈**3050**〉에서 유래; '여호와께 복 받음'; 한 이스라엘인 '여베레기야':—여베레기야(사8:2).

H3001 יָבֵשׁ 61회 **야베쉬**

기본어근; '부끄럽다', '당황하다', '실망되다'; 또한 (실패로서)(물의 경우와 같이) '바짝 마르다', 또는 (풀의 경우와 같이) '시들다':—부끄럽다, 깨끗하다, 혼동되다, 마르다, 마르게 하다, 부끄러운 일(을 행하다), (철저히), 시들다, 시들어 버리다.

H3002 יָבֵשׁ 1회 **야베쉬**

〈**3001**〉에서 유래; '마른':—말라버린, 마른.

H3003 יָבֵשׁ 14회 **야베쉬**

또한 יָבֵישׁ 야베쉬
〈3002〉와 동일함 (또한 자주 〈1568〉에 첨가됨으로, 즉 길르앗의 야베스); 한 이스라엘인과 팔레스타인의 한 장소의 이름 '야베스':—야베스(삼상11:3, 삿21:8, 왕하15:10), 길르앗 야베스.

H3004 יַבָּשָׁה 14회 얍바샤
〈3001〉에서 유래; '마른' 땅:—마른(땅, 육지).

H3005 יִבְשָׂם 1회 이브삼
〈1314〉의 동형에서 유래; '향기로운'; 한 이스라엘인 '입삼':—입삼(대상7:2).

H3006 יַבֶּשֶׁת 2회 얍베셰트
〈3004〉의 어미변화; '마른' 땅:—마른땅.

H3007 יַבֶּשֶׁת 1회 얍베셰트
아람어 〈3006〉과 같음; '마른' 땅:—대지.

H3008 יִגְאָל 3회 이그알
〈1350〉에서 유래; '복수자'; 세 이스라엘인의 이름 '이갈':—이갈(민13:7, 대상3:22, 삼하23:36).

H3009 יָגַב 1회 야가브
기본어근; '파다', 또는 쟁기질하다:—농부.

H3010 יָגֵב 1회 야게브
〈3009〉에서 유래; 갈아 일군 '밭':—들판.

H3011 יָגְבְּהָה 2회 요그베하
〈1361〉에서 유래한 여성형; '작은 산'; 요단강 동편의 한 장소 '욕브하':—욕브하(민32:35, 삿8:11).

H3012 יִגְדַּלְיָהוּ 1회 이그달야후
〈1431〉과 〈3050〉에서 유래; '여호와에 의해서 확대된'; 한 이스라엘인 '익다랴':—익다랴(렘35:4).

H3013 יָגָה 8회 야가
기본어근; '슬프게 하다':—곤고케 하다, 괴롭히다, 슬프게 하다, 근심케 하다, 슬퍼하는, 짜증나게 하다.

H3014 יָגָה 1회 야가
기본어근 [아마 그보다는 '불만족'이라는 통상의 관념으로 〈3013〉과 동일]; '밀어'제치다:—옮겨지다.

H3015 יָגוֹן 14회 야곤
〈3013〉에서 유래; '고통':—비탄, 슬픔.

H3016 יָגוֹר 1회 야고르
〈3025〉에서 유래; '두려워하는':—두려운, 가장 두려운.

H3017 יָגוּר 1회 야구르
아마 〈1481〉에서 유래; '숙박'; 팔레스타인의 한 장소 '야굴':—야굴(수15:21).

H3018 יְגִיעַ 16회 예기아
〈3021〉에서 유래; '노고'; 여기에서 '일', '생산', '재산'(노동의 결과로서):—노동, 일.

H3019 יָגִיעַ 1회 야기아
〈3021〉에서 유래; '피곤한':—피로한.

H3020 יָגְלִי 1회 요글리
〈1540〉에서 유래; '추방당한'; 한 이스라엘인 '요글리':—요글리(민34:22).

H3021 יָגַע 26회 야가
기본어근; 정확히는 '헐떡거리다'; 여기에서 '기진맥진하다', '피로하다', '수고하다':—약한, 노동하다, 노동하게 하다, 피로한, 피로하다.

H3022 יָגָע 1회 야가
〈3021〉에서 유래; '소득'(수고의 소산으로):—~을 위하여 수고한 것.

H3023 יָגֵעַ 3회 야게아
〈3021〉에서 유래; '피곤한'; 여기에서 (타동으로) '지치는':—노고가 많

은, 피로한.

H3024 יְגִיעָה[1회] **예기아**
〈**3019**〉의 여성형; '피로':—권태.

H3025 יָגֹר[7회] **야고르**
기본어근; '두려워하다':—두려워하다.

H3026 יְגַר שָׂהֲדוּתָא[1회]
예가르 사하두타
아람어 ('모으다'는 의미의) 사용하지 않는 어근에서 유래한 파생어와 〈**7717**〉과 일치하는 어근의 파생어; '증거의 더미'; 요단강 동쪽의 이정표로서의 돌무덤 '여갈사하두다':—여갈사하두다(창31:47).

H3027 יָד[1617회] **야드**
기본어; '손'(〈**3709**〉의 '쥔' 손과 구별된[‘힘', '수단', '방향'을 가리키는] '편' 손); 문자적으로 상징적으로, 가깝거나, 먼 의미로 아주 다양한 적용에(명사, 부사 등등) 사용됨 [다음과 같이]:—힘이 미치다, (할 수 있다), 관하여, 겨드랑이, …에서, 차축, …인하여, 곁에, 지경, 관대함, 넓은, 손(부러진)의. …에 의하여, 책임, 해변, 거룩하게 하다, 채권자, 보호, 빚, 지배, 족한, 친분, 세력, 으로부터, 손[-몽둥이, 솜씨], 그가, 그 자신, 안에, 노고, 관대한, 버팀대, [왼손]잡이, 수단, 나의, 직분, 가까이, …의, 명령, 법령, 우리의, 몫, 고통, 힘, 건방지게, 봉사, 곁, 상처, 상태, 머물다, 힘을 다하여 당기다, 손을 들어 맹세하다, 공포, 너에게, 그들에 의해서, 그들 자신, 너 자신의, 너로 말미암아, 던짐, 엄지손가락, …곱, 에게, 아래, 우리를, 수종들다, [길]곁에서, 그곳, 넓은, (그와, 나와, 너와) 함께, 일하다, 산출하다, 너희 손으로, 너희 스스로.

H3028 יַד[17회] **야드**
아람어 〈**3027**〉과 같음:—손, 힘.

H3029 יְדָא[2회] **예다**
아람어 〈**3034**〉와 같음; '찬양하다':—감사(하다).

H3030 יִדְאֲלָה[1회] **이드알라**
불확실한 파생어; 팔레스타인의 한 장소 '이달라':—이달라(수19:15).

H3031 יִדְבַשׁ[1회] **이드바쉬**
〈**1706**〉과 동형에서 유래; 아마 '꿀로 달게 한'; 한 이스라엘인 '잇바스':—잇바스(대상4:3).

H3032 יָדַד[3회] **야다드**
기본어근; 정확히는 '다루다'[〈**3034**〉와 비교], 즉 '던지다', 예를 들면 제비를:—뽑다, 던지다.

H3033 יְדִדוּת[1회] **예디두트**
〈**3039**〉에서 유래; 정확히는 '애정'; 구체적으로 '사랑스러운' 대상:—극진히 사랑하는.

H3034 יָדָה[117회] **야다**
기본어근; 〈**3027**〉에서 유래한 명사 유래어로서만 사용됨; 문자적으로 '손'을 '사용하다'(즉, 쭉 뻗다); 물리적으로는 (돌, 화살을) '던지다', '쏘다'; 특히 (손을 펴서) '예배하다', 또는 '경배하다'; 강의적으로 '슬퍼하다'(손들을 꽉 잡음으로):—던지다(떨치다), 인정하다(고백하다), 찬양하다, 쏘다, 감사하다(감사하는), 감사.

H3035 יִדּוֹ[10회] **잇도**
〈**3034**〉에서 유래; '찬양받는'; 한 이스라엘인 '잇도':—잇도(대상27:21, 스10:43).

H3036 יָדוֹן[1회] **야돈**
〈**3034**〉에서 유래; '고마워하는'; 한 이스라엘인 '야돈':—야돈(느3:7).

H3037 יַדּוּעַ3회 **얏두아**
⟨3045⟩에서 유래; '알고 있는'; 두 이스라엘인의 이름 '얏두아':—얏두아(느12:11).

H3038 יְדוּתוּן16회 **예두툰** 또는 **יְדֻתוּן** **예두툰** 또는 **יְדִיתוּן** **예디튠**
아마 ⟨3034⟩에서 유래; '찬미의'; 한 이스라엘인 '여두둔':—여두둔(대상9:16).

H3039 יְדִיד8회 **예디드**
⟨1730⟩과 동형에서 유래; '사랑받는':—호감을 주는, 참으로 사랑받는, 연인들.

H3040 יְדִידָה1회 **예디다**
⟨3039⟩의 여성형; '가장 사랑하는'; 한 이스라엘인 '여디다':—여디다(왕하22:1).

H3041 יְדִידְיָה1회 **예디데야**
⟨3039⟩와 ⟨3050⟩에서 유래; '여호와께서 가장 사랑하시는'; 솔로몬의 이름 '여디디야':—여디디야(삼하12:25).

H3042 יְדָיָה2회 **예다야**
⟨3034⟩와 ⟨3050⟩에서 유래; '여호와의 칭찬받는'; 두 이스라엘인 이름 '여다야':—여다야(대상4:37).

H3043 יְדִיעֲאֵל6회 **예디아엘**
⟨3045⟩와 ⟨410⟩에서 유래; '하나님을 앎'; 세 이스라엘인의 이름 '여디아엘':—여디아엘(대상7:6,10).

H3044 יִדְלָף1회 **이들라프**
⟨1811⟩에서 유래; '눈물이 많은'; 한 메소포타미아 사람 '이들랍':—이들랍(창22:22).

H3045 יָדַע940회 **야다**
기본어근; '알다'(정확히는 직접 보아서 '확인하다'); 상징적, 문자적으로, 완곡어법으로, 그리고 추론적으로 아주 다양한 의미로 사용됨('관찰', '주의', '깨달음'을 포함; 그리고 사역동사로 '가르침', '지시', '형벌' 등등) [다음과 같이]:—인정하다, 알다, 조언하다, 대답하다, 약정하다, 밝히, 알아차리다, 있을 수 있다(없다), (확실히, 정녕), 이해하다, 알아주다, 기교 있는, 선언하다, 부지런하다, 분별하다(분별할 수 있다, 분별하게 하다), 발견하다, …을 가지고 태어나다, 가까운 친구, 유명한, 느끼다, 취할 수 있다, 유식하다[무지하다], 교훈하다, 친척, 알게 하다, 알리다, 탐지하다, 깨우침을 받다, [지식을]갖다, 자신을 나타내다, 학식 있다, 표시하다, 깨닫다, 예고자들, 돌아보다, 존경하다, 능한, 보이다, 잘할 수 있는 (사람), (정녕히), 확신하다, ~일 것이다, 부지중에 범하다, 알고자하다.

H3046 יְדַע47회 **예다**
[아람어] ⟨3045⟩와 같음:—증명하다, 알다, 알리다, 가르치다.

H3047 יָדָע2회 **야다**
⟨3045⟩에서 유래; '아는 것'; 한 이스라엘인 '야다':—야다(대상2:28,32).

H3048 יְדַעְיָה11회 **예다야**
⟨3045⟩와 ⟨3050⟩에서 유래; '여호와께서 알고계시다'; 두 이스라엘인의 이름; '여다야':—여다야(대상9:10, 24:7).

H3049 יִדְּעֹנִי11회 **잇데오니**
⟨3045⟩에서 유래; 정확히는 '아는 자'; 특히 '마술사'; (함축적으로) '유령':—마법사.

H3050 יָהּ24회 **야흐**
⟨3068⟩의 압축형, 그리고 뜻은 같음; 성호 '여호와':—여호와, 주님, (가장 간

절한). '야'로 끝나는 명칭들과 비교

H3051 יָהַב[29회] **야하브**

기본어근; '주다'(문자적이든, 상징적이든); 일반적으로 '놓다'; 명령형(재귀형으로) '오다':—~에 돌리다, 가져오다, 오라!, 주다, 자!, 세워두다, 취(取)하다.

H3052 יְהַב[28회] **예하브**

아람어 〈3051〉과 같음:—내어주다, 주다, 놓다, 연기하다, 지불하다, 산출하다.

H3053 יְהָב[4회] **예하브**

〈3051〉에서 유래; 정확히는(섭리에 의해서) '주어진' 것, 즉 '운명':—짐.

H3054 יָהַד[1회] **야하드**

〈3061〉과 일치한 형태에서 유래한 명사유래어; '유대화하다', 즉 유대적인 것이 되다:—유대인이 되다.

H3055 יְהֻד[1회] **예후드**

〈3061〉과 일치하는 형의 보다 짧은 형태; 팔레스타인의 한 장소 '여훗':—여훗(수19:45).

H3056 יֶהְדַּי[2회] **예흐다이**

아마 〈3061〉과 일치하는 형에서 유래; '유대적인'; 한 이스라엘인 '야대':—야대(대상2:47).

H3057 יְהֻדִיָּה[1회] **예후디야**

〈3064〉의 여성형; 유대여성 '여후디야':—여후디야(대상4:18).

H3058 יֵהוּא[57회] **예후**

〈3068〉과 〈1931〉에서 유래; '여호와가 그분(이시다)'; 다섯 이스라엘인의 이름 '예후':—예후(왕상16:1, 왕하9-10, 대하19:2, 20:34).

H3059 יְהוֹאָחָז[20회] **예호아하즈**

〈3068〉과 〈270〉에서 유래; '여호와께서 붙드심'; 세 이스라엘인의 이름 '여호아하스':—여호아하스(왕하13:1-9, 23:31, 대하36:1). 〈3099〉와 비교

H3060 יְהוֹאָשׁ[16회] **예호아쉬**

〈3068〉과 (아마) 〈784〉에서 유래; '여호와께서 불붙이심'; 두 이스라엘인의 이름 '요아스':—요아스(왕하12:1 14:13). 〈3101〉과 비교

H3061 יְהוּד[7회] **예후드**

아람어 〈3063〉과 일치한 형에서 유래한 압축형; 정확히는 '유다', 여기에서 '유대':—유대민족, 유다, 유대.

H3062 יְהוּדָאִי[2회] **예후다이**

아람어 〈3061〉에서 유래한 족속의 명칭; '유다 족속'(또는, 유다 족), 즉 유대인:—유대인(단3:8, 스4:12).

H3063 יְהוּדָה[800회] **예후다**

〈3034〉에서 유래; '찬양받은'; '예후다'(또는 유다), 다섯 이스라엘 사람; 또한 처음으로 내려온 지파와 그 영토에 속한 것:— 유다(창29:35, 민7:12, 수11:21, 대하25:28, 왕하14:21, 사19:17, 학1:1, 느11:9).

H3064 יְהוּדִי[76회] **예후디**

〈3063〉에서 유래한 족속의 명칭; '유다족속'(즉, 유다지파, 또는 유대인), 또는 유다의 자손(즉 유다):—유대인.

H3065 יְהוּדִי[2회] **예후디**

〈3064〉와 동일함; 한 이스라엘인 '여후디':—여후디(렘36:14,21).

H3066 יְהוּדִית[9회] **예후디트**

〈3064〉의 여성형; (부사로 사용됨) '유대어':—유대어로.

H3067 יְהוּדִית[6회] **예후디트**

〈3066〉과 동일함; '유대여성'; 가나안 여성 '유딧':—유딧(창26:34).

H3068 יְהוָה[7020회] **YHWH 예호와**

〈1961〉에서 유래; '자존자', 또는 '영원하신 분'; 유다 민족의 하나님의 명칭 '여호와':—여호와, 주님. 〈3050〉, 〈3069〉와 비교

H3069 יְהֹוִה6639회 YHWH 예호위
〈3068〉의 어미변화[〈136〉을 여기에서 사용되고 유대인에게 〈430〉과 같이 발음됨, 이는 그들이 다른 경우에는 〈3068〉을 〈136〉과 같이 발음하기 때문에 같은 소리의 반복을 피하기 위하여]:—하나님.

H3070 יְהֹוָה יִרְאֶה1회 YHWH 예호와 이르에
〈3068〉과 〈7200〉에서 유래; '여호와께서 준비하시리라'; 모리아 산에 대한 상징적인 명칭 '여호와이레':—여호와이레(창22:14).

H3071 יְהֹוָה נִסִּי1회 예호와 닛씨
〈3068〉과 접미대명사를 가진 〈5251〉에서 유래; '여호와는 나의 깃발'(이다); 사막에 있는 제단의 상징적인 명칭 '여호와 닛시':—여호와 닛시(출17:15).

H3072 יְהֹוָה צִדְקֵנוּ2회 예호와 치드케누
〈3068〉과 접미대명사를 가진 〈6664〉에서 유래; '여호와는 우리의 의'(이시다); 메시야와 예루살렘의 상징적인 칭호 '여호와치드케누':—주님은 우리의 의.

H3073 יְהֹוָה שָׁלוֹם1회 예호와 샬롬
〈3068〉과 〈7965〉에서 유래; '여호와는 평강'(이시다); 팔레스타인에 있는 한 제단의 상징적인 이름 '여호와 살롬':—여호와 살롬(삿6:24).

H3074 יְהֹוָה שָׁמָּה1회 예호와 샴마
〈3068〉과 방향지시 전접어(前接語)를 가진 〈8033〉에서 유래; '여호와께서 저쪽에'(계시다); 예루살렘의 상징적인 칭호 '여호와 삼마':—여호와 삼마(겔48:35).

H3075 יְהוֹזָבָד4회 예호자바드
〈3068〉과 〈2064〉에서 유래; '여호와께서 주셨다'; 세 이스라엘인의 이름 '여호사바드':—여호사바드(왕하12:22(21), 대상26:4, 대하17:18). 〈3107〉과 비교

H3076 יְהוֹחָנָן9회 예호하난
〈3068〉과 〈2603〉에서 유래; '여호와께서 총애하심'; 여덟 이스라엘인의 이름 '여호아난':—여호아난, 요하난(대하17:15, 23:1). 〈3110〉과 비교

H3077 יְהוֹיָדָע52회 예호야다
〈3068〉과 〈3045〉에서 유래; '여호와께서 알고계심'; 세 이스라엘인의 이름 '여호야다':—여호야다(왕하11:4). 〈3111〉과 비교

H3078 יְהוֹיָכִין10회 예호야킨
〈3068〉과 〈3559〉에서 유래; '여호와께서 세우실 것이다'; 유대 왕 '여호야긴':—여호야긴(왕하24:8-17, 겔1:2). 〈3112〉와 비교

H3079 יְהוֹיָקִים37회 예호야킴
〈3068〉의 약어와 〈6965〉에서 유래; '여호와께서 일으키실 것이다'; 유대 왕 '여호야김':—여호야김(왕하23:34, 24:1, 렘1:3). 〈3113〉과 비교

H3080 יְהוֹיָרִיב6회 예호야리브
〈3068〉과 〈7378〉에서 유래; '여호와께서 싸우실 것이다'; 두 이스라엘인의 이름 '여호야립':—여호야립(대상9:10, 스8:16, 느11:10). 〈3114〉와 비교

H3081 יְהוּכַל1회 예후칼
〈3201〉에서 유래; '세력 있는'; 한 이스라엘인 '여후갈':—여후갈(렘37:3).

〈3116〉과 비교

H3082 יְהוֹנָדָב[8회] **예호나다브**
〈3068〉과 〈5068〉에서 유래; '여호와께서 아낌없이 주심'; 한 이스라엘인과 한 아랍인의 이름 '여호나답':—여호나답(왕하10:15, 렘35:6, 삼하13:5). 〈3122〉와 비교

H3083 יְהוֹנָתָן[82회] **예호나탄**
〈3068〉과 〈5414〉에서 유래; '여호와께서 주셨다'; 네 이스라엘인의 이름 '요나단':—요나단(삼상18:1~4, 삼하15:27,36, 왕상1:42,43). 〈3129〉와 비교

H3084 יְהוֹסֵף[1회] **예호쎄프**
〈3130〉의 더 완전한 형태; 야곱의 아들 '요셉'-요셉.(시81:6(5))

H3085 יְהוֹעַדָּה[2회] **예호앗다**
〈3068〉과 〈5710〉에서 유래; '여호와께서 단장하심'; 한 이스라엘인 '여호앗다':—여호앗다(대상8:36).

H3086 יְהוֹעַדִּין[2회] **예호앗딘**
또는 **יְהוֹעַדָּן 예호앗단**
〈3068〉과 〈5727〉에서 유래; '여호와께서 기뻐하심'; 한 이스라엘 여인 '여호앗단':—여호앗단(대하25:1, 왕하14:2).

H3087 יְהוֹצָדָק[8회] **예호차다크**
〈3068〉과 〈6663〉에서 유래; '여호와께서 의롭게 하심'; 한 이스라엘인 '여호사닥':—여호사닥(학1:1, 슥6:11). 〈3136〉과 비교

H3088 יְהוֹרָם[29회] **예호람**
〈3068〉과 〈7311〉에서 유래; '여호와께서 일으키심'; 한 수리아인과 세 이스라엘인의 이름 '여호람':—여호람(왕하8:16,25, 대하17:8), 요람. 〈3141〉과 비교

H3089 יְהוֹשֶׁבַע[1회] **예호셰바**
〈3068〉과 〈7650〉에서 유래; '여호와께서 맹세하심'; 한 이스라엘 여인 '여호세바':—여호세바(왕하11:2). 〈3090〉과 비교

H3090 יְהוֹשַׁבְעַת[2회] **예호샤브아트**
〈3089〉의 한 형태; 한 이스라엘 여인 '여호사브앗':—여호사브앗(대하22:—11).

H3091 יְהוֹשׁוּעַ[218회] **예호슈아**
또는 **יְהוֹשֻׁעַ 예호슈아**
〈3068〉과 〈3467〉에서 유래; '여호와께서 구원하심'; 한 유대지도자 '여호수아':—여호수아(출17:9). 〈1954〉, 〈3442〉와 비교

H3092 יְהוֹשָׁפָט[82회] **예호샤파트**
〈3068〉과 〈8199〉에서 유래; '여호와께서 판단하심'; 여섯 이스라엘인의 이름 '여호사밧'; 또한 예루살렘 근처의 어느 계곡 이름:—여호사밧(삼하8:16, 20:24, 왕상4:17, 왕하9:2,14, 욜4:2(3:2),12(3:12)). 〈3146〉과 비교

H3093 יָהִיר[2회] **야히르**
아마 〈2022〉와 동일한 형에서 유래; '의기양양한'; 여기에서 '거만한':—오만한, 거만한.

H3094 יְהַלֶּלְאֵל[2회] **예할렐르엘**
〈1984〉와 〈410〉에서 유래; '하나님을 찬양함'; 두 이스라엘인의 이름 '여할렐렐':—여할렐렐(대하29:12, 대상4:16).

H3095 יַהֲלֹם[3회] **야할롬**
〈1986〉('견고'라는 의미로)에서 유래; 값진 돌, 아마 '얼룩마노':—금강석.

H3096 יַהַץ[4회] **야하츠** 또는 **יַהְצָה 야흐차**
또는 (여성형) **יַהְצָה 야흐차**
'인치다'라는 의미의 사용하지 않는

어근에서 유래; 아마 '타작'마당; 요단 동편의 한 장소 '야하스':—야하스(민21:23, 신2:32).

H3097 יוֹאָב[145회] 요아브

〈**3068**〉과 〈**1**〉에서 유래; '여호와께서 아버지가 되심'; 세 이스라엘인의 이름 '요압':—요압(삼하2:24, 왕상2:5,22).

H3098 יוֹאָח[10회] 요아흐

〈**3068**〉과 〈**251**〉에서 유래; '여호와께서 형제가 되심'; 네 이스라엘인의 이름 '요아':—요아(왕하18:18), 사36:3, 대하34:8).

H3099 יוֹאָחָז[4회] 요아하즈

〈**3059**〉의 한 형태; 두 이스라엘인의 이름 '여호아하스':—여호아하스(왕하14:1).

H3100 יוֹאֵל[19회] 요엘

〈**3068**〉과 〈**410**〉에서 유래; '여호와는 (그의) 하나님'(이시다); 열두 이스라엘인의 이름 '요엘':—요엘(욜1:1, 삼상8:2, 대상6:21(36)).

H3101 יוֹאָשׁ[47회] 요아쉬

또는 יֹאָשׁ 요아쉬 (대하24:1)

〈**3060**〉의 한 형태; 여섯 이스라엘인의 이름 '요아스':—요아스(삿6:11).

H3102 יוֹב[2회] 요브

아마 〈**3103**〉의 한 형태, 그러나 그보다는 〈**3437**〉의 필사의 오기인듯함; 한 이스라엘인 '욥':—욥(창46:13).

H3103 יוֹבָב[9회] 요바브

〈**2980**〉에서 유래; '목 놓아 우는 사람'; 두 이스라엘인과 세 이방인의 이름 '요밥':—요밥(창10:29, 36:33,34, 대상1:44,45, 수11:1).

H3104 יוֹבֵל[27회] 요벨 또는 יֹבֵל 요벨

명백히 〈**2986**〉에서 유래; 뿔 나팔 '소리'(그것의 '계속된' 소리로부터); 특히 은 나팔의 '신호'; 여기에서 악기 자체, 그리고 그렇게 하여 시작되는 축제:—희년, 양각나팔, 나팔.

H3105 יוּבַל[1회] 유발

〈**2986**〉에서 유래; '시내':—강.

H3106 יוּבָל[1회] 유발

〈**2986**〉에서 유래; '시내'; 대홍수 이전의 사람 '유발':—유발(창4:21).

H3107 יוֹזָבָד[10회] 요자바드

〈**3075**〉의 한 형태; 열 이스라엘인의 이름 '요사밧':—요사밧(대하31:13, 스8:33, 10:22).

H3108 יוֹזָכָר[1회] 요자카르

〈**3068**〉과 〈**2142**〉에서 유래; '여호와께서 기억하심'; 한 이스라엘인 '요사갈':—요사갈(왕하12:22(21)).

H3109 יוֹחָא[2회] 요하

아마 〈**3068**〉과 〈**2421**〉의 어미변화에서 유래; '여호와께서 소생시키심'; 두 이스라엘인의 이름 '요하':—요하(대상8:16, 11:45).

H3110 יוֹחָנָן[24회] 요하난

〈**3076**〉의 한 형태; 아홉 이스라엘인의 이름 '요하난':—요하난(대상3:15, 12:4,12).

H3111 יוֹיָדָע[5회] 요야다

〈**3077**〉의 한 형태; 두 이스라엘인의 이름 '요야다':—여호야다, 요야다(느3:6, 12:10).

H3112 יוֹיָכִין[7회] 요야킨

〈**3078**〉의 한 형태; 이스라엘 왕 '여호야긴':—여호야긴(왕하24:8-17, 겔1:2).

H3113 יוֹיָקִים[4회] 요야킴

〈**3079**〉의 한 형태; 한 이스라엘인 '요야김':—요야김(느12:10). 〈**3137**〉과 비교

H3114 יוֹרָיב[5회] **요야리브**
〈**3080**〉의 한 형태; 네 이스라엘인의 이름 '여호야립':—여호야립(대상9:10, 스8:16, 느11:10).

H3115 יוֹכֶבֶד[2회] **요케베드**
〈**3068**〉의 압축형과 〈**3513**〉에서 유래; '여호와께서 영광 받으심'; 모세의 어머니 '요게벳':—요게벳(출6:20, 민26:59).

H3116 יוּכַל[1회] **유칼**
〈**3081**〉의 한 형태; 한 이스라엘인 '여후갈':—여후갈(렘37:3).

H3117 יוֹם[2291회] **욤**
'덥다'는 의미의 사용하지 않는 어근에서 유래; 문자적이든(일출에서 일몰까지, 또는 일몰에서 다음 일몰까지), 상징적이든(연결된 말로 제한된 시간)(따뜻한 시간인) '날' [가끔 부사로도 사용됨]:—세대, 항상, 연대기, 계속적으로(항상), 매일, 날(생일, 매일, 오늘), (오늘)날들(이틀, 지난날), 손위의, 끝, 저녁, 영원토록, 가득 찬, 생, 한(동안에), 오늘날에(도), 연세, 오래 산, 영구히, 지금, 남아있는, 요구된, 계절, 이래, 동안, 그때, 시간(의 과정), 다른 때와 같이, 곤란한 때, 날씨, 언제든, 동안에(얼마 후, 잠시 동안), 전체(연수), 년(만년, 해마다), 좀 더 젊은.

H3118 יוֹם[16회] **욤**
아람어 〈**3117**〉과 같음; '날':—날(마다), 시기.

H3119 יוֹמָם[50회] **요맘**
〈**3117**〉에서 유래; '매일':—날마다(대낮, 낮에도).

H3120 יָוָן[11회] **야완**
아마 〈**3196**〉과 동형에서 유래; '거품이 일어남'(즉, 뜨겁고 활동적인); 욕단의 아들, 그로부터 나온 종족(이오니아인, 즉, 헬라인)과 그들의 영토의 이름 '야완'; 또한 아라비아에 있는 한 장소의 이름:—야완(창10:2; 겔27:13).

H3121 יָוֵן[2회] **야웬**
〈**3196**〉과 동형에서 유래; 정확히는 '찌끼'(거품이 일어남에 따라); 여기에서 '진흙':—수렁, 진흙투성이의.

H3122 יוֹנָדָב[7회] **요나다브**
〈**3082**〉의 한 형태; 한 이스라엘인과 한 레갑 족속의 이름 '요나답':—요나답(삼하13:5이하, 왕하10:15, 렘35:6).

H3123 יוֹנָה[32회] **요나**
아마 〈**3196**〉과 동형에서 유래; 비둘기(명백히 그들의 짝짓는 '따뜻함'에서 유래):—비둘기, 집비둘기.

H3124 יוֹנָה[19회] **요나**
〈**3123**〉과 동일함; 한 이스라엘인 '요나':—요나(욘1:1, 왕하14:25).

H3125 יְוָנִי[1회] **예와니**
〈**3121**〉에서 유래한 종족 이름; 야완 족속, 또는 야완의 자손:—희랍인.

H3126 יוֹנֵק[10회] **요네크**
〈**3243**〉의 능동태분사; '젖먹이'; 여기에서(베어 넘어지거나 싹 나는 나무의) '잔가지':—연한 순(연한 식물).

H3127 יוֹנֶקֶת[6회] **요네케트**
〈**3126**〉의 여성형; '싹':—가지, 연한 가지, 어린 잔가지.

H3128 יוֹנַת אֵלֶם רְחֹקִים[1회]
요나트 엘렘 레호킴
〈**3123**〉과 〈**482**〉, 그리고 〈**7350**〉의 복수형에서 유래; '먼 거리 (즉, 나그네)의(중의) 침묵의 비둘기' (즉, '벙어리' 이스라엘); 소곡의 제목(그것의 멜로디의 이름에 사용됨):—요낫 엘렘르호김.

H3129 יוֹנָתָן[42회] 요나탄
〈3083〉의 한 형태; 열 이스라엘인의 이름 '요나단':—요나단(대상2:32, 삼상13:16, 삼하15:27, 왕상1:42,43).

H3130 יוֹסֵף[210회] 요쎄프
〈3254〉의 미래형; '그가 더하게 하라'(또는, 아마 단순히 능동태 분사로 '더하는'); 일곱 이스라엘인의 이름 '요셉':—요셉(창37-50, 수17:17, 삿1:23, 시80:2(1), 암5:6 대상25:2,9, 느12:14, 스10:42). 〈3084〉와 비교

H3131 יוֹסִפְיָה[1회] 요씨프야
〈3254〉의 능동태 분사와 〈3050〉에서 유래; '여호와께서 더하심'; 한 이스라엘인 '요시뱌':—요시뱌(스8:10).

H3132 יוֹעֵאלָה[1회] 요엘라
아마 〈3276〉의 여성 능동태 분사; '그 위에 더'; 한 이스라엘인 '요엘라':—요엘라(대상12:7).

H3133 יוֹעֵד[1회] 요에드
명백히 〈3259〉의 능동태 분사; '임명자'; 한 이스라엘인 '요엣':—요엣(느11:7).

H3134 יוֹעֶזֶר[1회] 요에제르
〈3068〉과 〈5828〉에서 유래; '여호와는 (그의) 도움'(이시다); 한 이스라엘인 '요에셀':—요에셀(대상12:6).

H3135 יוֹעָשׁ[2회] 요아쉬
〈3068〉과 〈5789〉에서 유래; '여호와께서 서두셨다'; 두 이스라엘인의 이름 '요아스':—요아스(대상7:8, 27:28).

H3136 יוֹצָדָק[5회] 요차다크
〈3087〉의 한 형태; 한 이스라엘인 '요사닥':—요사닥(스3:2,8, 5:2).

H3137 יוֹקִים[1회] 요킴
〈3113〉의 한 형태; 한 이스라엘인 '요김':—요김(대상4:22).

H3138 יוֹרֶה[3회] 요레
〈3384〉의 능동태 분사; '흩뿌리기'; 여기에서 '부슬부슬 내림'(또는, 가을의 소나기):—첫 비, 이른 비.

H3139 יוֹרָה[1회] 요라
〈3384〉에서 유래; '비오는'; 한 이스라엘인 '요라':—요라(스2:18).

H3140 יוֹרַי[1회] 요라이
〈3384〉에서 유래; '비오는'; 한 이스라엘인 '요래':—요래(대상5:13).

H3141 יוֹרָם[20회] 요람
〈3088〉의 한 형태; 세 이스라엘인과 한 수리아인의 이름 '요람':—요람(삼하8:10, 왕하8:16), 여호람(왕하8:21, 24).

H3142 יוּשַׁב חֶסֶד[1회] 유샤브 헤쎄드
〈7725〉와 〈2617〉에서 유래; '인애가 회복될 것이다'; 한 이스라엘인 '유삽헤셋':—유삽헤셋(대상3:20).

H3143 יוֹשִׁבְיָה[1회] 요쉬브야
〈3427〉과 〈3050〉에서 유래; '여호와께서 거하게 하실 것이다'; 한 이스라엘인 '요시비야':—요시비야(대상4:35).

H3144 יוֹשָׁה[1회] 요샤
아마 〈3145〉의 한 형태; 한 이스라엘인 '요사':—요사(대상4:34).

H3145 יוֹשַׁוְיָה[1회] 요샤우야
〈3068〉과 〈7737〉에서 유래; '여호와께서 두셨다'; 한 이스라엘인 '요사위야':—요사위야(대상11:46). 〈3144〉와 비교

H3146 יוֹשָׁפָט[3회] 요샤파트
〈3092〉의 한 형태; 한 이스라엘인 '요사밧':—요사밧(대상11:43, 15:24).

H3147 יוֹתָם[24회] 요탐

〈3068〉과 〈8535〉에서 유래; '여호와는 완전하시다'; 세 이스라엘인의 이름 '요담':—요담(삿9:5, 왕하15:32-38).

H3148 יוֹתֵר 9회 요테르
〈3498〉의 능동태분사; 정확히는 '여분의'; 여기에서 형용사, 명사, 부사, 접속사로서 '넘고 넘쳐서'[다음과 같이]:—더 좋은, 더(더욱더), 지나치게, 이익.

H3149 יְזַוְאֵל 1회 예자우엘
('흩뿌리다'는 뜻의) 사용하지 않는 어근과 〈410〉에서 유래; '하나님에 의해 뿌려진'; 한 이스라엘인 '여시엘':—여시엘[난외주](대상12:3).

H3150 יִזִּיָּה 1회 잇지야
〈3149〉의 첫 부분과 〈3050〉의 동형에서 유래; '여호와의 뿌려진'; 한 이스라엘인 '잇시야':—잇시야(스10:25).

H3151 יָזִיז 1회 야지즈
〈2123〉과 동형에서 유래; '그가 저명하게 만들 것이다'; 한 이스라엘인 '야시스':—야시스(대상27:31).

H3152 יִזְלִיאָה 1회 이즐리아
아마 사용되지 않는 어근('끌어올리다'라는 의미)에서 유래; '그가 끌어올릴 것이다'; 한 이스라엘 사람 '이슬리아':—이슬리아(대상8:18).

H3153 יְזַנְיָה 2회 예잔야
또는 **יְזַנְיָהוּ 예잔야후**
〈2970〉을 참조해야 할 듯; 한 이스라엘인 '여사냐':—여사냐(렘35:3, 겔11:1).

H3154 יֶזַע 1회 예자
'스며 나오다'란 뜻의 사용하지 않는 어근에서 유래; '땀을 흘리다', 즉 (함축적으로) '땀나게 하는' 옷:—땀나게 하는 어떤 것.

H3155 יִזְרָח 1회 이즈라흐
〈250〉의 어미변화; '이즈라흐'(에스라 사람, 또는 세라 사람), 또는 세라 자손:—이스라 사람(대상27:8).

H3156 יִזְרַחְיָה 2회 이즈라흐야
〈2224〉와 〈3050〉에서 유래; '여호와께서 빛나실 것이다'; 두 이스라엘인의 이름 '이스라히야':—이스라히야(대상7:3), 예스라히야(느12:42).

H3157 יִזְרְעֶאל 36회 이즈레엘
〈2232〉와 〈410〉에서 유래; '하나님께서 파종하실 것이다'; 팔레스타인의 두 장소와 두 이스라엘인의 이름 '이스르엘':—이스르엘(왕상18:46, 왕하9:15, 수5:56, 삼상29:1, 호1:4, 대상4:3).

H3158 יִזְרְעֵאלִי 8회 이즈레엘리
〈3157〉에서 유래한 족속의 명칭; '이스르엘 족속', 또는 이스르엘 토착민:—이스르엘 사람(왕상21:1).

H3159 יִזְרְעֵאלִית 5회 이즈레엘리트
〈3158〉의 여성형; '이스르엘 여인':—이스르엘 여인(삼상27:3).

H3160 יְחֻבָּה 1회 예훕바
〈2247〉에서 유래; '감추어진'; 한 이스라엘인 '호바':—호바(대상7:34).

H3161 יָחַד 3회 야하드
기본어근; '하나이다'('하나가 되다'):—결합하다, 연합하다.

H3162 יַחַד 45회 야하드
〈3161〉에서 유래; 정확히는 '단위', 즉 (부사로) '하나가 되어':—똑같이, (전혀), (단번에), 둘 다, 같은 방식으로, (다만), 함께, 마찬가지로.

H3163 יַחְדּוֹ 1회 야흐도
접미 인칭대명사를 가진 〈3162〉에서 유래; '그의 연합', 즉 (부사로) '함께'; 한 이스라엘인'야도':—야도(대상5:14).

H3164 יַחְדִּיאֵל[1회] **야흐디엘**

〈**3162**〉와 〈**410**〉에서 유래; '하나님의 통일성'; 한 이스라엘인 '야디엘':—야디엘(대상5:24).

H3165 יֶחְדִּיָּהוּ[2회] **예흐디야후**

〈**3162**〉와 〈**3050**〉에서 유래; '여호와의 통일성'; 두 이스라엘인의 이름 '예드야':—예드야(대상24:20).

H3166 יַחֲזִיאֵל[6회] **야하지엘**

〈**2372**〉와 〈**410**〉에서 유래; '하나님의 보심'; 네 이스라엘인의 이름 '야하시엘':—야하시엘, 야시엘(대상12:4, 16:6, 23:19).

H3167 יַחְזְיָה[1회] **야흐제야**

〈**2372**〉와 〈**3050**〉에서 유래; '여호와께서 보실 것이다'; 한 이스라엘인 '야스야':—야스야(스10:15).

H3168 יְחֶזְקֵאל[3회] **예헤즈켈**

〈**2388**〉과 〈**410**〉에서 유래; '하나님께서 강하게 하실 것이다'; 두 이스라엘인의 이름 '여헤스겔':—에스겔(겔1:3, 24:24), 여헤스겔(대상24:16).

H3169 יְחִזְקִיָּה[3회] **예히즈키야**

또는 **יְחִזְקִיָּהוּ** **예히즈키야후**

〈**3388**〉과 〈**3050**〉에서 유래; '여호와의 강하게 하심'; 다섯 이스라엘인의 이름 '여히스기야':—히스기야, 여히스기야(대하28:12). 〈**2396**〉과 비교

H3170 יַחְזֵרָה[1회] **야흐제라**

〈**2386**〉과 동형에서 유래; 아마 '보호'; 한 이스라엘인 '야세라':—야세라(대상9:12).

H3171 יְחִיאֵל[14회] **예히엘**

또는 (대하29:14) **יְחַוְאֵל** **예하우엘**

〈**2421**〉과 〈**410**〉에서 유래; '하나님께서 사실(live) 것이다'; 여덟 이스라엘인의 이름 '여히엘':—여히엘(대하21:2).

H3172 יְחִיאֵלִי[2회] **예히엘리**

〈**3171**〉에서 유래한 족속의 명칭; '여히엘 족속'. 또는 여히엘 자손:—여히엘 사람들.

H3173 יָחִיד[9회] **야히드**

〈**3161**〉에서 유래; 정확히는 '결합된', 즉 '유일한'; 함축적으로 '사랑하는'; 또한 '홀로'; (여성형) '생명'(대신될 수 없는 것으로서):—사랑스러운 자, 황량한, 유일한(아이, 아들), 단독의.

H3174 יְחִיָּה[1회] **예히야**

〈**2421**〉과 〈**3050**〉에서 유래; '여호와께서 사실(live) 것이다'; 한 이스라엘인 '여히야':—여히야(대상15:24).

H3175 יָחִיל[1회] **야힐**

〈**3176**〉에서 유래; '기대하는':—바라는.

H3176 יָחַל[40회] **야할**

기본어근; '기다리다'; 함축적으로 '끈기 있는', '소망':—바라다(바라게 하다, 바라도록 하다, 소원을 두다), 괴로워하다, 머무르다, 체재하다, 믿다, 기다리다.

H3177 יַחְלְאֵל[2회] **야흘레엘**

〈**3176**〉과 〈**410**〉에서 유래; '하나님의 기대하시는 자'; 한 이스라엘인 '얄르엘':—얄르엘(창46:14).

H3178 יַחְלְאֵלִי[1회] **야흘레엘리**

〈**3177**〉에서 유래한 족속의 명칭; '얄르엘 족속', 또는 얄르엘의 자손:—얄르엘 사람들.

H3179 יָחַם[6회] **야함**

기본어근; 아마 '덥다'; 상징적으로

'배다':—열을 얻다, 뜨겁다, 배다, 따스하다.

H3180 יַחְמוּר[2회] **야흐무르**

〈2560〉에서 유래; '사슴'의 일종(그 색깔에서, 〈2543〉과 비교):—담황갈색의 사슴.

H3181 יַחְמַי[1회] **야흐마이**

〈3179〉에서 유래한 듯함; '더운'; 한 이스라엘인 '야매':—야매(대상7:2).

H3182 יָחֵף[5회] **야헤프**

'신을 벗다'는 뜻의 사용하지 않는 어근에서 유래; '신을 신지 않은':—맨발, 신 벗겨있는.

H3183 יַחְצְאֵל[3회] **야흐체엘**

〈2673〉과 〈410〉에서 유래; '하나님께서 배정하실 것이다'; 한 이스라엘인 '야시엘':—야시엘(창46:24). 〈3185〉와 비교

H3184 יַחְצְאֵלִי[1회] **야흐체엘리**

〈3183〉에서 유래한 족속의 명칭; '야셀 족속'(집합적), 또는 야셀의 자손:—야셀 사람들.

H3185 יַחְצִיאֵל[3회] **야흐치엘**

〈2673〉과 〈410〉에서 유래; '하나님께서 배정하심'; 한 이스라엘인 '야시엘':—야시엘(대상7:13). 〈3183〉과 비교

H3186 יָחַר[1회] **야하르**

기본어근; '지체하다':—좀 더 체재하다.

H3187 יָחַשׂ[20회] **야하스**

기본어근; '싹이 돋다'; 〈3188〉에서 유래한 명사유래어로서만 사용; 족보에 '녹명하다':—(계수된) 계보(를 따른 수, …를 통하여 얻은 수), 계보에 의해서 계수된.

H3188 יַחַשׂ[1회] **야하스**

〈3187〉에서 유래; '족보', 또는 계보(자연적으로 '증가하는' 것으로서):—계보.

H3189 יַחַת[8회] **야하트**

〈3161〉에서 유래; '통일성'; 네 이스라엘인의 이름 '야핫':—야핫(대상4:2, 6:5(20),28(43)).

H3190 יָטַב[101회] **야타브**

기본어근; (사역동사) '좋게 만들다', 문자적으로 (건전한, 아름다운), 또는 상징적으로 ('행복한', '성공적인', '올바른'):—받아들여지다, 수정하다, 올바르게 사용하다, 유익을 끼치다, 더 잘되다(잘되게 하다), 최선일 것 같다, 유쾌하게 하다, 어여쁘다, 만족하다, 부지런하다(부지런히), 단장하다, 진지하게, 은총을 입다, 주다, 기뻐하다, 선을 행하다(선하다, 선하게 하다), 즐겁다(즐겁게 하다), (매우) 기쁘게 하다, 좀더[친절함을] 보이다, 능하게, 아주 적은, 확실히, 맛있게 하다, 철저하게, 피곤한, 다듬다, 매우, 잘(있다, 할 수 있다, 취급하다, 청하다, 가다, 취하다)[말해진, 보여진].

H3191 יְטַב[1회] **예타브**

아람어 〈3190〉과 같음:—선하게 보이다.

H3192 יָטְבָה[1회] **요트바**

〈3190〉에서 유래; '즐거움'; 팔레스타인의 한 장소 '욧바':—욧바(민33:33).

H3193 יָטְבָתָה[3회] **요트바타**

〈3192〉에서 유래; 사막의 한 장소 '욧바다':—욧바다(민33:33, 신10:7).

H3194 יֻטָּה[2회] **윳타** 또는 **יוּטָּה** **유타**

〈5186〉에서 유래; '한껏 뻗친'; 팔레스타인의 한 장소 '윳다':—윳다(수

15:55, 21:16).

H3195 יְטוּר[4회] **예투르**

〈**2905**〉와 동형에서 유래한 듯함; '둘러싸인'(즉, 에워싸인); 이스마엘의 아들 '여둘':—여둘(창25:15, 대상1:31, 5:19).

H3196 יַיִן[141회] **야인**

'거품 일다'는 뜻의 사용하지 않는 어근에서 유래; '술'(발효한 것으로서); 함축적으로'술 취함':—연회를 베풂, 술, 술고래.

H3197 יַךְ[1회] **야크**

〈**3027**〉의 필사의 오기; '손', 또는 '곁':—[길]곁.

H3198 יָכַח[59회] **야카흐**

기본어근; '올바르다'(즉, 바로잡다); 상호적으로 '논하다'; 사역적으로 '결정케 하다', '정당화하다', 또는 '확신시키다':—지정하다, 논하다, 응징하다, 확신하다, 바로잡다, 바로잡음, 논쟁하다, 심판하다, 주장하다, 변론하다, (함께)추론하다, 견책하다, 책망하다(책망자), (확실히, 아무래도).

H3199 יָכִין[8회] **야킨**

〈**3559**〉에서 유래; '그가[또는, 그것이] 세울 것이다'; 세 이스라엘인과 성전 기둥의 이름 '야긴':—야긴(창46:10, 왕상7:21).

H3200 יָכִינִי **야키니**

〈**3199**〉에서 유래한 족속의 명칭; '야긴 족속'(집합적으로), 또는 야긴의 자손:—야긴 사람들.

H3201 יָכֹל[193회] **야콜** 또는 **יָכוֹל** **야콜**

기본어근; 가능하다', 문자적으로 ('할 수 있다', '할 수 있었다'), 또는 도덕적으로 ('해도 좋다', '했으면 한다'):—가능하다, (적어도 어느 정도로는), 얻다, 할 수 있다(할 수 없게 하다, [할 수 없다]) 할 수 있었다, 참다, 했을지도 모른다, 이기다, 능력이 있다, 극복하다, (아직도).

H3202 יְכֵל[12회] **예켈** 또는 **יְכִיל** **예킬**

아람어 〈**3201**〉과 같음:—가능하다, 할 수 있다, 우세하다.

H3203 יְכָלְיָה[2회] **예콜야** 그리고 **יְכָלְיָהוּ** **예콜야후** 또는 (대하26:3) **יְכִילְיָה** **예킬레야**

〈**3201**〉과 〈**3050**〉에서 유래; '여호와께서 가능케 하실 것이다'; 한 이스라엘 여인 '여골리야':—여골리야(왕하15:2, 대하26:3).

H3204 יְכָנְיָה[7회] **예콘야** 그리고 **יְכָנְיָהוּ** **예콘야후** 또는 (렘27:20) **יְכוֹנְיָה** **예코네야**

〈**3559**〉와 〈**3050**〉에서 유래; '여호와께서 세우실 것이다'; 유대왕 '여고냐':—여고냐(에2:6, 렘24:1, 27:20, 28:4). 〈**3659**〉와 비교

H3205 יָלַד[468회] **얄라드**

기본어근; 새끼를 '낳다'; 사역동사로 '(자식을) 보다'; 의학적으로 '산파의 일을 하다'; 특히 '혈통을 보이다':—낳다, (자식을) 보다, 출산([일]), 태어나다, (어린애, 새끼)를 낳다(낳게 하다), 자라다, 새끼, 어린아이, 오다, 해산하다, 알을 까다, 해산의 고통을 겪다, 산파(의 일을 행하다), 계통을 선언하다, …의 아들이 되다, 산고하는 여인.

H3206 יֶלֶד[88회] **옐레드**

〈**3205**〉에서 유래; '태어난' 어떤 것, 즉 '소아' 또는 '소생':—소년, 어린애, 열매, 자식, 어린 사람(어린 자).

H3207 יַלְדָּה[3회] **얄르다**

〈**3206**〉의 여성형; '젊은 여자':—처

녀, 소녀.

H3208 יַלְדוּת[3회] **얄르두트**

〈3206〉에서 유래한 추상명사; '소년 시절'(또는 '소녀시절'):—어린 때, 청년시절.

H3209 יִלּוֹד[5회] **일로드**

〈3205〉에서 유래한 수동태; '태어난':—태어난.

H3210 יָלוֹן[1회] **얄론**

〈3885〉에서 유래; '숙박[소]'; 한 이스라엘인 '얄론':—얄론(대상4:17).

H3211 יָלִיד[13회] **얄리드**

〈3205〉에서 유래; '태어난':—([집에서]) 태어난, 어린아이, 아들.

H3212 יָלַךְ[1549회] **얄라크**

기본어근[〈1980〉과 비교]; '걷다'(문자적, 또는 상징적으로); 사역동사로 '운반하다'(다양한 의미로):—(다시, 떠나), 가져오다, 데려오다, 가져가다, 데려가다, 출발하다, 흐르다, 따르다(따르는), 가다(가도록 하다, 가게 하다, 떠나다, 떠나는, 가버린, 자신의 길을 가다, 나가다), 자라다, 인도하다, 내리다, 행진하다, 번성하다, 쫓다, 뛰게 하다, 퍼지다, 가버리다([여행을]), 사라지다, 걷다(걷게 하다), 커지다, 연약하다.

H3213 יָלַל[27회] **얄랄**

기본어근; (비탄의 소리로) '울부짖다', 또는 (사나운 소리로) '고함을 치다':—울부짖다, 울부짖게 하다, 울부짖고 있다.

H3214 יְלֵל[1회] **옐렐**

〈3212〉에서 유래; '울부짖음':—울부짖는 것.

H3215 יְלָלָה[1회] **옐랄라**

〈3124〉의 여성형; '울부짖음':—울부짖는.

H3216 יָלַע[1회] **얄라**

기본어근; '불쑥 말하다', 또는 분별없이 입 밖에 내다:—삼켜버리다.

H3217 יַלֶּפֶת[2회] **얄레페트**

명백히 '찌르다' 또는 '문지르다'는 의미인 사용하지 않는 어근에서 유래; '비듬', 또는 '습진':—옴에 걸린.

H3218 יֶלֶק[9회] **옐레크**

'핥아서 없애다'는 의미의 사용하지 않는 어근에서 유래; '게걸스럽게 먹는 자'; 특히 어린 '메뚜기':—자벌레, 풀쐐기.

H3219 יַלְקוּט[1회] **얄쿠트**

〈3950〉에서 유래; 여행 '주머니'(마치 이삭줍기용인 것 같음):—행구.

H3220 יָם[392회] **얌**

'노호하다'는 의미의 사용하지 않는 어근에서 유래; '바다'(요란한 파도로 부서지는 것 같은), 또는 물의 큰 덩치; 특히 (관사와 함께) '지중해'; 가끔 큰 '강', 또는 인공적인 '대야'; 지역적으로 '서부', 또는 (드물게) '남부':—바다(선원, [해안]), 남쪽, 서쪽(서쪽의, 서편의, 서쪽을 향하여).

H3221 יַם[2회] **얌**

아람어 〈3220〉과 같음:—바다.

H3222 יֵם[1회] **옘**

〈3117〉의 동형에서 유래; '따뜻한' 봄:—노새.

H3223 יְמוּאֵל[2회] **예무엘**

〈3117〉과 〈410〉에서 유래; '하나님의 날'; 한 이스라엘인 '여무엘':—여무엘(창46:10).

H3224 יְמִימָה[1회] **예미마**

아마 〈3117〉과 동형에서 유래한 듯함; 정확히는 '따뜻한', 즉 '애정이 깊은'; 여기에서 비둘기[〈3123〉과 비교]; 욥의 딸 중 하나 '여미마':—여미마(욥42:14).

H3225 יָמִין[139회] **야민**

〈3231〉에서 유래; 사람, 또는 다른 대상의 '오른손', 또는 편 (다리, 눈) (좀 더 '강하고' 좀 더 재주 있는 것으로서); 지역적으로 '남쪽':—왼손잡이의, 오른(손 편), 남쪽.

H3226 יָמִין[6회] **야민**

〈3225〉와 동일함; 세 이스라엘인의 이름 '야민':—야민(창46:10). 또한 〈1144〉를 보라

H3227 יְמִינִי[13회] **예미니**

〈3225〉 참조; '오른' 편의:—오른(손, 편).

H3228 יְמִינִי[13회] **예미니**

〈3226〉에서 유래한 족속의 명칭; '야민 족속'(집합적으로), 또는 야민의 자손:—야민 사람들. 또한 〈1145〉를 보라

H3229 יִמְלָא[4회] **이믈라**

또는 **יִמְלָה 이믈라**

〈4390〉에서 유래; '가득 찬'; 한 이스라엘인 '이믈라':—이믈라(왕상22:8,9).

H3230 יַמְלֵךְ[1회] **야믈레크**

〈4427〉에서 유래; '그가 왕을 삼으실 것이다'; 한 이스라엘인 '야믈렉':—야믈렉(대상4:34).

H3231 יָמַן[5회] **야만**

기본어근; (육체적으로) '바르다'(즉, 확고하다); 그러나 〈3225〉에서 유래한 명사유래어로서만 사용되었고 타동사로는 '오른손잡이다', 또는 '우편을 택하다':—오른편으로 가다(향하다), 오른손을 사용하다.

H3232 יִמְנָה[5회] **이므나**

〈3231〉에서 유래; '번성'('오른'손이 상징하는 대로); 두 이스라엘인의 이름 '임나' 또한 (관사와 함께) 그중 한사람의 후손의 이름:—임나(창46:17), 임나사람들.

H3233 יְמָנִי[33회] **예마니**

〈3231〉에서 유래; '바른'(즉, 바른 쪽에):—오른(손 쪽에).

H3234 יִמְנָע[1회] **이므나**

〈4513〉에서 유래; '그가 억제할 것이다'; 한 이스라엘인 '임나':—임나(대상7:35).

H3235 יָמַר[2회] **야마르**

기본어근; '교환하다'; 함축적으로 '자리를 바꾸다':—자신을 자랑하다, 바꾸다.

H3236 יִמְרָה[1회] **이므라**

아마 〈3235〉에서 유래; '교환'; 한 이스라엘인 '이므라':—이므라(대상7:36).

H3237 יָמַשׁ[1회] **야마쉬**

기본어근; '만지다':—느끼다.

H3238 יָנָה[15회] **야나**

기본어근; '격노하다', 또는 '격렬하다'; 함축적으로 '억압하다', '학대하다':—파괴하다, 압제하다(압제로 쫓아내다, 압제하는, 압제, 압제자), 교만한, 괴롭히다, 광포를 행하다.

H3239 יָנוֹחַ[3회] **야노아흐** 또는 (전접어와 함께) **יָנוֹחָה**[1회] **야노하**

〈3240〉에서 유래; '조용한'; 팔레스타인의 한 장소 '야노아':—야노아(왕하15:29, 수16:6,7).

H3240 יָנַח[143회] **야나흐**

기본어근; '아래에 놓다'; 함축적으로 '머물도록 허락하다':—주다, 부여하다, 넘어뜨리다, 내려놓다, 저축하다, 버려두다, 홀로 두다(남겨두다), 진

정시키다, 두다, 놓다, 내려놓다, 세우다, 철회하다, 제쳐놓다.

H3241 יָנִים[1회] 야님
〈5123〉에서 유래; '잠든'; 팔레스타인의 한 장소 '야님':—야님(수15:53) [난외주에서].

H3242 יְנִיקָה[1회] 예니카
〈3243〉에서 유래; '젖먹이', 또는 '어린나무':—어린 잔가지.

H3243 יָנַק[24회] 야나크
기본어근; '젖 빨다'; 사역동사로 '젖을 먹이다':—젖이 나는, 양육하다(유모), 젖먹이다(젖을 주다, 젖을 먹이게 하다, 젖 먹는 아이, 젖먹이).

H3244 יַנְשׁוּף[3회] 얀슈프
또는 יַנְשׁוֹף 얀쇼프
명백히 〈5398〉에서 유래; 부정한 (물)새; 아마 '왜가리'(아마 그것의 울리는 소리에서, 또는 '밤'의 왜가리를 의미하기 때문에[〈5399〉와 비교]):—올빼미, 큰 올빼미.

H3245 יָסַד[42회] 야싸드
기본어근; '세우다'(문자적, 또는 상징적으로); 강의적으로 '기초를 두다'; 재귀적으로 함께 '앉다', 즉 '자리 잡다', '상의하다':—지정하다, 의논하다, 설립하다, 기초(를 놓다), 가르치다, 놓다, 규정하다, 세워놓다, 확실한.

H3246 יְסֻד[1회] 예쑤드
〈3245〉에서 유래; '기초'(상징적으로, 즉 시초):—시작.

H3247 יְסוֹד[20회] 예쏘드
〈3245〉에서 유래; '기초'(문자적, 또는 상징적으로):—밑바닥, 기초, 수선.

H3248 יְסוּדָה[1회] 예쑤다
〈3246〉의 여성형; '기초':—기초.

H3249 יָסוּר[1회] 야쑤르
〈5493〉에서 유래; '출발':—출발한 사람들.

H3250 יִסּוֹר[2회] 잇쏘르
〈3256〉에서 유래; '꾸짖는 사람':—가르치다.

H3251 יָסַךְ[1회] 야싸크
기본어근; '흐르다'(자동사로):—쏟아지다.

H3252 יִסְכָּה[1회] 이쓰카
'바라보다'는 뜻의 사용하지 않는 어근에서 유래; '관찰력 있는'; 롯의 누이 '이스가':—이스가(창11:29).

H3253 יִסְמַכְיָהוּ[1회] 이쓰마크야후
〈5564〉와 〈3050〉에서 유래; '여호와께서 지탱케 하실 것이다'; 한 이스라엘인 '이스마가':—이스마가(대하31:13).

H3254 יָסַף[212회] 야싸프
기본어근; '더하다', 또는 '증가하다'(자주 부사로 어떤 일을 '계속' 행하다):—더하다, 다시, 더욱더, 그치다, 한 번 더 오다, 다시 배다, 계속하다, 능가하다, 좀더, 함께 모이다, 좀 더 얻다, 더 나아가다, (점점 더) 증가하다, 결합하다, 더 오래(가져오다, 행하다, 만들다, 두다), (점점, 훨씬, 아직)더, (좀더)진행하다, 연장하다, 놓다, 더 강하게 되다, 아직, 내다.

H3255 יְסַף[2회] 예싸프
아람어 〈3254〉와 같음:—더하다.

H3256 יָסַר[42회] 야싸르
기본어근; '매질하여 벌하다', 문자적으로(주먹으로), 또는 상징적으로 (말로); 여기에서 '교육하다':—묶다, 징책하다, 징계하다, 고치다, 교훈하다, 벌하다, 개심시키다, 견책하다,

(심하게), 가르치다.

H3257 יָעַ[6회] **야**

〈3261〉에서 유래; '삽':—삽.

H3258 יַעְבֵּץ[4회] **야베츠**

아마 '슬퍼하다'는 의미의 사용하지 않는 어근에서 유래; '슬픔에 잠긴'; 한 이스라엘인과 팔레스타인의 한 장소 이름 '야베스':—야베스(대상2:55, 4:9).

H3259 יָעַד[29회] **야아드**

기본어근; '정하다'(합의나 약속으로); 함축적으로(어떤 정해진 시간에) '만나다', (법정에) '소환하다', (어떤 자리나 지위에서) '지시하다', (결혼을 위해) '약혼하다':—동의하다, 정하다(약속하다, 때를 정하다), 모으다(모이다), 약혼하다, (함께) 만나다, 시간을 정하다.

H3260 יֶעְדִּי[1회] **예디**

〈3259〉에서 유래; '정해진'; 한 이스라엘인 '예디':—잇도[난외주에서](대하9:29). 〈3035〉를 보라

H3261 יָעָה[1회] **야아**

기본어근; 명백히 '털어 내버리다'의 의미:—쓸어버리다.

H3262 יְעוּאֵל[3회] **예우엘**

〈3261〉과 〈410〉에서 유래; '하나님께서 이끌어 가심'; 네 이스라엘인의 이름 '여우엘':—여이엘, 여우엘(대상5:7, 9:35, 대하26:11). 〈3273〉과 비교

H3263 יְעוּץ[1회] **예우츠**

〈5779〉에서 유래; '조언자'; 한 이스라엘인 '여우스':—여우스(대상8:10).

H3264 יָעוֹר[1회] **야오르**

〈3293〉의 어미변화; '숲':—수풀.

H3265 יָעוּר[3회] **야우르**

명백히 〈3293〉과 동형의 수동태 분사; '나무가 무성한'; 한 이스라엘인 '야우르':—야일[난외주에서](민32:41, 신3:14, 삿10:3).

H3266 יְעוּשׁ[9회] **예우쉬**

〈5789〉에서 유래; '성급한'; 한 에돔인과 네 이스라엘인의 이름 '여우스':—여우스(창36:18, 대하11:19). 〈3274〉와 비교

H3267 יָעַז[1회] **야아즈**

기본어근; '담대하다', 또는 '완고하다':—맹렬한.

H3268 יַעֲזִיאֵל[1회] **야아지엘**

〈3267〉과 〈410〉에서 유래; '하나님께서 담대케 하심'; 한 이스라엘인 '야아시엘':—야아시엘.

H3269 יַעֲזִיָּהוּ[2회] **야아지야후**

〈3267〉과 〈3050〉에서 유래; '여호와께서 담대케 하심'; 한 이스라엘인 '야아시야':—야아시야(대상24:26,27).

H3270 יַעֲזֵיר[13회] **야아제르**

또는 **יַעְזֵר 야제르**

〈5826〉에서 유래; '도움이 되는'; 요단강 동편의 한 장소 '야셀':—야셀(민21:32, 32:1, 사16:8).

H3271 יָעַט[3회] **야아트**

기본어근; '옷을 입다':—덮다.

H3272 יְעַט[3회] **예아트**

[아람어] 〈3289〉과 같음; '조언하다'; 재귀동사로 의견을 듣다:—조언자, 함께 의논하다.

H3273 יְעִיאֵל[13회] **예이엘**

〈3261〉과 〈410〉에서 유래; '하나님께서 이끌어 가심'; 여섯 이스라엘인의 이름 '여이엘':—여이엘(대상5:7, 15:18,21). 〈3262〉와 비교

H3274 יְעִישׁ[2회] **예이쉬**

〈5789〉에서 유래; '성급한'; 한 에돔

인과 한 이스라엘인의 이름 '여우스':—여우스[난외주에서](창36:18, 대하11:19). 〈3266〉과 비교

H3275 יַעְכָּן[1회] **야칸**

〈5912〉와 동형에서 유래; '골치 아픈'; 한 이스라엘인 '야간':—야간(대상5:13).

H3276 יָעַל[23회] **야알**

기본어근; 정확히는 '올라가다'; 상징적으로 '가치가 있다'(객관적으로 '유용한', 주관적으로 '유익한'):—(어쨌든), 촉진하다, 유익할 수 있다, 이익이 있다(이익이 있는, 이익이 되는).

H3277 יָעֵל[3회] **야엘**

〈3276〉에서 유래; '야생염소'('기어올라가는 것'에서):—산 염소.

H3278 יָעֵל[6회] **야엘**

〈3277〉과 동일함; 한 가나안인 '야엘':—야엘(삿5:6, 4:17,18, 5:24).

H3279 יַעֲלָא[2회] **야알라**

또는 יַעֲלָה 야알라

〈3280〉과 동형, 또는 〈3276〉에서 직접 유래; 느드님 사람 '야알라':—야알라(스2:56, 느7:58).

H3280 יַעֲלָה[1회] **야알라**

〈3277〉의 여성형:—암노루.

H3281 יַעְלָם[4회] **얄람**

〈5956〉에서 유래; '신비로운'; 한 에돔인 '얄람':—얄람(창36:5,14).

H3282 יַעַן[96회] **야안**

'관심을 두다'는 뜻의 사용하지 않는 어근에서 유래; 정확히는 '주의하다'; 함축적으로 '목적'(동기, 또는 근거); 부사적으로 '이유'나 원인을 가리키는데 사용됨:—때문에, …이므로, 하려고, 하므로.

H3283 יָעֵן[1회] **야엔**

〈3282〉와 동형에서 유래; '타조'(아마 그 서로 소리치는 것에서):—타조.

H3284 יַעֲנָה[8회] **야아나**

〈3283〉의 여성형; 그 의미는 동일함:—올빼미.

H3285 יַעֲנַי[1회] **야아나이**

〈3283〉과 동형에서 유래; '응답하는'; 한 이스라엘인 '야내':—야내(대상5:12).

H3286 יָעַף[13회] **야아프**

기본어근; '피로하다'(마치 피곤하게 '나는' 것에서):—약한, 날게 하다, 피로하다, 스스로 피로하게 하다.

H3287 יָעֵף[4회] **야에프**

〈3286〉에서 유래; '지친'; 상징적으로 '기진한':—약한, 피로한.

H3288 יְעָף[1회] **예아프**

〈3286〉에서 유래; '피로'(부사적으로 완전히 '지쳐 빠진'):—신속하게.

H3289 יָעַץ[65회] **야아츠**

기본어근; '충고하다'; 재귀동사로 '숙고하다', 또는 '결심하다':—광고하다, 충고를 받다, 충고하다(권면하다), 조언하다, 조언을 받다, 조언자, 모사, 결정하다, 궁리해내다, 의도하다.

H3290 יַעֲקֹב[350회] **야아코브**

〈6117〉에서 유래; '발꿈치'를 잡는 자(즉, 밀어내는 자); 이스라엘 족장 '야곱':—야곱(창25:26).

H3291 יַעֲקֹבָה[1회] **야아코바**

〈3290〉에서 유래; 한 이스라엘인 '야아고바':—야아고바(대상4:36).

H3292 יַעֲקָן[1회] **야아칸**

〈6130〉과 동형에서 유래; 한 에돔인 '야아간':—야아간(대상1:42). 〈1142〉와 비교

H3293 יַעַר[58회] **야아르**

아마 초목들로 '빽빽하다'는 뜻의 사용하지 않는 어근에서 유래; 관목 '숲'; 여기에서 (나무에서 벌집에 사는 것처럼) '벌집' 안의 '꿀':—벌집, 숲, 산림.

H3294 יַעְרָה 1회 야라

〈3295〉의 한 형태; 한 이스라엘인 '야라':—야라(대상9:42).

H3295 יַעֲרָה 5회 야아라

〈3293〉의 여성형; 의미는 동일함:—벌집, 숲.

H3296 יַעֲרֵי אֹרְגִים 1회 야아레 오르깁

〈3293〉의 복수형과 〈707〉의 남성복수 능동태 분사에서 유래; '베 짜는 자들의 숲들'; 한 이스라엘인 '야레오르김':—야레오르김(삼하21:19).

H3297 יְעָרִים 1회 예아림

〈3293〉의 복수형, '산림들'; 팔레스타인의 한 장소 '여아림':—여아림(수15:10). 〈7157〉과 비교

H3298 יַעֲרֶשְׁיָה 1회 야아레쉬야

의미가 불확실한 사용하지 않는 어근과 〈3050〉에서 유래; 한 이스라엘인 '야아레시아':—야아레시아(대상8:27).

H3299 יַעֲשׂוּ 1회 야아수

〈6213〉에서 유래; '그들이 할 것이다'; 한 이스라엘인 '야아수':—야아수(스10:37).

H3300 יַעֲשִׂיאֵל 2회 야아시엘

〈6213〉과 〈410〉에서 유래; '하나님께서 지으신'; 한 이스라엘인 '야아시엘':—야아시엘(대상11:47, 27:21).

H3301 יִפְדְּיָה 1회 이프데야

〈6299〉와 〈3050〉에서 유래; '여호와께서 해방시킬 것이다'; 한 이스라엘인 '이브드야':—이브드야(대상8:25).

H3302 יָפָה 7회 야파

기본어근; 정확히는 '밝은'; 즉 (함축적으로) '아름다운':—아름답다, 고운, 자신을 곱게 하다, 꾸미다.

H3303 יָפֶה 42회 야페

〈3302〉에서 유래; '아름다운'(문자적, 또는 상징적으로):—아름다운, 아름다움, 어여쁜, 미모의(가장 아름다운, 아름다운 자), 준수한, 유쾌한, 잘.

H3304 יְפֵה־פִיָּה 1회 예페 피야

〈3302〉의 중복체에서 유래; '매우 아름다운':—매우 고운.

H3305 יָפוֹ 4회 야포

또는 יָפוֹא 야포(스3:7)

〈3302〉에서 유래; '아름다운'; 팔레스타인의 한 장소 '욥바':—욥바(수19:46, 대하2:15, 스3:7, 욘1:3).

H3306 יָפַח 1회 야파흐

기본어근; 정확히는 거칠게 '숨을 쉬다', 즉 (함축적으로) 탄식하다:—스스로 몹시 슬퍼하다.

H3307 יָפֵחַ 1회 야페아흐

〈3306〉에서 유래; 정확히는 '훅훅 숨을 내쉬는', 즉 (상징적으로) '묵상하는':—마치 숨을 내쉬는 것 같이.

H3308 יֳפִי 19회 요피

〈3302〉에서 유래; '아름다움':—아름다움.

H3309 יָפִיעַ 2회 야피아

〈3313〉에서 유래; '빛나는'; 한 가나안 사람, 한 이스라엘인과 팔레스타인의 한 장소 이름 '야비아':—야비아(수19:12, 삼하5:15).

H3310 יַפְלֵט 2회 야플레트

〈6403〉에서 유래; '그가 구출하실 것이다'; 한 이스라엘인 '야블렛':—야블렛(대상7:32,33).

H3311 יַפְלֵטִי 1회 야플레티

〈3310〉에서 유래한 족속의 명칭; '야블렛 족속', 또는 야블렛 자손:—야블렛 사람(수16:3).

H3312 יְפֻנֶּה[16회] **예푼네**

〈6437〉에서 유래; '그가 준비될 것이다'; 두 이스라엘인의 이름 '여분네':—여분네(민13:6, 14:6, 대상7:38).

H3313 יָפַע[8회] **야파**

기보어근; '빛나다':—밝다, 자신을 나타내다, 비추다, (빛나게 하다, 비취다).

H3314 יִפְעָה[2회] **이프아**

〈3313〉에서 유래; '광휘', 또는 (상징적으로) '아름다움':—밝음.

H3315 יֶפֶת[11회] **예페트**

〈6601〉에서 유래; '확장'; 노아의 아들 '야벳'; 또한 그의 후손:—야벳(창5:32, 7:13).

H3316 יִפְתָּח[30회] **이프타흐**

〈6605〉에서 유래; '그가 열 것이다'; 한 이스라엘인 '입다'; 또한 팔레스타인의 한 장소:—입다(수15:43, 삿11:12, 삼상12:11).

H3317 יִפְתַּח־אֵל[2회] **이프타흐엘**

〈6605〉와 〈410〉에서 유래; '하나님께서 여실 것이다'; 팔레스타인의 한 장소 '입다엘':—입다엘(수19:14,27).

H3318 יָצָא[1067회] **야차**

기본어근; '나가다'(사역동사, 꺼내다), 문자적, 상징적, 직접적, 유사적으로 매우 다양하게 적용됨:—후에 나타나다, 확실하게 내다, 낳은, 튀어나오다, 이끌어내다, 양육하다, 나오다, 비난받다, 떠나다, 끝에, 도망가다, 꺼내다, 실패하다, 떨어지다(빠져나오다), 나가게 하다(끌어내다), 밖으로 나가다(나오다), 나가는, 자라다, 분출하다, 인도해내다, 뽑아내다, 전진하다, 끌어내다, 일으켜지다, (희귀한), 명하여 보내다, 쏘다, 펼치다, 뛰어나다, (여전히, 확실히, 언제든지, 앞뒤로), 내다.

H3319 יְצָא[1회] **예차**

아람어 〈3318〉과 같음:— 끝마치다.

H3320 יָצַב[116회] **야차브**

기본어근; (머무르도록 어떤 것을) '놓다'; 재귀동사로 '배치하다', '제공하다', '계속하다':—나타나다, 남아있는, 머무르다, 서다(설 수 있다, 가만히 서다, 견디다, 일어서다).

H3321 יְצַב[1회] **예체브**

아람어 〈3320〉과 같음; '확고하다'; 여기에서 '확실히 말하다':—진리.

H3322 יָצַג[16회] **야차그**

기본어근; 영구히 '놓다':—세우다, 남기다, 만들다, 제공하다, 놓다, 서다, 머무르다, 설립하다.

H3323 יִצְהָר[23회] **이츠하르**

〈6671〉에서 유래; '기름'('빛'을 생산한다는 의미에서); 상징적으로 '기름부음':—기름 부음 받은, 기름.

H3324 יִצְהָר[9회] **이츠하르**

〈3323〉과 동일함; 한 이스라엘인 '이스할':—이스할(출6:18, 민3:19).

H3325 יִצְהָרִי[4회] **이츠하리**

〈3324〉에서 유래한 족속의 명칭; '이스할 족속', 또는 이스할 자손:—이스할 사람들(민3:27).

H3326 יָצוּעַ[5회] **야추아**

〈3331〉의 수동태 분사; '펴다', 즉 '침대'; (건축에서) '증축', 즉 '물림간', 또는 '달개지붕'(단층, 또는 복합건물):—침상, 침실, 잠자리.

H3327 יִצְחָק[108회] **이츠하크**

〈6711〉에서 유래; '웃음'(즉, 조롱); 아브라함의 아들 '이삭':—이삭(창21:8). 〈3446〉과 비교

H3328 יִצְחָר[1회] **이츠하르**

〈6713〉과 동형에서 유래; '그가 빛날 것이다'; 한 이스라엘인 '이소할':—이소할(대상4:7) [난외주에서].

H3329 יָצִיא[1회] **야치**

〈3318〉에서 유래; '자녀', 즉 자손:—태어난 자들.

H3330 יַצִּיב[5회] **얏치브**

아람어 〈3321〉에서 유래; '고정된', '확실한'; 구체적으로 '확실성':—확실한(확실성), 진실한, 진리.

H3331 יָצַע[14회] **야차**

기본어근; 표면에다 '흩뿌리다':—[자신의] 침상을 만들다, 눕다, 펴다.

H3332 יָצַק[55회] **야차크**

기본어근; 정확히는 '퍼붓다'(자동사, 또는 타동사); 함축적으로 금속 등을 '녹이다', 또는 '주조하다'; 확대된 의미로 확고히 '두다', '굳어지다', 또는 딱딱해지다:—주조하다, 단단히 붙어있다, 확고하다, 자라다, 딱딱하다, 녹여진, 넘치다, 붓다(퍼붓다), 부어 넣다, 굳어지다.

H3333 יְצֻקָה[1회] **예추카**

〈3332〉의 여성 수동태 분사; '부어진', 즉 주형에서 '부은':—그것이 주조되었을 때.

H3334 יָצַר[40회] **야차르**

기본어근; '누르다'(자동사), 즉 '좁혀지다'; 비유적으로 '고통 가운데 있다':—고민하다, 좁아지다, 괴롭힘을 받다(곤경에 처하다), 짜증이 나다.

H3335 יָצַר[40회] **야차르**

아마 〈3334〉와 동일함('압착하여' 형체가 되게 함으로); ([〈3331〉과 비교]); 어떤 형태로 '주조하다'; 특히 '토기장이'와 같이; 상징적으로 '결정하다'(즉, 결심하다):—흙으로 만든, 빚다, 형성하다, 모양을 만들다, 만들다(만드는 사람), 토기장이, 목적.

H3336 יֵצֶר[9회] **예체르**

〈3335〉에서 유래; '형태'; 상징적으로 '개념'(즉, 목적):—틀, 빚어진 것, 상상, 마음, 제작품.

H3337 יֵצֶר[9회] **예체르**

〈3336〉과 동일함; 한 이스라엘인 '예셀':—예셀(창46:24).

H3338 יָצֻר[1회] **야추르**

〈3335〉의 수동태 분사; '조직', 즉 수족, 또는 부분:—지체.

H3339 יִצְרִי[1회] **이츠리**

〈3335〉에서 유래; '형성하는'; 한 이스라엘인 '이스리':—이스리(대상25:11).

H3340 יִצְרִי[1회] **이츠리**

〈3337〉에서 유래한 족속의 명칭; '이스리 족속'(집합적으로), 또는 이스리 자손:—예셀 종족(민26:49).

H3341 יָצַת[30회] **야차트**

기본어근; '태우다', 또는 '불을 붙이다'; 상징적으로 '황폐케 하다':—태우다 (태워버리다), 황폐하다, 불을 붙이다([불]), 불을 켜다.

H3342 יֶקֶב[15회] **예케브**

'구멍(굴)을 파다'는 뜻의 사용하지 않는 어근에서 유래; (파내어서 된) '파낸 통'; 특히 술'독'(즙을 담는 낮은 독이든지 포도를 이기는 높은 독이든지):—기름, 즙 틀, 짠 기름, 포도즙(틀).

H3343 יְקַבְצְאֵל[1회] **예카브체엘**

〈6908〉과 〈410〉에서 유래; '하나님께서 모으실 것이다'; 팔레스타인의 한 장소 '여갑스엘':—여갑스엘(느11:25). 〈6909〉와 비교

H3344 יָקַד 8회 **야카드**

기본어근; '태우다':—타다(태워지다, 타는), 화로에서 불을 붙이다.

H3345 יְקַד 8회 **예카드**

아람어 〈3344〉와 같음:—타는.

H3346 יְקֵדָא 1회 **예케다**

아람어 〈3345〉에서 유래; '큰 불':—타는.

H3347 יָקְדְעָם 1회 **요크데암**

〈3344〉와 〈5971〉에서 유래; '백성들의 불태움'; 팔레스타인의 한 장소 '욕드암':—욕드암(수15:56).

H3348 יָקֶה 1회 **야케**

아마 '순종하다'는 뜻의 사용하지 않는 어근에서 유래; '순종하는'; (솔로몬에 대한) 상징적인 이름 '야게':—야게(잠30:1).

H3349 יִקָּהָה 2회 **익카하**

〈3348〉과 동형에서 유래; '순종':—모임, 순종하다.

H3350 יְקוֹד 2회 **예코드**

〈3344〉에서 유래; '타는 것':—연소.

H3351 יְקוּם 3회 **예쿰**

〈6965〉에서 유래; 정확히는 '서있는'(현존하는), 즉 함축적으로 '살아있는 것':—(살아있는) 실체.

H3352 יָקוֹשׁ 1회 **야코쉬**

〈3369〉에서 유래; 정확히는 '얽히게 하는'; 여기에서 '덫을 놓는 사람':—들새 사냥꾼.

H3353 יָקוּשׁ 3회 **야쿠쉬**

〈3369〉의 수동태 분사; 정확히는 '얽힌', 즉 함축적으로 (자동사적으로) '덫', 또는 (타동사적으로) '덫을 놓는 자':—들새 사냥꾼, 덫, 올무.

H3354 יְקוּתִיאֵל 1회 **예쿠티엘**

〈3348〉과 〈410〉과 동형에서 유래; '하나님을 순종함'; 한 이스라엘인 '여구디엘':—여구디엘(대상4:18).

H3355 יָקְטָן 6회 **요크탄**

〈6994〉에서 유래; '그가 작게 되어질 것이다'; 아라비아의 족장 '욕단':—욕단(창10:25,26).

H3356 יָקִים 2회 **야킴**

〈6965〉에서 유래; '그가 일으킬 것이다'; 두 이스라엘인의 이름 '야김':—야김(대상8:19, 24:12). 〈3079〉와 비교

H3357 יַקִּיר 1회 **약키르**

〈3365〉에서 유래; '값진', '귀중한':—값비싼, 귀한.

H3358 יַקִּיר 1회 **약키르**

아람어 〈3357〉과 같음:—고상한, 희귀한.

H3359 יְקַמְיָה 3회 **예카므야**

〈6965〉와 〈3050〉에서 유래; '여호와께서 일어나실 것이다'; 두 이스라엘인의 이름 '여가먀':—여가먀(대상2:41, 3:18). 〈3079〉와 비교

H3360 יְקַמְעָם 2회 **예카므암**

〈6965〉와 〈5971〉에서 유래; '사람들이 일어날 것이다'; 한 이스라엘인 '여가므암':—여가므암(대상23:19). 〈3079〉, 〈3361〉과 비교

H3361 יָקְמְעָם 2회 **요크메암**

〈6965〉와 〈5971〉에서 유래; '사람들이 일으켜질 것이다'; 팔레스타인의 한 장소 '욕므암':—욕므암(왕상4:12, 대상6:53(68)). 〈3360〉〈3362〉과 비교.

H3362 יָקְנְעָם 3회 **요크네암**

〈6969〉와 〈5971〉에서 유래; '사람들이 애도하게 될 것이다'; 팔레스타인의 한 장소 '욕느암':—욕느암(수12:22, 19:11, 21:34).

H3363 יָקַע[8회] 야카
기본어근; 정확히는 자신을 '절단하다', 즉 (함축적으로) '삐다'; 상징적으로 '버리다'; 사역동사로 '뾰족한 것으로 꿰찌르다'(그리고 그렇게 하여 썩어서 조각조각 떨어지도록 내버려두는):—소외되다, 떠나다, 걸다, 탈구하다.

H3364 יָקַץ[11회] 야카츠
기본어근; '잠을 깨다'(자동사):—깨다, 깨워지다.

H3365 יָקַר[11회] 야카르
기본어근; 정확히는 명백히 '무겁다', 즉 (상징적으로) '가치 있는'; 사역동사로 '희귀하게 만들다'(상징적으로 '금하다'):—값지다, 값지게 하다, 존중하다, 움츠리다.

H3366 יְקָר[17회] 예카르
〈3365〉에서 유래; '가치', 즉 (구체적으로) '재산'; 추상적으로 '값비쌈', '존엄':—명예, 값비싼(것), 값.

H3367 יְקָר[7회] 예카르
아람어 〈3366〉과 같음:—영광, 영예.

H3368 יָקָר[36회] 야카르
〈3365〉에서 유래; '가치 있는'(주관적, 또는 객관적으로):—밝음, 맑은, 값비싼, 뛰어난, 살진, 존경할만한 여자, 귀한, 명성.

H3369 יָקֹשׁ[10회] 야코쉬
기본어근; '함정에 빠뜨리다'(문자적, 또는 상징적으로):—들새 사냥꾼, 올무(를 놓다).

H3370 יָקְשָׁן[4회] 요크샨
〈3369〉에서 유래; '교활한'; 아라비아 족장 '욕산':—욕산(창25:2,3).

H3371 יָקְתְאֵל[2회] 요크테엘
아마 〈3348〉과 〈410〉의 동형에서 유래; '하나님을 숭배함'[〈3354〉와 비교]; 팔레스타인의 한 장소와 이두메의 한 장소 아름 '욕드엘':—욕드엘(수15:38).

H3372 יָרֵא[293회] 야레
기본어근; '두려워하다'; 도덕적으로 '숭배하다'; 사역동사로 '두려워하게 하다':—두려워하게 하다, 두렵다, 두렵게 하다, 두려운(두렵게, 두려움), 경외하다(경외하는), 보다, 겁나는 행동, 겁이남, 겁나는 일).

H3373 יָרֵא[43회] 야레
〈3372〉에서 유래; '두려워하는'; 도덕적으로 '경건한':—두려운, 무서운(무서워하는).

H3374 יִרְאָה[44회] 이르아
〈3373〉의 여성형; '두려움' (또한, 부정사로서 사용됨); 도덕적으로 '공손한 태도':—무서운, (대단히), 두려움, 무서움, 공포심.

H3375 יִרְאוֹן[1회] 이르온
〈3372〉에서 유래; '무서움'; 팔레스타인의 한 장소 '이론':—이론(수19:38).

H3376 יִרְאִיָּיה[2회] 이르이야
〈3373〉과 〈3050〉에서 유래; '여호와를 두려워 함'; 한 이스라엘인 '이리야':—이리야(렘37:13,14).

H3377 יָרֵב[2회] 야레브
〈7378〉에서 유래; '그가 다툴 것이다'; 앗수르에 대한 상징적인 이름:—야렙(호5:13, 10:6). 〈3402〉와 비교

H3378 יְרֻבַּעַל[14회] 예룹바알
〈7378〉과 〈1168〉에서 유래; '바알이

다툴 것이다'; 기드온의 상징적인 이름 '여룹바알':—여룹바알(삿6:32).

H3379 יָרָבְעָם[95회] 야로브암

〈7378〉과 〈5971〉에서 유래; '백성들이 다툴 것이다'; 두 이스라엘왕의 이름 '여로보암':—여로보암(왕상12-14, 왕하14:23-29).

H3380 יְרֻבֶּשֶׁת[1회] 예룹베셰트

〈7378〉과 〈1322〉에서 유래; '부끄러운 것(즉, 우상)이 다툴 것이다'; 기드온에 대한 상징적인 이름 '여룹베셋':—여룹베셋(삼하11:21).

H3381 יָרַד[379회] 야라드

기본어근; '내려오다'(문자적으로 '아래쪽으로 내려가다'; 또는 인습적으로 해안, 경계, 적진지 등의 낮은 지역으로 내려가다; 또는 상징적으로 '떨어지다'); 사역동사로 '내려가게 하다'(위의 모든 적용에서):—(풍성하게), 데리고 내려오다, 운반해 오다, 들어내리다, 내려놓다(내려오게 하다, 내려오는), 떨어지다(아래로 떨어지다), 내려가다(밑으로 내려가다), 매달리다, 참으로, 잠기다, 억누르다.

H3382 יֶרֶד[7회] 예레드

〈3381〉에서 유래; '후예'; 대홍수 이전 사람과 한 이스라엘인의 이름 '야렛':—야렛(창5:15, 대상4:18).

H3383 יַרְדֵּן[181회] 야르덴

〈3381〉에서 유래; '내려오는 것'; 팔레스타인의 주된 강 '요단':—요단(창13:10,11, 32:11(10), 50:10).

H3384 יָרָה[81회] 야라

또는 (대하26:—15) יָרָא 야라

기본어근; 정확히는 물과 같이 '흐르다'(즉, '비오다'); 타동사로 '겨누다', 또는 '던지다'(특히 화살을, 즉 '쏘다'); 상징적으로 '가리키다'(마치 손가락으로 '겨냥함' 같이), '가르치다':—궁수, 던지다, 가리키다, 알리다, 교훈하다, 겨누다, 보이다, 쏘다, 가르치다(가르치는 사람, 가르침), (꿰뚫어).

H3385 יְרוּאֵל[1회] 예루엘

〈3384〉와 〈410〉에서 유래; '하나님께서 기초를 놓으심'; 팔레스타인의 한 장소 '여루엘':—여루엘(대하20:16).

H3386 יָרוֹחַ[1회] 야로아흐

아마 〈3394〉에서 유래한 명사유래어; '월삭'(에 태어난); 한 이스라엘인 '야로아':—야로아(대상5:14).

H3387 יָרוֹק[1회] 야로크

〈3417〉에서 유래; '푸른', 즉 풀:—녹색의 것.

H3388 יְרוּשָׁא[2회] 예루샤

또는 יְרוּשָׁה 예루샤

〈3423〉의 여성 수동태분사; '소유된'; 한 이스라엘 여자 '여루사':—여루사(왕하15:33, 대하27:1).

H3389 יְרוּשָׁלַםִ[641회] 예루샬라임

또는 드물게 יְרוּשָׁלַיִם 예루샬라임

쌍수(두 주요언덕에 관련하여 [적어도 전자의 독법으로는 바른 모음 부호가 〈3390〉의 부호와 동일한 듯하다]); 아마 〈3384〉(의 수동태 분사)와 〈7999〉에서 유래; '평화의 터'; 팔레스타인의 수도 '예루살렘':—예루살렘(수10:1,5, 15:8).

H3390 יְרוּשָׁלֵם[3회] 예루샬렘

아람어 〈3389〉와 같음:—예루살렘(단5:2, 6:11, 스4:8).

H3391 יֶרַח[7회] 예라흐

의미가 불확실한 사용하지 않는 어근

에서 유래; '태음(太陰)월', 즉 달:—월, 달.

H3392 יֶרַח[1회] **예라흐**

⟨**3391**⟩과 동일함; 아라비아인의 족장 '예라':—예라(창10:26).

H3393 יְרַח[2회] **예라흐**

아람어 ⟨**3391**⟩과 같음; '월':—월.

H3394 יָרֵחַ[27회] **야레아흐**

⟨**3391**⟩과 동형에서 유래; '달':—달.

H3395 יְרֹחָם[10회] **예로함**

⟨**7355**⟩에서 유래; '자비로운'; 일곱, 또는 여덟 이스라엘인의 이름 '여로함':—여로함(삼상1:1, 대상9:12, 27:22, 대하23:1, 느11:12).

H3396 יְרַחְמְאֵל[8회] **예라흐메엘**

⟨**7355**⟩와 ⟨**410**⟩에서 유래; '하나님께서 자비를 베푸실 것이다'; 세 이스라엘인 이름 '여라므엘':—여라므엘(대상2:9,25,26,52, 24:29, 렘36:26).

H3397 יְרַחְמְאֵלִי[2회] **예라흐메엘리**

⟨**3396**⟩에서 유래한 족속의 명칭; '여라므엘 족속', 또는 여라므엘 자손:—여라므엘 사람들(삼상27:10).

H3398 יַרְחָע[2회] **야르하**

아마 기원은 애굽어; 한 애굽인 '야르하':—야르하(대상2:34,35).

H3399 יָרַט[2회] **야라트**

기본어근; '거꾸로 떨어뜨리다', 또는 거꾸로 '집어던지다'; (자동사) '분별없다':—성미가 비꼬였다, 뒤집다.

H3400 יְרִיאֵל[1회] **예리엘**

⟨**3384**⟩와 ⟨**410**⟩에서 유래; '하나님께서 던지심'; 한 이스라엘인 '여리엘':—여리엘(대상7:—2). ⟨**3385**⟩와 비교

H3401 יָרִיב[3회] **야리브**

⟨**7378**⟩에서 유래; 문자적으로 '그가 다툴 것이다'; 정확히는 형용사로 '다투기 좋아하는'; 명사로 사용되어 '대적':—다투는, 싸우는 것.

H3402 יָרִיב[3회] **야리브**

⟨**3401**⟩과 동일함; 세 이스라엘인 이름 '야립':—야립(대상4:24, 스8:16).

H3403 יְרִיבַי[1회] **예리바이**

⟨**3401**⟩에서 유래; '다투기 좋아하는'; 한 이스라엘인 '여리배':—여리배(대상11:46).

H3404 יְרִיָּה[3회] **예리야**

또는 **יְרִיָּהוּ** **예리야후**

⟨**3384**⟩와 ⟨**3050**⟩에서 유래; '여호와께서 던지실 것이다'; 한 이스라엘인 '여리야':—여리야(대상23:19, 24:23).

H3405 יְרִיחוֹ[37회] **예리호** 또는 **יְרֵחוֹ** **예레호**

또는 어미변화 (왕상16:34) **יְרִיחֹה** **예리호**

아마 ⟨**3394**⟩에서 유래; '그것의 달'; 그렇지 않으면 ⟨**7306**⟩에서 유래; '향기로운'; 팔레스타인의 한 장소 '여리고':—여리고(민22:1, 수2:1,2,3, 왕상16:34).

H3406 יְרִימוֹת[7회] **예리모트** 또는 **יְרֵימוֹת**

예레모트 또는 **יְרֵמוֹת** **예레모트**

⟨**7311**⟩에서 유래한 여성 복수형; '높은 곳들'; 열두 이스라엘인의 이름 '여레못', 또는 '여리못':—여리못(대상7:7), 여레못(대상8:14), 그리고 라못 [난외주에서].

H3407 יְרִיעָה[3회] **예리아**

⟨**3415**⟩에서 유래; '벽걸이 천'('흔들리는' 것으로서):—휘장.

H3408 יְרִיעוֹת[1회] **예리오트**

⟨**3407**⟩의 여성형; '휘장들'; 한 이스라엘 여인 '여리옷':—여리옷(대상2:18).

H3409 יָרֵךְ[34회] **야레크**

'부드럽다'는 뜻의 사용하지 않는 어근에서 유래; '넓적다리'(그것의 육체적 '부드러움'에서 유래); 완곡어법으로, '산출하는 부분'; 상징적으로 '정강이', 옆구리, 옆:—몸, 허리, 여자의 다리, 옆, 넓적다리.

H3410 יַרְכָא[1회] **야르카**

아람어 〈3411〉과 같음; '넓적다리':—넓적다리.

H3411 יְרֵכָה[28회] **예레카**

〈3409〉의 여성형; 정확히는 '옆구리'; 그러나 상징적으로만 사용됨, '후미', 또는 '후미진 곳':— 가장자리, 연안, 부분, 방면, 옆.

H3412 יַרְמוּת[7회] **야르무트**

〈7311〉에서 유래; '약간 높은 곳'; 팔레스타인의 장소 이름 '야르뭇':—야르뭇(수10:3).

H3413 יְרֵמַי[1회] **여레마이**

〈7311〉에서 유래; '높아진'; 한 이스라엘인 '여레매':—여레매(스10:33).

H3414 יִרְמְיָה[127회] **이르메야**

또는 יִרְמְיָהוּ **이르메야후**

〈7311〉과 〈3050〉에서 유래; '여호와께서 일어나실 것이다'; 여덟, 또는 아홉 이스라엘인의 이름 '예레미야':—예레미야(렘1:1, 단9:2, 왕하23:31, 대상5:24, 느10:3).

H3415 יָרַע[21회] **야라**

기본어근; 정확히는 (어떤 강포한 행동으로) '깨지다', 즉 (상징적으로) '두려워하다':—슬퍼하다[사15:4에서만; 그 나머지는 〈7489〉에 속함].

H3416 יִרְפְּאֵל[1회] **이르페엘**

〈7495〉와 〈410〉에서 유래; '하나님께서 고치실 것이다'; 팔레스타인의 한 장소 '이르브엘':—이르브엘(수18:27).

H3417 יָרַק[3회] **야라크**

기본어근; '내뱉다':—그러나, 침을 뱉다.

H3418 יֶרֶק[6회] **예레크**

〈3417〉에서 유래; (색깔의 '텅 빔'에서); 정확히는 '창백', 즉, 여기에서 어린 병든 채소의 노란끼 있는 '녹색'; 구체적으로 '푸른 초목', 즉 풀이나 채소:—풀, 푸른(것).

H3419 יָרָק[5회] **야라크**

〈3418〉과 동형에서 유래; 정확히는 '푸른'; 구체적으로 '채소':—푸른, 풀.

H3420 יֵרָקוֹן[6회] **예라콘**

〈3418〉에서 유래; 사람이든 (공포에서), 식물이든 (말라서) '창백함':—녹색을 띤, 노란, 곰팡이.

H3421 יָרְקְעָם[1회] **요르케암**

〈7324〉와 〈5971〉에서 유래; '백성들이 쏟아져 나올 것이다'; 팔레스타인의 한 장소 '요르그암':—요르그암(대상2:44).

H3422 יְרַקְרַק[3회] **예라크라크**

〈3418〉과 동형에서 유래; '누르스름함':—푸르스름한, 노란.

H3423 יָרַשׁ[231회] **야라쉬** 또는 יָרֵשׁ **야레쉬**

기본어근; '차지하다'(먼저 있던 소작인들을 쫓아내고 대신 소유함으로); 함축적으로 '점유하다', '도둑질하다', '유산을 이어받다'; 또한 '내쫓다', '가난하게 하다', '황폐하게 하다':—내쫓다, 소비하다, 파괴하다, 상속권을 박탈하다, 소유권을 박탈하다, 몰아내다, 쫓아내는 것을 즐기다, (실패가 없이) 상속하다 (상속시키다, 상속을 남기다, 상속자), 행정장관, 빈곤하다(빈곤하게 하다), 빈곤하게 되다,

소유하다(소유하게 하다), 따라잡다, 성공하다.

H3424 יְרֵשָׁה2회 **예레샤**

〈**3423**〉에서 유래; '점유':—소유.

H3425 יְרֻשָּׁה14회 **예룻샤**

〈**3423**〉에서 유래; '점유된 어떤 것'; '정복'; 또한 '세습재산':—기업, 유업, 상속, 소유.

H3426 יֵשׁ138회 **예쉬**

아마 '뛰어나다', '두드러지다', 또는 '존재하다'라는 의미의 사용하지 않는 어근에서 유래; '실재'; 부사로, 또는 존재동사(〈**1961**〉)에 대한 계사로 사용됨; '…이 있다'(또, 복수) 또는, '이다' 동사의 어떤 형에든지 적합한 것으로서:—(그가, 그것이, 거기에) 있다(있을 수 있다, 있을 것이다, 있어야 한다), 당신이 행하다, 가지다, 가졌다, 나는 가지다(가질 것이다), (그가, 그것이, 거기에)존재하다, 실체, (그것은, 거기에)있었다, 너(희)는 일 것이다.

H3427 יָשַׁב815회 **야샤브**

기본어근; 정확히는 '앉다'(특히 재판자로서, 매복하여, 고요하게); 함축적으로 '거하다', '남아있다'; 사역동사로 '정착하다', '결혼하다':—거하다(거하게 하다, 거하는), 계속하다, 거주하다(거하게 하다, 거주함), 안정하다, 견디다, 설립하다, 실패하다, 거주, 자주 드나들다, 살림하다, 잠복함, 결혼하다(결혼하는), 놓다(다시 놓게 하다), 남아있다, 돌아가다, 자리, 정하다(안정하다), 앉다, 앉아있는, 앉는 장소, 처하다, 취하다, 체재하다.

H3428 יֶשֶׁבְאָב1회 **예셰브아브**

〈**3427**〉과 〈**1**〉에서 유래; (그의) '아버지의 자리'; 한 이스라엘인 '예세브압':—예세브압(대상24:13).

H3429 יֹשֵׁב בַּשֶּׁבֶת1회 **요셰브밧셰베트**

〈**3427**〉의 능동태 분사와, 그리고 전치사와 관사가 붙은 〈**7674**〉에서 유래; '자리에 앉아있는'; 한 이스라엘인 '요셉밧세벳'(삼하23:8):—자리에 앉아 있는 것.

H3430 יִשְׁבּוֹ בְּנֹב1회 **이쉬보베노브**

접미인칭대명사가 붙은 〈**3427**〉과 전치사가 붙은 〈**5011**〉에서 유래; '그의 거처는 놉에' (있다); 한 블레셋인 '이스비브놉':—이스비브놉[난외주에서](삼하21:16).

H3431 יִשְׁבַּח1회 **이슈바흐**

〈**7623**〉에서 유래; '그가 찬양할 것이다'; 한 이스라엘인 '이스바':—이스바(대상4:17).

H3432 יָשֻׁבִי1회 **야슈비**

〈**3437**〉에서 유래한 족속의 명칭; '야숩 족속', 또는 야숩 자손:—야숩 자손들(민 26:24).

H3433 יָשֻׁבִי לֶחֶם1회 **야슈비 레헴**

〈**7725**〉와 〈**3899**〉에서 유래; 아마 본문은 아래와 같이 모음을 붙여야 할 듯, יֹשְׁבֵי לֶחֶם 요슈벨레헴 그리고 '(그들은)레헴, 즉 베들레헴(압축형으로)의 주민들(이었다)'라고 번역되어야 할 듯하다. 〈**3902**〉와 비교.; '빵을 돌려주는 자'; 한 이스라엘인 '야수비네헴':—야슈비 레헴.

H3434 יָשָׁבְעָם3회 **야쇼브암**

〈**7725**〉와 〈**5971**〉에서 유래; '백성이 돌아올 것이다'; 두세 이스라엘인의 이름 '야소브암':—야소브암(대상11:11).

H3435 יִשְׁבָּק[2회] **이쉬바크**

〈**7662**〉와 일치하는 사용하지 않는 어근에서 유래; '그는 떠날 것이다'; 아브라함의 아들 '이스박':—이스박(창25:2).

H3436 יָשְׁבְּקָשָׁה[2회] **요슈베카샤**

〈**3427**〉과 〈**7186**〉에서 유래; '딱딱한 자리'; 한 이스라엘인 '요스브가사':—요스브가사(대상25:4,24).

H3437 יָשׁוּב[3회] **야슈브**

또는 **יָשִׁיב 야쉬브**

〈**7725**〉에서 유래; '그가 돌아올 것이다'; 두 이스라엘인의 이름 '야숩':—야숩(민26:24, 스10:29).

H3438 יִשְׁוָה[2회] **이슈와**

〈**7737**〉에서 유래; '그가 평등하게 할 것이다'; 한 이스라엘인의 이름 '이스와':—이스와(창46:17).

H3439 יְשׁוֹחָיָה[1회] **예쇼하야**

〈**3445**〉와 〈**3050**〉의 동형에서 유래; '여호와께서 비우실 것이다'; 한 이스라엘인 '여소하야':—여소하야(대상4:36).

H3440 יִשְׁוִי[2회] **이슈위**

〈**7737**〉에서 유래; '평평한'; 두 이스라엘인의 이름 '이스위':—이스위(창46:17, 삼상14:49).

H3441 יִשְׁוִי[4회] **이슈위**

〈**3440**〉에서 유래한 족속의 명칭 '이스위 족속'(집합적으로), 또는 이스위 자손:—이스위 사람들.

H3442 יֵשׁוּעַ[28회] **예슈아**

〈**3091**〉 참조; '그가 구원하실 것이다'; 열 이스라엘인과 팔레스타인의 한 장소 이름 '예수아':—예수아(느8:17, 스2:2, 3:2, 느7:7).

H3443 יֵשׁוּעַ[4회] **예슈아**

아람어 〈**3442**〉와 같음:—예수아(스2:2, 3:2, 느7:7).

H3444 יְשׁוּעָה[75회] **예슈아**

〈**3467**〉의 여성 수동태분사; '구원받은 어떤 것', 즉 (추상적으로) '구원'; 여기에서 '도움', '승리', '번성':—구출, 건강, 도움, 구원, 구원하다.

H3445 יֶשַׁח[1회] **예샤흐**

입을 '크게 벌리다'(텅빈 배와 같이)는 의미의 사용하지 않는 어근에서 유래; '배고픔':—낙담시키다, 넘어뜨리다.

H3446 יִשְׂחָק[4회] **이스하크**

〈**7831**〉에서 유래; '그가 웃을 것이다'; 아브라함의 상속자 '이삭':—이삭. 〈**3327**〉과 비교

H3447 יָשַׁט[3회] **야샤트**

기본어근; '뻗다':—내밀다.

H3448 יִשַׁי[41회] **이샤이**

아람어에 의해 **אִישַׁי 이샤이**

〈**3426**〉과 동형에서 유래; '현존하는'; 다윗의 아버지 '이새':—이새(삼상20:27, 22:7,8, 삼하20:1, 왕상12:16, 사11:1).

H3449 יִשִּׁיָּה[6회] **잇쉬야**

또는 **יִשִּׁיָּהוּ 잇쉬야후**

〈**5383**〉과 〈**3050**〉에서 유래; '여호와께서 빌려주실 것이다'; 다섯 이스라엘인의 이름'잇시야':—잇시야(대상7:3, 대상12:6, 스10:31).

H3450 יְשִׂימָאֵל[1회] **예시마엘**

〈**7760**〉과 〈**410**〉에서 유래; '하나님께서 두실 것이다'; 한 이스라엘인 '여시미엘':—여시미엘(대상4:36).

H3451 יְשִׁימָה[2회] **예쉬마**

〈**3456**〉에서 유래; '황폐':—사망이 홀연히 임하리라[난외주에서].

H3452 יְשִׁימוֹן13회 **예쉬몬**
〈**3456**〉에서 유래; '황폐':—사막, 여시몬, 고독한, 광야.

H3453 יָשִׁישׁ4회 **야쉬쉬**
〈**3486**〉에서 유래; '늙은' 사람:—(매우)나이 많은(자), 고대의, 매우 늙은.

H3454 יְשִׁישַׁי1회 **예쉬샤이**
〈**3453**〉에서 유래; '나이든'; 한 이스라엘인 '여시새':—여시새(대상5:14).

H3455 יָשַׂם3회 **야삼**
기본어근; '두다'; 자동사 '놓여있다':—놓이다(세워지다).

H3456 יָשַׁם4회 **야샴**
기본어근; '황량하다':—황폐하다.

H3457 יִשְׁמָא1회 **이쉬마**
〈**3456**〉에서 유래; '황폐한'; 한 이스라엘인 '이스마':—이스마(대상4:3).

H3458 יִשְׁמָעֵאל48회 **이쉬마엘**
〈**8085**〉와 〈**410**〉에서 유래; '하나님께서 들으실 것이다'; 아브라함의 첫 아들과 다섯 이스라엘인의 이름 '이스마엘':—이스마엘(창25:12-18, 렘40-41, 8:38, 대하23:1, 스10:22).

H3459 יִשְׁמְעֵאלִי8회 **이쉬마엘리**
〈**3458**〉에서 유래한 족속의 명칭; '이스마엘 족속', 또는 이스마엘 자손:—이스마엘 사람(창37:25, 창37:27, 39:1, 삿8:24, 시83:7).

H3460 יִשְׁמַעְיָה2회 **이슈마야**
또는 **יִשְׁמַעְיָהוּ** **이슈마야후**
〈**8085**〉와 〈**3050**〉에서 유래; '여호와께서 들으실 것이다'; 두 이스라엘인의 이름 '이스마야':—이스마야(대상12:4, 27:19).

H3461 יִשְׁמְרַי1회 **이쉬메라이**
〈**8104**〉에서 유래; '보존하는'; 한 이스라엘인 '이스므래':—이스므래(대상8:18).

H3462 יָשֵׁן25회 **야셴**
기본어근; 정확히는 '나른하다', 또는 '노곤하다', 즉(함축적으로) '잠들다'(상징적으로 '죽다'); 또한 '늙어가다', '김빠지다', 또는 '만성이다':—묵은 곡식, 오래 남다, 잠들다(잠들게 하다).

H3463 יָשֵׁן3회 **야셴**
〈**3462**〉에서 유래; '졸리는':—졸리다, 잠들다(잠으로부터 깬 자, 잠잔, 잠자고 있는).

H3464 יָשֵׁן1회 **야셴**
〈**3463**〉과 동일함; 한 이스라엘인 '야센':—야센(삼하23:32).

H3465 יָשָׁן8회 **야샨**
〈**3462**〉에서 유래; '늙은':—오래된.

H3466 יְשָׁנָה1회 **예샤나**
〈**3465**〉의 여성형; 팔레스타인의 한 장소 '여사나':—여사나(대하13:19).

H3467 יָשַׁע205회 **야샤**
기본어근; 정확히는 '열려있다', '넓다', 또는 '자유롭다', 즉 (함축적으로) '안전하다'; 사역동사 '자유롭게 하다', 또는 '돕다', '구제하다':—(아주), 원수를 갚는, 옹호하다, 해방하다(해방자), 돕다, 보존하다, 구출하다, 안전하다, 구원을 가져오다(구원을 이루는), 구원하다(구원자), 승리를 얻다.

H3468 יֶשַׁע36회 **예샤** 또는 **יֵשַׁע** **예샤**
〈**3467**〉에서 유래; '자유', '해방', '번영':—안전, 구원, 구원하는.

H3469 יִשְׁעִי5회 **이쉬이**
〈**3467**〉에서 유래; '구원하는'; 네 이스라엘인의 이름 '이시':—이시(대상2:31, 5:24, 4:20,42).

H3470 יְשַׁעְיָה35회 **예샤야**
또는 **יְשַׁעְיָהוּ 예샤야후**
〈**3467**〉과 〈**3050**〉에서 유래; '여호와께서 구원하셨다'; 일곱 이스라엘인의 이름 '이사야':—이사야(대상3:21, 스8:7,19, 느11:7).

H3471 יָשְׁפֵה3회 **야셰페**
'광을 내다'는 의미의 사용하지 않는 어근에서 유래; '벽옥'으로 생각되는 보석(명칭의 유사성에서):—벽옥.

H3472 יִשְׁפָּה1회 **이슈파**
아마 〈**8192**〉에서 유래; '그가 할퀼 것이다'; 한 이스라엘인 '이스바':—이스바(대상8:16).

H3473 יִשְׁפָּן1회 **이쉬판**
아마 〈**8227**〉과 동형에서 유래; '그가 감출 것이다'; 한 이스라엘인 '이스반':—이스반(대상8:22).

H3474 יָשַׁר118회 **야샤르**
기본어근; '곧다', 또는 '평탄하다'; 상징적으로 '옳은'(사역동사로 '바르게 하다'); '기쁘다', '번영하다':—곧게 하다, 적합하다, 좋은 것 같다, 기쁘다(좋아하다), 옳다(옳게 여기다, 올바르게 가다), 곧게 인도하다, 똑바로 보다, 똑바로 행하다, 좌우로 치우치지 아니하다, 올바르다(올바르게).

H3475 יֵשֶׁר1회 **예셰르**
〈**3474**〉에서 유래; '올바른 자'; 한 이스라엘인 '예셀':—예셀(대상2:18).

H3476 יֹשֶׁר14회 **요셰르**
〈**3474**〉에서 유래; '올바른 자':—공평, 적합하다, 바른, 곧은(곧음).

H3477 יָשָׁר118회 **야샤르**
〈**3747**〉에서 유래; '곧은'(문자적, 또는 상징적으로):—편리한, 공평, 야살, 정직한, 적합하다, 기뻐하다(하는), 옳은(의인), 곧은, (가장)정직한(정직하게, 정직).

H3478 יִשְׂרָאֵל2512회 **이스라엘**
〈**8280**〉과 〈**410**〉에서 유래; '그가 하나님으로서 다스리실 것이다'; 야곱의 상징적인 이름 '이스라엘'; 또한 (대표적으로) 그의 후손의 이름:—이스라엘.

H3479 יִשְׂרָאֵל2512회 **이스라엘**
아람어 〈**3478**〉과 일치:—이스라엘.

H3480 יְשַׂרְאֵלָה1회 **예사르엘라**
〈**3477**〉의 어미변화와 방향 접미사가 붙은 〈**410**〉에서 유래; '하나님을 향하여 바른'; 한 이스라엘인 '여사렐라':—여사렐라(대상25:14). 〈**841**〉과 비교

H3481 יִשְׂרְאֵלִי2회 **이스레엘리**
〈**3478**〉에서 유래한 족속의 명칭; '이스라엘 족속', 또는 이스라엘 자손:—이스라엘의, 이스라엘인들.

H3482 יִשְׂרְאֵלִית3회 **이스레엘리트**
〈**3481**〉의 여성형; '이스라엘 여인', 또는 이스라엘의 여자후손:—이스라엘 여인.

H3483 יִשְׁרָה2회 **이쉬라**
〈**3477**〉의 여성형; '정직':—올바름.

H3484 יְשֻׁרוּן4회 **예슈룬**
〈**3474**〉에서 유래; '곧은'; 이스라엘에 대한 상징적인 이름 '여수룬':—여수룬(신32:15, 33:5,26, 사44:2).

H3485 יִשָּׂשכָר43회 **잇사카르**
〈**5375**〉와 〈**7939**〉에서 유래; '그가 보상을 가져올 것이다'; 야곱의 아들 '잇사갈':—잇사갈(창30:18).

H3486 יָשֵׁשׁ1회 **야셰쉬**
'희어지다'는 뜻의 사용하지 않는 어근에서 유래; '흰'머리의, 즉 '노'령자:

—나이로 인한 굽은 등.

H3487 יַת[1회] **야트**

아람어 〈853〉과 같음; 동사의 목적어 표시:—…을.

H3488 יְתִב[5회] **예티브**

아람어 〈3427〉과 같음; '앉다', 또는 '거하다':—거하다, 좌정하다, 앉다.

H3489 יָתֵד[24회] **야테드**

꿰'뚫다', 또는 꽉'박다'는 뜻의 사용하지 않는 어근에서 유래; '말뚝':—못, 작은 삽, 쐐기, 말뚝.

H3490 יָתוֹם[42회] **야톰**

'외롭다'는 뜻의 사용하지 않는 어근에서 유래; '유'족:—아버지 없는 자(아이), 고아.

H3491 יָתוּר[1회] **야투르**

〈3498〉의 수동태분사; 정확히는 '남겨진' 것, 즉(함축적으로) '이삭줍기':—목장.

H3492 יַתִּר[4회] **얏티르**

〈3498〉에서 유래; '넘치는'; 팔레스타인의 한 장소 '얏딜':—얏딜(수15:48, 삼상30:27).

H3493 יַתִּיר[8회] **얏티르**

아람어 〈3492〉와 같음; '뛰어난'; 부사로 '매우':—심히, 현저한.

H3494 יִתְלָה[1회] **이틀라**

아마 〈8518〉에서 유래; '그것이 걸릴 것이다', 즉 높다; 팔레스타인의 한 장소 '이들라':—이들라(수19:42).

H3495 יִתְמָה[1회] **이트마**

〈3490〉의 동형에서 유래; '고아임'; 한 이스라엘인 '이드마':—이드마(대상11:46).

H3496 יַתְנִיאֵל[1회] **야트니엘**

'인내하다'는 뜻의 사용하지 않는 어근과 〈410〉에서 유래; '하나님의 계속 하심'; 한 이스라엘인 '야드니엘':—야드니엘(대상26:2).

H3497 יִתְנָן[1회] **이트난**

〈8577〉과 동형에서 유래; '광대한'; 팔레스타인의 한 장소 '잇난':—잇난(수15:23).

H3498 יָתַר[105회] **야타르**

기본어근; '돌출하다', 또는 '넘다'; 함축적으로 '능가하다' (자동사로) '남다', 또는 '남기다' 사역동사로 '남기다', 넘치게 하다, 보존케 하다:—능가하다, 남기다(여분을), 쳐지다, 너무 많이, 풍부하게 하다, 보존하다, 남다(남아있다, 남도록 하다, 남아 있는 것, 남는 것, 남은 자), 따로 남겨두다, 잉여, 나머지.

H3499 יֶתֶר[96회] **예테르**

〈3498〉에서 유래; 정확히는 '돌출', 즉 (함축적으로) 능가, '초월성', '여분'; 또한 작은 밧줄(늘어져있는):—풍부한, 끈, 뛰어난, 탁월(한), 그들이 남긴 것, 남은 것, 풍부하게, 남은 자, 나머지, 줄, …와 함께.

H3500 יֶתֶר[9회] **예테르**

〈3499〉와 동일함; 대여섯 이스라엘인과 한 미디안 사람 '여델':—여델, 이드로(대상2:32, 4:17, 7:38, 왕상2:5). 〈3503〉과 비교

H3501 יִתְרָא[1회] **이트라**

〈3502〉의 어미변화; 한 이스라엘인(또는, 이스마일 사람) '이드라':—이드라(삼하17:25).

H3502 יִתְרָה[2회] **이트라**

〈3499〉의 여성형; 정확히는 '탁월성', 즉 (함축적으로) '재산':—풍부성, 부유.

H3503 יִתְרוֹ[9회] **이트로**

접미인칭대명사를 가진 〈**3499**〉에서 유래; '그의 탁월성'; 모세의 장인 '이드로':—이드로(출3:1, 4:18). 〈**3500**〉과 비교

H3504 יִתְרוֹן[10회] **이트론**

〈**3498**〉에서 유래; '뛰어남', '이익':—더 좋은, 탁월성(탁월하다), 이익, 유리한.

H3505 יִתְרִי[3회] **이트리**

〈**3500**〉에서 유래한 족속의 명칭 '이델 족속', 또는 여델 자손:—이델 사람(삼하23:38).

H3506 יִתְרָן[3회] **이트란**

〈**3498**〉에서 유래; '뛰어난'; 한 에돔 사람과 한 이스라엘인의 이름 '이드란':—이드란(창36:26, 대상1:41).

H3507 יִתְרְעָם[2회] **이트레암**

〈**3499**〉와 〈**5971**〉에서 유래; '백성의 탁월성'; 다윗의 아들 '이드르암':—이드르암 (삼하3:3, 대상3:3).

H3508 יֹתֶרֶת[4회] **요테레트**

〈**3498**〉의 여성 능동태 분사; 간의 '돌출부'(간엽), 또는 간의 '늘어진 부분'(마치 여분이나 돌출부처럼):—간 위에 덮힌 꺼풀.

H3509 יְתֵת[2회] **예테트**

불확실한 파생어; 한 에돔인 '여뎃':—여뎃(창36:40).

트롱히브리어사전

נ

H3510 כָּאַב8회 **카아브**
기본어근; 정확히는 '아픔'을 느끼다; 함축적으로 '슬퍼하다'; 상징적으로 '망쳐 놓다':—슬퍼하는, 망쳐놓다, 아프다, 슬퍼하다(고통하다), 슬픈(슬프다).

H3511 כְּאֵב6회 **케에브**
〈**3510**〉에서 유래; '고통'(육체적, 또는 정신적인), '역경':—비통, 아픔, 슬픔.

H3512 כָּאָה4회 **카아**
기본어근; '낙담하다'; 사역동사로 '낙심시키다':—상한, 비통하다, 슬프게 하다.

H3513 כָּבַד113회 **카바드** 또는 **כָּבֵד 카베드**
기본어근; '무겁다', 즉 나쁜 의미에서('짐'이 되는, '엄한', '둔한') 또는 좋은 의미에서('다수의', '부유한', '존경할 만한'); 사역동사로 '무겁게 하다'(위의 두 의미에서와 같이):— …으로 풍부한, 좀 더 슬프게 고통하다, 자긍하다, 누를 끼치다, 어둡다, 영화롭게 하다, 영화로운(영화롭다, 영광이 되다, 영광스러운 일), 영광, (매우)큰, 슬프다, 굳게 하다, 무겁다(무겁게 하다), 좀 더 무겁다, 무겁게 지우다, 존귀(하다, 하게하다, 를 받다), 스스로 높이다, 존귀한 사람이 되다, 더 많이 지우다, 많아지다, 귀인들, 강성하다, 승진하다, 부유하다, 고통이 되다, 멈추다.

H3514 כֹּבֶד5회 **코베드**
〈**3513**〉에서 유래; '무거운 물건', '다량', '격렬함':—슬픔(어려움), 무거운, 많은 수.

H3515 כָּבֵד40회 **카베드**
〈**3513**〉에서 유래; '무거운'; 상징적으로, 좋은 의미에서 (수많은), 또는 나쁜 의미에서 ('엄격한', '어려운', '미련한'):—(그렇게)큰, 많은, 느린, 고통의, 두터운.

H3516 כָּבֵד5회 **카베드**
〈**3515**〉와 동일함; '간'(내장 중 가장 '무거운 것'):—간(肝).

H3517 כְּבֵדוּת1회 **케베두트**
〈**3515**〉의 여성형; '어려움':—무겁게.

H3518 כָּבָה24회 **카바**
기본어근; '꺼지다' 또는 (사역동사) (불, 등불, 화를) '끄다':—나가다, 끄다.

H3519 כָּבוֹד199회 **카보드**
또는 **כָּבֹד 카보드**
〈**3513**〉에서 유래; 정확히는 '무거운 것', 그러나 좋은 의미에서 다만 상징적으로 '빛남', 또는 '풍부함':—영화로운(영화롭게), 영광, 존귀(존귀한).

H3520 כְּבוּדָּה3회 **케베웃다**
〈**3513**〉의 불규칙 여성 수동태 분사; '무거움', 즉 '엄위', '부유':—'몸가짐', 큰 영화로운, 화려한.

H3521 כָּבוּל2회 **카불**
'한계'라는 의미로 〈**3525**〉와 동형에서 유래; '메마른'; 팔레스타인의 두 장소의 이름 '가불':—가불(수19:27, 왕상9:13).

H3522 כַּבּוֹן1회 **캅본**
'쌓아 올리다'는 뜻의 사용하지 않는 어근에서 유래; '언덕이 많은'; 팔레스타인의 한 장소 '갑본':—갑본(수15:40).

H3523 כְּבִיר2회 **케비르**
'엮음'이란 원래 의미로 〈**3527**〉에서 유래; (재료들을 서로 꼬아 짜서 만든) '침상':—베개.

H3524 כַּבִּיר10회 **캅비르**
〈**3527**〉에서 유래; 크기에 있어서 '광

대한'(상징적으로 힘의 경우에는 '강력한' 시간의 경우에는 '노령의'), 또는 수에 있어서는 '많은':—연약한, 강력한, 가장, 많은, 강한, 용감한.

H3525 כֶּבֶל[2회] 케벨
'꼬다', 또는 함께 땋다는 뜻의 사용하지 않는 어근에서 유래; '족쇄':—차꼬.

H3526 כָּבַס[48회] 카바쓰
기본어근; '짓밟다'; 여기에서 '씻다'(정확히는 발로 밟아서), 문자적으로나 ('축융(縮絨)' 과정을 포함) 또는 상징적으로:— 세탁업자, 씻다(씻는 것).

H3527 כָּבַר[2회] 카바르
기본어근; 정확히는 함께 '엮다', 즉 (상징적으로) '증가하다'(특히 수나 양에서 '축적하다'):—풍부하게, 증가시키다.

H3528 כְּבָר[9회] 케바르
〈3527〉에서 유래; 정확히는 시간의 '범위', 즉 '오랫동안'; 여기에서 '오래 전에', '전에', '지금까지':—이미, (…이기 때문에), 이제.

H3529 כְּבָר[8회] 케바르
〈3528〉과 동일함; '길이'; 메소포타미아의 한 강 '그발':—그발(겔1:3, 3:15,23, 10:15,22). 〈2249〉와 비교

H3530 כִּבְרָה[3회] 키브라
〈3528〉의 여성형; 정확히는 '길이', 즉 (불확실한 치수의) '길이':—조금.

H3531 כְּבָרָה[1회] 케바라
그 원래의 의미로 〈3527〉에서 유래; (그물망으로 된) '체':—체.

H3532 כֶּבֶשׂ[107회] 케베스
'지배하다'는 뜻의 사용하지 않는 어근에서 유래; '수양' ('머리로 받을'만큼 자란):—어린양, 양.

H3533 כָּבַשׁ[14회] 카바쉬
기본어근; '짓밟다'; 여기에서 소극적으로 '무시하다'; 적극적으로 '정복하다', '복종시키다', '침해하다':—속박하다, 강요하다, 억누르다, 억압하다, 복종시키다.

H3534 כֶּבֶשׁ[1회] 케베쉬
〈3533〉에서 유래; '발판'(위를 밟는 것으로서):—발등상.

H3535 כִּבְשָׂה[8회] 키브사
또는 כַּבְשָׂה 카브사
〈3532〉의 여성형; '암양':—어린양, 암 어린양.

H3536 כִּבְשָׁן[4회] 키브샨
〈3533〉에서 유래; 제련하는 '용광로'(금속을 '정련하는' 것으로서):—용광로.

H3537 כַּד[18회] 카드
'깊게 하다'는 뜻의 사용하지 않는 어근에서 유래; 정확히는 '물동이'; 그러나 일반적으로 질그릇; 가정용 '항아리':—통, 주전자.

H3538 כְּדַב[1회] 케다브
아람어 〈3576〉과 일치한 어근에서 유래; '그릇된':—거짓의.

H3539 כַּדְכֹּד[2회] 카드코드
버린 쇠붙이로 '점화하다'는 의미로 〈3537〉과 동형에서 유래; '번쩍이는' 보석, 아마 홍옥:—(홍)마노.

H3540 כְּדָרְלָעֹמֶר[5회] 케도를라오메르
외래어; 초기 페르시아 왕 '그돌라오멜':—그돌라오멜(창14:1,9).

H3541 כֹּה[582회] 코
접두어 카프와 〈1913〉에서 유래; 정확히는 '이와 같이', 즉 함축적으로(태도의 경우에) '그와 같이'(또는, '그

렇게); 또한(장소의 경우에) '여기에'(또는, '여기로); 또는(시간의 경우에) '지금':—또한, 여기에, 여태까지, …같이, 다른 한편, 그렇게(그리고 많은), 그런, 그런 방식에, 이것(이런 방식으로, 이렇게 저렇게, 그동안, 저쪽에.

H3542 כָּה[1회] **카**
아람어 ⟨**3541**⟩과 같음:—지금까지(는).

H3543 כָּהָה[10회] **카하**
기본어근; '약하다', 즉 (상징적으로) '낙담하다'(사역동사 '책망하다'), 또는 (빛, 눈의 경우) '흐려지다':—어두워지다, 어두컴컴하다, 약해지다, 희미해지다, 억제하다, (완전히).

H3544 כֵּהֶה[7회] **케헤**
⟨**3543**⟩에서 유래; '연약한', '모호한':—약간 어두운, 어둑어둑한, 차차 어두침침하게 되다, 무거움, 그을림.

H3545 כֵּהָה[1회] **케하**
⟨**3544**⟩의 여성형; 정확히는 '약해지는'; 상징적으로 '경감', 즉, 치유:—치료.

H3546 כְּהַל[4회] **케할**
아람어 ⟨**3201**⟩과 ⟨**3557**⟩에 일치한 어근; '할 수 있다':—가능하다(할 수 있었다).

H3547 כָּהַן[23회] **카한**
기본어근; 명백히 종교적 예배에 있어서 '중재하다'는 의미; 그러나 ⟨**3548**⟩에서 유래한 명사유래어로서만 사용됨; 제사장으로서 '제식을 집전하다'; 상징적으로 '왕위의 표상':—꾸미다, 제사장이 되다(제사장의 직책을 행하다, 제사장직을 집행하다, 제사장으로 섬기다), 제사장의 직무.

H3548 כֹּהֵן[752회] **코헨**
⟨**3547**⟩의 능동태분사; 문자적으로 '제식을 집전하는 자', '제사장'; 또한 (관례에 따른) '대리 제사장 (평민이라도):—최고지도자, (자신의), 제사장, 방백.

H3549 כָּהֵן[8회] **카헨**
아람어 ⟨**3548**⟩과 같음:—제사장.

H3550 כְּהֻנָּה[14회] **케훈나**
⟨**3547**⟩에서 유래; '제사장직':—제사장직, 제사장의 직무.

H3551 כַּו[1회] **카우**
아람어 '찌르는'이란 의미로 ⟨**3854**⟩와 일치한 어근에서 유래; '창문'(하나의 관통하는 것으로서):— 창문

H3552 כּוּב[1회] **쿠브**
외래어의 파생어; 애굽의 인접국 '굽':—굽(겔30:5).

H3553 כּוֹבַע[6회] **코바**
'높아지다', 또는 '둥글게 되다'란 뜻의 사용하지 않는 어근에서 유래; '투구'(아치형의):—투구. ⟨**6959**⟩와 비교

H3554 כָּוָה[2회] **카와**
기본어근; 정확히는 '찌르다' 또는 '관통하다'; 여기에서 '물집이 생기다'('쓰린', 또는 '먹어 들어가는' 것으로서):— 불타다.

H3555 כְּוִיָּה[2회] **케위야**
⟨**3554**⟩에서 유래; '낙인찍기':—불태우기.

H3556 כּוֹכָב[37회] **코카브**
아마 ⟨**3522**⟩('구르는'이란 의미로), 또는 ⟨**3554**⟩('빛나다'는 의미로)와 동형에서 유래; 별('둥근', 또는 '빛나는' 것으로서); 상징적으로 '방백':—별([점성가]).

H3557 כּוּל[12회] **쿨**

기본어근; 정확히는 '간직하다'; 여기에서 '측정하다'; 상징적으로(다양한 의미에서) '유지하다':—머무르다(지속할 수 있다), 품다, 이해하다, 내포하다, 먹이다, 참을성 있는, 인도하다, 쥐다(보유하다), 양육하다(양육자), 현존하다, 준비하다, 받다, 보존하다, 음식(양식)을 제공하다.

H3558 כּוּמָז[2회] **쿠마즈**

'저장하다'는 뜻의 사용하지 않는 어근에서 유래; '보석'(아마 금목걸이):—평판, 패(牌).

H3559 כּוּן[217회] **쿤**

기본어근; 정확히는 '세워지다'(즉, 수직으로 서있다); 여기에서(사역적으로) 매우 다양한 적용에서 '세우다', 문자적으로('세우다', '고정하다', '준비하다', '적용하다')나, 또는 상징적으로('지정하다', '확실하게 하다', '적절한' 또는 '번영하는'):—확실한(확실성), 확정하다, 지시하다, 신실성, 모양을 빚다, 조이다, 고정되다, 적합하다, 형성하다, 적당하다, 제정하다, 명하다, 완전한, 준비(하다), 채비하다, 제공하다, 준비되어 있다(준비하게 하다), 바른, (똑바로, 굳게, 앞에) 세우다, 안정하다, 세우다(튼튼히 하다), 서있다, 지체하다.

H3560 כּוּן[2회] **쿤**

아마 〈3559〉에서 유래; '세워진'; 수리아의 한 장소 '군':—군(대상18:8).

H3561 כַּוָּן[2회] **카우완**

〈3559〉에서 유래; '준비된' 어떤 것, 즉 제물로 '구운 과자':—과자.

H3562 כָּוְנַנְיָהוּ[2회] **코난야후**

〈3559〉와 〈3050〉에서 유래; '여호와께서 양육하셨다'; 두 이스라엘인의 이름 '고나냐':—고나냐(대하31:12). 〈3663〉과 비교

H3563 כּוֹס[34회] **코쓰**

함께 '갖고 있다'란 뜻의 사용하지 않는 어근에서 유래; '잔'(담는 것으로서), 가끔 상징적으로 한 몫(약의 한 첩과 같이); 또한 어떤 부정한 새, 아마 '올빼미'(아마 그 눈의 컵같이 움푹 들어간 데에서):—잔, (작은)올빼미. 〈3599〉와 비교

H3564 כּוּר[9회] **쿠르**

명백하게 '파다'는 뜻의 사용하지 않는 어근에서 유래; '솥' 또는 용광로(마치 파낸 것으로서):—용광로. 〈3600〉과 비교

H3565 כּוֹר עָשָׁן[5회] **코르 아샨**

〈3564〉와 〈6227〉에서 유래; '연기 나는 용광로'; 팔레스타인의 한 장소 '고라산':—고라산(삼상30:30).

H3566 כּוֹרֶשׁ[13회] **코레쉬**

또는 כֹּרֶשׁ **코레쉬**

페르시아어에서 유래; 바사 왕 '고레스':—고레스(스1:1,2).

H3567 כּוֹרֶשׁ[22회] **코레쉬**

아람어 〈3566〉과 같음:—고레스(스1:1,2).

H3568 כּוּשׁ[30회] **쿠쉬**

아마 기원은 외래어; 함의 아들과 그의 영토의 이름 '구스'(또는, 에티오피아); 또한 한 이스라엘인의 이름:—구스, 에티오피아(창2:13, 대하14:11이하, 시43:3, 렘46:9, 겔30:4이하, 단11:43, 암9:7, 욥28:19).

H3569 כּוּשִׁי[22회] **쿠쉬**

〈3568〉에서 유래한 족속의 명칭; '구스 족속', 또는 구스 자손:—구스 사람, 구스인, 에티오피아사람(렘13:23,

38:7, 대하14:9, 단11:43).

H3570 כּוּשִׁי[2회] **쿠쉬**
〈**3569**〉와 동일함; 두 이스라엘인의 이름 '구시':—구시(습1:1).

H3571 כּוּשִׁית 쿠쉬트
〈**3569**〉의 여성형; '구스 여인':—에티오피아인(구스인)(민12:1).

H3572 כּוּשָׁן 쿠샨
아마 〈**3568**〉에서 유래; 아라비아 지역 '구산':—구산(합3:7).

H3573 כּוּשַׁן רִשְׁעָתַיִם[4회]
쿠샨 리슈아타임
명백히 〈**3572**〉와 〈**7564**〉의 쌍수에서 유래; '배나 사악한 구산'; 메소포타미아 왕 '구산리사다임':—구산리사다임(삿3:8,10).

H3574 כּוֹשָׁרָה[1회] **코샤라**
〈**3787**〉에서 유래; '번영'; 복수로 '자유':—사슬.

H3575 כּוּת[1회] **쿠트**
또는 (여성형) **כּוּתָה 쿠타**
기원은 외래어; 앗수르의 한 지방, '굿', 또는 '구다':—굿(왕하17:30).

H3576 כָּזַב[16회] **카자브**
기본어근; 문자적, 또는 상징적으로 '거짓말하다'(즉, '속이다'):—그릇하다, 거짓말쟁이(거짓말쟁이임이 밝혀지다, 거짓쟁장이가 되다), 거짓말하다, 거짓의, 허무하다.

H3577 כָּזָב[31회] **카자브**
〈**3576**〉에서 유래; '거짓말'; 문자적으로('비 진리'), 또는 상징적으로('우상'):—속이는, 거짓의, 거짓말하기, 거짓말쟁이, 거짓말하다, 거짓말하는.

H3578 כֹּזְבָא[1회] **코제바**
〈**3576**〉에서 유래; '그릇된'; 팔레스타인의 한 장소 '고세바':—고세바(대상4:22).

H3579 כֹּזְבִי[2회] **코즈비**
〈**3576**〉에서 유래; '거짓의'; 한 미디안 여자 '고스비':—고스비(민25:15,18).

H3580 כְּזִיב[1회] **케지브**
〈**3576**〉에서 유래; '위조된'; 팔레스타인의 한 장소 '거십':—거십(창38:5).

H3581 כֹּחַ[126회] **코아흐** 또는 **כּוֹחַ 코아흐**
'확고하다'는 뜻의 사용하지 않는 어근에서 유래; '활기', 문자적(좋은 의미나 나쁜 의미에서 '힘'), 또는 상징적('능력', '수단', '생산력')으로; 또한 (그것의 견고함에서) 큰 '도마뱀':—능력, 유능한, 카멜레온, 힘, 과일들, 권력(힘 있는), 능력, 본질, 부귀.

H3582 כָּחַד[32회] **카하드**
기본어근; 행동이나 말로 '비밀로 하다'; 여기에서 (강의적으로) '파괴하다':—감추다, 자르다(잘라내다), 황폐한(시40:10).

H3583 כָּחַל[1회] **카할**
기본어근; 눈썹을 '그리다':—그리다.

H3584 כָּחַשׁ[22회] **카하쉬**
기본어근; '진실이 아닌', 말이나('거짓말하다', '가장하다', '발뺌하다') 또는 행동으로('실망시키다', '낙망시키다', '굽실굽실하다'):—속이다, 부정하다, 감정을 감추다, 실망시키다, 잘못다루다, 거짓말쟁이로 밝혀지다, 거짓말하다, 거짓의, 굴복하다.

H3585 כַּחַשׁ[6회] **카하쉬**
〈**3584**〉에서 유래; 문자적으로 육체의 '쇠약함', 즉 '여윔'; 상징적으로 '위선':—허약, 거짓말들, 거짓.

H3586 כֶּחָשׁ[1회] **케하쉬**
〈**3584**〉에서 유래; '불신실':—거짓의.

H3587 כִּי[1회] 키
〈3554〉에서 유래; '낙인', 또는 '상처 자국':—불타는.

H3588 כִּי[4475회] 키
앞에나 뒤에서 모든 인과적 관계를 가리키는 기본 불변사[접두 전치사의 완전형]; (함축적으로)매우 광범위하게 접속사 또는 부사로 사용됨[아래와 같이]; 자주 첨가된 다른 불변사에 의해 크게 변형된다:—그리고, 과 같이(이기 때문에, …이므로), 확실한[확실히], 그러나, 분명히, 의심없이, 그밖에, 조차도, 제외하고, 이는, 얼마나, 때문에, 왜냐하면, 그러므로, 그럼에도 불구하고, 이제, 정당하게, …이므로, …하기 때문에, 확실하게, 그때, +일지라도(아무리…일지라도), …때까지(비로소), 진실로, …때, …인지, 반면에, 그렇다, 아직.

H3589 כִּיד[1회] 키드
'치다'는 뜻의 사용하지 않는 어근에서 유래; '박살내는'; 상징적으로 '재앙':—파괴.

H3590 כִּידוֹד[1회] 키도드
〈3589〉와 동형에서 유래[〈3539〉와 비교]; 정확히는 '쳐서 떨어진' 어떤 것, 즉 (쳐진 것으로서) '불꽃':—불꽃.

H3591 כִּידוֹן[9회] 키돈
〈3589〉와 동형에서 유래; 정확히는 '가지고 치는' 어떤 것, 즉 '단창'(아마 〈2595〉보다 작은 것):—창, 방패, 과녁.

H3592 כִּידוֹן[1회] 키돈
〈3591〉과 동일함; 팔레스타인의 한 장소 '기돈':—기돈(대상13:9).

H3593 כִּידוֹר[1회] 키도르
불확실한 파생어; 아마 '법석':—싸움.

H3594 כִּיּוּן[1회] 키윤
〈3559〉에서 유래; 정확히는 '상(像)', 즉 우상; 그러나 (완곡어법으로) 어떤 이방신에 대하여 사용됨(아마 프리아푸스, 또는 바알브올과 같음):—기윤(암5:26).

H3595 כִּיּוֹר[23회] 키요르 또는 כִּיֹּר 키요르
〈3564〉와 동형에서 유래; 정확히는 '둥근' 어떤 것('파낸', 또는 '도려낸' 것으로서), 즉 숯불용 풍로 '냄비', 또는 요리용 '솥'; 여기에서(형태의 유사성에서) '물두멍'; 또한(같은 이유로) '강단', 또는 '연단':—화로, 물두멍, 냄비, 대.

H3596 כִּילַי[2회] 킬라이 또는 כֵּלַי 켈라이
'보류하는'의 의미로 〈3557〉에서 유래; '인색하게':—구두쇠, 고집쟁이, 야비한 자.

H3597 כֵּילַף[1회] 켈라프
'(손뼉을) 치다', 또는 소리 나게 때리다는 뜻의 사용하지 않는 어근에서 유래; '곤봉', 또는 대장간용의 큰 망치:—망치.

H3598 כִּימָה[3회] 키마
〈3558〉과 동형에서 유래; 별들의 '무리', 즉 '묘성':—묘성, 칠성.

H3599 כִּיס[5회] 키쓰
〈3563〉의 한 형태; '잔'; 또한 돈이나 저울추를 넣는 '주머니':—주머니, 잔, 전대.

H3600 כִּיר[1회] 키르
〈3564〉의 한 형태(쌍수로서만 사용); (평행한 두 돌 위에 끓이는 솥이 있는) 요리용'화덕':—냄비용 화덕 돌.

H3601 כִּישׁוֹר[1회] 키쇼르
〈3787〉에서 유래; 문자적으로 '유도하는 것', 즉 '굴대', 또는 실 감는 가락의 축(〈6418〉), 그것에 의해 빙빙 돌

아가는:—물레 가락.

H3602 כָּכָה17회 카카

⟨3541⟩에서 유래; 전후 문맥과 관련하여 '바로 그렇게':—저런(이런) 방법으로, 저렇게(이렇게), 이일, 그렇게까지, 그런 경우에, 여기에서.

H3603 כִּכָּר68회 킥카르

⟨3769⟩에서 유래; '원', 즉 (함축적으로) 주변 '지역', 또는 그 일대, 특히 '골', 또는 요단강의 계곡; 또한(둥그런) '빵'; 또한 '달란트' (또는, 큰[동]전):—빵, 한 입, 한 조각, 평원, 달란트.

H3604 כִּכֵּר1회 킥케르

아람어 ⟨3603⟩과 같음; '달란트':—달란트.

H3605 כֹּל5408회 콜

또는 (렘33:—8) כּוֹל 콜

⟨3634⟩에서 유래; 정확히는 '전체'; 여기에서 '모두', '어느 것', 또는 '각각'(단수로서만, 그러나 가끔 복수의 의미로 사용됨):—모두(모든 면에서), 전적으로, 어느(방식), 충분히, 각(사람, 장소, 각자의 일), 아무리…할지라도, 만큼 많은 것(아무 것도 아니다), 해야 한다, 무엇이든지, (그) 전체, 누구(든지).

H3606 כֹּל103회 콜

아람어 ⟨3605⟩와 같음:—모두, 어느 것, …하는 한, 때문에(이런 이유로), 각기, (아무 것도, 어느 방식도, 누구도)아니다, 그러므로, 일지라도, 무엇이든지(어디서든지, 누구든지), (그)전체.

H3607 כָּלָא18회 칼라

기본어근; '제한하다', 행동으로나 ('억제하다', 또는 '자제하다'), 말로서 ('금지하다'):—끝마치다, 금지하다, 지키다(제지하다), 삼가다, 억제하다, 보류하다, 닫히다, 멈추어지다, 억제하다.

H3608 כֶּלֶא10회 켈레

⟨3607⟩에서 유래; '감옥':—옥. ⟨3610⟩, ⟨3628⟩과 비교

H3609 כִּלְאָב1회 킬르아브

명백히 ⟨3607⟩과 ⟨1⟩에서 유래; '(그의) 아버지의 억제함'; 한 이스라엘인 '길르압':—길르압(삼하3:3).

H3610 כִּלְאַיִם4회 킬르아임

'분리'라는 원래 의미에서 ⟨3608⟩의 쌍수; '두 이질적인 종류들':—다양한 씨들(종류), 혼합된(씨).

H3611 כֶּלֶב32회 켈레브

'캥캥하고 울다', 또는 '공격하다'는 뜻의 사용하지 않는 어근에서 유래; '개'; 여기에서 (완곡어법으로) 남자 '매춘부':—개.

H3612 כָּלֵב34회 칼레브

아마 ⟨3611⟩의 한 형태, 또는 '힘센'이란 의미로 동일어근에서 유래; 세 이스라엘인의 이름 '갈렙':—갈렙(민13:6, 14:6이하, 수15:14, 대상2:18, 50).

H3613 כָּלֵב אֶפְרָתָה1회 칼렙 에프라타

⟨3612⟩와 ⟨672⟩에서 유래; (본문이 정확하다면) 애굽의 한 장소 '갈렙에브라다':—갈렙에브라다(대상2:24).

H3614 כָּלִבּוֹ1회 칼립보 아마 כָּלִבִּי 칼레비에 대한 필사 오기

⟨3612⟩에서 유래한 족속의 명칭; '갈렙 족속', 또는 갈렙 자손:—갈렙 가문의(삼상25:3).

H3615 כָּלָה206회 칼라

기본어근; '끝나다', 자동사나('멈추다', '끝나다', '멸하다') 타동사로('완

성하다', '준비하다', '소비하다'):—성취하다, 멈추다, 소모하다(써버리다), 결정하다, (완전히)파괴하다, 완료되다(완료되었을 때에), 끝마치다(…의 끝이다), 만료되다, 실패케 하다, 기진하다, 끝마치다, 성취하다, 충분히, 취하다, 떠나다, (떠나버리다), 동경하다, 생기게 하다, 완전히 획득하다, 일소하다, 소비하다.

H3616 כָּלֶה[1회] **칼레**
〈3615〉에서 유래; '파리해지는':—쇠하다.

H3617 כָּלָה[22회] **칼라**
〈3615〉에서 유래; '완성'; 부사로 '완전히'; 또한 '파괴':—전혀, 소비하다(완전히 소모되다), 소비, 결정되었다, (완전히 전적으로) 끝나다, 제거.

H3618 כַּלָּה[34회] **칼라**
〈3634〉에서 유래; '신부'(마치 완전한 것처럼); 여기에서 '아들의 아내':—신부, 며느리, 배우자.

H3619 כְּלוּב[3회] **켈루브**
〈3611〉과 동형에서 유래; 새의 '덫'(그것을 튀게 하기 위하여 '치는' 막대기, 또는 발판이 부착된 것으로서); 여기에서(가는 가지로 만든 새장과 유사한) '광주리':—광주리, 새장.

H3620 כְּלוּב[2회] **켈루브**
〈3619〉와 동일함; 두 이스라엘인의 이름 '글룹':—글룹(대상4:11, 27:26).

H3621 כְּלוּבַי[1회] **켈루바이**
〈3612〉의 한 형태; 한 이스라엘인 '글루배':—글루배(대상2:9).

H3622 כְּלוּהַי[1회] **켈루하이**
〈3615〉에서 유래; '완성된'; 한 이스라엘인 '글루히':—글루히(스10:35).

H3623 כְּלוּלָה[1회] **켈룰라**
〈3618〉에서 유래한 수동태분사의 명사 유래어; 신부의 '결혼기'(복수로서만):—결혼(식).

H3624 כֶּלַח[2회] **켈라흐**
'완성하다'란 뜻의 사용하지 않는 어근에서 유래; '성숙':—장년(노령).

H3625 כֶּלַח[1회] **켈라흐**
〈3624〉와 동일함; 앗수르의 한 장소 '갈라':—갈라(창10:11).

H3626 כָּל־חֹזֶה[2회] **콜-호제**
〈3605〉와 〈2374〉에서 유래; '모든 선견자'; 한 이스라엘인 '골호세':—골호세(느3:15, 11:5).

H3627 כְּלִי[324회] **켈리**
〈3615〉에서 유래; '준비된' 어떤 것, 즉 어떤 '기구'(용구, 도구, 옷, 그릇, 또는 무기와 같은):—방패([방패를 든 자]), 주머니, 운반차, 제공하다, 가구, 보석, 만들어진 것, (서로서로), 속한 것, 항아리, 현악기, 부대, 악기, 물건, 도구, 그릇, 기물, 무기, (무엇이든지).

H3628 כְּלִיא[2회] **켈리** 또는 **כְּלוּא 켈루**
〈3607〉에서 유래 (〈3608〉과 비교); '감옥':—감옥.

H3629 כִּלְיָה[31회] **킬야**
〈3627〉의 여성형 (복수로서만); '신장(腎臟)'(필수적인 '기관'으로서); 상징적으로 '마음'(내적인 자아로서):—콩팥, 지배권.

H3630 כִּלְיוֹן[3회] **킬욘**
〈3631〉의 한 형태; 한 이스라엘인 '기룐':—기룐(룻1:2, 4:9).

H3631 כִּלָּיוֹן[2회] **킬라욘**
〈3615〉에서 유래; '파리해지는', '파괴':—소비, 쇠하는.

H3632 כָּלִיל[15회] **칼릴**

〈3634〉에서 유래; '완전한'; 명사로서 '전체'(특히 '완전히 태워버린' 제물); 부사로서 '충분히':—모두, 모든 부분, 화염, 완전한(완전성), 전혀, 온전한 번제, 완전히.

H3633 כַּלְכֹּל 2회 **칼콜**
〈3557〉에서 유래; '생명을 유지하는 물건'; 한 이스라엘인 '갈골':—갈골(왕상4:31, 대상2:6).

H3634 כָּלַל 2회 **칼랄**
기본어근; '완성하다':—완전한(완전하게하다).

H3635 כְּלַל 6회 **켈랄**
아람어 〈3634〉와 같음; '완성하다':—끝마치다, 보충하다, 세우다.

H3636 כְּלָל 1회 **켈랄**
〈3634〉에서 유래; '완전한'; 한 이스라엘인 '글랄':—글랄(스10:30).

H3637 כָּלַם 38회 **칼람**
기본어근; 정확히는 '상처 입히다'; 그러나 다만 상징적으로 '조소하다', 또는 모욕하다:—부끄럽다(부끄럽게하다), 얼굴을 붉히다, 당황하다, 상하게 하다, 책망하다, 부끄럽게 하다.

H3638 כִּלְמַד 1회 **킬마드**
외래어의 파생어; 명백히 앗수르 제국의 한 장소 '길맛':—길맛(겔27:23).

H3639 כְּלִמָּה 30회 **켈림마**
〈3637〉에서 유래; '창피':—혼란, 불명예, 책망, 부끄러움.

H3640 כְּלִמּוּת 2회 **켈림무트**
〈3639〉에서 유래; '창피':—부끄러움.

H3641 כַּלְנֵה 3회 **칼네** 또는 **칼노 כַּלְנֵה 칼네** 또한 **כַּלְנוֹ 칼노**
외래어의 파생어; 앗수르 제국의 한 장소 '갈레', 또는 '갈로':— 갈레(창10:10, 암6:2), 갈로(사10:9). 〈3656〉과 비교

H3642 כָּמַהּ 1회 **카마흐**
기본어근; '갈망하다':—간절히 바라다.

H3643 כִּמְהָם 3회 **킴함**
〈3642〉에서 유래; '갈망'; 한 이스라엘인 '김함':—김함(삼하19:38, 렘41:17).

H3644 כְּמוֹ 140회 **케모** 또는 **כָּמוֹ 카모**
접두어 카프의 한 형태이나, 분리되어 사용됨[〈3651〉과 비교]; '…와 같이', '처럼', '그렇게', '그래서':—~에 따라, 처럼, …와 같이(그와 같이, 말하자면, 아울러), …과 비교하여, 그때,…만큼.

H3645 כְּמוֹשׁ 8회 **케모쉬** 또는 (렘48:—7) **כְּמִישׁ 케미쉬**
'정복하다'는 뜻의 사용하지 않는 어근에서 유래; '힘센 자'; 모압 인의 신 '그모스':—그모스(삿11:24, 왕상11:7, 왕하23:13, 렘48:7).

H3646 כַּמֹּן 3회 **캄몬**
'저장하다' 또는 '보존하다'는 뜻의 사용하지 않는 어근에서 유래; "대회향"(그것의 양념으로서의 효용에서):—대회향.

H3647 כָּמַס 1회 **카마쓰**
기본어근; '보관하다', 즉 (상징적으로) '기억 속에':—저장하여 두다.

H3648 כָּמַר 4회 **케마르**
기본어근; 정확히는 '뒤얽히다', 또는 '수축하다', 즉 (함축적으로)(열로 인한 것처럼) '오그라들다'; '상징적으로' 감정(사랑이나 연민)으로 깊게 '영향 받다':—검다, 불붙다, 열망하다.

H3649 כָּמָר 3회 **카마르**

〈3648〉에서 유래; 정확히는 '금욕주의자'(마치 자기 고행으로 '오그라든'), 즉 우상 숭배하는 '제사장'(복수에서만):—우상 숭배하는 제사장(왕하23:5 호10:5), 그마림(습1:4).

H3650 כְּמְרִיר[1회] **키므리르**

〈3648〉에서 유래한 중복체; '어둡게 함'(마치 빛의 '줄어 듦'에서), 즉 '빛을 잃음'(복수로서만):—어두움, 흑암.

H3651 כֵּן[565회] **켄**

〈3559〉에서 유래; 정확히는 똑바로 '세우다'; 여기에서 (상징적으로 형용사로서) '올바른'; 그러나 보통 (부사로나 접속사로서) '바르게' 또는 '그렇게'(태도, 시간, 관계의 다양한 적용에서; 자주 다른 불변사들과 함께):—그 후에, (이후에, 나중에), …만큼, …이기 때문에, 이유로, 뒤따라, …에도 불구하고, 같은 방법으로, 좀더, 옳은, 그렇게 까지, 상태, 곧바로, 그런(일), 확실히, 그러므로, 이것, 여기에서, 참된, 잘.

H3652 כֵּן[7회] **켄**

아람어 〈3651〉과 같음; '그렇게':—이렇게, 따라서.

H3653 כֵּן[17회] **켄**

〈3651〉과 동일함, 명사로서 사용됨; '대(臺)', 즉 받침, 또는 자리:— 받침, 지위, 직무, 위치

H3654 כֵּן[7회] **켄**

'죄는'이란 의미로 〈3661〉에서 유래; '각다귀'(그것의 침을 꽂음에서; 복수로만 사용됨[그리고 불규칙적으로는 출8:17,18]):—이(lice), 방법.

H3655 כָּנָה[4회] **카나**

기본어근; 이름을 덧붙여 '이야기를 걸다'; 여기에서 '칭찬하다':—아첨하는 명칭을 주다, (자신의) 성[별명]으로 부르다.

H3656 כַּנֶּה[1회] **칸네**

〈3641〉 참조; 앗수르의 한 장소 '간네':—간네(겔27:23).

H3657 כַּנָּה[1회] **칸나**

〈3661〉에서 유래; '식물'(자리 잡은):—포도원.

H3658 כִּנּוֹר[42회] **킨노르**

'튕겨서 울리다'는 뜻의 사용하지 않는 어근에서 유래; '하프':—수금.

H3659 כָּנְיָהוּ[3회] **콘야후**

〈3204〉 참조; 이스라엘 왕 '고니야':—고니야(렘22:24).

H3660 כְּנֵמָא[5회] **케네마**

아람어 〈3644〉와 같음; '그렇게' 또는 '이렇게, 따라서':—그렇게, 이런 방식(으로), 이런 종류로, 이렇게, 따라서.

H3661 כָּנַן[1회] **카난**

기본어근; '늘어놓다', 즉 '심다':—포도원.

H3662 כְּנָנִי[1회] **케나니**

〈3661〉에서 유래; '심어진'; 한 이스라엘인 '그나니':—그나니(느9:4).

H3663 כְּנַנְיָה[6회] **케난야**

또는 **כְּנַנְיָהוּ 케난야후**

〈3661〉과 〈3050〉에서 유래; '여호와께서 심으셨다'; 한 이스라엘인 '그나냐':—그나냐(대하31:12,13, 35:9, 대상15:22, 26:29).

H3664 כָּנַס[11회] **카나쓰**

기본어근; '모으다'; 여기에서 '싸다':—(함께)모으다, 쌓다, (자신을) 감싸다.

H3665 כָּנַע[36회] **카나**

기본어근; 정확히는 무릎을 '굽히다';

여기에서 '낮추다', '정복하다':—엎드러지다(낮추다), 복종하다, 항복하다, 겸손하다, 굴복시키다.

H3666 כִּנְעָה1회 **킨아**
'싸는'이란 의미로 〈**3665**〉에서 유래[〈**3664**〉와 비교]; '짐 꾸러미':—꾸러미.

H3667 כְּנַעַן13회 **케나안**
〈**3665**〉에서 유래; '낮추어진'; 함의 아들 '가나안'; 또한 그가 정착한 지방:—가나안, 상인, 장사.

H3668 כְּנַעֲנָה5회 **케나아나**
〈**3667**〉의 여성형; 두 이스라엘인의 이름 '그나아나':—그나아나(대상7:10, 왕상22:11, 대하18:10).

H3669 כְּנַעֲנִי74회 **케나아니**
〈**3667**〉에서 유래한 족속의 명칭; '가나안 족속' 또는 가나안의 거주민; 함축적으로 '행상인'(그들의 이웃 이스라엘 족속을 위해서 대상 일을 했던 가나안 족속):—가나안 족속(슥14:21), 상인(욥41:6, 잠31:24), 무역하는 사람.

H3670 כָּנַף1회 **카나프**
기본어근; 정확히는 옆으로 '불쑥 내밀다', 즉 아마 (재귀동사로) '물러가다':—제거되다.

H3671 כָּנָף109회 **카나프**
〈**3670**〉에서 유래; '끝' 또는 '극단'; 특히 (새의 또는 군대의) '날개, 익', (의복 혹은 잠옷의) 가장자리, (땅의) 한 방면, (건물의) 첨탑:—새, 국경, 모퉁이, 끝, 깃털, 깃이 있는, 나는, 기타, 서로, 뒤덮여 펼쳐진, 방면들, 스커트, 종류, 가장 끝 부분, 날개, 날개를 단.

H3672 כִּנְּרוֹת7회 **킨네로트**
또는 כִּנֶּרֶת **킨네레트**
〈**3658**〉과 동형에서 유래한 복수와 여성단수; 아마 '거문고' 모양의; 팔레스타인의 한 장소 '긴네롯', 또는 '긴네렛':—긴네롯, 긴네렛(신3:17, 수11:2, 왕상15:20).

H3673 כָּנַשׁ3회 **카나쉬**
아람어 〈**3664**〉와 같음 '모으다':—한데 모으다.

H3674 כְּנָת1회 **케나트**
〈**3655**〉에서 유래; '동료'(동일한 직함을 갖는):—동반자.

H3675 כְּנָת5회 **케나트**
아람어 〈**3674**〉와 같음:—동료.

H3676 כֵּס1회 **케쓰**
명백히 〈**3678**〉의 압축형, 그러나 아마 〈**5251**〉의 필사의 오기:—맹세한.

H3677 כֶּסֶא2회 **케쎄** 또는 כֶּסֶה **케쎄**
명백히 〈**3680**〉에서 유래; 정확히는 '충만' 또는 '만월', 즉 그 축제일:—정해진 (때).

H3678 כִּסֵּא135회 **킷쎄** 또는 כִּסֵּה **킷쎄**
〈**3680**〉에서 유래; 정확히는 '덮힌', 즉 '보좌'('천개처럼 위를 덮은 것'으로서):—자리, 의자, 보좌.

H3679 כַּסְדַּי1회 **카쓰다이**
〈**3778**〉 참조:—갈대아 사람(스5:12).

H3680 כָּסָה156회 **카싸**
기본어근; 정확히는 '쿵 떨어지다', 즉 오목한 부분들을 '꽉 채우다'; 함축적으로 '가리다'(옷이나 비밀을 위하여):—입다(단장하다), 닫다, 옷을 입다, 숨기다, 덮다, 피하여 숨다, 압도하다, 〈**3780**〉과 비교.

H3681 כָּסוּי2회 **카쑤이**
〈**3680**〉의 수동태 분사; 정확히는 '덮힌', 즉 (명사로서) '덮개':—덮개.

H3682 כְּסוּת[8회] **케쑤트**
〈3680〉에서 유래; '덮개'(의복); 상징적으로 '베일로 가림':—가림(의복), 의복(겉옷).

H3683 כָּסַח[2회] **카싸흐**
기본어근; '잘라 내다':—베어 넘기다, 근절하다.

H3684 כְּסִיל[4회] **케씰**
〈3688〉에서 유래; 정확히는 '살진', 즉 (상징적으로) 미련한, 또는 '어리석은':—바보(바보스러운).

H3685 כְּסִיל[1회] **케씰**
〈3684〉와 동일함; 어느 유명한 '성좌'; 특히 '오리온 좌'(마치 '건장한' 사람 같은):—성좌, 오리온 좌, 삼성.

H3686 כְּסִיל[1회] **케씰**
〈3684〉와 동일함; 팔레스타인의 한 장소 '그실':—그실(수15:30).

H3687 כְּסִילוּת[1회] **케씰루트**
〈3684〉에서 유래; '어리석음':—미련한.

H3688 כָּסַל[1회] **카쌀**
기본어근; 정확히는 '살찌다', 즉 (상징적으로) '어리석은':—미련하다.

H3689 כֶּסֶל[6회] **케쎌**
〈3688〉에서 유래; 정확히는 '비옥', 즉 함축적으로 (문자적) '허리'(콩팥 '지방'의 자리로서), 또는 (일반적으로) '내장'; 또한 (상징적으로) '어리석음' 또는 (좋은 의미로) '신뢰':—확신, 옆구리, 어리석음, 소망, 허리.

H3690 כִּסְלָה[2회] **키쓸라**
〈3689〉의 여성형; 좋은 의미에서 '신뢰'; 나쁜 의미에서 '어리석음':—신뢰, 어리석은.

H3691 כִּסְלֵו[2회] **키쓸레우**
아마 외래어; 히브리인의 아홉 번째 달 '기슬르':—기슬르월(느1:1, 슥7:1).

H3692 כִּסְלוֹן[1회] **키쓸론**
〈3688〉에서 유래; '희망찬'; 한 이스라엘인 '기슬론':—기슬론(민34:21).

H3693 כְּסָלוֹן[1회] **케쌀론**
〈3688〉에서 유래; '비옥한'; 팔레스타인의 한 장소 '그살론':—그살론(수15:10).

H3694 כְּסֻלּוֹת[1회] **케쑬로트**
〈3688〉의 수동태 분사 여성 복수; '기름진'; 팔레스타인의 한 장소 '그술롯':—그술롯(수19:—18).

H3695 כַּסְלֻחִים[2회] **카쓸루힘**
아마 외래어 파생어의 복수형; 애굽과 같은 혈통의 민족, '가슬루힘':—가슬루힘(창10:14, 대상1:12).

H3696 כִּסְלֹת תָּבֹר[1회] **키쓸로트 타보르**
〈3689〉의 여성 복수형과 〈8396〉에서 유래; '다볼의 옆구리들'; 팔레스타인의 한 장소 '기슬롯 다볼':—기슬롯 다볼(수19:12).

H3697 כָּסַם[2회] **카쌈**
기본어근; '깎다':—(다만), 머리털을 깎다. 〈3765〉와 비교

H3698 כֻּסֶּמֶת[1회] **쿳쎄메트**
〈3697〉에서 유래; '밀'(금방 '깎은' 털의 뻿뻿함 같은 데서):—귀리 소맥.

H3699 כָּסַס[1회] **카싸쓰**
기본어근; '평가하다':—계산하다.

H3700 כָּסַף[6회] **카싸프**
기본어근; 정확히는 '창백하게 되다', 즉 (함축적으로) '갈망하다'; 또한 '두려워하다':—열망하다, 몹시 탐내다, 갈망하다, 아프다.

H3701 כֶּסֶף[403회] **케세프**
〈3700〉에서 유래; '은' (그것의 '창백한' 색깔에서); 함축적으로 '돈':—돈,

값, 은(조각).

H3702 כְּסַף[13회] **케싸프**

[아람어] 〈**3701**〉과 같음:—돈, 은.

H3703 כָּסִפְיָא[1회] **카씨프야**

아마 〈**3701**〉에서 유래; '은의'; 바벨로니아의 한 장소 '가시뱌':—가시뱌(스8:17).

H3704 כֶּסֶת[1회] **케쎄트**

〈**3680**〉에서 유래; '방석', 또는 '베개'(자리나 침대를 '덮는 것으로서):—베개.

H3705 כְּעַן[13회] **케안**

[아람어] 아마 〈**3652**〉에서 유래; '지금':—이제.

H3706 כְּעֶנֶת[4회] **케에네트**

또는 **כְּעֶת 케에트**

[아람어] 〈**3705**〉의 여성형; '그와 같이'("…등등"이란 공식에서만):—그런 때에.

H3707 כָּעַס[54회] **카아쓰**

기본어근; '괴롭히다'; 함축적으로 '슬퍼하다', '격노하다', '분개하다':—화나다, 슬프다, 분개하다, (화, 진노를) 불러 일으키다, 슬퍼하다, 성가시게 하다, 격분하다.

H3708 כַּעַס[21회] **카아쓰**

또는 (욥기에서) **כַּעַשׂ 카아스**

〈**3707**〉에서 유래; '화냄':—노, 노한, 슬픔, 분개, 화, 자극하는, 아픈, 원한, 진노.

H3709 כַּף[193회] **카프**

〈**3721**〉에서 유래; 오목한 '손', 또는 손바닥(그처럼 동물의 '발톱'의, '발바닥'의, 그리고 심지어 접시 또는 투석기의 '우묵한 곳'의, 빗장의 '손잡이', 종려나무 '잎들'); 상징적으로 '힘':—가지, 발, 손([한 웅큼], 손잡이, [손잡이가 달린]), 오목한, 한가운데, 손바닥, 짐승의 발, 힘, 오목한 부분, 숟갈.

H3710 כֵּף[2회] **케프**

〈**3721**〉에서 유래; 우묵한 '바위':—반석.

H3711 כָּפָה[1회] **카파**

기본어근; 정확히는 '굽히다', 즉 (상징적으로) '길들이다' 또는 굴복시키다:—진정시키다.

H3712 כִּפָּה[3회] **킵파**

〈**3709**〉의 여성형; 종려나무의 '잎':—가지.

H3713 כְּפוֹר[9회] **케포르**

〈**3722**〉에서 유래; 정확히는 '덮개', 즉 (함축적으로) 큰 조끼 (또는 '덮개가 덮힌' 술잔); 또한 흰 '서리'(땅을 '덮는 것'으로서):—대야, 흰 서리, 회백색의 서리.

H3714 כָּפִיס[1회] **카피쓰**

'연결하다'는 뜻의 사용하지 않는 어근에서 유래; '도리':—들보.

H3715 כְּפִיר[31회] **케피르**

〈**3722**〉에서 유래; '마을'(성벽으로 '둘린' 것으로서); 또한 어린 '사자'(아마 갈기로 '덮힌' 것으로서):—(어린) 사자, 마을. 〈**3723**〉과 비교

H3716 כְּפִירָה[4회] **케피라**

〈**3715**〉의 여성형; '마을'(언제나 관사를 가지고); 팔레스타인에 있는 한 장소 '그비라':—그비라(수9:17, 18:26, 스2:25, 느7:29).

H3717 כָּפַל[4회] **카팔**

기본어근; 함께 '접다'; 상징적으로 '반복하다':—이중의.

H3718 כֶּפֶל[3회] **케펠**

〈**3717**〉에서 유래; '복제':—쌍의.

H3719 כָּפַן[1회] **카판**
기본어근; '굽히다':—굽히다.

H3720 כָּפָן[1회] **카판**
〈3719〉에서 유래; '굶주림'(텅 빔과 고통으로 '구부러지게' 되는 것으로서):—기근.

H3721 כָּפַף[1회] **카파프**
기본어근; '구부리다':—인사하다, 굴복하다.

H3722 כָּפַר[5회] **카파르**
기본어근; (특히 역청으로) '덮다'; 상징적으로 '속죄하다', 또는 '용서하다', '달래다', 또는 '지우다':—가라앉히다, 속죄하다, 정결케 하다, 취소하다, 용서하다, 자비롭다, 진정시키다, 칠하다, 정하게 하다, 제거하다, 화목하다 (화목을 이루다), 화목.

H3723 כָּפָר[3회] **카파르**
〈3722〉에서 유래; '마을'(성벽에 의해서 '보호된 것'으로):—마을. 〈3715〉와 비교

H3724 כֹּפֶר[13회] **코페르**
〈3722〉에서 유래; 정확히는 '덮개', 즉 (문자적으로) 마을 (안으로 '둘린' 것으로서); (특히) '역청'('칠하기' 위해서 사용된 것으로)과 '해나'식물(염색하는데 사용되는 것으로); 상징적으로 '속전':—뇌물, 역청, 몸값, 속전, 만족, 총액, 마을.

H3725 כִּפֻּר[8회] **킵푸르**
〈3722〉에서 유래; '속죄'(복수로만):—보상.

H3726 כְּפַר הָעַמּוֹנִי[1회] **케파르 하암모니**
〈3723〉과 관사가 붙은 〈5984〉에서 유래; '암몬 족속의 마을'; 팔레스타인의 한 장소 '그발 암모니':—그발 암모니(수18:24).

H3727 כַּפֹּרֶת[26회] **캅포레트**
〈3722〉에서 유래; '뚜껑'(언약궤의 '뚜껑'으로만 사용됨):—시은(施恩)좌.

H3728 כָּפַשׁ[1회] **카파쉬**
기본어근; '짓밟다'; 상징적으로 '낮추다':—덮다.

H3729 כְּפַת[4회] **케파트**
[아람어] 일치하는 단어가 불확실한 어근; '족쇄를 채우다':—묶다.

H3730 כַּפְתֹּר[6회] **카프토르**
또는 (암9:—1) **כַּפְתּוֹר** **카프토르**
아마 '둘러싸다'는 뜻의 사용하지 않는 어근에서 유래; '화관'; 그러나 건축술에서만 사용됨, 즉 주랑의 '머리', 또는 큰 촛대 위의 화환 같은 '봉오리' 또는 '원반':—봉오리 모양의 장식, 상인방.

H3731 כַּפְתֹּר[4회] **카프토르**
또는 (암9:7) **כַּפְתּוֹר** **카프토르**
명백히 〈3730〉과 동일; 블레셋인들의 원래 처소 '갑돌'(즉, 화환 형상으로 된 섬):—갑돌(창10:14, 신2:23, 렘47:4, 암9:7).

H3732 כַּפְתֹּרִי[2회] **카프토리**
〈3731〉에서 유래한 족속의 명칭; '갑돌 족속'(집합명사), 또는 갑돌의 토착인:—갑도림, 갑돌 사람(창10:14, 신2:23).

H3733 כַּר[13회] **카르**
'살이 잘 찜'이란 의미로 〈3769〉에서 유래; '숫양'('다 자란' 그리고 '기름진' 것으로서), '공성퇴'(부딪치는 것으로서)를 포함하여; 여기에서 '목초지'('양(羊)'을 위한 것으로서); 또한 '말안장 방석' 또는 낙타의 안장('불룩하게'한 것으로서):—우두머리, 가구, 양(羊), (큰) 목장, 공성(攻城)퇴

(槌). 또한 〈1033〉, 〈3746〉을 보라

H3734 כֹּר8회 **코르**

〈**3564**〉와 동형에서 유래; 정확히는 깊고 둥근 '용기(容器)', 즉 (특히) '고르' 또는 건량(乾量) 측량기:—고르, 측량단위, 석. 아람어도 동일함

H3735 כָּרָא1회 **카라**

[아람어] 아마 '찌르는'(상징적으로)이란 의미에서 〈**3738**〉과 같음; '몹시 슬퍼하다':—슬프다.

H3736 כַּרְבֵּל1회 **카르벨**

〈**3525**〉와 동형에서 유래; '허리를 졸라매다' 또는 '옷을 입히다':—입혀진.

H3737 כַּרְבְּלָא1회 **카르벨라**

[아람어] 〈**3736**〉의 동사와 일치하는 동사에서 유래; '망토':—모자.

H3738 כָּרָה15회 **카라**

기본어근; 정확히는 '파다'; 상징적으로 '계획하다'; 일반적으로 '구멍을 뚫다' 또는 열다:—파다, (연회를) 베풀다, 열다.

H3739 כָּרָה4회 **카라**

보통 기본어근으로 취급됨, 그러나 아마(흥정에서의 '계책'이라는 일반적 개념에서) 〈**3738**〉의 특별한 적용에서만 쓰여짐; '구매하다':—사다, 준비하다.

H3740 כֵּרָה1회 **케라**

〈**3739**〉에서 유래; '구매':—공급, 양식.

H3741 כָּרָה2회 **카라**

〈**3733**〉의 여성형; '목초지':—작은 집, 오두막.

H3742 כְּרוּב91회 **케루브**

불확실한 파생어; '그룹' 또는 상상적인 영적 존재:—그룹, [복수] 그룹들 (창3:24, 민7:89, 왕상6:23).

H3743 כְּרוּב2회 **케루브**

〈**3742**〉와 동일함; 바벨로니아의 한 장소 '그룹':—그룹(스2:59, 느7:61).

H3744 כָּרוֹז1회 **카로즈**

[아람어] 〈**3745**〉에서 유래; '전령':—사자(使者), 전령.

H3745 כְּרַז1회 **케라즈**

[아람어] 아마 기원은 헬라어 (κηρύσσω 케뤼소); '포고하다':—선언을 하다.

H3746 כָּרִי3회 **카리**

아마 (떼의) '인도자'라는 의미에서 〈**3733**〉의 복수 단축형; '호위병':—시위대장들, 그렛 사람들[난외주에서].

H3747 כְּרִית2회 **케리트**

〈**3772**〉에서 유래; '절단'; 팔레스타인의 한 시내 '그릿':—그릿시내(왕상17:3,5).

H3748 כְּרִיתוּת4회 **케리투트**

〈**3772**〉 유래; (결혼 관계의) '단절', 즉 '이혼':—이혼하다 (이혼).

H3749 כַּרְכֹּב2회 **카르코브**

〈**3522**〉와 동형에서 유래한 연장형; '테' 또는 윗 가장자리:—둘레.

H3750 כַּרְכֹּם1회 **카르콤**

아마 '외래어'; '크로커스':—번홍화.

H3751 כַּרְכְּמִישׁ3회 **카르케미쉬**

외래어의 파생어; 수리아의 한 장소 '갈그미스':—갈그미스(대하35:20).

H3752 כַּרְכַּס1회 **카르카쓰**

기원은 페르시아어; 아수에로 왕의 내시 '가르가스':—가르가스(에1:10).

3753 כִּרְכָּרָה1회 **카르카라**

〈**3769**〉에서 유래; '단봉낙타'(마치 춤추는 것같이 '신속한' 동작에서):—빠른 짐승.

H3754 כֶּרֶם92회 **케렘**

불확실한 뜻을 가진 사용하지 않는 어근에서 유래; '뜰' 또는 '포도원':—포도나무들, 포도원들(포도원의 소산), 포도농사. 또한 〈1021〉을 보라

H3755 כֹּרֵם4회 **코렘**

〈3754〉에서 유래한 가상적 명사유래어의 능동태 분사; '포도원지기':—포도원의 일꾼.

H3756 כַּרְמִי3회 **카르미**

〈3754〉에서 유래; '정원사'; 세 이스라엘인의 이름 '갈미':—갈미(창46:9, 수7:1).

H3757 כַּרְמִי1회 **카르미**

〈3756〉에서 유래한 족속의 명칭; '갈미 족속', 또는 갈미 자손:—갈미 사람들(민26:6).

H3758 כַּרְמִיל3회 **카르밀**

아마 외래어; '양홍(洋紅)색', 심홍:—심홍색.

H3759 כַּרְמֶל15회 **카르멜**

〈3754〉에서 유래; 식물의 심어진 '들'(정원, 과수원, 포도원, 또는 공원); 함축적으로 뜰의 '소출':—(곡물의) 잘 익은 이삭들 (파란 이삭), 기름진 밭, 기름진(땅), 풍요로운 들.

H3760 כַּרְמֶל24회 **카르멜**

〈3759〉와 동일함; 팔레스타인의 한 산과 성읍의 이름 '갈멜':—갈멜(수19:26, 삼상15:12), 풍요로운 들 (장소), 윤택한 (들).

H3761 כַּרְמְלִי7회 **카르멜리**

〈3760〉에서 유래한 족속의 명칭; '갈멜 족속', 또는 갈멜(성읍)의 주민:—갈멜 사람들(삼상30:5, 삼하23:35).

H3762 כַּרְמְלִית1회 **카르멜리트**

〈3761〉의 여성형; '갈멜 여자', 또는 갈멜의 여성 거주민:—갈멜 여자(삼상27:3).

H3763 כְּרָן2회 **케란**

불확실한 파생어; 이두매의 한 원주민 '그란':—그란(창36:26).

H3764 כָּרְסֵא3회 **코르쎄**

아람어 〈3678〉과 같음; '보좌':—보좌.

H3765 כִּרְסֵם1회 **키르쎔**

〈3697〉에서 유래; '황폐하게 하다':—황폐한.

H3766 כָּרַע36회 **카라**

기본어근; 무릎을 '굽히다'; 함축적으로 '수그러지다', '엎드리다':—머리를 숙이다, 굴복하다, 몸을 구부리다, 데리고 내려가다, 낮추다, 웅크리다, 떨어지다, 약한, 꿇다, 가라앉다, 멸망시키다(엎드리다), 복종시키다.

H3767 כָּרָע9회 **카라**

〈3766〉에서 유래; (쌍수로만 사용) 사람의 '다리'(무릎에서 발목까지)나 메뚜기의 다리:—다리.

H3768 כַּרְפַּס1회 **카르파쓰**

외래어; '삼베' 또는 섬세한 식물성 섬유:—녹색.

H3769 כָּרַר12회 **카라르**

기본어근; '춤추다'(즉, 빙빙 돌다):—춤을 추다, 춤을 추는.

H3770 כְּרֵשׂ1회 **케레스**

〈7164〉의 어미변화; '위' 또는 배('불쑥 나온' 것으로):—배.

H3771 כַּרְשְׁנָא1회 **카르쉐나**

외래어; 아하수에로 왕의 방백 '가르스나':—가르스나(에1:14).

H3772 כָּרַת285회 **카라트**

기본어근; '자르다'(베어내다, 베어 넘기다, 베어 조각내다); 함축적으로 '파괴하다' 또는 '소비하다'; 특히 '계약하다'(동맹과 계약을 맺다, 원래는

고기를 베어 그 조각들 사이를 지나 가게 함으로서):—씹혀지다, 서로 연맹하다, 언약을 맺다, 베다(베어버리다, 베어내다), 파괴하다, 실패하다, 찍는 자, 자유롭다, 베어 넘어뜨리다, 맹약하다, ([언약을 맺다]), 잃다, 멸망하다, (완전히), 부족하다.

H3773 כָּרֻתָה[3회] **카루타**
〈**3772**〉의 여성 수동태 분사; '잘린' 어떤 것, 즉 '찍힌' 목재:—들보.

H3774 כְּרֵתִי[10회] **케레티**
아마 '집행인'이란 의미로 〈**3772**〉에서 유래; '그렛 사람' 또는 '호위병' [〈**2876**〉과 비교](다만 집합명사로서 단수를 복수의 의미로 사용함):—그렛 사람(삼하8:18, 습2:5).

H3775 כֶּשֶׂב[13회] **케세브**
명백히 〈**3532**〉에 대한 치환법에 의함; 어린'양':—어린 양.

H3776 כִּשְׂבָּה[1회] **키스바**
〈**3775**〉의 여성형; 어린 '암양':—어린양.

H3777 כֶּשֶׂד[1회] **케세드**
불확실한 뜻을 가진 사용하지 않는 어근에서 유래; 아브라함의 친척 '게셋':—게셋(창22:22).

H3778 כַּשְׂדִּי[9회] **카스디** 종종 (전접어와 함께) כַּשְׂדִּימָה **카쓰디마**
'갈대아 사람을 향하여', 갈대아로, 〈**3777**〉에서 유래한 족속의 명칭(복수로서만); '갈대아 사람', 또는 게셋 자손; 함축적으로 '갈대아사람'(마치 그렇게 내려온 것처럼); 또한 '점성가'(마치 그 백성으로 소문난 것처럼):—갈대아인, 갈대아 사람들, 갈대아 주민들(사43:14, 겔23:14, 단2:2, 합1:6-11).

H3779 כַּשְׂדַּי[3회] **카스다이**
아람어 〈**3778**〉과 같음; '갈대아인'(마치 그렇게 내려온 것처럼); 또한 점성가(마치 그 백성으로 소문난 것처럼):—갈대아 사람(단3:8, 2:10, 4:4).

H3780 כָּשָׂה[1회] **카사**
기본어근; '살찌다'(즉, 살로 덮히다):—덮히다. 〈**3680**〉을 보라

H3781 כַּשִּׁיל[1회] **카쉴**
〈**3782**〉에서 유래; 정확히는 '벌목기', 즉 '도끼':—도끼.

H3782 כָּשַׁל[62회] **카샬**
기본어근; '비틀거리다' 또는 '흔들리다'(다리, 특히 발목의 약함 때문에); 함축적으로 '비틀거리다', '비트적거리다', '가냘프다', 또는 넘어지다:—빼앗기다[난외주에서], 엎드러지다, 쇠하다, 약해지다(쇠하게 하다), 넘어지다(넘어뜨리다), 연약한, 파멸되다, 전복된, 걸려 넘어지다, (완전히), 연약하다.

H3783 כִּשָּׁלוֹן[1회] **킷샬론**
〈**3782**〉에서 유래; 정확히는 '비틀거림', 즉 '파멸':—넘어짐.

H3784 כָּשַׁף[6회] **카샤프**
기본어근; 정확히는 주문을 '속삭이다', 즉 '호리다' 또는 마술을 걸다:—박수, 마술사, 마술을 행하다.

H3785 כֶּשֶׁף[6회] **케셰프**
〈**3784**〉에서 유래; '요술':—시술, 마술.

H3786 כַּשָּׁף[1회] **캇샤프**
〈**3784**〉에서 유래; '마술사':—박수.

H3787 כָּשֵׁר[3회] **카셰르**
기본어근; 정확히는 '똑바르다' 또는 '바르다'; 함축적으로 '받아들일 수 있다'; 또한 '성공하다' 또는 '번성하다':—곧은, 바르다, 번성하다.

H3788 כִּשְׁרוֹן[3회] **키슈론**
〈3787〉에서 유래; '성공', '우세':—공평, 선한, 바른.

H3789 כָּתַב[223회] **카타브**
기본어근; '새기다'; 함축적으로 '쓰다'(묘사하다, 새기다, 규정하다, 기명하다):—묘사하다, 기록하다, 규정하다, 기명하다, 쓰다(쓰기, 기록된).

H3790 כְּתַב[8회] **케타브**
아람어 〈3789〉와 같음:—기록하다, 기록된.

H3791 כְּתָב[17회] **카타브**
〈3789〉에서 유래; '기록된' 어떤 것, 즉 '쓰기', '기록' 또는 '책':—등록, 경전, 기록.

H3792 כְּתָב[12회] **케타브**
아람어 〈3791〉과 같음:—규정하기, 기록, 기록된.

H3793 כְּתֹבֶת[1회] **케토베트**
〈3789〉에서 유래; '문자' 또는 피부에 찍힌 '낙인':—어떤 기호.

H3794 כִּתִּי[8회] **킷티** 또는 **כִּתִּיִּי** **킷티이**
구브로를 표시하는 사용하지 않는 이름에서 유래한 족속의 명칭(복수로만); '깃딤' 또는 '구브로 사람'; 여기에서 일반적으로 '섬사람', 즉 팔레스타인의 맞은편 해안의 헬라인이나 로마인들:—깃딤(창10:4, 민24:24, 사23:1, 렘2:10, 겔27:6, 단11:30).

H3795 כָּתִית[5회] **카티트**
〈3807〉에서 유래; '두들겨 맞은', 즉 순수한 (기름):—두드려서 만들어 낸.

H3796 כֹּתֶל[1회] **코텔**
'빽빽하게 찬'을 의미하는 사용하지 않는 어근에서 유래; '성벽'(거주자들을 '모으는'):—벽.

H3797 כְּתַל[2회] **케탈**
아람어 〈3796〉과 같음:—벽.

H3798 כִּתְלִישׁ[1회] **케틸리쉬**
〈3796〉과 〈376〉에서 유래; '인간의 벽'; 팔레스타인의 한 장소 '기들리스':—기들리스(수15:40).

H3799 כָּתַם[1회] **카탐**
기본어근; 정확히는 '조각하다' 또는 '새기다', 즉 (함축적으로) 지울 수 없이 '새기다':—표를 하다.

H3800 כֶּתֶם[9회] **케템**
〈3799〉에서 유래; 정확히는 '새긴' 어떤 것, 즉 '광석'; 여기에서 '금'(최초에 채광된 것처럼 순수한):—([가장]좋은, 순수한) 금(금으로 된 쐐기).

H3801 כְּתֹנֶת[29회] **케토네트**
또는 **כֻּתֹּנֶת** **쿠토네트**
'덮다'는 뜻의 사용하지 않는 어근에서 유래[〈3802〉와 비교]; '셔츠':—외투, 의복, 옷.

H3802 כָּתֵף[67회] **카테프**
'옷을 입다'는 뜻의 사용하지 않는 어근에서 유래; '어깨'(정확히는 팔의 위 끝; 옷이 걸리는 곳으로서); 상징적으로 '옆에 곁들이는 물건' 또는 어떤 것의 측면 돌출 부분:—팔, 구석, 어깨(어깻죽지), 측면, 받치는 것.

H3803 כָּתַר[6회] **카타르**
기본어근; '둘러싸다'; 여기에서 (호의적으로) '관을 씌우다', (악의적으로) '포위하다'; 또한 '기다리다'(스스로 억제함으로):—둘러싸다, 두르다, 왕관을 쓰다, 에워싸다, 견디다.

H3804 כֶּתֶר[3회] **케테르**
〈3803〉에서 유래; 정확히는 '(금`보석 등의) 장식 고리', 즉 '왕관':—왕관.

H3805 כֹּתֶרֶת[11회] **코테레트**
〈3803〉의 여성능동태 분사; 주랑의

'대접받침':—대접받침.

H3806 כָּתַשׁ1회 카타쉬

기본어근; '부딪치다' 또는 '빻다':—갈아 바수다.

H3807 כָּתַת15회 카타트

기본어근; '타박상을 입히다' 또는 강포하게 '때리다':—빻다(찧다), 조각내다, 분쇄된, 파괴하다, 전복시키다, 치다, 찍다.

트롱히브리어사전

ל

H3808 לֹא5097회 로
또는 לוֹא 로 또는 לֹה 로 (신3:11)
기본 불변사; '아니'(단순한 또는 추상적인 부정); 함축적으로 '아니다'; 가끔 (다음과 같이) 다른 불변사와 함께 사용됨:—(전에), 그렇지 않으면, 제외한, 무[지한], …만큼, 덜, 아니 …도 아닌, 결코 …아닌, …아니다, [아무도 …아니다, …도 아니다, 아무것도 …이 아니다], (마치 …처럼 아니하다), 그렇지 않으면, 다른 방식으로, 확실히, 진실하게, 진리의, 진실로, …이 없이, …인지, …없다.

H3809 לָא81회 라 또는 לָה 라 (단4:32)
아람어 〈3808〉과 같음:—또는 …까지도, 어느 쪽도 …이 아니다, 아닌(아무도 …아니다, 아무것도 …아니다), 아니다, 할 수 없다, 아닌 것처럼, …없이.

H3810 לֹא דְבָר1회 로 데바르
또는 לוֹ דְבָר 로 데바르 (삼하9:4,5) 또는 לִדְבִר 리드비르 (수13:26) 아마 오히려 לֹדְבַר 로데바르
〈3808〉과 〈1699〉에서 유래, '초장이 없는'; 팔레스타인의 한 장소 '로드발':—드빌, 로드발(삼하17:27).

H3811 לָאָה19회 라아
기본어근; '지치다'; (상징적으로) '싫증나게 되다[하다]':—기진하다, 슬프다, 몹시 싫어하다, 지치다(지치게 하다).

H3812 לֵאָה34회 레아
〈3811〉에서 유래; '지친'; 야곱의 아내 '레아':—레아(창29:16이하, 30,31).

H3813 לָאַט2회 라아트
기본어근; '감싸다':—덮다.

H3814 לָאט4회 라트
〈3813〉에서 유래(또는 〈3874〉의 능동태 분사를 참조해야 할 듯); 정확히는 '감싸인', 즉 '잠자코':—부드럽게.

H3815 לָאֵל1회 라엘
접두전치사와 〈410〉에서 유래; '하나님께 (속해 있는)'; 한 이스라엘인 '라엘':—라엘(민3:24).

H3816 לְאֹם35회 레옴 또는 לְאוֹם 레옴
'모으다'는 뜻의 사용하지 않는 어근에서 유래; '공동체':—나라, 백성.

H3817 לְאֻמִּים1회 레움밈
〈3816〉의 복수형; '공동사회'; 한 아라비아인 '르움밈':—르움밈 족속(창25:3).

H3818 לֹא עַמִּי1회 로 암미
〈3808〉과 접미 인칭대명사를 가진 〈5971〉에서 유래; '내 백성이 아니다'; 호세아의 아들의 상징적인 이름 '로암미':—로암미(호1:9).

H3819 לֹא רֻחָמָה3회 로 루하마
〈3808〉과 〈7355〉에서 유래; '긍휼히 여김을 받지 못함'; 호세아의 딸의 상징적인 이름 '로루하마':—로루하마(호1:6,8).

H3820 לֵב599회 레브
〈3824〉의 한 형태; '마음'; 또한 (상징적으로) 정서, 의지와 지성까지도 포함하는 광범위한 의미로 사용됨; 마찬가지로 어떤 것의 '중심'으로 사용됨:—돌보다, 편안하게, 동조하다, 고려된, 용기(있는), [친구(같이)], 마음(상한, 굳은, 즐거운, 강퍅한, 완악한, [두 마음을 품은]), 유의하다, 나, 친절하게, 가운데, …마음의, 간주된, 그들 자신들, 부지중에, 이해, 잘, 기꺼이, 지혜.

H3821 לֵב1회 레브

아람어 〈3820〉과 같음:—마음.

H3822 לְבָאוֹת 2회 레바오트

〈3833〉의 복수형; '암사자'; 팔레스타인의 한 장소 '르바옷':—르바옷(수15:32). 또한 〈1034〉를 보라

H3823 לָבַב 5회 라바브

기본어근; 정확히는 '에워싸이다'(마치 '기름'으로); 함축적으로(〈3824〉에서 유래한 명사 유래어) '정신없다', 즉 (좋은 의미에서)(사랑에) '도취되다', 또한 (나쁜 의미에서) '어리석어 보이게 하다'; 또한(〈3834〉에서 유래한 명사유래어로서) '과자를 만들다':—과자를 만들다, 강탈하다, 지혜롭다.

H3824 לֵבָב 252회 레바브

〈3823〉에서 유래; '심장, 마음'(가장 내부에 있는 기관으로서); 또한 〈3820〉과 같이 사용됨:—스스로 생각하다, 가슴, 편안하게, 용기, 마음(낙심한, 부드러운 마음의), 가운데, 마음, 부지중에, 명철.

H3825 לְבַב 7회 레바브

아람어 〈3824〉와 같음:—심장, 마음.

H3826 לִבָּה 3회 립바

〈3820〉의 여성형; '마음':—마음.

H3827 לַבָּה 5회 랍바

〈3852〉 참조; '불꽃':—불꽃.

H3828 לְבוֹנָה 20회 레보나

또는 לְבֹנָה 레보나

〈3836〉에서 유래; '유향'(그것의 '흰색' 또는 아마 그것의 연기에서):—(유)향.

H3829 לְבוֹנָה 1회 레보나

〈3828〉과 동일함; 팔레스타인의 한 장소 '르보나':—르보나(삿21:19).

H3830 לְבוּשׁ 31회 레부쉬

또는 לְבֻשׁ 레부쉬

〈3847〉에서 유래; '의복'(문자적, 또는 상징적); 함축적으로 (완곡어법) '아내':—의상, 옷을 입은, 의복, 의류.

H3831 לְבוּשׁ 2회 레부쉬

아람어 〈3830〉과 같음:—의복.

H3832 לָבַט 3회 라바트

기본어근; '뒤집어 엎다'; 자동사로 '넘어지다':—멸어지다.

H3833 לָבִיא 12회 라비

또는 (겔19:2) לְבִיָּא 레비야 불규칙 남성복수 לְבָאִים 레바임 불규칙 여성 복수 לְבָאוֹת 레바오트

'으르렁 거리다'는 뜻의 사용하지 않는 어근에서 유래; '사자'(정확히는 맹수로서 '암'사자[비록 '으르렁거리'는 동물은 아닐지라도 〈738〉과 비교]):—사자(늙은 사자, 억센 사자), 암사자, 어린 사자.

H3834 לְבִיבָה 3회 라비바

또는 오히려 לְבִבָה 레비바

'기름짐'이란 원래 의미로 〈3823〉에서 유래 (또는 아마 '접다'란 의미에서); '과자'(기름에 '튀긴' 것이든, '뒤집은' 것이든):—과자.

H3835 לָבַן 3회 라반

기본어근; '하얗다'(하얗게 되다); 또한(〈3843〉에서 유래한 명사유래어로서) '벽돌을 만들다':—벽돌을 만들다, 하얗다, 하얗게 되다, 하얗게 만들다, 더 하얗다.

H3836 לָבָן 54회 라반

또는 (창49:12) לָבֵן 라벤

〈3835〉에서 유래; '흰':—흰.

H3837 לָבָן 29회 라반

〈3836〉과 동일함; 한 메소포타미아인 '라반'; 또한 사막의 한 장소 이름:

—라반(창24:29, 31:55, 신1:1).

H3838 לְבָנָא[2회] **레바나**
또는 **לְבָנָה** **레바나**
〈**3842**〉와 동일함; 느디님 사람 '르바나':—르바나(스2:45, 느7:48).

H3839 לִבְנֶה[2회] **리브네**
〈**3835**〉에서 유래; 어떤 종류의 흰 나무, 아마 '때죽나무':—포플러.

H3840 לִבְנָה[1회] **리브나**
〈**3835**〉에서 유래; 정확히는 '백색', 즉 (함축적으로) '투명':—포장된.

H3841 לִבְנָה[18회] **리브나**
〈**3839**〉와 동일함; 사막의 한 장소와 팔레스타인의 한 장소 '립나':—립나(수10:29).

H3842 לְבָנָה[3회] **레바나**
〈**3835**〉에서 유래; 정확히는 '흰'(흰 것), 즉 '달':—달. 또한 〈**3838**〉을 보라

H3843 לְבֵנָה[12회] **레베나**
〈**3835**〉에서 유래; '벽돌'(진흙의 '흰색'에서 유래):—벽돌(제단), 타일.

H3844 לְבָנוֹן[71회] **레바논**
〈**3825**〉에서 유래; '흰' 산(그것의 눈에서 유래); 팔레스타인의 한 산맥 '레바논':—레바논(왕상5:20(6), 23(9), 스3:7, 시29:6(5), 사14:8).

H3845 לִבְנִי[7회] **리브니**
〈**3835**〉에서 유래; '흰'; 한 이스라엘인 '립니':—립니(출6:17).

H3846 לִבְנִי[7회] **리브니**
〈**3845**〉에서 유래한 족속의 명칭; '립니 족속', 또는 립니 자손(집합명사):—립니 사람들(민3:21).

H3847 לָבַשׁ[112회] **라바쉬**
또는 **לָבֵשׁ** **라베쉬**
기본어근; 정확히는 둘러 '싸다', 즉 (함축적으로) 옷을 '입다', 또는 '옷 입히다'(자신, 또는 다른 사람을), 문자적 또는 상징적으로:—옷 입은, 무장하다, (스스로)입다, 밀어닥치다, 입다.

H3848 לְבַשׁ[3회] **레바쉬**
아람어 〈**3847**〉과 같음:—옷을 입다.

H3849 לֹג[5회] **로그**
명백히 '깊게 하다' 또는 '오목하게 하다'[〈**3537**〉과 같이]는 뜻의 사용 하지 않는 어근에서 유래; '록' 또는 액체에 대한 계량:—기름의 록.

H3850 לֹד[4회] **로드**
불확실한 의미의 사용하지 않는 어근에서 유래; '팔레스타인의 한 장소 '롯':—롯.

H3851 לַהַב[12회] **라하브**
'번쩍이다'는 뜻의 사용하지 않는 어근에서 유래; '번쩍이다'; 상징적으로 어떤 무기의 날카롭게 마광된 '날' 또는 '끝':—날, 번쩍이는, 불꽃, 빛난.

H3852 לֶהָבָה[17회] **레하바**
또는 **לַהֶבֶת** **라헤베트**
〈**3851**〉의 여성형, 의미도 동일함:—불꽃, 불타는, 창의 끝.

H3853 לְהָבִים[2회] **레하빔**
〈**3851**〉의 복수형; '불꽃들'; 미스라임의 아들과 그의 자손 '르하빔':—르하빔(창10:13).

H3854 לַהַג[1회] **라하그**
'열망하다'는 뜻의 사용하지 않는 어근에서 유래; 강렬한 정신적인 '열심':—연구하다, 공부하다.

H3855 לַהַד[1회] **라하드**
'빛을 내다'[〈**3851**〉과 비교]든지, 또는 '진지하다'[〈**3854**〉와 비교]는 뜻의 사용하지 않는 어근에서 유래; 한 이스라엘인 '라핫':—라핫(대상4:2).

H3856 לָהַה2회 **라하흐**
정확히는 '타다', 즉 (함축적으로) '광포하다'(상징적으로 '미친')는 뜻의 기본어근; 또한 (발광의 '고갈'에서) '노곤내지다':—기진한, 미친.

H3857 לָהַט11회 **라하트**
기본어근; 정확히는 '핥다', 즉 (함축적으로) '활활 타다':—타다(사르다), 불사르다, 화염의, 불을 붙이다.

H3858 לַהַט2회 **라하트**
〈3857〉에서 유래; '불길'; 또한 ('둘러싸다'는 개념에서) '마술'('은밀한 행위로'):—화염, 사술.

H3859 לָהַם3회 **라함**
기본어근; 정확히는 '부식하다', 즉 (상징적으로) '곪다':—상처 내다.

H3860 לָהֵן1회 **라헨**
'…에게', 또는 '~을 위해서'라는 뜻의 접두 전치사와 〈2005〉에서 유래; 정확히는 '만일 그렇다면'; 여기에서 '그러므로':—그들을 위하여[접미 전치사에 대한 착오로].

H3861 לָהֵן10회 **라헨**
아람어 〈3860〉과 같음; '그러므로'; 또한 '~을 제외하고':—오직, 외에는, 외에, 그러므로, 그런즉.

H3862 לַהֲקָה1회 **라하카**
'모이다'는 뜻의 사용하지 않는 어근에서 유래; '총회':—무리.

H3863 לוּא22회 **루**
또는 לֻא **루** 또는 לוּ **루**
조건 불변사; '만일…'; 함축적으로 (소원 같은 감탄사) '그랬으면!':—만일…였으면, 혹시, 청컨대, 비록,…일지라도, 기꺼이.

H3864 לוּבִי4회 **루비**
또는 לֻבִּי **루비** (단11:—43)〈3888〉 아마 '목마르다', 즉 '메마른' 지역이란 뜻의 사용하지 않는 어근에서 유래한 이름에서 유래한 종족, 명백히 북 아프리카내의 주민(복수로서만):—리비아 사람들, 루빔(나3:9).

H3865 לוּד5회 **루드**
아마 외래어의 파생어; 두 나라들 이름 '룻':—룻(창10:22, 사66:19, 겔27:10), 루디아.

H3866 לוּדִי3회 **루디** 또는 לוּדִיִּי **루디이**
〈3865〉에서 유래한 족속의 명칭; '룻 족속' 또는 룻 주민(복수로서만):—루딤, 루딤 사람들(창10:13, 렘46:9).

H3867 לָוָה14회 **라와**
기본어근; 정확히는 '꼬다', 즉 (함축적으로) '결합하다', '남다'; 또한 '빌리다'('채무'의 한 형태로서) 또는 (사역동사로) 빌려주다:—함께 머무르다, 꾸다, 꾸는 자, 달라붙다, 연합하다, 빌려주다, 빌려주는 자.

H3868 לוּז6회 **루즈**
기본어근; '빗나가다'[〈3867〉, 〈3874〉 및 〈3885〉과 비교], 즉 (문자적으로) '떠나다', (상징적으로) '성미가 비꼬이다':—떠나다, 완고한, 외고집[의].

H3869 לוּז1회 **루즈**
아마 외래어; 어떤 '호두'나무 종류, 아마 편도나무:—개암나무.

H3870 לוּז8회 **루즈**
아마 (거기서 자라는 것으로서) 〈3869〉에서 유래; 팔레스타인의 두 장소의 이름 '루스':—루스(수18:13, 삿1:23,26).

H3871 לוּחַ43회 **루아흐** 또는 לֻחַ **루아흐**
기본어근에서 유래; 아마 그 의미는 '번쩍거리다'; 돌, 나무, 또는 금속의 '판'('마광된'것으로서):—널판, 상, (나무, 금속 등의)판.

H3872 לוּחִית[2회] **루히트** 또는 לֻחוֹת **루호트** (렘48:5)

〈**3871**〉과 동형에서 유래; '마루를 깐'; 요단강 동편의 한 장소, '루힛':—루힛(사15:5, 렘48:5).

H3873 לוֹחֵשׁ[2회] **로헤쉬**

〈**3907**〉의 능동태 분사; '복술자'; 한 이스라엘인 '로헤스':—할로헤스[관사가 붙어서](느3:12, 10:25(24)).

H3874 לוּט[33회] **루트**

기본어근; '싸다':—던지다, 싸다.

H3875 לוֹט[1회] **로트**

〈**3874**〉에서 유래; '휘장':—덮개.

H3876 לוֹט[4회] **로트**

〈**3875**〉와 동일함; 아브라함의 조카 '롯':—롯(창13:1이하, 19:1이하, 신2:9, 시83:9(8)).

H3877 לוֹטָן[7회] **로탄**

〈**3875**〉에서 유래; '덮음'; 한 이두메인 '로단':—로단(창36:20).

H3878 לֵוִי[349회] **레위**

〈**3867**〉에서 유래; '달라붙은'; 야곱의 아들 '레위':—레위(창29:34, 34:25, 35:23). 또한 〈**3879**〉와 〈**3881**〉을 보라

H3879 לֵוִי[4회] **레위**

아람어 〈**3880**〉과 같음:—레위 지파(스6:16,18, 7:13,24).

H3880 לִוְיָה[2회] **리우야**

〈**3867**〉에서 유래; '붙인' 어떤 것, 즉 '화환':—장식.

H3881 לֵוִיִּי[5회] **레위이** 또는 לֵוִי **레위**

〈**3878**〉에서 유래한 족속의 명칭; '레위지파', 또는 레위 자손:—레위지파.

H3882 לִוְיָתָן[6회] **리우야탄**

〈**3867**〉에서 유래; '둥글게 감는' 동물, 즉 '뱀'(특히 '악어', 또는 다른 어떤 큰 바다 괴물); 상징적으로 '드라곤' 좌; 또한 바벨론의 상징으로:—리워야단(사27:1), 비탄(悲嘆).

H3883 לוּל[1회] **룰**

'접어 젖히다'는 뜻의 사용하지 않는 어근에서 유래; '나선형' 계단:—나사모양 계단. 〈**3924**〉와 비교

H3884 לוּלֵא[13회] **룰레** 또는 לוּלֵי **룰레**

〈**3863**〉과 〈**3808**〉에서 유래; '만일 아니라면':—~을 제외하고, 하지 않았다, 만일(…이 아니라면), ~하지 않으면, ~이 없다면.

H3885 לוּן[85회] **룬** 또는 לִין **린**

기본어근; '머물다'(보통 밤 동안에); 함축적으로 영원히 '머무르다'; 여기에서 (나쁜 의미로) '완고하다'(특히 말로서, '불평하다'):—(온 밤을) 머무르다, 계속하다, 거하다, 인내하다, 아까워하다, 뒤에 머물다, 밤을 새우다, 숙박하다(경야하다, 숙박, 숙박케 하다), 중얼거리(게, 하)다, 머무르다.

H3886 לוּעַ[2회] **루아**

기본어근; '꿀꺽꿀꺽 삼키다'; 상징적으로 '경솔하다':—삼켜버리다.

H3887 לוּץ[10회] **루츠**

기본어근; 정확히는 '입을 삐쭉거리다', 즉 '비웃다'; 여기에서 (외국어를 발음하려는 노력에서) '통역을 하다', 또는 (일반적으로) 중재하다:—사절, 또는 대사, 조롱하다, 통역자, 희롱하다, 경멸하다[는], 선생.

H3888 לוּשׁ[5회] **루쉬**

기본어근; '반죽하다':—빚어 만들다.

H3889 לוּשׁ[1회] **루쉬**

〈**3888**〉에서 유래; '반죽하는'; 팔레

스타인의 한 장소 '루스':—루스(삼하 3:15), 라이스[난외주에서]. 〈3919〉와 비교

H3890 לְוָת[1회] 레와트

아람어 〈3867〉과 일치한 어근에서 유래; 정확히는 '점착', 즉 (전치사로서) '함께':—너를.

H3891 לְזוּת[1회] 레주트

〈3868〉에서 유래; '완악함':—외고집의.

H3892 לַח[6회] 라흐

'새롭게 되다'는 뜻의 사용하지 않는 어근에서 유래; '신선한', 즉 사용하지 않은 또는 마르지 않은:—녹색의, 습기 있는.

H3893 לֵחַ[1회] 레아흐

〈3892〉와 동형에서 유래; '신선함', 즉 생기:—본래의 힘.

H3894 לָחוּם[2회] 라훔 또는 לָחֻם 라훔

〈3898〉의 수동태 분사; 정확히는 '먹힌', 즉 '음식'; 또한 '살', 즉 '몸':—먹을 동안, 살.

H3895 לְחִי[21회] 레히

'부드럽다'는 뜻의 사용하지 않는 어근에서 유래; '뺨'(그것의 살이 많음에서); 여기에서 '턱'뼈:—뺨(광대뼈), 턱(턱뼈).

H3896 לֶחִי[4회] 레히

〈3895〉의 한 형태; 팔레스타인의 한 장소 '레히':—레히(삿15:19). 〈7437〉과 비교

H3897 לָחַךְ[6회] 라하크

기본어근; '핥다':—핥아버리다.

H3898 לָחַם[171회] 라함

기본어근; …으로 '먹이다'; 상징적으로 '소모하다'; 함축적으로 (파괴의 의미로) '싸우다':—삼키다, 먹다, 계속 싸우다(싸우는 것), 이기다, 승리하다, 전쟁하다(전쟁을 시작하다, 싸우는).

H3899 לֶחֶם[297회] 레헴

〈3898〉에서 유래; (인간, 또는 짐승을 위한) '식량', 특히 '빵', 또는 (그것을 만들기 위한) '곡물':—떡(진설병), 먹다, 과일, 음식, 떡덩이, 고기, 먹을 양식. 또한 〈1036〉을 보라

H3900 לְחֶם[1회] 레헴

아람어 〈3899〉와 같음:—잔치.

H3901 לָחֶם[1회] 라헴

〈3898〉에서 유래; '싸움':—전쟁.

H3902 לַחְמִי[1회] 라흐미

〈3899〉에서 유래; '양식이 많은'; 한 블레셋인 '라흐미'; 혹은 오히려 아마 〈1022〉의 짧은 형태 (또는, 아마 필사의 오기):—라흐미(대상20:5). 또한 〈3433〉을 보라

H3903 לַחְמָס[1회] 라흐마쓰 아마 다음의 필사의 오기 לַחְמָם 라흐맘

〈3899〉에서 유래; '음식 같은'; 팔레스타인의 한 장소 '라맘' 또는 '라마스':—라맘(수15:40).

H3904 לְחֵנָה[3회] 레헤나

아람어 불확실한 뜻의 사용하지 않는 어근에서 유래; '첩':—첩.

H3905 לָחַץ[19회] 라하츠

기본어근; 정확히는 '누르다', 즉 (상징적으로) '괴롭히다':—학대하다, 부서뜨리다, 강제하다, 고수하다, 학대하다(학대자), 자신을 밀다.

H3906 לַחַץ[12회] 라하츠

〈3905〉에서 유래; '심통(心痛)':—고통, 압박.

H3907 לָחַשׁ[4회] 라하쉬

기본어근; '속삭이다'; 함축적으로 주

문을 '중얼거리다'(주술가로서):—술사, (함께) 속삭이다.

H3908 לַחַשׁ5회 라하쉬
〈3907〉에서 유래; 정확히는 '속삭임', 즉 함축적으로 (좋은 의미에서) 사적인 '기도', (나쁜 의미로) '주문(을 욈)'; 구체적으로 '부적':—술법이 걸린, 귀걸이, 방술을 베풀기, 연설자, 기도.

H3909 לָט6회 라트
〈3814〉의 한 형태 또는 〈3874〉의 분사; 정확히는 '덮힌', 즉 '비밀한'; 함축적으로 '주문(을 욈)'; 또한 '비밀' 또는 (부사로) '남몰래':—술법, 은밀히, 비밀히, 부드럽게.

H3910 לֹט2회 로트
아마 〈3874〉에서 유래; (그것의 '끈적끈적한' 성질에서) 고무, 아마 '몰약':—몰약.

H3911 לְטָאָה1회 레타아
'숨다'는 뜻의 사용하지 않는 어근에서 유래; '도마뱀'의 한 종류(그것의 '숨는' 습성에서):—도마뱀.

H3912 לְטוּשִׁם1회 레투쉼
〈3913〉의 남성 수동태 복수; '두들겨진'(즉, 압제당한) 자들; 아라비아의 한 부족 '르두시 족속':—르두시 족속(창25:3).

H3913 לָטַשׁ5회 라타쉬
기본어근; 정확히는 (모서리를) '두들겨 패다', 즉 '날카롭게 하다':—가르치는 사람, 날카로운(날카롭게 하다), 갈다.

H3914 לֹיָה3회 로야
〈3880〉의 한 형태; '화환':—첨가물.

H3915 לַיִל223회 라일 또는 (사21:11) לֵיל 렐 또한 לַיְלָה 라일라
〈3883〉과 동형에서 유래; 정확히는 (빛을 떠난) '회전', 즉 '밤'; 상징적으로 '역경':—([한])밤(야간).

H3916 לֵילְיָא5회 렐레야
[아람어] 〈3915〉와 같음:—밤.

H3917 לִילִית1회 릴리트
〈3915〉에서 유래; '밤'의 유령:—날카로운 소리 올빼미.

H3918 לַיִשׁ3회 라이쉬
'분쇄하는'이란 의미로 〈3888〉에서 유래; 사자(그의 파괴적인 '타격'에서):—(늙은) 사자.

H3919 לַיִשׁ4회 라이쉬
〈3918〉과 동일함; 팔레스타인의 두 장소 이름 '라이스':—라이스(삿18:7, 29, 삼상25:44, 삼하3:15). 〈3889〉와 비교

H3920 לָכַד121회 라카드
기본어근; (그물, 덫, 또는 함정으로) '잡다'; 일반적으로 '포획' 또는 점령; 또한 (추첨으로) '선택하다'; 상징적으로 '응집하다':—(완전히), 붙들다, 얼어붙다, 잡히다, 함께 붙어있다, 취하다.

H3921 לֶכֶד1회 레케드
〈3920〉에서 유래; 가지고 '잡을' 것, 즉 '올가미':—잡힌 것.

H3922 לֵכָה1회 레카
〈3212〉에서 유래; '여행'; 팔레스타인의 한 장소 '레가':—레가(대상4:21).

H3923 לָכִישׁ6회 라키쉬
불확실한 의미의 사용하지 않는 어근에서 유래; 팔레스타인의 한 장소 '라기스':—라기스(수10:3, 12:11, 느11:30, 렘34:7, 미1:13).

H3924 לֻלָאָה3회 룰라아
〈3883〉과 동형에서 유래; '고리':—

고리.

H3925 לָמַד197회 라마드

기본어근; 정확히는 '뾰족한 막대기로 찌르다', 즉 (함축적으로) '가르치다'(동방에서 '자극'을 주기 위해 사용하는 막대기):—익숙지 않은, 부지런히, 노련한 자, 교훈하다, 배우다, 능숙한, 가르치다(가르치는 자, 가르침).

H3926 לְמוֹ86회 레모

접두 전치사의 연장형과 분리형; '…에게' 또는 '…을 위하여':—…에, …위하여, …에게, …위에.

H3927 לְמוּאֵל1회 레무엘
또는 **לְמוֹאֵל** 레모엘

〈3926〉과 〈410〉에서 유래; '하나님께 (속해 있음)'; 솔로몬의 상징적인 이름 '르무엘':—르무엘(잠31:4).

H3928 לִמּוּד6회 림무드 또는 **לִמֻּד** 림무드

〈3925〉에서 유래; '교훈을 받은':—익숙한 자, 제자, 학식 있는, 가르침 받은, ~에 익숙하여.

H3929 לֶמֶךְ11회 레메크

불확실한 의미의 사용하지 않는 어근에서 유래; 대홍수 이전의 두 족장의 이름 '라멕':—라멕(창4:18-24, 5:25-31).

H3930 לֹעַ1회 로아

〈3886〉에서 유래; '식도':—목구멍.

H3931 לָעַב1회 라아브

기본어근; '조소하다':—조롱하다.

H3932 לָעַג18회 라아그

기본어근; '비웃다'; 함축적으로 (마치 외국인을 모방하는 것처럼) '알기 어렵게 말하다':—비웃다, (멸시하여)조소하다, 조롱하다, 말더듬는.

H3933 לַעַג9회 라아그

〈3932〉에서 유래; '비웃음', '조소':—조롱, 멸시.

H3934 לָעֵג2회 라에그

〈3932〉에서 유래; '익살꾼'; 또한 '외국인':—조롱하는 자, 말을 더듬는.

H3935 לַעְדָּה1회 라다

불확실한 의미의 사용하지 않는 어근에서 유래; 한 이스라엘인 '라아다':—라아다(대상4:21).

H3936 לַעְדָּן7회 라단

〈3935〉와 동형에서 유래; 두 이스라엘인의 이름 '라단':—라단(대상7:26).

H3937 לָעַז1회 라아즈

기본어근; '외국어로 말하다':—이방언어.

H3938 לָעַט1회 라아트

기본어근; 욕심스럽게 '삼키다'; 사역동사로 '먹이다':—먹이다.

H3939 לַעֲנָה8회 라아나

'저주하다'는 뜻으로 추측되는 사용하지 않는 어근에서 유래; '쓴 쑥'(유독한, 그래서 '저주받은' 것으로 간주됨):—독초, 쓴 쑥.

H3940 לַפִּיד4회 랍피드 또는 **לַפִּד** 랍피드

아마 '빛나다'는 뜻의 사용하지 않는 어근에서 유래; '횃불', '등불', 또는 '불꽃':—홰(횃불), (타는)횃불, (타는)등불, 번개, 봉화.

H3941 לַפִּידוֹת1회 랍피도트

〈3940〉의 여성 복수형; 드보라의 남편 '랍비돗':—랍비돗(삿4:4).

H3942 לִפְנַי1103회 리프나이

접두 전치사('…에게', 또는 '…를 위해서')와 〈6440〉에서 유래; '전방의':—앞에.

H3943 לָפַת3회 라파트

기본어근; 정확히는 '굽히다', 즉 (함

—축적으로) '걸쇠로 걸다'; 또한 (재귀동사로) 빙빙 '돌다', 또는 돌이키다: —꼭 붙잡다, 돌이키다.

H3944 לָצוֹן3회 라촌

〈3887〉에서 유래; '조소':—경멸하는, 비웃는.

H3945 לָצַץ1회 라차츠

기본어근; 비웃다:—경멸하다.

H3946 לַקּוּם1회 락쿰

방어물로 '막다'란 뜻의 사용하지 않는 어근에서 유래; 아마 '요새'; 팔레스타인의 한 장소 '락굼':—락굼(수19:33).

H3947 לָקַח966회 라카흐

기본어근; '취하다'(매우 다양하게 적용됨):—받아들이다, 데리고 오다, 사다, 취하다, 빼낸, 가져오다, 얻다, 접다, 많은, 썩이다, 두다, 받다(받는 일), 지정해 두다, 잡다, 보내다, 취하다(빼앗다, 탈취하는 것), 사용하다, 얻다.

H3948 לֶקַח9회 레카흐

〈3947〉에서 유래; 정확히는 '받아들인' 어떤 것, 즉 (정신적으로) '교훈'(교사의 입장이나 듣는 자의 입장에서); 또한 (실제적으로, 또는 불길한 의미로) '유인':—교훈, 가르침, 배움, 달콤한 말.

H3949 לִקְחִי1회 리크히

〈3947〉에서 유래; '배운'; 한 이스라엘인 '릭히':—릭히(대상7:19).

H3950 לָקַט34회 라카트

기본어근; 정확히는 '주워' 올리다, 즉 (일반적으로) '모으다'; 특히 '이삭을 줍다':—모으다(거두다), 이삭을 줍다.

H3951 לֶקֶט3회 레케트

〈3950〉에서 유래; '이삭줍기':—이삭줍기.

H3952 לָקַק7회 라카크

기본어근; '핥다' 또는 '핥아먹다':—핥다, 핥아먹다.

H3953 לָקַשׁ1회 라카쉬

기본어근; '뒷' 수확을 '거두다':—모으다.

H3954 לֶקֶשׁ1회 레케쉬

〈3953〉에서 유래; '뒷 수확':—추후 성장.

H3955 לְשַׁד2회 레샤드

불확실한 뜻의 사용하지 않는 어근에서 유래; 명백히 '즙', 즉 (상징적으로) '생기'; 또한 달거나 기름진 '과자':—신선한, 수분.

H3956 לָשׁוֹן117회 라숀 또는 לָשֹׁן 라숀

또한 (복수) 여성형 לְשֹׁנָה 레쇼나

〈3960〉에서 유래; (사람이나 동물의) '혀', 문자적으로나 (핥고 먹으며 말하는 기관) 상징적으로 (말, 부어 만든 덩어리, 불꽃의 갈라짐, 물의 후미) 사용됨:—수다쟁이, 악담하는 자, 말(방언), 말꾼, 혀, 쐐기.

H3957 לִשְׁכָּה47회 리슈카

불확실한 의미의 사용하지 않는 어근에서 유래; 건물 안에 있는 '방'(창고, 식당, 또는 거처의):—방, 객실. 〈5393〉과 비교

H3958 לֶשֶׁם2회 레셈

불확실한 뜻의 사용하지 않는 어근에서 유래; 보석, 아마 '적황색 보석':—자수정.

H3959 לֶשֶׁם2회 레셈

〈3958〉과 동일함; 팔레스타인의 한 장소 '레셈':—레셈(수19:47).

H3960 לָשַׁן2회 라샨

기본어근; 정확히는 '핥다'; 그러나 〈3956〉에서 유래한 명사 유래어로서만 사용됨; '혀를 날름거리다', 즉 '헐뜯다':—비난하다, 헐뜯다.

H3961 לִשָּׁן[8회] **릿샨**

[아람어] 〈3695〉와 같음; '말', 즉 나라:—언어.

H3962 לֶשַׁע[1회] **레샤**

'뚫고 나가다'는 뜻으로 생각되는 사용하지 않는 어근에서 유래; 끓어오르는 '샘'; 아마 요단강 동쪽의 한 장소 '라사':—라사(창10:19).

H3963 לֶתֶךְ[1회] **레테크**

불확실한 뜻의 사용하지 않는 어근에서 유래; 마른 것을 '재는 단위':—반 호멜.

트롱히브리어사전

מ

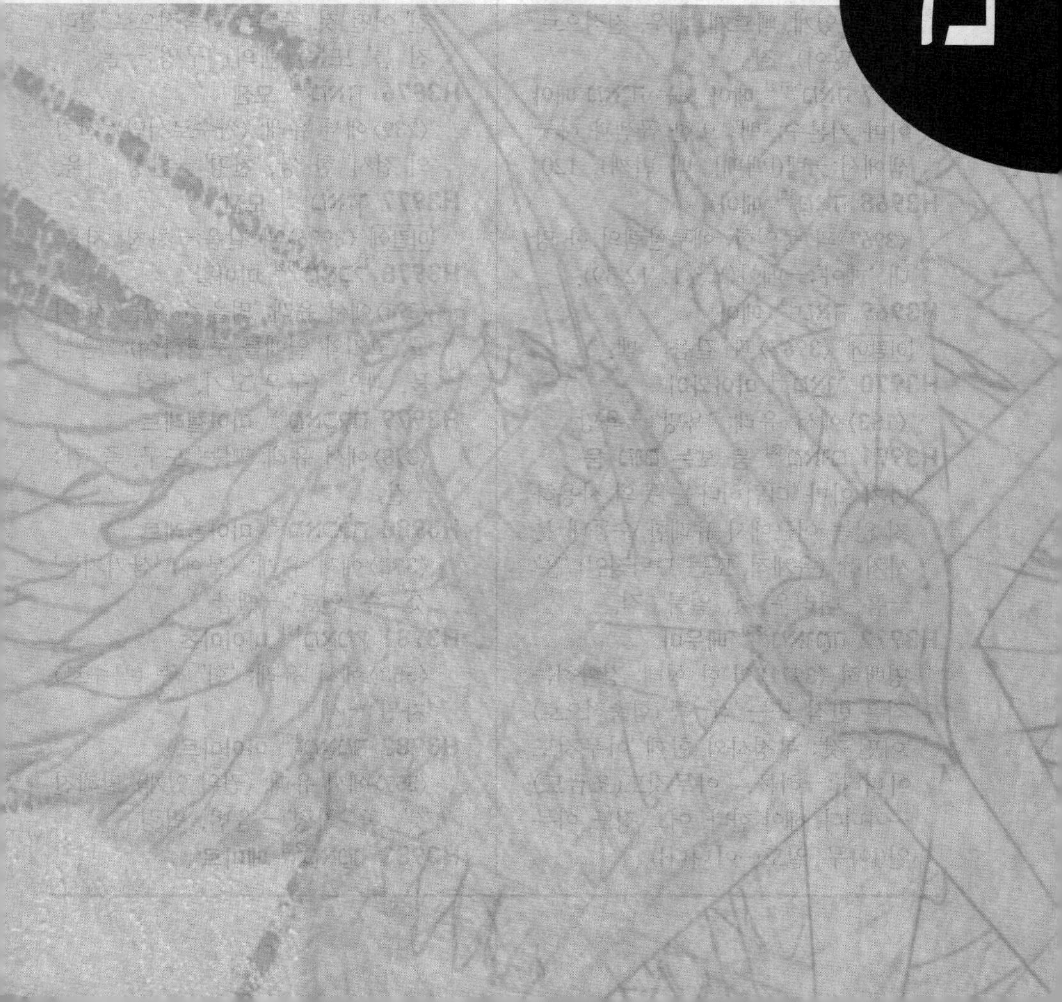

H3964 מָא[14회] **마**
아람어 〈**4100**〉과 같음; (부정사로서) '저것':—무엇.

H3965 מַאֲבוּס[1회] **마아부쓰**
〈**75**〉에서 유래; '곡물 창고':—곳간.

H3966 מְאֹד[299회] **메오드**
〈**181**〉과 동형에서 유래; 정확히는 '격렬', 즉 (전치사와 함께, 또는 전치사 없이) '열렬하게'; 함축적으로 '전적으로', '급속히', 등(가끔 다른 말과 함께 강조, 또는 최상급으로; 특히 반복했을 때):—부지런히, 특히, 대단히, 멀리, 빨리, 큰(크게), 크면 클수록, 힘 있게, 빠르게, 매우, 전적으로, 매우(많이), 잘.

H3967 מֵאָה[581회] **메아** 또는 **מֵאיָה 메야**
아마 기본수; '백'; 또한 곱셈과 나눗셈에서:—백([백배], 백 번째), 120.

H3968 מֵאָה[8회] **메아**
〈**3967**〉과 동일함; 예루살렘의 한 망대 '메아':—메아(느3:1, 12:39).

H3969 מְאָה[3회] **메아**
아람어 〈**3967**〉과 같음:—백.

H3970 מַאֲוַי[2회] **마아와이**
〈**183**〉에서 유래; '욕망':—욕망.

H3971 מאוּם[8회] **뭄** 또는 **מוּם 뭄**
마치 아마 '더럽히다'는 뜻의 사용하지 않는 어근에서 유래한 수동태 분사처럼; (육체적, 또는 도덕적인) '흠':—흠, 더러운 것, 얼룩, 점.

H3972 מְאוּמָה[32회] **메우마**
명백히 〈**3971**〉의 한 형태; 정확히는 '작은 반점' 또는 '점', 즉 (함축적으로) '어떤 것'; 부정사와 함께 '아무것도 아니다':—허물, 아무것도(조금도) …아니다, 해야 한다, 어느 정도, 아무 일([아무 일도…아니다]).

H3973 מָאוֹס[20회] **마오쓰**
〈**3988**〉에서 유래; '거절하다':—거절하다.

H3974 מָאוֹר[19회] **마오르** 또는 **מָאֹר 마오르** 또한 (복수) 여성형 **מְאוֹרָה 메오라** 또는 **מְאֹרָה 메오라**
〈**215**〉에서 유래; 정확히는 '광명체' 또는 '광체', 즉 (추상적으로) '빛'(한 기본요소로서); 상징적으로 '밝음', 즉 '기분 좋음'; 특히 '샹들리에':—밝은, 빛.

H3975 מְאוּרָה[1회] **메우라**
〈**215**〉의 여성 수동태 분사; '비추어진' 어떤 것, 즉 '틈'; 함축적으로 '갈라진 틈' 또는 (뱀의) '구멍':—굴.

H3976 מֹאזֵן[5회] **모젠**
〈**239**〉에서 유래; (쌍수로서만) '천칭의 접시' 한 쌍, '천평':—천칭, 저울.

H3977 מֹאזֵן[15회] **모젠**
아람어 〈**3976**〉과 같음:—천칭, 저울.

H3978 מַאֲכָל[30회] **마아칼**
〈**398**〉에서 유래; '먹을 수 있는 것'(여물, 고기와 열매를 포함하여):—음식물, 과일, (구운)고기, 양식.

H3979 מַאֲכֶלֶת[3회] **마아켈레트**
〈**398**〉에서 유래; '먹는' 도구, 즉 '칼':—칼.

H3980 מַאֲכֹלֶת[2회] **마아콜레트**
〈**398**〉에서 유래; (불에) '삼켜지는' 것, 즉 '연료':—땔감.

H3981 מַאֲמָץ[1회] **마아마츠**
〈**553**〉에서 유래; '힘', 즉 (복수로) '자원':—세력.

H3982 מַאֲמַר[3회] **마아마르**
〈**559**〉에서 유래; (권위 있게) '말해진 것', 즉 '칙령':—율법, 법령.

H3983 מֵאמַר[2회] **메마르**

아람어 〈3982〉와 같음:—지명, 말.

H3984 מָאן7회 만

아람어 아마 옆으로 '둘러싼 것'이라는 의미로 〈579〉와 일치하는 어근에서 유래; '기구':—용기(容器).

H3985 מָאֵן41회 마엔

기본어근; '거절하다':—거절하다, (철저히).

H3986 מָאֵן3회 마엔

〈3985〉에서 유래; '내키지 않는':—거절하다.

H3987 מֵאֵן1회 메엔

〈3985〉에서 유래; '말을 듣지 않는':—거절하다.

H3988 מָאַס76회 마아쓰

기본어근; '퇴짜 놓다'; 또한 (자동사로) '사라지다':—증오하다, 내어버리다, 업신여기다, 멸시하다, 경멸하다, 싫어하다, 비난하다, 버리다, 거절하다, 사라지다, (철저히), 악한 사람.

H3989 מַאֲפֶה1회 마아페

〈644〉에서 유래; '구운' 어떤 것', 즉 '한 솥의 빵':—구운.

H3990 מַאֲפֵל1회 마아펠

〈651〉과 동일 어근에서 유래; '불투명한' 것:—암흑.

H3991 מַאְפֵּלְיָה2회 마아펠레야

〈3990〉의 여성형의 연장형; '불투명성':—암흑.

H3992 מָאַר4회 마아르

기본어근; '쓰다' (사역동사로) '더 쓰게 하다', 즉 '고통스럽다':—초조하게 하는, 뜯는.

H3993 מַאֲרָב5회 마아라브

〈693〉에서 유래; '잠복':—매복(하다), 잠복, 매복 장소, 숨어서 기다리는.

H3994 מְאֵרָה5회 메에라

〈779〉에서 유래; '통렬한 비난':—저주.

H3995 מִבְדָּלָה1회 밉달라

〈914〉에서 유래; '분리', 즉 (구체적으로) '분리된' 장소:—분리하다.

H3996 מָבוֹא25회 마보

〈935〉에서 유래; '들어감'(장소 또는 행동); 특히(〈8121〉과 함께, 또는 없이) '일몰' 또는 '서쪽'; 또한 (전치사와 함께 부사적으로) '…쪽으로':—…에서 왔다, 오는 것처럼, 옴으로, 사람이 들어가는 것처럼, 들어감, …의 입구, 들어감, 내려가는 것, 서쪽으로. 〈4126〉과 비교

H3997 מְבוֹאָה1회 메보아

〈3996〉의 여성형; '항구':—들어감, 들어가는 길.

H3998 מְבוּכָה2회 메부카

〈943〉에서 유래; '당혹':—당황.

H3999 מַבּוּל13회 맙불

'흐름'의 의미로 〈2986〉에서 유래; '대홍수':—홍수.

H4000 מָבוֹן1회 마본

〈995〉에서 유래; '가르침':—가르쳐진.

H4001 מְבוּסָה3회 메부싸

〈947〉에서 유래; '짓밟음':—(발로) 밟는(밟힌).

H4002 מַבּוּעַ3회 맙부아

〈5042〉에서 유래; '샘':—샘, 샘물근원.

H4003 מְבוּקָה1회 메부카

〈950〉과 동형에서 유래; '공허함':—빈.

H4004 מִבְחוֹר2회 미브호르

〈977〉에서 유래; '선택된', 즉 잘 요새화된:—선택된 것(특선품).

H4005 מִבְחָר12회 미브하르

〈977〉에서 유래; '선택된', 즉 가장 좋은:—선택된 것, 최상의 것, 정선된.

H4006 מִבְחָר1회 미브하르

〈4005〉와 동일함; 한 이스라엘인 '밉할':—밉할(대상11:38).

H4007 מַבָּט[3회] 맙바트 또는 מֶבָּט 멥바트
〈5027〉에서 유래; '기대된' 어떤 것, 즉 (추상적으로) '기대':—기대.

H4008 מִבְטָא[2회] 미브타
〈981〉에서 유래; 경솔한 '발언'(성급한 서원):—발설된(것).

H4009 מִבְטָח[15회] 미브타흐
〈982〉에서 유래; 정확히는 '피난처', 즉 (객관적으로) '안전', 또는 (주관적으로) '확신':—신뢰, 확신, 소망, 확실한.

H4010 מַבְלִיגִית[1회] 마블리기트
〈1082〉에서 유래; '단념'(또는 오히려 '쓸쓸함'):—스스로 위로하다.

H4011 מִבְנֶה[1회] 미브네
〈1129〉에서 유래; '건물':—골격.

H4012 מְבֻנַּי[1회] 메분나이
〈1129〉에서 유래; '쌓아올리다'; 한 이스라엘인 '므분내':—므분내(삼하23:27).

H4013 מִבְצָר[37회] 미브차르 또한 (복수) 여성형 (단121:—15) מִבְצָרָה 미브차라
〈1219〉에서 유래; '요새', '성', 또는 '요새화된' 성읍; 상징적으로 '방어자':—방벽을 쌓은, (가장 잘)방어된, 요새, (가장)강한, 성채.

H4014 מִבְצָר[2회] 미브차르
〈4013〉과 동일함; 한 이두메인 '밉살':—밉살(창36:42).

H4015 מִבְרָח[1회] 미브라흐
〈1272〉에서 유래; '피난자':—도망자.

H4016 מָבֻשׁ[1회] 마부쉬
〈954〉에서 유래; (복수형)(남자의) '음부':—음부.

H4017 מִבְשָׂם[3회] 미브삼
〈1314〉와 동형에서 유래; '향기로운'; 한 이스마엘인과 한 이스라엘인의 이름 '밉삼':—밉삼(창25:13, 대상4:25).

H4018 מְבַשְּׁלָה[1회] 메밧셸라
〈1310〉에서 유래; 끓이는 '노(爐)':—삶는 곳.

H4019 מַגְבִּישׁ[1회] 마그비쉬
〈1378〉과 동형에서 유래; '완고한'; 한 이스라엘인과 팔레스타인의 한 장소의 이름 '막비스':—막비스(스2:30).

H4020 מִגְבָּלָה[1회] 미그발라
〈1379〉에서 유래; '국경', '지경':—끝.

H4021 מִגְבָּעָה[4회] 미그바아
〈1389〉과 동형에서 유래; ('반구처럼 둥근') '뚜껑', '모자':—보닛.

H4022 מֶגֶד[8회] 메게드
명백히 '현저하다'는 의미의 사용하지 않는 어근에서 유래; 정확히는 '눈에 띄는' 것; 여기에서 '가치 있는' 어떤 것, 생산품이나 실과로서:—기분 좋은, 값진 실과(물건).

H4023 מְגִדּוֹן[1회] 메깃돈 (슥12:—11) 또는 מְגִדּוֹ 메깃도
〈1413〉에서 유래; '지정 집결지'; 팔레스타인의 한 장소, '므깃도':—므깃도(슥12:11).

H4024 מִגְדּוֹל[6회] 믹돌 또는 מִגְדֹּל 믹돌
아마 기원은 애굽어; 애굽의 한 장소 '믹돌':—믹돌(민33:7, 렘44:1, 겔29:10), 망대.

H4025 מַגְדִּיאֵל[2회] 막디엘
〈4022〉와 〈410〉에서 유래; '하나님의 귀하심'; 한 이두메인 '막디엘':—막디엘(창36:43, 대상1:54).

H4026 מִגְדָּל[34회] 믹달 또한 (복수) 여성형 מִגְדָּלָה 믹달라

〈1431〉에서 유래; '망대'(그 크기와 높이에서); 유추적으로 '연단'; 상징적으로 (피라미드 모양의) '화단':—성, 꽃, 망대. 다음의 이름들과 비교. 미그돌 〈4024〉를 보라. 미그달라 〈4026〉을 보라

H4027 מִגְדַּל־אֵל1회 **믹달-엘**

〈4026〉과 〈410〉에서 유래; '하나님의 망대'; 팔레스타인의 한 장소 '믹다렐':—믹다렐(수19:38).

H4028 מִגְדַּל־גָּד1회 **믹달-가드**

〈4026〉과 〈1408〉에서 유래; '행운의 망대'; 팔레스타인의 한 장소 '믹달갓':—믹달갓(수15:37).

H4029 מִגְדַּל־עֵדֶר2회 **믹달-에데르**

〈4026〉과 〈5739〉에서 유래; '무리의 망대'; 팔레스타인의 한 장소 '믹달에델':—믹달에델(창35:21), 에델 망대, 무리의 망대.

H4030 מִגְדָּנָה4회 **미그다나**

〈4022〉와 동형에서 유래; '귀중함', 즉 보석:—귀중한 것, 선물.

H4031 מָגוֹג4회 **마고그**

〈1463〉에서 유래; 야벳의 아들 '마곡'; 또한 미개한 북부지방의 이름:—마곡(창10:—2, 겔38,39장).

H4032 מָגוֹר8회 **마고르** 또는 (애2:22) **מָגוּר 마구르**

'두려움'의 의미로 〈1481〉에서 유래; '놀람'(객관적 또는 주관적으로):—두려움, 공포. 〈4036〉과 비교

H4033 מָגוּר11회 **마구르** 또는 **מָגֻר 마구르**

'숙박'의 의미로 〈1481〉에서 유래; 일시적인 '거주'; 확대된 의미로 영구적인 '거처':—거주, 순례, 우거하는 곳, 나그네가 되다, 〈4032〉와 비교

H4034 מְגוֹרָה3회 **메고라**

〈4032〉의 여성형, '공포', '놀람':—두려움.

H4035 מְגוּרָה3회 **메구라**

〈4032〉 혹은 〈4033〉의 여성형; '놀람'; 또한 '곡물창고':—광, 두려움.

H4036 מָגוֹר מִסָּבִיב1회 **마고르 밋싸빕**

〈4032〉와 전치사가 붙은 〈5439〉에서 유래; '주위에서 오는 공포'; 바스훌의 상징적 이름 '마골밋사빕':—마골밋사빕(렘20:3).

H4037 מַגְזֵרָה1회 **마그제라**

〈1504〉에서 유래; '절단' 도구, 즉 '칼날':—도끼.

H4038 מַגָּל2회 **막갈**

'수확하다'는 의미의 사용하지 않는 어근에서 유래; '낫':—낫.

H4039 מְגִלָּה21회 **메길라**

〈1556〉에서 유래; '두루마리':—두루마리, 권(卷).

H4040 מְגִלָּה1회 **메길라**

아람어 〈4039〉와 같음:—두루마리.

H4041 מְגַמָּה1회 **메감마**

〈1571〉과 동형에서 유래; 정확히는 '축적', 즉 '추진' 또는 '방향':—홀짝이다.

H4042 מָגַן3회 **마간**

〈4043〉에서 유래한 명사파생어; 정확히는 '방패가 되다', '둘러싸다'; 상징적으로 '구출하다', 안전하게 '건네주다' (즉, 항복하다):—구출하다.

H4043 מָגֵן63회 **마겐**

또한 (복수) 여성형 **מְגִנָּה 메긴나**

〈1598〉에서 유래; '방패'(즉, 작은 것 또는 '조그만 원형의 방패'); 상징적으로 '보호자'; 또한 악어의 비늘이 많은 가죽:—무장한, 조그마한 원형의 방패, 방어, 지배자, 비늘, 방패.

H4044 מְגִנָּה2회 **메긴나**
〈**4042**〉에서 유래; (나쁜 의미로) '덮개', 즉 '눈이 어두움' 또는 완고:—슬픔. 또한 〈**4043**〉을 보라

H4045 מִגְעֶרֶת1회 **미그에레트**
〈**1605**〉에서 유래; '책망' (즉 저주):—비난.

H4046 מַגֵּפָה26회 **막게파**
〈**5062**〉에서 유래; '악역(惡疫)'; 유추적으로 '패배':—역병, 재앙을 맞은, 살육, 재앙으로 침.

H4047 מַגְפִּיעָשׁ1회 **마그피아쉬**
명백히 〈**1479**〉 또는 〈**5062**〉 그리고 〈**6211**〉에서 유래; '나방'의 '구제(驅除)자'; 한 이스라엘인 '막비아스':—막비아스(느10:20).

H4048 מָגַר2회 **마가르**
기본어근; '굴복하다', 강의적으로 '갑자기 빠뜨리다':—내던지다, 공포.

H4049 מְגַר1회 **메가르**
아람어 〈**4048**〉과 같음; '넘어뜨리다':—파괴하다.

H4050 מְגֵרָה4회 **메게라**
〈**1641**〉에서 유래; '톱':—도끼, 톱.

H4051 מִגְרוֹן2회 **미그론**
〈**4048**〉에서 유래; '절벽'; 팔레스타인의 한 장소 '미그론':—미그론(삼상14:2, 사10:28).

H4052 מִגְרַעַת1회 **미그라아**
〈**1639**〉에서 유래; '선반' 또는 벽면의 선반:—좁혀진 받침대.

H4053 מִגְרָפָה1회 **미그라파**
〈**1640**〉에서 유래; (삽으로) '던져진' 어떤 것, 즉 '흙덩이':—흙덩이.

H4054 מִגְרָשׁ13회 **미그라쉬** 또한 (복수) 여성형 (겔27:28) **מִגְרָשָׁה 미그라샤**
〈**1644**〉에서 유래; '교외'(즉, 가축들을 '몰아내어' 풀을 먹이는 평야); 여기에서 건물 주변 '지역', 또는 바닷'가':—내쫓다, 교외.

H4055 מַד9회 **마드** 또는 **מֵד 메드**
〈**4058**〉에서 유래; 정확히는 '크기', 즉 '높이'; 또한 '측정단위'; 함축적으로 '옷'(치수를 잰); 또한 '융단':—갑옷과 투구, 옷, 의복, 판단, 치수, 의류, 크기.

H4056 מַדְבַּח1회 **마드바흐**
아람어 〈**1684**〉에서 유래; 희생 '제단':—제단.

H4057 מִדְבָּר271회 **미드바르**
'몰기'의 의미로 〈**1696**〉에서 유래; '목초지'(즉 넓은 들, 그리고 목축이 끌려 나가는); 함축적으로 '사막'; 또한 '말하기'(말하는 기관을 포함하여):—사막, 남방, 말하기, 광야.

H4058 מָדַד53회 **마다드**
기본어근; 정확히는 '늘이다'; 함축적으로 '측정하다'(마치 줄을 늘여서 하는 것같이); 상징적으로 '늘어나다':—측정하다, 재다, 늘어나다.

H4059 מִדַּד1회 **밋다드**
〈**5074**〉에서 유래; '날아오름':—가버리다.

H4060 מִדָּה56회 **밋다**
〈**4055**〉의 여성형; 정확히는 '연장', 즉 높이 또는 넓이; 또한 '측량'(그 기준을 포함하여); 여기에서 '몫'(측량된) 또는 '의복'; 특히 '조공'(측량된):—의복, 측량, 일부분, 크기, 조공, 넓은.

H4061 מִדָּה2회 **밋다** 또는 **מִנְדָּה 민다**
아람어 〈**4060**〉과 같음; 돈으로 내는 '조세':—통행세, 조세.

H4062 מַדְהֵבָה1회 **마드헤바**

〈1722〉의 대등어에서 유래한 듯함; '금을 만드는':—황금의 도시.

H4063 מֶדֶו[2회] 메데우
'늘이다'는 의미의 사용하지 않는 어근에서 유래; 정확히는 '크기', 즉 '치수'; 함축적으로 '옷'(재어진):—의류, 의복.

H4064 מַדְוֶה[2회] 마드웨
〈1738〉에서 유래; '병':—질병.

H4065 מַדּוּחַ[1회] 맛두아흐
〈5080〉에서 유래; '유혹':—추방의 원인.

H4066 מָדוֹן[11회] 마돈
〈1777〉에서 유래; '경쟁' 또는 싸움:—말다툼, 싸움, 다투기를 좋아하는, 불화, 투쟁. 〈4079〉, 〈4090〉과 비교

H4067 מָדוֹן[2회] 마돈
〈4063〉과 동형에서 유래; '광대함', 즉 '높이':—크기, 키.

H4068 מָדוֹן[2회] 마돈
〈4067〉과 같음; 팔레스타인의 한 장소, '마돈':—마돈(수11:1).

H4069 מַדּוּעַ[72회] 맛두아
또는 מַדֻּעַ 맛두아
〈4100〉과 그리고 〈3045〉의 수동태 분사형에서 유래; '무엇(이) 알려졌느냐?'; 즉 (함축적으로)(부사) '왜?':—어떻게, 어찌하여, 왜.

H4070 מְדוֹר[4회] 메도르
또는 מְדֹר 메도르 또는 מְדָר 메다르
아람어 〈1753〉에서 유래; 거주:—주거.

H4071 מְדוּרָה[2회] 메두라
또는 מְדֻרָה 메두라
'축적'의 의미로 〈1752〉에서 유래; 연료 '더미':—쌓아 올린 것, 장작더미.

H4072 מִדְחֶה[1회] 미드헤
〈1760〉에서 유래; '전복':—파멸.

H4073 מְדַחְפָה[1회] 메다흐파
〈1765〉에서 유래; '밀기', 즉 파멸:—전복.

H4074 מָדַי[21회] 마다이
외래어의 파생어; 중앙아시아의 한 나라, '마대, 메대':—마대, 메대(창10:2, 왕하17:6, 에1:3, 렘25:25).

H4075 מָדַי[3회] 마다이
〈4074〉에서 유래한 족속의 명칭; '메대 사람', 또는 메대의 원주민:—메대 족속(단11:1, 사13:17).

H4076 מָדַי[3회] 마다이
아람어 〈4074〉와 같음:—메대 사람들(스6:2, 단5:28, 6:13).

H4077 מָדַי[1회] 마다이
아람어 〈4075〉와 같음:—메대 사람(단11:1).

H4078 מַדַּי[1회] 맛다이
〈4100〉과 〈1767〉에서 유래; '충분한 그 무엇', 즉 '충분하게':—풍족하게.

H4079 מִדְיָן[6회] 미드얀
〈4066〉의 어미변환:—떠들썩한, 논쟁, 논쟁을 좋아 하는.

H4080 מִדְיָן[53회] 미드얀
〈4079〉와 동일함; 아브라함의 아들 '미디안'; 또한 그의 나라와 (집합적으로) 그 후손:—미디안 사람, 미디안 족속(창25:2, 출3:1, 민31장, 삿6-8장).

H4081 מִדִּין[2회] 밋딘
〈4080〉의 어미변화:—밋딘(수15:61).

H4082 מְדִינָה[53회] 메디나
〈1777〉에서 유래; 정확히는 '재판관의 지위', 즉 '재판권'; 함축적으로 (재판관할) '구역'; 일반적으로 '영역':—(각) 지방,

H4083 מְדִינָה[11회] 메디나
아람어 〈4082〉와 같음:—지방.

H4084 מִדְיָנִי8회 미드야니
〈4080〉에서 유래한 족속의 명칭; '미디안인' 또는 '미디안의 후손':—미디안 족속. 〈4092〉와 비교

H4085 מְדֹכָה1회 메도카
〈1743〉에서 유래; '절구':—절구.

H4086 מַדְמֵן1회 마드멘
〈1828〉과 동형에서 유래; '거름더미'; 팔레스타인의 한 장소 '맛멘':—맛멘(렘48:2).

H4087 מַדְמֵנָה1회 마드메나
〈1828〉과 동형에서 유래한 여성형; '거름더미':—거름더미.

H4088 מַדְמֵנָה1회 마드메나
〈4087〉과 동일함; 팔레스타인의 한 장소, '맛메나':—맛메나(사10:31).

H4089 מַדְמַנָּה1회 마드만나
〈4087〉의 어미 변화; 팔레스타인의 한 장소, '맛만나':—맛만나(수15:31).

H4090 מְדָן3회 메단
〈4066〉의 한 형태:—불일치, 다툼.

H4091 מְדָן1회 메단
〈4090〉과 동일함; 아브라함의 아들, '므단':—므단(창25:2).

H4092 מְדָנִי1회 메다니
〈4084〉의 어미변화:— 미디안 족속(창37:36).

H4093 מַדָּע6회 맛다 또는 מַדַּע 맛다
〈3045〉에서 유래; '지능' 또는 '의식':—지식, 학문, 생각.

H4094 מַדְקָרָה1회 마드카라
〈1856〉에서 유래; '상처':—찌름.

H4095 מַדְרֵגָה2회 마드레가
'걷다'는 의미의 사용하지 않는 어근에서 유래; 정확히는 '계단', 함축적으로 '절벽', 또는 접근할 수 없는 장소:—(사닥다리의) 계단, 가파른 장소.

H4096 מִדְרָךְ1회 미드라크
〈1869〉에서 유래; '밟음', 즉 디딜 장소:—너비, 보폭.

H4097 מִדְרָשׁ2회 미르라쉬
〈1875〉에서 유래; 정확히는 '탐구', 즉 (함축적으로) '주석 책' 또는 정교한 편집물:—이야기.

H4098 מְדֻשָּׁה1회 메듯사
〈1758〉에서 유래; '타작', 즉 (구체적으로 또는 상징적으로) '짓밟힌' 백성:—타작.

H4099 מְדָתָא2회 메다타
기원은 페르시아어; 하만의 아버지:— 함므다다(에3:1, 8:5)[관사를 포함하여].

H4100 מָה554회 마 또는 מַה 마 또는 מָ־ 마 또는 מַ־ 마 또한 מֶה 메
기본 불변사; 정확히는 의문사 '무엇'?('어찌하여'?, '어떻게'?, '언제'? 등을 포함하여); 그러나, 또한 감탄사 '뭐라고'!('어찌하여'!를 포함하여), 또는 막연한 뜻으로 '무엇'(무엇이든지); 종종 여러 종류의 부사, 또는 접속사의 접두사와 함께 사용됨:—얼마나[오래, 자주], 무슨(목적, 일), 어찌하여.

H4101 מָה11회 마
아람어 〈4100〉과 같음:—어찌 그리 위대한지(능한지), …한 것, 무엇(이든지), 왜.

H4102 מָהַהּ6회 마하흐
명백히 〈4100〉에서 유래한 파생어; 정확히는 '의문으로 여기다' 또는 주저하다, 즉 (함축적으로) '마지못해 하다':—지연하다, 머뭇거리다, 연기하다, 주저하다.

H4103 מְהוּמָה12회 메후마

〈1949〉에서 유래; '혼란' 또는 소동: ―파괴, 당혹, 괴로움, 소동, 괴롭힘.

H4104 מְהוּמָן1회 메후만
어원은 페르시아어; 아하수에로 왕의 환관 '므후만':―므후만(에1:10).

H4105 מְהֵיטַבְאֵל3회 메헤타브엘
(첨가된 형태의) 〈3190〉과 〈410〉에서 유래; '하나님께서 더 좋게 하심'; 어떤 에돔인 남녀 이름 '므헤다벨':―므헤다벨(느6:10, 창36:39).

H4106 מָהִיר4회 마히르 또는 מָהִר 마히르
〈4116〉에서 유래; '빠른'; 여기에서 '능숙한':―근면한, 급한, 준비된.

H4107 מָהַל1회 마할
기본어근; 정확히는 '깎아 내리다' 또는 '줄이다', 즉 함축적으로 '섞음질을 하다':―혼합된.

H4108 מַהְלֵךְ4회 마흘레크
〈1980〉에서 유래; '걷기'(복수, 집합적으로), 즉 '접근':―걷는 장소.

H4109 מַהֲלָךְ4회 마할라크
〈1980〉에서 유래; '걸음', 즉 '통행' 또는 '떨어진 거리':―여행, 걷기.

H4110 מַהֲלָל1회 마할랄
〈1984〉에서 유래; '명성':―찬양.

H4111 מַהֲלַלְאֵל7회 마할랄엘
〈4110〉과 〈410〉에서 유래; '하나님을 찬양', 홍수 이전의 한 족장과 한 이스라엘인의 이름 '마할랄렐':―마할랄렐(창5:12, 느11:4).

H4112 מַהֲלֻמָּה9회 마할룸마
〈1986〉에서 유래; '일격':―매질, 타격.

H4113 מַהֲמֹרָה1회 마하모라
불확실한 뜻의 사용하지 않는 어근에서 유래; 아마도 '심연':―깊은 웅덩이.

H4114 מַהְפֵּכָה6회 마흐페카
〈2015〉에서 유래; '파괴':―멸망했을 때에, 멸망된.

H4115 מַהְפֶּכֶת4회 마흐페케트
〈2015〉에서 유래; '세차게 비틂', 즉 '차꼬 달린 대':―감옥, 차꼬 달린 대.

H4116 מָהַר64회 마하르
기본어근; 정확히는 '액체가 되다' 또는 쉽게 '흐르다', 즉 (함축적으로) '서두르다'(좋은 또는 나쁜 뜻으로); 가끔 (다른 동사와 함께) 부사로 사용되어 '신속하게':―곧바로 운반되다, 두려운, (빨리, 급히, 곧장) 서두르다, 급히, 곧바로, 빨리, 성급한, 곧, 바로, 속도를 내다, 빠르게, 갑자기, 신속한.

H4117 מָהַר3회 마하르
기본어근; (아마도 동의함에 있어서 '신속'하다는 뜻으로 〈4166〉과 동일한 듯함); (아내를 얻기 위해) '홍정하다', 즉 '결혼하다':―~에게 주다, (확실히).

H4118 מַהֵר18회 마헤르
〈4116〉에서 유래; 정확히는 '서두름'; 여기에서 (부사) '급히':―서두르다, 급히, 즉시, 빨리, 곧, 신속히, 갑자기.

H4119 מֹהַר3회 모하르
〈4117〉에서 유래; (아내를 위한) '돈':―혼인 지참금.

H4120 מְהֵרָה20회 메헤라
〈4118〉의 여성형; 정확히는 '서두름'; 여기에서 (부사적으로) '신속하게':―급히, 빨리, 즉시, 곧, 속도를 내다, 신속히, 재빨리.

H4121 מַהֲרַי3회 마하라이
〈4116〉에서 유래; '급한'; 한 이스라엘인 '마하래':―마하래(삼하23:28).

H4122 מַהֵר שָׁלָל חָשׁ בַּז1회 마헤르 샬랄 하쉬 바즈

〈4118〉, 〈7998〉, 〈2363〉 그리고 〈957〉에서 유래; '노략물(에 그[원수]가) 빠름', '약탈물(에) 신속함'; 이사야의 아들의 상징적인 이름 '마헬살랄하스바스':—마헬살랄하스바스(사8:1).

H4123 מַהֲתַלָּה1회 **마하탈라**

〈2048〉에서 유래 '미혹':—속임.

H4124 מוֹאָב184회 **모압**

접두전치사 m-의 연장형태와 〈1〉에서 유래; (그녀[어머니의]) '아버지로부터'; 롯의 근친상간의 아들 '모압'; 또한 그의 영토와 후손:—모압(신28:69(29:1), 렘48:4).

H4125 מוֹאָבִי6회 **모아비** 또는 여성형 **מוֹאָבִיָּה 모아비야** 또는 **מוֹאָבִית 모아비트**

〈4124〉에서 유래한 족속의 명칭; 한 '모압 사람' 또는 '모압 여인', 즉 모압의 후손:—모압 족속(룻2:6), 모압의 여인.

H4126 מוֹבָא2회 **모바**

〈3996〉의 전환법에 의해; '입구':—들어옴.

H4127 מוּג17회 **무그**

기본어근; '녹이다', 즉 문자적으로 ('부드럽게 하다', '흘러내리다', '사라지다'), 또는 상징적으로 ('두려워하다', '기진하다'):—소모하다, 용해하다, 낙담하다, 녹여 버리다, 부드럽게 하다.

H4128 מוּד1회 **무드**

기본어근; '흔들다':—측량하다.

H4129 מוֹדַע2회 **모다** 또는 오히려 **מֹדַע 모다**

〈3045〉에서 유래; '면식':—친척 여자.

H4130 מוֹדַעַת1회 **모다아트**

〈3045〉에서 유래; '면식':—친족, 친척.

H4131 מוֹט37회 **모트**

기본어근; '흔들리다'; 함축적으로 '미끄러지다', '흔들다', '떨어지다':—운반되다, 던지다, 탈선하다, 부패하다, (심히), 떨어지다, 옮겨지다, 준비되다, 흔들다, 미끄러지다.

H4132 מוֹט7회 **모트**

〈4131〉에서 유래; '흔들림', 즉 '떨어짐'; 함축적으로 (흔들리는) '장대'; 여기에서 '멍에'(본래 구부러진 장대로서):—장대, 움직여지다, 막대기, 멍에.

H4133 מוֹטָה12회 **모타**

〈4132〉의 여성형; '막대기'; 함축적으로 소의 '멍에'; 여기에서 '멍에'(문자적으로나 상징적으로):—띠, (무거운), 막대기, 멍에.

H4134 מוּךְ5회 **무크**

기본어근; '엷어지다', 즉 (상징적으로) '가난하게 되다':—가난하게 되다, 더 가난하다.

H4135 מוּל35회 **물**

기본어근; 짧게 '자르다', 즉 '짧게 줄이다'(특히 포피를, 즉 '할례하다'); 함축적으로 '무디게 하다'; 상징적으로 '파괴하다':—할례를 행하다, 자르다, 파괴하다, 조각내다.

H4136 מוּל36회 **물** 또는 **מוֹל 몰** (신1:1), 또는 **מוֹאל 몰** (느12:38), 또는 **מֻל 물** (민22:5)

〈4135〉에서 유래; 정확히는 '가파른', 즉 '절벽'; 함축적으로 '앞쪽'; 다만 부사적으로 (접두전치사와 함께) 사용되어 '맞은편의':—마주 대하여, 앞에, 전면에, …에서부터, (하나님을) 향하여, …함께.

H4137 מוֹלָדָה4회 **몰라다**

〈3205〉에서 유래; '출생'; 팔레스타인의 한 장소 '몰라다':—몰라다(수15:26, 대상4:28, 느11:26).

H4138 מוֹלֶדֶת22회 **몰레데트**
〈3205〉에서 유래; '탄생'(복수로는 '출생지'); 함축적으로 '혈통', '고국'; 또한 '자손', '가족':—낳은, 태어난, 자식, 자녀, 친척, 본토의, 출생.

H4139 מוּלָה1회 **물라**
〈4135〉에서 유래; '할례':—할례.

H4140 מוֹלִיד1회 **몰리드**
〈3205〉에서 유래; '친아버지'; 한 이스라엘인 '몰릿':—몰릿(대상2:29).

H4141 מוּסָב1회 **무싸브**
〈5437〉에서 유래; '회전', 즉 (건물의) '둘레':—둘러 감기.

H4142 מוּסַבָּה2회 **무쌉바**
또는 **מֻסַבָּה 무쌉바**
또는 〈4141〉의 여성형; '반전(反轉)', 즉 (보석의) '뒤면', (이중문의) '접힌 부분', (이름의) '변형':—바뀐, 닫힌, 놓이다, 도는.

H4143 מוּסָד13회 **무싸드**
〈3245〉에서 유래; '기초':—기반.

H4144 מוֹסָד4회 **모싸드**
〈3245〉에서 유래; '기초':—기반.

H4145 מוּסָדָה2회 **무싸다**
〈4143〉의 여성형; '기초'; 상징적으로 '지정':—기반, 기초를 둔. 〈4328〉과 비교

H4146 מוֹסָדָה8회 **모싸다**
또는 **מֹסָדָה 모싸다**
〈4144〉의 여성형; '기초':—기반.

H4147 מוֹסֵר7회 **모쎄르** 또한 (복수) 여성형 **מוֹסֵרָה 모쎄라** 또는 **מֹסְרָה 모쎄라**
〈3256〉에서 유래; 정확히는 '응징', 즉 (함축적으로) '고삐'; 상징적으로 '억제':—띠, 멍에, 굴레.

H4148 מוּסָר50회 **무싸르**
〈3256〉에서 유래; 정확히는 '응징', 상징적으로 '책망', '경고' 또는 '교훈'; 또한 '억제':—멍에, 징계, 견제, 교정, 훈련, 교훈, 책망.

H4149 מוֹסֵרָה8회 **모쎄라**
또는 (복수형) **מֹסְרוֹת 모쎄로트**
〈4147〉의 여성형; '교정(矯正)'; 사막의 한 장소 '모세라':—모세라(민33:30, 신10:6).

H4150 מוֹעֵד223회 **모에드** 또는 **מֹעֵד 모에드** 또는 (여성형) **מוֹעָדָה 모아다** (대하8:13)
〈3259〉에서 유래; 정확히는 '지정', 즉 고정된 '때' 또는 '계절'; 특히 '축제'; 관례적으로 '한 해'; 함축적으로 '회집'(일정한 목적으로 모인); 전문용어로 '회중'; 확대된 의미로 '집회 장소'; 또한 (미리 지정된) '신호':—지정된(신호, 때), 집회 장소, 성회, 회중, 종교상 축제, 회당, 절기, (정한)절기.

H4151 מוֹעָד2회 **모아드**
〈3259〉에서 유래; 정확히는 '집회' [〈4150〉에서와 같이]; 상징적으로 '떼':—지정된 때.

H4152 מוּעָדָה1회 **무아다**
〈3259〉에서 유래; '지정된' 장소, 즉 '도피처'':—지정된.

H4153 מוֹעַדְיָה1회 **모아드야**
〈4151〉과 〈3050〉에서 유래; '여호와의 집회'; 한 이스라엘인 '모아다':—모아다(느12:17). 〈4573〉과 비교

H4154 מוּעֶדֶת1회 **무에데트**
〈4571〉의 여성 수동태 분사형; 정확히는 '미끄러지게 된', 즉 관절을 삔:—뼈가 삔.

H4155 מוּעָף[1회] **무아프**
〈**5774**〉에서 유래; 정확히는 '덮힌', 즉 '어두운'; 추상적으로 '어두컴컴함', 즉 비탄:—흐림.

H4156 מוֹעֵצָה[6회] **모에차**
〈**3289**〉에서 유래; '목적':—도모, 고안.

H4157 מוּעָקָה[1회] **무아카**
〈**5781**〉에서 유래; '누름', 즉(상징적으로) '고난':—고통.

H4158 מוֹפַעַת[1회] **모파아트** (렘48:21), 또는 **מֵיפַעַת 메파아트** 또는 **מֵפַעַת 메파아트**
〈**3313**〉에서 유래; '밝게 하는'; 팔레스타인의 한 장소 '모바앗':—모바앗(렘48:21).

H4159 מוֹפֵת[36회] **모페트**
또는 **מֹפֵת 모페트**
'눈에 띔'의 의미로 〈**3302**〉에서 유래; '이적'; 함축적으로 '증표' 또는 '징조':—이적, 표징, 기사.

H4160 מוּץ[8회] **무츠**
기본어근; '누르다', 즉 (상징적으로) '압제하다':—강탈자.

H4161 מוֹצָא[27회] **모차** 또는 **מֹצָא 모차**
〈**3318**〉에서 유래; '나아감', 즉 '밖으로 나감'(그 행동), 또는 '출구'(그 장소); 여기에서 '원천' 또는 '산물'; 특히 '새벽', 해의 '뜸'(동방), '수출', '발설', '대문', '샘', '광산', '목장'(풀을 산출하는 곳으로서):—이끌어낸, 봉오리, 싹, 나온 것, 동쪽, 나아감, 나가진 것, 밖으로 나가기, 발출된, 샘, 정맥, 수로, [물]샘.

H4162 מוֹצָא[5회] **모차**
〈**4161**〉과 동일함; 두 이스라엘의 이름 '모사':—모사(대상2:46, 8:36).

H4163 מוֹצָאָה[2회] **모차아**
〈**4161**〉의 여성형; 가족의 '가계'; 또한 '파종자'[난외주; 〈**6675**〉와 비교]:—변소, 나아가기.

H4164 מוּצַק[3회] **무차크**
또는 **מוּצָק 무차크**
〈**3332**〉에서 유래; '좁음'; 상징적으로 '고난':—고통, 좁혀지다, 좁음.

H4165 מוּצָק[3회] **무차크**
〈**5694**〉에서 유래; 정확히는 '용해', 즉 문자적으로 (금속의) '주조'; 상징적으로 (진흙의) '덩어리':—주조, 단단함.

H4166 מוּצָקָה[2회] **무차카**
또는 **מֻצָקָה 무차카**
〈**3332**〉에서 유래; 정확히는 '부어진' 어떤 것, 즉 (금속의) '주조'; 함축적으로 (주형으로서) '관':—그것이 주조되었을 때, 관.

H4167 מוּק[1회] **무크**
기본어근; '조소하다', 즉 (강의적으로) '신성모독하다':—타락하다.

H4168 מוֹקֵד[2회] **모케드**
〈**3344**〉에서 유래; '불' 또는 '연료'; 추상적으로 '큰불':—불타기, 화덕.

H4169 מוֹקְדָה[1회] **모케다**
〈**4168**〉의 여성형; '연료':—불탐.

H4170 מוֹקֵשׁ[27회] **모케쉬**
또는 **מֹקֵשׁ 모케쉬**
〈**3369**〉에서 유래; (짐승을 잡기 위한) '올가미' (문자적으로나 상징적으로); 함축적으로 (코)'갈고리':—함정에 빠지다, 덫, 올가미(에 걸리다).

H4171 מוּר[15회] **무르**
기본어근; '바꾸다'; 함축적으로 '물물교환하다', '처분하다':—(하여간), 바꾸다, 교환하다, 옮기다.

H4172 מוֹרָא[12회] **모라** 또는 **מֹרָא 모라**
또는 **מוֹרָה 모라** (시9:20)

〈3372〉에서 유래; '두려움'; 함축적으로 '두려운' 것 또는 행위:—무서운, 두려워(해야 할), 떨림, 공포.

H4173 מוֹרַג[3회] **모라그** 또는 **מֹרַג 모라그**
'빻다'란 의미의 사용하지 않는 어근에서 유래; 타작용 '대형 쇠망치':—타작 기구.

H4174 מוֹרָד[5회] **모라드**
〈3381〉에서 유래; '하강'; 건축에서 장식용 '부가물', 아마 '꽃 줄 장식':—내려감, 가파른 곳, 얇은 세공품.

H4175 מוֹרֶה[7회] **모레**
〈3384〉에서 유래; '궁술가'; 또한 '교사' 또는 '가르침'; 또한 '이른 비' [〈3138〉을 보라]:—(이른) 비.

H4176 מוֹרֶה[10회] **모레** 또는 **מֹרֶה 모레**
〈4175〉와 동일; 한 가나안 사람 '모레'; 또한 (아마 그에 따라 명명된) 한 언덕:—모레(창12:6, 신11:30, 삿7:1).

H4177 מוֹרָה[3회] **모라**
'베기'의 의미로 〈4171〉에서 유래; '면도칼':—면도칼, 삭도.

H4178 מוֹרָט[1회] **모라트**
〈3399〉에서 유래; '완고한', 즉 독자적인:—껍질을 벗긴.

H4179 מוֹרִיָּה[3회] **모리야**
또는 **מֹרִיָּה 모리야**
〈7200〉과 〈3050〉에서 유래; '여호와께 보여짐'; 팔레스타인의 한 언덕 '모리아':—모리아(느12:12).

H4180 מוֹרָשׁ[3회] **모라쉬**
〈3423〉에서 유래; '소유물'; 상징적으로 '기쁨':—소유, 생각.

H4181 מוֹרָשָׁה[9회] **모라샤**
〈4180〉의 여성형; '소유물':—유산, 상속, 소유.

H4182 מוֹרֶשֶׁת גַּת[1회] **모레셰트 가트**
〈3423〉과 〈1661〉에서 유래; '갓의 소유'; 팔레스타인의 한 장소 '모레셋갓':—모렛셋갓(미1:14).

H4183 מוֹרַשְׁתִּי[2회] **모라쉬티**
〈4182〉에서 유래한 족속의 명칭; '모레셋 사람', 또는 모레셋갓의 거민:—모레셋 사람(렘26:18, 미1:1).

H4184 מוּשׁ[3회] **무쉬**
기본어근; '만지다':—더듬다, 손을 대다

H4185 מוּשׁ[20회] **무쉬**
기본어근 [아마 오히려 '접촉'에 의해 물러간다는 개념을 통하여 〈4184〉와 동일]; '물러가다'(문자적으로나 상징적으로, 자동사나 타동사로):—그치다, 떠나다, 되돌아가다, 제거하다.

H4186 מוֹשָׁב[44회] **모샤브**
또는 **מֹשָׁב 모샤브**
〈3427〉에서 유래; '자리'; 상징적으로 '터'; 추상적으로 '회기'; 확대된 의미로 '주거'(장소나 시간); 함축적으로 '인구':—집회, 안에 거하다, 거함(거처), 거하는 곳, 거민이 있는 곳, 자리, 앉기, 상황, 우거.

H4187 מוּשִׁי[3회] **무쉬** 또는 **מֻשִּׁי 무쉬**
〈4184〉에서 유래; '민감한'; 한 레위인 '무시':—무시(출6:19, 민3:20, 대상6:4).

H4188 מוּשִׁי[10회] **무쉬**
〈4187〉에서 유래한 족속의 명칭; (집합적으로) '무시 족속', 또는 무시의 자손:—무시 사람들(민3:33, 26:58).

H4189 מוֹשְׁכָה[1회] **모셰카**
〈4900〉의 여성 능동태 분사형; '끌어당기는' 어떤 것, 즉 (상징적으로) '끈':—띠.

H4190 מוֹשָׁעָה1회 **모샤아**
〈**3467**〉에서 유래한 성; '구출':—구원.

H4191 מוּת780회 **무트**
기본어근; '죽다'(문자적으로나 상징적으로); 사역적으로 '죽이다':—(하여간), 울기, 죽다, 죽은(몸, 사람), 죽음(죽이다), 파괴하다(파괴자), 죽게 하다, 죽어야 한다, 죽이다, [강신술사], 살해하다, (확실히), (매우 갑자기), (결코 아닌).

H4192 מוּת3회 **무트** (시48:15),
또는 **מוּת לַבֵּן 무트 랍벤**
〈**4191**〉과 전치사와 관사가 붙은 〈**1121**〉에서 유래; 아마 널리 부르던 노래의 제목 '아들을 위해 죽다':—죽음, 뭇랍벤(시9편 표제).

H4193 מוֹת1회 **모트**
아람어 〈**4194**〉와 같음; '죽음':—죽음.

H4194 מָוֶת161회 **마웨트**
〈**4191**〉에서 유래; '죽음'(자연적인 또는 폭력에 의한); 구체적으로 '죽은' 사람들, 그들의 장소나 상태('스올'); 상징적으로 '염병', '멸망':—죽은(죽다), 죽음.

H4195 מוֹתָר3회 **모타르**
〈**3498**〉에서 유래; 문자적으로 '소득'; 상징적으로 '우월':—풍부한, 뛰어남, 이익.

H4196 מִזְבֵּחַ400회 **미즈베아흐**
〈**2076**〉에서 유래; '제단':—제단.

H4197 מֶזֶג1회 **메제그**
(포도주에 물을) '섞다'는 의미의 사용하지 않는 어근에서 유래; '배합된' 포도주:—술.

H4198 מָזֶה1회 **마제**
'빨아'내다는 의미의 사용하지 않는 어근에서 유래; '고갈된':—불탄.

H4199 מִזָּה3회 **밋자**
아마 두려움으로 '기진하다'는 의미의 사용하지 않는 어근에서 유래; '공포'; 한 에돔 사람 '밋사':—밋사(창36:13,17).

H4200 מֶזֶו1회 **메제우**
아마 '모아'들이다는 의미의 사용하지 않는 어근에서 유래; '곡물창고':—곡간.

H4201 מְזוּזָה19회 **메주자**
또는 **מְזֻזָה 메주자**
〈**2123**〉과 동형에서 유래; '문설주'(돌출한 것으로서):—문기둥, 문설주, 옆 기둥.

H4202 מָזוֹן2회 **마존**
〈**2109**〉에서 유래; '음식':—고기, 음식, 양식.

H4203 מָזוֹן2회 **마존**
아람어 〈**4202**〉와 같음:—고기.

H4204 מָזוֹר4회 **마조르**
진리에서 '벗어나다'는 의미로 〈**2114**〉에서 유래; '배반', 즉 '음모':—상처.

H4205 מָזוֹר4회 **마조르** 또는 **מָזֹר 마조르**
'묶다'는 의미로 〈**2115**〉에서 유래; '붕대', 즉 치료; 여기에서 '상처'(압박붕대가 필요한 곳으로서):—묶인, 상처.

H4206 מָזִיחַ7회 **마지아흐**
또는 **מֵזַח 메자흐**
〈**2118**〉에서 유래; '띠'(움직일 수 있는 것으로서):—허리띠, 힘.

H4207 מַזְלֵג7회 **마즐레그**
또는 (여성형) **מִזְלָגָה 미즐라가**
'끌어' 올리다는 의미의 사용하지 않는 어조에서 유래; '갈퀴', '쇠스랑':—고기 거는 쇠갈고리.

H4208 מַזָּלָה1회 **맛잘라**
명백히 '비오는'의 의미로 〈**5140**〉에

서 유래; '성좌', 즉 황도대의 표지(아마 날씨에 영향을 주는 것으로서):—행성. 〈4216〉과 비교

H4209 מְזִמָּה19회 **메짐마**
〈2161〉에서 유래; '계획', 보통 악한 계획('음모'), 때로는 좋은 계획('총명'):—(악한)고안, 분별, 의도, 재치 있는 발명, 비열함, 해로운(생각), 생각, 악하게.

H4210 מִזְמוֹר57회 **미즈모르**
〈2167〉에서 유래; 정확히는 '기악'; 함축적으로 악보에 맞춘 '시':—찬송시.

H4211 מַזְמֵרָה4회 **마즈메라**
〈2168〉에서 유래; '전지용 칼':—전지용 낫.

H4212 מְזַמְּרָה5회 **메잠메라**
〈2168〉에서 유래; '족집게'(복수로만 사용):—심지 자르는 가위.

H4213 מִזְעָר4회 **미즈아르**
〈2191〉과 동일; '적음', 함축적으로 최상급으로 '조그마함':—적은, (매우).

H4214 מִזְרֶה2회 **미즈레**
〈2219〉에서 유래; 곡물을 까부는 '삽'(쭉정이를 버리는 것으로서):—키.

H4215 מְזָרֶה1회 **메자레**
〈2219〉에서 유래한 듯함; 정확히는 '뿌리는 자', 즉 북'풍'(구름을 흩어 없어지게 하는 것으로서, 복수로만 사용):—북쪽.

H4216 מַזָּרָה1회 **맛자라**
명백히 '구별'의 의미로 〈5144〉에서 유래; 어떤 유명한 '성좌'(복수로만 사용), 아마 집합적으로 '황도대':—별자리. 〈4208〉과 비교

H4217 מִזְרָח74회 **미즈라흐**
〈2224〉에서 유래; '일출', 즉 '동쪽':—동쪽(편, 으로), (해의) 떠오름.

H4218 מִזְרָע1회 **미즈라**
〈2232〉에서 유래; 씨 뿌려진 '들':—뿌려진 것.

H4219 מִזְרָק32회 **미즈라크**
〈2236〉에서 유래; '주발'(마치 물을 뿌리기 위한):—대야, 주발.

H4220 מֵחַ2회 **메아흐**
'기름을 바르다'는 의미로 〈4229〉에서 유래; '살찐'; 상징적으로 '부유한':—살찐(자).

H4221 מֹחַ1회 **모아흐**
〈4220〉과 동일; '살찐', 즉 기름진 음식:—기름진 음식.

H4222 מָחָא3회 **마하**
기본어근; 손을 함께 '부비거나' '치다'(환희 중에):—손뼉 치다.

H4223 מְחָא4회 **메하**
아람어 〈4222〉와 같음; '쳐서' 조각내다; 또한 '체포하다'; 특히 '꼼짝 못하게 하다':—매달다, 치다, 머물다.

H4224 מַחֲבֵא2회 **마하베**
또는 **מַחֲבֹא 마하보**
〈2244〉에서 유래; '피난처':—숨는(매복하는) 장소.

H4225 מַחְבֶּרֶת8회 **마흐베레트**
〈2266〉에서 유래; '접합', 즉 솔기 또는 꿰맨 조각:—연결.

H4226 מְחַבְּרָה2회 **메합베라**
〈2266〉에서 유래; '연결시키는 것', 즉 버팀대 또는 꺾쇠:—연결, 결합.

H4227 מַחֲבַת5회 **마하바트**
〈2281〉과 동형에서 유래; 굽는 '냄비':—납작한 냄비.

H4228 מַחֲגֹרֶת1회 **마하고레트**
〈2296〉에서 유래; '허리띠':—띠를 두른.

H4229 מָחָה[36회] 마하
기본어근; 정확히는 '쓰다듬다' 또는 '문지르다'; 함축적으로 '지우다'; 또한 (기름 등으로)매끄럽게 하다, 즉 '기름 치다' 또는 기름기가 많게 하다; 또한 '만지다', 즉 다다르다:—폐하다, 지우다, 파괴하다, 기름진, 다다르다, 내보내다, (완전히), 닦아내다, 일소하다.

H4230 מְחוּגָה[1회] 메후가
〈2328〉에서 유래; 원을 표시하는 기구, 즉 '컴퍼스':—컴퍼스.

H4231 מָחוֹז[1회] 마호즈
'둘러싸다'는 의미의 사용하지 않은 어근에서 유래; '항구'(해변에 의해 '둘러싸인' 곳으로서):—항구.

H4232 מְחוּיָאֵל[1회] 메후야엘
또는 מְחִיָּיאֵל 메히이야엘
〈4229〉와 〈410〉에서 유래; '하나님의 치심'; 홍수 이전의 족장 '므후야엘':—므후야엘(창4:18).

H4233 מַחֲוִים[1회] 마하윔
명백히 한 족속의 명칭, 그러나 알려지지 않은 장소에서 유래(복수로서 단수의 의미로만); '마하위 사람', 또는 마하위라 이름한 장소의 주민:—마하위 사람(대상11:46).

H4234 מָחוֹל[13회] 마홀
〈2342〉에서 유래; (원)'무':—춤(추기).

H4235 מָחוֹל[1회] 마홀
〈4234〉와 동일; '춤추기'; 한 이스라엘인 '마홀':—마홀(왕상4:31).

H4236 מַחֲזֶה[4회] 마하제
〈2372〉에서 유래; '환상':—환상.

H4237 מֶחֱזָה[4회] 메헤자
〈2372〉에서 유래; '창문':—빛.

H4238 מַחֲזִיאוֹת[2회] 마하지오트
〈2372〉에서 여성복수형; '환상들'; 한 이스라엘인 '마하시옷':—마하시옷(대상25:4,30).

H4239 מְחִי[1회] 메히
〈4229〉에서 유래; '두들김', 즉 공성퇴:—병기.

H4240 מְחִידָא[2회] 메히다
〈2330〉에서 유래; '접합'; 한 느디님 사람 '므히다':—므히다(스2:52, 느7:54).

H4241 מִחְיָה[8회] 미흐야
〈2421〉에서 유래; '생명의 보존'; 여기에서 '생존'; 또한 산 살 즉 '생살':—생명을 보존하다, 새살이 나오다, 다시 살리는, 소생하다, 생존, 음식물.

H4242 מְחִיר[15회] 메히르
'사다'는 의미의 사용하지 않는 어근에서 유래; '가격', '지불', '임금':—소득, 고용, 가격, 팔린, 가치.

H4243 מְחִיר[1회] 메히르
〈4242〉와 동일; '가격', '값'; 한 이스라엘인 '므힐':—므힐(대상4:11).

H4244 מַחְלָה[4회] 마흘라
〈2470〉에서 유래; '병 듦'; 명백히 두 이스라엘 여자의 이름 '말라':—말라(민26:33, 수17:3, 대상7:18).

H4245 מַחֲלֶה[3회] 마할레
또는 (여성형) מַחֲלָה 마할라
〈2470〉에서 유래; '병':—질병, 악함, 병.

H4246 מְחֹלָה[5회] 메홀라
〈4234〉의 여성형; '춤':—무리, 춤(추기).

H4247 מְחִלָּה[1회] 메힐라
〈2490〉에서 유래; '동굴'(마치판 것 같은):—동굴.

H4248 מַחְלוֹן[4회] 마흘론
〈2470〉에서 유래; '병든'; 한 이스라

엘인 '말론':—말론(룻1:2, 4:9).

H4249 מַחְלִי2회 마흘리

〈2470〉에서 유래; '병든'; 두 이스라엘인의 이름 '마흘리':—마흘리(출6:19, 민3:20, 대상23:23, 24:30).

H4250 מַחְלִי2회 마흘리

〈4249〉에서 유래한 족속의 명칭; '마흘리 사람', 또는 (집합적으로) 마흘리의 자손:—마흘리 족속, 마흘리 사람들(민3:33, 26:58).

H4251 מַחֲלֻי2회 마흘루이

〈2470〉에서 유래; '질병':—병.

H4252 מַחֲלָף1회 마할라프

〈2498〉에서 유래; (제물용) '칼'(살을 '미끌어'지듯이 베나가는 것으로서):—칼.

H4253 מַחְלָפָה2회 마흘라파

〈2498〉에서 유래; 머리칼의 '작은 고리'(서로 서로 땋아 겹치는 것으로서):—머리타래.

H4254 מַחֲלָצָה2회 마할라차

〈2502〉에서 유래; (쉽게 '벗겨지는') '외투':—갈아입을 한 벌 옷, 의류의 교체.

H4255 מַחְלְקָה1회 마흘레카

아람어 〈4256〉과 같음; (레위인의) '반차':—반열.

H4256 מַחֲלֹקֶת41회 마할로케트

〈2505〉에서 유래; (레위인들, 백성들이나 군인들의) 한 '무리':—무리, 반열, 분깃. 또한 〈5555〉를 보라

H4257 מַחֲלַת2회 마할라트

〈2470〉에서 유래; '병듬'; 아마 널리 부르던 노래의 제목 (두문자) '마할랏':—마할랏(시53, 88편 표제).

H4258 מַחֲלַת2회 마할라트

〈4257〉과 동일; '병듬'; 한 이스마엘 여자와 한 이스라엘 여자의 이름 '마할랏':—마할랏(창28:9, 대하11:18).

H4259 מְחֹלָתִי1회 메홀라티

〈65〉에서 유래한 족속의 명칭; '므홀랏 사람', 또는 아벨 므홀라의 거민:—므홀랏 족속(삼하21:8)

H4260 מַחֲמָאָה1회 마하마아

〈2529〉에서 유래한 명사유래어; '버터 바른'(즉, 기름기 있고 기분 좋은) 어떤 것, (상징적으로) '아첨':—버터보다도.

H4261 מַחְמָד13회 마흐마드

〈2530〉에서 유래; '기쁜'; 여기에서 '기쁨', 즉 애정이나 욕망의 대상:—사랑하는, 바램, 아름다운, 사랑스러운, 즐거운 (것).

H4262 מַחְמֻד2회 마흐무드

또는 מַחְמוּד 마흐무드

〈2530〉에서 유래; '욕구된'; 여기에서 '가치 있는 것':—즐거운 것.

H4263 מַחְמָל1회 마흐말

〈2550〉에서 유래; 정확히는 '동정'(〈4261〉과 유사한 발음에 의해) '기쁨':—불쌍히 여기다.

H4264 מַחֲנֶה215회 마하네

〈2583〉에서 유래; (여행자들이나 군부대의) '야영'; 여기에서 '군대', 문자적으로나(군인들의, 군대), 상징적으로(춤추는 자들, 천사들, 가축, 메뚜기, 별들의 대군):—군대, 떼, 전장, 천막, 무리, 장막들.

H4265 מַחֲנֵה־דָן2회 마하네단

〈4264〉와 〈1835〉에서 유래; '단의 장막'; 팔레스타인의 한 장소 '마하네단':—마하네단(삿18:12).

H4266 מַחֲנַיִם13회 마하나임

〈4264〉의 쌍수; '이중 장막'; 팔레스

타인의 한 장소, '마하나임':—마하나임(수13:26, 왕상2:8).

H4267 מַחֲנָק1회 마하나크
〈2614〉에서 유래; '숨 막히는':—질식시키는.

H4268 מַחְסֶה6회 마하쎄
또는 מַחְסֶה 마흐쎄
〈2620〉에서 유래; '피난 장소'(문자적으로나 상징적으로):—희망, 피난(처), 은신처, 신뢰.

H4269 מַחְסוֹם1회 마흐쏨
〈2629〉에서 유래; '입마개':—굴레.

H4270 מַחְסוֹר9회 마흐쏘르
또는 מַחְסֹר 마흐쏘르
〈2637〉에서 유래; '결핍'; 여기에서 '가난':—부족, 필요, 빈곤, 가난한, 가난.

H4271 מַחְסֵיָה2회 마흐쎄야
〈4268〉과 〈3050〉에서 유래; '여호와의'(즉, '안에') '피난처'; 한 이스라엘인 '마세야':—마세야(렘32:12, 51:59).

H4272 מָחַץ14회 마하츠
기본어근; 산산이 '때려 부수다'; 함축적으로 '깨부수다', '깨다' 또는 세차게 '던져 넣다'; 상징적으로 '굴복시키다' 또는 '파괴하다':—적시다, 찌르다(꿰뚫다), 치다, 상처.

H4273 מַחַץ1회 마하츠
〈4272〉에서 유래; '혼란':—치기.

H4274 מַחְצֵב3회 마흐체브
〈2672〉에서 유래; 정확히는 '자르기'; 구체적으로 '채석장':—잘라낸.

H4275 מֶחֱצָה2회 메헤차
〈2673〉에서 유래; '이등분':—절반.

H4276 מַחֲצִית16회 마하치트
〈2673〉에서 유래; '이등분' 또는 '중간':—반, 반만큼, 한낮.

H4277 מָחַק1회 마하크
기본어근; '눌러서 뭉개다':—때려 부수다.

H4278 מֶחְקָר1회 메흐카르
〈2713〉에서 유래; 정확히는 '자세히 조사된', 즉 (함축적으로) '후미진 곳':—깊은 곳.

H4279 מָחָר52회 마하르
아마 〈309〉에서 유래; 정확히는 '연기된', 즉 다음날; 보통 (부사로) '내일'; 막연하게 '차후에':—장래, 내일.

H4280 מַחֲרָאָה1회 마하라아
〈2716〉과 동형에서 유래; '수채':—변소.

H4281 מַחֲרֵשָׁה3회 마하레샤
〈2790〉에서 유래; 아마 '곡괭이':—일종의 곡괭이.

H4282 מַחֲרֶשֶׁת1회 마하레셰트
〈2790〉에서 유래; 아마 '괭이':—보습의 날.

H4283 מָחֳרָת32회 모호라트
또는 מָחֳרָתָם 모호라탐 (삼상30:17)
〈4279〉와 동형에서 유래한 여성형; '다음 날' 또는 (부사로) '내일':—내일, 다음날.

H4284 מַחֲשָׁבָה50회 마하샤바
또는 מַחֲשֶׁבֶת 마하셰베트
〈2803〉에서 유래; '고안', 즉 (구체적으로) '직물', '기계', 또는 (추상적으로) '의향', '계획'(나쁜 것으로 '음모'이든, 좋은 것으로 '충고'이든):—공교한(일), 기묘한 일, 고안(해 낸), 상상력, 발명된, 수단, 목적, 생각.

H4285 מַחְשָׁךְ7회 마흐샤크
〈2821〉에서 유래; '어둠'; 구체적으로 '어두운 곳':—어두운, 어둠, 어두운 곳.

H4286 מַחְשֹׂף1회 마흐소프

〈2834〉에서 유래; '벗긴 껍질':—드러난.

H4287 מַחַת[3회] 마하트
아마 〈4229〉에서 유래; '지워 없앰'; 두 이스라엘인의 이름, '마핫':—마핫 (대하29:12, 31:13).

H4288 מְחִתָּה[21회] 메힛타
〈2846〉에서 유래; 정확히는 '붕괴'; 구체적으로 '폐허', 또는 (추상적으로) '섬뜩 놀람':—파괴, 당황하게 하는, 폐허, 공포.

H4289 מַחְתָּה[11회] 마흐타
'제거'란 의미로 〈4288〉에서 유래; 숯불 냄비:—향로, 화로, 불똥그릇.

H4290 מַחְתֶּרֶת[2회] 마흐테레트
〈2864〉에서 유래; '밤도둑 질'; 상징적으로 '예기치 않은 조사':—침입, 은밀한 조사.

H4291 מְטָא[8회] 메타 또는 מְטָה 메타
아람어 명백히 '존재함'이 발견되다는 자동사적 의미로 〈4672〉와 일치; '도착하다', '뻗다' 또는 '발생하다':—오다, 도착하다.

H4292 מַטְאֲטֵא[1회] 마트아테
명백히 〈2916〉에서 유래한 명사 파생어; '비'(먼지를 쓸어버리는 것으로서):—마당비.

H4293 מַטְבֵּחַ[1회] 마트베아흐
〈2873〉에서 유래; '학살':—도살.

H4294 מַטֶּה[251회] 맛테
또는 (여성형) מַטָּה 맛타
〈5186〉에서 유래; '가지'('뻗는' 것으로서); 상징적으로 '부족'; 또한 '막대기', 징계를 위한 것(상징적으로 '교정'), 통치하기 위한 것('규, 홀'), 던지기 위한 것('창'), 걷기 위한 것('지팡이'; 상징적으로 생명의 '지지물', 즉 빵):—막대기, 지팡이, 지파.

H4295 מַטָּה[19회] 맛타
방향지시접미사가 첨가되어 〈5786〉에서 유래; '아래로', '아래에' 또는 '바로 밑에'; 자주 부사로 접두어와 함께 또는 없이:—바로 밑에, 아래(로), 보다 작은, 매우 낮은, 아래에(아래로).

H4296 מִטָּה[29회] 밋타
〈5186〉에서 유래; 자거나 먹기 위하여('펼쳐진') '침대'; 유추적으로 '안락의자', '가마', 또는 '관':—침대, 침실, 관.

H4297 מֻטֶּה[1회] 뭇테
〈5186〉에서 유래; '잡아 늘이기', 즉 '왜곡' (상징적으로 '죄악'):—비꼬임, 불법.

H4298 מֻטָּה[1회] 뭇타
〈5186〉에서 유래; '확장':—뻗침.

H4299 מַטְוֶה[1회] 마트웨
〈2901〉에서 유래; '잡아 늘인' 어떤 것:—자은, 잡아 늘인.

H4300 מְטִיל[1회] 메틸
'망치로 두들기다'는 의미로 〈2904〉에서 유래; 쇠 '막대기'(쇠로 '벼린' 것으로서):—막대기.

H4301 מַטְמוֹן[5회] 마트몬
또는 מַטְמֹן 마트몬 또는 מַטְמֻן 마트문
〈2934〉에서 유래; '은밀한' 창고; 여기에서 '숨겨진' 귀중품(파묻은); 일반적으로 '돈':—감춰진 재산, (숨겨진)보물.

H4302 מַטָּע[6회] 맛타
〈5193〉에서 유래; '심어진' 어떤 것, 즉 그 장소('정원'이나 포도원), 또는 심겨진 것('수목', 상징적으로 사람에 대해서도); 함축적으로 그 행동 '심기':—수목(재배, 심기), 나무.

H4303 מַטְעַם8회 마트암
또는 (여성형) מַטְעַמָּה 마트암마
〈**2938**〉에서 유래; '진미':—맛 좋은, 맛 좋은 고기, 진찬.

H4304 מִטְפַּחַת2회 미트파하트
〈**2946**〉에서 유래; 넓은 '외투'(여성형):—겉 옷, 두건.

H4305 מָטַר17회 마타르
기본어근; '비오다':—비오다(비 오게 하다, …위에 비 내리게 하다).

H4306 מָטָר38회 마타르
〈**4305**〉에서 유래; '비':—비.

H4307 מַטָּרָא16회 맛타라
또는 מַטָּרָה 맛타라
〈**5201**〉에서 유래; '감옥'('감시'소로서); 또한 '과녁'(면밀히 '주시되는' 것으로서):—표지, 감옥.

H4308 מַטְרֵד2회 마트레드
〈**2956**〉에서 유래; '추진하는'; 한 에돔 여인 '마드렛':—마드렛(창36:39).

H4309 מַטְרִי1회 마트리
〈**4305**〉에서 유래; '비오는'; 한 이스라엘인 '마드리':—마드리(삼상10:21).

H4310 מִי423회 미
〈**4100**〉이 사물에 대한 의문 대명사인 것같이, 사람에 대한 의문 대명사 '누구?'(가끔 특수한 관용구로서 사물에 대해서도 쓰임); 또한 (불특정적으로) '누구든지'; 자주 주격이나 호격 이외에서는 접두사나 접미사와 함께 사용됨:—어떤(사람), 그가, 그를, 저런!, 무엇, 어떤 것, 누구(를, 의, 나), 원컨대.

H4311 מֵידְבָא5회 메데바
〈**4325**〉와 〈**1679**〉에서 유래; '고요의 물'; 팔레스타인의 한 장소 '메드바':—메드바(민21:30, 수13:9, 대상19:7).

H4312 מֵידָד2회 메다드
'사랑하기'의 의미로 〈**3032**〉에서 유래; '애정 깊은'; 한 이스라엘인 '메닷':—메닷(민11:26,27).

H4313 מֵי הַיַּרְקוֹן1회 메 하야르콘
〈**4325**〉와 관사가 삽입된 〈**3420**〉에서 유래; '그 황색의 물'; 팔레스타인의 한 장소 '메얄곤':—메얄곤(수19:46).

H4314 מֵי זָהָב1회 메 자하브
〈**4325**〉와 〈**2091**〉에서 유래; '황금의 물'; 한 에돔인 '메사합':—메사합(창36:39).

H4315 מֵיטָב6회 메타브
〈**3190**〉에서 유래; '최상의' 부분:—가장 좋은.

H4316 מִיכָא5회 미카
〈**4318**〉의 어미변화; 두 이스라엘인의 이름 '미가':—미가(삼하9:12, 삿17:18).

H4317 מִיכָאֵל32회 미카엘
〈**4310**〉과 〈**3588**〉(에서 유래한 전치사의 변화) 및 〈**410**〉에서 유래; '누가 하나님과 같은가?'; 한 천사장과 아홉 이스라엘인의 이름 '미가엘':—미가엘(단10:13, 12:1, 대하21:2, 민13:13, 대상5:13,14, 스8:8).

H4318 מִיכָה13회 미카
〈**4320**〉의 축약형; 일곱 이스라엘인의 이름 '미가':—미가(왕하22:12, 대하34:20, 렘26:18, 미1:1).

H4319 מִיכָהוּ1회 미카후
〈**4321**〉의 축어형; 한 이스라엘 선지자 '미가야':—미가야(대하18:8).

H4320 מִיכָיָה21회 미카야
〈**4310**〉과 〈**3588**〉(에서 유래한 전치사의 변화) 및 〈**3050**〉에서 유래; '누가 여호와와 같은가?'; 두 이스라엘인

의 이름 '미가야':—미가(느12:35, 미1:1), 미가야. 〈4318〉과 비교

H4321 מִיכָיְהוּ4회 **미카예후**
또는 **מִכָיְהוּ 미카예후** (렘36:11)
〈4322〉의 축약형; 세 이스라엘인의 이름 '미가야':—미가야(삿17:1,4).

H4322 מִיכָיָהוּ2회 **미카야후**
〈4320〉 참조; 한 이스라엘인과 한 이스라엘 여인의 이름 '미가야':—미가야(대하13:2, 17:7).

H4323 מִיכָל1회 **미칼**
〈3201〉에서 유래; 정확히는 '담는 그릇', 즉 '작은 개천':—개울.

H4324 מִיכָל18회 **미칼**
명백히 〈4323〉과 동일; '개울'; 사울의 딸 '미갈':—미갈(삼상14:49, 19:11 이하).

H4325 מַיִם580회 **마임**
기본 명사의 쌍수(그러나 단수의 의미로 사용됨); '물'; 상징적으로 '즙'; 완곡어법으로 '오줌', '정액':—오줌, 소모성의, 물(물주기, [수로, 홍수, 샘물]).

H4326 מִיָּמִן4회 **미야민**
〈4509〉의 한 형태; 세 이스라엘인의 이름 '미야민':—미야민(대상24:9, 스10:25, 느10:7).

H4327 מִין31회 **민**
'분배하다'는 의미의 사용하지 않는 어근에서 유래; '종류', 즉 '종(種)':—종류. 〈4480〉과 비교

H4328 מְיֻסָּדָה1회 **메윳싸다**
정확히는 〈3245〉의 여성 수동태 분사형; '기초가 놓아진' 어떤 것, 즉 '기초':—기반.

H4329 מֵיסָךְ1회 **메싸크**
〈5526〉에서 유래; '주랑(柱廊)', 현관'('덮힌' 것으로서):—덮어 가리는 것.

H4330 מִיץ3회 **미츠**
〈4160〉에서 유래; '누름':—우유 젓기, 강제, 비틀어 짬.

H4331 מֵישָׁא1회 **메샤**
〈4185〉에서 유래; '떠남'; 아라비아의 한 장소 '메사'; 또한 한 이스라엘인:—메사(대상8:9).

H4332 מִישָׁאֵל8회 **미샤엘**
〈4310〉과 〈410〉 사이에 축약된 비분리관계 대명사[〈834〉를 보라]가 삽입되어 유래; 누가 '하나님이심과 같은가?'; 세 이스라엘인의 이름 '미사엘':—미사엘(출6:22, 레10:4, 단1:6, 2:17, 느8:4).

H4333 מִישָׁאֵל8회 **미샤엘**
[아람어] 〈4332〉에 같음; 한 이스라엘인 '미사엘':—미사엘(출6:22, 레10:4, 단1:6, 2:17, 느8:4).

H4334 מִישׁוֹר23회 **미쇼르**
또는 **מִישֹׁר 미쇼르**
〈3474〉에서 유래; '평원', 즉 '평지'(특정지역에 대한 본래 이름으로 자주 [관사가 앞에 붙어] 사용됨); 상징적으로 '일치'; 또한 '똑바름', 즉 (상징적으로) '정의'(가끔 부사로 '바르게'):—공평, 평지, 평원, 의로운(의롭게), 곧은(곧게 하다), 올바름.

H4335 מֵישַׁךְ15회 **메샤크**
〈4336〉에서 차용됨; 한 이스라엘인 '메삭':—메삭.

H4336 מֵישַׁךְ13회 **메샤크**
[아람어] 기원은 외래어로 의미가 불확실함; 〈4333〉의 바벨론식 이름 '메삭':—메삭(단1:7, 2:49).

H4337 מֵישַׁע1회 **메샤**
〈3467〉에서 유래; '안전'; 한 이스라

엘인 '메사':—메사(왕하3:4).

H4338 מֵישַׁע[1회] **메샤**
〈4337〉의 변화형; '안전'; 한 모압인 '메사':—메사(대상2:42).

H4339 מֵישָׁר[19회] **메샤르**
〈3474〉에서 유래; '평평함', 즉 (상징적으로) '번영' 또는 '일치'; 또한 '똑바름', 즉 (상징적으로) '정직'(복수로만 사용, 단수의 의미로; 자주 부사로 사용됨):—동의, 바르게, 공평한, 공평, 옳은(것들), 달게, 똑바른(바름, 바르게), 매끄러운.

H4340 מֵיתָר[9회] **메타르**
〈3498〉에서 유래; (장막의) '끈'[〈3499〉와 비교] 또는 (활의) '줄':—줄, 끈.

H4341 מַכְאֹב[16회] **마크오브** 때로는 **מַכְאוֹב 마크오브** 또한 (여성형 사53:3) **מַכְאֹבָה 마크오바**
〈3510〉에서 유래; '고통' 또는 (상징적으로) '고뇌':—슬픔, 고통, 비탄.

H4342 מַכְבִּיר[2회] **마크비르**
〈3527〉에서 타동사 분사형; '풍부':—풍요.

H4343 מַכְבֵּנָה[1회] **마크베나**
〈3522〉와 동형에서 유래; '작은 산'; '막베나', 그가 정착한 팔레스타인의 한 장소:—막베나(대상2:49).

H4344 מַכְבַּנַּי[1회] **마크반나이**
〈4343〉에서 유래한 족속의 명칭; '막베나 사람' 또는 막베나 본토인:—막베나 사람(족속)(대상12:13).

H4345 מַכְבֵּר[1회] **마크베르**
'덮는'의 의미로 〈3527〉에서 유래 [〈3531〉과 비교]; '쇠살대':—쇠창살.

H4346 מַכְבָּר[3회] **마크바르**
'덮는'의 의미로 〈3527〉에서 유래; '천'('그물 모양으로 짠' 것으로서 [〈4345〉와 비교]):—두꺼운 천.

H4347 מַכָּה[44회] **막카** 또는 (남성형) **מַכֶּה 막케** (복수로서만)
〈5221〉에서 유래; '침'(대하2:10에서, 도리깨의); 함축적으로 '상처'; 상징적으로 '대학살', 또한 '역병':—맞은, 타격, 역병, 학살, 침을 받은, 몹시 아픈, 매질, 침, 상처([있는]).

H4348 מִכְוָה[5회] **미크와**
〈3554〉에서 유래; '태워 그슬림':—타는, 타는 것.

H4349 מָכוֹן[17회] **마콘**
〈3559〉에서 유래; 정확히는 '정착물', 즉 '기초'; 일반적으로 '장소', 특히 '거처'로서:—기초, 주거지, (사는, 정착된)장소.

H4350 מְכוֹנָה[23회] **메코나** 또는 **מְכֹנָה 메코나**
〈4349〉의 여성형; '근저', 또한 '지점':—기초.

H4351 מְכוּרָה[5회] **메쿠라** 또는 **מְכֹרָה 메코라**
'파는'의 의미로 〈3564〉와 동형에서 유래; '기원'(마치 광산처럼):—출생, 거주, 탄생.

H4352 מָכִי[1회] **마키**
아마 〈4134〉에서 유래; '파리해진'; 한 이스라엘인 '마기':—마기(민13:15).

H4353 מָכִיר[22회] **마키르**
〈4376〉에서 유래; '장사꾼'; 한 이스라엘인 '마길':—마길(창50:23, 삼하9:4,5).

H4354 מָכִירִי[1회] **마키리**
〈4353〉에서 유래한 족속의 명칭; '마길 사람', 또는 마길의 자손:—마길의(민26:29).

H4355 מָכַךְ[3회] **마카크**

기본어근; (폐허 가운데) '넘어지다'; 상징적으로 '멸망하다':—몰락하다, 부패하다.

H4356 מִכְלָאָה[3회] **미클라아** 또는 **מִכְלָה 미클라**
〈3607〉에서 유래; (가축 떼를 위한) '축사':—([양])우리. 〈4357〉과 비교

H4357 מִכְלָה[1회] **미클라**
〈3615〉에서 유래; '완성'(복수로, 구체적으로, 부사로 '완전히'):—완전한. 〈4356〉와 비교

H4358 מִכְלוֹל[2회] **미클롤**
〈3634〉에서 유래; '완전'(즉, 구체적으로 부사로 '화려하게'):—가장 호화롭게, 온갖 종류들.

H4359 מִכְלָל[1회] **미클랄**
〈3634〉에서 유래; (아름다움의) 극치:—완전.

H4360 מִכְלֻל[1회] **미클룰**
〈3634〉에서 유래; '완전한' 어떤 것, 즉 찬란한 '의상':—온갖 종류들.

H4361 מַכֹּלֶת[2회] **막콜레트**
〈398〉에서 유래; '자양물':—음식.

H4362 מִכְמָן[1회] **미크만**
'숨김'의 의미로 〈3646〉의 동형에서 유래; '보물'('숨겨진 것'으로서):—보물.

H4363 מִכְמָס[11회] **미크마쓰** (스2:17; 느7:31), 또는 **מִכְמָשׁ 미크마쉬** 또는 **מִכְמַשׁ 미크마쉬** (느11:31)
〈3647〉에서 유래; '감춰진'; 팔레스타인의 한 장소 '믹마스':—믹마스(삼상13:5, 스2:27, 느11:31).

H4364 מַכְמָר[2회] **마크마르** 또는 **מִכְמֹר 미크모르**
열로 '검게 하다'는 의미로 〈3648〉에서 유래; (사냥꾼의) '그물'(은폐 때문에 '거무스름한' 것으로서):—그물.

H4365 מִכְמֶרֶת[3회] **미크메레트** 또는 **מִכְמֹרֶת 미크모레트**
〈4364〉의 여성형; (어부의) '그물':—예인망, 그물.

H4366 מִכְמְתָת[2회] **미크메타트**
명백히 '숨기다'는 의미의 사용하지 않는 어근에서 유래; '은폐'; 팔레스타인의 한 장소 '믹므다':—믹므다(수16:6, 17:7).

H4367 מַכְנַדְבַי[1회] **마크나드바이**
〈4100〉과 관사가 삽입된 〈5068〉에서 유래; '무엇이 관대한(사람)과 같은가?'; 한 이스라엘인 '막나드배':—막나드배(스10:40).

H4368 מְכֹנָה[1회] **메코나**
〈4350〉과 동일; '기초'; 팔레스타인의 한 장소 '므고나':—므고나(느11:28).

H4369 מְכֻנָה[1회] **메쿠나**
〈4350〉과 동일; '지점':—기초.

H4370 מִכְנָס[5회] **미크나쓰**
'감춤'의 의미로 〈3647〉에서 유래; (쌍수로만) '속옷'(은밀한 부분들을 '감추는' 데에서 유래):—속옷, 고의.

H4371 מֶכֶס[6회] **메케쓰**
아마 '낱낱이 세다'는 의미의 사용하지 않는 어근에서 유래; '과세액'('인구조사'에 기초한 것으로서):—조공.

H4372 מִכְסֶה[16회] **미크쎄**
〈3680〉에서 유래; '덮개', 즉 비를 '막는 판자':—덮개, 뚜껑.

H4373 מִכְסָה[2회] **미크싸**
〈4371〉의 여성형; '계수'; 함축적으로 '평가':—수, 가치.

H4374 מְכַסֶּה[4회] **메캇쎄**
〈3680〉에서 유래; '덮개', 즉 '의상';

특히 (침대의) '덮개', (해를 가리는) '차일'; 또한 '장막(腸膜)'(창자를 덮는 것으로서):—의류, 덮다, 덮는 것.

H4375 מַכְפֵּלָה6회 **마크펠라**
〈**3717**〉에서 유래; 양 '우리'; 팔레스타인의 한 장소 '막벨라':—막벨라(창 23:9, 25:9, 49:30, 50:13).

H4376 מָכַר80회 **마카르**
기본어근; '팔다', 문자적으로 (상품으로서, 결혼에서 딸을, 노예로), 또는 상징적으로 ('항복하다'):—(하여간), 팔다(팔아넘기다, 파는 사람, 자신을 팔다).

H4377 מֶכֶר3회 **메케르**
〈**4376**〉에서 유래; '상품'; 또한 '가치':—지불, 가격, 상품.

H4378 מַכָּר2회 **막카르**
〈**5234**〉에서 유래; '면식':—아는 사람.

H4379 מִכְרֶה1회 **미크레**
〈**3738**〉에서 유래; '구덩이'(소금을 위한):—소금 구덩이.

H4380 מְכֵרָה1회 **메케라**
'관통하는'의 의미로 〈**3564**〉와 동형에서 유래한 듯함; '칼':—거주.

H4381 מִכְרִי1회 **미크리**
〈**4376**〉에서 유래; '장사꾼'; 한 이스라엘인 '미그리':—미그리(대상9:8).

H4382 מְכֵרָתִי1회 **메케라티**
팔레스타인의 한 장소의 사용하지 않는 이름(〈**4380**〉과 동일)에서 유래한 족속의 명칭; '므게랏 사람', 또는 므게랏 거민:—므게랏 족속(대상11:36).

H4383 מִכְשׁוֹל14회 **미크숄**
또는 **מִכְשֹׁל 미크숄**
〈**3782**〉에서 유래한 남성형; '걸려 넘어지는 장애물', 문자적으로나 상징적으로 ('장애', '유혹'[특히 우상], '망설임'):—넘어지게 된, 죄를 범하게 하다, 아무 것도 제공되지 않은, 파멸, 걸려 넘어지는 장애물.

H4384 מַכְשֵׁלָה2회 **마크셸라**
〈**3782**〉의 여성형; '걸려 넘어지는 장애물', 그러나 상징적으로만 ('타락', '유혹' [우상]):—파멸, 걸려 넘어지는 장애물.

H4385 מִכְתָּב9회 **미크타브**
〈**3789**〉에서 유래; '기록된' 것, '문자들', 또는 '문서'(편지, 사본, 칙령, 시):—기록, 문서, 쓰기.

H4386 מְכִתָּה1회 **메킷타**
〈**3807**〉에서 유래; '분쇄':—파열.

H4387 מִכְתָּם6회 **미크탐**
〈**3799**〉에서 유래; '새겨둠', 즉 (전문용어로) '시':— 믹담(시16,56편 60편 표제).

H4388 מַכְתֵּשׁ2회 **마크테쉬**
〈**3806**〉에서 유래; '절구'; 유추적으로 (이빨의) '구멍':—우묵한 곳, 절구.

H4389 מַכְתֵּשׁ1회 **마크테쉬**
〈**4388**〉과 동일; '작은 골짜기'; 예루살렘의 한 곳 '막데스':— 막데스(습 1:11).

H4390 מָלֵא250회 **말레** 또는 **מָלָא** (에7:6) **말라**
기본어근; '채우다', 또는 (자동사로) '충만하다', 광범위한 적용에서 (문자적으로, 상징적으로):—성취하다, 확인하다, 봉헌하다, 끝나다, 기간이 끝나다, 울타리로 막히다, 채우다, 완성하다, 가득하다(가득해지다, 잔뜩 당기다), 충만하다, 흘러[넘치다], 충만함, 공급하다, (함께)모이다, 다시 채우다, 만족시키다, 세우다, 거리를 유지하다, [한줌] 가득 취하다, 온전히 가지다.

H4391 מְלָא[2회] **멜라**

아람어 〈4390〉과 같음; '채우다':—채우다, 가득하다.

H4392 מָלֵא[63회] **말레**

〈4390〉에서 유래; '가득한'(문자적으로나 상징적으로) 또는 '채우는'(문자적으로); 또한 (구체적으로) '가득 참'; 부사적으로 '가득히':—임신한 여자, 채우다(가득 찬), 가득한(가득하게), 다수, 가치 있는.

H4393 מְלֹא[8회] **멜로** 드물게 **מְלוֹא 멜로** 또는 **מְלוֹ 멜로** (겔41:8)

〈4390〉에서 유래; '가득함'(문자적으로나 상징적으로):—내내, 안에 있는 모든 것, 채우다, 가득한(것), 충만함, [한줌]가득, 다수.

H4394 מִלֻּא[5회] **밀루**

〈4390〉에서 유래; '충족'(복수로만), 즉 (문자적으로)(보석의) '박음', 또는 (전문용어로) '봉헌'(또한 구체적으로 봉헌 '제물'):—봉헌, 박히다.

H4395 מְלֵאָה[3회] **멜레아**

〈4392〉의 여성형; '충족된' 어떤 것, 즉 (소출의) '풍요함':—(처음 익은) 열매, 충만함.

H4396 מִלֻּאָה[3회] **밀루아**

〈4394〉의 여성형; '채우기', 즉 (보석의) 박아 '끼우기':—끼워 넣기, 박기.

H4397 מַלְאָךְ[212회] **말라크**

대리로 '파견하다'는 의미의 사용하지 않는 어근에서 유래; '사자(使者)'; 특히 하나님의 사자, 즉 '천사'(또한 선지자, 제사장이나 교사):—특사, 천사, 왕, 사자(使者).

H4398 מַלְאַךְ[2회] **말라크**

아람어 〈4397〉과 같음; '천사':—천사.

H4399 מְלָאכָה[166회] **멜라카**

〈4397〉과 동형에서 유래; 정확히는 '대리자의 직분', 즉 사역; 일반적으로 '고용'(결코 노예가 아님)이나 '일'(추상적으로나 구체적으로); 또한 '재산'(노동의 결과로서):—사업, 가축 떼, 근면한, 직업, 종사하고 있는, 관리, 만들어진 것, 사용, 일[일꾼], 솜씨.

H4400 מַלְאֲכוּת[1회] **말라쿠트**

〈4397〉과 동형에서 유래; '전하는 말'-전갈, 사명.

H4401 מַלְאָכִי[1회] **말라키**

〈4397〉과 동형에서 유래; '섬기는'; 선지자 '말라기':—말라기(말1:1).

H4402 מִלֵּאת[1회] **밀레트**

〈4390〉에서 유래; '가득함', 즉 (구체적으로) (눈의) '부푼' 구멍, 안와(眼窩):—알맞게.

H4403 מַלְבּוּשׁ[8회] **말부쉬** 또는 **מַלְבֻּשׁ 말부쉬**

〈3847〉에서 유래; '의복', 또는 (집합적으로) '의류':—의상, 의류, 의복.

H4404 מַלְבֵּן[3회] **말벤**

〈3835〉에서 유래(명사유래어); '벽돌 가마':—벽돌 가마.

H4405 מִלָּה[38회] **밀라**

〈4448〉에서 유래(마치 מִלֶּה 밀레에서 유래한 것 같은 남성복수); '말'; 집합적으로 '담화'; 상징적으로 '주제':—대답, 속담, 일, 말할 것, 말하다, 말하기, 말, 이야기, 대화.

H4406 מִלָּה[24회] **밀라**

아람어 〈4405〉에 같음; '말', '명령', '담화', 또는 '주제':—명령, 일, 사건, 사물, 말.

H4407 מִלּוֹא[44회] **밀로** 또는 **מִלֹּא 밀로**

(왕하12:—20)

〈4390〉에서 유래; '성벽'('채워진' 것으로서), 즉 '성채':— 밀로(삿9:6,20, 삼하5:9, 왕상9:15,24, 대상11:8, 대하32:5). 또한 〈1037〉을 보라

H4408 מַלּוּחַ[1회] **말루아흐**

〈4414〉에서 유래; '바다 비름'(그 '짠 맛'에서 유래):—아욱.

H4409 מַלּוּךְ[6회] **말루크**

또는 **מַלּוּכִי** **말루키** (느12:14)

〈4427〉에서 유래; '통치하는'; 다섯 이스라엘인의 이름 '말룩' 또는 '말루기':—말룩(대상6:29(44), 스10:29, 느10:5(4), 12:2).

H4410 מְלוּכָה[24회] **멜루카**

〈4427〉의 여성 수동태 분사형; '통치된' 어떤 것, 즉 '국토':—왕국, 왕의.

H4411 מָלוֹן[8회] **말론**

〈3885〉에서 유래; '숙박', 즉 (사막의) '대상(隊商)의 숙사', 또는 '야영지':—여관, 숙박하는 곳, 숙박(소).

H4412 מְלוּנָה[2회] **멜루나**

〈3885〉의 여성형; '오두막', '달아맨 그물 침대':—시골의 작은집, 오두막.

H4413 מַלּוֹתִי[2회] **말로티**

명백히 〈4448〉에서 유래; '내가 말했다'(즉, '말 많은'); 한 이스라엘인 '말로디':—말로디(대상25:4,26).

H4414 מָלַח[4회] **말라흐**

기본어근; 정확히는 '비벼' 조각내다 또는 '가루로 만들다'; 자동사로 먼지처럼 '사라지다'; 또한 (〈4417〉에서 유래한 명사유래어로서) '소금 치다', 내부적으로(소금으로 '간을 맞추다') 나 외부적으로(소금으로 '비비다'): —(하여간), 소금 치다, 간을 맞추다, 같이 섞다. 사라지다.

H4415 מְלַח[1회] **멜라흐**

아람어 〈4414〉와 같음; 소금을 '먹다', 즉 (일반적으로) '살아가다':—생계를 유지하다.

H4416 מְלַח[3회] **멜라흐**

아람어 〈4415〉에서 유래; '소금':—생계유지, 소금.

H4417 מֶלַח[14회] **멜라흐**

〈4414〉에서 유래; 정확히는 '가루', 즉 (특히) '소금'(쉽게 가루가 되고 용해되는 것으로서):—소금([구덩이]).

H4418 מָלָח[2회] **말라흐**

그 원래 의미로 〈4414〉에서 유래; '넝마' 또는 헌옷:—남루한 넝마.

H4419 מַלָּח[4회] **말라흐**

그 이차적인 의미로 〈4414〉에서 유래; '선원'("소금"을 따라가는 사람으로서):—수부.

H4420 מְלֵחָה[3회] **멜레하**

〈4414〉에서 유래(그 명사 유래어의 의미로); 정확히는 '염분 있는'(즉, 땅[〈776〉이 이해되는 것같이]), 즉 '사막':—황무지, 불모, 소금 땅.

H4421 מִלְחָמָה[316회] **밀하마**

〈3898〉에서 유래('싸움'의 의미로); '전투'(즉, '교전'); 일반적으로 '전쟁'(즉, '전쟁행위'):—전투, 전쟁, 싸움, 전사(戰士).

H4422 מָלַט[95회] **말라트**

기본어근; 정확히는 '매끄럽다', 즉 (함축적으로) '벗어나다'(마치 '미끄러움'에 의한 것처럼); 사역동사 '놓아주다' 또는 '구출하다'; 특히 새끼를 '낳다', 불꽃을 '내다':—구하다(자신을), 피하다, 놓다, 뛰어나가다, 그냥 두다, 가게 하다, 보호하다, 구원하다, (빠르게, 확실히).

H4423 מֶלֶט1회 **멜레트**
〈4422〉에서 유래; '접합제'(그 유연한 '부드러움'에서):—진흙.

H4424 מְלַטְיָה1회 **멜라트야**
〈4423〉과 〈3050〉에서 유래; '여호와께서 구출하신'(사람); 한 기브온 사람 '믈라댜':—믈라댜(느3:7).

H4425 מְלִילָה1회 **멜릴라**
〈4449〉에서 유래('수확'의 의미로 [〈4135〉와 비교]); 곡물의 '이삭'('잘라'낸 것으로서):—이삭.

H4426 מְלִיצָה2회 **멜리차**
〈3887〉에서 유래; '금언'; 또한 '풍자':—해석, 비웃기.

H4427 מָלַךְ347회 **말라크**
'기본어근'; '다스리다'; 동작의 시작을 나타내어 '보좌에 오르다'; 사역동사로 충성하도록 '이끌어 들이다'; 여기에서 (함축적으로) '상의하다':—의견을 묻다, (참으로), 왕이 되다(왕을 삼다, 왕을 세우다), 왕후가 되다(왕후를 삼다), 다스리다(다스리기 시작하다, 다스리게 하다), (다스림), 통치하다, (확실히).

H4428 מֶלֶךְ2548회 **멜레크**
〈4427〉에서 유래; '왕':—왕, 왕의.

H4429 מֶלֶךְ4회 **멜레크**
〈4428〉과 동일; '왕'; 두 이스라엘인의 이름 '멜렉':—멜렉, 하멜렉[관사를 포함하여](대상8:35, 렘36:26).

H4430 מֶלֶךְ6회 **멜레크**
아람어 〈4428〉와 같음; '왕':—왕, 왕의.

H4431 מְלַךְ1회 **멜라크**
아람어 '상담'의 의미로 〈4427〉에 일치하는 어근에서 유래; '충고':—조언.

H4432 מֹלֶךְ8회 **몰레크**
〈4427〉에서 유래; 암몬 족속의 주요신 '몰렉'(즉, '왕'):—몰렉(레18:21, 20:2 이하, 왕상11:7, 왕하23:10). 〈4445〉와 비교

H4433 מַלְכָּא2회 **말카**
아람어 〈4436〉에 같음; '왕후':—여왕.

H4434 מַלְכֹּדֶת1회 **말코데트**
〈3920〉에서 유래; '올무':—덫.

H4435 מִלְכָּה10회 **밀카**
〈4436〉의 한 형태; '왕후'; 한 히브리 여인과 한 이스라엘인의 이름 '밀가':—밀가(창11:29, 22:20).

H4436 מַלְכָּה35회 **말카**
〈4428〉의 여성형; '왕후':—여왕.

H4437 מַלְכוּ57회 **말쿠**
아람어 〈4438〉에 같음; '지배'(추상적으로나 구체적으로):—왕국, 왕의, 국토, 통치, 다스림.

H4438 מַלְכוּת91회 **말쿠트** 또는 **מַלְכֻת** 또는 (복수형) **מַלְכֻיָּה** **말쿠이야**
〈4427〉에서 유래; '통치'; 구체적으로 '지배':—제국, 왕국, 국토, 통치, 왕의.

H4439 מַלְכִּיאֵל3회 **말키엘**
〈4428〉과 〈410〉에서 유래; '하나님의'(즉, 하나님에 의해 임명된) '왕'; 한 이스라엘인 '말기엘':—말기엘(창46:17).

H4440 מַלְכִּיאֵלִי1회 **말키엘리**
〈4439〉에서 유래한 족속의 명칭; '말기엘 사람', 또는 말기엘의 자손:—말기엘 족속(민26:45).

H4441 מַלְכִּיָּה15회 **말키야**
또는 **מַלְכִּיָּהוּ** **말키야후** (렘38:6)
〈4428〉과 〈3050〉에서 유래; '여호와의(즉, 여호와에 의해 임명된) 왕'; 열 이스라엘인의 이름 '말기야':—말기야(스10:31, 느3:11, 8:4, 대상9:12).

H4442 מַלְכִּי־צֶדֶק2회 **말키체데크**
〈**4428**〉과 〈**6664**〉에서 유래; '의의 왕'; 한 팔레스타인 초기 왕 '멜기세덱':—멜기세덱(창14:18, 시110:4).

H4443 מַלְכִּירָם1회 **말키람**
〈**4428**〉과 〈**7311**〉에서 유래; '높은 분의(즉, 높임의) 왕'; 한 이스라엘인 '말기람':—말기람(대상3:18).

H4444 מַלְכִּי־שׁוּעַ5회 **말키슈아**
〈**4428**〉과 〈**7769**〉에서 유래; '부유의 왕'; 한 이스라엘인 '말기수아':—말기수아(삼상14:49, 대상8:33, 9:39).

H4445 מַלְכָּם4회 **말캄** 또는 **מִלְכּוֹם 밀콤**
〈**4432**〉의 대용으로 〈**4428**〉에서 유래; 암몬 족속의 민족적 우상 '말감' 또는 '밀곰':—말감(대상8:9), 밀곰(왕상11:5,33, 왕하23:13, 렘49:1,3).

H4446 מְלֶכֶת5회 **멜레케트**
〈**4427**〉에서 유래; '왕후':—여왕.

H4447 מֹלֶכֶת1회 **몰레케트**
〈**4427**〉의 여성능동태분사형; '왕후'; 한 이스라엘 여인 '몰레곗':—함몰레곗['관사를 포함하여'](대상7:18).

H4448 מָלַל7회 **말랄**
기본어근; '말하다'(대개 시적(詩的)으로):—말하다, 발언하다.

H4449 מְלַל4회 **멜랄**
아람어 〈**4448**〉에 같음; '말하다':—말하다, 말하기.

H4450 מִלֲלַי1회 **밀랄라이**
〈**4448**〉에서 유래; '말이 많은'; 한 이스라엘인 '밀랄래':—밀랄래(느12:36).

H4451 מַלְמָד1회 **말마드**
〈**3925**〉에서 유래; 황소를 모는 '몰이 막대기':—몰이 막대기.

H4452 מָלַץ1회 **말라츠**
기본어근; '매끄럽다', 즉 (상징적으로) '즐겁다':—달다.

H4453 מֶלְצַר2회 **멜차르**
기원은 페르시아어; '술 맡은 집사' 또는 바벨론 궁정의 다른 관원:—감독하는 자(단1:11,16).

H4454 מָלַק2회 **말라크**
기본어근; 관절을 '부수다'; 함축적으로 새의 목을 (분리하지 않고) '비틀다':—비틀어 떼다.

H4455 מַלְקוֹחַ7회 **말코아흐**
〈**3947**〉에서 유래; 타동적으로 (쌍수로)(음식을 취하는 것으로서) '턱'; 자동적으로 '약탈물'[과 포로들](취해진 것으로서):—노획물, 턱, 먹이.

H4456 מַלְקוֹשׁ8회 **말코쉬**
〈**3953**〉에서 유래; 봄'비'(〈**3954**〉와 비교); 상징적으로 '유창함':—늦은 비.

H4457 מֶלְקָח7회 **멜카흐** 또는 **מַלְקָח 말카흐**
〈**3947**〉에서 유래; (쌍수로서만) '불집게':—심지 자르는 가위, 부젓가락.

H4458 מֶלְתָּחָה1회 **멜타하**
'펼치다'는 의미의 사용하지 않는 어근에서 유래; '의상실'(즉, 의류가 '펼쳐 있는' 방):—제복실.

H4459 מַלְתָּעָה4회 **말타아**
〈**4973**〉의 도치형; '맷돌의 위짝', 즉 어금'니':—어금니.

H4460 מַמְּגֻרָה1회 **맘메구라**
〈**4048**〉에서 유래('보관'의 의미로); '곡물창고':—창고.

H4461 מֵמַד1회 **메마드**
〈**4058**〉에서 유래; '측정단위':—치수.

H4462 מְמוּכָן3회 **메무칸**
또는 (도치형) **מוֹמְכָן 모무칸** (에1:16)
기원은 페르시아어; 한 페르시아 총

독 '므무간':—므무간(에1:14,16,21).

H4463 מָמוֹת[2회] **마모트**
〈4191〉에서 유래; 죽을 '병'; 구체적으로 '시체':—죽음.

H4464 מַמְזֵר[2회] **맘제르**
'소외하다'는 의미의 사용하지 않는 어근에서 유래; '혼혈아', 즉 유대인 아버지와 이방인 어머니 사이에서 태어난:—사생아.

H4465 מִמְכָּר[10회] **밈카르**
〈4376〉에서 유래; '상품'; 추상적으로 '팔기':—(해야 한다), 판매(에서온 것), 팔린 것, 상품.

H4466 מִמְכֶּרֶת[1회] **밈케레트**
〈4465〉의 여성형; '판매':—~로 팔린.

H4467 מַמְלָכָה[117회] **마믈라카**
〈4427〉에서 유래; '지배', 즉 (추상적으로) 그 지위('통치')나 (구체적으로)그 나라('영토'):—왕국, 왕의, 통치, 지배.

H4468 מַמְלָכוּת[9회] **마믈라쿠트**
〈4467〉의 한 형태로서 그것과 같음:—왕국, 통치.

H4469 מַמְסָךְ[2회] **맘싸크**
〈4537〉에서 유래; '혼합물', 즉 (특히) '혼합한' 포도주(물이나 향료로):—전제물, 부어드리는 제물, 혼합한 포도주.

H4470 מֶמֶר[1회] **메메르**
'슬퍼하다'는 의미의 사용하지 않는 어근에서 유래; '슬픔':—비통.

H4471 מַמְרֵא[7회] **마므레**
〈4754〉에서 유래; ('활력'의 의미로); '강장한'; 한 아모리인 '마므레':—마므레(창14:13,24, 23:17,19, 35:27).

H4472 מַמְרֹר[1회] **마므로르**
〈4843〉에서 유래; '쓴맛', 즉 (상징적으로) '재앙':—괴로움.

H4473 מִמְשַׁח[1회] **밈샤흐**
〈4886〉에서 유래, '확장'의 의미로; '펼쳐'진(즉, 펼친 날개로):—기름 부음을 받은.

H4474 מִמְשָׁל[4회] **밈샬**
〈4910〉에서 유래; '통치자' 또는 (상징적으로) '통치':—지배, 통치 받는.

H4475 מֶמְשָׁלָה[17회] **멤샬라**
〈4474〉의 여성형; '통치'; 또한 (복수로, 구체적으로) '영토' 또는 '통치자':—지배, 통치, 세력, 다스리다.

H4476 מִמְשָׁק[1회] **밈샤크**
〈4943〉과 동형에서 유래; '소유물':—번식.

H4477 מַמְתַּק[2회] **맘타크**
〈4985〉에서 유래; '단' 것(문자적으로나 상징적으로):—(가장) 단.

H4478 מָן[15회] **만**
〈4100〉에서 유래; 문자적으로 '무엇임'(말하자면), 즉 '만나'(그것에 대한 질문에서 그렇게 불린):—만나(출16:31, 신8:3, 수5:12).

H4479 מָן[10회] **만**
아람어 〈4101〉에서 유래; '누구' 또는 '무엇'(본래는 의문대명사, 여기에서 또한 부정대명사 및 관계대명사):—무엇, 누구(누구든지, 누구나).

H4480 מִן[1323회] **민** 또는 **מִנִּי 민니** 또는 **מִנֵּי 민네** 복수 연계형 (사30:11)
〈4482〉 참조; 정확히는 …의 한 '부분'; 여기에서 (전치사로), (다음과 같은) 여러 의미로 '~로부터', '…에서부터':—위에, 뒤에, 가운데, 에, 때문에, (…이유에) 의해, 가운데, 안에, 아무것도 아닌, …도 아닌, …의, 때부터, 그때, 통하여, …인지, 함께.

H4481 מִן 100회 **민**
[아람어] 〈**4480**〉에 같음:—에 따라서, 뒤에, 때문에, 앞에, 옆에, 위하여, … 에서부터, 그를, 보다 많이,…의, 부분, 이후로, 이것들, …로, 위에, 때.

H4482 מֵן 2회 **멘**
'배분하다'는 의미의 사용하지 않는 어근에서 유래; '부분'; 여기에서 '현' 악기(여러 현으로 나누어진 것으로서):—'분'깃(시68:23)에서, 현악기(시 150:4), 그것에 의하여(시45:8) [결여복수형].

H4483 מְנָא 5회 **메나**
[아람어] 〈**4487**〉과 같음; '계산하다'; '지정하다':—세다, 정하다, 세우다.

H4484 מְנֵא 2회 **메네**
[아람어] 〈**4483**〉의 수동태 분사형; '계수된':—메네.

H4485 מַנְגִּינָה 1회 **만기나**
〈**5059**〉에서 유래; '풍자':—음악.

H4486 מַנְדַּע 4회 **만다**
[아람어] 〈**4093**〉에 일치; '지혜' 또는 '명철':—지식, 이성, 이해, 명철.

H4487 מָנָה 29회 **마나**
기본어근; 정확히는 '달아서' 나누다; 함축적으로 '할당하다' 또는 공적으로 제정하다; 또한 '계수하다' 또는 등록하다:—지정하다, 세다, 계수하다, 예비하다, 세우다, 알리다.

H4488 מָנֶה 5회 **마네**
〈**4487**〉에서 유래; 정확히는 '고정된' 무게 또는 '측정된' 양, 즉 (전문용어로) '마네' 또는 미나:—마네, 므나.

H4489 מֹנֶה 2회 **모네**
〈**4487**〉에서 유래; '달아서' 나뉜 어떤 것, 즉 (상징적으로) 시간의 한 '부분', 즉 '순간':—시간.

H4490 מָנָה 12회 **마나**
〈**4487**〉에서 유래; 정확히는 '달아서' 나뉜 어떤 것, 즉 (일반적으로) 한 '구분'; 특히 (음식의) '정량'; 또한 '몫':—소속한 것들, 부분, 몫.

H4491 מִנְהָג 2회 **민하그**
〈**5090**〉에서 유래; (병거의) '몰기':—몰기.

H4492 מִנְהָרָה 1회 **민하라**
〈**5102**〉에서 유래; 정확히는 '경로' 또는 갈라진 틈, 즉 (함축적으로) '동굴':—굴혈.

H4493 מָנוֹד 1회 **마노드**
〈**5110**〉에서 유래; (조롱의 뜻으로 머리를) '끄덕임' 또는 '뒤로 젖힘':—흔드는.

H4494 מָנוֹחַ 7회 **마노아흐**
〈**5117**〉에서 유래; '고요한', 즉 (구체적으로) '안정된 곳', 또는 (상징적으로) '가정':—휴식(처).

H4495 מָנוֹחַ 18회 **마노아흐**
〈**4495**〉와 동일; '휴식'; 한 이스라엘인 '마노아':—마노아(삿13:2이하).

H4496 מְנוּחָה 21회 **메누하**
또는 **מְנֻחָה 메누하**
〈**4495**〉의 여성형; '휴식' 또는 (부사로) '평안하게'; 상징적으로 '위안' (특히 '결혼'); 여기에서 (구체적으로) '거처':—편안한, 편함, 조용한, 쉼(쉬는 장소), 고요한.

H4497 מָנוֹן 1회 **마논**
〈**5125**〉에서 유래; '계승자', 즉 '상속자':—아들.

H4498 מָנוֹס 8회 **마노쓰**
〈**5127**〉에서 유래; '퇴각'(문자적으로나 상징적으로); 추상적으로 '도망':—(빨리), 탈출, 도망가는 길, 도망, 피난.

H4499 מְנוּסָה[2회] **메누싸**
또는 **מְנֻסָה 메누싸**
〈**4498**〉의 여성형; '퇴각':—도망, 도주.

H4500 מָנוֹר[4회] **마노르**
〈**5214**〉에서 유래; '멍에'(정확히는 '경작'용), 즉 베틀의 '빼대':—들보.

H4501 מְנוֹרָה[42회] **메노라**
또는 **מְנֹרָה 메노라**
〈**4500**〉의 여성형(〈**5216**〉의 원래 의미로); '샹들리에':—촛대.

H4502 מִנְּזָר[1회] **민네자르**
〈**5144**〉에서 유래; '군주':—관을 쓴.

H4503 מִנְחָה[211회] **민하**
'분배하다', 즉 '수여하다'는 의미의 사용하지 않는 어근에서 유래; '헌물'; 완곡어법으로 '조공'; 특히 희생'제물'(보통 피 없는 자원제):—선물, 봉헌물, 소제, 희생제물.

H4504 מִנְחָה[2회] **민하**
아람어 〈**4503**〉에 같음; 희생'제물':—봉헌, 소제물.

H4505 מְנַחֵם[8회] **메나헴**
〈**5162**〉에서 유래; '안위자'; 한 이스라엘인 '므나헴':—므나헴(왕하15:17-22).

H4506 מָנַחַת[2회] **마나하트**
〈**5117**〉에서 유래; '휴식'; 한 에돔인과 모압의 한 장소의 이름 '마나핫':—마나핫(창36:23, 대상8:6).

H4507 מְנִי[1회] **메니**
〈**4487**〉에서 유래; '분배의 신', 즉 운명의 신(우상으로서):—므니, 수, 숫자.

H4508 מִנִּי[1회] **민니**
기원은 외래어; 알메니아 지방 '민니':—민니(렘51:27).

H4509 מִנְיָמִן[4회] **민야민**
〈**4480**〉과 〈**3225**〉에서 유래; (그) '오른손으로부터'; 두 이스라엘인의 이름 '미냐민':—미냐민(대하31:15, 느12:17,41). 〈**4326**〉과 비교

H4510 מִנְיָן[1회] **민얀**
아람어 〈**4483**〉에서 유래; '계수':—수.

H4511 מִנִּית[2회] **민니트**
〈**4482**〉와 동형에서 유래; '계수'; 요단강 동편의 한 장소 '민닛':—민닛(삿11:33, 겔27:17).

H4512 מִנְלֶה[1회] **민레**
〈**5239**〉에서 유래; '완성', 즉 (산물에서) '풍부':—'완전'.

H4513 מָנַע[29회] **마나**
기본어근; 혜택이나 손해를 '금하다'(부정적으로나 긍정적으로):—부인하다, 삼가다, 억제하다, 보류하다.

H4514 מַנְעוּל[6회] **만울** 또는 **מַנְעֻל 만울**
〈**5274**〉에서 유래; '빗장':—자물쇠.

H4515 מִנְעָל[1회] **민알**
〈**5274**〉에서 유래; '빗장':—신.

H4516 מַנְעַם[1회] **만암**
〈**5276**〉에서 유래; '맛있는 것':—진미.

H4517 מְנַעְנַע[1회] **메나나**
〈**5128**〉에서 유래; '시스트럼'(옛 이집트의 Isis제(祭)에 쓰인 악기)(그 '덜거덕거리는' 소리에서 유래):—코넷(일종의 금관악기).

H4518 מְנַקִּית[4회] **메낙키트**
〈**5352**〉에서 유래; (피를 담는) '희생제물용 대야':—사발.

H4519 מְנַשֶּׁה[146회] **메낫세**
〈**5382**〉에서 유래; '잊게 하는'; 야곱의 한 손자와 그의 지파 및 그 영토의 이름 '므낫세':—므낫세(창48:1이하, 수13:29-32, 17:8이하, 삿18:30, 왕하

21:1-18, 대하33:1-20, 스10:30).

H4520 מְנַשִּׁי 4회 메낫쉬
〈4519〉에서 유래; '므낫세 사람' 또는 므낫세의 자손, 그리고 그 영토:—므낫세의, 므낫세 사람들(신4:43).

H4521 מְנָת 9회 메나트
〈4487〉에서 유래; '할당'(호의, 법률이나 섭리에 의한):—몫, 분정.

H4522 מַס 23회 마쓰 또는 מִס 미쓰
〈4549〉에서 유래; 정확히는 '짐'('기진하게'하는 것으로서), 즉 강제 '노동' 형태의 '세금':—쩔쩔매는, 징수, 징용, 부역[십장], 조공(바치는 사람).

H4523 מָס 1회 마쓰
〈4549〉에서 유래; '기진하게 하는', 즉 (상징적으로) '위안이 없는':—괴롭힘을 당하다.

H4524 מֵסַב 4회 메싸브 남성복수형 מְסִבִּים 메씨빔 또는 여성형 מְסִבּוֹת 메씨보트
〈5437〉에서 유래; '긴 의자'(방을 '둘러싸는'것으로서); 추상적으로 (부사) '둘레에':—둘러싸는, 둘린(장소), 둥그렇게 놓다, 식탁에 앉다.

H4525 מַסְגֵּר 7회 마쓰게르
〈5462〉에서 유래; '잠그는 사람(물건)', 즉 (사람으로는) '대장장이', (물건)으로는 '감옥':—감옥, 대장장이.

H4526 מִסְגֶּרֶת 17회 미쓰게레트
〈5462〉에서 유래; '둘러싸는' 어떤 것, 즉 (지역이나 널판의) '가장자리'; 구체적으로 '성채':—변두리, 닫은 장소, 구멍.

H4527 מַסַּד 1회 맛싸드
〈3245〉에서 유래; '기초':—기반.

H4528 מִסְדְּרוֹן 1회 미쓰데론
〈5468〉과 동형에서 유래; '주랑' 또는 현관내부(그 기둥들이 늘어선 '줄들'에서 유래):—현관.

H4529 מָסָה 4회 마싸
기본어근; '용해하다':—소진되게 하다, 녹다(녹이다), 물.

H4530 מִסָּה 1회 밋싸
〈4549〉에서 유래('흐름'의 의미로); '풍부', 즉 (부사로) '관대하게':—조공.

H4531 מַסָּה 6회 맛싸
〈5254〉에서 유래; '시험하기'; 사람에 관한 시험(재판상의)이나 하나님에 관한 시험(불평이 많은):—유혹, 시험.

H4532 מַסָּה 4회 맛싸
〈4531〉과 동일; 사막의 한 장소 '맛사':—맛사(출17:7, 신6:16, 시95:8).

H4533 מַסְוֶה 3회 마쓰웨
명백히 '덮다'는 의미의 사용하지 않는 어근에서 유래; '덮개':—베일, 수건.

H4534 מְסוּכָה 1회 메쑤카
〈4881〉 참조; '울타리':—가시울타리.

H4535 מַסָּח 1회 맛싸흐
간신히 '모면하다'는 의미의 〈5255〉에서 유래; '초병선(哨兵線)', (부사적으로) 또는 군대의 '방벽':—궤멸된, 부숴진.

H4536 מִסְחָר 1회 미쓰하르
〈5503〉에서 유래; '무역':—매매.

H4537 מָסַךְ 5회 마싸크
기본어근, '혼합하다', 특히 포도주를 (향료와 함께):—섞다.

H4538 מֶסֶךְ 1회 메쎄크
〈4537〉에서 유래; '혼합물', 즉 포도주와 향료의:—혼합물, 섞은 것.

H4539 מָסָךְ 25회 마싸크
〈5526〉에서 유래; '덮개', 즉 '베일':—덮개, 휘장, 커튼.

H4540 מְסֻכָּה[1회] **메쑥카**
〈**5526**〉에서 유래; '덮개', 즉 장식물: ―덮개.

H4541 מַסֵּכָה[28회] **맛쎄카**
〈**5258**〉에서 유래; 정확히는 '쏟기', 즉 금속의 '용해' (특히 '주조한' 형상); 함축적으로 '헌주(獻酒)', 즉 '동맹'; 구체적으로 침대의 '덮개'(마치 쏟아 '부은' 것 같은):―덮개, 부어 만든(형상), 너울, 휘장.

H4542 מִסְכֵּן[4회] **미쓰켄**
〈**5531**〉에서 유래; '곤궁한':―가난한 (사람).

H4543 מִסְכְּנָה[7회] **미쓰케나**
〈**3664**〉에서 유래한 도치형에 의해; '창고':―저장(창고), 보물.

H4544 מִסְכֵּנֻת[1회] **미쓰케누트**
〈**4542**〉에서 유래; '빈곤':―결핍.

H4545 מַסֶּכֶת[2회] **맛쎄케트**
'펼침'의 의미로 〈**5259**〉에서 유래; '펼쳐진' 어떤 것, 즉 베틀의 '날실'(씨줄을 받으려고 '뻗쳐진' 것으로서):―직물.

H4546 מְסִלָּה[27회] **메씰라**
〈**5549**〉에서 유래; '주요도로'('통행세를 받는' 곳으로서), 문자적으로나 상징적으로; 특히 '고가도로', '계단':―둑길, 길, 큰길, 소로, 계단모양의 뜰.

H4547 מַסְלוּל[1회] **마쓸룰**
〈**5549**〉에서 유래; '주요도로'(통행세를 받는):―큰길.

H4548 מַסְמֵר[5회] **마쓰메르** 또는 **מִסְמֵר** **미쓰메르** 또한 (여성형) **מַסְמְרָה** **마쓰메라** 또는 **מִסְמְרָה** **미쓰메라** 또는 심지어 **מַשְׂמְרָה** **마스메라** (전12:11)
〈**5568**〉에서 유래; '쐐기'(표면으로부터 '곤두선' 것으로서):―못.

H4549 מָסַס[20회] **마싸쓰**
기본어근; '용해시키다'; 상징적으로 '쇠약하게 하다'(질병으로), '약해지다'(피로로, 두려움이나 슬픔으로): ―낙담하다, 약해지다, 느슨해지다, 녹다, 거절하다, (아주).

H4550 מַסַּע[14회] **맛싸**
〈**5265**〉에서 유래; '출발'(천막을 '철거함'으로부터), 즉 '행진하다'(반드시 단 하루의 여행일 필요는 없다); 함축적으로 '주둔지'(또는 '출발'지점):―여행(하고 있는).

H4551 מַסָּע[1회] **맛싸**
'돌출함'의 의미로 〈**5265**〉에서 유래; '날아가는 무기'(창이나 화살); 또한 '채석장'(마치 돌들이 '내던져진' 것처럼):―가져오기 전, 던지다.

H4552 מִסְעָד[1회] **미쓰아드**
〈**5582**〉에서 유래; '난간'(계단을 위한):―기둥.

H4553 מִסְפֵּד[16회] **미쓰페드**
〈**5594**〉에서 유래; '비탄':―애도, 슬퍼하는 자, 애통해하는, 소리 내어 우는.

H4554 מִסְפּוֹא[5회] **미쓰포**
'모으다'는 사용되지 않은 어근에서 유래; '사료':―여물, 꼴.

H4555 מִסְפָּחָה[2회] **미쓰파하**
〈**5596**〉에서 유래; '면사포'('펼쳐진' 것으로서):―머리 수건.

H4556 מִסְפַּחַת[3회] **미쓰파하트**
〈**5596**〉에서 유래; '비듬'(표면위에 '덮혀진' 것으로서):―딱지.

H4557 מִסְפָּר[134회] **미쓰파르**
〈**5608**〉에서 유래; '수', 일정하게(수학적인) 또는 일정하지 않게(큰, '무수한' 작은, '적은'); 또한 (추상명사로) '서술':—풍부, 셈, 모든, 적은, 유한한(무한한), 어떤 숫자, 세어진, 이야기, 이야기하기, 시간.

H4558 מִסְפָּר[1회] 미쓰파르
〈4457〉과 동일, '수'; 한 이스라엘인 '미스바':—미스바(느7:7). 〈4459〉와 비교

H4559 מִסְפֶּרֶת[1회] 미쓰페레트
〈4457〉에서 여성형; '열거'; 한 이스라엘인 '미스베렛':—미스베렛(느7:7). 〈4458〉과 비교

H4560 מָסַר[2회] 마싸르
기본어근, '분리되다', 즉 (자동사로서) '따로 떼어두다', 또는 (재귀형으로) '변절하다':—위임하다, 인도하다.

H4561 מֹסָר[1회] 모싸르
〈3256〉에서 유래; '훈계':—교훈.

H4562 מָסֹרֶת[1회] 마쏘레트
〈631〉에서 유래; '끈':—묶는 것.

H4563 מִסְתּוֹר[1회] 미쓰토르
〈5641〉에서 유래; '피난처':—덮어 가리는 것.

H4564 מַסְתֵּר[1회] 마쓰테르
〈5641〉에서 유래; 정확히는 '감추는 자', 즉 (추상명사로) 감추기, 즉 '혐오':—감췄다, 가리웠다.

H4565 מִסְתָּר[10회] 미쓰타르
〈5641〉에서 유래; 정확히는 '숨기는 것', 즉 '덮어 가리는 것':—비밀, 비밀히, 비밀 장소.

H4566 מַעְבָּד[1회] 마바드
〈5647〉에서 유래; '행위':—일.

H4567 מַעְבָד[1회] 마바드
아람어 〈4566〉과 같음; '행위':—일.

H4568 מַעֲבֶה[1회] 마아베
〈5666〉에서 유래; 정확히는 '빽빽하게 찬'(흙의 부분), 즉 '옥토':—찰흙.

H4569 מַעֲבָר[8회] 마아바르
또는 여성형 מַעֲבָרָה 마아바라
〈5674〉에서 유래; '가로 지르는' 곳(강, '얕은 여울'; 산, '고갯길'); 추상명사로 '통과', 즉 (상징적으로) '압도적인':—얕은 여울, 통로, 샛길.

H4570 מַעְגָּל[16회] 마갈
또는 여성형 מַעְגָּלָה 마갈라
〈5696〉과 동형에서 유래; '통로'(문자적으로, 또는 상징적으로); 또한 '성벽'('원형'으로 된):—가기, 좁은 길, 도랑, 길[길가].

H4571 מָעַד[8회] 마아드
기본어근; '흔들리다':—흔들리게 만들다, 미끄러지다.

H4572 מַעֲדַי[1회] 마아다이
〈5710〉에서 유래; '장식품'; 한 이스라엘인의 이름 '마아대':—마아대(스10:34).

H4573 מַעַדְיָה[1회] 마아드야
〈5710〉과 〈3050〉에서 유래; '여호와의 장식품'; 한 이스라엘인의 이름 '마아댜':—마아댜(느12:5). 〈4153〉과 비교

H4574 מַעֲדָן[5회] 마아단
또는 여성형 מַעֲדַנָּה 마아단나
〈5727〉에서 유래; '맛있는 것', 혹은 (추상명사로) '기쁨' (부사로 '기분 좋게'):—진미, 맛있게, 기쁨.

H4575 מַעֲדַנָּה[1회] 마아단나
전환법에 의해 〈6029〉에서 유래; '묶는 것', 즉 '묶음':—영향력.

H4576 מַעְדֵּר[1회] 마데르
〈5737〉에서 유래; (잡초를 뽑는) '괭이':—곡괭이의 일종, 보습.

H4577 מְעָה[1회] 메아 또는 מְעָא 메아
아람어 〈4578〉과 같음; 오직 복수로

만 '내장':—복부.

H4578 מֵעֶה[33회] **메에**

아마 '부드럽다'는 뜻의 사용되지 않는 어근에서 유래; 오직 복수로만 사용; '장(腸)', 또는 (집합명사로) '복부', 상징적으로 '동정심'; 함축적으로 '속옷'; 확대된 의미로 '배', '자궁'(또는 남자들의, 생식하는 중심부), (상징적으로) '심장':—복부, 창자, 심장, 자궁.

H4579 מֵעָה[1회] **메아**

〈**4578**〉의 여성형; '복부', 즉 (상징적으로) 안쪽:—자갈.

H4580 מָעוֹג[2회] **마오그**

〈**5746**〉에서 유래; 떡의 '한 조각'(〈**3934**〉와 함께 '식탁의 어릿광대', 즉 '식객'):—덩어리 과자, 연회.

H4581 מָעוֹז[33회] **마오즈** 혹은 **מָעוּז** **마우즈** 또는 **מָעֹז** **마오즈** 또한 **מָעֻז** **마우즈**

〈**5810**〉에서 유래; '요새화된' 곳; 상징적으로 '방어':—힘, 성채, 암벽, 힘(센), (가장) 강한, 요새.

H4582 מָעוֹךְ[1회] **마오크**

〈**4600**〉에서 유래; '억압된'; 한 블레셋 사람 이름 '마옥':— 마옥(삼상27:2).

H4583 מָעוֹן[18회] **마온**

또는 **מָעִין** **마인** (대상4:41)

〈**5772**〉와 동형에서 유래; '거처', 하나님의(성막, 혹은 성전), 사람의(그들의 가정) 혹은 동물의(그들의 잠자리); 여기에서 '은신처'(피난처):—굴, 거주(지), 거주.

H4584 מָעוֹן[8회] **마온**

〈**4583**〉과 동일; '거주'; 한 이스라엘인의 이름 그리고 팔레스타인의 한 장소의 이름:— 마온(수15:55, 삿10:12), 므우님 자손(스2:50, 느7:52). 〈**1010**〉, 〈**4586**〉과 비교

H4585 מְעוֹנָה[33회] **메오나**

또는 **מְעֹנָה** **메오나**

〈**4583**〉의 여성형이며 뜻은 같음:—굴, 거주, (머무는) 장소, 피난처.

H4586 מְעוּנִי[2회] **메우나이**

또는 **מְעִינִי** **메이니**

아마 〈**4584**〉에서 유래한 족속의 명칭 '므우님'사람, 혹은 마온(오직 복수로만)의 거민:—므우님 족속, 므우님 사람들(느7:52).

H4587 מְעוֹנֹתַי[1회] **메오노타이**

〈**4585**〉의 복수; '거주하는'; 한 이스라엘인의 이름 '므오노대':—므오노대(대상4:14).

H4588 מָעוּף[1회] **마우프**

그늘로 '덮는다'는 의미에서 〈**5774**〉에서 유래[〈**4155**〉와 비교]; '어둠':—어둠침침함, 흑암.

H4589 מָעוֹר[1회] **마오르**

〈**5783**〉에서 유래; '벌거벗음', 즉 (복수로) 여자의 '외음부':—벌거벗음.

H4590 מַעַזְיָה[2회] **마아즈야**

또는 **מַעַזְיָהוּ** **마아즈야후**

아마 〈**5756**〉에서 ('보호'의 의미에서) 그리고 〈**3050**〉에서 유래; '여호와의 구원'; 두 이스라엘인 '마아시야':—마아시야(대상24:18, 느10:9(8)).

H4591 מָעַט[22회] **마아트**

기본어근; 정확히는 '껍질을 벗기다', 즉 '적게 하다'; 자동사로 '작다' 혹은 '적다'(혹은, 사역동사로 '작게 만들다'), (혹은, 상징적으로 '효과 없는'):—감소를 입다, 적어지다(수에 있어서), 적다, 조금 빌리다, 약간 주다, 수를 적게 만들다, 적음, 가장 적게

모으다, 조금 모으다, 작다, 작아 보이다, 더 작은, 작은 편을 주다, 줄어들다, 없어지게 하다.

H4592 מְעַט101회 메아트 또는 מְעָט 메아트
〈4591〉에서 유래; '작은' 또는 '적은' (종종 부사로 또는 비교급으로):—거의(약간, 매우), 적은(더 적은, 가장 적은), 가볍게, 잠시, 작은 일, 약간, 곧(아주).

H4593 מָעֹט1회 마오트
〈4591〉의 수동태 형용사; (끝이) '얇게 된', 즉 '날카로운':—휘감다.

H4594 מַעֲטֶה1회 마아테
〈5844〉에서 유래; '옷':—겉옷.

H4595 מַעֲטָפָה1회 마아타파
〈5848〉에서 유래; '외투':—망토.

H4596 מְעִי1회 메이
〈5753〉에서 유래; ('뒤틀린 것'으로서) 쓰레기의 '더미', 즉 '폐허'(〈5856〉과 비교):—무더기.

H4597 מָעַי1회 마아이
아마 〈4578〉에서 유래; '동정적인'; 한 이스라엘인의 이름 '마애':—마애(느12:36).

H4598 מְעִיל28회 메일
'덮는'의 의미에서 〈4603〉에서 유래; '의복'(즉, 위에 그리고 겉에 입는 '의복'):—외투, 망토, 길고 품이 넓은 겉옷.

H4599 מַעְיָן23회 마얀 또는 מַעְיְנוֹ 마예노 (시114:8), 또는 (여성형) מַעְיָנָה 마야나
〈5869〉(명사 유래어로서 '샘'이라는 의미로)에서 유래; (또한 집합명사로) '샘물', 상징적으로, (만족의) '근원':—샘, 샘물, 우물.

H4600 מָעַךְ3회 마아크
기본어근; '누르다', 즉 '꿰뚫다', '거세하다', '조종하다':—상한, 꽂혀진, 눌리다.

H4601 מַעֲכָה9회 마아카 또는 מַעֲכָת 마아카트 (수13:13)
〈4600〉에서 유래; '의기소침'; 시리아의 한 장소, '마아가'(혹은, 마아갈); 또한 한 메소포타미아인, 세 이스라엘인, 그리고 네 이스라엘 여인과 한 시리아 여인의 이름:—마아가(창22:24, 삼하10:6, 왕상2:39, 대상11:43, 대하11:20), 마아가사람들. 또한 〈1038〉을 보라

H4602 מַעֲכָתִי8회 마아카티
〈4601〉에서 유래한 족속의 명칭; '마아가 가족', 또는 마아가의 거민:—마아가 사람(신3:14, 수12:5, 왕하25:23).

H4603 מָעַל35회 마알
기본어근; 정확히는 '덮어 가리다'; 상징적으로 '남몰래 행동하다'는 뜻으로만 사용, 즉 '불충하게':—어기다, 침입하다, 침해를 저지르다, 폐를 끼치다, 위법하는.

H4604 מַעַל29회 마알
〈4603〉에서 유래; '배반', 즉 죄:—거짓, 슬프게, 아픈, 위법, 범죄(심한).

H4605 מַעַל141회 마알
〈5927〉에서 유래; 정확히는 '윗'부분, 접두사와 함께 부사로만 사용, '위로 향한', '위에', '머리위로', '위로부터', 등등:—위에, 대단히(하게), 앞으로, 위에, (아주) 높이, 위쪽으로.

H4606 מֵעָל1회 메알
아람어 〈5954〉에서 유래; (오직 복수형으로 단수의 뜻으로 사용됨)(태양의) '지기', '일몰':—내려가기.

H4607 מֹעַל1회 모알
〈5927〉에서 유래; (손들의) '들어 올

림':—들어올리기.

H4608 מַעֲלֶה[19회] **마알레**

〈5927〉에서 유래; '올리기', 즉 (구상명사로) '오르막', 혹은 (강연하는) '단'; 추상명사로 (상태나 관계에서) '오름' 또는 (상징적으로) '우선순위':—상승, 앞에, 최고의 낭떠러지, 올라가기, 언덕, 계단.

H4609 מַעֲלָה[47회] **마알라**

〈4608〉의 여성형; '올리기', 즉 그 행위 (문자적으로 높은 장소로 올라가는 '여행', 상징적으로 떠오르는 '생각'), 혹은 (구체적으로) 그 상황 (문자적으로, 한'걸음', 혹은 '도수'표시, 상징적으로 지위의 '우월성'); 특히 점진적 '진행'(어떤 시편들에서, 즉 성전에 올라가는 시편들):—위로 오르는 것, (높은)정도, 다루다, 위로 오르다, 층계, 걸음, 층.

H4610 מַעֲלֵה עַקְרַבִּים[2회] **마알레 아크랍빔**

〈4608〉과 〈6137〉(의 복수)에서 유래; '전갈들의 절벽'; 사막의 한 장소:—아그랍빔의 비탈, 아그랍빔 언덕(민34:4, 수15:3).

H4611 מַעֲלָל[41회] **마알랄**

〈5953〉에서 유래; (선하거나 악한) '행동':—행하기, 노력, 발명, 일.

H4612 מַעֲמָד[5회] **마아마드**

〈5975〉에서 유래; (상징적으로) '지위':—참석, 직책, 장소, 상태.

H4613 מָעֳמָד[1회] **모오마드**

〈5975〉에서 유래; 문자적으로 '발판':—설 자리.

H4614 מַעֲמָסָה[1회] **마아마싸**

〈6006〉에서 유래; '무거운 짐이 됨':—무거운 짐이 되는.

H4615 מַעֲמָק[5회] **마아마크**

〈6009〉에서 유래; '깊은 곳':—깊은, 깊이.

H4616 מַעַן[31회] **마안**

〈6030〉에서 유래; 정확히는 '…에 유의하다', 즉 '의지'; 부사로만 사용, '…때문에'(동기, 혹은 목표로서), 목적론적으로 '…하기 위하여':—때문에, …할 목적(의도)으로, …을(이유로) 목적으로, ~을 위하여, ~하지 않도록.

H4617 מַעֲנֶה[8회] **마아네**

〈6030〉에서 유래; '회답'(호감을 갖는, 혹은 반대하는):—대답.(자문자답)

H4618 מַעֲנָה[2회] **마아나**

'의기소침' 또는 '경작'의 의미로 〈6031〉에서 유래; '발고랑':—토지, 발고랑.

H4619 מַעַץ[1회] **마아츠**

〈6095〉에서 유래; '폐쇄'; 한 이스라엘인의 이름 '마아스':—마아스(대상2:27).

H4620 מַעֲצֵבָה[1회] **마아체바**

〈6087〉에서 유래; '고통':—슬픔.

H4621 מַעֲצָד[2회] **마아차드**

'자르다'는 의미의 사용되지 않는 어근에서 유래; '도끼':—도끼, 부젓가락.

H4622 מַעְצוֹר[1회] **마초르**

〈6113〉에서 유래; 객관적으로 '방해':—억제.

H4623 מַעְצָר[1회] **마차르**

〈6113〉에서 유래; 주관적으로 '제어하다':—다스리다.

H4624 מַעֲקֶה[1회] **마아케**

'억누르다'를 의미하는 사용되지 않은 어근에서 유래; '난간':—총안이 있는 흉벽.

H4625 מַעֲקָשׁ[1회] **마아카쉬**

〈6140〉에서 유래; (길의) '굴곡부분':—구부러진 것.

H4626 מַעַר2회 마아르

〈6168〉에서 유래; '발가벗은' 곳, 즉 (문자적으로) 여성의 '외음부', 또는 (상징적으로) '빈' 공간:—벌거벗음, 부분.

H4627 מַעֲרָב9회 마아라브

'상거래'의 의미로 〈6148〉에서 유래; '거래'; 함축적으로 상인의 '상품':—시장, 상품.

H4628 מַעֲרָב14회 마아라브

또는 (여성형) מַעֲרָבָה 마아라바

〈6150〉에서 유래, '그늘이 지는'의 의미에서; '서쪽'(저녁 해의 영역으로서):—서쪽.

H4629 מַעֲרֶה1회 마아레

〈6168〉에서 유래 '노출된' 곳, 즉 '공유지':—목초지.

H4630 מַעֲרָה1회 마아라

〈4629〉의 여성형; '훤히 트인' 지점:—군대[난외주로부터].

H4631 מְעָרָה40회 메아라

〈5783〉에서 유래; (어두움으로서) '동굴':—굴, 구멍, 동굴.

H4632 מְעָרָה1회 메아라

〈4631〉과 동일; '동굴'; 팔레스타인의 한 장소 '므아라':—므아라(수13:4).

H4633 מַעֲרָךְ1회 마아라크

〈6186〉에서 유래; '배열', 즉 (상징적으로) 마음의 '의향':—준비.

H4634 מַעֲרָכָה18회 마아라카

〈4633〉의 여성형; '배열'; 구상명사로 '더미'; 특히 군대 '배치':—군대, 전투, 정돈되다, 배치하다, 정돈된 장소, 지위, 열.

H4635 מַעֲרֶכֶת10회 마아레케트

〈6186〉에서 유래; '배열', 즉 (구상명사로)(빵덩어리들의) '더미':—열, 진설병.

H4636 מַעֲרֹם1회 마아롬

〈6191〉에서 유래, '벗김'의 의미에서; 발가벗은:—나체의.

H4637 מַעֲרָצָה1회 마아라차

〈6206〉에서 유래; '격렬함':—공포.

H4638 מַעֲרָת1회 마아라트

〈4630〉의 한 형태; '황무지'; 팔레스타인의 한 장소 '마아랏':—마아랏(수15:59).

H4639 מַעֲשֶׂה234회 마아세

〈6213〉에서 유래; (선한 또는 악한) '행동'; 일반적으로 '처리'; 추상명사로 '활동'; 함축적으로 '산물'(특히 '시') 또는 (일반적으로) '재산':—행동, 기술, 구운 요리, 사업, 행위, 실행, 노동, 만든 것, 만든 상품, 직업, 제공된 것, 작업, 소유, 일, 수제품, 바느질, 그물세공, 일하기, 솜씨, 정교한.

H4640 מַעֲשַׂי1회 마아사이

〈6213〉에서 유래; '활동적인'; 한 이스라엘인의 이름 '마아새':—마아새(대상9:12).

H4641 מַעֲשֵׂיָה23회 마아세야

또는 מַעֲשֵׂיָהוּ 마아세야후

〈4639〉와 〈3050〉에서 유래, '여호와의 일'; 16 이스라엘인의 이름 '마아세야':—마아세야(대상15:18,20, 대하23:1, 렘21:1, 29;21, 35:4).

H4642 מַעֲשַׁקָּה2회 마아샤카

〈6231〉에서 유래; '억압':—억압, 압제자.

H4643 מַעֲשֵׂר32회 마아세르 또는 מַעֲשַׂר 마아사르 그리고 (복수) 여성형 מַעַשְׂרָה 마아스라

〈6240〉에서 유래; '십분의 일'; 특히 '십일조':—열 번째(부분), 십일조(드리기).

H4644 **מֹף**1회 모프
기원은 애굽어; 하애굽의 수도, '몹':—멤피스, 놉(호9:6). 〈5297〉과 비교.

H4645 **מִפְגָּע**1회 미프가
〈6293〉에서 유래; '공격목표':—표적, 과녁.

H4646 **מַפָּח**1회 맙파흐
〈5301〉에서 유래; (생명의) '숨을 내쉬기', 즉 '숨을 그침':—끝남.

H4647 **מַפֻּחַ**1회 맙푸아흐
〈5301〉에서 유래; 대장간의 '풀무'(즉 '송풍기'):—풀무.

H4648 **מְפִיבֹשֶׁת**15회 메피보셰트
또는 **מְפִבֹשֶׁת** 메피보셰트
아마도 〈6284〉와 〈1322〉에서 유래; '부끄러움'(즉, 바알의)의 '일소(一掃)자'; 두 이스라엘인의 이름, '므비보셋':—므비보셋(삼하4:4, 9:6, 21:8).

H4649 **מֻפִּים**1회 뭅핌
명백히 〈5130〉에서 유래된 복수형; '흔들림'; 한 이스라엘인의 이름 '뭅빔':—뭅빔(창46:21). 〈8206〉과 비교

H4650 **מֵפִיץ**1회 메피츠
〈6327〉에서 유래; '부수는 것', 즉 '나무 메':—큰 나무망치, 메.

H4651 **מַפָּל**2회 맙팔
〈5307〉에서 유래; '떨어져 나감', 즉 '왕겨'; 또한 '매달린' 어떤 것, 즉 펄럭거리는 것:—얇은 조각, 찌꺼기.

H4652 **מִפְלָאָה**1회 미플라아
〈6381〉에서 유래; '기적':—경이로운 일.

H4653 **מִפְלַגָּה**1회 미플락가
〈6385〉에서 유래; '분류':—구분.

H4654 **מַפָּלָה**3회 맙팔라
또는 **מַפֵּלָה** 맙펠라
〈5307〉에서 유래; '떨어진' 것, 즉 '폐허':—황폐(한).

H4655 **מִפְלָט**1회 미플라트
〈6403〉에서 유래; '탈출':—도망.

H4656 **מִפְלֶצֶת**4회 미플레체트
〈6426〉에서 유래; '공포', 즉 '우상':—우상.

H4657 **מִפְלָשׂ**1회 미플라스
'균형 잡다'를 의미하는 사용되지 않은 어근에서 유래; '평형':—균형.

H4658 **מַפֶּלֶת**7회 맙펠레트
〈5307〉에서 유래; '떨어짐', 즉 쇠미; 구상명사로 '황폐'; 특히 '시체':—송장, 쓰러짐, 황폐.

H4659 **מִפְעָל**3회 미프알
또는 (여성형) **מִפְעָלָה** 미프알라
〈6466〉에서 유래; '실행:—일, 사역.

H4660 **מַפָּץ**1회 맙파츠
〈5310〉에서 유래; 조각나도록 '치기':—살육.

H4661 **מַפֵּץ**1회 맙페츠
〈5310〉에서 유래; '강타하는 것', 즉 전쟁용 '곤봉':—전쟁용 도끼.

H4662 **מִפְקָד**5회 미프카드
〈6485〉에서 유래; '지정', 즉 '명령'; 구상명사로 지정된 '지점'; 특히 '인구조사':—지정된 장소, 명령, 수.

H4663 **מִפְקָד**1회 미프카드
〈4662〉와 동일; '임무'; 예루살렘의 한 성문의 이름 '함밉갓':—함밉갓(느3:31).

H4664 **מִפְרָץ**1회 미프라츠
〈6555〉에서 유래; (해변의) '갈라진 틈', 즉 '항구':—터진 곳.

H4665 **מִפְרֶקֶת**1회 미프레케트

〈6561〉에서 유래; 정확히는 '골절', 즉 목의 '관절'('척추'):—목.

H4666 מִפְרָשׂ2회 **미프라스**
〈6566〉에서 유래; '팽창':—펼쳐놓은 것, 퍼짐.

H4667 מִפְשָׂעָה1회 **미프사아**
〈6585〉에서 유래; '큰 걸음', 즉 (완곡어법에 의해) '가랑이':—궁둥이.

H4668 מַפְתֵּחַ3회 **마프테아흐**
〈6605〉에서 유래; '여는 것', 즉 '열쇠':—열쇠.

H4669 מִפְתָּח1회 **미프타흐**
〈6605〉에서 유래; '빼끔히 벌어진 데', 즉 (상징적으로) '발언':— 열기.

H4670 מִפְתָּן8회 **미프탄**
〈6620〉과 동형에서 유래; '펴 늘이는 기구', 즉 '토대'-문지방.

H4671 מֹץ6회 **모츠** 또는 **מוֹץ** **모츠** (습2:2)
〈4160〉에서 유래; '왕겨'('키질한', 또는 '도리깨질'하여 흐트린 것으로서):—겨.

H4672 מָצָא455회 **마차**
기본어근; 정확히는 앞에 '나오다', 즉 '나타나다', 또는 '존재하다'; 타동사로 '도달하다', 즉 '발견하다' 또는 '획득하다'; 상징적으로 '발생하다', '만나다' 또는 '출석하다':—가능하다, 발생하다, 잡다, 확실히, (가져)오다(손에), 넘겨주다, 발견하다, (충분히), 가지다(여기에), 여기 있다, 맞히다, 남다, 우연히 발견하다, 만나다, 지금 있는, 준비된, 빠른, 충족한, 붙잡다.

H4673 מַצָּב10회 **맛차브**
〈5324〉에서 유래; 고정된 '지점'; 상징적으로 '직무', 군사적 '초소':—수비대, 주둔지, 서있는 장소.

H4674 מֻצָּב3회 **뭇차브**
〈5324〉에서 유래; '주둔지', 즉 군사적 초소:—산.

H4675 מַצָּבָה2회 **맛차바**
또는 **מִצָּבָה** **밋차바**
〈4673〉의 여성형; 군대의 '보초':—군대, 수비대.

H4676 מַצֵּבָה34회 **맛체바**
〈5324〉의 (사역동사) 여성형 분사; '자리 잡힌' 어떤 것, 즉 '기둥' 혹은 (기념 '비석'); 유추적으로 '우상':—수비대, (서있는)우상, 기둥.

H4677 מְצֹבָיָה1회 **메초바야**
명백히 〈4672〉와 〈3050〉에서 유래; '여호와께 발견됨'; 팔레스타인의 한 장소, '므소바 사람':—므소바 사람(대상11:47).

H4678 מַצֶּבֶת3회 **맛체베트**
〈5324〉에서 유래; '고정된' 어떤 것, 즉 기념할 만한 '돌'; 또한 나무의 '그루터기':—기둥, 그루터기.

H4679 מְצַד12회 **메차드** 또는 **מְצָד** **메차드**
또는 (여성형) **מְצָדָה** **메차다**
〈6679〉의 여성형; '성채' (복병의 '잠복처'로서):—산성, 성채, 요새, 군수품.

H4680 מָצָה7회 **마차**
기본어근; '빨아내다'; 함축적으로 '마셔서 비우다', '짜내다':—(잔을)기울여 마시다, 짜내다.

H4681 מֹצָה1회 **모차**
〈4680〉의 여성 능동태 분사형; '배수된'; 팔레스타인의 한 장소, '모사':—모사(수18:26).

H4682 מַצָּה33회 **맛차**
달콤한 것은 '탐욕스럽게'삼킨다는 의미로 〈4711〉에서 유래; 정확히는 '달콤함'; 구상명사로 '단 것'(즉, 누룩으로 시게 하거나 쓰게 하지 않은); 특히 '발효되지 않은 빵'이나 덩어리, 또는 (생략적으로) '유월절'의 잔치 (당시에는 누룩이 사용되지 않았기 때문에):—발효되지 않은(빵, 떡), 누룩 없는.

H4683 מַצָּה[3회] 맛차
〈5327〉에서 유래; '다툼':—논쟁, 토론, 투쟁.

H4684 מַצְהָלָה[2회] 마츠할라
〈6670〉에서 유래; '히힝 울다'(전쟁이나 욕망을 참지 못해서):—(말의) 울음.

H4685 מָצוֹד[4회] 마초드 또는 (여성형) מְצוֹדָה 메초다 또는 מְצֹדָה 메초다
〈6679〉에서 유래; (동물들이나 고기들을 '잡기'위한) '그물'; 또한 (〈4679〉와 교체적으로) '성채' 또는 (포위 공격하는) '망대':—방벽, 요새, 군수품, 그물, 덫.

H4686 מָצוּד[21회] 마추드 또는 (여성형) מְצוּדָה 메추다 또는 מְצֻדָה 메추다
〈4685〉 참조; '그물', 혹은 (추상명사로) '포획'; 또한 '성채':—산성, 방어, 기지, (강한)요새, 사냥된, 그물, 덫, 강한 곳.

H4687 מִצְוָה[181회] 미츠와
〈6680〉에서 유래; 인간이나 신의 '명령' (집합명사로 '율법'):—(명령된) 율법, 법령, 명령, 교훈.

H4688 מְצוֹלָה[12회] 메촐라 또는 מְצֹלָה 메촐라 또한 מְצוּלָה 메출라 또는 מְצֻלָה 메출라
〈6683〉과 동형에서 유래; (물이나 진흙의) '깊은 곳':—밑바닥, 깊은, 깊이.

H4689 מָצוֹק[6회] 마초크
〈6693〉에서 유래; '좁은' 곳, 즉 (추상적으로 그리고 상징적으로) '제한' 또는 '무능':—고통, 번민, 답답함.

H4690 מָצוּק[2회] 마추크 또는 מָצֻק 마추크
〈6693〉에서 유래; '좁은' 어떤 것, 즉 '기둥' 또는 '언덕'의 꼭대기:—기둥, …의 위치를 정하다.

H4691 מְצוּקָה[7회] 메추카
또는 מְצֻקָה 메추카
〈4690〉의 여성형; '좁음', 즉 (상징적으로) '고생':—고통, 걱정.

H4692 מָצוֹר[25회] 마초르
또는 מָצוּר 마추르
〈6696〉에서 유래; '에워싸는' 어떤 것, 즉 (객관적으로)(포위 공격자들의) '토루(土壘)', (추상명사) '포위', (상징적으로) '고통', 혹은 (주관적으로) '성채':—에워싸인, 방벽, 방어, 둘러싸인, 요새, 포위, 강한(성채), 망대.

H4693 מָצוֹר[5회] 마초르
'제한'의 의미로 〈4692〉와 같음; '애굽'(팔레스타인의 '국경'으로서):—포위된 곳들, 방어, 요새화된, (왕하 19:24, 사19:6, 37:25).

H4694 מְצוּרָה[8회] 메추라
또는 מְצֻרָה 메추라
〈4692〉의 여성형 '에워싸는' 것, 즉 (객관적으로) (포위의) '토루(土壘)', 또는 (주관적으로) (보호의) '누벽(壘壁)', (추상명사로) '요새화':—울타리를 친(도시), 요새, 군수품, 강한 성채.

H4695 מַצּוּת[1회] 맛추트
〈5327〉에서 유래; '싸움':—다툰 것.

H4696 מֵצַח[13회] 메차흐
'분명하다'는 의미의 사용되지 않은 어근에서 유래, 즉 '눈에 띄는'('훤히 트인' 그리고 '두드러진' 것으로서)

'이마':—이마, 머리의 윗부분, 뻔뻔스러운.

H4697 מִצְחָה1회 **미츠하**
〈4696〉과 동형에서 유래; ('두드러진 것'으로서) 갑옷의 '정강이 부분', 단지 복수로만:—갑옷의 정강이 받이.

H4698 מְצִלָּה1회 **메칠라**
〈6750〉에서 유래; '딸랑딸랑 울리는 것', 즉 '종':—방울.

H4699 מְצֻלָּה1회 **메출라**
〈6751〉에서 유래; '그늘':—밑바닥.

H4700 מְצֵלֶת23회 **메첼레트**
〈6750〉에서 유래; (오직 쌍수로만) 이중으로 된 '딸랑딸랑 울리는 것', 즉 심벌즈:—제금.

H4701 מִצְנֶפֶת12회 **미츠네페트**
〈6801〉에서 유래; '두건', 즉 (왕이나 대제사장의) 직무상의 '머리에 감는 두건':—왕관, 대제사장의 관.

H4702 מַצָּע1회 **맛차**
〈3331〉에서 유래; '침상':—침대.

H4703 מִצְעָד3회 **미츠아드**
〈6805〉에서 유래; '한 걸음'; 상징적으로 '사귐':—진행, 걸음.

H4704 מִצְּעִירָה1회 **밋체이라**
〈4705〉의 여성형; 정확히는 '작음'; 구상명사 '작은 것'['사람']:—작은.

H4705 מִצְעָר6회 **미츠아르**
〈6819〉에서 유래; (크기나 수에 있어서) '사소한'; 부사로는 '짧은'(시간):—작은 것, 잠시 동안, 조그마한.

H4706 מִצְעָר1회 **미츠아르**
〈4705〉과 동일; 레바논의 꼭대기 '미살 산':—미살 산(시42:7(6)).

H4707 מִצְפֶּה2회 **미츠페**
〈6822〉에서 유래; '전망대', 특히 군사적 목적으로:—망대.

H4708 מִצְפֶּה7회 **미츠페**
〈4707〉과 동일; 팔레스타인의 다섯 장소의 이름, '미스바':—미스바(수11:8, 15:38, 삼상22:3, 삿11:22), 망대. 〈4709〉와 비교

H4709 מִצְפָּה40회 **미츠파**
〈4708〉의 여성형.[그보다는 다만 〈4708〉 에 '휴식 부호가 있을' 때의 정서법의 변화로 보인다]; 팔레스타인의 두 장소의 이름 '미스바':—미스바(삿10:17, 11:11,34, 삿21:1, 삼상7:5).

H4710 מִצְפֻּן1회 **미츠푼**
〈6845〉에서 유래; '비밀'(장소, 혹은 물건, 아마도 '보물'):—감춰 것.

H4711 מָצַץ1회 **마차츠**
기본어근; '빨다':—우유.

H4712 מֵצַר3회 **메차르**
〈6896〉에서 유래; '단단한' 어떤 것, 즉 (상징적으로) '고생':—고민, 고통, 곤란.

H4713 מִצְרִי29회 **미츠리**
〈4714〉에서 유래; '미스라인(人)', 또는 미스라임의 거주자:— 애굽인, 애굽의(창39:1).

H4714 מִצְרַיִם680회 **미츠라임**
〈4693〉의 쌍수; '미스라임', 즉 상·하 애굽:—애굽, 애굽인들, 미스라임(창45:20, 46:34, 47:6,13, 50:11).

H4715 מִצְרֵף2회 **미츠레프**
〈6884〉에서 유래; '도가니':—정제하는 도가니.

H4716 מַק2회 **마크**
〈4743〉에서 유래; 정확히는 '용해', 즉 '썩음':—부패, 악취.

H4717 מַקָּבָה3회 **막카바**
〈5344〉에서 유래; 정확히는 '관통', 즉

'망치'('꿰뚫는' 것으로서):—방망이.

H4718 מַקֶּבֶת[5회] **막케베트**
〈**5344**〉에서 유래; 정확히는 '구멍을 뚫는 것', 즉 ('꿰뚫는' 것으로서) '망치'; 또한 (자동사) '구멍을 냄', 즉 '채석장':—망치, 구멍.

H4719 מַקֵּדָה[9회] **막케다**
'떼를 지음'이란 명사 유래적 의미로 〈**5348**〉과 동형에서 유래(〈**5349**〉와 비교); '양 우리'; 팔레스타인의 한 장소, '막게다':—막게다(수10:10, 12:16, 15:41).

H4720 מִקְדָּשׁ[73회] **미크다쉬**
또는 מִקְּדָשׁ **믹케다쉬** (출15:—17)
〈**6942**〉에서 유래; '봉헌된' 물건이나 장소, 특히 '궁정', (여호와의 또는 우상의) '성소' 또는 '도피처':—예배 처소, 신성화된 지역, 거룩한 장소, 성소.

H4721 מַקְהֵל[2회] **마크헬**
또는 (여성형) מַקְהֵלָה **마크헬라**
〈**6950**〉에서 유래; '집회':—회중.

H4722 מַקְהֵלֹת[2회] **마크헬로트**
〈**4721**〉의 복수 (여성형); '집회'; 사막 가운데의 한 장소, '막헬롯':—막헬롯(민33:25).

H4723 מִקְוֶה[12회] **미크웨**
또는 מִקְוֵה **미크웨** (왕상10:—28),
또는 מִקְוֵא **미크웨** (대하1:16)
〈**6960**〉에서 유래; '기다려진' 어떤 것, 즉 '확신'(객관적으로 또는 주관적으로); 또한 '모인 것', 즉 (물의) '못', 또는 (사람이나 말들의) '대상(隊商)' 또는 '가축의 떼':—머무는, 함께 모으는, 희망, 아마 실, [물의] 풍부함, 못.

H4724 מִקְוָה[1회] **미크와**
〈**4723**〉의 여성형; '모인 것', 즉 (물의) '저수지':—도랑.

H4725 מָקוֹם[401회] **마콤** 또는 מָקֹם **마콤**
또한 (여성형) מְקוֹמָה **메코마** 또는 מְקֹמָה **메코마**
〈**6965**〉에서 유래; 정확히는 '서 있기', 즉 '지점'; 그러나 (일반적으로 또는 특별하게) '장소'의 의미로 폭넓게 쓰임; 또한 (상징적으로) (몸이나 마음의) '상태':—지방, 고향, 훤히 트인 장소, 여지, 공간, 어디로[든지].

H4726 מָקוֹר[18회] **마코르**
또는 מָקֹר **마코르**
〈**6979**〉에서 유래; 정확히는 '파진' 어떤 것, 즉 (일반적으로) '근원'(물의, 자연적으로 흐르고 있는 것까지; 또한 눈물의, 피의[여성 '외음부'의 완곡어법에 의해]; 상징적으로 행복의, 지혜의, 자손의):—원천, 유출, 샘, 우물, 수원(水源).

H4727 מִקָּח[1회] **믹카흐**
〈**3947**〉에서 유래; '받음':—취(取)하기.

H4728 מַקָּחָה[1회] **막카하**
〈**3947**〉에서 유래; '받은' 어떤 것, 즉 '상품'(구입된):—상품.

H4729 מִקְטָר[1회] **미크타르**
〈**6999**〉에서 유래; '연기 내는'(향을 피우는) 어떤 것, 즉 '난로'가 있는 곳:—…위에 태우다.

H4730 מִקְטֶרֶת[2회] **미크테레트**
〈**4729**〉의 여성형; '연기 내는'(향 피우는) 어떤 것, 즉 '숯 번철':—향로.

H4731 מַקֵּל[18회] **막켈**
또는 (여성형) מַקְּלָה **막켈라**
명백히 '싹트다'는 의미인 사용되지 않는 어근에서 유래; '어린가지', 즉 (나뭇잎이 있는, 혹은 보행을 위한, 때리기 위한, 안내하기 위한, 나누기 위한) '막대기':—장대, ([손])막대기.

H4732 מִקְלוֹת[4회] 미클로트
〈4731〉 (여성)의 복수형; '막대기들'; 광야의 한 장소, '미글롯':—미글롯 (대상27:4, 8:32, 9:37,38).

H4733 מִקְלָט[20회] 미클라트
'수용하다'의 의미로 〈7038〉에서 유래; (피난처로서) '도피처':—피난소.

H4734 מִקְלַעַת[4회] 미클라아트
〈7049〉에서 유래; '조각(彫刻)' (아마도 참피나무로 새긴):—새겨진(형태), 새기기, 조각하기.

H4735 מִקְנֶה[76회] 미크네
〈7069〉에서 유래; '사들인' 어떤 것, 즉 '재산', 그러나 단지 '가축'; 추상적으로 '취득':—가축, 떼, 무리, 소유, 구입, 물질.

H4736 מִקְנָה[15회] 미크나
〈4735〉의 여성형; 정확히는 '구입', 즉 '획득'; 구체적으로 (땅이나 살아있는) '재산'의 일부; 또한 지불된 '총액':—사들여진(사람), 소유, 구매.

H4737 מִקְנֵיָהוּ[2회] 미크네야후
〈4735〉와 〈3050〉에서 유래; '여호와의 소유'; 한 이스라엘인 '믹네야':—믹네야(대상15:—18,21).

H4738 מִקְסָם[2회] 미크쌈
〈7080〉에서 유래; '점복(占卜)':—점.

H4739 מָקַץ[1회] 마카츠
〈7112〉에서 유래; '끝'; 팔레스타인의 한 장소 '마가스':—마가스(왕상4:9).

H4740 מַקְצוֹעַ[12회] 마크초아 또는 מַקְצֹעַ 마크초아 또는 (여성형) מַקְצֹעָה 마크초아
'굽힘'이란 명사 유래어의 의미로 〈7106〉에서 유래; '모퉁이' 또는 깊숙한 곳:—구석, 모퉁이.

H4741 מַקְצֻעָה[1회] 마크추아
〈7106〉에서 유래; '깎는 도구', 즉 조각하는 '끌':—대패.

H4742 מְקֻצְעָה[2회] 메쿠츠아
'구부림'이란 명사 유래어의 의미로 〈7106〉에서 유래; '모퉁이':—구석.

H4743 מָקַק[10회] 마카크
기본어근; '녹이다'; 상징적으로 '흐르다', '줄다', '사라지다':—쇠잔하다, 썩다, 녹다, 수척해지다.

H4744 מִקְרָא[23회] 미크라
〈7121〉에서 유래; '불러내진' 어떤 것, 즉 공적인 '모임'(그 행위, 그 사람들, 또는 그 장소):—모임, 불러냄, 소집, 낭독.

H4745 מִקְרֶה[10회] 미크레
〈7136〉에서 유래; '만나진' 어떤 것, 즉 우연한 '사건' 또는 '행운':—일어난 어떤 일, 일이 일어나다, 기회, 사건 (발생).

H4746 מְקָרֶה[1회] 메카레
〈7136〉에서 유래; 정확히는 '결합된' 어떤 것, 즉 (목재로 된) '구조':—건물.

H4747 מְקֵרָה[2회] 메케라
〈7119〉와 동형에서 유래; '냉각':—여름.

H4748 מִקְשֶׁה[1회] 미크셰
단단히 그리고 둥글게 '매듭짓다'는 의미로 〈7185〉에서 유래; '돌려진' 어떤 것(둥글게 된), 즉 (머리타래의) '굽이모양':— (잘 다듬어진) 머리카락.

H4749 מִקְשָׁה[9회] 미크샤
〈4748〉의 여성형; '둥글게 한' 작품, 즉 '망치질로' 주형 된:—두들겨진(한 조각으로 된, 작품), 큰 덩치.

H4750 מִקְשָׁה[2회] 미크샤
〈7180〉에서 유래한 명사유래어; 문자적으로 '오이가 심겨진' 밭, 즉 '오이' 되기:—오이의 정원.

H4751 מַר[38회] **마르**
또는 (여성형) **מָרָה** **마라**
〈**4843**〉에서 유래; '쓴'(문자적으로, 혹은 상징적으로); 또한 (명사로서) '쓴 맛', 또는 (부사) '쓰게', 몹시:—화난, 쓴(쓰게, 쓴맛), 쓰라린, 불만스러운, 큰, 무거운.

H4752 מַר[1회] **마르**
'증류'라는 그 본래 의미로 〈**4843**〉에서 유래; '물방울':—물방울.

H4753 מֹר[12회] **모르** 또는 **מוֹר** **모르**
〈**4843**〉에서 유래; '몰약'(방울져서 '증류하는 것'으로서, 또한 '쓴 것'으로서):—몰약.

H4754 מָרָא[2회] **마라**
기본어근; '배반하다'; 여기에서('학대하다'는 의미를 통해) '채찍질하다', 즉 '때리다'(달릴 때 타조처럼 날개로 자신을):—불결하다, 스스로 들어 올리다.

H4755 מָרָא[1회] **마라**
〈**4751**〉의 여성형 참조; '쓴'; 나오미의 상징적인 이름 '마라':—마라(룻1:20).

H4756 מָרֵא[4회] **마레**
아람어 '권세를 부리다'는 의미로 〈**4754**〉와 일치한 어근에서 유래; '주인':— 주인, 주님.

H4757 מְרֹדַךְ בַּלְאֲדָן[1회] **메로닥 발아단**
외국어의 파생어에서 유래; 한 바벨론 왕 '므로닥 발라단':—므로닥 발라단(사39:1). 〈**4781**〉과 비교

H4758 מַרְאֶה[103회] **마르에**
〈**7200**〉에서 유래; '보기'(보는 행동); 또한 '모습'(보인 것), (실제적) '모양'(특히 만일 미끈하면, '미모'; 가끔 복수로 '용모')이든지, (정신적인) '환상'이든지 간에:—명백히, 외관, 용모, 아름다운, 아름다움, (아름다운) 외모, 은총 입은, 형태, 좋게, 바라보다, 보다, 얼굴모습, 매우 아름다운 모습.

H4759 מַרְאָה[12회] **마르아**
〈**4758**〉의 여성형; '환상'; 또한 (사역적으로) '거울':—거울, 환상.

H4760 מֻרְאָה[1회] **무르아**
명백히 〈**7200**〉의 사역형 여성 수동태 분사; '눈에 띄는' 어떤 것, 즉 새의 '모이 주머니'(그것의 '두드러진 모양'에서 유래):—수확, 농작물.

H4761 מַרְאָשָׁה[1회] **마르아샤**
〈**7128**〉에서 유래한 명사 유래어; 정확히는 '지도권', 즉 (집합적 의미의 복수로) '지배':—주권.

H4762 מַרְאֵשָׁה[6회] **마르에샤**
또는 **מַרֵשָׁה** **마레샤**
〈**4761**〉처럼 형성됨; '정상'; 팔레스타인의 한 장소와 두 이스라엘인의 이름 '마레사':— 마레사(수15:44, 대하11:8, 미1:15, 대상2:42).

H4763 מְרַאֲשָׁה[10회] **메라아샤**
〈**4761**〉처럼 형성됨; 정확히는 '머리에 쓰는 것', 즉 (부사적 의미의 복수로) '의자에 달린 머리받이'(또는 베개)를 벤:—덧베개, 머리, 베개. 〈**4722**〉와 비교

H4764 מֵרָב[3회] **메라브**
〈**7231**〉에서 유래; '증가하다'; 사울의 딸 '메랍':—메랍(삼상14:49, 18:17).

H4765 מַרְבַד[2회] **마르바드**
〈**7234**〉에서 유래; '침대의 덮개':—두꺼운 천의 덮개.

H4766 מַרְבֶּה[2회] **마르베**
〈**7235**〉에서 유래; 정확히는 '증가하는'; 명사로 '거대함', 또는 (부사로)

'거대하게':—커다란, 늘어나다.

H4767 מִרְבָּה1회 **미르바**
〈7235〉에서 유래; '풍부함', 즉 다량:—많은.

H4768 מַרְבִּית5회 **마르비트**
〈7235〉에서 유래; '다수'; 또한 '자손'; 특히 (자본에 대한) '이자':—가장 큰 부분, 거대함, 증가하다, 군중.

H4769 מַרְבֵּץ2회 **마르베츠**
〈7257〉에서 유래; '눕는' 장소, 즉 '우리'(양떼를 위한):—쉬는 곳, 눕는 곳.

H4770 מַרְבֵּק4회 **마르베크**
'졸라매다'는 의미의 사용되지 않은 어근에서 유래; (가축을 위한) '마구간':—살찐, 마구간.

H4771 מַרְגּוֹעַ1회 **마르고아**
〈7280〉에서 유래; '쉬는' 장소:—쉼.

H4772 מַרְגְּלָה5회 **마르겔라**
〈7272〉에서 유래한 명사유래어; (집합적 의미의 복수로) '발 부분', 즉 (부사로) '발아래에', 또는 (직접적으로) '발' 그 자체:—발. 〈4763〉과 비교

H4773 מַרְגֵּמָה1회 **마르게마**
〈7275〉에서 유래; '돌'무더기:—투석기.

H4774 מַרְגֵּעָה1회 **마르게아**
〈7280〉에서 유래; '쉼':—상쾌한.

H4775 מָרַד25회 **마라드**
기본어근; '반역하다':—배반(하는).

H4776 מְרַד1회 **메라드**
[아람어] 〈4775〉에 상응하는 어근에서 유래; '반역':—반란.

H4777 מֶרֶד1회 **메레드**
〈4775〉에서 유래; '반역':—반역.

H4778 מֶרֶד2회 **메레드**
〈4777〉과 동일; 한 이스라엘인 '메렛':—메렛(대상4:17,18).

H4779 מָרָד2회 **마라드**
[아람어] 〈4776〉과 동형에서 유래; '반역하는':—반역하는.

H4780 מַרְדּוּת1회 **마르두트**
〈4775〉에서 유래; '반역':—반역하는.

H4781 מְרֹדָךְ1회 **메로다크**
외래어의 파생어에서 유래; 바벨론 우상 '므로닥':—므로닥(렘50:2). 〈4757〉과 비교

H4782 מָרְדְּכַי60회 **모르데카이**
외래어의 파생어에서 유래; 한 이스라엘인 '모르드개':—모르드개(에2:5).

H4783 מֻרְדָּף1회 **무르다프**
〈7291〉에서 유래; '박해받은':—핍박받은.

H4784 מָרָה44회 **마라**
기본어근; '(맛이) 쓰다'(사역동사 '쓰게 하다')(혹은, 불쾌하다, 불쾌하게 하다); (상징적으로) '반역하다'(혹은, 저항하다; 사역동사 '격동시키다'):—쓰다, 변화하다, 불순종하다, 거역하다, 비통하게, 격동(시키다), (…대항하여) 반역하다.

H4785 מָרָה5회 **마라**
〈4751〉의 여성형과 동일; '쓴'; 광야의 한 장소 '마라':—마라(출15:23, 민33:8).

H4786 מֹרָה1회 **모라**
〈4843〉에서 유래; '씀', 즉 (상징적으로) '고통':—슬픔.

H4787 מָרָּה1회 **모르라**
〈4786〉의 한 형태; '고생':—괴로움.

H4788 מָרוּד3회 **마루드**
'학대'의 의미로 〈7300〉에서 유래; '추방당한 사람'; (추상적으로) '빈곤':—쫓아내다, 비참한 신세.

H4789 מֵרוֹז1회 **메로즈**

불확실한 파생어에서 유래; 팔레스타인의 한 장소 '메로스':—메로스(삿 5:23).

H4790 מְרוֹחַ 1회 **메로아흐**
〈**4799**〉에서 유래; '상처를 입은', 즉 '거세된':—부서진, 망그러진.

H4791 מָרוֹם 54회 **마롬**
〈**7311**〉에서 유래; '고도', 즉 구체적으로 ('높은 장소'), 추상명사로 ('높이'), 상징적으로 ('의기양양'), 혹은 부사('높은 곳에'):—(훨씬) 위에, 위엄, 오만한, 높은(사람, 장소), 높게, 위쪽으로.

H4792 מֵרוֹם 2회 **메롬**
〈**4791**〉과 같이 형성됨; '높음'; 팔레스타인의 한 호수 '메롬':—메롬(수 11:5,7).

H4793 מֵרוֹץ 1회 **메로츠**
〈**7323**〉에서 유래; '달림'(속도의 시험):—경주.

H4794 מְרוּצָה 5회 **메루차**
또는 **מְרֻצָה 메루차**
〈**4793**〉의 여성형; '경주'(그 행동), 태도나 과정으로서:—행로, 달리기. 〈**4835**〉와 비교

H4795 מָרוּק 1회 **마루크**
〈**4838**〉에서 유래; 정확히는 '문질러짐'; 그러나 추상적으로 사용되어 (향료로) '문지름':—깨끗이 하기, 정화.

H4796 מָרוֹת 1회 **마로트**
〈**4751**〉의 여성복수; '쓴' 샘물; 팔레스타인의 한 장소, '마롯':—마롯(미 1:12).

H4797 מִרְזַח 2회 **미르자흐**
'소리치다'는 의미의 사용되지 않는 어근에서 유래; '외침', 즉 (즐거움의) '잔치':—연회.

H4798 מַרְזֵחַ 2회 **마르제아흐**
〈**4797**〉 같이 형성됨; '외침', 즉 (슬픔의) '통곡':—비탄.

H4799 מָרַח 1회 **마라흐**
기본어근; 정확히는 문지르거나 눌러서 '부드럽게 하다'; 여기에서 (의학적으로) 연화제로서 '붙이다':—고약을 붙이다.

H4800 מֶרְחָב 6회 **메르하브**
〈**7337**〉에서 유래; '확대', 문자적으로(보통 좋은 의미로, '탁 트인 공간')나, 또는 상징적으로('자유'):—폭, 넓은 장소(공간).

H4801 מֶרְחָק 16회 **메르하크**
〈**7368**〉에서 유래; '멀리 떨어져 있음', 즉 (구체적으로) '멀리 떨어진' 장소; 가끔 (부사) '멀리 떨어져서':—(매우) 먼 (지방에서, 떨어진), 멀리 살다. 또한 〈**1023**〉을 보라

H4802 מַרְחֶשֶׁת 12회 **마르헤쉐트**
〈**7370**〉에서 유래; '요리' 냄비:—튀김냄비.

H4803 מָרַט 14회 **마라트**
기본어근; '윤을 내다'; 함축적으로 (머리를) '대머리로 만들다', (어깨를) '스쳐서 벗기다'; 또한 '날카롭게 하다':—밝은, 문지르다, (그의) 머리칼을 빗어 내리다, 빗겨 내려진 머리카락, 껍질이 벗겨진, (머리칼을) 뜯다.

H4804 מְרַט 1회 **메라트**
아람어 〈**4803**〉과 같음; '뽑아'버리다:—뜯겨지다.

H4805 מְרִי 23회 **메리**
〈**4784**〉에서 유래; '쓴 맛', 즉 (상징적으로) '반역'; 구체적으로 '쓴', 또는 '반역하는':—쓴, 반역하다, 가장 반역적인, 반역, 반항적인.

H4806 מְרִיא8회 **메리**
'뽐내는'의 개념을 통해, '뚱뚱함'의 의미로 〈**4754**〉에서 유래(〈**4756**〉과 비교); '축사에 가두어 기른'; 가끔 (명사로) '쇠고기':—살찐 짐승(가축), 비육가축, 사육 짐승.

H4807 מְרִיב בַּעַל3회 **메리브 바알**
〈**7378**〉과 〈**1168**〉에서 유래; '바알과 다투는 자'; 기드온의 별명 '므립바알':—므립바알(대상9:40). 〈**4810**〉과 비교

H4808 מְרִיבָה3회 **메리바**
〈**7378**〉에서 유래; '싸움':—성나게 함, 투쟁.

H4809 מְרִיבָה11회 **메리바**
〈**4808**〉과 동일; 광야에 있는 두 장소의 이름 '므리바':—므리바(출17:7, 신33:8, 겔48:28).

H4810 מְרִי בַעַל3회 **메리 바알**
〈**4805**〉와 〈**1168**〉에서 유래; '바알의'(즉 '에 대한') '모반'; 기드온의 별명 '므립바알':—므립바알(대상9:40), 〈**4807**〉과 비교

H4811 מְרָיָה1회 **메라야**
〈**4784**〉에서 유래; '모반'; 한 이스라엘인 '므라야':—므라야(느12:12). 〈**3236**〉과 비교

H4812 מְרָיוֹת7회 **메라요트**
〈**4811**〉의 복수; '반역하는'; 두 이스라엘인의 이름 '므라욧':—므라욧(대상6:6, 스7:3, 대상9:11, 느11:11, 12:15).

H4813 מִרְיָם15회 **미르얌**
〈**4805**〉에서 유래; '반항적으로'; 두 이스라엘 여인의 이름 '미리암':—미리암(출15:20, 민12:1, 미6:4, 대상4:17).

H4814 מְרִירוּת2회 **메리루트**
〈**4843**〉에서 유래; '쓴 맛', 즉 (상징적으로) '슬픔':—괴로움.

H4815 מְרִירִי1회 **메리리**
〈**4843**〉에서 유래; '쓴', 즉 '독이 있는':—쓴.

H4816 מֹרֶךְ1회 **모레크**
아마 〈**7401**〉에서 유래; '부드러움', 즉 (상징적으로) '두려움':—약함.

H4817 מֶרְכָּב3회 **메르카브**
〈**7392**〉에서 유래; '병거'; 또한 (타는 것의) '좌석':—전차, 덮개, 안장.

H4818 מֶרְכָּבָה44회 **메르카바**
〈**4817**〉의 여성형; '병거':—전차. 또한 〈**1024**〉를 보라

H4819 מַרְכֹּלֶת1회 **마르콜레트**
〈**7402**〉에서 유래; '시장':—상품.

H4820 מִרְמָה39회 **미르마**
'속임'의 의미로 〈**7411**〉에서 유래; '사기':—교활, 속이다(속이는, 속게, 거짓의, 꾸민, 간사, 교묘하게, 배반).

H4821 מִרְמָה1회 **미르마**
〈**4820**〉과 동일; 한 이스라엘인 '미르마':—미르마(대상8:10).

H4822 מְרֵמוֹת6회 **메레모트**
〈**7311**〉에서 유래한 복수형; '높은 곳들'; 두 이스라엘인의 이름 '므레못':—므레못(스8:33, 느3:4).

H4823 מִרְמָס7회 **미르마쓰**
〈**7429**〉에서 유래; '실추' (그 행위나 일):—밟다(밟는), 발아래 짓밟힌(짓밟히다).

H4824 מֵרֹנֹתִי3회 **메로노티**
사용되지 않은 명사에서 유래된 족속의 명칭; '메로놋 족속', 또는 어떤 (다르게는 알려지지 않은) 메로놋의 주민:—메로놋 사람들(대상27:30, 느

3:7).

H4825 מֶרֶס[1회] **메레쓰**

외래어의 파생어에서 유래; 한 페르시아인 '메레스':—메레스(에1:14).

H4826 מַרְסְנָא[1회] **마르쎄나**

외래어의 파생어에서 유래; 한 페르시아인 '마르스나':—마르스나(에1:14).

H4827 מֵרַע[4회] **메라**

〈**7489**〉에서 유래; (추상)명사로 사용, '악함':—행악하다.

H4828 מֵרֵעַ[9회] **메레아**

'교우관계'의 의미로 〈**7462**〉에서 유래; '친구':—동료, 친구.

H4829 מִרְעֶה[13회] **미르에**

'사육'의 의미로 〈**7462**〉에서 유래; '목장'(장소나 목양의 행위); 또한 야생동물들이 '서식지':—사육장, 목초지.

H4830 מַרְעִית[10회] **미르이트**

'사육'의 의미로 〈**7462**〉에서 유래; '목축'; 구체적으로 '가축의 떼':—떼, 목장.

H4831 מַרְעֲלָה[1회] **마르알라**

〈**7477**〉에서 유래; 아마도 '지진'; 팔레스타인의 한 장소 '마랄라':—마랄라(수19:11).

H4832 מַרְפֵּא[16회] **마르페**

〈**7495**〉에서 유래; 정확히는 '치료(법)', 즉 문자적으로 (구체적으로) '약', 혹은 (추상명사) '치료'; 상징적으로 (구체적으로) '구출', 또는 (추상적으로) '평온':—치료(할 수 있는)([없는]), 치료, 건강, 고치다(고치는), 건강한, 건전한, 나아지는.

H4833 מִרְפָּשׂ[1회] **미르파스**

〈**7515**〉에서 유래; '진흙투성이'의 물:—더럽혀진…것.

H4834 מָרַץ[4회] **마라츠**

기본어근; 정확히는 '누르다', 즉 (상징적으로) '맵다', 또는 격렬하다; '노하게 하다':—대담하게 하다, 강력하다, 슬픈, 쓰라린.

H4835 מְרֻצָה[1회] **메루차**

〈**7533**〉에서 유래; '압제':—격렬함. 또한 〈**4794**〉를 보라

H4836 מַרְצֵעַ[2회] **마르체아**

〈**7527**〉에서 유래; '송곳':—송곳.

H4837 מַרְצֶפֶת[1회] **마르체페트**

〈**7528**〉에서 유래; '포장도로':—포장도로.

H4838 מָרַק[3회] **마라크**

기본어근; '윤을 내다'; 함축적으로 '날카롭게 하다'; 또한 '씻어내다':—환한, 문지르다, 윤내다.

H4839 מָרָק[3회] **마라크**

〈**4838**〉에서 유래; (마치 '헹군 물' 같은) '국물':— 고기국물. 또한 〈**6564**〉를 보라

H4840 מֶרְקָח[1회] **메르카흐**

〈**7543**〉에서 유래; '향긋한' 풀잎:—달콤한.

H4841 מֶרְקָחָה[2회] **메르카하**

〈**4840**〉의 여성형; 추상적으로 (향료로) '맛을 내는'; 구체적으로 '연고-탕관'(향유를 준비하기 위한):—고약의 항아리, 우물.

H4842 מִרְקַחַת[3회] **미르카하트**

〈**7543**〉에서 유래; 향기로운 '연고'; 또한 '연고통':—약제사의 기술에 의해 준비된, 합성물, 고약.

H4843 מָרַר[14회] **마라르**

기본어근; 정확히는 '똑똑 떨어지다'[〈**4752**〉를 보라]; 그러나 〈**4751**〉에서 유래된 명사유래어로만 사용됨; (맛이) '쓰다'(사역동사 '쓰게 하

다')(문자적으로, 또는 상징적으로): —쓴(쓰게, 쓰라림), 쓰다, 이롭게 하다, 분통이 터지다, 슬픈(슬프다), 격동시키다, 괴롭히다.

H4844 מְרֹר[39회] 메로르 또는 מְרוֹר 메로르
〈4843〉에서 유래; '쓴'나물:—쓴(씀).

H4845 מְרֵרָה[1회] 메레라
〈4843〉에서 유래; (그 쓴맛으로부터) '담즙':—쓸개.

H4846 מְרֹרָה[4회] 메로라
또는 מְרוֹרָה 메로라
〈4843〉에서 유래; 정확히는 '씀'; 구체적으로 '쓴 것'; 특히 '담즙'; 또한 (뱀의) '독':—쓴(것), 쓸개.

H4847 מְרָרִי[1회] 메라리
〈4843〉에서 유래; '쓴'; 한 이스라엘인 '므라리':—므라리(창46:11, 출6:16). 또한 〈4848〉을 보라

H4848 מְרָרִי[1회] 메라리
〈4847〉에서 유래; (집합명사) '므라리 족속', 또는 므라리의 후손:—므라리 사람.

H4849 מִרְשַׁעַת[1회] 미르샤아트
〈7561〉에서 유래; 여성 '행악자':—악한 여인.

H4850 מְרָתַיִם[1회] 메라타임
〈4751〉의 여성형의 쌍수; '갑절의 쓴 맛'; 바벨론의 별명, '므라다임':—므라다임(렘50:21).

H4851 מַשׁ[1회] 마쉬
외래어의 파생어; 아람의 아들 '마스', 그리고 그의 후손:—마스(창10:23).

H4852 מֵשָׁא[1회] 메샤
외래어의 파생어; 아라비아의 한 장소 '메사':—메사(창10:30).

H4853 מַשָּׂא[66회] 맛사
〈5375〉에서 유래; '무거운 짐'; 특히 '공물', 또는 (추상적으로) '운반'; 상징적으로 '발언', 주로 '불운', 특히 '노래 부름'; 정신적으로 '욕망':—짐, 운반하다, 예언, 그들이 세웠다, 노래, 공물.

H4854 מַשָּׂא[1회] 맛사
〈4853〉과 동일; '무거운 짐'; 이스마엘의 아들, '맛사':—맛사(창25:14, 대상1:30).

H4855 מַשָּׁא[2회] 맛샤
〈5383〉에서 유래; '대부금'; 함축적으로 빚에 대한 '이자':—강제징수, 고리대금.

H4856 מַשֹּׂא[1회] 맛소
〈5375〉에서 유래; ('높이는' 것으로서) '편애':—존경.

H4857 מַשְׁאָב[1회] 마쉬아브
〈7579〉에서 유래; 가축이 물을 마시는 '구유':—물을 긷는 곳.

H4858 מַשָּׂאָה[1회] 맛사아
〈5375〉에서 유래; '대화재'(연기가 '솟아오르는 것'에서 유래):—무거운 짐.

H4859 מַשָּׁאָה[2회] 맛샤아
〈4855〉의 여성형; '대부금':—빚진 어떤 것, 빚.

H4860 מַשָּׁאוֹן[1회] 맛샤온
〈5377〉에서 유래; '시치미 뗌':—속임.

H4861 מִשְׁאָל[2회] 미쉬알
〈7592〉에서 유래; '요청'; 팔레스타인의 한 장소 '미살':—미살. 〈4913〉과 비교

H4862 מִשְׁאָלָה[2회] 미쉬알라
〈7592〉에서 유래; '요구':—욕망, 청원.

H4863 מִשְׁאֶרֶת[4회] 미쉬에레트
'부풀다'는 원래 의미로 〈7604〉에서 유래; (가루 반죽이 '부푸는' 것인) '반죽통':—반죽통, 저장소.

H4864 מַשְׂאֵת5회 **마스에트**
〈5375〉에서 유래; 정확히는 (추상적으로)(기도 때의 손의) '들어 올림', 또는 (불꽃의) '올라감'; 상징적으로 '발언'; 구체적으로 ('들어 올려진' 것으로서) '봉화'; (취해진 것으로서) '선물', '음식', 또는 '공물'; 상징적으로 (부담되는) '비난':—짐, 수집품, 불의 신호, (거대한)화염, 선물, 높이 들어 올린, 음식, 질책, 보상.

H4865 מִשְׁבְּצָה9회 **미쉬베차**
〈7660〉에서 유래; 아름다운 무늬를 넣어 짠 '비단'; 유추적으로 (그물 모양으로) 보석을 '박은 것':—장식핀, 정교한.

H4866 מִשְׁבֵּר3회 **미쉬베르**
〈7665〉에서 유래; 자궁의 '구멍'(태아가 '터치고' 나오는):—출생, 터치고 나옴.

H4867 מִשְׁבָּר5회 **미쉬바르**
〈7665〉에서 유래; (바다의) '부서지는 파도':—큰 물결, 파도.

H4868 מִשְׁבָּת1회 **미쉬바트**
〈7673〉에서 유래; '정지', 즉 파괴:—안식일.

H4869 מִשְׂגָּב17회 **미스가브**
〈7682〉에서 유래; 정확히는 낭떠러지(혹은, 다른 '높거나' '가까이 하기 어려운' 장소); 추상적으로 '높이'; 상징적으로 '피난처':—방어, 높은 요새(탑), 도피처.

H4870 מִשְׂגָּב1회 **미스가브**
〈4869〉에서 유래; 모압의 한 장소 '미스갑':—미스갑(렘48:1).

H4870' מִשְׁגֶּה3회 **미쉬게**
〈7686〉에서 유래; '잘못':—간과.

H4871 מָשָׁה3회 **마샤**
기본어근 '끌어'내다(문자적으로, 혹은 상징적으로):—'당기다'(밖으로).

H4872 מֹשֶׁה770회 **모세**
〈4871〉에서 유래; (물에서) '끌어내는', 즉 '구출된'; 이스라엘의 율법 수여자 '모세':—모세.

H4873 מֹשֶׁה8회 **모세**
아람어 〈4872〉와 같음:—모세.

H4874 מַשֶּׁה1회 **맛셰**
〈5383〉에서 유래; '빚':—채권자.

H4875 מְשׁוֹאָה3회 **메쇼아**
또는 **מְשֹׁאָה 메쇼아**
〈7722〉와 동형에서 유래; '파멸', 추상적으로(그 행위)나 구체적으로 (난파):—황폐, 폐허.

H4876 מַשּׁוּאָה2회 **맛슈아**
또는 **מַשֻּׁאָה 맛슈아**
〈4875〉 참조; '파멸':—황폐, 파괴.

H4877 מְשׁוֹבָב1회 **메쇼바브**
〈7725〉에서 유래; '되돌아온'; 한 이스라엘인 '메소밥':—메소밥(대상 4:34).

H4878 מְשׁוּבָה12회 **메슈바**
또는 **מְשֻׁבָה 메슈바**
〈7725〉에서 유래; '배교':—타락하는, 딴 데로 향하는.

H4879 מְשׁוּגָה1회 **메슈가**
'곁길로 빗나가다'는 의미의 사용하지 않은 어근에서 유래; '실수':—잘못.

H4880 מָשׁוֹט2회 **마쇼트**
또는 **מִשּׁוֹט 밋쇼트**
〈7751〉에서 유래; (배 젓는) '노':—노.

H4881 מְשׂוּכָה2회 **메수카**
또는 **מְשֻׂכָה 메수카**
〈7753〉에서 유래; '산울타리':—울타리.

H4882 מְשׁוּסָה2회 **메슈싸**
'약탈하다'는 의미의 사용하지 않은

어근에서 유래; '강탈':—약탈.

H4883 מַשּׁוֹר1회 **맛소르**
'이가 거친 줄로 갈다'는 의미의 사용하지 않은 어근에서 유래; '톱':—톱.

H4884 מְשׂוּרָה4회 **메수라**
명백히 '나누다'라는 의미인 사용되지 않은 어근에서 유래; (액체의) '분량':—도량형.

H4885 מָשׂוֹשׂ17회 **마소스**
〈7797〉에서 유래; '즐거움', 구체적으로 (그 이유나 대상) 또는 추상적으로 (그 느낌):—기쁨, 명랑, 기뻐하다.

H4886 מָשַׁח70회 **마샤흐**
기본어근; 기름으로 '문지르다', 즉 '기름을 바르다'; 함축적으로 '성별하다'; 또한 '도포하다':—기름붓다, 도포하다.

H4887 מְשַׁח2회 **메샤흐**
아람어 〈4886〉과 일치하는 어근에서 유래; '기름':—기름.

H4888 מִשְׁחָה25회 **미쉬하**
또는 **מָשְׁחָה** **모쉬하**
〈4886〉에서 유래; '기름부음' (그 행동); 함축적으로 봉헌의 '예물':—기름부음을 받다, 기름부음, 연고.

H4889 מַשְׁחִית19회 **마쉬히트**
〈7843〉에서 유래; '파괴적인', 즉 (명사로서) '파괴', 문자적으로 (특히 '덫') 또는 상징적으로 ('타락'):—부패, 파괴하다, 파괴, 함정, (철저한).

H4890 מִשְׂחָק1회 **미스하크**
〈7831〉에서 유래; '웃음거리':—비웃음.

H4891 מִשְׁחָר1회 **미쉬하르**
날이 '새다'는 의미로 〈7836〉에서 유래; '새벽':—아침.

H4892 מַשְׁחֵת1회 **마쉬헤트**
〈4889〉 참조; '파괴':—파괴하는.

H4893 מִשְׁחָת2회 **미쉬하트**
또는 **מָשְׁחָת** **모쉬하트**
〈7843〉에서 유래; '미관 손상':—부패, 손상된.

H4894 מִשְׁטוֹחַ3회 **미쉬토아흐**
또는 **מִשְׁטַח** **미쉬타흐**
〈7849〉에서 유래; '펼쳐진' 장소:—펼치다(펼치는), 위에 펼치다.

H4895 מַשְׂטֵמָה2회 **마스테마**
〈7850〉과 동형에서 유래; '적의':—증오.

H4896 מִשְׁטָר1회 **미쉬타르**
〈7860〉에서 유래; '재판권':—지배권.

H4897 מֶשִׁי2회 **메쉬**
〈4871〉에서 유래; '비단'(고치에서 '뽑은' 것으로서):—비단.

H4898 מְשֵׁיזַבְאֵל3회 **메셰자브엘**
〈7804〉의 동등어와 〈410〉에서 유래; '하나님께 구출된'; 한 이스라엘인 '므세사벨':—므세사벨(느3:4, 10:22(11)).

H4899 מָשִׁיחַ38회 **마쉬아흐**
〈4886〉에서 유래; '기름부음을 받은'; 보통 (왕, 제사장, 혹은 성자로) '성별된' 사람; 특히 '메시아':—기름부음을 받은, 메시야.

H4900 מָשַׁךְ9회 **마샤크**
기본어근; '끌다', 아주 다양한 적용으로 사용됨('씨 뿌리다', '소리 내다', '연장하다', '발전시키다', '행진하다', '제거하다', '연기하다', '키가 크다'등을 포함하여):—끌다, 계속하다, 연기하다, 늘이다. 견디다, 주다, 다루다, 길게 하다, 길게 소리내다, 씨 뿌리다, 흩다, 뻗치다.

H4901 מֶשֶׁךְ9회 **메셰크**

〈4900〉에서 유래; '씨뿌리기'; 또한 '소유':—귀중한, 값.

H4902 מֶשֶׁךְ[9회] **메셰크**

〈4901〉과 형태에 있어서는 동일하나 기원은 외래어인 듯함; 야벳의 아들과 그 후손, '메섹':—메섹(창10:2, 시120:5, 겔27:13).

H4903 מִשְׁכַּב[6회] **미쉬카브**

아람어 〈4904〉와 같음; '침대':—침대.

H4904 מִשְׁכָּב[46회] **미쉬카브**

〈7901〉에서 유래; '침대' (상징적으로, '영구차'); 추상적으로 '잠'; 완곡어법으로 육체적 '교합':—침대([침실]), 침상, …와 함께, 눕다(눕는).

H4905 מַשְׂכִּיל[35회] **마스킬**

〈7919〉에서 유래; '교훈적인', 즉 '교훈적인' 시:—마스길.

H4906 מַשְׂכִּית[6회] **마스키트**

〈7906〉과 동형에서 유래; '형상'(돌, 벽이나 어떤 물체에 새겨진); 상징적으로 '상상':—기발한 착상, 형상, 그림, 소원.

H4907 מִשְׁכַּן[1회] **미쉬칸**

아람어 〈4908〉과 같음; '주거':—거주.

H4908 מִשְׁכָּן[139회] **미쉬칸**

〈7931〉에서 유래; '주거'(목자의 '막사', 동물들의 '우리'를 포함하며, 상징적으로 '무덤'; 또한 '성전'); 특히 '성막'(정확히 말해서 그것의 나무로 된 벽들):—거주하다, 사는(곳), 거주, 성막, 장막.

H4909 מַשְׂכֹּרֶת[4회] **마스코레트**

〈7936〉에서 유래; '임금' 혹은 '보상':—보답, 급료.

H4910 מָשַׁל[81회] **마샬**

기본어근; '통치하다':—지배(하다, 하게하다), 통치자, (참으로), 다스리다 (다스리게 하다), 권력을 잡다.

H4911 מָשַׁל[17회] **마샬**

〈4912〉에서 유래한 명사유래어; '비유하다', 즉 (타동사) 상징적인 언어(은유, 격언, 노래 등)를 사용하다; 자동사 '닮다':—같다, 비교하다, 격언을 쓰다, (금언으로)말하다, 발언하다.

H4912 מָשָׁל[39회] **마샬**

정신적 활동에서 '우월성'이란 원래 의미로 명백히 〈4910〉에서 유래; 정확하는 함축성 있는 '격언', 보통 은유적인 성격의; 여기에서 '직유'(격언, 시, 강연 같은 것으로서):—속담, 비슷한 것, 비유, 격언.

H4913 מָשָׁל[2회] **마샬**

〈4861〉 참조; 팔레스타인의 한 장소 '마살':—마살(수19:26, 21:30).

H4914 מְשׁוֹל[3회] **메숄**

〈4911〉에서 유래; '풍자':—속담.

H4915 מֹשֶׁל[4회] **모셸**

(1)〈4910〉에서 유래; '제국' (2)〈4911〉에서 유래; '유사(물)':—지배, 비슷한 것

H4916 מִשְׁלוֹחַ[4회] **미쉴로아흐**

또는 מִשְׁלַח **미쉴라흐**

〈7971〉에서 유래; '내보냄', 즉 (추상적으로) '증여'(호의적인), 혹은 (비호의적인) '점유'; 또한 (구체적으로) '해산' 장소, 혹은 이행되어야 할 '업무':—놓다, 두다, 보내기, 차리다.

H4917 מִשְׁלַחַת[2회] **미쉴라하트**

〈4916〉의 여성형; '임무', 즉 (추상적으로 그리고 호의적인) '방출', 혹은 (구체적으로 그리고 비호의적인) '군대':—발사, 보냄.

H4918 מְשֻׁלָּם[5회] **메슐람**

〈7999〉에서 유래; '동맹한'; 열일곱

이스라엘인의 이름, '므술람':—므술람(스8:16, 느3:4).

H4919 מְשִׁלֵּמוֹת[2회] **메쉴레모트**

⟨7999⟩에서 유래한 복수형; '화해'; 한 이스라엘인 '무실레못':—무실레못 (대하28:12, 느11:13). ⟨4921⟩과 비교

H4920 מְשֶׁלֶמְיָה[3회] **메셸렘야**

또는 **מְשֶׁלֶמְיָהוּ 메셸렘야후**

⟨7999⟩와 ⟨3050⟩에서 유래; '여호와의 동맹군'; 한 이스라엘인 '므셀레먀':—므셀레먀(대상9:21).

H4921 מְשִׁלֵּמִית[1회] **메쉴레미트**

⟨7999⟩에서 유래; '화해'; 한 이스라엘인 '므실레밋':—므실레밋(대상9:12). ⟨4919⟩와 비교

H4922 מְשֻׁלֶּמֶת[1회] **메숼레메트**

⟨4918⟩의 여성형; 한 이스라엘인 '므술레멧':—므술레멧(왕하21:19).

H4923 מְשַׁמָּה[7회] **메샴마**

⟨8074⟩에서 유래; '황무지', 또는 '경악':—놀람, 황폐한.

H4924 מַשְׁמָן[6회] **마쉬만**

⟨8080⟩에서 유래; '살찐', 즉 (문자적으로 그리고 상징적으로) '살찜'; 그러나 보통 (상징적으로 그리고 구체적으로) '풍성한' 요리, '기름진' 들판, '강건한' 남자:—살찐(사람, -것), 비만, (가장) 기름진(곳).

H4925 מִשְׁמַנָּה[1회] **미쉬만나**

⟨8080⟩에서 유래; '비만'; 한 이스라엘인 '미스만나':—미스만나(대상12:10).

H4926 מִשְׁמָע[1회] **미쉬마**

⟨8085⟩에서 유래; '보고(서)':—듣기.

H4927 מִשְׁמָע[4회] **미쉬마**

⟨4926⟩과 동일; 이스마엘의 아들의 이름과 한 이스라엘인의 이름, '미스마':—미스마(창25:14, 대상4:25).

H4928 מִשְׁמַעַת[4회] **미쉬마아트**

⟨4926⟩의 여성형; '청중', 즉 '궁정'; 또한 '순종', 즉 (구체적으로) '신복':—명령, 보호하다, 순종하다.

H4929 מִשְׁמָר[22회] **미쉬마르**

⟨8104⟩에서 유래; '파수'(사람, 초소나 '감옥'); 상징적으로 '위탁물'; 또한 (준수된 것으로서) '용법' (추상적으로), 혹은 '본보기' (구체적으로):—근면, 파수, 직무, 감옥, 보호, 감시.

H4930 מַשְׂמְרָה[1회] **마스메라**

⟨4548⟩의 여성형 참조; '나무못':—못.

H4931 מִשְׁמֶרֶת[78회] **미쉬메레트**

⟨4929⟩의 여성형; '파수', 즉 그 행동('감시')이나 (구체적으로) '보초', '초소'; 객관적으로 '보존', 또는 (구체적으로) '금고'; 상징적으로 '준수', 즉 (추상적으로) '의무', 또는 (객관적으로) '관례', 혹은 '반열':—임무를 부탁하다, 지키다, 지켜지다, 직무, 규례, 안전보호, 보호, 파수.

H4932 מִשְׁנֶה[35회] **미쉬네**

⟨8138⟩에서 유래; 정확히는 '반복', 즉 '사본'(문서의 '복사'), 또는 (양에 있어서) '두 배'; 함축적으로 '둘째 번' (순서, 지위, 연령, 품질이나 위치에서):—떼, 복사, 갑절의, 비육 가축, 다음, 두 번째(순서), 양에서 두 배.

H4933 מְשִׁסָּה[6회] **메쉿싸**

⟨8155⟩에서 유래; '약탈':—노획물, 전리품.

H4934 מִשְׁעוֹל[1회] **미쉬올**

⟨8168⟩과 동형에서 유래; '우묵한 곳', 즉 좁은 통로:—작은 길.

H4935 מִשְׁעִי[1회] **미쉬이**

아마 ⟨8159⟩에서 유래; '검사':—유

연[순]하게 하다.

H4936 מִשְׁעָם 1회 미쉬암
명백히 〈8159〉에서 유래; '조사'; 한 이스라엘인 '미삼':—미삼(대상8:12).

H4937 מִשְׁעֵן 3회 미쉬엔
또는 מִשְׁעָן 미쉬안
〈8172〉에서 유래; '의존자', '지지자'(물)(구체적으로), 즉 (상징적으로) '보호자'나 '생계':—지주(支柱).

H4938 מִשְׁעֵנָה 11회 미쉬에나
또는 מִשְׁעֶנֶת 미쉬에네트
〈4937〉의 여성형; '지탱'(추상적으로), 즉 (상징적으로) '생계', 또는 (구체적으로) '지팡이':—막대기.

H4939 מִשְׂפָּח 1회 미스파흐
〈5596〉에서 유래; '도살':—압제.

H4940 מִשְׁפָּחָה 303회 미쉬파하
〈8192〉에서 유래[〈8198〉과 비교]; '가족', 즉 친척들의 집단; 상징적으로 (사람들의) 한 '부류', (동물의) '종류', 혹은 (물건의) '종류'; 확대된 의미로 '종족'이나 '백성':—가족, 친척, 종류.

H4941 מִשְׁפָּט 424회 미쉬파트
〈8199〉에서 유래; 정확히는 법률적으로 선언된 '판결'(호의적으로나 비호의적으로), 특히 '언도'나 공식적 선언(인간의 '법', 혹은 [특히] 거룩한 '율법', 개체적으로나 집합적으로), 그 행위, 장소, 소송, 범죄, 형벌을 포함함; 추상적으로 '정의', '권리'나 '특권'(법령에 의한 것이나)이나 '양식'까지도 포함하여:—반대자, 의식(예법), 고발, 범죄, 관습, 결정, 분별, 결정하는, 부과금, 유행, 형태, 재판받다, 재판, 정당한(정의, 바르게), 법(적인)(태도), 방법, (정당한)절차, 규례, 권리, 판결, 가치 있는, 잘못된.

H4942 מִשְׁפָּת 2회 미쉬파트
〈8192〉에서 유래; 가축을 위한 '축사'(쌍수로만 사용):—무거운 짐, 양우리.

H4943 מֶשֶׁק 1회 메셰크
'갖고 있다'는 의미의 사용하지 않은 어근에서 유래; '소유':—청지기.

H4944 מַשָּׁק 1회 맛샤크
〈8264〉에서 유래; '횡단', 즉 빠른 '동작':—이리저리 달리는.

H4945 מַשְׁקֶה 19회 마쉬케
〈8248〉에서 유래; 정확히는 '마시게 하는', 즉 '주류 관리자; 함축적으로 (자동사) '음료'(그 자체); 상징적으로 ' 물이 잘 관수된' 지역:—술 관리(권), (궁정연회에서) 술잔을 따라 올리는 사람, 음료, 마시기, 비옥한 목초지, 물댄.

H4946 מִשְׁקוֹל 1회 미쉬콜
〈8254〉에서 유래; '무게':—무게.

H4947 מַשְׁקוֹף 3회 마쉬코프
'위에 걸려있는'이란 원래 의미로 〈8259〉에서 유래; '상인방':—상인방.

H4948 מִשְׁקָל 49회 미쉬칼
〈8254〉에서 유래; '무게'(수적으로 측량된); 여기에서 '측량'(그 행동):—(충분한)무게.

H4949 מִשְׁקֶלֶת 2회 미쉬켈레트
또는 מִשְׁקֹלֶת 미쉬콜레트
〈4948〉, 또는 〈4947〉의 여성형; '저울추', 즉 '측연'(줄에 매달린):—다림추.

H4950 מִשְׁקָע 1회 미쉬카
〈8257〉에서 유래:— (물의) '침전시키는' 곳, 즉 연못:—깊은.

H4951 מִשְׂרָה 2회 미스라
〈8280〉에서 유래; '제국':—정부.

H4952 מִשְׁרָה 1회 미쉬라

'느슨하게 함'이란 의미로 〈8281〉에서 유래; 담가서 '부드럽게 함', 즉 담근 '즙':—술.

H4953 מַשְׁרוֹקִי 4회 **마쉬로키**

아람어 〈8319〉와 일치하는 어근에서 유래; (악기인) '피리'(그 '휘파람' 소리에서 유래):—플루트, 피리.

H4954 מִשְׁרָעִי 1회 **미쉬라이**

사용되지 않은 어근에서 유래된 사용되지 않은 명사에서 유래한 족속의 명칭; 아마도 '뻗치다'를 의미; '확장'; '미스라 족속', 또는 (집합적으로) 미스라의 주민:—미스라 사람들(대상 2:53).

H4955 מִשְׂרָפָה 4회 **미스라파**

〈8313〉에서 유래; '연소', 즉 '화장'(시체의), 또는 (석회의) '소성':—불태움.

H4956 מִשְׂרְפוֹת מַיִם 2회 **미스레포트 마임**

〈4955〉의 복수와 〈4325〉에서 유래; '물의 끓어오름'; 팔레스타인의 한 장소, '미스르봇 마임':—미스르봇 마임(수11:8).

H4957 מַשְׂרֵקָה 2회 **마스레카**

명사 유래어로 사용된 〈7796〉의 한 형태; '포도원'; 이두매의 한 장소 '마스레가':—마스레가(창36:36, 대상 1:47).

H4958 מַשְׂרֵת 1회 **마스레트**

명백히 '구멍을 내다', 즉 속을 비우다는 의미의 사용하지 않은 어근에서 유래; '납작한 냄비':—납작한 냄비.

H4959 מָשַׁשׁ 12회 **마샤쉬**

기본어근; 손으로 '만져보다'; 함축적으로 '손으로 더듬어 찾다':—만져보다, 손으로 더듬다, 찾다.

H4960 מִשְׁתֶּה 46회 **미쉬테**

〈8354〉에서 유래; '마실 것'; 함축적으로 '마시기'(그 행위); 또한 (함축적으로) '연회' 또는 (일반적으로) 잔치:—연회, 마셨다, 마실 것, 잔치(를 베풀기).

H4961 מִשְׁתֵּי 1회 **미쉬테**

아람어 〈4960〉과 같음; '잔치':—연회.

H4962 מַת 54회 **마트**

〈4970〉과 동형에서 유래; 정확히는 '성인'(충분히 자란); 함축적으로 '사람'(단지 복수로만):—적은, 친구들, 사람들, 작은.

H4963 מַתְבֵּן 1회 **마트벤**

〈8401〉에서 유래한 명사유래어; 쌓아올린 '짚':—짚.

H4964 מֶתֶג 5회 **메테그**

'재갈을 먹이다'는 의미의 사용되지 않은 어근에서 유래; '작은 조각':—작은 조각, 굴레.

H4965 מֶתֶג הָאַמָּה 1회 **메테그 하암마**

〈4964〉와 관사가 삽입된 〈520〉에서 유래; 중심도시의 작은 부분; 가드의 별명, '메덱암마':—메덱암마(삼하8:1).

H4966 מָתוֹק 12회 **마토크**

또는 **מָתוּק 마투크**

〈4985〉에서 유래; '달콤한':—단(맛).

H4967 מְתוּשָׁאֵל 2회 **메투사엘**

관계사가 사이에 낀 〈4962〉와 〈410〉에서 유래; '하나님의 사람'; 홍수 이전의 족장, '므두사엘':—므두사엘(창 4:18).

H4968 מְתוּשֶׁלַח 6회 **메투셸라흐**

〈4962〉와 〈7973〉에서 유래; '창의 사람'; 홍수 이전의 족장, '므두셀라':—므두셀라(창5:21).

H4969 מָתַח 1회 **마타흐**

기본어근; '뻗치다':— 펼치다

H4970 מָתַי43회 **마타이**
'뻗다'는 의미의 사용하지 않은 어근에서 유래; 정확히는 '범위'(시간의); 그러나 부사로만 사용됨 (특히 다른 접두불변사와 함께), '언제'(관계사나 의문부사):—긴(기간), 언제.

H4971 מַתְכֹּנֶת5회 **마트코네트**
또는 **מַתְכֻּנֶת 마트쿠네트**
'측정'의 옮겨진 의미로 〈**8505**〉에서 유래; '비율'(크기, 수나 구성 요소에 있어서):—구성, 측량, 상태, 계산.

H4972 מַתְּלָאָה1회 **맛텔라아**
〈**4100**〉과 〈**8513**〉에서 유래; '무슨 고생인지!':—얼마나 피로한지.

H4973 מְתַלְּעָה3회 **메탈레아**
〈**3216**〉에서 유래한 압축형; 정확히는 '무는 것', 즉 '이빨':—어금니, 턱.

H4974 מְתֹם4회 **메톰**
〈**8552**〉에서 유래; 건강에 좋음; 또한 (부사) 완전히:—사람[〈**4962**〉로 읽을 때], 건전함.

H4975 מֹתֶן5회 **모텐**
'가냘프다'는 의미의 사용하지 않은 어근에서 유래; 정확히는 '허리' 또는 등의 잘룩한 부분; 단지 복수로 '허리':—사냥개, 허리, 옆구리.

H4976 מַתָּן5회 **맛탄**
〈**5414**〉에서 유래; '선물':—선물, 주다, 보상.

H4977 מַתָּן3회 **맛탄**
〈**4976**〉과 동일; 바알의 한 제사장과 한 이스라엘인의 이름 '맛단':—맛단(왕하11:18, 대하23:17, 렘38:1).

H4978 מַתְּנָא3회 **맛테나**
아람어 〈**4979**〉와 같음:—선물.

H4979 מַתָּנָה17회 **맛타나**
〈**4976**〉의 여성형; '선물'; 특히 (좋은 의미로) 희생 '제물', (나쁜 의미로) '뇌물':—선물.

H4980 מַתָּנָה2회 **맛타나**
〈**4979**〉와 동일; 광야의 한 장소 '맛다나':—맛다나(민21:18,19).

H4981 מִתְנִי1회 **미트니**
아마 '홀쭉함'을 의미하는 사용하지 않은 명사에서 유래한 족속 명칭; '미덴 족속', 또는 미덴의 주민:—미덴 사람(대상11:43).

H4982 מַתְּנַי3회 **맛테나이**
〈**4976**〉에서 유래; '자유로운'; 세 이스라엘인의 이름 '맛드내':—맛드내(느12:19, 스10:33,37).

H4983 מַתַּנְיָה16회 **맛탄야**
또는 **מַתַּנְיָהוּ 맛탄야후**
〈**4976**〉과 〈**3050**〉에서 유래; '여호와의 선물'; 열 이스라엘인의 이름 '맛다니야':—맛다니야(왕하24:17, 대상9:15, 대하20:14, 스10:26, 느11:17).

H4984 מִתְנַשֵּׂא6회 **미트낫세**
〈**5375**〉에서 유래; (추상명사로 사용된) 최고의 '높임':—고귀한.

H4985 מָתַק6회 **마타크**
기본어근:— '빨다'; 함축적으로 '맛보다', 혹은 (자동사) '달콤하다':—달다, 달게 되다, 단 것을 취하다.

H4986 מֶתֶק2회 **메테크**
〈**4985**〉에서 유래; 상징적으로 (이야기의) '즐거움':—달콤함.

H4987 מֹתֶק1회 **모테크**
〈**4985**〉에서 유래; '감미로움':—달콤함.

H4988 מָתָק6회 **마타크**
〈**4985**〉에서 유래; '진미', 즉 (일반적으로) '음식':—달콤하게 먹이다.

H4989 מִתְקָה2회 **미트카**

〈4987〉의 여성형; '감미로움'; 광야의 한 장소 '밋가':—밋가(민33:28).

H4990 מִתְרְדָת2회 **미트레다트**

기원은 페르시아어; 두 페르시아인의 이름 '미드르닷':—미드르닷(스1:8, 4:7).

H4991 מַתָּת6회 **맛타트**

축약된 〈4976〉의 여성형; '선물':—선물.

H4992 מַתַּתָּה1회 **맛탓타**

〈4993〉 참조; '여호와의 선물'; 한 이스라엘인 '맛닷다':—맛닷다(스10:33).

H4993 מַתִּתְיָה8회 **맛티트야**

또는 **מַתִּתְיָהוּ 맛티트야후**

〈4991〉과 〈3050〉에서 유래; '여호와의 선물'; 네 이스라엘인의 이름 '맛다디야':—맛다디야(스10:43, 느8:4, 대상9:31).

트롱히브리어사전

נ

H4994 נָא404회 **나**
격려와 간청의 기본불변사로 보통 '제발', '자', '그러면'으로 번역될 수 있다; 대개는 동사(명령형이나 미래형)에, 또는 감탄사에, 가끔 부사나 접속사에 부가됨:—제발, 청컨대, 자!, 오!

H4995 נָא1회 **나**
명백히 거절로부터 온 '거칠음'의 의미로 〈**5106**〉에서 유래; 정확히는 '질긴', 즉 '요리되지 않은'(고기):—생것의.

H4996 נֹא5회 **노**
기원은 애굽어; 상 애굽의 수도 '노'(즉, 데베):—노(렘46:25, 겔30:14). 〈**528**〉과 비교

H4997 נֹאד6회 **노드** 또는 **נֹאוד** **노드** 또한 (여성형) **נֹאדָה** **노다**
불확실한 의미의 사용하지 않은 어근에서 유래; (표피나 가죽) '부대'(액체를 담는):—병.

H4998 נָאָה5회 **나아**
기본어근; 정확히는 '편하다', 즉 (함축적으로) '즐겁다' (혹은 '적당하다'), 즉 '아름다운':—아름답다, 아름답게 되다, 잘 생겼다.

H4999 נָאָה7회 **나아**
〈**4998**〉에서 유래; '가정'; 상징적으로 '목장':—거주지, 집, 목초지, 즐거운 곳.

H5000 נָאוֶה10회 **나웨**
〈**4998**〉이나 〈**5116**〉에서 유래; '적당한', 또는 '아름다운':—어울리다, 잘 생긴, 근사한.

H5001 נָאַם373회 **나암**
기본어근; 정확히는 '속삭이다', 즉 (함축적으로) 신탁으로서 '발언하다':—말하다.

H5002 נְאֻם358회 **네움**
〈**5001**〉에서 유래; '하나님의 계시', '신탁':—말했다, 말하다.

H5003 נָאַף31회 **나아프**
기본어근; '간음을 범하다'; 상징적으로 '신앙을 버리다':—간음자(여자), 간음을 범하다, 혼인을 깨뜨린 여자.

H5004 נִאֻף2회 **니우프**
〈**5003**〉에서 유래; '간통':—간음.

H5005 נַאֲפוּף4회 **나아푸프**
〈**5003**〉에서 유래; '간통':—간음.

H5006 נָאַץ24회 **나아츠**
기본어근; '경멸하다', 또는 (전12:5) 〈**5132**〉와 교환되어 '꽃이 피다':—혐오하다, 신성모독하다, 신성모독을 일으키다. 경멸하다, 멸시하다, 번영하다, (큰), 성나게 하다.

H5007 נְאָצָה5회 **네아차**
또는 **נֶאָצָה** **네아차**
〈**5006**〉에서 유래; '경멸':—신성모독.

H5008 נָאַק2회 **나아크**
기본어근; '신음하다':—신음하다.

H5009 נְאָקָה4회 **네아카**
〈**5008**〉에서 유래; '신음':—신음하는.

H5010 נָאַר2회 **나아르**
기본어근; '거절하다':—혐오하다, 무효로 하다.

H5011 נֹב7회 **노브**
〈**5108**〉과 동일함; '열매'; 팔레스타인의 한 장소 '놉':—놉(삼상22:11, 느11:32, 사10:32).

H5012 נָבָא115회 **나바**
기본어근; '예언하다', 즉 (예언이나 단순한 담화로) 영감으로 말하다(또는 노래하다):—예언하다(하는), 예언자 노릇하다.

H5013 נְבָא[1회] **네바**
아람어 〈5012〉와 일치함:—예언하다.

H5014 נָבַב[4회] **나바브**
기본어근:—'꿰찌르다'; '속이 비다', 혹은 (상징적으로) '어리석다':—속이 빈, 공허한.

H5015 נְבוֹ[12회] **네보**
아마 기원은 외래어; 바벨론의 한 신과, 모압의 산 및, 팔레스타인의 한 장소 이름 '느보':—느보(사46:1, 신32:49, 34:1).

H5016 נְבוּאָה[3회] **네부아**
〈5012〉에서 유래; '예언'(말이나 기록된):—예언.

H5017 נְבוּאָה[1회] **네부아**
아람어 〈5016〉과 일치함; 영감된 '가르침':—예언하기.

H5018 נְבוּזַרְאֲדָן[15회] **네부자르아단**
기원은 외래어; 바벨론의 한 장군 '느부사라단':—느부사라단(왕하25:8, 렘39:9, 52:12).

H5019 נְבוּכַדְנֶאצַּר[58회] **네부카드넷차르**
또는 **נְבֻכַדְנֶאצַּר 네부카드넷차르** (왕하24:1,10), 또는 **נְבוּכַדְנֶצַּר 네부카드넷차르** (에2:6; 단1:18), 또는 **נְבוּכַדְרֶאצַּר 네부카드렛차르** 또는 **נְבוּכַדְרֶאצּוֹר 네부카드렛초르** (스2:1; 렘49:28)
기원은 외래어; 바벨론 왕 '느부갓네살':—느부갓네살(왕하24:1, 렘39:1, 겔26:7).

H5020 נְבוּכַדְנֶצַּר[33회] **네부카드넷차르**
아람어 〈5019〉와 같음:—느부갓네살(왕하24:1).

H5021 נְבוּשַׁזְבָּן[1회] **네부샤즈반**
기원은 외래어; 느부갓네살의 환관장 '느부사스반':—느부사스반(렘39:13).

H5022 נָבוֹת[22회] **나보트**
〈5011〉과 동형에서 유래한 여성 복수형; '열매들'; 한 이스라엘인 '나봇':—나봇(왕상21:1).

H5023 נְבִזְבָּה[2회] **네비즈바**
아람어 불확실한 파생어; '(많은) 증여':—보답.

H5024 נָבַח[1회] **나바흐**
기본어근; (개처럼) '짖다':—짖다.

H5025 נֹבַח[2회] **노바흐**
〈5024〉에서 유래; '짖어댐'; 한 이스라엘인과 요단 동쪽의 한 장소의 이름 '노바':—노바(민32:42, 삿8:11).

H5026 נִבְחַז[1회] **니브하즈**
기원은 외래어; 아와 사람들의 신 '닙하스':—닙하스(왕하17:31).

H5027 נָבַט[69회] **나바트**
기본어근; '자세히 조사하다', 즉 골똘히 바라보다; 함축적으로 기쁨과 호감과 주의를 가지고 '주시하다':—보다, 보게 하다, 숙고하다, 내려다보다, 주목해서 보다, 존중하다.

H5028 נְבָט[25회] **네바트**
〈5027〉에서 유래; '주목'; 여로보암 1세의 아버지 '느밧':—느밧(왕상11:26).

H5029 נְבִיא[4회] **네비**
아람어 〈5030〉과 같음; '예언자':—선지자.

H5030 נָבִיא[315회] **나비**
〈5012〉에서 유래; '예언자'나 (일반적으로) '영감된' 사람:—예언, 예언하는, 선지자.

H5031 נְבִיאָה[6회] **네비아**
〈5030〉의 여성형; '여선지'나 (일반적으로) '영감된' 여자; 함축적으로 여 시인; 관련에 의해 '선지자의 아내':—여선지자.

H5032 נְבָיוֹת[5회] **네바요트**
또는 **נְבָיֹת 네바요트**
〈**5107**〉의 여성복수형; '열매가 풍성함'; 이스마엘의 한 아들과 그가 정착한 지역 '느바욧':—느바욧(창25:13, 28:9, 사60:7).

H5033 נֵבֶךְ[1회] **네베크**
'터져 나오다'는 의미의 사용하지 않는 어근에서 유래; '샘물':—샘.

H5034 נָבֵל[25회] **나벨**
기본어근; '시들다'; 일반적으로 '떨어지다', '실패하다', '실신하다'; 상징적으로 '어리석다' 혹은 (도덕적으로) '악한'; 사역동사로 '경멸하다', '망신시키다':—창피주다, 굴욕을 주다, 가볍게 평가하다, 흐릿해지다, 사라져 없어지다, 쇠퇴, 떨어지다, 떨어짐, 어리석게 행동하다, 실패로 돌아가다, 하다 (확실히), 가치 없게 만들다, 시들다.

H5035 נֶבֶל[27회] **네벨** 또는 **נֵבֶל 네벨**
〈**5034**〉에서 유래; 액체를 담는 (비었을 때 '접어지는') 가죽'부대'; 여기에서 '항아리'(가득 찼을 때 형태상 유사성에서); 또한 '수금'(비슷한 형태의 모양에서):—병, 물주전자, 현악기, 그릇, 수금.

H5036 נָבָל[18회] **나발**
〈**5034**〉에서 유래; '어리석은'; '악한'(특히 '불신앙의'):—어리석은(남자, 여자), 비열한 사람.

H5037 נָבָל[18회] **나발**
〈**5036**〉과 동일함; '바보'; 한 이스라엘인 '나발':—나발(삼상25:3이하).

H5038 נְבֵלָה[48회] **네벨라**
〈**5034**〉에서 유래; '무기력'한 것, 즉 '시체' 또는 (인간이나 혹은 짐승의, 가끔 집합적으로) '썩은 고기'; 상징적으로 '우상':—(죽은)몸, (죽은)시체, 스스로 죽은, 죽은 것, 스스로 죽은 (짐승).

H5039 נְבָלָה[13회] **네발라**
〈**5036**〉의 여성형; '어리석음', 즉 (도덕적으로) '악함'; 구체적으로 '죄악'; 확대된 의미로 '형벌':—어리석음, 비열한, 악행.

H5040 נַבְלוּת[2회] **나블루트**
〈**5036**〉에서 유래; 정확히는 '창피', 즉 (여성의) '외음부':—추잡함.

H5041 נְבַלָּט[1회] **네발라트**
명백히 〈**5036**〉과 〈**3909**〉에서 유래; '어리석은' 비밀; 팔레스타인의 한 장소 '느발랏':—느발랏(느11:34).

H5042 נָבַע[11회] **나바**
기본어근; '용솟음쳐' 나오다; 상징적으로 (좋거나 나쁜 말들을) '발하다'; 특히 (나쁜 냄새를) '내다':—트림을 하다, 넘쳐흐르는, 쏟다, 발언하다, (풍성히) 발하다.

H5043 נֶבְרְשָׁא[1회] **네브레샤**
아람어 '빛나다'는 의미의 사용하지 않은 어근에서 유래; '빛'; 복수로 (집합적으로) '샹들리에':—촛대.

H5044 נִבְשָׁן[1회] **니브샨**
불확실한 파생어; 팔레스타인의 한 장소 '닙산':—닙산(수15:62).

H5045 נֶגֶב[110회] **네게브**
'바싹 마르다'는 의미의 사용하지 않은 어근에서 유래; '남방'(그 가뭄에서 유래); 특히 '네겝' 또는 유다의 남쪽 지역; 가끔 '애굽'(팔레스타인의 남쪽에 위치한 곳으로서):—남쪽(나라), 남쪽 편, 남쪽으로.

H5046 נָגַד[369회] **나가드**
기본어근; 정확히는 '정면에 두다', 즉 반대편에 담대하게 서다; 함축적으로 (사역동사) '명백히 하다'; 상징적으로 '알리다'(항상 임의 말로 앞에 있는 사람에게); 특히 '보여주다', '예언하다', '설명하다', '칭찬하다':—누설하다, (확실히), 증명하다, 선언하다[하는], 고발하다, 상술하다, (충분히), 전달자, (명백히), 고백하다, 자세히 이야기하다, 보고하다, 보이다, 말하다, 이야기하다, 발언하다.

H5047 נְגַד[1회] **네가드**
아람어 〈5046〉에 같음; '흐르다'(길을 '깨끗이 하다'는 개념으로):—유출하다.

H5048 נֶגֶד[151회] **네게드**
〈5046〉에서 유래; '정면', 즉 반대쪽; 특히 '상대자', 혹은 짝; 보통 (부사, 특히 전치사와 같이) '대면하여', 혹은 '앞에':—에 관하여, 대항하여, 높이, 멀리, 로부터 위에, 앞에서, 다른 쪽, 시각, 보다.

H5049 נֶגֶד[1회] **네게드**
아람어 〈5048〉와 같음; '반대의 편에':—향하여.

H5050 נָגַהּ[6회] **나가흐**
기본어근; '번쩍번쩍하다'; 사역동사 '조명하다':—밝히다, 빛나다(빛나게 하다).

H5051 נֹגַהּ[20회] **노가흐**
〈5050〉에서 유래; '광휘'(문자적으로나 상징적으로):—밝은(밝음), 빛, (밝게) 빛남.

H5052 נֹגַהּ[2회] **노가흐**
〈5051〉과 동일; 다윗의 아들 '노가':—노가(대상3:7).

H5053 נֹגַהּ[1회] **노가흐**
아람어 〈5051〉와 같음; '새벽':—아침.

H5054 נְגֹהָה[1회] **네고하**
〈5051〉의 여성형; '광채':—빛남.

H5055 נָגַח[11회] **나가흐**
기본어근; 뿔로 '받다'; 상징적으로, 대항하여 '전쟁하다':—뿔로 찌르다, (아래로) 밀다, 밀기.

H5056 נַגָּח[2회] **낙가흐**
〈5055〉에서 유래; '뿔로 받는', 즉 '사악한':—밀곤 하는, 버릇처럼 미는.

H5057 נָגִיד[44회] **나기드** 또는 **נָגִד** **나기드**
〈5046〉에서 유래; ('전면'을 차지하는 사람으로서) 민간, 또는 군대나 종교의 '지휘자'; 일반적으로 (추상명사, 복수형), '명예로운' 주제들:—장(長), 우두머리, 뛰어난 것, (으뜸가는) 통치자, 지도자, 귀족, 방백.

H5058 נְגִינָה[14회] **네기나**
또는 **נְגִינַת** **네기나트** (시61 제목)
〈5059〉에서 유래; 정확히는 기'악'; 함축적으로 현'악기'; 확대된 의미로 곡 붙인 '시'; 특히 '풍자시':—현악기, 음악, 네기옷[복수], 노래.

H5059 נָגַן[15회] **나간**
기본어근; 정확히는 '손으로 퉁기다', 즉 손가락으로 곡을 연주하여 '내다'; 특히 현악기를 '연주하다'; 여기에서 (일반적으로) '음악을 창작하다':—악기 연주자, 현악기에 맞춰 노래하다, 가락, 음유시인, 연주(자, 하다).

H5060 נָגַע[150회] **나가**
기본어근; 정확히는 '만지다', 즉 '손을 대다'(어떤 목적으로; 완곡어법, 여자와 함께 '눕다'); 함축적으로, '다다르다'(상징적으로 '도달하다', '획득하다'); 격렬하게 '타격하다'(처벌하다, 패배시키다, 파괴하다 등):—치다, (아래로)가져오다, 던지다, (가까이)오다, (가까이)끌다, 일이 생기다, 결합하다, 가까이 있다, 역병에 걸리다, …에 이르다, 세게 때리다, 치다, 만지다.

H5061 נֶגַע78회 **네가**

〈5060〉에서 유래; '타격'(상징적으로 '가해'); 또한 (함축적으로) '반점', (구체적으로, '나병'환자나 그 옷):—역병, 아픈, (나병에)걸린, 채찍, 한번 치기, 부상, 상처.

H5062 נָגַף49회 **나가프**

기본어근; '밀다', '찌르다', '패배시키다', (발가락을)(돌 따위에) '채다', (질병이) '들게 하다':—때리다, 돌진하다, 상처를 내다, 역병에 걸리다, 살해하다, 치다, 때리다, 넘어지다, (확실히), 실패하게 하다.

H5063 נֶגֶף7회 **네게프**

〈5062〉에서 유래; (발의) '헛디딤'; 상징적으로 (병의) '고통':—역병에 걸리다, 넘어짐.

H5064 נָגַר10회 **나가르**

기본어근; '흐르다'; 상징적으로 '뻗치다'; 사역동사 '쏟다', 상징적으로 '넘겨주다':—넘어지다, 흘러나가다, 쏟아버리다, 달리다, 흘리다, 쏟다, 졸졸 흐르다.

H5065 נָגַשׂ23회 **나가스**

기본어근; (동물, 일꾼, 빚쟁이, 군인을) '몰아치다'; 함축적으로 '과세하다', '괴롭히다', '폭정을 하다':—곤궁, 모든 사람, 강요하다(강제 징수자), 압제(자), 세금 징수자, 십장, 간역자.

H5066 נָגַשׁ125회 **나가쉬**

기본어근; '가깝다', 또는 '가까이 오다'(어떤 목적으로)(사역동사 '가까이 가져오다'); 완곡어법으로 여자와 '함께 눕다'; 적으로서 '공격하다'; 종교적으로 '경배하다'; 사역동사 '바치다'; 상징적으로 논법을 '끌어내다'; 전도된 의미에서 '뒤로 물러서다':—(가까이)접근하다(하게하다), (가까이, 이리로)가져오다, (가까이, 이리로)오다(오게 하다), 자리를 내주다, 가까이(있다, 오다, 가다), 제공하다, 바치다, 여기에서 미치다, 놓다, 서다.

H5067 נֵד6회 **네드**

'쌓아올리다'는 의미로 〈5110〉에서 유래; '산더미처럼 쌓아 올린 것', 즉 '파도':—더미.

H5068 נָדַב17회 **나다브**

기본어근; '재촉하다'; 여기에서 (군인으로) '지원하다', 자발적으로 '바치다':—아낌없이 드리다, 기꺼이 하다(주다, 만들다, 자신을 바치다).

H5069 נְדַב4회 **네다브**

아람어 〈5068〉와 같음; '관대하다'(또는, '관대하게 주다'):—자원(제물)(하는 마음으로), 아낌없이(기꺼이) 바치다.

H5070 נָדָב17회 **나다브**

〈5068〉에서 유래; '관대한'; 네 이스라엘의 이름 '나답':—나답(왕상15:25, 출6:23, 대상2:28).

H5071 נְדָבָה26회 **네다바**

〈5068〉에서 유래; 정확히는 (추상적으로) '자발성', 또는 (형용사로) '자발적인'; 또한 (구체적으로) '자발적인' 선물, 또는 (추론적으로, 복수로) '풍성한' 선물:—자원제물, 아낌없이, 풍부하게, 자원하는(자원하여), 기꺼운(기꺼이).

H5072 נְדַבְיָה[1회] 네다브야

〈5068〉과 〈3050〉에서 유래; '여호와의 많은 선물'; 한 이스라엘인 '느다뱌':—느다뱌(대상3:18).

H5073 נִדְבָּךְ[2회] 니드바크

아람어 '붙이다'는 의미의 기본어근에서 유래; (건축 재료의) '층', '켜':—줄, 열.

H5074 נָדַד[27회] 나다드

기본어근; 정확히는, 이리저리 '흔들다'(드물게는 위아래로 '퍼덕이다'); 상징적으로 '헤매다', '도망하다', 또는 (사역동사로) '몰아내다':—쫓다(쫓아내다), 할 수 없었다, 떠나다, 도망치다, 움직이다(옮기다), 밀치다, 방랑(하다, 자).

H5075 נְדַד[1회] 네다드

아람어 〈5074〉와 같음; '떠나다':—~로 부터 가다.

H5076 נָדֻד[1회] 나두드

〈5074〉의 수동태 분사형; 정확히는 '던져 올려진'; 추상적으로 (침대 위에서) '구르기':—앞뒤로 흔들기.

H5077 נָדָה[30회] 나다

또는 נָדָא 나다 (왕하17:21)

기본어근; 정확히는 '던져 올리다'; 상징적으로 '제외하다'; 즉 추방하다, 연기하다, 금지하다:—던져버리다, 쫓아내다, 멀리 격리하다.

H5078 נֵדֶה[1회] 네데

돈을 아낌없이 '내던지다'는 의미로 〈5077〉에서 유래; (매춘에 대한) '댓가':—선물.

H5079 נִדָּה[30회] 닛다

〈5074〉에서 유래; 정확히는 '배설물'; 함축적으로 '불결', 특히 신체적인 월경), 또는 도덕적인 (우상숭배, 근친상간):—멀리, 더러움, 꽃들, 월경하는(여인), 따로 두다, 격리, 불결한(것).

H5080 נָדַח[55회] 나다흐

기본어근; '밀어내다'; 문자적으로 상징적으로 매우 다양하게 적용됨(내쫓다, 잘못 인도하다, 치다, 가해하다 등):—추방하다, 가져오다, 아래로 던지다, 쫓다, 억지로 강요하다, 끌어내다, 쫓아내다, 가져오다, 힘을 가하다, 강요하다, 가버리다, 쫓겨난, 밀치다, 물러나다.

H5081 נָדִיב[26회] 나디브

〈5068〉에서 유래; 정확히는 '자발적인', 즉 '관대한'; 여기에서 '아량 있는'; 명사로 '고관'(때때로 폭군):—관대한, 풍부한(것들) 귀인, 방백, 기꺼이 하는([마음의]).

H5082 נְדִיבָה[4회] 네디바

〈5081〉의 여성형; 정확히는 '고상함', 즉 명성:—영혼.

H5083 נָדָן[1회] 나단

아마 '주다'는 의미의 사용하지 않은 어근에서 유래; '선물'(매춘에 대한):—선물.

H5084 נָדָן[1회] 나단

불확실한 파생어; '칼집':—칼집.

H5085 נִדְנֶה[1회] 니드네

아람어 〈5084〉와 동형에서 유래; '칼집'; 상징적으로 (영혼의 거처로서) '몸':—신체.

H5086 נָדַף[9회] 나다프

기본어근; '밀쳐' 흩어버리다, 즉 '흩뜨리다':—(앞뒤로, 멀리) 몰아내다, 밀어 내치다, 흔들린, 앞뒤로 던져 올려진.

H5087 נָדַר[31회] 나다르

기본어근; '약속하다'(긍정적으로, 하나님께 어떤 것을 드리거나, 또는 어떤 일을 하기로):—서원(하다).

H5088 נֶדֶר[60회] **네데르** 또는 **נֵדֶר 네데르**
〈5087〉에서 유래; (하나님께 대한) '약속'; 또한 (구체적으로) '약속된' 것:—서원([된]).

H5089 נֹהַּ[1회] **노아흐**
'슬퍼하다'는 의미의 사용하지 않은 어근에서 유래; '비탄':—통곡.

H5090 נָהַג[30회] **나하그**
기본어근; (사람, 동물, 혹은 병거를) 앞으로 '몰다', 즉 '인도하다', '휩쓸어 가다'; 재귀적으로 '진행하다'(즉, 자신을 재촉하거나 인도하여); 또한 (노력 때문에 생긴 헐떡거림에서) '한숨 쉬다':—알리다, 가져가다, 지니고 가다, 끌고 가다, 인도하다, 유도하다.

H5091 נָהָה[3회] **나하**
기본어근; '신음하다', 즉 '몹시 슬퍼하다'; 여기에서 (큰 소리로 '외치다'는 개념을 통해서) '소집하다'(마치 선포에서처럼):—슬퍼하다, 소리 내어 울다.

H5092 נְהִי[7회] **네히**
〈5091〉에서 유래; '애가':—비탄, 울부짖음.

H5093 נִהְיָה[2회] **니흐야**
〈5092〉의 여성형; '비탄':—슬픈.

H5094 נְהִיר[2회] **네히르**
[아람어] 〈5105〉와 동형에서 유래; '조명', 즉 (상징적으로) 지혜:—빛.

H5095 נָהַל[10회] **나할**
기본어근; 정확히는 '불꽃을 튀기며' 뛰다, 즉 '흐르다'; 여기에서 (타동사) '인도하다', 그리고 (추론적으로), '보호하다', '부양하다':—~이르게 하다, 먹이다, 인도하다, (다정하게)이끌다.

H5096 נַהֲלָל[3회] **나할랄**
또는 **נַהֲלֹל 나할롤**
〈5097〉과 동일; 팔레스타인의 한 장소 '나할랄':—나할랄(삿1:30, 수19:15).

H5097 נַהֲלֹל[1회] **나할롤**
〈5095〉에서 유래; '목장':—수풀.

H5098 נָהַם[5회] **나함**
기본어근; '으르렁거리다':—한탄하다, 포효하다, 포효.

H5099 נַהַם[2회] **나함**
〈5098〉에서 유래; '으르렁거리다':—포효하는.

H5100 נְהָמָה[2회] **네하마**
〈5099〉의 여성형; '으르렁거림':—불안함, 고함치는.

H5101 נָהַק[2회] **나하크**
기본어근; (당나귀같이) '울다', (굶주림으로) '소리치다':—시끄럽게 울리다.

H5102 נָהַר[6회] **나하르**
기본어근; '불꽃을 튀기다', 즉 (상징적으로) '기분 좋다'; 여기에서 (흐르는 시냇물의 광채에서) '흐르다', 즉 (상징적으로) '모이다':—흐르다(함께), 번쩍이다.

H5103 נְהַר[15회] **네하르**
[아람어] 〈5102〉에 일치하는 어근에서 유래; '강', 특히 유프라테스 강:—강, 개울.

H5104 נָהָר[117회] **나하르**
〈5102〉에서 유래; 흐름('바다'를 포함하여; 특히 나일 강, 유프라테스 강 등); 상징적으로 '번영':—홍수, 강.

H5105 נְהָרָה[1회] **네하라**
그 원래의 의미로 〈5102〉에서 유래; '일광':—빛.

H5106 נוּא8회 누
기본어근; '거절하다', '금하다', '단념시키다', 혹은 '중립시키다':—부수다, 허가하지 않다, 낙담시키다, 무효로 만들다.

H5107 נוּב4회 누브
기본어근; '싹트다', 즉 (상징적으로) '번성하다' (사역동사, '번성케 하다'); 또한 (말을) '발하다':—(열매를)맺다, 기분 좋게 하다, 증가시키다.

H5108 נוֹב2회 노브 또는 נֵיב 네브
〈5107〉에서 유래; '산물', 문자적으로나 상징적으로:—열매.

H5109 נוֹבַי1회 노바이
〈5108〉에서 유래; '결실이 풍성한'; 한 이스라엘인 '노배':—노배[난외주에서](느10:19).

H5110 נוּד26회 누드
기본어근; '끄덕이다', 즉 흔들리다; 상징적으로 '헤매다', '달아나다', '사라지다'; 또한 (동정하는 마음으로 머리를 '흔들다'에서 유래), '위로하다', '한탄하다', 혹은 (경멸하다는 뜻으로 머리를 '뒤로 젖히다'에서 유래), '비웃다':—슬퍼하다, 달아나다, 얻다, 애통하다, 움직이게 하다, 동정을 얻다, 이전하다, 흔들다, 기뻐서 뛰다, 슬퍼하다, 방랑자, 길, 방황함.

H5111 נוּד1회 누드
아람어 〈5116〉와 같음; '달아나다':—도망하다.

H5112 נוֹד1회 노드
결여 형태로서만 נֹד 노드
〈5110〉에서 유래; '망명':—방랑.

H5113 נוֹד1회 노드
〈5112〉와 동일; '방랑'; 가인의 땅 '놋':—놋.

H5114 נוֹדָב1회 노다브
〈5068〉에서 유래; '고상한'; 한 아랍 족속 '노답':—노답(대상5:19).

H5115 נָוָה2회 나와
기본어근; (집에서와 같이) '쉬다'; 사역동사 ('아름다움'이란 함축적인 개념을 통해서 [〈5116〉과 비교]), (칭찬하는 말로) '경축하다':—집에 있다, 거주지를 준비하다.

H5116 נָוֶה35회 나웨
또는 (여성형) נָוָה 나와
〈5115〉에서 유래; (형용사) '집에'; 여기에서 (만족의 함축적 의미로) '사랑스러운'; 또한 (명사) '거처', 하나님의 (전), 인간들의 (주택), 양떼를(목초지), 또는 야생동물의 ('굴'):—잘생긴, 거주(장소), 양 우리, 주택, 즐거운 곳, 마구간, 체재하는.

H5117 נוּחַ143회 누아흐
기본어근; '쉬다', 즉 '정착하다'; 문자적으로, 상징적으로, 자동사, 타동사, 그리고 사역동사 등으로 다양하게 적용됨('거주하다', '머물다', '머물러두다', '두다', '내버려두다', 위안하다 등):—그만두다, 동맹하다, 놓다, 두다, 조용하다, 머물다, 쉬게 하다, 쉬다, 자리 잡다. 〈3241〉과 비교

H5118 נוּחַ4회 누아흐 또는 נוֹחַ 노아흐
〈5117〉에서 유래; '조용한':—쉬다(쉬는, 쉬는 곳).

H5119 נוֹחָה1회 노하
〈5118〉의 여성형; '평온'; 한 이스라엘인 '노하':—노하(대상8:2).

H5120 נוּט1회 누트
'흔들리다':—움직여지다.

H5121 נָוִית1회 나위트
〈5115〉에서 유래; '거주'; 팔레스타

인의 한 장소 '나욧':—나욧(삼상19:19).

H5122 נְוָלוּ[3회] 네왈루 또는 נְוָלִי 네왈리
[아람어] 아마 '더럽다'는 의미의 사용하지 않는 어근에서 유래; '시궁창':—거름더미.

H5123 נוּם[6회] 눔
기본어근; (졸음에서 유래) '꾸벅꾸벅 졸다':—잠자다, 졸다.

H5124 נוּמָה[1회] 누마
〈5123〉에서 유래; '졸림':—졸음.

H5125 נוּן[1회] 눈
기본어근; '다시 싹트게 하다', 즉 새순으로 증식시키다; 상징적으로 '영속하다':—계속되다.

H5126 נוּן[30회] 눈 또는 נוֹן 논 (대상7:27)
〈5125〉에서 유래; '영속'; 여호수아의 아버지 '눈':—눈(출33:11, 민11:28).

H5127 נוּס[157회] 누쓰
기본어근; '훌쩍 날다', 즉 '사라지다'(가라앉다, 도망하다; 사역동사로 쫓다, 재촉하다):—감소하다, 떨어져서, 드러나다, 도망가다(도망시키다), 패주시키다, 숨기다, 기를 들어 올리다.

H5128 נוּעַ[40회] 누아
기본어근; '흔들리다', 문자적으로, 상징적으로, 다양하게 적용됨:—(계속해서), 도망치는, 위아래로 흔들리게 만들다, 멀리 떠나있다, 움직이다, 움직일 수 있는, 촉진되다, 얼레에 감다, 옮기다, 흩뜨리다, 고정하다, 흔들다, 체질하다, 비틀거리다, 앞뒤로, 방랑하다, 흔들리다(위와 아래로) 돌아다니다.

H5129 נוֹעַדְיָה[2회] 노아드야
〈3529〉와 〈3050〉에서 유래; '여호와께서 모으심'; 한 이스라엘인과 한 거짓 여선지자의 이름 '노아댜':—노아댜(스8:33, 느6:14).

H5130 נוּף[37회] 누프
기본어근; '떨다'(즉, 위와 아래로 '진동하다', 혹은 앞뒤로 '흔들리다'); 매우 다양하게 적용되어 사용됨(살포하기, 손짓하기, 문지르기, 매로 치기, 톱으로 켜기, 손 흔들기 등을 포함하여):—들어올리기, 움직이다, 제공하다, 향기를 풍기다, 보내다, 흔들다, 체질하다, 치다, 손을 흔들다.

H5131 נוֹף[1회] 노프
〈5130〉에서; '높이':—위치. 〈5297〉과 비교

H5132 נוּץ[3회] 누츠
기본어근; 정확히는, '번쩍이다'; 여기에서 (그 색깔의 찬란함에서) '꽃피다'; 또한 멀리 '날다'(그 동작의 재빠름에서):—멀리 도망하다, 싹이 나다.

H5133 נוֹצָה[4회] 노차 또는 נֹצָה 노차
'날다'는 의미로 〈5327〉의 여성 능동태 분사형; '새 날개 끝부분'(혹은, 날개깃털); 종종 (집합명사) '깃털':—깃(들), 타조.

H5134 נוּק[1회] 누크
기본어근; '~에게 젖을 먹이다':—양육하다.

H5135 נוּר[17회] 누르
[아람어] '빛나다'는 의미의 사용하지 않는 어근(〈5216〉의 어근과 같음)에서 유래; '불':—불타는, 불.

H5136 נוּשׁ[1회] 누쉬
기본어근; '아프다', 즉 (상징적으로) '괴롭다':—낙담으로 가득하다.

H5137 נָזָה[24회] 나자
기본어근; '분출하다', 즉 '흩뿌리다'

(특히 속죄에서 있어서):—뿌리다.

H5138 נָזִיד[6회] **나지드**

〈2102〉에서 유래; '끓인' 것, 즉 '수프':—진한 수프.

H5139 נָזִיר[16회] **나지르** 또는 **נָזִר 나지르**

〈5144〉에서 유래; '구별하다', 즉 하나님께 바쳐진('방백'으로서, '나실인'); 여기에서 (상징적으로 후자에서 유래) '전지하지 않은' 포도나무(머리를 깎지 않은 나실인처럼):—나사렛 사람(나사렛의 잘못된 두운에 의하여), 구별하다(구별된), 손질하지 않은 포도나무.

H5140 נָזַל[18회] **나잘**

기본어근; 똑똑 떨어짐으로 '듣다', 또는 '뿌리다':—증류하다, 떨어지다, 홍수지다, 흐르다(흐르게 하다), 솟아나오다, 녹아 흐르다, 쏟다, 흐르는 물, 개울.

H5141 נֶזֶם[14회] **네젬**

불확실한 의미의 사용하지 않는 어근에서 유래; '코걸이':—귀걸이, 보석.

H5142 נְזַק[4회] **네자크**

아람어 〈5143〉과 어근과 같음; '손해를 입다'(사역동사로 '손해를 끼치다'):—손상을 입다, 손해(해로운).

H5143 נֵזֶק[1회] **네제크**

'상처를 입히다'는 의미의 사용하지 않는 어근에서 유래; '손해':—손상.

H5144 נָזַר[10회] **나자르**

기본어근; '멀리 떨어져 있다', 즉 (자동사) '그만두다'(음식이나 음주, 타락 그리고 거룩한 예배를[즉, '비교하다']); 특히 '구별하다'(거룩히 쓸 목적으로), 즉 '헌신하다':—봉헌하다, 구별하다(구별되는, 자신을 구별하다).

H5145 נֶזֶר[25회] **네제르** 또는 **נֵזֶר 네제르**

〈5144〉에서 유래; 정확히는 '구별된 어떤 것', 즉 (추상적으로)(제사장이나 나실인의) '헌신'; 여기에서 (구체적으로) 깎지 않은 '머리타래'; 또한 (함축적으로) '화관'(특히 왕권의):—봉헌, 왕관, 머리털, 구별.

H5146 נֹחַ[4회] **노아흐**

〈5118〉과 동일; '휴식'; 홍수 때의 족장 '노아':—노아.

H5147 נַחְבִּי[1회] **나흐비**

〈2247〉에서 유래; '신비로운'; 한 이스라엘인 '나비':—나비(민13:14).

H5148 נָחָה[39회] **나하**

기본어근; '인도하다'; 함축적으로 '추방하다'(유배로, 또는 식민지 사람으로):—부여하다, 가져오다, 통치하다, 인도하다, 이끌어(내다), 회부하다, 괴롭히다.

H5149 נְחוּם[1회] **네훔**

〈5162〉에서 유래; '위로받은'; 한 이스라엘인 '느훔':—느훔(느7:7).

H5150 נִחוּם[3회] **니훔** 또는 **נִחֻם 니훔**

〈5162〉에서 유래; 정확히는 '위로받는'; 추상적으로 '위안':—위로(하는), 유감으로 생각하다.

H5151 נַחוּם[1회] **나훔**

〈5162〉에서 유래; '위안의'; 이스라엘 선지자 '나훔':—나훔(나1:1).

H5152 נָחוֹר[18회] **나호르**

〈5170〉과 동형에서 유래; '코를 고는 사람'; 아브라함의 한 형제와 조부의 이름; '나홀':—나홀(창11:22, 26:27).

H5153 נָחוּשׁ[1회] **나후쉬**

명백히 〈5172〉의 수동태 분사(아마 '종이 울리다'는 의미로, 즉 종청동[구리와 주석의 합금]; 또는 뱀[〈5175〉, 명사유래어로서]이 소리를 낼 때 그

목구멍의 '붉은'색깔에서 유래); '구리 빛의', 즉 (상징적으로) 단단한:—놋쇠의.

H5154 נְחוּשָׁה10회 **네후샤**
또는 **נְחֻשָׁה 네후샤**
〈**5153**〉의 여성형; '구리':—놋쇠, 강철. 〈**5176**〉과 비교

H5155 נְחִילָה1회 **네힐라**
아마 〈**2485**〉에서 유래한 명사 유래어; '피리':—[복수로] 관악, 네힐롯(시5편 표제어).

H5156 נְחִיר1회 **네히르**
〈**5171**〉과 동형에서 유래; '콧구멍':—[쌍수로] 콧구멍.

H5157 נָחַל59회 **나할**
기본어근; '물려받다'(상속의 한[상징적인] 형태로서), 또는 (일반적으로) '차지하다'; 사역동사로 '유언으로 증여하다', 또는 (일반적으로) '분배하다', '임명하다':—나누다, ([유산을] 가지다, 유산(으로 분배하다, 나누다, 주다, 가지다, 남기다, 취하다), 소유(하다, 하게 하다, 하게 되다).

H5158 נַחַל137회 **나할** 또는 (여성형) **נַחְלָה 나흘라** (시124:4) 또는 **נַחֲלָה 나할라** (겔47:19; 48:28)
그 원래 의미로 〈**5157**〉에서 유래; '개울', 특히 겨울 '급류'; (함축적으로) (좁은) '골짜기'(개울이 흐르는); 또한 (광산의) '수직갱도':—개울, 홍수, 강, 시내, 골짜기.

H5159 נַחֲלָה191회 **나할라**
(그 통상적 의미로) 〈**5157**〉에서 유래; 정확히는 '상속된' 어떤 것, 즉 (추상적으로) '점유', 또는 (구체적으로) '조상 전래의 가재'; 일반적으로 '토지', 세습 '재산', 혹은 몫:—상속재산, 상속하다, 유산, 소유. 〈**5158**〉과 비교

H5160 נַחֲלִיאֵל2회 **나할리엘**
〈**5158**〉과 〈**410**〉에서 유래; '하나님의 골짜기'; 광야의 한 장소 '나할리엘':—나할리엘(민21:19).

H5161 נֶחֱלָמִי2회 **네헬라미**
사용하지 않는 이름(명백히 〈**2492**〉의 수동태 분사)에서 명백히 유래한 족속의 명칭; '꿈을 꾼'; 느헬람 사람, 또는 느헬람의 자손:—느헬람 족속(렘29:24, 31:32).

H5162 נָחַם107회 **나함**
기본어근; 정확히는 '한숨 쉬다', 즉 강하게 '숨 쉬다'; 함축적으로 '유감스럽다', 즉 (호의적인 의미로) '동정하다', '위로하다', 혹은 (재귀적으로) '후회하다' 또는 (비호의적으로) '원수를 갚다':—위로하다(스스로), [자기 자신을] 안심시키다, 후회하다(후회자, 후회하는).

H5163 נַחַם1회 **나함**
〈**5162**〉에서 유래; '위로'; 한 이스라엘인 '나함':—나함(대상4:19).

H5164 נֹחַם1회 **노함**
〈**5162**〉에서 유래; '슬픈 듯함', 즉 '단념':—후회.

H5165 נֶחָמָה2회 **네하마**
〈**5162**〉에서 유래; '위로':—위안.

H5166 נְחֶמְיָה8회 **네헴야**
〈**5162**〉와 〈**3050**〉에서 유래; '여호와의 위로'; 세 이스라엘인의 이름 '느헤미야':—느헤미야(스2:2, 느1:1, 3:16, 8:9, 10:2(1)).

H5167 נַחֲמָנִי1회 **나하마니**
〈**5162**〉에서 유래; '위로가 되는'; 한 이스라엘인 '나하마니':—나하마니

(느7:7).

H5168 נַחְנוּ5회 **나흐누**

〈587〉 참조; '우리들이':—우리들이.

H5169 נָחַץ1회 **나하츠**

기본어근; '긴급하다':—서두를 필요가 있다.

H5170 נַחַר2회 **나하르**

또한 (여성형) **נַחֲרָה 나하라**

'콧김을 뿜다', 또는 '코를 골다'는 뜻의 사용하지 않는 어근에서 유래; '콧김을 뿜기':—콧구멍들, 콧김을 뿜기.

H5171 נַחֲרַי2회 **나하라이**

또는 **נַחְרַי 나흐라이**

〈5170〉과 동형에서 유래; '코고는 사람'; 한 이스라엘인 '나하래':—나하래(삼하23:27, 대상11:39).

H5172 נָחַשׁ31회 **나하쉬**

기본어근; 정확히는 '쉿 소리를 내다', 즉 (마술적인) 주문을 '속삭이다'; 일반적으로 '예지하다':—확실하게 점치다, 복술사, 복술, 경험으로 배우다, (참으로), 열심히 관찰하다.

H5173 נַחַשׁ4회 **나하쉬**

〈5172〉에서 유래; '주문을 욈', 혹은 '점':—마법.

H5174 נְחָשׁ4회 **네하쉬**

아람어 〈5154〉와 같음; '구리':—놋쇠.

H5175 נָחָשׁ9회 **나하쉬**

〈5172〉에서 유래; '뱀'(그 '쉿 하는 소리'에서 유래):—뱀.

H5176 נָחָשׁ9회 **나하쉬**

〈5175〉와 동일; 명백히 이스라엘인이 아닌 두 사람의 이름 '나하스':—나하스(삼상11:1, 삼하10:2, 대상4:12).

H5177 נַחְשׁוֹן10회 **나흐숀**

〈5172〉에서 유래; '마법사'; 한 이스라엘인 '나손':—나손(출6:23).

H5178 נְחֹשֶׁת133회 **네호셰트**

〈5154〉 참조, '구리'; 여기에서 그런 금속으로부터 만들어진 물건, 즉 '동전', '족쇄'; 상징적으로 '열등한' 금속(금이나 은과 비교해 볼 때):—놋쇠, 황동, 쇠사슬, 구리(놋쇠로 된 족쇄, 불결함, 강철).

H5179 נְחֻשְׁתָּא1회 **네후쉬타**

〈5178〉에서 유래; '구리'; 한 이스라엘 여인 '느후스다':—느후스다(왕하24:8).

H5180 נְחֻשְׁתָּן1회 **네후쉬탄**

〈5178〉에서 유래; '구리로' 만들어진 물건, 즉 광야의 구리 '뱀':—느후스단(왕하18:4).

H5181 נָחַת10회 **나하트**

기본어근; '가라앉다', 즉 '내려가다'; 사역동사 '누르다' 또는 아래로 '인도하다':—깨어지다, 내려오다(내려오게 하다), 들어가다, 내려가다, 심하게 누르다, 견고히 고정시키다.

H5182 נְחַת6회 **네하트**

아람어 〈5181〉과 같음; '내려가다'; 사역동사, '멀리 가져가다', '두다', '쫓아내다':—가져가다, 내려오다, 물러나게 하다, 위치에 두다.

H5183 נַחַת5회 **나하트**

〈5182〉로부터 유래; '하강', 즉 부과, 비호의적인 부과('벌'), 또는 호의적인 부과('음식'); 또한 (자동사; 아마 〈5117〉에서 유래) '평온함':—내리다, 조용한(조용함), 휴식하다, 덮치다.

H5184 נַחַת2회 **나하트**

〈5183〉과 동일; '조용한'; 한 에돔인과 두 이스라엘인의 이름 '나핫':—나핫(창36:13).

H5185 נָחֵת1회 **나헤트**

〈5181〉에서 유래; '내려가는':—내려오다.

H5186 נָטָה[185회] **나타**

기본어근; '뻗다', 혹은 펼치다; 함축적으로 '구부리다'(도덕적으로 비뚤어진 것을 포함); 매우 다양하게 적용되어 사용됨(다음과 같이):—오후, 대다, 구부리다(아래로, 구부리는), 옆으로 가져가다, 기울다, 넘겨주다, 뻗치다, 내려가다, 가버리다, 기울이다, 의도하다, 놓다, 낮추다, 제공하다, 펼쳐진, 뒤집어엎어진, 벗어나게 하다, (천막을)치다, 연장하다, 걷어치우다, 보이다, (밖으로)뻗다, (앞으로, 밖으로)뻗치다, (옆으로, 딴 데로) 향하다, 비틀다, 굽게 하다.

H5187 נְטִיל[1회] **네틸**

〈5190〉에서 유래; '짐을 실은':—짐을 진.

H5188 נְטִיפָה[2회] **네티파**

〈5197〉에서 유래; 귀를 위한 '늘어뜨린 장식'(특히, 진주로 만든):—고리, 목걸이.

H5189 נְטִישָׁה[3회] **네티샤**

〈5203〉에서 유래; '덩굴손'(곁가지로서):—총안(銃眼)이 있는 성가퀴, 가지, 식물.

H5190 נָטַל[4회] **나탈**

기본어근; '들어 올리다'; 함축적으로 '부과하다':—짊어지다, 제공하다, 들어 올리다.

H5191 נְטַל[2회] **네탈**

아람어 〈5190〉에서 같음; '올리다':—들어 올리다.

H5192 נֵטֶל[1회] **네텔**

〈5190〉에서 유래; '짐':—무거운.

H5193 נָטַע[58회] **나타**

기본어근; 정확히는 '박히다', 즉 '고정시키다'; 특히 (문자적으로, 혹은 상징적으로) '심다':—고착된, 심다, 심는 사람.

H5194 נֶטַע[5회] **네타**

〈5193〉에서 유래; '식물'; 집합적으로 '재배지'; 추상적으로 '재배':—식물.

H5195 נָטִיעַ[1회] **나티아**

〈5193〉에서 유래; '식물':—초목.

H5196 נְטָעִים[1회] **네타임**

〈5194〉의 복수형; 팔레스타인의 한 장소 '느다임':—초목들.

H5197 נָטַף[18회] **나타프**

기본어근; '스며나오다', 즉 점차 '증류하다'; 함축적으로 '방울방울 떨어지다'; 상징적으로 영감에 의해 '말하다':—떨어지다(-짐), 예언하다(예언자).

H5198 נָטָף[2회] **나타프**

〈5197〉에서 유래; '물방울'; 특히 향기로운 '나무진'('소합향(蘇合香)'인 듯함):—방울, 소합향(蘇合香).

H5199 נְטֹפָה[2회] **네토파**

〈5197〉에서 유래; '증류'; 팔레스타인의 한 장소 '느도바':—느도바(스2:22, 느7:26).

H5200 נְטוֹפָתִי[3회] **네토파티**

〈5199〉에서 유래한 족속의 명칭; '느도바 사람', 또는 느도바의 주민:—느도바 족속(삼하23:28,29, 왕하25:23).

H5201 נָטַר[9회] **나타르**

기본어근; '경계하다'; 상징적으로 '품다'(노염을):—원한을 품다, 지키다(지키는 사람), 비축하다.

H5202 נְטַר[1회] **네타르**

아람어 〈5201〉와 같음; '보유하다':—간직하다.

H5203 נָטַשׁ[40회] **나타쉬**

기본어근; 정확히는 '강타하다', 즉 '세게 치다'; 함축적으로 (금속을 두들겨서 펴는 것처럼) '흩트리다'; 또한 '밀치다', 내다, 떨어뜨리다('거절하다', 버려두다, 허용하다, 보내다 ,등을 포함하여):—던져버리다, 끌어당겨진, 떨어지게 하다, 버리다, 참전하다, 떠나다, 가만히 엎드리다, 풀어주다, 뻗치다, 밖으로 펼치다, 견디다.

H5204 נִי 3회 **니**
모호한 단어; 명백히 〈5091〉에서 유래; '비탄':—울부짖음.

H5205 נִיד 1회 **니드**
〈5110〉에서 유래; (말할 때 입술의) '동작':—움직이는.

H5206 נִידָה 6회 **니다**
〈5205〉의 여성형; '이동', 즉 추방:—옮겨진.

H5207 נִיחוֹחַ 43회 **니호아흐**
또는 **נִיחֹחַ 니호아흐**
〈5177〉에서 유래; 정확히는 '편안한', 즉 '즐거운'; 추상적으로 '즐거움':—향기로운(냄새).

H5208 נִיחוֹחַ 2회 **니호아흐**
또는 (단축형) **נִיחֹחַ 니호아흐**
아람어 〈5207〉과 같음; '즐거움':—향기로운(냄새), 단 맛.

H5209 נִין 3회 **닌**
〈5125〉에서 유래; '자손':—아들.

H5210 נִינְוֵה 17회 **니네웨**
기원은 외래어; 앗수르의 수도, '니느웨':—니느웨(창10:11, 사37:37, 욘1:2, 나2:9(8)).

H5211 נִיס 1회 **니쓰**
〈5127〉에서 유래; '도망자':—도망치는.

H5212 נִיסָן 2회 **니싼**
기원은 외래어인 듯함; 유대인의 성력의 첫 번째 달 '니산월':—니산월(느2:1, 에3:7).

H5213 נִיצוֹץ 1회 **니초츠**
〈5340〉에서 유래; '불꽃':—불꽃.

H5214 נִיר 2회 **니르**
새로운 밭고랑의 '어렴풋한 빛'의 개념을 통해서 〈5216〉의 어근과 일치하는 것 같은 어근; 땅을 '경작하다':—기경하다.

H5215 נִיר 3회 **니르** 또는 **נִר 니르**
〈5214〉에서 유래; 정확히는 '쟁기질', 즉 (구체적으로) 새로 '경작한' 땅:—묵히고 있는 땅, 쟁기질, 경작지.

H5216 נִיר 8회 **니르** 또는 **נִר 니르** 또한 **נֵיר 네르** 또는 **נֵר 네르** 또는 (여성형) **נֵרָה 네라**
정확히는 '반짝이다'인 기본어근에서 유래 [〈5214〉; 〈5135〉를 보라]; '등불'(즉, 점화기), 또는 '빛'(문자적으로, 또는 상징적으로):—촛불, 등불, 빛.

H5217 נָכָא 1회 **나카**
기본어근; '치다', 즉 '몰아'내다:—비열하다.

H5218 נָכֵא 1회 **나케** 또는 **נָכָא 나카**
〈5217〉에서 유래; '매맞은', 즉 (상징적으로) '괴롭힘 받은':—부서진, 맞은, 상처를 입은.

H5219 נְכֹאת 4회 **네코트**
〈5218〉에서 유래; 정확히는 '세게 치기', 즉 (구체적으로) 향기로운 '나무진'[아마 '때죽나무']('가루가 된' 것으로서):—향미료, 향신료.

H5220 נֶכֶד 3회 **네케드**
'번식시키다'는 의미의 사용하지 않는 어근에서 유래; '자식':—조카, 손자.

H5221 נָכָה[504회] **나카**
기본어근; '치다'(가볍게 혹은 심하게, 문자적 또는 상징적으로):—때리다, 쫓아내다, 찰싹 때리다, [상처를] 가하다, 앞으로 가다, 참으로, 죽이다, [살해]하다, 살인자, 벌주다, 학살하다, 살해하다(살해자), 세게 치다(치는 자, 치기), 때리다, 맞다, 채찍 자국(을 내다), (확실하게), 상처를 입히다.

H5222 נֵכֶה[2회] **네케**
〈5221〉에서 유래; '치는 자', 즉 (상징적으로) '비방자':—비열한.

H5223 נָכֶה[3회] **나케**
'매맞은', 즉 (문자적으로) '불구가 된', 또는 (상징적으로) 낙심한:—죄를 깊이 뉘우치는, 절름발이의.

H5224 נְכוֹ[8회] **네코**
기원은 애굽어인 듯함; 애굽왕 '느고':—느고(왕하23:29, 대하35:20, 렘46:2). 〈6549〉와 비교

H5225 נָכוֹן[2회] **나콘**
〈3559〉에서 유래; '준비된'; 아마 한 이스라엘인 '나곤':—나곤(삼하6:6).

H5226 נֵכַח[2회] **네카흐**
'똑바르다'는 뜻의 사용하지 않는 어근에서 유래; 정확히는 '앞부분; 부사로 사용되어 '맞은편에':—앞에, ~와 마주보고.

H5227 נֹכַח[25회] **노카흐**
〈5226〉과 동형에서 유래; 정확히는 '앞'부분; 부사로 사용(특히 전치사와 함께) '맞은 편에', '전면에', '앞으로', '대신하여':—~에 대하여, ~마주보고, 앞에, 직접적[으로], 위하여, 바르게, 바로.

H5228 נָכֹחַ[4회] **나코아흐**
〈5226〉과 동형에서 유래; '똑바른', 즉 (상징적으로) '정당한', '옳은', 또는 (추상적으로) '정직':—순전한, 올바른, 참됨.

H5229 נְכֹחָה[4회] **네코하**
〈5228〉의 여성형; 정확히는 '똑바름', 즉 (상징적으로) '정직', 또는 (추상적으로) '진리':—공평, 옳은(것), 곧음.

H5230 נָכַל[3회] **나칼**
기본어근; '사취하다', 즉 '믿을 수 없게 행동하다':—속이다, 음모를 꾸미다, 사기꾼, 교활하게 다루다.

H5231 נֵכֶל[1회] **네켈**
〈5230〉에서 유래; '기만':—간계.

H5232 נְכַס[2회] **네카쓰**
[아람어] 〈5233〉과 같음:—재산.

H5233 נֶכֶס[5회] **네케쓰**
'축적하다'는 의미의 사용하지 않는 어근에서 유래; '보물':—재산, 부.

H5234 נָכַר[49회] **나카르**
기본어근; 정확히는 '세밀히 조사하다', 즉 골똘히 쳐다보다; 여기에서 ('인식'이라는 의미가 함축되어) '인정하다', '익히 알고 있다', '돌보다', '존경하다', '숭배하다', 또는 ('의심'의 의미가 함축되어) '무시하다', '묵살하다', …에 대하여 '낯설다', '거절하다', '그만두다', (모르는 것처럼, 또는 자기와 관계가 없는 양) '시치미 떼다':—인정하다, 할 수 있었다, 넘겨주다, 식별하다, 숨기다, 이간하다, 다른 사람인양 가장하다, 알다, 인식(알아채다)하다, 인지하다, 여기다, 존경(하다), 이상하게 행동하다, 자신을 이상하게 만들다.

H5235 נֶכֶר[2회] **네케르** 또는 **נֹכֶר** **노케르**

〈5234〉에서 유래; '이상한' 어떤 것, 즉 예기치 않은 '재난':—낯선.

H5236 נֵכָר 36회 **네카르**

〈5234〉에서 유래; '외국의', 또는 (구체적으로) '외국인', 또는 (추상적으로) '이교':—외국의, 낯선(사람).

H5237 נָכְרִי 45회 **노크리**

〈5235〉 (두 번째 형태)에서 유래; '낯선', 다양한 정도와 적용에서 ('외국의', '친척이 아닌', 간통의, '차이가 있는', '놀라운'):—외국의, 외국인, 이국풍의, 낯선 (사람), 이방인 여자.

H5238 נְכֹת 2회 **네코트**

〈5219〉를 참조해야 할 듯; '향신료', 즉 (일반적으로) '귀중품들':—값비싼 것들.

H5239 נָלָה 2회 **날라**

명백히 기본어근; '완성하다':—끝내다.

H5240 נְמִבְזֶה 1회 **네미브제**

〈959〉에서 유래; '멸시받은':—가치가 없는.

H5241 נְמוּאֵל 3회 **네무엘**

명백히 〈3223〉 참조; 두 이스라엘인의 이름, '느무엘':—느무엘(민26:9).

H5242 נְמוּאֵלִי 1회 **네무엘리**

〈5241〉에서 유래; '느무엘 사람', 또는 느무엘 족속:—느무엘 족속(민26:12).

H5243 נָמַל 7회 **나말**

기본어근; '베어지다', 또는 (특별히) '할례를 받다':—잘라진 가지, 베어지다, 잘라내다, 할례를 행하다.

H5244 נְמָלָה 2회 **네말라**

〈5243〉에서 유래한 여성형; '개미' (아마도 그것의 양분된 형태에서 유래):—개미.

H5245 נְמַר 1회 **네마르**

아람어 〈5246〉과 같음:—표범.

H5246 נָמֵר 3회 **나메르**

정확히는 '거르다', 즉 맑게 하다 [〈5246〉과 〈5249〉와 비교]는 뜻의 사용하지 않는 어근에서 유래; 여기에서 마치 물방울을 떨어뜨리는 것같이 '반점을 찍다', '얼룩지게 하다' '표범'(그것의 무늬에서):—표범.

H5247 נִמְרָה 1회 **니므라**

〈5246〉과 동형에서 유래; '맑은' 물; 요단 동편의 한 장소, '니므라':—니므라(민32:3). 〈1039〉와 〈5249〉를 보라

H5248 נִמְרוֹד 4회 **니므로드**

또는 **נִמְרֹד 니므로드**

아마 외래어; 구스의 아들, '니므롯':—니므롯(창10:8, 미5:5).

H5249 נִמְרִים 2회 **니므림**

〈5247〉과 일치하는 형의 남성복수; '맑은' 물들; 요단 동편의 한 장소 '니므림':—니므림(사15:6, 렘48:34). 〈1039〉와 비교

H5250 נִמְשִׁי 5회 **님쉬**

아마 〈4871〉에서 유래; '구출된'; 예후의 아버지 (할아버지) '님시':—님시 (왕상19:16, 왕하9:2).

H5251 נֵס 21회 **네쓰**

〈5264〉에서 유래; '기'; 또한 '돛'; 함축적으로 '깃대'; 일반적으로 '신호'; 상징적으로 '표':—기치, 군기, 장대, 돛, 표시, 표준.

H5252 נְסִבָּה 1회 **네씹바**

〈5437〉의 여성 수동태분사; 정확히는 '환경', 즉 '상황' 또는 사건의 '변화':—원인.

H5253 נָסַג 8회 **나싸그**

기본어근; '물러서다':—떠나가다, 제

거하다(취하다), 쫓아내다.

H5254 נָסָה 36회 **나싸**

기본어근; '시험하다'; 함축적으로 '시도하다':—모험하다, 꾀하다, 유혹하다, 해보다.

H5255 נָסַח 4회 **나싸흐**

기본어근; 억지로 '떼어놓다':—파괴하다, 잡아 뽑다, 근절하다.

H5256 נְסַח 1회 **네싸흐**

아람어 〈5255〉와 같음:—넘어뜨리다.

H5257 נְסִיךְ 5회 **네씨크**

〈5258〉에서 유래; 정확히는 '쏟은' 어떤 것, 즉 '헌주(獻酒)'; 또한 부어 만든 '형상'; 함축적으로 (기름부음 받은) '방백':—전제(奠祭), 관제(灌祭), 군주, 제후, 장(長).

H5258 נָסַךְ 26회 **나싸크**

기본어근; '붓다'; 특별히 '헌주(獻酒)', 또는 (금속으로) 주조하다; 유추적으로 왕을 '기름붓다':—덮다, 녹다, 드리다, 붓다, 붓게 하다, 세우다.

H5259 נָסַךְ 1회 **나싸크**

기본어근[아마 융합의 개념을 통하여 〈5258〉과 동일]; '섞어 짜다', 즉 (상징적으로)전면에 펴지다:—펴진 것.

H5260 נְסַךְ 1회 **네싸크**

아람어 〈5258〉과 같음; 전제(奠祭)를 '붓다':—드리다.

H5261 נְסַךְ 1회 **네싸크**

아람어 〈5262〉와 같음; '전제(奠祭)':—전제, 관제(灌祭).

H5262 נֶסֶךְ 21회 **네쎄크** 또는 **נֵסֶךְ 네쎄크**

〈5258〉에서 유래; '전제(奠祭)'; 또한 '우상을 부어 만들다':—덮개, 관제(灌祭), 부어 만든 형상.

H5263 נָסַס 1회 **나싸쓰**

기본어근; '쇠약해지다', 즉 '병들다':—약한.

H5264 נָסַס 1회 **나싸쓰**

기본어근; 멀리서 '빛나다', 즉 표지로 '눈에 띄다'; 또는 그보다는 아마도 〈5251〉에서 유래한 명사유래어 [그리고 바람에 '펄럭이는' 깃발이란 개념을 통해 〈5263〉과 동일시된]; '횃불을 올리다':—기를 들어 올리다.

H5265 נָסַע 146회 **나싸**

기본어근; 정확히는 잡아'뽑다', 특별히 장막 말뚝을 뽑는 것을 말함, 즉 여행을 '출발하다':—불게하다, 가져오다, 얻다, 도달하다, 나아가다, 앞으로 가다, 여행하다, 행진하다, 제거하다, 버리다(출발하다), (아직), ~도중에 있다

H5266 נָסַק 1회 **나싸크**

기본어근; '오르다':—올라가다.

H5267 נְסַק 2회 **네싸크**

아람어 〈5266〉과 같음:—집어 올리다.

H5268 נִסְרֹךְ 2회 **니쓰로크**

외래어; 바벨론 우상 '니스록':—니스록(왕하19:37, 사37:38).

H5269 נֵעָה 1회 **네아**

〈5128〉에서 유래; '동작'; 팔레스타인의 한 장소, '네아':—네아(수19:13).

H5270 נֹעָה 4회 **노아**

〈5128〉에서 유래; '움직임'; 한 이스라엘 여자, '노아':—노아(민26:33).

H5271 נָעוּר 46회 **나우르** 또는 **נָעֻר 나우르** 그리고 (여성형) **נְעֻרָה 네우라**

정확히는 명사유래어로서 〈5288〉에서 유래한 수동분사; (복수일 때는 다만 복수 집합형, 또는 강세형) '청년', 그 상태 (젊음) 또는 그런 사람들 ('젊은이들'):—어린 시절, 청년.

H5272 נְעִיאֵל 3회 **네이엘**

〈5128〉과 〈410〉에서 유래; 하나님께서 움직이심; '팔레스타인의 한 장소; '느이엘':—느이엘(수19:27).

H5273 נָעִים14회 **나임**

〈5276〉에서 유래; '매우 기쁜' (객관적으로, 또는 주관적으로, 문자적으로, 또는 상징적으로):—즐거운, 기쁨, 감미로운.

H5274 נָעַל3회 **나알**

기본어근; 정확히는 '매다', 즉 막대기나 끈으로; 여기에서(〈5275〉에서 유래한 명사유래어), '샌들을 신다', 즉 슬리퍼를 신다:—빗장을 지르다, 둘러싸다, 걸다, ~을 신기다, 닫다.

H5275 נַעַל22회 **나알**

또는 (여성형) **נַעֲלָה 나알라**

〈5274〉에서 유래; 정확히는 샌들의 '혀' 모양; 확대된 의미로 '샌들'이나 슬리퍼(가끔 점유, 또는 청혼에 대한 거절, 무가치한 어떤 것에 대한 상징으로서):—신발을 적시지 않는, (한 짝의)신발[신 들메], 신 한 켤레, 신발끈.

H5276 נָעֵם8회 **나엠**

기본어근; '유쾌하다'(문자적, 또는 상징적으로):—뛰어나게 아름답다, 매우 기쁘다, 즐겁다, 기뻐하다, 기분 좋다.

H5277 נַעַם4회 **나암**

〈5276〉에서 유래; '기쁨'; 한 이스라엘인, '나암':—나암(대상4:15).

H5278 נֹעַם7회 **노암**

〈5276〉에서 유래; '유쾌함', 즉 '즐거움', '어울림', '훌륭함' 또는 '은혜':—아름다움, 기쁜, 기쁨.

H5279 נַעֲמָה4회 **나아마**

〈5277〉의 여성형, '희락'; 대홍수 이전에 살았던 한 여자와 한 암몬 여인 및 팔레스타인의 한 장소 이름, '나아마':—나아마(왕상14:—21).

H5280 נַעֲמִי1회 **나아미**

〈5283〉에서 유래한 족속의 명칭; '나아만 사람', 또는 나아만의 자손(집합명사로):—나아만 종족(민26:40).

H5281 נָעֳמִי21회 **노오미**

〈5278〉에서 유래한 종족 명칭; '즐거운'; 한 이스라엘 여인 '노오미':—나오미(룻1:2).

H5282 נַעֲמָן1회 **나아만**

〈5276〉에서 유래; '즐거움'(복수형, 구체적으로):—즐거운.

H5283 נַעֲמָן16회 **나아만**

〈5282〉와 동일; 이스라엘인과 한 다메섹사람의 이름, '나아만':—나아만(창46:21, 민26:40, 왕하5:1).

H5284 נַעֲמָתִי4회 **나아마티**

(동일한 것은 아니나) 〈5279〉와 일치한 장소에서 유래한 족속의 명칭; '나아마 사람', 또는 나아마의 거주민:—나아마 사람(욥2:11, 11:1).

H5285 נַעֲצוּץ2회 **나아추츠**

'찌르다'는 뜻의 사용하지 않는 어근에서 유래; 아마 '찔레나무'; 함축적으로 가시나무의 '덤불':—가시.

H5286 נָעַר1회 **나아르**

기본어근; '으르렁거리다':—외침소리.

H5287 נָעַר11회 **나아르**

기본어근[아마 갈기의 스치는 '소리'라는 뜻으로 〈5286〉과 동일시되며 사자의 으르렁거리는 소리가 항상 동반됨]; '뒤치락거리다':—털어버리다, 무너뜨리다, 던져 오르내리게 하다.

H5288 נַעַר240회 **나아르**

〈5287〉에서 유래; (구체적으로) '소년'(활동적인), 유년기에 청년기까지; 함축적으로 '하인'; 또한 성을 바꾸어 '소녀'(비슷한 나이의):—유아, 소년, 어린이, 처녀[난외주에서], 젊은이, 하인, 청년.

H5289 נַעַר[1회] **나아르**

'들까불다'는 파생된 뜻으로 〈**5287**〉에서 유래; '방랑자':—젊은 사람.

H5290 נֹעַר[4회] **노아르**

〈**5287**〉에서 유래; (축약형) '소년기'[〈**5288**〉과 비교]:—어린이, 젊은이.

H5291 נַעֲרָה[63회] **나아라**

〈**5288**〉의 여성형; '소녀'(유년기에서 청년기까지):—처녀, 아가씨, 젊은 여자.

H5292 נַעֲרָה[4회] **나아라**

〈**5291**〉과 동일; 한 이스라엘 여인과 팔레스타인의 한 장소 이름, '나아라':—나아라(수16:7, 대상4:5, 7:28).

H5293 נַעֲרַי[1회] **나아라이**

〈**5288**〉에서 유래; '젊은'; 한 이스라엘인, '나아래':—나아래(대상11:37).

H5294 נְעַרְיָה[3회] **네아르야**

〈**5288**〉과 〈**3050**〉에서 유래; '여호와의 종'; 두 이스라엘인의 이름; '느아랴':—느아랴(대상3:22, 4:42).

H5295 נַעֲרָן[1회] **나아란**

〈**5288**〉에서 유래; '젊은'; 팔레스타인의 한 장소, '나아란':—나아란(수16:7).

H5296 נְעֹרֶת[2회] **네오레트**

〈**5287**〉에서 유래; '털어 낸' 어떤 것, 즉 '밧줄'(아마의 건덕이로 된):—삼오라기.

H5297 נֹף[7회] **노프**

〈**4644**〉의 어미변화; 상이집트의 수도, '놉':—놉(삼상21:9, 느11:32-36, 사19:13).

H5298 נֶפֶג[4회] **네페그**

아마 '튀어나오다'는 뜻의 사용하지 않은 어근에서 유래; '싹'; 두 이스라엘인, '네벡':—네벡(출6:21, 삼하5:15, 대상3:7).

H5299 נָפָה[5회] **나파**

'들어 올림'의 의미로 〈**5130**〉에서 유래; '높은 곳(높음)'; 또한 '체'(거르는):—경계, 연안, 지역, 체.

H5300 נְפוּשְׁסִים[2회] **네푸셰씸**

〈**5304**〉 참조; 성전사환, '느부스심':—느부심(스2:50, 느7:52), 느비스심[난외주에서].

H5301 נָפַח[12회] **나파흐**

기본어근; '훅 불다', 다양한 적용에서(문자적으로, '부풀리다', 거칠게 '불다', '흩어버리다', '불을 붙이다', '숨을 내쉬다' 상징적으로, '멸시하다'):—불다, 호흡, 포기하다, [목숨을] 잃게 하다, 삶다, 냄새 맡다.

H5302 נֹפַח[1회] **노파흐**

〈**5301**〉에서 유래; '돌풍'; 모압의 한 장소, '노바':—노바(민21:30).

H5303 נְפִיל[3회] **네필** 또는 **נְפִל** **네필**

〈**5307**〉에서 유래; 정확히는, '벌목꾼', 즉 '약한 자를 못살게 구는 사람', 또는 '폭군':—거인, 장부, 네피림(창6:4, 민13:33).

H5304 נְפוּסִים[1회] **네피씸**

'흩어버리다'는 뜻의 사용하지 않는 어근에서 유래한 복수형; 확장; 성전사환 '느비심':—느부심[난외주에서](스2:50).

H5305 נָפִישׁ[3회] **나피쉬**

〈**5314**〉에서 유래; '새롭게 된', 이스마엘의 아들과 그의 자손 '나비스':—나비스(창25:15, 대상5:19).

H5306 נֹפֶךְ[4회] **노페크**
'반짝이다'라는 뜻의 사용하지 않은 어근에서 유래; '빛나는'; '보석', 아마도 '석류석':—에메랄드.

H5307 נָפַל[434회] **나팔**
기본어근; '떨어지다', 매우 다양한 적용에서(자동사, 또는 사역동사로, 문자적으로, 또는 상징적으로):—받아드려지다, 던지다, 기대다, (내리, 자신을[주사위를], 밖으로)던지다, 중단하다, 죽다,(제비로)나누다, 실패하다(실패케 하다), 떨어지(게 하)다, 넘어 뜨리다(넘어 뜨리는), 도망자, 상속하다, 열등한, 판단되다[〈6419〉와 '혼돈'되어], 눕(히)다, 잃다, 누워있는, 내동댕이치다, 압도하다, 멸망하다, 주다(주는), 썩(히)다, 죽이다, 강타하다, 확실히, 내치다.

H5308 נְפַל[11회] **네팔**
아람어 〈5307〉과 같음:—떨어지다, 일이 생기다.

H5309 נֶפֶל[3회] **네펠** 또는 **נֵפֶל** **네펠**
〈5307〉에서 유래; '떨어진' 어떤 것, 즉 '유산(流産)':—조산.

H5310 נָפַץ[21회] **나파츠**
기본어근; 산산이 '때려 부수다', 또는 '흩다':—메어쳐서 조각내다, (조각조각) 깨뜨리다, 해고시키다, 흩어진, 흩어지다, 퍼지다.

H5311 נֶפֶץ[1회] **네페츠**
〈5310〉에서 유래; '폭풍'(흩뿌리는):—흩는.

H5312 נְפַק[11회] **네파크**
아람어 기본어근; '내다'; 사역동사로 '나오게 하다':—나가다(앞으로), 나오다, 꺼내다.

H5313 נִפְקָא[2회] **니프카**
아람어 〈5312〉에서 유래; '지출', 즉 비용:—비용.

H5314 נָפַשׁ[3회] **나파쉬**
기본어근; '호흡하다'; 수동으로, '…에 입김이 불어지다', 즉 (상징적으로) '상쾌해진'(통풍에):—상쾌해지다, 자신을 새롭게 하다.

H5315 נֶפֶשׁ[753회] **네페쉬**
〈5314〉에서 유래; 정확히는 '호흡하는' 생물, 즉 '동물' 또는 (추상적으로) '생명력'; 문자적으로 조절된, 또는 상징적인 뜻으로 매우 광범위하게 사용됨(육체적, 또는 정신적으로):—어떤 식욕, 동물, 신체, 숨, 생물, 죽은, 욕망, 만족하는, 물고기, 혼령, 욕심 사나운, 그가 마음(심적)으로, 생명(위태롭다), 갈망, 남자, 나를, 정신, 어떤 사람, 자신의, 사람 기쁨, (그녀, 그, 나, 너)자신, 그들(당신들) 자신, 죽이다, 영혼, 서판, 그들은 물건, (그녀) 의지, 그것을 가질 것이다.

H5316 נֶפֶת[1회] **네페트**
〈5299〉 참조; '높은 곳':—나라.

H5317 נֹפֶת[5회] **노페트**
'흔들어 조각내다'는 의미로 〈5130〉에서 유래; '방울방울 떨어짐', 즉 '꿀'의(벌집으로부터):—벌집.

H5318 נֶפְתּוֹחַ[2회] **네프토아흐**
〈6605〉에서 유래; '터진', 즉 '샘'; 팔레스타인의 한 장소 '넵도아':—넵도아(수15:9, 18:15).

H5319 נַפְתּוּל[1회] **나프툴**
〈6617〉에서 유래; 정확히는 '씨름한'; 그러나 ('복수형'으로) 타동사로 사용되어, '버둥질':—씨름.

H5320 נַפְתֻּחִים[2회] **나프투힘**
외래어의 복수형; 한 애굽부족 '납두

힘':—납두힘(창10:13, 대상1:11).

H5321 נַפְתָּלִי 51회 나프탈리
〈6617〉에서 유래; '나의 씨름'; 야곱의 아들, 그로부터 나온 부족과 그 지경, '납달리':—납달리(수19:32-39).

H5322 נֵץ 4회 네츠
〈5340〉에서 유래; '꽃'(그것의 찬란함에서); '매'(그것의 '섬광과 같이 빠른 점에서'):—꽃, 개화, 매.

H5323 נָצָא 1회 나차
기본어근; '사라지다':—달아나다.

H5324 נָצַב 19회 나차브
기본어근; '자리 잡다', 다양하게 적용되어(문자적, 또는 상징적으로):—지명된, 대표자, 설립하다세우다, 후사['고유명사로 오해하여'], 놓다, 관리, 기둥, 주다, 우뚝 세우다, 배치하다, 세우다, 고정시키다, 뾰족하게 하다, 공고히 하다, 세워주다, 서다(서있는, 똑바로 서다), 가장 좋은 상태.

H5325 נִצָּב 3회 닛차브
〈5324〉의 수동태분사; '고정된', 즉 '손잡이':—손잡이, 자루.

H5326 נִצְבָּה 1회 니츠바
아람어 〈5324〉와 일치하는 어근에서 유래; '고정됨', 즉 '견고함':—힘.

H5327 נָצָה 12회 나차
기본어근; 정확히는 '앞으로 가다', 즉 (함축적으로) '내쫓겨지다', 그리고 (여기에서) '황폐해지다'; 사역동사로 '황폐케 하다'; 또한 (특별히) '싸우다':—황량해지다, 파괴하는, 분투하다(함께).

H5328 נִצָּה 2회 닛차
〈5322〉의 여성형; '개화':—꽃.

H5329 נָצַח 64회 나차흐
기본어근; 정확히는 멀리서 '빛나다', 즉 '뛰어나다'(특히 성전의 예배와 음악의 감독자로서의); 또한 (〈5331〉에서 유래한 명사유래어로), '영구한':—능가하다, 악장(노래하는 자의 우두머리), 감독하다(감독자), 발표하다.

H5330 נְצַח 1회 네차흐
아람어 〈5329〉와 같음; '우두머리가 되다':—우대받다.

H5331 נֶצַח 43회 네차흐 또는 נֵצַח 네차흐
〈5329〉에서 유래; 정확하게는 '목표', 즉 멀리 떨어져서 전해지는 밝은 물체; 여기에서 (상징적으로) '광휘', 또는 (주관적으로) '신실', 또는 (객관적으로) '신뢰'; 그러나 보통은 (부사) '끊임없이' (즉, 긴 안목에서):—항상, 계속적으로, 끝, 영속하는, 능력, 승리.

H5332 נֵצַח 2회 네차흐
아마 색깔의 '현란함'에서 〈5331〉과 동일; 포도의 '즙'(선홍색의):—피, 강함.

H5333 נְצִיב 11회 네치브 또는 נְצִב 네치브
〈5324〉에서 유래; '움직이지 않는' 어떤 것, 즉 '장관', 군대 '주둔지', '조각된 상':—수비대, 관리, 기둥.

H5334 נְצִיב 1회 네치브
〈5333〉과 동일; 주둔지; 팔레스타인의 한 장소; '느십':—느십(수15:43).

H5335 נְצִיחַ 2회 네치아흐
〈5329〉에서 유래; '눈에 띄는'; 한 성전봉사자, '느시야':—느시야(스2:54, 느7:56).

H5336 נָצִיר 1회 나치르
〈5341〉에서 유래; 정확히는 '보전하는'; 그러나 수동형으로 사용되어, '구출된':— 보존된.

H5337 נָצַל 213회 나찰
기본어근; '움켜' 빼앗다, 좋은 의미이

든 나쁜 의미이든지간에:—(오로지), 방어하다, 구원하다(자신을), 탈출하다, 실패 없이, 나누다, 뜯다, 보존하다, 회복하다, 구출하다, 해방하다, 노략하다, 벗기다, 확실히, 취하다.

H5338 נְצַל[3회] **네찰**

아람어 〈5337〉과 같음; '해방하다':—구하다, 구출하다.

H5339 נִצָּן[1회] **닛찬**

〈5322〉에서 유래; '꽃의 만발':—꽃.

H5340 נָצַץ[4회] **나차츠**

기본어근; '번쩍번쩍 빛나다', 즉 '빛나는' 색깔이 나다:—번득이다.

H5341 נָצַר[61회] **나차르**

기본어근; '보호하다', 좋은 의미에서('방어하다', '견지하다', '순종하다') 또는 나쁜 의미에서('숨기다'):—포위되다, 감춘 것, 지키다(지키는 자, 지키고 있는), 기념물, 준수하다, 보존하다(보존자), (예민한), 파수자.

H5342 נֵצֶר[4회] **네체르**

돋보이는 색깔로서의 초록색의 의미로 〈5341〉에서 유래; '새싹'; 상징적으로 '자손':—가지, 순.

H5343 נְקֵא[1회] **네케**

아람어 〈5352〉와 일치하는 어근에서 유래, '깨끗한':—순수한.

H5344 נָקַב[19회] **나카브**

기본어근; '찌르다', 문자적으로('구멍을 내다', 다소 거세게), 또는 상징적으로('상술하다', '지정하다', '중상하다'):—지명하다, 모독하다, 뚫다, 저주하다, 표현하다, 구멍 뚫린, 명명하다, 치르다, 꿰뚫다.

H5345 נֶקֶב[1회] **네케브**

(보석을 끼우는)'홈':—관(管).

H5346 נֶקֶב[1회] **네케브**

〈5345〉와 동일; '작은 골짜기'; 팔레스타인의 한 장소, '네겝':—네겝(수 19:33).

H5347 נְקֵבָה[22회] **네케바**

〈5344〉에서 유래; '여성'(성의 구별에서):—여성, 여자.

H5348 נָקֹד[9회] **나코드**

표하다(구멍을 뚫거나 낙인을 찍어); '표하다'는 뜻의 사용하지 않는 어근에서 유래; '점 찍힌':—얼룩진.

H5349 נֹקֵד[2회] **노케드**

〈5348〉과 동형에서 유래한 능동태분사; '감시자'(양 또는 가축의), 즉 소유자, 또는 관리자(이렇게 양이나 가축에 표하는 자):—가축지기, 목자.

H5350 נִקֻּד[3회] **닉쿠드**

〈5348〉과 동형에서 유래; '빵부스러기'(부서진 조각들에서); 또한 '빵조각'(구멍 뚫린):—얇은 빵, (곰팡이 난).

H5351 נְקֻדָּה[1회] **네쿳다**

〈5348〉의 여성형; '돌을새김, 돌기형 장식':—장식 못.

H5352 נָקָה[44회] **나카**

기본어근; '깨끗하다'(또는, 깨끗하게 하다)(문자적, 또는 상징적으로); 함축적으로(반대의 의미로) '벗겨지다', 즉 '일소하다':—무죄로 하다, (완전히, 한꺼번에), 무흠하다, 정결하게 하다, 깨끗한(깨끗하다), 베어내다, 황폐해지다, 자유롭다, 무죄하다, 결코 ~이 아니다, 벌주지 않다, (완전히, 전적으로).

H5353 נְקוֹדָא[7회] **네코다**

〈5348〉의 여성형 ('표시된'의 상징적 의미로); '구별'; 한 성전봉사자 '느고다':—느고다(스2:48, 느7:50).

H5354 נָקַט[1회] **나카트**

기본어근; '몹시 싫어하다':—싫증나다.

H5355 נָקִי[4회] 나키

또는 נָקִיא 나키 (욜4:19; 욘1:14)

〈5352〉에서 유래; '결백한':—흠이 없는, 깨끗한, 명백한, 면제된, 자유로운, 죄가 없는, 순결한, 용서된.

H5356 נִקָּיוֹן[5회] 닉카욘 또는 נִקָּיֹן 닉카욘

〈5352〉에서 유래; '맑음'(문자적, 또는 상징적으로):—깨끗함, 순결.

H5357 נָקִיק[3회] 나키크

'구멍을 뚫다'는 뜻의 사용하지 않는 어근에서 유래; '갈라진 틈':—구멍.

H5358 נָקַם[35회] 나캄

기본어근; '싫어하다', 즉 '앙갚음하다', 또는 '벌주다':—보복하다(보복자), 벌하다, 복수하다, (확실히), 원수 갚다.

H5359 נָקָם[17회] 나캄

〈5358〉에서 유래; '보복':—복수한, 분쟁, 복수.

H5360 נְקָמָה[27회] 네카마

〈5359〉의 여성형; '복수', (행동이든 감정이든 간에):—보복하다, 복수하다(복수하는), 원수 갚음.

H5361 נָקַע[3회] 나카

기본어근; '혐오감을 느끼다':—소외되다.

H5362 נָקַף[17회] 나카프

기본어근; 다소 난폭하게 '치다'('두드리다', '넘어뜨리다', '먹어 들어가다'); 함축적으로(공격으로) '몹시 부딪히다', 즉 '에워싸다', 또는 '둘러싸다':—의 주위를 돌다(돌고 있는), 베어 넘기다, 파괴하다, 둘러싸다.

H5363 נֹקֶף[2회] 노케프

〈5362〉에서 유래; (올리브의) '타작':—흔드는.

H5364 נִקְפָּה[1회] 니크파

〈5362〉에서 유래; 아마 '밧줄'('둘러싸는'):—갈라진 사이.

H5365 נָקַר[6회] 나카르

기본어근; '구멍을 뚫다'('꿰뚫다', '파내다'):—파다, 골라내다, 치르다, 밀어내다.

H5366 נְקָרָה[2회] 네카라

〈5365〉에서 유래; '틈':— 갈라진 틈.

H5367 נָקַשׁ[5회] 나카쉬

기본어근; '올가미를 놓다', 문자적, 또는 상징적으로:—잡다, 덫(을 놓다).

H5368 נְקַשׁ[1회] 네카쉬

아람어 〈5367〉과 같음; 그러나 〈5362〉의 의미로 사용됨; '두드리다':—때리다.

H5369 נֵר[60회] 네르

〈5216〉과 동일; '등잔'; 한 이스라엘인, '넬':—넬(삼상14:50).

H5370 נֵרְגַל[1회] 네르갈

외래어; 구스사람의 신, '네르갈':—네르갈(왕하17:30).

H5371 נֵרְגַּל שַׁרְאֶצֶר[3회] 네르갈 샤르에체르

〈5370〉과 〈8272〉에서 유래; 두 바벨론 사람의 이름, '네르갈사레셀':—네르갈사레셀(렘39:3, 39:13).

H5372 נִרְגָּן[4회] 니르간

'굴러 조각나다'는 뜻의 사용하지 않는 어근에서 유래; '비방자'-고자질하는 사람, 속삭이는 자.

H5373 נֵרְדְּ[3회] 네르드

외래어; '나드향', 향료:—감송향(甘松香).

H5374 נֵרִיָּה[7회] 네리야

또는 נֵרִיָּהוּ 네리야후

〈5216〉과 〈3050〉에서 유래; '여호와의 빛'; 한 이스라엘인 '네리야':—네

리야(렘32:12, 36:4, 51:59).

H5375 נָשָׂא650회 **나사**
또는 **נָשָׂה 나사** (시4:6[7])
기본어근; '들어 올리다', 매우 다양한 의미로, 문자적, 또는 상징적으로, 절대적, 또는 상대적으로 (다음과 같음):—받아들이다, 전진하다, 일어나다, 감당하다, 초래하다(낳다), 불타다, 운반하다(가지고 가버리다), 던지다, 담고 있다, 열망하다, 완화하다, 강요하다, (스스로)높이다, 칭찬하다, 데려오다, 용서하다, 공급하다, 조장하다, 주다, 계속하다, 돕다, 높은, 떠받치다, 명예로운(사람), 싣다, 두다, 높은, 결혼하다, 확대하다, 필요, 획득하다, 용서하다, 일으키다(일으켜 세우다), 받다, 간주하다, 존경하다, 세우다, 절약하다, 고무하다, 맹세하다, 취하다, 완전히, 입다, 산출하다.

H5376 נְשָׂא3회 **네사**
아람어 〈**5375**〉와 같음:—휩쓸어 가다, 반란을 일으키다, 취하다.

H5377 נָשָׁא16회 **나샤**
기본어근; '잘못 인도하다', 즉 (정신적으로) '미혹하다', 또는 (도덕적으로) 유혹하다:—기만하다, 속이다, (크게, 완전히).

H5378 נָשָׁא5회 **나샤**
기본어근; [아마 '부과'의 뜻으로 〈**5377**〉과 동일시 됨]; 이자로 '빌려주다'; 함축적으로 빚을 '독촉하다':—빚, 강요하다, 고리로 빌려주는 사람.

H5379 נִשֵּׂאת1회 **닛세트**
〈**5375**〉의 여성 수동태분사; '받은' 어떤 것, 즉'선물':—선물.

H5380 נָשַׁב3회 **나샤브**
기본어근; '불다'; 함축적으로 '흩다':—불다, 불게하다, 몰아내다.

H5381 נָשַׂג50회 **나사그**
기본어근; '다다르다'(문자적, 또는 상징적으로):—능력, 달성하다, ~할 수 있다, 취하다, ~을 공격하다, 놓다, 도착하다, 제거하다, 부하게 되다, (확실히), (뒤따라)잡다(붙잡다, 지탱하다).

H5382 נָשָׁה7회 **나샤**
기본어근; '잊어버리다'; 상징적으로, '무시하다'; (사역동사로) '보내다', '제거하다':— 잊어버리다, 빼앗다, 강요하다.

H5383 נָשָׁה13회 **나샤**
기본어근 [오히려 〈**5378**〉의 의미에서 〈**5382**〉와 같음]; '빌려주다', 또는 (호혜적으로) 담보나 이자로 '차용하다':—채권자, 강요하다, 강탈자, 고리대금업자, 고리로 빌려주다(고리로 취하는 자).

H5384 נָשֶׁה1회 **나셰**
'실패'라는 뜻으로 〈**5382**〉에서 유래; '관절염의' 또는 '절름거리는'(야곱의 사건에서):—오그라든 것.

H5385 נְשׂוּאָה1회 **네수아**
또는 오히려 **נְשֻׂאָה 네수아**
〈**5375**〉의 여성 수동태분사; '운반된' 어떤 것, 즉 '짐':—메고 다니는 것.

H5386 נְשִׁי1회 **네쉬**
〈**5383**〉의 유래; '빚':—부채.

H5387 נָשִׂיא129회 **나시** 또는 **נָשִׂא 나시**
〈**5375**〉에서 유래; 정확히는 '높은' 지위의 사람, 즉 '왕' 또는 '족장'; 또한 일어나는 '안개':—지도자, 우두머리, 구름, 통치자, 방백, 다스리는 자, 수증기.

H5388 נְשִׁיָּה[1회] **네쉬야**
〈5382〉에서 유래; '망각':—잊어버림.

H5389 נָשִׁין[1회] **나쉰**
아람어 〈606〉의 불규칙적인 여성 복수형:—여자들.

H5390 נְשִׁיקָה[2회] **네쉬카**
〈5401〉에서 유래; '입맞춤':—입맞춤.

H5391 נָשַׁךְ[10회] **나샤크**
기본어근; 찔러 '치다' (뱀과 같이); 상징적으로, 이자로 대부해줘서 '억압하다':—물다, 고리로 빌려주다.

H5392 נֶשֶׁךְ[12회] **네셰크**
〈5391〉에서 유래; 채무에 대한 '이자':—고리(高利).

H5393 נִשְׁכָּה[3회] **니쉬카**
〈3957〉 참조; '작은 방':—독방.

H5394 נָשַׁל[7회] **나샬**
기본어근; '잡아 뜯다', 즉 '벗기다', '내쫓다', 또는 '떨어지다':—던지다(던져버리다), 몰다, 늦추다, 연기하다(끄다), 미끄러지다.

H5395 נָשַׁם[7회] **나샴**
기본어근; 정확히는 '불어 버리다', 즉 '파괴하다':—파괴하다.

H5396 נִשְׁמָא[1회] **니쉬마**
아람어 〈5397〉과 동일; 생명의 '호흡':—숨.

H5397 נְשָׁמָה[24회] **네샤마**
〈5395〉에서 유래; '훅 불기', 즉 '바람', 성난 또는 생명의 '호흡', 신적 '영감', '지성', 또는 (구체적으로) '동물':—돌풍, 숨 쉬는 것, 영감, 영, 영혼, 정신.

H5398 נָשַׁף[2회] **나샤프**
기본어근; '미풍이 불다', 즉 (바람처럼) 신선하게 일다:—불다.

H5399 נֶשֶׁף[12회] **네셰프**
〈5398〉에서 유래; 정확히는 '미풍', 즉 (함축적으로) '황혼' (저녁에 미풍이 불 때):—어두운, 날이 새다(아침), 밤, 여명.

H5400 נָשַׂק[3회] **나사크**
기본어근; 불이 '붙다':—타다, 타오르다.

H5401 נָשַׁק[32회] **나샤크**
기본어근 ['단단히 묶다'의 개념을 통하여, 〈5400〉과 동일; 〈2388〉, 〈2836〉과 비교]; '입 맞추다', 문자적, 또는 상징적으로 ('만지다'); 또한 ('접촉하는' 양상의 하나로), '무장하다':—무장된(사람), 다스리다, 입 맞추다, 접촉된 것.

H5402 נֶשֶׁק[10회] **네셰크** 또는 **נֵשֶׁק** **네셰크**
〈5401〉에서 유래; 군대 '장비', 즉 (집합적으로) '무기' (공격용이든 방어용이든), 또는 (구체적으로) '병기고':—무장한 사람, 갑옷 (병기실), 전투, 말안장, 무기.

H5403 נְשַׁר[2회] **네샤르**
아람어 〈5404〉와 같음; 독수리:—독수리.

H5404 נֶשֶׁר[26회] **네셰르**
'찢어내다'라는 뜻의 사용하지 않는 어근에서 유래; '독수리' (또는, 다른 종류의 큰 맹금):—독수리.

H5405 נָשַׁת[3회] **나샤트**
기본어근; 정확히는 '제거하다', 즉 (자동사로는) '말리다':—떨어지다.

H5406 נִשְׁתְּוָן[5회] **니쉬테완**
아마 기원은 페르시아어; '서신':—편지.

H5407 נִשְׁתְּוָן[3회] **니쉬테완**
아람어 〈5406〉과 같음:—편지.

H5408 נָתַח[9회] **나타흐**
기본어근; '해체하다':—자르다(조각

조각), 나누다, 조각조각 배어내다.

H5409 נֵתַח[13회] 네타흐
〈**5408**〉에서 유래; '파편':—부분, 조각.

H5410 נָתִיב[5회] 나티브
또는 (여성형) **נְתִיבָה 네티바**
또는 **נְתִבָה 네티바** (렘6:16)
'짓밟다'는 뜻의 사용하지 않는 어근에서 유래; '짓밟다'는 뜻의 밟아 다져진 길:—작은 길, 통로, 여행자, 길.

H5411 נָתִין[17회] 나틴 또는 **נָתוּן 나툰**
(스8:—17; 본래 형태는, 수동태분사로서) 〈**5414**〉에서 유래; '주어진' 자, 즉 (오직 복수로서만) 느디님, 또는 성전 봉사자들(의무가 '주어진' 자로서):—느디님 사람(대상9:2, 스2:43, 느3:26).

H5412 נְתִין[1회] 네틴
아람어 〈**5411**〉과 같음:—느디님 사람 (스7:24).

H5413 נָתַךְ[21회] 나타크
기본어근; '흘러'나가다(문자적, 또는 비유적으로); 함축적으로 '녹이다'; 떨어지다, 모으다(함께), 용해하다, 쏟다(따르다).

H5414 נָתַן[2011회] 나탄
기본어근; '주다', 대단히 광범위하게 적용됨('두다', '만들다' 등):—첨가하다, 적용하다, 지정하다, ~탓으로 돌리다, 배당하다, 보복하다, 부여하다, 가져오다(생기다), 던지다, 일어나게 하다, 맡기다, 오다, 허락하다, 세다, 울다, 구하다, 지도하다, 배포하다, 하다, (의심 없이), 실패 없이, 묶다, ~의 뼈대를 만들다, 얻다, 주다(포기하다), 승인하다, 걸다(매달다), 가지다, 확실히, 과하다(의무를), 저축하다, 주다(허락하다), 빌려주다, ~하게 하다, 눕다, 들어 올리다, 시키다, 차지하다, 수여하다, 규정하다, 지불하다, 수행하다, 두다, 붓다, 적다, 끌어당기다, 두다(내밀다), 보상하다, 표현하다, 갚다, 복원하다, 보내다(출발하다), 보여주다, 싹트다, 노래부르다, 비방하다, 치다, 제출하다, 참다, 확실히, 취하다, 밀다, 매매하다, 돌아가다, 발언하다, 울다, (자의적으로), 물러나다, 산출하다.

H5415 נְתַן[7회] 네탄
아람어 〈**5414**〉와 같음; '주다':—수여하다, 주다, 지불하다.

H5416 נָתָן[42회] 나탄
〈**5414**〉에서 유래; '주어진'; 다섯 이스라엘인의 이름, '나단':—나단(삼하7:2, 왕상1:8, 시51:2, 대상2:36, 스8:16).

H5417 נְתַנְאֵל[14회] 네탄엘
〈**5414**〉와 〈**410**〉에서 유래; '하나님에 의해 주어진'; 열 이스라엘 사람의 이름, '느다넬':—느다넬(민1:8, 대상2:14, 대하17:7, 스10:22, 느12:21).

H5418 נְתַנְיָה[15회] 네탄야
또는 **נְתַנְיָהוּ 네탄야후**
〈**5414**〉에서 〈**3050**〉에서 유래; '여호와에 의해 주어진'; 네 이스라엘 사람의 이름 '느다냐':—느다냐(왕하25:23, 렘36:14, 대상25:12, 대하17:8).

H5419 נְתַן־מֶלֶךְ[1회] 네탄 멜레크
〈**5414**〉와 〈**4428**〉에서 유래; '왕에 의해 주어진'; 한 이스라엘 사람, '나단멜렉':—나단멜렉(왕하23:11).

H5420 נָתַס[1회] 나타쓰
기본어근; '갈기갈기 찢다':—손상시키다.

H5421 נָתַע[1회] 나타
〈5422〉 참조; '찢어내다':—부시다.

H5422 נָתַץ[42회] 나타츠
기본어근; '헐어 내리다':—헐어버리다, 부숴버리다, 내던지다, 파괴하다, 전복하다, 넘어뜨리다, 내동댕이치다.

H5423 נָתַק[26회] 나타크
기본어근; '잡아떼다':—깨뜨리다(끊다), 파열하다, 끌어당기다, 들어 올리다, 뜯다, 당기다(빼내다), 근절하다.

H5424 נֶתֶק[14회] 네테크
〈5423〉 에서 유래; '비듬':—두창(頭瘡), 마른 비듬.

H5425 נָתַר[8회] 나타르
기본어근; '도약하다', 즉 격렬하게 동요되다; 사역동사로 '겁나게 하다', '떨어버리다':—흩어버리다, 도약하다, 늦추다, 시키다, 움직이다, 끄르다.

H5426 נְתַר[1회] 네타르
아람어 〈5425〉와 같음:—떨어 버리다.

H5427 נֶתֶר[2회] 네테르
〈5425〉 에서 유래; 광물질의 '잿물'('거품 이는' 산성성분에서 유래):—질산칼륨.

H5428 נָתַשׁ[21회] 나타쉬
기본어근; '찢어버리다':—파괴하다, 내버리다, 뜯다, (뿌리 채) 뽑다, 당겨 빼다, 근절하다, (완전히).

트롱히브리어사전

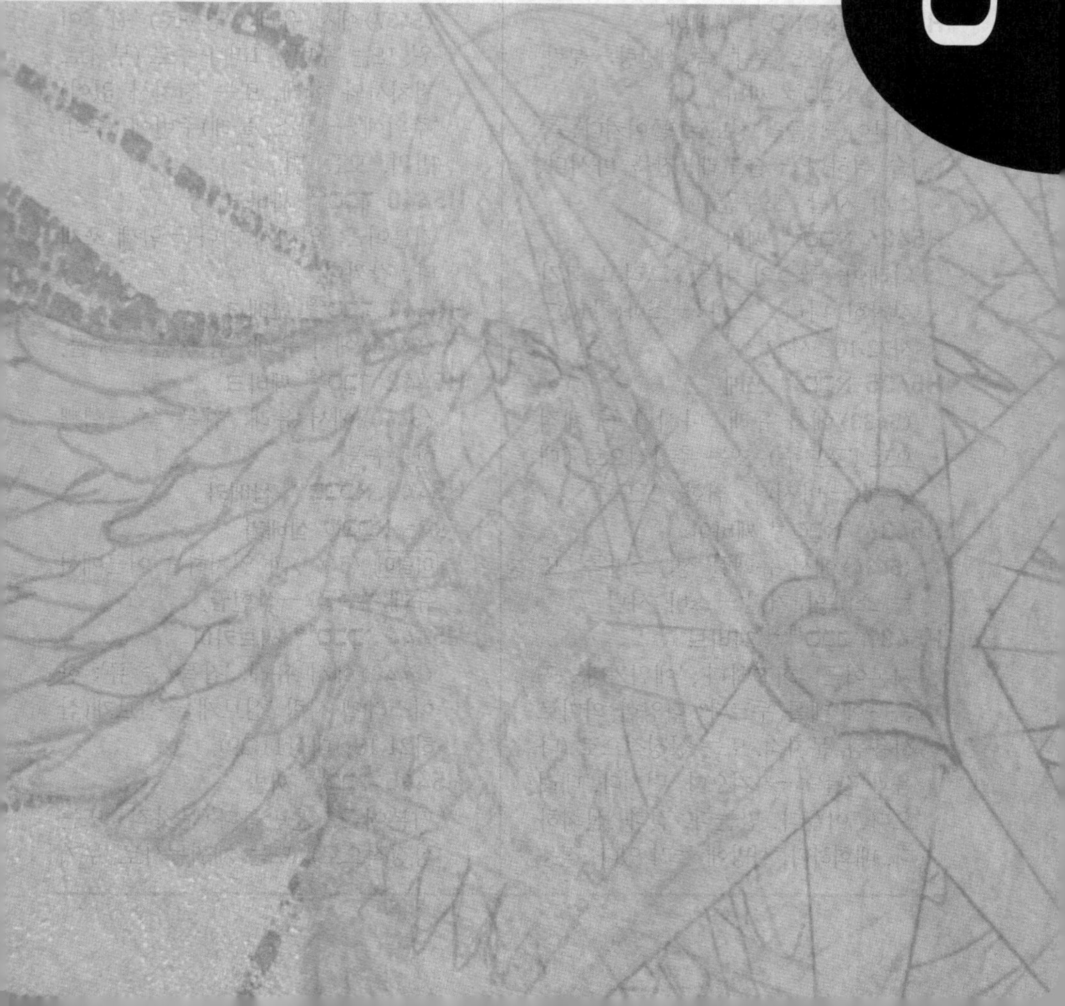

H5429 סְאָה9회 쎄아
'규정하다'는 뜻의 사용하지 않는 어근에서 유래; '스아'; 곡물의, 일정한 량('한정적'으로):—도량의 단위(3분의 1에바, 약 7.3(4.8)리터).

H5430 סְאוֹן1회 쎄온
〈5431〉에서 유래; 아마 '군화'('진창'으로부터 보호용으로):—전투.

H5431 סָאַן1회 싸안
기본어근; '진흙투성이이다'; 오직 〈5430〉에서 유래한 명사유래어로서만 사용; '신다', 즉 (능동태분사로) 신 신은 군인:—전사(戰士).

H5432 סַאסְאָה1회 싸쎄아
〈5429〉 참조; '측량', 즉 '적당량':—분량.

H5433 סָבָא6회 싸바
기본어근; 물릴 정도로 '들이켜다', 즉 '술 취하다':—술고래, 잔뜩 마시다, 스바 사람, 모주꾼.

H5434 סְבָא5회 쎄바
외래어; 구스의 아들, 그리고 그가 정착한 나라, '스바':—스바(창10:7, 시72:10, 사43:3).

H5435 סֹבֶא3회 쏘베
〈5433〉에서 유래; '마시기', 구체적으로 ('포도주'), 또는 추상적으로 ('대주연'):—마시다, 취한, 포도주.

H5436 סְבָאִי1회 쎄바이
〈5434〉에서 유래한 성; '스바족', 또는 스바의 거민:—스바 사람.

H5437 סָבַב162회 싸바브
기본어근; '회전하다', '에워싸다', 또는 '~에 테를 두르다'; 다양한 의미로 사용됨, 문자적, 또는 상징적으로 (다음과 같음):—가져오다, 던지다, 데려오다, 이끌다, 만들다, 걷다, 선회하다, 배회하다, 사방에 둘러 있다, 적용하다, 피하다, 포위하다(에워싸다), 다시 가져오다, 운반하다(갖고 다니다), 바꾸다, 발생케 되다, 순회하다, ~의 주위를 돌다, 몰다, 둘러싸다, 모든 면에서(접근하다, 오다, 선회하다, 가다, 서다), 주위를 돌다, 제거하다, 돌아오다, 두다, 앉다, 돌다(스스로), 외면하다, 돌아가다.

H5438 סִבָּה2회 씹바
〈5437〉에서 유래; (사건의) '섭리적인 전환':—원인.

H5439 סָבִיב334회 싸비브 또는 (여성형) **סְבִיבָה** 쎄비바
〈5437〉에서 유래; (명사로) '원', '이웃', 또는 '주변'; 그러나 주로 (부사로, 전치사와 함께, 또는 전치사 없이) '주위에':—(장소, 둘레)주변에, 주의, 범위, 모든 면.

H5440 סָבַךְ2회 싸바크
기본어근; '얽히게 하다':—함께 포개다, 감싸다.

H5441 סֹבֶךְ2회 쏘베크
〈5440〉에서 유래; '잡목 숲':—수풀.

H5442 סְבָךְ4회 쎄바크
〈5440〉에서 유래; '잡목 숲':—빽빽한, 수풀.

H5443 סַבְּכָא3회 쌉베카
또는 **שַׂבְּכָא** 삽베카
아람어 〈5440〉과 일치하는 어근에서 유래; '수금':—삼현금.

H5444 סִבְּכַי4회 씨브카이
〈5440〉에서 유래; '잡목 숲 류'; 한 이스라엘 사람 '십브개':—십브개(삼하21:18, 대상11:29).

H5445 סָבַל9회 싸발
기본어근, '운반하다'(문자적, 또는 상징적으로), 또는 재귀동사로 '무거

운 짐이 되다'; 특별히 '임신하다':—짐 지다, 짐이 되다, 나르다, 노동에 강한.

H5446 סְבַל[1회] **쎄발**
아람어 〈**5445**〉와 같음; '세우다':—견고하게 쌓다.

H5447 סֵבֶל[9회] **쎄벨**
〈**5445**〉에서 유래; '짐' [문자적, 또는 상징적으로]:—무거운 짐, 책임.

H5448 סֹבֶל[3회] **쏘벨** 단지 **סֻבָּל** **쑵발**의 형태로
〈**5445**〉에서 유래; '짐'(상징적으로):—무거운 짐.

H5449 סַבָּל[5회] **쌉발**
〈**5445**〉에서 유래; '운반하는 사람':—짐, 짐들을 나르다, 운반자.

H5450 סְבָלָה[5회] **쎄발라**
〈**5447**〉에서 유래; '운반':—짐.

H5451 סִבֹּלֶת[1회] **씹볼레트**
〈**7641**〉 참조; 곡식의 '이삭':—십볼렛.

H5452 סְבַר[1회] **쎄바르**
아람어 기본어근; '유념하다', 즉 '소망하다':—생각하다.

H5453 סִבְרַיִם[1회] **씨브라임**
〈**5452**〉와 일치하는 어근에서 유래한 쌍수; '갑절의 희망'; 수리아에 있는 지명, '시브라임':—시브라임(겔47:16).

H5454 סַבְתָּא[2회] **싸브타**
또는 **סַבְתָּה** **싸브타**
아마 외래어 파생어; 구스의 아들, 그리고 그의 후손이 차지했던 나라, '삽다':—삽다(창10:7).

H5455 סַבְתְּכָא[2회] **싸브테카**
아마 외래어 파생어; 구스의 아들과 그에 의해 정착된 지역, '삽드가':—삽드가(창10:7, 대상1:9).

H5456 סָגַד[4회] **싸가드**
기본어근; '엎드리다'(존경에서):—땅에 엎드리다.

H5457 סְגִד[12회] **쎄기드**
아람어 〈**5456**〉와 같음:—예배하다.

H5458 סְגוֹר[3회] **쎄고르**
〈**5462**〉에서 유래; 정확히는 '잠가두다', 즉 가슴(심장을 둘러싸고 있는); 또한 '황금'(일반적으로 안전하게 잠가둔):—대망막, 금.

H5459 סְגֻלָּה[8회] **쎄굴라**
'잠가두다'는 뜻의 사용하지 않는 어근의 여성 수동태 분사; '재산'(엄밀히 '잠가둔'):—보석, 특별한 소유(보화), 고유의 선함, 특별한.

H5460 סְגַן[5회] **쎄간**
아람어 〈**5461**〉과 같음:—지방장관.

H5461 סָגָן[17회] **싸간**
'감독하다'는 뜻의 사용하지 않는 어근에서 유래; '지역의 장관':—방백, 통치자.

H5462 סָגַר[91회] **싸가르**
기본어근; '닫다'; 상징적으로, '양도하다':—밀폐시키다, 넘겨주다(포기하다), 에워싸다, 순수한, 수리하다, 닫다(가두다, 잠가두다), 중지하다, (엄격하게).

H5463 סְגַר[1회] **쎄가르**
아람어 〈**5462**〉와 같음:—닫다.

H5464 סַגְרִיר[1회] **싸그리드**
아마 '쓸어버리다'는 의미로 〈**5462**〉에서 유래; 쏟아지는 비:—대단한 비.

H5465 סַד[2회] **싸드**
'정지시키다'는 뜻의 사용하지 않는 어근에서 유래; '차꼬':—차꼬들.

H5466 סָדִין[4회] **싸딘**
'두르다'는 뜻의 사용하지 않는 어근

에서 유래; '두르는 것', 즉 '겉옷':—가는 세마포.

H5467 סְדֹם[5회] **쎄돔**

'그슬리다'는 뜻의 사용하지 않는 어근에서 유래; '불탄'(즉, '화산에 의한', 또는 '역청질의') 지역; 사해 근처에 있는 장소, '소돔':—소돔(창10:19, 신32:32, 사1:9).

H5468 סֶדֶר[1회] **쎄데르**

'배열하다'는 뜻의 사용하지 않는 어근에서 유래; '질서':—서열.

H5469 סַהַר[1회] **싸하르**

'둥글다'는 뜻의 사용되지 않는 어근에서 유래; '원형':—둥근.

H5470 סֹהַר[8회] **쏘하르**

〈5469〉와 동형에서 유래, '지하 감옥'(벽으로 '둘러싸인'):—감옥.

H5471 סוֹא[1회] **쏘**

외래어, 파생어; 애굽왕, '소':—소(왕하17:4).

H5472 סוּג[24회] **쑤그**

기본어근; 정확히는, '겁을 내다', 즉 (함축적으로) 되돌아 가다, 문자적으로 ('퇴각하다'), 또는 상징적으로 ('변절하다'):—뒤로 빠지는 자, 후퇴하다, 돌아서다(돌아가다).

H5473 סוּג[2회] **쑤그**

기본어근 [아마도 차라리 울타리로 인하여 줄어든 개념을 통하여 〈5472〉와 동일; 〈7735〉와 비교]; '에워싸다', 즉 '묶다':—두르다.

H5474 סוּגַר[1회] **쑤가르**

〈5462〉에서 유래; '에워쌈', 즉 '우리'(동물을 위한):—감방.

H5475 סוֹד[21회] **쏘드**

〈3245〉에서 유래; '총회', 즉 사람들의 '무리'(긴밀한 숙의를 위한); 함축적으로 '친밀함', '협의', '비밀':—회중, 협의, 내부[비밀]의 의논.

H5476 סוֹדִי[1회] **쏘디**

〈5475〉에서 유래; '막역한 친구'; 이스라엘 사람, '소디':—소디(민13:10).

H5477 סוּחַ[1회] **쑤아흐**

'닦아내다'는 뜻의 사용하지 않는 어근에서 유래; '쓸어버림'; 이스라엘 사람, '수아':—수아(대상7:36).

H5478 סוּחָה[1회] **쑤하**

〈5477〉과 동형에서 유래; '쓸어 버려진' 어떤 것, 즉 '오물':—찢어진.

H5479 סוֹטַי[2회] **쏘타이**

〈7750〉에서 유래; '배회하고 있는'; 느디님의 한사람, '소대':—소대(스2:55, 느7:57).

H5480 סוּךְ[12회] **쑤크**

기본어근; 정확히는 '바르다'(기름으로), 즉 '기름붓다':—기름붓다(스스로), (하여간).

H5481 סוּמְפּוֹנְיָה[3회] **쑴포네야**

또는 **סוּמְפֹּנְיָה** **쑴포네야**

또는 **סִיפֹנְיָה** **씨포네야** (단3:10)

[아람어] 헬라어 어원 (συμφωνία 쉼ㅎ포니아); '백파이프'(이중파이프를 가진):—생황.

H5482 סְוֵנֵה[2회] **쎄웨네** 오히려 **סְוֵנָה** **쎄웨나**로 기록 **סְוֵן** **쎄웬** 참조

애굽어 파생어; 상 이집트에 있는 지명, '수에네':—수에네(겔29:10, 30:6).

H5483 סוּס[137회] **쑤쓰** 또는 **סֻס** **쑤쓰**

'깡충 뛰다'(정확히는 기뻐서)는 뜻의 사용하지 않는 어근에서 유래; '말'(뛰어 오르는); 또한 '제비'('빨리 나르는' 모습에서):—학, 말([말등, 말발굽]).

〈6571〉과 비교

H5484 סוּסָה[1회] **쑤싸**

〈5483〉의 여성형; '암말':—말들의 떼.

H5485 סוּסִי1회 **쑤씨**

〈5483〉에서 유래; '말 같은'; 한 이스라엘인 '수시':—수시(민13:11).

H5486 סוּף7회 **쑤프**

기본어근; '앗아가다', 즉 '끝내다':—소모하다, 끝나다, 멸망하다, (철저히).

H5487 סוּף2회 **쑤프**

아람어 〈5486〉과 같음; '종국에 이르다':—소모하다, 성취하다.

H5488 סוּף5회 **쑤프**

아마도 기원은 애굽어; '갈대', 특별히 '파피루스':—골풀, 또는 해초, 홍해. 〈5489〉와 비교

H5489 סוּף5회 **쑤프**

〈5488〉 참조(〈3220〉의 생략으로) '갈대(바다)':—홍해(시106:7,9,22, 136:13).

H5490 סוֹף5회 **쏘프**

〈5486〉에서 유래; '종결':—결론, 끝, 뒷부분.

H5491 סוֹף4회 **쏘프**

아람어 〈5490〉과 같음:—끝.

H5492 סוּפָה5회 **쑤파**

〈5486〉에서 유래; '폭풍':—홍해, 폭풍우, 태풍, 회오리바람.

H5493 סוּר300회 **쑤르**

또는 **שׂוּר 수르** (호9:12)

기본어근; '끄다'(문자적으로, 또는 상징적으로):—목을 베다, 데려오다, 다시 부르다, 기울다, 떠나다, 피하다, ~을 하지 않고 두다, 슬픈, 떼어두다(저축해 두다), 지나가다, 잡아 찢다, 두다(치우다, 내려놓다), 반역하다, 제거하다, 시어지다, 취하다, 제거하다, 벗다, 외면하다, 물러나다, 없이 ~되다.

H5494 סוּר2회 **쑤르**

아마 〈5493〉의 수동태 분사; '꺼지다', 즉 '타락하다':—나빠지다, 타락하다.

H5495 סוּר1회 **쑤르**

〈5494〉와 동일; 성전 문, '수르':—수르(왕하11:6).

H5496 סוּת18회 **쑤트**

아마 〈7898〉에서 유래한 명사유래어; 정확히는 '찌르다', 즉 (상징적으로) 자극하다; 함축적으로 '속이다':—유혹하다, 움직이다, 유발시키다, 설득하다, 공격하다, 고무시키다, 제거하다.

H5497 סוּת1회 **쑤트**

아마 〈4533〉과 동일한 어근에서 유래; '덮는', 즉 '입는':—옷.

H5498 סָחַב5회 **싸하브**

기본어근; '질질 끌다':—당기다(꺼내다), 찢다.

H5499 סְחָבָה2회 **쎄하바**

〈5498〉에서 유래; '넝마':—걸레조각.

H5500 סָחָה1회 **싸하**

기본어근; '쓸어버리다':—문지르다.

H5501 סְחִי1회 **쎄히**

〈5500〉에서 유래; '폐물'('쓸어버린'):—찌꺼기.

H5502 סָחַף2회 **싸하프**

기본어근; '문질러 깨끗이 하다':—쓸어버리다.

H5503 סָחַר8회 **싸하르**

기본어근; 두루 '다니다'(특별히 '행상인으로'); 강조의 의미로 '심장이 뛰다':—배회하다, 상인, 점유하다, 헐떡거리다, 장사하다, 거래.

H5504 סַחַר7회 **싸하르**

〈5503〉에서 유래; '이익'(장사에서

의):—상품.

H5505 סָחַר 7회 **싸하르**
〈**5503**〉에서 유래; '중앙시장'; 추상적으로 '이익'(장사에서의):—장터, 상품.

H5506 סְחֹרָה 2회 **쎄호라**
〈**5503**〉에서 유래; '매매':—상품.

H5507 סֹחֵרָה 1회 **쏘헤라**
정확히는 〈**5503**〉의 여성 능동태분사; 사람을 '둘러싸는' 어떤 것, 즉 '방패':—방호물.

H5508 סֹחֶרֶת 2회 **쏘헤레트**
〈**5507**〉과 유사함; 아마 (검은) '타일'(또는 모자이크용의 '네모난 대리석 쪽'), 테두리를 하기 위한:—검은 대리석.

H5509 סִיג 8회 **씨그**
또는 **סוּג 쑤그** (겔22:18)
거절하다는 의미에서 〈**5472**〉에서 유래; '쇠똥':—(녹은 금속의) 뜬 찌꺼기.

H5510 סִיוָן 1회 **씨완**
아마 기원은 페르시아어; 히브리 월력으로 3월, '시완':—시완월.

H5511 סִיחוֹן 37회 **씨혼** 또는 **סִיחֹן 씨혼**
〈**5477**〉과 동형에서 유래; '폭풍우의'; 아모리왕, '시혼':—시혼(민21:21, 시135:11).

H5512 סִין 6회 **씬**
불확실한 파생어; 애굽의 마을과 (아마) 인접한 광야의 이름, '신':—신(출16:1, 민33:12, 겔30:15).

H5513 סִינִי 2회 **씨니**
별달리 알려지지 않은 사람의 이름에서 유래; '신 족속', 또는 가나안의 아들중의 한 사람:—신 족속(창10:17, 대상1:15).

H5514 סִינַי 35회 **씨나이**
불확실한 파생어; 아라비아의 한 산, '시내':—시내(출16:1, 레7:38, 민1:1).

H5515 סִינִים 1회 **씨님**
별달리 알려져 있지 않은 이름의 복수, 떨어진 근동지역, '시님':—시님(사49:12).

H5516 סִיסְרָא 21회 **씨쎄라**
불확실한 파생어; 가나안 왕과 느디님사람, '시스라':—시스라(삿4:2이하, 시83:10(9)).

H5517 סִיעָא 2회 **씨아**
또는 **סִיעֲהָא 씨아하**
'담화하다'는 뜻의 사용하지 않는 어근에서 유래; '집회'; 느디님 사람 '시아':—시아(느7:47, 스2:44).

H5518 סִיר 29회 **씨르** 또는 (여성형) **סִירָה 씨라** 또는 **סִרָה 씨라** (렘52:18)
'끓어오르다'는 기본어근에서 유래; '항아리'; 또한 '가시'(속히 돋아나는); 함축적으로 '갈고리':—큰솥, 낚시 고리, 냄비[씻는 그릇], 항아리, 가시.

H5519 סָךְ 4회 **싸크**
〈**5526**〉에서 유래; 정확히는 사람들의 '숲', 즉 '무리':—군중.

H5520 סֹךְ 4회 **쏘크**
〈**5526**〉에서 유래; '오두막'(나뭇가지들로 '엮어 짠'); 또한 '야수의 잠자리':—은신처, 굴, 큰 천막, 장막.

H5521 סֻכָּה 31회 **쑥카**
〈**5520**〉의 여성형, 오두막, 또는 '야수의 잠자리':—칸막이 방, 작은 집, 은신처, 큰 천막, 장막, 천막.

H5522 סִכּוּת 1회 **씩쿠트**
〈**5519**〉의 여성형; (우상숭배의) '막사':—장막.

H5523 סֻכּוֹת 8회 **쑥코트** 또는 **סֻכֹּת 쑥코트**
〈**5521**〉의 복수형; '오두막들'; 애굽

에 있는 한 장소, 그리고 팔레스타인에 있는 세 장소의 이름 '숙곳':—숙곳(민33:5, 수13:27, 삿8:5, 왕상7:46, 시60:8(6), 108:8(7)).

H5524 סֻכּוֹת בְּנוֹת[1회] **숙코트 베노트**
〈5523〉과, 그리고 〈1323〉의 (불규칙) 복수에서 유래; '딸들의 오두막집들'; 갈보 집, 즉 불결한 목적을 위한 우상 숭배의 '천막들':—숙곳브놋(왕하17:30).

H5525 סֻכִּי[1회] **쑥키**
알려져 있지 않는 이름(아마 〈5520〉)에서 유래한 족속의 명칭; '숙 사람', 또는 애굽에 인접한 어떤 곳의 주민(오두막 거주자들):—숙 사람(대하12:3).

H5526 סָכַךְ[19회] **싸카크**
또는 **שָׂכַךְ 사카크** (출33:22)
기본어근; 정확히는 울타리처럼 '얽어 싸다'; 함축적으로 '울타리를 두르다', '뚜껑을 덮다', (상징적으로) '막다':—덮다, 방어, 방어하다, 울타리를 치다, 상합하다, 세우다, 닫다.

H5527 סְכָכָה[1회] **쎄카카**
〈5526〉에서 유래; '울로 둘러막은 땅'; 팔레스타인에 있는 장소, '스가가':—스가가(수15:61).

H5528 סָכַל[8회] **싸칼**
〈3688〉 참조; '어리석게 굴다':—미련하게 굴다(바보처럼 놀다, 바보가 되다).

H5529 סֶכֶל[1회] **쎄켈**
〈5528〉에서 유래; '어리석음'; 구상적 그리고 집합적으로 '멍청이':—어리석은 행위.

H5530 סָכָל[10회] **싸칼**
〈5528〉에서 유래; '어리석은':—미련한, 바보스런, 바보의.

H5531 סִכְלוּת[6회] **씨클루트**
또는 **שִׂכְלוּת 시클루트** (전1:17)
〈5528〉에서 유래; '어리석음':—어리석은 행위, 미련함.

H5532 סָכַן[10회] **싸칸**
기본어근; '친숙하게 되다'; 함축적으로, '섬기다', '편리한', '습관 되다':—알게 하다(스스로), 유익하다, 늘, 이익이 되다(이익이 되는), 회계원, ~이 습관이 되다.

H5533 סָכַן[10회] **싸칸**
아마 〈7915〉에서 유래한 명사유래어; 정확히는 '자르다', 즉 '손상하다'; 또한 '가난하게' 되다(사역동사로 ~만들다):—위태롭게 하다, 곤궁하게 하다.

H5534 סָכַר[3회] **싸카르**
기본어근; '닫다'; 함축적으로, '넘겨주다':—그치다, 양도하다. 또한 〈5462〉와 〈7936〉을 보라

H5535 סָכַת[1회] **싸카트**
기본어근; '조용하다'; 함축적으로 조용히 '관찰하다':—주의하다.

H5536 סַל[15회] **쌀**
〈5549〉에서 유래; 정확히는 버드'나무 가지'('흔들흔들'하는), 즉 '고리버들'; 그러나 다만 '광주리로' 엮어진 것으로:—광주리.

H5537 סָלָא[1회] **쌀라**
기본어근; 저울에 '달다', 즉 무게를 '달다':—비교하다.

H5538 סִלָּא[1회] **씰라**
〈5549〉에서 유래; '제방쌓기'; 예루살렘에 있는 장소 '실라':—실라(왕하12:21(20)).

H5539 סָלַד[1회] **쌀라드**

기본어근; 아마 '껑충 뛰다'(기쁨으로), 즉 '무척 기뻐하다':—스스로 강하게 하다.

H5540 סֶלֶד1회 **쎌레드**

〈**5539**〉에서 유래; '무척 기뻐함'; 이스라엘 사람 '셀렛':—셀렛(대상2:30).

H5541 סָלָה4회 **쌀라**

기본어근; '걸다', 즉 ~의 '무게를 달다', 또는 (상징적으로) '경멸하다':—짓밟다(발로), 평가하다.

H5542 סֶלָה54회 **쎄라**

〈**5541**〉에서 유래; '계류'(음악에서의), 즉 '휴지부':—셀라.

H5543 סַלּוּ6회 **쌀루** 또는 **סַלּוּא 쌀루** 또는 **סָלוּא 쌀루** 또는 **סַלַּי 쌀라이**

〈**5541**〉에서 유래; '무게를 단'; 두 이스라엘 사람의 이름, '살루', 또는 '살래':—살래, 살루(느12:7).

H5544 סִלּוֹן2회 **씰론** 또는 **סַלּוֹן 쌀론**

〈**5541**〉에서 유래; '가시'('매달린' 것 같은):—가시나무, 가시(겔2:6, 28:24).

H5545 סָלַח46회 **쌀라흐**

기본어근; '용서하다':—관용하다, 용서해주다.

H5546 סַלָּח1회 **싸라흐**

〈**5545**〉에서 유래; '관대한':—용서할 준비가 된.

H5547 סְלִיחָה3회 **쎌리하**

〈**5545**〉에서 유래; '관용':—용서.

H5548 סַלְכָה4회 **쌀르카**

'걷다'는 뜻의 사용하지 않는 어근에서 유래; '걸음'; 요단 동편의 지명, '살르가':—살르가(신3:10, 수12:5, 대상5:11).

H5549 סָלַל11회 **쌀랄**

기본어근; '쌓아 올리다'(특별히, 울타리); 상징적으로 '높이다'; 재귀동사로 '저지'하다(댐으로):—쌓아 올리다, 스스로 높이다, 격찬하다, 명백히 하다, 올리다.

H5550 סֹלְלָה6회 **쏠렐라** 또는 **סוֹלְלָה 쏠렐라**

〈**5549**〉의 여성 능동태 분사, 그러나 수동으로 쓰임; 군사적 '토루(土壘)', 즉 포위자들의 누벽(壘壁), 공성퇴(攻城槌):—둑, 언덕.

H5551 סֻלָּם1회 **쑬람**

〈**5549**〉에서 유래; '계단':—사닥다리.

H5552 סַלְסִלָּה1회 **쌀씰라**

〈**5541**〉에서 유래; '잔가지'('흔들거리는'):—광주리.

H5553 סֶלַע56회 **쎌라**

'높다'는 뜻의 사용하지 않는 어근에서 유래; 울퉁불퉁한 '바위', 문자적으로 또는 상징적으로 ('성채'):—바위, 울퉁불퉁한 바위, 돌, 돌의, 요새.

H5554 סֶלַע3회 **쎌라**

〈**5553**〉과 동일; 에돔의 바위성, '셀라':—바위, 셀라(왕하14:7, 사16:1).

H5555 סֶלַע הַמַּחְלְקוֹת4회 **쎌라 함마흘레코트**

〈**5553**〉과 관사를 가진 〈**4256**〉의 복수에서 유래; '분할의 바위':—팔레스타인에 있는 장소, '셀라하마느곳':—셀라하마느곳(삼상23:28).

H5556 סָלְעָם1회 **쏠암**

명백히 바위로 '부숨', 즉 소모한다는 의미에서 〈**5553**〉과 동형에서 유래; '메뚜기'의 일종(그것의 '파괴성'에서):—메뚜기.

H5557 סָלַף7회 **쌀라프**

기본어근; 정확하는 '비틀다', 즉 (상징적으로) '뒤엎다':—넘어뜨리다, 벗어나게 하다.

H5558 סֶלֶף2회 **쎌레프**
〈5557〉에서 유래; '왜곡', 즉 (상징적으로) '사악함':—사특함, 완고함.

H5559 סְלִק4회 **쎌리크**
아람어 기본어근; '오르다':—오다(올라가다).

H5560 סֹלֶת52회 **쏠레트**
'벗기다'는 뜻의 사용하지 않는 어근에서 유래; '가루'('빻은'):—고운(밀) 가루, 거친 가루.

H5561 סַם15회 **쌈**
'냄새가 좋다'는 뜻의 사용하지 않는 어근에서 유래; '향기':—향기로운(양념).

H5562 סַמְגַּר נְבוֹ1회 **쌈가르 네보**
외래어; 바벨론의 장군, '삼갈느보':—삼갈느보(렘39:3).

H5563 סְמָדַר3회 **쎄마다르**
불확실한 파생어; 덩굴의 '꽃', 부사로도 사용 '개화하여':—부드러운 포도.

H5564 סָמַךְ48회 **싸마크**
기본어근; '버티다'(문자적, 또는 상징적으로); 사역동사로 '의지하다' 또는 '붙잡다'(좋은 의미든 나쁜 의미이든 간에):—버티다, 세우다, 유지하다(떠받치다), 두다, 기대다, 좋다, 휴식하다, 단단히 세우다, 지탱하다.

H5565 סְמַכְיָהוּ1회 **쎄마크야후**
〈5564〉와 〈3050〉에서 유래; '여호와에 의해 지탱됨'; 한 이스라엘 사람 '스마야':—스마야(대상26:7).

H5566 סֶמֶל5회 **쎄멜** 또는 **סֵמֶל 쎄멜**
'닮다'는 뜻의 사용하지 않는 어근에서 유래, 의미는 '닮음':—모양, 우상, 형상.

H5567 סָמַן1회 **싸만**
기본어근 '지정하다':—지명된.

H5568 סָמַר2회 **싸마르**
기본어근 '세워지다', 즉 '곤두선' 머리카락:—일어서다, 떨다.

H5569 סָמָר1회 **싸마르**
〈5568〉에서 유래; '곤두 서 있는', 즉 '털이 많은':—거친.

H5570 סְנָאָה3회 **쎄나아**
'찌르다'는 뜻의 사용하지 않는 어근에서 유래; '가시가 많은'; 팔레스타인에 있는 지명 '스나아':—스나아(스2:35, 느3:3), 하스나아[정관사와 함께].

H5571 סַנְבַלַּט10회 **싼발라트**
외래어; 사마리아의 페르시아인 총독 '산발랏':—산발랏(느2:10).

H5572 סְנֶה6회 **쎄네**
'찌르다'는 뜻의 사용하지 않는 어근에서 유래; '가시나무':—덤불.

H5573 סֶנֶה1회 **쎄네**
〈5572〉와 동일; '가시'; 팔레스타인에 있는 울퉁불퉁한 바위, '세네':—세네(삼상14:4).

H5574 סְנוּאָה2회 **쎄누아**
또는 **סְנֻאָה 쎄누아**
〈5570〉과 동형에서 유래; 뾰족한; (관사와 함께 고유명사로 사용된) 두 이스라엘인의 이름 '스누아':—핫스누아[정관사를 포함하여], 스누아(느11:9).

H5575 סַנְוֵר3회 **싼웨르**
불확실한 파생어; (복수로) '눈이 멈':—맹목.

H5576 סַנְחֵרִיב13회 **싼헤리브**
외래어; 앗수르 왕 '산헤립':—산헤립(왕하18:13, 사36:1).

H5577 סַנְסַן1회 **싼씬**
'뾰족하다'는 뜻의 사용하지 않는 어

근에서 유래; '잔가지'(끝이 가는):—큰 가지.

H5578 סַנְסַנָּה[1회] **싼싼나**
〈**5577**〉의 여성형; '큰 가지'; 팔레스타인에 있는 장소 '산산나':—산산나(수15:31).

H5579 סְנַפִּיר[5회] **쎄납피르**
불확실한 파생어; '지느러미'(집합명사로):—지느러미.

H5580 סָס[1회] **싸쓰**
〈**5483**〉과 동형에서 유래; '나방'(나는 '재빠름'에서):—나방.

H5581 סִסְמַי[2회] **씨쓰마이**
불확실한 파생어; 이스라엘 사람 '시스매':—시스매(대상2:40).

H5582 סָעַד[12회] **싸아드**
기본어근; '지탱하다'(대부분 상징적으로):—위로하다, 확립하다, 떠받치다, 원기를 되찾다, 강하게 하다, 지지하다.

H5583 סְעַד[1회] **쎄아드**
아람어 〈**5582**〉와 같음; '원조하다':—돕는.

H5584 סָעָה[2회] **싸아**
기본어근; '돌진하다':—폭풍.

H5585 סָעִיף[6회] **싸이프**
〈**5586**〉에서 유래; '균열'(바윗돌의); 또한 '큰 가지'('잘게 나누어진'):—(제일 끝의) 가지, 절벽, 꼭대기.

H5586 סָעַף[2회] **싸아프**
기본어근; 정확히는 '분할하다'; 그러나 단지 〈**5585**〉에서 유래한 명사유래어로서만 사용됨, (나무)'가지를 치다':—꼭대기.

H5587 סָעִף[3회] **싸이프** 또는 **שָׂעִף 사이프**
〈**5586**〉에서 유래; '나누어진'(마음이), 즉 (추상적으로) '감정':—의견.

H5588 סֵעֵף[1회] **쎄에프**
〈**5586**〉에서 유래; '나누어진'(마음이), 즉 (구체적으로) '회의론자':—생각.

H5589 סְעַפָּה[2회] **쎄압파**
〈**5585**〉의 여성형; '잔가지':—큰 가지, 가지. 〈**5634**〉와 비교

H5590 סָעַר[7회] **싸아르**
기본어근; 달려들다; 함축적으로 '던지다'(타동사, 또는 자동사, 문자적으로, 또는 상징적으로):—폭풍으로 뒤흔들리다, 몹시 괴롭다, 회오리바람이 일다(흩어 버리다).

H5591 סַעַר[8회] **싸아르**
또는 (여성형) **סְעָרָה 쎄아라**
〈**5590**〉에서 유래; '태풍':—폭풍우, 태풍, 회오리바람.

H5592 סַף[25회] **싸프**
〈**5605**〉에서 유래; '담는다'는 본래의 개념에서; '현관'(경계로서의); 또한 '접시'(피나 포도주를 담는):—물동이, 그릇, 컵, 문, 문기둥, 대문, 문지방.

H5593 סַף[6회] **싸프**
〈**5592**〉와 동일; 블레셋 사람 '삽':—삽(대상20:4, 삼하21:18). 〈**5598**〉과 비교

H5594 סָפַד[30회] **싸파드**
기본어근; 정확히는 머리카락을 '쥐어뜯다' 그리고 가슴을 '치다'(동양인들이 슬플 때 하듯이); 일반적으로 '애통하다'; 함축적으로 '소리 내어 울다':—슬퍼하다(애도자), 울부짖다.

H5595 סָפָה[15회] **싸파**
기본어근; 정확히는 '문지르다'(문자적으로 '면도하다'; 그러나 항상 상징적으로), 긁어모으다(즉, '축적하다', 또는 증가시키다), 깨끗이 하다(즉, '흩어버리다', '제거하다', 또는 '파괴

하다', 자동사로는 '멸망하다'):—첨가하다, 늘리다, 소비하다 부수다, 쌓아 올리다, 멸망하다, 두다.

H5596 סָפַח[3회] **싸파흐** 또는 **שָׂפַח 사파흐** (사3:17)

기본어근; 정확히는 '문질러 지우다', 그러나 어떤('제거'나, 또는 '연결의') 특수한 뜻으로:—지속하는, 모으다, 결합하다, 두다, 피부병으로 벌하다.

H5597 סַפַּחַת[2회] **쌉파하트**

⟨5596⟩에서 유래; '옴'(머리카락이 빠지게 하는 것):—딱지, 헌데.

H5598 סִפַּי[1회] **씹파이**

⟨5592⟩에서 유래; '물동이 같은 것'; 블레셋 사람 '십배':—십배(대상20:4). ⟨5593⟩과 비교

H5599 סָפִיחַ[5회] **싸피아흐**

⟨5596⟩에서 유래; (저절로) '떨어지는' 어떤 것, 즉 '저절로 심겨진' 농작물; 상징적으로 '큰 물':—저절로 자라나는 것들.

H5600 סְפִינָה[1회] **쎄피나**

⟨5603⟩에서 유래; (항해하는) '기구'(갑판으로 덮은):—배.

H5601 סַפִּיר[11회] **쌉피르**

⟨5608⟩에서 유래; '보석'(아마 다른 물질을 '긁는데' 사용되는), 아마 '사파이어' :—사파이어, 청옥.

H5602 סֵפֶל[2회] **쎄펠**

'내리 누르다'는 뜻의 사용하지 않는 어근에서 유래; '물동이'('깊이 파인'):—사발, 접시.

H5603 סָפַן[6회] **싸판**

기본어근; 덮어 '감추다'; 특별히 ~에 '지붕'을 이다(수동분사로 명사로 지붕), 또는 벽판을 대다; 상징적으로 '비축하다':—천장을 댄, 덮다, 앉힌.

H5604 סִפֻּן[1회] **씹푼**

⟨5603⟩에서 유래; '징두리 벽판':—천장.

H5605 סָפַף[1회] **싸파프**

기본어근; 정확히는 '앗아가다', 즉 '끝내다'; 그러나 단지 ⟨5592⟩에서 유래한 명사 유래어로만 사용됨('현관'의 개념에서), '문지방에서 기다리다':—수문장이 되다.

H5606 סָפַק[7회] **싸파크** 또는 **שָׂפַק 사파크** (왕상20:10; 욥27:23; 사2:6)

기본어근; 손뼉을 '치다'(계약, 조소, 비탄, 분노 또는 징계의 표시로); 함축적으로 만족의 표시로, '충분하다'; 과다의 함의로, '토하다':—가볍게 치다, 강타하다, 치다, 족하다, 탐닉하다.

H5607 סֵפֶק[1회] **쎄페크** 또는 **שֶׂפֶק 세페크** (욥20:22; 36:18)

⟨5606⟩에서 유래; '응징'; 또한 '포만':—타격, 충분함.

H5608 סָפַר[107회] **싸파르**

기본어근; 정확히는 계산이나 기록의 표로서 '기록하다', 즉 (함축적으로) '기입하다', 그리고 또한 '열거하다'; 강의로 '다시 세다', 즉 '경축하다':—친하게 이야기하다, (간주하다)세다, 선포하다, 주머니칼, 계산하다, 필기하다, 과시하다, 말하다, 이야기하다, 전하다, 기록자.

H5609 סְפַר[5회] **쎄파르**

아람어 ⟨5608⟩과 일치하는 어근에서 유래; '책':—책, 두루마리.

H5610 סְפָר[1회] **쎄파르**

⟨5608⟩에서 유래; (통계) '조사':—세는 것.

H5611 סְפָר[1회] **쎄파르**

⟨5610⟩과 동일; 아라비아의 지명,

'스발':—스발(창10:30).

H5612 סֵפֶר[185회] **쎄페르** 또는 (여성형) **סִפְרָה 씨프라** (시56:8[9])
〈**5608**〉에서 유래; 정확히는 '쓴 것'(그 기술 또는 문헌); 함축적으로 '책':—조서, 책, 증거, 유식한, 배움, 편지, 기록부, 두루마리.

H5613 סָפֵר[6회] **싸페르**
아람어 〈**5609**〉와 동형에서 유래; '서기'(세속적 또는 성직의):—서기.

H5614 סְפָרָד[1회] **쎄파라드**
외래어 파생어; 앗수르의 지역 '스바랏':—스바랏(옵1:20).

H5615 סְפֹרָה[1회] **쎄포라**
〈**5608**〉에서 유래; '계수':—수.

H5616 סְפַרְוִי[1회] **쎄파르위**
〈**5617**〉에서 유래한 족속의 명칭; '스발와임 사람', 또는 스발와임의 거민:—스발와임 사람(왕하17:31).

H5617 סְפַרְוַיִם[5회] **쎄파르와임** (쌍수), 또는 **סְפָרִים 쎄파림** (복수)
외래어; 앗수르의 한 지역, '스발와임':—스발와임(왕하17:24, 사36:19).

H5618 סֹפֶרֶת[2회] **쏘페레트**
〈**5608**〉의 여성 능동태 분사; '서기'(정확히는 여성); 성전 봉사자 '소베렛':—소베렛(스2:55, 느7:57).

H5619 סָקַל[22회] **싸칼**
기본어근; 정확히는 '무겁다'; 단지 '돌팔매질' 또는 그 반대의 개념에서 사용됨 (돌팔매로 맞음):—(던지다, 흩다, 던지다)돌(들), (확실히).

H5620 סַר[3회] **싸르**
〈**5637**〉의 압축형에서 유래; '안달하는':—무거운, 슬픈.

H5621 סָרָב[1회] **싸라브**
'찌르다'는 뜻의 사용하지 않는 어근에서 유래; '엉겅퀴':—찔레나무.

H5622 סַרְבַּל[2회] **싸르발**
아람어 불확실한 파생어, '겉옷':—외투.

H5623 סַרְגּוֹן[1회] **싸르곤**
외래어 파생어; 앗수르 왕 '사르곤':—사르곤(사20:1).

H5624 סֶרֶד[2회] **쎄레드**
'떨다'는 뜻의 기본어근에서 유래; '떨고 있는'; 이스라엘 사람, '세렛':—세렛.

H5625 סַרְדִּי[1회] **싸르디**
〈**5624**〉에서 유래한 족속의 명칭; 세렛 족속, (집합적으로) 또는 '세렛의 후손':—세렛 사람들(민26:26).

H5626 סִרָה[1회] **씨라**
〈**5493**〉에서 유래; '출발'; '시라', 소위 우물로 불려지는:—시라(삼하3:26). 또한 〈**5518**〉을 보라.

H5627 סָרָה[8회] **싸라**
〈**5493**〉에서 유래; '배교', '범죄'; 상징적으로 '사면':—(계속적인), 반란, 반역, 전환하다, 틀린.

H5628 סָרַח[7회] **싸라흐**
기본어근; '연장하다'(심지어 '초과해서'):—초과하고 있는, 건네주다, 펴다(늘이다), 기지개를 펴다, 추방하다.

H5629 סֶרַח[1회] **쎄라흐**
〈**5628**〉에서 유래; '여분':—나머지.

H5630 סִרְיֹן[2회] **씨르욘**
〈**8302**〉 참조; 쇠미늘 갑옷:—시슬갑옷.

H5631 סָרִיס[42회] **싸리쓰** 또는 **סָרִס 싸리쓰**
'거세하다'는 뜻의 사용하지 않는 어근에서 유래; '환관'; 함축적으로 '시종'(특별히 여자들 방의), 그러므로 주[지방] '장관':—관리, 환관, 시종. 〈**7249**〉와 비교

H5632 סָרֵךְ5회 **싸레크**
아람어 외래어, '족장':—장(長).

H5633 סֶרֶן22회 **쎄렌**
불확실한 뜻의 사용하지 않는 어근에서 유래; '축'; 상징적으로 '귀족':—군주, 금 은제의 접시.

H5634 סַרְעַפָּה1회 **싸르압파**
〈5589〉 참조; '잔가지':—큰 가지.

H5635 סָרַף1회 **싸라프**
기본어근; '소각하다', 화장하다, 즉 (가까운) '친척이 되다'(화장용 장작더미를 태울 수 있는 특권을 가진 그런 존재):—태우다.

H5636 סִרְפַּד1회 **싸르파드**
〈5635〉에서 유래; '쐐기풀'('화상(火傷)'처럼 찌름):—가시나무.

H5637 סָרַר14회 **싸라르**
기본어근; '외면하다', 즉 (도덕적으로) '다루기가 어렵다':—(훨씬), 다시 타락하다, 반역하는, 반역자(반란하는), 완고한, 물러서는.

H5638 סְתָו1회 **쎄타우**
'숨기다'는 뜻의 사용하지 않는 어근에서 유래; '겨울'(어두운 계절로서):—겨울.

H5639 סְתוּר1회 **쎄투르**
〈5641〉에서 유래; '숨겨진'; 이스라엘 사람, '스둘':—스둘(민13:13).

H5640 סָתַם13회 **싸탐**
또는 **שָׂתַם** **사탐** (민24:15)
기본어근; '막다', '메우다'; 함축적으로 '수리하다'; 상징적으로 '비밀을 지키다':—닫혀진, 감추어진, 비밀, 닫다, 막다.

H5641 סָתַר82회 **싸타르**
기본어근; '숨기다'(가려서), 문자적 또는 상징적으로:—결석하다, 덮어 보관하다, 감추다, 숨다(지키다), 비밀, 비밀을 지키다, (확실히).

H5642 סְתַר2회 **쎄타르**
아람어 〈5641〉과 같음; '감추다'; 상징적으로 '부수다':—파괴하다, 비밀스런 일.

H5643 סֵתֶר35회 **쎄테르** 또는 (여성형) **סִתְרָה** **씨트라** (신32:38)
〈5641〉에서 유래; '덮는 것'(좋던 나쁘던 간에, 문자적, 또는 상징적으로):—중상하는, 덮는, 은신처, 변장하다, 숨는 장소, 몰래, 방어, 비밀(스럽게, 비밀장소).

H5644 סִתְרִי1회 **씨트리**
〈5643〉에서 유래; 방어적인; 이스라엘 사람 '시드리':—시드리(출6:22).

트롱히브리어사전

ע

H5645 עָב[9회] **아브** (남성형 그리고 여성형)
〈**5743**〉에서 유래; 정확히는 '덮개', 즉 '암흑'(또는, '농도'가 진함, 대하 4:17); 특별히 (날아가는) '구름'; 또한 '잡목 숲':—점토, (짙은)구름, 두꺼운, 수풀. 〈**5672**〉와 비교

H5646 עָב[3회] **아브** 또는 **עֹב 오브**
'덮다'는 뜻의 사용하지 않는 어근에서 유래; 정확히는 〈**5645**〉와 동일; 그러나 다만 건축용어로 사용됨, '처마도리'(기둥들을 '그늘지게' 하는): —두꺼운(들보, 식물).

H5647 עָבַד[289회] **아바드**
기본어근; '일하다'(어떤 개념에서든); 함축적으로 '봉사하다', '경작하다', (사역동사로) '예속시키다' 등등: —이다, 노예의 신분이 되다, 노예, 노예가 되다, 종살이, 강요하다, 노동하다, 보살피다, 단행하다, 농부, 지키다, 노동하다(노동자), 일으키다, 섬기게 하다, 하인(이 되다), 섬기다, 경작자, 점하다[난외주에서], 맡기다, 예배자.

H5648 עֲבַד[28회] **아바드**
아람어 〈**5647**〉과 같음; '행하다', '만들다', '준비하다', '지키다', 등등:—자르다, 행하다, 실행하다, 계속하다, 움직이다, 일하다.

H5649 עֲבֵד[7회] **아바드**
아람어 〈**5648**〉에서 유래; '하인':—종.

H5650 עֶבֶד[799회] **에베드**
〈**5647**〉에서 유래; '하인':—노예의 신분, 노예, 종.

H5651 עֶבֶד[6회] **에베드**
〈**5650**〉과 동일; 두 이스라엘 사람의 이름, '에벳':—에벳(삿9:26, 스8:6).

H5652 עֲבָד[1회] **아바드**
〈**5647**〉에서 유래; '행위':—일.

H5653 עַבְדָּא[3회] **아브다**
〈**5647**〉에서 유래; '일'; 두 이스라엘 사람의 이름 '압다':—압다(왕상4:6, 대상9:16, 느11:17).

H5654 עֹבֵד אֱדֹם[2회] **오벧 에돔**
〈**5647**〉의 능동태 분사와 〈**123**〉에서 유래; '에돔의 일꾼'; 다섯 이스라엘 사람의 이름, '오벧에돔':—오벧에돔(삼하6:10, 대상16:38).

H5655 עַבְדְּאֵל[1회] **아브데엘**
〈**5647**〉과 〈**410**〉에서 유래; '하나님을 섬김'; 이스라엘 사람 '압디엘':—압디엘(렘36:26). 〈**5661**〉과 비교

H5656 עֲבֹדָה[45회] **아보다** 또는 **עֲבוֹדָה 아보다**
〈**5647**〉에서 유래; 모든 종류의 '일': —행동, 노예, 종, 효과, 노동, 봉사, 임무, 종살이, 경작, 효용, 일, 일한.

H5657 עֲבֻדָּה[2회] **아붓다**
〈**5647**〉의 수동태 분사, '일한 어떤 것', 즉 (구체적으로) '봉사':—한 집안, 하인들의 방.

H5658 עַבְדוֹן[8회] **아브돈**
〈**5647**〉에서 유래; '노예상태'; 팔레스타인에 있는 지명 그리고 네 이스라엘인의 이름 '압돈':—압돈(수21:30, 대상6:59(74), 수19:28). 〈**5683**〉과 비교

H5659 עַבְדוּת[3회] **아브두트**
〈**5647**〉에서 유래; '노예상태':—노예의 신분.

H5660 עַבְדִּי[3회] **아브디**
〈**5647**〉에서 유래; '봉사하는'; 두 이스라엘인의 이름 '압디':—압디(대상6:44, 대하29:12, 스10:26).

H5661 עַבְדִיאֵל[1회] **아브디엘**

〈**5650**〉과 〈**410**〉에서 유래; '하나님의 종'; 이스라엘 사람 '압디엘':—압디엘(대상5:15). 〈**5655**〉와 비교

H5662 עֹבַדְיָה12회 오바드야 또는 **עֹבַדְיָהוּ** 오바드야후

〈**5647**〉의 능동태 분사와 〈**3050**〉에서 유래; '여호와를 섬김'; 열셋 이스라엘 사람의 이름 '오바댜':—오바댜(왕상18:3, 대상3:21, 대하17:7, 스8:9, 느10:6, 옵1:1).

H5663 עֶבֶד מֶלֶךְ2회 에베드 멜레크

〈**5650**〉과 〈**4428**〉에서 유래; '왕의 종'; 시드기야왕의 환관, '에벳멜렉':—에벳멜렉(렘38:7, 39:16).

H5664 עֲבֵד נְגוֹ3회 아베드 네고

〈**5665**〉와 동일; 다니엘의 친구들 중 한사람의 바벨론 이름 '아벳느고':—아벳느고(단1:7, 2:49, 3:12).

H5665 עֲבֵד נְגוֹא3회 아베드 네고

아람어 외래어, 아시리아의 이름 '아벳느고':—아벳느고.

H5666 עָבָה3회 아바

기본어근; '짙다':—더 두텁다, 짙어지다.

H5667 עֲבוֹט3회 아보트

또는 **עֲבֹט** 아보트

〈**5670**〉에서 유래; '전당물'(볼모):—담보.

H5668 עָבוּר8회 아부르

또는 **עָבֻר** 아부르

〈**5674**〉의 수동태 분사; 정확히는 '교차되어진', 즉 (추상적으로) '통행'; 단지 부사로만 사용 '~때문에', '~을 위하여':—~때문에, 왜냐하면(~을 위해), ~하기위하여.

H5669 עָבוּר2회 아부르

〈**5668**〉과 동일; '지나간', 즉 '묵은'; 오직 '저장된' 곡물에만 사용:—오래된 곡식.

H5670 עָבַט6회 아바트

기본어근; '전당 잡히다'; (사역동사로), 빌려주다(담보 잡고); 상징적으로 '곤란케 하다':—차용하다, [열을] 흐트러뜨리다, 빌려주다[담보물], (확실히).

H5671 עַבְטִיט1회 아브티트

〈**5670**〉에서 유래; '담보된' 어떤 것, 즉 (집합명사로) '저당' 물품:—진흙['잘못된 어원에서']

H5672 עֲבִי5회 아비 또는 **עֳבִי** 오비

〈**5666**〉에서 유래; '조밀도', 즉 '깊이' 또는 '폭':—두꺼운(두꺼움). 〈**5645**〉와 비교

H5673 עֲבִידָא6회 아비다

아람어 〈**5648**〉에서 유래; '노동' 또는 '사업':—업무, 봉사, 일.

H5674 עָבַר547회 아바르

기본어근; '건너가다'; '변이(變移)'의 대단히 광범위한 면으로 사용되어짐(문자적으로, 또는 상징적으로; 타동사, 자동사, 강세형 또는 사역형으로); 특별히 (성교(性交)로) '덮다':—멀리하다, 바꾸다, 전혀 ~을 넘어서, 가져오다(데려오다), 넘겨주다, 극복하다, 오다(건너오다), 인도하다, 전달하다, 흐름, 구원하다, 없애다, 들어가다, 탈출하다, 실패하다, 낳다, 가게하다, 가다(달아나다, ~을 넘어가다, 경과하다, 발행하다, 자기 길을 가다, 계속해가다, ~을 건너다, ~을 통과하다), 가져가다, 두다, 간섭하다, 지나쳐 달리다, 분할하다(분할하게 하다, 할당해주다), 지나다(통해, 나아가다, 가버리다, 넘어가다, 옆을

지나다, 통행인, 넘겨주다, 횡단하다), (~하게 다), 선언하다(선언), 멸망하다, 화를 돋우다, 치우다, 격노하다, 세금을 올리는 자, 제거하다, 넘겨보내다, 분립시키다, 깎다, 건전하게 하다(만들다), 빠르게, 향기로운 냄새, 잡다, 법률을 어기다(범법자), 번역하다, 쫓아내다, 나그네, 노하다.

H5675 עֲבַר8회 아바르
아람어 〈5676〉과 같음:—넘어, 이편.

H5676 עֵבֶר90회 에베르
〈5674〉에서 유래; 정확히는 '건너편' 지역; 그러나 단지 부사로만 사용(전치사와 함께, 또는 전치사 없이) '반대편'(특별히 요단 건너편; 보통 동쪽을 의미):—마주하여, ~넘어, 옆에, ~으로부터, ~건너서, 통행, 방향, (다른, 이)편, 똑바로.

H5677 עֵבֶר14회 에베르
〈5676〉와 동일; 두 족장들과 네 이스라엘인 '에벨':—에벨(창10:24, 민24:24, 대상8:12, 느12:20), 헤벨.

H5678 עֶבְרָה34회 에브라
〈5676〉의 여성형; 감정의 '폭발':—화, 격노, 노.

H5679 עֲבָרָה3회 아바라
〈5674〉에서 유래; '교차'지대':—나루터, 평지[난외주로부터].

H5680 עִבְרִי34회 이브리
〈5677〉에서 유래한 족속의 명칭, 에벨족 (즉, 히브리인), 또는 에벨의 자손:—히브리인, 히브리 여자(창14:13, 출1:16, 신15:12, 삼상4:6, 욘1:9).

H5681 עִבְרִי1회 이브리
〈5680〉과 동일; 이스라엘 사람, '이브리':—이브리(대상24:27).

H5682 עֲבָרִים5회 아바림
〈5676〉의 복수형; '건너편' 지역; 팔레스타인의 한 장소, '아바림':—아바림(렘22:10, 민27:12, 신32:49), 통로들.

H5683 עֶבְרֹן1회 에브론
〈5676〉에서 유래; '과도적인'; 팔레스타인에 있는 지명 '에브론':—헤브론, 아마 〈5658〉에 대한 필사자의 오기인 듯.

H5684 עֶבְרֹנָה145회 에브로나
〈5683〉의 여성형; 사막에 있는 장소 '아브로나':—아브로나(민33:34).

H5685 עָבַשׁ1회 아바쉬
기본어근; '마르게'하다:—부패하다.

H5686 עָבַת1회 아바트
기본어근; '짜 맞추다', 즉 (상징적으로) '왜곡하다':—감싸다.

H5687 עָבֹת4회 아보트
또는 עָבוֹת 아보트
〈5686〉에서 유래; '얽혀진', 즉 '조밀한':—두터운.

H5688 עֲבֹת24회 아보트 또는 עֲבוֹת 아보트 또는 (여성형) עֲבֹתָה 아보타
〈5687〉과 동일, '얽혀진' 어떤 것, 즉 '끈', '화관', 또는 잎의 '무성함':—띠, 끈, 줄, [빽빽한] 굵은 가지, 꼰 사슬.

H5689 עָגַב7회 아가브
기본어근; 따라서 '숨 쉬다', 즉 '사랑하다'(관능적으로):—사랑에 빠지다, 연인.

H5690 עֶגֶב2회 에게브
〈5689〉에서 유래; '사랑'(구체적으로), 즉 '연애'의 말들:—많은 사랑, 대단히 사랑스러운.

H5691 עֲגָבָה2회 아가바
〈5689〉에서 유래; '사랑'(추상적으로), 즉 '호색':—무절제한 사랑.

H5692 עֻגָּה[5회] 욱가
〈5746〉에서 유래; '뜨거운 잿속에서 구운 옥수수 빵'(둥근):—과자(난로 위의).

H5693 עָגוּר[2회] 아구르
'지저귀다' 뜻의 사용하지 않는 어근의 수동태분사 [그러나 능동의 의미로 사용됨]; 아마 '제비':—제비.

H5694 עָגִיל[2회] 아길
〈5696〉과 동형에서 유래; '둥근' 어떤 것, 즉 '고리'(귀에 거는):—귀고리.

H5695 עֵגֶל[35회] 에겔
〈5696〉와 동형에서 유래; (숫)'송아지'(주위를 '뛰어다니는'), 특별히 갓 자라난 것('불 깐 수소'):—거세한 소, 송아지.

H5696 עָגֹל[6회] 아골 또는 עָגוֹל 아골
'선회하다', '순회하다'는 뜻인 사용하지 않는 어근에서 유래:—둥근.

H5697 עֶגְלָה[14회] 에글라
〈5695〉의 여성형; (암)'송아지', 특별히 갓 자라난 것(즉, '아직 새끼를 낳지 않은 암소'):— 송아지, 소, 어린 암소

H5698 עֶגְלָה[2회] 에글라
〈5697〉과 동일; 다윗의 아내 '에글라':—에글라(삼하3:5, 대상3:3).

H5699 עֲגָלָה[25회] 아갈라
〈5696〉과 동형에서 유래; '도는' 어떤 것; 즉 바퀴 있는 '탈것':—손수레, 전차, 마차.

H5700 עֶגְלוֹן[8회] 에글론
〈5695〉에서 유래; '송아지 같은'; 팔레스타인의 한 지명과 모압 왕의 이름, '에글론':—에글론(삿3:12, 수10:3).

H5701 עָגַם[1회] 아감
기본어근; '슬퍼하다':—애통하다.

H5702 עָגַן[2회] 아간
기본어근; '금하다', 즉 결혼을:—머물다.

H5703 עַד[1269회] 아드
〈5710〉에서 유래; 정확히는 (확정된) '종점', 즉 (함축적으로) '지속', '전진', 또는 '영속의 개념에서(대체로 명사로, 전치사와 함께, 또는 전치사 없이):—영원, 늘, 항상, 끊임없이, 영원토록, 끝없이.

H5704 עַד[35회] 아드
정확히는 〈5703〉과 동일(전치사, 부사, 접속사로 사용; 특별히 전치사와 함께); '~하는 한'은(또는 '~하는 동안은', 또는 '~하는 만큼의'), 공간이나('에게까지') 시간이나('~하는 동안', '~할 동안', '~까지')정도('동등하게') 이거나간에:—대하여, 그리고, 로, 에, 앞에, 옆에, 심지어, 만큼, ~에로, 언제까지, 안으로, ~하기위하여, 까지, 향하여, ~동안에, 여태껏.

H5705 עַד[48회] 아드
아람어 〈5704〉와 같음:—그리고, 에, 대신에, 에로, 위에, 까지, 한도 내에.

H5706 עַד[3회] 아드
공격의 '목표'의 뜻으로 〈5703〉과 동일; '노획물':—먹이.

H5707 עֵד[69회] 에드
〈5749〉에서 유래한 압축형; 구체적으로 '증언'; 추상적으로 '증거'; 특별히 '기록자', 즉 '방백':—증언.

H5708 עֵד[1회] 에드
기간을 '정하다'[〈5710〉, 〈5749〉와 비교]는 뜻의 사용하지 않는 어근에서 유래; '월경의' 유출(정기적인); 함축적으로(복수로) '더럽힘':—불결한.

H5709 עֲדָא[9회] 아다 또는 עֲדָה 아다

아람어 〈5710〉과 같음:—바꾸다, 출발하다, 지나가버리다, 제거하다, 취하다, 가져가버리다. 〈5752〉를 보라

H5710 עָדָה9회 **아다**

기본어근; '전진하다', 즉 '나아가다', 또는 '계속하다'; 사역동사로 '제거하다'; 특별히 '꾸미다'(즉, 장식을 입히다):—장식하다, 꾸미다, 옆을 지나가다, 가져가다.

H5711 עָדָה8회 **아다**

〈5710〉에서 유래; '장식'; 두 여자의 이름'아다':—아다(창4:19, 36:2,4,12, 16).

H5712 עֵדָה82회 **에다**

'정착물'이라는 본래의 의미에서 〈5707〉에서 유래; 일정한 '회중'(특별히 '군중', 또는 일반적으로 '가정', 또는 '무리'):—공회, 무리, 모임, 회중, 백성, 떼. 〈5713〉과 비교

H5713 עֵדָה41회 **에다**

〈5707〉의 전문적인 의미로 〈5707〉의 여성형, '증거':—증언. 〈5712〉와 비교

H5714 עִדּוֹ9회 **잇도** 또는 **עִדּוֹא** **잇도** 또는 **עִדִּיא** **잇디**

〈5710〉에서 유래; '적시의'; 다섯 이스라엘 사람의 이름 '잇도':—잇도(대하12:15, 스5:1, 느12:4, 슥1:1). 〈3035〉, 〈3260〉과 비교

H5715 עֵדוּת46회 **에두트**

〈5707〉의 여성형; '증거':—증거, 증언.

H5716 עֲדִי14회 **아디**

'장식'의 개념에서 〈5710〉에서 유래; '장신구'; 일반적으로 '장비'; 특별히 '굴레 장식 띠':—(뛰어난), 입, 장식.

H5717 עֲדִיאֵל3회 **아디엘**

〈5716〉과 〈410〉에서 유래; '하나님의 장식'; 세 이스라엘 사람의 이름 '아디엘':—아디엘(대상4:36, 9:12, 27:25).

H5718 עֲדָיָה8회 **아다야** 또는 **עֲדָיָהוּ** **아다야후**

〈5710〉과 〈3050〉에서 유래; '여호와께서 장식하셨다'; 여덟 이스라엘인의 이름, '아다야':—아다야(왕하22:1, 대상8:21, 대하23:1, 스10:29, 느11:12).

H5719 עָדִין3회 **아딘**

〈5727〉에서 유래; '육욕에 빠지는':—향락에 빠진.

H5720 עָדִין2회 **아딘**

〈5719〉와 동일형; 두 이스라엘인의 이름 '아딘':—아딘(스2:15, 느7:20).

H5721 עֲדִינָא1회 **아디나**

〈5719〉에서 유래; '여자 같음'; 이스라엘 사람, '아디나':—아디나(대상11:42).

H5722 עֲדִינוֹ2회 **아디노**

아마 '가느다란'(즉, 창)이란 원래의 의미에서 〈5719〉에서 유래; '그의 창':—아디노(삼하23:8).

H5723 עֲדִיתַיִם1회 **아디타임**

〈5706〉의 여성형의 쌍수; '두 배의 먹이'; 팔레스타인인의 한 장소 '아디다임':—아디다임(수15:36).

H5724 עַדְלַי1회 **아들라이**

불확실한 뜻을 가진 사용하지 않는 어근에서 유래; 이스라엘 사람, '아들래':—아들래(대상27:29).

H5725 עֲדֻלָּם8회 **아둘람**

아마 〈5724〉와 동형의 수동태 분사에서 유래; 팔레스타인에 있는 장소 '아둘람':—아둘람(수12:15, 삼상22:1, 삼하23:13, 느11:30, 미1:15).

H5726 עַדֻלָּמִי[3회] **아둘라미**
〈**5725**〉에서 유래한 족속의 명칭; '아둘람족', 또는 아둘림의 원주민:—아둘람 사람(창38:1,12).

H5727 עָדַן[1회] **아단**
기본어근; '부드럽다', 또는 '즐겁다'; 상징적으로 그리고 재귀동사로 '주색에 빠져 살다':—스스로 즐겁게 하다.

H5728 עֲדֶן[2회] **아덴** 또는 עֲדֶנָּה **아덴나**
〈**5704**〉와 〈**2004**〉에서 유래; '지금까지':—아직.

H5729 עֶדֶן[3회] **에덴**
〈**5727**〉에서 유래; '기쁨'; '에덴', 메소포타미아에 있는 장소:—에덴(왕하19:12, 사37:12, 겔27:23).

H5730 עֵדֶן[4회] **에덴** 또는 (여성형) עֶדְנָה **에드나**
〈**5727**〉에서 유래; '기쁨':—은근한 기쁨, 즐거움. 역시 〈**1040**〉을 보라

H5731 עֵדֶן[14회] **에덴**
〈**5730**〉(남성)과 동일; 아담의 가정의 지역 '에덴':—에덴(창2:8, 3:23, 사51:3, 겔31:9, 욜2:3).

H5732 עִדָּן[12회] **잇단**
[아람어] 〈**5708**〉과 일치하는 어근에서 유래; 정한 '때'; 전문용어로 1년:—때.

H5733 עַדְנָא[1회] **아드나**
〈**5727**〉에서 유래; '즐거움'; 두 이스라엘인의 이름, '앗나':—앗나(스10:30).

H5734 עַדְנָה[2회] **아드나**
〈**5727**〉에서 유래; '즐거움'; 두 이스라엘인의 이름, '아드나':—아드나(대상12:20, 대하17:14).

H5735 עֲדְעָדָה[1회] **아드아다**
〈**5712**〉에서 유래; '잔치'; 팔레스타인에 있는 장소, '아다다':—아다다(수15:22).

H5736 עָדַף[9회] **아다프**
기본어근; '과다하다'(사역동사로 '과다하게 하다'):—많다, 여분의 수, 넘다(넘게 하다), 과잉, 남다.

H5737 עָדַר[4회] **아다르**
기본어근; 전투에서 '배열하다', 포도원에서('괭이질 하다'); 여기에서 '소집하다', '놓치다'(또는, '모자람을'발견하다):—파다, 떨어지다, 서열을 지키다, 모자라다.

H5738 עֶדֶר[1회] **에데르**
〈**5737**〉에서 유래; '배열'(즉, 가축 떼); 이스라엘 사람, '에델':—에델(대상8:15).

H5739 עֵדֶר[38회] **에데르**
〈**5737**〉에서 유래; '배열', 즉 '소집'(짐승의):—가축의 떼, 무리, 소 돼지의 떼.

H5740 עֵדֶר[3회] **에데르**
〈**5739**〉와 동일; 한 이스라엘 사람, 그리고 팔레스타인에 있는 두 곳의 이름; '에델':—에델(대상23:23, 24:30).

H5741 עַדְרִיאֵל[2회] **아드리엘**
〈**5739**〉와 〈**410**〉에서 유래; '하나님의 양떼'; 이스라엘 사람 '아드리엘':—아드리엘(삼상18:19, 삼하21:8).

H5742 עָדָשׁ[4회] **아다쉬**
불확실한 뜻을 가진 사용하지 않는 어근에서 유래; '렌즈 콩':—렌즈 콩.

H5743 עוּב[1회] **우브**
기본어근; '조밀하다' 또는 '어둡다', 즉 '흐리게 하다':—구름으로 덮다.

H5744 עוֹבֵד[10회] **오베드**
〈**5647**〉의 능동태분사; '섬기는'; 다섯 이스라엘인의 이름, '오벳':—오벳(룻4:21, 대상26:7, 대하23:1).

H5745 עוֹבָל[1회] **오발**

외래어 파생어; 욕단의 아들, '오발':—오발(창10:28).

H5746 עוּג[1회] **우그**

기본어근; 정확히는 '회전하다'; 그러나 〈**5692**〉에서 유래한 명사유래어로서만 사용됨, '굽다'(화로 위에 둥근 과자를):—굽다.

H5747 עוֹג[3회] **오그**

아마 〈**5746**〉에서 유래; '둥근'; 바산 왕 '옥':—옥(민21:33, 신3:1).

H5748 עוּגָב[4회] **우가브** 또는 **עֻגָּב** **욱가브**

'호흡'이라는 원래의 의미에서 〈**5689**〉에서 유래; '갈대'로 만든 악기:—공기를 진동시켜 소리 내는 악기, 퉁소, 피리.

H5749 עוּד[44회] **우드**

기본어근; '이중으로 하다' 또는 '반복하다'; 함축적으로 '항의하다', '증언하다'(반복적으로); 강세형으로 '포위하다', '복구하다'(마치 반복하는 것 같이):—훈계하다, 부과하다, 진지하게, 들어 올리다, 저항하다(기록에 남기다), 경감하다, 빼앗다, 엄숙히, 바로 세우다, 증언하다, 경고를 주다, 증인이 되다.

H5750 עוֹד[489회] **오드** 또는 **עֹד** **오드**

〈**5749**〉에서 유래; 정확히는 '되풀이' 또는 '계속'; 부사로만 사용(전치사와 함께, 또는 전치사 없이), '다시', '반복적으로', '아직', '좀더':—다시, 평생동안, (전혀), 그 밖에, 그러나, 다른, 더욱(더), 이제부터는, 좀 더 길게, 좀 더 많이, 한때는, ~아래로, 아직, 언제, 동안, 여태껏.

H5751 עוֹד[1회] **오드**

아람어 〈**5750**〉과 같음:—~동안에.

H5752 עוֹדֵד[3회] **오데드** 또는 **עֹדֵד** **오데드**

〈**5749**〉에서 유래; '반복'; 두 이스라엘인의 이름 '오뎃':—오뎃(대하15:1).

H5753 עָוָה[17회] **아와**

기본어근; '구부리다', 문자적, 또는 상징적으로(다음과 같음):—잘못을 저지르다, 절하다, 굽게 만들다, 불의를 행하다, 왜곡하다, 괴롭히다, 돌아서다, 사곡하게 행하다, 잘못하다.

H5754 עַוָּה[1회] **아우와**

〈**5753**〉의 약어에서 유래한 강세형; '전복시키다':—뒤집어엎다.

H5755 עִוָּה[3회] **이우와** 또는 **עַוָּא** **아우와** (왕하17:24)

〈**5754**〉 참조; 앗수르의 지역, '아와':—아와(왕하18:34, 사37:13).

H5756 עוּז[5회] **우즈**

기본어근; '강하다'; 사역동사로 '강하게 하다', 즉 (상징적으로) '구출하다'(도망함으로):—모이다, 도망하기 위해 스스로 모이다, 물러가다.

H5757 עַוִּי[3회] **아우위**

〈**5755**〉에서 유래한 족속의 명칭; '아위족', 또는 아와의 원주민(오직 복수로만):—아윔 사람, 아위사람(신2:23, 수13:3, 18:23).

H5758 עִוְיָה[1회] **이우야**

아람어 〈**5753**〉과 일치하는 어근에서 유래; '심술궂음':—불법, 사악.

H5759 עֲוִיל[2회] **아윌**

〈**5764**〉에서 유래; '유아':—어린아이, 작은 자.

H5760 עֲוִיל[1회] **아윌**

〈**5765**〉에서 유래; '사악한'(도덕적으로):—불경한.

H5761 עַוִּים[4회] **아우윔**

〈**5757**〉의 복수형; 팔레스타인에 있

는 장소(접두 정관사와 함께)(아위족에 의하여 거주된) '아윔':—아윔(수18:23).

H5762 עַוִּית2회 **아위트** 또는 아마 **עַיּוֹת** **아이요트** 마치 〈5857〉의 복수형 **עַיּוּת** **아유트**

〈5753〉에서 유래; '황폐'; 팔레스타인에 있는 장소 '아윗':—아윗(창36:35).

H5763 עוּל5회 **울**

기본어근; '젖을 먹이다', 즉 '젖을 주다':—젖 나는, 새끼가 있는 큰 암양.

H5764 עוּל2회 **울**

〈5763〉에서 유래; '애기':—젖먹이, 유아.

H5765 עָוַל2회 **아왈**

기본어근; '왜곡하다'(도덕적으로):—불의하게 다루다, 불의한.

H5766 עֶוֶל21회 **에웰** 또는 **עָוֶל** **아웰** 그리고 (여성형) **עַוְלָה** **아웰라** 또는 **עוֹלָה** **올라** 또는 **עֹלָה** **올라**

〈5765〉에서 유래; (도덕적으로) '악':—불법, 사악함, 불의한(불공정하게), 불의하게, 사악한.

H5767 עַוָּל5회 **아우왈**

〈5765〉에서 유래한 강세형; '악'(도덕적으로):—부정한, 불의한, 사악한.

H5768 עוֹלֵל11회 **올렐** 또는 **עֹלָל** **올랄**

〈5763〉에서 유래; '젖먹이':—갓난아이, 어린애, 작은 아이, 유아, 작은 자.

H5769 עוֹלָם437회 **올람** 또는 **עֹלָם** **올람**

〈5956〉에서 유래; 정확히는 '숨겨진', 즉 '소멸'점; 일반적으로 '생각' 밖의 시간(과거나 미래의), 즉 (실제적으로) '영원'; 자주 부사로 (특별히 접두전치사와 함께) '항상':—늘, 고대, 좀더, 계속, 영원한(끊임없이), 지속하는, 오래, 오랜(시간), 영구한, 언제든지, 세상의(시작)(끝없는)세상.

〈5331〉과 〈5703〉 비교

H5770 עָוַן2회 **아완**

〈5869〉에서 유래한 명사유래어; '바라보다'(질투심을 가지고):—눈.

H5771 עָוֹן229회 **아온**

또는 **עָווֹן** **아우온** (왕하7:9; 시51:5 [7])

〈5753〉에서 유래; '심술궂음', 즉 '악'(도덕적으로):—과오, 범법, 해, 징계(불법에 대한), 죄.

H5772 עוֹנָה2회 **오나**

명백히 '함께 거주하다'는 뜻인 사용하지 않는 어근에서 유래; (성적인) '동거':—결혼의 의무.

H5773 עַוְעֶה1회 **아우에**

〈5753〉에서 유래; '심술궂음':—사악한.

H5774 עוּף26회 **우프**

기본어근; '덮다'(날개로, 또는 컴컴함으로); 여기에서(〈5775〉에서 유래한 명사유래어로서) '날다'; 또한 (함축적으로 흐림의 뜻에서) '실신하다'(기절의 캄캄함으로):—휘두르다, (녹초가 되다), 기진하다, 내빼다, 날아가다, 두다, 빛을 발하다, 피로한.

H5775 עוֹף71회 **오프**

〈5774〉에서 유래; '새'(깃털로 '덮여진', 또는 날개로 '덮음'), 자주 집합명사로:—새, 나는 것, 날아감, 조류.

H5776 עוֹף2회 **오프**

아람어 〈5775〉와 같음:—새, 조류.

H5777 עוֹפֶרֶת9회 **오페레트**

또는 **עֹפֶרֶת** **오페레트**

〈6080〉의 여성 능동태분사; '납'('먼지'와 같은 그것의 색깔에서):—납.

H5778 עוֹפַי1회 **오파이**

〈**5775**〉에서 유래; '새 같은'; 이스라엘 사람, '에배':—에배 [난외주로부터](렘40:8).

H5779 עוּץ[2회] **우츠**
기본어근; '의논하다':—충고 받다, 함께 협의하다.

H5780 עוּץ[5회] **우츠**
명백히 〈**5779**〉에서 유래; '의논'; 아람의 아들, 세일사람, 그리고 그들이 정착한 지역 '우스':—우스(창10:23, 욥1:1, 렘25:20, 애4:21).

H5781 עוּק[2회] **우크**
기본어근; '꾸리다':—눌리다.

H5782 עוּר[80회] **우르**
기본어근 [오히려 눈을 '뜨다'는 개념을 통하여 〈**5783**〉과 동일]; '잠깨다'(문자적, 또는 상징적):—(잠깨다), 일어나다, 들어 올리다, ~지배하다, 올리다, 분발시키다.

H5783 עוּר[1회] **우르**
기본어근; '벗다':—벌거벗겨지다.

H5784 עוּר[1회] **우르**
아람어 '왕겨'(껍질을 벗긴):—겨.

H5785 עוֹר[99회] **오르**
〈**5783**〉에서 유래; '가죽'('벗겨진'); 함축적으로 '짐승의 가죽', '가죽':—짐승의 가죽, 가죽, 껍질.

H5786 עָוַר[26회] **아와르**
기본어근 [오히려 눈을 덮는 막이라는 개념을 통해 〈**5785**〉에서 유래한 명사유래어]; '눈멀게 하다':—눈먼, 끄다. 또한 〈**5895**〉를 보라

H5787 עִוֵּר[5회] **이우웨르**
〈**5786**〉에서 유래한 강세형, '눈먼'(문자적, 또는 상징적):—눈먼(사람, 백성).

H5788 עִוָּרוֹן[2회] **이우와론** 그리고 (여성형) עַוֶּרֶת **아우웨레트**
〈**5787**〉에서 유래; '눈 멈':—눈먼, 눈멈.

H5789 עוּשׁ[1회] **우쉬**
기본어근; '서두르다':—스스로 모이다.

H5790 עוּת[1회] **우트**
〈**5789**〉 참조; '서두르다', 즉 '구조(救助)':—때맞춰 말하다.

H5791 עָוַת[11회] **아와트**
기본어근; '비틀다':—스스로 굴복하다, 구부러뜨리다, 변조함, 전복시키다, 사악하게 다루다, 왜곡하다, 뒤엎다.

H5792 עַוָּתָה[1회] **아우와타**
〈**5791**〉에서 유래; '억압':—잘못된.

H5793 עוּתַי[2회] **우타이**
〈**5790**〉에서 유래; '돕는'; 두 이스라엘인의 이름, '우대':—우대.

H5794 עַז[23회] **아즈**
〈**5810**〉에서 유래; '강한', '격렬한', '거친':—맹렬한, 탐욕스러운, 능력 있는, 능력, 거칠게, 강한.

H5795 עֵז[75회] **에즈**
〈**5810**〉에서 유래; 암'염소' (강한), 그러나 복수형은 남성 (또한 생략법으로 '염소털'로도 쓰임):—염소, 암염소, 새끼염소.

H5796 עֵז[1회] **에즈**
아람어 〈**5795**〉와 같음:—염소.

H5797 עֹז[93회] **오즈** 또는 (완전히는) עוֹז **오즈**
〈**5810**〉에서 유래; 다양한 적용에서 ('힘', '안전', '위엄', '찬송') '강함':—대담함, 소리 높은, 강한, 힘, 능력.

H5798 עֻזָּא[10회] **웃자**
또는 עֻזָּה **웃자**

〈5797〉의 여성형; 힘; 다섯 이스라엘인의 이름, '웃사':—웃사(삼하6:3, 대상8:7, 스2:49, 느7:51).

H5799 עֲזָאזֵל[4회] 아자젤
〈5795〉와 〈235〉에서 유래; '떠나보냄'의 염소; '속죄의 염소':—속죄의 염소, 아사셀(레16:8,10,26).

H5800 עָזַב[208회] 아자브
기본어근; '풀다', 즉 '버리다', '허락하다', 등:—맡기다, 실패하다, 내버리다, 강화하다, 돕다, 버려두다, 없이 버려두다, 그만두다, 거절하다, (확실히).

H5801 עִזָּבוֹן[7회] 잇자본
'가게 함'의 개념으로(어떤 가격을 위해 즉, '판매') 〈5800〉에서 유래; '장사', 즉 시장터 또는 지불('소득'):—상품, 정기적으로 열리는 시장.

H5802 עַזְבּוּק[1회] 아즈부크
〈5794〉와 〈950〉의 어근에서 유래; '괴로운 인구를 감소시키는 것'-이스라엘 사람 '아스북':—아스북(느3:16).

H5803 עַזְגָּד[4회] 아즈가드
〈5794〉와 〈1409〉에서 유래; '엄격한 군대'; 이스라엘 사람 '아스갓':—아스갓(스2:12, 느7:17).

H5804 עַזָּה[20회] 앗자
〈5794〉의 여성형; 강한; 팔레스타인에 있는 장소, '가사':—가사(수11:22, 삿16:1, 삼상6:17, 렘25:20).

H5805 עֲזוּבָה[2회] 아주바
〈5800〉의 여성 수동태분사; '버림'(거주민들의):—포기.

H5806 עֲזוּבָה[4회] 아주바
〈5805〉와 동일; 두 이스라엘 여성의 이름, '아수바':—아수바(왕상22:42, 대상2:18).

H5807 עֱזוּז[3회] 에주즈
〈5810〉에서 유래; '세참':—힘, 세력.

H5808 עִזּוּז[2회] 잇주즈
〈5810〉에서 유래; '세찬'; 집합적으로나 구체적으로 '군대':—능력, 강한.

H5809 עַזּוּר[3회] 앗주르 또는 עַזֻּר 앗주르
〈5826〉에서 유래; '도움이 되는'; 세 이스라엘인의 이름, '앗술':—앗술(느10:18(17), 렘28:1).

H5810 עָזַז[11회] 아자즈
기본어근; '단단하다'(문자적, 또는 상징적으로):—굳히다, 뻔뻔하다, 우세하다, 강하게 하다, 튼튼하다.

H5811 עָזָז[1회] 아자즈
〈5810〉에서 유래; 강한; 이스라엘 사람 '아사스':—아사스(대상5:8).

H5812 עֲזַזְיָהוּ[3회] 아자즈야후
〈5810〉과 〈3050〉에서 유래; '여호와께서 강하게 하셨다'; 세 이스라엘인의 이름 '아사시야':—아사시야(대상15:21, 대하31:13).

H5813 עֻזִּי[11회] 웃지
〈5810〉에서 유래; '힘센'; 여섯 이스라엘인의 이름, '웃시':—웃시(대상6:5, 느11:22).

H5814 עֻזִּיָּא[1회] 웃지야
아마 〈5818〉 참조; 이스라엘 사람, '웃시야':—웃시야.

H5815 עֲזִיאֵל[1회] 아지엘
〈5756〉과 〈410〉에서 유래; '하나님에 의해 강해짐'; 이스라엘 사람 '아시엘':—아시엘(대상15:—20). 〈3268〉과 비교.

H5816 עֻזִּיאֵל[16회] 웃지엘
〈5797〉과 〈410〉에서 유래; '하나님의 능력'; 여섯 이스라엘인의 이름 '웃시엘':—웃시엘(출6:18, 민3:19, 대상

4:42, 대하29:14, 느3:8).

H5817 עָזִּיאֵלִי[2회] **웃지엘리**

〈**5816**〉에서 유래한 족속의 명칭; '웃시엘 족'(집합명사로), 또는 웃시엘의 후손:—웃시엘 사람들(민3:27).

H5818 עֻזִּיָּה[19회] **웃지야**

또는 **עֻזִּיָּהוּ 웃지야후**

〈**5797**〉과 〈**3050**〉에서 유래; '여호와의 능력'; 다섯 이스라엘인의 이름; '웃시야':—웃시야(왕하15:13, 대상6:9(24), 스10:21, 느11:4, 사1:1, 호1:1, 암1:1).

H5819 עֲזִיזָא[1회] **아지자**

〈**5756**〉에서 유래; 강함; 한 이스라엘인, '아시사':—아시사(스10:27).

H5820 עַזְמָוֶת[6회] **아즈마웨트**

〈**5794**〉와 〈**4194**〉에서 유래; '죽음에 강한 자'; 세 이스라엘인의 이름과 팔레스타인에 있는 지명, '아스마웻':—아스마웻(삼하23:31, 대상27:25). 또한 〈**1041**〉을 보라

H5821 עַזָּן[1회] **앗잔**

〈**5794**〉에서 유래; '강한' 자; 이스라엘 사람, '앗산':—앗산(민34:26).

H5822 עָזְנִיָּה[3회] **오즈니야**

아마 〈**5797**〉의 여성형; 아마 '흰꼬리수리'(그것의 '힘'에서):—물수리.

H5823 עָזַק[1회] **아자크**

기본어근; '땅을 개간하다':—울타리를 두르다.

H5824 עִזְקָא[2회] **이즈카**

아람어 〈**5823**〉과 일치하는 어근에서 유래; '인장'반지(파 새긴):—인장.

H5825 עֲזֵקָה[7회] **아제카**

〈**5828**〉에서 유래; '경작한'; 팔레스타인에 있는 장소 '아세가':—아세가(수10:10, 삼상17:1, 느11:30, 렘34:7).

H5826 עָזַר[81회] **아자르**

기본어근; '둘러싸다', 즉 '보호하다' 또는 '돕다':—돕다, 구조하다.

H5827 עֶזֶר[5회] **에제르**

〈**5826**〉에서 유래; 도움; 두 이스라엘인의 이름, '에셀':—에셀(대상7:21, 느12:42).

H5828 עֵזֶר[21회] **에제르**

〈**5826**〉에서 유래; '원조':—도움.

H5829 עֵזֶר[3회] **에제르**

〈**5828**〉과 동일; 네 이스라엘인의 이름 '에셀':—에셀(대상4:4, 느3:19). 〈**5827**〉과 비교.

H5830 עֶזְרָא[25회] **에즈라**

〈**5833**〉의 어미변화; 한 이스라엘인 '에스라':—에스라(스7:1-10, 느12:1).

H5831 עֶזְרָא[25회] **에즈라**

아람어 〈**5830**〉과 같음; 이스라엘 사람 '에스라':—에스라.

H5832 עֲזַרְאֵל[6회] **아자르엘**

〈**5826**〉과 〈**410**〉에서 유래; '하나님께서 도우셨다'; 다섯 이스라엘인의 이름, '아사렐':—아사렐(대상12:6, 25:18, 스10:41, 느11:13).

H5833 עֶזְרָה[26회] **에즈라** 또는 **עֶזְרָת 에즈라트** (시60:11 [13]; 108:12 [13])

〈**5828**〉의 여성형; 원조:—도움(돕는 사람).

H5834 עֶזְרָה[1회] **에즈라**

〈**5833**〉과 동일; 한 이스라엘인 '에스라':—에스라(대상4:4).

H5835 עֲזָרָה[9회] **아자라**

'에워싸다'라는 그것의 원래의 의미로 〈**5826**〉에서 유래; '울을 함'; 또한 '경계':—안뜰, 긴 의자.

H5836 עֶזְרִי[1회] **에즈리**

〈5828〉에서 유래; '도움이 되는'; 이스라엘 사람 '에스리':—에스리(대상27:26).

H5837 עַזְרִיאֵל3회 **아즈리엘**
〈5828〉과 〈410〉에서 유래; '하나님의 도우심':— 세 이스라엘인의 이름 '아스리엘':—아스리엘(대상5:24, 렘36:26).

H5838 עֲזַרְיָה16회 **아자르야** 또는 **עֲזַרְיָהוּ 아자르야후**
〈5826〉과 〈3050〉에서 유래; '여호와께서 도우셨다'; 열아홉 이스라엘인의 이름, '아사리야':—아사리야, 아사랴.

H5839 עֲזַרְיָה33회 **아자르야**
아람어 〈5838〉과 같음; 다니엘의 친구중의 한사람 '아사랴':—아사랴(단1:6).

H5840 עַזְרִיקָם6회 **아즈리캄**
〈5828〉과 〈6965〉의 능동태분사; '적의 도움'; 네 이스라엘인의 이름, '아스리감':—아스리감(대상3:23, 대하28:7).

H5841 עַזָּתִי2회 **앗자티**
〈5804〉에서 유래한 족속의 명칭; '가사 족', 또는 가사의 거민:—가사 사람(삿16:2).

H5842 עֵט4회 **에트**
'위에서 내리 덮치다'와 '급습하다'는 의미로, 〈5860〉에서 유래한 (압축형), 즉 '비스듬히 내리침' '철필', 또는 표시용 막대기:—펜.

H5843 עֵטָא2회 **에타**
아람어 〈3272〉에서 유래; '신중':—의논.

H5844 עָטָה17회 **아타**
기본어근; '감싸다', 즉 '덮다', '가리다', '옷 입히다' 또는 '둘둘 말다':—꾸미다, 장비하다, (덮개를 하다)덮다, 채우다, 입다, (확실히), 외면하다.

H5845 עֲטִין1회 **아틴**
'담다'는 뜻인 듯한 사용하지 않는 어근에서 유래; '그릇'(우유를 담는, 즉 '들통' 상징적으로 '가슴'):—가슴.

H5846 עֲטִישָׁה1회 **에티샤**
'재채기 하다'는 뜻의 사용하지 않는 어근에서 유래; '재채기':—재채기하기.

H5847 עֲטַלֵּף3회 **아탈레프**
불확실한 파생어 '박쥐':—박쥐.

H5848 עָטַף16회 **아타프**
기본어근; '수의를 입히다', 즉 '옷 입히다'(사역동사, 또는 재귀동사); 여기에서 ('어두움'의 개념에서) '쇠약해지다':—덮다, 실패하다, 쇠하다, 연약한 사람, 숨다, 압도당하다, 졸도하다.

H5849 עָטַר7회 **아타르**
기본어근; '둘러싸다'(공격, 또는 수비를 위해); 특별히 '왕관을 씌우다'(문자적, 또는 상징적으로):—주위를 돌다, 관 씌우다.

H5850 עֲטָרָה23회 **아타라**
〈5849〉에서 유래; '왕관':—왕관.

H5851 עֲטָרָה1회 **아타라**
〈5850〉과 동일; 이스라엘 여자 '아다라':—아다라(대상2:26).

H5852 עֲטָרוֹת5회 **아타로트**
또는 **עֲטָרֹת 아타로트**
〈5850〉의 복수형; (단순히) 팔레스타인에 있는 두 지명, '아다롯':—아다롯(민32:3, 수16:7, 대상2:54).

H5853 עַטְרוֹת אַדָּר2회 **아트로트 앗다르**
〈5852〉와 〈146〉의 동형에서 유래;

'앗달의 왕관들'; 팔레스타인에 있는 장소 '아다롯 앗달':—아다롯앗달(수16:5, 18:13).

H5854 עַטְרוֹת בֵּית יוֹאָב[1회] **아트로트 베트 요아브**

〈5852〉, 〈1004〉, 〈3097〉과 동형에서 유래; '요압의 집의 왕관들'; 팔레스타인에 있는 장소; '아다롯 벳 요압':—아다롯 벳 요압(대상2:54).

H5855 עַטְרֹת שׁוֹפָן[1회] **아트로트 쇼판**

〈5852〉와 동형 그리고 별로 사용하지 않는 '감춰'이란 뜻인 이름 [〈8226〉과 동형에서 유래한에서 유래; '소반의 왕관들'; 팔레스타인에 있는 장소 '아다롯 소반':—아다롯 소반(민32:35)(마치 두 장소인 것처럼).

H5856 עִי[5회] **이**

〈5753〉에서 유래; '폐허'(마치 뒤집어엎은 것처럼):—더미.

H5857 עַי[39회] **아이** 또는 (여성형) **עַיָּא 아야** (느11:31), 또는 **עַיָּת 아야트** (사10:28)

〈5856〉 참조; 팔레스타인에 있는 장소, '아이', '아야', 또는 '아얏':—아이(창12:8, 수7:2, 대상7:28, 스2:28, 느11:31, 사10:28), 아야, 아얏.

H5858 עֵיבָל[8회] **에발**

아마 '벗어지다'는 뜻의 사용하지 않는 어근에서 유래; '벌거벗은'; 팔레스타인의 산 '에발':—에발(신11:29, 수8:30).

H5859 עִיּוֹן[2회] **이욘**

〈5856〉에서 유래; '황폐한'; 팔레스타인에 있는 장소 '이욘':—이욘(왕상15:20, 대하16:4).

H5860 עִיט[3회] **이트**

기본어근; '위로부터 아래로 급습하다'(문자적, 또는 상징적으로):—덮치다, 욕을 퍼붓다.

H5861 עַיִט[8회] **아이트**

〈5860〉에서 유래; '매' 또는 다른 맹금:—새, 조류, 몹시 굶주린(새).

H5862 עֵיטָם[5회] **에탐**

〈5861〉에서 유래; '매의 앉은자리'; 팔레스타인에 있는 장소 '에담':—에담(대상4:3, 대하11:6, 삿15:8).

H5863 עִיֵּי הָעֲבָרִים[1회] **이예 하아바림**

〈5856〉의 복수형과 〈5674〉의 정관사가 있는 능동태분사의 복수형; '길손들의 폐허' 팔레스타인 근방에 있는 장소 '이예아바림':—이예아바림(민21:11, 33:44).

H5864 עִיִּים[4회] **이임**

〈5856〉의 복수형; '폐허'; 사막에 있는 장소 '이임':—이임(민33:45, 수15:29).

H5865 עֵילוֹם[1회] **엘롬**

〈5769〉 참조:—언제나.

H5866 עִילַי[2회] **일라이**

〈5927〉에서 유래; '높혀진'; 이스라엘 사람 '일래':—일래(대상11:29).

H5867 עֵילָם[11회] **엘람** 또는 **עוֹלָם 올람** (스10:2; 렘49:36)

아마 〈5956〉에서 유래; '감춰', 즉 '먼 거리의; 셈의 아들과 그의 후손과 그들의 나라로서 '엘람'; 또한 이스라엘 여섯 사람의 이름:—엘람(창10:22, 스4:9, 사11:11, 단8:2).

H5868 עֲיָם[1회] **아얌**

기원과 신빙성은 불확실함; 아마 뜻은 '힘':—강력한.

H5869 עַיִן[868회] **아인**

아마 기본어; '눈'(문자적, 또는 상징적); 유추적으로 '샘'('풍경'의 눈, 곧

중심으로):—고통, 외관, (전에), 아주 좋게 생각하다, 색깔, 평가, 만족하다, 안색, 불쾌하게 하다, 눈([눈썹], 시력), 얼굴, 호의, 분수, 발고랑[난외주로부터], 천한, 지식, 모습(잘), 공개[공개적으로], (아리)기쁘게 하다, 임재, 간주하다, 닮음, '광경', 생각하다, 잘, 당신들에게(당신 자신들).

H5870 עַיִן[5회] **아인**
아람어 〈**5869**〉와 같음; '눈':—눈.

H5871 עַיִן[6회] **아인**
〈**5869**〉와 동일; '샘'(분수); (단순히) 팔레스타인에 있는 두 장소들의 이름 '아인':—아인(민34:11).

H5872 עֵין גֶּדִי[6회] **엔 게디**
〈**5869**〉와 〈**1423**〉에서 유래; '새끼 염소의 샘'; 팔레스타인에 있는 장소 '엔게디':—엔게디(수15:62, 삼상24:1, 아1:14, 겔47:10).

H5873 עֵין גַּנִּים[3회] **엔 간님**
〈**5869**〉에서 그리고 〈**1588**〉의 복수형; '정원들의 샘'; 팔레스타인에 있는 장소 '엔간님':—엔간님(수15:34, 19:21, 21:29).

H5874 עֵין־דֹּאר[3회] **엔 도르** 또는 דּוֹר עֵין **엔 도르** 또는 עֵין־דֹּר **엔 도르**
〈**5869**〉와 〈**1755**〉에서 유래; '거처의 샘'; 팔레스타인에 있는 장소 '엔돌':—엔돌 시83:11(10), 수17:11, 삼상28:7).

H5875 עֵין הַקּוֹרֵא[1회] **엔 학코레**
〈**5869**〉와 그리고 〈**7121**〉의 능동태 분사에서 유래; '부르짖는 자'의 '샘'; 팔레스타인 근처에 있는 장소 '엔학고레':—엔학고레(삿15:15-19).

H5876 עֵין חַדָּה[1회] **엔 핫다**
〈**5869**〉 그리고 〈**2300**〉에서 유래한 파생어의 여성형에서 유래; '날카로움의 샘'; 팔레스타인에 있는 장소 '엔핫다':—엔핫다(수19:21).

H5877 עֵין חָצוֹר[1회] **엔 하초르**
〈**5869**〉와 〈**2674**〉의 동일형에서 유래; '마을의 샘'; 팔레스타인에 있는 장소 '엔하솔':—엔하솔(수19:37).

H5878 עֵין חֲרֹד[1회] **엔 하로드**
〈**5869**〉와 〈**2729**〉의 파생어에서 유래; '떨림의 샘'; 팔레스타인에 있는 장소, '엔하롯':—하롯의 우물(삿7:1).

H5879 עֵינַיִם[2회] **에나임** 또는 עֵינָם **에남**
〈**5869**〉의 쌍수; '두개의 샘'; 팔레스타인에 있는 장소, '에남':—에나임(창38:21).

H5880 עֵין מִשְׁפָּט[1회] **엔 미슈파트**
〈**5869**〉와 〈**4941**〉에서 유래; '심판의 샘'; 팔레스타인 근처에 있는 장소 '엔미스밧':—엔 미스밧(창14:7).

H5881 עֵינָן[2회] **에난**
〈**5869**〉에서 유래; '눈들을 가짐'; 이스라엘 사람 '에난':—에난(민1:15, 2:29). 〈**2704**〉와 비교

H5882 עֵין עֶגְלַיִם[1회] **엔 에글라임**
〈**5869**〉와 〈**5695**〉의 쌍수에서 유래; '두 송아지의 샘'; 팔레스타인에 있는 장소, '에네글라임':—에네글라임.

H5883 עֵין רֹגֵל[4회] **엔 로겔**
〈**5869**〉와 〈**7270**〉의 능동태 분사에서 유래; '여행자의 샘'; 예루살렘 근처에 있는 장소 '엔로겔':—엔로겔(수15:7, 18:16).

H5884 עֵין רִמּוֹן[1회] **엔 림몬**
〈**5869**〉와 〈**7416**〉에서 유래; '석류의 샘'; 팔레스타인에 있는 장소 '엔림몬':—엔림몬.

H5885 עֵין שֶׁמֶשׁ[2회] **엔 셰메쉬**

〈5869〉와 〈8121〉에서 유래; '태양의 샘'; 팔레스타인에 있는 장소 '엔세메스':—엔세메스(수15:7).

H5886 עֵין תַּנִּים[1회] 엔 탄님

〈5869〉와 〈8565〉의 복수형에서 유래; '자칼들의 샘'; 예루살렘 근처의 있는 물웅덩이 '엔단님':—용의 우물(느2:13).

H5887 עֵין תַּפּוּחַ[1회] 엔 탑푸아흐

〈5869〉와 〈8598〉에서 유래; '사과나무의 샘'; 팔레스타인에 있는 장소 '엔답부아':—엔답부아(수17:7).

H5888 עָיֵף[1회] 아예프

기본어근; '기운이 없어지다':—지치다.

H5889 עָיֵף[17회] 아예프

〈5888〉에서 유래; '음울한', 활기 없는:—쇠잔한, 목마른, 지친.

H5890 עֵיפָה[2회] 에파

〈5774〉에서 유래한 여성형; '어두컴컴함'('덮는다'는 개념에서):—어둠.

H5891 עֵיפָה[4회] 에파

〈5890〉과 동일; 미디안의 아들과, 그에 의해 정착된 지역, 또한 이스라엘의 한 남자와 한 여자의 이름, '에바':—에바(창25:4, 대상1:33, 사60:6).

H5892 עִיר[1042회] 이르 또는 (복수로) עָר 아르 또는 עָיַר 아야르 (삿10:4)

〈5782〉에서 유래; '성읍'('깨어'지키는 곳, 또는 파수하는 곳)(넓은 의미에서 심지어는 '야영지', 또는 '주둔지'):—아이 [난외주에서], 도시, 궁전 [난외주에서], 마을.

H5893 עִיר[3회] 이르

〈5892〉와 동일; 이스라엘 사람, '일':—일(대상7:12).

H5894 עִיר[3회] 이르

아람어 〈5782〉와 일치하는 어근에서 유래; '지키는 자', 즉 '천사'(수호자로서):—지키는 자.

H5895 עַיִר[8회] 아이르

'일으키다'는 개념으로(짐을 '짐') 〈5782〉에서 유래; 정확히는 어린 '당나귀'(짐에 방금 익숙해진); 여기에서 당나귀 '새끼':—망아지, (말, 나귀) 새끼, 어린 당나귀.

H5896 עִירָא[6회] 이라

〈5782〉에서 유래; '깨어있음'; 세 이스라엘인의 이름 '이라':—이라(삼하20:26).

H5897 עִירָד[2회] 이라드

〈6166〉과 같은 어근에서 유래; '도망자'; 홍수 이전의 사람:—이랏(창4:18).

H5898 עִיר הַמֶּלַח[1회] 이르함멜라흐

〈5892〉와 정관사가 삽입된 〈4417〉에서 유래; '소금의 도시(성)'; 팔레스타인 근처에 있는 장소 '이르함멜락':—소금의 도시(수15:62).

H5899 עִיר הַתְּמָרִים[4회] 이르 핫테마림

〈5892〉와 정관사가 삽입된 〈8558〉의 복수형에서 유래; '종려나무의 도시(성)'; 팔레스타인에 있는 장소 '이르핫데마림':—종려나무의 성(신34:3).

H5900 עִירוּ[1회] 이루

〈5892〉에서 유래; '시민'; 이스라엘 사람 '이루':—이루(대상4:15).

H5901 עִירִי[1회] 이리

〈5892〉에서 유래; '도시풍의'; 이스라엘인 '이리':—이리(대상7:7).

H5902 עִירָם[2회] 이람

〈5892〉에서 유래; '도시 쪽으로'; 에돔 사람 '이람':—이람(창36:43).

H5903 עֵירֹם[10회] 에롬 또는 עֵרֹם 에롬

〈6191〉에서 유래; '벌거숭이':—벌거벗은(벌거벗음).

H5904 עִיר נָחָשׁ[1회] **이르나하쉬**
〈**5892**〉와 〈**5175**〉에서 유래; '뱀의 도시'; 팔레스타인에 있는 장소 '이르나하스':—이르나하스(대상4:12).

H5905 עִיר שֶׁמֶשׁ[1회] **이르 셰메쉬**
〈**5892**〉와 〈**8121**〉에서 유래; '태양의 도시'; 팔레스타인에 있는 장소 '이르세메스':—이르세메스(수19:41).

H5906 עַיִשׁ[2회] **아이쉬** 또는 **עָשׁ 아쉬**
〈**5789**〉에서 유래; 큰 '곰'별자리(아마 하늘에서 자리를 옮김에서):—북두성.

H5907 עַכְבּוֹר[7회] **아크보르**
아마 〈**5909**〉 참조; 에돔사람과 두 이스라엘인의 이름 '악볼':—악볼(창36:38, 왕하22:12, 렘26:22).

H5908 עַכָּבִישׁ[2회] **악카비쉬**
아마 문자적으로 '얽히다'는 뜻의 사용하지 않는 어근에서 유래; '거미'(그물을 '짜는'):—거미.

H5909 עַכְבָּר[6회] **아크바르**
아마 '공격하다'는 2차적 개념으로 〈**5908**〉과 동형에서 유래; '새앙쥐'('조금씩 물어뜯는'):—쥐.

H5910 עַכּוֹ[2회] **악코**
명백히 '에워싸다'는 뜻의 사용하지 않는 어근에서 유래; (그것이 만(灣)에 위치함에서) '악고':—악고(삿1:31).

H5911 עָכוֹר[4회] **아코르**
〈**5916**〉에서 유래; '괴롭힘 당한'; 팔레스타인에 있는 장소 '아골':—아골(수15:7, 사65:10, 호2:17(15)).

H5912 עָכָן[6회] **아칸**
'괴롭히다'는 뜻의 사용하지 않는 어근에서 유래; '골치 아픈'; 이스라엘 사람 '아간':—아간. 〈**5917**〉과 비교

H5913 עָכַס[1회] **아카쓰**
기본어근; 정확히는 '매다', 특히 차꼬로; 그러나 단지 〈5914〉에서 유래한 명사유래어로만 사용; '발목 고리를 달다':—쟁쟁소리 나는 장식을 하다.

H5914 עֶכֶס[2회] **에케쓰**
〈**5913**〉에서 유래; '차꼬'; 여기에서 '발목 고리':—딸랑 소리 나는 장식.

H5915 עַכְסָה[5회] **아크싸**
〈**5914**〉의 여성형; '발목 고리'; 이스라엘 여자 '악사':—악사(수15:16, 삿1:12).

H5916 עָכַר[14회] **아카르**
기본어근; 정확히는 물을 '휘젓다'; 상징적으로 '교란하다' 또는 '괴롭히다':—괴롭히다, 휘젓다.

H5917 עָכָר[1회] **아카르**
〈**5916**〉에서 유래; '골치 아픈'; 이스라엘 사람 '아갈':—아갈(대상2:7). 〈**5912**〉와 비교

H5918 עָכְרָן[5회] **오크란**
〈**5916**〉에서 유래; '휘젓는 사람'; 이스라엘 사람 '오그란':—오그란(민1:13).

H5919 עַכְשׁוּב[1회] **아크슈브**
아마 '둘둘 감다' 뜻의 사용하지 않는 어근에서 유래; '독사'(잠복하여 도사리고 있음에서):—살모사.

H5920 עַל[6회] **알**
〈**5927**〉에서 유래; 정확히는 '꼭대기'; 특별히 '지존자'(즉, '하나님'); 또한 (부사) '위에', '여호와께':—위쪽에, 높이, 지존자.

H5921 עַל[5772회] **알**
정확히는 전치사로 사용되는 〈**5920**〉과 동일(단수, 또는 복수로, 자주 접두어나, 또는 접속사로서 불변사와 함께 다음과 같이 사용됨); '위에', '넘

어', '바로 위에', 또는 '대하여'(그러나 이 뜻으로는 하향면으로만 사용됨), 다양한 용도는 다음과 같다:—~위로, 여기에서, 후에, ~에 대하여, ~중에, 그리고, ~로서, ~에, ~때문에, ~외에, ~둘 사이에, 시간을 지나서, 둘 다, (~을 이유로), ~을 맡았다, ~에 관하여, ~안에, ~의, (~으로 부터), ~위에, ~보다, 통하여, 함께.

H5922 עַל[103회] 알

아람어 〈**5921**〉과 같음:—~에 대해서, ~에 대하여, ~에 관하여, ~때문에, ~위하여, 그러므로, ~로부터, ~안에, 좀더, ~의, ~위, ~안으로, 왜, ~함께.

H5923 עֹל[40회] 올 또한 עוֹל 올

〈**5953**〉에서 유래; '멍에'(목에 '씌우는 것'으로) 문자적, 또는 상징적으로:—멍에.

H5924 עֵלָּא[1회] 엘라

아람어 〈**5922**〉에서 유래; '~위에':—을 넘어.

H5925 עֻלָּא[1회] 울라

〈**5923**〉의 여성형; '무거운 짐'; 이스라엘 사람 '울라':—울라(대상7:39).

H5926 עִלֵּג[1회] 일레그

'말을 더듬다'는 뜻의 사용하지 않는 어근에서 유래; '더듬고 있는':—말더듬이.

H5927 עָלָה[890회] 알라

기본어근; '오르다', 자동사('높다'), 또는 능동으로('올라가다'); 다양한 의미로 사용되어짐, 1차적 그리고 2차적으로 문자적, 비유적으로 (다음과 같다):—일어나다, 오르다(오르게 하다), 즉시, 깨어나다[날이 새다], 가져오다(기르다), 타다(타게 하다), 실어 올리다, 던져 올리다, 보였다, (산에) 오르다, (오게 하다)오다, 잘라내다, 밝아지다, 출발하다, 높이다, 능가하다, 떨어지다, 들고 오다, 일어나다, (가게 하다), 가다(가버리다, 올라가다), 자라다, 증가하다, 눕히다, 도약하다, 거두어들이다, 들어 올리다, 가볍게 하다, 언급하다, 지불하게 하다, 완성하다, ~을 좋아하다, 두다(입다), 일으키다, 회복하다, 불구하다, 일어나게 하다, 사다리로 오르다, 두다(세우다), 싹트다, 솟아나다, 고무하다, 나르다, 일하다.

H5928 עֲלָה[1회] 알라

아람어 〈**5930**〉과 같음; '전번제(全燔祭)':—번제.

H5929 עָלֶה[18회] 알레

〈**5927**〉에서 유래; '잎'(나무에서 '돋는'); 집합명사로 '잎의 무성함':—가지, 잎.

H5930 עֹלָה[9회] 올라 또는 עוֹלָה 올라

〈**5927**〉의 여성 능동태 분사; 계단 또는 (집합적으로, '계단', '오르는'); 보통 '전번제'(연기로 '올라가는'):—상승, 번제(희생), 위로 올라가다. 〈**5766**〉을 보라

H5931 עִלָּה[2회] 일라

아람어 〈**5927**〉과 일치하는 어근에서 유래한 여성형; '구실'(기술적으로 '떠올린'):—기회.

H5932 עַלְוָה[1회] 알와

〈**5766**〉 참조; 도덕적으로 '사악함':—불법.

H5933 עַלְוָה[2회] 알와 또는 עַלְיָה 알야

〈**5932**〉와 동일; 에돔사람 '알와', 또는 알라:—알라, 알와(창36:40, 대상1:51).

H5934 עָלוּם[5회] 알룸

〈5958〉의 의미에서 온 명사 유래어로서 〈5956〉의 수동태분사; (다만 추상적으로 복수로만) '시춘기'; 상징적으로 '정력':—젊음.

H5935 עַלְוָן[2회] 알완 또는 עַלְיָן 알얀
〈5927〉에서 유래; '높은'; 에돔사람 '알완', 또는 '알랸':—알랸, 알완(창26:23, 대상1:40).

H5936 עֲלוּקָה[3회] 알루카
'빨다'는 뜻의 사용하지 않는 어근의 여성 수동태 분사; '거머리':—말거머리.

H5937 עָלַז[16회] 알라즈
기본어근; 기뻐서 '펄쩍 뛰다', 즉 '무척 기뻐하다':—기뻐하다, 즐거워하다, 승리를 거두다.

H5938 עָלֵז[1회] 알레즈
〈5937〉에서 유래; '몹시 기뻐하는':—기뻐할 것.

H5939 עֲלָטָה[4회] 알라타
'덮다'는 뜻의 사용하지 않는 어근에서 유래한 여성형, '땅거미':—어두운, 황혼.

H5940 עֱלִי[1회] 엘리
〈5927〉에서 유래; 공이('높이든'):—절구 공이.

H5941 עֵלִי[33회] 엘리
〈5927〉에서 유래; '높은'; 이스라엘의 대제사장 '엘리':—엘리(삼상1:3 이하).

H5942 עִלִּי[2회] 일리
〈5927〉에서 유래; '높은', 즉 비교급:—더 높은.

H5943 עִלַּי[10회] 일라이
아람어 〈5942〉와 같음; '최고의'(즉, '하나님'):—(가장) 높은.

H5944 עֲלִיָּה[20회] 알리야
〈5927〉에서 유래한 여성형; '높은' 어떤 것, 즉 '계단'; 또한 '2층 방'(심지어 지붕위에 있는 것까지도); 상징적으로 '하늘':—상승, 방(윗방), 올라감, 다락, 객실.

H5945 עֶלְיוֹן[53회] 엘욘
〈5927〉에서 유래; '올리기', 즉 (형용사) '높은' (비교급); 호칭으로, '지고자'(하나님):—(가장) 높은, 높은 곳에, 위쪽의, 가장 위쪽의.

H5946 עֶלְיוֹן[4회] 엘욘
아람어 〈5945〉와 같음; '지고자':—지극히 높으신 분.

H5947 עַלִּיז[7회] 알리즈
〈5937〉에서 유래; '몹시 기뻐하는':—즐거운, 기뻐하는 것, 기쁜.

H5948 עֲלִיל[1회] 알릴
'완성하다'는 의미로 〈5953〉에서 유래; 아마 '도가니'(금속을 '제련'하는):—용광로.

H5949 עֲלִילָה[24회] 알릴라
또는 עֲלִלָה 알릴라
'초래하다'는 의미로 〈5953〉에서 유래; '공적'(하나님의), 또는 '성취'(인간의, 자주 나쁜 개념에서); 함축적으로 '기회':—행동, 행위, 고안, 호기(경우), 일.

H5950 עֲלִילִיָּה[1회] 알릴리야
〈5949〉 참조; (기적적인) '실행':—일.

H5951 עֲלִיצוּת[1회] 알리추트
〈5970〉에서 유래; '몹시 기뻐함':—기뻐함.

H5952 עַלִּית[2회] 알리트
아람어 〈5927〉에서 유래; '2층 방':—방. 〈5944〉와 비교

H5953 עָלַל[20회] 알랄
기본어근; 철저하게 '실행하다'; 특별

히 (이삭을) '줍다' (또한 상징적으로); 함축적으로 (나쁜 의미에서) '지나치게 하다', 즉 학대하다, 건방지게 굴다, 괴롭히다, 지우다(역시 문자적으로):—혹사하다, 영향을 주다, 아이, 더럽히다, 행하다, 줍다, 조롱하다, 실시하다, (철저하게, 경이적으로).

H5954 עֲלַל14회 **알랄**

아람어 ('참견하다'는 뜻에서) 〈5953〉과 같음; '들어가다'; 사역동사로 '안으로 들이다':—안으로 들이다, 들어오다, 들어가다.

H5955 עֹלֵלָה7회 **올렐라**

〈5953〉의 여성 능동태 분사; 복수로만 사용 '이삭줍기'; 확대된 의미로 '이삭 줍는 시기':—포도, 남은 포도 줍기.

H5956 עָלַם27회 **알람**

기본어근; 시야를 '가리다', 즉 '숨기다'(문자적, 또는 상징적으로):—(여하튼), 눈먼, 위선자, (자신을) 감추다, 비밀, 비밀스런 것.

H5957 עָלַם20회 **알람**

아람어 〈5769〉와 같음; '먼' 시간, 즉 막연하게 '미래' 또는 '과거'; 자주 부사로 '영원히':—영원히, 오래된.

H5958 עֶלֶם2회 **엘렘**

〈5956〉에서 유래, 정확히는 '시야에 들지 않는' 어떤 것[〈5959〉와 비교], 즉 '젊은이':—청년, 풋내기.

H5959 עַלְמָה7회 **알마**

〈5958〉의 여성형; ('베일을 쓴', 또는 남의 눈에 띄지 않는) '젊은 여자':—처녀, 소녀, 동정녀.

H5960 עַלְמוֹן3회 **알몬**

〈5956〉에서 유래; '숨겨진'; 팔레스타인의 한 장소, '알몬'(민33:46, 수21:18, 대상6:45). 〈5963〉을 보라

H5961 עֲלָמוֹת2회 **알라모트**

〈5959〉의 복수형; 정확히는 '소녀들', 즉 '소프라노', 또는 여성의 목소리, 아마도 '가성':—알라못(대상15:20, 시46편 표제).

H5962 עַלְמִי1회 **알미**

아람어 〈5867〉의 압축형에 일치하는 이름에서 유래한 족속의 명칭; '엘람인' 또는 엘람의 주민:—엘람사람(스4:9).

H5963 עַלְמֹן דִּבְלָתָיְמָה3회 **알몬 디블라타예마**

〈5960〉과 동형에서 그리고 방향을 나타내는 접미어를 가진 〈1690〉[1015와 비교]의 쌍수에서 유래; '디블라다임을 향한 알몬'; 모압의 한 장소 '알몬-디블라다임':—알몬 디블라다임(민33:46,47).

H5964 עָלֶמֶת3회 **알레메트**

〈5956〉에서 유래; '덮개'; 팔레스타인의 한 장소와 두 이스라엘인의 이름, '알레멧':—알레멧(대상7:8).

H5965 עָלַס3회 **알라쓰**

기본어근; 기뻐 '펄쩍 뛰다', 즉 '무척 기뻐하다', 즐거워 '흔들다':—공작, 기뻐하다, 자위하다.

H5966 עָלַע1회 **알라**

기본어근; '빨아들이다':—흡수하다.

H5967 עֲלַע1회 **알라**

아람어 〈6763〉과 같음; '갈빗대':—갈빗대.

H5968 עָלַף5회 **알라프**

기본어근; '가리다', 또는 '덮다'; 상징적으로 '약해지다':—곤비하다, 덮어 씌우는 것, 휩싸다.

H5969 עֻלְפֶּה1회 **울페**

〈5968〉에서 유래; '봉투, 덮개', 즉 (상징적으로) '애도':—쇠약한.

H5970 עָלַץ[8회] **알라츠**

기본어근; 즐거워 '뛰다', 즉 '무척 기뻐하다':—즐거워하다, 기뻐하다, 의기양양해 하다.

H5971 עַם[1850회] **암**

〈6004〉에서 유래; '백성'(집합한 '단위'로서); 특별히 '지파'(이스라엘 백성으로서); 여기에서(집합명사로) '무리', 또는 '수행원들'; 상징적으로 떼:—사람들, 민족, 백성.

H5972 עַם[15회] **암**

아람어 〈5971〉과 같음:—백성.

H5973 עִם[919회] **임**

〈6004〉에서 유래; 부사, 또는 전치사로 '함께'(즉, …와 '함께'), 다양한 적용에서; 특별히 '…와 동등히'; 자주 접두 전치사와 함께 사용:—동반하는, …대하여, 그리고, …하는 동안은, ~전에, …곁에, ~(이유)로, ~으로부터, 안에, 같이, 보다 많은, ~의, …으로, 함께.

H5974 עִם[22회] **임**

아람어 〈5973〉과 같음:—곁에, ~로부터, 같이, …로 향하여, 함께.

H5975 עָמַד[521회] **아마드**

기본어근; '서다' 다양한 관계에서(문자적, 그리고 상징적 자동사, 그리고 타동사로):—(뒤에) 머무르다, 지정하다, 일어나다, 그만두다, 확실히 하다, 계속하다, 거주하다, 고용되다, 참다, 확립하다, 떠나다, 만들다, 정하다, 끝내다, 두다, 나타나다, 서다, 일으키다, 남다, 고치다, 섬기다, …위에 놓다, 두다, 위에 두다(확고히, 옆에, 잠잠히) 서다, 머무르다, 체재하다.

H5976 עָמַד[4회] **아마드**

〈4571〉 참조; '흔들다':—막다르다, 막히다.

H5977 עֹמֶד[9회] **오메드**

〈5975〉에서 유래; '지점'('지정'되어 있는):—장소, 선(곳), 곧은 것.

H5978 עִמָּד[7회] **임마드**

〈5973〉의 연장형; ~와 '함께':—~에 대항하여, 곁에, 로부터, 안에, 나를, 나의, 의, 내가 취한 것, …에게, 위에, 안쪽으로.

H5979 עֶמְדָה[1회] **엠다**

〈5975〉에서 유래; '위치', 즉 주거:—서 있는.

H5980 עֻמָּה[12회] **움마**

〈6004〉에서 유래; '결합', 즉 '교제'; 대부분 부사나 전치사로(접두전치사와 결합하여) '가까이', '~곁에', '…와 함께':—마주대하여, …에, (…의) 바로 가까이에.

H5981 עֻמָּה[1회] **움마**

〈5980〉과 동일; '교제'; 팔레스타인의 한 장소 '움마':—움마(수19:30).

H5982 עַמּוּד[111회] **암무드**

또는 **עַמֻּד 암무드**

〈5975〉에서 유래; '기둥'(서있는 것으로서); 또한 '대(臺)', 즉 강단:—각각, 기둥.

H5983 עַמּוֹן[100회] **암몬**

〈5971〉에서 유래; '종족의', 즉 '근친의'; 롯의 이들 암몬과 또한 그의 자손과 그들의 나라, '암몬':—암몬(창19:—30), 암몬사람들.

H5984 עַמּוֹנִי[21회] **암모니**

〈5983〉에서 유래한 족속의 명칭; '암몬사람', 또는 '암몬사람의'(형용사로):—암몬사람(민21:24, 신2:37, 삼상11:1, 왕상11:1, 느13:23, 겔25:2).

H5985 עַמֹּנִית[1회] 암모니트

〈5984〉의 여성형; '암몬 여인':—암몬 사람(여인)(왕상11:1).

H5986 עָמוֹס[7회] 아모쓰

〈6006〉에서 유래; '무거운 짐이 되는'; 이스라엘의 선지자 '아모스':—아모스(암1:1, 7:8, 8:2).

H5987 עָמוֹק[2회] 아모크

〈6009〉에서 유래; '깊은'; 한 이스라엘 사람 '아목':—아목(느12:7,20).

H5988 עַמִּיאֵל[6회] 암미엘

〈5971〉과 〈410〉에서 유래; '하나님의 백성'; 서넛 이스라엘인의 이름 '암미엘':—암미엘(민13:12, 삼하5:17, 9:4, 대상26:5).

H5989 עַמִּיהוּד[10회] 암미후드

〈5971〉과 〈1935〉에서 유래; '빛나는 백성'; 세 이스라엘인의 이름 '암미훗':—암미훗(민1:10, 삼하13:37, 대상7:26).

H5990 עַמִּיזָבָד[1회] 암미자바드

〈5971〉과 〈2064〉에서 유래; '타고난 재능의 백성'; 한 이스라엘인 '암미사밧':—암미사밧(대상27:6).

H5991 עַמִּיחוּר[3회] 암미후르

〈5971〉과 〈2353〉에서 유래; '고상한 백성'; 수리아의 방백 '암미훌':—암미훌 [난외주에서](삼하13:37).

H5992 עַמִּינָדָב[13회] 암미나다브

〈5971〉과 〈5068〉에서 유래; '관대의 백성'; 네 이스라엘인의 이름 '암미나답':—암미나답(출6:23, 민1:7, 룻4:19, 대상2:10).

H5993 עַמִּי נָדִיב[1회] 암미 나디브

〈5971〉과 〈5081〉에서 유래; '나의 백성은 관대하다'; 아마도 한 이스라엘인의 이름, '암미나딥':—암미나딥.

H5994 עֲמִיק[1회] 아미크

아람어 〈6012〉와 같음; '심원한', 즉 '찾아낼 수 없는', '신비한':—깊은.

H5995 עָמִיר[4회] 아미르

〈6014〉에서 유래; 곡식의 '단':—묶음, 한 움큼, 단.

H5996 עַמִּישַׁדַּי[5회] 암미샤다이

〈5971〉과 〈7706〉에서 유래; '전능자의 백성'; 한 이스라엘인 '암미삿대':—암미삿대(민1:12).

H5997 עָמִית[12회] 아미트

'교제하다'는 뜻의 기본어근에서 유래; '교제'; 여기에서 구체적으로 '벗' 또는 '친척사람':—다른 사람, 동료, 이웃.

H5998 עָמַל[20회] 아말

기본어근 '수고하다', 즉 '심하게 그리고 지겹게 일하다':—노고하다.

H5999 עָמָל[55회] 아말

〈5998〉에서 유래; '수고', 즉 '진저리나는 노력'; 여기에서(신체적이건 정신적이건) '걱정하다':—불만, 통한, 사악, 고역, 과실, 불쌍한, 불행, 고통, 아픈, 완고함, 슬픔, 노고, 고생, 싫증나는, 사악함.

H6000 עָמָל[1회] 아말

〈5999〉와 동일; 한 이스라엘인 '아말':—아말(대상7:35).

H6001 עָמֵל[8회] 아멜

〈5998〉에서 유래; '수고함'; 구체적으로 '노동자'; 상징적으로 '슬픈':—수고하는 것, 비참한 것, 사악한, 일꾼.

H6002 עֲמָלֵק[39회] 아말레크

아마 외래어; 에서의 자손 '아말렉', 또한 그의 자손과 그들의 나라:—아말렉(창14:7, 출17:8-16, 민24:20, 삿3:13, 삼상15:7).

H6003 עֲמָלֵקִי[12회] **아말레키**
〈6002〉에서 유래한 족속의 명칭; '아말렉 사람'(또는, 집합명사로 '아말렉 사람들', 또는 아말렉의 자손):—아말렉 사람.

H6004 עָמַם[3회] **아맘**
기본어근 '결합하다'; 함축적으로 ('떼 지어' 몰리므로) '어둡게 하다':—어둡게 되다, 숨기다.

H6005 עִמָּנוּאֵל[2회] **임마누엘**
〈5973〉과 접미대명사가 삽입된 〈410〉에서 유래; '하나님이 우리와 함께 계시다'; 이사야가 말한 메시야의 예표적 이름 '임마누엘':— 임마누엘(사7:14, 8:8).

H6006 עָמַס[9회] **아마쓰** 또는 עָמַשׂ **아마스**
기본어근 '짐 싣다', 즉 짐을 '지우다'(또는, 상징적으로 고통):—짐을 진, 무거운 짐, 짐을 지다, 적재하다, 놓다.

H6007 עֲמַסְיָה[2회] **아마쓰야**
〈6006〉과 〈3050〉에서 유래; '여호와께 짐을 지우셨다'; 한 이스라엘인의 이름 '아마시야':—아마시야(대하17:16, 사46:3).

H6008 עַמְעָד[1회] **암아드**
〈5971〉과 〈5703〉에서 유래; '시대적 민족'; 팔레스타인의 한 장소 '아맛':—아맛(수19:26).

H6009 עָמַק[9회] **아마크**
기본어근; '깊다'(사역동사로 '깊게 하다')(문자적, 또는 상징적으로):—깊다, 깊이, 심원하다, 깊게 하다.

H6010 עֵמֶק[43회] **에메크**
〈6009〉에서 유래; '골짜기'(즉, 넓은 '구렁'):—골짜기, 계곡, 산협 [자주 고유명사의 일부분으로 사용됨]. 또한 〈1025〉를 보라

H6011 עֹמֶק[1회] **오메크**
〈6009〉에서 유래; '깊이':—깊이.

H6012 עָמֵק[4회] **아메크**
〈6009〉에서 유래; '깊은'(문자적, 또는 상징적으로):—보다 깊은, 깊이, 이상한.

H6013 עָמֹק[20회] **아모크**
〈6009〉에서 유래; '깊은'(문자적, 또는 상징적으로):—(대단히) 심오한(것).

H6014 עָמַר[3회] **아마르**
기본어근; 정확히는 '쌓아올리다'; 상징적으로 '응징하다'(타격을 '쌓아올리듯이'); 특히 (〈6016〉에서 유래한 명사유래어로서) 곡식을 '모으다':—단으로 묶다, 상품으로 만들다.

H6015 עֲמַר[1회] **아마르**
[아람어] 〈6785〉와 같음; '양털':—양털.

H6016 עֹמֶר[14회] **오메르**
〈6014〉에서 유래; 정확히는 '더미', 즉 곡식 '단'; 건량으로서 '오멜':—오멜, 단.

H6017 עֲמֹרָה[19회] **아모라**
〈6014〉에서 유래; (황폐된) '더미'; 팔레스타인의 한 장소 '고모라':—고모라(창10:19, 13:10).

H6018 עָמְרִי[17회] **오므리**
〈6014〉에서 유래; '쌓아올리는'; 한 이스라엘인 '오므리':—오므리(왕상16:16, 왕하8:26, 대상7:8, 미6:16).

H6019 עַמְרָם[14회] **아므람**
아마 〈5971〉과 〈7311〉에서 유래; '고귀한 백성'; 두 이스라엘인의 이름 '아므람':— 아므람(출6:18,20, 민3:19).

H6020 עַמְרָמִי3회 **아므라미**
〈6019〉에서 유래한 족속의 명칭; '아므람 사람', 또는 아므람의 자손:—아므람 족속(민3:27, 대상26:23, 스10:34).

H6021 עֲמָשָׂא16회 **아마사**
〈6006〉에서 유래; '짐'; 두 이스라엘인의 이름 '아마사':—아마사(삼하17:25, 대상2:17).

H6022 עֲמָשַׂי5회 **아마사이**
〈6006〉에서 유래; '무거운 짐이 되는'; 세 이스라엘인의 이름 아마새:—아마새(대상6:10(25),20(35), 대하29:17).

H6023 עֲמַשְׁסַי1회 **아마쉬싸이**
아마 〈6006〉에서 유래; '무거운 짐이 되는'; 한 이스라엘인 '아맛새':—아맛새(느11:13).

H6024 עֲנָב2회 **아나브**
〈6025〉와 동형에서 유래; '열매'; 팔레스타인의 한 장소 '아납':—아납(수11:21).

H6025 עֵנָב19회 **에나브**
아마 '열매 맺다'는 뜻의 사용하지 않는 어근에서 유래; '포도':—(익은)포도, 포도주.

H6026 עָנַג10회 **아나그**
기본어근; '부드럽다' 또는 유연하다, 즉 (상징적으로) '유약한' 또는 방종한:—미묘한, 스스로 즐거워하다, 즐겨하다, 즐기다.

H6027 עֹנֶג2회 **오네그**
〈6026〉에서 유래; '사치':—기쁨, 즐거움.

H6028 עָנֹג3회 **아노그**
〈6026〉에서 유래; '사치한':—우아한.

H6029 עָנַד2회 **아나드**
기본어근; 견고하게 '끈으로 묶다':—묶다, 매다.

H6030 עָנָה316회 **아나**
기본어근; 정확히는 '잘 보다' 또는 (일반적으로) '주의하다', 즉 '주시하다'; 함축적으로 '응답하다'; 확대된 의미로 말하기 '시작하다'; 특히 '노래하다', '부르짖다', '입증하다', '선언하다':—이야기하다, 괴롭히다 [〈6031〉의 착오로], 대답하게 하다, 대답하다, 낮아지게 하다[〈6031〉의 착오로], 외치다, 듣다, 올리다, 말하다, 큰 소리로 말하다, (순서에 따라 함께) 노래하다. 또한 〈1042〉, 〈1043〉을 보라

H6031 עָנָה80회 **아나**
기본어근 [그보다는 내어다 '보고 있거나' '위협하고 있다'는 개념에서 〈6030〉과 동일시되는듯하다]; 문자적, 또는 상징적으로 '내리누르다', 자동사, 또는 타동사로(아래와 같이 다양하게 적용됨):—자기를 낮추다, 괴롭히다, 고통, 대답하다[〈6030〉의 착오로], 자책하다, 심하게 다루다, 모독하다, 훈련하다, 힘, 정중함, 겸손한(겸손), 고통을 주다, 강탈하다, 노래하다[〈6030〉의 착오로], 말하다[〈6030〉의 착오로], 복종시키다, 연약한, 어떻게든.

H6032 עֲנָה29회 **아나**
아람어 〈6030〉과 같음:—대답하다, 말하다.

H6033 עֲנָה1회 **아나**
아람어 〈6031〉과 같음:—가난한.

H6034 עֲנָה5회 **아나**
아마 〈6030〉에서 유래; '대답'; 에돔인과 한 에돔 여인의 이름 '아나':—아

나(창36:20).

H6035 עָנָו^21회 아나우

또는 עָנָיו 아나이우

〈3031〉에서 유래; '풀이 죽은' (상징적으로), 마음이 ('온화한') 또는 환경에서 ('가난한', 특히 '거룩한'):—겸손한, 비천한, 온순한, 가난한. 〈6041〉과 비교

H6036 עָנוּב^1회 아누브

〈6025〉와 동형에서 유래한 수동태 분사; (열매로) '맺힌'; 한 이스라엘인의 이름 '아눕':—아눕(대상4:8).

H6037 עַנְוָה^2회 안와

〈6035〉의 여성형; (왕 같은) '온화함'; 또한 (구체적으로) '억압된':—온순함, 유순함.

H6038 עֲנָוָה^7회 아나와

〈6035〉에서 유래; '겸손', 인간적이고 주관적인 ('겸양'), 또는 신적이고 객관적인 ('온화'):—점잖음, 겸손, 유순함.

H6039 עֱנוּת^1회 에누트

〈6031〉에서 유래; '고통':—재해.

H6040 עֳנִי^36회 오니

〈6031〉에서 유래; '풀이 죽음', 즉 비참함:—괴로움을 당한, 고통, 고생.

H6041 עָנִי^75회 아니

〈6031〉에서 유래; '풀이 죽은', 심적으로나 환경적으로 (비록 난외주에서 〈6035〉를 주관적으로 그리고 〈6041〉를 객관적으로 생각하여 계속 논란될지라도 〈6035〉와 실제적으로 동일함):—괴롭힘을 받은, 겸손한, 비천한, 빈궁한, 가난한.

H6042 עֻנִּי^3회 운니

〈6031〉에서 유래; '고난 받은'; 두 이스라엘인의 이름 '운니':—운니(대상15:18, 느12:9).

H6043 עֲנָיָה^2회 아나야

〈6030〉에서 유래; '여호와께서 대답하셨다'; 두 이스라엘인의 이름 '아나야':—아나야(느8:4, 10:23).

H6044 עָנִים^1회 아님

〈5869〉의 복수형 참조; '샘들'; 팔레스타인의 한 장소 '아님':—아님(수15:50).

H6045 עִנְיָן^8회 인얀

〈6031〉에서 유래; '노고'; 즉 (일반적으로) '고용' 또는 (특히) '일':—사업, 진통.

H6046 עָנֵם^3회 아넴

〈5869〉의 쌍수에서 유래; '두 샘'; 팔레스타인의 한 장소 '아넴':—아넴(대상6:58(73)), 수19:21).

H6047 עֲנָמִים^1회 아나밈

어떤 이집트말의 복수형 같음, 미스라임의 아들과 그의 후손 '아나밈', 그들의 나라:—아나밈(창10:13).

H6048 עֲנַמֶּלֶךְ^1회 아남멜레크

외래어; 앗수르의 신 '아남멜렉':—아남멜렉(왕하17:31).

H6049 עָנַן^10회 아난

기본어근; '덮다'; 〈6051〉에서 유래한 명사유래어로서만 사용됨, 하늘이 '잔뜩 흐리다'; 상징적으로 '남몰래 행하다', 즉 마술을 행하다:—가져오다, 마술사, 시간을 살피다(는 사람), 점쟁이, 마법사.

H6050 עֲנַן^1회 아난

아람어 〈6051〉과 같음:—구름.

H6051 עָנָן^87회 아난

〈6049〉에서 유래; '구름' (하늘을 '덮은'), 즉 '비구름' 또는 뇌운:—구름(낀).

H6052 עָנָן^1회 아난

〈6051〉과 동일함; '구름'; 한 이스라엘인 '아난':—아난(느10:26).

H6053 עֲנָנָה1회 아나나

〈6051〉의 여성형; '구름 낌':—구름.

H6054 עֲנָנִי1회 아나니

〈6051〉에서 유래; '구름 낀'; 한 이스라엘인 '아나니':—아나니(대상3:24).

H6055 עֲנַנְיָה2회 아난야

〈6049〉와 〈3050〉에서 유래; '여호와께서 덮으셨다'; 한 이스라엘인과 팔레스타인의 한 장소의 이름 '아나냐':—아나냐(느3:23, 11:32).

H6056 עֲנַף4회 아나프 또는 עֶנֶף 에네프

아람어 〈6057〉과 같음:—큰 가지, 가지.

H6057 עָנָף7회 아나프

'덮다'는 뜻의 사용하지 않는 어근에서 유래; (큰가지를 '덮은') '잔가지':—큰 가지, 가지.

H6058 עָנֵף2회 아네프

〈6057〉과 동형에서 유래; '가지를 내는':—가지가 많은.

H6059 עָנַק2회 아나크

기본어근; 정확히는 '질식시키다'; 〈6060〉에서 유래한 명사유래어로서만 사용됨; '깃을 달다', 즉 목걸이로 장식하다; 상징적으로 비품으로 '장비하다':—(목걸이 같이) 두르다, 꾸미다, (여유 있게).

H6060 עָנָק3회 아나크

〈6059〉에서 유래; '목걸이'(마치 '목조름'과 같이):—사슬.

H6061 עָנָק3회 아나크

〈6060〉과 동일; 한 가나안 족속 '아낙':—아낙.

H6062 עֲנָקִי18회 아나키

〈6061〉에서 유래한 족속의 명칭; '아낙사람', 또는 아낙의 자손:—아낙사람들(수11:21).

H6063 עָנֵר3회 아네르

〈5288〉을 참조함이 좋을 듯; 한 아모리 사람과 팔레스타인의 한 장소의 이름 '아넬':—아넬(대상6:70, 창14:13).

H6064 עָנַשׁ9회 아나쉬

기본어근; 정확히는 '몰아대다'; 함축적으로 벌을 '주다', 특히 '벌금을 부과하다':— 벌금을 과하다, 유죄판결 내리다, 벌하다, (확실히).

H6065 עֲנַשׁ1회 아나쉬

아람어 〈6066〉과 같음; '벌금':—몰수.

H6066 עֹנֶשׁ2회 오네쉬

〈6064〉에서 유래; '벌금':—형벌, 공물.

H6067 עֲנָת2회 아나트

〈6030〉에서 유래; '대답'; 한 이스라엘인 '아낫':—아낫(삿3:31, 5:6).

H6068 עֲנָתוֹת13회 아나토트

〈6067〉의 복수형; 두 이스라엘인과 팔레스타인의 한 장소의 이름 '아나돗':—아나돗(수21:18, 사10:—30, 렘1:1).

H6069 עַנְתֹתִי5회 안토티 또는 עַנְּתוֹתִי 안네토티

〈6068〉에서 유래한 족속의 명칭; '아나돗 사람', 또는 아나돗의 거민:—아나돗의, 아나돗사람의(삼하23:27, 대상7:8, 느10:20(19)).

H6070 עַנְתֹתִיָּה5회 안토티야

〈6068〉 그리고 〈3050〉과 동형에서 유래; '여호와의 응답들'; 한 이스라엘인 '안도디야':—안도디야(대상8:24).

H6071 עָסִיס5회 아씨쓰

〈6072〉에서 유래; '막 짜낸' 또는 신선한 포도즙(막 '밟아' 내어서):—즙, 새 술, 달콤한 술.

H6072 עָסַס2회 아싸쓰

기본어근; 즙을 '짜내다'; 상징적으로 '짓밟다':—내리밟다.

H6073 עֳפֶא[1회] **오페**

'덮다'는 뜻의 사용하지 않는 어근에서 유래; (나무를 가린) '큰 가지':—가지.

H6074 עֳפִי[5회] **오피**

아람어 〈**6073**〉과 같음; '잔가지'; 큰 가지, 즉 (집합명사로) '잎':—잎사귀.

H6075 עָפַל[3회] **아팔**

기본어근; '부풀다'; 상징적으로 '의기양양하게 되다':—추켜올려지다, 추정하다.

H6076 עֹפֶל[8회] **오펠**

〈**6075**〉에서 유래; '종기'; 또한 '둔덕', 즉 요새:—치질, 성채, 튼튼한 요새, 망대.

H6077 עֹפֶל[8회] **오펠**

〈**6076**〉과 동일; 예루살렘에 있는 산마루 '오벨':—오벨(대하33:14, 느3:26).

H6078 עָפְנִי[1회] **오프니**

사용되지 않는 명사에서 유래 [팔레스타인의 한 장소를 지적함; 불확실한 뜻의 사용하지 않는 어근에서 유래]; (집합명사로) '오브니 사람', 오브니의 거민:—오브니(수18:24).

H6079 עַפְעַף[5회] **아프아프**

〈**5774**〉에서 유래; ('깜박거리는') '속눈썹'; 상징적으로 아침 '햇빛':—새벽녘, 눈꺼풀.

H6080 עָפַר[1회] **아파르**

기본어근; '회색으로 되다' 또는 그보다는 '빻다'인듯하다; 〈**6083**〉에서 유래한 명사유래어로서만 사용됨, '먼지가 되다':—[티끌을] 날리다.

H6081 עֵפֶר[5회] **에페르**

아마 〈**6082**〉의 어미변화; '가젤영양'; 한 아랍인과 두 이스라엘인의 이름 '에벨':—에벨(창25:4, 대상4:17, 대상5:24).

H6082 עֹפֶר[5회] **오페르**

〈**6080**〉에서 유래; '새끼사슴'('먼지빛의' 색깔에서 유래):—새끼노루[수사슴].

H6083 עָפָר[110회] **아파르**

〈**6080**〉에서 유래; '티끌'('가루가 된' 또는 회색의); 여기에서 '찰흙', '땅', '진흙':— 재, 먼지, 흙, 땅, 반죽, 가루, 티끌더미.

H6084 עָפְרָה[7회] **오프라**

〈**6082**〉의 여성형; '새끼암사슴'; 한 이스라엘인과 팔레스타인의 두 장소의 이름 '오브라':—오브라(수18:23, 삿6:11, 삼상13:17, 대상4:14, 미1:10).

H6085 עֶפְרוֹן[13회] **에프론**

〈**6081**〉과 동형에서 유래; '새끼사슴과 같은'; 한 가나안인과 팔레스타인 두 장소의 이름; '에브론':—에브론(창23:8, 수15:9, 대하13:19).

H6086 עֵץ[329회] **에츠**

〈**6095**〉에서 유래; '나무'(그것의 견고함에서); 여기에서 '재목'(복수로는 막대기):— 목수, 교수대, (도끼 등의) 자루, 소나무, 두꺼운 판자, 막대기, 줄기, 지팡이, 그루터기, 재목, 나무.

H6087 עָצַב[15회] **아차브**

기본어근; 정확히는 '새기다', 즉 '제조하다' 또는 '꾸미다'; 여기에서 (나쁜 의미로) '걱정하다', '괴롭히다', 또는 '성내다':—불쾌하게 하다, 슬프게 하다, 고통을 주다, 만들다, 미안하다, 슬프다, 경배하다, 왜곡하다.

H6088 עֲצַב[1회] **아차브**

아람어 〈6087〉과 같음, '괴롭히다':— 통탄스러운.

H6089 עֶצֶב[20회] 에체브
〈6087〉에서 유래; 흙으로 만든 '그릇'; 보통 (고통스러운) '노동'; 또한 '고통'(신체적, 또는 정신적인):—슬픔, 우상, 수고, 슬픔.

H6090 עֹצֶב[4회] 오체브
〈6089〉의 어미변화; (만든) '우상'; 또한 (신체적, 또는 정신적인) '고통':—우상, 슬픔, 사악한.

H6091 עָצָב[5회] 아차브
〈6087〉에서 유래; (우상의) '형상':—우상, 형상.

H6092 עָצֵב[1회] 아체브
〈6087〉에서 유래; (고용된) '일꾼':—노동.

H6093 עִצָּבוֹן[3회] 잇차본
〈6087〉에서 유래; '괴로움', 즉 '노동' 또는 '고통':—슬픔, 수고.

H6094 עַצֶּבֶת[5회] 앗체베트
〈6087〉에서 유래; '우상'; 또한 '고통' 또는 '상처':—슬픔, 상처.

H6095 עָצָה[1회] 아차
기본어근; 정확히는 '묶다'(또는 견고하게 하다), 즉 (눈을) '감다':—닫다.

H6096 עָצֶה[1회] 아체
〈6095〉에서 유래; '척추'(신체에 견고성을 부여하는 것으로서):—등뼈, 척추.

H6097 עֵצָה[2회] 에차
〈6086〉의 여성형; '재목':—나무들.

H6098 עֵצָה[88회] 에차
〈3289〉에서 유래; '충고'; 함축적으로 '계획'; 또한 '신중함':—충고, 숙고, 의논, 상담역, 목적.

H6099 עָצוּם[31회] 아춤 또는 עָצֻם 아춤
〈6105〉의 수동태 분사; '힘센'(특히 발톱 있는 동물의 '발'); 함축적으로 '무수한':— 연약한, 큰, 강한, 강포한.

H6100 עֶצְיוֹן גֶּבֶר[4회] 에츠욘 게베르
(단축형) עֶצְיֹן 에츠욘
〈6096〉과 〈1397〉에서 유래; '사람의 척추와 같은'; 홍해 근처의 지명 '에시온게벨':—에시온게벨(민33:35, 신2:8, 왕상9:26).

H6101 עָצַל[1회] 아찰
기본어근; 한가하게 '기대다', 즉 '나태한' 또는 '게으른':—게으르다.

H6102 עָצֵל[14회] 아첼
〈6101〉에서 유래; '게으른':—나태한, 빈둥거리는.

H6103 עַצְלָה[2회] 아츨라
〈6102〉의 여성형; (추상적으로) '게으름':—나태함.

H6104 עַצְלוּת[1회] 아츨루트
〈6101〉에서 유래; '게으름':—나태함.

H6105 עָצַם[20회] 아참
기본어근; '단단히 묶다', 즉 (눈을) '감다'; 자동사로 '힘세다'(사역동사로 '강하게 하다') 또는 수가 많은; (〈6106〉에서 유래한) 명사유래어로서 뼈를 '부수다':—뼈를 꺾다, 닫다, 크다, 증가되다, 강하게 되다, 점점 강성해지다, 더 많아지다, (더욱) 능력이 있다[있게 되다].

H6106 עֶצֶם[126회] 에쳄
〈6105〉에서 유래; '뼈'(강한 것으로); 확대된 의미로 '몸'; 상징적으로 '실체', 즉 (대명사로) '동일한':—몸, 뼈, 생명, (같은), 힘, (매우).

H6107 עֶצֶם[3회] 에쳄
〈6106〉과 동일 '뼈'; 팔레스타인의 한

지역 '에셈':—에셈(수15:29, 대상4:29).

H6108 עֹצֶם[3회] **오쳄**

〈6105〉에서 유래; '힘'; 여기에서 '몸':—힘, 강함, 실체.

H6109 עָצְמָה[3회] **오츠마**

〈6108〉의 여성형; '힘셈'; 확대된 의미로 '수가 많음':—풍부, 힘.

H6110 עַצֻּמָה[2회] **앗추마**

〈6099〉의 여성형; '성채', 즉 (상징적으로) '논쟁':—강한, 튼튼한.

H6111 עַצְמוֹן[3회] **아츠몬**

또는 **עַצְמֹן 아츠몬**

〈6107〉에서 유래; '뼈 같은'; 팔레스타인의 한 장소 '아스몬':—아스몬(민34:4, 수15:4).

H6112 עֵצֶן[3회] **에첸**

'날카롭다' 또는 '강하다'는 뜻의 사용하지 않는 어근에서 유래; '창(槍)':—에센사람(삼하23:8).

H6113 עָצַר[46회] **아차르**

기본어근; '에워싸다'; 유추적으로 '억제하다'; 또한 '유지하다' '규정하다' '모으다':—할 수 있다, 꼭 닫다, 억류하다, 묶다, 자신을 억제하다(조용히 하다), 이기다, 회복하다, 억제하다, 통치하다, 제지하다, 보존하다, 폐쇄하다, 늦추다, 머무르다, 중지하다, 보류하다.

H6114 עֶצֶר[1회] **에체르**

〈6113〉에서 유래; '억제':—행정장관.

H6115 עֹצֶר[3회] **오체르**

〈6113〉에서 유래; '폐쇄'; 또한 '강제':—수태치 못함, 압박, 감옥.

H6116 עֲצָרָה[10회] **아차라**

또는 **עֲצֶרֶת 아체레트**

〈6113〉에서 유래; '집회' 특히 '절기'나 '축제일':—(거룩한) 집회[모임].

H6117 עָקַב[5회] **아카브**

기본어근; 정확히는 '부어'오르다, 〈6119〉에서 유래한 명사유래어로서만 사용됨, '발꿈치를 잡다'; 상징적으로 '속여 넘기다'(마치 발꿈치를 걸어 '넘어뜨리듯이'); 또한 '제어하다'(마치 발꿈치를 붙잡듯이):—발꿈치를 잡다, 머무르다, 밀쳐내고 들어앉다, (전적으로).

H6118 עֵקֶב[15회] **에케프**

〈6119〉의 의미로 〈6117〉에서 유래; '발꿈치', 즉 (상징적으로) 어떤 물건의 '맨 끝'부분(부사로 사용되어 '영원히'); 또한 '결과', 즉 '보상'; 여기에서 (전치사, 또는 관계사와 함께 사용되어 부사로서) '때문에':—왜냐하면, …로써, 위해, 만일, 보상.

H6119 עָקֵב[14회] **아케브**

또는 (여성형) **עִקְּבָה 익케바**

〈6117〉에서 유래; '발꿈치'('돌출한' 것으로서); 여기에서 '발자국'; 상징적으로 (군대의) '후미':—발꿈치, 말발굽, 마지막의 매복자(〈6120〉의 착오로), (발)자국.

H6120 עָקֵב[2회] **아케브**

명사유래어의 뜻으로 〈6117〉에서 유래함; '매복자':—뒤꿈치(〈6119〉의 착오로).

H6121 עָקֹב[3회] **아코브**

〈6117〉에서 유래; ('부어'오르다는) 원래의 의미에서 '작은 산'; 명사유래어의 의미에서 (타동사로) '사기하는' 또는 (자동사로) '추적된':—굽은, 속이는, 더럽혀진.

H6122 עָקְבָה[1회] **오크바**

'속임수'란 뜻의 〈6117〉에서 유래한

사용하지 않는 형의 여성형; '사기':—교활.

H6123 עָקַד[7회] 아카드
기본어근; 끈을 '묶다':—묶다.

H6124 עָקֹד[4회] 아코드
⟨6123⟩에서 유래; (줄로) '무늬 진':—끈으로 둘러싸인.

H6125 עָקָה[1회] 아카
⟨5781⟩에서 유래; '강제':—바퀴쇠로 꽉 끼워진.

H6126 עַקּוּב[8회] 악쿠브
⟨6117⟩에서 유래; '교활한'; 다섯 이스라엘인의 이름 '악굽':—악굽(대상3:24, 스2:42, 느7:45).

H6127 עָקַל[1회] 아칼
기본어근; '비틀다':—잘못된.

H6128 עֲקַלְקַל[2회] 아칼칼
⟨6127⟩에서 유래; '꼬불꼬불함':—곁길, 굽은 길.

H6129 עֲקַלָּתוֹן[1회] 아칼라톤
⟨6127⟩에서 유래; '비틀린':—굽은.

H6130 עָקָן[4회] 아칸
'비틀다'는 뜻의 사용하지 않는 원형에서 유래; '꼬불꼬불한'; 한 에돔인 '아간':—아간(창36:27, 민33:31, 신10:6, 대상1:42). ⟨3292⟩와 비교

H6131 עָקַר[7회] 아카르
기본어근; '뽑다'(특히 뿌리를); 특히 '짐승의 힘줄을 자르다'; 상징적으로 '멸절시키다':—파다, 힘줄을 자르다, 따다, 뿌리 채 뽑다.

H6132 עֲקַר[1회] 아카르
아람어 ⟨6131⟩과 같음:—뿌리 채 뽑다.

H6133 עֵקֶר[1회] 에케르
⟨6131⟩에서 유래; 상징적으로 '이주된' 사람, 즉 귀화한 시민:—종족.

H6134 עֵקֶר[1회] 에케르
⟨6133⟩과 동일; 한 이스라엘인 '에겔':—에겔(대상2:27).

H6135 עָקָר[12회] 아카르
⟨6131⟩에서 유래; '불임의'(생식기관의 '절제'된 것처럼):—(남자나 여자가) 불임의(여자).

H6136 עִקַּר[5회] 익카르
아람어 ⟨6132⟩에서 유래; '줄기, 혈통':—그루터기.

H6137 עַקְרָב[6회] 아크라브
불확실한 파생어; '전갈'; 상징적으로 '매' 또는 매듭 된 '채찍':—전갈.

H6138 עֶקְרוֹן[22회] 에크론
⟨6131⟩에서 유래; '근절'; 팔레스타인의 한 지명 '에그론':—에그론(수15:45, 삿1:18, 삼상5:10, 왕하1:2).

H6139 עֶקְרוֹנִי[2회] 에크로니
또는 עֶקְרֹנִי 에크로니
⟨6138⟩에서 유래한 족속의 명칭; '에그론 사람', 또는 에그론의 거민:—에그론 족속(수13:3, 삼상5:10).

H6140 עָקַשׁ[5회] 아카쉬
기본어근; '매듭을 짓다' 또는 '비틀다'; 상징적으로 '벗어나게 하다'(그렇게 행하거나 사악하다고 선언하다):—굽게 하다, 사특함을 입증하다, 사악한 것, 타락자.

H6141 עִקֵּשׁ[11회] 익케쉬
⟨6140⟩에서 유래; '왜곡된'; 여기에서 '거짓된':—굽은, 심술궂은, 사악한.

H6142 עִקֵּשׁ[1회] 익케쉬
⟨6141⟩과 동일; '사악한'; 한 이스라엘인 '익게스':—익게스(삼하23:26).

H6143 עִקְּשׁוּת[3회] 익케슈트
⟨6141⟩에서 유래; '사악함':—심술궂은.

H6144 עָר[3회] 아르

〈5892〉와 동일; '성읍'; 모압의 한 장소 '아르':—아르(민21:28, 신2:9).

H6145 עָר[4회] **아르**
〈5782〉에서 유래; '원수'(해를 끼치기 위해 깨어있는 자로서):—적.

H6146 עָר[1회] **아르**
아람어 〈6145〉와 같음:—적.

H6147 עֵר[10회] **에르**
〈5782〉에서 유래; '경계하는'; 두 이스라엘인 이름 '에르':—에르(창38:3, 대상4:21).

H6148 עָרַב[22회] **아라브**
기본어근; '땋다', 즉 '혼합하다'; 전문용어로 '무역하다'(마치 물물교환에서처럼); 또한 '담보물을 주다', '담보물이 되다'(교환의 일종으로서):—서약하다, 간섭하다, (스스로) 섞이다, 저당하다, 점유하다, 서약하다, 보증이 되다, 보증을 서다, 감당하다.

H6149 עָרֵב[8회] **아레브**
기본어근 [오히려 밀접한 '교제'라는 개념을 통해 〈6148〉과 동일]; '마음에 들다':—즐겁다, 즐거워하다, 달콤하다.

H6150 עָרַב[3회] **아라브**
기본어근 [오히려 천으로 '덮다'는 개념을 통해 〈6148〉과 동일]; 일몰시 '어둑어둑해지다':—어두워지다, 저녁(녘).

H6151 עֲרַב[4회] **아라브**
아람어 〈6148〉과 같음; '혼합하다':—(자신을) 섞다, 뒤섞다.

H6152 עֲרָב[8회] **아라브** 또는 **עֲרַב** **아라브**
'불모'라는 상징적 의미로 〈6150〉에서 유래; 팔레스타인 동쪽지방 '아랍'(즉, 아라비아):—아라비아.

H6153 עֶרֶב[135회] **에레브**
〈6150〉에서 유래; '황혼':—날, 저녁, 밤.

H6154 עֵרֶב[11회] **에레브** 또는 **עֶרֶב** **에레브**
(왕상10:15; 관사가 앞에 붙어)
〈6148〉에서 유래; '직물'(또는 옷의 가로지르는 실); '혼합'(민족):—아라비아, 혼합된 민족, 섞인(무리), 씨줄.

H6155 עָרָב[5회] **아라브**
〈6148〉에서 유래; '버드나무'(그것을 엮어서 울타리로 사용하는데서 유래):—버드나무.

H6156 עָרֵב[2회] **아레브**
〈6149〉에서 유래; '즐거운':—달콤한.

H6157 עָרֹב[9회] **아로브**
〈6148〉에서 유래; '모기'(그것의 '군집'하는데서 유래):—파리의 여러 가지 종류, 떼.

H6158 עֹרֵב[3회] **오레브**
또는 **עוֹרֵב** **오레브**
〈6150〉에서 유래; '까마귀'(그것의 '어둑어둑한 색깔'에서 유래):—까마귀.

H6159 עֹרֵב[3회] **오레브**
또는 **עוֹרֵב** **오레브**
〈6158〉과 동일; 한 미디안인과 요단 근처의 바위 이름 '오렙':—오렙(삿7:25, 시83:12(11), 사10:26).

H6160 עֲרָבָה[60회] **아라바**
〈6150〉에서 유래('불모'의 뜻에서); '사막'; 특히 (접두관사와 함께) 요단에서 홍해에 이르는 대체로 불모지대인 계곡:—아라바, 평원, 사막, 저녁, 하늘, 광야, 황무지. 또한 〈1026〉을 보라

H6161 עֲרֻבָּה[7회] **아룹바**
'교역' 또는 '교환'의 의미로 〈6148〉의 여성수동태 분사; '담보'로 주어진 어떤 것, 즉 (문자적으로) (안전의) '표시' 또는 (비유적으로) '보증인':—서약, 보증.

H6162 עֵרָבוֹן[3회] 아라본
〈6148〉에서 유래 ('교환'의 의미에서); '저당물'(보증으로 주어진):—서약.

H6163 עֲרָבִי[9회] 아라비
또는 עַרְבִי 아르비
〈6152〉에서 유래한 족속의 명칭; '아라비아인', 또는 아랍(즉, 아라비아)의 거주인:—아라비아인.

H6164 עַרְבָתִי[2회] 아르바티
〈1026〉에서 유래한 족속의 명칭; '아르바 사람' (벳-)아르바의 거주민:—아르바 사람(삼하23:31).

H6165 עָרַג[3회] 아라그
기본어근; '고대하다':—부르짖다, 갈망하다.

H6166 עֲרָד[3회] 아라드
'은퇴하다'는 뜻의 사용하지 않는 어근에서 유래; '도망자'; 팔레스타인의 근처, 또한 가나안인과 한 이스라엘인의 이름 '아랏':—아랏(민21:1, 수12:14, 대상8:15).

H6167 עֲרָד[1회] 아라드
[아람어] 〈6171〉과 같음; '야생당나귀':—야생의 당나귀.

H6168 עָרָה[17회] 아라
기본어근; '발가벗다'(사역동사로 '발가벗기다'); 여기에서 '비우다', '쏟아버리다', '부수다':—빈곤하게 되다, 발견하다, 벗기다, 비우다, 발가벗기다, 쏟다, 없애다, 분발하다, 드러내다.

H6169 עָרָה[1회] 아라
〈6168〉에서 유래한 여성형; '벌거벗은'(즉, 평평한) 지역:—파피루스 갈대.

H6170 עֲרוּגָה[4회] 아루가
또는 עֲרֻגָה 아루가
〈6165〉의 여성수동태 분사(마치 [상징적으로] 정신적 열망에 의해 '일으켜진' 것 처럼) '쌓여진' 어떤 것, 즉 '화단':—꽃밭, (밭의) 고랑.

H6171 עָרוֹד[1회] 아로드
〈6166〉과 동형에서 유래; '야생당나귀'(그의 '고독한' 습성으로 부터 유래):—야생의 당나귀.

H6172 עֶרְוָה[54회] 에르와
〈6168〉에서 유래; '발가벗음', 문자적으로 (특히 '여성의 외음부'), 또는 상징적으로('수치', '더러움'):—발가벗음, 부끄러움, 더러움.

H6173 עַרְוָה[1회] 아르와
[아람어] 〈6172〉와 같음; '벌거벗음', 즉 (상징적으로) '가난한':—불명예.

H6174 עָרוֹם[11회] 아롬 또는 עָרֹם 아롬
(그 원래의 의미로) 〈6191〉에서 유래; 부분적으로든, 또는 전체적으로든 '나체의':—발가벗은.

H6175 עָרוּם[11회] 아룸
〈6191〉의 수동태분사; (보통 나쁜 의미에서) '간사한':—교활한, 영리한, 영악한.

H6176 עֲרוֹעֵר[1회] 아로에르
또는 עַרְעָר 아르아르
〈6209〉의 중복체에서 유래; '노간주나무'(그 벌거벗은 상태에서유래):—황야.

H6177 עֲרוֹעֵר[15회] 아로에르
또는 עֲרֹעֵר 아로에르
또는 עַרְעוֹר 아르오르
〈6176〉과 동일; 벌거벗은 '상태'; 팔레스타인 안이나 근처의 세 장소의 이름 '아로엘':—아로엘(민32:34, 신2:36, 수12:2, 삿11:26, 삼상30:28).

H6178 עָרוּץ[1회] 아루츠
〈6206〉의 수동태 분사; '두려운', 즉 (구체적으로) '무시무시한' 장소 또는

'깊게 갈라진 틈':—절벽.

H6179 עֵרִי[2회] **에리**

〈5782〉에서 유래, '경계하는'; 한 이스라엘인 '에리':—에리(창46:16, 민26:16).

H6180 עֵרִי[1회] **에리**

〈6179〉의 족속의 명칭; '에리 사람' 또는 (집합명사로) 에리의 후손:—에리 사람들(민26:16).

H6181 עֶרְיָה[6회] **에르야**

〈6172〉 참조; '발가벗음':—발가벗은, 나체의, (아주).

H6182 עֲרִיסָה[4회] **아리싸**

'잘게 빻다'는 뜻의 사용하지 않는 어근에서 유래; '빻은 가루':—가루반죽.

H6183 עָרִיף[1회] **아리프**

〈6201〉에서 유래; '하늘'(수평선에 '드리워진' 것처럼):—하늘.

H6184 עָרִיץ[17회] **아리츠**

〈6206〉에서 유래; '두려운', 즉 '강력한' 또는 '전제적인':—힘센, 압제자, 강한, 맹렬한, 난폭한.

H6185 עֲרִירִי[4회] **아리리**

〈6209〉에서 유래; '부족한', 즉 (자녀가) 없는:—무자한.

H6186 עָרַךְ[75회] **아라크**

기본어근; 한'줄'로 세우다, 즉 '정리하다', '정돈하다'(매우 광범위한 적용에서):—(전투에서) 배열하다, 대열에 참가하다, 비교하다, 지시하다, 동등하다, 평가하다, 측정하다, (전쟁에) 능숙한 자, 공급하다, 다루다, (전쟁에) 가담하다, 임명하다, 순서대로 놓다, 정돈하다, 준비하다, 과세하다, 존중하다, 평가하다.

H6187 עֵרֶךְ[33회] **에레크**

〈6186〉에서 유래; '더미', '장비', '평가':—동등한, 평가, 순서대로 배열된 것, 가격, 비율, 공격하다, 옷, 조세, 값있는.

H6188 עָרֵל[2회] **아렐**

기본어근; 정확히는 '벗겨내다'; 그러나 〈6189〉에서 유래한 명사유래어로서만 사용됨; '포피를 드러내다' 또는 '제거하다', 문자적으로('발가벗겨지다'), 또는 상징적으로(사용을 '금하다'):—할례 받지 않은 것으로 여기다, 벗겨질 포피.

H6189 עָרֵל[35회] **아렐**

〈6188〉에서 유래; 정확히는 '노출된', 즉 (포피가) 높여져 두드러진; 전문용어로 사용되어 '할례 받지 않은'(즉, 아직 포피가 베어지지 않은):—할례 받지 않은(사람).

H6190 עָרְלָה[16회] **오를라**

〈6189〉의 여성형; '포피':—포피, 할례 받지 않은.

H6191 עָרַם[16회] **아람**

기본어근; 정확히는 '발가벗다'(또는, 발가벗기다); 파생어의 의미로서만 사용되어(아마 매끄럽다는 개념을 통해) '교활하다'(보통 나쁜 의미로 사용됨):—매우 조심하다, 간계를 취하다, 의논하다, 신중하다, 교묘히 다루다.

H6192 עָרַם[1회] **아람**

기본어근; '쌓아 올리다':—한데 모으다.

H6193 עֹרֶם[1회] **오렘**

〈6191〉에서 유래; '책략':—교활함.

H6194 עָרֵם[11회] **아렘** (렘50:26),

또는 (여성형) **עֲרֵמָה 아레마**

〈6192〉에서 유래; '더미'; 특별히 곡식'단':—(곡식의) 더미, 단.

H6195 עָרְמָה[6회] **오르마**

〈6193〉의 여성형; '사기'; 또는 (좋은 의미에서) '신중함':—간교, 신중, 교묘, 교활, 지혜.

H6196 עַרְמוֹן2회 **아르몬**
아마 〈6191〉에서 유래; '플라타너스'(그것의 '매끄러움'과 벗겨진 나무껍질에서 유래):—밤나무.

H6197 עֵרָן1회 **에란**
아마 〈5782〉에서 유래; '경계하는'; 한 이스라엘인 '에란':—에란(민26:36).

H6198 עֵרָנִי1회 **에라니**
〈6197〉에서 유래한 족속의 명칭; '에란 사람' (집합 명사로) 에란의 후손:—에란 사람들(민26:36).

H6199 עַרְעָר2회 **아르아르**
〈6209〉에서 유래; '발가벗은', 즉 (상징적으로) '가난한':—빈곤한. 또한 〈6176〉을 보라.

H6200 עֲרֹעֵרִי1회 **아로에리**
〈6177〉에서 유래한 족속의 명칭; '아로엘 사람', 또는 아로엘의 주민:—아로엘 족속(대상11:44).

H6201 עָרַף2회 **아라프**
기본어근; '수그러지다'; 여기에서 '똑똑 떨어지다':—떨어지다, 떨어져 내리다.

H6202 עָרַף6회 **아라프**
기본어근 [그보다는 '경사지다'는 개념을 통해 〈6201〉과 동일시됨]; 정확히는 아래쪽으로 '구부리다'; 그러나 〈6203〉에서 유래한 명사 유래어로서만 사용됨, '목을 꺾다'; 여기에서 (상징적으로) '파괴하다':—목 베어지다, 부서뜨리다, 목을 꺾다(베다).

H6203 עֹרֶף33회 **오레프**
〈6202〉에서 유래; '목덜미' 또는 목 뒷부분(수그릴 수 있는); 여기에서 일반적으로 '등'(문자적이든 상징적이든 간에):—등, 목, 목이 뻣뻣한[완고한].

H6204 עָרְפָּה2회 **오르파**
〈6203〉의 여성형; '갈기'; 한 모압여인, '오르바':—오르바(룻1:4).

H6205 עֲרָפֶל15회 **아라펠**
아마 〈6201〉에서 유래; '어둑어둑함'('찌푸린' 날씨에서):—어두운(매우 흐린 구름, 짙은 어둠).

H6206 עָרַץ15회 **아라츠**
기본어근; '두려운 마음을 일게 하다' 또는 (자동사로) '두려워하다'; 여기에서 '괴롭히다':—두려워하게 되다(무서워하다, 두려워하다, 떨다, 겁나게 되다), 깨뜨리다, 누르다, 우세하다, 몹시 흔들리다.

H6207 עָרַק2회 **아라크**
기본어근; '갉다', 즉 (상징적으로) '먹다'(과장어법으로); 또한 (분사로) '고통':—달아나는, 힘줄.

H6208 עַרְקִי2회 **아르키**
'송곳니'라는 뜻의 사용하지 않는 이름에서 유래한 족속의 명칭; '알가사람' 또는 에렉의 거민:—알가 족속(창10:17, 대상1:15).

H6209 עָרַר5회 **아라르**
기본어근; '벌거벗기다'; 상징적으로 '부수다':—벗기다, 깨뜨리다, 끌어올리다 [아마 〈6168〉에 대한 필사의 오기], (완전히).

H6210 עֶרֶשׂ10회 **에레스**
아마 '아치형으로 만들다'는 뜻의 사용하지 않는 어근에서 유래; '침상'(정확히는 '덮개'가 있는):—침대, 침상.

H6211 עָשׁ8회 **아쉬**
〈6244〉에서 유래; '좀':—좀. 또한

〈5906〉을 보라

H6211' עֲשַׂב[5회] 아삽 아람어 〈6212〉:―풀.

H6212 עֵשֶׂב[33회] 에세브

'반짝이다'(또는 '푸르다')는 뜻의 사용하지 않는 어근에서 유래; '풀' (또는 부드러운 새싹종류):―풀, 풀잎.

H6213 עָשָׂה[2627회] 아사

기본어근; '행하다' 또는 '만들다', (다음과 같이) 넓은 의미로 다양하게 사용됨:―달성하다, 전진하다, 지정하다, 적합하다, ~이 되다, 낳다, 부여하다, 새기다, 상처를 입히다, 바쁘다, 확실히, 임무를 맡다, 범하다, 다루다, 꾸미다, 불쾌하게 하다, 축연을 베풀다, 싸우는 사람, 옷을 입다, 실시하다, 실행하다, 만들다, 마치다, ~에 맞다, 날다, 따르다, 성취하다, 제공하다, 모으다, 얻다, 배회하다, 다스리다, 주다, 반기다, 방해하다, ([절기]) 지키다, 확실히, 근면하다, 여행하다, 지키다, 노동하다, 유지하다, 만들다, 관찰하다, 점령되다, 제공하다, 관리, 껍질을 벗기다, 일으키다(발생하다), 수행하다, 행하다, 준비하다, 획득하다, 공급하다, 두다, 갚다 제물, 섬기다, 놓다, 보다, 죄, 소비하다, 확실히, 가지다 전적으로, 다듬다, 대단히, 초조하게 하다, 용사가 되다, 일하다(노동자), 산출하다, 쓰다.

H6214 עֲשָׂהאֵל[19회] 아사엘

〈6213〉과 〈410〉에서 유래; '하나님께서 만드셨다'; 네 이스라엘인의 이름 '아사헬':―아사헬(삼하2:18, 대상27:7, 대하17:8, 스10:15).

H6215 עֵשָׂו[96회] 에사우

명백히 '(손으로) 다루다'는 원래의 의미로 〈6213〉의 수동태분사의 한 형태; '거친'(감촉으로 '느껴진'); 이삭의 아들, 그의 자손도 포함하여, '에서':―에서(창25:25, 신2:4, 렘49:8, 옵1:6,8).

H6216 עָשׁוֹק[2회] 아쇼크

〈6231〉에서 유래; '압박하는'(명사로는, '폭군'):―압제자.

H6217 עָשׁוּק[3회] 아슈크

또는 **עָשֻׁק** 아슈크

〈6231〉의 수동태 분사; 남성복수로 사용되어 추상명사로서 '포학':―억압(된).

H6218 עָשׂוֹר[16회] 아소르

또는 **עָשֹׂר** 아소르

〈6235〉에서 유래; '열'; 축약형으로 열 '줄', 여기에서 '십현금':―열(줄의 악기), 열 번째.

H6219 עָשׁוֹת[1회] 아쇼트

〈6245〉에서 유래; '빛나는', 즉 마광된:―빛나는.

H6220 עַשְׁוָת[1회] 아쉬와트

〈6219〉 참조; '빛나는'; 한 이스라엘인 '아스왓':―아스왓(대상7:33).

H6221 עֲשִׂיאֵל[1회] 아시엘

〈6213〉과 〈410〉에서 유래; '하나님에 의해 만들어짐'; 한 이스라엘인 '아시엘':―아시엘(대상4:35).

H6222 עֲשָׂיָה[8회] 아사야

〈6213〉과 〈3050〉에서 유래; '여호와께서 만드셨다'; 서넛 이스라엘인의 이름 '아사야':―아사야(왕하22:12, 대상4:36, 대하34:20).

H6223 עָשִׁיר[23회] 아쉬르

〈6238〉에서 유래; '부유한', 문자적이든 상징적이든 간에 ('고귀한'):―부유한(사람).

H6224 עֲשִׂירִי[29회] 아시리

〈6235〉에서 유래; '열 번째'; 축약형으로 '열 번째 달' 또는 (여성형) '열 번째 부분':—열 번째(부분).

H6225 עָשַׁן8회 **아샨**
기본어근; '연기를 내다', 문자적이든 상징적이든 간에:—분노하다, 연기(나다).

H6226 עָשֵׁן2회 **아셴**
〈6225〉에서 유래; '연기 나는':—연기를 내는.

H6227 עָשָׁן3회 **아샨**
〈6225〉에서 유래; '연기', 문자적 또는 상징적으로 ('수증기', '먼지', '노염'):—연기(내는).

H6228 עָשָׁן3회 **아샨**
〈6227〉과 동일; 팔레스타인의 한 장소 '아산':—아산(수15:42, 대상4:32).

H6229 עָשַׂק1회 **아사크**
기본어근(〈6231〉과 동일시됨); '맹렬히 공격하다', 즉 '다투다':—싸우다, 분투하다.

H6230 עֵשֶׂק1회 **에세크**
〈6229〉에서 유래; '다툼'; 이삭이 판 우물 이름 '에섹':—에섹(창26:20).

H6231 עָשַׁק37회 **아샤크**
기본어근(〈6229〉와 비교); '밀어 닥치다', 즉 '누르다', '사취하다', '어기다', '넘치다':—속여 취하다, 속이다, 마셔버리다, 압제하다([압제], 압제자), 불법을 행하다, (잘못을 범하다).

H6232 עֵשֶׁק1회 **에셰크**
〈6231〉에서 유래; '압제'; 한 이스라엘인 '에섹':—에섹(대상8:39).

H6233 עֹשֶׁק15회 **오셰크**
〈6231〉에서 유래; '손상', '사기', (주관적으로) '비탄', (구체적으로) '부정한 소득':—참혹하게, 강탈, 압제, (속여서 취한) 물건.

H6234 עָשְׁקָה1회 **오쉬카**
〈6233〉의 여성형; '고통':—억압된.

H6235 עֶשֶׂר56회 **에세르**
남성형 **עֲשָׂרָה 아사라**
〈6237〉에서 유래; '열'(숫자를 추가해서 사용할 수 있는 기본수 단위):—열, 십[~오, ~칠].

H6236 עֲשַׂר5회 **아사르**
남성형 **עַשְׂרָה 아스라**
아람어 〈6235〉와 같음; '열':—열, 열둘.

H6237 עָשַׂר9회 **아사르**
기본어근(〈6238〉과 동일시됨); '축적하다'; 〈6235〉에서 유래한 명사유래어로서만 사용됨; '십일조'하다, 즉 십일조를 받다 또는 드리다:—(확실히), 십일조를 드리다, 십일조를 받다, 십일조, 십일조 드리기, (진실하게).

H6238 עָשַׁר17회 **아샤르**
기본어근; 정확히는 '축적하다'; 주로 (특히) '부해지다'(사역동사로 '부하게 하다', '부유하게 만들다'):—부유하다(부유하게 되다, 부유하게 하다, 부유하게 만들다), 만들다[왕상22:—48난외주에서]. 〈6240〉을 보라

H6239 עֹשֶׁר37회 **오셰르**
〈6238〉에서 유래; '부(富)':—훨씬 더 부유한, 재물.

H6240 עָשָׂר337회 **아사르**
〈6235〉 참조; '열'(다만 다른 문자와 '함께 사용되어'), 즉 '십~'; ~또한 서수의 '10~번째':—십[~팔, ~오, ~사, ~구, ~칠, ~육, ~삼],(~번째).

H6241 עִשָּׂרוֹן33회 **잇사론**
또는 **עִשָּׂרֹן 잇사론**
〈6235〉에서 유래; (분수) '십분의 일' 부분:—십분의 일 분량.

H6242 עֶשְׂרִים314회 **에스림**
⟨6235⟩에서 유래; '이십'; 또한 (서수) '이십 번째':—백이십, 이십(번째).

H6243 עֶשְׂרִין1회 **에스린**
아람어 ⟨6242⟩와 같음:—이십.

H6244 עָשֵׁשׁ3회 **아셰쉬**
기본어근; 아마도 '움츠리다', 즉 실패하다:—소멸되다.

H6245 עָשַׁת2회 **아샤트**
기본어근; 아마 '매끄럽다', 즉 '광택이 있다'; 여기에서 ('마광하다'의 개념을 통해서) '숙고하다'(마치 마음에 생겨나듯이):—빛나다, 생각하다.

H6246 עֲשִׁית1회 **아쉬트**
아람어 ⟨6245⟩와 같음; '의도하다':—생각하다.

H6247 עֶשֶׁת5회 **에셰트**
⟨6245⟩에서 유래; '직물':—빛나는.

H6248 עַשְׁתּוּת1회 **아쉬투트**
⟨6245⟩에서 유래; '숙고':—생각.

H6249 עַשְׁתֵּי19회 **아쉬테**
명백히 '뒷궁리'란 의미에서 ⟨6247⟩의 남성복수 압축형; (⟨259⟩를 대신하여 ⟨6240⟩과 연관되어서만 사용됨) '십일', 또는 (서수) '열한 번째':—십일, 열한 번째.

H6250 עֶשְׁתֹּנָה1회 **에쉬토나**
⟨6245⟩에서 유래; '생각하기':—생각.

H6251 עַשְׁתְּרָה6회 **아쉬테라**
아마 ⟨6238⟩에서 유래; '증가':—무리, 떼.

H6252 עַשְׁתָּרוֹת4회 **아쉬타로트**
또는 **עַשְׁתָּרֹת 아쉬타로트**
⟨6251⟩의 복수형; 시돈 사람들의 신과 요단 동편에 있는 장소의 이름 '아스다롯':—아스다롯(신1:4, 수13:12). 또한 ⟨1045⟩, ⟨6253⟩, ⟨6255⟩를 보라

H6253 עַשְׁתֹּרֶת9회 **아쉬토레트**
아마 ⟨6251⟩ 참조해야 할 듯; 사랑(과 '다산')의 페니키아의 여신 '아스아롯':—아스다롯(왕상11:5, 왕하23:13, 삼상7:3, 삿2:13).

H6254 עַשְׁתְּרָתִי1회 **아쉬테라티**
⟨6252⟩에서 유래한 족속의 명칭; 아스드랏사람, 또는 아스다롯의 거민:—아스드랏 족속(대상11:44).

H6255 עַשְׁתְּרֹת קַרְנַיִם1회
아쉬테로트 카르나임
⟨6252⟩와 ⟨7161⟩의 쌍수에서 유래; '두 뿔의 (신의 상징) 아스다롯'; 요단 동편의 한 장소 '아스다롯가르나임':—아스다롯 가르나임(창14:5).

H6256 עֵת294회 **에트**
⟨5703⟩에서 유래; '시간', 특히 (전치사와 함께 부사로서) '지금', '…때', 등등:—후에, 늘, 어떤, 끊임없이, 저녁, 오래, (합당한) 계절, ~만큼[하는 한], [저녁, 밤, 낮]때, ([식사])시간, 할 때.

H6257 עָתַד2회 **아타드**
기본어근; '준비하다':—맞게 하다, ~이 될 준비를 하다.

H6258 עַתָּה438회 **앗타**
⟨6256⟩에서 유래; '이때에', 부사, 접속사, 또는 허사이건 간에:—이제부터는, 지금, 곧장, 이때에, ~임에 반하여.

H6259 עָתוּד2회 **아투드**
⟨6257⟩의 수동태 분사; '예비된':—준비된.

H6260 עַתּוּד29회 **앗투드**
또는 **עַתֻּד 앗투드**
⟨6257⟩에서 유래; '예비된', 즉 '충분히 '자란'; (복수로는) 단지 '숫염소'들을 뜻하거나, 또는 (상징적으로) 백성

의 '지도자들':—우두머리, (수)염소, 수양.

H6261 עִתִּי[1회] **잇티**

〈6256〉에서 유래; '적시의':—알맞은.

H6262 עַתַּי[4회] **앗타이**

〈6261〉 참조; 세 이스라엘인의 이름 '앗대':—앗대(대상2:35, 대하11:20).

H6263 עֲתִיד[1회] **아티드**

아람어 〈6264〉와 같음; '예비된':—준비된.

H6264 עָתִיד[6회] **아티드**

〈6257〉에서 유래; '예비된'; 함축적으로 '공교한', '능숙한'; 여성 복수로 '미래'; 또한 '보물':—앞으로 올 사실들, 준비된, 보화.

H6265 עֲתָיָה[1회] **아타야**

〈5790〉과 〈3050〉에서 유래; '여호와께서 도우셨다'; 한 이스라엘인 '아다야':—아다야(느11:4).

H6266 עָתִיק[1회] **아티크**

〈6275〉에서 유래; 정확히는 '고대의', 즉 '존경할만한' 또는 '찬란한':—오래 견디는.

H6267 עַתִּיק[2회] **앗티크**

〈6275〉에서 유래; '제거된', 즉 '젖뗀'; 또한 '고대의':—옛날의, 빼낸.

H6268 עַתִּיק[3회] **앗티크**

아람어 〈6267〉과 같음; '존경할만한':—옛날의.

H6269 עֲתָךְ[1회] **아타크**

'머무르다'는 뜻의 사용하지 않는 어근에서 유래; '숙소'; 팔레스타인의 한 장소 '아닥':—아닥(삼상30:30).

H6270 עַתְלַי[1회] **아틀라이**

'압축하다'는 뜻의 사용하지 않는 어근에서 유래; '긴축하는'; 한 이스라엘인 '아들래':—아들래(스10:28).

H6271 עֲתַלְיָה[17회] **아탈야**

또는 **עֲתַלְיָהוּ** **아탈야후**

〈6270〉 및 〈3050〉의 동형에서 유래; '여호와께서 강권하셨다'; 한 이스라엘 여인과 두 이스라엘인의 이름 '아달랴':—아달랴(대상8:26, 스8:7, 왕하8:26).

H6272 עָתַם[1회] **아탐**

기본어근; 아마 '백열하다', 즉 (상징적으로) '황폐하게 되다':—어둡게 되다.

H6273 עָתְנִי[1회] **오트니**

'강요하다'는 뜻의 사용하지 않는 어근에서 유래; '억지로 시키는'; 한 이스라엘인 '오드니':—오드니(대상26:7).

H6274 עָתְנִיאֵל[7회] **오트니엘**

〈6275〉 및 〈410〉과 동형에서 유래; '하나님의 힘'; 한 이스라엘인 '옷니엘':—옷니엘(수15:17, 삿1:13, 대상4:13).

H6275 עָתַק[9회] **아타크**

기본어근; '제거하다'(타동사, 또는 자동사); 상징적으로 '늙어지다'; 특히 '옮겨 쓰다':—베껴 쓰다, 그만두다, 늙게 되다, 녹다, 제거하다.

H6276 עָתֵק[1회] **아테크**

〈6275〉에서 유래; '고대의', 즉 '가치 있는':—오래 견디는.

H6277 עָתָק[4회] **아타크**

'멋대로 함'의 의미로 〈6275〉에서 유래; '뻔뻔스러운':—오만, 통탄할(어려운)일, 완강한, 뻣뻣한.

H6278 עֵת קָצִין[1회] **에트 카친**

〈6256〉과 〈7011〉에서 유래; '심판의 때'; 팔레스타인의 한 장소 '엣가신':—엣가신[방향을 나타내는 전접어를 포함하여].

H6279 עָתַר[22회] **아타르**

기본어근 [그보다는 〈**6281**〉에서 유래한 명사유래어]; 예배에서 '향'을 피우다, 즉 '중재하다'(상호적으로 기도에 '귀 기울이다'):—탄원하다, 기도(하다).

H6280 עָתַר[2회] **아타르**

기본어근; '풍부하다'(사역적으로 '풍부하게 하다'):—속이는, 늘리다.

H6281 עֶתֶר[2회] **에테르**

〈**6280**〉에서 유래; '풍부'; 팔레스타인의 한 장소 '에델':—에델(수15:42).

H6282 עָתָר[2회] **아타르**

〈**6280**〉에서 유래; '향'(연기가 증가하여 '다량'을 이루는 것으로); 여기에서 (〈**6279**〉에서 유래) '예배자':—탄원하는, 짙은.

H6283 עֲתֶרֶת[1회] **아테레트**

〈**6280**〉에서 유래; '매우 많음':—풍부.

트롱히브리어사전

פ

H6284 פָּאָה1회 **파아**
기본어근; '훅 불다', 즉 '불어 날리다':—구석으로 흩어버리다.

H6285 פֵּאָה86회 **페아**
〈6311〉의 여성형; 정확히는 상징적인 의미에서 '입', 즉 '방향', '지역', '극':—구석, 끝, 지역, 측면.

H6286 פָּאַר13회 **파아르**
기본어근; '번쩍이다', 즉 (사역동사로) '아름답게 하다'; 상징적으로 '자랑하다'; 또한 '변명하다'(즉 분명히 하다); 〈6288〉에서 유래한 명사 유래어, 나무를 '흔들다':—아름답게 하다, 스스로 자랑하다, 큰 가지들을 넘어가다, 영화롭게 하다, 뽐내다.

H6287 פְּאֵר8회 **페에르**
〈6286〉에서 유래; '장식', 즉 아름다운 '머리장식':—아름다움, 보닛, 훌륭한 장식, 머리장식.

H6288 פְּאֹרָה7회 **페오라** 또는 פֹּרָאה **포라** 또는 פֻּאְרָה **푸라**
〈6286〉에서 유래; 정확히는 '장식품', 즉 (복수로) '밝은' 초록색으로 빛나는 '잎의 무성함'(가지들도 포함하여):—큰 가지, 가지, 잔가지.

H6289 פָּארוּר2회 **파루르**
〈6286〉에서 유래; 정확히는 '밝게 비추어진', 즉 '백열'; 명사로서 (걱정으로 인하여) '얼굴 붉힘':—검음.

H6290 פָּארָן12회 **파란**
〈6286〉에서 유래; '장식의'; 아라비아의 사막 '바란':—바란(창21:21).

H6291 פַּג1회 **파그**
'활기 없다', 즉 '미숙하다'는 뜻의 사용하지 않는 어근에서 유래; '익지 않은':—푸른 무화과.

H6292 פִּגּוּל4회 **픽굴** 또는 פִּגֻּל **픽굴**
'고약한 냄새가 나다'는 뜻의 사용하지 않는 어근에서 유래; 정확히는 '악취를 내는', 즉 (상징적으로) '불결한'(제의적으로):—가증한(가증, 가증한 것).

H6293 פָּגַע46회 **파가**
기본어근; 우연히 또는 의도적으로, 또는 (상징적으로) 끈질기게, '부딪히다':—오다(~사이에 끼다), 탄원토록 하다, 떨어져 부딪치다, 중재하다, 중재자, 탄원하다, 두다, 위에 비치다, (함께) 만나다, 기도하다, 다다르다, 뛰다.

H6294 פֶּגַע2회 **페가**
〈6293〉에서 유래; (우연한) '충돌':—기회, 발생.

H6295 פַּגְעִיאֵל5회 **파그이엘**
〈6294〉와 〈410〉에서 유래; '하나님의 충돌'; 한 이스라엘인 '바기엘':—바기엘(민1:13).

H6296 פָּגַר2회 **파가르**
기본어근; '느슨해지다', 즉 '기진하다':—실신하다.

H6297 פֶּגֶר22회 **페게르**
〈6296〉에서 유래; ('축 늘어진') '시체', 짐승이든 사람이건 간에; 상징적으로 우상의 '형상':—시체, 송장.

H6298 פָּגַשׁ14회 **파가쉬**
기본어근; '접촉하다', 우연히 또는 격렬하게; 상징적으로 '동시에 발생하다':—(함께) 만나다.

H6299 פָּדָה63회 **파다**
기본어근; '절단하다', 즉 '몸값을 받고 석방하다'; 일반적으로 '풀어주다', '보존하다':—(하여간), 구출하다, (어떻게든), 속전, 속량하다(속량된), 구해내다, (확실히).

H6300 פְּדַהְאֵל1회 **페다흐엘**
〈**6299**〉와 〈**410**〉에서 유래; '하나님께서 속량하셨다'; 한 이스라엘인 '브다헬':—브다헬(민34:28).

H6301 פְּדָהצוּר5회 **페다추르**
〈**6299**〉와 〈**6697**〉에서 유래; '반석(즉 하나님)이 속량하셨다'; 한 이스라엘인 '브다술':—브다술(민1:10).

H6302 פָּדוּי5회 **파두이**
〈**6299**〉의 수동태 분사; '속량된'(〈**6299**〉의 개념에서); 추상적으로(남성복수로) '속전':—속량되다, 속량된 것.

H6303 פָּדוֹן2회 **파돈**
〈**6299**〉에서 유래; '속전'; 한 느디님 사람, '바돈':—바돈(스2:44, 느7:47).

H6304 פְּדוּת4회 **페두트** 또는 **פְּדֻת 페두트**
〈**6299**〉에서 유래; '구별'; 또한 '구원':—구분, 구출, 구속(救贖).

H6305 פְּדָיָה7회 **페다야**
또는 **פְּדָיָהוּ 페다야후**
〈**6299**〉와 〈**3050**〉에서 유래; '여호와께서 속량하셨다'; 여섯 이스라엘인의 이름 '브다야':—브다야(대상27:20).

H6306 פִּדְיוֹם4회 **피드욤** 또는 **פִּדְיֹם 피드욤** 또한 **פִּדְיוֹן 피드욘** 또는 **פִּדְיֹן 피드욘**
〈**6299**〉에서 유래; '속전':—속전, 속량된 것, 속량, 구속(救贖).

H6307 פַּדָּן11회 **팟단**
'뻗다'는 뜻의 사용하지 않는 어근에서 유래; '고원'; 또는 **פַּדַּן אֲרָם 팟단 아람** 〈**6307**〉과 〈**758**〉에서 유래; 아람의 고원; '밧단' 또는 '밧단 아람', 수리아의 한 지역:—밧단, 밧단 아람(창28:2).

H6308 פָּדַע1회 **파다**
기본어근; '구출하다':—구해내다.

H6309 פֶּדֶר3회 **페데르**
'기름기가 흐르다'는 뜻의 사용하지 않는 어근에서 유래; '쇠기름':—기름.

H6310 פֶּה502회 **페**
〈**6284**〉에서 유래; '입'('부는' 수단으로서), 문자적이든 상징적이든 간에(특히 '말'); 특히 '가장자리', '부분' 또는 '측면'; 부사로 (전치사와 함께) '~에 따라':—일치(하여), 후에, 지정, 동의, 깃, 명령, 먹다, 가장자리, 끝, 입구, 대열, 구멍, 안에, 마음, 입, 부분, 말하다, 문장, 치마, 소리, 말 말했던, 이야기하다, 에게, 좌우로 날선, ~하고 싶다.

H6311 פֹּה82회 **포**
또는 **פֹּא 포** (욥38:11), 또는 **פוֹ 포**
아마 원래 비분리불변사(P 페-, 지시사의 작용을 하는)와 〈**1931**〉에서 유래; '이곳', 즉 '여기' 또는 '여기서부터':—여기에, 여기로, 한편, 다른 편, 이편, 저편.

H6312 פּוּאָה4회 **푸아** 또는 **פֻּוָּה 푸와**
〈**6284**〉에서 유래; '돌풍'; 두 이스라엘인의 이름 '부아':—부아(대상7:1, 창46:13, 민26:23, 삿10:1).

H6313 פּוּג4회 **푸그**
기본어근; '게으르다':—중단하다, 연약하다, 기진하다, 느슨하다.

H6314 פּוּגָה1회 **푸가**
〈**6313**〉에서 유래; '중지':—휴식.

H6315 פּוּחַ15회 **푸아흐**
기본어근; '훅 불다', 즉 숨이나 공기로 불다; 여기에서 '살살 불어주다'(미풍처럼), '발언하다', '불을 붙이다', '비웃다':—불다, 깨뜨리다, 훅 불다, 덫으로 몰아넣다, 말하다, 발언하다.

H6316 פּוּט7회 **푸트**

붓, 함의 아들, 또한 그의 후손들의 이름 또는 그들의 지역, 그리고 페르시아 부족의 이름 '붓':—붓(창10:6, 렘46:9, 겔27:10, 나3:9).

H6317 פּוּטִיאֵל1회 **푸티엘**
사용하지 않는 어근(아마 뜻은 '깔보다')과 〈**410**〉에서 유래; '하나님의 경멸하심'; 한 이스라엘인 '부디엘':—부디엘(출6:25).

H6318 פּוֹטִיפַר2회 **포티파르**
애굽어의 파생어; 한 애굽의 사람 '보디발':—보디발(창39:1).

H6319 פּוֹטִי פֶרַע3회 **포티 페라**
애굽어의 파생어; 한 애굽인 '보디베라':—보디베라(창41:45).

H6320 פּוּךְ4회 **푸크**
'그리다'는 뜻의 사용하지 않는 어근에서 유래; '물감'(특히 눈에 칠하는 '안티몬'):—아름다운 색, 번쩍임, 칠하기.

H6321 פּוֹל2회 **폴**
'두껍다'는 뜻의 사용하지 않는 어근에서 유래; '콩'('부풀은'):—콩들.

H6322 פּוּל4회 **풀**
외래어; 한 앗수르 왕과 에티오피아 부족의 이름 '불':—불(사66:19).

H6323 פּוּן1회 **푼**
'돌리다', 즉 당혹하다는 뜻의 기본어근:—마음이 산란하다.

H6324 פּוּנִי1회 **푸니**
'회전'이란 뜻의 사용하지 않는 어근에서 유래한 족속의 명칭; '부니 종족'(집합명사로), 또는 잇사갈 자손 부와의 후손:—부니 종족(민26:23).

H6325 פּוּנֹן2회 **푸논**
〈**6323**〉에서 유래; '당황'; 사막의 한 장소 '부논':—부논(민33:42).

H6326 פּוּעָה1회 **푸아**
'번쩍번쩍하다'는 뜻의 사용하지 않는 어근에서 유래; '찬란함'; 한 이스라엘 여자 '부아':—부아(출1:15).

H6327 פּוּץ64회 **푸츠**
기본어근; 산산이 '부수다', 문자적 또는 상징적으로 (특히 '흩뜨리다'):—산산이 깨뜨리다, 던지다(사방으로), 흩어지다(스스로), 몰아내다, 물러가다, 흩다(사방으로), 사방으로 퍼지다.

H6328 פּוּק9회 **푸크**
기본어근; '흔들리다':—비틀거리다, 움직이다.

H6329 פּוּק9회 **푸크**
기본어근 [그보다는 '떨어져' 나가다의 개념을 통해 〈**6328**〉과 동일시됨; 〈**5312**〉와 비교]; 산출하다, 즉 '공급하다'; 사역동사로 '확보하다'; 상징적으로 '성공하다':—제공하다, 꺼내다, 촉진하다, 얻다, 획득하다.

H6330 פּוּקָה1회 **푸카**
〈**6328**〉에서 유래; '장애물':—슬픔.

H6331 פּוּר2회 **푸르**
기본어근; '부스러뜨리다':—깨뜨리다, 없애다, 완전히 취(取)하다.

H6332 פּוּר8회 **푸르** 또한 (복수로) **פּוּרִים 푸림** 또는 **פֻּרִים 푸림**
〈**6331**〉에서 유래; '제비'('부서진' 조각으로 뽑는):—부르(에3:7, 9:24), 부림(에9:26).

H6333 פּוּרָה3회 **푸라**
〈**6331**〉에서 유래; '포도즙 틀'(포도를 '눌러 뭉개어' 즙을 짜는):—포도즙 짜는 기구.

H6334 פּוֹרָתָא1회 **포라타**
기원은 페르시아어; 하만의 한 아들 '보라다':—보라다(에9:8).

H6335 פּוּשׁ4회 **푸쉬**
기본어근; '퍼지다'; 상징적으로 '거만하게 행하다':—자라다, 살이 찌다, 퍼지다, 흩어지다.

H6336 פּוּתִי1회 **푸티**
'돌쩌귀'라는 뜻의 사용하지 않는 이름에서 유래한 족속의 명칭; '붓 족속'(집합명사로), 또는 알려지지 않은 붓의 후손:—붓 족속[마치 〈6312〉에서 유래한 듯이](대상2:53).

H6337 פָּז9회 **파즈**
〈6388〉에서 유래; '순(금)'; 여기에서 '금' 자체(정련된):—좋은(순수한) 금, 정금.

H6338 פָּזַז2회 **파자즈**
기본어근; '정련하다'(금을):—가장 좋은 [금].

H6339 פָּזַז2회 **파자즈**
기본어근 [그보다는 〈6338〉과 동일시됨]; '응고시키다'(정련하는 것처럼); 또한 '튀어 오르다'(사지가 '떨어져 나가듯이'):—도약하다, 강하게 되다.

H6340 פָּזַר10회 **파자르**
기본어근; '흩뿌리다', 증오심에서든지 관대함이든지:—흩다, 흩어버리다(사방으로).

H6341 פַּח27회 **파흐**
〈6351〉에서 유래; (금속의) '얇은 판'(얇게 '두들겨 만든'); 또한 튀어 오르는 '그물'('얇은 판'처럼 펼쳐진):—씨아, (얇은) 금속의 판, 덫.

H6342 פָּחַד25회 **파하드**
기본어근; '깜짝 놀라다'(갑작스런 놀람에 의해); 여기에서 일반적으로 '두려워하다':—무서워하다, 두려움으로 일어서다, 두려워하다, 두려움 가운데 있다, 떨게 하다.

H6343 פַּחַד49회 **파하드**
〈6342〉에서 유래; (갑작스런) '놀람'(정확히는 두려운 대상, 함축적으로 감정):—공포(스러운), 두려움, 큰 두려움, 크게 두려워 하는 것, 가공할 일.

H6344 פַּחַד1회 **파하드**
〈6343〉과 동일; '고환'(두려움과 유사하면서 '수치'의 원인이 되는):—고환.

H6345 פַּחְדָּה1회 **파흐다**
〈6343〉의 여성형; '놀람'(즉 '경외'):—무서움.

H6346 פֶּחָה27회 **페하**
외래어; '지방장관'(시, 또는 작은 지역):—우두머리, 대표자, 지방장관.

H6347 פֶּחָה10회 **페하**
아람어 〈6346〉과 같음:—우두머리, 지방장관.

H6348 פָּחַז10회 **파하즈**
기본어근; 거품이 '끓어오르다' 또는 '거품이 일다'(끓는 물에서), 즉 (상징적으로) 중요하지 않다:—가벼운, 경한.

H6349 פַּחַז1회 **파하즈**
〈6348〉에서 유래; '끓어오름', 즉 거품 (상징적으로 욕망):—불안정한.

H6350 פַּחֲזוּת1회 **파하주트**
〈6348〉에서 유래; '천박':—경솔, 가벼움.

H6351 פָּחַח1회 **파하흐**
기본어근; '난타하다'; 그러나 〈6341〉에서 유래한 명사유래어로서만 사용됨, '그물을 펴다':—덫에 걸리다.

H6352 פֶּחָם3회 **페함**
아마 '검다'라는 뜻의 사용하지 않는 어근에서 유래; '숯', 목탄이든지, 또는 타고 있든지:—석탄.

H6353 פֶּחָר1회 **페하르**
아람어 '모양을 빚다'는 뜻의 사용하지

않는 어근에서 유래; '토기장이':—옹기장이.

H6354 פַּחַת[10회] **파하트**

명백히 '파다'는 뜻의 사용하지 않는 어근에서 유래했을 듯; '구덩이', 특히 짐승을 잡기 위한:—구멍, 구덩이, 올가미.

H6355 פַּחַת מוֹאָב[6회] **파하트 모아브**

〈**6354**〉와 〈**4124**〉에서 유래; '모압의 구덩이'; 한 이스라엘인, '바핫모압':—바핫모압(스2:6, 느3:11).

H6356 פְּחֶתֶת[1회] **페헤테트**

〈**6354**〉와 동형에서 유래; '구멍'(곰팡이에 의해서 옷에 생기는):—내부의 부식.

H6357 פִּטְדָה[4회] **피트다**

외래어의 파생어; '보석', 아마 '황옥':—토파즈.

H6358 פָּטוּר[4회] **파투르**

〈**6362**〉의 수동태 분사; '열린', 즉 (명사로) '싹':—열린.

H6359 פָּטִיר[1회] **파티르**

〈**6362**〉에서 유래; '열린', 즉 '점거되지 않은':—자유로운.

H6360 פַּטִּישׁ[3회] **팟티쉬**

'텅탕 치다'는 의미의 사용하지 않는 어근에서 유래한 강세형; '망치':—망치.

H6361 פַּטִּישׁ[1회] **팟티쉬**

[아람어] 〈**6360**〉의 어근과 일치하는 어근에서 유래; '가운'(마치 '망치로 펴서' 넓게 만든 것처럼):—긴 양말.

H6362 פָּטַר[5회] **파타르**

기본어근; '쪼개지다' 또는 홱 모습을 나타내다, 즉 (사역동사로) '방출하다', 문자적이든 상징적이든 간에 (입을 크게 벌림, '하품'):—떠나게 하다, 자유롭게 하다, 나가게 하다(방출하다), 살짝 가버리다.

H6363 פֶּטֶר[11회] **페테르**

또는 **פִּטְרָה** **피트라**

〈**6362**〉에서 유래; '갈라진 자리', 즉 (구체적으로) '첫 소생'(자궁을 '열고 나오는'):—초태생, 여는, 열려진 것.

H6364 פִּי־בֶסֶת[1회] **피베쎄트**

기원은 애굽어; 애굽의 한 장소 '비베셋':—비베셋(겔30:17).

H6365 פִּיד[4회] **피드**

아마 '꿰뚫다'는 뜻의 사용하지 않은 어근에서 유래; (상징적으로) '불운':—파괴, 파멸.

H6366 פֵּיָה[1회] **페야** 또는 **פִּיָּה** **피야**

〈**6310**〉의 여성형; '가장자리':—끝머리, 양쪽날 선.

H6367 פִּי הַחִירֹת[3회] **피하히로트**

〈**6310**〉에서 그리고 관사가 삽입된 명사의 여성복수형과 동형에서 유래; '골짜기들의 입(구)'; 애굽의 한 장소 '비하히롯':—비하히롯[민33:8에는 "피"가 없음](출14:2, 민33:7).

H6368 פִּיחַ[2회] **피아흐**

〈**6315**〉에서 유래; '가루'(쉽게 '불려 날리는'), 즉 '재' 또는 '티끌':—재.

H6369 פִּיכֹל[3회] **피콜**

명백히 〈**6310**〉과 〈**3605**〉에서 유래; '모든 것의 입'; 한 블레셋 사람, '비골':—비골(창21:22).

H6370 פִּילֶגֶשׁ[37회] **필레게쉬** 또는 **פִּלֶגֶשׁ** **필레게쉬**

불확실한 파생어; '첩'; 또한 (남성형으로) '남자정부':—첩, 남자정부.

H6371 פִּימָה[1회] **피마**

아마 '부풀다'는 뜻의 사용하지 않는 어근에서 유래; '비만':—(살진 사람·동물의) 피부의 주름.

H6372 פִּינְחָס[25회] **피네하쓰**
명백히 〈**6310**〉과 〈**5175**〉의 변화에서 유래; '뱀의 입'; 세 이스라엘인의 이름, '비느하스':—비느하스(출6:25, 민25:7, 삼상1:3, 스8:33).

H6373 פִּינֹן[2회] **피논**
아마 〈**6325**〉와 동일형; 한 에돔 사람, '비논':—비논(창36:41).

H6374 פִּיפִיָּה[2회] **피피야**
〈**6366**〉 참조; '날' 또는 '이빨':—이빨, 양날 선.

H6375 פִּיק[1회] **피크**
〈**6329**〉에서 유래; '비틀거림':—서로 부딪치다.

H6376 פִּישׁוֹן[1회] **피숀**
〈**6335**〉에서 유래; '분산하는'; 에덴의 한 강, '비손':—비손(창2:11).

H6377 פִּיתוֹן[2회] **피톤**
아마 〈**6596**〉과 동일형에서 유래; '팽창력 있는'; 한 이스라엘인, '비돈':—비돈(대상8:35).

H6378 פַּךְ[2회] **파크**
〈**6379**〉에서 유래; '병'(액체가 흘러나올 수 있는):—상자, 유리병.

H6379 פָּכָה[1회] **파카**
기본어근; '쏟다':—흘러나오다.

H6380 פֹּכֶרֶת צְבָיִים[2회] **포케레트 체바임**
(덫에 걸리게 하다는 뜻의) 알려지지 않은 어근 [(파카르)]의 여성능동태 분사와 〈**6643**〉의 복수형에서 유래; '가젤영양의 올무'; "솔로몬의 시종" 중 한 사람, '보게렛 하스바임':—스바임의 보게렛, 보게렛하스바임(스2:57, 느7:59).

H6381 פָּלָא[27회] **팔라**
기본어근; 정확히는 아마도 '분리하다', 즉 '구별하다'(문자적, 또는 상징적으로); 함축적으로 '크다'(사역동사로 '크게 하다'), '어렵다', '경이롭다':—달성하다, 너무 어렵다(어렵게 하다), 숨겨진, 너무 높은 것들, 경이롭다, 경이롭게 하다, 경이로운, 경이로운 일을 하다, 기적들, 실행하다, 분리하다, 놀라운(사람들, 사건들, 일들), 놀랍게.

H6382 פֶּלֶא[13회] **펠레**
〈**6381**〉에서 유래; '기적':—불가사의한 일, 경이(경이로운, 경이롭게).

H6383 פִּלְאִי[2회] **필이** 또는 **פָּלִיא** **팔리**
〈**6381**〉에서 유래; '뛰어난':—비밀의, 놀라운.

H6384 פַּלֻּאִי[1회] **팔루이**
〈**6396**〉에서 유래한 족속의 명칭; '발루 족속'(집합명사로) 또는 발루의 자손:—발루 사람들(느8:7).

H6385 פָּלַג[4회] **팔라그**
기본어근; '쪼개다'(문자적, 또는 상징적으로):—나누다.

H6386 פְּלַג[1회] **펠라그**
아람어 〈**6385**〉와 같음:—나누어진.

H6387 פְּלַג[1회] **펠라그**
아람어 〈**6386**〉에서 유래; '반쪽':—나눔.

H6388 פֶּלֶג[10회] **펠레그**
〈**6385**〉에서 유래; '시내'(물을 대는 작은 '운하'):—강, 개울.

H6389 פֶּלֶג[7회] **펠레그**
〈**6388**〉과 동일; '지진'; 셈의 아들, '벨렉':—벨렉(창10:25, 대상1:19).

H6390 פְּלַגָּה[3회] **페락가**
〈**6385**〉에서 유래; '개울', 즉 '도랑':—구분, 강.

H6391 פְּלֻגָּה[1회] **펠룩가**
〈**6385**〉에서 유래; '구획':—구분.

H6392 פְּלֻגָּה1회 **펠룩가**
아람어 〈**6391**〉과 같음:—구분.

H6393 פְּלָדָה1회 **펠라다**
'나누다'는 뜻의 사용하지 않는 어근에서 유래; '쪼개는 것', 즉 (병거의) 철'기구':—횃불.

H6394 פִּלְדָּשׁ1회 **필다쉬**
불확실한 파생어; 아브라함의 한 친척, '빌다스':—빌다스(창22:22).

H6395 פָּלָה7회 **팔라**
기본어근; '구별하다'(문자적, 또는 상징적으로):—차이를 두다, 놀랍게 보이다, 분리하다, 나누다, 절단하다, 경이롭게 만들다.

H6396 פַּלּוּא5회 **팔루**
〈**6395**〉에서 유래; '구별된'; 한 이스라엘인, '발루':—발루(창46:9, 출6:14, 민26:5).

H6397 פְּלוֹנִי6회 **펠로니**
'분리하다'는 뜻의 사용하지 않는 이름(〈**6395**〉에서 유래)에서 유래한 족속의 명칭; '블론 족속', 또는 알려져 있지 않는 발론의 거민:—블론 사람(대상11:27).

H6398 פָּלַח5회 **팔라흐**
기본어근; '얇게 썰다', 즉 '부수어 열다' 또는 '뚫다':—낳다, 쪼개다, 자르다, 갈가리 찢다, 꿰뚫다.

H6399 פְּלַח10회 **펠라흐**
아람어 〈**6398**〉과 같음; '섬기다' 또는 예배하다:—봉사하다, 섬기다.

H6400 פֶּלַח6회 **펠라흐**
〈**6398**〉에서 유래; '얇은 조각':—조각.

H6401 פִּלְחָא1회 **필하**
〈**6400**〉에서 유래; '얇게 벰'; 한 이스라엘인, '빌하':—빌하(느10:25).

H6402 פָּלְחָן1회 **폴한**
아람어 〈**6399**〉에서 유래; '예배':—신을 섬김.

H6403 פָּלַט27회 **팔라트**
기본어근; '몰래' 나오다, 즉 '탈출하다'; (사역동사로) '해방시키다':—새끼를 낳다, 안전하게 가지고 가다, 구출하다, 달아나다, 달아나게 하다.

H6404 פֶּלֶט2회 **펠레트**
〈**6403**〉에서 유래; '탈출'; 두 이스라엘인의 이름, '벨렛':—벨렛(대상2:47). 또한 〈**1046**〉을 보라.

H6405 פַּלֵּט5회 **팔레트**
〈**6403**〉에서 유래; '탈출':—구출, 탈출.

H6406 פַּלְטִי2회 **팔티**
〈**6403**〉에서 유래; '구출된'; 두 이스라엘인의 이름 '발디':—발디(민13:9).

H6407 פַּלְטִי1회 **팔티**
〈**6406**〉에서 유래한 족속의 명칭; '발디 사람', 또는 발디의 후손:—발디 족속.

H6408 פִּלְטַי1회 **필타이**
〈**6407**〉 참조; 한 이스라엘인, '빌대':—빌대(느12:17).

H6409 פַּלְטִיאֵל2회 **팔티엘**
〈**6404**〉와 〈**410**〉과 동형에서 유래; '하나님의 구출'; 두 이스라엘인의 이름, '발디엘':—발디엘(삼하3:15).

H6410 פְּלַטְיָה3회 **펠라트야**
또는 פְּלַטְיָהוּ **펠라트야후**
〈**6403**〉과 〈**3050**〉에서 유래; '여호와께서 구출하셨다'; 네 이스라엘인의 이름 '블라댜':—블라댜(대상3:21).

H6411 פְּלָיָה3회 **펠라야**
또는 פְּלָאיָה **펠라야**
〈**6381**〉과 〈**3050**〉에서 유래; '여호와께서 구별하셨다'; 세 이스라엘인의 이름 '블라야':—블라야(느8:7, 10:11 (10)).

H6412 פָּלִיט19회 **팔리트**
또는 **פָּלֵיט 팔레트** 또는 **פָּלֵט 팔레트**
〈**6403**〉에서 유래; '피난자':—달아나다, 달아난 것, 도망자.

H6413 פְּלֵיטָה28회 **펠레타**
또는 **פְּלֵטָה 펠레타**
〈**6412**〉의 여성형; '구출'; 구체적으로 '모면한' 부분:—구출, 탈출, 남은 것(자).

H6414 פָּלִיל3회 **팔릴**
〈**6419**〉에서 유래; '행정장관':—재판관.

H6415 פְּלִילָה1회 **펠릴라**
〈**6414**〉의 여성형; '공의':—재판, 판결.

H6416 פְּלִילִי1회 **펠릴리**
〈**6414**〉에서 유래; '재판상의':—재판관, 판결.

H6417 פְּלִילִיָּה1회 **펠릴리야**
〈**6416**〉의 여성형; '재판권':—재판, 판결.

H6418 פֶּלֶךְ10회 **펠레크**
'둥글다'는 뜻의 사용하지 않는 어근에서 유래; '주위'(즉, '지역'); 또한 '물레 가락'('빙빙 돌리는 것'으로); 여기에서 '버팀나무':—막대기, 실 감는 막대, 부분.

H6419 פָּלַל84회 **팔랄**
기본어근; '판단하다'(공식적으로 또는 정신적으로); 확대된 의미로 '중재하다', '기도하다':—탄원하다, 판단(하다), 기도(하다, 하게하다, 하는), 간구하다.

H6420 פָּלָל1회 **팔랄**
〈**6419**〉에서 유래; '판단'; 한 이스라엘인 '발랄':—발랄(느3:25).

H6421 פְּלַלְיָה1회 **펠랄야**
〈**6419**〉와 〈**3050**〉에서 유래; '여호와께서 판단하셨다'; 한 이스라엘인, '블라야':— 블라야(느11:12).

H6422 פַּלְמוֹנִי1회 **팔모니**
아마 〈**6423**〉 참조; '어떤' 사람, 즉 그렇고 그런:—어떤.

H6423 פְּלֹנִי3회 **펠로니**
〈**6395**〉에서 유래; '그와 같은' 자, 즉 지정된 '사람':— 그러한.

H6424 פָּלַס6회 **팔라쓰**
기본어근; 정확히는 납작하게 '굴리다', 즉 '예비하다'(길을); 또한 '맴돌다', 즉 (정신적으로) '신중하게 고려하다':—만들다, 숙고하다, 저울질하다, 신중하게 고려하다.

H6425 פֶּלֶס2회 **펠레쓰**
〈**6424**〉에서 유래; '저울':—천칭, 저울추.

H6426 פָּלַץ1회 **팔라츠**
기본어근; 정확히는 아마 '찢다', 즉 (함축적으로) '떨다':—떨리다.

H6427 פַּלָּצוּת4회 **팔라추트**
〈**6426**〉에서 유래; '놀람':—두려움, 공포, 떨림.

H6428 פָּלַשׁ4회 **팔라쉬**
기본어근; '구르다'(먼지 속에서):—구르다(뒹굴다).

H6429 פְּלֶשֶׁת8회 **펠레셰트**
〈**6428**〉에서 유래; '굴러가는', 즉 '이주하는'; 수리아의 한 지역 '블레셋':—블레셋(출15:14, 시60:10(8), 사14:29), 팔레스타인(블레셋 사람들).

H6430 פְּלִשְׁתִּי33회 **펠리쉬티**
〈**6429**〉에서 유래한 족속의 명칭; '블레셋 사람', 또는 블레셋의 거민:—블레셋 족속(삼상17:16).

H6431 פֶּלֶת 2회 **펠레트**

'달아나다'는 뜻의 사용하지 않는 어근에서 유래; '신속함'; 두 이스라엘인의 이름, '벨렛':—벨렛(민16:1, 대상2:33).

H6432 פְּלֵתִי 7회 **펠레티**

〈**6431**〉과 동형에서 유래; '급사(急使)'(집합명사로) 또는 공식적인 '사자(使者)':—블렛 사람들(삼하15:18, 왕상1:38, 대상18:17).

H6433 פֻּם 6회 **품**

아람어 아마 〈**6310**〉을 참조해야 할 듯; '입'(문자적 또는 상징적으로):—입.

H6434 פֵּן 2회 **펜**

'돌다'는 뜻의 사용하지 않는 어근에서 유래; '모퉁이'(길이나 벽의):—구석.

H6435 פֵּן 132회 **펜**

〈**6437**〉에서 유래; 정확히는 '제거'(연계형태인) 부사로서 접속사로만 사용됨; '하지 않도록':—~하지 않도록, ~하는 일이 없도록, 우연히, …하지 않기 위하여.

H6436 פַּנַּג 1회 **판나그**

불확실한 파생어; 아마 '가루반죽으로 만든 과자':—과자(겔27:17).

H6437 פָּנָה 135회 **파나**

기본어근; '향하다'; 함축적으로 '대면하다', 즉 '나타나다', '보이다' 등등:—나타나다 [저녁때에], 보다, 내던지다, 구석, 날이 새는, 빈, 가버리다, 눕다, 표시하다, 지나다, 준비하다, 간주하다, 존중하다, 돌다(외면하다, 쫓아내다, 돌아가), 바른[이른].

H6438 פִּנָּה 30회 **핀나**

〈**6434**〉의 여성형; '모퉁이'; 함축적으로 '높은 산봉우리'; 상징적으로 '두목':—보루, 우두머리, 구석, 버팀대, 망대.

H6439 פְּנוּאֵל 8회 **페누엘**

또는 (더욱 정확히는) **פְּנִיאֵל 페니엘**

〈**6437**〉과 〈**410**〉에서 유래; '하나님의 얼굴'; 요단동편의 한 장소 '브니엘', 또한 (브누엘로서) 이스라엘인의 이름:—브니엘(창32:31, 삿8:8, 대상4:4), 브누엘.

H6440 פָּנִים 2038회 **파님**

사용하지 않는 명사 **פָּנֶה 파네**의 복수형 (그러나 항상 단수로 사용)

〈**6437**〉에서 유래; '얼굴'('향하는' 부분으로서); 매우 다양한 의미로 사용됨(문자적, 또는 상징적으로); 또한 (접두전치사와 함께) 전치사로 ('앞에', 등등):—받아드리다, 앞쪽에, 이전에, 대면하여, 분노, ~만큼(~하는 한은), ~에, 싸우다, 때문에, 간절히 원하다, 안색, 가장자리, 고용하다, 참다, 묻다, 대면하다, 호의를 베풀다, 에 대한 두려움, (가장) 앞의, ~로부터, 정면, 무거움, 그를(그 자신), 명예로운, 뻔뻔스러운, 안에, 그것, 보다, 나를, 만나다, 보다 더, 입, ~의, ~으로부터 떨어져(off), 오랜(전에), 의 ~위에, 훤히 트인, ~에서, 에 마주대하여, 부분적인, 사람, 제발, 존재, 임재, 의도되었다, ~인 까닭에, 간주하다, 곧, 섬기다, 진설병, 광경, 상태, 똑바름, 거리, 너를, 그들을(그들 자신, ~을 통하여(도처에), ~까지, 지나간 때, ~에로, ~위에, 거꾸로, ~와 함께(~의 안에, 견뎌내다), 너희들, 너를.

H6441 פְּנִימָה 5회 **페니마**

방향지시 전접어(enclitic)를 가진 〈**6440**〉에서 유래; '정면으로', 즉 '실내에':—~안에(내부의, 안쪽의).

H6442 פְּנִימִי 9회 **페니미**
〈6440〉에서 유래; '내부':—~안에(내부의, 안쪽의).

H6443 פְּנִין 6회 **파닌** 또는 פְּנִי **파니**
〈6434〉와 동형에서 유래; 아마 '진주'(둥근):—루비.

H6444 פְּנִנָּה 3회 **페닌나**
아마 〈6443〉의 압축형에서 유래한 여성형; 한 이스라엘 여인 '브닌나':—브닌나(삼상1:2).

H6445 פָּנַק 1회 **파나크**
기본어근; '기력을 빼앗다':—기르다.

H6446 פַּס 5회 **파쓰**
〈6461〉에서 유래; 정확히는 손'바닥' 또는 발'바닥'[〈6447〉과 비교]; 함축적으로 (복수로) '길고 소매달린' 튜닉(아마도 단순한 '넓은' 옷, 〈6461〉의 원래의 의미에서 유래, 즉 '많은 폭들'이란 개념에서 유래):—(여러) 색깔들.

H6447 פַּס 2회 **파쓰**
아람어 〈6461〉과 일치한 어근에서 유래; 손'바닥'('펼쳐진' 것으로서):—부분.

H6448 פָּסַג 1회 **파싸그**
기본어근; '난도질 하다', 즉 (상징적으로) '숙고하다':—깊이 생각하다.

H6449 פִּסְגָּה 8회 **피쓰가**
〈6448〉에서 유래; '갈라진 틈'; 요단 동편의 한 산 '비스가':—비스가(민21:20, 신3:37, 수12:3).

H6450 פַּס דַּמִּים 1회 **파쓰 담밈**
〈6446〉과 그리고 〈1818〉의 복수형에서 유래; '유혈의 바닥'(즉 '협곡'); 팔레스타인의 한 장소, '바스 담밈':—바스 담밈(삼상17:1). 〈658〉과 비교

H6451 פִּסָּה 1회 **핏싸**
〈6461〉에서 유래; '확장', 즉 '풍부':—한 움큼.

H6452 פָּסַח 7회 **파싸흐**
기본어근; '깡충 뛰다', 즉 (상징적으로) 건너 '뛰다' (혹은 '남겨두다'); 함축적으로, '주저하다'; 또한 (문자적으로) '절뚝거리다', '춤추다':—멈추다, 절름발이가 되다, 깡충 뛰다, 넘어가다.

H6453 פֶּסַח 49회 **페싸흐**
〈6452〉에서 유래; '묵과함', 즉 '면제'; 유대인 유월절의 ('절기' 또는 희생물) 전문용어로만 사용됨:—유월절(제물)(출12:11, 민9:14, 대하30:1).

H6454 פָּסֵחַ 4회 **파쎄아흐**
〈6452〉에서 유래; '절뚝거리는'; '바세아', 두 이스라엘인의 이름:—바세아(대상4:12, 느3:6, 스2:49, 느7:51).

H6455 פִּסֵּחַ 14회 **핏쎄아흐**
〈6452〉에서 유래; '절름발이의':—불구의.

H6456 פְּסִיל 23회 **페씰**
〈6458〉에서 유래; '우상':—새긴 형상, 조각한 형상, 채석장.

H6457 פָּסַךְ 1회 **파싸크**
'나누다'는 의미의 사용하지 않는 어근에서 유래; '나누는 사람'; 한 이스라엘인의 이름 '바삭':—바삭(대상7:33).

H6458 פָּסַל 6회 **파쌀**
기본어근; '새기다', 나무든 돌이든 간에:—조각하다, 베다.

H6459 פֶּסֶל 31회 **페쎌**
〈6458〉에서 유래; '우상':—새긴(조각한) 형상.

H6460 פְּסַנְטֵרִין 4회 **페싼테린** 아람어, 또

는 פְּסַנְתֵּרִין 페싼테린 헬라어 ψαλμτήριον 프살므테리온의 음역; '수금':—옛날의 현악기 수금(竪琴).

H6461 פָּסַס[1회] 파싸쓰
기본어근; 아마 '흩뜨리다', 즉 (자동사) '사라지다':—그치다.

H6462 פִּסְפָּה[1회] 피쓰파
아마 〈**6461**〉에서 유래; '분산'; 한 이스라엘인의 이름 '비스바':—비스바(대상7:38).

H6463 פָּעָה[1회] 파아
기본어근; '소리치다':—외치다.

H6464 פָּעוּ[1회] 파우 또는 פָּעִי 파이
〈**6463**〉에서 유래; '소리치는'; 에돔에 있는 한 장소 '바이':—바이(창36:39), 바우.

H6465 פְּעוֹר[5회] 페오르
〈**6473**〉에서 유래; '틈'; 요단 동편에 있는 산 '브올'; 또한 (〈**1187**〉 참조) 거기서 섬긴 신:—브올(민23:28). 〈**1047**〉을 보라

H6466 פָּעַל[56회] 파알
기본어근; '~행하다', 혹은 만들다(조직적으로 그리고 습관적으로), 특히 '실행하다':—범하다, [악]행하다 (행하는 자), 만들다(하는 자), 정하다, 일하다(일하는 사람).

H6467 פֹּעַל[38회] 포알
〈**6466**〉에서 유래; '행동' 혹은 '일'(구체적으로):—행동, 행위, 활동, 획득, 제작자, 일.

H6468 פְּעֻלָּה[14회] 페울라
〈**6466**〉의 여성 수동태 분사; (추상적으로) '일':—노동, 보수, 임금, 일.

H6469 פְּעֻלְּתַי[1회] 페울레타이
〈**6468**〉에서 유래 '힘드는, 일 잘하는':—한 이스라엘인의 이름 '브울래대':—브울래대(대상26:5).

H6470 פָּעַם[5회] 파암
기본어근; '가볍게 두드리다', 즉 규칙적으로 치다; 여기에서 (일반적으로) '강제하다' 혹은 선동하다:—움직이다, 괴롭히다.

H6471 פַּעַם[115회] 파암
또는 여성형 פַּעֲמָה 파아마
〈**6470**〉에서 유래; '일격', 문자적 또는 상징적으로 (다음과 같이 다양하게 적용됨):—모루, 구석, 발(발자국), 가기, [백]배, 지금, 한번, 서열, 걸음, 세 번, 두 번째, 이번은, 두 번, 두 번째의 수레바퀴.

H6472 פַּעֲמֹן[3회] 파아몬
〈**6471**〉에서 유래; 종('친' 것으로서):—종.

H6473 פָּעַר[4회] 파아르
기본어근; '하품하다', 즉 넓게 열다 (문자적, 혹은 상징적으로):—하품하다, (넓게) 열다.

H6474 פַּעֲרַי[2회] 파이라이
〈**6473**〉에서 유래; '하품하는'; 한 이스라엘인 이름, '바아래':—바아래(삼하23:35).

H6475 פָּצָה[15회] 파차
기본어근; '찢다', 즉 열다 (특히 입을):—구해내다, 입을 크게 벌리다, 열다, 해방하다, 발언하다.

H6476 פָּצַח[8회] 파차흐
기본어근; '갑자기 소리 지르다'(기쁜 소리로):—(기뻐서) 외치다, 큰소리를 내다.

H6477 פְּצִירָה[1회] 페치라
〈**6484**〉에서 유래; '무딤':—연마.

H6478 פָּצַל[2회] 파찰

기본어근; '껍질을 벗기다':—벗기다.

H6479 פְּצָלָה[2회] **페찰라**
〈6478〉에서 유래; '껍질 벗기기':—바퀴 쇠.

H6480 פָּצַם[1회] **파참**
기본어근; '갈라지다'(지진에 의해):—깨어지다.

H6481 פָּצַע[3회] **파차**
기본어근; '찢어지다', 즉 '상처':—부상.

H6482 פֶּצַע[8회] **페차**
〈6481〉에서 유래; '상처':—부상(부상당한).

H6483 פִּצֵּץ[1회] **핏체츠**
'분리하다'는 의미로 사용하지 않는 어근에서 유래; '분산적인'; 한 제사장의 이름:— 합비세스(정관사를 포함하여)(대상24:15).

H6484 פָּצַר[7회] **파차르**
기본어근; 부리로 '쪼다', 즉 (상징적으로) '어리벙벙하게 하다' 혹은 '둔하게 하다':— 강요하다, 강권하다, 완고함.

H6485 פָּקַד[223회] **파카드**
기본어근; '방문하다'(호의적 혹은 적대적인 의도에서); 유추적으로 '감독하다', '소집하다', '맡기다', '보살피다', '놓치다', '맡기다' 등등:—지정하다, 전혀, 복수하다, 수여하다, (임무를 지정해) 맡기다, (임무를 수여하다), 맡기다, 세다, 비다, 부과하다, 보러가다, 다치게 하다, 판단하다, 모자라다, 만들다, 어떤 수단으로든지, 놓침, 수, 지휘관, 감독관, 감시하다, 벌주다, 계산하다, (기억을 불러일으키다), 기억하다, 두다[양도하다], 합하다, 확실히, 방문하다, 바라다.

H6486 פְּקֻדָּה[32회] **페쿳다**
〈6485〉의 여성형 수동태 분사; '방문'(여러 뜻에서 주로 공식적인):—계산, (맡은 바(임무), 보호, 준비, 되어진 것, 숫자, 직무(관리), 명령한, 감독, 감옥, 셈, 방문.

H6487 פִּקָּדוֹן[3회] **픽카돈**
〈6485〉에서 유래; '기탁물':—넘겨진 것(보관하기 위하여), 저장하다.

H6488 פְּקִדֻת[1회] **페키두트**
〈6496〉에서 유래; '관리':—보호.

H6489 פְּקוֹד[2회] **페코드**
〈6485〉에서 유래; '형벌'; '브곳', 바벨론에 대한 상징적 이름:—브곳(렘50:21, 겔23:23).

H6490 פִּקּוּד[4회] **픽쿠드 또는 פִּקֻּד 픽쿠드**
〈6485〉에서 유래; 정확히는 '지정되어진', 즉 '명령'(하나님의; 복수로만, 집합적으론 '율법'을 말함):—계명, 가르침, 법령.

H6491 פָּקַח[20회] **파카흐**
기본어근; '열다'(감각기관을, 특히 눈을 뜨는 것을 말함); 상징적으로, '예리하게 관찰하다':—열다.

H6492 פֶּקַח[11회] **페카흐**
〈6491〉에서 유래; '경계'; 이스라엘 왕, '베가':—베가(왕하15:25).

H6493 פִּקֵּחַ[2회] **픽케아흐**
〈6491〉에서 유래; '눈 밝은'; 상징적으로 '지적인':—보기, 현명한.

H6494 פְּקַחְיָה[3회] **페카흐야**
〈6491〉과 〈3050〉에서 유래; '여호와께서 관찰하셨다'; 이스라엘의 왕, '브가히야':—브가히야(왕하15:22).

H6495 פְּקַח־קוֹחַ[2회] **페카흐코아흐**
〈6491〉의 되풀이 한 형에서 유래; '열림'(감옥의), 즉 '감옥에서의 구출'(상징적으로 죄로부터의 '구원'):—감옥의 개방.

H6496 פָּקִיד[13회] **파키드**
〈**6485**〉에서 유래; '감독자'(민간의, 군사적인, 또는 종교적인):—임무를 맡은 것, 통치자, 관리, 감시자, 주어진 것.

H6497 פֶּקַע[3회] **페카**
'파열하다'는 의미의 사용하지 않는 어근에서 유래; 〈**6498**〉과 유사한 장식으로 건축술어로만 사용되어짐, '반구(半球)(공)':—봉오리 모양의 장식[기둥머리].

H6498 פַּקֻּעָה[1회] **팍쿠아**
〈**6497**〉과 동형에서 유래; '야생오이'(씨를 꺼내기 위해 열어 '쪼개는'):—조롱박.

H6499 פַּר[133회] **파르** 또는 **פָּר 파르**
〈**6565**〉에서 유래; '수소'(명백히 야생적인 힘으로 '밀고' 나오는, 혹은 발굽이 '갈라진' 것으로서):—(어린) 황소 (거세한 소), 송아지.

H6500 פָּרָה[1회] **파라**
기본어근; '열매를 맺다':—결실이 풍부하다.

H6501 פֶּרֶא[10회] **페레**
또는 **פֶּרֶה 페레** (렘2:24)
거칠게 '달리다'라는 부차적 의미로 〈**6500**〉에서 유래; '야생당나귀':—야생의 (나귀).

H6502 פִּרְאָם[1회] **피르암**
〈**6501**〉에서 유래; '사납게'; 한 가나안인의 이름, 비람:—비람(수10:3).

H6503 פַּרְבָּר[3회] **파르바르**
또는 **פַּרְוָר 파르와르**
기원은 외래어; 예루살렘의 한 지역 '바르바르':—근처(왕하23:11).

H6504 פָּרַד[26회] **파라드**
기본어근; '꿰뚫다', 즉 '퍼지다' 혹은 '분리하다'(분리되다):—흩뜨리다, 나누다, 뻐가) 어그러지다, 절단하다, 뿌리다(사방에), 분리하다, 끊다(스스로), 잡아당기다, 떼다.

H6505 פֶּרֶד[15회] **페레드**
〈**6504**〉에서 유래; '노새'(아마도 그것이 '혼자 있는' 버릇에서):—노새.

H6506 פִּרְדָּה[3회] **피르다**
〈**6505**〉의 여성형; '암 노새':—노새.

H6507 פְּרֻדָה[1회] **페루다**
〈**6504**〉의 여성 수동태 분사; '분리되어진' 어떤 것, 즉 '낟알':—씨.

H6508 פַּרְדֵּס[3회] **파르데쓰**
기원은 외래어; '공원':—숲, 과수원.

H6509 פָּרָה[29회] **파라**
기본어근; '열매를 맺다'(문자적 또는 상징적으로):—열매를 맺다, (열매) 내다, 결실하다, (결실하게 되다), 결실이 풍부하다, 자라다, 증산하다.

H6510 פָּרָה[26회] **파라**
〈**6499**〉의 여성형; '어린 암소':—소, 어린 암소, 암소.

H6511 פָּרָה[1회] **파라**
〈**6510**〉과 동형; 팔레스타인의 한 장소 '바라':—바라(수18:23).

H6512 פֵּרָה[1회] **페라**
〈**6381**〉에서 유래; '구멍'('부서진', 즉 파헤친):—두더지. 〈**2661**〉과 비교

H6513 פֻּרָה[2회] **푸라**
〈**6288**〉 참조; '잎의 무성함'; 한 이스라엘인의 이름, '부라':—부라(삿7:10).

H6514 פְּרוּדָא[2회] **페루다**
또는 **פְּרִידָא 페리다**
〈**6504**〉에서 유래; '분산'; "솔로몬의 신하들" 중의 한 사람, '브루다':—브루다(스2:55).

H6515 פָּרוּחַ[1회] **파루아흐**

〈6524〉의 수동태분사; '꽃이 핀'; 한 이스라엘인의 이름, '바루아':—바루아(왕상4:17).

H6516 פַּרְוַיִם1회 **파르와임**
기원은 외래어; 동방의 한 지역, '바르와임':—바르와임(대하3:6).

H6517 פָּרוּר3회 **파루르**
'펼치다'는 뜻으로[〈6524〉와 비교] 〈6565〉의 수동태분사; '냄비'('편편한' 또는 '깊은 것으로서'):—납작한 냄비, 원통형의 그릇.

H6518 פָּרָז1회 **파라즈**
'분리하다', 즉 '결정하다'는 뜻의 사용되지 않은 어근에서 유래; '두목':—촌락.

H6519 פְּרָזָה3회 **페라자**
〈6518〉과 동형에서 유래; '열린' 시골:—(성벽이 없는) 마을, 성곽 없는 촌락.

H6520 פְּרָזוֹן2회 **페라존**
〈6518〉과 동형에서 유래; '장관', 즉 '통치자의 지위'(또한 구체적으로 '두목'):— 촌락.

H6521 פְּרָזִי3회 **페라지**
또는 **פְּרוֹזִי 페로지**
〈6519〉에서 유래; '시골의':—촌락.

H6522 פְּרִזִּי23회 **페릿지**
〈6521〉 참조; '열린 시골의' 거민; '브리스 사람', 가나안 족속들 중의 하나:—브리스 족속(창13:7, 출3:8).

H6523 פַּרְזֶל20회 **파르젤**
아람어 〈1270〉과 같음; '철':—철.

H6524 פָּרַח36회 **파라흐**
기본어근; '싹'같이 '튀어 나오다', 즉 '꽃이 피다'; 일반적으로 '펴지다'; 특히 '날다'(날개를 펴서); 상징적으로 '번영하다':—(사방에, 풍성히), 꽃을 피우다, 발하다(종기가), 싹이 나다, 번성하다, 날게 하다, 자라다, 펴다, 튀어나오다(도약하다).

H6525 פֶּרַח17회 **페라흐**
〈6524〉에서 유래; '꽃받침'(자연적이든 인공적이든); 일반적으로 '꽃':—개화, 봉오리, 꽃.

H6526 פִּרְחַח1회 **피르하흐**
〈6524〉에서 유래; '자손', 즉 '한 배 새끼':—젊음.

H6527 פָּרַט1회 **파라트**
기본어근; 말을 '퍼뜨리다', 즉 '수다떨다'(또는 '콧노래를 하다'):—읊조리다.

H6528 פֶּרֶט1회 **페레트**
〈6527〉에서 유래; '흩어진' 또는 '떨어진' 장과(漿果):—포도.

H6529 פְּרִי118회 **페리**
〈6509〉에서 유래; '과일'(문자적 또는 상징적으로):—큰 가지, ([첫])열매([열매가 많이 열리는]), 보상.

H6530 פְּרִיץ6회 **페리츠**
〈6555〉에서 '광포한', 즉 '폭군':—파괴자, 탐욕스러운, 도둑.

H6531 פֶּרֶךְ6회 **페레크**
'쪼개다'는 의미의 사용되지 않는 어근에서 유래; '부숨', 즉 '가혹':—무자비함, 엄격함.

H6532 פָּרֹכֶת25회 **포레케트**
〈6531〉과 동형의 여성 능동태분사; '구별 지우는 것', 즉 (거룩한) '휘장':—휘장.

H6533 פָּרַם3회 **파람**
기본어근; '찢다':—째다.

H6534 פַּרְמַשְׁתָּא1회 **파르마쉬타**
기원은 페르시아어; 하만의 아들; '바마스다':—바마스다(에9:9).

H6535 פַּרְנָךְ[1회] **파르나크**
불확실한 파생어; 한 이스라엘인의 이름 '바르낙':—바르낙(민34:25).

H6536 פָּרַס[14회] **파라쓰**
기본어근; 조각조각 '쪼개다', 즉 (보통 격하지 않게) '쪼개다', '나누어주다':—취급하다, 나누다, 발굽을 가지다, 찢다.

H6537 פְּרַס[2회] **페라쓰**
아람어 〈**6536**〉과 같음; '쪼개다':—나누다, [우-]바르신(단5:25).

H6538 פֶּרֶס[2회] **페레쓰**
〈**6536**〉에서 유래; '발톱'; 또한 한 '독수리' 종류:—발톱, 독수리의 일종.

H6539 פָּרַס[34회] **파라쓰**
외래어; 한 동방국가 '파라스'(즉, '페르시아'), 그곳의 주민을 포함하여:—페르시아, 페르시아인들(단5:28, 스1:1).

H6540 פָּרַס[2회] **파라쓰**
아람어 〈**6539**〉와 같음:— 페르시아, 페르시아인들(느12:22, 단6:28).

H6541 פַּרְסָה[21회] **파르싸**
〈**6538**〉의 여성형; '발톱' 또는 갈라진 '발굽':—발톱, 갈라진 발굽의, 발굽.

H6542 פַּרְסִי[1회] **파르씨**
〈**6539**〉에서 유래한 족속의 명칭; '페르시아인', 또는 페르시아의 주민:—페르시아인들(느12:22).

H6543 פַּרְסָי[1회] **파르씨**
아람어 〈**6542**〉과 같음:—페르시아인(느12:22).

H6544 פָּרַע[15회] **파라**
기본어근; '풀어놓다'; 함축적으로 '노출시키다', '떠나게 하다'; 상징적으로 '용서하다', '시작하다':—복수하다, 피하다, 드러내다, 뒤돌아가다, …하도록 시키다, 발가벗기다, 무시하다, 멸망하다, 거절하다, 벗기다.

H6545 פֶּרַע[3회] **페라**
〈**6544**〉에서 유래; ('헝클어진') '머리카락':—머리타래.

H6546 פַּרְעָה[2회] **파르아**
〈**6545**〉의 여성형('시작'의 뜻에서); '지도력'(복수형, 구체적으로는 '지도자들'):— 복수하는, 원수를 갚다.

H6547 פַּרְעֹה[274회] **파르오**
기원은 이집트어; 이집트왕의 일반칭호 '바로':—바로(창12:15, 37:36, 40:2).

H6548 פַּרְעֹה חָפְרַע[1회] **파르오 호프라**
이집트어의 파생어; 한 이집트의 왕 '바로호브라':—바로호브라(렘44:30).

H6549 פַּרְעֹה נְכֹה[1회] **파르오 네코**
기원은 이집트어; 한 이집트왕 '바로느고':—바로느고(왕하23:29).

H6550 פַּרְעֹשׁ[2회] **파르오쉬**
아마 〈**6544**〉와 〈**6211**〉에서 유래; ('격리된 곤충'으로서) '벼룩':—벼룩.

H6551 פַּרְעֹשׁ[6회] **파르오쉬**
〈**6550**〉과 동일; 네 이스라엘인의 이름 '바로스':—바로스(스2:3, 느3:25).

H6552 פִּרְעָתוֹן[1회] **피르아톤**
〈**6546**〉에서 유래; '지휘관의 직위'; 팔레스타인의 한 지역 '비라돈':—비라돈(삿12:15).

H6553 פִּרְעָתוֹנִי[5회] **피르아토니**
또는 **פִּרְעָתֹנִי 피르아토니**
〈**6552**〉에서 온 족속의 명칭, '비라돈 사람', 또는 비라돈의 주민:—비라돈 족속(삿12:13).

H6554 פַּרְפַּר[1회] **파르파르**
아마 '돌진함'의 의미로 〈**6565**〉에서

유래; '신속한'; 시리아의 한 강 '바르발':—바르발(왕하5:12).

H6555 פָּרַץ[49회] 파라츠

기본어근; '터치고 나오다'(직접적으로나 간접적으로, 문자적으로나 상징적으로 다양한 적용에서):—(사방으로), 터지게 하다, 깨뜨리다(부숴버리다, 갑자기 일어나다, 분쇄하다), 터져 나오다, 사방으로 널리 퍼지다, 강요하다, 퍼뜨리다, 자라다, 증가하다, 열다, 누르다, 흩어지다, 촉구하다.

H6556 פֶּרֶץ[35회] 페레츠

〈6555〉에서 유래; '깨진 곳'(문자적으로나 상징적으로):—갈라진 틈, 터져 나오는, 틈.

H6557 פֶּרֶץ[4회] 페레츠

〈6556〉과 동일; 두 이스라엘인의 이름 '베레스':—베레스(삼하6:8, 대상13:11).

H6558 פַּרְצִי[1회] 파르치

〈6557〉에서 유래한 족속의 명칭; '베레스인'(집합적으로), 또는 베레스의 후손:— 베레스 사람들(민26:20).

H6559 פְּרָצִים[1회] 페라침

〈6556〉의 복수; '갈라진 틈들'; 팔레스타인의 한 산 '브라심':—브라심(암4:3).

H6560 פֶּרֶץ עֻזָּא[2회] 페레츠 웃자

〈6556〉과 〈5798〉에서 유래; '웃사를 침(깨침)'; 팔레스타인의 한 장소 '베레스웃사':—베레스웃사(삼하6:8, 대상13:11).

H6561 פָּרַק[10회] 파라크

기본어근; '뜯어내다' 또는 '우지끈 부수다'; 상징적으로 '구출하다':—쪼개지다, 구출하다, 속량(회복)하다, (산산조각)내다, 산산이 찢다.

H6562 פְּרַק[1회] 페라크

아람어 〈6561〉과 같음; '단절하다':—뜯어내다.

H6563 פֶּרֶק[2회] 페레크

〈6561〉에서 유래; '강탈'; 또한 (길의) '분기점(갈림길)':—네거리, 약탈.

H6564 פָּרָק[1회] 파라크

〈6561〉에서 유래; ('잘게 썬' 고기가 많은) '수프':—고기 국. 또한 〈4832〉를 보라

H6565 פָּרַר[52회] 파라르

기본어근; '분쇄하다'(보통 상징적으로, 즉 '어기다', '좌절시키다'):—(어떻게든), (산산이) 깨뜨리다, 벗어버리다, 그만두게 하다, 깨끗한, 쳐부수다, 취소하다, 실망하다, 해체하다, 취소하다, 나누다, 실패하다, 좌절하다, 무로 돌리다, (전적으로), 무효로 하다.

H6566 פָּרַשׂ[67회] 파라스

기본어근;'산산이 부수다', '흩뜨리다', 등등:—깨뜨리다, (조각으로) 자르다, 열어두다, 흩뿌리다, 널리 펼치다, 내뻗다.

H6567 פָּרַשׁ[5회] 파라쉬

기본어근; '분리하다', 문자적으로('흩뜨리다') 또는 상징적으로('명시하다'); 또한(함축적으로) '상처를 입히다':—흩다, 선언하다, (분명히), 보여주다, 쏘다.

H6568 פְּרַשׁ[1회] 페라쉬

아람어 〈6567〉과 같음; '명시하다':—명료하게.

H6569 פֶּרֶשׁ[6회] 페레쉬

〈6567〉에서 유래; '배설물'('배출된' 것으로서):—대변.

H6570 פֶּרֶשׁ1회 **페레쉬**
〈**6569**〉와 동일; 한 이스라엘인 '베레스':—베레스(대상7:16).

H6571 פָּרָשׁ57회 **파라쉬**
〈**6567**〉에서 유래; '말'(승마용의 한 마리가 아니라 탈것과 연결되어 끄는 말) [〈**5483**〉과 비교]; 또한 (함축적으로)(마차를) '모는 사람', 즉 (집합적으로) 기병대:—기병.

H6572 פַּרְשֶׁגֶן7회 **파르셰겐**
또는 **פַּתְשֶׁגֶן 파트셰겐**
외래어; '사본':—복사본.

H6573 פַּרְשֶׁגֶן3회 **파르셰겐**
[아람어] 〈**6572**〉와 같음:—복사본.

H6574 פַּרְשְׁדֹן1회 **파르셰돈**
아마 〈**6567**〉과 〈**6504**〉의 복합어('다리를 벌리고 서다'의 뜻에서) [〈**6576**〉과 비교]; '가랑이'(또는 '항문'):—불결물, 오물.

H6575 פָּרָשָׁה2회 **파라샤**
〈**6567**〉에서 유래; '설명':—선언, 개요.

H6576 פַּרְשֵׁז1회 **파르쉐즈**
어근은 명백히 〈**6567**〉과 〈**6518**〉의 어근과 복합되어 형성[〈**6574**〉와 비교]; '확장하다':—펼치다.

H6577 פַּרְשַׁנְדָּתָא1회 **파르샨다타**
기원은 페르시아어; 하만의 한 아들 '바산다다':—바산다다(에9:7).

H6578 פְּרָת20회 **페라트**
'솟아나오다'는 의미의 사용하지 않는 어근에서 유래; '돌진'; 근동의 한 강 '유브라데'(즉 유프라테스)':—유프라테스(창2:14, 신1:7, 렘2:28).

H6579 פַּרְתַּם3회 **파르탐**
기원은 페르시아어; '귀족':—고관, 방백.

H6580 פַּשׁ1회 **파쉬**
아마 '붕괴하다'는 의미의 사용하지 않는 어근에서 유래; (조잡하고 상스러운 결과로서의) '어리석음':—파멸의 직전, 궁지.

H6581 פָּשָׂה22회 **파사**
기본어근; '퍼지다':—퍼지다.

H6582 פָּשַׁח1회 **파샤흐**
기본어근; 산산이 '찢다':—갈기갈기 뜯다.

H6583 פַּשְׁחוּר14회 **파쉬후르**
아마 〈**6582**〉에서 유래; '해방'; 네 이스라엘인의 이름 '바스훌':—바스훌(렘20:3, 스2:38, 느7:4).

H6584 פָּשַׁט43회 **파샤트**
기본어근; '펼치다'(즉 대적하려고 군대를 '배열하다'); 유추적으로 '벗기다'(즉 '옷을 벗기다', '약탈하다', '가죽을 벗기다', 등등):—덮치다, 가죽을 벗기다, 침략하다, 떨어지게 하다, 벗다, 길을 만들다, 돌진하다, 공격하다, 자리 잡다, 약탈하다, 퍼지다, 벗기다, 빼앗다.

H6585 פָּשַׂע1회 **파사**
기본어근; (다리를 뻗치면서) '활보하다', 즉 '달려들다':—가다.

H6586 פָּשַׁע40회 **파샤**
기본어근 [그보다는 '확장'이라는 의미에서 〈**6585**〉와 동일시됨]; (정당한 권위에서) '이탈하다', 즉 '어기다', '변절하다', '다투다':—거스르다, 반발하다, 반역하다, 범하다(범죄, 범죄자).

H6587 פֶּשַׂע1회 **페사**
〈**6585**〉에서 유래; '활보':—걸음.

H6588 פֶּשַׁע93회 **페샤**
〈**6586**〉에서 유래; '반역'(국가적, 도덕적 또는 종교적):—반역, 죄, 범죄,

범하다.

H6589 פָּשַׂק 2회 **파사크**

기본어근; (발, 또는 입술을) '떼다', 즉 '멋대로 굴다':—열다, 넓게 열다.

H6590 פְּשַׁר 6회 **페샤르**

아람어 ⟨6622⟩와 같음; '해석하다':—통역(하다).

H6591 פְּשַׁר 4회 **페샤르**

아람어 ⟨6590⟩에서 유래; '해석':—통역.

H6592 פֵּשֶׁר 1회 **페셰르**

⟨6591⟩과 같음:—해석, 통역.

H6593 פִּשְׁתֶּה 6회 **피쉬테**

'세밀하게 하다'는 의미로서 ⟨6580⟩과 동형에서 유래, '리넨', '아마포'(즉, 잘 '빗겨진'실):—삼, 린네르.

H6594 פִּשְׁתָּה 20회 **피쉬타**

⟨6593⟩의 여성형; '아마천'; 함축적으로 '심지':—아마 섬유, 삼 부스러기.

H6595 פַּת 14회 **파트**

⟨6626⟩에서 유래; '조각':—고기, 소량, 조각.

H6596 פֹּת 2회 **포트**

또는 **פֹּתָה 포타** (겔13:19)

'열다'는 의미의 사용하지 않는 어근에서 유래; '구멍', 즉 '돌쩌귀' 또는 여성의 '외음부':—돌쩌귀, 비밀한 부분.

H6597 פִּתְאוֹם 25회 **피트옴**

또는 **פִּתְאֹם 피트옴**

⟨6621⟩에서 유래; '즉각적으로':—곧장, 갑작스러운, 갑자기.

H6598 פַּתְבַּג 6회 **파트바그**

기원은 페르시아어; '진미':—고기의 덩이, 고기로 된 양식.

H6599 פִּתְגָּם 2회 **피트감**

기원은 페르시아어; (법정의) '판결':—법령, 판결.

H6600 פִּתְגָם 6회 **피트감**

아람어 ⟨6599⟩와 같음; '말', '해석', '서신' 또는 '법령':—해석, 문서, 사건, 말.

H6601 פָּתָה 28회 **파타**

기본어근; '열다', 즉 '공간이 넓다'(사역동사로 '널찍하게 하다'); 보통 상징적으로(정신적, 또는 도덕적 의미에서) '단순하다'(사역동사로 '단순하게 하다'), 또는 (사악한 방법으로) '속이다':—유혹하다, 속이다, 과장하다, 꾀어내다, 아첨하다, 설득하다, 어리석은(사람).

H6602 פְּתוּאֵל 1회 **페투엘**

⟨6601⟩과 ⟨410⟩에서 유래; '하나님에 의해 확장됨'; 한 이스라엘인 '브두엘':—브두엘(욜1:1).

H6603 פִּתּוּחַ 11회 **핏투아흐**

또는 **פִּתֻּחַ 핏투아흐**

⟨6605⟩의 수동태분사; (높고 낮은 양각 또는 음각으로 된) '조각품':—새겨진(작품), 새기다, 조각된, 조각하기.

H6604 פְּתוֹר 2회 **페토르**

외래어; 메소포타미아의 한 장소 '브돌':—브돌(민22:5, 신23:5).

H6605 פָּתַח 144회 **파타흐**

기본어근; (비유적으로, 또는 문자적으로) 넓게 '열다'; (특히) '느슨하게 하다', '시작하다', (쟁기로) '갈다', '새기다':—나타나다, 쏟아져 나오다, 끌어내다 해방시키다, 새겨진, 자유롭게 되다, 열다(여는), (옷을) 벗다, 띠를 끄르다, 뚜껑을 열다, 구멍을 내다.

H6606 פְּתַח 2회 **페타흐**

아람어 ⟨6605⟩와 동일; '열다':—열다.

H6607 פֶּתַח 164회 **페타흐**

⟨6605⟩에서 유래; (문자적으로) '열

기', 즉 '문'('대문'), 또는 '출입구':—문(안으로) 들어감, 입구, 대문, 열기, 장소.

H6608 פְּתַח1회 **페타흐**

〈6605〉에서 유래; (상징적으로) '열기', 즉 '드러냄':—입구.

H6609 פְּתִחָה1회 **페티하**

〈6605〉에서 유래; '열린' 어떤 것, 즉 '빼낸' 검:—뽑은 검.

H6610 פִּתְּחוֹן2회 **피트혼**

〈6605〉에서 유래; '여는'(행동):—열다, 열기.

H6611 פְּתַחְיָה4회 **페타흐야**

〈6605〉와 〈3050〉에서 유래; '여호와께서 여셨다'; 네 이스라엘인의 이름 '브다히야':—브다히야.

H6612 פְּתִי19회 **페티**

또는 **פֶּתִי 페티** 또는 **פְּתָאִי 페타이**

〈6601〉에서 유래; '어리석은'(즉, '유혹에 빠지기 쉬운'):—미련한, 단순한(단순성, 단순한 사람).

H6613 פְּתַי2회 **페타이**

아람어 〈6601〉과 일치하는 어근에서 유래; '열다', 즉 (명사로는) '폭':—넓이.

H6614 פְּתִיגִיל1회 **페티길**

불확실한 파생어; 아마 절기에 입는 무늬 있는 '외투':—(옛날 여자들의) 화려한 옷.

H6615 פְּתַיּוּת1회 **페타이유트**

〈6612〉에서 유래; '어리석음'(즉 '유혹받기 쉬움'):—단순한.

H6616 פָּתִיל10회 **파틸**

〈6617〉에서 유래; '꼰 실':—묶인, 팔찌, 레이스, 줄, 대판(帶板), 실, 끈.

H6617 פָּתַל5회 **파탈**

기본어근; '꼬다', 즉 (문자적으로) '투쟁하다' 또는 (상징적으로)(도덕적으로) '뒤틀린':—완고한, 자신을 완고하게 보이다, 자신을 맛없게 보이다, 씨름하다.

H6618 פְּתַלְתֹּל1회 **페탈톨**

〈6617〉에서 유래; '뒤틀린'(즉 교활한):—마음이 삐뚤어진.

H6619 פִּתֹם1회 **피톰**

애굽어의 파생어; 애굽의 한 장소 '비돔':—비돔(출1:11).

H6620 פֶּתֶן6회 **페텐**

'뒤틀다'는 뜻의 사용하지 않는 어근에서 유래; '독사'('꼬부라진 모습'에서):—살무사.

H6621 פֶּתַע7회 **페타**

(눈을) '뜨다'는 뜻의 사용되지 않는 어근에서 유래; '눈을 깜박임', 즉 '찰나'(〈6597〉과 비교)(전치사와 함께, 또는 없이 '재빨리', 또는 '뜻밖에'라는 뜻의 부사로만 쓰임):—즉시, 갑자기.

H6622 פָּתַר9회 **파타르**

기본어근; 활짝 '열다', 즉 (상징적으로)(꿈을) '해석하다':—해석하다, 해석, 해석자.

H6623 פִּתְרוֹן5회 **피트론**

또는 **פִּתְרֹן 피트론**

〈6622〉에서 유래; (꿈의) '해몽':—해석.

H6624 פַּתְרוֹס5회 **파트로쓰**

애굽어의 파생어; 애굽의 한 지방 '바드로스':—바드로스(사11:11, 렘44:15).

H6625 פַּתְרֻסִי3회 **파트루씨**

〈6624〉에서 온 족속의 명칭; '바드로스 사람', 또는 바드로스 주민:—바드로스 사람들(겔30:14).

H6626 פָּתַת1회 **파타트**

기본어근; '열다', 즉 '깨다 break':—나누다.

트롱히브리어사전

צ

H6627 צָאָה[2회] **차아**
〈**3318**〉에서 유래; '배출', 또는 (사람의) '배설물':—~으로부터(밖으로) 나오는 것.

H6628 צֶאֶל[2회] **체엘**
'가냘프다'는 의미의 사용되지 않는 어근에서 유래; '연꽃나무':—그늘이 많이 지는 나무.

H6629 צֹאן[273회] **촌**
또는 **צְאוֹן** **체온** (시144:13)
'이주하다'는 뜻의 사용되지 않는 어근에서 유래; 집합명사로 (양이나 염소들의) '떼'; 또한 상징적으로 (사람들의) '무리':—(작은) 가축, 떼, 어린 양, 양([양 우리, 목양장, 양털 깎는 사람, 양치기]).

H6630 צַאֲנָן[2회] **차아난**
명사유래어로 사용된 〈**6629**〉의 동형에서 유래; '양의 초장'; 팔레스타인의 한 장소 '사아난':—사아난(미1:11).

H6631 צֶאֱצָא[11회] **체에차**
〈**3318**〉에서 유래; '소출', '생산물', '어린이들':—밖으로 나오는 것, 자손.

H6632 צָב[3회] **차브**
'설립하다'는 뜻의 사용되지 않는 어근에서 유래; '일 인승 가마', 또는 '둥근 덮개' (부착된 것으로써); 또한 '도마뱀'의 일종(아마 '단단히' 붙어 있는 것으로서):—뚜껑으로 덮힌, 교자, 가마, 거북이.

H6633 צָבָא[14회] **차바**
기본어근; (군대 또는 하인들이) 집결하다:—회집하다, 싸우다, 수행하다, 소집하다, 시중들다, 전쟁하다.

H6634 צְבָא[10회] **체바**
아람어 소원을 '고취시키다'는 상징적인 의미에서 〈**6633**〉과 같음; '즐겁게 하다':— ~하려 하다, ~하고자 하다.

H6635 צָבָא[476회] **차바**
또는 (여성형으로) **צְבָאָה** **체바아**
〈**6633**〉에서 유래; 사람의 '집단'(또는 상징적으로 물건의 '쌓아놓은 것'), 특히 전쟁을 위해서 조직된 무리('군대'); 함축적으로 '군사행동', 문자적, 또는 상징적으로 (특히 '고난', '숭배'):—지정된 시간, 군대, 전쟁, 동료, 큰 무리, 예배, 군인들, 시중 듬, 전쟁.

H6636 צְבֹאִים[5회] **체보임** 또는 (더 정확하게) **צְבִיִּים** **체비임** 또는 **צְבִים** **체비임**
〈**6643**〉의 복수형; 가젤 '영양'; 팔레스타인의 한 장소 '스보임':—스보임(호11:8).

H6637 צֹבֵבָה[1회] **초베바**
〈**6632**〉와 동형의 여성 능동태 분사; (관사와 함께) '둥근 덮개로 덮는 사람'; 한 이스라엘 여자 '소베바':—소베바(대상4:8).

H6638 צָבָה[3회] **차바**
기본어근; '축적하다', 즉 '부어오르다'; 특히 군대를 대적하기 위하여 '정렬하다':— 싸우다, 부풀다.

H6639 צָבֶה[1회] **차베**
〈**6638**〉에서 유래; '부은':—부어오른.

H6640 צְבוּ[1회] **체부**
아람어 〈**6634**〉에서 유래; 정확히는 '뜻'; 구체적으로 ('결정'해야 할 중대 사로서의) '일':—목적.

H6641 צָבוּעַ[1회] **차부아**
〈**6648**〉과 동형의 수동태 분사형; (줄무늬들로) '염색된', 즉 '하이에나':—반점이 있는, 얼룩진.

H6642 צָבַט[1회] **차바트**
기본어근; '움켜쥐다', 즉 '손을 내밀다':—도달하다.

H6643 צְבִי[18회] **체비**
'뛰어남'의 뜻으로 ⟨**6638**⟩에서 유래; ('두드러지게 나타나는' 것으로서) '광채'; 또한 (아름다운) 가젤 '영양':—아름다운(아름다움), 영광스러운(영광스러움), 훌륭한, 즐거운, (숫) 노루.

H6644 צִבְיָא[1회] **치브야**
⟨**6645**⟩ 참조; 한 이스라엘인 '시비야':—시비야(대상8:9).

H6645 צִבְיָה[1회] **치브야**
⟨**6646**⟩ 참조; 한 이스라엘 여인 '시비아':—시비아(대하24:1).

H6646 צְבִיָּה[4회] **체비야**
⟨**6643**⟩의 여성형; '암 가젤영양':—노루, 암사슴.

H6647 צְבַע[4회] **체바**
아람어 ⟨**6648**⟩과 일치하는 어근; '담그다':—적시다.

H6648 צֶבַע[3회] **체바**
(염색액에) '담그다'는 의미의 사용하지 않는 어근에서 유래; '염색':—다채로운, 색깔들.

H6649 צִבְעוֹן[8회] **치브온**
⟨**6648**⟩과 동형에서 유래; '알록달록한'; 한 에돔사람, '시브온':—시브온(창36:2).

H6650 צְבֹעִים[2회] **체보임**
⟨**6641**⟩의 복수형; '하이에나들'; 팔레스타인의 한 장소, '스보임':—스보임(삼상13:18, 느11:34).

H6651 צָבַר[7회] **차바르**
기본어근; '집합하다':—(함께) 모으다, 쌓아올리다, 쌓아두다.

H6652 צִבֻּר[1회] **칩부르**
⟨**6651**⟩에서 유래; '더미':—쌓아올린 것.

H6653 צֶבֶת[1회] **체베트**
명백히 '꽉 쥐다'는 뜻인 사용되지 않는 어근에서 유래; '줄기 한 타래':—한 움큼.

H6654 צַד[33회] **차드**
'옆걸음질 하여 가버리다'는 뜻의 사용하지 않는 어근에서 유래한 압축형; '곁', '편'; 상징적으로 '적대자':—옆(에).

H6655 צַד[2회] **차드**
아람어 ⟨**6654**⟩와 같음, (전치사와 함께) 부사로 사용되어, ~의 '편'에:—~에 반대하여, ~에 관하여.

H6656 צְדָא[1회] **체다**
아람어 '의도적임'이라는 뜻으로 ⟨**6658**⟩과 일치하는 사용하지 않는 어근에서 유래; (사악한) '계획':—진실한.

H6657 צְדָד[2회] **체다드**
⟨**6654**⟩와 동형에서 유래; '편들기'; 팔레스타인 가까이에 있는 한 장소 '스닷':— 스닷(민34:8, 겔47:15).

H6658 צָדָה[4회] **차다**
기본어근; '추적하다'; 함축적으로 '황폐케 하다':—파괴하다, 사냥하다, 기다리며 누워있다.

H6659 צָדוֹק[52회] **차도크**
⟨**6663**⟩에서 유래; '의로움'; 여덟, 또는 아홉 이스라엘인의 이름, '사독':—사독(삼하8:17, 왕하15:33, 대상5:38(6:12), 대하27:1, 느3:4).

H6660 צְדִיָּה[2회] **체디야**
⟨**6658**⟩에서 유래; '계획' [⟨**6656**⟩과 비교]:—매복해 있는.

H6661 צִדִּים[1회] **칫딤**
⟨**6654**⟩의 복수형; '측면들'; (관사와 함께) 팔레스타인의 한 장소 '싯딤':—

싯딤(수19:35).

H6662 צַדִּיק206회 **찻디크**
〈**6663**〉에서 유래; '공정한':—공정한, 합법적인, 의로운(사람).

H6663 צָדַק40회 **차다크**
기본어근; (도덕적 또는 법정적인 의미에서) '올바르다'(사역적으로 올바르게 '만들다'):—깨끗케 하다, 정결하다, 의롭다, 의롭게 하다, 의를 행하다, 의로운 상태가 되다.

H6664 צֶדֶק119회 **체데크**
〈**6663**〉에서 유래; (자연적, 도덕적 또는 법적으로) '올바름, 의로움'; 또한 (추상적으로) '공정' 또는 (상징적으로) '번영':—공평한, (전적으로 올바른), 공정한(-함), 의로운([불]의한, 의롭게, 의로움).

H6665 צִדְקָה2회 **치드카**
아람어 〈**6666**〉과 같음; '선행':—의로움.

H6666 צְדָקָה157회 **체다카**
〈**6663**〉에서 유래; (추상적으로) '의로움', 주관적으로('정직'), 객관적으로('공의'), 도덕적으로('덕') 또는 상징적으로('번영'):—공의, 알맞게, 의로운(의롭게, 의로움, 의롭게 행함).

H6667 צִדְקִיָּה63회 **치드키야**
또는 **צִדְקִיָּהוּ 치드키야후**
〈**6664**〉와 〈**3050**〉에서 유래; '여호와의 올바르심'; 여섯 이스라엘인의 이름, '시드기야':—시드기야(왕하24:17, 대상3:15, 렘1:3).

H6668 צָהַב1회 **차하브**
기본어근; '번쩍번쩍하다', 즉 색깔이 '황금색이다':—훌륭한.

H6669 צָהֹב3회 **차호브**
〈**6668**〉에서 유래; '황금 색깔':—노랑.

H6670 צָהַל9회 **차할**
기본어근; '번쩍이다', 즉 (상징적으로) '유쾌하다'(다양한 짐승, 또는 사람의 표현들이) 선명하게 '들린':—고함치다, 시끄럽게 소리치다, 치켜들다, (말이) 울다, 즐거워하다, 빛나게 하다, 소리 지르다.

H6671 צָהַר1회 **차하르**
기본어근; '반짝이다'; 〈**3323**〉에서 유래한 명사 유래어로서만 사용됨, '기름을 짜다':—기름을 만들어 내다.

H6672 צֹהַר7회 **초하르**
〈**6671**〉에서 유래; '빛' (즉 '창문'); 쌍수로서 '갑절의 빛', 즉 '정오':—정오, 대낮, 한낮, 창문.

H6673 צַו9회 **차우** 또는 **צָו 차우**
〈**6680**〉에서 유래; '명령':—지령, 지시.

H6674 צוֹא2회 **초** 또는 **צֹא 초**
'내다'는 뜻의 사용하지 않는 어근에서 유래 (마치 '배설물' 같은 것으로) '더럽혀진':—불결한.

H6675 צוֹאָה5회 **초아** 또는 **צֹאָה 초아**
〈**6674**〉의 여성형; '배설물'; 일반적으로 '먼지'; 상징적으로 '오염':—똥, 오물, 불결.
〈**2716**〉의 난외주 참조.

H6676 צַוַּאר3회 **차우와르**
아람어 〈**6677**〉과 같음:—목.

H6677 צַוָּאר40회 **차우와르** 또는 **צַוָּר 차우와르** (느3:5), 또는 **צַוְּרֹן 차우와론** (아4:9), 또는 (여성형) **צַוָּארָה 차우와라** (미2:3)
'묶는다'는 의미에서 〈**6696**〉에서 유래한 강세형; (짐들이 묶여지는 곳으로서의) 목의 뒷부분:—목.

H6678 צוֹבָא9회 **초바**
또는 **צוֹבָה 초바** 또는 **צֹבָה 초바**

'자리에 앉히다'는 의미의 사용하지 않는 어근에서 유래; '정착지'; 시리아의 한 지역 '소바':—소바(삼하8:3, 왕상11:23).

H6679 צוּד17회 추드
기본어근; 곁에(즉, 잠복하여) '엎드리다'; 함축적으로는 짐승을(상징적으로는 사람을) '잡다'; (〈6718〉에서 유래한 명사 유래어)(여행을 위한) '식량'을 싣다:—쫓다, 사냥하다, 식량을 준비하다.

H6680 צָוָה496회 차와
기본어근; (강세형으로) '구성하다', '명령하다':—지정하다, 명령하다, (짐을) 맡기다, 명령을 내리다, 명령을 주어 보내다, 전령(전령자)을 보내다, 정돈하다.

H6681 צָוַח1회 차와흐
기본어근; (기뻐서) '소리를 치다':—외치다.

H6682 צְוָחָה4회 체와하
〈6681〉에서 유래; (고통의) '비명':—울부짖다(울부짖음).

H6683 צוּלָה1회 출라
'가라앉다'는 뜻의 사용하지 않는 어근에서 유래; (바다의) '심연':—깊은 곳.

H6684 צוּם21회 춤
기본어근; (입을) '덮어씌우다', 즉 '금식하다':—(완전히), 금식하다.

H6685 צוֹם26회 촘 또는 צֹם 촘
〈6684〉에서 유래; '금식':—금식(함).

H6686 צוּעָר2회 추아르
〈6819〉에서 유래; '작은'; 이스라엘 사람 '수알':—수알(민1:8).

H6687 צוּף3회 추프
기본어근; '넘쳐흐르다':—흐르다, 넘쳐흐르게 하다, 수영하다.

H6688 צוּף2회 추프
〈6687〉에서 유래; (뚝뚝 떨어지는 것에서) 꿀의 '벌집':—벌집.

H6689 צוּף3회 추프
또는 צוֹפַי 초파이 또는 צִיף 치프
〈6688〉에서 유래; '벌집'; 한 이스라엘인의 이름과 한 팔레스타인의 장소:—숩(삼상1:1, 대상6:20(35)).

H6690 צוֹפַח2회 초파흐
'확장하다', '넓이'의 뜻의 사용하지 않는 어근에서 유래; 한 이스라엘 사람의 이름 '소바':—소바(대상7:35, 36).

H6691 צוֹפַר4회 초파르
〈6852〉에서 유래; '출발함'; 욥의 친구 '소발':—소발(욥2:11, 11:1).

H6692 צוּץ7회 추츠
기본어근, '반짝거리다', 즉 '섬광'; '꽃핌'과 유사한 것으로 (상징적으로 '번창함'):— 꽃이 피다(게 하다), 번영하다, 자신을 나타내다.

H6693 צוּק12회 추크
기본어근; '압축하다', 즉 (상징적으로) '압박하다', '억압하다':—강요하다, 괴롭히다, 압박하다(압박자), 제한하다.

H6694 צוּק4회 추크
기본어근 [관의 (구멍이) '좁다'는 개념에서 오히려 〈6693〉과 동일]; '쏟아'내다, 즉 (상징적으로) '용해하다', '발언하다':—용해되다, 쏟다.

H6695 צוֹק4회 초크
또는 (여성형) צוּקָה 추카
〈6693〉에서 유래; '궁핍', 즉 (상징적으로) '곤경':—고통, 번민, 곤고한.

H6696 צוּר28회 추르
기본어근; '속박하다', 즉 '한정하다'

(다양하게 적용됨, 문자적 그리고 상징적으로 형식상으로, 또는 절대적으로):—대항자(적), 공격하다, 장악하다, 포위하다, 동여매다, 추방하다, 괴롭히다, 모양을 형성하다, 요새화하다, 에워싸다, 포위공격하다, 자루 안에 넣다.

H6697 צוּר74회 **추르** 또는 **צֻר 추르**
〈6696〉에서 유래; 정확히는 '절벽'(또는 '압축된' 것 같이 날카로운 바위); 일반적으로 '바위' 또는 '둥근 돌'(옥석); 상징적으로 '피난처'; 또한 ('가파른') '가장자리':— 가장자리, 하나님, 전능하신 하나님, 전능자, 바위, 날카로운 돌, 권능, 강한. 또한 〈1049〉를 보라

H6698 צוּר5회 **추르**
〈6697〉과 동일; '바위'; 한 미디안 사람과 이스라엘 사람의 이름인 '수르':—수르(민25:15, 수13:21, 대상8:30).

H6699 צוּרָה4회 **추라**
〈6697〉의 여성형; '바위'(욥28:10); 또한 (마치 '눌러' 만든 것 같은) '형태':—모양, 바위.

H6700 צוּרִיאֵל3회 **추리엘**
〈6697〉과 〈410〉에서 유래; '하나님의 바위'; 이스라엘 사람 '수리엘':—수리엘(민3:35).

H6701 צוּרִישַׁדַּי5회 **추리샤다이**
〈6697〉과 〈7706〉에서 유래; '전능자의 바위'; 이스라엘 사람인 '수리삿대':—수리삿대(민1:6, 2:12).

H6702 צוּת1회 **추트**
기본어근; '타오르다':—타다.

H6703 צַח4회 **차흐**
〈6705〉에서 유래; '눈부신', 즉 '햇볕이 잘 드는', '밝은', (상징적으로) '분명한':— 명백한, 건조한, 명백히, 흰.

H6704 צִחֶה1회 **치헤**
'작열하다'는 뜻의 사용하지 않는 어근에서 유래; '타는 듯한':—말라붙다.

H6705 צָחַח1회 **차하흐**
기본어근; '번쩍번쩍 빛나다', 즉 '눈부시게' 희다:—더욱 희다.

H6706 צְחִיחַ6회 **체히아흐**
〈6705〉에서 유래; '번쩍번쩍 빛나는', 즉 눈부신 태양에 '드러난':—보다 높은 곳, 꼭대기.

H6707 צְחִיחָה1회 **체히하**
〈6706〉의 여성형; '바싹 마른' 지역, 즉 '사막':—건조한 땅.

H6708 צְחִיחִי1회 **체히히**
〈6706〉에서 유래; '드러난 장소', 즉 '타오르는' 태양 아래:—더 높은 곳.

H6709 צַחֲנָה2회 **차하나**
'곪게 하다'는 뜻의 사용하지 않는 어근에서 유래; '악취':—나쁜 맛.

H6710 צַחְצָחָה1회 **차흐차하**
〈6705〉에서 유래; '건조한' 지역, 즉 '사막':—가뭄.

H6711 צָחַק13회 **차하크**
기본어근; 터놓고 '웃다'(흥겹게 떠들며 또는 경멸하며); 함축적으로는 '희롱하다':— 웃다, 비웃다, 놀다, 조롱하다.

H6712 צְחוֹק2회 **체호크**
〈6711〉에서 유래; (즐겁게 또는 조롱하는) '웃음':—웃다(웃어서 조롱하다).

H6713 צַחַר1회 **차하르**
'눈부시다'는 의미의 사용하지 않는 어근에서 유래; '번쩍임', 즉 '흼':—흰.

H6714 צֹחַר5회 **초하르**
〈6713〉과 같은 것에서 유래; '흼'; 한 헷 사람 이름과 한 이스라엘 사람

이름:— 소할(창23:8, 출6:15, 대상 4:7). 〈3328〉과 비교

H6715 צָחֹר[1회] **차호르**

〈6713〉과 동형에서 유래; '흰':—흰.

H6716 צִי[6회] **치**

〈6680〉에서 유래; ('정박'되어 있는) '배':—배.

H6717 צִיבָא[16회] **치바**

〈6678〉과 동형에서 유래; '정착'; 이스라엘 사람인 '시바':—시바(삼하 9:2, 16:1).

H6718 צַיִד[19회] **차이드**

〈6679〉에서 유래 그리고 뜻도 같음; '추격'; 또한 (그렇게 해서 잡은) '사냥감'; (일반적으로) '점심'(특별히 여행을 위한):—포획하다, 음식, 사냥꾼, 사냥, 사냥에서 잡은 것, 짐승고기, 양식.

H6719 צַיָּד[1회] **차야드**

〈6718〉과 동형에서 유래; '사냥꾼':—사냥꾼.

H6720 צֵידָה[9회] **체다** 또는 **צֵדָה** **체다**

〈6718〉의 여성형; '음식':—고기, 식량, 사슴고기, 식량.

H6721 צִידוֹן[22회] **치돈** 또는 **צִידֹן** **치돈**

고기 '잡는다'는 의미로 〈6679〉에서 유래; '어업'; 가나안의 아들의 이름 그리고 팔레스타인의 한 지명인 '시돈':—시돈(수11:8, 19:28).

H6722 צִידֹנִי[16회] **치도니**

(또는 **צִדֹנִי**) **치도니**

〈6721〉에서 유래한 족속의 명칭; '시돈사람', 또는 시돈의 거주자:—시돈 사람, 시돈의(신3:9, 왕상11:1).

H6723 צִיָּה[16회] **치야**

'바싹 말리다'는 뜻의 사용하지 않는 어근에서 유래; '건조'; 구체적으로 '사막':— 불모지의, 가뭄, 건조한(땅, 지역), 고립된 지역, 광야.

H6724 צָיוֹן[2회] **치욘**

〈6723〉과 동형에서 유래; '사막':—건조한 지역.

H6725 צִיּוּן[3회] **치윤**

'눈에 띔'의 의미에서 〈6723〉과 동형에서 유래 [〈5329〉와 비교]; 기념비석 또는 안내하는 '기둥':—표시, 표제, 길잡이(道標).

H6726 צִיּוֹן[154회] **치욘**

〈6725〉와 (정식으로) 동일; (영원한 '수도'로서의) '시온', 예루살렘의 한 산:—시온(시97:8, 사2:3, 습3:16).

H6727 צִיחָא[3회] **치하** 또는 **צִחָא** **치하**

마치 〈6704〉의 여성형처럼 보임; '가뭄'; 두 느디님 사람의 이름 '시하':—시하(스2:43, 느7:46).

H6728 צִיִּי[6회] **치이**

〈6723〉과 동형에서 유래; '사막의 거주자', 즉 '유목민'이나 야생'동물':—사막에 사는 야생동물, 광야에서 사는 것.

H6729 צִינֹק[1회] **치노크**

'제한하다'는 뜻의 사용하지 않는 어근에서 유래; (죄수의 목과 양손에 끼우던) '칼':—차꼬 달린 대.

H6730 צִיעֹר[1회] **치오르**

〈6819〉에서 유래; '작은'; 팔레스타인의 한 장소 '시올':—시올(수15:54).

H6731 צִיץ[24회] **치츠** 또는 **צִץ** **치츠**

〈6692〉에서 유래; 정확히는 '반짝임', 즉 닦아서 빛나는 '장식패'; 또한 ('밝은' 색깔의) '꽃'; (공중에서 빛나는) '날개':—개화, 꽃, 장식패, 날개.

H6732 צִיץ[1회] **치츠**

〈6731〉과 동일; (만발한) '꽃'; 팔레

스타인의 한 장소 '시스':—시스(대하 20:16).

H6733 צִיצָה[1회] **치차**

〈6731〉의 여성형; '꽃':—꽃.

H6734 צִיצִת[4회] **치치트**

〈6731〉의 여성형; '꽃'같은 또는 '날개'같이 두드러진 부분, 즉 한줌의 '앞머리'카락,(스커프, 숄 따위의) 옷 '술':—술장식, 타래진 머리털.

H6735 צִיר[11회] **치르**

〈6696〉에서 유래; (회전 시 눌려지는 곳인) '돌쩌귀'; 또한 (신체적 또는 정신적 '압박'과 같은) '고통'; 또한 '선구자' 또는 (중요한 사람에게 강요받아) 심부름하는 자:—돌쩌귀, 특사, 전령, 고통, 격통, 슬픔. 〈6736〉과 비교

H6736 צִיר[2회] **치르**

〈6735〉와 동일; (마치 눌러서 만든, 즉 조각한 아름다운) '형태'; 여기에서 (우상숭배의) '형상':—아름다움, 우상.

H6737 צָיַר[3회] **차야르**

'특사'라는 의미로 〈6735〉에서 유래한 명사유래어; '심부름하다', 즉 '…로 향하다':—마치 특사처럼 행하다.

H6738 צֵל[53회] **첼**

〈6751〉에서 유래; '그늘', 문자적으로나 비유적으로:—방어, 그늘(그림자).

H6739 צְלָא[2회] **첼라**

아람어 아마 '절하다'는 의미에서 〈6760〉과 같음; '기도하다':—기도하다.

H6740 צָלָה[3회] **찰라**

기본어근; '굽다':—굽다.

H6741 צִלָּה[3회] **칠라**

〈6738〉의 여성형; 대홍수 이전의 여자인 '씰라':—씰라(창4:19,22).

H6742 צְלוּל[1회] **첼룰**

'굴러가다'는 의미로 〈6749〉에서 유래; (둥그런 또는 납작하게 만든) '떡':—떡덩이.

H6743 צָלַח[65회] **찰라흐**

또는 **צָלֵחַ** **찰레아흐**

기본어근; 앞으로 '밀어붙이다', (문자적, 또는 상징적 자동사, 또는 타동사로든지) 다양한 의미에서 사용됨:—돌발하다, (세차게) 오다, ~을 건너가다, 좋다, 적당하다, 유익하다, 번영하다, (번영케 하다, 번영을 가져오다).

H6744 צְלַח[4회] **첼라흐**

아람어 〈6743〉과 같음; '전진하다'(자동사 또는 타동사로):—증진하다, 번영하다.

H6745 צֵלָחָה[1회] **첼라하**

〈6743〉에서 유래; '길게' 또는 납작하게 된 어떤 것, 즉 '큰 접시':—납작한 냄비.

H6746 צְלֹחִית[2회] **첼로히트**

〈6743〉에서 유래; '긴' 또는 높은 것, 즉 '유리병' 또는 소금 '저장소':—항아리.

H6747 צַלַּחַת[4회] **찰라하트**

〈6743〉에서 유래; '앞으로' 튀어나온 또는 깊은 것, 즉 '사발'; 상징적으로 '가슴':— 가슴, 접시.

H6748 צָלִי[3회] **찰리**

〈6740〉의 수동태 분사; '구워진':—굽다.

H6749 צָלַל[2회] **찰랄**

기본어근; 정확히는 '굴러'떨어지다, 즉 흔들거리는 동작에 의해서 '자리잡다':— 가라앉다. 〈6750〉과 〈6751〉과 비교

H6750 צָלַל[4회] **찰랄**

기본어근 [오히려 ('진동')이라는 뜻에서 〈6749〉와 동일]; '딸랑 딸랑 울리다', 즉 '덜걱덜걱' 소리 내다(마치 부끄러워서 귀가 '빨개지거나' 두려워서 이빨이 '부딪히는 것'같은 소리):—떨다, (귀 따위가) 왱왱 울리다.

H6751 צָלַל[3회] **찰랄**
기본어근 ['떠다니다'(〈6754〉와 비교)는 뜻에서 오히려 〈6749〉와 동일]; '그늘지다'(황혼이나 불투명한 물체로 인해):—어두워지기 시작하다, 그늘지다.

H6752 צֵלֶל[4회] **첼렐**
〈6751〉에서 유래; '그늘':—그림자.

H6753 צְלֶלְפּוֹנִי[1회] **첼렐포니**
〈6752〉와 그리고 〈6437〉의 능동태 분사에서 유래; '그늘을 향함'; 이스라엘 여자 '술렐보니':—하술렐보니(관사를 포함해서)(대상4:3).

H6754 צֶלֶם[17회] **첼렘**
'그늘지다'는 의미의 사용하지 않는 어근에서 유래; '환영(幻影)', 즉 (상징적으로는) '착각', '닮음'; 여기에서 대리적 '형태', 특히 '우상':—형태, 헛된 형상.

H6755 צֶלֶם[17회] **첼렘** 또는 **צְלֶם** **첼렘**
아람어 〈6754〉와 같음, 우상숭배적인 '형체':—형체, 형상.

H6756 צַלְמוֹן[4회] **찰몬**
〈6754〉에서 유래; '그늘진'; 팔레스타인의 한 지명과 이스라엘 사람 이름 '살몬':—살몬(삿9:48, 시68:15(14)).

H6757 צַלְמָוֶת[18회] **찰마웨트**
〈6738〉과 〈4194〉에서 유래; '죽음의 그늘', 즉 '무덤' (상징적으로 '재난'):—죽음의 그림자.

H6758 צַלְמֹנָה[2회] **찰모나**
〈6757〉의 여성형; '그늘짐'; 사막에 있는 한 장소 '살모나':—살모나(민33:41).

H6759 צַלְמֻנָּע[12회] **찰문나**
〈6738〉와 〈4513〉에서 유래; '그늘이 거절되다'; 한 미디안인 '살문나':—살문나(삿8:5, 시83:12(11)).

H6760 צָלַע[4회] **찰라**
기본어근; 아마 '구부리다'; 〈6763〉에서 유래한 명사유래어로서만 사용됨, ('한쪽으로' 기울어진 듯이) '절뚝거리다':—절뚝거리다, 절다.

H6761 צֶלַע[4회] **첼라**
〈6760〉에서 유래; '절뚝거림' 또는 '쓰러짐'(상징적으로):—역경, 절름발이, 정지.

H6762 צֶלַע[4회] **첼라**
〈6761〉과 동일; 팔레스타인의 한 장소 '셀라':—셀라(수18:28, 삼하21:14).

H6763 צֵלָע[40회] **첼라**
또는 (여성형) **צַלְעָה** **찰아**
〈6760〉에서 유래; 문자적으로는 (신체에 있어서) 굽어진 '갈빗대', 상징적으로는 (문, 즉 '문'짝의) '살'; 여기에서 문자적으로 (사람의) '옆구리' 또는 상징적으로 (물체나 하늘, 즉 어떤 방향의) 측면, 쪽; 건축에서는 (특별히 방이나 천장의) '재목' 또는 '널빤지'(단수, 또는 집합명사로, 즉 마루):—대들보, (널)판, 방, 구석, 문짝, 널, 갈비, (방의) 한 면.

H6764 צָלָף[1회] **찰라프**
알 수 없는 뜻의 사용하지 않는 어근에서 유래; 한 이스라엘인 '살랍':—살랍(느3:30).

H6765 צְלָפְחָד[11회] **첼로프하드**

〈6764〉와 〈259〉와 동형에서 유래; 한 이스라엘인 '슬로브핫':—슬로브핫(민26:33, 수17:3).

H6766 צֶלְצַח[1회] 첼차흐

〈6738〉과 〈6703〉에서 유래; '분명한 그늘'; 팔레스타인의 한 장소, '셀사':—셀사(삼상10:2).

H6767 צְלָצַל[7회] 첼라찰

〈6750〉의 중복체에서 유래; '덜걱덜걱하는 소리', 즉 (추상적으로)(날개의) '윙하고 도는 소리'; (구체적으로는) '귀뚜라미'; 또한 ('덜거덕거리는') '작살', ('쨍그랑' 울리는) '징':—징, 메뚜기, 그늘짐, 창(槍).

H6768 צֶלֶק[2회] 첼레크

'쪼개다'는 뜻의 사용하지 않는 어근에서 유래; (갈라진) '틈'; 이스라엘인 '셀렉':— 셀렉.

H6769 צִלְּתַי[2회] 칠레타이

〈6738〉의 여성형에서 유래; '그늘진'; 두 이스라엘인의 이름 '실르대':—실르대(대상8:20, 12:20).

H6770 צָמֵא[10회] 차메

기본어근; (문자적으로나 상징적으로) '갈망하다':—갈증 나다, 목 타다, 갈망하다.

H6771 צָמֵא[9회] 차메

〈6770〉에서 유래; (문자적으로나 상징적으로) '목마른':—목마름, 갈증 난, 갈망하는.

H6772 צָמָא[17회] 차마

〈6770〉에서 유래; (문자적으로나 상징적으로) '목마름':—목마름, 갈망하는.

H6773 צִמְאָה[1회] 치므아

〈6772〉의 여성형; (상징적으로 '육욕' 성욕의) '갈망':—목마름.

H6774 צִמָּאוֹן[3회] 침마온

〈6771〉에서 유래; '건조한' 지역, 즉 '사막':—가뭄, 건조한 땅, 마른 땅.

H6775 צָמַד[5회] 차마드

기본어근; '연결하다', 즉 '허리를 졸라매다'; 상징적으로는 '봉사하다', (정신적으로는) '고안하다':—묶다, 짜 맞추다, 합세하다.

H6776 צֶמֶד[15회] 체메드

'멍에' 또는 '한 패'(즉, 짝); 여기에서 한 에이커(즉 소 한 겨리가 하루 동안 밭갈 수 있는 일):—에이커, 한 쌍, 함께, 두 나귀, 멍에, 소의 멍에.

H6777 צַמָּה[4회] 참마

단단히 '묶다'는 뜻의 사용하지 않는 어근에서 유래; '면박':—면박, 타래.

H6778 צַמּוּק[3회] 참무크

〈6784〉에서 유래; '건'포도 떡:—건포도 송이(묶음).

H6779 צָמַח[33회] 차마흐

기본어근; (자동사 또는 타동사, 문자적 또는 상징적으로) '싹이 트다':—(열매를) 맺다, 산출하다, 싹이 나다(나게 하다), 자라다, (자라게 하다, 자라나다), 싹이 트다(싹터 오르다).

H6780 צֶמַח[12회] 체마흐

〈6779〉에서 유래; 문자적으로 또는 상징적으로, '싹'(보통 구체적으로 사용됨):— 가지, 싹, 자라난 것(곳), 싹트는.

H6781 צָמִיד[7회] 차미드 또는 צָמִד 체미드

〈6775〉에서 유래; '팔지' 또는 '팔에 거는 것'; 일반적으로는 '뚜껑':—팔지, 덮개.

H6782 צַמִּים[2회] 참밈

〈6777〉과 동형에서 유래; ('묶는') '올가미'; 상징적으로 '파괴':—도둑, 약탈자.

H6783 צְמִיתֻת[2회] **체미투트** 또는 **צְמִתֻת** **체미투트**
〈**6789**〉에서 유래; '삭제', 즉 '파괴'; 접두전치사와 함께 다만 부사로서 사용되어 '소멸하기까지', 즉 '영구적으로':—항상.

H6784 צָמַק[1회] **차마크**
기본어근; '말라'붙다:—마르다, 마른.

H6785 צֶמֶר[16회] **체메르**
아마 '털이 많다'는 뜻의 사용하지 않는 어근에서 유래; '양털':—양털(의).

H6786 צְמָרִי[2회] **체마리**
사용하지 않는 팔레스타인의 한 지명에서 유래한 족속의 명칭; '스말 사람' 또는 가나안 사람들의 한 지파:—스말 족속(창10:18).

H6787 צְמָרַיִם[2회] **체마라임**
〈**6785**〉의 쌍수; '갑절의 양털'; 팔레스타인의 한 장소 '스마라임':—스마라임(수18:22, 대하13:4).

H6788 צַמֶּרֶת[5회] **참메레트**
〈**6785**〉의 동형에서 유래; '양털로 덮임', 즉 '잎의 무성함':—가장 높은 가지, 꼭대기.

H6789 צָמַת[15회] **차마트**
기본어근; (문자적으로 또는 상징적으로) '근절시키다':—소모하다, 잘라버리다, 파괴하다, 사라지다.

H6790 צִן[5회] **친**
'찌르다'는 뜻의 사용하지 않는 어근에서 유래; '울퉁불퉁한 바위'; 사막의 한 지역 '신':—신(민13:21, 수15:3).

H6791 צֵן[2회] **첸**
'가시가 많다'는 뜻의 사용하지 않는 어근에서 유래; '가시'; 여기에서 '선인장 울타리':—가시.

H6792 צֹנֵא[2회] **초네** 또는 **צֹנֶה** **초네**
〈**6629**〉 참조; '양떼':—양.

H6793 צִנָּה[20회] **친나**
〈**6791**〉의 여성형; ('뾰족한') '갈고리'; 또한 (커다란) '방패'(마치 '바늘투성이'로 되어 방어하는 것과 같은); 또한 ('살을 도려내는' 듯한) '추위':—방패, 추위, 갈고리, 과녁.

H6794 צִנּוּר[2회] **친누르**
아마도 '속이 비다'는 뜻의 사용하지 않는 어근에서 유래; '배수 도랑':—낙수홈통, 수구, 하수도.

H6795 צָנַח[3회] **차나흐**
기본어근; '내리다'; (타동사로) '내리게 하다', 즉 '내리몰다':—꽉 죄다, 내리다.

H6796 צָנִין[2회] **차닌** 또는 **צָנִן** **차닌**
〈**6791**〉과 동형에서 유래; '가시':—가시.

H6797 צָנִיף[5회] **차니프** 또는 **צָנוֹף** **차노프** 또는 (여성형) **צָנִיפָה** **차니파**
〈**6801**〉에서 유래; (둥그렇게 '싸매는' 천 조각) '머리에' 쓰는 것:—왕관, 관, 두건.

H6798 צָנַם[1회] **차남**
기본어근; '마르게 하다' 또는 '오그라들게 하다':—시들은.

H6799 צְנָן[2회] **체난**
아마도 〈**6630**〉 참조함이 좋을 듯; 팔레스타인 근처의 한 장소 '사아난':—사아난(미1:11, 수15:37).

H6800 צָנַע[2회] **차나**
기본어근; '굴욕을 주다':—겸손하게, 낮아져서.

H6801 צָנַף[2회] **차나프**
기본어근; '감싸다', 즉 '둘둘 말다' 또는 '옷을 입히다':—정장하다, (확실히), 격렬히 돌다.

H6802 צְנֵפָה1회 **체네파**

〈6801〉에서 유래; '공':—던짐.

H6803 צִנְצֶנֶת1회 **친체네트**

〈6791〉과 동형에서 유래; '꽃병'(아마도 끝이 '가는' 유리병):—항아리.

H6804 צַנְתָּרָה1회 **찬타라**

아마도 〈6794〉와 동형에서 유래; '관':—파이프.

H6805 צָעַד8회 **차아드**

기본어근; '걷다', 즉 고른 보조로 '걷다'; (위로) '올라가다'; (-를 따라) '행진하다'; (아래로 그리고 사역적으로) '집어던지다':—가져오다, 가다, 행진하다, 행진하여 지나가다, 달려가다.

H6806 צַעַד14회 **차아드**

〈6804〉에서 유래; '보조' 또는 규칙적인 '걸음':—보조, 걸음.

H6807 צְעָדָה3회 **체아다**

〈6806〉의 여성형; '행진'; (구체적으로는)(장식용으로 쓰는) '발목 고리':—발의 장식품, 가는 것.

H6808 צָעָה5회 **차아**

기본어근; ('쏟거나 부을' 목적으로) '뒤집어엎다', 즉 (상징적으로는) '인구를 감소시키다'; 함축적으로 '감금하다' 또는 '정복하다'; (재귀동사로) (성교를 위해) '드러눕다':—추방, 귀양을 보내다, 여행하다, 유랑하다(-케 하다), 유랑자.

H6809 צָעִיף3회 **차이프**

'둘러 감다'는 뜻의 사용하지 않는 어근에서 유래; '면박':—너울.

H6810 צָעִיר22회 **차이르**

또는 **צָעוֹר 차오르**

〈6819〉에서 유래; '작은'; (수가) '적은'; (나이가) '어린', (가치가) '비천한':—가장 작은, 적은(것), 미미한(것), 어린(더 어린, 가장어린).

H6811 צָעוֹר1회 **차이르**

〈6810〉과 동일; 이두매의 한 장소 '사일':—사일(왕하8:21).

H6812 צְעִירָה1회 **체이라**

〈6810〉의 여성형; (나이가) '적음', 즉 '연소함':—젊은이(젊음).

H6813 צָעַן1회 **차안**

기본어근; (짐승에) '가득 싣다', 즉 '이주하다':—옮겨지다.

H6814 צֹעַן4회 **초안**

애굽어 파생어; 애굽의 한 장소 '소안':—소안(사19:11, 민13:22, 겔30:14).

H6815 צַעֲנַנִּים2회 **차아난님**

또는 (쌍수) **צַעֲנַיִם 차아나임**

〈6813〉에서 유래한 복수형; '이동'; 팔레스타인의 한 장소 '사아난님':—사아난님(수19:33, 삿4:11).

H6816 צַעְצֻעַ1회 **차추아**

조각물로 '뒤덮다'는 뜻의 사용하지 않는 어근에서 유래; '조각'(품):—만든 형상.

H6817 צָעַק55회 **차아크**

기본어근; '날카로운 소리를 지르다'; (함축적으로)(회집을) '선언하다':—(하여간), 불러 모으다, 부르짖다, (함께) 모이다, 모여들다.

H6818 צְעָקָה21회 **차아카**

〈6817〉에서 유래; '비명':—울음(부르짖음).

H6819 צָעַר3회 **차아르**

기본어근; '작다', 즉 (상징적으로) '비천하다':—낮아지다, 적은(것), 작다.

H6820 צֹעַר10회 **초아르**

〈6819〉에서 유래; '작은'; 요단 동편

에 있는 장소 '소알':—소알(창13:10, 사15:5, 렘48:34).

H6821 צָפַד1회 **차파드**

기본어근; '점착하다':—고수(집착)하다.

H6822 צָפָה36회 **차파**

기본어근; 정확히는 앞으로 '기울이다', 즉 먼 곳을 '응시하다'; 함축적으로는 '관찰하다', '기다리다':—바라보다, 자세히 보다, 기다리다, 망을 보다, 파수꾼.

H6823 צָפָה47회 **차파**

기본어근 [오히려 외관이 '확대'된다는 개념이 행동으로 화하여 ⟨6822⟩와 동일한 듯함]; '뒤덮다'(특별히 금속을 가지고):—(뒤)'덮다', 도금하다.

H6824 צָפָה1회 **차파**

⟨6823⟩에서 유래; ('덮는 것과 같은') '큰물':—헤엄치다.

H6825 צְפוֹ3회 **체포** 또는 **צְפִי** **체피**

⟨6822⟩에서 유래; '관찰력이 예리한'; 에돔인 '스보', 또는 '스비':—스비, 스보(창36:11, 대상1:36).

H6826 צִפּוּי5회 **칩푸이**

⟨6823⟩에서 유래; (금속으로) '쌈':—덮음, 입힘.

H6827 צְפוֹן2회 **체폰**

아마도 ⟨6837⟩을 참조함이 좋을 듯; 한 이스라엘인 '스본':—스본(민26:15).

H6828 צָפוֹן153회 **차폰** 또는 **צָפֹן** **차폰**

⟨6845⟩에서 유래; 정확히는 '숨겨진', 즉 '어두운'; ('희미하거나' '잘 알려지지 않는') 방향으로서 '북쪽'에만 사용됨:—북쪽(-의, 북편, 북쪽으로, 북풍).

H6829 צָפוֹן1회 **차폰**

⟨6828⟩과 동일; '북쪽(북풍)의'; 팔레스타인의 한 장소 '사본':—사본(수13:27).

H6830 צְפוֹנִי1회 **체포니**

⟨6828⟩에서 유래; '북쪽의':—북쪽의.

H6831 צְפוֹנִי1회 **체포니**

⟨6827⟩에서 유래한 족속의 명칭; '스본 사람', 또는 (집합명사로) 스본의 자손:— 스본 사람들(민26:15).

H6832 צְפוּעַ1회 **체푸아**

⟨6848⟩과 동형에서 유래; ('배출된') '배설물':—똥.

H6833 צִפּוֹר40회 **칩포르** 또는 **צִפֹּר** **칩포르**

⟨6852⟩에서 유래; (깡충깡충 '뛰어다니는') 작은 '새':—새, 참새.

H6834 צִפּוֹר2회 **칩포르**

⟨6833⟩과 동일; 한 모압 사람인 '십볼':—십볼(민22:10, 수24:9).

H6835 צַפַּחַת7회 **찹파하트**

'확장하다'는 뜻의 사용하지 않는 어근에서 유래; ('납작한') '접시':—항아리, 병.

H6836 צְפִיָּה1회 **체피야**

⟨6822⟩에서 유래; '경계함':—바라봄.

H6837 צִפְיוֹן2회 **치프욘**

⟨6822⟩에서 유래; '망대'; 한 이스라엘인 '시본':—시본(창46:16, 민26:15). ⟨6827⟩과 비교

H6838 צַפִּיחִת1회 **찹피히트**

⟨6835⟩와 동형에서 유래; 편편하고 얇은 '떡':—얇은 과자.

H6839 צֹפִים1회 **초핌**

⟨6822⟩의 능동태 분사의 복수형; '바라보는 사람들'; 요단 동편에 있는 장소 '소빔':—소빔(민23:14).

H6840 צָפִין1회 **차핀**

〈6845〉에서 유래; ('감추어진') '보물':—숨겨진.

H6841 צְפִיר[2회] **체피르**

아람어 〈6842〉와 같음; '숫염소':—염소, 숫염소.

H6842 צָפִיר[6회] **차피르**

〈6852〉에서 유래; ('뛰어다니는') 수컷 '염소':—염소, 숫염소.

H6843 צְפִירָה[3회] **체피라**

〈6842〉처럼 형성된 여성형; '왕관'(머리를 '둘러싸는'); 또한 사건(즉 '재난')의 '변환':—왕관, 아침.

H6844 צָפִית[1회] **차피트**

〈6822〉에서 유래; '보초':—망루, 감시탑.

H6845 צָפַן[32회] **차판**

기본어근; '숨다'(위를 '덮음'으로서); 함축적으로 '저장하다' 또는 '비축하다'; 상징적으로 '부인하다'; 특별히(호의적으로) '보호하다', (나쁜 의미로) '잠복하다':—존중하다, 숨다(-숨겨진 것), 저축하다, 몰래 숨어 기다리다, 비밀, 비밀히 지키다, 비밀 장소.

H6846 צְפַנְיָה[10회] **체판야**

또는 **צְפַנְיָהוּ 체판야후**

〈6845〉와 〈3050〉에서 유래; '여호와께서 숨기셨다'; 네 이스라엘인의 이름 '스바냐':—스바냐(습1:1, 렘21:2, 29:25).

H6847 צָפְנַת פַּעְנֵחַ[1회]

초프나트 파네아흐

애굽어 파생어; 요셉의 애굽 이름 '사브낫-바네아':—사브낫-바네아(창41:45).

H6848 צֶפַע[4회] **체파**

또는 **צִפְעֹנִי 치프오니**

'내밀다'는 뜻의 사용하지 않는 어근에서 유래; (혀를 내미는 것 같은, 즉 '쉿 소리를 내는') 독사:—독사의 일종, 독사.

H6849 צְפִעָה[1회] **체피아**

〈6848〉과 동형에서 유래한 여성형; '내보낸' 것:—나옴.

H6850 צָפַף[4회] **차파프**

기본어근; (새 따위가) '꾸꾸꾸 울다' 또는 '짹짹 울다':—재잘재잘 지껄이다, 지저귀다, 삐약삐약 울다, 속삭이다.

H6851 צַפְצָפָה[1회] **차프차파**

〈6687〉에서 유래; ('물이 넘쳐흐르는' 곳에서 자라나는) '버드나무':—버드나무.

H6852 צָפַר[1회] **차파르**

기본어근; '깡충깡충 뛰어다니다', 즉 '되돌아오다':—일찍 떠나다.

H6853 צְפַר[9회] **체파르**

아람어 〈6833〉과 같음; '새':—새.

H6854 צְפַרְדֵּעַ[13회] **체파르데아**

〈6852〉와 '늪'이라는 뜻의 다른 곳에서는 알려지지 않은 단어에서 유래; '습지(늪)에서 뛰어다니는 것', 즉 '개구리':—개구리.

H6855 צִפֹּרָה[3회] **칩포라**

〈6833〉의 여성형; '새'; 모세의 아내 '십보라':—십보라(출2:21, 4:25).

H6856 צִפֹּרֶן[2회] **칩포렌**

〈6852〉에서 유래('할퀴다'는 뜻(〈6833〉에서 유래)의 명사 유래어로서); 정확히는 '발톱', 즉 (사람의) '손톱, 발톱'; 또한 붓의 끝이 '뾰족한' 부분(또는 끝에 단단한 철로 된 철필):—손톱, 뾰족한 끝.

H6857 צְפַת[1회] **체파트**

〈6822〉에서 유래; '망대'; 팔레스타

인의 한 장소 '스밧':—스밧(삿1:17).

H6858 צֶפֶת[1회] **체페트**
'에워싸다'는 뜻의 사용하지 않는 어근에서 유래; 기둥의 '중심부':—기둥머리.

H6859 צְפָתָה[1회] **체파타**
〈6857〉과 동일; 팔레스타인의 한 장소 '스바다':—스바다(대하14:9(10)).

H6860 צִקְלַג[15회] **치클라그**
또는 צִיקְלַג **치크라그**
불확실한 파생어; 팔레스타인의 한 장소 '시글락':—시글락(수15:31, 삼상30:1, 삼하1:1).

H6861 צִקְלֹן[1회] **치클론**
'감다'는 뜻의 사용하지 않는 어근에서 유래; (주둥이를 '묶는') '마대자루':—꼬투리, 껍질.

H6862 צַר[115회] **차르** 또는 צָר **차르**
〈6887〉에서 유래; '좁은'; (명사로서) '비좁은' 장소 (보통 상징적으로 '괴로움'); 또한 (〈6864〉에서와 같이) '조약돌'; (타동사로서)('몰려드는') '반대자':—적대자, 괴롭히는, 고통 받는, 고민, 밀접한, 비탄, 원수, 부싯돌, 적, 좁은, 작은, 슬픔, 곤경, 고생.

H6863 צֵר[1회] **체르**
〈6887〉에서 유래; '바위'; 팔레스타인의 한 장소 '세르':—세르(수19:35).

H6864 צֹר[5회] **초르**
〈6696〉에서 유래; (꽉 또는 어느 정도까지 '눌린' 듯한) '돌'; (함축적으로) '칼':— 부싯돌, 날카로운 돌.

H6865 צֹר[1회] **초르** 또는 צוֹר **초르**
〈6864〉와 동일; '바위'; 팔레스타인의 한 장소 '두로':—두로(왕상7:14).

H6866 צָרַב[2회] **차라브**
기본어근; '타다':—타다, 불태우다.

H6867 צָרֶבֶת[3회] **차레베트**
〈6866〉에서 유래; (불 또는 질병의) '발생':—연소, 발화.

H6868 צְרֵדָה[6회] **체레다**
또는 צְרֵדָתָה **체레다타**
명백히 '꿰뚫다'는 뜻의 사용하지 않는 어근에서 유래; (바늘 따위로) '찌르기'; 팔레스타인에 있는 장소 '스레다':—스레다(왕상11:26, 대하4:17).

H6869 צָרָה[72회] **차라**
〈6862〉의 여성형; '죔'(즉, 상징적으로 '고통'); 타동사로 여성 '경쟁자':—대적자, 역경, 고뇌, 비탄, 고난, 고통.

H6870 צְרוּיָה[26회] **체루야**
〈6875〉와 동형에서 유래한 수동태 분사 여성형; '상처 입은'; 한 이스라엘 여자 '스루야':—스루야(삼상26:6, 삼하2:13, 대상2:16).

H6871 צְרוּעָה[1회] **체루아**
〈6879〉의 수동태 분사 여성형; '나환자의'; 한 이스라엘 여자 '스루아':—스루아(왕상11:26).

H6872 צְרוֹר[10회] **체로르**
또는 (단축형) צְרֹר **체로르**
〈6887〉에서 유래; ('꾸려놓은') '꾸러미'; 또한 (마치 '짐 꾸러미' 같은) '낟알' 또는 '미립자':—자루, 구부리다, 묶음, 극소의 낟알, 작은 돌.

H6873 צָרַח[2회] **차라흐**
기본어근; '분명하다'(음성에 있어서, 즉 '날카로운 소리'), 즉 '야아 하고 외치다':— 외치다, 고함치다.

H6874 צְרִי[1회] **체리** 또는 צֳרִי **조리**
〈6875〉와 동일; 한 이스라엘 사람 '스리':—스리(대상25:3). 〈3340〉과 비교

H6875 צְרִי[6회] **체리** 또는 צֳרִי **조리**

['압력'을 가했을 때처럼] '쪼개지다'는 뜻의 사용하지 않는 어근에서 유래; 여기에서… '새어나오다'; 증류, 즉 방향(芳香)성 수지(樹脂):—발삼, 향고(香膏).

H6876 צֹרִי[2회] **초리**
〈6865〉에서 유래한 족속의 명칭; '두로 사람', 또는 두로 (즉, 수리아)의 거주자:— 두로의(사람)(왕상7:14, 스3:7).

H6877 צְרִיחַ[4회] **체리아흐**
시야가 '선명하다'는 의미로 〈6873〉에서 유래; '성채':—높은 장소, 요새.

H6878 צֹרֶךְ[1회] **초레크**
'필요하다'는 뜻의 사용하지 않는 어근에서 유래; '필요':—필요.

H6879 צָרַע[20회] **차라**
기본어근; '몹시 괴롭히다', 즉 (자동사와 상징적으로) '나병에 걸리다':—나병환자, 나병에 걸린.

H6880 צִרְעָה[3회] **치르아**
〈6879〉에서 유래; ('침으로 찌르는 것 같은') '장수말벌':—말벌류(類).

H6881 צָרְעָה[10회] **초르아**
명백히 〈6880〉에 대한 다른 형태; 팔레스타인의 한 장소 '소라':—소라(수15:33).

H6882 צָרְעִי[3회] **초르이**
또는 **צָרְעָתִי 초르아티**
〈6881〉에서 유래한 족속의 명칭; '소라 사람', 또는 '소라 족속', 즉 소라의 거주자:— 소라 사람들(대상2:53, 4:2).

H6883 צָרַעַת[35회] **차라아트**
〈6879〉에서 유래; '나병':—나병.

H6884 צָרַף[22회] **차라프**
기본어근; (금속을) '녹이다', 즉 '정련하다'(문자적으로나 상징적으로):—주조하다, 정련하다(-하는 사람), 제련하다, 개조, 금세공, 녹이다, 순수한, 제거하다, 연단하다.

H6885 צוֹרְפִי[1회] **초레피**
〈6884〉에서 유래; '정련하는 사람'; (관사와 함께) 한 이스라엘 사람 '소르비':— 금세공의.

H6886 צָרְפַת[3회] **차레파트**
〈6884〉에서 유래; '정련'; 팔레스타인의 한 장소 '사르밧':—사르밧(왕상17:9, 옵1:20).

H6887 צָרַר[27회] **차라르**
기본어근; '꺾쇠로 죄다', 문자적으로나 상징적, 자동사로나 타동사로 (다음과 같음):—대적자, 괴롭히다, 고통(을 겪다), 포위하다, 묶다, 비탄(에 처해있다), 더 좁은, 압제하다, 고통, 차단되다, 고통 중에 있다, 괴롭히다.

H6888 צְרֵרָה[2회] **체레라**
명백히 〈6868〉의 오기; '스레다'를 잘못 쓴 '스레라'(삿7:22):—스레다(왕상11:26, 대하4:17).

H6889 צֶרֶת[1회] **체레트**
아마 〈6671〉에서 유래; '광휘'; 한 이스라엘인 '세렛':—세렛(대상4:7).

H6890 צֶרֶת הַשַּׁחַר[1회] **체레트 핫샤하르**
〈6889〉와 동형에서 그리고 관사가 삽입된 〈7837〉에서 유래; '여명의 광채'; 팔레스타인의 한 장소:—세렛사할(수13:19).

H6891 צָרְתָן[3회] **차레탄**
아마 〈6868〉 참조; 팔레스타인의 한 장소 '사르단':—사르단(수3:16, 왕상4:12).

트롱히브리어사전

ק

H6892 קָא[4회] **케** 또는 **קִיא** **키**
〈**6958**〉에서 유래; '토하다':—토하다.

H6893 קָאַת[5회] **카아트**
〈**6958**〉에서 유래; 아마도 '펠리칸'('토하는 것'에서 유래):—가마우지.

H6894 קַב[1회] **카브**
〈**6895**〉에서 유래; '움푹 들어간 것', 즉 (마른) 곡물 '되는데' 쓰는 그릇:—갑.

H6895 קָבַב[13회] **카바브**
기본어근; '퍼내다', 즉 (상징적으로) '해를 입히다' 또는 '몹시 싫어하다'(즉 말로써 '깊은 상처를 입히다'):—(하여간), 저주하다.

H6896 קֵבָה[1회] **케바**
〈**6895**〉에서 유래; ('텅 빈 곳'과 같은) '위(胃)', 또는 반추하는 첫 번째 위:—반추동물의 넷째 위, 사람의 밥통.

H6897 קֹבָה[1회] **코바**
〈**6895**〉에서 유래; (빈 것으로서의) '복부':—배, 복부.

H6898 קֻבָּה[1회] **쿱바**
〈**6895**〉에서 유래; '대형 천막', 누각(둥근 지붕의 '빈곳'):—텐트, 장막.

H6899 קִבּוּץ[1회] **킵부츠**
〈**6908**〉에서 유래; '군중':—모인 사람들, 회합, 단체.

H6900 קְבוּרָה[14회] **케부라**
또는 **קְבֻרָה** **케부라**
〈**6912**〉의 수동태 분사 여성형; '매장'; (구체적으로는) '무덤':—매장, 매장지, 무덤, 바위를 뚫거나 돌 벽돌로 지은 무덤.

H6901 קָבַל[13회] **카발**
기본어근; '받아들이다', 즉 '취(取)하다'(문자적으로나 상징적으로):—선택하다, 잡다, 받다, (일을) 맡다.

H6902 קְבַל[3회] **케발**
아람어 〈**6901**〉과 같음; '얻다':—받다, 가지다.

H6903 קֳבֵל[29회] **케벨** 또는 **קֳבָל** **코벨**
아람어 〈**6905**〉와 같음; (부사로) '~앞에'; 보통 (다른 불변사와 함께) '~때문에', '~에 관하여', '~이래에', '여기에서':—…에 따라서, 때문에, ~전에, 이유 때문에, …이기 때문에, 앞에, ~의 이유로, ~임을 보면, ~인 까닭에, 이런 의미에 의해, ~에 대면하여, 그러므로, 비록, 무슨 이유로.

H6904 קֹבֶל[1회] **코벨**
(받기 위하여 '반대편'에 서는 것 같은) '대면하다'는 의미에서 〈**6901**〉에서 유래; '공성퇴(攻城槌)':—전쟁.

H6905 קָבָל[1회] **카발**
'반대쪽의' 의미로 [〈**6904**〉를 보라] 〈**6901**〉에서 유래; '면전', 즉 (부사로) '~앞에':—앞에.

H6906 קָבַע[6회] **카바**
기본어근; '덮다', 즉 (상징적으로) '속여 빼앗다':—약탈하다, 망쳐놓다.

H6907 קֻבַּעַת[2회] **쿱바아트**
〈**6906**〉에서 유래; ('덮개'처럼 깊다는 뜻에서) '잔':—앙금.

H6908 קָבַץ[127회] **카바츠**
기본어근; '붙잡다', 즉 '모으다':—모으다, (함께) 모으다, 함께 가져오다, 다시 분류하다, 쌓다, 쌓아올리다, 확실히 집어 올리다.

H6909 קַבְצְאֵל[3회] **카브체엘**
〈**6908**〉과 〈**410**〉에서 유래; '하나님께서 모으셨다'; 팔레스타인의 한 장소 '갑스엘':—갑스엘(수15:21, 삼하23:20). 〈**3343**〉과 비교

H6910 קְבֻצָה[1회] **케부차**
〈**6908**〉의 수동태 분사 여성형; '저장

물':—모으다.

H6911 קִבְצַיִם 1회 **키브차임**

〈**6908**〉에서 유래한 쌍수; '갑절의 더미'; 팔레스타인의 한 장소 '깁사임':—깁사임(수21:22).

H6912 קָבַר 133회 **카바르**

기본어근; '매장하다':—(어떻게 하든), 매장하다(매장자).

H6913 קֶבֶר 167회 **케베르**

또는 (여성형) **קְבֻרָה 키브라**

〈**6912**〉에서 유래; '바위를 뚫거나 돌로 된 무덤':—매장지, 무덤, 묘.

H6914 קִבְרוֹת הַתַּאֲוָה 5회

키브로트 핫타아와

〈**6913**〉의 여성복수에서, 그리고 관사가 삽입된 〈**8378**〉에서 유래; '갈망의 무덤들'; 사막에 있는 한 장소 '기브롯-핫다아와':—기브롯-핫다아와(민11:35, 신9:22).

H6915 קָדַד 15회 **카다드**

기본어근; '오그라들다', 즉 '줄어들다' 또는 경의를 표하여 몸(또는 목)을 '굽히다':— 머리를(숙여) 절하다, 구부리다.

H6916 קִדָּה 2회 **킷다**

〈**6915**〉에서 유래; '계피나무' 껍질('주름진' 원통모양의):—계피.

H6917 קָדוּם 1회 **카둠**

〈**6923**〉의 수동태 분사형; '옛날의' 영웅:—고대의.

H6918 קָדוֹשׁ 116회 **카도쉬**

또는 **קָדֹשׁ 카도쉬**

〈**6942**〉에서 유래; '거룩한'(의식적으로나 도덕적으로); (명사로는) '하나님'(고귀함에서), '천사', '성도', '성소':—거룩(하신 분), 성도.

H6919 קָדַח 5회 **카다흐**

기본어근; '불태우다':—태우다, 불을 붙이다.

H6920 קַדַּחַת 2회 **캇다하트**

〈**6919**〉에서 유래; '연소', 즉 열병:—심한 오한, 열.

H6921 קָדִים 69회 **카딤** 또는 **קָדִם 카딤**

〈**6923**〉에서 유래; '전방', 또는 앞부분; 여기에서 (방향으로는) '동양' (종종 부사로서 '동쪽을 향하여', 간결하게는 '동풍'):—동쪽, 동쪽으로, 동풍.

H6922 קַדִּישׁ 13회 **캇디쉬**

아람어 〈**6918**〉과 같음:—거룩한 (자), 성도.

H6923 קָדַם 26회 **카담**

기본어근; '불쑥 내밀다'(자신을), 즉 '앞서다'; 여기에서 '예측하다', '재촉하다'(보통도움을 청하려고), '만나다':—앞에 오다(가다, [도망하다]), 실망시키다, 만나다, 저지하다.

H6924 קֶדֶם 87회 **케뎀** 또는 **קֵדְמָה 케드마**

〈**6923**〉에서 유래; '앞', 공간적으로(절대적으로는 '앞부분', 상대적으로는 '동편') 또는 시간적으로('오래됨', '고대'); 종종 부사로 사용됨('전에', '고대에', '동쪽으로'):—앞서서, 고대의, 고대, ~전에, 동쪽(끝, 부분, 으로), 영원한, 영구적인, 앞으로, 낡은, 과거의. 〈**6926**〉과 비교

H6925 קֳדָם 42회 **코담** 또는 **קְדָם 케담**

아람어 (단7:13)

〈**6924**〉와 같음; '전에':—전에, ~부터, 나는(생각했다), 나를, ~의, 기쁘게 하다, 앞. 카딤〈**6921**〉을 보라

H6926 קִדְמָה 3회 **키드마**

〈**6924**〉의 여성형; '앞'부분 (또는 상대적으로는) '동편' (종종 부사로 '동쪽에' 또는 '앞에'):—동쪽(으로).

H6927 קַדְמָה5회 **카드마**
〈6923〉에서 유래; (시간에 있어서) '우선순위'; 또한 부사로도 사용됨 '전에':—~의 전방에, 고대, 이전의(오래된) 토지.

H6928 קַדְמָה2회 **카드마**
아람어 〈6927〉과 같음; '이전' 시간:—전에, 지난.

H6929 קֵדְמָה4회 **케드마**
〈6923〉에서 유래; '앞섬'; 이스마엘의 아들 '게드마':—게드마(창25:15).

H6930 קַדְמוֹן1회 **카드몬**
〈6923〉에서 유래; '동쪽의':—동쪽.

H6931 קַדְמוֹנִי10회 **카드모니**
또는 קַדְמֹנִי **카드모니**
〈6930〉에서 유래; (시간적으로) '앞선' 또는 (공간적으로) '동방의':—고대(의), 앞서갔던 사람들, 동쪽, 옛적(일).

H6932 קְדֵמוֹת4회 **케데모트**
〈6923〉에서 유래; '최초'; 팔레스타인 동편에 있는 장소 '그데못':—그데못(수13:18).

H6933 קַדְמַי3회 **카드마이**
아람어 〈6923〉과 일치하는 어근에서 유래; '첫째의':—첫째의.

H6934 קַדְמִיאֵל9회 **카드미엘**
〈6924〉와 〈410〉에서 유래; '하나님의 존전'; 세 이스라엘인의 이름 '갓미엘':—갓미엘(스2:40, 느7:43).

H6935 קַדְמֹנִי1회 **카드모니**
〈6931〉과 동일; '고대의', 즉 원래의; 팔레스타인의 한 부족 이름 '갓몬 족'(집합명사):—갓몬 족속(창15:19).

H6936 קָדְקֹד11회 **코드코드**
〈6915〉에서 유래; (가장 '굽어진' 부분인) 머리의 '정수리':—(머리의) 정수리, 머릿가죽, 머리의 꼭대기.

H6937 קָדַר17회 **카다르**
기본어근; '재투성이다', 즉 '어두운 색깔'이다; 함축적으로 '애도하다'(삼베옷, 또는 더러운 옷을 입고):—검다, 거무스름하다, 어둡다, 어둡게 하다, 무겁게, 애도하다(~하게 하다).

H6938 קֵדָר12회 **케다르**
〈6937〉에서 유래; (피부나 장막이) '거무스름한'; 이스마엘의 아들 '게달'; 또한 (집합명사로)(그의 자손들이나 대표자들로서) 유목민:—게달(아1:5, 사42:11, 렘49:28, 겔27:21).

H6939 קִדְרוֹן11회 **키드론**
〈6737〉에서 유래; '어스레한' 곳; 예루살렘 가까이에 있는 한 개울 '기드론':—기드론(삼하15:23, 왕상2:37, 왕하23:4, 렘31:40).

H6940 קַדְרוּת1회 **카드루트**
〈6937〉에서 유래; '어스레함':—검음.

H6941 קְדֹרַנִּית1회 **케도란니트**
〈6937〉에서 유래한 부사; '거무스름한 자들'(즉 '삼베옷을 입은'); 부사로 '애도'의 상복을 입고서 라고 사용됨:—슬픔에 잠겨서, 슬프게.

H6942 קָדַשׁ171회 **카다쉬**
기본어근; (의식적으로나 도덕적으로) '성결하다' (사역적으로 '성결하게 하다' '성결하다고 선언하다', 또는 '성결하게 지키다'):—지정하다, 명하다, 구별하여 바치다, 봉헌하다, 더럽히다, 거룩하게 하다, 거룩하다, 거룩한 곳, 깨끗케 하다, 성결케 하다, (성결케 된 사람), (전적으로).

H6943 קֶדֶשׁ12회 **케데쉬**
〈6942〉에서 유래; '거룩한 곳'; 팔레스타인에 있는 네 장소들의 이름 '게데스':— 게데스(수15:23).

H6944 קֹדֶשׁ[477회] 코데쉬
〈6942〉에서 유래; '거룩한' 장소 또는 물건; 드물게 추상적으로 '신성함':—구별된(것), 봉헌된 (것), 거룩해진 (것), 거룩함, (가장) 거룩한 (날, 부분, 것), 성도, 성소.

H6945 קָדֵשׁ[6회] 카데쉬
〈6942〉에서 유래; (외견상으로) '신성한' 사람, 즉 (전문용어로) 음탕한 우상숭배 하는데 (매춘행위로) '바쳐진 자'(남자):—남색자, 불결한.

H6946 קָדֵשׁ[6회] 카데쉬
〈6945〉와 동일; '거룩한 장소'; 사막에 있는 한 장소 '가데스':—가데스(신1:2). 〈6947〉과 비교

H6947 קָדֵשׁ בַּרְנֵעַ[10회] 카데쉬 바르네아
〈6946〉과 동형에서, 그리고 '탈주자의 광야'의 뜻을 가진 사용하지 않는 단어(명백히 〈1251〉과 일치하는 단어와 〈5128〉의 파생어의 복합)에서 유래; '방랑의 광야인 가데스'; 사막에 있는 곳인 '가데스바네아':—가데스바네아(시29:8).

H6948 קְדֵשָׁה[5회] 케데샤
〈6945〉의 여성형; 여성으로서 '헌신한 자' (즉 '매춘부'):—매춘행위를 하는 창녀.

H6949 קָהָה[4회] 카하
기본어근; '둔하다', '무디다':—날을 세우다, 무디다.

H6950 קָהַל[39회] 카할
기본어근; '소집하다':—모으다, (함께) 모이다, 모으다(다 같이), 모여들다.

H6951 קָהָל[122회] 카할
〈6950〉에서 유래; '회중'(대체로 구체적으로):—집회, 회중, 무리(대중).

H6952 קְהִלָּה[2회] 케힐라
〈6950〉에서 유래; '회중':—집회, 회중.

H6953 קֹהֶלֶת[7회] 코헬레트
〈6950〉에서 유래한 능동태 분사 여성형; (여성) '소집자', 즉 ('강연자'); 추상적으로 '설교'(필명인 '코헬레트'로 사용됨):—전도자.

H6954 קְהֵלָתָה[2회] 케헬라타
〈6950〉에서 유래; '소집'; 사막의 한 장소 '그헬라다':—그헬라다(민33:22).

H6955 קְהָת[32회] 케하트
'동맹하다'는 뜻의 사용하지 않는 어근에서 유래; '동맹한'; 한 이스라엘인 '그핫':— 그핫, 고핫(창46:11, 출6:16, 민3:27, 수21:4).

H6956 קֳהָתִי[15회] 코하티
〈6955〉에서 유래한 족속의 명칭; '고핫 사람'(집합명사), 또는 그핫 자손:—고핫 족속, 그핫 가족(민3:27, 수21:4).

H6957 קַו[25회] 카우 또는 קָו 카우
〈6960〉에서 유래 [〈6961〉과 비교]; ('연결하는' 것으로서의) '줄', 특히 측정하는데 사용됨; 상징적으로 '자'; 또한 '테', 악기의 '현' 또는 줄:—줄. 〈6978〉과 비교

H6958 קוֹא[4회] 코
또는 קָיָה 카야 (렘25:27)
기본어근; '토하다':—토해내다, 게우다.

H6959 קוֹבַע[2회] 코바
〈3553〉의 상응형; '투구':—투구.

H6960 קָוָה[47회] 카와
기본어근; 함께 '묶다'(아마 '꼬아서'), 즉 '수집하다'; (상징적으로) '기대하다':—(함께) 모이다, 쳐다보다, (참을성 있게), 체재하다, 기다리다(대망

하다).

H6961 קָוֶה[3회] **카웨**

〈**6960**〉에서 유래; (측정하는) '줄'(마치 '묶기' 위한 것처럼):—줄.

H6962 קוּט[8회] **쿠트**

기본어근; 정확히는 '베어내다', 즉 (상징적으로) '혐오하다':—슬퍼하다, 몹시 싫어하다.

H6963 קוֹל[505회] **콜** 또는 **קֹל 콜**

소리쳐 '부르다'는 의미의 사용하지 않는 어근에서 유래; '목소리' 또는 '소리':—소리를 내어, 매애 우는 소리, 딱딱 소리, (크게) 울부짖음, 명성, 가벼움, 음매우는소리, 잡음, 잠잠하다, 소리치다, 선언하다, 노래하다, 소리, 불꽃이 튀다, 천둥소리, 목소리, 고함치다.

H6964 קוֹלָיָה[2회] **콜라야**

〈**6963**〉과 〈**3050**〉에서 유래; '여호와의 음성'; 두 이스라엘인의 이름 '골라야':— 골라야(렘29:21, 느11:7).

H6965 קוּם[629회] **쿰**

기본어근; '일어나다'(다양하게 적용됨, 문자적, 상징적, 강의적, 사역적으로):—머무르다, 성취하다, 보다 명백해지다, 확고해지다, 계속하다, 포고하다, 희미하다, 참다, 원수, 분부하다, 일어나다, 도와주다, 유지하다, (다시)들어 올리다, ~하도록 만들다, 단지 새롭게, 제정하다, 실행하다, 던지다, 키우다, 세우다, 자리를 박차고 일어서다, 유지하다, (다시)일어나다, (대항하여), 일깨우다, 착수하다, 공고히 하다, 설립하다, 세우다, 선동하다, 자극하다, 강하게 하다, 성취하다, 확실히(하다), (떠)받치다, (들어) 올리는.

H6966 קוּם[35회] **쿰**

아람어 〈**6965**〉와 같음:—지명하다(지정하다), 설립하다, 만들다, 일어서다, 서게 하다, 서다, 세우다.

H6967 קוֹמָה[45회] **코마**

〈**6965**〉에서 유래; '높이':—~을 따라, 높이, 높은, 키, 큰.

H6968 קוֹמְמִיּוּת[1회] **코메미유트**

〈**6965**〉에서 유래; '상승', 즉 (부사로) '똑바로', '꼿꼿이'(상징적으로):—똑바로, 곧추서서.

H6969 קוּן[5회] **쿤**

기본어근; 음악적인 가락을 '내다', 즉 (노래를) '부르다' 또는 (장례 때에) '소리 내어 울다':—비탄하다, 애도하는 여인.

H6970 קוֹעַ[1회] **코아**

아마 '베어내다'라는 원래의 의미로 〈**6972**〉에서 유래; '삭감'; 바벨론의 한 지역 '고아':—고아(겔23:23).

H6971 קוֹף[2회] **코프** 또는 **קֹף 코프**

아마 외래어; '원숭이':—원숭이.

H6972 קוּץ[1회] **쿠츠**

기본어근; '잘라'내다; 〈**7019**〉에서 유래한 명사유래어로만 사용됨; '추수'기를 보내다:—여름.

H6973 קוּץ[9회] **쿠츠**

기본어근 [오히려 …에서 분리되다 [〈**6962**〉와 비교]는 개념을 통해 〈**6972**〉와 같음]; '싫어지다' 또는 '불안하다' (사역동사로 '~게 하다'):—혐오하다, 상심하다, 슬퍼하다, 몹시 싫어하다, 괴롭히다, 고달프다, 싫증나다.

H6974 קוּץ[5회] **쿠츠**

기본어근 [그보다는 잠에서 '갑작스럽게' 깨어나다는 개념을 통해

〈6972〉와 같음(〈3364〉와 비교)]; (문자적으로나 상징적으로) '깨어나다':—일어나다, 깨우다, 각성하다, 깨어있다, 지켜보다.

H6975 קוֹץ[12회] **코츠** 또는 **קֹץ 코츠**
('찌르다'는 의미로) 〈6972〉에서 유래; '가시':—가시.

H6976 קוֹץ[6회] **코츠**
〈6975〉와 동일; 두 이스라엘인의 이름 '고스':—고스(대상4:8, 스2:61, 느3:4), 학고스(관사를 포함하여).

H6977 קְוֻצָּה[2회] **케웃차**
〈6972〉의 원래 의미에서 유래한 여성 수동태 분사; ('잘라낸') '앞머리':—머리타래.

H6978 קַו־קַו[2회] **카우카우**
('묶음'의 의미로) 〈6957〉에서 유래; '튼튼한, 건장한':—할당된, 재어준.

H6979 קוּר[4회] **쿠르**
기본어근; '도랑을 파다'; 함축적으로 '앞으로 내던지다'; 또한 (〈7023〉에서 유래한 명사유래어) '벽으로 둘러싸다', 문자적으로 (벽을 '세우다') 또는 상징적으로 ('멈추다'):—부숴버리다, 내던지다, 파괴하다, 파다.

H6980 קוּר[2회] **쿠르**
〈6979〉에서 유래; (복수형으로만 사용되어) '도랑들', 즉 (마치 그런 모양과 같은) '거미줄':—거미줄.

H6981 קוֹרֵא[2회] **코레** 또는 **קֹרֵא 코레**
(대상26:1)
〈7121〉의 능동태분사; '외치는 자'; 두 이스라엘인의 이름 '고레':—고레(대상9:19, 대하31:14).

H6982 קוֹרָה[5회] **코라** 또는 **קֹרָה 코라**
(말하자면 '참호들'을 이루는) '서까래'; 함축적으로 '지붕':—들보, 지붕.

H6983 קוֹשׁ[1회] **코쉬**
기본어근; '구부리다'; 〈3369〉의 명사 유래어로만 사용됨 '올가미를 놓다':—덫을 놓다.

H6984 קוּשָׁיָהוּ[2회] **쿠샤야후**
〈6983〉의 수동태 분사와 〈3050〉에서 유래; '여호와께 사로잡힘'; 한 이스라엘인 '구사야':—구사야(대상15:17).

H6985 קַט[1회] **카트**
'생략'의 의미로 〈6990〉에서 유래; '작음', 소량, 즉 (부사로) '단지':—매우.

H6986 קֶטֶב[3회] **케테브**
'잘라버리다'는 뜻의 사용하지 않는 어근에서 유래; '파멸':—파괴하는, 파괴.

H6987 קֹטֶב[1회] **코테브**
〈6986〉과 동형에서 유래; '근절':—파괴.

H6988 קְטוֹרָה[1회] **케토라**
〈6999〉에서 유래; '향기':—향.

H6989 קְטוּרָה[4회] **케투라**
〈6999〉의 여성 수동태 분사; '향기나는'; 아브라함의 아내 '그두라':—그두라(창25:1, 대상1:32).

H6990 קָטַט[1회] **카타트**
기본어근;'잘라내다', 즉 (상징적으로) '파괴하다':—잘라지다.

H6991 קָטַל[3회] **카탈**
기본어근; 정확히는 '잘라내다', 즉 (상징적으로) '죽게 하다':—죽이다, 살육하다.

H6992 קְטַל[7회] **케탈**
아람어 〈6991〉과 같음; '죽이다':—살육하다.

H6993 קֶטֶל[1회] **케텔**
〈6991〉에서 유래; 난폭한 '죽음':—

학살.

H6994 קָטֹן4회 카톤

기본어근 [오히려 〈6996〉에서 유래한 명사 유래어]; '줄이다', 즉 '자그마하다'(사역동사로 '작게 하다') 또는 (상징적으로) '보잘것없는':—작다, 작은 것, 작게 하다, 가치가 없다.

H6995 קֹטֶן2회 코텐

〈6994〉에서 유래; '작음', 즉 '새끼손가락':—새끼손가락.

H6996 קָטָן101회 카탄 또는 **קָטֹן** 카톤

〈6962〉에서 유래; '단축된', 즉 '자그마한', 문자적으로(양이나 수, 크기에 있어서), 또는 상징적으로(나이와 중요성에 있어서):—가장 작은, 더 작은, 작은(사람), 적은(-가장적은, 적은 양, 적은 것), 어린(-더 어린, 가장 어린).

H6997 קָטָן1회 카탄

〈6996〉과 동일; '작은'; 한 이스라엘인 '가단':—[관사와 함께] 학가단(스8:12).

H6998 קָטַף5회 카타프

기본어근; '벗기다':—이삭을 따다, 잘라버리다, 뜯다, 꺾다.

H6999 קָטַר116회 카타르

기본어근 [오히려 '가까운' 곳에서 향을 피움이라는 개념과 아마 그렇게 하여(점령자)들을 '몰아내다'는 개념을 통해 〈7000〉과 동일]; '연기를 내다', 즉 불을 피워서 향기를 내다(특별히 예배의 행위로서):—(향, 제물을) 태우다, (제사드릴 목적으로) 향을 피우다, 불을 붙이다, (향기, 제물을) 드리다.

H7000 קָטַר1회 카타르

기본어근; '에워싸다':—결합하다.

H7001 קְטַר3회 케타르

아람어 〈7000〉과 일치하는 어근에서 유래; (묶인 것으로서) '매듭', 즉 (상징적으로) '수수께끼'; (매듭과 같은) '척추 뼈', 등뼈:—의심, 관절.

H7002 קִטֵּר1회 킷테르

〈6999〉에서 유래; '향기':—향.

H7003 קִטְרוֹן2회 키트론

〈6999〉에서 유래; '분향하는'; 팔레스타인의 한 장소 '기드론':—기드론(삿1:30).

H7004 קְטֹרֶת60회 케토레트

〈6999〉에서 유래; '분향':—(향기로운) 향, 향기.

H7005 קַטָּת1회 캇타트

〈6996〉에서 유래; '작음'; 팔레스타인의 한 장소 '갓닷':—갓닷(수19:15).

H7006 קָיָה9회 카야

기본어근; '구토하다':—토해내다.

H7007 קַיִט1회 카이트

아람어 〈7019〉와 일치함; '수확':—여름.

H7008 קִיטוֹר4회 키토르

또는 **קִיטֹר** 키토르

〈6999〉에서 유래; '증기', 즉 '구름':—연기, 증기.

H7009 קִים1회 킴

〈6965〉에서 유래; (대항하여 일어나는) '대적', 즉 (집합명사로) '적들':—실체.

H7010 קְיָם2회 케얌

아람어 〈6966〉에서 유래; (법률에서 일어나는) '칙령':—법령, 규례.

H7011 קַיָּם2회 카얌

아람어 〈6966〉에서 유래; (확고하게 '섬으로') '영속적인':—견고한, 확실한.

H7012 קִימָה1회 **키마**
〈**6965**〉에서 유래; '일어남':—일어나는.

H7013 קַיִן8회 **카인**
'정착'이라는 원래의 의미로 〈**6969**〉에서 유래; ('푹 찌르는') '작살':—창(槍).

H7014 קַיִן10회 **카인**
(〈**7069**〉와의 유사성이 적용되어) 〈**7013**〉과 같음; 아담의 첫 아들의 이름과, 또한 팔레스타인의 한 지명과 동방의 한 부족 명 '가인':—가인(창4:1, 민24:22, 수15:57, 삿4:11), 겐 족속.

H7015 קִינָה18회 **키나**
〈**6969**〉에서 유래; (가슴이나 악기들을 '두들기는 것'이 동반된) '애가':—비탄.

H7016 קִינָה1회 **키나**
〈**7015**〉와 동일; 팔레스타인의 한 장소 '기나':—기나(수15:22).

H7017 קֵינִי3회 **케니**
또는 קִינִי **키니** (대상2:—55)
〈**7014**〉에서 유래한 족속의 명칭; '겐 사람':—겐 족속(창15:19, 삿4:11, 삼상27:10).

H7018 קֵינָן6회 **케난**
〈**7064**〉와 동형에서 유래; '고정된'; 노아 홍수 이전의 사람 '게난':—게난(창5:9, 대상1:2).

H7019 קַיִץ22회 **카이츠**
〈**6972**〉에서 유래; ('곡식'의) '추수', (곡물 또는 과일 등의) 소출 또는 (건조한) 계절:—여름(과일, 집).

H7020 קִיצוֹן4회 **키촌**
〈**6972**〉에서 유래; '말단':—끝의(말단의).

H7021 קִיקָיוֹן5회 **키카욘**
아마 〈**7006**〉에서 유래; ('구역질나는' 것 같은) '조롱박':—조롱박, 박넝쿨.

H7022 קִיקָלוֹן1회 **키칼론**
〈**7036**〉에서 유래; 심한 '망신거리':—부끄러운 구토.

H7023 קִיר74회 **키르** 또는 קִר **키르** (사22:5), 또는 (여성형) קִירָה **키라**
〈**6979**〉에서 유래; ('해자' 안에 축조된) '성벽':—석수, 측면, 마을, 벽.

H7024 קִיר4회 **키르**
〈**7023**〉과 동일; '요새'; 앗시리아의 한 장소 '길'; 또한 모압의 한 장소:—길(사22:—6, 왕하16:9, 암1:5). 〈**7025**〉와 비교

H7025 קִיר חֶרֶשׂ3회 **키르 헤레스** 또는 (뒷단어의 여성형) קִיר חֲרֶשֶׂת **키르하레세트**
〈**7023**〉과 〈**2789**〉에서 유래; '토기의 요새'; 모압의 한 장소 '길헤레스', 또는 '길하레셋':—길헤레스(렘48:31), 길하레셋(왕하3:25, 사16:7).

H7026 קֵירֹס2회 **케로쓰** 또는 קֵרֹס **케로쓰**
〈**7166**〉과 동형에서 유래; '발목'이 굽은; 느디님 사람, '게로스':—게로스(느7:47, 스2:44).

H7027 קִישׁ21회 **키쉬**
〈**6983**〉에서 유래; 활; 다섯 이스라엘인의 이름 '기스':—기스(삼상9:1, 대상8:33, 대하29:12, 에2:5).

H7028 קִישׁוֹן6회 **키숀**
〈**6983**〉에서 유래; '꼬불꼬불한'; 팔레스타인의 강 '기손':—기손(삿4:7, 왕상18:40).

H7029 קִישִׁי1회 **키쉬**
〈**6983**〉에서 유래; '휘어진'; 한 이스라엘인 '기시':—기시(대상6:29(44)).

H7030 קִיתָרוֹס[3회] 키타로쓰
아람어 기원은 헬라어(κίθαρις 키싸리스); '수금':—하프.

H7031 קַל[13회] 칼
〈7043〉에서 유래한 압축형; '가벼운'; (함축적으로) '빠른' (또한, 부사로):—가벼운, 날쌘(날쌔게).

H7032 קָל[7회] 칼
아람어 〈6963〉과 같음:—소리, 목소리.

H7033 קָלָה[4회] 칼라
기본어근 [오히려 열에 의해 '움츠러든다'는 개념을 통해 〈7034〉와 같음]; '볶다', 즉 부분적으로, 또는 서서히 '그슬리다':—마른, 싫은, 볶다, 굽다.

H7034 קָלָה[7회] 칼라
기본어근; '가볍다'('신속한' 동작에서 암시되는 것처럼); 그러나 오직 상징적으로 ('모욕을 당하다', [사역동사로] '업신여기다'):—천한, 경멸하다, 모독하다, 낮게 평가하다, 가볍게 보다, 천하게 보이다.

H7035 קָלַהּ[1회] 칼라흐
〈6950〉 참조; '모으다':—함께 모으다.

H7036 קָלוֹן[17회] 칼론
〈7034〉에서 유래; '불명예'; (함축적으로)(여성의) '외음부':—혼동, 수치, 치욕, 책망, 부끄러움.

H7037 קַלַּחַת[2회] 칼라하트
명백히 〈6747〉의 한 형태; '솥':—큰솥.

H7038 קָלַט[1회] 칼라트
기본어근; '불구로 만들다':—지체가 부족한, 불구의.

H7039 קָלִי[6회] 칼리 또는 קָלִיא 칼리
〈7033〉에서 유래; '구워진' 곡식이삭:—볶은 곡식.

H7040 קַלַּי[1회] 칼라이
〈7043〉에서 유래; '경솔한'; 한 이스라엘인 '갈래':—갈래(느12:20).

H7041 קֵלָיָה[1회] 켈라야
〈7034〉에서 유래; '하찮음'; 한 이스라엘인 '글라야':—글라야(스10:23).

H7042 קְלִיטָא[3회] 켈리타
〈7038〉에서 유래; '불구가 됨'; 세 이스라엘인의 이름 '글리다':—글리다(스10:23, 느8:7).

H7043 קָלַל[79회] 칼랄
기본어근; '가볍다'(사역동사로 '가볍게 하다'), 문자적으로('날쌘', '작은', '날카로운'등) 또는 상징적으로('쉬운', '사소한', '천한' 등):—감하다, 밝게 하다, 멸시 당하게 하다, 저주하다, 멸시하다, 쉽다(쉬운, 더 쉬운), 가벼운, 가벼워지다, 가볍게 보이다, 가볍게 하다, 가벼운 것을 옮기다, 사소한(-하게), (~보다)신속하다, 천하다(천하게 하다, 더욱 천하다), 욕하다.

H7044 קָלָל[2회] 칼랄
〈7043〉에서 유래; (마치 날카롭게 되어) '빛나는':—광택이 나는, 마광한.

H7045 קְלָלָה[33회] 켈랄라
〈7043〉에서 유래; '비방':—저주(하는, 받은).

H7046 קָלַס[4회] 칼라쓰
기본어근; '비방하다', 즉 비웃음:—조롱하다, 경멸하다, 조소하다.

H7047 קֶלֶס[3회] 켈레쓰
〈7046〉에서 유래; '웃음거리':—조소, 조롱.

H7048 קַלָּסָה[1회] 칼라싸
〈7046〉에서 유래한 강세형; '비웃음':—조롱함.

H7049 קָלַע[7회] 칼라
기본어근; '내던지다' 또한 ('원형의'

동작이나 '가벼운' 형태로) '새기다':
—새기다, 내던지다, 물매로 던지다.

H7050 קֶלַע 8회 켈라
〈7049〉에서 유래; '투석기'; 또한 (가로질러 '던져진' 것 같은) '막', 또는 '문짝':— 벽걸이, 휘장, 물매.

H7051 קַלָּע 2회 칼라
〈7049〉에서 유래한 강세형; 물맷돌 '던지는 사람':—투석자.

H7052 קְלֹקֵל 1회 켈로켈
〈7043〉에서 유래; '무른':—가벼운.

H7053 קִלְּשׁוֹן 1회 킬레숀
'찌르다'는 뜻의 사용하지 않는 어근에서 유래; '갈퀴', 즉 건초용 쇠스랑:—쇠스랑.

H7054 קָמָה 10회 카마
〈6965〉의 능동태 분사 여성형; '자라나는' 어떤 것, 즉 곡식의 '줄기':—(자라난) 곡식, 다자란 줄기.

H7055 קְמוּאֵל 3회 케무엘
〈6965〉와 〈410〉에서 유래; '하나님께서 일으키심'; 아브라함의 한 친척과 두 이스라엘인의 이름 '그무엘':—그무엘(창22:21, 민34:24, 대상27:17).

H7056 קָמוֹן 1회 카몬
〈6965〉에서 유래; '약간 높은 곳'; 요단 동편의 한 장소 '가몬':—가몬(삿10:5).

H7057 קִמּוֹשׁ 2회 킴모쉬
또는 קִימוֹשׁ 키모쉬
'찌르다'는 뜻의 사용하지 않는 어근에서 유래; '가시 많은' 식물:—쐐기풀. 〈7063〉과 비교

H7058 קֶמַח 14회 케마흐
'갈다'는 뜻의 사용하지 않는 어근에서 유래; '밀가루':—가루, 거친 가루.

H7059 קָמַט 2회 카마트
기본어근; '뜯다', 즉 파괴하다:—잘라버리다, 주름살이 가득하다.

H7060 קָמַל 2회 카말
기본어근; '시들다':— 베어 내다, 시들다.

H7061 קָמַץ 3회 카마츠
기본어근; 손으로 '움켜잡다':—한 움큼을 집다.

H7062 קֹמֶץ 4회 코메츠
〈7061〉에서 유래; '붙잡음', 즉 '한 움큼':—한 움큼.

H7063 קִמָּשׁוֹן 1회 킴마숀
〈7057〉과 동형에서 유래; '가시 많은' 식물:—가시.

H7064 קֵן 13회 켄
〈7077〉에서 유래한 압축형; ('고정된') '둥지', 때때로 '새 새끼들'이 들어있는 둥우리; 상징적으로는 '방' 또는 '거처':—둥지, 방.

H7065 קָנָא 27회 카나
기본어근; '열심이다'(사역동사; '열심 내다'), 즉 (나쁜 의미에서) '질투심 많은' 또는 '샘내는':—샘내다(샘내는), 질투하다(질투심을 일으키다), 매우, 열성(적인).

H7066 קְנָא 1회 케나
[아람어] 〈7069〉와 같음; '구매하다':—사다.

H7067 קַנָּא 6회 칸나
〈7065〉에서 유래; '질투심 많은':—시기하는. 〈7072〉와 비교

H7068 קִנְאָה 43회 킨아
〈7065〉에서 유래; '질투' 또는 '시샘':—시기(~하는), 질투, (때문에), 열심.

H7069 קָנָה 84회 카나
기본어근; '바로 세우다', 즉 '고안하다'; 확대된 의미로 '획득하다', 특히

구매함으로써(사역동사로 '팔다'); 함축적으로 '소유하다':—얻다, 사다(구매자), 가축을 돌보도록 가르치다, 시기심을 유발하다, 소유하다(소유자), 구매하다, 되찾다, (확실히, 아주).

H7070 קָנֶה[61회] **카네**
〈7069〉에서 유래; ('우뚝 선') '갈대'; 그 유사성에서 '장대'(특히 측정을 위한), '가는 관', '줄기', (팔의) '반경', 저울'대':—저울, 뼈대, 가지, 지팡이, 갈대, 창 잡는 사람, 줄기.

H7071 קָנָה[4회] **카나**
〈7070〉의 여성형; '갈대가 많음'; 팔레스타인의 한 개울과 한 장소의 이름 '가나':— 가나(수16:8, 17:9, 19:28).

H7072 קַנּוֹא[2회] **칸노**
〈7067〉 참조; '시기하는' 또는 '성남':—질투심이 많은.

H7073 קְנַז[11회] **케나즈**
아마 '사냥하다'는 뜻의 사용하지 않는 어근에서 유래; '사냥꾼'; 한 에돔인과 두 이스라엘인의 이름 '그나스':—그나스(창36:11, 수15:17, 삿1:13, 대상4:13).

H7074 קְנִזִּי[4회] **케닛지**
〈7073〉에서 유래한 족속의 명칭; '그나스 사람', 또는 그나스의 자손:—그나스 사람들(창15:19, 민32:12, 수14:6).

H7075 קִנְיָן[10회] **킨얀**
〈7069〉에서 유래; '창작', 즉 (구체적으로) '조성물'; 또한 '획득', '사들임', '재산':— 얻음, 물품, (돈으로), 부요, 물질.

H7076 קִנָּמוֹן[3회] **킨나몬**
('세우다'는 뜻의) 사용하지 않는 어근에서 유래; (원통형으로 똑바로 선) '계피나무'껍질:—계피.

H7077 קָנַן[5회] **카난**
기본어근; '세우다'; 그러나 〈7064〉에서 유래한 명사유래어로서만 사용됨; '깃들이다', 즉 보금자리를 '짓다' 또는 '차지하다':—둥우리를 만들다.

H7078 קֶנֶץ[1회] **케네츠**
아마 '비틀다'는 뜻의 사용하지 않는 어근에서 유래; '곡해':—끝.

H7079 קְנָת[2회] **케나트**
〈7069〉에서 유래; '소유'; 요단의 동편의 한 장소 '그낫':—그낫(민32:42, 대상2:23).

H7080 קָסַם[11회] **카쌈**
기본어근; 정확히는 '분배하다', 즉 제비 또는 마술표에 의해 '결정하다'; 함축적으로 점치다:—점치다(점쟁이, 점술), 신중한, 점쟁이, [점을] 치다.

H7081 קֶסֶם[11회] **케쎔**
〈7080〉에서 유래; '제비'; 또한 '점술'('보수'를 포함하여), '신탁':—점술(에 대한 보상), 신적인 의견, 마법.

H7082 קָסַס[1회] **카싸쓰**
기본어근; '가지를 쳐버리다':—잘라내다, 따다.

H7083 קֶסֶת[3회] **케쎄트**
〈3563〉 (또는, 〈7185〉)와 동형에서 유래; 정확히는 '잔', 즉 '먹 그릇':—먹그릇.

H7084 קְעִילָה[18회] **케일라**
아마 '에워싼다'는 의미로 〈7049〉에서 유래; '성채'; 팔레스타인의 한 장소 '그일라':—그일라(수15:44, 삼상23:1, 대상4:19).

H7085 קַעֲקַע[1회] **카아카**
〈6970〉과 동형에서 유래; '칼자국을 내기' 또는 깊이 베인 상처:—흔적.

H7086 קְעָרָה[17회] 케아라
아마 〈7167〉에서 유래; (속이 비게 '파낸 것'과 같은) '사발':—큰 접시, 접시.

H7087 קָפָא[5회] 카파
기본어근; '움츠리다', 즉 (짜내지 않은 술, 엉긴 우유, 구름 낀 하늘, 얼은 물과 같이) '두껍게 되다':—응결시키다, 엉키다, 어두운, 자리 잡게 하다.

H7088 קָפַד[1회] 카파드
기본어근; '수축시키다', 즉 함께 말다:—잘라버리다.

H7089 קְפָדָה[1회] 케파다
〈7088〉에서 유래; '움츠림', 즉 공포:—파멸.

H7090 קִפּוֹד[3회] 킵포드 또는 קִפֹּד 킵포드
〈7088〉에서 유래; 새의 일종, 아마 '해오라기'(그것의 '오그라든' 모양에서 유래), :—해오라기.

H7091 קִפּוֹז[1회] 킵포즈
'수축하다' 즉 앞으로 '뛰다'는 뜻의 사용하지 않는 어근에서 유래; (먹이를 잡으려고 '돌진하는') '살무사':—큰 올빼미.

H7092 קָפַץ[7회] 카파츠
기본어근; '모아들이다', 즉 접다; 함축적으로 (사지를 '오그라뜨려') '도약하다'; 특히 '죽다'(두발을 '모으다'는 데서 유래):—닫다, 가볍게 뛰다, 정지하다, 제거하다.

H7093 קֵץ[67회] 케츠
〈7112〉에서 유래한 압축형; '극단'; (접두전치사와 함께) 부사로서 '후에':—후에, 테두리, 극단, 끝, 무한한, 과정.

H7094 קָצַב[2회] 카차브
기본어근; '자르다', 또는 (일반적으로) '팍팍 찍다':—잘라내다, 베어낸.

H7095 קֶצֶב[3회] 케체브
〈7094〉에서 유래; ('잘라낸' 듯한) '모양'; '기부(基部)'(거기서 '잘려'지는 것 같은):—바닥, 크기.

H7096 קָצָה[5회] 카차
기본어근; '잘라내다'; (상징적으로) '파괴하다'; (부분적으로) '문질러 벗기다':—잘라버리다, 짧게 자르다, 문지르다(문질러 벗기다).

H7097 קָצֶה[95회] 카체
또는 (오직 부정적으로) קֵצֶה 케체
〈7096〉에서 유래; '극단'(매우 다양한 적용과 숙어에서 사용됨; 〈7093〉과 비교):—~후에, 가장자리, 테두리, 모서리, 끝, 무한, 국경, 해안 끝, 변경, 지역, 해변, 옆, 바깥쪽, 약간의, 극단의, 가장 먼(지역).

H7098 קָצָה[37회] 카차
〈7097〉의 여성형; '말단'(〈7097〉과 동일하게 사용됨):—해안, 구석, 변두리, 가장 낮은 곳 (가장 끝)부분.

H7099 קֶצֶו[7회] 케체우
그리고 (여성형) קִצְוָה 키츠와
〈7096〉에서 유래; '한계'(〈7097〉과 동일하게 사용되나 그보다 덜 다양하게 사용됨):—끝, 가장자리, 가장 끝부분.

H7100 קֶצַח[3회] 케차흐
명백히 '절개하다'는 뜻인 사용하지 않는 어근에서 유래; '회향풀 꽃'(그 식물의 '뾰족하고 날카로움'에서 유래):—족제비의 일종.

H7101 קָצִין[12회] 카친
'결정하는'의 의미로 〈7096〉에서 유래; ('결정권' 가진) '행정장관', 또는 다른 '지도자':—지휘관, 지도자, 방

백 통치자. 〈6278〉과 비교

H7102 קְצִיעָה[1회] **케치아**

〈7106〉에서 유래; '계피'('껍질이 벗겨지는 것'; 복수형은 '계피나무 껍질'):—계피.

H7103 קְצִיעָה[1회] **케치아**

〈7102〉와 동일; 욥의 딸 '긋시아':—긋시아(욥42:14).

H7104 קְצִיץ[1회] **케치츠**

〈7112〉에서 유래; '갑작스러운'; 팔레스타인의 한 골차기 '그시스':—그시스(수18:21).

H7105 קָצִיר[54회] **카치르**

〈7114〉에서 유래; '절단된', 즉 ('거둬들인') '수확', 곡식, 때, 추수자, 또는 상징적으로; 또한 (나무나 단순히 '잎'의) '갈라진 부분':—가지, 큰 가지, 추수(~하는 사람).

H7106 קָצַע[2회] **카차**

기본어근; '벗겨내다', 즉 (부분적으로) '문지르다'; (함축적으로는)(모퉁이처럼) '분리하다':—문지르게 하다, 구석.

H7107 קָצַף[34회] **카차프**

기본어근; '짝 갈라지다', 즉 (상징적으로) 분노로 '폭발하다':—화내다, 불쾌하게 하다, 조바심 내다, 분노케 하다, 격노하다.

H7108 קְצַף[1회] **케차프**

[아람어] 〈7107〉과 같음; '분노하다':—격노하다.

H7109 קְצַף[1회] **케차프**

[아람어] 〈7108〉에서 유래; '격노':—진노.

H7110 קֶצֶף[29회] **케체프**

〈7107〉에서 유래; ('잘게 쪼개진 것' 같은) '부서진 조각'; 상징적으로 '격노' 또는 '다툼':—거품, 분개, (몹시), 진노.

H7111 קְצָפָה[1회] **케차파**

〈7107〉에서 유래; '단편':—나무껍질이 벗겨진.

H7112 קָצַץ[14회] **카차츠**

기본어근; '잘게 자르다'(문자적으로나 상징적으로):—(산산조각으로, 조각조각으로, 따로따로)자르다, (극히).

H7113 קְצַץ[1회] **케차츠**

[아람어] 〈7112〉와 같음:—잘라버리다.

H7114 קָצַר[49회] **카차르**

기본어근; '짧게 자르다', 즉 (자동사나 타동사로, 또는 문자적으로나 상징적으로) '짧게 줄이다'; 특히 (풀이나 곡식을) '추수하다':—(하여튼), 잘라내다, 매우 낙심한, 몹시 슬퍼하다, 추수하는 사람, 몹시 싫어하다, 애도하다, 거두다, 짧게 하다(짧아지다), 괴롭히다, 고생시키다.

H7115 קֹצֶר[1회] **코체르**

〈7114〉에서 유래 (마음의) '냉랭함', 즉 조급함:—번민.

H7116 קָצֵר[5회] **카체르**

〈7114〉에서 유래; (크기, 수, 생명, 힘, 또는 기질에 있어서) '짧은':—몇 개의, 적은, 작은, 서두르는, 곧.

H7117 קְצָת[9회] **케차트**

〈7096〉에서 유래; '말단'(문자적으로나 상징적으로); 또한 (함축적으로) '한 몫'; (접두전치사와 함께) 부사로서 '후에':—끝, 부분, 약간의.

H7118 קְצָת[4회] **케차트**

[아람어] 〈7117〉과 같음:—끝, 부분적으로.

H7119 קַר[4회] **카르**

'냉각하다'는 뜻의 사용하지 않는 어

근에서 유래한 압축형; '서늘한'; 상징적으로 '조용한':—추운, 훌륭한[난외주에서].

H7120 קֹר[1회] **코르**

〈7119〉와 동형에서 유래; '추운':—추운.

H7121 קָרָא[755회] **카라**

기본어근 [오히려 만난 사람에게 가서 '말을 걸다'는 개념을 통해 〈7122〉와 같음]; '부르다'(즉, 본래의미는 이름을 '부르다', 그러나 매우 다양하게 적용됨):—드러내다(자신을), 명해진 것, 부르다, 외치다, 유명한(하다), 청함 받은(자), 초대하다, 언급하다, 이름을 짓다, 전파하다, 선언하다, 선포하다, 공포하다, 읽다, 유명한, 말하다.

H7122 קָרָא[23회] **카라**

기본어근; 우연히 또는 적의적인 태도로 '마주치다':—일이 생기다, 우연히, 닥치다, 발생하다, 만나다.

H7123 קְרָא[12회] **케라**

아람어 〈7121〉과 같음:—부르다, 외치다, 읽다.

H7124 קֹרֵא[2회] **코레**

본래는 〈7121〉의 능동태 분사; '부르짖는 자', 즉 메추라기(그 새의 울음소리에 유래):—자고새, 메추라기. 또한 〈6981〉을 보라

H7125 קִרְאָה[23회] **키르아**

〈7122〉에서 유래; 우연하게, 호의적이든 적의적이든 '마주침' (또한, 부사적으로 '반대 위치에서'):—마주쳐 다가오다, 돕다, 만나다, 찾다, 에게, …에게 거치는.

H7126 קָרַב[291회] **카라브**

기본어근; 어떤 목적으로든지 '접근하다'(사역동사로 '가까이 오게 하다'):—접근하다(접근하게하다), 생기게 하다, (가까이)가져오다(가져오게 하다), (가까이)오다(오게 하다), (가까이)가다, 가까이 있다, 합세하다, 가깝다, 제공하다, 생산하다, 준비하다, 서다, 취하다.

H7127 קְרֵב[9회] **케레브**

아람어 〈7126〉과 같음:—접근하다, (가까이)오다, 가까이 끌다.

H7128 קְרָב[9회] **케라브**

〈7126〉에서 유래; 적의적인 '대면':—전쟁, 전투.

H7129 קְרָב[1회] **케라브**

아람어 〈7128〉과 같음:—전쟁.

H7130 קֶרֶב[227회] **케레브**

〈7126〉에서 유래; 정확히는 '가장 가까운' 부분, 즉 '중심', 문자적 상징적, 또는 부사로 (특히 전치사와 함께):—~사이에, ~전에, 내장, 먹어치우다, 심장, 그를, ~속에, ~안에(안으로, 내부, 내심), ~가운데, ~로부터, 그 속에, ~을 통하여.

H7131 קָרֵב[11회] **카레브**

〈7126〉에서 유래; '가까이':—접근하다, (가까이)오다, 가까이 끌다.

H7132 קְרָבָה[2회] **케라바**

〈7126〉에서 유래; '접근':—접근함, 가까워짐.

H7133 קָרְבָּן[80회] **코르반**

또는 קֻרְבָּן **쿠르반**

〈7126〉에서 유래; 제단 '가까이 가져온' 어떤 것, 즉 희생 '예물':—봉헌물, 봉헌된 것, 제물.

H7134 קַרְדֹּם[5회] **카르돔**

아마 '내리치다'는 의미로 〈6923〉에서 유래; '도끼':—도끼.

H7135 קָרָה[5회] **카라**
〈**7119**〉의 여성형; '차가움':—추위.

H7136 קָרָה[23회] **카라**
기본어근; (주로 우연히) '일이 생기다'; 사역동사 '생기게 하다'; 특히(지붕이나 바닥을 위해) 대들보를 '놓다':—지정하다, 대들보를 놓다(만들다), 일이 발생하다, 가져오다, (…에게) 일이 생기다, 우연히 일어나다, 만나다, 순조롭다.

H7137 קָרֶה[1회] **카레**
〈**7136**〉에서 유래; (불행한) '사건', 즉 어떤 우연적인 (또는, 제의적인) '부적합':— 우연히 일어난 불결함.

H7138 קָרוֹב[78회] **카로브**
또는 **קָרֹב** **카로브**
〈**7126**〉에서 유래; '가까운'(장소, 혈연, 또는 시간에 있어서):—관련 있는, 접근, 가까이에, 어떤 혈족, 친척, 가까운 친척, 이웃, ~바로 옆의, 가까이에 온 사람들, ~보다 준비 된, 짧은 (짧게).

H7139 קָרַח[5회] **카라흐**
기본어근; '털을 뽑다':—(자기를) 대머리로 만들다.

H7140 קֶרַח[7회] **케라흐** 또는 **קֹרַח** **코라흐**
〈**7139**〉에서 유래; "얼음"(대머리와도 같은, 즉 '매끈함'); 여기에서 '우박'; 그 유사성에서 (무색투명의) '수정':—수정, 얼음, 서리.

H7141 קֹרַח[37회] **코라흐**
〈**7139**〉에서 유래; '얼음'; 두 에돔인과 세 이스라엘인의 이름 '고라':—고라(창36:5, 출6:21, 민16:1, 시42,49, 84,87,88편, 대상2:43).

H7142 קֵרֵחַ[2회] **케레아흐**
〈**7139**〉에서 유래; (머리의 뒷부분) '벗어진':—대머리(의).

H7143 קָרֵחַ[2회] **카레아흐**
〈**7139**〉에서 유래; '벗어진'; 한 이스라엘인 '가레아':—가레아(왕하25:23, 렘40:8).

H7144 קָרְחָה[11회] **코르하**
또는 **קָרְחָא** **코르하** (겔27:31)
〈**7139**〉에서 유래; '벗겨짐':—벗어진(벗어짐), (아주).

H7145 קָרְחִי[8회] **코르히**
〈**7141**〉에서 유래한 족속의 명칭; '고라 사람'(집합명사로) 또는 고라의 후손:— 고라 족속(민26:58, 대상9:19), 고레의 후손.

H7146 קָרַחַת[4회] **카라하트**
〈**7139**〉에서 유래; (머리의 뒷부분에 있는) '벗어진' 곳; 상징적으로 (천의 거죽에 있는) '벗어진 부분':—벗어진 머리, 속이 벗어진.

H7147 קְרִי[7회] **케리**
〈**7136**〉에서 유래; 적대적인 '마주침':—반대의.

H7148 קָרִיא[3회] **카리**
〈**7121**〉에서 유래; '불려진', 즉 '선택된':—유명한, 이름난.

H7149 קִרְיָא[9회] **키르야**
또는 **קִרְיָה** **키르야**
아람어 〈**7151**〉과 같음:—성읍.

H7150 קְרִיאָה[1회] **케리아**
〈**7121**〉에서 유래; '선포':—전파.

H7151 קִרְיָה[29회] **키르야**
'바닥을 깔다', 즉 건물을 세우다는 의미로 〈**7136**〉에서 유래; '성읍':—도시.

H7152 קְרִיּוֹת[3회] **케리요트**
〈**7151**〉의 복수형; '건물들'; 팔레스타인의 두 장소 이름 '그리욧':—그리욧(수15:25, 렘48:24, 암2:2).

H7153 קִרְיַת אַרְבַּע[9회] **키르야트 아르바** 또는 (관사가 삽입되어) **קִרְיַת הָאַרְבַּע 키르야트 하아르바** (느11:25)
〈7151〉 그리고 〈704〉 또는 〈702〉에서 유래; '아르바의 도시', 또는 '네(거인들)의 도시'; 팔레스타인의 한 장소 기랏-아르바:—기랏-아르바(창23:2, 수15:54, 느11:25).

H7154 קִרְיַת בַּעַל[1회] **키르야트 바알**
〈7151〉과 〈1168〉에서 유래; '바알의 도시'; 팔레스타인의 한 장소 '기럇-바알':— 기럇-바알(수15:60, 18:14).

H7155 קִרְיַת חֻצוֹת[5회] **키르야트 후초트**
〈7151〉과 〈2351〉의 여성 복수에서 유래; '거리들의 도시'; 모압의 한 장소 '기럇-후손':—기럇-후손(민22:39).

H7156 קִרְיָתַיִם[4회] **키르야타임**
〈7151〉의 쌍수; '이중의 도시'; 팔레스타인의 두 장소의 이름 '기랴다임':—기랴다임(수9:17, 삿18:12, 삼상6:21).

H7157 קִרְיַת יְעָרִים[2회] **키르야트 예아림** 또는 (렘26:20) 관사가 삽입됨; 또는 (수18:28) 단순히 앞단어만; 또는 **קִרְיַת עָרִים 키르야트 아림** 〈7151〉과 〈3293〉 또는 〈5892〉의 복수형에서 유래; '숲의 도시';, 또는 '마을들의 도시'; 팔레스타인의 한 장소 '기럇-여아림', 또는 '기랴다림':—기럇-여아림, 기랴다림(스2:25, 수18:28).

H7158 קִרְיַת סַנָּה[18회] **키르야트 싼나** 또는 **קִרְיַת סֵפֶר 키르야트 쎄페르**
〈7151〉과 〈5577〉과 동형에서 유래한 보다 단순한 여성형에서 유래, '가지들의 도시', 또는 둘째 단어는 〈5612〉에서 유래; '가지들의 도시', 또는 '책의 도시'; 팔레스타인의 한 장소 '기럇산나' 또는 '기럇세벨':—기럇산나, 기럇세벨(수15:49, 삿1:11,12).

H7159 קָרַם[2회] **카람**
기본어근; '덮다':—덮다.

H7160 קָרַן[4회] **카란**
기본어근; '밀다' 또는 '찌르다'; 〈7161〉에서 유래한 명사 유래어로서만 사용됨; '뿔을 불쑥 내밀다'; 상징적으로 '광선':—뿔이 나다, 빛나다.

H7161 קֶרֶן[76회] **케렌**
〈7160〉에서 유래; ('돌출한') '뿔'; 함축적으로 '물병', '나팔'; 그 유사성에서 코끼리 '이빨'(즉 '상아'), (제단의) '뿔', (산의) '꼭대기', (빛의) '광선'; 상징적으로 '힘', 능력:—언덕, 뿔.

H7162 קֶרֶן[14회] **케렌**
아람어 〈7161〉과 같음; '뿔'(문자적으로, 또는 소리를 내기위한):—뿔, 뿔나팔.

H7163 קֶרֶן הַפּוּךְ[1회] **케렌 합푸크**
〈7161〉과 〈6320〉에서 유래; 화장품의 뿔; 욥의 딸들 중 하나, 게렌합북:—게렌합북(욥42:14).

H7164 קָרַס[2회] **카라쓰**
기본어근; 정확히는 '불쑥 나오다'; (〈7167〉과 두운이 맞는) 〈7165〉에서 유래한 명사유래어로만 사용됨, '활모양으로 구부리다', 즉 등을 굽히다:—굽히다, 꾸부리다.

H7165 קֶרֶס[10회] **케레쓰**
〈7164〉에서 유래 '혹' 또는 빗줄걸이(그것이 튀어나온 모양에서 온 이름):—걸쇠.

H7166 קַרְסֹל[2회] **카르쏠**
〈7164〉에서 유래; ('솟아오른 것' 또는 관절로서의) '복사뼈':—발.

H7167 קָרַע[63회] 카라
기본어근; '찢다', 문자적으로나 상징적으로 ['욕하다', 눈을 '그리다'(마치 눈을 크게 하는 것처럼)]:—잘라내다, 찢다, (확실히).

H7168 קֶרַע[4회] 케라
〈7167〉에서 유래; '넝마':—조각, 누더기.

H7169 קָרַץ[5회] 카라츠
기본어근; '꼬집다', 즉 (부분적으로) 입술을 '깨물다', (악의의 표시로) 눈을 '깜박이다', 또는 (그릇을 빚기 위해 진흙덩이를)(충분히) '쥐어짜다':—만들어 내다, 움직이다, 눈을 깜박이다.

H7170 קְרַץ[2회] 케라츠
아람어 한 '조각'("어떤 사람의 '몫들'을 먹다", 즉 [비유적으로] 그를 '중상하여' '씹어'바수는 것)이라는 뜻에서 〈7171〉과 같음:—고발하다, 비난하다.

H7171 קֶרֶץ[1회] 케레츠
〈7169〉에서 유래; '박멸'(마치 '압축'에 의한 것처럼):—파멸.

H7172 קַרְקַע[8회] 카르카
〈7167〉에서 유래; 건물 또는 바다의 '바닥'(마치 대리석 조각으로 된 '포장도로'와도 같은):—밑바닥, 마루(~의 한 면).

H7173 קַרְקַע[1회] 카르카
〈7172〉와 동일; '밑바닥'; (접두관사를 동반하여) 팔레스타인의 한 장소 '갈가':— 갈가(수15:3).

H7174 קַרְקֹר[1회] 카르코르
〈6979〉에서 유래; '기초'; 요단 동편의 한 장소 '갈골':—갈골(삿8:10).

H7175 קֶרֶשׁ[51회] 케레쉬
'쪼개다'는 뜻의 사용하지 않는 어근에서 유래; '석판' 또는 두꺼운 판자; 함축적으로는 배의 '갑판':—벤치, 판.

H7176 קֶרֶת[5회] 케레트
'세움'의 뜻에서 〈7136〉에서 유래; '도시':—성읍.

H7177 קַרְתָּה[1회] 카르타
〈7176〉에서 유래; '도시'; 팔레스타인의 한 장소 '가르다':—가르다(수21:34).

H7178 קַרְתָּן[1회] 카르탄
〈7176〉에서 유래; '도시지역'; 팔레스타인의 한 장소 '가르단':—가르단(수21:32).

H7179 קַשׁ[16회] 카쉬
〈7197〉에서 유래; ('마른') '짚':—그루터기.

H7180 קִשֻּׁא[1회] 킷슈
('어렵다'는 뜻의) 사용하지 않는 어근에서 유래; '오이'('소화'하기 어려움에서 유래):—오이.

H7181 קָשַׁב[46회] 카샤브
기본어근; 귀를 '곤두세우다', 즉 '귀를 기울이다':—경청하다, 듣다(듣게 하다), 주의를 기울이다, (잘)주목하다, 주시하다.

H7182 קֶשֶׁב[3회] 케셰브
〈7181〉에서 유래; '경청함':—(부지런히), 경청, 크게 주의함, 주목해서 보는 것.

H7183 קַשָּׁב[4회] 캇샤브 또는 קַשֻּׁב 캇슈브
〈7181〉에서 유래; '경청':—주의를 기울이다, 주의 깊은.

H7184 קָשָׂה[4회] 카사 또는 קַשְׂוָה 카스와
'둥글다'는 뜻의 사용하지 않는 어근에서 유래; '(주둥이가 넓은) 주전자'(그 모양에서부터 유래):— 뚜껑, 컵.

H7185 קָשָׁה[28회] 카샤

기본어근; 정확히는 '밀도가 높다', 즉 '힘들다' 또는 '호되다'(다양하게 적용됨):— 잔인하다, 몹시 사납다, 고통스럽게 하다, 어려운(노동, 일), 비탄에 잠기다, 완강하다(완강케 하다), [목이] 곧다.

H7186 קָשֶׁה36회 **카셰**

〈7185〉에서 유래; '호된'(다양하게 적용됨):—야비한, 잔인한, 고통스러운, 딱딱한([마음], 것), 무거운, 뻔뻔스러운, 완고한, 우세한, 거친(거칠게), 쓰라린, 슬픈, 곧은(목의), 고집 센, 곤경에 있는.

H7187 קְשׁוֹט2회 **케쇼트**

또는 **קְשֹׁט** **케쇼트**

아람어 〈7189〉와 같음; '충실':—진리.

H7188 קָשַׁח2회 **카샤흐**

기본어근; '무정하다'(사역동사로, '무정하게 하다'):—강팍하게 하다.

H7189 קֹשֶׁט2회 **코셰트** 또는 **קֹשְׁטְ** **코쉬트**

'균형 잡히다'는 뜻의 사용하지 않는 어근에서 유래; (고르게 '무게 나가는 것'과 같은) '공평', 즉 '진실성':—진리.

H7190 קְשִׁי1회 **케쉬**

〈7185〉에서 유래; '완고':—고집 셈, 완고함.

H7191 קִשְׁיוֹן3회 **키쉬욘**

〈7190〉에서 유래; '딱딱한 땅'; 팔레스타인의 한 장소 '기시온':—기시온(수19:20, 21:28).

H7192 קְשִׂיטָה3회 **케시타**

사용하지 않는 어근에서 유래(아마도 '무게를 달다'는 뜻); (금속의) '주괴'(동전으로 쓰기위해 정확히 '달아져서' 날인 찍힌 것으로서):—은돈 한 개, 크시타(창33:19), 케쉬타(욥42:11).

H7193 קַשְׂקֶשֶׂת9회 **카스케세트**

나무껍질 같이 '벗겨지다'는 뜻의 사용하지 않는 어근에서 유래한 중복체; (고기의) '비늘'; 여기에서 '쇠 비늘' 갑옷(금속편 연결한 것으로 구성되었든지 덮여 있는 것으로서):—갑옷, 어린(魚鱗) 갑, 비늘.

H7194 קָשַׁר44회 **카샤르**

기본어근; '매다, 묶다', 신체적으로('허리를 졸라매다', '감금하다', '죄다') 또는 정신적으로('사랑으로', '동맹하다'):—묶다, 동이다, 공모하다, 공모자로 만들다, 공모자, 함께 결합하다, 짜 맞추다, (더 강하게), [반역]을 행하다.

H7195 קֶשֶׁר16회 **케셰르**

〈7194〉에서 유래; (불법적인) '동맹':—동맹, 공모, 음모, 반역(죄).

H7196 קִשֻּׁר2회 **킷슈르**

〈7194〉에서 유래; (장식적인) '띠'(여인용):—옷차림새, 머리띠.

H7197 קָשַׁשׁ8회 **카샤쉬**

기본어근; 가뭄으로 인해 '시들게 되다'; 〈7179〉에서 유래한 명사 유래어로만 사용됨; 짚이나 그루터기 또는 나무 등을 마구 뒤적여 '찾아다니다'; 상징적으로는 '모으다':—(스스로) 모이다.

H7198 קֶשֶׁת76회 **케셰트**

'구부리다'는 원래의 의미(〈6983〉의)로 〈7185〉에서 유래; 쏘는데 쓰는 '활'(여기에서 상징적으로는 '힘') 또는 '무지개 모양의 것':—활 쏘는 사람, 화살, 활(가진 병사), 화살이 미치는 거리(활쏘기에 알맞은 거리).

H7199 קַשָּׁת1회 **캇샤트**

〈7198〉에서 유래한(명사유래어로서) 강세형; '활 가진 병사':—궁술사.

트롱히브리어사전

ㄱ

H7200 רָאָה1299회 라아
기본어근; '보다', 문자적으로나 상징적으로(직접적으로나 함축적으로 자동사, 타동사 그리고 사역동사로 다양하게 적용됨):—숙고하다, 나타나다, 증명되다, 보다, (확실히), 고려하다, 분별하다, 즐기다(-게 하다), 경험하다, 주시하다, 주의를 기울이다, (참으로), 기쁘게, 보다, 올려다보다, ~주목하다, 만나다, 가까이 있다, 인지하다, 준비하다, 제공하다, 주목해서 보다, 존경하다, 예견하다, 제시하다, 보이다, 다른 사람의 눈(보기), 정탐하다, 노려보다, (확실히), 생각하다, 조망하다.

H7201 רָאָה2회 라아
〈7200〉에서 유래; '맹금'(아마도 '독수리', 그 예리한 '시력'에서 유래됨):—솔개. 〈1676〉과 비교

H7202 רָאֶה1회 라에
〈7200〉에서 유래; '보는 것', 즉 경험하는 것:—보다.

H7203 רֹאֶה7회 로에
〈7200〉의 능동태 분사; '선견자'(가끔 표현되듯이); 그러나 또한 (추상적으로는) '환상':—선견.

H7204 רֹאֵה1회 로에
〈7203〉 참조; '선지자'; 한 이스라엘인 '로에':—하로에 [관사 포함](대상2:52).

H7205 רְאוּבֵן69회 레우벤
〈7200〉의 명령형과 〈1121〉에서 유래; 그대들은 '아들을 보라'; 야곱의 아들 '르우벤':—르우벤(민32:33, 수13:15).

H7206 רְאוּבֵנִי18회 레우베니
〈7205〉에서 유래한 족속의 명칭; '르우벤 족속', 또는 르우벤의 자손들:—르우벤의 자녀들, 르우벤 사람들(민26:7).

H7207 רַאֲוָה1회 라아와
〈7200〉에서 유래; '조망', 즉 '만족':—보다.

H7208 רְאוּמָה1회 레우마
〈7213〉의 여성수동태 분사; '올려진'; 수리아의 한 여인 '르우마':—르우마(창22:24).

H7209 רְאִי1회 레이
〈7200〉에서 유래; '거울'(비춰지는):—보는 유리.

H7210 רֳאִי5회 로이
〈7200〉에서 유래; '바라봄', 추상적으로('목격') 또는 구체적으로('광경'):—구경거리, 바라봄, 보다, 보는 것.

H7211 רְאָיָה5회 레아야
〈7200〉과 〈3050〉에서 유래; '여호와께서 보셨다'; 세 이스라엘인의 이름 '르아야':—르아야(대상4:2, 5:5, 스2:47, 느7:50).

H7212 רְאִית1회 레이트
〈7200〉에서 유래; '바라봄':—바라보기.

H7213 רָאַם1회 라암
기본어근; '일어나다':—들려지다.

H7214 רְאֵם9회 레엠 또는 רְאֵים 레엠 또는 רֵים 렘 또는 רֵם 렘
〈7213〉에서 유래; 야생 '황소'(그것의 '두드러짐'에서):—외뿔의 들소.

H7215 רָאמָה3회 라마
〈7213〉에서 유래; 가치가 '높은' 것, 즉 아마도 '산호':—산호.

H7216 רָאמוֹת6회 라모트 또는 רָאמֹת 라모트
〈7215〉의 복수형; '높은 곳들'; 팔레스타인에 있는 두 장소의 이름 라못:

—라못(신4:43, 수20:8, 대상6:58(73)).

H7217 רֵאשׁ[14회] **레쉬**

아람어 〈7218〉과 같음; '머리'; 상징적으로 '총계', '총액':—우두머리, 머리, 총액.

H7218 רֹאשׁ[600회] **로쉬**

명백히 '흔들다'는 뜻인 사용하지 않는 어근에서 유래; (가장 쉽게 '흔들리는' 것인) '머리', 문자적으로나 상징적으로(장소, 시간, 지위 등에 다양하게 적용됨):—무리, 시작, 기둥머리, 우두머리, 가장 중요한(장소, 사람, 일들), 떼, 끝, 모든[남자], 탁월한, 첫째의, 선두의 우두머리(이다), 높이, 높은, 가장 높은 부분, 대(제사장), 이끌다, 가난한, 제일의, 통치자, 총계, 꼭대기.

H7219 רֹאשׁ[14회] **로쉬** 또는 **רוֹשׁ 로쉬** (신32:32)

명백히 〈7218〉과 동일; 유독한 '식물', 아마도 '양귀비'(그 독특한 '꼭대기 부분'에서 유래); 일반적으로 '독'(심지어 뱀의 독까지 포함하여):—쓸개즙, 독 당근, 독약, 독액.

H7220 רֹאשׁ[3회] **로쉬**

아마도 〈7218〉과 동일; 한 이스라엘인과 이방국가의 이름 '로스':—로스(창46:21, 겔38:2).

H7221 רִאשָׁה[1회] **리샤**

〈7218〉과 동형에서 유래; '시초':—시작.

H7222 רֹאשָׁה[1회] **로샤**

〈7218〉의 여성형; '머리':—머리 돌.

H7223 רִאשׁוֹן[140회] **리숀** 또는 **רִאשֹׁן 리숀**

〈7221〉에서 유래; '첫째의', 장소, 시간, 또는 계급에 있어서(형용사, 또는 명사로서):—선조, 전에(있던 것), 옛날, 시작, 가장 나이든, 첫째의, 조상, 이전의(것), 옛날의, 과거(의).

H7224 רִאשֹׁנִי[1회] **리쇼니**

〈7223〉에서 유래; '첫째의':—첫째의.

H7225 רֵאשִׁית[51회] **레쉬트**

〈7218〉과 동형에서 유래; '첫째', 장소, 시간, 질서 또는 계급에 있어서(특히 첫 열매'):—시작, 중요한(-가장 중요한), 첫째의(열매, 부분, 시간), 제일의 것, 주요한 일.

H7226 רַאֲשֹׁת[1회] **라아쇼트**

〈7218〉에서 유래; ('머리'를 위해 있는) '베개':—(베개 밑에 까는 기다란) 덧베개.

H7227 רַב[413회] **라브**

〈7231〉에서 유래한 압축형; '풍성한'(양, 크기, 나이, 수, 지위, 질에 있어서):— 풍성한(풍성함, 풍성하게), 대장, 연장자, 충분한, 대단히, 채워진, 위대한(사람, 것), 증가, 긴(충분한[시간]), 많은(일을 하다, 시간을 가지다), 선장, 힘센, 더 많은, (너무, 매우)많은, 늘리다, 군중, 장관, 종종, 풍성한, 인구가 많은, 방백, 경과(시간의), 충분한.

H7228 רַב[2회] **라브**

(남성명사)〈7232〉에서 유래한 압축형; '활 쏘는 자' [또는, 아마도 〈7227〉과 동일]:—궁술가.

H7229 רַב[15회] **라브**

아람어 〈7227〉과 같음:—장(長), 우두머리, 위대한, 주인, 군주, 튼튼한.

H7230 רֹב[151회] **로브**

〈7231〉에서 유래; '풍성함'(어떤 면에서든지):—풍성(하게), 모두 공통의[종류], 탁월한, 위대한(-하게, 위대함), 다수, 거대한, 증가하다, 긴, 많은, 수가 더 많은, 가장 큰, (매우), 군중, 넘치는(-게).

H7231 רָבַב[24회] 라바브
기본어근; 정확히는 함께 '던지다' [〈7241〉과 비교], 즉 '증가하다', 특별히 수에 있어서; 또한 (〈7233〉에서 유래한 명사유래어로서) '무수히 증가하다':—증가하다, 많다, 더 많아지다, 늘리다, 무수히.

H7232 רָבַב[2회] 라바브
기본어근 [오히려 '돌출'이라는 개념을 통해 〈7231〉과 동일]; 화살을 '쏘다':—쏘다.

H7233 רְבָבָה[16회] 레바바
〈7231〉에서 유래; (수에 있어서) '풍성함', 즉 (특히) '만'(수가 정확하든지 안 하든지 간에):—많은, 백만, 증가하다, 일만.

H7234 רָבַד[1회] 라바드
기본어근; '펼치다':—장식하다.

H7235 רָבָה[176회] 라바
기본어근; '증가하다'(어떤 면에서든지):—풍성(~하게) [들여오다], 활의 사수[〈7232〉에 대한 착오로서], 권위가 있다, 기르다, 계속하다, 확대하다, 능가하다, 대단히, 충분하다, 큰, 위대한(하게, ~함), 성장하다, 쌓다, 늘다, 길다, 많은(시간)(이다, ~을 주다, ~가지다, ~쓰다, ~만들다), (수가)더 많은, 더 많이 주다, 더 많이 요구하다, 너무 많다, 더 많이 모으다, 더 많이 취하다, (더)많이 산출하다, 증가하가(~게 하다), 양육하다, 충분한(충분함), [시간의] 경과.

H7236 רְבָה[6회] 레바
[아람어] 〈7235〉와 같음:—위대한 사람을 만들다, 자라다.

H7237 רַבָּה[9회] 랍바
〈7227〉의 여성형; '위대한'; 팔레스타인의 동쪽과 서쪽에 있는 두 장소들의 이름 '랍바':—랍바(신3:11, 수13:25, 삼하11:1, 대상20:1, 렘49:3, 수15:60).

H7238 רְבוּ[5회] 레부
[아람어] 〈7235〉와 일치하는 어근에서 유래; (존엄성의) '증가':—위대함, 위엄.

H7239 רִבּוֹ[10회] 립보 또는 רִבּוֹא 립보
〈7231〉에서 유래; '일만', 즉 무한대로 '큰 수':—거대한 것들, 천의 열배(십 배, 이십 배, 사십 배 등등), 일만.

H7240 רִבּוֹ[1회] 립보
[아람어] 〈7239〉와 같음:—만만(萬萬).

H7241 רָבִיב[6회] 라비브
〈7131〉에서 유래; '비'(물방울들이 '모여진 것'으로서):—소나기.

H7242 רָבִיד[2회] 라비드
〈7234〉에서 유래; '목걸이'(목 주위에 '둘려'진 것으로서):—사슬.

H7243 רְבִיעִי[45회] 레비이
또는 רְבִעִי 레비이
〈7251〉에서 유래; '네 번째의'; 또한 (단편적으로) '4분의 1':—정사각형의, 네 번째의(부분).

H7244 רְבִיעַי[6회] 레비아이
[아람어] 〈7243〉과 같음:—네 번째의.

H7245 רַבִּית[1회] 랍비트
〈7231〉에서 유래; '다수'; 팔레스타인의 한 장소 '랍빗':—랍빗(수19:20).

H7246 רָבַךְ[3회] 라바크
기본어근; '흠뻑 적시다'(기름에 빵을):—구운, 튀겨진(튀긴 것).

H7247 רִבְלָה[11회] 리블라
'열매가 많이 열리다'는 뜻의 사용하지 않는 어근에서 유래; '비옥한'; 수

리아의 한 장소 '리블라':—리블라(민 34:11, 왕하23:33, 렘39:5).

H7248 רַב־מָג 2회 라브마그

〈7227〉과 점쟁이라는 외래어에서 유래; '점쟁이 두목'; 바벨론의 관리 '박사장, 라브 마그', (즉 네르갈 사레셀):—박사장(라브 마그, 네르갈 사레셀)(렘39:13).

H7249 רַב־סָרִיס 1회 라브싸리쓰

〈7227〉과 환관(내시)에게 사용된 외래어에서 유래; '환관장'; 바벨론의 환관장 '랍사리스':—랍사리스(왕하18:17).

H7250 רָבַע 4회 라바

기본어근; '엎드리다' 또는 납작하게 '눕다', 즉 (특별히) 성교할 때:—눕다.

H7251 רָבַע 5회 라바

기본어근 [오히려 "사지를" '쭉 뻗다'는 개념에서 〈7250〉과 동일. 파생어의 순서로 볼 때 이 단어가 오히려 〈702〉에서 유래할 가능성이 있음; 〈702〉와 비교]; 정확히는 '사'면으로 되어 있다, 네모반듯하다; 〈7253〉의 명사 유래어로서만 사용됨; '정사각형이다':—네모, 정사각형(의), 네모진.

H7252 רֶבַע 1회 레바

〈7250〉에서 유래; (잠자기 위해) '엎드림':—누움, 엎드림.

H7253 רֶבַע 7회 레바

〈7251〉에서 유래; '4분의 1'(부분 또는 면):—네 번째 부분(면), 정사각형.

H7254 רֶבַע 2회 레바

〈7253〉과 동일; 미디안 사람 '레바':—레바(민31:8, 수13:21).

H7255 רֹבַע 2회 로바

〈7251〉에서 유래; '4분의 1':—네 번째 부분, 4분의 1 부분.

H7256 רִבֵּעַ 3회 립베아

〈7251〉에서 유래; '제4대의' 자손, 즉 '증손자':—네 번째.

H7257 רָבַץ 30회 라바츠

기본어근; (가로 누운 동물처럼 네다리 모두를 모으고서) '쭈그리다'; 함축적으로는 '기대다', '휴식하다', '알을 품다', '잠복하다', '끼워 넣다':—쭈그리다, 양 우리를 만들다, 눕다, 엎드리다(~게 하다), 엎드리다, 휴식하다(~게 하다), 앉다.

H7258 רֵבֶץ 4회 레베츠

〈7257〉에서 유래; '침상', 또는 휴식하는 장소:—각각 눕는 곳, 드러눕는 곳, 휴식처.

H7259 רִבְקָה 30회 리브카

말굽위의 관절을 매어 '속박하다'는 뜻의 사용하지 않는 어근에서 유래; (아름다움으로) '붙들어 맴'; 이삭의 아내 '리브가':—리브가(창22:23, 24:15).

H7260 רַבְרַב 8회 라브라브

[아람어] 〈7229〉에서 유래; (크기가) '거대한'; (성격이) 오만한:—(매우) 큰 (일들).

H7261 רַבְרְבָן 8회 라브레반

[아람어] 〈7260〉에서 유래; '유력자':—주(인), 방백.

H7262 רַבְשָׁקֵה 16회 라브샤케

〈7227〉과 〈8248〉에서 유래; '시종장관'; 바벨론의 한 관리 '랍사게':—랍사게(왕하18:17, 사36:2).

H7263 רֶגֶב 2회 레게브

함께 '쌓아올리다'는 뜻의 사용하지 않는 어근에서 유래; 진흙 '덩어리':—흙덩어리.

H7264 רָגַז 41회 라가즈

기본어근; '떨다'(어떤 격한 감정, 특히 분노나 두려움으로):—두려워하다, 경외하다, 불안하게 하다, 초조하게 하다, 움직이다, 자극하다, 진동하다, 성나게 하다, 떨게 하다, 떨리다, 괴롭히다, 격노하다.

H7265 רְגַז[1회] **레가즈**

아람어 〈**7264**〉와 같음:—격노케 하다.

H7266 רְגַז[1회] **레가즈**

아람어 〈**7265**〉에서 유래; 격렬한 '성냄':—격노.

H7267 רֹגֶז[7회] **로게즈**

〈**7264**〉에서 유래; '소동', (마필의) '불안해함', (천둥의) '요란한 소리', '불안', '분노':—두려움, 소음, 격노, 고통거리, 분노.

H7268 רַגָּז[1회] **락가즈**

〈**7264**〉에서 유래한 강세형; '소심한':—떠는.

H7269 רָגְזָה[1회] **로그자**

〈**7267**〉의 여성형; '공포':—떨림.

H7270 רָגַל[26회] **라갈**

기본어근; ~을 따라 '걷다'; 그러나 특별한 적용으로서 '정찰하다', '답사하다', '나쁜 소문을 퍼뜨리다'(즉, 비방하다); 또한(〈**7272**〉에서 유래한 명사유래어로서) '인도하다':—뒤에서 욕하다, 비방하다, 정탐하다, 찾다, 조사하다, 찾아내다, 가도록 가르치다.

H7271 רְגַל[7회] **레갈**

아람어 〈**7272**〉와 같음:—발.

H7272 רֶגֶל[247회] **레겔**

〈**7270**〉에서 유래; ('걸을 때' 사용되는 것으로서) '발'; 함축적으로 '한걸음'; 완곡어법으로 (여성의) '외음부':—참을 수 있다, ~에 따라서, ~후에, 오고 있는, 따라가다, 발([판]), 다친 발의, 큰 발가락, (빈번한) 방문, 여행, 다리, 소변보다, 소유, 시간.

H7273 רַגְלִי[12회] **라글리**

〈**7272**〉에서 유래; '종복(從僕)'(군인):—걸어서, 보병, 하인.

H7274 רֹגְלִים[2회] **로겔림**

〈**7270**〉의 능동태 분사 복수형; (세탁하려고 빨래를 '밟는 것'같이) '피륙을 밟는 곳(빨랫집)'; 요단 동쪽의 한 장소 '로글림':—로글림(삼하17:27).

H7275 רָגַם[16회] **라감**

기본어근 [〈**7263**〉, 〈**7321**〉, 〈**7551**〉과 비교]; (돌들을) 함께 '던지다', 즉 '돌팔매로 죽이다':—(확실히), 돌.

H7276 רֶגֶם[1회] **레겜**

〈**7275**〉에서 유래; '돌 더미'; 한 이스라엘인 '레겜':—레겜(대상2:47).

H7277 רִגְמָה[1회] **리그마**

〈**7276**〉과 동형의 여성형; (돌들이) '쌓인 것', 즉 (상징적으로) '무리':—회의.

H7278 רֶגֶם מֶלֶךְ[1회] **레겜 멜레크**

〈**7276**〉과 〈**4428**〉에서 유래; '왕의 쌓아 올린 것'; 한 이스라엘인 '레겜멜렉':—레겜멜렉(슥7:2).

H7279 רָגַן[7회] **라간**

기본어근; '불평하다', 즉 '반역하다':—투덜대다, 불평을 하다.

H7280 רָגַע[102회] **라가**

기본어근; 정확히는 거세게 그리고 갑자기 '던지다', 솟아 오르다(바다에 파도가, 피부에 종기가); 상징적으로 (호의적인 태도로) '자리 잡다', 즉 '조용하다'; 특히 (눈꺼풀의 동작으로) '깜박이다':—깨뜨리다, 가르다, 편안을 찾다, 잠깐이다, 휴식하다(-하게 하다), 휴식을 주다, 갑작스럽게 하다.

H7281 רֶגַע 22회 **레가**
〈7280〉에서 유래; (눈의) '깜박임', 즉 매우 '짧은 사이의' 시간:—찰라, 순간, 간격, 갑자기.

H7282 רָגֵעַ 1회 **라게아**
〈7280〉에서 유래; '쉬는', 즉 평화로운:—조용한.

H7283 רָגַשׁ 1회 **라가쉬**
기본어근; '떠들썩하다':—격노.

H7284 רְגַשׁ 3회 **레가쉬**
아람어 〈7283〉과 같음; 떠들썩하게 '모이다':—(함께) 모이다.

H7285 רֶגֶשׁ 1회 **레게쉬**
또는 (여성형) רִגְשָׁה **리그샤**
〈7283〉에서 유래; 떠들썩한 '군중':—떼, 반란.

H7286 רָדַד 5회 **라다드**
기본어근; '짓밟아 부수다', 즉 (상징적으로) '정복하다', 또는 (특히) '압도하다':— 지쳐빠지게 하다, 펼치다, 억제하다.

H7287 רָדָה 25회 **라다**
기본어근; '짓밟다', 즉 '정복하다'; 특히 '부서뜨리다':—지배권을 가지다(-가지게 되다),이기다, 통치하다, 다스리다(통치하게 하다), 취하다.

H7288 רַדַּי 1회 **랏다이**
〈7287〉에서 유래한 강세형; '권력을 휘두르는'; 한 이스라엘인 '랏대':—랏대(대상2:14).

H7289 רָדִיד 2회 **라디드**
'펼치다'는 의미로 〈7286〉에서 유래; (넓게 펴진) '베일':—덮개, 휘장.

H7290 רָדַם 7회 **라담**
기본어근; '기절시키다', 즉 '정신을 잃게 하다'(잠이나 죽음으로):—깊은 잠에 빠지다, 깊이 잠들다, 죽은 듯이 잠들다.

H7291 רָדַף 144회 **라다프**
기본어근; '~을 뒤쫓다'(보통 악의를 가지고; 상징적으로는 [시간이] '지나가다'):— 추적하다, 패주시키다, (뒤를) 따르다, 사냥하다, 박해를 하다(받다), 박해자, 추적자.

H7292 רָהַב 4회 **라하브**
기본어근; 심하게 '재촉하다', 즉 (상징적으로) '끈질기게 조르다', '대담하게 하다', '획득하다', '거만하게 행동하다':—극복하다, 자랑스레 행동하다, 확실히 하다, 강하게 하다.

H7293 רַהַב 2회 **라하브**
〈7292〉에서 유래; 뽐내다(뽐내는 사람):—거만한, 힘.

H7294 רַהַב 5회 **라하브**
〈7293〉과 동일; 애굽의 한 별명 '라합'(즉, 자랑하는 사람):—라합(욥9:13, 시87:4, 사30:7).

H7295 רָהָב 1회 **라하브**
〈7292〉에서 유래; '거만한':—자랑하는.

H7296 רֹהַב 1회 **로하브**
〈7292〉에서 유래; '자랑':—힘.

H7297 רָהָה 1회 **라하**
기본어근; '두려워하다':—무서워하다.

H7298 רַהַט 4회 **라하트**
명백히 '속이 비게 하다'는 뜻인 사용하지 않는 어근에서 유래; '수로' 또는 물구유; 그 유사성에서 (평행선을 이루고 있는) '고수'머리:—지하도, 배수구.

H7299 רֵו 2회 **레우**
아람어 〈7200〉과 일치하는 어근에서 유래; '양상':—형태.

H7300 רוּד 5회 **루드**

기본어근; '걸어 다니다', 즉 (자유롭게, 또는 쓸쓸하게) '거닐다':—지배권을 갖다, 주인이 되다, 슬퍼하다, 지배하다.

H7301 רָוָה 15회 라와
기본어근; 갈증을 '풀다'(때로는 다른 욕구에 대하여도):—목욕하다, 흠뻑 마시게 하다, 가득 채우다, 물릴 정도로 주다, 충족시키다, 풍부하게 만족시키다, 흠뻑 젖다, 충분히 물주다.

H7302 רָוֶה 3회 라웨
〈7301〉에서 유래; (마시는 것에) '충분히 만족한':—술 취함, 물댄, 물이 풍부한.

H7303 רוֹהֲגָה 1회 로하가
아마 '울부짖다'는 뜻의 사용하지 않는 어근에서 유래; '부르짖음'; 한 이스라엘인 '로가':—로가(대상7:34).

H7304 רָוַח 3회 라와흐
기본어근 [오히려 〈7306〉과 동일]; 정확히는 자유로이 '숨 쉬다', 즉 '소생하다'; 함축적으로 '넓은 공간을 가지다':—회복되다, 큰, 넓은.

H7305 רֶוַח 2회 레와흐
〈7304〉에서 유래; '공간', 문자적으로 (간격), 상징적으로 (구출):—증대, 공간.

H7306 רוּחַ 8회 루아흐
기본어근; 정확히는 '불다', 즉 '숨을 쉬다'; 오직 (문자적으로) '냄새 맡다' 또는 (함축적으로) '감지하다' (상징적으로 '기대하다', '즐기다'):—받아들이다, 냄새 맡다, 만지다, 빨리 이해하다.

H7307 רוּחַ 378회 루아흐
〈7306〉에서 유래; '바람'; 그 유사성에서 '호흡', 즉 느낄 수 있는 (또는 거칠기까지 한) 내쉼; 상징적으로 '생명', '분노', '실체가 없음'; 확대된 의미로 하늘의 '영역'; 그 유사성에서 '영', 그러나 (단지 의사를 표현하고 활동하는) 이성적인 존재에게만 사용됨:—공기, 분노, 돌풍, 숨, 서늘함, 용기, 마음, 측면, 영([영적인]), 태풍, 허무한, (회오리)바람.

H7308 רוּחַ 11회 루아흐
[아람어] 〈7307〉과 같음:—마음, 영, 바람.

H7309 רְוָחָה 2회 레와하
〈7305〉의 여성형; '안심':—숨쉬기, 휴식.

H7310 רְוָיָה 2회 레와야
〈7301〉에서 유래; '만족함':—넘쳐흐르다, 풍부한.

H7311 רוּם 166회 룸
기본어근; '높다', '올라가든지 올리는' 행동(다양한 적용, 문자적이든 상징적이든):—올리다, 높이다, 자신을 높이다, 칭찬하다, 주다, 올라가다, 오만한, 들어 올리다, 높은, 높다, 높은 곳에 들어 올리다, 높은 곳에 만들다, 높이 장치하다, 너무 높다, 더 높아지다, 높은 것, 추켜세우다, 거두어들이다, 들다, 더 높이 들다, 높은, 고상한, 고고하다, 큰 소리, 소리 높여, 쌓아올리다, 바치다, 주제넘게, 촉진하다, 촉진, 승진하다, 자랑스러운, 키 큰, 가지고 가다, 벌레들을 기르다.

H7312 רוּם 6회 룸 또는 רֻם 룸
〈7311〉에서 유래; (문자적으로) '높이기', 또는 (상징적으로는) '의기양양함':—거만함, 높이, 높은.

H7313 רוּם 6회 룸
[아람어] 〈7311〉과 같음; (단지 비유적

으로만 사용):—격찬하다, (자신을) 높이다, 세우다.

H7314 רוּם[5회] 롬

아람어 〈7313〉에서 유래; (문자적으로) '높이', '고도':—높이.

H7315 רוֹם[1회] 롬

〈7311〉에서 유래; '높이기', 즉 (부사로) '위에':—높은 곳에.

H7316 רוּמָה[2회] 루마

〈7311〉에서 유래; '높이'; 팔레스타인의 한 장소 '루마':—루마(왕하23:36).

H7317 רוֹמָה[1회] 로마

〈7315〉의 여성형; '의기양양함', 즉 (부사로) '자랑스럽게':—거만하게.

H7318 רוֹמָם[2회] 로맘

〈7426〉에서 유래; '높임', 즉 (상징적으로 그리고 특별히) '찬양':—격찬 받다.

H7319 רוֹמְמָה[3회] 로메마

〈7426〉의 능동태 분사 여성형; '높임', 즉 '찬미':—높은.

H7320 רֹמַמְתִּי עֶזֶר[2회] 로맘티 에제르

〈7311〉과 〈5828〉에서 유래; '나는 도움을 일으키게 했다'; 한 이스라엘인 '로암디에셀':—로암디에셀(대상25:4).

H7321 רוּעַ[44회] 루아

기본어근; '손상하다'(특히 깨뜨림으로서); 상징적으로는 (소리로) 귀가 '먹게 하다', 즉 (놀라거나 기뻐서) '소리치다':—놀라워하다, (크게) 외치다, 파괴하다, 즐거운 소리를 내다, (기뻐서) 소리치다, 경종을 울리다, 개가를 올리다.

H7322 רוּף[1회] 루프

기본어근; 정확히는 (절구에 넣어) '가루로 찧다', 즉 (상징적으로는)(격동에 의하여) '심하게 흔들다':—떨다.

H7323 רוּץ[80회] 루츠

기본어근; '달리다'(어떤 이유에서든지, 특별히 '돌진하다'):—깨지다, 빨리 나누다, 마부, 보발꾼, 전령, 경호인, 급히 가져오다, 뛰다, 도망하다, 뻗치다.

H7324 רוּק[16회] 루크

기본어근; '쏟아내다'(문자적으로나 상징적으로), 즉 '비게 하다':—팔, 던지다, 꺼내다, 비게 하다, 쏟다.

H7325 רוּר[1회] 루르

기본어근; (침을 흘려) '더럽히다', 즉 (유추적으로)(궤양성의) 액체를 '유출하다':— 흘리다.

H7326 רוּשׁ[8회] 루쉬

기본어근; '빈곤하다':—부족한, 궁핍한, 가난한(가난해지다), 가난한 자.

H7327 רוּת[12회] 루트

아마도 〈7468〉 참조; '친구'; 모압 여자 '룻':—룻(룻기).

H7328 רָז[9회] 라즈

아람어 '묽게 하다'는 뜻의 사용하지 않는 어근에서 유래한 듯함; (상징적으로는) '숨기다'; '신비':—비밀.

H7329 רָזָה[2회] 라자

기본어근; '쇠약케 하다', 즉 '여위게 하다(되다)' (문자적으로나 상징적으로):—굶주리다(게 하다), 파리해지다.

H7330 רָזֶה[2회] 라제

〈7329〉에서 유래; '야윈':—깡마른.

H7331 רְזוֹן[1회] 레존

〈7336〉에서 유래; '군주'; 시리아인 '르손':—르손(왕상11:23).

H7332 רָזוֹן[3회] 라존

〈7329〉에서 유래; '야윔':—깡마름, 모자라는.

H7333 רָזוֹן[1회] 라존
〈7336〉에서 유래; '고관':—군주.

H7334 רָזִי[1회] 라지
〈7329〉에서 유래; '야윔':—깡마름.

H7335 רָזַם[1회] 라잠
기본어근; (조롱하면서) 눈을 '깜박이다':—눈짓하다.

H7336 רָזַן[6회] 라잔
기본어근; 아마도 '무겁다', 즉 (상징적으로) '명예로운':—군주, 통치자.

H7337 רָחַב[25회] 라하브
기본어근; '넓히다'(자동사 또는 타동사, 문자적으로나 상징적으로):—넓게 하다, 공간을 만들다, 넓게(터지게) 만들다.

H7338 רַחַב[2회] 라하브
〈7337〉에서 유래; '넓이':—폭, 넓은 장소.

H7339 רְחֹב[9회] 레호브 또는 רְחוֹב 레호브
〈7337〉에서 유래; '넓이', 즉 (구체적으로) '거리'나 '지역':—넓은 장소(길), 거리. 〈1050〉을 보라

H7340 רְחֹב[5회] 레호브 또는 רְחוֹב 레호브
〈7339〉와 동일; 수리아의 한 지명과 한 수리아인과 이스라엘인의 이름, '르홉':—르홉(민13:21, 삼하8:3).

H7341 רֹחַב[101회] 로하브
〈7337〉에서 유래; (문자적, 또는 상징적으로) '넓이':—폭, 넓은, 큼, 두께, 넓음.

H7342 רָחָב[20회] 라하브
〈7337〉에서 유래; 어떤 (또는 모든) 방향에서 '널찍한', 문자적 또는 상징적으로:— 넓은, 큰, 자유로이, 자랑하는, 폭이 넓은.

H7343 רָחָב[5회] 라하브
〈7342〉와 동일; '자랑하는'; 가나안 여인 '라합':—라합(수2:1, 6:17).

H7344 רְחֹבוֹת[1회] 레호보트
또는 רְחֹבֹת 레호보트
〈7339〉의 복수형; '거리들'; 앗수르와 팔레스타인에 있는 지명 '르호봇':—르호봇(창26:22).

H7345 רְחַבְיָה[3회] 레하브야
또는 רְחַבְיָהוּ 레하브야후
〈7337〉과 〈3050〉에서 유래; '여호와께서 넓게 하셨다'; 한 이스라엘인 '르하뱌':— 르하뱌(대상23:—17, 24:—21, 26:—25).

H7346 רְחַבְעָם[43회] 레하브암
〈7337〉과 〈5971〉에서 유래; '백성이 넓게 했다'; 이스라엘의 한 왕 '르호보암':— 르호보암(왕상11:43, 12:1).

H7347 רֵחֶה[3회] 레헤
'가루로 만들다'는 뜻의 사용하지 않는 어근에서 유래; '맷돌':—맷돌.

H7348 רְחוּם[8회] 레훔
〈7349〉의 한 형태; 한 바사인과 세 이스라엘인의 이름 '르훔':—르훔(스4:8, 느3:17).

H7349 רַחוּם[13회] 라훔
〈7355〉에서 유래; '온정적인':—동정심이 많은, 자비로운.

H7350 רָחוֹק[85회] 라호크
또는 רָחֹק 라호크
〈7368〉에서 유래; 문자적 또는 상징적으로 장소나 시간의 '먼'; 특히 '귀중한'; 자주 (전치사와 함께) 부사로 사용됨:—아득히 먼(멀리에), 옛날의, 옛적부터, 간격.

H7351 רְהִיט[1회] 레히트
〈7298〉과 동형에서 유래; ('구유'와

비슷한) '판벽 널':—서까래.

H7352 רַהִיק[1회] 라히크

아람어 〈7350〉과 일치함:—먼.

H7353 רָחֵל[4회] 라헬

'여행하다'는 뜻의 사용하지 않는 어근에서 유래; [떼 중에서 주요한 위치를 차지하는 암컷들] '암양'(훌륭한 여행자로서):—암양, 양.

H7354 רָחֵל[47회] 라헬

〈7353〉과 동일; 야곱의 아내, '라헬':—라헬(창29:6, 렘31:15).

H7355 רָחַם[47회] 라함

기본어근; '귀여워하다'; 함축적으로 '사랑하다', 특히 '불쌍히 여기다':—동정심을 가지다, 사랑하다, (~에게) 자비를 입다(베풀다), 불쌍히(여기다), 루하마(호2:1).

H7356 רַחַם[6회] 라함

〈7355〉에서 유래; (복수로) 불쌍히 여김; 확대된 의미로 '자궁'(태아를 '품고'있는); 함축적으로 '처녀':—내장, 깊은 동정심, 처녀, 애정, 자비심, 불쌍히 여김, 자궁.

H7357 רַחַם[1회] 라함

〈7356〉과 동일; '불쌍히 여김'; 이스라엘인 '라함':—라함(대상2:44).

H7358 רֶחֶם[26회] 레헴

〈7355〉에서 유래; '자궁' [〈7356〉과 비교]:—모체, 자궁.

H7359 רְחֵם[5회] 레헴

아람어 〈7356〉과 같음; (복수로) '불쌍히 여김':—자비.

H7360 רָחָם[2회] 라함

또는 (여성형) רָחָמָה 라하마

〈7355〉에서 유래; '독수리'의 종류(그것의 새끼에 대하여 '동정심이 많다'는 생각에서):—독수리.

H7361 רַחֲמָה[1회] 라하마

〈7356〉의 여성형; '소녀':—처녀.

H7362 רַחְמָנִי[1회] 라흐마니

〈7355〉에서 유래; '동정심이 많은':—인정 많은.

H7363 רָחַף[3회] 라하프

기본어근; '알을 품다'; 함축적으로 '긴장을 풀게 되다':—날개 치다, 움직이다, 흔들다.

H7364 רָחַץ[72회] 라하츠

기본어근; (어떤 물건의 전체 또는 한 부분을) '씻다':—목욕하다, 멱 감다, 씻다.

H7365 רְחַץ[1회] 레하츠

아람어 [아마 목욕탕에서 하인으로 '봉사하다'는 보조 개념을 통해] 〈7364〉와 같음; ~에 '시중들다':—신뢰하다.

H7366 רַחַץ[2회] 라하츠

〈7364〉에서 유래; '목욕':—씻는 통, 목욕통.

H7367 רַחְצָה[2회] 라흐차

〈7366〉의 여성형; '목욕'장:—씻음.

H7368 רָחַק[57회] 라하크

기본어근; (사방으로) '넓히다', 즉 (자동사로) '물러나다' 또는 (타동사로) (문자적으로나 상징적으로, 장소나 관계를) '옮기다':—멀리에, 멀다, 풀린, 멀리하다, 매우, 멀리 떨어지다.

H7369 רָחֵק[1회] 라헤크

〈7368〉에서 유래; '먼':—멀리 있는 것.

H7370 רָחַשׁ[1회] 라하쉬

기본어근; '용솟음치다':—(시를) 짓다.

H7371 רַחַת[1회] 라하트

〈7306〉에서 유래; (왕겨를 '날려'버리는) '키질하는' 쇠스랑:—삽.

H7372 רָטַב[1회] 라타브

기본어근; '축축하다':—젖어 있다.

H7373 רָטֹב[1회] **라토브**
〈7372〉에서 유래; (수액으로) '촉촉한':—녹색의.

H7374 רֶטֶט[1회] **레테트**
'떨다'는 뜻의 사용하지 않는 어근에서 유래; '공포':—두려움.

H7375 רֻטֲפַשׁ[1회] **루타파쉬**
〈7373〉과 〈2954〉가 합성된 어근; '다시 젊어지게 되다':—신선하다, 새로운, 연하다.

H7376 רָטַשׁ[6회] **라타쉬**
기본어근; '세차게 내던지다':—(조각으로) 부수다.

H7377 רִי[1회] **리**
〈7301〉에서 유래; '물댐', 즉 소나기:—관개, 물대기.

H7378 רִיב[68회] **리브** 또는 **רוּב 루브**
기본어근; 정확히는 '뒤흔들다', 즉 '격투하다'; 대부분 상징적으로 '말다툼하다', 즉 '논쟁하다'; (함축적으로) '방어하다':—대적자, 꾸짖다, 불평하다, 다투다, 논쟁하다, 지금까지, 잠복하여 기다리다, 변론하다, 책망하다, 항쟁하다, (철저하게).

H7379 רִיב[62회] **리브** 또는 **רִב 리브**
〈7378〉에서 유래; (사람간의 또는 법정의) '논쟁':—대적, 공소사건, 꾸짖음, 다투다(다툼), 논쟁, 군중[난외주로 부터], 탁월함, 투쟁, 노력하다(함), 소송.

H7380 רִיבַי[2회] **리바이**
〈7378〉에서 유래; '다투기 좋아하는'; 한 이스라엘 '리배':—리배(삼하23:—29, 대상11:31).

H7381 רֵיחַ[69회] **레아흐**
〈7306〉에서 유래; (마치 바람에 '날린') '향기':—향내, 냄새.

H7382 רֵיחַ[1회] **레아흐**
아람어 〈7381〉과 같음:—냄새.

H7383 רִיפָה[2회] **리파** 또는 **רִפָה 리파**
〈7322〉에서 유래; (오직 복수로만), ('가루로 만든') '거칠게 찧은 곡식':—찧은 곡물, 밀.

H7384 רִיפַת[1회] **리파트**
또는 (아마 필사의 오기로서) **דִּיפַת 디파트**
외래어; 야벳의 손자와 그의 후손 '리밧':—리밧(창10:3).

H7385 רִיק[19회] **리크**
〈7324〉에서 유래; '텅빔'; 상징적으로 '가치 없는 것'; 부사로 '헛되이':—빈, 아주 헛되게, 헛된(것), 공허.

H7386 רֵיק[14회] **레크**
또는 (단축형) **רֵק 레크**
〈7324〉에서 유래; '빈'; 상징적으로 '가치 없는':—비운(빈), 무익한(녀석, 사람).

H7387 רֵיקָם[16회] **레캄**
〈7386〉에서 유래; '공허하게'; 상징적으로 (객관적으로) '쓸데없게', (주관적으로) '부당하게':—이유 없이, 빈, 헛되어, 공허한.

H7388 רִיר[3회] **리르**
〈7325〉에서 유래; '침'; '묽은 스프'와 유사함에서:—타액, 알의 흰자위.

H7389 רֵישׁ[7회] **레쉬** 또는 **רֵאשׁ 레쉬**
또는 **רִישׁ 리쉬**
〈7326〉에서 유래; '가난':—가난.

H7390 רַךְ[16회] **라크**
〈7401〉에서 유래; (문자적으로 상징적으로) '부드러운'; 함축적으로 '약한':—나약한, 부드러운, 상냥한(사람), 약한.

H7391 רֹךְ[1회] **로크**
〈7401〉에서 유래; (상징적으로) '부

드러움':—유연함.

H7392 רָכַב[78회] 라카브
기본어근; (동물이나 탈것에) '타다'; 사역동사로 '올려놓다'(승차를 위해, 또는 일반적으로) '급파하다':—가져오다, 말 등에 가져오다, 운반하다, 놓다, (마차를, ~에) 타게(하다, 만들다).

H7393 רֶכֶב[119회] 레케브
⟨7392⟩에서 유래; '탈것'; 함축적으로 '(수레에 맨) 한 떼의 동물'; 확대된 의미로 '기병'; 유추적으로 '딴 것 위에서 움직이는 부분', 즉 맷돌 윗짝:—병거, (윗)맷돌, 군중[난외주로 부터], 수레.

H7394 רֵכָב[13회] 레카브
⟨7392⟩에서 유래; '타는 사람'; 두 아랍인과 두 이스라엘인의 이름 '레갑':—레갑(삼하4:2, 왕하10:15, 대상2:55, 느3:14, 렘35:2).

H7395 רַכָּב[3회] 락카브
⟨7392⟩에서 유래; '병거를 모는 사람':—병거를 모는 자, 병거의 운전자, 기수.

H7396 רִכְבָּה[1회] 리크바
⟨7393⟩의 여성형; (집합 명사로) '병거':—병거들.

H7397 רֵכָה[4회] 레카
아마 ⟨7401⟩에서 유래한 여성형; '부드러움'; 팔레스타인의 한 지명, '레가':—레가(대상4:12).

H7398 רְכוּב[1회] 레쿠브
⟨7392⟩의 수동태 분사에서 유래; (타는 것으로서의) '탈것':—병거.

H7399 רְכוּשׁ[28회] 레쿠쉬
또는 רְכֻשׁ 레쿠쉬
⟨7408⟩의 수동태 분사에서 유래; ('모아진') '재산':—이익, 부, 물질.

H7400 רָכִיל[6회] 라킬
⟨7402⟩에서 유래; (여기저기 '돌아다니는') '험담꾼':—중상하다, 고자질하다, 나쁜 소문을 퍼뜨리는 사람.

H7401 רָכַךְ[8회] 라카크
기본어근; (자동사나 타동사로) '부드럽게 되(하)다', 상징적으로 사용됨:—낙심(하다), 누그러지게 하다, 부드럽게(하는 자가)(되다, 만들다), 연하게 되다.

H7402 רָכַל[5회] 라칼
기본어근; 장사하기 위해 '여행하다':—(향료) 상인.

H7403 רָכָל[1회] 라칼
⟨7402⟩에서 유래, '상인'; 팔레스타인의 한 지명 '라갈':—라갈.

H7404 רְכֻלָּה[4회] 레쿨라
⟨7402⟩의 여성 수동태 분사; ('행상으로') '장사하다':—상품, 거래, 장사함.

H7405 רָכַס[2회] 라카쓰
기본어근; '매다':—묶다.

H7406 רֶכֶס[1회] 레케쓰
⟨7405⟩에서 유래; (정상들이 '연결된' 것으로서) '산맥':—거친 장소.

H7407 רֹכֶס[1회] 로케쓰
⟨7405⟩에서 유래; (그물들이 '연결된' 것으로서) '올무':—자만심, 자랑.

H7408 רָכַשׁ[5회] 라카쉬
기본어근; '저축하다', 즉 수집하다:—모으다, 얻다.

H7409 רֶכֶשׁ[4회] 레케쉬
⟨7408⟩에서 유래; (역로(驛路)를 목적으로 모아둔) 동물들을 역로에 '고대함'; 함축적으로 '준마':—단봉낙타, 노새, 재빠른 짐승.

H7410 רָם[35회] 람

〈7311〉에서 유래한 능동태 분사; '높은'; 한 아라비아인과 한 이스라엘인의 이름:—람(룻4:19, 대상2:9, 욥32:2). 또한 〈1027〉를 보라

H7411 רָמָה[4회] 라마

기본어근; '세게 던지다'; 특별히 '쏘다'; 상징적으로 '속이다' 또는 (마치 넘어지게 하는 것같이) '배반하다':—기만하다, 배반하다, [활 쏘는] 사람, 수행하다, 속이다, 내던지다.

H7412 רְמָא[8회] 레마

아람어 〈7411〉과 같음; '던지다', '배치하다', (상징적으로) '평가하다', '부과하다':— 던져버리다, (세금, 벌, 의무 따위를) 지우다.

H7413 רָמָה[4회] 라마

〈7311〉의 여성, 능동태 분사; '높은 데'(우상 숭배의 자리로서):—높은 곳.

H7414 רָמָה[31회] 라마

〈7413〉과 동일; 팔레스타인의 네 장소의 이름 '라마':—라마(수18:25, 삿19:13, 삼상1:19, 대하16:1, 사10:29).

H7415 רִמָּה[7회] 림마

'번식'의 뜻으로 〈7426〉에서 유래 [〈7311〉과 비교]; (빠르게 '번식하는') '구더기', 문자적으로나 상징적으로:—벌레.

H7416 רִמּוֹן[32회] 림몬 또는 רִמֹּן 림몬

〈7426〉에서 유래; '석류', 그 나무(그것의 '똑바로' 자라나는데서 유래) 또는 그 열매(또는 인공적인 장식을 말하기도 함):—석류.

H7417 רִמּוֹן[11회] 림몬 또는 (단축형) רִמֹּן 림몬 또는 רִמּוֹנוֹ 림모노 (대상6:62[77])

〈7416〉과 동일, 수리아 신의 이름 및 팔레스타인의 다섯 장소의 이름 '림몬':— 림몬(민33:19, 수15:32, 삿20:45, 삼하4:2, 왕하5:18, 슥14:10, 대상6:77).

H7418 רָמוֹת־נֶגֶב[3회] 라모트-네게브 또는 רָמַת נֶגֶב 라마트 네게브

〈7413〉의 복수형 또는 연계형과 〈5045〉에서 유래; 남부지방의 고지(높은 곳); 팔레스타인에 있는 곳 '라못-네게브' 또는 '라마-네게브':—남쪽 라못, 남방 라마(삼상30:27).

H7419 רָמוּת[1회] 라무트

〈7311〉에서 유래; (시체의) '더미':—높이.

H7420 רֹמַח[15회] 로마흐

'세게 던지다'는 뜻의 사용하지 않는 어근에서 유래; ('던져진') '창', 특별히 '철' '뾰족한 끝':—조그만 원형의 방패, 던지는 창, 작은 창, 창.

H7421 רַמִּי[1회] 람미

〈761〉 참조; '아람사람':—수리아인.

H7422 רַמְיָה[1회] 람야

〈7311〉와 〈3050〉에서 유래; '여호와께서 일으키셨다'; 이스라엘인 '라먀':—라먀(스10:25).

H7423 רְמִיָּה[15회] 레미야

〈7411〉에서 유래; '태만', '배반':—속임(속이는, 속이면서), 그릇된, 사악한, 게으른, 태만한, 느린.

H7424 רַמָּךְ[1회] 람마크

외래어; '씨암말':—단봉낙타.

H7425 רְמַלְיָהוּ[3회] 레말야후

(아마도 '장식하다'는 뜻의) 〈3050〉과 잘 사용하지 않는 어근에서 유래; '여호와께서 장식하셨다'; 한 이스라엘인:—르말랴(왕하15:25).

H7426 רָמַם[7회] 라맘

기본어근; '일어나다'(문자적으로나 상징적으로):—높이다, (자기를) 들

어 올리다, 오르다.

H7427 רֹמֵמֻת[1회] **로메무트**

〈**7426**〉의 능동태 분사형에서 유래; '높임':—자기를 들어 올림.

H7428 רִמֹּן פֶּרֶץ[1회] **림몬 페레츠**

〈**7416**〉과 〈**6556**〉에서 유래; '불화의 석류'; 사막에 있는 한 장소 '림몬-베레스':— 림몬 베레스(민33:19).

H7429 רָמַס[19회] **라마쓰**

기본어근; 짓 '밟다'(토기장이처럼, 걸으면서 혹은 모욕적으로):—압박자, (발 아래로)밟아 뭉개다, 짓밟다.

H7430 רָמַשׂ[17회] **라마스**

기본어근; 정확히는 급속도로 '미끄러지다', 즉 '네발로 기다' 또는 총총걸음으로 '움직이다'; 유추적으로 '떼 짓다', '많이 모여들다':—기다, 움직이다.

H7431 רֶמֶשׂ[17회] **레메스**

〈**7430**〉에서 유래; 파충류 또는 다른 빠르게 움직이는 동물:—기어가는 것, 기는(몸을 움직이는)것.

H7432 רֶמֶת[1회] **레메트**

〈**7411**〉에서 유래; '고지'; 팔레스타인에 있는 곳 '레멧':—레멧(수19:21).

H7433 רָמֹת[1회] (또는 **רָמוֹת** **라모트**) **גִּלְעָד** **라모트 길르아드** (대하22:5)

〈**7413**〉의 복수형과 〈**1568**〉에서 유래; '길르앗의 고지'; 요단 동편에 있는 장소 '라못-길르앗':—라못-길르앗, 길르앗에 있는 라못. 또한 〈**7216**〉을 보라

H7434 רָמַת הַמִּצְפֶּה[1회] **라마트 함미츠페**

〈**7413**〉과 관사가 삽입된 〈**4707**〉에서 유래; '망대의 높은 곳'; 팔레스타인에 있는 한 장소 '라맛-미스베':—라맛-미스베(수13:26).

H7435 רָמָתִי[1회] **라마티**

〈**7414**〉의 족속의 명칭; '라마족속', 또는 라마의 거주자:—라마사람(수19:21).

H7436 רָמָתַיִם צוֹפִים[1회] **라마타임 초핌**

〈**7413**〉의 쌍수에서 그리고 〈**6822**〉의 능동태 분사 복수형에서 유래; '파수꾼들의 갑절의 높은 곳'; 팔레스타인의 한 장소 '라마다임-소빔':—라마다임-소빔(삼상1:1).

H7437 רָמַת לֶחִי[1회] **라마트 레히**

〈**7413**〉과 〈**3895**〉에서 유래; '턱뼈의 언덕'; 팔레스타인의 한 장소 '라맛-레히':— 라맛레히(삿15:17).

H7438 רֹן[1회] **론**

〈**7442**〉에서 유래; (구출의) '외침':—노래.

H7439 רָנָה[1회] **라나**

기본어근; '윙하고 소리 나다':—쟁쟁 소리 나다.

H7440 רִנָּה[33회] **린나**

〈**7442**〉에서 유래; 정확히는 '삐걱 거리는 소리'(또는 비명소리), 즉 (기쁘거나 슬플 때 내는) '함성':—외침, 즐거움, 기쁨, 선언, 흥겨움, 고함, 노래(부르기), (승리의)환호성.

H7441 רִנָּה[1회] **린나**

〈**7440**〉과 동일; 이스라엘인 '린나':—린나(대상4:20).

H7442 רָנַן[54회] **라난**

기본어근; 정확히는 '삐걱거리다'(또는 날카로운 마찰음을 내다), 즉 '소리치다'(일반적으로 기뻐서):—기뻐서 외치다, 부르짖다, 기뻐하다, (매우) 즐거워하다(~게 하다), (기뻐서) 소리치다(~게 하다), (기뻐서, 크게) 노래하다(~게 하다).

H7443 רֶנֶן[1회] **레넨**
〈**7442**〉에서 유래; '타조'(그 울부짖음에서 유래):—훌륭한.

H7444 רַנֵּן[1회] **란넨**
〈**7442**〉에서 유래한 강세형; (기뻐서) '소리침':—노래함.

H7445 רְנָנָה[4회] **레나나**
〈**7442**〉에서 유래; (기쁨의) '환호':—기쁜(목소리), 노래함, 승리를 거둠.

H7446 רִסָּה[2회] **릿싸**
〈**7450**〉에서 유래; (조각조각 '떨어지는' 것 같은) '파멸'; 사막에 있는 한 곳 '릿사':—릿사(민33:21,22).

H7447 רָסִיס[2회] **라씨쓰**
〈**7450**〉에서 유래; 정확히는 산산이 '떨어짐', 즉 '파멸'; 또한 이슬'방울':—파괴, 물방울.

H7448 רֶסֶן[4회] **레쎈**
'재갈 쇠를 달다'는 뜻의 사용하지 않는 어근에서 유래; ('구속하는') '굴레'; 함축적으로 '턱':—말굴레.

H7449 רֶסֶן[1회] **레쎈**
〈**7448**〉과 동일; 앗수르의 한 지명 '레센':—레센(창10:12).

H7450 רָסַס[1회] **라싸쓰**
기본어근; '가루로 만들다'; 〈**7447**〉에서 유래한 명사 유래어로만 사용됨; (물방울로) '축축하게 하다':—부드럽게 하다, 반죽하다, 섞다.

H7451 רַע[345회] **라**
〈**7489**〉에서 유래; '나쁜' 또는 (명사로써) '악한' (자연적 또는 도덕적으로):—역경, 고난, 나쁜, 재난, 불쾌(하게 하다), 걱정, 사악한(사람, 일, [-악을 좋아함]), (대단히), (큰), 비탄(하는), 해, 무거운, 상처, 해로운, 악한(악을 좋아하는), 표시, 손해(를 끼치는), 비참, 해로운, 유쾌하지 않은, 슬픈(-슬프게), 쓰라린, 슬픔, 고생, 짜증나게 하다, 사악한(~하게, ~함, ~사람), 보다 악한(가장 악한), 비참함, 잘못된 [여성형 רָעָ"라아"도 포함됨; 형용사, 또는 명사로서].

H7452 רֵעַ[3회] **레아**
〈**7321**〉에서 유래; (천둥의) '갑자기 나는 요란한 소리', (전쟁의) '소음', (기쁨의) '환호':—큰 소리로, 소음, 소리친.

H7453 רֵעַ[187회] **레아** 또는 **רֵיעַ** **레아**
〈**7462**〉에서 유래; (다소 가까운) '동료':—형제, 동지, 친구, 남편, 애인, 이웃, (또)다른 사람.

H7454 רֵעַ[2회] **레아**
〈**7462**〉에서 유래; (관념들이 합쳐진 것으로서의) '생각':—사고(思考), 생각.

H7455 רֹעַ[19회] **로아**
〈**7489**〉에서 유래; ('훼손"으로) '나쁨', 신체적으로나 도덕적으로:—매우 나쁘다, 흉악, (매우) 악하다, 슬픔, 비애, 사악함.

H7456 רָעֵב[21회] **라에브**
기본어근; '굶주리다':—굶주리다(~게 하다), 시장하다, 굶주림을 경험하다.

H7457 רָעֵב[21회] **라에브**
〈**7456**〉에서 유래; '배고픈'(다소 강도가 강하게):— 배고파 쓰린, 주린.

H7458 רָעָב[1회] **라아브**
〈**7456**〉에서 유래; '배고픔'(다소 광범위하게):—부족, 결핍, 기근, 굶주린, 굶주림.

H7459 רְעָבוֹן[101회] **레아본**
〈**7456**〉에서 유래; '기근':—굶주림.

H7460 רָעַד[3회] 라아드
기본어근; (다소 강렬하게) '떨다':—부들부들 떨다.

H7461 רַעַד[3회] 라아드 또는 (여성형) **רְעָדָה** 레아다
〈7460〉에서 유래; '떪':—떨기, 전율.

H7462 רָעָה[319회] 라아
기본어근; 가축을 '돌보다', 즉 가축을 '방목하다'; 자동사로 '풀을 뜯어 먹다' (문자적으로 또는 상징적으로); 일반적으로 '다스리다'; 확대된 의미로 (친구로) '사귀다':— 깨뜨리다, 동료, 사귀다, 게걸스럽게 먹다, 먹어 치우다, 악한 탄원, 먹이를 주다, 친구로서 대우하다, 우정을 맺다, 목동, [양떼를] 지키다…(~는 사람), 목자, 양털을 깎는 집, 양치는 자, 방랑하다, 낭비하다.

H7463 רֵעֶה[3회] 레에
〈7462〉에서 유래; (남자) '동료':—친구.

H7464 רֵעָה[3회] 레아
〈7453〉의 여성형; 여성 '동료':—동료, 친구.

H7465 רֹעָה[2회] 로아
〈7455〉 참조; '파손':—깨진, (완전히).

H7466 רְעוּ[1회] 레우
〈7453〉의 의미로 〈7471〉 참조; '친구'; 노아 홍수 이후의 족장 '르우':—르우(창11:18).

H7467 רְעוּאֵל[11회] 레우엘
〈7466〉과 동형 그리고 〈410〉에서 유래; '하나님의 친구'; 모세의 장인, 또한 한 에돔 사람과 한 이스라엘인의 이름 '르우엘':—르우엘(창36:4, 출2:18, 민2:14, 대상9:8).

H7468 רְעוּת[5회] 레우트
〈7453〉의 의미로 〈7462〉에서 유래; 여자 '친구'; 일반적으로 '추가된' 사람:—또 다른 사람, 짝, 이웃.

H7469 רְעוּת[3회] 레우트
아마도 〈7462〉에서 유래; '~으로 기르는 것', 즉 '붙잡으려함':—애태움, 애씀.

H7470 רְעוּת[2회] 레우트
아람어 〈7469〉와 같음; '욕망':—기쁨, 뜻.

H7471 רְעִי[1회] 레이
〈7462〉에서 유래; '방목장':—목장.

H7472 רֵעִי[1회] 레이
〈7453〉에서 유래; '사교적인'; 이스라엘인 '레이':—레이(왕상1:8).

H7473 רֹעִי[3회] 로이
〈7462〉의 능동태 분사에서 유래; '목자의'; 명사로서, '목자':—목자.

H7474 רַעְיָה[9회] 라야
〈7453〉의 여성형; 여성 '동료':—동무, 연인(흔히 여성).

H7475 רַעְיוֹן[3회] 라욘
〈7469〉의 의미로 〈7462〉에서 유래; '욕망':—애씀.

H7476 רַעְיוֹן[6회] 라욘
아람어 〈7475〉와 같음; '붙잡음', 즉 (상징적으로) 정신적인 '착상':—사고력, 생각.

H7477 רָעַל[2회] 라알
기본어근; '비틀거리다', 즉 (상징적으로) '휘두르다':—무섭게 흔들다.

H7478 רַעַל[1회] 라알
〈7477〉에서 유래; (취하므로) '비틀거림':—전율, 떨기.

H7479 רְעָלָה[1회] 라알라
〈7478〉의 여성형; ('날리는') 긴 '면사포':—머플러.

H7480 רְעֵלָיָה[2회] 레엘라야
〈7477〉과 〈3050〉에서 유래; '여호와

에 대하여 떨게(즉, 두려워하게)하다'; 이스라엘인 '르엘라야':—르엘라야(스2:2).

H7481 רָעַם[13회] 라암

기본어근; '엎드러지다', 즉 격렬하게 '흔들리다'; 특별히 (천둥과 같은) '요란한 소리를 내다'; 상징적으로 (분노로) '안달하다':—초조하다, 으르렁거리다, 천둥치다, 괴롭히다.

H7482 רַעַם[6회] 라암

〈**7481**〉에서 유래; 천둥의 '울리는 소리':—천둥소리.

H7483 רַעְמָה[5회] 라마

〈**7482**〉의 여성형; (바람에 나부껴 '흔들거리는') 말의 '갈기':—천둥(소리).

H7484 רַעְמָה[5회] 라마

〈**7483**〉과 동일; 함의 손자와, (아마도 그에 의해 세워진) 장소의 이름 '라아마':— 라아마(창10:7, 겔27:22).

H7485 רַעַמְיָה[1회] 라암야

〈**7481**〉과 〈**3050**〉에서 유래; '여호와께서 흔드셨다'; 이스라엘인 '라아먀': —라아먀(느7:7).

H7486 רַעְמְסֵס[5회] 라메쎄쓰

또는 **רַעַמְסֵס** 라암쎄쓰

기원은 애굽어; 애굽의 한 장소 '라암세스' 또는 라암셋:—라암세스, 라암셋(창47:11, 출12:37, 민33:3).

H7487 רַעֲנַן[1회] 라아난

아람어 〈**7488**〉과 같음; '초록의', 즉 (상징적으로) '번영하는':—번성하는.

H7488 רַעֲנָן[20회] 라아난

'초록이다'는 뜻의 사용하지 않은 어근에서 유래; '푸릇푸릇한'; 유추적으로, '새로운'; 상징적으로는 '번영하는':—초록의, 번성하는.

H7489 רָעַע[93회] 라아

기본어근; 정확히는 '망쳐놓다' (문자적으로는 산산 조각으로 '깨뜨림'에 의해서); 상징적으로 '쓸모없게 하다(~되다), 즉 '나쁜'(육체적, 사회적, 도덕적으로):—괴롭히다, [〈**7462**〉를 오인한 것으로서] 사귀다, 깨뜨리다(산산 조각으로), 괴롭히다, 불쾌하게하다, 악한(행동자, 사람, 간청), [〈**7462**〉를 오인한 것으로서] 호의를 갖고 대하다, 해치다, 상처 입히다, 나쁘게(행동하다, 다루다), 참으로, 손해를 주다, 벌하다, 사악한(행동)을 하다, 악화되다, 악하게 다루다.

H7490 רְעַע[14회] 레아

아람어 〈**7489**〉와 같음:—깨뜨리다, 타박상을 입히다.

H7491 רָעַף[5회] 라아프

기본어근; '똑똑 떨어지다':—(방울방울) 듣게 하다, (아래로) 떨어뜨리다.

H7492 רָעַץ[2회] 라아츠

기본어근; 산산조각 나게 '깨뜨리다'; 상징적으로는 '괴롭히다':—산산조각으로 부수다, 괴롭히다.

H7493 רָעַשׁ[30회] 라아쉬

기본어근; '파동치다'(땅, 하늘 등등이; 또한 곡식밭), 특히 두려움을 통하여; 특별히(메뚜기 같은 것이) '뛰어오르다':—두렵게 하다, 움직이다, 진동하다, 흔들리다(~게 하다), 떨다(~리게 하다).

H7494 רַעַשׁ[17회] 라아쉬

〈**7493**〉에서 유래; '진동', '도약', '소란':—동요, 소동, 혼잡한 소음, 지진, 사나움, 흔들림, 진동함, 덜거덕 거리는 소리, 돌진함.

H7495 רָפָא[67회] 라파

기본어근; 정확히는 (꿰매어서) '수

선하다', 즉 (상징적으로는) '치료하다':—치료하다, 낫다(~게 하다), 의사, 수선하다, (철저히), 온전하게 하다. 〈7503〉을 보라

H7496 רָפָא[8회] 라파

〈7503〉의 의미로 〈7495〉에서 유래; 정확히는 '느슨한, 흐린', 즉 (상징적으로는) '유령'('죽은 것'으로서; 단지 복수형으로만):—죽은, 고인이 된.

H7497 רָפָא[9회] 라파 또는 רָפָה 라파

'원기 왕성함'이라는 의미로 〈7495〉에서 유래; '거인':—거인, 르바(창14:5), 르바임(신2:11, 수18:16, 대상11:15), 르바 족속. 또한 〈1051〉을 보라

H7498 רָפָא[2회] 라파 또는 רָפָה 라파

아마도 〈7497〉과 동일; '거인'; 두 이스라엘인의 이름 '라바':—라바(대상4:12, 8:2).

H7499 רְפֻאָה[3회] 레푸아

〈7495〉의 수동태 분사 여성형; '약물':—고쳐진, 나은, 약.

H7500 רִפְאוּת[1회] 리프우트

〈7495〉에서 유래; '치료':—건강.

H7501 רְפָאֵל[1회] 레파엘

〈7495〉와 〈410〉에서 유래; '하나님께서 고치셨다'; 이스라엘인 '르바엘':—르바엘(대상26:7).

H7502 רָפַד[3회] 라파드

기본어근; (침대를) '펴다'; 함축적으로 '기운을 회복하다':—위로하다, 잠자리를 깔다, 펼치다.

H7503 רָפָה[46회] 라파

기본어근; '늦추다'(문자적으로나 상징적으로 다양하게 적용됨):—줄어들다, 끝나다, 소모하다, [저녁때가] 가까워지다, 실패하다, 힘이 없다, (차차)마음이 약해지다, 맥이 빠지다, 버리다, 게으름을 피우다, 떠나다, 버려두다, 느슨하게 하다, 머물다, 조용하다, 게으르다, 약하다, 약하게 하다. 〈7495〉를 보라

H7504 רָפֶה[4회] 라페

〈7503〉에서 유래; (신체나 정신이) '늘어진':—연약한.

H7505 רָפוּא[1회] 라푸

〈7495〉의 수동태 분사; '치료된'; 이스라엘인 '라부':—라부(민13:9).

H7506 רֶפַח[1회] 레파흐

명백히 '유지하다'는 뜻인 사용하지 않은 어근에서 유래; '지탱함'; 이스라엘 '레바':—레바(대상7:25).

H7507 רְפִידָה[1회] 레피다

〈7502〉에서 유래; (~따라 '펼쳐진') '난간':—밑바닥.

H7508 רְפִידִים[5회] 레피딤

〈7507〉과 동형의 남성 복수형; '난간들'; 사막에 있는 한 장소 '르비딤':—르비딤(출17:1, 19:2).

H7509 רְפָיָה[5회] 레파야

〈7495〉와 〈3050〉에서 유래; '여호와께서 고치셨다'; 다섯 이스라엘인의 이름 '르바야':—르바야(대상3:21, 4:42, 느3:9).

H7510 רִפְיוֹן[1회] 리프욘

〈7503〉에서 유래; '느슨함':—약함, 미약.

H7511 רָפַס[5회] 라파쓰

기본어근; '짓밟다', 즉 '엎드리다':—겸손하게 처신하다, 굴복하다, 자신을 복종시키다.

H7512 רְפַס[2회] 레파쓰

아람어 〈7511〉과 같음:—짓밟다.

H7513 רַפְסֹדָה[2회] 라프쏘다

〈7511〉에서 유래; (물위에 뜨는 '납작한') '뗏목':—뗏목.

H7514 רָפַק[2회] 라파크
기본어근; '기대게 하다':—기대다.

H7515 רָפַשׂ[3회] 라파스
기본어근; '짓밟다', 즉 물을 '휘젓다':—더럽히다, 어지럽히다.

H7516 רֶפֶשׁ[1회] 레페쉬
〈7515〉에서 유래 ('휘저어' 흐려진) '진흙':—진창.

H7517 רֶפֶת[1회] 레페트
아마도 〈7503〉에서 유래; 가축을 위한 '마구간'(거기서 그들이 '쉰다'는 뜻에서 유래):—마구간, 외양간.

H7518 רַץ[26회] 라츠
〈7533〉에서 유래한 압축형; '단편':—조각.

H7519 רָצָא[1회] 라차
기본어근; '뛰다'; 또한 '기뻐하다':—받아들이다, 달리다.

H7520 רָצַד[1회] 라차드
기본어근; 아마도 '~을 곁눈으로 보다', 즉 (상징적으로) '질투하다':—도약하다.

H7521 רָצָה[56회] 라차
기본어근; '~을 기쁘게 여기다'; 특별히 빚을 '갚다':—받아들이다(받아들일 수 있는), 성취하다, 애정을 품다, 찬성하다, 동의하다, 기뻐하다, 즐기다, 호의를 가지다, 유리하다, 호의를 보이다, 좋아하다, 주시하다, 용서하다, 기뻐하다, 기쁨을 가지다, 만족하게하다.

H7522 רָצוֹן[56회] 라촌 또는 רָצֹן 라촌
〈7521〉에서 유래; '기쁨'(특별히 눈으로 봄으로써):—마음에 드는 (~들다), 받아들임, 즐거움, 욕망, 은총, (자신의, 자발적인) 의지, 하고자 하는 것.

H7523 רָצַח[16회] 라차흐
기본어근; 정확히는 산산조각으로 '부수다', 즉 (사람을) '죽이다', 특별히 '살인하다':—처형하다, 살인하다, 죽이다, 살생하다, 살인자.

H7524 רֶצַח[2회] 레차흐
〈7523〉에서 유래; '부스러뜨림'; 특별히 '살인':—학살, 칼.

H7525 רִצְיָא[1회] 리츠야
〈7521〉에서 유래; '즐거움'; 한 이스라엘인 '리시아':—리시아(대상7:39).

H7526 רְצִין[11회] 레친
아마도 〈7522〉 참조; 한 수리아인과 한 이스라엘인의 이름 '르신':—르신(사7:1, 스2:48, 느7:50).

H7527 רָצַע[1회] 라차
기본어근; '찌르다':—뚫다.

H7528 רָצַף[1회] 라차프
〈7529〉에서 유래한 명사 유래어; '바둑판무늬로 깔다', 즉 꾸미다(마치 보석으로 하듯):—포장하다, ~을 덮다.

H7529 רֶצֶף[1회] 레체프
〈7565〉 참조; (굽는데 쓰기 위한) 빨갛게 달구어진 '돌':—숯.

H7530 רֶצֶף[1회] 레체프
〈7529〉와 동일; 앗수르에 있는 한 장소 '레셉':—레셉(사37:12).

H7531 רִצְפָּה[7회] 리츠파
〈7529〉의 여성형; 뜨거운 '돌'; 또한 바둑판무늬의 '포장도로':—타고 있는 숯, 포장도로, ~으로 깔린 땅.

H7532 רִצְפָּה[4회] 리츠파
〈7531〉과 동일; 이스라엘 여자 '리스바':—리스바(삼하3:7, 21:8).

H7533 רָצַץ[19회] 라차츠

기본어근; '산산조각 나다', 문자적으로나 상징적으로:—깨뜨리다, 타박상을 입히다, 눌러 부수다, 낙담시키다, 압박하다, 서로 다투다.

H7534 רַק3회 **라크**
〈7556〉의 원래의 의미로 〈7556〉에서 유래; (마치 '판판하게 펴진 것'처럼) '여윈':—여윈, 살이 빠진, 쇠약한.

H7535 רַק108회 **라크**
명사로써 〈7534〉와 동일; 정확히는 '야윈', 즉 (상징적으로) 제한됨; (부사로) '단지', (접속사로) '비록…일지라도':—오직, -조차, -제외하고, 어떤 것임에도 불구하고, 최소한, 그럼에도 불구하고, 단지, -이라 해도, -이외에, 확실히, 그러나, 어쨌든.

H7536 רֹק3회 **로크**
〈7556〉에서 유래; '침':—타액, 침(뱉기).

H7537 רָקַב2회 **라카브**
기본어근; (마치 벌레가 먹음같이) '썩다':—썩다, 부패하다.

H7538 רָקָב5회 **라카브**
〈7537〉에서 유래; (카리에스에 의한) '부패':—부패(한 것).

H7539 רִקָּבוֹן1회 **릭카본**
〈7538〉에서 유래; (카리에스에 의한) '부패':—부패한, 썩은.

H7540 רָקַד9회 **라카드**
기본어로; 정확히는 '짓밟다', 즉 '뛰어오르다'(격렬하게 또는 기뻐서):—춤추다, 뛰다, 뛰어오르다, 껑충껑충 뛰다.

H7541 רַקָּה5회 **락카**
〈7534〉의 여성형; 정확히는 '여윔', 즉 머리의 '옆면':—관자놀이.

H7542 רַקּוֹן1회 **락콘**
〈7534〉에서 유래; '빈약'; 팔레스타인의 한 장소 '락곤':—락곤(수19:46).

H7543 רָקַח8회 **라카흐**
기본어근; '향기를 풍기다':—향을 만드는 사람, 혼합하다, [향 기름]을 만들다, 준비하다, 향료를 치다.

H7544 רֶקַח1회 **레카흐**
〈7543〉에서 유래; 정확히는 '향료류', 즉 (함축적으로)(맛을 내기 위한) '양념류':— 양념(향료)를 친.

H7545 רֹקַח2회 **로카흐**
〈7542〉에서 유래; '향료':—조제한 것, 향 기름.

H7546 רַקָּח1회 **락카흐**
〈7543〉에서 유래; 남성 '향료 제조인':—향품 장수.

H7547 רִקֻּחַ1회 **락쿠아흐**
〈7543〉에서 유래; '향기로운' 물질:—향료, 향품.

H7548 רַקָּחָה1회 **락카하**
〈7547〉의 여성형; 여성 '향료 제조인':—과자 제조인.

H7549 רָקִיעַ17회 **라키아**
〈7554〉에서 유래; 정확히는 '넓게 퍼진 것', 즉 '궁창' 또는 (일견하여) 보이는 하늘의 반원형:—궁창.

H7550 רָקִיק8회 **라키크**
〈7556〉의 원래의 의미로 〈7556〉에서 유래; 얇은 '과자':—전병.

H7551 רָקַם9회 **라캄**
기본어근; '얼룩덜룩'한 색을 넣다, 즉 '수놓다'; 함축적으로 '조립하다':—수를 놓는 사람, 바느질, 기이한 일

H7552 רֶקֶם6회 **레켐**
〈7551〉에서 유래; '다양한 색깔'; 팔레스타인의 한 지명, 또한 한 미디안 사람과 한 이스라엘 사람의 이름 '레

겜':—레겜(민31:8, 수13:21, 대상2:43).

H7553 רִקְמָה[12회] **리크마**
〈**7551**〉에서 유래; 얼룩덜룩한 '색깔'; 특히 '자수(품)':—수놓은 (것), 다양한 색깔들, (양면에) 자수(~놓은 의류).

H7554 רָקַע[11회] **라카**
기본어근; 땅을 '탕탕 치다'(격정의 표시로서); 유추적으로 (망치질을 하여) '펴다'; 함축적으로 (얇은 금속박으로) '덧입히다':—두드리다, 넓게 만들다, 넓게 펴다, 넓게 덮다, 편편하게 펴다, 짓누르다, 뻗다.

H7555 רִקֻּעַ[2회] **릭쿠아**
〈**7554**〉에서 유래; '두들겨 펴진', 즉 편철, 늘인 쇠(판금):—넓은.

H7556 רָקַק[1회] **라카크**
기본어근; (침을) '뱉다':—뱉다.

H7557 רַקַּת[1회] **락카트**
〈**7556**〉의 '퍼뜨리다'는 원래의 의미로 〈**7556**〉에서 유래; (펼쳐진 지붕판자 같은) '해변가'; 팔레스타인의 한 곳 '락갓':—락갓(수19:35).

H7558 רִשְׁיוֹן[1회] **리쉬욘**
'허락을 얻다'는 뜻의 사용하지 않는 어근에서 유래; '허락', 허용:—허가.

H7559 רָשַׁם[1회] **라샴**
기본어근; '기록하다':—적어두다.

H7560 רְשַׁם[7회] **레샴**
아람어 〈**7559**〉와 같음:—표시하다, 적다, 쓰다.

H7561 רָשַׁע[35회] **라샤**
기본어근; '그릇되다'(사역적 '그릇을 범하다', '그릇되다고 선언하다'); 함축적으로 '어지럽히다', '위반하다':—비난하다, 문제를 일으키다, 괴롭히다, 사악하다, 사악하게 행하다(다루다), 사악함.

H7562 רֶשַׁע[30회] **레샤**
〈**7561**〉에서 유래; '그릇됨'(특별히 도덕적으로):—부정, 사악한, 사악함.

H7563 רָשָׁע[263회] **라샤**
〈**7561**〉에서 유래; 도덕적으로 '그릇된'; 구체적으로는 (활발히) '악한' 사람:—정죄된, 죄 있는, 불경건한, 사악한(사람), 그릇 행한 것.

H7564 רִשְׁעָה[14회] **리쉬아**
〈**7562**〉의 여성형; '그릇된'(특별히 도덕적으로):—허물, 사악하게(~함).

H7565 רֶשֶׁף[7회] **레셰프**
〈**8313**〉에서 유래; 불타고 있는 '숯'; 유추적으로 '번개'; 상징적으로 (공기 속을 '번쩍하고 날아가는') '화살'; 특별히 '열':—화살, (타고 있는) 숯, 타는 듯한 열, 불꽃이 튀다, 번갯불.

H7566 רֶשֶׁף[1회] **레셰프**
〈**7565**〉와 동일; 한 이스라엘인 '레셉':—레셉(대상7:25).

H7567 רָשַׁשׁ[2회] **라샤쉬**
기본어근; '부수다':—빈곤케 하다.

H7568 רֶשֶׁת[22회] **레셰트**
〈**3423**〉에서 유래; (짐승을 '잡는데' 쓰는) '그물':—망.

H7569 רַתּוֹק[2회] **랏토크**
〈**7576**〉에서 유래; '사슬':—사슬.

H7570 רָתַח[3회] **라타흐**
기본어근; '끓이다':—끓다.

H7571 רֶתַח[1회] **레타흐**
〈**7570**〉에서 유래; '끓음':—잘 [끓다].

H7572 רַתִּיקָה[2회] **랏티카**
〈**7576**〉에서 유래; '사슬':—사슬.

H7573 רָתַם[1회] **라탐**
기본어근; (말과 소를 탈것의 막대기

에) '매다':—묶다.

H7574 רֶתֶם4회 **레템** 또는 **רֹתֶם** **로템**

〈7573〉에서 유래; '금작화'(그것의 장대 같은 풀에서 유래한 이름):—로뎀나무(왕상19:4,5, 시120:4).

H7575 רִתְמָה1회 **리트마**

〈7574〉의 여성형; 사막의 한 지역 '릿마':—릿마(민33:18).

H7576 רָתַק2회 **라타크**

기본어근; '동이다':—묶다.

H7577 רְתֻקָה1회 **레투카**

〈7576〉의 수동태 분사, 여성형; '묶여진' 것, 즉 '사슬':—사슬.

H7578 רְתֵת1회 **레테트**

〈7374〉 참조; '공포':—전율.

트롱히브리어사전

שׁ

H7579 שָׁאַב19회 **샤아브**
기본어근; 물을 '퍼내다':—(물을) 긷는 (여자), 물을 긷다.

H7580 שָׁאַג20회 **샤아그**
기본어근; '우르르 소리 내다' 또는 '신음하다':—거세게, 으르렁거리다.

H7581 שְׁאָגָה7회 **셰아가**
〈7580〉에서 유래; '우르르 소리 냄' 또는 '신음소리':—으르렁 소리, 포효하는 소리.

H7582 שָׁאָה3회 **샤아**
기본어근; '돌진하다'; 함축적으로 '황폐케 하다':—황폐하다, 몰려오다, 황폐케 하다.

H7583 שָׁאָה3회 **샤아**
기본어근; [오히려 어지럽게 '빙빙 돌리다'는 개념으로 〈7582〉와 동일]; 어리벙벙하다, 즉 (자동사로) '놀라다':—놀라다, 의아하게 여기다.

H7584 שַׁאֲוָה1회 **샤아와**
〈7582〉에서 유래; (몰려오는) '태풍':—황폐.

H7585 שְׁאוֹל65회 **쉐올** 또는 **שְׁאֹל 셰올**
〈7592〉에서 유래; '스올' 또는 장신구와 동거인들을 함께 매장한, '죽은 자의 세계'(마치 지하의 은신처 같은):—무덤, 지옥, 구덩이.

H7586 שָׁאוּל407회 **샤울**
〈7592〉의 수동태 분사; '간구한바 된'; 한 에돔인과 두 이스라엘인의 이름 '사울':—사울(삼상9:2, 대상6:9(24)).

H7587 שָׁאוּלִי1회 **샤울리**
〈7856〉에서 유래한 족속의 명칭; '사울 가족' 또는 사울의 자손:—사울 가족(민26:13).

H7588 שָׁאוֹן18회 **샤온**
〈7582〉에서 유래; ('밀어 닥치는 것' 같은) '소란'; 함축적으로 '파괴':—끔찍한, 시끄러운, 소름끼치는, 밀어닥치는, 법석, 소란한.

H7589 שְׁאָט3회 **셰아트**
'밀쳐놓다'는 뜻의 사용하지 않은 어근에서 유래; '경멸':—멸시, 멸시하는.

H7590 שָׁאט3회 **샤트**
〈7750〉의 능동태 분사 참조 [〈7589〉와 비교]; '업신여기는' 사람:—경멸하는 것, 멸시 받은(것).

H7591 שְׁאִיָּה1회 **셰이야**
〈7582〉에서 유래; '황폐':—파괴.

H7592 שָׁאַל172회 **샤알** 또는 **שָׁאֵל 샤엘**
기본어근; '문의하다'; 함축적으로 '요청하다'; 확대된 의미로 '요구하다':—묻다(상의하다), 간구하다, 빌리다, ~의 책임으로 하다, 의론하다, 요구하다, 원하다, (진지하게), 문의하다, 인사하다, 허락을 얻다, 빌려주다, 기도하다, 간청하다, 문안하다, (엄격히, 확실히), 원하다.

H7593 שְׁאֵל6회 **셰엘**
[아람어] 〈7592〉와 같음:—문의하다, 요구하다, 요청하다.

H7594 שְׁאָל1회 **셰알**
〈7592〉에서 유래; '간구'; 이스라엘인 '스알':—스알(스10:29).

H7595 שְׁאֵלָא1회 **셰엘라**
[아람어] 〈7593〉에서 유래; 정확히는 (법정에서의) '심문', 즉 법적 '판결' 또는 명령:— 요구.

H7596 שְׁאֵלָה14회 **셰엘라**
또는 **שֵׁלָה 셸라** (삼상1:17)
〈7592〉에서 유래; '청원'; 함축적으로 '대여'(돈, 또는 물건의):—대여, 청원, 신청, 요청.

H7597 שְׁאַלְתִּיאֵל[7회] **셰알티엘**

또는 שַׁלְתִּיאֵל **샬티엘**

〈**7592**〉와 〈**410**〉에서 유래; '내가 하나님께 간구했다'; 이스라엘인 '스알디엘':— 스알디엘(대상3:17, 스3:2, 느12:1).

H7598 שְׁאַלְתִּיאֵל[3회] **셰알티엘**

아람어 〈**7597**〉과 같음:—스알디엘.

H7599 שָׁאַן[5회] **샤안**

기본어근; '축 늘어져 기대다', 즉 '태평하다':—평안하다, 평온하다. 또한 〈**1052**〉를 보라

H7600 שַׁאֲנָן[10회] **샤아난**

〈**7599**〉에서 유래; '안전한'; 나쁜 뜻으로 '오만한':—평안한, 평온한, 조용한, 떠들썩함. 〈**7946**〉과 비교

H7601 שָׁאַס[5회] **샤아쓰**

기본어근 '약탈하다':—약탈물, 전리품.

H7602 שָׁאַף[14회] **샤아프**

기본어근; 열심히 '흡입하다'; 상징적으로 '탐하다'; 함축적으로 '성내다'; 또한 '서두르다':—(몹시)원하다, 게걸스럽게 먹다, 서두르다, 헐떡거리다, 갈망하다, 코로 들이쉬다, 삼키다.

H7603 שְׂאֹר[3회] **세오르**

〈**7604**〉에서 유래; '효모' 또는 (발효로 '부풀은') 효모과자:—발효소, 누룩.

H7604 שָׁאַר[133회] **샤아르**

기본어근; 정확히는 '부풀다', 즉 여분이 있다, (사역동사로) '여유가 있게 하다':— 남다, 남기다, 나머지, 비축하다, 남은 것.

H7605 שְׁאָר[26회] **셰아르**

〈**7604**〉에서 유래; '나머지':—다른, 남은 자, 여분.

H7606 שְׁאָר[12회] **셰아르**

아람어 〈**7605**〉와 같음:— 무엇이든 더 많은 것, 나머지, 여분.

H7607 שְׁאֵר[16회] **셰에르**

〈**7604**〉에서 유래; ('부어오른 것' 같은) '살', 싱싱한 또는 먹을 수 있는 고기; 일반적으로 어떤 종류든 간에 '음식'; 상징적으로는 혈육에 의한 '친족':—몸, 살, 육체, 음식, (가까운) 친척(여자, 남자), (가까운) 혈연관계.

H7608 שַׁאֲרָה[1회] **샤아라**

〈**7607**〉의 여성형; 혈육에 의한 여자 '친척':—가까운 친척 여자들.

H7609 שֶׁאֱרָה[1회] **셰에라**

〈**7608**〉과 동일; 한 이스라엘 여자 세에라:—세에라(대상7:24).

H7610 שְׁאָר יָשׁוּב[2회] **셰아르 야슈브**

〈**7605**〉와 〈**7725**〉에서 유래; '남은 자가 돌아올 것이다'; 이사야의 아들들 중의 하나의 상징적인 이름 '스알야숩':—스알야숩(사7:3, 10:21).

H7611 שְׁאֵרִית[66회] **셰에리트**

〈**7604**〉에서 유래; '나머지' 또는 (살아남은, 최종의) 남은 부분:—모면해 왔던, 남겨진, 후손, 남다(남은 것), 남은 자, 나머지.

H7612 שֵׁאת[1회] **셰트**

〈**7582**〉에서 유래; '황폐':—폐허.

H7613 שְׂאֵת[13회] **세에트**

〈**5375**〉에서 유래; '높이기' 또는 나병 상처의 딱지; 상징적으로 '의기양양함' 또는 유쾌함; 지위나 명성이 '올라감':—인정되다, 위엄, 탁월, 존엄, 높음, 자신을 높이다, 상승.

H7614 שְׁבָא[23회] **셰바**

외래어; 초기 세 조상과 부족들의 이름 그리고 한 에티오피아 지명 '세바': ―세바, 스바 사람(창10:7, 25:3, 시72:15, 욥6:19).

H7615 שְׁבָאִי[2회] **셰바이**

〈**7614**〉에서 온 족속의 명칭; '세바 사람', 또는 세바의 후손:―스바 사람.

H7616 שָׁבָב[1회] **샤바브**

'깨뜨리다'는 뜻의 사용하지 않는 어근에서 유래; '파편', 즉 '황폐':―산산 조각으로 깨진.

H7617 שָׁבָה[47회] **샤바**

기본어근; 포로로 사로 '잡히어 가다': ―포로를(데려가다, 끌어가다, 이끌다, 이끌고, 이끌고 가다, 포로로 잡다), 끌고 가다.

H7618 שְׁבוּ[2회] **셰부**

'타오르다'는 뜻의 사용하지 않는 어근(아마도 잘게 '나누'어져 광채를 발하다는 의미에서 〈**7617**〉의 어근과 일치한 듯함[〈**7632**〉와 비교])에서 유래; '보석'(그 광채로 부터), 아마도 '마노':―마노.

H7619 שְׁבוּאֵל[3회] **셰부엘**

또는 **שׁוּבָאֵל 슈바엘**

〈**7617**〉(압축형)과 〈**7725**〉와 〈**410**〉에서 유래; '하나님의 포로', (또는 '돌아온 자'); 두 이스라엘인의 이름 '스브엘', 또는 '수바엘':―스브엘(대상23:16), 수바엘(대상25:20).

H7620 שָׁבוּעַ[19회] **샤부아** 또는 **שָׁבֻעַ 샤부아** 또한 (여성형) **שְׁבֻעָה 셰부아**

정확히는 〈**7651**〉의 명사 유래어로서 〈**7650**〉의 수동태 분사; 문자적으로 '일곱으로 된', 즉 한 '주일'(특별히 햇수로):―일곱, 7일간, 이레.

H7621 שְׁבוּעָה[31회] **셰부아**

〈**7650**〉의 수동태 분사 여성형; 정확히는 '맹세한' 어떤 것, 즉 '서약':―저주, 서약, 맹세한.

H7622 שְׁבוּת[26회] **셰부트**

또는 **שְׁבִית 셰비트**

〈**7617**〉에서 유래; '유배'; 구체적으로, '죄수', '포로'; 상징적으로 '이전의' 번성했던 '상태':―사로잡힘, 포로, 사로잡힌 (몸).

H7623 שָׁבַח[11회] **샤바흐**

기본어근; 정확히는 큰 어조로 '연설하다', 즉 (특별히) '큰소리로'; 상징적으로 (말로써) '달래다', '안심시키다': ―칭찬하다, 찬양하다, 고요하게 하다, 승리하다.

H7624 שְׁבַח[5회] **셰바흐**

아람어 〈**7623**〉과 같음; '아첨하다', 즉 '숭배하다':―찬양하다.

H7625 שְׁבַט[1회] **셰바트**

아람어 〈**7626**〉과 같음; '씨족':―부족.

H7626 שֵׁבֶט[190회] **셰베트**

아마도 '가지 치다'는 뜻의 사용하지 않는 어근에서 유래; '어린가지', 즉 (문자적으로) '막대기'(처벌하기 위한, 글씨쓰기 위한, 싸우기 위한, 측량하기 위한, 걷기 위한 것 등등), 또는 (상징적으로) '족속':―바로잡음, 화살, 매, 홀, 지팡이, 막대기, 부족.

H7627 שְׁבָט[1회] **셰바트**

외래어; 유대력의 달 이름 '스밧':―스밧월(슥1:7).

H7628 שְׁבִי[49회] **셰비**

〈**7618**〉에서 유래; '유배된', '포로 된' '사로잡힌'; 명사로서 '유배'(추상적, 또는 구상적 그리고 집합적으로 사용됨); 확대된 의미로 '노획물', '전리품': ―사로잡힌(몸), 죄수, 포로, 잡아가다, 잡혀간.

H7629 שֹׁבִי1회 **쇼비**

〈**7617**〉에서 유래; '사로잡는 사람'; 암몬 사람 '소비':—소비(삼하17:27).

H7630 שֹׁבַי2회 **쇼바이**

〈**7629**〉 참조; 한 이스라엘인 '소배':—소배(스12:42, 느7:45).

H7631 שְׂבִיב2회 **세비브**

아람어 〈**7632**〉와 같음:—화염, 불꽃.

H7632 שָׁבִיב1회 **샤비브**

〈**7616**〉과 동형에서 유래; (혀처럼 '갈라지는') '화염':—불꽃, 광채.

H7633 שִׁבְיָה9회 **쉬브야**

〈**7628**〉의 여성형; '포로', '유배'(추상적으로나 구상적 그리고 집합적으로):—포로들(사로잡힘, 사로잡음).

H7634 שָׁבְיָה1회 **쇼브야**

〈**7629**〉와 동형의 여성형; '사로잡음'; 한 이스라엘인 '샤가':—샤가[난외주로부터].

H7635 שָׁבִיל2회 **샤빌**

〈**7640**〉과 동형에서 유래; 지나간 '자국' 또는 통로(마치 따라 '흘러가는' 것 같은):— 통로, 길.

H7636 שָׁבִיס1회 **샤비쓰**

'섞어 짜다'의 뜻의 사용하지 않는 어근에서 유래; 머리에 쓰는 '그물망':—머리그물, 망사.

H7637 שְׁבִיעִי103회 **셰비이**

또는 **שְׁבִעִי 셰비이**

〈**7657**〉에서 유래한 서수; '일곱 번째의':—일곱 번째(의).

H7638 שָׂבָךְ19회 **사바크**

'(화환 등을) 짜다'는 뜻의 사용하지 않는 어근에서 유래; (기둥머리에 다는 장식물인) '그물뜨기':—그물.

Hr7639 שְׂבָכָה16회 **세바카**

〈**7638**〉의 여성형; '그물망', 즉 (사냥하는데 쓰는) '덫', (건축에서는) '난간'; 또한 베개에 다는 '그물모양의 장식':—바둑판무늬, 격자, 그물망, 화환, 동그란 망.

H7640 שֹׁבֶל1회 **쇼벨**

'흐르다'는 뜻의 사용하지 않는 어근에서 유래; (질질 '끌리는') 여자의 '옷자락':—다리.

H7641 שִׁבֹּל19회 **쉽볼**

또는 (여성형) **שִׁבֹּלֶת 쉽볼레트**

〈**7640**〉과 동형에서 유래; (흘러가는) '개울', '시내'; 또한 ('자라나고' 있는) 곡식의 '이삭'; 유추적으로 '가지':—가지, 운하, (곡물의) 이삭, 홍수, 십볼렛(삿12:6). 〈**5451**〉과 비교

H7642 שַׁבְלוּל1회 **샤블룰**

〈**7640**〉과 동형에서 유래; (스스로 낸 점액 안에 '떠 있는 듯한) '달팽이':—달팽이.

H7643 שְׂבָם3회 **세밤** 또는 **שִׂבְמָה 시브마**

아마도 〈**1313**〉에서 유래; '향료'; 모압의 한 장소 '스밤' 또는 '십마':—스밤(민32:3), 십마(민32:38, 수13:19).

H7644 שֶׁבְנָא9회 **셰브나**

또는 **שֶׁבְנָה 셰브나**

'자라나다'는 뜻의 사용하지 않는 어근에서 유래; 성장; 한 이스라엘인 '셉나':—셉나(사36:3, 왕하18:18).

H7645 שְׁבַנְיָה7회 **셰반야**

또는 **שְׁבַנְיָהוּ 셰반야후**

〈**7644**〉의 동형에서 그리고 〈**3050**〉에서 유래; '여호와께서 자라게 하셨다'(즉, '번영케 하셨다'); 셋 또는 네 이스라엘인의 이름 '스바냐':—스바냐(대상15:24, 느9:4,5).

H7646 שָׂבַע97회 **사바**

또는 שָׂבֵעַ 사베아

기본어근; '만족시키다', 즉 '충분히' 만족시키다(문자적, 또는 상징적으로):—충분하게 하다, (충분히) 채우다, 충분하다, 가득 차다, 물리게 하다, 만족하다, 자족하다, 싫증나다.

H7647 שָׂבָע8회 사바

〈7646〉에서 유래; '풍부함':—풍성함, 가득한(~함, ~하게).

H7648 שֹׂבַע8회 소바

〈7646〉에서 유래; '만족함'(음식이나 [상징적으로] 기쁨에 있어서):—채우다, 가득한(-함), 만족하는, 만족하다.

H7649 שָׂבֵעַ10회 사베아

〈7646〉에서 유래, '물린', '배부른'(즐거워서 또는 싫은 뜻에서):—가득한, 만족한

H7650 שָׁבַע185회 샤바

기본어근; 정확히는 '완전하다', 그러나 〈7651〉에서 유래한 명사 유래어로서만 사용됨; '일곱 번' 말하다, 즉 맹세하다, (마치 7번 되풀이 선언함으로써):—간청하다(맹세, 서약함으로써), ~에게 임무를 가하다, 실컷 먹이다[〈7646〉에 대한 오인으로써], 서약하다, (엄중하게), 맹세하다(~하게 하다).

H7651 שֶׁבַע164회 셰바

또는 (남성) שִׁבְעָה 쉬브아

〈7650〉에서 유래; 기본기수; (거룩한 '완전수'로서) '일곱'; 또한 (부사로) '일곱 번'; 함축적으로 한 주일; 확대된 의미로 '무한대'의 수:—일곱의, 일곱 번째, 일곱 배, [열]일곱째의 등등. 〈7658〉과 비교

H7652 שֶׁבַע15회 셰바

〈7651〉과 동일; '일곱'; 팔레스타인의 지명과 두 이스라엘인의 이름인 '세바':—세바(수19:2, 삼하20:1).

H7653 שִׂבְעָה1회 시브아

〈7647〉의 여성형; '포만', '만끽':—가득 참, 충만.

H7654 שָׂבְעָה227회 소브아

〈7648〉의 여성형; '포만', '만끽':—충분히 (가지다), ~가득 찰 때까지, 만족할 수 있는, 만족시키다, 충분히.

H7655 שִׁבְעָה5회 쉬브아

아람어 〈7651〉과 같음:—일곱(배).

H7656 שִׁבְעָה1회 쉬브아

〈7651〉의 남성형; '일곱'(째); 팔레스타인의 우물 '세바':—세바(창26:33).

H7657 שִׁבְעִים91회 쉬브임

〈7651〉의 배수; '칠십':—칠십.

H7658 שִׁבְעָנָה1회 쉬브아나

〈7651〉의 남성형의 연장형; 일곱:—일곱.

H7659 שִׁבְעָתַיִם6회 쉬브아타임

(부사로) 〈7651〉의 쌍수; '일곱'(배):—일곱(번, 배).

H7660 שָׁבַץ2회 샤바츠

기본어근; (색깔 있는) 실로 '엮어 짜다'; 함축적으로 ('그물 모양으로') 금에 보석을 '박다':—수놓다, 박다.

H7661 שָׁבָץ1회 샤바츠

〈7660〉에서 유래; '얽힘', 즉 (상징적으로) 당혹:—고통, 번민.

H7662 שְׁבַק5회 셰바크

아람어 〈7733〉의 어근과 같음; '버려두다', 즉 남도록 허용하다:—물러가다, 버리다, 혼자 있게 하다.

H7663 שָׂבַר8회 사바르

또는 שָׁבַר 샤바르 (느2:13,15)

기본어근; '자세히 검사하다'; 함축적

으로 (희망과 인내를 갖고) '기대하다'('관찰하면서'):—소망하다, 기다리다, 바라보다.

H7664 שֵׂבֶר2회 **세베르**

〈**7663**〉에서 유래; '기대':—소망.

H7665 שָׁבַר148회 **샤바르**

기본어근; '파열하다'(문자적으로나 상징적으로):—깨지다, 부수다, 산산이 부서지다, 상심한[마음], 낳다, 으스러뜨리다, 파괴하다, 해치다, (불을) 끄다, (아주), 찢다, 바라보다 [〈**7663**〉에 대한 오인으로서].

H7666 שָׁבַר21회 **샤바르**

〈**7668**〉에서 유래한 명사유래어; '곡식을 거래하다':—사다, 팔다.

H7667 שֶׁבֶר44회 **셰베르**

또는 **שֵׁבֶר** **셰베르**

〈**7665**〉에서 유래; '골절', 상징적으로 '파멸'; 특별히 (꿈에 대한) '해석':—손상, 파괴, 깨뜨림, 부러진(발, 손) 타박상, 충돌, 멸망, 상처, 손해, 해석, 애태움.

H7668 שֶׁבֶר9회 **셰베르**

〈**7667**〉과 동일; (낟알로 '흩어지는') '곡식':—곡식, 양식.

H7669 שֶׁבֶר1회 **셰베르**

〈**7667**〉과 동일; 한 이스라엘인 '세벨':—세벨(대상2:48).

H7670 שִׁבְרוֹן2회 **쉬브론**

〈**7665**〉에서 유래; '파열', 즉 '격통'; 상징적으로 '파멸':—깨뜨림, 파괴.

H7671 שְׁבָרִים1회 **셰바림**

〈**7667**〉의 복수형; '폐허'; 팔레스타인의 한 장소 '스바림':—스바림(수7:5).

H7672 שְׁבַשׁ1회 **셰바쉬**

아람어 〈**7660**〉과 같음; '얽히게 하다', 즉 '당혹케 하다':—놀라다.

H7673 שָׁבַת71회 **샤바트**

기본어근; '쉬게 하다', 즉 힘든 작업을 '중지하다'; 많은 함축적인 관계로 사용됨 (사역적으로, 비유적으로 또는 특별히):—그치다, 그치게 하다, 그치도록 하다, 그치게 만들다, (식을 올려) 경축하다, 실패하게 하다, 실패하게 만들다, 지키다, 안식일을 지키다, 모자람을 참다, 떠나다, 치우다, 내려놓다, 쉬다, 쉬게 만들다, 면하게 하다, 가라앉히다.

H7674 שֶׁבֶת3회 **셰베트**

〈**7673**〉에서 유래; '휴식', '중지', '정지':—정지, 중지, 조용히 앉다, 시간의 소모.

H7675 שֶׁבֶת3회 **셰베트**

〈**3427**〉의 부정사; 정확히는 '개회중'; 그러나 또한 구체적으로 사용됨, '거처' 또는 '소재':—장소, 자리, 좌석. 〈**3429**〉와 비교

H7676 שַׁבָּת11회 **샵바트**

〈**7673**〉에서 유래한 강세형; '휴식시간', 즉 (특별히) '안식일':—(매) 안식일.

H7677 שַׁבָּתוֹן11회 **샵바톤**

〈**7676**〉에서 유래; '안식일 엄수' 또는 특별한 절기:—휴식, 안식, 안식일.

H7678 שַׁבְּתַי3회 **샵베타이**

〈**7676**〉에서 유래; '휴식을 주는'; 세 이스라엘인의 이름 '삽브대':—삽브대(스10:15, 느8:7).

H7679 שָׂגָא3회 **사가**

기본어근; '자라다', 즉 (사역적으로) '크게 하다', (상징적으로) '찬양하다':—증가하다, 확대되다.

H7680 שְׂגָא3회 **세가**

아람어 〈7679〉와 같음; '증가하다':—자라다, 수를 늘리다.

H7681 שָׁגֶה 1회 **샤게**
아마도 〈7686〉에서 유래; '잘못에 빠진'; 한 이스라엘인 '사게':—사게(대상11:34).

H7682 שָׂגַב 20회 **사가브**
기본어근; 높은 곳에 '위치하다'(사역적, ~하게하다), 특별히 '도달할 수 없는'; 함축적으로 '안전한', '강한'; 문자적으로, 비유적으로 사용됨:—수비하다, 높이다, 탁월하다, 높다(높은 곳에 있다), 높은, 안전하다, (높이)세우다, 너무 강하다.

H7683 שָׁגַג 4회 **샤가그**
기본어근; '정도를 벗어나다', 즉 (상징적으로) '죄를 범하다'(다소간 변명하며):— 또한 ~이기 때문이기도, 속인, 실수하다, 그릇행하다, 알지 못하고 죄짓다.

H7684 שְׁגָגָה 19회 **셰가가**
〈7683〉에서 유래; '실수' 또는 부주의한 '범죄':—실수, 무지, 부지불식간에, 뜻하지 않게.

H7685 שָׂגָה 3회 **사가**
기본어근; '크게 하다'(특별히 위쪽으로, 또한 상징적으로):—자라나다, 증가하다.

H7686 שָׁגָה 21회 **샤가**
기본어근; '옆길로 빗나가다'(사역적으로 '그릇되게 인도하다'), 보통 (상징적으로) '실수하다', 특별히 (도덕적으로) 죄를 범하다; 확대된 의미로 (취하다는 개념으로서) '비틀거리다', (상징적으로) 도취되다, '황홀케 되다':—그릇행하다, 길을 잃다(-게 하다), 속이다, 실수하다, 황홀케 하다, 알지 못하고 죄 짓다, 방황하다(-케 하다).

H7687 שְׂגוּב 3회 **세구브**
〈7682〉에서 유래; '위에'; 두 이스라엘인 스굽:—스굽(대상2:21).

H7688 שָׁגַח 3회 **샤가흐**
기본어근; '엿보다', 즉 예리하게 '쭉 훑어보다':—주의 깊게 바라보다.

H7689 שַׂגִּיא 2회 **삭기**
〈7679〉에서 유래; (최고로) '강력한':—탁월한, 위대한.

H7690 שַׂגִּיא 13회 **삭기**
아람어 〈7689〉와 같음; (크기, 양, 수에 있어서) '큰' (부사로도 쓰임):—심한, 큰(크게), 많은(많이), 대단히, 매우.

H7691 שְׁגִיאָה 2회 **셰기아**
〈7686〉에서 유래; 도덕적인 '실수':—실책, 잘못.

H7692 שִׁגָּיוֹן 2회 **쉭가욘**
또는 **שִׁגָּיֹנָה** **쉭가요나**
〈7686〉에서 유래; 정확히는 '정도를 벗어남', 즉 (전문적 용어로는) '열광적인 시':—식가욘(시7편의 표제), 시기오놋(합3:1).

H7693 שָׁגַל 4회 **샤갈**
기본어근; '교접하다':—동침하다, 강탈(능욕)하다.

H7694 שֵׁגַל 2회 **셰갈**
〈7693〉에서 유래; '왕후'(동거한다는 데서 유래):—왕후, 여왕.

H7695 שֵׁגַל 2회 **셰갈**
아람어 〈7694〉와 같음; (합법적인) '왕후':—아내, 왕후.

H7696 שָׁגַע 7회 **샤가**
기본어근; 미친 듯이 '날뛰다':—미치다, 미친 사람, 미친 사람처럼 행동하다.

H7697 שִׁגָּעוֹן 3회 **쉭가온**

〈7696〉에서 유래; '미침':—격노하여, 미침.

H7698 שֶׁגֶר[5회] 셰게르
아마도 '내 보내다'는 뜻의 사용하지 않는 어근에서 유래; ('출산되는') '태아':—소생, 증가하다.

H7699 שַׁד[21회] 샤드 또는 שֹׁד 쇼드
아마도 〈7736〉의 압축형(그 원래의 의미에서); ('부풀은') 여자나 동물의 '가슴':— 가슴, 젖꼭지, 젖꼭지 모양의 것.

H7700 שֵׁד[2회] 셰드
〈7736〉에서 유래; ('악의에 찬') '악마':—마귀.

H7701 שֹׁד[25회] 쇼드
또는 שׁוֹד 쇼드 (욥5:21)
〈7736〉에서 유래; '폭력', '격노':—황폐, 황량, 파괴, 억압, 도적질, 탈취하다(탈취하는, 탈취자), 허비하는, 낭비하는.

H7702 שָׂדַד[3회] 사다드
기본어근; '비벼대어 벗기다', 즉 밭을 '써레질하다':—흙덩어리를 부수다, 써레질하다.

H7703 שָׁדַד[43회] 샤다드
기본어근; 정확히는 '굵고 튼튼하다', 즉 (상징적으로) '강력한' (수동적으로 '공략할 수없는'); 함축적으로, '약탈하다':—죽은, 파괴하다(-하는 사람), 압박하다, 약탈자, 철저히, 황폐하게 하다.

H7704 שָׂדֶה[333회] 사데 또는 שָׂדַי 사다이
'펼치다'는 뜻의 사용하지 않는 어근에서 유래; ('평평한') '밭':—시골, 들, 밭, 땅, 지면, 흙, 황량한.

H7705 שִׁדָּה[2회] 쉿다
〈7703〉에서 유래; (가정의 여주인으로서) '부인':—모든 종류 악기.

H7706 שַׁדַּי[48회] 샷다이
〈7703〉에서 유래; '전능자':—전능자.

H7707 שְׁדֵיאוּר[2회] 셰데우르
〈7704〉의 동형에서 그리고 〈217〉에서 유래; '빛을 펼치는 자'; 한 이스라엘인 '스데울':—스데울(민1:5).

H7708 שִׂדִּים[3회] 싯딤
〈7704〉와 동형에서 유래한 복수형; '평지들'; 팔레스타인의 골짜기 '싯딤':—싯딤(창14:3).

H7709 שְׁדֵמָה[6회] 셰데마
명백히 〈7704〉에서 유래; 경작된 '밭':—시든, 들판(밭).

H7710 שָׁדַף[3회] 샤다프
기본어근; '시들게 하다':—마르게 하다.

H7711 שְׁדֵפָה[3회] 셰데파
또는 שִׁדָּפוֹן 쉿다폰
〈7710〉에서 유래; (식물의) '마름병':—시들음, 마른(것).

H7712 שְׁדַר[1회] 셰다르
아람어 기본어근; '노력하다':—일하다.

H7713 שְׂדֵרָה[4회] 세데라
규정(조절)하다는 뜻의 사용하지 않는 어근에서 유래, '열', '반열', 즉 (군인의) '계급', (방들의) '층':—(널)판, 줄.

H7714 שַׁדְרַךְ[3회] 샤드라크
아마도 외래어; 다니엘의 친구들 중에 하나의 바벨론 식 이름 '사드락':—사드락(단1:7, 2:49).

H7715 שַׁדְרַךְ[3회] 샤드라크
아람어 〈7714〉와 동일:—사드락.

H7716 שֶׂה[47회] 세 또는 שֵׂי 세
아마도 풀을 뜯어먹게 하려고 '내 보낸다'는 개념으로 〈7582〉에서 유래;

가축의 일원, 즉 '양'이나 염소:—(보다 작은) 소, 암양, 어린양, 양. 〈2089〉와 비교

H7717 שָׂהֵד[1회] **사헤드**
'증언하다'는 뜻의 사용하지 않는 어근에서 유래; '증인':—기록.

H7718 שֹׁהַם[11회] **쇼함**
아마 '희게 하다'는 뜻의 사용하지 않는 어근에서 유래; 보석, 아마도 '녹주석'(그 '창백한' 녹색에서 유래):—얼룩마노.

H7719 שֹׁהַם[1회] **쇼함**
〈7718〉과 동일; 한 이스라엘인 '소함':—소함(대상24:27).

H7720 שַׂהֲרֹן[3회] **사하론**
〈5469〉와 동형에서 유래; 목에 거는 둥근 '장식':—장식(품), 달처럼 둥근 머리쓰개.

H7721 שׂוֹא[1회] **소**
'일어나다'는 뜻의(〈5375〉와 〈7722〉와 유사함) 사용하지 않는 어근에서 유래; '일어남':—일어나다.

H7722 שׁוֹא[1회] **쇼** 또는 (여성형) **שׁוֹאָה** **쇼아** 또는 **שֹׁאָה** **쇼아**
'돌진하다'는 뜻의 사용하지 않는 어근에서 유래; '폭풍우'; 함축적으로 '황폐':—황폐(한), 파괴하다, 파괴, 폭풍, 폐허.

H7723 שָׁוְא[53회] **쇼우** 또는 **שַׁו** **샤우**
'황폐하다'는 의미로 〈7722〉의 동형에서 유래; ('파괴적인') 악, 문자적으로(파멸) 또는 도덕적으로(특히 '교활'); 상징적으로 '우상숭배'(잘못된 것으로서, 주관적으로), '무익함'(거짓된 것으로서, 객관적으로; 또한 부사적으로 '헛되게, 무익하게'):— 거짓된(~되게), 거짓말하다, 거짓말, 헛된, 헛됨.

H7724 שְׁוָא[1회] **세와**
〈7723〉과 동형에서 유래; '거짓된'; 한 이스라엘인 '스와':—스와(삼하20:25).

H7725 שׁוּב[1059회] **슈브**
기본어근; '돌아가다'(여기에서, 외면하다) 자동사나 타동사로, 문자적으로나 상징적으로 사용됨(반드시 시작했던 지점으로 '되돌아가다'는 의미는 아니다); 일반적으로 '물러가다' 종종 부사로서 '다시':—([깨뜨리다, 세우다, 할례를 행하다, 파다, 어떤 일을 하다, 악을 행하다, 먹이다, 놓다, 눕다, 숙박하다, 만들다, 기뻐하다, 보내다, 취하다])울다, 다시, 대답하다(~하게 하다), 어쨌든지, 결코(전혀), 반대하고(싫어하며), (다시, 뒤로, 다시 집으로)가져오다, (마음에)상기하다, 다시 운반하다, 멈추다, 확실히, 다시(돌아)오다, 생각하다, 계속적으로, 개종하다, (다시)구원하다, 부인하다, 물러서다, 다시 집으로 불러오다, 저쪽으로, 다시(도로)얻다, (다시)주다, 다시(뒤로, 집으로)가다, 밖으로(나가다), 방해하다, ~하게 하다, 더 많이[보다], 필요, 지나가다, 지불하다, 곡해(악용)하다, 후퇴시키다, 회상하다, 보답하다, 회복하다, 새롭게 하다, 구원하다, (다시)갚다, 회개하다, 보상하다, 구조하다, 회복시키다, 만회하다, 돌이키다(하게 하다), 거꾸로 하다, 보상하다, 거절하다, 되돌려 보내다, 되돌리다, 되돌아가다, 멋게 하다, 확실히, 취소하다, (다시, 스스로, 뒤로, 뒤쪽으로) 돌이키다(~게 하다), 물러

나다.

H7726 שׁוֹבָב4회 **쇼바브**
〈**7725**〉에서 유래; '신앙을 버린', 즉 우상숭배하는:—배교하는, 완고하게, 피하다[난외주로부터].

H7727 שׁוֹבָב4회 **쇼바브**
〈**7726**〉과 동일; '반역하는'; 두 이스라엘인의 이름 '소밥':—소밥(대상 2:18).

H7728 שׁוֹבֵב3회 **쇼베브**
〈**7725**〉에서 유래; '신앙을 버린', 즉 이교의 또는 (실제적으로) 이교도:—배교하는, 신앙에서 떠나는.

H7729 שׁוּבָה1회 **슈바**
〈**7725**〉에서 유래; '돌아옴':—돌아옴.

H7730 שׂוֹבֶךְ1회 **소베크**
〈**5441**〉 참조; '수풀', 즉 교차된 가지들:—무성한 가지들.

H7731 שׁוֹבַךְ3회 **쇼바크**
아마도 〈**7730**〉 참조; 한 시리아인 '소박':—소박(삼하10:16).

H7732 שׁוֹבָל9회 **쇼발**
〈**7640**〉과 동형에서 유래; '넘쳐흐름'; 한 에돔 사람과 두 이스라엘인의 이름 '소발':—소발(창36:20, 대상2:50).

H7733 שׁוֹבֵק1회 **쇼베크**
'떠나다'는 뜻(〈**7662**〉와 비교)의 기본어근에서 유래한 능동태 분사; '버림'; 한 이스라엘인 '소벡':—소벡(느10:25(24)).

H7734 שׂוּג1회 **수그**
기본어근; '물러가다':—돌아가다.

H7735 שׂוּג1회 **수그**
기본어근; '산울타리로 두르다':—성장하게 하다.

H7736 שׁוּד1회 **슈드**
기본어근; 정확히는 '부풀어'오르다, 즉 상징적으로 (함축적으로 '오만함으로') 유린하다:—황폐케 하다.

H7737 שָׁוָה21회 **샤와**
기본어근; 정확히는 '평평하게 하다', 즉 '동등하게 하다'; 상징적으로 '닮게 하다'; 함축적으로 '맞추다'(즉, 균형을 맞추다, 적당하게 하다, 조정하다, 배치하다, 생기게 하다):—소용에 닿다, 행동하다, 생기다, 비교하다, ~에 필적하다, 동등하다(~하게 하다), 놓다, ~와 같다(~같게 하다), 평탄하게 하다, 유익이 되다.

H7738 שָׁוָה2회 **샤와**
기본어근; '파괴하다':—물질 [난외주로부터].

H7739 שְׁוָה2회 **셰와**
아람어 〈**7737**〉과 '같음'; '닮게 하다':—같게 하다.

H7740 שָׁוֵה2회 **샤웨**
〈**7737**〉에서 유래; '평탄한'; 팔레스타인의 지명 '사웨':—사웨(창14:17, 삼하18:18).

H7741 שָׁוֵה קִרְיָתַיִם1회 **샤웨 키르야타임**
〈**7740**〉의 동형 그리고 〈**7151**〉의 쌍수에서 유래; '이중의 도시의 평원'; 요단 동쪽에 있는 장소 '사웨기랴다임':—사웨기랴다임(창14:5).

H7742 שׂוּחַ1회 **수아흐**
기본어근; 생각에 잠겨 '묵상하다':—명상하다.

H7743 שׁוּחַ4회 **슈아흐**
기본어근; '가라앉다', 문자적으로나 상징적으로:—머리를 숙이다, 몸을 굽히다, 겸손하다.

H7744 שׁוּחַ1회 **슈아흐**
〈**7743**〉에서 유래; '작은 골짜기'; 아

브라함의 한 아들 '수아':—수아(창 25:2).

H7745 שׁוּחָה^4회 **슈하**

〈**7743**〉에서 유래; '깊게 갈라진 틈':—도랑, 구덩이.

H7746 שׁוּחָה^2회 **슈하**

〈**7745**〉와 동일; 한 이스라엘 '수하':—수하(대상4:11).

H7747 שׁוּחִי^3회 **슈히**

〈**7744**〉에서 유래한 족속의 명칭; '수아 사람', 또는 수아의 자손들:—수아 사람(욥2:11, 8:1, 25:1).

H7748 שׁוּחָם^2회 **슈함**

〈**7743**〉에서 유래; '겸손하게'; 한 이스라엘 '수함':—수함(민26:42).

H7749 שׁוּחָמִי^1회 **슈하미**

〈**7748**〉에서 유래한 족속의 명칭; '수함 가족'(집합적):—수함 사람들(민 26:42).

H7750 שׂוּט^5회 **수트**

또는 (교환에 의해) **סוּט 쑤트**

기본어근; '밀어내다', 즉 (자동사와 상징적으로) 버려지게 되다 (잘못 행하다; 즉 우상숭배하다):—길을 잘못 들다.

H7751 שׁוּט^13회 **슈트**

기본어근; 정확히는 앞으로 '밀다'; (그러나 단지 상징적으로만 사용됨) '내리치다', 즉 (노를 가지고 바다를) '노를 젓다'; 함축적으로 '여행하다':—가다, 돌아다니다, ~을 통과하다, 이리저리 다니다, 선원, 노 젓는 사람, 이리저리 뛰다.

H7752 שׁוֹט^11회 **쇼트**

〈**7751**〉에서 유래; '채찍'(문자적으로나 비유적으로):—매, 채찍질.

H7753 שׂוּךְ^3회 **수크**

기본어근; '얽히게 하다', 즉 '가두다' (조직을 위해서, 또는 보호하거나, 혹은 속박하기 위해서):—담을 쌓다, 산울타리(를 만들다, ~을 세우다).

H7754 שׂוֹךְ^2회 **소크**

또는 (여성형) **שׂוֹכָה 소카**

〈**7753**〉에서 유래; ('사이에 잎이 난') '가지':—큰 가지.

H7755 שׂוֹכֹה^8회 **소코**

또는 **שֹׂכֹה 소코** 또는 **שׂוֹכוֹ 소코**

〈**7753**〉에서 유래; 팔레스타인에 있는 두 장소들의 이름 '소고':—소고(수 15:35).

H7756 שׂוּכָתִי^1회 **수카티**

아마도 〈**7754**〉(의 여성형)와 일치하는 이름에서 유래한 족속의 명칭; '수갓족속', 또는 수가라는 이름을 가진 알려지지 않은 이스라엘인의 자손:—수갓 족속(대상2:55).

H7757 שׁוּל^11회 **슐**

'늘어뜨리다'는 뜻의 사용하지 않는 어근에서 유래; '옷자락'; 함축적으로 밑바닥 '끝':—옷의 가장자리, 치마, 옷자락.

H7758 שׁוֹלָל^3회 **숄랄**

또는 **שֵׁילָל 셸랄** (미1:8)

〈**7997**〉에서 유래; '발가벗은'(특별히 맨발); 함축적으로 '사로잡은':—망쳐진, 벗겨진.

H7759 שׁוּלַמִּית^2회 **슐람미트**

〈**7999**〉에서 유래; '평화로운'(항상 관사를 앞에 붙여, 애칭을 만든다); 솔로몬의 왕후의 별명인 '술람미':—술람미(아6:13).

H7760 שׂוּם^58회 **숨** 또는 **שִׂים 심**

기본어근; '두다', '놓다'(문자적으로나 상징적으로, 또는 추리하거나, 생략하여 매우 다양하게 적용되어 사용됨):—(어떻게 하든) 지명하다, 가져오다, (이름을)부르다, 돌보다, 바꾸다, …에 담다, 위임하다, 생각하다, 나르다, 결정하다, 변장하다, 배치하다, 행하다, 얻다, 주다, 쌓아올리다, 붙잡다, 전가하다, 저장하다, 저축하다, 떠나다, 보다, 이해하다, 표시하다, 이름(짓다), 위에, 정하다, 명령하다, (그림을)그리다, 두다, 보전하다, …하려고 생각하다, 놓다, 주시하다, 연습하다, 보상하다, 세우다(-게 하다), 보이다, 확고부동하게, 가지고 가다, 말하다, 밟다, (둘러)엎다, 전적으로, 일하다.

H7761 שׂוּם[12회] **숨**
[아람어] 〈**7760**〉과 같음:—명령하다, 주다, 놓다, 만들다, 이름을 붙이다, 주시하다, 두다.

H7762 שׁוּם[1회] **슘**
'내뿜다'는 뜻의 사용하지 않는 어근에서 유래; '마늘'(그 지독한 '냄새'에서 유래한말):—마늘.

H7763 שׁוֹמֵר[110회] **쇼메르**
또는 **שֹׁמֵר 쇼메르**
〈**8104**〉의 능동태 분사; '파수꾼'; 두 이스라엘의 이름 '소멜':—소멜(왕하12:21, 대상7:32).

H7764 שׁוּנִי[1회] **슈니**
'쉬게 하다'는 뜻의 사용하지 않는 어근에서 유래; '가라앉히다'; 한 이스라엘인 '수니':—수니(창46:16).

H7765 שׁוּנִי[1회] **슈니**
〈**7764**〉에서 유래한 족속의 명칭; '수니 가족'(집합적), 또는 수니의 자손들:—수니 가족(민26:15).

H7766 שׁוּנֵם[3회] **슈넴**
아마도 〈**7764**〉와 동형에서 유래; '조용하게'; 팔레스타인의 한 장소 '수넴':—수넴(수19:18, 삼상28:4).

H7767 שׁוּנַמִּית[8회] **슈남미트**
〈**7766**〉에서 유래한 성; '수넴 여인', 또는 수넴에서 사는 여성 거주자들:—수넴 여자.

H7768 שָׁוַע[21회] **샤와**
기본어근; 정확히는 '자유롭게 되다'; 그러나 단지 사역적으로 또 재귀적으로만 사용됨, '소리높이 외치다'(도움을 청하려고, 즉 어떤 어려움에서 '자유'케 되려고):—(크게)소리치다, (부르짖다), 외치다.

H7769 שׁוּעַ[2회] **슈아**
〈**7768**〉에서 유래; '큰 소리로 외침':—외침, 부요함.

H7770 שׁוּעַ[2회] **슈아**
〈**7769**〉와 동일; 가나안 사람 '수아':—수아(대상7:32).

H7771 שׁוֹעַ[2회] **쇼아**
'자유'라는 원래의 의미로 〈**7768**〉에서 유래; '귀족', 즉 '인색하지 않은', '부유한' 또한 (파생된 뜻으로 명사로서는) '소리 내어 외침':—풍부한, 소리치는, 부유한.

H7772 שׁוֹעַ[2회] **쇼아**
〈**7771**〉과 동일; '부유한'; 동양의 한 민족 '소아':—소아(겔23:23).

H7773 שֶׁוַע[1회] **셰와**
〈**7768**〉에서 유래; '크게 부르는 소리':—외침, 소리침.

H7774 שׁוּעָא[1회] **슈아**
〈**7768**〉에서 유래; '부'(재산); 한 이스라엘 여인 '수아':—수아(대상7:32).

H7775 שַׁוְעָה[11회] **샤우아**
〈**7773**〉의 여성형; '크게 부르기':—

소리침, 외치기.

H7776 שׁוּעָל 7회 슈알 또는 שֻׁעָל 슈알
〈8168〉과 동형에서 유래; ('굴을 파는 짐승으로서) '자칼':—여우.

H7777 שׁוּעָל 2회 슈알
〈7776〉과 동일; 한 이스라엘인과 팔레스타인의 한 지명 '수알':—수알(대상7:36).

H7778 שׁוֹעֵר 37회 쇼에르
또는 שֹׁעֵר 쇼에르
〈8176〉의 능동태 분사(〈8179〉에서 유래(〈8179〉에서 온 명사유래어로); '문지기':—문을 지키는 사람, 문지기.

H7779 שׁוּף 4회 슈프
기본어근; 정확하게는 '입을 크게 벌리다', 즉 '물어'뜯다; 상징적으로 '압도하다':—깨뜨리다, 상하게 하다, 덮다.

H7780 שׁוֹפָךְ 2회 쇼파크
〈8210〉에서 유래; '쏟아진'; 한 시리아 사람; '소박':—소박(삼하10:16).

H7781 שׁוּפָמִי 1회 슈파미
〈8197〉에서 유래한 족속의 명칭; '스부밤 가족', 또는 스부밤의 자손들:—스부밤 가족(민26:39).

H7782 שׁוֹפָר 72회 쇼파르
또는 שֹׁפָר 쇼파르
'절개하는'의 원뜻으로 〈8231〉에서 유래; ('분명한' 소리를 내는) '나팔' 또는 굽은 뿔나팔:—나팔.

H7783 שׁוּק 3회 슈크
기본어근; '…을 뒤쫓다' 또는 넘치다, 즉 '넘쳐흐르다':—넘쳐흐르다, 적시다.

H7784 שׁוּק 4회 슈크
〈7783〉에서 유래; ('붐비는') '거리':—거리.

H7785 שׁוֹק 19회 쇼크
〈7783〉에서 유래; ('달리는 사람'의) (아래의) '다리':—궁둥이, 어깨, 넓적다리.

H7786 שׂוּר 3회 수르
기본어근; 정확히는 '정복하다'; 함축적으로 '다스리다'(사역동사 '왕관을 씌우다'):—왕위에 앉히다, 권력을 쥐다, 통치하다. 〈5493〉을 보라

H7787 שׂוּר 1회 수르
기본어근 [오히려 조각조각으로 '줄이다'라는 개념에서 〈7786〉과 동일; 〈4883〉과 비교]; '톱으로 켜다':—자르다.

H7788 שׁוּר 2회 슈르
기본어근; 정확히는 '돌다', 즉 (매춘부나 상인으로서) '돌아다니다':—가다, 노래하다. 〈7891〉도 보라

H7789 שׁוּר 23회 슈르
기본어근 [오히려 조사하기 위해 '돌아다니다'는 개념에서 〈7788〉과 동일]; '정탐하다', 즉 (일반적으로) '조사하다', (악한 일을 위해서) '숨어 기다리다', (선을 위해서) '돌보다':—보다, 숨어서, 기다리다, 바라보다, 관찰하다, 주목해서 보다, 깨닫다.

H7790 שׁוּר 1회 슈르
〈7789〉에서 유래; ('숨어서 기다리는') '원수':—적.

H7791 שׁוּר 3회 슈르
〈7788〉에서 유래; ('둘린') '벽':—벽.

H7792 שׁוּר 6회 슈르
아람어 〈7791〉과 같음:—벽.

H7793 שׁוּר 6회 슈르
〈7791〉과 동일; 사막의 한 지역 '술':—술(창16:7, 삼상15:7).

H7794 שׁוֹר79회 **쇼르**
〈**7788**〉에서 유래; '잘 돌아다니는 자'로서 '수소':—수소, 암소, 소, 황소, 벽[〈**7791**〉에 대한 오인으로서].

H7795 שׂוֹרָה1회 **소라**
〈**5493**〉의 기본의미로 〈**7786**〉에서 유래; 정확히는 '반지', 즉 (유추적으로) '열', '줄'(부사적으로):—장(長).

H7796 שׂוֹרֵק3회 **소레크**
〈**8321**〉과 동일; '덩굴'; 팔레스타인 골짜기 '소렉':—소렉(삿16:4).

H7797 שׂוּשׂ32회 **수스** 또는 **שִׂישׂ 시스**
기본어근; '빛나다', 즉 '유쾌한':—기쁘다, (몹시), 즐거움, 쾌활하다, 기뻐하다.

H7798 שַׁוְשָׁא1회 **샤우샤**
〈**7797**〉에서 유래; '즐거운'; 한 이스라엘인 '사워사':—사워사(대상18:16).

H7799 שׁוּשַׁן32회 **슈샨** 또는 **שֹׁשָׁן 쇼샨** 또는 **שֹׁשָׁן 쇼샨** 그리고 (여성형) **שׁוֹשַׁנָּה 쇼샨나**
〈**7797**〉에서 유래; '백합'(그 '흰색'에서 유래), 꽃이나 건축 장식으로; 또한 (곧은) '나팔'('관'모양에서 유래):—백합, 소산님.

H7800 שׁוּשַׁן3회 **슈샨**
〈**7799**〉와 동일; 페르시아의 한 장소 '수산':—수산(느1:1, 에1:2, 단8:2).

H7801 שׁוּשַׁנְכִי1회 **슈샨키**
아람어 외래어; '수산 사람'(집합적), 또는 '앗수르'의 잘 알려지지 않은 지역에서 사는 거주자들:—수산 사람(스4:9).

H7802 שׁוּשַׁן עֵדוּת1회 **슈샨 에두트** 또는 (첫 단어의 복수) **שֹׁשַׁנִּים עֵדוּת 쇼샨님 에두트**
〈**7799**〉와 〈**5715**〉에서 유래; '백합꽃'(또는 '나팔')의 집합; 민중시의 제목인 '수산에듯' 또는 '소산님에듯':—소산님에듯, 수산에듯.

H7803 שׁוּתֶלַח4회 **슈텔라흐**
아마도 〈**7582**〉와 〈**8520**〉의 동형에서 유래; '깨지는 요란한 소리'; 두 이스라엘인의 이름 '수델라':—수델라(대상7:21).

H7804 שְׁזַב5회 **셰자브**
아람어 〈**5800**〉과 같음; '떠나다', 즉 (사역적으로) '해방하다':—구해내다.

H7805 שָׁזַף3회 **샤자프**
기본어근; (햇볕에 태움으로써) '피부를 태우다'; 상징적으로 (마치 예리한 광선으로 보듯이) '자세히 조사하다':—쳐다보다, 보다.

H7806 שָׁזַר21회 **샤자르**
기본어근; (실이나 짚을) '꼬다':—꼬다, 엮다.

H7807 שַׁח1회 **샤흐**
〈**7817**〉에서 유래; '가라앉은', 즉 아래로 떨어진:—겸손한.

H7808 שֵׂחַ1회 **세아흐**
〈**7879**〉 참조; '친교', 즉 (재귀적으로) '묵상':—생각.

H7809 שָׁחַד2회 **샤하드**
기본어근; '기증하다', 즉 '매수하다':—고용하다, 보수를 주다.

H7810 שַׁחַד23회 **샤하드**
〈**7809**〉에서 유래; '기증'(돈으로 얻을 수 있는 또는 속전을 내어 몸을 구해내는):— 뇌물, 선물, 보상.

H7811 שָׂחָה3회 **사하**
기본어근; '수영하다' 사역적으로 '침수시키다':—수영하다(~하게 하다).

H7812 שָׁחָה172회 **샤하**
기본어근; '풀이 죽게 하다', 즉 '엎드

리다'(특히 재귀적으로 왕이나 하나님께 공경의 표시로):—스스로 절하다, 몸을 구부리다, 땅에(납작하게) 엎드리다, 겸손하게 구하다, 복종하다(~하게 하다), 존경하다, 몸을 굽히게 하다, 경배(예배)하다.

H7813 שָׂחוּ[1회] **사후**
〈7811〉에서 유래; ('수영'하기 위한) '연못':—…에서 수영하다.

H7814 שְׂחוֹק[16회] **세호크**
또는 **שְׂחֹק 세호크**
〈7832〉에서 유래; '웃음'(즐거워서 또는 무시하여):—조소, (조소하는) 웃음, 조롱하는, 농락하다.

H7815 שְׁחוֹר[1회] **셰호르**
〈7835〉에서 유래; '거무스름함', 즉 아마도 '검댕':—숯.

H7816 שְׁחוּת[1회] **셰후트**
〈7812〉에서 유래; '구덩이':—구덩이.

H7817 שָׁחַח[23회] **샤하흐**
기본어근; '가라앉다' 또는 '풀이 죽게 하다'(재귀동사, 또는 사역동사):—구부리다, 절하다, 속이다, 낙담시키다, 누이다, 자신을 겸손하게 하다, 낮아지게 되다, 몸을 굽히다.

H7818 שָׂחַט[1회] **사하트**
기본어근; '밟아서 으깨다', 즉 (포도를) '짜내다':—즙을 짜내다.

H7819 שָׁחַט[86회] **샤하트**
기본어근; '도살하다'(제물을 또는 대량 학살에서):—죽이다, 바치다, 살해하다, 내쏘다, 학살하다.

H7820 שָׁחַט[4회] **샤하트**
기본어근 [오히려 '치다'는 개념을 통해서 〈7819〉와 동일]:— '망치로 때리다':—치다.

H7821 שְׁחִיטָה[1회] **셰히타**
〈7819〉에서 유래; '학살':—죽이기.

H7822 שְׁחִין[13회] **셰힌**
아마도 '태우다'는 뜻의 사용하지 않는 어근에서 유래; '염증', 즉 '궤양':—종기, 부스럼.

H7823 שָׁחִיס[2회] **샤히쓰**
또는 **סָחִישׁ 싸히쉬**
명백히 '싹이 트다'는 뜻인 사용하지 않는 어근에서 유래; '두 번째 나는 것':—똑같은 것에서 솟아난 것.

H7824 שָׁחִיף[1회] **샤히프**
〈7828〉과 동형에서 유래; (잘게 '썰어'만든 얇은) '널'(판):—널판을 댄.

H7825 שְׁחִית[5회] **셰히트**
〈7812〉에서 유래; '함정'(문자적으로나 상징적으로):—파멸, 구덩이.

H7826 שַׁחַל[7회] **샤할**
아마도 '으르렁거리다'는 뜻의 사용되지 않는 어근에서 유래; '사자'(그의 독특한 '으르렁거림'에서 유래):—(사나운) 사자.

H7827 שְׁחֵלֶת[1회] **셰헬레트**
명백히 충격적인 소리에 의해 (껍질이) '벗겨지다'는 모호한 개념을 통해 〈7826〉과 동형에서 유래; '비늘' 또는 (조개)껍질 즉, 향기 좋은 '홍합':—향기 나는 껍질.

H7828 שַׁחַף[2회] **샤하프**
'껍질을 벗기다' 즉 '여위게 하다'는 뜻의 사용하지 않는 어근에서 유래; (야윈) '갈매기':—뻐꾸기.

H7829 שַׁחֶפֶת[2회] **샤헤페트**
〈7828〉과 동형에서 유래; '쇠약':—초췌.

H7830 שַׁחַץ[2회] **샤하츠**
명백히 '점잔 빼며 걷다'는 뜻인 사용하지 않는 어근에서 유래; '오만함'(태도에 의해 나타나는):—사자, 거만.

H7831 שַׁחֲצוֹם[1회] **샤하촘**

〈7830〉과 동형에서 유래; '거만하게'; 팔레스타인의 한 장소 '사하수마':—사하수마[난외주로부터](수 19:22).

H7832 שָׂחַק[35회] **사하크**

기본어근; '웃다'(기뻐서 또는 조롱하면서); 함축적으로 '놀다':—조소하다, 조롱하다, 웃다, 즐거워하다, 경멸하다, (~하는 사람), 놀다, 기뻐하다, 비웃다, 비웃음거리가 되다(조롱감이다), 희롱하다.

H7833 שָׁחַק[4회] **샤하크**

기본어근; '가루로 만들다'(빻거나 마멸에 의해서):—치다, 닳게 하다.

H7834 שַׁחַק[21회] **샤하크**

〈7833〉에서 유래; (작게 '부서진') '가루'; 유추적으로 희박한 '수증기'; 확대된 의미로 '궁창':—구름, 작은 먼지, 하늘, 창공.

H7835 שָׁחַר[1회] **샤하르**

기본어근 [오히려 이른 새벽의 '어스레함'이란 개념을 통해 〈7836〉과 동일]; (색깔에 있어서) '희미하다' 또는 '어둡다':—검다.

H7836 שָׁחַר[13회] **샤하르**

기본어근; 정확히는 '날이 새다', 즉 (상징적으로는) 어떤 일을 함에 있어서 '일찍 일어나다'(착실하다는 뜻을 지님); 확대된 의미로 (수고를 아끼지 않고) '찾다':— 때 맞춰[어떤 일을 하다], 일찍 문의하다, 일찍(때 맞춰), 일어나다(추구하다), 부지런하게 구하다(이른 아침에).

H7837 שַׁחַר[24회] **샤하르**

〈7836〉에서 유래; '새벽'(문자적, 상징적으로, 또는 부사적으로):—동틀녘, 일찍, 빛, 아침, 일어나는 곳.

H7838 שָׁחֹר[6회] **샤호르**

또는 **שָׁחוֹר** **샤호르**

〈7835〉에서 유래; 정확히는 '어스레한', 그러나 또한 (절대적으로) '흑석 같은':—검은.

H7839 שַׁחֲרוּת[1회] **샤하루트**

〈7836〉에서 유래; '동틈', 즉 (상징적으로) '청춘':—젊음.

H7840 שְׁחַרְחֹרֶת[1회] **셰하르호레트**

〈7835〉에서 유래; '거무스레한':—검은.

H7841 שְׁחַרְיָה[1회] **셰하르야**

〈7836〉과 〈3050〉에서 유래; '여호와께서 찾으셨다'; 한 이스라엘인 '스하랴':—스하랴(대상8:26).

H7842 שַׁחֲרַיִם[1회] **샤하라임**

〈7837〉의 쌍수; '이중의 새벽'; 한 이스라엘인 '사하라임':—사하라임(대상8:8).

H7843 שָׁחַת[140회] **샤하트**

기본어근; '부패하다', 즉 (사역동사로) '파멸시키다'(문자적, 또는 상징적으로):— 난타하다, 버리다, 그르치다(타락자, 부패한 것), 파괴하다(파괴자, 파괴), 잃다, 방치하다, 부패하다, 엎지르다, 더럽히는 자, 전적으로, 낭비하다(낭비자).

H7844 שְׁחַת[3회] **셰하트**

아람어 〈7843〉과 같음:—타락한, 잘못된.

H7845 שַׁחַת[23회] **샤하트**

〈7743〉에서 유래; '구덩이' (특히 함정과 같은); 상징적으로 '파멸':—부패, 멸망, 도랑, 무덤, 구덩이.

H7846 שֵׂט[2회] **세트** 또는 **סֵט** **쎄트**

〈7750〉에서 유래; 옳은데서 '떠남', 즉 '죄':—반란자, 길을 잘못 드는 것.

H7847 שָׂטָה6회 **사타**

기본어근; 의무에서 '벗어나다':—기울어지다, 그릇 행하다, 빗나가다.

H7848 שִׁטָּה28회 **쉿타**

〈7850〉의 동형에서 유래한 파생어의 여성형 [나무 '막대기들'이란 뜻의 복수형 שִׁטִּים 쉿팀으로만 사용]; '아카시아'('괴롭히는' 가시에서 유래):—싯딤 나무. 또한 〈1029〉를 보라

H7849 שָׁטַח6회 **샤타흐**

기본어근; '확장하다':—(도처에), 확대하다, 펼치다, 뻗쳐 나가다.

H7850 שֹׁטֵט1회 **쇼테트**

(정확히는) '찌르다'를 의미하는 달리는 사용하지 않는 어근의 능동태 분사형; 그러나 다만 〈7752〉에서 유래한 명사 유래어로서 '채찍질하다'; '뾰족한 막대기로 찌르다':—징계하다.

H7851 שִׁטִּים4회 **쉿팀**

〈7848〉의 복수와 동일; '아카시아' 나무들; 요단 동편의 장소 '싯딤':—싯딤 (민25:1, 수2:1, 미6:5).

H7852 שָׂטַם6회 **사탐**

기본어근; 정확히는 '숨어서 기다리다', 즉 '박해하다':—증오하다, 반대하다.

H7853 שָׂטַן6회 **사탄**

기본어근; '공격하다', (상징적으로) '고발하다':—대적(이 되다), 대항하다.

H7854 שָׂטָן27회 **사탄**

〈7853〉에서 유래; '반대자'; 특히 (접두전치사와 함께) '사탄', 선의 대적자의 두목:—대적자, 사탄, 저항하다.

H7855 שִׂטְנָה1회 **시트나**

〈7853〉에서 유래; '반대'(문서에 의한):—고발, 고소.

H7856 שִׂטְנָה1회 **시트나**

〈7855〉와 동일; 팔레스타인에 있는 우물 이름 '싯나':—싯나(창26:21).

H7857 שָׁטַף31회 **샤타프**

기본어근; '분출하다'; 함축적으로 '범람시키다', '깨끗케 하다'; 유추적으로 '전속력으로 질주하다', '정복하다':—물에 빠뜨리다, (넘쳐)흐르다, 압도하다, 헹구다, 달리다, 질주하다, (철저히) 씻다(씻어 버리다).

H7858 שֶׁטֶף6회 **셰테프** 또는 **שֵׁטֶף 셰테프**

〈7857〉에서 유래; '대홍수'(문자적, 또는 상징적으로):—범람, 맹렬한, 넘쳐흐르는.

H7859 שְׁטַר1회 **셰타르**

[아람어] 불확실한 파생어; '측면':—한 쪽.

H7860 שֹׁטֵר12회 **쇼테르**

아마 '쓰다'는 뜻의 다르게는 사용하지 않는 어근의 능동태분사; 정확하게는 '서기관', 즉 (유추적 또는 함축적으로) 공식적인 '감독관' 또는 '행정장관':—관리, 감독자, 지배자.

H7861 שִׁטְרַי1회 **쉬트라이**

〈7860〉과 동형에서 유래; '행정장관의'; 한 이스라엘인, '시드래':—시드래(대상27:29).

H7862 שַׁי3회 **샤이**

아마 〈7737〉에서 유래; '선사품'(유용한 것):—선물.

H7863 שִׂיא1회 **시**

치환에 의해 〈7721〉과 동형에서 유래; '높힘':—탁월함.

H7864 שְׁיָא1회 **셰야**

〈7724〉 참조; 한 이스라엘인, '스와':

—스와 [난외주로부터](삼하20:25).

H7865 שִׂיאֹן[1회] **시온**
〈**7863**〉에서 유래; '꼭대기'; 헤르몬 산 정상, '시온':—시온(신4:48).

H7866 שִׁיאוֹן[1회] **쉬온**
〈**7722**〉와 동형에서 유래; '폐허'; 팔레스타인의 한 장소, '시온':—시온(수19:19).

H7867 שִׂיב[2회] **시브**
기본어근; 정확히는 '나이 들다', 즉 (함축적으로) '백발이 되다':—백발 머리의(~가 되다).

H7868 שִׂיב[4회] **시브**
아람어 〈**7867**〉과 같음:—장로.

H7869 שֵׂיב[6회] **세브**
〈**7867**〉에서 유래; '노령':—나이.

H7870 שִׁיבָה[1회] **쉬바**
〈**7725**〉의 치환에 의해; (재산의) '회복':—사로잡힘.

H7871 שִׁיבָה[1회] **쉬바**
〈**3427**〉에서 유래; '체류':—…동안 머물다.

H7872 שֵׂיבָה[19회] **세바**
〈**7869**〉의 여성형; '노령':—백발(회색) 머리, 노령(이 되다).

H7873 שִׂיג[1회] **시그**
〈**7734**〉에서 유래; '철수'(개인적인 장소로):—추적.

H7874 שִׂיד[2회] **시드**
아마 '끓어오르다'는 뜻(〈**7736**〉과 비교)의 기본어근; 단지 〈**7875**〉에서 유래한 명사 유래어로서만 사용됨; '회반죽을 바르다':—석회.

H7875 שִׂיד[4회] **시드**
〈**7874**〉에서 유래; '석회'(질퍽하게 '끓인 것'):—석회, 회반죽.

H7876 שָׁיָה[5회] **샤야**
기본어근; '기억하다':—무관심하다 [신32:18 참조, "너를 낳은 반석을 네가 '상관하지 아니하고' 너를 내신 하나님을 네가 잊었도다", 등등].

H7877 שִׁיזָא[1회] **쉬자**
알려지지 않은 파생어; 한 이스라엘인 '시사':—시사(대상11:42).

H7878 שִׂיחַ[20회] **시아흐**
기본어근; '숙고하다', 즉 (함축적으로) '대화하다'(자신과, 여기에서 큰 소리로), 또는 (타동사로) '발언하다':—친하게 이야기하다, 불평하다, 선포하다, 묵상하다, 명상하다, 기도하다, 말하다, (…와) 이야기하다.

H7879 שִׂיחַ[14회] **시아흐**
〈**7878**〉에서 유래; '심사숙고'; (함축적으로) '발언':—지껄임, 의사소통, 불평, 묵상, 기도, 이야기.

H7880 שִׂיחַ[4회] **시아흐**
〈**7878**〉에서 유래; '어린가지'(마치 '발언된' 또는 '말을 내놓듯이'), 즉 (일반적으로) '관목 숲':—수풀, 초목, 관목.

H7881 שִׂיחָה[3회] **시하**
〈**7879**〉의 여성형; '반성'; 확대된 의미로 '헌신':—묵상, 기도.

H7882 שִׁיחָה[4회] **쉬하**
〈**7745**〉 참조; '함정':—구덩이.

H7883 שִׁיחוֹר[4회] **쉬호르** 또는 **שִׁחוֹר** **쉬호르** 또는 **שִׁחֹר** **쉬호르**
아마 〈**7835**〉에서 유래; '어두운', 즉 '흐린'; 애굽의 개울, '시홀':—시홀(사23:3, 렘2:18).

H7884 שִׁיחוֹר לִבְנָת[1회] **쉬호르 리브나트**
〈**7883**〉의 동형과 〈**3835**〉에서 유래; '어두운 흰색'; 팔레스타인의 개울, '시홀 림낫':—시홀 림낫(수19:26).

H7885 שַׁיִט[2회] **샤이트**
〈**7751**〉에서 유래; (배의) '노'; 또한 (〈**7752**〉와 비교) '채찍'(상징적으로): —노, 매.

H7886 שִׁילֹה[33회] **쉴로**
〈**7951**〉에서 유래; '평온한'; 메시야의 특징을 나타내는 통칭, '실로':—실로(창49:10).

H7887 שִׁילֹה[3회] **쉴로** 또는 **שִׁלֹה 쉴로** 또는 **שִׁילוֹ 쉴로** 또는 **שִׁלוֹ 쉴로**
〈**7886**〉과 동형에서 유래; 팔레스타인에 있는 한 장소, '실로':—실로(수18:1, 삼상4:3).

H7888 שִׁילוֹנִי[7회] **쉴로니** 또는 **שִׁילֹנִי 쉴로니** 또는 **שִׁלֹנִי 쉴로니**
〈**7887**〉에서 유래; '실로 사람' 또는 '실로의 거주자':—실로 사람(왕상11:29).

H7889 שִׁימוֹן[612회] **쉬몬**
명백히 〈**3452**〉를 참조; '사막'; 한 이스라엘인, '시몬':—시몬(대상4:20).

H7890 שַׁיִן[2회] **샤인**
'소변 보다'는 뜻의 사용하지 않는 어근에서 유래; '소변':—소변 보다.

H7891 שִׁיר[77회] **쉬르**
또는 원형 **שׁוּר 슈르** (삼상18:6)
기본어근 [오히려 '거니는 방랑시인'이라는 개념을 통해 〈**7788**〉과 동일]; '노래하다':—보다[〈**7789**〉의 오인으로], 노래 부르다(노래하는 남자, 노래하는 여자).

H7892 שִׁיר[86회] **쉬르**
또는 여성형 **שִׁירָה 쉬라**
〈**7891**〉에서 유래; '노래'; 추상적으로 '노래함':—음악의(음악적인), 노래하다(노래하는 사람, 노래함), 노래.

H7893 שַׁיִשׁ[1회] **샤이쉬**
'표백하다', 즉 '희게 하다'는 뜻의 사용하지 않는 어근에서 유래; '하얀', 즉 '대리석':—대리석. 〈**8336**〉을 보라

H7894 שִׁישָׁא[1회] **쉬샤**
〈**7893**〉과 동형에서 유래; '흼'; 한 이스라엘인, '시사':—시사(왕상4:3).

H7895 שִׁישַׁק[7회] **쉬샤크**
또는 **שׁוּשַׁק 슈샤크**
애굽의 파생어; 애굽의 한 왕, '시삭':—시삭(왕상11:40, 대하12:5).

H7896 שִׁית[85회] **쉬트**
기본어근; '놓다'(여러 모양으로 널리 적용됨):—적용하다, 임명하다, 배열하다, 가져오다, 숙고하다, 놓다(보존하다), 홀로 두다, 보다, 만들다, 표시하다, 두다(입다), 간주하다, 놓다, 보이다, 머물다, 취하다.

H7897 שִׁית[2회] **쉬트**
〈**7896**〉에서 유래; (입는) '의상':—복장.

H7898 שַׁיִת[7회] **샤이트**
〈**7896**〉에서 유래; '덤불' 또는 '폐물', 즉 잡초나 들장미의 야생적 '성장'(마치 들판에 '두어진' 것처럼):—가시나무.

H7899 שֵׂךְ[1회] **세크**
〈**7753**〉의 의미로 〈**5526**〉에서 유래; '가시나무'(울타리로):—찌르는 물건, 가시.

H7900 שֹׂךְ[1회] **소크**
〈**7753**〉의 의미로 〈**5526**〉에서 유래; '오두막'(얽어 만든 것):—천막, 장막.

H7901 שָׁכַב[212회] **샤카브**
기본어근; '눕다'(휴식, 성관계를 위해, 또는 죽거나 다른 목적을 위해):—(하여튼), 내던지다, 눕히다(눕다), 눕게 하다, 잠자려고 눕다, 조용히

누워 있다, 거하다, 빼앗아 가다, 휴식하다, 잠자다, 머무르다.

H7902 שְׁכָבָה9회 **셰카바**

〈7901〉에서 유래; '누움'(이슬이 덮힘, 또는 성행위를 위해):—(육체적으로), 교접, 눕히다, 씨.

H7903 שְׁכֹבֶת4회 **셰코베트**

〈7901〉에서 유래; …와 더불어 (성관계를 위해) '누움':—눕다.

H7904 שָׁכָה1회 **샤카**

기본어근; '돌아다니다'(욕망 때문에): —아침에 [〈7925〉에 대한 오인으로].

H7905 שֻׂכָּה1회 **숙카**

〈7899〉의 의미로 〈7900〉의 여성형; '던지는 창'('가시'처럼 뾰족한 것):—작살.

H7906 שֵׂכוּ1회 **세쿠**

명백히 (산에) '오르다'는 뜻의 사용하지 않는 어근에서 유래; 관측소(관사와 함께); 팔레스타인의 한 장소, '세구':—세구(삼상19:22).

H7907 שֶׂכְוִי2회 **세크위**

〈7906〉과 동형에서 유래; '주의 깊은', 즉 (구체적으로) '마음':—마음.

H7908 שְׁכוֹל3회 **셰콜**

〈7921〉의 부정사; '사별(死別)':—자녀를 잃음, 빼앗김.

H7909 שַׁכּוּל6회 **샤쿨** 또는 **שַׁכֻּל 샤쿨**

〈7921〉에서 유래; '사별(死別)한, 빼앗긴':—자녀를 못 낳는, 자녀(새끼)를 잃은(빼앗긴).

H7910 שִׁכּוֹר13회 **쉭코르**

또는 **שִׁכֹּר 쉭코르**

〈7937〉에서 유래; '취한'(그러한 상태, 또는 습관으로서):—술 취한(주정뱅이, 술꾼).

H7911 שָׁכַח102회 **샤카흐**

또는 **שָׁכֵחַ 샤케아흐**

기본어근; '두고 잊다', 즉 '잘 잊어버리는'(기억력이나 주의력 부족으로): —(하여간), 잊다(잊어버리게 하다).

H7912 שְׁכַח18회 **셰카흐**

아람어 '덮혀진' 또는 '잊혀진' 것을 드러낸다는 개념으로 〈7911〉과 같음; '발견하다'(문자적 또는 상징적으로):—찾다.

H7913 שָׁכֵחַ3회 **샤케아흐**

〈7911〉에서 유래; '잘 잊는':—잊다.

H7914 שְׂכִיָּה1회 **세키야**

〈7906〉과 동형에서 유래한 여성형; '눈에 띄는' 대상물:—그림.

H7915 שַׂכִּין1회 **삭킨**

아마 〈7753〉의 의미로 〈7906〉과 동형에서 유래한 강세형; '칼'(뾰족하거나 날이 선 것으로서):—칼.

H7916 שָׂכִיר18회 **사키르**

〈7936〉에서 유래; 날마다 또는 해마다 '급료를 받는' 사람:—고용된(사람, 하인), 고용된 자.

H7917 שְׂכִירָה1회 **세키라**

〈7916〉의 여성형; '고용':—고용된 것.

H7918 שָׁכַךְ4회 **샤카크**

기본어근; 함정을 '짜다'(즉, '놓다'); 상징적으로 ('숨기기'라는 개념으로) '누그러뜨리다'(걱정을; 실제적으로 홍수가 '빠지다'):—달래다, 완화하다, 멈추게 하다, 평정시키다, 고정시키다.

H7919 שָׂכַל61회 **사칼**

기본어근; '신중하다' (사역동사로 '신중하게 하다', 또는 '신중히 행동하다') 그리고 여기에서 '이지적이다': —숙고하다, 능숙하다, 지시하다, 번창하다, 신중한(신중히 처리하다),

능숙한(노련하다), 성공하다, 가르치다, 이해하다(이해시키다), 지혜, 현명한(현명하다, 현명하게 행동하다, 현명하게 생각하다), 재치 있게 안내하다.

H7920 שְׂכַל1회 **세칼**

아람어 〈7919〉와 같음:—숙고하다.

H7921 שָׁכֹל25회 **샤콜**

기본어근; 정확히는 '유산하다', 즉 '낙태하다'; 유추적으로, 사별(死別)하다(문자적, 또는 상징적으로):—(자녀를) 여의다, 자녀를 못 낳다, 송아지를 조산하다, 과일이 익기 전에 떨어지다, 젊은이를 해고하다, 자식이 없다(자식을 없게 하다), 빼앗다, 파괴하다, 기대하다, 자식을 잃다, 유산하다, 자식을 빼앗기다, 약탈하다.

H7922 שֶׂכֶל16회 **세켈** 또는 **שֵׂכֶל 세켈**

〈7919〉에서 유래; '지성'; 함축적으로 '성공':—분별, 지식, 책략, 신중함, 지각, 이해력, 지혜, 현명한.

H7923 שִׁכֻּלִים1회 **쉭쿨림**

〈7921〉에서 유래한 복수형; '무자함'(계속된 사별(死別)로 인해):—다른 아이들을 잃은 후에 갖게 되다.

H7924 שָׂכְלְתָנוּ3회 **쏘클레타누**

아람어 〈7920〉에서 유래; '지성':—이해력.

H7925 שָׁכַם66회 **샤캄**

기본어근; 정확히는 '기울이다'(어깨를 짐 쪽으로); 그러나 단지 〈7926〉에서 유래한 명사 유래어로만 사용됨; 문자적으로 '적재하다'(사람이나 짐승의 등에), 즉 아침 '일찍 떠나다':—일찍(때마침), 아침에(일어나다, 깨다, 깨어나다).

H7926 שְׁכֶם22회 **셰켐**

〈7925〉에서 유래; (어깨 사이의) '목'(짐을 놓는 곳으로써); 상징적으로 언덕의 '돌출부':—등, 동의, 몫, 어깨.

H7927 שְׁכֶם63회 **셰켐**

〈7926〉과 동일; '산마루'; 팔레스타인의 한 장소, '세겜':—세겜(창33:19, 수20:7).

H7928 שֶׁכֶם3회 **셰켐**

〈7926〉 참조; 한 히위인과 두 이스라엘 사람의 이름, '세겜':—세겜(민26:31, 대상7:19).

H7929 שִׁכְמָה1회 **쉬크마**

〈7926〉의 여성형; '어깨'뼈:—어깨뼈, 견갑골.

H7930 שִׁכְמִי1회 **쉬크미**

〈7928〉에서 유래한 족속의 명칭; '세겜 가족'(집합적으로), 또는 '세겜의 후손':— 세겜 가족(민26:31).

H7931 שָׁכַן129회 **샤칸**

기본어근; [명백히 '숙박'이라는 개념으로 〈7901〉과 (변형에 의해) 유사함; 〈5531〉, 〈7925〉와 비교]; '거주하다' 또는 '영구히 머무르다'(문자적, 또는 상징적으로):— 살다, 계속하다, 거주하(게하)다, 거주자, 정착하다, 두다, 머무르(게 하다)다, 쉬다, 자리잡다.

H7932 שְׁכַן2회 **셰칸**

아람어 〈7931〉과 같음:—살게 하다, 거주하다.

H7933 שֶׁכֶן1회 **셰켄**

〈7931〉에서 유래; '거주':—거처.

H7934 שָׁכֵן18회 **샤켄**

〈7931〉에서 유래; '거주자'; 확대된 의미로 '시민':—거주민, 이웃사람, 가까운.

H7935 שְׁכַנְיָה10회 **셰칸야**

또는 שְׁכַנְיָהוּ 셰칸야후 〈7931〉과 〈3050〉에서 유래; '여호와께서 거하셨다'; 아홉의 이스라엘인의 이름, '스가냐':—스가냐(대상3:21, 느3:29, 스10:2).

H7936 שָׂכַר[21회] 사카르 또는 (치환에 의해) סָכַר 싸카르 (스4:5)
기본어근 [명백히 일시적인 '구매'라는 개념으로 〈3739〉와 유사(두음첨가로); 〈7937〉과 비교]; '고용하다':—급료를 받다, 채용하다, 보수를 주다, (확실히).

H7937 שָׁכַר[19회] 샤카르
기본어근; [〈8248〉의 최상급]; '술 취하다'; 제한적인 의미로, 자극적 음료 또는 (상징적으로) 영향에 '물리다':—(잔뜩) 마시다, 취하다(취하게 하다), 즐겁다.

H7938 שֶׂכֶר[2회] 세케르
〈7936〉에서 유래; '급료':—보수, 수문들.

H7939 שָׂכָר[2회] 사카르
〈7936〉에서 유래; 계약(금)의 '지불'; 구체적으로 '봉급', '요금', '생계비'; 함축적으로 '배상', '이득':—임금, 가격, 보상(된), 급료, 가치.

H7940 שָׂכָר[2회] 사카르
〈7939〉와 동일; '보상'; 두 이스라엘인의 이름, '사갈':—사갈(대상11:35, 26:4).

H7941 שֵׁכָר[23회] 셰카르
〈7937〉에서 유래; '취하게 하는 것' 즉 독한 알콜성 '액체':—독한 음료, 술고래, 독한 술.

H7942 שִׁכְּרוֹן[1회] 쉭케론
〈7943〉 참조; '술 취함'; 팔레스타인의 한 장소, '식그론':—식그론(수15:11).

H7943 שִׁכָּרוֹן[3회] 쉭카론
〈7937〉에서 유래; 술 취하게 함:—술 취하다(취함).

H7944 שַׁל[2회] 샬
〈7952〉의 약어에서 유래; 허물:—잘못.

H7945 שֶׁל[6회] 셸
〈834〉의 관계사 참조; 접두 전치사와 더불어 쓰이며 종종 어떤 인칭 대명사 접미어가 뒤따르기도 한다, '…때문에', '무엇이든 간에', '어떤 것이든 간에':—원인, …을 위함.

H7946 שַׁלְאֲנָן[1회] 샬아난
〈7600〉 참조; '평온한':—평안함.

H7947 שָׁלַב[2회] 샬라브
기본어근; '사이를 띄우다'; 강세적으로 (한결같이) '거리가 같게 하다':—거리가 같은, 질서정연한.

H7948 שָׁלָב[3회] 샬라브
〈7947〉에서 유래; '간격을 띄우는 장치' 또는 두드러진 '틈', 즉 어떤 틀이나 널판의 '넘어다니기 위한 층계':—선반, 바위턱.

H7949 שָׁלַג[1회] 샬라그
기본어근; 정확히는 '희다'; 단지 〈7950〉에서 유래한 명사 유래어로만 사용됨; 눈같이 희다(죽은 자의 수의처럼):—눈 같다.

H7950 שֶׁלֶג[20회] 셸레그
〈7949〉에서 유래; '눈'(아마도 그 '흰색' 때문에):—눈(같은).

H7951 שָׁלָה[7회] 샬라
또는 שָׁלַו 샬라우 (욥3:26)
기본어근; '평온하다', 즉 '안전하거나 성공적인':—행복하다, 번창하다, 안전하다.

H7952 שָׁלָה2회 **샬라**
기본어근 [오히려 '끌어냄'이라는 개념으로 〈7953〉과 동일]; '잘못 인도하다':—속이다, 태만하다.

H7953 שָׁלָה1회 **샬라**
기본어근 [오히려 '뽑아냄'이라는 개념을 통해 (축약에 의해) 〈5394〉, 〈7997〉과 그 동류어들의 어간과 동일]; '뽑아내다' 또는 빼내다, 즉 '제거하다'(죽음으로 영혼을):—가져가 버리다.

H7954 שְׁלֵה1회 **셸라**
아람어 〈7951〉과 같음; '안전하다':—평온한.

H7955 שָׁלָה1회 **샬라**
아람어 〈7952〉와 일치한 어근에서 유래; '잘못':—적합하지 않은 일.

H7956 שֵׁלָה8회 **셸라**
〈7956〉 (단축형)과 동일; '요구'; 홍수 후의 족장과 한 이스라엘인의 이름, '셸라':— 셸라(창38:5, 민26:20).

H7957 שַׁלְהֶבֶת3회 **샬헤베트**
마찰음 나는 접두사와 함께 〈3851〉과 동형에서 유래; 불의 '불꽃':—(타오르는) 불꽃.

H7958 שְׂלָו4회 **셀라우**
또는 שְׂלָיו **셀라이우**
'게으름, 굼뜸'이라는 개념을 통해 〈7951〉에서 유래한 필사의 변화; '메추라기' 집합적으로(무게 때문에 날 때 '느린' 것으로):—메추라기.

H7959 שֶׁלֶו1회 **셸레우**
〈7951〉에서 유래; '안전':—번창.

H7960 שָׁלוּ4회 **샬루** 또는 שָׁלוּת **샬루트**
아람어 〈7955〉와 동형에서 유래; '허물':—잘못, 실패, 적합하지 않은 일.

H7961 שָׁלֵו8회 **샬레우** 또는 שָׁלֵיו **샬레우**
여성형 שְׁלֵוָה **셸레와**
〈7951〉에서 유래; '평온한'; (나쁜 의미로) '부주의한'; 추상적으로 '안전':—편안한(편안하다), 평화로운, 번창하는, 번창하다, 조용한, 조용함, 부유한.

H7962 שַׁלְוָה8회 **샬르와**
〈7951〉에서 유래; '안전'(진정한 또는 거짓의):—풍부함, 평화(롭게), 번영, 조용함.

H7963 שְׁלֵוָה1회 **셸레와**
아람어 〈7962〉와 같음; '안전':—평온. 또한 〈7961〉을 보라

H7964 שִׁלּוּחַ3회 **쉴루아흐**
또는 שִׁלֻּחַ **쉴루아흐**
〈7971〉에서 유래; (단지 복수형으로) '해고', 즉 (부인의) '이혼'(특히 문서); 또한 (딸의) 미망인의 상속몫:—선물, 돌려보내다.

H7965 שָׁלוֹם237회 **샬롬** 또는 שָׁלֹם **샬롬**
〈7999〉에서 유래; '안전한', 즉 (상징적으로) '잘', '행복한', '마음에 드는'; 또한 (추상명사로) '복지', 즉 건강, 번영, 평안:—친숙한, 안부, 호의, 친구, (좋은)건강, (완전한)평안, 평화로운, 평화롭게, 번영하다(번창, 번영하는), 쉬다, 안전한(안전히), 인사하다, 복지, 잘, 모든 것이 잘 된, 좋은, (전적으로).

H7966 שִׁלּוּם3회 **쉴룸** 또는 שִׁלֻּם **쉴룸**
〈7999〉에서 유래; '보수', 즉 (안전한) '보답', (매수하려는) '사례':—배상, 포상.

H7967 שַׁלּוּם27회 **샬룸** 또는 שַׁלֻּם **샬룸**
〈7966〉과 동일; 열넷 이스라엘인의 이름, '살룸':—살룸(왕하15:10, 렘22:11).

H7968 שַׁלּוּן[1회] **샬룬**
아마도 〈**7967**〉 참조; 한 이스라엘인의 이름, '살룬':—살룬(느3:15).

H7969 שָׁלוֹשׁ[9회] **샬로쉬** 또는 **שָׁלֹשׁ 샬로쉬** 남성형 **שְׁלוֹשָׁה 셸로샤** 또는 **שְׁלשָׁה 셸로샤**
기본수; '셋'; 때로는 (서수) '셋째', 또는 (배수) 세 번:—삼지창, 종종[-번], 셋째, [열]셋 [열세 번째], 셋, 세 번. 〈**7991**〉과 비교

H7970 שְׁלוֹשִׁים[6회] **셸로쉼** 또는 **שְׁלשִׁים 셸로쉼**
〈**7969**〉의 배수; '삼십'; 또는 (서수) '서른 번째':—삼십, 삼십 번째. 〈**7991**〉과 비교

H7971 שָׁלַח[846회] **샬라흐**
기본어근; '보내'버리다(수많은 경우에 적용됨):—(어떻게든), 임명하다, (도중에) 가져가다, (멀리, 밖으로)내던지다, 인도하다, 간절히, 되버리다, 주다(포기하다), 길어지다, 놓다, 남겨두다, 떼어놓다(내려놓다, 가게하다, 느슨하게 하다), 멀다, (멀리, 앞으로, 안에 밖에)놓다, 뻗치다, 보내다, (멀리, 앞으로, 밖으로)두다, 쏘다, (앞으로, 밖으로) 씨 뿌리다, 퍼뜨리다, 내뻗다(밖으로).

H7972 שְׁלַח[14회] **셸라흐**
아람어 〈**7971**〉과 같음:—놓다, 보내다.

H7973 שֶׁלַח[7회] **셸라흐**
〈**7971**〉에서 유래; 공격용 '던지는 무기', 즉 '창'; 또한 (상징적으로) 자라나는 '어린 가지', 즉 '가지':—투창, 식물, 칼, 무기.

H7974 שֶׁלַח[3회] **셸라흐**
〈**7973**〉과 동일; 홍수 이후의 족장, '셸라':—셸라(창10:24, 느3:15). 〈**7975**〉와 비교

H7975 שִׁלֹּחַ[9회] **쉴로아흐** 또는 (〈7974〉를 본떠서) **שֶׁלַח 셸라흐** (느3:15)
〈**7971**〉에서 유래; '시내'; 예루살렘의 샘, '실로아':—실로아(느3:15, 왕상1:33, 대하32:30).

H7976 שִׁלֻּחָה[1회] **쉴루하**
〈**7964**〉의 여성형; '어린 가지':—가지.

H7977 שִׁלְחִי[2회] **쉴르히**
〈**7973**〉에서 유래; '발송한', 즉 '무장된'; 한 팔레스타인, '실히':—실히(왕상22:42, 대하20:31).

H7978 שִׁלְחִים[1회] **쉴힘**
〈**7973**〉의 복수형; '투창들' 또는 '새싹들'; 팔레스타인의 한 장소, '실힘':—실힘(수15:32).

H7979 שֻׁלְחָן[71회] **슐르한**
〈**7971**〉에서 유래; '식탁'('펼쳐'놓은 것으로서); 함축적으로 '식사':—식탁.

H7980 שָׁלַט[8회] **샬라트**
기본어근; '지배하다', 즉 '통치하다'; 함축적으로 '허락하다':—다스리다, 지배권을 가지다, 권력을 주다(갖다).

H7981 שְׁלֵט[7회] **셸레트**
아람어 〈**7980**〉과 같음:—지배하다, 권력을 지니다, 다스리다, 통치자가 되(게 하)다.

H7982 שֶׁלֶט[7회] **셸레트**
〈**7980**〉에서 유래; 아마 '방패'('맘대로 다룰 수 있는' 것으로서, 즉 사람을 보호하는 것):—방패.

H7983 שִׁלְטוֹן[2회] **쉴톤**
〈**7980**〉에서 유래; '권력가':—힘.

H7984 שִׁלְטוֹן[1회] **쉴톤** 아람어 또는 **שִׁלְטֹן 쉴톤**
〈**7983**〉과 같음:—통치자.

H7985 שָׁלְטָן[14회] **숄탄**

[아람어] 〈7981〉에서 유래; '제국'(추상적 또는 구체적으로):—지배.

H7986 שַׁלֶּטֶת[1회] **샬레테트**

〈7980〉의 여성형; '심술궂은 여자':—전제적인, 오만한.

H7987 שְׁלִי[1회] **셸리**

〈7951〉에서 유래; '사생활':—조용히.

H7988 שִׁלְיָה[1회] **쉴르야**

〈7953〉의 여성형; '태아' 또는 '갓난아이'(출생 시에 '나온 아이'):—어린 것.

H7989 שַׁלִּיט[5회] **샬리트**

〈7980〉에서 유래; '세력 있는'; 구체적으로 '방백' 또는 '용사':—통치자, 힘센, 권력을 가진, 지배자.

H7990 שַׁלִּיט[10회] **샬리트**

[아람어] 〈7989〉와 같음; '힘센'; 추상적으로 '허락'; 구체적으로 '총리':—장(長), 두령, 합법적이다, 지배하다(지배자).

H7991 שָׁלִישׁ[20회] **샬리쉬** 또는 **שָׁלוֹשׁ 샬로쉬** (대상11:11; 12:18) **שָׁלִשׁ 샬로쉬** (삼하23:13)

〈7969〉에서 유래; '삼중의', 즉 (악기로서) '트라이앵글'(또는 아마도 오히려 3현금); 또한 (무한정한 많은 양으로서의) '3배'의 양 (아마 '세 배의 에바'); 또한 (관리로서) '세 번째'로 높은 (위로, 즉 최고의) 장군:—두령, 악기, (대)영주, (상당한)양, 방백, 셋[난외주로부터].

H7992 שְׁלִישִׁי[82회] **셸리쉬**

〈7969〉에서 온 서수; '셋째'; 여성형으로 '셋째'(부분); 확대된 의미로 '셋째'(날, 해, 번); 특히 '셋째'(층):—셋째(부분, 지위, ~번), 세(살).

H7993 שָׁלַךְ[125회] **샬라크**

기본어근; '내던지다'(아래로, 또는 멀리)(문자적, 또는 상징적으로):—모험, 내던지다(멀리, 아래로, 앞으로, 벗어, 밖으로), 세게 던지다, 잡아 뽑다, 던지다.

H7994 שָׁלָךְ[2회] **샬라크**

〈7993〉에서 유래; '맹금류', (바다 속으로 자신이 '뛰어'들기 때문에) 흔히 '펠리칸'으로 간주됨:—가마우지, 노자.

H7995 שַׁלֶּכֶת[1회] **샬레케트**

〈7993〉에서 유래; (나무들의) '베어 버림':—던져버릴 때.

H7996 שַׁלֶּכֶת[1회] **샬레케트**

〈7995〉와 동일; 예루살렘에 있는 성문, '살래겟':—살래겟(대상26:16).

H7997 שָׁלַל[16회] **샬랄**

기본어근; '떨어뜨리다' 또는 '벗기다'; 함축적으로 '약탈하다':—떨어지게 하다, 먹이가 되다, 의도적으로 탈취하다.

H7998 שָׁלָל[75회] **샬랄**

〈7997〉에서 유래; '노획물':—먹이, 약탈품

H7999 שָׁלַם[117회] **샬람**

기본어근; '안전하다'(정신, 육체 또는 재산이); 상징적으로 완성하다 (사역동사로 '완성하게 하다'); 함축적으로 '친절하다'; 확대된 의미로 '보답하다'(여러 모양으로 적용됨):—배상하다, 끝내다(마치다), 완성하다, 가득하다, 다시 주다, 보충하다, 지불하다, 보답하다, 평안한(평화로운, 평화롭다, 평화롭게 하다), 완전한 것, 수행하다, 번창하다, 번성케 하다, 보상하다, 반환하다, 회복시키다, 보상.

H8000 שְׁלַם[3회] **셸람**

[아람어] 〈7999〉와 같음; '완성하다',

'복구하다':—인도하다, 마치다.

H8001 שְׁלָם4회 **셸람**

아람어 〈**7965**〉와 같음; '번영':—평화.

H8002 שֶׁלֶם87회 **셸렘**

〈**7999**〉에서 유래; 정확히는 '보답', 즉 (자원하는) '감사'의 희생제물:—화목제.

H8003 שָׁלֵם29회 **샬렘**

〈**7999**〉에서 유래; '완전한'(문자적, 또는 상징적으로); 특히 '친절한':—충만한, 공의의, 준비된, 평화로운, 완전한, 조용한, 살렘(이름에 대한 오인으로), 온전한.

H8004 שָׁלֵם2회 **샬렘**

〈**8003**〉과 동일; '평화로운'; 예루살렘의 초기이름, '살렘':—살렘(창14:18).

H8005 שִׁלֵּם1회 **쉴렘**

〈**7999**〉에서 유래; '보답':—보상.

H8006 שִׁלֵּם5회 **쉴렘**

〈**8005**〉와 동일; 한 이스라엘인 '실렘':—실렘(창46:24, 대상7:13, 사34:8, 호9:7, 미7:3).

H8007 שַׂלְמָא4회 **살마**

아마 〈**8008**〉 참조; '의류'; 두 이스라엘인의 이름, '살마':—살마(룻4:20, 대상2:11).

H8008 שַׂלְמָה5회 **살마**

〈**8071**〉의 글자 바꿈에 의해; '옷':—의복, 의상, 옷.

H8009 שַׂלְמָה2회 **살마**

〈**8008**〉과 동일; '의류'; 한 이스라엘인 '살몬':—살몬(대상2:51). 〈8012〉와 비교

H8010 שְׁלֹמֹה293회 **셸로모**

〈**7965**〉에서 유래; '평화로운'; 다윗의 후계자, '솔로몬':—솔로몬(대상3:5, 왕상1:10, 잠1:1, 아1:1).

H8011 שִׁלֻּמָה1회 **쉴루마**

〈**7966**〉의 여성형; '보응':—보수, 보상.

H8012 שַׂלְמוֹן1회 **살몬**

〈**8008**〉에서 유래; (옷)'입힘'; 한 이스라엘인 '살몬':—살몬. 〈**8009**〉와 비교

H8013 שְׁלֹמוֹת2회 **셸로모트**

〈**7965**〉의 여성복수형; '화해'; 두 이스라엘인의 이름, '슬로못':—슬로못(대상24:22). 〈**8019**〉와 비교

H8014 שַׂלְמַי1회 **살마이**

〈**8008**〉에서 유래; '옷 입은'; 한 이스라엘인 '살매':—살매(느7:48).

H8015 שְׁלֹמִי1회 **셸로미**

〈**7965**〉에서 유래; '평화로운'; 한 이스라엘인 '슬로미':—슬로미(민34:27).

H8016 שִׁלֵּמִי1회 **쉴레미**

〈**8006**〉에서 유래한 족속의 명칭; '실렘 가족'(집합적으로), 또는 '실렘'의 '후손들':—실렘 가족(민26:49).

H8017 שְׁלֻמִיאֵל2회 **셸루미엘**

〈**7965**〉와 〈**410**〉에서 유래; '하나님의 평화'; 한 이스라엘인 '슬루미엘':—슬루미엘(민1:6, 2:12).

H8018 שֶׁלֶמְיָה10회 **셸렘야**

또는 **שֶׁלֶמְיָהוּ 셸렘야후**

〈**8002**〉와 〈**3050**〉에서 유래; '여호와의 감사제물'; 아홉 이스라엘인의 이름, '셀레먀':—셀레먀(대상26:14).

H8019 שְׁלֹמִית7회 **셸로미트**

또는 **שְׁלוֹמִית 셸로미트** (스8:10)

〈**7965**〉에서 유래; '평화로움'; 다섯 이스라엘 남자와 세 이스라엘 여자의 이름, '슬로밋':—슬로밋(레24:11, 대상3:19, 대하11:20, 스8:10).

H8020 שַׁלְמַן1회 **샬만**
외래어 파생어; 명백히 앗수르의 왕인 '살만':—살만(호10:14). 〈**8022**〉와 비교

H8021 שַׁלְמֹן1회 **샬몬**
〈**7999**〉에서 유래; '뇌물':—보수.

H8022 שַׁלְמַנְאֶסֶר2회 **샬만에쎄르**
외래어 파생어; 앗수르의 왕, '살만에셀':—살만에셀(왕하17:3). 〈**8020**〉과 비교

H8023 שִׁילֹנִי7회 **쉴로니**
〈**7888**〉과 동일; 한 이스라엘인 '실로니':—실로니.

H8024 שֵׁלָנִי1회 **셸라니**
〈**7956**〉에서 유래; '셸라 사람'(집합적으로), 또는 '셸라의 후손':—셸라인들(민26:20).

H8025 שָׁלַף25회 **샬라프**
기본어근; '뽑다'(밖으로, 위로, 또는 떨어져서):—끌어내다, 자라나다, 빼어내다.

H8026 שֶׁלֶף2회 **셸레프**
〈**8025**〉에서 유래; '뽑아내다'; 욕단의 아들, '셀렙':—셀렙(창10:26, 대상1:20).

H8027 שָׁלַשׁ172회 **샬라쉬**
기본어근; 아마 원래는 '강화하다', 즉 '3배로 하다'; 그러나 명백히 〈**7969**〉에서 유래한 명사 유래어로서만 사용; '세습하다'(사역동사로 '세 곱으로 만들다')(회복함으로, 또 몫, 가닥, 날수, 년 수에 있어서):—세 번째 하다(나누다, 머물다), 세(날, 배, 부분, 살).

H8028 שֶׁלֶשׁ1회 **셸레쉬**
〈**8027**〉에서 유래; '셋으로 된 한 벌'; 한 이스라엘인 '셀레스':—셀레스(대상7:35).

H8029 שִׁלֵּשׁ14회 **쉴레쉬**
〈**8027**〉에서 유래; '제삼'대의 후손, 즉 '증손자':—셋째 세대.

H8030 שִׁלְשָׁה1회 **쉴르샤**
〈**8028**〉과 동형에서 유래한 여성형; '세 곱함'; 한 이스라엘인, '실사':—실사(대상7:37).

H8031 שָׁלִשָׁה3회 **샬리샤**
〈**8027**〉의 여성형; '세 곱'의 땅; 팔레스타인의 한 장소, '살리사':—살리사(삼상9:4, 왕하4:42).

H8032 שִׁלְשׁוֹם196회 **쉴숌**
〈**8028**〉과 동형에서 유래; '세 곱으로', 즉 (시간상) 그저께:—이전(그 시간 이전에), 앞시간, 뛰어난 것들[난외주로부터], 지금까지에, 3일, 지난 시간.

H8033 שָׁם831회 **샴**
기본 불변화사 [오히려 〈**834**〉의 관계사에서 유래함]; '거기'(시간에 적용되어) '그때'; 종종 '그곳으로', 또는 '그곳으로부터':—그 안에, 그곳으로부터, 그곳(안에, 의, 밖으로), 그곳으로, 어디로.

H8034 שֵׁם864회 **솀**
기본어근 [아마 오히려 한정되고 뚜렷한 '지위'라는 개념으로 〈**7760**〉에서 유래한 듯함; 〈**8064**〉와 비교]; '호칭이름', 개인의 표시나 기념이 되는 것; 함축적으로 '명예', '권위', '성격':—기초, 명성[평판이 나쁜], 이름(이난), 명성, 평판.

H8035 שֵׁם17회 **솀**
〈**8034**〉와 동일; '이름'; 노아의 아들(종종 그의 후손도 포함함) '셈':—셈(창10:22).

H8036 שֻׁם11회 **슘**
아람어 〈**8034**〉와 같음:—이름.

H8037 שַׁמָּא1회 **샴마**
〈**8074**〉에서 유래; '황폐'; 한 이스라엘인 '사마':—사마(대상7:37).

H8038 שֶׁמְאֵבֶר1회 **솀에베르**
명백히 〈**8034**〉와 〈**83**〉에서 유래; '칼깃의 이름', 즉 '뛰어난'; 스보임의 왕 '세메벨':—세메벨(창14:2).

H8039 שִׁמְאָה2회 **쉼아**
아마 〈**8093**〉 참조; 한 이스라엘인 '시마':—시마(대상8:32). 〈**8043**〉과 비교

H8040 שְׂמֹאול54회 **세모울**
또는 **שְׂמֹאל 세몰**
기본어 [아마 오히려 '포장함'이라는 개념을 통해 〈**8071**〉과 동형(알렙을 삽입함으로)에서 유래한 듯함]; 정확히는 '어두운'('둘러싸였으므로'), 즉 '북쪽'; 여기에서 (방향측정에 의해) '왼쪽' 손:—왼(손, 쪽).

H8041 שָׂמַאל5회 **사말**
기본어근 [오히려 〈**8040**〉에서 유래한 명사유래어]; '왼'손을 사용하다 또는 그쪽으로 지나가다:—왼편으로 (가다), 돌다), 왼(쪽으로, 쪽에서).

H8042 שְׂמָאלִי9회 **세말리**
〈**8040**〉에서 유래; '왼쪽'에 위치한:—왼쪽.

H8043 שִׁמְאָם1회 **쉬므암**
〈**8039**〉 참조 [〈**38**〉과 비교]; 한 이스라엘인 '시므암':—시므암(대상9:38).

H8044 שַׁמְגַּר2회 **샴가르**
불확실한 파생어; 이스라엘 사사, '삼갈':—삼갈(삿3:31, 5:6).

H8045 שָׁמַד90회 **샤마드**
기본어근; '황폐케 하다':—파괴하다 (파괴), 진멸하다, 멸망하다, 잡아 꺾다.

H8046 שְׁמַד1회 **셰마드**
아람어 〈**8045**〉와 같음:—소멸하다.

H8047 שַׁמָּה39회 **샴마**
〈**8074**〉에서 유래; '파멸'; 함축적으로 '경악':—섬뜩 놀람, 황폐한(황폐), 놀라운 일.

H8048 שַׁמָּה8회 **샴마**
〈**8047**〉과 동일; 한 에돔인과 네 이스라엘인 이름, '삼마':—삼마(창36:13, 삼상16:9, 삼하13:3, 대상1:37).

H8049 שַׁמְהוּת1회 **샴후트**
〈**8048**〉 참조; '황폐'; 한 이스라엘인 '삼훗':—삼훗(대상27:8).

H8050 שְׁמוּאֵל140회 **셰무엘**
〈**8085**〉의 수동태분사와 〈**410**〉에서 유래; '하나님께서 들으신바 됨'; 세 이스라엘인의 이름, '사무엘':—사무엘(민34:20, 삼상1:20, 대상6:13(28)).

H8051 שַׁמּוּעַ5회 **샴무아**
〈**8074**〉에서 유래; '명성이 난'; 네 이스라엘인의 이름, '삼무아':—삼무아(삼하5:14, 대상14:4).

H8052 שְׁמוּעָה27회 **셰무아**
〈**8074**〉의 수동태분사 여성형; '들게 된' 어떤 것, 즉 '발표':—풍설, 가르침, 명성, 언급된, 뉴우스, 풍문, 소식, 보고, 통지.

H8053 שָׁמוּר2회 **샤무르**
〈**8103**〉의 수동태분사; '준행된'; 한 이스라엘인, '사밀':—사밀[난외주로부터](대상24:24, 수15:48, 삿10:1).

H8054 שַׁמּוֹת1회 **샴모트**
〈**8047**〉의 복수형; '폐허'; 한 이스라엘인, '삼못':—삼못(대상11:27).

H8055 שָׂמַח154회 **사마흐**

기본어근; 아마 '쾌활하게 하다', 즉 (상징적으로) '유쾌하다', '쾌활하다' (사역동사로 '유쾌하게 하다'):―원기를 돋우다, 기쁘다(기쁘게 하다), 즐겁다(즐겁게 하다), 유쾌하다(유쾌하게 하다), 기뻐하다(기뻐하게 만들다), (매우).

H8056 שָׂמֵחַ21회 **사메아흐**
〈8055〉에서 유래; '유쾌한', 또는 '즐거운':―기쁜(기쁘다), 유쾌한, 즐거운(즐겁게 만드는, 즐겁게), 기뻐하다(기뻐하는).

H8057 שִׂמְחָה94회 **시므하**
〈8056〉에서 유래; '유쾌함' 또는 '환희'(종교적인, 또는 절기의):―(대단한), 기쁨, 즐거움, 환희, 유쾌함.

H8058 שָׁמַט8회 **샤마트**
기본어근; '메어치다'; 시초에 '떠밀다'; 상징적으로 '홀로 있게 하다', '그만두다', '보내다':―중지하다, 넘어뜨리다, 풀어 놓다, 쉬게 하다, 흔들다, 넘어지게 하다, 떨어뜨리다.

H8059 שְׁמִטָּה5회 **셰밋타**
〈8058〉에서 유래; (빚의) '면제' 또는 (일의) '중지':―해방.

H8060 שַׁמַּי6회 **샴마이**
〈8073〉에서 유래; '파괴적인'; 세 이스라엘인의 이름, '삼매':―삼매(대상 2:28).

H8061 שְׁמִידָע3회 **셰미다**
명백히 〈8034〉와 〈3045〉에서 유래; '아는 이름'; 한 이스라엘인 '스미다':―스미다(민26:32, 수17:2, 대상7:19).

H8062 שְׁמִידָעִי1회 **셰미다이**
〈8061〉에서 유래한 족속의 명칭; '스미다 가족'(집합적으로), 또는 '스미다의 후손':―스미다 사람들(민26:32).

H8063 שְׂמִיכָה1회 **세미카**
〈5564〉에서 유래; '깔개'(동양 착석자를 '받쳐주는'):―덮개.

H8064 שָׁמַיִם421회 **샤마임** 사용하지 않는 단수 **שָׁמֶה 샤메**의 쌍수형
'높다'는 뜻의 사용하지 않는 어근에서 유래; '하늘'('높이 있는' 것으로서; 아마 구름이 떠다니는 눈에 보이는 창공뿐만 아니라 천체가 회전하는 더 높은 하늘을 언급하는 쌍수):―공기, 점성가, 하늘, 하늘들.

H8065 שָׁמַיִן9회 **샤마인**
아람어 〈8064〉와 같음:―하늘.

H8066 שְׁמִינִי27회 **셰미니**
〈8083〉에서 유래; '여덟':―여덟.

H8067 שְׁמִינִית3회 **셰미니트**
〈8066〉의 여성형; 아마 '여덟' 현을 가진 수금:―스미닛(시6,12편 표제).

H8068 שָׁמִיר5회 **샤미르**
'찌름'의 본래의 의미로 〈8104〉에서 유래; '가시'; 또한 (긁는 '예리함' 때문에) '보석', 아마 다이아몬드:―아주 견고한(돌), 가시나무, 금강석.

H8069 שָׁמִיר4회 **샤미르**
〈8068〉과 동일; 팔레스타인의 두 지명, '사밀':―사밀(수15:48, 삿10:1, 대상24:24). 〈8053〉과 비교

H8070 שְׁמִירָמוֹת4회 **셰미라모트** 또는 **שְׁמָרִימוֹת 셰마리모트**
아마 〈8034〉와 〈7413〉의 복수형에서 유래; '높음의 이름'; 두 이스라엘인의 이름, '스미라못':―스미라못(대상15:18, 대하17:8).

H8071 שִׂמְלָה27회 **시믈라**
아마 〈5566〉(덮고 있는 물체 모양을 지닌 '덮개'라는 개념으로)의 여성형의 치환에 의해; '의상', 특히 '외투':―

옷(의류, 의상), 복장, 옷. 〈8008〉과 비교

H8072 שַׂמְלָה[4회] **사믈라**

아마 〈8071〉과 동형 참조; 한 에돔사람, '삼라':—삼라(창36:36, 대상1:47).

H8073 שַׁמְלַי[1회] **샤믈라이**

〈8014〉 참조; 한 느디님 사람, '사믈래':—살매[난외주로부터], 사믈래(스2:46).

H8074 שָׁמֵם[71회] **샤멤**

기본어근; '정신을 잃게 하다'(또는 자동사로, '마비되다'), 즉 '황폐케 하다' 또는 (상징적으로) '넋을 잃게 하다'(보통 둘 다 수동적 의미로):—놀라게 하다, 놀라다, 경악하다, 황폐(하다, 하게 되다, 하게 만들다), 황폐한 장소로 되다, 궁핍하다, 파괴하다(자신을), 황무하게 되다.

H8075 שְׁמַם[1회] **셰맘**

[아람어] 〈8074〉와 같음:—놀라다.

H8076 שָׁמֵם[3회] **샤멤**

〈8074〉에서 유래; '파괴된':—황폐한.

H8077 שְׁמָמָה[57회] **셰마마**

또는 שִׁמָמָה **쉬마마**

〈8076〉의 여성형; '황폐'; 상징적으로 '경악':—황폐하게 된, (대단히) 황폐한, 황폐시킴, 황무지.

H8078 שִׁמָּמוֹן[2회] **쉼마몬**

〈8074〉에서 유래; '망연자실':—경악.

H8079 שְׂמָמִית[1회] **세마미트**

〈8074〉('독을 넣는다'는 의미로)에서 유래; '도마뱀'(그 '유독성'에 대한 미신 때문에):—거미.

H8080 שָׁמַן[5회] **샤만**

기본어근; '빛나다', 즉 (유추적으로) '기름지다'(사역동사로, 기름지게 하다), 또는 '뚱뚱하다'(하게 하다):—살찌다(살찌게 하다, 뚱뚱해지다).

H8081 שֶׁמֶן[193회] **셰멘**

〈8080〉에서 유래; '기름', 특히 액체(감람나무에서 나온 것으로 종종 향수용으로 쓰임); 상징적으로 '풍부함':—기름 바름, 살진(것들), 열매 무성한, 기름([기름 바른]), 향유, 감람유, 솔.

H8082 שָׁמֵן[10회] **샤멘**

〈8080〉에서 유래; '기름이 도는', 즉 '뚱뚱한'; 상징적으로 '풍부한':—살진, 푸짐한, 풍성한.

H8083 שְׁמֹנֶה[108회] **셰모네** 또는 שְׁמוֹנֶה **셰모네** 여성형 שְׁמֹנָה **셰무나** 또는 שְׁמוֹנָה **셰모나**

명백히 '살이 찜'이라는 개념을 통해 〈8082〉에서 유래; 기수, '여덟'(마치 '완전수' 일곱 위에 '여분'인 듯); 또한 (서수로서) '여덟 번째':—여덟([열여덟, 열여덟째]), 여덟째.

H8084 שְׁמֹנִים[38회] **셰모님**

또는 שְׁמוֹנִים **셰모님**

〈8083〉에서 유래한 배수; '팔십':—또한 '팔십 번째':—팔십(팔십 째), 여든.

H8085 שָׁמַע[1159회] **샤마**

기본어근; 지적으로 '듣다'(종종 주목, 순종 등의 의미와 더불어; 사역동사로 '말하다'등등):—주의 깊게, 부르다(함께), 조심스럽게, 확실히, 동의하다, 고려하다, 만족하다, 선포하다, 부지런히, 분별하다, 경청하다, 듣게 하다, 말하게 하다), 참으로, 듣다, 소리 내다, 순종하는(순종하다), 복종하다, 지각하다, 공표하다, 간주하다, 보고하다, 보이다(내보이다), 소리 나다(내다), 확실히, 알리다, 이해하다, 어느 누구든지[듣다], 목격하다.

H8086 שְׁמַע[9회] 셰마
아람어 ⟨8085⟩와 같음:—듣다, 순종하다.

H8087 שֶׁמַע[5회] 셰마
⟨8088⟩ 참조; 팔레스타인의 한 장소와 네 이스라엘인 이름, '세마':—세마(대상2:43, 느8:4).

H8088 שֵׁמַע[17회] 셰마
⟨8085⟩에서 유래; '들은' 것, 즉 '소리', '소문', '발표'; 추상적으로 '청중':—풍설, 명성, 듣다, 듣기, 잡음, 풍문, 연설, 소식, 통지.

H8089 שֹׁמַע[4회] 쇼마
⟨8085⟩에서 유래; '소문':—명성.

H8090 שְׁמָע[1회] 셰마
⟨8087⟩ 참조; 팔레스타인의 한 장소, '세마':—세마(수15:26).

H8091 שָׁמָע[1회] 샤마
⟨8085⟩에서 유래; '순종하는'; 한 이스라엘인 '사마':—사마(대상11:44).

H8092 שִׁמְעָא[3회] 쉬므아
⟨8093⟩ 참조; 네 이스라엘인 이름, '삼마':—시므아(대상3:5), 삼무아(삼하5:14, 대상14:4), 시므이, 삼마.

H8093 שִׁמְעָה[1회] 쉬므아
⟨8088⟩의 여성형; '통고'; 한 이스라엘인, '시므아':—시므아.

H8094 שְׁמָעָה[1회] 셰마아
⟨8093⟩ 참조; 한 이스라엘인, '스마아':—스마아(대상12:3).

H8095 שִׁמְעוֹן[44회] 쉬므온
⟨8085⟩에서 유래; '들음'; 야곱의 아들중의 하나와 그에게서 나온 지파, '시므온':—시므온(창29:33, 수19:1-9).

H8096 שִׁמְעִי[43회] 쉬므이
⟨8088⟩에서 유래; '유명한'; 스무 명의 이스라엘인의 이름, '시므이':—시므이[난외주로부터], 시므이(출6:17, 민3:18, 삼하16:5, 왕상1:8, 에2:5).

H8097 שִׁמְעִי[1회] 쉬므이
⟨8096⟩에서 유래한 족속의 명칭; '시므이 가족'(집합적으로), 또는 시므이의 후손:—시므이의, 시므이인들(민3:21).

H8098 שְׁמַעְיָה[2회] 셰마야 또는 שְׁמַעְיָהוּ 셰마야후
⟨8085⟩와 ⟨3050⟩에서 유래; '여호와께서 들으셨다'; 25명의 이스라엘인의 이름, '스마야':—스마야(왕상12:22, 렘29:31).

H8099 שִׁמְעֹנִי[4회] 쉬므오니
⟨8095⟩에서 유래한 족속의 명칭; '시므온 가족'(집합적으로), 시므온의 후손:—시므온 지파, 시므온사람들(민25:14).

H8100 שִׁמְעָת[2회] 쉬므아트
⟨8088⟩의 여성형; '통고'; 한 암몬 여인 '시므앗':—시므앗(왕하12:21, 대하24:26).

H8101 שִׁמְעָתִי[1회] 쉬므아티
⟨8093⟩에서 유래한 족속의 명칭; '시므앗 가족'(집합적으로), 시므아의 후손:—시므앗 사람들(대상2:55).

H8102 שֶׁמֶץ[2회] 셰메츠
소리를 '내다'는 뜻의 사용하지 않는 어근에서 유래; '암시':—세미한 소리.

H8103 שִׁמְצָה[1회] 쉬므차
⟨8102⟩의 여성형; 경멸하는 '속삭임'(적대감을 지닌 방관자들의):—수치.

H8104 שָׁמַר[411회] 샤마르
기본어근; 정확하는 둘레에 (가시로)

'산울타리 치다', 즉 '지키다'; 일반적으로 '보호하다', '시중들다' 등등:—조심하다, 신중하다, 주의를 기울이다, 지키다, 세심히 보다, 준수하다, 보존하다, 주시하다, 보관하다, 구하다(자신을), (확실한), 기다리다(잠복하여 기다리고 있다), 망보다(파수꾼).

H8105 שֶׁמֶר[3회] **셰메르**

〈8104〉에서 유래; '보존된' 어떤 것, 즉 술의 '침전'(오직 복수형으로만):—앙금, (포도주 따위의)찌끼.

H8106 שֶׁמֶר[4회] **셰메르**

〈8105〉와 동일; 세 이스라엘인의 이름 '세멜':—세멜(왕상16:24, 대상6:31(46)).

H8107 שִׁמֻּר[1회] **쉼무르**

〈8104〉에서 유래; '준수':—(많이) 준수하다.

H8108 שָׁמְרָה[1회] **쇼므라**

'보초'라는 뜻으로 〈8104〉에서 유래한 사용하지 않는 명사의 여성형; '경계심':— 파수꾼.

H8109 שְׁמֻרָה[1회] **셰무라**

〈8104〉의 수동태 분사 여성형; '감시' 받는 것, 즉 '눈꺼풀':—깨어있는.

H8110 שִׁמְרוֹן[5회] **쉬므론**

그 원래의 의미로 〈8105〉에서 유래; '보호'; 한 이스라엘인과 팔레스타인의 한 장소 이름, '시므론':—시므론(창46:13).

H8111 שֹׁמְרוֹן[8회] **쇼메론**

〈8104〉의 능동태분사에서 유래; '망대'; 팔레스타인의 한 장소, '사마리아':—사마리아(왕상16:28, 왕하3:1, 사7:9, 겔16:46, 암4:1).

H8112 שִׁמְרוֹן מְראוֹן[1회] **쉬므론 메론**

〈8110〉과 〈4754〉의 파생어에서 유래; '채찍질의 감시'; 팔레스타인의 한 장소, '시므론므론':—시므론므론(수12:20).

H8113 שִׁמְרִי[4회] **쉬므리**

그 원래 의미로 〈8105〉에서 유래; '경계하는'; 네 이스라엘인의 이름, '시므리':—시므리(대상4:37, 대하29:13).

H8114 שְׁמַרְיָה[4회] **셰마르야**

또는 **שְׁמַרְיָהוּ 셰마르야후**

〈8104〉와 〈3050〉에서 유래; '여호와께서 지키셨다'; 네 이스라엘인의 이름, '스마랴':—스마랴(대하11:19, 스10:32).

H8115 שָׁמְרָיִן[2회] **쇼므라인**

아람어 〈8111〉과 같음; 팔레스타인의 한 장소, '사마리아':—사마리아(스4:10,17).

H8116 שִׁמְרִית[2회] **쉬므리트**

〈8113〉의 여성형; '여자 경호인'; 한 모압여인 '시므릿':—시므릿(왕하12:22, 대하24:26).

H8117 שִׁמְרֹנִי[1회] **쉬므로니**

〈8110〉에서 유래한 족속의 명칭; '시므론 가족'(집합적으로), 또는 시므론의 후손:—시므론 사람들(민26:24).

H8118 שֹׁמְרֹנִי[1회] **쇼메로니**

〈8111〉에서 유래한 족속의 명칭; '사마리아 사람'(집합적으로), 또는 사마리아의 거주자들:—사마리아인들(왕하17:29).

H8119 שִׁמְרָת[1회] **쉬므라트**

〈8104〉에서 유래; '수호'; 한 이스라엘인, '시므랏':—시므랏(대상8:21).

H8120 שְׁמַשׁ[1회] **셰마쉬**

아람어 낮에 되어지는 '활동'이라는 개

념을 통해 〈8121〉의 어근과 같음; '섬기다':—수종하는 자.

H8121 שֶׁמֶשׁ134회 **셰메쉬**

'찬란하게 빛나다'는 뜻의 사용하지 않는 어근에서 유래; '태양'; 함축적으로 '동쪽'; 상징적으로 '광선', 즉 (건축에서) 톱니모양의 '총안 흉벽':—동쪽(으로), 태양([일출]), 서쪽(으로), 창문. 또한 〈1053〉을 보라

H8122 שֶׁמֶשׁ1회 **셰메쉬**

아람어 〈8121〉과 같음; '태양':—해.

H8123 שִׁמְשׁוֹן38회 **쉼숀**

〈8121〉에서 유래; '햇빛'; 한 이스라엘인, '삼손':—삼손(삿13:24).

H8124 שִׁמְשַׁי4회 **쉼샤이**

아람어 〈8122〉에서 유래; '햇볕이 쬐는'; 한 사마리아인, '심새':—심새(스4:8).

H8125 שַׁמְשְׁרַי1회 **샴셰라이**

〈8121〉에서 유래한 듯함; '태양 같은'; 한 이스라엘인, '삼스래':—삼스래(대상8:26).

H8126 שֻׁמָתִי1회 **슈마티**

아마도 '마늘'냄새라는 뜻의 〈7762〉에서 유래한 사용하지 않는 이름에서 유래한 족속의 명칭; '수맛가족'(집합적으로), 또는 수맛의 후손:—수맛가족(대상2:53).

H8127 שֵׁן55회 **셴**

〈8150〉에서 유래; '치아'('날카로운' 것으로서); 특히(〈8143〉 참조) '상아'; 상징적으로 '절벽':—울퉁불퉁한 바위, (맨 앞), 상아, (예리한), 이빨.

H8128 שֵׁן3회 **셴**

아람어 〈8127〉과 같음; '치아':—이빨.

H8129 שֵׁן1회 **셴**

〈8127〉과 동일; '울퉁불퉁한 바위'; 팔레스타인의 한 장소, '센':—센(삼상7:12).

H8130 שָׂנֵא113회 **사네**

기본어근; '증오하다'(개인적으로):—적, 원수, 미워하다, 증오스러운(증오자), 밉살스러운, (전적으로).

H8131 שְׂנֵא1회 **세네**

아람어 〈8130〉과 같음:—증오하다.

H8132 שָׁנָה17회 **샤나**

기본어근; '변경하다':—바꾸다.

H8133 שְׁנָא22회 **셰나**

아람어 〈8132〉와 같음:—변경하다, 바꾸다, 다양한(다양하다).

H8134 שִׁנְאָב1회 **쉰아브**

아마 〈8132〉와 〈1〉에서 유래; '아버지께서 돌이키셨다'; 한 가나안인, '시납':—시납(창14:2).

H8135 שִׂנְאָה17회 **신아**

〈8130〉에서 유래; '증오':—(극도로), 증오하다(증오하는, 혐오).

H8136 שִׁנְאָן1회 **쉰안**

〈8132〉에서 유래; '변경', 즉 '반복':—천사들.

H8137 שֶׁנְאַצַּר1회 **셴앗차르**

명백히 바벨론 기원; 한 이스라엘인, '세낫살':—세낫살(대상3:18).

H8138 שָׁנָה9회 **샤나**

기본어근; '접다', 즉 '이중으로 하다'(문자적, 또는 상징적으로); 함축적으로 '변경시키다'(자동사, 또는 타동사로):—다시하다(잘하다, 때리다), 변경하다, 이중으로 하다, 변경하다(달라지다), 변장하다, 다양화하다, 왜곡하다, (~쪽을)더 좋아하다, 반복하다, 돌아오다, 두 번 째하다.

H8139 שְׁנָה1회 **셰나**

아람어 〈8142〉와 같음:—잠.

H8140 שְׁנָה[1회] **셰나**
아람어 〈**8141**〉과 같음:—해, 년.

H8141 שָׁנֶה[874회] **샤네** (복수형으로만), 또는 (여성형) **שָׁנָה** **샤나**
〈**8138**〉에서 유래; '년'(시간의 '주기로'):—전체의 시대, 긴, 오래된, 년(-매년의).

H8142 שֵׁנָה[23회] **셰나**
또는 **שֵׁנָא** **셰나** (시127:2)
〈**3462**〉에서 유래; '잠':—수면.

H8143 שֶׁנְהַבִּים[2회] **셴합빔**
〈**8127**〉과 명백히 외래어인 복수형에서 유래; 아마 '코끼리의 이빨', 즉 '상아 엄니':—상아.

H8144 שָׁנִי[42회] **샤니**
불확실한 파생어; '진홍', 정확히는 곤충 또는 그 색깔, 또한 진홍으로 염색된 옷감:—진홍색, 주홍(실).

H8145 שֵׁנִי[124회] **셰니**
〈**8138**〉에서 유래; 정확히는 '이중의', 즉 '두 번째'; 또 부사로 '다시':—다시, 그것들 중 하나, 다른, 두 번째, 둘째 번.

H8146 שָׂנִיא[1회] **사니**
〈**8130**〉에서 유래; '미움 받는':—증오 받는.

H8147 שְׁנַיִם[516회] **셰나임**
또는 (여성형) **שְׁתַּיִם** **셰타임**
〈**8145**〉의 쌍수형; 또한 (서수로) '두 곱의':—둘 다, 한 쌍, 이중, 두 번째, 둘, 열두째, 열둘, 이만, 두 번, 둘.

H8148 שְׁנִינָה[4회] **셰니나**
〈**8150**〉에서 유래; '뾰족한' 것, 즉 '비웃음':—웃음거리, 조롱.

H8149 שְׁנִיר[4회] **셰니르**
'뾰족하다'는 뜻의 사용하지 않는 어근에서 유래; '꼭대기'; 레바논의 정상, '스닐':—스닐(신3:9, 아4:8, 대상5:23, 겔27:5).

H8150 שָׁנַן[9회] **샤난**
기본어근; '뾰족하게 하다'(타동사나 자동사로); 강세형으로 '꿰뚫다'; 상징적으로 '되풀이하여 가르치다':—찌르다, 날카로운, 날카롭게 하다, 부지런히 가르치다, (칼 따위)갈다.

H8151 שָׁנַס[1회] **샤나쓰**
기본어근; '압축하다'(허리띠로):—졸라매다.

H8152 שִׁנְעָר[8회] **쉰아르**
아마 외래어 파생어; 바벨론의 평야, '시날':—시날(창11:2, 단1:2, 슥5:11).

H8153 שְׁנָת[1회] **셰나트**
〈**3462**〉에서 유래; '수면':—잠.

H8154 שָׁסָה[12회] **샤싸** 또는 **שָׁשָׂה** **샤사** (사10:13)
기본어근; '약탈하다':—파괴자, 강도, 약탈(자).

H8155 שָׁסַס[5회] **샤싸쓰**
기본어근; '약탈하다':—강탈하다, 빼앗다.

H8156 שָׁסַע[9회] **샤싸**
기본어근; '쪼개다' 또는 '찢다'; 상징적으로 '신랄하게 비난하다':—쪼개다, 쪼개진, 갈라진 발이다, 째다, 머무르다.

H8157 שֶׁסַע[4회] **셰싸**
〈**8156**〉에서 유래; '갈라진 자리':—터진 금, 쪼개진 발.

H8158 שָׁסַף[1회] **샤싸프**
기본어근; 갈기갈기 '자르다', 즉 '학살하다':—조각조각 자르다.

H8159 שָׁעָה[15회] **샤아**
기본어근; '응시하다' 또는 (정확히는 도움을 청하려고) '둘러보다'; 함축적으로 '조사하다', '숙고하다', '인정 베풀다', '어찌할 바를 모르다'(놀라서 둘러보며) 또는 '당황하다':—떠나다, 흐려지다, 간담이 서늘해지다, 보다(멀리), 간주하다, 존경하다, 아끼다.

H8160 שָׁעָה5회 **샤아**

아람어 **〈8159〉**와 일치하는 어근에서 유래; 정확히는 '일견', 즉 '한 순간':—시각, 시간.

H8161 שַׁעֲטָה1회 **샤아타**

'발을 구르다'는 뜻의 사용하지 않는 어근에서 유래한 여성형; '덜거덕 덜거덕' 소리(말발굽의):—발을 구름.

H8162 שַׁעַטְנֵז2회 **샤아트네즈**

아마 외래어 파생어; '면 모직', 즉 무명과 털로 함께 직조된 옷감:—여러 종류의 의상, 무명과 모직.

H8163 שָׂעִיר55회 **사이르**

또는 **שָׂעִר 사이르**

〈8175〉에서 유래; '털 많은'; 명사로서 '수염소'; 유추적으로 '목신(牧神)':—마귀, 염소, 털투성이의 염소새끼, 거친 사티로스(半人半獸의 숲의 신).

H8164 שָׂעִיר2회 **사이르**

〈8163〉과 동일한데서 형성됨; '소나기'('대 폭풍'과 같은):—약간의 비.

H8165 שֵׂעִיר36회 **세이르**

〈8163〉과 같이 형성됨; '거친'; 이두매와 그 토착민들의 산, 또한 팔레스타인의 한 산, '세일':—세일산(창14:6, 신2:4, 대하20:10).

H8166 שְׂעִירָה4회 **세이라**

〈8163〉의 여성형; '암염소':—염소새끼.

H8167 שְׂעִירָה1회 **세이라**

〈8166〉처럼 형성됨; '거칠음'; 팔레스타인의 한 장소, '스이라':—스이라(삿3:26).

H8168 שֹׁעַל3회 **쇼알**

'텅 비게 하다'는 뜻의 사용하지 않는 어근에서 유래; '손바닥'; 확대된 의미로 '한줌의':—한줌의, 손바닥의 오목한 곳.

H8169 שַׁעַלְבִים2회 **샤알빔**

또는 **שַׁעֲלַבִּין 샤알랍빈**

〈7776〉에서 유래한 복수형; '여우굴들'; 팔레스타인의 한 장소, '사알빔':—사알빔(삿1:35, 왕상4:9).

H8170 שַׁעַלְבֹנִי3회 **샤알보니**

〈8169〉에서 유래한 족속의 명칭; '사알본사람', 또는 사알본의 거주자들:— 사알본 족속들(삼하23:32, 대상11:33).

H8171 שַׁעֲלִים1회 **샤알림**

〈7776〉의 복수형; 팔레스타인의 한 장소, '사알림':—사알림(삼상9:4).

H8172 שָׁעַן22회 **샤안**

기본어근; '버티다'(자신을):—기대다, 눕다, 의지하다, 쉬다, 머물다.

H8173 שָׁעַע5회 **샤아**

기본어근; (좋게 받아들여) '낙관하다'(만족하여), 즉 '귀여워하다', '기쁘게 하다' 또는 '즐겁게 하다'; (나쁜 의미로) '둘러보다'(기가 죽어), 즉 '응시하다':—소리치다, 울부짖다[**〈7768〉**과 혼동하여], 귀여워하다, 기쁘게 하다(자신을), 놀다, (눈을)감다.

H8174 שַׁעַף2회 **샤아프**

〈5586〉에서 유래; '동요'; 두 이스라엘인 이름, '사압':— 사압(대상2:47).

H8175 שָׂעַר6회 **사아르**

기본어근; '폭풍우 치다'; 함축적으로 '떨다', 즉 '두려워하다':—(심히) 두려워하다, 공포에 떨다, 폭풍처럼 내던지다, 폭풍우 치다, 회오리바람처럼 오다(회오리바람과 함께 가져가 버리다).

H8176 שָׂעַר2회 **샤아르**
기본어근; '쪼개다' 또는 '열다', 즉 (문자적으로 그러나 오직 ⟨8179⟩에서 유래한 명사 유래어로서만) '문지기처럼 행동하다'(⟨7778⟩을 보라); (상징적으로) '평가하다':—생각하다.

H8177 שְׂעַר3회 **세아르**
아람어 ⟨8181⟩과 같음; '머리카락':—머리털.

H8178 שַׂעַר4회 **사아르**
⟨8175⟩에서 유래; '대폭풍우'; 또한 '공포':—겁에 질린, 무섭게, 대단한 폭풍. ⟨8181⟩을 보라

H8179 שַׁעַר375회 **샤아르**
그 원래 의미로 ⟨8176⟩에서 유래; '열림', 즉 '문' 또는 '대문':—도시, 문, 대문, 문지기.

H8180 שַׁעַר1회 **샤아르**
⟨8176⟩에서 유래; '분량'(한 '부분'으로서):—백 배.

H8181 שֵׂעָר10회 **세아르**
또는 שַׂעַר **사아르** (사7:20)
'흐트러짐'이란 의미로 ⟨8175⟩에서 유래; '머리카락'('치솟고 곤두선'듯 한):—머리털(의), 거친.

H8182 שֹׁעָר1회 **쇼아르**
⟨8176⟩에서 유래; '호된' 또는 '무서운', 즉 '불쾌한':—비열한.

H8183 שְׂעָרָה2회 **세아라**
⟨8178⟩의 여성형; '태풍':—폭풍, 대폭풍우.

H8184 שְׂעֹרָה4회 **세오라** 또는 שְׂעוֹרָה **세오라** (여성형, '식물'이란 뜻); 그리고 (남성형, '곡식'이란 뜻); 또한 שְׂעֹר **세오르** 또는 שְׂעוֹר **세오르**
'거칠음'이라는 의미로 ⟨8175⟩에서 유래; '보리'(긴 융모가 있는 것으로서):—보리.

H8185 שַׂעֲרָה7회 **사아라**
⟨8181⟩의 여성형; '털이 많음':—머리털.

H8186 שַׁעֲרוּרָה2회 **샤아루라**
또는 שַׁעֲרִירִיָּה **샤아리리야**
또는 שַׁעֲרֻרִת **샤아루리트**
⟨8175⟩의 의미로 ⟨8176⟩에서 유래한 여성형; '두려운' 어떤 것:—무서운 것.

H8187 שְׁעַרְיָה2회 **셰아르야**
⟨8176⟩과 ⟨3050⟩에서 유래; '여호와께서 호통 치셨다'; 한 이스라엘인, '스아랴':— 스아랴(대상8:38, 9:44).

H8188 שְׂעֹרִים1회 **세오림**
⟨8184⟩의 남성 복수형; '보리 낟알들'; 한 이스라엘인, '스오림':—스오림(대상24:8).

H8189 שַׁעֲרַיִם3회 **샤아라임**
⟨8179⟩의 쌍수형; '이중대문'; 팔레스타인의 한 장소, '사아라임':—사아라임(수15:36, 삼상17:52, 대상4:31).

H8190 שַׁעַשְׁגַז1회 **샤아쉬가즈**
페르시아어의 파생어; 아하수에로의 내시 '사아스가스':—사아스가스(에2:14).

H8191 שַׁעְשֻׁעַ9회 **샤슈아**
⟨8173⟩에서 유래; '즐거움':—환희, 기쁨.

H8192 שָׁפָה2회 **샤파**
기본어근; '문질러 닳리다', 즉 '벌거벗은':—높은, 들어나다.

H8193 שָׂפָה176회 **사파**
또는 (쌍수와 복수형으로) שֶׂפֶת **세페트**

아마 〈5595〉나 '말단'(〈5490〉과 비교)이라는 개념으로 〈8192〉에서 유래; '입술'(본래적인 경계선으로서); 함축적으로 '언어'; 유추적으로 '가장자리'(그릇, 옷감, 물 등등의):—끈, 둑, 경계선, 테, 가장자리, 끝머리, 언어, 입술, ([바다])가, 측면, 연설, 말, [헛된]말들.

H8194 שָׁפָה[1회] **샤파**
'맑게 하는'의 의미로 〈8192〉에서 유래; '치즈'(유장으로부터 걸러 낸 것으로서):— 치즈.

H8195 שְׁפוֹ[2회] **셰포** 또는 **שְׁפִי 셰피**
〈8192〉에서 유래; '대머리 짐' [〈8205〉와 비교]; 이두매인 '스비' 또는 '스보':—스비, 스보(창36:23, 대상1:40).

H8196 שְׁפוֹט[2회] **셰포트**
또는 **שְׁפוּט 셰푸트**
〈8199〉에서 유래; 법적인 '선고', 즉 '형벌':—심판.

H8197 שְׁפוּפָם[1회] **셰푸팜**
또는 **שְׁפוּפָן 셰푸판**
〈8207〉과 동형에서 유래; '뱀 같은'; 한 이스라엘인, '스부밤' 또는 '스부반':—스부밤, 스부반(민26:39).

H8198 שִׁפְחָה[63회] **쉬프하**
'퍼져 나가다'('가족'처럼; 〈4940〉을 보라)는 뜻의 사용하지 않는 어근에서 유래한 여성형; '여종'('집안'의 식구로서):—여자노예, 여종, 여하인, 계집아이, 하녀.

H8199 שָׁפַט[142회] **샤파트**
기본어근; '심판하다', 즉 '판결'을 선고하다; 함축적으로 '정당함을 입증하다', 또는 '벌주다'; 확대된 의미로 '통치하다'; 수동태로 '소송을 제기하다'(문자적, 또는 상징적으로):—보복하다, 유죄 판결한 것, 논쟁하다, 변호하다, (심판을)실행하다, 재판관이 되다, 재판, (어떻게든), 변호하다, 판단을 내리다, 다스리다.

H8200 שְׁפַט[1회] **셰파트**
아람어 〈8199〉와 같음; '재판하다':—치안판사.

H8201 שֶׁפֶט[5회] **셰페트**
〈8199〉에서 유래; '선고', 즉 '과형':—재판.

H8202 שָׁפָט[8회] **샤파트**
〈8199〉에서 유래; '재판관'; 네 이스라엘인의 이름, '사밧':—사밧(민13:5, 왕상19:16, 대상3:22).

H8203 שְׁפַטְיָה[63회] **셰파트야**
또는 **שְׁפַטְיָהוּ 셰파트야후**
〈8199〉와 〈3050〉에서 유래; '여호와께서 심판하셨다'; 열 이스라엘인의 이름, '스바댜':—스바댜(삼하3:4, 스2:4, 느7:9, 렘38:1).

H8204 שִׁפְטָן[1회] **쉬프탄**
〈8199〉에서 유래; '재판관 같은'; 한 이스라엘인, '십단':—십단(민34:24).

H8205 שְׁפִי[9회] **셰피**
〈8192〉에서 유래; '벌거벗음'; 구체적으로 '벗겨진 산' 또는 '메마른' 평원:—고지, 쑥 내밀다.

H8206 שֻׁפִּים[3회] **슙핌**
〈8207〉과 동형에서 유래한 사용하지 않는 명사의 복수형으로 의미도 동일; '뱀들'; 한 이스라엘인 '숩빔':—숩빔(대상7:12).

H8207 שְׁפִיפֹן[1회] **셰피폰**
〈7779〉와 동일한 뜻을 가진 사용하지 않는 어근에서 유래; 일종의 '뱀'(휙 달려드는 것으로서), 아마 '뿔 달린 살무사':—살무사.

H8208 שָׁפִיר[1회] **샤피르**
〈8231〉에서 유래; '아름다움'; 팔레스타인의 한 장소 '사빌':—사빌(미1:11).

H8209 שַׁפִּיר[3회] **샵피르**
아람어 〈8208〉과 일치하는 형의 강세형; '아름다운':—고운.

H8210 שָׁפַךְ[115회] **샤파크**
기본어근; '엎지르다'(피, 전제, 금속 액체; 심지어 딱딱한 것은 '쌓아 올리다'); 또한 (상징적으로) '소비하다'(생명, 영혼, 불평, 돈 등등); 강세형으로 '쭉 눕다':—던지다(쌓다), 분출하다, 쏟아 붓다, 흘리다, 미끄러지다.

H8211 שֶׁפֶךְ[2회] **셰페크**
〈8210〉에서 유래; '쏟아버리는' 장소, 예컨대 잿'더미':—쏟아 부어진.

H8212 שָׁפְכָה[1회] **쇼프카**
〈8210〉에서 유래한 파생어의 여성형; (술 따위를 쏟아내기 위한) '관(管)', 즉 '남성성기':—남성의 생식기.

H8213 שָׁפֵל[30회] **샤펠**
기본어근; '내리누르다' 또는 '가라앉히다'(특히 상징적으로 '창피를 주다', 자동사 또는 타동사로):—(품위를)낮추다, 내던지다, 억누르다, (인격)떨어뜨리다, 비하하다(자신을), 낮아지다(낮게 만들다, 천하게 하다).

H8214 שְׁפַל[4회] **셰팔**
아람어 〈8213〉과 같음:—낮추다, 비하하다, 내리누르다.

H8215 שְׁפַל[2회] **셰팔**
아람어 〈8214〉에서 유래; '낮은':—가장 천한.

H8216 שֶׁפֶל[1회] **셰펠**
〈8213〉에서 유래; '천한' 계급:—낮은 지위(장소).

H8217 שָׁפָל[18회] **샤팔**
〈8213〉에서 유래; '눌림 받은', 문자적으로나 상징적으로:—(가장) 천한, (더) 낮은(낮게).

H8218 שִׁפְלָה[1회] **쉬플라**
〈8216〉의 여성형; '억누름':—낮은 장소.

H8219 שְׁפֵלָה[20회] **셰펠라**
〈8213〉에서 유래; '낮은 지역', 즉 (관사와 더불어) 팔레스타인의 해안 기슭:—낮은 지역, (낮은) 평야, 골짜기, 평지.

H8220 שִׁפְלוּת[1회] **쉬플루트**
〈8213〉에서 유래; '태만':—게으름.

H8221 שְׁפָם[2회] **셰팜**
아마 〈8192〉에서 유래; '메마른' 장소; 팔레스타인, 또는 그 근처의 장소, '스밤':— 스밤(민34:10).

H8222 שָׂפָם[5회] **사팜**
〈8193〉에서 유래; '턱수염'(입술의 일부로서):—턱수염, (윗)입술.

H8223 שָׁפָם[1회] **샤팜**
〈8221〉처럼 형성됨; '노골적으로'; 이스라엘인, '사밤':—사밤(대상5:12).

H8224 שִׂפְמוֹת[1회] **시프모트**
〈8221〉의 여성 복수형; 팔레스타인의 한 장소, '십못':—십못(삼상30:28).

H8225 שִׁפְמִי[1회] **쉬프미**
〈8221〉에서 유래한 족속의 명칭; '스밤사람', 스밤의 주민들:—스밤 사람들(대상27:27).

H8226 שָׂפַן[1회] **사판**
기본어근; '숨기다'(가치 있는 것으로서):—비장하다.

H8227 שָׁפָן[4회] **샤판**
〈8226〉에서 유래; 일종의 '바위토끼'(그것의 '은닉'에서 유래), 즉 아마 '바위너구리':—토끼.

H8228 שֶׁפַע[1회] **셰파**
'풍부하다'는 뜻의 사용하지 않는 어근에서 유래; '자원':—풍부함.

H8229 שִׁפְעָה[6회] **쉬프아**
〈8228〉의 여성형; '매우 많음':—풍부, 떼, 다수.

H8230 שִׁפְעִי[1회] **쉬프이**
〈8228〉에서 유래; '매우 많은'; 한 이스라엘인, '시비':—시비(대상4:37).

H8231 שָׁפַר[3회] **샤파르**
기본어근; '반짝반짝 빛나다', 즉 (상징적으로) '아름답다'(사역동사로 '아름답게 만들다'):—훌륭한.

H8232 שְׁפַר[3회] **셰파르**
아람어 〈8231〉과 같음; '아름답다':—맘에 들다, 용납될 만하다, 기쁘게 하다, 좋게 생각하다.

H8233 שֶׁפֶר[1회] **셰페르**
〈8231〉에서 유래; '아름다움':—잘생긴.

H8234 שֶׁפֶר[2회] **셰페르**
〈8233〉과 동일; 사막의 한 장소, '세벨':—세벨(민33:23).

H8235 שִׁפְרָה[2회] **쉬프라**
〈8231〉에서 유래; '빛남':—장식.

H8236 שִׁפְרָה[1회] **쉬프라**
〈8235〉와 동일; 한 이스라엘 여인 '십브라':—십브라(출1:15).

H8237 שַׁפְרוּר[1회] **샤프루르**
〈8231〉에서 유래; '화려한', 즉 '태피스트리' 또는 '천개(天蓋)':—왕의 큰 천막.

H8238 שְׁפַרְפַר[1회] **셰파르파르**
아람어 〈8231〉에서 유래; '새벽'(극광으로 '찬란한'):—매우 이른 아침.

H8239 שָׁפַת[5회] **샤파트**
기본어근; '위치를 정하다', 즉 (일반적으로) '걸다' 또는 (상징적으로) '확립하다', '…으로 화하다':—가져오다, 정하다, …에 두다.

H8240 שָׁפָת[2회] **샤파트**
〈8239〉에서 유래; (이중의) '마구간'(가축을 위한); 또한 (두 갈래의) '갈고리'(동물들을 가죽 벗기기 위한):—갈고리, 솥.

H8241 שֶׁצֶף[2회] **셰체프**
〈7857〉에서 유래(〈7110〉과 두운으로서); '폭발'(노의):—작은.

H8242 שַׂק[48회] **사크**
〈8264〉에서 유래; 정확히는 '망사'(액체를 '통과'시키는 것으로서), 즉 성긴 그리고 헐거운 천이나 삼베(상복과 짐 꾸릴 때 사용하는); 여기에서 '자루'(곡식 등등 담는):—마대 자루, 부대용 거친 마포, 삼베 옷.

H8243 שָׁק[1회] **샤크**
아람어 〈7785〉와 같음; '다리':—다리.

H8244 שָׂקַד[1회] **사카드**
기본어근; '붙잡아 매다':—묶다.

H8245 שָׁקַד[18회] **샤카드**
기본어근; '경계하다', 즉 '잠자지 않는, 방심하지 않는'; 여기에서 (좋은 일이든 나쁜 일이든 간에) '…을 감시하다':—재촉하다, 남아 있다, 깨우다, ~을 망보다.

H8246 שָׁקַד[3회] **샤카드**
〈8247〉에서 유래한 명사 유래어; '아몬드 모양의'(강세형 '아몬드 모양으로 만들다'):—편도(扁桃)처럼 만들다(편도를 본 따서 만들다).

H8247 שָׁקֵד4회 샤케드
〈8245〉에서 유래; '아몬드'(나무 또는 열매; '가장 일찍' 꽃피는 것):—편도(扁桃)(나무).

H8248 שָׁקָה61회 샤카
기본어근; '쭉 들이켜다', 즉 (사역동사로) '(토지에) 물을 대다' 또는 '한 모금주다':—마시게 하다, 침수하다, 축이다, 물을 주다. 〈7937〉, 〈8354〉를 보라

H8249 שִׁקֻּו1회 쉭쿠우
〈8248〉에서 유래; (집합 복수형) '한 모금':—음료, 마심.

H8250 שִׁקּוּי3회 쉭쿠이
〈8248〉에서 유래; '마실 것'; '수분', 즉 (상징적으로) '원기회복':—음료, 골수.

H8251 שִׁקּוּץ28회 쉭쿠츠
또는 שִׁקֻּץ 쉭쿠츠
〈8262〉에서 유래; '구역질나는', 즉 '더러운'; 특히 '우상숭배의' 또는 (구체적으로) '우상':—가증스러운 오물(우상, 우상숭배), 몹시 싫은(것).

H8252 שָׁקַט41회 샤카트
기본어근; '눕히다'(보통 상징적으로):—진정시키다, 게으름, 가라앉히다, 조용히 하다, 쉬게 하다(휴식하다, 휴식을 주다), 안정하다, 잠잠하다.

H8253 שֶׁקֶט1회 셰케트
〈8252〉에서 유래; '평온':—조용함.

H8254 שָׁקַל22회 샤칼
기본어근; '매달다' 또는 '저울로 달다'(특히 거래에서):—지불하다, 받다(영수인), 소비하다, 철저히 무게를 달다.

H8255 שֶׁקֶל88회 셰켈
〈8254〉에서 유래; 아마 '무게'; 상업용 척도로 사용됨:—세겔(창23:15, 수7:21, 느5:15).

H8256 שָׁקָם7회 샤캄
또는 (여성형) שִׁקְמָה 쉬크마
불확실한 파생어; '뽕나무'(대체로 그 나무):—뽕나무(열매, 나무).

H8257 שָׁקַע6회 샤카 (약어, 암8:8)
기본어근; '가라앉다'; 함축적으로 '넘쳐 흐르다' '그치다'; 사역동사로 '감소하다', '억제하다':—깊게 하다, 낮아지게 하다, 끄다, 가라앉다.

H8258 שְׁקַעֲרוּרָה1회 셰카루라
〈8257〉에서 유래; '함몰':—우묵하게 들어간 곳.

H8259 שָׁקַף22회 샤카프
기본어근; 정확히는 (창문에서) '몸을 내밀다', 즉 (함축적으로) '엿보다' 또는 '지켜보다'(수동으로 '구경거리가 되다'):—나타나다, 보다(아래로, 앞으로, 밖으로).

H8260 שֶׁקֶף1회 셰케프
〈8259〉에서 유래; '엿보는 구멍'('내다보기 위한'), 빛과 공기를 들이다:—창문.

H8261 שָׁקֻף2회 샤쿠프
〈8259〉의 수동태 분사; '비스듬히 벌어진 부분' 또는 '열린 구멍' [〈8260〉과 비교]:—빛, 창문.

H8262 שָׁקַץ7회 샤카츠
기본어근; '불결하다', 즉 (강세형으로) '몹시 싫어하다', '더럽히다':—혐오하다, 증오하다, 가증하게 하다, 아주 싫어하다.

H8263 שֶׁקֶץ11회 셰케츠
〈8262〉에서 유래; '오물', 즉 (상징적으로 그리고 특히) '우상숭배의' 대상

물:—혐오할만한(혐오), 가증함.

H8264 שָׁקַק5회 샤카크

기본어근; '뒤쫓다'(맹수처럼); 함축적으로 탐욕스럽게 '찾다':—식욕이 있다, 서로 밀다, 갈망하다, 헤매다, (이리저리)달리다.

H8265 שָׂקַר1회 사카르

기본어근; '애교 있는 윙크를 하다', 즉 요염하게 '눈을 깜박이다':—음탕한.

H8266 שָׁקַר6회 샤카르

기본어근; '속이다', 즉 '불성실하다'(흔히 말에 있어서):—실패하다, 거짓으로 다루다, 거짓말하다.

H8267 שֶׁקֶר113회 셰케르

〈8266〉에서 유래; '허위'; 함축적으로 '가짜'(종종 부사로):—이유 없이, 기만(기만하는), 거짓된(거짓, 거짓되이), 조작하여, 거짓말쟁이, 거짓말, 거짓말하는 헛된(것), 그릇되게.

H8268 שֹׁקֶת2회 쇼케트

〈8248〉에서 유래; '여물통'('물마시기' 위한):—구유.

H8269 שַׂר421회 사르

〈8323〉에서 유래; '수령'(어느 지위나 계층의):—장(長)(지배하는), 두목(수령), 대장, 지배자, 관리자, 주인, 고용주, 통치자, 청지기.

H8270 שֹׁר2회 쇼르

〈8324〉에서 유래; '줄'('꼬인 것'[〈8306〉과 비교]), 즉 (특히) '배꼽줄', '탯줄'(또한, 상징적으로 힘의 중추로서):—배꼽.

H8271 שְׁרֵא6회 셰레

아람어 〈8293〉의 원형과 일치하는 어근; '자유롭게 하다', '분리하다'; 상징적으로 '풀다', '시작하다'; 함축적으로 (짐을 부리는 짐승이) '머물다':—시작하다, 녹다, 거주하다, 풀어 놓다.

H8272 שַׁרְאֶצֶר1회 샤르에체르

외래어 파생어; 한 앗수르인과 이스라엘인의 이름, '사레셀':—사레셀(사37:38, 왕하19:37, 슥7:2).

H8273 שָׁרָב2회 샤라브

'눈부시게 빛나다'는 뜻의 사용하지 않는 어근에서 유래; (공기의) 떨리는 '백열광', 특히 '신기루':—열, 바싹 마른 땅.

H8274 שֵׁרֵבְיָה8회 셰레브야

〈8273〉과 〈3050〉에서 유래; '여호와께서 열을 가져오셨다'; 두 이스라엘인의 이름 '세레뱌':—세레뱌(스8:18, 느8:7).

H8275 שַׁרְבִיט4회 샤르비트

〈7626〉 참조; 제국의 '규(圭)', '왕홀':—규(에4:11, 5:2, 8:4).

H8276 שָׂרַג2회 사라그

기본어근; '얽히게 하다':—함께 싸다, 칭칭 감다.

H8277 שָׂרַד1회 사라드

기본어근; 정확히는 '구멍을 뚫다'[〈8279〉와 비교], 즉 (상징적으로 '빠져 나가다'는 개념을 통해) '모면하다' 또는 '살아남다':—남다.

H8278 שְׂרָד4회 세라드

〈8277〉에서 유래; '바느질'(바늘로 '꿰뚫은' 것으로서):—봉사.

H8279 שֶׂרֶד1회 세레드

〈8277〉에서 유래; (목수의) '긋는 송곳', '붓'(작은 '구멍 뚫기 위한' 것 또는 긁는 도구):—선(線).

H8280 שָׂרָה3회 사라

기본어근; '우세하다':—(왕으로서)

권력을 쥐다.

H8281 שָׂרָה[2회] **사라**

기본어근; '자유롭게 하다':—지도하다.

H8282 שָׂרָה[5회] **사라**

기본어근; 〈8269〉의 여성형; '여주인', 즉 '귀부인':—숙녀, 왕비, 여왕.

H8283 שָׂרָה[38회] **사라**

〈8282〉와 동일; 아브라함의 아내 '사라':—사라(창17:15).

H8284 שָׁרָה[1회] **샤라**

아마 〈7791〉의 여성형; '요새화'(문자적, 또는 상징적으로):—노래하다 [〈7891〉의 오인으로], 벽.

H8285 שֵׁרָה[1회] **셰라**

'누름'이라는 원래 의미로 〈8324〉에서 유래; 손목 '띠'('꽉 조이거나 잠그는' 것으로):—팔찌.

H8286 שְׂרוּג[5회] **세루그**

〈8276〉에서 유래; '덩굴손'; 홍수 이후의 족장, '스룩':—스룩(창11:20).

H8287 שָׁרוּחֶן[1회] **샤루헨**

아마 〈8281〉과 ('거주'의 의미로 [〈8271〉과 비교]) 〈2580〉에서 유래; '기쁨의 거처'; 팔레스타인의 한 장소, '사루헨':—사루헨(수19:6).

H8288 שְׂרוֹךְ[2회] **세로크**

〈8308〉에서 유래; '가죽 끈'('끈으로 매거나' '묶은 것'):—([구두])끈, 신 들메.

H8289 שָׁרוֹן[7회] **샤론**

아마 〈3474〉의 단축형에서 유래; '평지'; 팔레스타인의 한 장소, '사론':—랏사론, 사론(대상27:29, 아2:1, 사33:9).

H8290 שָׁרוֹנִי[1회] **샤로니**

〈8289〉에서 유래한 족속의 명칭; '사론 사람', 또는 사론의 거주민:—사론인들(대상27:29).

H8291 שָׂרוּק[1회] **사루크**

〈8321〉과 동형에서 유래한 수동태 분사형; '포도나무':—주요한 식물. 〈8320〉, 〈8321〉을 보라

H8292 שְׁרוּקָה[2회] **셰루카** 또한 (치환에 의해) שְׁרִיקָה **셰루카셰리카**

〈8319〉의 수동태 분사 여성형; (경멸하는) '휘파람'; 유추적으로 '피리를 붐':—(염소·송아지의) 울음, 쉿 하는 소리.

H8293 שֵׁרוּת[1회] **셰루트**

〈8281〉 약어에서 유래; '자유':—나머지.

H8294 שֶׂרַח[3회] **세라흐**

〈5629〉의 치환에 의해; '여분'; 한 이스라엘 여인, '세라':—세라(창46:17, 대상7:30).

H8295 שָׂרַט[3회] **사라트**

기본어근; '깊이 베다':—조각조각 자르다, 조각내다.

H8296 שֶׂרֶט[2회] **세레트** 그리고 שָׂרֶטֶת **사레테트**

〈8295〉에서 유래; '베기':—자르기.

H8297 שָׂרַי[17회] **사라이**

〈8269〉에서 유래; '지배하는'; 아브라함의 아내, '사래':—사래(창17:15).

H8298 שָׁרַי[1회] **샤라이**

아마 〈8324〉에서 유래; '적의 있는'; 한 이스라엘인, '사래':—사래(스10:40).

H8299 שָׂרִיג[3회] **사리그**

〈8276〉에서 유래; '덩굴손'('엉킨' 것으로서):—가지.

H8300 שָׂרִיד[28회] **사리드**

〈8277〉에서 유래; '생존자':—살아있

는, 남은, 남아있다(있는), 남은 자, 잔여.

H8301 שָׂרִיד²회 **사리드**
〈**8300**〉과 동일; 팔레스타인의 한 장소, '사릿':—사릿(수19:10).

H8302 שִׁרְיוֹן⁵회 **쉬르욘** 또는 **שִׁרְיֹן** **쉬르욘** 그리고 **שִׁרְיָן** **쉬르얀** 또한 (여성형) **שִׁרְיָה** **쉬르야** 그리고 **שִׁרְיֹנָה** **쉬르요나**
'회전'이라는 원래 의미로 〈**8281**〉에서 유래; ('얽힌'듯한) '몸통갑옷':—흉갑, 쇠 비늘 갑옷, 사슬갑옷, 갑옷. 〈**5030**〉을 보라

H8303 שִׁרְיוֹן³회 **쉬르욘**
그리고 **שִׁרְיֹן** **시르욘**
〈**8302**〉와 동일 (즉, 눈으로 '뒤덮인'); 레바논의 정상, '시룐':—시룐(신3:9).

H8304 שְׂרָיָה¹⁹회 **세라야**
또는 **שְׂרָיָהוּ** **세라야후**
〈**8280**〉과 〈**3050**〉에서 유래; '여호와께서 이기셨다'; 아홉 이스라엘인의 이름, '스라야':—스라야(삼하8:17).

H8305 שְׂרִיקָה²회 **세리카**
'꿰뚫음'이라는 원래의 의미로 〈**8321**〉의 동형에서 유래; '삼훑이로 훑음'(또는 아마를 빗음), 즉 (구체적으로) '삼 부스러기' (확대된 의미로 '아마포'옷감):—훌륭한, 가는.

H8306 שָׁרִיר¹회 **샤리르**
〈**8270**〉(**8326**과 비교)에서처럼 원래의 의미로 〈**8324**〉에서 유래; '끈', 즉 (유추적으로) '힘줄':—배꼽.

H8307 שְׁרִירוּת¹⁰회 **셰리루트**
'뒤틀린'이라는 의미로 〈**8324**〉에서 유래, 즉 '확고한'; '완고':—상상력, 욕망.

H8308 שָׂרַךְ¹회 **사라크**
기본어근; '섞어 짜다':—가로지르다.

H8309 שְׁרֵמָה²회 **셰레마**
아마 〈**7709**〉에 대한 필사의 오기; '공유지':—들판.

H8310 שַׂרְסְכִים¹회 **사르쎄킴**
외래어 파생어; 바벨론의 장군, '살스김':—살스김(렘39:3).

H8311 שָׂרַע³회 **사라**
기본어근; '연장하다', 즉 (재귀동사로) 지체(肢體)과잉으로 '불구가 되다':—뻗치다, 여분의 것(을 갖다).

H8312 שַׂרְעַף²회 **사르아프**
〈**5587**〉 참조; '숙고':—생각.

H8313 שָׂרַף¹¹⁷회 **사라프**
기본어근; '불이 나다'(사역동사로 불나게 하다):—타다(태우다), 불을 켜다, 타오르다, 불붙이다.

H8314 שָׂרָף⁷회 **사라프**
〈**8313**〉에서 유래; '불남', 즉 (상징적으로) '독 있는' (뱀); 특히 '스랍', 또는 상징적 생물(그 구리 색 때문에):—불같은 (뱀), 스랍.

H8315 שָׂרָף¹회 **사라프**
〈**8314**〉와 동일; 한 이스라엘인, '사랍':—사랍(대상4:22).

H8316 שְׂרֵפָה¹³회 **세레파**
〈**8313**〉에서 유래; '화장':—불태움.

H8317 שָׁרַץ¹⁴회 **샤라츠**
기본어근; '꿈틀거리다', 즉 (함축적으로) '우글거리다' 또는 '…이 풍부하다':—풍부하게 양육하다(키우다, 증가시키다), 기다, 움직이다.

H8318 שֶׁרֶץ¹⁵회 **셰레츠**
〈**8317**〉에서 유래; '떼', 즉 미생물의 움직이는 무리:—기다(기는 것), 움직이다(움직이는 것).

H8319 שָׁרַק¹²회 **샤라크**
기본어근; 정확히는 '날카로운 소리

를 내다', 즉 '휘파람 불다' 또는 '쉿 소리를 내다'(부르거나 조롱할 때):—쉿 소리를 내다.

H8320 שָׂרֻק 2회 **사루크**
〈8319〉에서 유래; '밝은 홍색'(시야를 '찌르듯이'), 즉 '적갈색':—반점이 있는. 〈8219〉를 보라

H8321 שׂוֹרֵק 3회 **소레크** 또는 **שֹׂרֵק** **소레크** 그리고 (여성형) **שֹׂרֵקָה** **소레카**
'붉음'(〈8320〉과 비교)이라는 의미로 〈8319〉에서 유래; '포도나무' 줄기, (정확히는 가장 훌륭한 품종인 '자주색' 포도를 산출하는 것):—최고급(훌륭한) 포도주. 〈8291〉과 비교

H8322 שְׁרֵקָה 7회 **셰레카**
〈8319〉에서 유래; '비웃음':—쉿 하는 소리.

H8323 שָׂרַר 7회 **사라르**
기본어근; '지배권을 소유하다'(타동사로 '지배권을 행사하다'; 재귀동사로, '지배권을 얻다'):—(아주), 자신을 군주로 만들다, 다스리다, 지배하다.

H8324 שָׁרַר 4회 **샤라르**
기본어근; '적의를 갖다'(단지 능동태 분사로 '반대자'):—적, 원수.

H8325 שָׁרַר 2회 **샤라르**
〈8324〉에서 유래; '적의 있는'; 한 이스라엘인, '사랄':—사랄(삼하23:33, 대상11:35).

H8326 שֹׁרֶר 1회 **쇼레르**
'뒤틀림'(〈8270〉과 비교)이라는 의미로 〈8324〉에서 유래; '탯줄':—배꼽.

H8327 שָׁרַשׁ 8회 **샤라쉬**
기본어근; '뿌리박다', 즉 '땅속으로 박다', 또는 (함축적으로) '땅에서 잡아 뽑다':—뿌리내리다(내리게 하다), 뿌리 채 뽑다(근절시키다).

H8328 שֶׁרֶשׁ 33회 **셰레쉬**
〈8327〉에서 유래; '뿌리'(문자적으로나 상징적으로):—바닥, 깊음, 뒤꿈치, 뿌리.

H8329 שֶׁרֶשׁ 1회 **셰레쉬**
〈8328〉과 동일; 한 이스라엘인, '세레스':—세레스(대상7:16).

H8330 שֹׁרֶשׁ 3회 **쇼레쉬**
아람어 〈8328〉과 같음:—뿌리.

H8331 שַׁרְשָׁה 1회 **샤르샤**
〈8327〉에서 유래; '사슬'('뿌리 내린', 즉 '연결된' 것):—사슬. 〈8333〉과 비교

H8332 שְׁרֹשׁוּ 2회 **셰로슈**
아람어 〈8327〉과 일치하는 어근에서 유래; '근절', 즉 (상징적으로) '유배':—추방.

H8333 שַׁרְשְׁרָה 7회 **샤르셰라**
〈8327〉[8331과 비교]에서 유래; '사슬'; (건축에서) 아마도 '화환':—사슬.

H8334 שָׁרַת 62회 **샤라트**
기본어근; 하인이나 경배자로서 '시중들다'; 상징적으로 '~에게 기여하다':—섬기다, 봉사하다(하인, 봉사), 시중들다.

H8335 שָׁרֵת 2회 **샤레트**
〈8334〉의 부정사; '봉사'(성전에서):—섬기다(섬김).

H8336 שֵׁשׁ 38회 **셰쉬** 또는 (〈4897〉 같은 두운(頭韻)으로) **שְׁשִׁי** **셰쉬**
〈7893〉 참조; '표백된' 재료, 즉 '흰' 베 또는 (유추적으로) '대리석':—파란, 세마포, 가늘게([꼬인]) 아마(亞麻)사(絲), 대리석, 비단.

H8337 שֵׁשׁ 135회 **셰쉬** 남성형 **שִׁשָּׁה** **쉿샤**

기본수; '여섯'(다섯 또는 손가락들의 수보다 많은 것으로서 〈7797〉을 보라); 서수로서 '여섯째':—여섯([열여섯, 열여섯째]), 여섯째.

H8338 שָׁשָׁא[1회] **샤샤**
기본어근; 명백히 '절멸시키다':—단지 여섯 번째 부분만 남기다 [〈8341〉과의 혼동으로].

H8339 שֵׁשְׁבַּצַּר[2회] **셰쉬밧차르**
외래어 파생어; 스룹바벨의 페르시아식 이름, '세스바살':—세스바살(스1:8).

H8340 שֵׁשְׁבַּצַּר[2회] **셰쉬밧차르**
아람어 〈8339〉와 같음:—세스바살.

H8341 שָׁשָׁה[82회] **샤샤**
〈8337〉에서 유래한 명사 유래어; '1/6을 드리다' 또는 '여섯으로 나누다':—여섯 번째 부분을 주다.

H8342 שָׂשׂוֹן[22회] **사손** 또는 **שָׂשֹׂן** **사손**
〈7797〉에서 유래; '기분 좋음'; 특히 '환영':—기쁨, 즐거움, 명랑, 환희.

H8343 שָׁשַׁי[1회] **샤샤이**
아마 〈8336〉에서 유래; '희끄무레한'; 한 이스라엘인, '사새':—사새(스10:40).

H8344 שֵׁשַׁי[3회] **셰샤이**
아마 〈8343〉 참조; 한 가나안인 '세새':—세새(민13:22, 수15:14, 삿1:10).

H8345 שִׁשִּׁי[12회] **쉿쉬**
〈8337〉에서 유래; '여섯째', 서수 또는 (여성형) 분수의:—여섯째(부분).

H8346 שִׁשִּׁים[59회] **쉿쉼**
〈8337〉의 배수; '육십':—육십, 예순.

H8347 שֵׁשַׁךְ[2회] **셰샤크**
외래어 파생어; 바벨론의 상징적 이름, '세삭':—세삭(렘25:26).

H8348 שֵׁשָׁן[5회] **셰샨**
아마 〈7799〉 참조; '백합'; 한 이스라엘인, '세산':—세산(대상2:31).

H8349 שָׁשַׁק[2회] **샤샤크**
아마 〈7785〉의 어간에서 유래; '보행자'; 한 이스라엘인 '사삭':—사삭(대상8:14).

H8350 שָׁשַׁר[2회] **샤샤르**
아마 〈8320〉의 의미로 〈8324〉의 어간에서 유래; '빨간' 황토(그것의 '눈에 잘 띄는' 색깔에서 유래):—주홍색.

H8351 שֵׁת[2회] **셰트** (민24:17)
〈7582〉에서 유래; '소동':—셋(창4:25).

H8352 שֵׁת[3회] **셰트**
〈7896〉에서 유래; '놓다', 즉 '대치된'; 아담의 셋째 아들, '셋':—셋.

H8353 שֵׁת[8회] **셰트** 아람어 또는 **שִׁת** **쉬트**
아람어 〈8337〉과 같음:—여섯(째).

H8354 שָׁתָה[252회] **샤타**
기본어근; '흡수하다', '마시다'(문자적, 또는 상징적으로):—(확실히), 향연, (분명히), 마시다(마시는 자, 마심), 술 취한(술고래), (확실히). [정확히는 〈8248〉의 강세형]

H8355 שְׁתָה[5회] **셰타**
아람어 〈8354〉와 같음:—마시다.

H8356 שָׁתָה[2회] **샤타**
〈7896〉에서 유래; '토대', 즉 (상징적으로) 정치적 또는 도덕적 '지원':—터, 목적.

H8357 שֵׁתָה[2회] **셰타**
〈7896〉에서 유래; (사람의) '엉덩이':—궁둥이.

H8358 שְׁתִי[1회] **셰티**
〈8354〉에서 유래; '취하게 함':—술 취함.

H8359 שְׁתִי9회 **셰티**
〈**7896**〉에서 유래; '정착물', 즉 직조의 '날실':—(피륙의) 날실.

H8360 שְׁתִיָּה1회 **셰티야**
〈**8358**〉의 여성형; '마시기':—마심.

H8361 שִׁתִּין3회 **쉿틴**
아람어 〈**8346**〉[**8353**과 비교]과 같음; '육십':—예순.

H8362 שָׁתַל7회 **샤탈**
기본어근; '이식하다':—심다.

H8363 שְׁתִל1회 **셰틸**
〈**8362**〉에서 유래; (마치 이식된 것 같은) '어린가지', 즉 '젖먹이':—묘목.

H8364 שֻׁתַלְחִי1회 **슈탈히**
〈**7803**〉에서 유래한 족속의 명칭; '수델라 사람'(집합적으로), 수델라의 후손:—수델라 사람들(대상7:21).

H8365 שָׁתַם3회 **샤탐**
기본어근; '베일을 벗기다'(상징적으로):—열려있다.

H8366 שָׁתַן6회 **샤탄**
기본어근; (사역동사로) '물이 나오게 하다', 즉 '소변보다':—소변보다.

H8367 שָׁתַק4회 **샤타크**
기본어근; '가라앉다':—잠잠하다, 그치다, 조용하다.

H8368 שָׂתַר1회 **사타르**
기본어근; '발진하다'(부스럼처럼):—[인체의] 드러나지 않는 곳에 생기다.

H8369 שֵׁתָר1회 **셰타르**
외래어 파생어; 파사의 총독, '세달':—세달(에1:14).

H8370 שְׁתַר בּוֹזְנַי4회 **셰타르 보제나이**
외래어 파생어; 페르시아의 관료, '스달-보스내':—스달-보스내(스5:3).

H8371 שָׁתַת3회 **샤타트**
기본어근; '두다', 즉 '배열하다'; 재귀동사로 '놓여있다':—두다, 놓여있다.

트롱히브리어사전

ת

H8372 תָּא[13회] 타 그리고 (여성형) **תָּאָה**
타아 (겔40:12)
〈**8376**〉(의 어간)에서 유래; '방'('주위가 둘러싸인 것으로서'):—(작은) 침실.

H8373 תָּאַב[2회] 타아브
기본어근; '바라다':—열망하다.

H8374 תָּאַב[1회] 타아브
기본어근 [아마 오히려 경멸적으로 '흥 소리를 내다'는 개념을 통해 〈**8373**〉과 일치한 듯함; 〈**340**〉과 비교]; '몹시 싫어하다'(도덕적으로):—혐오하다.

H8375 תַּאֲבָה[1회] 타아바
〈**8374**〉[**15**와 비교]에서 유래; '욕구':—갈망.

H8376 תָּאָה[2회] 타아
기본어근; '구획하다', 즉 (강세형으로) '가리키다':—지적하다.

H8377 תְּאוֹ[2회] 테오
그리고 **תּוֹא** 토 (기본형)
〈**8376**〉에서 유래; 일종의 '영양'(아마 뺨에 흰 '줄무늬' 때문에):—들소.

H8378 תַּאֲוָה[20회] 타아와
〈**183**〉 (약어)에서 유래; '열망'; 함축적으로 '기쁨'(주관적인 '만족', 객관적으로는 '매력'):—진미, 소원, 지나치게, 탐욕스럽게, 욕망(욕망하는), 유쾌한. 또한 〈**6914**〉를 보라

H8379 תַּאֲוָה[4회] 타아와
〈**8376**〉에서 유래; '경계', 즉 '충분한 범위':—최고의 한계.

H8380 תָּאוֹם[4회] 타옴 또는 **תָּאֹם** 타옴
〈**8382**〉에서 유래; '쌍둥이'(단지 복수형으로만), 문자적으로나 상징적으로:—쌍둥이.

H8381 תַּאֲלָה[1회] 타알라
〈**422**〉에서 유래; '저주':—저주.

H8382 תָּאַם[4회] 타암
기본어근; '완성되다'; 그러나 〈**8380**〉에서 유래한 명사유래어로만 사용됨, '한 쌍이 되다'(사역동사로 '한 쌍을 만들다'), 즉 (상징적으로) '이중으로 하다' 또는 (건축에서) '접합된':—(함께) 짝을 이룬, 쌍둥이를 낳다.

H8383 תְּאֻן[1회] 테운
〈**205**〉에서 유래; '품행이 나쁨', 즉 '수고':—거짓말.

H8384 תְּאֵן[39회] 테엔
또는 (단수 여성형) **תְּאֵנָה** 테에나
아마 외래어 파생어; '무화과'(나무 또는 열매):—무화과(나무).

H8385 תַּאֲנָה[1회] 타아나
또는 **תֹּאֲנָה** 토아나
〈**579**〉에서 유래; '기회', 또는 (주관적으로) '목적':—호기, 기회.

H8386 תַּאֲנִיָּה[2회] 타아니야
〈**578**〉에서 유래; '비탄':—무거움, 애도.

H8387 תַּאֲנַת שִׁלֹה[1회] 타아나트 쉴로
〈**8385**〉와 〈**7887**〉에서 유래; '실로의 접근'(처); 팔레스타인의 한 장소; '다아낫-실로':—다앗낫-실로(수16:6).

H8388 תָּאַר[8회] 타아르
기본어근; '…의 윤곽을 그리다'; 재귀동사로 '뻗치다':—그려지다, 표시하다, 림몬으로 뻗치는 [〈**7417**〉과 연합하여].

H8389 תֹּאַר[15회] 토아르
〈**8388**〉에서 유래; '윤곽', 즉 '모습' 또는 '용모':—(아름다운, 잘생긴), 용모, (어여쁜, 귀염 받는), 형태, (준수한), 닮다, 얼굴.

H8390 תַּאֲרֵעַ[2회] 타아레아

아마 ⟨772⟩에서 유래; 한 이스라엘인, '다레아':―다레아(대상8:35). ⟨8475⟩를 보라

H8391 תְּאַשּׁוּר2회 **테앗슈르**

⟨833⟩에서 유래; '삼목'(나무)의 일종(그 '똑바름' 때문에):―회양목.

H8392 תֵּבָה28회 **테바**

아마 외래어 파생어; '상자':―방주, 상자.

H8393 תְּבוּאָה41회 **테부아**

⟨935⟩에서 유래; '소득', 즉 '산물'(문자적, 또는 상징적으로):―열매, 이익, 증가, 수입.

H8394 תָּבוּן42회 **타분** 그리고 (여성형) **תְּבוּנָה 테부나** 또는 **תּוֹבֻנָה 토부나**

⟨995⟩에서 유래; '지성'; 함축적으로 '논쟁'; 확대된 의미로 '변덕':―분별력, 이성, 능란함, 이해력, 지혜.

H8395 תְּבוּסָה1회 **테부싸**

⟨947⟩에서 유래; '짓밟음', 즉 '파멸':―파괴.

H8396 תָּבוֹר9회 **타보르**

⟨8406⟩과 일치하는 어근에서 유래; '부서진'('깨진') 지역; 팔레스타인의 산, 또한 인접한 도시, '다볼':―다볼(수19:22, 삿4:6, 삼상10:3, 대상6:62(77), 시89:13, 렘46:18, 호5:1).

H8397 תֶּבֶל3회 **테벨**

명백히 ⟨1101⟩에서 유래; '혼합', 즉 '자연법칙에 반(反)하는' 수욕(獸慾):―혼란.

H8398 תֵּבֵל36회 **테벨**

⟨2986⟩에서 유래; 땅('습기 있는' 그리고 그러므로 사람이 거주하는); 확대된 의미로 '지구'; 함축적으로 그 '거주민들'; 특히 바벨론, 팔레스타인 같은 특별한 '땅':―거주할 수 있는 지역, 세계.

H8399 תַּבְלִית3회 **타블리트**

⟨1086⟩에서 유래; '소모':―파멸.

H8400 תְּבַלֻּל1회 **텝발룰**

'흐름'이라는 본래의 의미로 ⟨1101⟩에서 유래; (눈 안의) '백내장':―흠.

H8401 תֶּבֶן17회 **테벤**

아마 ⟨1129⟩에서 유래; 정확히는 '재료', 즉 (특히)(타작하여 '썬' 것에서 그리고 가축사료로 사용되는) 남은 '줄기', 또는 '곡식줄기':―겨, 짚, 그루터기.

H8402 תִּבְנִי3회 **티브니**

⟨8401⟩에서 유래; '짚 같은'; 한 이스라엘인, '디브니':―디브니(왕상16:21).

H8403 תַּבְנִית20회 **타브니트**

⟨1129⟩에서 유래; '구조'; 함축적으로 '모형', '비슷함':―모습, 형태, 닮음, 견본, 유사함.

H8404 תַּבְעֵרָה2회 **타브에라**

⟨1197⟩에서 유래; '불탐'; 사막의 한 장소, '다베라':―다베라(민11:3, 신9:22).

H8405 תֵּבֵץ3회 **테베츠**

⟨948⟩과 동형에서 유래; '흼'; 팔레스타인의 한 장소, '데베스':―데베스(삿9:50, 삼하11:21).

H8406 תְּבַר1회 **테바르**

아람어 ⟨7665⟩와 같음; '망가지기 쉽다'(상징적으로):―깨어진.

H8407 תִּגְלַת פִּלְאֶסֶר5회 **티글라트 필에쎄르** 또는 **תִּגְלַת פְּלֶסֶר 티글라트 펠레쎄르** 또는 **תִּלְּגַת פִּלְנְאֶסֶר 틸가트 필네에쎄르** 또는 **תִּלְּגַת פִּלְנֶסֶר 틸가트 필네쎄르**

외래어 파생어; 앗수르왕, '디글랏빌레셋':―디글랏빌레셋(왕하15:29, 대상5:6, 대하28:20).

H8408 תַּגְמוּל[1회] **타그물**
〈**1580**〉에서 유래; '증여':—이익.

H8409 תִּגְרָה[1회] **티그라**
〈**1624**〉에서 유래; '투쟁', 즉 (고통` 벌 따위를) '가함':—강타.

H8410 תִּדְהָר[2회] **티드하르**
명백히 〈**1725**〉에서 유래; '인내하는'; 딱딱한 나무의 일종 또는 지구력 있는 나무(아마 '참나무'):—소나무.

H8411 תְּדִירָא[2회] **테디라**
아람어 '참는'이라는 본래의 의미로 〈**1753**〉에서 유래; '영구성', 즉 (부사) '계속적으로':—끊임없이.

H8412 תַּדְמֹר[2회] **타드모르**
또는 **תַּמֹּר 탐모르** (왕상9:18)
명백히 〈**8558**〉에서 유래; '종려' 도시; 팔레스타인 근처의 한 장소, '다드몰':—다드몰(왕상9:18, 대하8:4).

H8413 תִּדְעָל[2회] **티드알**
아마 〈**1763**〉에서 유래; '두려움'; 한 가나안인, '디달':—디달(창14:1).

H8414 תֹּהוּ[20회] **토후**
'황폐한 채로 있다'는 뜻의 사용하지 않는 어근에서 유래; '황폐'(지면의), 즉 '사막'; 상징적으로, '무가치한 것'; 부사 '헛되이':—혼돈, 빈 장소, 형태가 없는, 무, 헛된(것), 헛됨, 불모의 광야.

H8415 תְּהוֹם[36회] **테홈**
또는 **תְּהֹם 테홈** (보통 여성형)
〈**1949**〉에서 유래; '심연'(큰물의 '파도침'으로서), 특히 '깊음'('대양' 또는 지하의 물의 '공급처'):—깊은(곳), 깊음.

H8416 תְּהִלָּה[57회] **테힐라**
〈**1984**〉에서 유래; '찬미', 특히 (구체적으로) '찬송':—찬양.

H8417 תָּהֳלָה[3회] **토홀라**
'뽐내다'는 뜻의 사용하지 않는 명사(명백히 〈**1984**〉에서 유래)의 여성형; '허풍', 즉 (함축적으로) '우둔':—어리석음, 미련한.

H8418 תַּהֲלֻכָה[1회] **타할루카**
〈**1980**〉에서 유래; '행진':—가다.

H8419 תַּהְפֻּכָה[10회] **타흐푸카**
〈**2015**〉에서 유래; '심술궂음' 또는 '사기':—(매우) 고집 센(고집 셈, 것), 외고집의 일.

H8420 תָּו[3회] **타우**
〈**8427**〉에서 유래; '표시'; 함축적으로 '서명':—소원, 표.

H8421 תּוּב[8회] **투브**
아람어 〈**7725**〉와 같음; '돌아오다'; 특히 (타동사로 그리고 생략적으로 '회답하다'):—대답하다, 회복하다, 돌려보내다(답을).

H8422 תּוּבַל[8회] **투발** 또는 **תֻּבַל 투발**
아마 외래어 파생어; 홍수 후의 족장 '두발' 그리고 그의 후손:—두발(창10:2, 사66:19, 겔27:13).

H8423 תּוּבַל קַיִן[2회] **투발 카인**
명백히 〈**2986**〉(〈**2981**→과 비교)과 〈**7014**〉에서 유래; 가인의 자손; 홍수 이전의 족장, '두발가인':—두발가인(창4:22).

H8424 תּוּגָה[4회] **투가**
〈**3013**〉에서 유래; '의기소침'(영적으로); 구체적으로, '비통함':—무거움, 슬픔.

H8425 תּוֹגַרְמָה[4회] **토가르마**
또는 **תֹּגַרְמָה 토가르마**
아마 외래어 파생어; 고멜의 아들과 그의 후손, '도갈마':—도갈마(창10:3).

H8426 תּוֹדָה[32회] **토다**

〈3034〉에서 유래; 정확히는 '손을 펼침', 즉 (함축적으로) '공언', 또는 (보통) '숭배'; 특히 경배자들의 '합창단':—고백, 찬송(의 제사), 감사(제, 제물).

H8427 תָּוָה[2회] **타와**
기본어근; '구획하다', 즉 (기본적으로) '긁다' 또는 (명확하게는)(도장 따위를) '찍다':—[손톱 따위로] 긁다, 표를 하다.

H8428 תָּוָה[1회] **타와**
기본어근 [또는 아마도 '긁어' 조각을 낸다는 유사한 개념을 통해 〈8427〉과 일치됨]; '슬퍼하다':—제한하다 [〈8427〉과 혼동함으로].

H8429 תְּוַהּ[1회] **테와흐**
아람어 〈8539〉 또는 아마도 '쓸어서' 황폐하게 한다[〈8428〉과 비교]는 개념을 통해 〈7582〉와 같음; '놀라게 하다', 즉 (재귀동사, 함축적으로) '경계하다':—놀라다.

H8430 תּוֹחַ[1회] **토아흐**
'풀이 죽게 하다'는 사용되지 않는 어근에서 유래; '겸손한'; 한 이스라엘인, '도후':— 도후(삼상1:1).

H8431 תּוֹחֶלֶת[6회] **토헬레트**
〈3176〉에서 유래; '기대':—희망.

H8432 תָּוֶךְ[418회] **타웨크**
'절단하다'는 뜻의 사용하지 않는 어근에서 유래; '이등분', 즉 (함축적으로) '중앙':— …중에, 사이에, 절반, (그곳, 어느 곳), 안에(안으로), 중앙, 한[밤]중, …가운데(…중에), …으로부터, 통하여, 함께(…안에).

H8433 תּוֹכֵחָה[4회] **토케하**
그리고 **תּוֹכַחַת 토카하트**
〈3198〉에서 유래; '징계'; 상징적으로 (말로서) '제재', '반박', '증거'(심지어 변호함에 있어서):—논쟁, 징계 받은, 견책, 추론, 책망, 질책, (자주)비난받다.

H8434 תּוֹלַד[3회] **톨라드**
〈3205〉에서 유래; '후손'; 팔레스타인의 한 장소, '돌랏':—돌랏(수15:30, 대상4:29). 〈513〉과 비교

H8435 תּוֹלְדָה[39회] **톨레다**
또는 **תֹּלְדָה 톨레다**
〈3205〉에서 유래; (단지 복수형으로만) '가계', 즉 '가족'; (상징적으로) '역사':— 출생, 세대.

H8436 תּוּלוֹן[1회] **툴론**
〈8524〉에서 유래; '매달기'; 한 이스라엘인, '딜론':—딜론 [난외주로부터](대상4:20).

H8437 תּוֹלָל[1회] **톨랄**
〈3213〉에서 유래; '울부짖게 함', 즉 '압박자':—황폐한 것.

H8438 תּוֹלָע[6회] **톨라** 그리고 (여성형) **תּוֹלֵעָה 톨레아** 또는 **תּוֹלַעַת 톨라아트** 또는 **תֹּלַעַת 톨라아트**
〈3216〉에서 유래; '구더기'(게걸스럽게 먹는); 특히 (종종 〈8144〉의 생략형으로) 심홍색 '유충', 그러나 (이것과 연관해서) 그것의 색깔에 한해서만, 그리고, 그것으로 염색한 옷감에 한해서만 사용됨:—심홍색, 주홍색, 벌레.

H8439 תּוֹלָע[3회] **톨라**
〈8438〉과 동일; '벌레'; 두 이스라엘인 이름, '돌라':—돌라(창46:13, 삿10:1, 대상7:1).

H8440 תּוֹלָעִי[1회] **톨라이**
〈8439〉에서 유래한 족속의 명칭; '돌라 가족'(집합적으로), 또는 돌라의

후손:— 돌라 사람들(민26:23).

H8441 תּוֹעֵבָה[117회] **토에바**

또는 **תֹּעֵבָה 토에바**

〈**8581**〉의 능동태 분사 여성형; 정확히는 '구역질나는 것'(도덕적으로), 즉 (명사로서) '혐오', 특히 '우상숭배' 또는 (구체적으로) '우상':—가증한 (관습, 것), 몹시 싫어함.

H8442 תּוֹעָה[3회] **토아**

〈**8582**〉의 능동태 분사 여성형; '실수', 즉 (도덕적으로) '불경건', 또는 (정치적) '손상':—잘못, 방해하다.

H8443 תּוֹעָפָה[4회] **토아파**

〈**3286**〉에서 유래; (단지 복수 집합명사로) '피로', 즉 (함축적으로) '수고' (그렇게 얻은 '보물'), 또는 속도:—풍부, 힘.

H8444 תּוֹצָאָה[23회] **토차아**

또는 **תֹּצָאָה 토차아**

〈**3318**〉에서 유래; (다만 복수 집합명사로) '출구', 즉 (지리적) '경계', 또는 (상징적으로) '구출', (능동으로) '근원':—경계(변방), 나아감, 발행, 피함.

H8445 תּוֹקַהַת[1회] **토카하트**

〈**3349**〉와 동형에서 유래; '순종'; 한 이스라엘인, '독핫':—독핫(대하34:22). 디과[〈**8616**〉에 대한 교정으로].

H8446 תּוּר[23회] **투르**

기본어근; '정처 없이 헤매다'(사역동사 '안내하다'), 특히 장사나 정탐을 위한:— 상인, 알아보러 보내다, 탁월하다, 장사꾼, 탐구하다, 찾다, 정탐하다.

H8447 תּוֹר[5회] **토르** 또는 **תֹּר 토르**

〈**8446**〉에서 유래; '계승', 즉 '끈' 또는 (추상적으로) '명령':—경계(境界), 줄, 차례.

H8448 תּוֹר[2회] **토르**

아마 〈**8447**〉과 동일; '종류'(일종의 '순번'으로서):—지위, 신분(대상17:17).

H8449 תּוֹר[6회] **토르** 또는 **תֹּר 토르**

〈**8447**〉과 동일; '비둘기', 종종 (상징적으로) 친애의 용어로서:—호도애.

H8450 תּוֹר[7회] **토르**

아람어 〈**7794**〉와 치환으로 같음; '황소':—(거세한)소, 황소.

H8451 תּוֹרָה[220회] **토라** 또는 **תֹּרָה 토라**

〈**3384**〉에서 유래; '법칙' 또는 '법령', 특히 '십계명' 또는 '오경':—율법.

H8452 תּוֹרָה[3회] **토라**

아마 〈**8448**〉의 여성형; '관습':—방식, 규례.

H8453 תּוֹשָׁב[14회] **토샤브**

또는 **תֹּשָׁב 토샤브** (왕상17:1)

〈**3427**〉에서 유래; '거주자'(그러나 이국풍이 아닌 [〈**5237**〉]); 특히 (원주민[〈**1616**〉] 또는 단순한 숙박인 [〈**3885**〉]과는 구별되는) '이국 거주자':—외국인, 거주자, 체류자, 나그네.

H8454 תּוּשִׁיָּה[12회] **투쉬야**

또는 **תֻּשִׁיָּה 투쉬야**

아마 '성립시키다'는 뜻의 사용하지 않는 어근에서 유래; '지원' 또는 (함축적으로) '능력', 즉 (직접적인) '도움', (목적에 있어서) '사업', (지적) 이해:—사업, 본질이 되는(듯한)것, 있는 그대로의 것, 실체, (건전한) 지혜, 활동.

H8455 תּוֹתָח[1회] **토타흐**

'강타하다'는 사용하지 않는 어근에서 유래; '몽둥이':—투창.

H8456 תָּזַז[1회] **타자즈**
기본어근; (가지를) '치다':—잘라버리다.

H8457 תַּזְנוּת[20회] **타즈누트**
또는 **תַּזְנֻת 타즈누트**
〈**2181**〉에서 유래; '매음', 즉 (상징적으로) '우상숭배':—간음, 우상숭배.

H8458 תַּחְבֻּלָה[6회] **타흐불라**
또는 **תַּחְבּוּלָה 타흐불라**
〈**2256**〉에서 유래한 명사 유래어로서 〈**2254**〉에서 유래; (오직 복수형으로) 정확히는 '조종'('밧줄들'의 관리로서), 즉 (상징적으로) '인도함', 또는 (함축적으로) '계획':—좋은 충고, 현명한 권고.

H8459 תֹּחוּ[1회] **토후**
'풀이 죽게 하다'는 뜻의 사용하지 않는 어근에서 유래; '굴욕'; 한 이스라엘인, '도우':—도우(대상18:9).

H8460 תְּחוֹת[5회] **테호트** 또는 **תְּחֹת 테호트**
아람어 〈**8478**〉과 같음; '…밑에':—…아래.

H8461 תַּחְכְּמֹנִי[1회] **타흐케모니**
아마 〈**2453**〉 참조; '총명한'; 한 이스라엘인, '다그몬':—다그몬 사람(삼하23:8).

H8462 תְּחִלָּה[22회] **테힐라**
'개시'라는 의미로 〈**2490**〉에서 유래; '시작'; 비교적으로 '원래의'(부사 '원래'):— 시작하다(시작), 처음(첫 번).

H8463 תַּחֲלוּא[5회] **타할루**
또는 **תַּחֲלֻא 타할루**
〈**2456**〉에서 유래; '질병':—병, 통탄할, 아픈(병).

H8464 תַּחְמָס[4회] **타흐마쓰**
〈**2554**〉에서 유래; 부정한 새의 일종(그 '난폭성' 때문에); 아마 '올빼미':—쏙독새, 타흐마스(레11:16, 신14:15).

H8465 תַּחַן[2회] **타한**
아마 〈**2583**〉에서 유래; '주둔지'; 두 이스라엘인의 이름, '다한':—다한(민26:35, 대상7:25)

H8466 תַּחֲנָה[1회] **타하나**
〈**2583**〉에서 유래; (오직 복수 집합명사로) '진을 침':—야영지.

H8467 תְּחִנָּה[25회] **테힌나**
〈**2603**〉에서 유래; '인자함'; 사역적으로 '간청':—호의, 은혜, 탄원.

H8468 תְּחִנָּה[1회] **테힌나**
〈**8467**〉과 동일; 한 이스라엘인, '드힌나':—드힌나(대상4:12).

H8469 תַּחֲנוּן[18회] **타하눈**
또는 (여성형) **תַּחֲנוּנָה 타하누나**
〈**2603**〉에서 유래; 간절한 '기도':—간청, 탄원.

H8470 תַּחֲנִי[1회] **타하니**
〈**8465**〉에서 유래한 족속의 명칭; '다한 사람'(집합적으로), 또는 다한의 후손:— 다한 사람들(민26:35).

H8471 תַּחְפַּנְחֵס[7회] **타흐판헤쓰**
또는 **תְּחַפְנְחֵס 테하프네헤쓰** (겔30:18), 또는 **תַּחְפְּנֵס 타흐페네쓰** (렘2:16)
애굽어 파생어; 애굽의 한 지명, '다바네스':—다바네스(렘2:16), 드합느헤스(겔30:18).

H8472 תַּחְפְּנֵיס[2회] **타흐페네쓰**
애굽어 파생어; 한 애굽여인, '다브네스':—다브네스(왕상11:19).

H8473 תַּחֲרָא[2회] **타하라**
〈**2352**〉 또는 〈**2353**〉의 본래 의미로 〈**2734**〉에서 유래; 아마포 '코르셋'('희거나' '속이 빈' 것):—소매 없는 사슬갑옷.

H8474 תַּחֲרָה93회 **타하라**
질투의 '열'이라는 개념을 통해 〈**2734**〉에서 온 조성된 어근; '적수와 대결하다':—다가가다, 경쟁하다.

H8475 תַּחְרֵעַ2회 **타흐레아**
〈**8390**〉 참조; 한 이스라엘인, '다레아':—다레아(대상8:35).

H8476 תַּחַשׁ14회 **타하쉬**
아마 외래어 파생어; 털을 가진 (깨끗한) 동물, 아마도 '영양'의 일종:—오소리.

H8477 תַּחַשׁ1회 **타하쉬**
〈**8476**〉과 동일; 아브라함의 친척, '다하스':—다하스(창22:24).

H8478 תַּחַת506회 **타하트**
〈**8430**〉과 동형에서 유래; '바닥'('눌려진'것으로서); 오직 부사로 '아래에'(종종 접두 전치사와 함께 '…아래'), '…대신에', 등등:—처럼, 아래, 평평한, 안에(대신에), (같은)장소, (무엇이 있는)자리, …위해, …대신에, 아래, ~쪽으로, …나의 것일 때, …반면에, 그러므로, …와 함께.

H8479 תַּחַת4회 **타하트**
아람어 〈**8478**〉과 같음:—밑에.

H8480 תַּחַת3회 **타하트**
〈**8478**〉과 동일; 사막의 한 장소와 또한 세 이스라엘인의 이름, '다핫':—다핫(민33:26, 대상6:9(24)).

H8481 תַּחְתּוֹן13회 **타흐톤**
또는 **תַּחְתֹּן 타흐톤**
〈**8478**〉에서 유래; '맨 밑바닥의':—보다 낮은(가장 낮은), (가장)아래의.

H8482 תַּחְתִּי9회 **타흐티**
〈**8478**〉에서 유래; '가장 낮은'; (여성 복수형) 명사로서 '심연' (상징적으로 '구덩이', '자궁'):—낮은(부분, 더 낮은, 더 낮은 부분, 가장 낮은), 아래(부분).

H8483 תַּחְתִּים חָדְשִׁי1회 **타흐팀 호드쉬**
명백히 〈**8482**〉 또는 〈**8478**〉의 남성 복수형과 〈**2320**〉에서 유래; '매달의 더 낮은'(것들); 팔레스타인의 한 장소, '닷딤홋시':—닷딤홋시(삼하24:6).

H8484 תִּיכוֹן12회 **티콘** 또는 **תִּיכֹן 티콘**
〈**8432**〉에서 유래; '중앙의':—가운데(가장 중앙의), …중에.

H8485 תֵּימָא5회 **테마** 또는 **תֵּמָא 테마**
아마 외래어 파생어; 이스마엘의 아들 그리고 그가 정착한 지역, '데마':—데마(창25:15).

H8486 תֵּימָן24회 **테만** 또는 **תֵּמָן 테만**
〈**3225**〉에서 유래한 명사 유래어; '남쪽'(동쪽을 향한 사람의 '오른손' 쪽에 있는 곳으로서):—남쪽(으로, 남풍).

H8487 תֵּימָן10회 **테만** 또는 **תֵּמָן 테만**
〈**8486**〉과 동일; 두 에돔 사람과 그 지역과 그들 중 하나의 후손의 이름, '데만':— 남쪽, 데만(합3:3).

H8488 תֵּימְנִי1회 **테메니**
아마 〈**8489**〉 참조; 한 이스라엘인, '데므니':—데므니(대상4:6).

H8489 תֵּימָנִי8회 **테마니**
〈**8487**〉에서 유래한 족속의 명칭; '데만 사람', 또는 데만의 후손:—데만 사람들(창36:34).

H8490 תִּימָרָה2회 **티마라**
또는 **תִּמָרָה 티마라**
〈**8558**〉과 동형에서 유래; '원주'(기둥), 즉 '구름':—기둥.

H8491 תִּיצִי1회 **티치**
뜻이 불확실한 사용하지 않는 어근에서 유래한 족속의 명칭; '디스 사람', 또는 알려지지 않은 디스의 자손:—

디스사람(대상11:45).

H8492 תִּירוֹשׁ[38회] **티로쉬**

또는 **תִּירֹשׁ** **티로쉬**

'추방'이라는 의미로서 〈**3423**〉에서 유래; '포도액' 또는 신선한 포도 주스(금방 '짜낸'); 함축적으로 (매우 잘) 발효시킨 '포도주':—(새, 단)포도주.

H8493 תִּירְיָא[1회] **티레야**

아마도 〈**3372**〉에서 유래; '두려운'; 한 이스라엘 사람, '디리아':—디리아(대상4:16).

H8494 תִּירָס[1회] **티라쓰**

아마도 외래어 파생어; 야벳의 아들, '디라스':—디라스(창10:2).

H8495 תַּיִשׁ[4회] **타이쉬**

'뿔 따위로 받다'는 뜻의 사용하지 않는 어근에서 유래; '수사슴', 또는 숫염소('받는' 성질로서):—숫염소.

H8496 תֹּךְ[3회] **토크**

또는 **תּוֹךְ** **토크** (시72:14)

〈**8432**〉(조각으로 자르다는 의미에서)와 같은 어근에서 유래; '압박':—기만, 사기.

H8497 תָּכָה[1회] **타카**

기본어근; '흩뿌리다', 즉 '진 치다':—앉다.

H8498 תְּכוּנָה[2회] **테쿠나**

〈**8505**〉의 여성 수동태 분사; '조정', 즉 '구조(構造)'; 함축적으로 '장비':—식양, 비품.

H8499 תְּכוּנָה[1회] **테쿠나**

〈**3559**〉에서 유래; 또는 아마도 〈**8498**〉과 동일; 어떤 '지정한' 또는 '고정한' 것, 즉 '장소':—자리, 곳.

H8500 תֻּכִּי[2회] **툭키** 또는 **תּוּכִּי** **툭키**

아마도 외래어 파생어; 수입해 온 어떤 동물, 아마도 '공작':—공작.

H8501 תָּכָךְ[1회] **타카크**

'분리하다'는 뜻의 사용하지 않는 어근에서 유래, 즉 '눌러서 뭉개다':—거짓의.

H8502 תִּכְלָה[1회] **티클라**

〈**3615**〉에서 유래; '완성':—완전.

H8503 תַּכְלִית[5회] **타클리트**

〈**3615**〉에서 유래; '완성'; 함축적으로 '말단':—끝, 완전한(완전).

H8504 תְּכֵלֶת[49회] **테켈레트**

아마도 〈**7827**〉참조; '하늘색 홍합', 즉 거기서 얻은 '자색' 또는 그것으로 물들인 직물:—청색.

H8505 תָּכַן[18회] **타칸**

기본어근; 균형이 맞다, 즉 저울로 달다(무게, 또는 용적에 의하여); 상징적으로 '정돈하다', '평등하게 하다', '공평하게 함'의 개념을 통하여(정신적으로 '평가하다', '시험하다':—지탱하다, 지시하다, 동등하다[하지 않다], 재다, 숙고하다, 말하다, 달다.

H8506 תֹּכֶן[2회] **토켄**

〈**8505**〉에서 유래; '고정된 량':—분량, 총계.

H8507 תֹּכֶן[1회] **토켄**

〈**8506**〉과 동일; 팔레스타인의 한 곳, '도겐':—도겐(대상4:32).

H8508 תָּכְנִית[2회] **토크니트**

〈**8506**〉에서 유래; '계량', 즉 '완성':—모형, 총계.

H8509 תַּכְרִיךְ[1회] **타크리크**

명백히 '둘러싸다'는 뜻의 사용하지 않는 어근에서 유래; '실내복', 또는 길고 헐거운 겉옷:—의복.

H8510 תֵּל[5회] **텔**

〈**8524**〉의 압축형; '작은 언덕':—더미, 세기.

H8511 תָּלָא3회 **탈라**
기본어근; '매달다'; 상징적으로 (주저함을 통하여) '불확실하다'; 함축적으로 (정신적인 '의존') '길들이다':—구부러지다, 매달다, 의심에 매달리다.

H8512 תֵּל אָבִיב1회 **텔 아비브**
〈8510〉과 〈24〉에서 유래; '푸른 초목이 자란 작은 언덕'; 갈대아에 있는 지명, '델아빕':—델아빕(겔3:15).

H8513 תְּלָאָה5회 **텔라아**
〈3811〉에서 유래; '곤궁':—진통, 여행, 고생.

H8514 תַּלְאוּבָה1회 **탈우바**
〈3851〉에서 유래; '건조':—심한 가뭄.

H8515 תְּלַאשַּׂר2회 **텔라사르**
또는 תְּלַשַּׂר **텔라사르**
외래어 파생어; 앗수르의 지명, '들라살':—들라살(사37:12).

H8516 תַּלְבֹּשֶׁת1회 **탈보셰트**
〈3847〉에서 유래; '의복':—의류.

H8517 תְּלַג1회 **텔라그**
아람어 〈7950〉과 같음; '눈':—눈(白雪).

H8518 תָּלָה30회 **탈라**
기본어근; '매달다'(특히 '교수형에 처하다'):—매달다.

H8519 תְּלוּנָּה4회 **텔루나**
또는 תְּלֻנָּה **텔룬나**
'완고함'의 의미로 〈3885〉에서 유래; '투덜거림':—중얼거림.

H8520 תֶּלַח1회 **텔라흐**
아마도 '분리하다'는 뜻의 사용하지 않는 어근에서 유래; '파괴'; 한 이스라엘 사람, '델라':—델라(대상7:25).

H8521 תֵּל חַרְשָׁא2회 **텔 하르샤**
〈8510〉과 〈2798〉의 여성형에서 유래; '솜씨의 작은 언덕'; 바벨론의 지명, '델하르사':—델하르사(스2:59, 느7:61).

H8522 תְּלִי1회 **텔리**
아마도 〈8518〉에서 유래; '전동(箙筒)'(메는 것으로서):—화살 통.

H8523 תְּלִיתַי2회 **텔리 타이**
또는 תַּלְתִּי **탈티**
아람어 〈8532〉에서 유래한 서수; '셋째':—세 번째.

H8524 תָּלַל9회 **탈랄**
기본어근; '쌓아올리다', 즉 '높이다':—뛰어난, 두드러진. 〈2048〉과 비교

H8525 תֶּלֶם5회 **텔렘**
'축적하다'는 뜻의 사용하지 않는 어근에서 유래; '둑' 또는 '계단 모양의 뜰':—밭고랑, 산마루, 두둑.

H8526 תַּלְמַי6회 **탈마이**
〈8525〉에서 유래; '두둑이 된'; 가나안 사람과 수리아 사람의 이름, '달매':—달매(삼하3:3, 민13:22, 수15:14, 삿1:10).

H8527 תַּלְמִיד1회 **탈미드**
〈3925〉에서 유래; '생도':—학자.

H8528 תֵּל מֶלַח2회 **텔 멜라흐**
〈8510〉과 〈4417〉에서 유래; '소금의 더미'; 바벨론의 한 지명, '델멜라':—델멜라(스2:59, 느7:61).

H8529 תָּלַע1회 **탈라**
〈8438〉에서 유래한 명사 유래어; 심홍색이 되다, 즉 그 색으로 물들이다:—주홍색.

H8530 תַּלְפִּיָּה1회 **탈피야**
'솟다'는 뜻의 사용하지 않는 어근에서 유래한 여성형; '키가 큰 것', 즉 (복수 집합명사로) '호리호리함':—

병기, 군기.

H8531 תְּלַת3회 **텔라트**

아람어 〈8532〉에서 유래; '제 3의' 서열:—셋째.

H8532 תְּלָת11회 **텔라트** 남성형 **תְּלָתָה** **텔라타** 또는 **תְּלָתָא** **텔라타**

아람어 〈7969〉와 같음; '셋' 또는 '셋째':—셋째, 셋.

H8533 תְּלָתִין2회 **텔라틴**

아람어 〈8532〉의 배수; '셋의 열배':—삼십.

H8534 תַּלְתַּל1회 **탈탈**

'진동'의 개념을 통해 〈8524〉에서 유래한 중복체; '늘어진 큰 나무 가지'('매달린' 것처럼):—관목이 무성한.

H8535 תָּם15회 **탐**

〈8552〉에서 유래; '완료하다'; 보통 (도덕적으로) '경건한'; 특히 '온화한', '친애하는':—함께 연결되어진, 완전한, 명백한, 순결한, 올바른.

H8536 תָּם15회 **탐**

아람어 〈8033〉과 같음; '거기':—그런 고로, 거기, 곳.

H8537 תֹּם23회 **톰**

〈8552〉에서 유래; '완전'; 상징적으로 '번영'; 보통 (도덕적으로) '무죄':—(완전히), 흠 없음, 완전함(한), 순진, 올바(른, 르게, 름), 모험적으로. 〈8550〉을 보라.

H8538 תֻּמָּה5회 **툼마**

〈8537〉의 여성형; '무죄':—완전무결.

H8539 תָּמַהּ9회 **타마흐**

기본어근; '섬뜩 놀람':—놀라다, 깜짝 놀라다, 이상히 여기다(신기하게), 의아하다.

H8540 תְּמַהּ3회 **테마흐**

아람어 〈8539〉와 일치하는 어근에서 유래; '기적':—경이.

H8541 תִּמָּהוֹן2회 **팀마혼**

〈8539〉에서 유래; '섬뜩 놀람':—경악.

H8542 תַּמּוּז1회 **탐무즈**

불확실한 파생어; 베니게(페니키아)의 신, '담무스':—담무스(겔8:—14).

H8543 תְּמוֹל23회 **테몰** 또는 **תְּמֹל** **테몰**

아마도 〈865〉 참조; 정확히는 '전에', 즉 (짧거나 긴) '시간 이래'; 특히 '어제', 또는 (〈8032〉와 함께) 어제 '전날'(그저께):—전 시간, 이[사흘]날들, 앞서, 지난시간, 어제.

H8544 תְּמוּנָה10회 **테무나** 또는 **תְּמֻנָה** **테무나**

〈4327〉에서 유래; '분배된 (즉 '모양을 만든') '어떤 것', '형태'로서, 즉 (불확실하게) '유령', 또는 (특히) '형체를 부여하기', 또는 (상징적으로) (호의) '표현':—형상, 닮음, 유사함.

H8545 תְּמוּרָה6회 **테무라**

〈4171〉에서 유래; '물물교환', '보상':—교환(하는, 하다), 배상, 반환.

H8546 תְּמוּתָה2회 **테무타**

〈4191〉에서 유래; '처형'(판결로서):—죽음, 죽다.

H8547 תֶּמַח2회 **테마흐**

불확실한 파생어; 느디님 사람 중의 하나, '데마':—데마(스2:53, 느7:55).

H8548 תָּמִיד103회 **타미드**

'뻗치다'는 뜻의 사용하지 않는 어근에서 유래; 정확히는 '계속성'(확장으로서); 그러나 오직 한정적으로 (형용사로 '변치 않는') 또는 부사로 ('끊임없이'); 생략법으로 '규칙적인' (매일의) 제사:—늘, 계속적인(고용, 연속해서), 매일의, 항상[두 번 다시 ~않다], 영존의.

H8549 תָּמִים91회 **타밈**

⟨**8552**⟩에서 유래; '완전한'(문자적, 상징적 또는 도덕적으로); 또한 (명사로서) '흠 없음', '진실':—흠 없는, 완전한, 온전한, 성실(하게), 건전한, 점 없는, 순결한, 올바(른, 르게).

H8550 תֻּמִּים5회 **툼밈**

⟨**8537**⟩의 복수; '완전', 즉 (전문용어로) '완전한' 진리의 상징으로서 대제사장의 흉패에 있는 물건들 중의 명칭의 하나:—둠밈(출28:30, 신33:8, 레8:8, 스2:63).

H8551 תָּמַךְ21회 **타마크**

기본어근; '떠받치다'; 함축적으로 '얻다', '단단히 지키다'; 상징적으로 '돕다', '바싹 따르다':—쳐들다, 유지하다, 보유하다, 일어나 있다.

H8552 תָּמַם60회 **타맘**

기본어근; '완성하다', 좋거나 나쁜 의미에서, 문자적으로나 상징적으로, 타동사로나 자동사로(다음과 같이 사용됨):—완수하다, 그치다, 완전히 [지나가다], 소모하다, 이루었다, 끝나다(그만두다), 실패하다, 충분하다, 없어지다, 다 있다, 완전하다, 소비하다, 총계하다, 정직하다, 허비하다, 전체의.

H8553 תִּמְנָה12회 **팀나**

⟨**4487**⟩에서 유래; '지정된 몫'; 팔레스타인의 두 지명, '딤나':—딤나(창38:12, 수15:10, 대하28:18).

H8554 תִּמְנִי1회 **팀니**

⟨**8553**⟩에서 유래한 족속의 명칭; '딤나 사람', 또는 딤나의 거민:—딤나 사람(삿15:6).

H8555 תִּמְנָע5회 **팀나**

⟨**4513**⟩에서 유래; '억제'; 에돔족속 두 사람의 이름, '딤나':—딤나(창36:12, 대상1:39).

H8556 תִּמְנַת חֶרֶס3회 **팀나트 헤레쓰**

또는 **תִּמְנַת סֶרַח 팀나트 세라흐**

⟨**8553**⟩과 ⟨**2775**⟩에서 유래; '태양의 일부분'; 팔레스타인의 지명, '딤낫헤레스':—딤낫헤레스(삿2:9), 딤낫세라(수19:50).

H8557 תֶּמֶס1회 **테메쓰**

⟨**4529**⟩에서 유래; '용해', 즉 '사라짐':—녹다.

H8558 תָּמָר12회 **타마르**

'똑바로 세우다'는 뜻의 사용하지 않는 어근에서 유래; '종려나무':—종려(나무).

H8559 תָּמָר24회 **타마르**

⟨**8558**⟩과 동일; 세 여인과 한 장소의 이름 '다말':—다말(창38:6, 삼하13:1, 왕상9:18, 겔47:19).

H8560 תֹּמֶר2회 **토메르**

⟨**8558**⟩과 동형에서 유래; '종려' 줄기:—종려나무.

H8561 תִּמֹּר6회 **팀모르** (복수로만); 또는 (여성형) **תִּמֹּרָה 팀모라** (단수와 복수로)

⟨**8558**⟩과 같은 어근에서 유래; (건축에서) '종려'와 같은 벽기둥 (즉 산형화의):— 종려나무.

H8562 תַּמְרוּק4회 **탐루크**

또는 **תַּמְרֻק 탐루크** 또는 **תַּמְרִיק 탐리크**

⟨**4838**⟩에서 유래; 정확히는 '문질러 닦음', 즉 목욕을 위한 '비누' 또는 '향수'; 상징적으로 '세척제':—닦음, 청결(을 위한 물건), 정결케 함.

H8563 תַּמְרוּר3회 **탐루르**

⟨**4843**⟩에서 유래; '쓴맛'(집합명사로서 복수):—가장 모진, 가장 통렬히.

H8564 תַּמְרוּר[1회] **탐루르**

〈**8558**〉과 같은 어근에서 유래; '세움', 즉 '기둥'(아마도 안내판으로):—높은 더미.

H8565 תַּן[4회] **탄**

아마도 '길게 하다'는 뜻의 사용하지 않는 어근에서 유래; '괴물'(초자연적으로 형성된), 즉 '바다뱀'(또는 다른 거대한 바다동물); 또한 '자칼'(또는 다른 소름끼치는 육상동물):—용, 고래. 〈**8557**〉과 비교

H8566 תָּנָה[4회] **타나**

기본어근; (돈을) '주다'(돈을 위한 유인), 즉 (창녀와) '흥정하다':—고용하다.

H8567 תָּנָה[2회] **타나**

기본어근 [오히려 '존귀'를 돌린다는 개념에서 〈**8566**〉과 동일]; (찬양을) '돌리다', 즉 '경축하다', '축하하다':—애도하다, 되풀이 해 말하다.

H8568 תַּנָּה[1회] **탄나**

아마도 〈**8565**〉의 여성형; 암'자칼':—용.

H8569 תְּנוּאָה[2회] **테누아**

〈**5106**〉에서 유래; '이간'; 함축적으로 '적의':—약속의 위반, 기회.

H8570 תְּנוּבָה[5회] **테누바**

〈**5107**〉에서 유래; '생산하다':—열매, 증가.

H8571 תְּנוּךְ[8회] **테누크**

아마도 '늘이기'라는 개념으로 〈**594**〉와 동일한 어근에서 유래; 작은 '뾰족탑', 즉 '말단':—끝.

H8572 תְּנוּמָה[5회] **테누마**

〈**5123**〉에서 유래; '졸음', 즉 '잠':—선잠, 졸기.

H8573 תְּנוּפָה[30회] **테누파**

〈**5130**〉에서 유래; (위협으로) '휘두름'; 함축적으로 '법석'; 특히 희생제사의 공식적인 '파동':—제물, 흔들기, 흔들다, 요제(搖祭).

H8574 תַּנּוּר[15회] **탄누르**

〈**5216**〉에서 유래; '화로':—난로, 화덕.

H8575 תַּנְחוּם[5회] **탄훔** 또는 **תַּנְחֻם 탄훔**

또한 (여성형) **תַּנְחוּמָה 탄후마**

〈**5162**〉에서 유래; '동정', '위안':—위로, 위안.

H8576 תַּנְחֻמֶת[2회] **탄후메트**

〈**8575**〉 (여성형) 참조; 한 이스라엘 사람, '단후멧':—단후멧(왕하25:23, 렘40:8).

H8577 תַּנִּין[14회] **탄닌**

또는 **תַּנִּים 탄님** (겔29:3)

〈**8565**〉와 동형에서 유래한 강세형; 해상이나 육상의 '괴물', 즉 '바다뱀' 또는 '자칼':—용, 바다괴물, 뱀, 고래.

H8578 תִּנְיָן[1회] **틴얀**

아람어 〈**8147**〉과 같음; '두 번째':—둘째.

H8579 תִּנְיָנוּת[1회] **틴야누트**

아람어 〈**8578**〉에서 유래; '두 번째':—다시.

H8580 תַּנְשֶׁמֶת[3회] **탄셰메트**

〈**5395**〉에서 유래; 정확히는 '씨근거리며 숨 쉬는 것', 즉 불결한 두 피조물의 이름, 도마뱀과 새(아마도 그들이 성을 잘 내어 자기들의 색깔을 바꿈으로부터), '청개구리'와 '쇠물닭':—두더지, 백조.

H8581 תָּעַב[22회] **타아브**

기본어근; '몹시 싫어하다', 즉 (도덕적으로) '지독하게 미워하다':—몹시 싫어하다(하게 하다), 지긋지긋하게

싫다, 가증하다(하게 행하다).

H8582 תָּעָה50회 **타아**

기본어근; '망설이다', 즉 '비틀거리다' 또는 '옆길로 빗나가다'(문자적으로나 상징적으로); 또한 사역동사로 둘 다:—길을 잃다(잃게 되다), 속이다, 본심을 속이다, 정도에서 벗어나다[나게 하다, 나게 만들다], 헐떡거리다, 부추기다, 비틀거리다[거리게 하다], 방황하다[하게 하다], 길을 벗어나다.

H8583 תֹּעוּ4회 **토우** 또는 **תֹּעִי 토이**

〈**8582**〉에서 유래; '잘못'; 시리아의 왕, '도이', 또는 '도우':—도이(삼하8:9), 도우(대상18:9).

H8584 תְּעוּדָה3회 **테우다**

〈**5749**〉에서 유래; '증명', 즉 '법칙', '쓰는 법':—증언.

H8585 תְּעָלָה11회 **테알라**

〈**5927**〉에서 유래; '수로'(그 속으로 관개하기 위하여 물을 올린); 또한 '붕대' 또는 '고약'(상처 '위에' 붙이는):—도관, 고쳐진, 치료함, 작은 강, 도랑, 수도.

H8586 תַּעֲלוּל2회 **타알룰**

〈**5953**〉에서 유래; '변덕'('자꾸 일어나는' 발작으로서), 즉 '괴로움'; 구체적으로 폭군:—갓난아기, 현혹.

H8587 תַּעֲלֻמָּה3회 **타알룸마**

〈**5956**〉에서 유래; '비밀':—숨겨진 것, 비밀.

H8588 תַּעֲנוּג5회 **타아누그** 또는 **תַּעֲנֻג 타아누그** 그리고 (여성형) **תַּעֲנֻגָה 타아누가**

〈**6026**〉에서 유래; '사치':—섬세한, 기쁜, 즐거운.

H8589 תַּעֲנִית1회 **타아니트**

〈**6031**〉에서 유래; '고통'(자신의), 즉 '금식':—무거움.

H8590 תַּעֲנָךְ7회 **타아나크** 또는 **תַּעְנָךְ 타나크**

불확실한 파생어; 팔레스타인의 지명, '다아낙', 또는 '다낙':—다아낙(수12:21, 삿1:27, 왕상4:12), 다낙.

H8591 תָּעַע2회 **타아**

기본어근; '속이다'; 유추적으로 '학대하다':—속이다, 학대하다.

H8592 תַּעֲצֻמָה2회 **타아추마**

〈**6105**〉에서 유래; '힘'(복수, 집합명사로):—권력.

H8593 תַּעַר13회 **타아르**

〈**6168**〉에서 유래; '칼' 또는 '면도칼'(벗겨지게 '만드는'); 또한 '칼집'('빼낸' 즉 빈):—[장]도, 면도칼, 칼집, 면도하다.

H8594 תַּעֲרֻבָה2회 **타아루바**

〈**6148**〉에서 유래; '보증인의 지위[책임]', 즉 (구체적으로) '서약':—볼모.

H8595 תַּעְתֻּעַ2회 **타투아**

〈**8591**〉에서 유래; '사기':—잘못.

H8596 תֹּף17회 **토프**

〈**8608**〉에서 유래한 압축형; '탬버린':—작은 북.

H8597 תִּפְאָרָה51회 **티프아라** 또는 **תִּפְאֶרֶת 티프에레트**

〈**6286**〉에서 유래; '장식'(추상적으로나 구체적으로, 문자적으로나 상징적으로):—아름다움(-운), 용기, 잘생긴, 고운, 영광(스러운), 명예, 위엄.

H8598 תַּפּוּחַ6회 **탑푸아흐**

〈**5301**〉에서 유래; '사과'(그것의 '향기'로 부터), 즉 과일 혹은 나무(아마도 '사과'계통의 다른 것들, 즉 모과,

오렌지 등을 포함):—사과(나무). 또 한 ⟨1054⟩를 보라

H8599 תַּפּוּחַ6회 **탑푸아흐**
⟨8598⟩과 동일; 팔레스타인의 두 지명과 한 이스라엘인, '답부아': —답부아(수12:17, 대상2:43).

H8600 תְּפוֹצָה1회 **테포차**
⟨6327⟩에서 유래; '흩음':—분산.

H8601 תֻּפִין4회 **투핀**
⟨644⟩에서 유래; '요리법', 즉 (구체적으로) '과자':—구운 조각.

H8602 תָּפֵל6회 **타펠**
'바르다'라는 뜻의 사용하지 않는 어근에서 유래; '회반죽'('접착성'으로서) 또는 차진 흙; (상징적으로) '경솔':—어리석은 일들, 맛없는, 조절되지 않은.

H8603 תֹּפֶל1회 **토펠**
⟨8602⟩와 동형에서 유래; '진구렁'; 사막의 인근지역, '도벨':—도벨(신1:1).

H8604 תִּפְלָה3회 **티플라**
⟨8602⟩와 동형에서 유래; '경솔':—어리석음, 어리석게도.

H8605 תְּפִלָּה77회 **테필라**
⟨6419⟩에서 유래; '중재', '간구', 함축적으로 '찬송':—기도.

H8606 תִּפְלֶצֶת1회 **티플레체트**
⟨6426⟩에서 유래; '두려움':—무서운.

H8607 תִּפְסַח2회 **티프싸흐**
⟨6452⟩에서 유래; '얕은 여울'; 메소포타미아의 장소, '딥사':—딥사(왕상4:24, 왕하15:16).

H8608 תָּפַף2회 **타파프**
기본어근; '북을 치다', 즉 작은 북을 쳐서 울리다:—작은 북, 소고를 쳐서 울리다.

H8609 תָּפַר4회 **타파르**
기본어근; '바느질하다':—(함께) 바느질하는(여인들).

H8610 תָּפַשׂ65회 **타파스**
기본어근; '손으로 다루다', 즉 '붙잡다'; 주로 '사로잡다', '휘두르다'; 특히 '압도하다'; 상징적으로 부당하게 '사용하다':—붙잡다, 장악하다(잡다), 서다, 놀라다, 취하다.

H8611 תֹּפֶת1회 **토페트**
⟨8608⟩의 어간에서 유래; '때림', 즉 (상징적으로) '멸시':—작은 북.

H8612 תֹּפֶת10회 **토페트**
⟨8611⟩과 동일; 예루살렘 인근의 지명, '도벳':—도벳(왕하23:10, 렘7:32).

H8613 תׇּפְתֶּה1회 **토프테**
아마도 ⟨8612⟩의 한 형태; '화장터', '도벳':—도벳(사30:33).

H8614 תִּפְתַּי2회 **티프타이**
아람어 아마도 ⟨8199⟩에서 유래; '재판의', 즉 '법률가':—행정관.

H8615 תִּקְוָה32회 **티크와**
⟨6960⟩에서 유래; 문자적으로 '끈'('부착물'로서 [⟨6961⟩과 비교]); 상징적으로 '예상':—예상(한), 희망, 살다, 내가 바라는 것.

H8616 תִּקְוָה4회 **티크와**
⟨8615⟩와 동일; 이스라엘 두 사람의 이름, '디과':—디과(왕하22:14).

H8617 תְּקוּמָה1회 **테쿠마**
⟨6965⟩에서 유래; '저항함':—견디는 힘.

H8618 תְּקוֹמֵם1회 **테코멤**
⟨6965⟩에서 유래; '반대자':—반항하여 일어나다.

H8619 תָּקוֹעַ1회 **타코아**
⟨8628⟩에서 유래(음악적인 면에서);

'나팔':—트럼펫.

H8620 תְּקוֹעַ7회 테코아
〈8619〉의 한 형태; 팔레스타인의 지명, '드고아':—드고아(삼하14:2, 대상2:24, 대하20:20, 렘6:1, 암1:1).

H8621 תְּקוֹעִי7회 테코이
또는 תְּקֹעִי 테코이
〈8620〉에서 유래한 족속의 명칭 '드고아 사람', 또는 드고아의 거민:—드고아 사람(삼하14:4, 대상11:28, 느3:5).

H8622 תְּקוּפָה4회 테쿠파
또는 תְּקֻפָה 테쿠파
〈5362〉에서 유래; '회전', 즉 (태양의) '진로', (시간의) '경과':—순회, 발생하다, 끝나다.

H8623 תַּקִּיף1회 탁키프
〈8630〉에서 유래; '강한':—매우 힘센.

H8624 תַּקִּיף5회 탁키프
아람어 〈8623〉과 같음:—강력한, 힘센.

H8625 תְּקַל3회 테칼
아람어 〈8254〉와 같음; '저울로 달다':—데겔(단5:25,27), 무게 달리다(단5:27).

H8626 תָּקַן3회 타칸
기본어근; '같게 하다', 즉 '똑바르게 하다'(자동사, 또는 타동사); 상징적으로 '조립하다':—정돈하다, 똑바르게 하다.

H8627 תְּקַן1회 테칸
아람어 〈8626〉과 같음; '똑바로 세우다', 즉 확립하다:—세우다.

H8628 תָּקַע49회 타카
기본어근; '달가닥 거리다', 즉 '찰싹 치다'(두 손을 함께), 쩽그렁 울리다(악기를); 유추적으로 '박다'(못, 또는 천막 못, 투창 등을); 함축적으로 '보증인이 되다'(악수에 의해):—불다([나팔을]), 던지다, 박수하다, 단단히 매다, 치다(천막을), 치다, 소리 내다, 때리다, 보증인, 밀어 넣다.

H8629 תֵּקַע1회 테카
〈8628〉에서 유래; 나팔의 '울려 퍼짐':—소리.

H8630 תָּקַף3회 타카프
기본어근; '눌러버리다':—우세하다.

H8631 תְּקֵף5회 테케프
아람어 〈8630〉과 같음; '강하게 되다'(사역동사로 '강하게 만들다') 또는 (상징적으로) '완고하게 되다':—견고하게 하다, 강퍅하다, 강하다(하게 되다).

H8632 תְּקֹף2회 테코프
아람어 〈8633〉과 같음; '힘':—강함, 힘.

H8633 תֹּקֶף3회 토케프
〈8630〉에서 유래; '힘' 또는 (상징적으로) '적극성':—권위, 권력, 힘.

H8634 תַּרְאֲלָה1회 타르알라
아마도 〈8653〉 참조; '실을 감음'; 팔레스타인의 지명, '다랄라':—다랄라(수18:27).

H8635 תַּרְבּוּת1회 타르부트
〈7235〉에서 유래; '증식', 즉 '자손':—증가하다.

H8636 תַּרְבִּית3회 타르비트
〈7235〉에서 유래; '증식', 즉 원금에다 더한 '비율' 또는 '상여금':—증가, 부당한 소득.

H8637 תִּרְגַּל1회 티르갈
〈7270〉에서 유래한 명사 유래어; '걷게 하다':—걸음을 가르치다.

H8638 תִּרְגַּם1회 티르감
저너머로 '던지다'는 의미로 〈7275〉에서 유래한 명사 유래어; '옮기다',

즉 '번역하다':—해석하다.

H8639 תַּרְדֵּמָה7회 **타르데마**
〈**7290**〉에서 유래; '혼수상태' 또는 (함축적으로) '황홀':—깊은 잠.

H8640 תִּרְהָקָה2회 **티르하카**
외래어 파생어; 구스의 왕, '디르하가':—디르하가(사37:9, 왕하19:9).

H8641 תְּרוּמָה76회 **테루마**
또는 **תְּרֻמָה 테루마** (신12:—11)
〈**7311**〉에서 유래; '선물'('올려'바친 것으로서), 특히 '제사'에서 또는 '공물'로서:— 선물, 거제(擧祭), 어깨를 들어 올리다, 봉헌물, 바친(침).

H8642 תְּרוּמִיָּה1회 **테루미야**
〈**8641**〉과 같은 형태; 희생 '제사':—봉헌물.

H8643 תְּרוּעָה36회 **테루아**
〈**7321**〉에서 유래; '떠들썩함', 즉 기쁨의 '환호' 또는 '함성'; 특히 나팔들의 '소리', '경보기'로서:—경보, (나팔을) 불다(부는), 기쁨, 큰소리, 환호, 소리 지름, (높은, 기쁨의)소리.

H8644 תְּרוּפָה1회 **테루파**
〈**7495**〉와 동류라는 의미로 〈**7322**〉에서 유래; '치료':—약.

H8645 תִּרְזָה1회 **티르자**
아마도 〈**7329**〉에서 유래; 나무의 일종(명백히 그것의 '홀쭉함'에서 유래), 아마도 '삼나무':—디르사 나무.

H8646 תֶּרַח13회 **테라흐**
불확실한 파생어; 아브라함의 아버지, 또한 사막에 있는 장소, '데라':—데라(창11:24, 민33:27, 수24:2).

H8647 תִּרְחֲנָה1회 **티르하나**
불확실한 파생어; 이스라엘 사람, '디르하나':—디르하나(대상2:48).

H8648 תְּרֵין2회 **테렌** (아람어), 여성형 **תַּרְתֵּין 타르텐**
〈**8147**〉과 같음; '둘':—둘째, 열둘, 둘.

H8649 תָּרְמָה5회 **토르마** 그리고 **תָּרְמוּת 타르무트** 또는 **תָּרְמִית 타르미트**
〈**7411**〉에서 유래; '사기':—속임, 속이는, 비밀히.

H8650 תֹּרֶן3회 **토렌**
아마도 〈**766**〉 참조; '장대'(돛 또는 깃대로서):—횃불, 돛대.

H8651 תְּרַע2회 **테라**
아람어 〈**8179**〉와 같음; '문'; 함축적으로 '궁전':—문 입구.

H8652 תָּרָע1회 **타라**
아람어 〈**8651**〉에서 유래; '문지기':—수위.

H8653 תַּרְעֵלָה3회 **타르엘라**
〈**7477**〉에서 유래; '실을 감음':—놀람, 떨림.

H8654 תִּרְעָתִי1회 **티르아티**
'대문'이라는 뜻의 사용하지 않는 이름에서 유래한 족속의 명칭; '디랏 사람', 또는 알려지지 않은 디랏의 거민:—디랏 족속(대상2:55).

H8655 תְּרָפִים15회 **테라핌**
아마도 〈**7495**〉에서 유래한 복수형; '치료자'; '드라빔'(단수 또는 복수) 가족의 우상:—우상들(우상숭배), 신상들, 드라빔(창31:19, 삿17:5, 슥10:2).

H8656 תִּרְצָה18회 **티르차**
〈**7521**〉에서 유래; '기쁨'; 팔레스타인의 지명, 또한 이스라엘 한 여인의 이름, '디르사':—디르사(수12:24, 왕상14:17, 왕하15:14).

H8657 תֶּרֶשׁ2회 **테레쉬**
외래어 파생어; 아하수에로의 내시, '데레스':—데레스(에2:21, 6:2).

H8658 תַּרְשִׁישׁ10회 **타르쉬쉬**

아마도 외래어 파생어[〈8659〉와 비교]; 보석, 아마도 '황옥':—녹주석.

H8659 תַּרְשִׁישׁ24회 **타르쉬쉬**

아마도 〈8658〉(보석이 많은 지역, 또 그 반대)과 동일; 지중해의 지역 여기에서 '상선'이란 별명이 붙음(마치 그 항구로 향하는, 또는 그곳에서 나오는); 또한 한 페르시아인과 이스라엘 사람의 이름, '다시스':—다시스(창10:4, 왕상10:22, 대상7:10, 에1:14, 시72:10, 사23:1, 렘10:9, 겔38:13, 욘1:3).

H8660 תִּרְשָׁתָא8회 **티르샤타**

외래어 파생어; 페르시아의 대표자 또는 '통치자'의 칭호:—디르사다, 총독(느8:9, 10:1).

H8661 תַּרְתָּן4회 **타르탄**

외래어 파생어; 한 앗수르 사람, '다르단':—다르단(사20:1, 왕하18:17).

H8662 תַּרְתָּק1회 **타르타크**

외래어 파생어; 아이 사람들의 신, '다르닥':—다르닥(왕하17:31).

H8663 תְּשֻׁאָה4회 **테슈아**

〈7722〉에서 유래; '갑자기 나는 요란한 소리' 또는 큰 '외치는 소리':—울부짖음, 소음, 소리 지름, 자극하다.

H8664 תִּשְׁבִּי6회 **티쉬비**

'의뢰'라는 뜻의 사용하지 않는 이름에서 유래한 족속의 명칭; '디셉 사람', 또는 디셉(길르앗에 있는)의 거민:—디셉 족속(왕상17:1, 21:17).

H8665 תַּשְׁבֵּץ1회 **타쉬베츠**

〈7660〉에서 유래; '바둑판무늬의' 직물('그물모양'으로):—수놓은.

H8666 תְּשׁוּבָה8회 **테슈바**

또는 **תְּשֻׁבָה 테슈바**

〈7725〉에서 유래; '순환'(시간이나 장소의); '대답'('되돌아온 것'으로서):—대답하다, 만기가 되다, 돌아오다.

H8667 תְּשׂוּמֶת1회 **테수메트**

〈7760〉에서 유래; '예금', 즉 '전당잡음':—친교.

H8668 תְּשׁוּעָה34회 **테슈아**

또는 **תְּשֻׁעָה 테슈아**

〈3467〉의 의미로 〈7768〉에서 유래; '구출하다'(문자적으로나 상징적으로, 개인적, 국가적 또는 정신적으로):—구조, 도움, 안전, 구원, 승리.

H8669 תְּשׁוּקָה3회 **테슈카**

'손을 뻗치다'의 본래 의미로 〈7783〉에서 유래; '사모함':—갈망하다.

H8670 תְּשׁוּרָה3회 **테슈라**

'도착'의 의미로 〈7788〉에서 유래; '선물':—예물.

H8671 תְּשִׁיעִי17회 **테쉬이**

〈8672〉에서 유래한 서수; '아홉 번째':—아홉째.

H8672 תֵּשַׁע58회 **테샤**

또는 (남성형) **תִּשְׁעָה 티슈아**

아마도 다음으로 또는 수가 차는 십으로 '돌아가다'는 개념을 통해 〈8159〉에서 유래; '아홉' 또는 (서수) '아홉째':—아홉(열아홉, 열아홉째, 아홉째).

H8673 תִּשְׁעִים20회 **티슈임**

〈8672〉에서 유래한 배수; '구십':—구십.

H8674 תַּתְּנַי4회 **탓테나이**

외래어 파생어; 한 페르시아 사람, '닷드내':—닷드내(스5:3).

트롱헬라어사전

α

G0001 α[4회] **알파**
기원은 히브리어; 알파벳의 첫 자; (수사로 사용될 때) 상징적으로만 '첫째'; (모음 앞에서는 보통 ἀν 안); 또한 종종 '결여'의 의미로 복합어에서 사용됨 (**G427**의 축약형으로); 그래서 많은 단어가 이 글자로 시작됨; 때때로 '결합'의 의미로 사용됨 (**G260**의 축약형으로):—알파〈계1:8〉.

G0002 'Ἀαρών[5회] **아론**
기원은 히브리어 [**H175**]; '아론', 모세의 형:—아론〈눅1:5, 히5:4〉.고명

G0003 'Ἀβαδδών[1회] **아밧돈**
기원은 히브리어 [**H11**]; 파괴하는 '천사':—아바돈〈계9:1〉.고명

G0004 ἀβαρής[1회] **아바레스**
G1(부정적 불변사로서)과 **G922**에서 유래; '무게가 없는', 즉 (상징적으로) '무거운 짐이 되지 않는':—폐를 끼치지 않는〈고후11:9〉.형

G0005 ἀββά[3회] **압바**
기원은 아람어 [**H2**]; (호격으로서) '아버지':—아빠〈롬8:15〉.명

G0006 'Ἄβελ[4회] **아벨**
기원은 히브리어 [**H1893**]; '아벨', 아담의 아들:—아벨〈히11:4〉.고명

G0007 'Ἀβιά[3회] **아비아**
기원은 히브리어 [**H29**]; '아비야', 두 이스라엘인의 이름:—아비야〈마1:7〉.고명

G0008 'Ἀβιάραθαρ[1회] **아비야싸르**
기원은 히브리어 [**H54**〉]; '아비아달', 이스라엘인:—아비아달〈막2:26〉.고명

G0009 'Ἀβιληνή[1회] **아빌레네**
기원은 외래어 [**H58**과 비교]; '아빌레네', 시리아의 한 지방:—아빌레네〈눅3:1〉.고명

G0010 'Ἀβιούδ[2회] **아비우드**
기원은 히브리어 [**H31**]; 이스라엘인, '아비훗':—아비훗〈마1:13〉.고명

G0011 'Ἀβραάμ[73회] **아브라암**
기원은 히브리어 [**H85**]; '아브라함', 히브리인의 족장:—아브라함〈마1:1, 눅1:55〉.고명

G0012 ἄβυσσος[9회] **아뷔쏘스**
G1(부정적 불변사로서)과 **G1037**의 파생어에서 유래; '무저갱', 즉 (특히 지옥의) "심연":—심연(深淵), (밑 없는) 구덩이(무저갱)〈계9:11〉.여명

G0013 "Ἄγαβος[2회] **아가보스**
기원은 히브리어 [**H2285**와 비교]; 이스라엘인, '아가보':—아가보〈행11:28〉.고명

G0014 ἀγαθοεργέω[1회] **아가쏘에르게오**
G18과 **G2041**에서 유래; '선한 일을 행하다':—선을 행하다〈딤전6:18〉.동

G0015 ἀγαθοποιέω[9회] **아가쏘포이에오**
G17에서 유래; (은혜 또는 의무로서) '선행자가 되다':—선을 행하다 (잘하다) (-때).〈눅6:9〉.동

G0016 ἀγαθοποιΐα[1회] **아가쏘포이이아**
G17에서 유래; '선행', 즉 '덕행':—선행〈벧전4:19〉.여명

G0017 ἀγαθοποιός[1회] **아가쏘포이오스**
G18과 **G4160**에서 유래; '선행자', 즉 '덕 있는':—선행하는 (자들)〈벧전2:14〉.형

G0018 ἀγαθός[102회] **아가쏘스**
기본어; "선한"(어떤 의미로는 가끔 명사로도 사용):—은혜, 좋은, 물건, 좋은 것들, 잘. **G2570**과 비교〈마5:45; 롬8:28; 고후5:10〉.형

G0019 ἀγαθωσύνη[4회] **아가쏘쉬네**
G18에서 유래; '선량', 즉 덕행이나 선행:—양선〈롬15:14; 갈5:22〉. 여명

G0020 ἀγαλλίασις[5회] **아갈리아시스**
G21에서 유래; '환희'; 특히 '환영':—즐거워 함, (넘치는) 기쁨〈행2:46; 유1:24〉. 여명

G0021 ἀγαλλιάω[11회] **아갈리아오**
ἄγαν **아간**('많은')과 **G242**에서 유래; 정확히는 '기뻐 뛰다', 즉 '크게 기뻐하다':— (대단히) 기쁘다, 대단한 기쁨으로, (매우) 기뻐하다〈눅1:47; 벧전1:6〉. 동

G0022 ἄγαμος[4회] **아가모스**
G1(부정적 불변사로서)과 **G1062**에서 유래; '결혼하지 않은':—혼인하지 아니한〈고전7:8〉. 형

G0023 ἀγανακτέω[7회] **아가낙테오**
ἄγαν **아간**('많은')과 ἄχθος **아크쏘스**('슬픔'; **G43**의 어간과 유사)에서 유래; '몹시 괴로워하다', 즉 (상징적으로) '분개하다':—몹시(극도로) 불쾌해 하다, 분개하다〈막14:4〉. 동

G0024 ἀγανάκτησις[1회] **아가낙테시스**
G23에서 유래; '분개':—분노〈고후7:11〉. 여명

G0025 ἀγαπάω[143회] **아가파오**
아마도 ἄγαν 아간('많은')에서 유래 [혹은 **H5689**와 비교]; (사회적으로나 도덕적 의미로) '사랑하다':—사랑하다, 사랑하는. **G5368**과 비교〈요21:15; 롬8:28〉. 동

G0026 ἀγάπη[116회] **아가페**
G25에서 유래; '사랑', 즉 '애정'이나 '자비심'; 특히 (복수로) '사랑의 잔치':—자애, 자선 잔치, 자비롭게, 친애하는, 사랑〈요5:42; 빌1:9〉. 여명

G0027 ἀγαπητός[61회] **아가페토스**
〈25〉에서 유래; '사랑하는':—(극진히, 매우) 사랑하는, 친애하는〈행15:25; 엡6:21〉. 형

G0028 Ἄγαρ[2회] **아가르**
기원은 히브리어 [**H1904**]; 아브라함의 첩, '하갈':—하갈〈갈4:25〉. 고명

G0029 ἀγγαρεύω[3회] **앙가류오**
기원은 외래어 [**H104**와 비교]; 정확히는 '특사가 되다', 즉 (함축적으로) 공공연한 봉사를 하도록 '압력을 가하다':—억지로 (가게) 하다〈마5:41〉. 동

G0030 ἀγγεῖον[1회] **앙게이온**
ἄγγος **앙고스**(물통, 아마도 '구부러진 것'으로서; **G43**의 어간과 비교)에서 유래; '용기(容器)':—그릇〈마13:48〉. 중명

G0031 ἀγγελία[2회] **앙겔리아**
G32에서 유래; '알림', 즉 (함축적으로) '교훈':—소식〈요일3:11〉. 여명

G0032 ἄγγελος[176회] **앙겔로스**
ἀγγέλλω **앙겔로**[아마도 **G71**의 파생어인 듯; **G34**와 비교](소식을 가져오다)에서 유래; '사자(使者)'; 특히 "천사"; (함축적으로) '목사':—천사, 사자(使者)〈롬8:38; 갈1:8〉. 남명

G0033 ἄγε[2회] **아게**
G71의 명령형; 정확히는 '이끌다', 즉 '오라!':—~로 가다〈약4:13〉. 동

G0034 ἀγέλη[7회] **아겔레**
G71에서 유래 [**G32**와 비교]; '떼':—무리〈마8:30〉. 여명

G0035 ἀγενεαλόγητος[1회]
아게네알로게토스
G1(부정적 불변사로서)과 **G1075**에서 유래; '출생으로 기록되지 않은':—

족보(가계)가 없는〈히7:3〉.형

G0036 ἀγενής[1회] **아게네스**
G1(부정적 불변사로서)과 **G1085**에서 유래; 정확히는 '친척이 없는', 즉 (알려지지 않은 혈통의, 그리고 함축적으로) '비천한':—천한 (것들)〈고전1:28〉.형

G0037 ἁγιάζω[28회] **하기아조**
G40에서 유래; '거룩하게 하다', 즉 (의례적으로) '깨끗하게 하다' 혹은 '성별하다'; (정신적으로) '공경하다':—신성하게 하다, 거룩하다〈엡5:26; 히10:10〉.동

G0038 ἁγιασμός[10회] **하기아스모스**
G37에서 유래; 정확히는 '정화', 즉 (상태) '깨끗함', 구체적으로 (히브리어에서) '깨끗이 하는 사람':—거룩, 성화〈롬6:19; 히12:14〉.남명

G0039 ἅγιον[11회] **하기온**
G40의 중성형; '거룩한' 것(즉 장소):—(가장) 거룩한, 거룩한 곳, 성전〈히8:2〉.형

G0040 ἅγιος[233회] **하기오스**
ἅγος **하고스**('두려운' 것)에서 유래 [**G53**, **H2282**와 비교]; '신성한', (육체적으로 '순결한', 도덕적으로 '결백한' 또는 '종교적인', (의례적으로) 봉헌된):—(가장) 거룩한 (사람, 사물), 성도〈요1:33; 계14:10〉.형

G0041 ἁγιότης[1회] **하기오테스**
G40에서 유래; '거룩함' (즉 정확히는 '거룩한 상태'):—거룩함〈히12:10〉.여명

G0042 ἁγιωσύνη[3회] **하기오쉬네**
G40에서 유래; '신성함' (즉 정확히는 '질적인 신성'):—거룩함〈롬1:4; 고후7:1〉.여명

G0043 ἀγκάλη[1회] **앙칼레**
ἄγκος **앙코스**(구부러진 것, "아픔")에서 유래; (구부러진 것으로) '팔':—팔〈눅2:28〉.여명

G0044 ἄγκιστρον[1회] **앙키스트론**
G43과 같은 어근에서 유래; (구부러진 것으로) '갈고리':—낚시〈마17:27〉.중명

G0045 ἄγκυρα[4회] **앙퀴라**
G43과 같은 어근에서 유래; (구부러진 것으로) "닻":—닻〈행27:29〉.여명

G0046 ἄγναφος[2회] **아그나ㅎ포스**
G1(부정적 불변사로서)과 **G1102**와 같은 어근에서 유래; 정확히는 '오그라들지 않은', 즉 (함축적으로) '새로운' (옷감):—새로운〈마9:16〉.형

G0047 ἁγνεία[2회] **하그네이아**
G53에서 유래; (질적으로) '청결', 즉 (특히) '순결':—깨끗함〈딤전4:12〉.여명

G0048 ἁγνίζω[7회] **하그니조**
G53에서 유래; '청결하게 하다', 즉 (상징적으로, 의례적으로, 혹은 도덕적으로) '신성하게 하다':—(자신을) 정결케 하다〈요11:55〉.동

G0049 ἁγνισμός[1회] **하그니스모스**
G48에서 유래; '청결하게 하는 (행위)', 즉 (의례적으로) '정화':—결례(潔禮)〈행21:26〉.남명

G0050 ἀγνοέω[22회] **아그노에오**
G1(부정적 불변사로서)과 **G3539**에서 유래; (정보와 지능의 부족으로) '알지 못하다'; 함축적으로 (마음이 내키지 않으므로) 모르다:—무식하다, 무식하게, 알지 못하다, 이해하지 못하다, 모르는〈롬10:3; 갈1:22〉.동

G0051 ἀγνόημα[1회] **아그노에마**
G50에서 유래; '무지한' 것, 즉 '결점': —잘못〈히9:7〉. 중명

G0052 ἄγνοια[4회] **아그노이아**
G50에서 유래; '무지' (정확히는 질적으로 '무지함'): —무지〈엡4:18〉. 여명

G0053 ἁγνός[8회] **하그노스**
G40과 같은 어근에서 유래; 정확히는 '청결한', 즉 (상징적으로) '결백한', '신중한', '완전한': —순결한, 깨끗한, 순수한〈고후11:2; 약3:17〉. 형

G0054 ἁγνότης[2회] **하그노테스**
G53에서 유래; '깨끗함'(청결한 상태), 즉 (상징적으로) '결백': —순수함〈고후6:6〉. 여명

G0055 ἁγνῶς[1회] **하그노스**
G53의 부사형; '순결하게' 즉 '정직하게': —진실하게〈빌1:17〉. 부

G0056 ἀγνωσία[2회] **아그노시아**
G1(부정적 불변사로서)과 G1108에서 유래; '무지' (정확히는 '무지한 상태'): —무지, 지식이 없음〈고전15:34〉. 여명

G0057 ἄγνωστος[1회] **아그노스토스**
G1(부정적 불변사로서)과 G1110에서 유래; '알지 못하는': —알려지지 않은〈행17:23〉. 형

G0058 ἀγορά[11회] **아고라**
ἀγείρω 아게이로('모으다'; 정확히는 G1453과 유사)에서 유래; 정확히는 (공공장소로서) 읍 광장, 함축적으로 '시장'이나 '한길': —시장, 장터, 거리〈마11:16; 행16:19〉. 여명

G0059 ἀγοράζω[30회] **아고라조**
G58에서 유래; 정확히는 '시장에 가다', 즉 (함축적으로) '구매하다'; 특히 구속(救贖)하다: —사다, 속량하다〈눅9:13; 계5:9〉. 동

G0060 ἀγοραῖος[2회] **아고라이오스**
G58에서 유래; '시장과 관계있는', 즉 '법정의' (때); 함축적으로 '통속적인': —더 천한 종류, 낮은〈행17:5〉. 형

G0061 ἄγρα[2회] **아그라**
G71에서 유래; (추상적으로) (물고기) '잡는 것'; 또한 (구체적으로) '한 그물의' 물고기: —한 그물의 어획고〈눅5:4〉. 여명

G0062 ἀγράμματος[1회] **아그람마토스**
G1(부정적 불변사로서)과 G1121에서 유래; '배우지 못한', 즉 '무식한': —교육을 받지 못한〈행4:13〉. 형

G0063 ἀγραυλέω[1회] **아그라울레오**
G68과 G832(G833의 의미에서)에서 유래; '야영하다': —들에서 살다〈눅2:8〉. 동

G0064 ἀγρεύω[1회] **아그류오**
G61에서 유래; '사냥하다', 즉 (상징적으로) '올가미에 걸다': —잡다〈막12:13〉. 동

G0065 ἀγριέλαιος[2회] **아그리엘라이오스**
G66과 G1636에서 유래; '야생올리브'(보리수나무의 일종): —돌감람나무〈롬11:17〉. 여명

G0066 ἄγριος[3회] **아그리오스**
G68에서 유래; ('시골'에 속하는 것으로서) '야생의', 문자적으로 ('천연의') 혹은 상징적으로 ('흉포한'): —야생의, 맹렬한〈막1:6〉. 형

G0067 'Αγρίππας[11회] **아그립파스**
명백히 G66과 G2462에서 유래; '야생마' 길들이는 사람, '아그립바', 헤롯왕들 중 한 사람: —아그립바〈행25:13〉. 고명

G0068 ἀγρός 37회 **아그로스**
G71에서 유래; (가축의 '몰이' 장소로서) '들'; 일반적으로 '시골'; 특히 '농장', 즉 '작은 마을':—시골, 농장, 토지 필지, 땅〈눅12:28; 23:26〉. 남명

G0069 ἀγρυπνέω 4회 **아그뤼프네오**
궁극적으로 **G1**(부정적 불변사로서)과 **G5258**에서 유래; '자지 않고 있다', 즉 '깨어 있다':—지켜보다〈엡6:18〉. 동

G0070 ἀγρυπνία 2회 **아그뤼프니아**
G69에서 유래; '자지 않는 것', 즉 '깨어있는 것':—자지 못함〈고후6:5〉. 여명

G0071 ἄγω 67회 **아고**
기본동사; 정확히는 '인도하다'; 함축적으로 '가져오다', '몰다', (재귀형으로) '가다', 특히 (시간이) '지나가다', 혹은 (상징적으로) '권유하다':—이다, 되다, 생기게 하다, 운반하다, 가도록 하다, 지키다, 꾀어 내다, 열려 있다〈행5:21; 롬2:4〉. 동

G0072 ἀγωγή 1회 **아고게**
G71에서 유래된 중복형; '양육', 즉 '사는 방식':—행실〈딤후3:10〉. 여명

G0073 ἀγών 6회 **아곤**
G71에서 유래; 정확히는 (마치 인도되어진) '회합의' 장소, 즉 (함축적으로) (거기서 개최된) '경기'; 상징적으로 '노력' 또는 '염원':—투쟁, 논쟁, 싸움, 경기〈빌1:30; 히12:1〉. 남명

G0074 ἀγωνία 1회 **아고니아**
G73에서 유래; '투쟁'(정확히는 '투쟁 상태'), 즉 (상징적으로) '고통':—고민〈눅22:44〉. 여명

G0075 ἀγωνίζομαι 8회 **아고니조마이**
G73에서 유래; '분투하다', 문자적으로 (상을 위해 겨루다), 상징적으로 (적과 '싸우다'), 일반적으로 (무엇을 이루려고 '노력하다'):—싸우다, 열심히 애쓰다, 노력하다〈요18:36〉. 동

G0076 Ἀδάμ 9회
기원은 히브리어 **[H121]**; 첫사람, '아담'; (예수에 대한) 상징적인 '사람'(그의 대표자로서):—아담〈롬5:14〉. 고명

G0077 ἀδάπανος 1회 **아다파노스**
G1(부정적 불변사로서)과 **G1160**에서 유래; '값없이', 즉 '무료의':—값없이〈고전9:18〉 부, 형

G0078 Ἀδδί 1회 **앗디**
기원은 히브리어인 듯 **[H5716**과 비교]; 이스라엘인, '앗디':—앗디〈눅3:28〉. 고명

G0079 ἀδελφή 26회 **아델ㅎ페**
G80의 여성형; '여자 형제' (태어난 대로 또는 교회에서):—자매〈롬16:1; 고전7:15〉. 여명

G0080 ἀδελφός 343회 **아델ㅎ포스**
G1(연결 불변사로서)과 δελφύς **델ㅎ퓌스**('자궁')에서 유래; (문자적으로 또는 상징적으로) 가깝든지 멀든지 '형제' **[H1**과 아주 닮음**]**:—형제〈벧전5:12; 계22:9〉. 남명

G0081 ἀδελφότης 2회 **아델ㅎ포테스**
G80에서 유래; '형제애'(정확히는 '형제다움'의 감정), 즉 (기독교인의) '우애':— (종교상의) 형제, 형제관계〈벧전2:17〉. 여명

G0082 ἄδηλος 2회 **아델로스**
G1(부정적 불변사로서)과 **G1212**에서 유래; '숨겨진', 상징적으로 '분명하지 않은':—나타나지 않은, 확실하지 않은〈눅11:44〉. 형

G0083 ἀδηλότης[1회] **아델로테스**
G82에서 유래; '확실하지 않음':—불확실〈딤전6:17〉. 여명

G0084 ἀδήλως[1회] **아델로스**
G82의 부사형; '확실치 않게':—불확실하게〈고전9:26〉. 부

G0085 ἀδημονέω[3회] **아데모네오**
ἀδέω 아데오(몹시 싫어함 중에 있다)의 파생어; (마음에) '고통 가운데 있다':—마음이 아주 무겁다, 매우 무겁다〈마26:37〉. 동

G0086 ᾅδης[10회] **하데스**
G1(부정적 불변사로서)과 G1492에서 유래; 정확히는 '눈에 보이지 않는', 즉 "하데스" 또는 '죽은 영혼의 거처'(죽은 상태):—무덤, 지옥〈눅10:15; 계1:18〉. 남명

G0087 ἀδιάκριτος[1회] **아디아크리토스**
G1(부정적 불변사로서)과 G1252의 파생어에서 유래; 정확히는 '구별되지 않는', 즉 (능동형) '공평한':—편견이 없는〈약3:17〉. 형

G0088 ἀδιάλειπτος[2회] **아디알레잎토스**
G1(부정적 불변사로서)과 G1223과 G3007의 합성어의 파생어에서 유래; '중지되지 않는', 즉 '영속하는':—끊임없는, 계속적인〈롬9:2〉. 형

G0089 ἀδιαλείπτως[4회] **아디알레잎토스**
G88의 부사형; '끊임없이', 즉 (적절한 경우에) '생략 없이':—중단 없이〈롬1:9〉. 부

G0090 ἀδιαφθορία[1회]
아디아ㅎ프쏘리아
G1(부정적 불변사로서)과 G1311〉의 파생어가 합성된 파생어에서 유래; '부패하지 않음', 즉 (상징적으로, 교리의) '순수함':—완전무결(부패치 아니함)〈딛2:7,전수성경〉. 여명

G0091 ἀδικέω[28회] **아디케오**
G94에서 유래; '불의하다', 즉 (능동형; 도덕적으로, 사회적으로 혹은 육체적으로) '잘못하다':—상처내다, 다치게 하다, 범죄자이다, 부정하다〈고전6:8; 갈4:12〉. 동

G0092 ἀδίκημα[3회] **아디케마**
G91에서 유래; '저질러진 잘못':—악행, 부정, 잘못된 일〈행18:14〉. 중명

G0093 ἀδικία[25회] **아디키아**
G94에서 유래; (법적) '불의'(정확히는 '불의의 성질', 함축적으로 '불의의 행동'), 도덕적으로 (불의의 성격, 생활 또는 행위) '사악함':—불법, 불공평, 불의, 잘못〈롬1:18〉. 여명

G0094 ἄδικος[12회] **아디코스**
G1(부정적 불변사로서)과 G1349에서 유래; '부정한', 확대된 의미로 '사악한'; 함축적으로 '배반하는'; 특히 '이방인의':—불공평한, 불의의〈눅16:10〉. 형

G0095 ἀδίκως[1회] **아디코스**
G94의 부사형; '불의하게':—불법으로〈벧전2:19〉. 부

G0096 ἀδόκιμος[8회] **아도키모스**
G1(부정적 불변사로서)과 G1384에서 유래; '공인되지 않은', 즉 '거절된'; 함축적으로 (문자적으로 혹은 도덕적으로) '가치 없는':—버림받은, 거절당한, 배척받은〈롬1:28〉. 형

G0097 ἄδολος[1회] **아돌로스**
G1(부정적 불변사로서)과 G1388에서 유래; '속이지 않는', 즉 (상징적으로) '순수한':—순전한〈벧전2:2〉. 형

G0098 'Αδραμυττηνός[1회]
아드라뮛테노스

'Αδραμύττειον **아드라뭇테이온**(소아시아에 위치)에서 유래; '아드라뭇데노' 또는 '아드라뭇디움에 속한':—아드라뭇데노의〈행27:2〉. 고명

G0099 'Αδρίας[1회] **아드리아스**
'Αδρία **아드리아**(해안 가까이에 위치)에서 유래; (이오니안을 포함한) '아드리안 바다':—아드리아〈행27:27〉. 고명

G0100 ἁδρότης[1회] **하드로테스**
ἁδρός **하드로스**('튼튼한')에서 유래; '불룩함', 즉 (상징적으로) '관대함':—많음〈고후8:20〉. 여명

G0101 ἀδυνατέω[2회] **아뒤나테오**
G102에서 유래; '할 수 없다', 즉 (수동형) '불가능하다':—불가능하다〈눅1:37〉. 동

G0102 ἀδύνατος[10회] **아뒤나토스**
G1(부정적 불변사로서)과 **G1415**에서 유래; '무력한', 즉 (문자적으로 혹은 상징적으로) '약한'; (수동형) '불가능한':—할 수 없는, 불가능한, 무력한, 가능하지 않은, 약한〈행14:8; 롬8:3〉. 형

G0103 ᾄδω[5회] **아도**
기본 동사; '노래하다':—노래하다〈엡5:19〉. 동

G0104 ἀεί[7회] **아에이**
폐어가 된 기본명사(명백히 계속되는 '기간'을 의미)에서 유래; 조건부로 규칙적인 "항상", 함축적으로 '진지하게':—늘, 언제나〈행7:51〉. 부

G0105 ἀετός[5회] **아에토스**
G109와 같은 말에서 유래; ('바람' 같은 비행으로부터) '독수리':—독수리〈계4:7〉 남명

G0106 ἄζυμος[9회] **아쥐모스**
G1(부정적 불변사로서)과 **G2219**에서 유래; '누룩 없는', 즉 (상징적으로) '부패하지 않은', (중성복수에서) 특히 (함축적으로) '무교절의':—누룩 없는 (떡), 무교병(無酵餠)〈행12:3; 고전5:7〉. 형

G0107 'Αζώρ[5회] **아조르**
기원은 히브리어 [**H5809**와 비교]; 이스라엘인, '아소르':—아소르〈마1:13〉. 고명

G0108 Ἄζωτος[1회] **아조토스**
기원은 히브리어 [**H795**]; '아소도'(즉 아스돗), 팔레스타인에 있는 한 도시:—아소도〈행8:40〉. 고명

G0109 ἀήρ[7회] **아에르**
ἄημι **아에미**(무의식적으로 '숨 쉬다', 즉 '호흡하다'; 유추적으로 '불다')에서 유래; (자연적으로 둘러 싼) "공기":—공기. **G5594**와 비교. 남명

G0110 ἀθανασία[3회] **아싸나시아**
G1(부정적 불변사로서)과 **G2288**의 합성어에서 유래; '불사(不死)':—불멸〈고전15:53〉. 여명

G0111 ἀθέμιτος[2회] **아쎄미토스**
G1(부정적 불변사로서)과 θέμις **쎄미스**(법령; **G5087**의 어간으로부터)의 파생어에서 유래; '불법의', 함축적으로 '극악무도한':—혐오스러운, 불법한 것〈행10:28〉. 형

G0112 ἄθεος[1회] **아쎄오스**
G1(부정적 불변사로서)과 **G2316**에서 유래; '신 없는':—하나님 없는〈엡2:12〉. 형

G0113 ἄθεσμος[2회] **아쎄스모스**
G1(부정적 불변사로서)과 **G5087**('법제화하는' 의미에서의)의 파생어에서 유래; '무법한', 즉 (함축적으로)

'범죄의':—사악한〈벧후2:7〉. 형

G0114 ἀθετέω[16회] **아쎄테오**
G1(부정적 불변사로서)과 **G5087**의 파생어의 합성어에서 유래; (판결을) '파기하다', 즉 (함축적으로) '얕보다', '무효로 하다' 또는 '어기다':—포기하다, 경멸하다, 취소하다, 좌절시키다, 무효로 만들다, 거부하다〈살전4:8〉. 동

G0115 ἀθέτησις[2회] **아쎄테시스**
G114에서 유래; (문자적으로 또는 상징적으로) '취소':—무효화, 물리치다〈히7:18〉. 여명

G0116 'Αθῆναι[4회] **아쎄나이**
'Αθήνη **아쎄네**(도시를 건설한 것으로 여겨졌던 지혜의 여신)의 복수형; '아덴', 그리스의 수도:—아덴〈행17:15〉. 고명

G0117 'Αθηναῖος[2회] **아쎄나이오스**
G116에서 유래; '아테네의' 또는 '아테네 거주자':—아데네의, 아덴 사람〈행17:21〉. 형

G0118 ἀθλέω[2회] **아쓸레오**
ἆθλος **아쓸로스**(공중 경기장에서 경쟁)에서 유래; 경쟁적인 경기에서 '다투다':—노력하다, 얻으려고 애쓰다, 싸우다〈딤후2:5〉. 동

G0119 ἄθλησις[1회] **아쓸레시스**
G118에서 유래; (상징적으로) '투쟁':—싸움〈히10:32〉. 여명

G0120 ἀθυμέω[1회] **아쒸메오**
G1(부정적 불변사로서)과 **G2372**의 합성어에서 유래; '정신없다', 즉 '낙심하다':—낙심하다〈골3:21〉. 동

G0121 ἀθῷος[2회] **아쏘오스**
G1(부정적 불변사로서)과 아마도 **G5087**(형벌)의 파생어에서 유래; '죄없는':—무죄한〈마27:4〉. 형

G0122 αἴγειος[1회] **아이게이오스**
αἴξ **아익스**('염소')에서 유래; '염소에 속한':—염소〈히11:37〉. 형

G0123 αἰγιαλός[5회] **아이기알로스**
ἀΐσσω **아잇소**('돌진하다')와 **G251**('바다'의 의미)에서 유래; (그 위에 파도가 몰려오는) '해변':—바닷가〈요21:4〉. 남명

G0124 Αἰγύπτιος[5회] **아이귚티오스**
G125에서 유래; '애굽의' 또는 '애굽의 주민':—이집트의, 이집트 사람〈행7:24〉. 형

G0125 Αἴγυπτος[25회] **아이귚토스**
불확실한 파생어; '애굽', 나일 강의 땅:—이집트〈히11:26〉. 고명

G0126 ἀΐδιος[2회] **아이디오스**
G104에서 유래; (앞뒤로 혹은 앞으로만) '항상 영속하는':—영원한, 영구한〈롬1:20〉. 형

G0127 αἰδώς[2회] **아이도스**
아마도 **G1**(부정적 불변사로서)과 **G1492**(풀이 죽은 눈이라는 개념을 통해서)에서 유래; '수줍음', 즉 (사람에 대하여) '겸손' 또는 (하나님에 대하여) '경외':—공손한 태도, 숫기 없음, 소박함〈딤전2:9〉. 여명

G0128 Αἰθίοψ[2회] **아이씨옾스**
αἴθω **아이쏘**('그슬리다')와 ὤψ **옾스**('얼굴', **G3700**으로부터)에서 유래; '에티오피아인':—에디오피아 사람〈행8:27〉. 남명

G0129 αἷμα[97회] **하이마**
불확실한 파생어; 문자적으로 (사람이나 동물의) '피', 상징적으로 (포도의 '즙') 또는 특히 (그리스도의 속죄하는 '피'); 함축적으로 '피흘림', 또한

'혈연':—피〈히9:20; 계7:14〉. 중명

G0130 αἱματεκχυσία[1회] **하이마텍퀴시아**
G129와 G1632의 파생어에서 유래; '피의 유출':—피 흘림〈히9:22〉. 여명

G0131 αἱμορροέω[1회] **하이모르ㅎ로에오**
G129와 G4482에서 유래; '피를 흘리다' 즉 '출혈을 하다':—혈루증으로 앓다〈마9:20〉. 동

G0132 Αἰνέας[2회] **아이네아스**
불확실한 파생어; 이스라엘인, '애니아':—애니아〈행9:33〉. 고명

G0133 αἴνεσις[1회] **아이네시스**
G134에서 유래; '찬양함'(그 행동), 즉 (특히) 감사함 (감사의 제물):—찬양〈히13:15〉. 여명

G0134 αἰνέω[8회] **아이네오**
G136에서 유래; (하나님을) '찬양하다':—(하나님을) 찬미하다〈롬15:11〉. 동

G0135 αἴνιγμα[1회] **아이니그마**
G136의 파생어(기본적인 의미로)에서 유래; '알기 어려운' 말("수수께끼"), 즉 (추상적으로) '분명치 않음':—희미하게〈고전13:12〉. 중명

G0136 αἶνος[2회] **아이노스**
명백히 기본어; 정확히는 '이야기', 그러나 G1868의 의미로 사용: (하나님께) '찬양':—찬미〈눅18:43〉. 남명

G0137 Αἰνών[1회] **아이논**
기원은 히브리어 [H5869의 파생어, 샘터]; 팔레스타인에 있는 한 장소, '애논':—애논〈요3:23〉. 고명

G0138 αἱρέομαι[3회] **하이레오마이**
아마도 G142와 유사; '자력으로 취하다', 즉 '차라리 ~을 택하다':—선택하다, 몇 개의 어형이 폐어가 된 같은 어원의 ἕλλομαι 헬로마이로부터 취해짐〈빌1:22〉. 동

G0139 αἵρεσις[9회] **하이레시스**
G138에서 유래; 정확히는 '선택', 즉 (특히) '당파' 또는 (추상적으로) '분리':—이단[고유헬라어], 분파〈행5:17〉. 여명

G0140 αἱρετίζω[1회] **하이레티조**
G138의 파생어에서 유래; '선택하다':—택하다〈마12:18〉. 동

G0141 αἱρετικός[1회] **하이레티코스**
G140과 동의어에서 유래; '종파분리의':—이단의[고유헬라어]〈딛3:10〉. 형

G0142 αἴρω[101회] **아이로**
기본동사; '들어 올리다', 함축적으로 '취하다' 또는 '치워버리다'; 상징적으로 (소리를) '높이다', (마음을) '졸이다'; 특히 '항해하다'(즉 닻을 올리다); 히브리어에서[H5375와 비교] '죄를 속하다':—없이 하다, 지탱하다, 운반하다, 들어 올리다, 느슨해지다, 의심하게 만들다, 치워 버리다, 제거하다, 없이하다, 데리고 올라가다〈마16:24〉. 동

G0143 αἰσθάνομαι[1회] **아이스싸노마이**
불확실한 파생어에서 유래; (정확히는 감각에 의하여) '이해하다':—깨닫다〈눅9:45〉. 동

G0144 αἴσθησις[1회] **아이스쎄시스**
G143에서 유래; '지각(知覺)', 즉 (상징적으로) '식별':—판단〈빌1:9〉. 여명

G0145 αἰσθητήριον[1회] **아이스쎄테리온**
G143의 파생어에서 유래; 정확히는 '인식하는 기관', 즉 (상징적으로) '판단':—감각〈히5:14〉. 중명

G0146 αἰσχροκερδής[3회]

아이스크로케르데스
G150과 κέρδος 케르도스('얻다')에서 유래; '더러운':—더러운 이익을 탐하는〈딤전3:3〉. 형

G0147 αἰσχροκερδῶς[1회]
아이스크로케르도스
G146의 부사형; '비열하게':—더러운 이익을 위하여〈벧전5:2〉. 부

G0148 αἰσχρολογία[1회]
아이스크롤로기아
G150과 G3056에서 유래; '비열한 대화':—상스러운 이야기〈골3:8〉. 여명

G0149 αἰσχρόν[3회] 아이스크론
G150의 중성형; '부끄러운 일', 즉 '버릇없음':—부끄러움〈고전11:6〉. 중명

G0150 αἰσχρός[4회] 아이스크로스
G153과 같은 어근에서 유래; '부끄러운', 즉 '천한'(특히 '돈으로 좌우되는'):—더러운〈딛1:11〉. 형

G0151 αἰσχρότης[1회] 아이스크로테스
G150에서 유래; '부끄러움', 즉 '외설':—더러움〈엡5:4〉. 여명

G0152 αἰσχύνη[6회] 아이스퀴네
G153에서 유래; (추상적으로나 구체적으로) '부끄러움' 또는 '망신':—부정직, 부끄러움〈히12:2; 계3:18〉. 여명

G0153 αἰσχύνομαι[5회] 아이스퀴노마이
αἶσχος 아이스코스('볼꼴사나움', 즉 '망신')에서 유래; (스스로) '수치를 느끼다':— 부끄러워하다〈눅16:3〉. 동

G0154 αἰτέω[70회] 아이테오
불확실한 파생어에서 유래; (일반적으로) '구하다':—묻다, 청하다, 요구하다, 갈망하다, 필요로 하다. G4441과 비교.〈요14:13〉. 동

G0155 αἴτημα[3회] 아이테마
G154에서 유래; '요구된 것' 혹은 (추상적으로) '요구':—간청, 요청, 필요로 하는 것〈눅23:24〉. 중명

G0156 αἰτία[20회] 아이티아
G154와 같은 어근에서 유래; (마치 요청되어진) '원인', 즉 (동기, 일)에 대한 (논리적인) '이유', (주장되거나 입증된, 법적인) '죄':—고소, 고소사건, 원인, 범죄, 과실〈행10:21〉. 여명

G0157 αἰτίαμα[1회] 아이티아마
G156의 파생어에서 유래; '책망 받는 일':—불평, 고소〈행25:7〉. 중명

G0158 αἴτιον[5회] 아이티온
G159의 중성형; '이유' 또는 '범죄' [G156처럼]:—원인, 과실〈눅23:4〉. 중명

G0159 αἴτιος[5회] 아이티오스
G154와 같은 어근에서 유래; '원인이 되는', 즉 (구체적으로) '원인이 되는 사람':—저자〈히5:9〉. 형

G0160 αἰφνίδιος[2회] 아이ㅎ프니디오스
G1(부정적 불변사로서)과 G5316 [G1810과 비교]('분명치 않다'는 뜻)의 합성어에서 유래; '뜻밖의', 즉 (부사형) '갑자기':—갑작스러운, 알지 못하는〈눅21:34〉. 형

G0161 αἰχμαλωσία[3회] 아이크말로시아
G164에서 유래; '감금':—사로잡힘〈엡4:8〉. 여명

G0162 αἰχμαλωτεύω[2회]
아이크말로튜오
αἰχμάλωτος 아이크말로토스(G164)에서 유래; [G163과 같이] '사로잡다':—포로로 하다〈딤후3:6〉. 동

G0163 αἰχμαλωτίζω[4회]
아이크말로티조

G164에서 유래; '포로로 하다':—사로잡아 데려가다, 포로로 데려오다〈롬7:23〉. 동

G0164 αἰχμάλωτος[1회] **아이크말로토스**
αἰχμή 아이크메('창(槍)')와 **G259**와 같은 파생어에서 유래; 정확히는 '전쟁의 포로', 즉 (일반적으로) '포로':—포로〈눅4:18〉. 남명

G0165 αἰών[122회] **아이온**
G104와 같은 어근에서 유래; 정확히는 '시대'; 확대된 의미로 '영속'(또한 과거); 함축적으로 '세상'; 특히 (유대적) (현대나 미래)의 메시아 시대:—세대, 과정, 영원한, 영원히, 영원, 결단코, 언제나, (시작된, 끝이 없는) 세상(의 시작, 동안). 〈**5550**〉과 비교〈요6:51; 고전1:20〉. 남명

G0166 αἰώνιος[71회] **아이오니오스**
G165에서 유래; 영구의 (또한 지나간 때에 대해 사용, 혹은 과거와 미래에 대해 같이 사용):—영원한, 영원히, 영구한, (시작된) 세상〈요10:28; 롬16:25〉. 형

G0167 ἀκαθαρσία[10회] **아카싸르시아**
G169에서 유래, '불순'(불순한 성질), 육체적으로 또는 도덕적으로:—불결〈고후12:21〉. 여명

G0168 ἀκαθάρτης[1회] **아카싸르테스**
G169에서 유래; '불순'(불순한 상태), 도덕적으로:—더러움〈계17:4〉. 여명

G0169 ἀκάθαρτος[32회] **아카싸르토스**
G1(부정적 불변사로서)과 **G2508**(정결하다의 뜻)의 추정적 파생어에서 유래; '불순한'(의례적으로, 도덕적으로 [음탕한] 혹은 특히 [악마의]):—더러운, 불결한〈행10:14〉. 형

G0170 ἀκαιρέομαι[1회] **아카이레오마이**
G1(부정적 불변사로서)과 **G2540**('계절에 맞지 않는'의 뜻)의 합성어에서 유래; (스스로) '시기를 놓치다', 즉 '적절한 기회를 놓치다':—기회를 얻지 못하다〈빌4:10〉. 동

G0171 ἀκαίρως[2회] **아카이로스**
G170과 같은 어근에서 유래한 부사; '시기를 놓쳐':—한창 때를 지나〈딤후4:2〉. 부

G0172 ἄκακος[2회] **아카코스**
G1(부정적 불변사로서)과 **G2556**에서 유래; '나쁘지 않은', 즉 (객관적으로) '결백한' 혹은 (주관적으로) '의심하지 않는':—악이 없는, 순진한〈롬16:18〉. 형

G0173 ἄκανθα[14회] **아칸싸**
아마 **G188**과 동일어에서 유래; '가시':—가시나무〈눅6:44〉. 여명

G0174 ἀκάνθινος[2회] **아칸씨노스**
G173에서 유래; '가시 돋은':—가시의〈막15:17〉. 형

G0175 ἄκαρπος[7회] **아카르포스**
G1(부정적 불변사로서)과 **G2590**에서 유래; (문자적으로 혹은 상징적으로) '불모의':—열매 없는, 결실하지 못하는〈마13:22〉. 형

G0176 ἀκατάγνωστος[1회] **아카타그노스토스**
G1(부정적 불변사로서)과 **G2607**의 파생어에서 유래; '비난할 수 없는':—책망할 수 없는〈딛2:8〉. 형

G0177 ἀκατακάλυπτος[2회] **아카타칼륖토스**
G1(부정적 불변사로서)과 **G2596**과 **G2572**의 합성어의 파생어에서 유래; '베일을 벗은':—쓴 것을 벗은〈고전

11:5〉.[형]

G0178 ἀκατάκριτος[2회] **아카타크리토스**

G1(부정적 불변사로서)과 **G2632**의 파생어에서 유래; ('법적인') '재판을 받지 않은':—유죄판결을 받지 않은〈행16:37〉.[형]

G0179 ἀκατάλυτος[1회] **아카탈뤼토스**

G1(부정적 불변사로서)과 **G2647**의 파생어에서 유래; '파기할 수 없는', 즉 (상징적으로) '영구한':—끝없는〈히7:16〉.[형]

G0180 ἀκατάπαυστος[1회] **아카타파우스토스**

G1(부정적 불변사로서)과 **G2664**의 파생어에서 유래; '그만두지 않는':—그치지 않는 (것)〈벧후2:14〉.[형]

G0181 ἀκαταστασία[5회] **아카타스타시아**

G182에서 유래; '불안정', 즉 '무질서':—동요, 혼동, 소동〈고전14:33〉.[여명]

G0182 ἀκατάστατος[2회] **아카타스타토스**

G1(부정적 불변사로서)과 **G2525**의 파생어에서 유래; '변덕스러운':—불안정한〈약1:8〉.[형]

G0183 ἀκατάσχετος[1회] **아카타스케토스**

G1(부정적 불변사로서)과 **G2722**의 파생어에서 유래; '억제할 수 없는':—제멋대로 구는〈약1:8〉.[형]

G0184 Ἀκελδαμά[1회] **아켈다마**

기원은 아람어['피의 밭'을 의미; **H2506**과 **H1818**과 상응]; 예루살렘 근처의 한 장소, '아겔다마':—아겔다마〈행1:19〉.[고명] 가룟 유다가 심한 가책 끝에 자살한 예루살렘 가까이에 있는 한 장소

G0185 ἀκέραιος[3회] **아케라이오스**

G1(부정적 불변사로서)과 **G2767**의 추정적 파생어에서 유래; '섞지 않은', 즉 (상징적으로) '순결한':—악이 없는, 순전한〈마10:16〉.[형]

G0186 ἀκλινής[1회] **아클리네스**

G1(부정적 불변사로서)과 **G2827**에서 유래; '기대지 않는', 즉 (상징적으로) '확고한':—흔들리지 않는〈히10:23〉.[형]

G0187 ἀκμάζω[1회] **아크마조**

G188과 같은 어근에서 유래; '절정을 이루다', 즉 '다 익히다':—완전히 익다〈계14:18〉.[동]

G0188 ἀκμήν[1회] **아크멘**

ἀκή 아케(점, 點)에 유사한 명사("절정")의 대격 그리고 같은 뜻; 부사적으로 '바로' 지금, 즉 '아직도':—아직까지〈마15:16〉.[부]

G0189 ἀκοή[24회] **아코에**

G191에서 유래; '듣기'(그 행동, 감각 또는 들리는 것):—청중, 귀, 평판, 들은 것, 들음, 듣기, 전파된 것, 보고, 소문〈행17:20; 롬10:16〉.[여명]

G0190 ἀκολουθέω[90회] **아콜루쎄오**

G1(결합을 나타내는 불변사로서)과 κέλευθος 켈류쏘스(길)에서 유래; 정확히는 '함께 같은 길에 있다', 즉 '동행하다'(특히 제자로서):—따르다, 연락이 되다〈눅9:11; 행13:43〉.[동]

G0191 ἀκούω[430회] **아쿠오**

기본동사; (여러 의미에서) '듣다':—청취하다, 들려오다, 듣다, 듣는 자, 경청하다, 소문나다, 보고되다, 깨닫다〈마12:19; 행13:16〉.[동]

G0192 ἀκρασία[2회] **아크라시아**

G193에서 유래; '자제가 부족함':—무절제, 자제심이 없음〈마23:25〉.[여명]

G0193 ἀκράτης[1회] **아크라테스**

G1(부정적 불변사로서)과 G2904에서 유래; '무력한', 즉 '자제하지 못하는':—자제심이 없는〈딤후3:3〉. 형

G0194 ἄκρατος[1회] **아크라토스**

G1(부정적 불변사로서)과 G2767의 추정된 파생어에서 유래; '묽게 하지 않은':—섞지 않은〈계14:10〉. 형

G0195 ἀκρίβεια[1회] **아크리베이아**

G196과 같은 어근에서 유래; '정확':—엄한 태도〈행22:3〉. 여명

G0196 ἀκριβέστατος[1회] **아크리베스타토스**

ἀκρίβης 아크리베스(G206와 같은 어근의 파생어)의 최상급; '가장 꼼꼼한':—가장 엄격한〈행26:5〉. 형

G0197 ἀκριβέστερον[4회] **아크리베스테론**

G196과 같은 말의 비교급의 중성형; (부사적으로) '더욱 정확하게':—더욱 완전한[하게]〈행24:22〉. 부

G0198 ἀκριβόω[2회] **아크리보오**

G196과 같은 어근에서 유래; '정확하게 하다', 즉 '확인하다':—자세히 묻다〈마2:7〉. 동

G0199 ἀκριβῶς[9회] **아크리보스**

G196과 같은 어근에서 유래한 부사; '정확하게, 자세히':—신중하게, 부지런히, 완전한[하게]〈눅1:3〉. 부

G0200 ἀκρίς[4회] **아크리스**

명백히 G206과 같은 어근에서 유래; (뾰족한, 또는 초목의 '꼭대기'에서 '빛나는') '메뚜기':—메뚜기〈마3:4〉. 여명

G0201 ἀκροατήριον[1회] **아크로아테리온**

G202에서 유래; '청취실':—신문소, 접견 장소〈행25:23〉. 중명

G0202 ἀκροατής[4회] **아크로아테스**

ἀκροάομαι 아크로아오마이('귀를 기울이다'; 명백히 G191의 강의형)에서 유래; (단순히) '청취자':—듣는 자〈롬2:13〉. 남명

G0203 ἀκροβυστία[20회] **아크로뷔스티아**

〈206〉에서 유래하고 아마도 πόσθη 포스세(음경 혹은 남성의 생식기)의 수정된 형태; '포피(包皮)'; 함축적으로 '할례 받지 않은' 상태 또는 사람(즉 '이방인', 상징적으로 '거듭나지 않은 자'):—할례받지 않은 자, 무할례자 [G2192와 함께], 무할례〈롬2:26〉. 여명

G0204 ἀκρογωνιαῖος[2회] **아크로고니아이오스**

G206과 G1137에서 유래; 맨 '모퉁이'에 놓인:—모퉁잇돌〈엡2:20〉. 형

G0205 ἀκροθίνιον[1회] **아크로씨니온**

G206과 θίς 씨스(더미)에서 유래; 정확히는 (복수에서는) '더미의 꼭대기', 즉 (함축적으로) '전리품의 가장 좋은 것':—노략물〈히7:4〉. 중명

G0206 ἄκρον[6회] **아크론**

아마도 G188의 어간과 유사한 형용사의 중성형; '말단':—이 끝...저 끝, 첨단, 꼭대기, 가장 끝부분〈막13:27〉. 중명

G0207 'Ακύλας[6회] **아퀼라스**

아마도 라틴어 *aquila*(독수리)에서 온 듯; 이스라엘인, '아굴라':—아굴라〈행18:2〉. 고명 그의 아내 브리스길라와 함께 바울의 동역자이며 친구

G0208 ἀκυρόω[3회] **아퀴로오**

G1(부정적 불변사로서)과 G2964에서 유래; '무효로 하다':—취소하다, 무효로 만들다〈마15:6〉. 동

G0209 ἀκωλύτως[1회] **아콜뤼토스**
G1(부정적 불변사로서)과 G2967의 파생어의 합성어에서 유래한 부사; '방해되지 않는 태도로', '자유로이': —그를 금하는 사람이 없이〈행28:31〉. 부

G0210 ἄκων[1회] **아콘**
G1(부정적 불변사로서)과 G1635에서 유래; '내키지 않는':—뜻에 반(反)하는, 본의 아닌〈고전9:17〉. 형

G0211 ἀλάβαστρον[4회] **알라바스트론**
ἀλάβαστρος 알라바스트로스(불확실한 파생어)의 중성형, 돌의 이름; 정확히는 "설화 석고" 상자, 즉 (확대된 의미로) (어떤 물질의) 향료 '병':—(설화석고) 상자, 옥합〈마26:7〉. 중명

G0212 ἀλαζονεία[2회] **알라조네이아**
G213에서 유래; '대허풍선이', 즉 (함축적으로) '자기 과신':—자랑, 교만〈약4:16〉. 여명

G0213 ἀλαζών[2회] **알라존**
ἄλη 알레(방랑)에서 유래; '허풍선이': —자랑하는 자〈롬1:30〉. 남명

G0214 ἀλαλάζω[2회] **알랄라조**
ἀλαλή 알랄레(고함, "어이!")에서 유래; 큰소리로 고함치다', 즉 (함축적으로) '소리내어 울다'; 상징적으로 '쨍그렁[땡그렁] 울리다':—딸랑딸랑 울다, 울부짖다〈막5:38〉. 동

G0215 ἀλάλητος[1회] **알랄레토스**
G1(부정적 불변사로서)과 G2980의 파생어에서 유래; '말할 수 없는':—말로 표현 할 수 없는, 말로 나타낼 수 없는〈롬8:26〉. 형

G0216 ἄλαλος[3회] **알랄로스**
G1(부정적 불변사로서)과 G2980에서 유래; '벙어리의':—말 못하는〈막7:37〉. 형

G0217 ἅλας[8회] **할라스**
G251에서 유래; '소금'; (상징적으로) '신중':—소금〈마5:13〉. 중명

G0218 ἀλείφω[9회] **알레이ㅎ포**
G1(결합을 나타내는 불변사로서)과 G3045의 어간에서 유래; (향료로) '기름을 바르다':—기름붓다〈마6:17〉. 동

G0219 ἀλεκτοροφωνία[1회] **알레크토로ㅎ포니아**
G220과 G5456에서 유래; '닭 울 때', 즉 밤 제3경:—닭 울 때〈막13:35〉. 여명

G0220 ἀλέκτωρ[12회] **알레크토르**
ἀλέκω 알레코(막다)에서 유래; '수탉': —수탉〈눅22:34〉. 남명

G0221 Ἀλεξανδρεύς[2회] **알렉산드류스**
Ἀλεξανδρεια 알렉산드레이아(그렇게 불린 도시)에서 유래; '알렉산드리아 사람' 또는 알렉산드리아 주민:—알렉산드리아인〈행6:9〉. 남명

G0222 Ἀλεξανδρῖνος[2회] **알렉산드리노스**
G221과 같은 어근에서 유래; '알렉산드리아 시행(詩行)의' 또는 알렉산드리아에 속하는:—알렉산드리아의〈행27:6〉. 형

G0223 Ἀλέξανδρος[6회] **알렉산드로스**
G220(의 첫 부분)과 G435와의 같은 어근에서 유래; '인간 옹호자'; 알렉산더, 세 이스라엘인과 한 다른 사람의 이름:—알렉산더〈행19:33〉. 고명 a)구레네 시몬의 아들(막15:21), b)대제사장의 친척(행4:6), c)에베소의 유대인(행19:33), d)바울을 방해한 대장장이(딤전1:20, 딤후4:14)

G0224 ἄλευρον[2회] **알류론**

ἀλέο 알레오(갈다)에서 유래; '밀가루':—거친 가루〈마13:33〉. 중명

G0225 ἀλήθεια[109회] **알레쎄이아**

G227에서 유래; '진리':—참된, 참되게, 진리, 진실〈요8:32〉 여명 a)잘못의 반대 b)기독교의 본질 c)사실

G0226 ἀληθεύω[2회] **알레쓔오**

G227에서 유래; (교리와 고백에) '진실되다':—진리를 말하다〈갈4:16〉. 동

G0227 ἀληθής[26회] **알레쎄스**

G1(부정적 불변사로서)과 **G2990**에서 유래; (숨기지 않으므로) '참된':—참된, 진실로, 진리〈요10:41〉. 형

G0228 ἀληθινός[28회] **알레씨노스**

G227에서 유래; '진실한':—참된〈요1:9〉. 형

G0229 ἀλήθω[2회] **알레쏘**

G224와 같은 어근에서 유래; '갈다':—갈다〈눅17:35〉. 동

G0230 ἀληθῶς[18회] **알레쏘스**

G227에서 유래한 부사; '참으로':—실로, 진실로, 확실히, 참으로, 정말로, 틀림없이, 매우〈요1:47〉. 부

G0231 ἁλιεύς[5회] **할리유스**

G251에서 유래; (소금물에 종사하는 자로서) '뱃사람', 즉 (함축적으로) '어부':— 고기잡이〈막1:16〉. 남명

G0232 ἁλιεύω[1회] **할리유오**

G231에서 유래; '어부가 되다', 즉 (함축적으로) '고기 잡다':—고기 잡으러 가다〈요21:3〉. 동

G0233 ἁλίζω[2회] **할리조**

G251에서 유래; '소금 치다':—소금을 치다〈막9:49〉. 동

G0234 ἀλίσγημα[1회] **알리스게마**

ἀλίσγέω **알리스게오**(더럽히다)에서 유래; (의식(儀式)상) '불결':—오염〈행15:20〉. 중명

G0235 ἀλλά[638회] **알라**

G243의 중성 복수형; 정확히는 '다른 것들', 즉 (부사적으로) (많은 관계에서) '반대로':—그리고, 그러나, ~에도 불구하고, 참으로, 아니, 그렇지만, 아니다, 할지라도, ~을 제외하고는, 그러므로, 게다가, 그래도〈마4:4; 요1:8; 롬1:21〉. 접 a)그리고, 그러나, 그럼에도 불구하고 b)강조용법으로; 정말, 사실

G0236 ἀλλάσσω[6회] **알랏소**

G243에서 유래; '다르게 만들다':—고치다, 바꾸다, 변경하다〈행6:14〉. 동

G0237 ἀλλαχόθεν[1회] **알라코쎈**

G243에서 유래; '어떤 다른 곳으로부터':—'다른 길로'〈요10:1〉. 부

G0238 ἀλληγορέω[1회] **알레고레오**

G243과 ἀγορέω **아고레오**(열변을 토하다[**G58**과 비교])에서 유래; '비유로 말하다':—비유가 되다[고유헬라어]〈갈4:24〉. 동

G0239 ἀλληλουϊά[4회] **알렐루이아**

기원은 히브리어[**H1984**와 **H3050**의 명령형]; '여호와를 찬양하라', 숭배하는 외침:—알[할]렐루야〈계19:1〉. 동

G0240 ἀλλήλων[100회] **알렐론**

G243의 중복형에서 유래한 복수 소유격; '서로':—서로, 상호간, (다른 자), 스스로, 모이다 [때때로 **G3326**이나 **G4314**와 함께]〈마24:10; 롬1:27〉. 대

G0241 ἀλλογενής[1회] **알로게네스**

G243과 **G1085**에서 유래; '외국의', 즉 유대인이 아닌:—이방인〈눅17:18〉.

[형]

G0242 ἅλλομαι[3회] **할로마이**
명백히 기본동사의 중간태; '뛰어 오르다'; 상징적으로 '분출하다':—뛰다, 뛰어 오르다〈행3:8〉. [동]

G0243 ἄλλος[155회] **알로스**
기본어; "그밖에", 즉 (많은 적용으로) '다른':—더욱, 서로, 다른, 어떤 다른, 딴 것의〈요15:24〉. [형]

G0244 ἀλλοτριεπίσκοπος[1회] **알로트리에피스코포스**
G245와 **G1985**에서 유래; '다른 사람들의 일들을 넘보기', 즉 간섭자(특히 이방 풍습에 있어서):—다른 사람들의 일에 참견하기 좋아하는 사람〈벧전4:15〉. [남명]

G0245 ἀλλότριος[14회] **알로트리오스**
G243에서 유래; '남의', 즉 자신의 것이 아닌; 확대된 의미로 '외국의', '혈족이 아닌', '적의 있는':—외국인의, 다른 (사람의), 낯선 (사람)〈요10:5〉. [형]

G0246 ἀλλόφυλος[1회] **알로ㅎ퓔로스**
G243과 **G5443**에서 유래; '외국의', 즉 (특히) '이방의':—다른 나라의 사람〈행10:28〉. [형]

G0247 ἄλλως[1회] **알로스**
G243에서 유래한 부사; '달리':—다르게〈딤전5:25〉. [부]

G0248 ἀλοάω[3회] **알로아오**
G257과 같은 어근에서 유래; '곡식을 밟다':—타작하다, 곡식을 떨다〈고전9:9〉. [동]

G0249 ἄλογος[3회] **알로고스**
G1(부정적 불변사로서)과 **G3056**에서 유래; '불합리한':—야만적인, 비합리적인〈행25:27〉. [형]

G0250 ἀλοή[1회] **알로에**
기원은 외래어 [**H174**와 비교]; '알로에, 노회(蘆薈)'(점성 고무):—침향〈요19:39〉. [여명]

G0251 ἅλς[1회] **할스**
기본어; "소금":—소금〈막9:49〉. [남명]

G0252 ἁλυκός[1회] **할뤼코스**
G251에서 유래; '짠':—소금물의〈약3:12〉. [형]

G0253 ἀλυπότερος[1회] **알뤼포테로스**
G1(부정적 불변사로서)과 **G3077**의 합성어의 비교급; '더 슬픔이 없는':—덜 슬픈〈빌2:28〉. [형]

G0254 ἅλυσις[11회] **할뤼시스**
불확실한 파생어; '족쇄' 또는 '수갑':—속박하는 것, 사슬〈행12:6〉. [여명]

G0255 ἀλυσιτελής[1회] **알뤼시텔레스**
G1(부정적 불변사로서)과 **G3081**의 어간에서 유래; '이익 없는' 즉 (함축적으로) 유해한:—무익한〈히13:17〉. [형]

G0256 Ἀλφαῖος[5회] **알ㅎ파이오스**
기원은 히브리어 [**H2501**과 비교]; 이스라엘인, '알패오':—알패오〈눅6:15〉. [고명]

G0257 ἅλων[2회] **할론**
아마도 **G1507**의 어간에서 유래; '타작마당'(딱딱하게 '굴려다진'), 즉 (상징적으로) '곡물'(과 겨, 방금 타작된):—평탄한 작업장〈마3:12〉. [여명]

G0258 ἀλώπηξ[3회] **알로펙스**
불확실한 파생어; '여우', 즉 (상징적으로) '교활한' 사람:—여우〈눅9:58〉. [여명]

G0259 ἅλωσις[1회] **할로시스**
G138의 방계형태에서 유래; '포획':—사로 잡힘〈벧후2:12〉. [여명]

G0260 ἅμα[10회] **하마**
기본 불변사; 정확히는 "같은" 시간에, 동시에, 그러나 친밀한 교제를 나타내는 전치사 혹은 부사로서 자유롭게 사용됨:—또한, 그리고, 함께, 그 위에〈롬3:12〉. 부

G0261 ἀμαθής[1회] **아마쎄스**
G1(부정적 불변사로서)과 **G3129**에서 유래; '무식한':—배운 것 없는〈벧후3:16〉. 형

G0262 ἀμαράντινος[1회] **아마란티노스**
G263에서 유래; "아마란드", 즉 (함축적으로) '시들지 않는':—쇠하지 않는〈벧전5:4〉. 형

G0263 ἀμάραντος[1회] **아마란토스**
G1(부정적 불변사로서)과 **G3133**의 추정된 파생어에서 유래; '시들지 않는', 즉 (함축적으로) '영구한':—쇠하지 아니하는〈벧전1:4〉. 형

G0264 ἁμαρτάνω[43회] **하마르타노**
아마 **G1**(부정적 불변사로서)과 **G3313**의 어간에서 유래; 정확히는 '과녁을 맞히지 못하다'(그래서 상에 '참여하지 못하다'), 즉 (상징적으로) '잘못하다', 특히 (도덕적으로) '죄를 짓다':—너의 잘못 때문에, 죄를 저지르다, 죄를 짓다[범하다]〈롬3:23〉. 동

G0265 ἁμάρτημα[4회] **하마르테마**
G264에서 유래; (정확히는 구상명사) '하나의 범죄행위':—죄〈롬3:25〉. 중명

G0266 ἁμαρτία[173회] **하마르티아**
G264에서 유래; (정확히는 추상명사) '죄':—위반, 죄(많은)〈롬5:12〉. 여명

G0267 ἀμάρτυρος[1회] **아마르튀로스**
G1(부정적 불변사로서)과 **G3144**의 형태에서 유래; '입증되지 않는':—증거 없는〈행14:17〉. 형

G0268 ἁμαρτωλός[47회] **하마르톨로스**
G264에서 유래; '죄 있는', 즉 '죄인':—죄를 범한, 범죄자〈롬5:8〉. 형

G0269 ἄμαχος[2회] **아마코스**
G1(부정적 불변사로서)과 **G3163**에서 유래; '평화를 좋아하는':—말다툼하지 않는〈딤전3:3〉. 형

G0270 ἀμάω[1회] **아마오**
G260에서 유래; 정확히는 '모으다', 즉 (함축적으로) '거둬들이다':—베어들이다〈약5:4〉. 동

G0271 ἀμέθυστος[1회] **아메쒸스토스**
G1(부정적 불변사로서)과 **G3184**의 파생어에서 유래; ('취하는 것을 방지한다'고 생각되는) "자수정":—자석영〈계21:20〉. 여명

G0272 ἀμελέω[4회] **아멜레오**
G1(부정적 불변사로서)과 **G3199**에서 유래; '무관심하다':—얕보다, 무시하다, 소홀히 하다, 주목하지 않다〈마22:5〉. 동

G0273 ἄμεμπτος[5회] **아멤프토스**
G1(부정적 불변사로서)과 **G3201**의 파생어에서 유래; '비난할 수 없는':—비난할 점이 없는, 결점 없는, 나무랄 데 없는〈눅1:6〉. 형

G0274 ἀμέμπτως[2회] **아멤프토스**
G273에서 유래한 부사; '흠 없이':—비난할 점이 없이, 나무랄 데 없이〈살전2:10〉. 부

G0275 ἀμέριμνος[2회] **아메림노스**
G1(부정적 불변사로서)과 **G3308**에서 유래; '걱정 없는':—근심 없는, 조심 없는, 안전한〈마28:14〉. 형

G0276 ἀμετάθετος[2회] **아메타쎄토스**
G1(부정적 불변사로서)과 **G3346**의 파생어에서 유래; '변할 수 없는', 혹

은 (추상명사로서 중성형) '변할 수 없음':—변치 않는, 불변성〈히6:17〉. 형

G0277 ἀμετακίνητος[1회] **아메타키네토스**
G1(부정적 불변사로서)과 G3334의 파생어에서 유래; '움직이지 않는':—움직이기 어려운〈고전15:58〉. 형

G0278 ἀμεταμέλητος[2회] **아메타멜레토스**
G1(부정적 불변사로서)과 G3338의 추정된 파생어에서 유래; '취소할 수 없는':—후회 없는, 후회되지 않는〈롬11:29〉. 형

G0279 ἀμετανόητος[1회] **아메타노에토스**
G1(부정적 불변사로서)과 G3340의 추정된 파생어에서 유래; '뉘우침 없는':—회개하지 않는〈롬2:5〉. 형

G0280 ἄμετρος[2회] **아메트로스**
G1(부정적 불변사로서)과 G3358에서 유래; '무절제한':—과도한 (것)〈고후10:13〉. 형

G0281 ἀμήν[130회] **아멘**
기원은 히브리어 [H543]; 정확히는 '굳은', 즉 (상징적으로) '믿을 수 있는'; 부사 '확실히'(가끔 감탄사로서 '그렇게 되기를'):—아멘, 진실로〈계22:21〉. 불변사

G0282 ἀμήτωρ[1회] **아메토르**
G1(부정적 불변사로서)과 G3384에서 유래; '어머니 없는', 즉 '어머니가 알려지지 않은':—어머니 없는〈히7:3〉. 형

G0283 ἀμίαντος[4회] **아미안토스**
G1(부정적 불변사로서)과 G3392의 파생어에서 유래; '더럽지 않은', 즉 (상징적으로) '순결한':—더럽혀지지 않은〈히7:26〉. 형

G0284 Ἀμιναδάβ[3회] **아미나답**
기원은 히브리어 [H5992]; '아미나답', 이스라엘인:—아미나답〈마1:4〉. 고명

G0285 ἄμμος[5회] **암모스**
아마 G260에서 유래; (해변에 쌓여진) '모래':—모래〈마7:26〉. 여명

G0286 ἀμνός[4회] **암노스**
명백히 기본어; '어린양':—어린양〈요1:29〉. 남명

G0287 ἀμοιβή[1회] **아모이베**
ἀμείβω 아메이보('교환하다')에서 유래; '보답':—갚다〈딤전5:4〉. 여명

G0288 ἄμπελος[9회] **암펠로스**
아마도 G297의 어간과 G257의 어간에서 유래; (지주를 칭칭 감는) '포도나무':—포도나무〈마26:29〉. 여명

G0289 ἀμπελουργός[1회] **암펠루르고스**
G288과 G2041에서 유래; '포도원 가꾸는 사람', 즉 '가지 치는 일꾼':—포도원의 일꾼〈눅13:7〉. 남명 여명

G0290 ἀμπελών[23회] **암펠론**
G288에서 유래; '포도원':—포도원〈마20:1〉. 남명

G0291 Ἀμπλίας[1회] **암플리아스**
라틴어 *ampliatus*[확대된]의 압축형; '암블리아', 로마인 성도:—암블리아〈롬16:8〉. 고명

G0292 ἀμύνομαι[2회] **아뮈노마이**
기본동사의 중간태; (스스로) '막다', 즉 '보호하다':—방어하다〈행7:24〉. 동

G0293 ἀμφίβληστρον[2회] **암ㅎ피블레스트론**
G297과 G906의 어간의 합성어에서 유래; (고기 잡는) '그물':—어망〈마

4:18〉. 중명

G0294 ἀμφιέννυμι[3회] **암ㅎ피인뉘미**
G297의 어간과 ἕννυμι **헨뉘미**(입히다)에서 유래; '의복을 입히다':—옷을 주다〈마6:30〉. 동

G0295 Ἀμφίπολις[1회] **암ㅎ피폴리스**
G297과 **G4172**의 어간에서 유래; '강에 둘러싸인 도시'; 마게도니아에 있는 한 장소, '암비볼리':—암비볼리〈행17:1〉. 고명 Amphipolis; 양쪽이 둘러싸인 도시; 암비볼리 - 스트리몬 강(Strymon River)으로 둘러싸인 남동 마케도니아의 주요 도시

G0296 ἀμφόδον[1회] **암ㅎ포돈**
G297과 **G3598**의 어간에서 유래; 길의 '분기(分岐)':—두 길이 만나는 곳〈막11:4〉. 중명

G0297 ἀμφότερος[14회] **암ㅎ포테로스**
ἀμφί **암ㅎ피**(주위의)의 비교급; (복수로) '둘 다':—둘 다〈눅1:6〉. 형

G0298 ἀμώμητος[1회] **아모메토스**
G1(부정적 불변사로서)과 **G3469**의 파생어에서 유래; '나무랄 수 없는':—비난할 점이 없는〈빌2:15〉. 형

G0299 ἄμωμος[8회] **아모모스**
G1(부정적 불변사로서)과 **G3470**에서 유래; (문자적으로 혹은 상징적으로) '흠이 없는':—비난(흠, 잘못, 점)이 없는, 결점 없는, 나무랄 수 없는〈엡5:27〉. 형

G0300 Ἀμών[3회] **아몬**
기원은 히브리어 [**H526**]; 이스라엘인, '아몬':—아몬〈마1:10〉. 고명

G0301 Ἀμώς[3회] **아모스**
기원은 히브리어 [**H531**]; 이스라엘인, '아모스':—아모스〈눅3:25〉. 고명

G0302 ἄν[167회] **안**
'상상', '바램', '가능성' 또는 '불확실성'을 나타내는 기본 불변사; 보통 가정법 또는 가능법에 의한 경우를 제외하고는 표현되지 않는다. 또한 **G1437**의 축약형:—무엇이든지, 어디든지, 누구든지, 어디로든지〈마5:19〉 a)직설법, 가정법, 희구법 등에서 가능성을 가리킨다. b)접속사나 관계사와 함께 사용되어 불확실성을 가리킨다.

G0303 ἀνά[13회] **아나**
기본전치사와 부사; 정확히는 '위로 up'; 그러나 (확대된 의미로)(분배적으로) '따로 따로', 혹은 (위치상으로) '~에'(등으로) 사용됨. (접두사로) 복합적으로 종종 (함축적으로) '반복', '강조', '반전' 등을 나타낸다.:—그리고, 각각, 씩, 모든 (사람), 안에, 통해서〈막6:40; 고전14:27〉. 전

G0304 ἀναβαθμός[2회] **아나바쓰모스**
G305에서 유래 [**G898**과 비교]; '계단':—층계〈행21:35〉. 남명

G0305 ἀναβαίνω[82회] **아나바이노**
G303과 **G939**의 어간에서 유래; (문자적으로 혹은 상징적으로) '올라가다':—일어나다, 기어오르다, 오르다, 자라다, 솟아나다, 나타나다〈막4:7〉. 동

G0306 ἀναβάλλομαι[1회] **아나발로마이**
G303과 **G906**에서 유래한 중간태; (스스로) '연기하다':—늦추다〈행24:22〉. 동

G0307 ἀναβιβάζω[25회] **아나비바조**
G303과 **G939**의 어간의 파생어에서 유래; '올라오게 하다', 즉 (그물을) 잡아당기다:—끌다〈마13:48〉. 동

G0308 ἀναβλέπω[1회] **아나블레포**

G303과 G991에서 유래; '쳐다보다', 함축적으로 '시력을 회복하다':—(쳐다)보다, 보다, 시력을 받다〈눅18:41〉. 동

G0309 ἀνάβλεψις[1회] 아나블렙시스
G308에서 유래; '시력의 회복':—시력의 복구〈눅4:18〉. 여명

G0310 ἀναβοάω[1회] 아나보아오
G303과 G994에서 유래; '큰소리로 외치다':—(크게) 부르짖다〈막15:8〉. 동

G0311 ἀναβολη[1회] 아나볼레
G306에서 유래; '연기하는 것':—지연〈행25:17〉. 여명

G0312 ἀναγγέλλω[14회] 아낭겔로
G303과 G32의 어간에서 유래; (자세히) '알리다':—선언하다, 연습하다, 보고하다, 보여주다, 말하다, 이야기하다〈요4:25; 행20:27〉. 동

G0313 ἀναγεννάω[2회] 아나겐나오
G303과 G1080에서 유래; '(아이를) 보다' 또는 (확대된 의미로) (거듭) 나게 하다:—(아이를) 보다, 다시 (태어나게 하다)〈벧전1:3〉. 동

G0314 ἀναγινώσκω[32회] 아나기노스코
G303과 G1097에서 유래; '다시 알다', 즉 (확대된 의미로) 읽다:—읽다〈행8:28〉. 동

G0315 ἀναγκάζω[9회] 아낭카조
G318에서 유래; '억지로 ~을 시키다':—강제하다, 강요하다〈눅14:23; 행28:19〉. 동

G0316 ἀναγκαῖος[8회] 아낭카이오스
G318에서 유래; '필요한', 함축적으로 (친척으로) '가까운':—가까운, 필요한, 필요성, 없어서는 안 될〈행13:46〉. 형

G0317 ἀναγκαστῶς[1회] 아낭카스토스
G315의 파생어에서 유래한 부사; '강제적으로':—억지로〈벧전5:2〉. 부

G0318 ἀνάγκη[18회] 아낭케
G303과 G43의 어간에서 유래; (문자적으로 혹은 상징적으로) '강제', 함축적으로 '고통':—곤궁, 절대 필요한 부족분, 필요성[한, 하다], 없어서는 안 될 것〈눅14:18〉. 여명

G0319 ἀναγνωρίζομαι[1회] 아나그노리조마이
G303과 G1107에서 유래한 중간태; (자신을) '알게 만들다':—알려지게 되다〈행7:13〉. 동

G0320 ἀνάγνωσις[3회] 아나그노시스
G314에서 유래; '읽는' (행위):—읽기〈행13:15〉. 여명

G0321 ἀνάγω[23회] 아나고
G303과 G71에서 유래; '인도하여 올리다', 확대된 의미로 '회항하다'; 특히 '행선하다':—다시 데려오다, 생기게 하다, 다시 양육하다, 출발하다, 진수하다, 이끌어 올리다, 놓아주다, 바치다, 항해하다, 나타나다, 들어 올리다〈행13:13; 21:1〉. 동

G0322 ἀναδείκνυμι[2회] 아나데이크뉘미
G303과 G1166에서 유래; '전시하다', 즉 (함축적으로) '지적하다', '가리키다':—임명하다, 보이다〈눅10:1〉. 동

G0323 ἀνάδειξις[1회] 아나데이크시스
G322에서 유래; '전시의' (행위):—나타남〈눅1:80〉. 여명

G0324 ἀναδέχομαι[2회] 아나데코마이
G303과 G1209에서 유래; (손님으로) '환대하다':—받아들이다〈행28:7〉. 동

G0325 ἀναδίδωμι[1회] 아나디도미
G303과 G1325에서 유래; '건네주다':

—넘겨주다〈행23:33〉.[동]

G0326 ἀναζάω[2회] **아나자오**
G303과 G2198에서 유래; (문자적으로 혹은 상징적으로) '소생하다':—다시 살아나다, 다시 살다, 부활하다〈눅15:24〉.[동]

G0327 ἀναζητέω[3회] **아나제테오**
G303과 G2212에서 유래; '찾아내다':—찾다〈눅2:44〉.[동]

G0328 ἀναζώννυμι[1회] **아나존뉘미**
G303과 G2224에서 유래; '새로이 허리를 졸라매다':—허리를 동이다〈벧전1:13〉.[동]

G0329 ἀναζωπυρέω[1회] **아나조퓌레오**
G303과 G2226의 어간과 G4442의 합성어에서 유래; '다시 불을 붙이다':—붙일 듯 하게 하다, 분발시키다〈딤후1:6〉.[동]

G0330 ἀναθάλλω[1회] **아나쌀로**
G303과 θάλλω 아나쌀로(번영하다)에서 유래; '소생시키다':—다시 번영하다〈빌4:10〉.[동]

G0331 ἀνάθεμα[6회] **아나쎄마**
G394에서 유래; (종교적) '금지령' 혹은 (구체적으로) '파문당하는' (것 또는 사람):—피고인, 파문, (큰) 저주〈고전16:22〉.[중명]

G0332 ἀναθεματίζω[4회] **아나쎄마티조**
G331에서 유래; '선언하다' 또는 저주의 형벌 아래 '맹세하다':—저주 (아래 묶다), 맹세로 묶다〈행23:12〉.[동]

G0333 ἀναθεωρέω[2회] **아나쎄오레오**
G303과 G2334에서 유래; (문자적으로 혹은 상징적으로) '다시 보다'(즉 주의 깊게):—보다, 숙고하다〈행17:23〉.[동]

G0334 ἀνάθημα[1회] **아나쎄마**
G394[G331과 같으나 좋은 의미에서]에서 유래; '봉헌된 제물':—예물〈눅21:5〉.[중명]

G0335 ἀναίδεια[1회] **아나이데이아**
G1(부정적 불변사로서 [G427과 비교])과 G127의 합성어에서 유래; '뻔뻔스러움', 즉 (함축적으로) '끈질기게 조름':—끈덕진 재촉〈눅11:8〉.[여명]

G0336 ἀναίρεσις[1회] **아나이레시스**
G337에서 유래; '죽이는' (행위):—죽음〈행8:1〉.[여명]

G0337 ἀναιρέω[24회] **아나이레오**
G303과 G138(의 능동태)에서 유래; '집어 올리다', 즉 '채용하다', 함축적으로 (세차게) '치워버리다', 즉 '없애버리다', '살해하다':—사형에 처하다, 죽이다, 도살하다, 치워버리다, 들어올리다〈눅22:2〉.[동]

G0338 ἀναίτιος[2회] **아나이티오스**
G1(부정적 불변사로서)과 G159 (G156의 의미에서)에서 유래; '결백한':—비난할 점이 없는, 죄 없는〈마12:5〉.[형]

G0339 ἀνακαθίζω[2회] **아나카씨조**
G303과 G2523에서 유래; 정확하게는 '세우다', 즉 (재귀형) 일어나 앉다:—일어나 앉다〈눅7:15〉.[동]

G0340 ἀνακαινίζω[1회] **아나카이니조**
G303과 G2537의 파생어에서 유래; '회복시키다':—새롭게 하다〈히6:6〉.[동]

G0341 ἀνακαινόω[2회] **아나카이노오**
G303과 G2537의 파생어에서 유래; '혁신하다':—새롭게 하다〈고후4:16〉.[동]

G0342 ἀνακαίνωσις[2회]

아나카이노시스
G341에서 유래; '혁신':—갱신〈롬12:2〉. 여명

G0343 ἀνακαλύπτω[2회] **아나칼륖토**
G303(반전(反轉)의 의미에서)과 G2572에서 유래; '베일을 벗기다':—열다, 치워버리다〈고후3:14〉. 동

G0344 ἀνακάμπτω[4회] **아나캄프토**
G303과 G2578에서 유래; '뒤돌아가다':—되돌아가다, 돌아가다〈마2:12〉. 동

G0345 ἀνακεῖμαι[14회] **아나케이마이**
G303과 G2749에서 유래; (시체로서, 혹은 식사 시에) '눕히다, 기대다':—손님으로 대접하다, 기대다, 눕다, (식사 때) 앉다, (식탁에서)〈눅7:37〉. 동

G0346 ἀνακεφαλαίομαι[2회]
아나케ㅎ팔라이오마이
G303과 G2775(본래 의미로)에서 유래; '요약하다':—간단히 이해하다, 하나로 함께 모으다〈롬13:9〉. 동

G0347 ἀνακλίνω[6회] **아나클리노**
G303과 G2827에서 유래; '뒤로 기대다':—누이다, 앉다[게 하다]〈마8:11〉. 동

G0348 ἀνακόπτο[1회] **아나쿞토**
G303과 G2875에서 유래; '격퇴하다', 즉 '저지하다':—방해하다〈갈5:7〉. 동

G0349 ἀνακράζω[5회] **아나크라조**
G303과 G2896에서 유래; (크게) '소리치다':—소리 지르다〈눅23:18〉. 동

G0350 ἀνακρίνω[16회] **아나크리노**
G303과 G2919에서 유래; 정확히는 '자세히 조사하다', 즉 (함축적으로) 조사하다, 심문하다, 결정하다:—묻다, 신문하다, 분별하다, 시험하다, 판단하다, 찾다〈행12:19; 고전2:15〉. 동

G0351 ἀνάκρισις[1회] **아나크리시스**
G350에서 유래; (사법적) '조사':—심문〈행25:26〉. 여명

G0352 ἀνακύπτω[4회] **아나퀖토**
G303(반전(反轉)의 의미에서)과 G2955에서 유래; '곧게 펴다', 즉 '일어나다'; 상징적으로 '의기양양하다':—들어 올리다, 쳐다보다〈눅13:11〉. 동

G0353 ἀναλαμβάνω[13회] **아날람바노**
G303과 G2983에서 유래; '들어 올리다':—받아 올리다, 받아들이다, 집어 올리다〈막16:19; 행1:2〉. 동

G0354 ἀνάλημψις[1회] **아날렘프시스**
G353에서 유래; '승천':—들어 올림〈눅9:51〉. 여명

G0355 ἀναλίσκω[2회] **아날리스코**
G303과 G138의 변형된 형태에서 유래; 정확히는 '다 써버리다', 즉 '파괴하다':—소멸하다〈눅9:54〉. 동

G0356 ἀναλογία[1회] **아날로기아**
G303과 G3056의 합성어에서 유래; '분수':—정도(程度)〈롬12:6〉. 여명

G0357 ἀναλογίζομαι[1회]
아날로기조마이
G356에서 유래한 중간태; '평가하다', 즉 (상징적으로) '잘 생각하다':—숙고하다〈히12:3〉. 동

G0358 ἄναλος[1회] **아날로스**
G1(부정적 불변사로서)과 G251에서 유래; '소금 없는', 즉 '싱거운':—짠맛을 잃은〈막9:50〉. 형

G0359 ἀνάλυσις[1회] **아날뤼시스**
G360에서 유래; '출발':—떠남〈딤후4:6〉. 여명

G0360 ἀναλύω[2회] **아날뤼오**

G303과 G3089에서 유래; '해산하다', 즉 (문자적으로 혹은 상징적으로) 출발하다:—떠나다, 돌아오다〈눅12:36〉. 동

G0361 ἀναμάρτητος[1회] 아나마르테토스
G1(부정적 불변사로서)과 G264의 추정된 파생어에서 유래; '결백한':—죄 없는〈요8:7〉. 형

G0362 ἀναμένω[1회] 아나메노
G303과 G3306에서 유래; '~을 기다리다':—기다리다〈살전1:10〉. 동

G0363 ἀναμιμνήσκω[6회] 아나밈네스코
G303과 G3403에서 유래; '생각나게 하다'; (재귀형) '회상하다':—상기시키다, 기억하다, 기억나게 하다〈고전4:17〉. 동

G0364 ἀνάμνησις[4회] 아남네시스
G363에서 유래; '회상':—(다시) 기억, 기념〈눅22:19〉. 여명

G0365 ἀνανεόω[1회] 아나네오오
G303과 G3501의 파생어에서 유래; '혁신하다', 즉 '개혁하다':—새롭게 되다〈엡4:23〉. 동

G0366 ἀνανήφω[1회] 아나네ㅎ포
G303과 G3525에서 유래; '다시 정신을 차리다', 즉 (상징적으로) '의식을 회복하다':—자신을 되찾다〈딤후2:26〉. 동

G0367 Ἀνανίας[11회] 아나니아스
기원은 히브리어 [H2608]; 세 이스라엘인의 이름, '아나니아':—아나니아〈행9:10〉. 고명 a)자신의 재산을 판 사실에 대해 성령을 속인 예루살렘의 제자 b)안수하여 사울의 시력을 회복시킨 다마섹의 제자 c)예루살렘의 대제사장

G0368 ἀναντίρρητος[1회] 아난티르ㅎ레토스
G1(부정적 불변사로서)과 G473과 G4483의 합성어의 추정된 파생어에서 유래; '논의의 여지가 없는':—대항하여 말할 수 없는〈행19:36〉. 형

G0369 ἀναντιρρήτως[1회] 아난티르ㅎ레토스
G368에서 유래한 부사; '신속히':—반박 없이〈행10:29〉. 부

G0370 ἀνάξιος[1회] 아낙시오스
G1(부정적 불변사로서)과 G514에서 유래; '부적당한':—~에 부족한〈고전6:2〉. 형

G0371 ἀναξίως[1회] 아낙시오스
G370에서 유래한 부사; '불경하게':—~에 어울리지 않게〈고전11:27〉. 부

G0372 ἀνάπαυσις[5회] 아나파우시스
G373에서 유래; '중지', 함축적으로 '휴양':—휴식〈계4:8〉. 여명

G0373 ἀναπαύω[12회] 아나파우오
G303과 G3973에서 유래; (재귀형) (문자적으로 혹은 상징적으로 [면제되어], '남아 있다') 쉬게 하다'; 함축적으로 '상쾌하게 하다':—편안히 쉬다, 기운 나게 하다, 휴식을 주다[하다]〈마26:45〉. 동

G0374 ἀναπείθω[1회] 아나페이쏘
G303과 G3982에서 유래; '격려하다':—권유하다〈행18:13〉. 동

G0375 ἀναπέμπω[5회] 아나펨포
G303과 G3992에서 유래; '올려 보내다' 또는 '돌려보내다':—(다시) 보내다〈눅23:15〉. 동

G0376 ἀνάπηρος[3회] 아나페로스
G303('강렬'의 의미에서)과 πῆρος 페로스(불구의)에서 유래; '다리 저는':

—불구의〈눅14:13〉. 형

G0377 ἀναπίπτω[12회] **아나핖토**

G303과 **G4098**에서 유래; '벌렁 자빠지다', 즉 '눕다', '뒤로 젖히다':—기대다, (식사하러) 앉다〈마15:37〉. 동

G0378 ἀναπληρόω[6회] **아나플레로오**

G303과 **G4137**에서 유래; '완성하다', 함축적으로 '차지하다', '공급하다'; 상징적으로 (순종에 의해) '성취하다':—채우다, 이루다, 차지하다, 보충하다〈고전16:17〉. 동

G0379 ἀναπολόγητος[2회] **아나폴로게토스**

G1(부정적 불변사로서)과 **G626**의 추정된 파생어에서 유래; '변호할 여지가 없는':—이유 없는, 변명[핑계]할 수 없는〈롬1:20〉. 형

G0380 ἀναπτύσσω[1회] **아나프튓소**

G303(반전(反轉)의 의미에서)과 **G4428**에서 유래; (두루마리나 권서(卷書)를) 풀어 펼치다:—펴다〈눅4:17〉. 동

G0381 ἀνάπτω[2회] **아낲토**

G303과 **G681**에서 유래; '점화하다':—불붙이다, 불을 켜다〈눅12:49〉. 동

G0382 ἀναρίθμητος[1회] **아나리쓰메토스**

G1(부정적 불변사로서)과 **G705**의 파생어에서 유래; '헤아릴 수 없는', 즉 '셀 수 없는':—무수한〈히11:12〉. 형

G0383 ἀνασείω[2회] **아나세이오**

G303과 **G4579**에서 유래; 상징적으로 '선동하다':—흥분시키다, 충동하다〈눅23:5〉. 동

G0384 ἀνασκευάζω[1회] **아나스큐아조**

G303(반전(反轉)의 의미에서)과 **G4632**의 파생어에서 유래; 정확히는 (짐을) 꾸리다, 즉 (함축적으로 그리고 상징적으로) '뒤집어엎다':—전복시키다〈행15:24〉. 동

G0385 ἀνασπάω[2회] **아나스파오**

G303과 **G4685**에서 유래; '끌어 올리다' 또는 '구출하다':—끌어 올리다, 끌어내다〈눅14:5〉. 동

G0386 ἀνάστασις[42회] **아나스타시스**

G450에서 유래; '다시 일어서기', 즉 (문자적으로) 죽음에서 '부활'(개인적으로, 일반적으로 또는 함축적으로 [그 장본인]), 또는 (상징적으로) (영적 진리의)(도덕적) '회복':—다시 살아남, 부활, 죽음에서 일어남, 다시 일어남〈고전15:12〉. 여명

G0387 ἀναστατόω[3회] **아나스타토오**

G450('제거'의 의미에서)의 파생어에서 유래; 정확히는 '집에서 쫓아내다', 즉 (함축적으로, 문자적 또는 상징적으로) '어지럽히다':—교란하다, 뒤집어놓다, 소란을 피우다〈행17:6〉. 동

G0388 ἀνασταυρόω[1회] **아나스타우로오**

G303과 **G4717**에서 유래; (상징적으로) '다시 십자가에 못 박다':—새로이 십자가에 달다〈히6:6〉. 동

G0389 ἀναστενάζω[1회] **아나스테나조**

G303과 **G4727**에서 유래; '깊이 탄식하다':—깊이 한숨 쉬다〈막8:12〉. 동

G0390 ἀναστρέφω[9회] **아나스트레ㅎ포**

G303과 **G4762**에서 유래; '뒤집어엎다'; 또한 '돌아오다'; 함축적으로 '~로 바쁘다', 즉 '결국 ~것으로 돌아가다', '살다':—거주하다, 처신하다, 친교하다, 살다, 뒤집어엎다, 지나다, 돌아오다, 사용되다〈행5:22; 딤전3:15〉. 동

G0391 ἀναστροφή[13회] **아나스트로ㅎ페**

G390에서 유래; '행실':—행동, 생활 양식〈갈1:13; 히13:7〉. 여명

G0392 ἀνατάσσομαι[1회] **아나탓소마이**
G303과 G5021의 중간태에서 유래; '정리하다':—정렬하다〈눅1:1〉. 동

G0393 ἀνατέλλω[9회] **아나텔로**
G303과 G5056의 어간에서 유래; '일어나다(나게 하다)':—솟아오르다, 일어나게 하다, 솟아나는, 떠오르다, 돋다〈마4:16〉. 동

G0394 ἀνατίθημαι[2회] **아나티쎄마이**
G303과 G5087의 중간태에서 유래; '나타내다', 즉 '제출하다':—전달하다, 선언하다〈행25:14〉. 동

G0395 ἀνατολή[11회] **아나톨레**
G393에서 유래; '빛의 떠오름', 즉 (상징적으로) '새벽'; 함축적으로 (또한 복수에서) '동쪽':—동틀녘, 동쪽, (해가) 뜸〈계7:2〉. 여명

G0396 ἀνατρέπω[3회] **아나트레포**
G303과 G5157의 어간에서 유래; (상징적으로) '뒤집다':—뒤집어엎다, 멸망시키다〈딤후2:18〉. 동

G0397 ἀνατρέφω[3회] **아나트레ㅎ포**
G303과 G5142에서 유래; (육체적 혹은 정신적으로) '기르다':—기르다, 양육하다〈행7:20〉. 동

G0398 ἀναφαίνω[2회] **아나ㅎ파이노**
G303과 G5316에서 유래; '보여주다', 즉 (재귀형) '나타나다', 또는 (수동태) 지적되다:—나타나다[야만 하다], 나타내다〈눅19:11〉. 동

G0399 ἀναφέρω[10회] **아나ㅎ페로**
G303과 G5342에서 유래; (문자적으로 혹은 상징적으로) '들어 올리다':—떠맡다, 내놓다, 올리다, 앞지르다, 드리다〈히13:15〉. 동

G0400 ἀναφωνέω[1회] **아나ㅎ포네오**
G303과 G5455에서 유래; '외치다':—큰소리로 이야기하다〈눅1:42〉. 동

G0401 ἀνάχυσις[1회] **아나퀴시스**
G303과 χέω 케오('쏟다')의 합성어에서 유래; 정확히는 '유출', 즉 (상징적으로) '인가':—과다, 초과〈벧전4:4〉. 여명

G0402 ἀναχωρέω[14회] **아나코레오**
G303과 G5562에서 유래; '은퇴하다':—떠나다, 자리를 내주다, 피신하다, 물러나다〈마4:12〉. 동

G0403 ἀνάψυξις[1회] **아나프쉬크시스**
G404에서 유래, 정확히는 '호흡의 회복', 즉 (상징적으로) '소생':—재생〈행3:19〉. 여명

G0404 ἀναψύχω[1회] **아나프쉬코**
G303과 G5594에서 유래; 정확히는 '가라앉히다', 즉 (상징적으로) '경감하다':—기운 나게 하다〈딤후1:16〉. 동

G0405 ἀνδραποδιστής[1회] **안드라포디스테스**
G435의 파생어와 G4228의 합성어에서 유래; ('사람'을 그의 '발' 아래 오게 하므로) '노예로 만드는 사람':—사람 도둑〈딤전1:10〉. 남명

G0406 Ἀνδρέας[13회] **안드레아스**
G435에서 유래; '남자다운'; 이스라엘인 '안드레':—안드레〈마4:18〉. 고명 베드로의 형제

G0407 ἀνδρίζομαι[1회] **안드리조마이**
G435에서 유래한 중간태; '남자답게 행동하다':—남자답게 처신하다〈고전16:13〉. 동

G0408 Ἀνδρόνικος[1회] **안드로니코스**
G435와 G3534에서 유래; '승리자'; 이

스라엘인, '안드로니고':—안드로니고〈롬16:7〉. 고명 로마에 사는 바울의 친척

G0409 ἀνδροφόνος[1회] **안드로ㅎ포노스**
G435와 G5408에서 유래; '살인자':—살인자〈딤전1:9〉. 남명

G0410 ἀνέγκλητος[5회] **아넹클레토스**
G1(부정적 불변사로서)과 G1458의 파생어에서 유래; '고발되지 않은', 즉 (함축적으로) '흠잡을 데 없는':—비난할 점이 없는〈고전1:8〉. 형

G0411 ἀνεκδιήγητος[1회] **아네크디에게토스**
G1(부정적 불변사로서)과 G1555의 추정된 파생어에서 유래; 충분히 '설명되지 않은', 즉 '형언할 수 없는':—말할 수 없는〈고후9:15〉. 형

G0412 ἀνεκλάλητος[1회] **아네클랄레토스**
G1(부정적 불변사로서)과 G1583의 추정된 파생어에서 유래; '발표되지 않는', 즉 (함축적으로) '말로 표현할 수 없는':—말할 수 없는〈벧전1:8〉. 형

G0413 ἀνέκλειπτος[1회] **아네클레이프토스**
G1(부정적 불변사로서)과 G1587의 추정된 파생어에서 유래; '끝나지 않는', 즉 (함축적으로) '다함이 없는':—부족하지 않는〈눅12:33〉. 형

G0414 ἀνεκτότερος[5회] **아네크토테로스**
G430의 파생어의 비교급; '더 견딜 수 있는':—더 참을 수 있는〈마10:15〉. 형

G0415 ἀνελεήμων[1회] **아넬레에몬**
G1(부정적 불변사로서)과 G1655에서 유래; '무자비한':—자비심이 없는〈롬1:31〉. 형

G0416 ἀνεμίζω[1회] **아네미조**
G417에서 유래; '바람에 요동하다':—바람에 밀리다〈약1:6〉. 동

G0417 ἄνεμος[31회] **아네모스**
동 G109의 어간에서 유래; '바람'; (복수) 함축적으로 (지구의) (네) '방면':—바람〈엡4:14; 계6:13〉. 남명

G0418 ἀνένδεκτος[31회] **아넨데크토스**
G1(부정적 불변사로서)과 G1735의 파생어에서 유래; '허용되지 않는', 즉 (함축적으로) '상상할 수 없는':—불가능한〈눅17:1〉. 형

G0419 ἀνεξερεύνητος[1회] **아네크세류네토스**
G1(부정적 불변사로서)과 G1830의 추정된 파생어에서 유래; '수색되지 않은', 즉 (함축적으로) '측량할 수 없는':—찾아낼 수 없는〈롬11:33〉. 형

G0420 ἀνεξίκακος[1회] **아네크시카코스**
G430과 G2556에서 유래; '악을 참는', 즉 '참을성 있는':—인내심이 강한〈딤후2:24〉. 형

G0421 ἀνεξιχνίαστος[2회] **아네크시크니아스토스**
G1(부정적 불변사로서)과 G1537의 합성어의 추정된 파생어와 〈2487〉의 파생어에서 유래; '추적되지 않은', 즉 (함축적으로) '추적할 수 없는':—측량할 수 없는, 찾아낼 수 없는〈롬11:33〉 형

G0422 ἀνεπαίσχυντος[1회] **아네파이스퀸토스**
G1(부정적 불변사로서)과 G1909와 G153의 합성어의 추정된 파생어에서 유래; '부끄럽지 않은' 즉 (함축적으로) '비난할 수 없는':—부끄러울 것이 없는〈딤후2:15〉. 형

G0423 ἀνεπίληπτος[3회] **아네필레프토스**
G1(부정적 불변사로서)과 G1949의 파생어에서 유래; '저지되지 않은', 즉 (함축적으로) '나무랄 데 없는':—결백한, 비난할 수 없는〈딤전3:2〉.[형]

G0424 ἀνέρχομαι[3회] **아네르코마이**
G303과 G2064에서 유래; '오르다':—올라가다〈요6:3〉.[동]

G0425 ἄνεσις[5회] **아네시스**
G447에서 유래; '긴장을 풂' 또는 (상징적으로) '위안':—편함, 자유, 안식〈고후2:13〉.[여명]

G0426 ἀνετάζω[2회] **아네타조**
G303과 ἐτάζω 에타조('검사하다')에서 유래; (사법적으로) '심문하다':—검사하다[해야만 하다]〈행22:24〉.[동]

G0427 ἄνευ[3회] **아뉴**
기본불변사; '…없이':—~없이. G1과 비교.〈마10:29〉.[전]

G0428 ἀνεύθετος[1회] **아뉴쎄토스**
G1(부정적 불변사로서)과 G2111에서 유래; '잘 놓이지 않은', 즉 '불편한':—편리하지 않은〈행27:12〉.[형]

G0429 ἀνευρίσκω[2회] **아뉴리스코**
G303과 G2147에서 유래; '찾아내다':—찾다〈눅2:16〉.[동]

G0430 ἀνέχομαι[15회] **아네코마이**
G303과 G2192 ἔχω 에코에서 유래한 중간태; '~에 대하여 버티다', 즉 (상징적으로) '참다':—견디다, 용납하다, 참다, ~하게 하다〈마17:17; 살후1:4〉.[동]

G0431 ἀνεψιός[1회] **아네프시오스**
G1(결합을 나타내는 불변사로서)과 폐어가 된 νέπος 네포스('한 배 새끼')에서 유래; 정확히는 '혈족', 즉 (특히) '사촌':—생질〈골4:10〉.[남명]

G0432 ἄνηθον[1회] **아네쏜**
아마도 기원은 외래어인 듯; '시라(蒔蘿)(향미료)':—아니스〈마23:23〉.[중명]

G0433 ἀνήκω[3회] **아네코**
G303과 G2240에서 유래; '도달하다', 즉 (상징적으로) '적당하다':—편리하다, 알맞다〈엡5:4〉.[동]

G0434 ἀνήμερος[1회] **아네메로스**
G1(부정적 불변사로서)과 ἥμερος 헤메로스(절름발이의)에서 유래; '야만적인':—사나운〈딤후3:3〉.[형]

G0435 ἀνήρ[216회] **아네르**
기본어 [G444와 비교]; (정확히는 개인적인 남자로서) '사람':—동료, 남편, 사람, 씨〈마7:24; 막10:12〉.[남명]

G0436 ἀνθίστημι[14회] **안씨스테미**
G473과 G2476에서 유래; '대항하다', 즉 '반대하다':—저항하다, 반항하다〈마5:39〉.[동]

G0437 ἀνθομολογέομαι[1회] **안또몰로게오마이**
G473과 G3670의 중간태에서 유래; '차례로 고백하다', 즉 찬양으로 '응답하다':—감사하다〈눅2:38〉.[동]

G0438 ἄνθος[4회] **안또스**
기본어; '개화':—꽃〈약1:10〉.[중명]

G0439 ἀνθρακιά[2회] **안뜨라키아**
G440에서 유래; 타는 '숯불'의 단(壇):—숯불〈요18:18〉.[여명]

G0440 ἄνθραξ[1회] **안뜨락스**
불확실한 파생어; '핀 숯':—숯불〈롬12:20〉.[남명]

G0441 ἀνθρωπάρεσκος[2회] **안쓰로파레스코스**
G444와 G700에서 유래; '환심을 사려고 하는', 즉 '아첨하는':—사람을 기

뻐게 하는〈엡6:6〉. 형

G0442 ἀνθρώπινος⁷회 **안쓰로피노스**
G444에서 유래; '인간':—보통 사람, 인간, 인류, 사람의 태도를 좇는〈롬6:19〉. 형

G0443 ἀνθρωποκτόνος³회 **안쓰로포크토노스**
G444와 κτείνω 크테이노('죽이다')에서 유래; '살인하는' (자):—살인자. G5406과 비교.〈요8:44〉. 형

G0444 ἄνθρωπος⁵⁵¹회 **안쓰로포스**
G435와 ὤψ 오프스('용모', G3700에서 유래)에서 유래; '인간의 얼굴을 가진', 즉 '인간':—어떤 사람〈고전1:25; 엡3:5〉. 남명 a)일반적인 의미의 인류, 인간 b)비한정사로서, 누구 c)성인 남자

G0445 ἀνθυπατεύω¹회 **안쒸파튜오**
G446에서 유래; '총독으로 행하다':—대표가 되다〈행18:12〉. 동

G0446 ἀνθύπατος⁵회 **안쒸파토스**
G473과 G5228의 최상급에서 유래; '최고의 장관 대신', 즉 (특히) 로마 '총독':—대리인〈행13:7〉. 남명

G0447 ἀνίημι⁴회 **아니에미**
G303과 ἵημι 히에미('보내다')에서 유래; '늦추다', 즉 (문자적으로) '완화하다', (상징적으로) '버리다', '단념하다':—참다, 떠나다, 풀다〈행16:26; 히13:5〉. 동

G0448 ἀνίλεως¹회 **아닐레오스**
G1(부정적 불변사로서)과 G2436에서 유래; '냉혹한':—무자비한〈약2:13〉. 형

G0449 ἄνιπτος²회 **아닢토스**
G1(부정적 불변사로서)과 G3538의 추정된 파생어에서 유래; '씻지 않은':—불결한〈마15:20〉. 형

G0450 ἀνίστημι¹⁰⁸회 **아니스테미**
G303과 G2476에서 유래; (문자적으로 혹은 상징적으로, 자동사 혹은 타동사) '서다':—일어나다, 들어 올리다, (다시) 일으키다, (다시) 일어나다, (똑바로) 서다〈마9:9; 막14:60〉. 동

G0451 Ἄννα¹회 **안나**
기원은 히브리어 [H2584]; 이스라엘 여인 '안나':—안나〈눅2:36〉. 고명

G0452 Ἄννας⁴회 **안나스**
기원은 히브리어 [H2608]; 이스라엘인 '안나스'(즉 G367):—안나스〈눅3:2〉. 고명 예수 생애시의 대 제사장

G0453 ἀνόητος⁶회 **아노에토스**
G1(부정적 불변사로서)과 G3539의 파생어에서 유래; '무지한', 함축적으로 '관능적인':—어리석은, 지각없는〈롬1:14〉. 형

G0454 ἄνοια²회 **아노이아**
G1(부정적 불변사로서)과 G3536의 합성어에서 유래; '어리석음', 함축적으로 '격노':—우둔, 광기〈눅6:11〉. 여명

G0455 ἀνοίγω⁷⁷회 **아노이고**
G303과 οἴγω 오이고('열다')에서 유래; (문자적으로 혹은 상징적으로, 다양한 적용에서):—'열다'〈눅13:25〉. 동

G0456 ἀνοικοδομέω²회 **아노이코도메오**
G303과 G3618에서 유래; '재건하다':—다시 짓다〈행15:16〉. 동

G0457 ἄνοιξις¹회 **아노이크시스**
G455에서 유래; (목구멍을) '열기':—여는 행위〈엡6:19〉. 여명

G0458 ἀνομία[15회] **아노미아**
G459에서 유래; '불법', 즉 '율법의 위반' 혹은 (일반적으로) '악함':—부정, 율법을 어김, 불의〈마7:23〉. 여명

G0459 ἄνομος[10회] **아노모스**
G1(부정적 불변사로서)과 G3551에서 유래; '불법의', 즉 (소극적으로) (유대인의) '율법에 복종하지 않는'; (함축적으로 '이방인'), 혹은 (적극적으로) '사악한':—율법 없는, 불법적인, 비합법적인, 사악한〈막15:28〉. 형

G0460 ἀνόμως[2회] **아노모스**
G459에서 유래한 부사; '불법적으로', 즉 (특히 유대인의) '율법에 순종하지 않는':—율법 없이〈롬2:12〉. 부

G0461 ἀνορθόω[3회] **아노르쏘오**
G303과 G3717의 어간의 파생어에서 유래; '바로 세우다':—들어 올리다, 곧게 펴다〈눅13:13〉. 동

G0462 ἀνόσιος[2회] **아노시오스**
G1(부정적 불변사로서)과 G3741에서 유래; '악한':—거룩하지 않은〈딤전1:9〉. 형

G0463 ἀνοχή[2회] **아노케**
G430에서 유래; '자제', 즉 '참음':—'인내'〈롬2:4〉. 여명

G0464 ἀνταγωνίζομαι[1회] **안타고니조마이**
G473과 G75에서 유래; '싸우다' (상징적으로) ["적대하다"]:—항쟁하다〈히12:4〉. 동

G0465 ἀντάλλαγμα[2회] **안탈라그마**
G473과 G236의 합성어에서 유래; '동등한 것' 혹은 '속전(贖錢)':—바꿈〈마16:26〉. 중명

G0466 ἀνταναπληρόω[1회] **안타나플레로오**
G473과 G378에서 유래; '보충하다':—채우다〈골1:24〉. 동

G0467 ἀνταποδίδωμι[7회] **안타포디도미**
G473과 G591에서 유래; (선이나 악) '갚다':—보답하다, 주다, 갚다〈눅14:14〉. 동

G0468 ἀνταπόδομα[2회] **안타포도마**
G467에서 유래; (정확히는 물건) '보응':—보상, 갚음〈눅14:12〉. 중명

G0469 ἀνταπόδοσις[1회] **안타포도시스**
G467에서 유래; (정확히는 행동) '보답':—보상〈골3:24〉. 여명

G0470 ἀνταποκρίνομαι[2회] **안타포크리노마이**
G473과 G611에서 유래; '반박하다' 혹은 '논박하다':—다시 대답하다, 응수하다〈눅14:6〉. 동

G0471 ἀντέπω[2회] **안테포**
G473과 G2306에서 유래; '반박하다' 또는 '부인하다':—부정하다, 말대꾸하다〈눅21:15〉. 동

G0472 ἀντέχομαι[4회] **안테코마이**
G473과 G2192의 중간태에서 유래; '반대를 고집하다', 즉 (함축적으로) '집착하다'; 확대된 의미로 '돌보다':—꼭 붙잡다, 붙들다, 지원하다〈눅16:13〉. 동

G0473 ἀντί[22회] **안티**
기본 불변사; '반대하여', 즉 '대신에' 또는 '때문에'(드물게 '부가해서'). 가끔 '대조', '보답', '대리', '대응' 등을 나타내기 위하여 합성하여 사용:—위하여, 아무의 대신으로〈마5:38; 눅1:20; 12:3〉. 전

G0474 ἀντιβάλλω[1회] **안티발로**
G473과 G906에서 유래; '서로 주고받

다':—가지다〈눅24:17〉. 동

G0475 ἀντιδιατίθεμαι[1회] **안티디아티쎄마이**
G473과 G1303에서 유래; '반대편에 서다', 즉 '논쟁적이 되다':—맞서다〈딤후2:25〉. 동

G0476 ἀντίδικος[5회] **안티디코스**
G473과 G1349에서 유래; (소송에서) '상대'; 특히 (최고 대적으로) '사탄':—적〈마5:25〉. 남명

G0477 ἀντίθεσις[1회] **안티쎄시스**
G473과 G5087의 합성어에서 유래; '반대', 즉 (이론의) '충돌':—대립〈딤전6:20〉. 여명

G0478 ἀντικαθίστημι[1회] **안티카씨스테미**
G473과 G2525에서 유래; (군대를) '대치시키다', 즉 '대항하다':—저항하다〈히12:4〉. 동

G0479 ἀντικαλέω[1회] **안티칼레오**
G473과 G2564에서 유래; '답례로 초대하다':—다시 초대하다〈눅14:12〉. 동

G0480 ἀντίκειμαι[8회] **안티케이마이**
G473과 G2749에서 유래; '반대하다', 즉 '대적하다'(상징적으로 '반항하다'):—적, 대적하다, 대항하다〈눅13:17; 살후2:4〉. 동

G0481 ἄντικρυς[1회] **안티크뤼**
G473의 연장형; '맞은편에':—…의 앞에〈행20:15〉. 부

G0482 ἀντιλαμβάνομαι[3회] **안틸람바노마이**
G473과 G2983의 중간태에서 유래; 차례로 '쥐다', 즉 '원조하다', 또한 '참가하다':—돕다, 참가자, 후원하다〈눅1:54; 딤전6:2〉. 동

G0483 ἀντιλέγω[11회] **안틸레고**
G473과 G3004에서 유래; '논쟁하다', '거절하다':—말대꾸하다, 반박하다, 부인하다, 논박하다, ~에 반대하다〈눅2:34; 롬10:21〉. 동

G0484 ἀντίληψις[1회] **안틸레프시스**
G482에서 유래; '구원':—도움〈고전12:28〉. 여명

G0485 ἀντιλογία[4회] **안틸로기아**
G483의 파생어에서 유래; '논박', '불순종':—부인, 반박, 투쟁〈히6:16; 7:7〉. 여명

G0486 ἀντιλοιδορέω[1회] **안틸로이도레오**
G473과 G3058에서 유래; '대꾸하여 욕을 퍼붓다':—대응하여 욕하다〈벧전2:23〉. 동

G0487 ἀντίλυτρον[1회] **안틸뤼트론**
G473과 G3083에서 유래; '속전(贖錢)':—몸값〈딤전2:6〉. 중명

G0488 ἀντιμετρέω[1회] **안티메트레오**
G473과 G3354에서 유래; '되돌려 재다':—대응하여 판단하다〈마7:2〉. 동

G0489 ἀντιμισθία[2회] **안티미스씨아**
G473과 G3408의 합성어에서 유래; '보답', '대응':—보상〈롬1:27〉. 여명

G0490 Ἀντιόχεια[1회] **안티오케이아**
Ἀντίχος **안티오코스**(시리아 왕)에서 유래; '안디옥', 시리아에 있는 한 도시:—안디옥〈행11:19〉. 고명

G0491 Ἀντιοχεύς[2회] **안티오큐스**
G490에서 유래; '안디옥 사람' 또는 안디옥 주민:—안디옥의 (사람)〈행6:5〉. 남명

G0492 ἀντιπαρέρχομαι[2회] **안티파레르코마이**
G473과 G3928에서 유래; '맞은편을

따라 가다':—다른 편으로[피하여] 지나가다〈눅10:31〉.[동]

G0493 'Αντίπας[1회] 안티파스
G473과 G3962의 파생어의 합성어의 압축형; 기독교인 '안디바':—안디바〈계2:13〉.[고명] 버가모에서 순교

G0494 'Αντιπατρίς[1회] 안티파트리스
G493과 같은 어근에서 유래; 팔레스타인의 한 도시 '안디바드리':—안디바드리〈행23:31〉.[고명]

G0495 ἀντιπέραν[1회] 안티페란
G473과 G4008에서 유래; '맞은편에':—…와 마주보고〈눅8:26〉.[부]

G0496 ἀντιπίπτω[1회] 안티핍토
G473과 G4098(대체어를 포함해서)에서 유래; '반대하다':—저항하다〈행7:51〉.[동]

G0497 ἀντιστρατεύομαι[1회] 안티스트라튜오마이
G473과 G4754에서 유래; (상징적으로) '공격하다', 즉 (함축적으로) '파괴하다':—대항하여 싸우다〈롬7:23〉.[동]

G0498 ἀντιτάσσομαι[5회] 안티탓소마이
G473과 G5021의 중간태에서 유래; '반대쪽에 줄지어 서다', 즉 '반대하다':—스스로 대적하다, 저항하다〈롬13:2〉.[동]

G0499 ἀντίτυπον[2회] 안티튀폰
G473과 G5179의 합성어의 중성형; '일치하는'["대형(對型)"], 즉 '대표', '짝의 한 쪽':—(무엇의) 형상(과 같은)〈히9:24〉.[형]

G0500 ἀντίχριστος[5회] 안티크리스토스
G473과 G5547에서 유래; '메시아의 적':—적그리스도〈요일2:18〉.[남명]

G0501 ἀντλέω[4회] 안틀레오
ἄντλος 안틀로스(배의 '짐칸')에서 유래; '짐짝으로 꾸리다'(정확히는 배 밑 만곡부), 즉 (물통, 물주전자 등으로) 물을 '퍼내다':—물을 긷다〈요2:9〉.[동]

G0502 ἄντλημα[1회] 안틀레마
G501에서 유래; '물 긷는 그릇':—(물) 길을 그릇〈요4:11〉.[중명]

G0503 ἀντοφθαλμέω[1회] 안토ㅎ프쌀메오
G473과 G3788의 합성어에서 유래; '직면하다':—(배의) 진로를 바람 방향에 맞추어 돌리다〈행27:15〉.[동]

G0504 ἄνυδρος[4회] 아뉘드로스
G1(부정적 불변사로서)과 G5204에서 유래; '물 없는', 즉 '메마른':—마른, 물 없는〈눅11:24〉.[형]

G0505 ἀνυπόκριτος[6회] 아뉘포크리토스
G1(부정적 불변사로서)과 G5271의 추정된 파생어에서 유래; '숨김이 없는', 즉 '성실한':—감춤(위선) 없는, 거짓 없는〈고후6:6〉.[형]

G0506 ἀνυπότακτος[4회] 아뉘포탁토스
G1(부정적 불변사로서)과 G5293의 추정된 파생어에서 유래; '진압되지 않은', 즉 (사실이나 기질에) '종속되지 않은':—불손종하는, 예속되지 않은, 다루기 힘 드는〈딤전1:9〉.[형]

G0507 ἄνω[9회] 아노
G473에서 유래한 부사; '위로' 또는 '꼭대기에':—위에, 가장자리에, 높이, 위를 향하여〈요8:23〉.[부]

G0508 ἀνώγεον[2회] 아노게온
G507과 G1093에서 유래; '지면 위에', 즉 (정확히는) '건물의 2층'; 위층의 '천장'이나 '발코니'로 사용):—다락방〈막14:15〉.[중명]

G0509 ἄνωθεν[13회] **아노센**
G507에서 유래; '위로부터', 유추적으로 '처음부터', 함축적으로 '새로':—위로부터, 다시, 처음(맨 먼저)부터, 꼭대기〈마27:51; 요3:31〉.㊥

G0510 ἀνωτερικός[1회] **아노테리코스**
G511에서 유래; …보다 우월한, 즉 (위치상으로) '더욱 먼':—위쪽의〈행19:1〉.㊰

G0511 ἀνώτερος[2회] **아노테로스**
G507의 비교급; '더 위쪽에', 즉 (부사로서 중성형) '더욱 눈에 띄는' 장소로, 책의 '앞부분에':—위쪽에, 더 높이〈눅14:10〉.㊥ 비교

G0512 ἀνωφέλης[2회] **아노ㅎ펠레스**
G1(부정적 불변사로서)과 **G5624**의 어간에서 유래; '소용없는' 또는 (중성형) '무용지물':—이익 없는, 무익함〈딛3:9〉.㊰

G0513 ἀξίνη[2회] **아크시네**
아마도 ἄγνυμι **아그뉘미**('쪼개다'; **G4486**과 비교)에서 유래; '도끼':—도끼〈마3:10〉.여명

G0514 ἄξιος[41회] **악시오스**
아마도 **G71**에서 유래; '받을 가치가 있는', '…에 비길 수 있는' 또는 '적합한'(마치 칭찬을 '이끌어내는 것' 같은):—보상받아 마땅한, 합당한, ~에 어울리는[-지않는]〈눅7:4; 23:41〉.㊰

G0515 ἀξιόω[7회] **악시오오**
G514에서 유래; '자격이 있다고' 또는 '적합하다고 간주하다':—바라다, 좋다고 생각하다, 가치 있다고 여기다(생각하다)〈살후1:11〉.㊪

G0516 ἀξίως[6회] **악시오스**
G514에서 유래; '적당히':—어울리듯이, 경건하게, 합당하게, 합당한〈엡4:1〉.㊥

G0517 ἀόρατος[5회] **아오라토스**
G1(부정적 불변사로서)과 **G3707**에서 유래; '볼 수 없는':—볼 수 없는(것)〈골1:15〉.㊰

G0518 ἀπαγγέλλω[45회] **아팡겔로**
G575와 **G32**의 어간에서 유래; '알리다':—(다시) 소식을 전하다, 선언하다, 보고하다, (다시) 나타내다, 말하다〈마28:10〉.㊪

G0519 ἀπάγχομαι[1회] **아팡코마이**
G575와 ἄγχω **앙코**('질식시키다'; **G43**의 어간과 유사)에서 유래; '목 졸라 죽이다'(즉 죽음으로):—목매어 죽다〈마27:5〉.㊪

G0520 ἀπάγω[16회] **아파고**
G575와 **G71**에서 유래; (여러 의미에서) '데리고 가다':—데려오다, 가지고 가버리다, 이끌다(이끌어가다), 죽이다, 옮기다〈막14:44〉.㊪

G0521 ἀπαίδευτος[1회] **아파이듀토스**
G1(부정적 불변사로서)과 **G3811**의 파생어에서 유래; '지시를 받지 않은', 즉 (상징적으로) '어리석은':—무식한〈딤후2:23〉.㊰

G0522 ἀπαίρω[3회] **아파이로**
G575와 **G142**에서 유래; '치워버리다', 즉 '제거하다':—옮기다, 줄이다〈막2:20〉.㊪

G0523 ἀπαιτέω[2회] **아파이테오**
G575와 **G154**에서 유래; '도로 찾다':—다시 요구하다, 필요로 하다〈눅6:30〉.㊪

G0524 ἀπαλγέω[1회] **아팔게오**
G575와 ἀλγέω **알게오**('상심하다')에서 유래; '몹시 슬퍼하다', 즉 '냉담해지다':— 감각을 잃게 되다〈엡4:19〉.

동

G0525 ἀπαλλάσσω 3회 **아팔랏소**
G575와 G236에서 유래; '바꾸어버리다', 즉 '놓아주다', (재귀형) '제거하다':—구해내다, 떠나다〈눅12:58〉. 동

G0526 ἀπαλλοτριόω 3회 **아팔로트리오오**
G575와 G245의 파생어에서 유래; '멀리하다', 즉 (수동태와 상징적으로) '비관여자가 되다':—따돌리다, 이질적이 되다〈엡4:18〉. 동

G0527 ἁπαλός 2회 **아팔로스**
불확실한 파생어; '부드러운':—연한〈마24:32〉. 형

G0528 ἀπαντάω 2회 **아판타오**
G575와 G473의 파생어에서 유래; '대적하다', 즉 '마주치다':—만나다〈눅14:31〉. 동

G0529 ἀπάντησις 3회 **아판테시스**
G528에서 유래; (친한) '만남':—회합〈행28:15〉. 여명

G0530 ἅπαξ 14회 **하팍스**
아마도 G537에서 유래; '한 번에(단번에)'(수적으로 혹은 단호하게):—한 번〈히6:4; 9:27〉. 부

G0531 ἀπαράβατος 1회 **아파라바토스**
G1(부정적 불변사로서)과 G3845의 파생어에서 유래; '지나가지 않는', 즉 '옮길 수 없는'(영구한):—불변의〈히7:24〉. 형

G0532 ἀπαρασκεύαστος 1회 **아파라스큐아스토스**
G1(부정적 불변사로서)과 G3903의 파생어에서 유래; '준비되지 않은':—준비치 아니한〈고후9:4〉. 형

G0533 ἀπαρνέομαι 11회 **아파르네오마이**
G575와 G720에서 유래; '아주 부정하다', 즉 '제 것이 아니라고 말하다', '삼가다':—부인하다〈눅9:23〉. 동

G0534 ἀπαρτί 1회 **아파르티**
G575와 G737에서 유래; '지금부터', 즉 '이제부터는'(이미):—이제부터〈계14:13〉. 부

G0535 ἀπαρτισμός 1회 **아파르티스모스**
G534의 파생어에서 유래; '완성':—끝냄〈눅14:28〉. 남명

G0536 ἀπαρχή 9회 **아파르케**
G575와 G756의 합성어에서 유래; 희생제물의 '첫 것', 즉 (유대의) '첫 열매'(상징적으로):—첫 열매〈고전15:20; 계14:4〉. 여명

G0537 ἅπας 34회 **하파스**
G1(결합을 나타내는 불변사로서)과 G3956에서 유래; 절대적으로 '모든' 혹은 '모든' 사람:—모든 (것), 모든 (사람), 전체의〈행2:1〉. 형

G0538 ἀπατάω 3회 **아파타오**
불확실한 파생어; '속이다', 즉 '현혹하다':—기만하다〈엡5:6〉. 동

G0539 ἀπάτη 7회 **아파테**
G538에서 유래; '미혹':—속임, 기만적, 기만, 속기 쉬움, 사기〈마13:22〉. 여명

G0540 ἀπάτωρ 1회 **아파토르**
G1(부정적 불변사로서)과 G3962에서 유래; '아버지 없는', 즉 '부계(父系)가 없는':—아버지가 없는〈히7:3〉. 형

G0541 ἀπαύγασμα 1회 **아파우가스마**
G575와 G826의 합성어에서 유래; '빛남', 즉 '광채':—밝음〈히1:3〉. 중명

G0542 ἀπείδω 1회 **아페이도**
G575와 G1492의 같은 어근에서 유래; 충분히 '보다':—보다〈빌2:23〉. 동

G0543 ἀπείθεια[7회] **아페이쎄이아**
G545에서 유래; '불신'(완고한 또한 반항하는):—불순종, 불신앙〈롬11:30; 엡2:2〉. 여명

G0544 ἀπειθέω[14회] **아페이쎄오**
G545에서 유래; '믿지 않다'(고의로 또한 외고집으로):—믿지 않다, 불순종하다, 믿지 않는〈요3:36; 롬10:21〉. 동

G0545 ἀπειθής[6회] **아페이쎄스**
G1(부정적 불변사로서)과 G3982에서 유래; '설득할 수 없는', 즉 반항적인:—순종하지 않는〈행26:19〉. 형

G0546 ἀπειλέω[2회] **아페일레오**
불확실한 파생어; '위협하다'; 함축적으로 '금하다':—협박하다〈행4:17〉. 동

G0547 ἀπειλή[3회] **아페일레**
G546에서 유래; '협박':—엄중하게 위협함〈행4:29〉. 여명

G0548 ἄπειμι[7회] **아페이미**
G575와 G1510에서 유래; '떠나 있다':—'결석하다'. G549와 비교.〈고후10:1〉. 동

G0549 ἄπειμι[1회] **아페이미**
G575와 εἶμι 에이미('가다')에서 유래; '가버리다':—가다. G548과 비교.〈행17:10〉. 동

G0550 ἀπειπόμην[1회] **아페이포멘**
G575와 G2036의 합성어의 재귀과거형; '부인하다', 즉 '제 것이 아니라고 말하다':—포기하다, ~와의 관계를 끊다〈고후4:2〉. 동

G0551 ἀπείραστος[1회] **아페이라스토스**
G1(부정적 불변사로서)과 G3987의 추정된 파생어에서 유래; '시련 받지 않는', 즉 '유혹받을 수 없는':—시험 받지 않는〈약1:13〉. 형

G0552 ἄπειρος[1회] **아페이로스**
G1(부정적 불변사로서)과 G3984에서 유래; '경험이 없는', 즉 '무지한':—익숙치 않은〈히5:13〉. 형

G0553 ἀπεκδέχομαι[8회] **아페크데코마이**
G575와 G1551에서 유래; '학수고대하다':—기다리다〈롬8:19〉. 동

G0554 ἀπεκδύομαι[2회] **아페크뒤오마이**
G575와 G1562에서 유래한 중간태; '전부 빼앗다', 또는 '약탈하다':—벗어버리다, 빼앗다〈골2:15〉. 동

G0555 ἀπέκδυσις[1회] **아페크뒤시스**
G554에서 유래; '박탈':—벗어버림〈골2:11〉. 여명

G0556 ἀπελαύνω[1회] **아펠라우노**
G575와 G1643에서 유래; '떠나게 하다':—쫓아내다〈행18:16〉. 동

G0557 ἀπελεγμός[1회] **아펠레그모스**
G575와 G1651의 합성어에서 유래; '논박', 즉 (함축적으로) '경멸':—보잘것없는 것〈행19:27〉. 남명

G0558 ἀπελεύθερος[1회] **아펠류쎄로스**
G575와 G1658에서 유래; '자유롭게 된 자', 즉 '자유민':—자유인〈고전7:22〉. 남명. 여명

G0559 Ἀπελλῆς[1회] **아펠레스**
기원은 라틴어; 기독교인 '아벨레':—아벨레〈롬16:10〉. 고명 로마에 사는 제자

G0560 ἀπελπίζω[1회] **아펠피조**
G575와 G1679에서 유래; '희망하다', 즉 '전적으로 기대하다':—다시 기대하다 〈눅6:35〉. 동

G0561 ἀπέναντι[5회] **아페난티**
G575과 G1725에서 유래; '앞에서부터', 즉 '맞은편에', '앞에' 또는 '~을

향하여':—앞에, 반대로, …와 마주보고, ~의 면전에서〈마21:2; 롬3:18〉. 부

G0562 ἀπέραντος[1회] **아페란토스**
G1(부정적 불변사로서)과 G4008의 2차적 파생어에서 유래; '미완성인', 즉 (함축적으로) '끝없는':—무한한〈딤전1:4〉. 형

G0563 ἀπερισπάστως[1회] **아페리스파스토스**
G1(부정적 불변사로서)과 G4049의 추정된 파생어와의 합성어에서 유래; '마음이 산란하지 않게', 즉 (집안) '염려로부터 자유로운':—정신의 흐트러짐 없이〈고전7:35〉. 부

G0564 ἀπερίτμητος[1회] **아페리트메토스**
G1(부정적 불변사로서)과 G4059의 추정된 파생어에서 유래; (상징적으로) '할례 받지 않은':—무할례의〈행7:51〉. 형

G0565 ἀπέρχομαι[118회] **아페르코마이**
G575와 G2064에서 유래; '떠나다'(즉 출발하다), 문자적으로 혹은 상징적으로 '따로'(즉 '떨어져서') 또는 '뒤에'(즉 '따르다'):—오다, 출발하다, 가다(곁에, 가버리다, 되돌아가다, 나가다, 길을 가다), 지나가다, 지나다〈마4:24; 막1:35; 눅23:33〉. 동

G0566 ἀπέχει[1회] **아페케이**
비인칭으로 사용된 G568의 현재 능동태 직설법 3인칭 단수; '충분하다':—넉넉하다〈막14:41〉. 동

G0567 ἀπέχομαι[6회] **아페코마이**
G568의 중간태(재귀형); '멀리하다', 즉 '삼가다':—그만두다〈행15:20〉. 동

G0568 ἀπέχω[19회] **아페코**
G575와 G2192에서 유래; (능동태) '끝까지 계속하다', 즉 '전부 받다', (자동사) '멀리하다', 즉 (문자적으로 혹은 상징적으로) '멀리 떠나있다':—있다, 가지다, 받다〈눅15:20〉. 동

G0569 ἀπιστέω[8회] **아피스테오**
G571에서 유래; '믿지 않게 되다', 즉 (타동사) '믿지 않다', 또는 (함축적으로) '불순종하다':—믿지 못하다〈행28:24〉. 동

G0570 ἀπιστία[11회] **아피스티아**
G571에서 유래; '믿음 없음', 즉 (소극적으로) '불신'(기독교적 믿음의 결핍), 또는 (적극적으로) '불충실'(불순종):—불신앙〈히3:12〉. 여명

G0571 ἄπιστος[23회] **아피스토스**
G1(부정적 불변사로서)과 G4103에서 유래; (능동태) '믿지 않는', 즉 기독교의 '믿음 없는'(특히 '이방인'); (수동태) '믿지 못할' (사람), 혹은 '믿을 수 없는' (것):— 믿지 않는, 믿음 없는, 믿지 못할 (것), 이교도의, 믿지 않는 사람〈고전7:14; 고후6:15〉. 형

G0572 ἁπλότης[8회] **하플로테스**
G573에서 유래; '성의', 즉 (주체적으로)(감춤이나 이기주의 없이) '성실', 혹은 (객체에 대해) '관대'(매우 많은 증여):—활수, 관대, 순박, 진심〈고후1:12; 8:2〉. 여명

G0573 ἁπλοῦς[2회] **하플루스**
아마도 G1(결합을 나타내는 불변사로서)과 G4120의 어간에서 유래; 정확히는 '함께 접는', 즉 '한결같은'(상징적으로 '맑은'):—성한〈마6:22〉. 형

G0574 ἁπλῶς[1회] **하플로스**
G573(G572의 객체에 대한 의미에서)에서 유래한 부사; '후하게':—대

범하게〈약1:5〉.[부]

G0575 ἀπό[646회] 아포

기본 불변사; "떨어져서", 즉 (가까이 있는 어떤 것으로부터)(문자적으로 혹은 상징적으로, 장소, 시간, 관계의 여러 의미에서) '떨어져서'. (접두어로서) 복합어에서 보통 '분리', '출발', '중지', '완성', '역전', 등을 나타낸다:—뒤에, 지금부터는, 지난, 에, 왜냐하면, 앞에, (공간적으로) 옆에, 향하여, 앞으로, ~로부터, 안에, (밖)으로, 떨어져서, 위에, 한번, 이래, 함께〈마1:17; 막5:29; 눅16:23; 요8:9〉.[전] ~에서 떨어져 a)분리의 의미로 b)재료, 혹은 기원의 의미로 c)원인, 혹 결과의 의미로

G0576 ἀποβαίνω[4회] 아포바이노

G575와 **G939**의 어간에서 유래; 문자적으로 '상륙하다'; 상징적으로 '결국 ~이 되다':—되다, 나가다, 돌리다〈눅21:13; 요21:9〉.[동]

G0577 ἀποβάλλω[2회] 아포발로

G575와 **G906**에서 유래; '던져 버리다', 상징적으로 '잃다':—내던지다〈막10:50〉.[동]

G0578 ἀποβλέπω[1회] 아포블레포

G575와 **G991**에서 유래; 그 밖의 모든 것으로부터 '눈길을 돌리다', 즉 (상징적으로) 골똘히 '주시하다':—주목하다〈히11:26〉.[동]

G0579 ἀπόβλητος[1회] 아포블레토스

G577에서 유래; '버려진', 즉 (상징적으로) '거절된':—버림받은〈딤전4:4〉.[형]

G0580 ἀποβολή[2회] 아포볼레

G577에서 유래; '거절', 상징적으로 '상실':—내던져버림, 손실〈행27:22〉.[여명]

G0581 ἀπογενόμενος[1회] 아포게노메노스

G575와 **G1096**의 합성어의 과거분사; '없는', 즉 '사망한'(상징적으로 '포기된'):—죽은〈벧전2:24〉.[형]

G0582 ἀπογραφή[2회] 아포그라ㅎ페

G583에서 유래; '등록, 인구조사'; 함축적으로 '평가':—(징세 목적으로 개인별) 조사 등록〈행5:37〉.[여명]

G0583 ἀπογράφω[4회] 아포그라ㅎ포

G575와 **G1125**에서 유래; (사본이나 명부를) '기록하다', 즉 '등록하다':—(징세목적으로 개인별로) 조사등록하다, 기록하다〈눅2:1; 히12:23〉.[동]

G0584 ἀποδείκνυμι[4회] 아포데이크뉘미

G575와 **G1166**에서 유래; '보여주다', 즉 '나타내다'; 상징적으로 '논증하다', 즉 '신용하다':—증명하다, ~임을 보이다, 내세우다, 보여주다〈행2:22〉.[동]

G0585 ἀπόδειξις[1회] 아포데이크시스

G584에서 유래; '시위':—나타남〈고전2:4〉.[여명]

G0586 ἀποδεκατόω[4회] 아포데카토오

G575와 **G1183**에서 유래; (채무자나 채권자로서) '십일조'를 드리다:—십일조를 드리다, 십분의 일을 취하다〈마23:23〉.[동]

G0587 ἀπόδεκτος[2회] 아포덱토스

G588에서 유래; '받아들이는', 즉 '동의할 수 있는':—받아들일 만한〈딤전2:3〉.[형]

G0588 ἀποδέχομαι[7회] 아포데코마이

G575와 **G1209**에서 유래; '온전히 받아들이다', 즉 (사람을) '환영하다', (물건을) '승인하다':—받아들이다,

(기쁘게) 영접하다〈행15:4〉.동

G0589 ἀποδημέω[6회] **아포데메오**
G590에서 유래; '외국에 가다', 즉 '외국 땅을 방문하다':—먼 나라로 가다(여행하다), 여행하다〈마21:33; 눅15:13〉.동

G0590 ἀπόδημος[1회] **아포데모스**
G575와 G1218에서 유래; 자국의 백성이 '없는', 즉 '외국 여행자':—멀리 여행하는〈막13:34〉.형

G0591 ἀποδίδωμι[48회] **아포디도미**
G575와 G1325에서 유래; '나누어주다', 즉 (여러 가지 응용에서) '넘겨주다', '이양하다', '도로 주다' 등:—(다시) 넘겨주다, (다시) 주다, 갚다, 실행하다, 보상하다, 내주다, 보답하다, 회복하다, 팔다, 생산하다〈마5:26; 눅16:2; 롬2:6; 딤후4:14〉.동

G0592 ἀποδιορίζω[1회] **아포디오리조**
G575와 G1223과 G3724의 합성어에서 유래; ('경계선', 상징적으로 파당에 의해서)분리시키다:—떼어놓다〈유1:19〉.동

G0593 ἀποδοκιμάζω[9회] **아포도키마조**
G575와 G1381에서 유래; '안 된다고 하다', 즉 (함축적으로) '거부하다':—허가하지 않다, 거절하다〈마21:42〉.동

G0594 ἀποδοχή[2회] **아포도케**
G588에서 유래; '받아들임':—용인, 받을만함〈딤전1:15〉.여명

G0595 ἀπόθεσις[2회] **아포쎄시스**
G659에서 유래; (문자적으로 혹은 상징적으로) '버림':—벗어남〈벧전3:21〉.여명

G0596 ἀποθήκη[6회] **아포쎄케**
G659에서 유래; '저장소', 즉 '곡창':—곳간, 곡식창고〈마6:26; 눅3:17〉.여명

G0597 ἀποθησαυρίζω[1회] **아포쎄사우리조**
G575와 G2343에서 유래; '저장하다':—곳간에 쌓아두다〈딤전6:19〉.동

G0598 ἀποθλίβω[1회] **아포쓸리보**
G575와 G2346에서 유래; (사방)에서 '밀어닥치다':—몰려들다〈눅8:45〉.동

G0599 ἀποθνήσκω[111회] **아포쓰네스코**
G575와 G2348에서 유래; (문자적으로 혹은 상징적으로) '죽어 없어지다':—죽다, 죽음, 죽어 누워있다, 죽임을 당하다〈마22:24; 눅8:42〉.동

G0600 ἀποκαθίστημι[6회] **아포카씨스테미**
G575와 G2525에서 유래; (건강, 가정 또는 기구를) '재구성하다':—(다시) 회복하다〈마12:13; 행1:6〉.동

G0601 ἀποκαλύπτω[26회] **아포칼륖토**
G575와 G2572에서 유래; '덮개를 벗기다', 즉 '나타내다':—드러내다〈마10:26; 갈1:16〉.동

G0602 ἀποκάλυψις[18회] **아포칼뤼프시스**
G601에서 유래; '드러남':—나타남, 재림, 비춰, 명시, 계시됨, 계시〈롬16:25; 계1:1〉.여명

G0603 ἀποκαραδοκία[2회] **아포카라도키아**
G575의 합성어와 κάρα 카라('머리')와 G1380('바라보다'라는 의미에서)의 합성어에서 유래; '간절한 기대':—고대하는 것〈롬8:19; 빌1:20〉.여명

G0604 ἀποκαταλλάσσω[3회] **아포카탈랏소**
G575와 G2644에서 유래; '완전히 화

해시키다':—화목케 하다〈골1:20〉. 동

G0605 ἀποκατάστασις[1회] **아포카타스타시스**
G600에서 유래; '재구성':—반환, 회복〈행3:21〉. 여명

G0606 ἀπόκειμαι[4회] **아포케이마이**
G575와 **G2749**에서 유래; '예비되다', 상징적으로 '기다리다':—지정되다, 쌓아두다〈눅19:20; 히9:27〉. 동

G0607 ἀποκεφαλίζω[4회] **아포케ㅎ팔리조**
G575와 **G2776**에서 유래; '~의 목을 베다':—참수하다(마14:10). 동

G0608 ἀποκλείω[1회] **아포클레이오**
G575와 **G2808**에서 유래; '꽉 닫다':—닫다〈눅13:25〉. 동

G0609 ἀποκόπτω[6회] **아포콥토**
G575와 **G2875**에서 유래; '베어버리다', 재귀형(반어적으로) (음부를) '거세하다':—잘라내다. **G2699**와 비교. 〈갈5:12〉. 동

G0610 ἀπόκριμα[1회] **아포크리마**
G611('판단하다'는 본래 의미에서)에서 유래; 법적 '결정':—언도〈고후1:9〉. 중명

G0611 ἀποκρίνομαι[232회] **아포크리노마이**
G575와 κρίνω **크리노**에서 유래; '스스로 결론을 내리다', 즉 (상징적으로) '응답하다'; 히브리어에 의해 [**H6030**과 비교] '말하기 시작하다'(연설이 기대되는 곳에서):—대답하다(마3:15). 동

G0612 ἀπόκρισις[4회] **아포크리시스**
G611에서 유래; '응답':—대답〈눅2:47〉. 여명

G0613 ἀποκρύπτω[4회] **아포크뤼프토**
G575와 **G2928**에서 유래; '감추다', (즉 완전히); 상징적으로 '비밀로 하다':—숨기다〈마25:18〉. 동

G0614 ἀπόκρυφος[3회] **아포크뤼ㅎ포스**
G613에서 유래; '비밀의', 함축적으로 '저장된':—감춴, 비밀로 하는〈눅8:17〉. 형

G0615 ἀποκτείνω[74회] **아포크테이노**
G575와 κτείνω **크테이노**('죽이다')에서 유래; '공공연히 살해하다'; 상징적으로 '파괴하다':—사형에 처하다, 죽이다, 도살하다〈롬11:3〉. 동

G0616 ἀποκυέω[2회] **아포퀴에오**
G575와 **G2949**의 어간에서 유래; '낳다', 즉 (전환에 의해) '생산케 하다'(상징적으로):—자식을 보다, 생산하다〈약1:18〉. 동

G0617 ἀποκυλίω[4회] **아포퀼리오**
G575와 **G2947**에서 유래; '굴려버리다':—굴려내다〈막16:3〉. 동

G0618 ἀπολαμβάνω[10회] **아폴람바노**
G575와 **G2893**에서 유래; '받다'(특히 전부, 혹은 주인으로서); '따로 데리고 가다':—받다, 데려가다〈눅15:27〉. 동

G0619 ἀπόλαυσις[2회] **아폴라우시스**
G575와 λαύω **라우오**('즐기다')의 합성어에서 유래; '충분한 향락':—누림〈딤전6:17〉. 여명

G0620 ἀπολείπω[7회] **아폴레이포**
G575와 **G3007**에서 유래; '뒤에 남겨두다'(수동태, '남다'); 함축적으로 '버려두다':—놓아두다, 남아 있다〈딤후4:13〉. 동

G0621 ἀπολείχω[1회] **아폴레이코**
G575와 λείχω **레이코**('핥다')에서 유

래; '깨끗이 핥다':—핥다〈눅16:21〉. 동

G0622 ἀπόλλυμι[91회] 아폴뤼미
G575와 G3639의 어간에서 유래; 문자적으로 혹은 상징적으로 '완전히 파괴하다'(재귀형, '멸망하다', '잃다'):—파괴하다, 죽다, 잃다, 손상시키다, 멸망하다〈마5:29; 막8:35; 눅15:24〉. 동

G0623 Ἀπολλύων[1회] 아폴뤼온
G622의 능동태 분사; '파괴자'(즉 '사탄'):—아볼루온〈계9:11〉. 고명

G0624 Ἀπολλωνία[1회] 아폴로니아
이방신 Ἀπόλλων 아폴론(즉 '태양'; G622에서 유래)에서 유래; 마게도니아의 한 장소, '아볼로니아':—아볼로니아〈행17:1〉. 고명

0625 Ἀπολλῶς[10회] 아폴로스
아마도 G624와 같은 어근에서 유래; 이스라엘인 '아볼로':—아볼로〈행18:24〉. 고명

0626 ἀπολογέομαι[10회] 아폴로게오마이
G575와 G3056의 합성어에서 유래한 중간태; 자신에 대해 '설명('법적 변호')을 하다', 즉 (스스로) '무죄임을 증명하다':—(스스로) 대답하다, 변호하다, (스스로) 변명하다, 자신을 위해 말하다〈행24:10; 롬2:15〉. 동

G0627 ἀπολογία[8회] 아폴로기아
G626과 같은 어근에서 유래; '탄원'("변명"):—(스스로를 위한) 대답, 자신의 깨끗함을 밝힘, 항변〈행22:1; 25:16〉. 여명

G0628 ἀπολούω[2회] 아폴루오
G575와 G3068에서 유래; '전부 씻다', 즉 (상징적으로) '용서받다'(재귀형):—씻다〈행22:16〉. 동

G0629 ἀπολύτρωσις[10회] 아폴뤼트로시스
G575와 G3083의 합성어에서 유래; (완전한) '속죄' 행위, 즉 (상징적으로) '벗어남', 또는 (특히) 기독교의 '구원':—구출, 구속(救贖)〈롬3:24; 8:23〉. 여명

G0630 ἀπολύω[67회] 아폴뤼오
G575와 G3089에서 유래; 완전히 '자유하다', 즉 (문자적으로) '구원하다', '놓아주다', '해고하다' (재귀형 '떠나다'), 혹은 (상징적으로) '죽게 하다', '용서하다', (특히) '이혼하다':—떠나게 하다, 가게 하다, 이혼하다, 용서하다, 풀어주다, 보내버리다, 면제하다, 자유롭게 하다〈마27:15; 막6:36; 행15:30〉. 동

G0631 ἀπομάσσομαι[1회] 아포맛소마이
G575와 μάσσω 맛소('짜내다', '반죽하다', '더럽히다')에서 유래한 중간태; '문질러 깨끗이 하다':—씻어 버리다〈눅10:11〉. 동

G0632 ἀπονέμω[1회] 아포네모
G575와 G3551의 어간에서 유래; '배분하다', 즉 '수여하다':—주다〈벧전3:7〉. 동

G0633 ἀπονίπτω[1회] 아포닙토
G575와 G3538에서 유래; '씻어 없이하다'(재귀형, 상징적으로 자기 자신의 손):—씻다〈마27:24〉. 동

G0634 ἀποπίπτω[1회] 아포핍토
G575와 G4098에서 유래; '떨어져 나가다':—떨어지다〈행9:18〉. 동

G0635 ἀποπλανάω[2회] 아포플라나오
G575와 G4105에서 유래; 잘못 인도하다(상징적으로), (진리로부터) '빗나가다'의 수동태:—잘못하다, 매혹

시키다〈막13:22〉. 동

G0636 ἀποπλέω[4회] **아포플레오**
G575와 G4126에서 유래; '출범하다': —출항하다〈행13:4〉. 동

G0637 ἀποπλύνω[1회] **아포플뤼노**
G575와 G4150에서 유래; '씻어내다': —씻다〈눅5:2〉. 동

G0638 ἀποπνίγω[2회] **아포프니고**
G575와 G4155에서 유래; (물에 빠지거나 너무 자라서) '숨 막히게 하다': —질식시키다〈마13:7〉. 동

G0639 ἀπορέω[6회] **아포레오**
G1(부정적 불변사로서)과 G4198의 어간의 합성어에서 유래; '빠져 나갈 길이 없다', 즉 (정신적으로) '어리둥절하여지다': —의심 속에 있다, 어찌할 바를 모르다 〈행25:20〉. 동.

G0640 ἀπορία[1회] **아포리아**
G639와 같은 말에서 유래; '당혹'(-한 상황): —혼란〈눅21:25〉. 여명

G0641 ἀπορρίπτω[1회] **아포르흐립토**
G575와 G4496에서 유래; '세게 던지다', 즉 (자신을) '거꾸로 떨어뜨리다': —던지다〈행27:43〉. 동

G0642 ἀπορφανίζω[1회] **아포르ㅎ파니조**
G575와 G3737의 파생어에서 유래; '전부 앗아가다', 즉 (상징적으로)(교제로부터) '떼어 놓다': —데리고 가다 〈살전2:17〉. 동

G0643 ἀποσκευάζω[1회] **아포스큐아조**
G575와 G4632의 파생어에서 유래; (자신의) '짐을 꾸리다': —마차에 … 을 실어 올리다〈행21:15〉. 동

G0644 ἀποσκίασμα[1회] **아포스키아스마**
G575와 G4639의 파생어의 합성어에서 유래; '그늘지게 함', 즉 '희미하게 함': — 그림자〈약1:17〉. 중명

G0645 ἀποσπάω[4회] **아포스파오**
G575와 G4685에서 유래; '끄집어내다', 즉 (문자적으로) 칼을 '집에서 빼다', 또는 관련된 의미로 강조의 뜻이 포함되어 (사람들이나 당파적으로) '물러나다': —빼다, 움츠리다, 떠나다 〈눅22:41〉. 동

G0646 ἀποστασία[2회] **아포스타시아**
G647과 같은 어근의 여성형; 진리를 '배반함'(정확히는 진리를 배반한 상태)["배교"]: —떨어져 나감, 저버림 〈행21:21〉. 여명

G0647 ἀποστάσιον[3회] **아포스타시온**
G868의 파생어에서 온 추정된 형용사의 중성형; 정확히는 '분리'하는 것, 즉 (특히) '이혼': —이혼(증서)〈마19:7〉. 중명

G0648 ἀποστεγάζω[1회] **아포스테가조**
G575와 G4721의 파생어에서 유래; '지붕을 벗기다': —덮개를 벗기다〈막2:4〉. 동

G0649 ἀποστέλλω[132회] **아포스텔로**
G575와 G4724에서 유래; '떼어 놓다', 즉 (함축적으로) '파견하다'(정확히는 전도에) 문자적으로 혹은 상징적으로: —투입하다, 내어 보내다, 보내다, 파견하다, [자유롭게] 해주다〈마10:40; 막3:14〉. 동

G0650 ἀποστερέω[6회] **아포스테레오**
G575와 στερέω 스테레오('빼앗다')에서 유래; '약탈하다': —속여서 빼앗다, ~이 빠져있다, 가짜로 물러서다〈막10:19〉. 동

G0651 ἀποστολή[4회] **아포스톨레**
G649에서 유래; '위임', 즉 (특히) '사도의 지위': —사도직〈고전9:2〉. 여명

G0652 ἀπόστολος[80회] **아포스톨로스**

G649에서 유래; '대표자, 사절'; 특히 복음의 사신'; 직위상 그리스도의 '전권대사'["사도"](기적을 행하는 권세를 가진):—사도, 사자, 보냄 받은 자〈고후8:23; 갈1:1〉. 남명

G0653 ἀποστοματίζω[1회] **아포스토마티조**
G575와 G4750의 추정된 파생어에서 유래; '즉석연설하다'(정확히는 '구술하다'), 즉 '심문하다'(불쾌한 태도로):—자극하여 말하도록 시키다〈눅11:53〉. 동

G0654 ἀποστρέφω[9회] **아포스트레ㅎ포**
G575와 G4762에서 유래; '외면하다' 또는 '돌이키다(문자적으로 혹은 상징적으로):—다시 가져오다, 배반하다, 거절하다(~로 부터)〈마5:42; 27:3〉. 동

G0655 ἀποστυγέω[1회] **아포스튀게오**
G575와 G4767의 어간에서 유래; '몹시 싫어하다':—혐오하다〈롬12:9〉. 동

G0656 ἀποσυνάγωγος[3회] **아포쉬나고고스**
G575와 G4864에서 유래; '출교(黜教)된':—회당에서 쫓겨난〈요9:22〉. 형

G0657 ἀποτάσσομαι[6회] **아포탓소마이**
G575와 G5021에서 유래한 중간태; 문자적으로 '작별을 고하다'(출발이나 퇴거로 인하여), 상징적으로 '포기하다':—작별을 고하다, 버리다, 떠나다, 떠나보내다〈눅9:61; 행18:18〉. 동

G0658 ἀποτελέω[1회] **아포텔레오**
G575와 G5055에서 유래; '완전하게 성취하다', 즉 '완성하다':—마치다〈약1:15〉. 동

G0659 ἀποτίθημι[9회] **아포티쎄미**
G575와 G5087에서 유래; (문자적으로 혹은 상징적으로) '집어치우다':—벗어 던지다, 따로 두다(곁, 밑에), 버리다〈엡4:22; 약1:21〉. 동

G0660 ἀποτινάσσω[3회] **아포티낫소**
G575와 τινάσσω 티낫소('떠밀다')에서 유래; '쓸어버리다':—떨어 버리다〈행28:5〉. 동

G0661 ἀποτίνω[2회] **아포티노**
G575와 G5099에서 유래; 완전히 '지불하다':—갚다, 보답하다〈몬1:19〉. 동

G0662 ἀποτολμάω[1회] **아포톨마오**
G575와 G5111에서 유래; '분명히 위험을 무릅쓰고 해보다':—아주 담대하다〈롬10:20〉. 동

G0663 ἀποτομία[1회] **아포토미아**
G664의 어간에서 유래; (상징적으로) '단호함', 즉 '엄격함':—준엄함〈롬11:22〉. 여명

G0664 ἀποτόμως[1회] **아포토모스**
G575와 τέμνω 템노('자르다')의 합성어의 파생어에서 유래한 부사; '퉁명스럽게', 즉 '단호하게':—날카롭게, 준엄하게〈고후13:10〉. 부

G0665 ἀποτρέπω[1회] **아포트레포**
G575와 G5157의 어간에서 유래; '빗나가다', 즉 (재귀형) 피하다:—돌아서다〈딤후3:5〉. 동

G0666 ἀπουσία[3회] **아푸시아**
G548의 분사에서 유래; '떠나 있음':—부재, 없음〈빌2:12〉. 여명

G0667 ἀποφέρω[6회] **아포ㅎ페로**
G575와 G5342에서 유래; '빼앗다'(문자적으로 혹은 비교적으로):—데려가다, (떠나)보내다〈눅16:22〉. 동

G0668 ἀποφεύγω[1회] **아포ㅎ퓨고**
G575와 **G5343**에서 유래; (상징적으로) '도피하다':—피하다〈벧후1:4〉. 동

G0669 ἀποφθέγγομαι[3회] **아포ㅎ프쏑고마이**
G575와 **G5350**에서 유래; '명백히 발표하다', 즉 '선언하다':—말하다, 의견을 말하다, 발언하다〈행2:4〉. 동

G0670 ἀποφορτίζομαι[1회] **아포ㅎ포르티조마이**
G575와 **G5412**의 중간태에서 유래; '짐을 풀다':—짐을 내리다〈행21:3〉. 동

G0671 ἀπόχρησις[1회] **아포크레시스**
G575와 **G5530**의 합성에서 유래; '다 써버리는' 행동, 즉, '소비':—사용〈골2:22〉. 여명

G0672 ἀποχωρέω[3회] **아포코레오**
G575와 **G5562**에서 유래; '떠나가다':—떠나다〈마7:23〉. 동

G0673 ἀποχωρίζω[2회] **아포코리조**
G575와 **G5563**에서 유래; '뜯어내다', (재귀형) '갈라지다':—떠나다〈행15:39〉 동

G0674 ἀποψύχω[1회] **아포프쉬코**
G575와 **G5594**에서 유래; '숨이 멎다', 즉 '기절하다':—심장이 멈추다〈눅21:26〉. 동

G0675 "Αππιος[1회] **압피오스**
기원은 라틴어; (속격, 즉 소유격으로) 로마인의 이름인 '압비오의':—압비오〈행28:15〉. 고명

G0676 ἀπρόσιτος[1회] **아프로시토스**
G1(부정의 불변사로〉과 **G4314**와 εἶμι **에이미**('가다')의 복합어에서 파생된 말에서 유래; '접근할 수 없는':—아무도 가까이 갈 수 없는〈딤전6:16〉. 형

G0677 ἀπρόσκοπος[3회] **아프로스코포스**
G1(부정적 불변사로서)과 **G4350**의 추정된 파생어에서 유래; 능동태 '해가 되지 않는', 즉 '죄로 이끌지 않는'; (수동태) '과오가 없는', 즉 '죄로 끌리지 않는':—거리낌이 없는〈행24:16〉, 거치는 자가 되지 않는〈고전10:32〉, 허물없는〈빌1:10〉. 형

G0678 ἀπροσωπολήπτως[1회] **아프로소폴렙토스**
G1(부정적 불변사로서)과 **G4383**과 **G2983**[**G4381**과 비교]의 합성어의 추정된 파생어에서 유래한 부사; '외모를 취하지 않는', 즉 '공평하게':—외모를 보지 않고〈벧전1:17〉. 부

G0679 ἄπταιστος[1회] **아프타이스토스**
G1(부정적 불변사로서)과 **G4417**의 파생어에서 유래; '걸려 넘어지지 않는', 즉 (상징적으로) '무죄한':—거침이 없게 하는〈유1:24〉. 형

G0680 ἅπτομαι[33회] **합토마이**
G681의 재귀형; 정확히는 '붙이다', 즉 (다양하게 내포된 관계 속에) '접촉하다':— 대다, 만지다〈마8:3; 눅22:51〉. 동

G0681 ἅπτω[39회] **합토**
기본동사; 정확히는 '고착시키다', 즉 (특히) '불을 붙이다':—불 피우다, 불을 켜다〈눅8:16; 22:55〉. 동

G0682 Ἀπφία[1회] **압ㅎ피아**
아마도 기원은 외래어; '압비아', 골로새에 사는 여인의 이름:—압비아〈몬1:2〉. 고명

G0683 ἀπωθέομαι[6회] **아포쎄오마이** 또는 ἀπώθομαι **아포쏘마이**

G575와 ὠθέω 오세오 혹은 ὤθω 오쏘('밀다')의 중간태에서 유래; '밀어버리다', 상징적으로 '거절하다':—버리다, 떼어놓다, 밀어뜨리다〈롬11:1〉. 동

G0684 ἀπώλεια[18회] **아폴레이아**
G622의 추정된 파생어에서 유래; (육체적, 정신적 혹은 영원한) '멸망' 혹은 '손실':—지옥에 갈 만함, 파멸, 파괴, 죽다, 지옥에 떨어짐, 썩어 없어짐, 유해한 길, 황폐〈요17:12; 롬9:22〉. 여명

G0685 ἀρά[1회] **아라**
아마도 G142에서 유래; 정확히는 '기도'(하늘에 '들어 올리어진'), 즉 함축적으로 '방자함':—저주〈롬3:14〉. 여명

G0686 ἄρα[49회] **아라**
G142에서 유래(결론을 '도출하다'라는 의미를 통해); 다소 결정적인 '추론'을 지시하는 불변사; 가끔 다른 불변사와 결합하여 사용. 특히 G1065 또는 G3767(뒤에) 또는 G1487(앞에)과 관계하여 이따금 사용. 또한 G687과 비교:—우연히, (인간의) 방법으로, 의문의 여지없이, 아마도, 그러므로, 그리하여, 진실로, 그러면〈롬5:18; 7:3〉.

G0687 ἆρα[3회] **아라**
G686의 한 형태; 부정적인 답변이 추정되는 '의문문'을 나타내는:—그러므로〈갈2:17〉.

G0688 Ἀραβία[2회] **아라비아**
기원은 히브리어 [H6152]; '아라비아', 아시아의 한 지역:—아라비아〈갈1:17〉. 고명

G0689 Ἀράμ[2회] **아람**
기원은 히브리어 [H7410]; '아람'(즉 '람'), 이스라엘인:—람〈마1:3, 눅3:33 '아니'〉. 고명

G0690 Ἄραψ[1회] **아랍스**
G688에서 유래; '아랍인' 혹은 아라비아 원주민:—아라비아인〈행2:11〉. 남명

G0691 ἀργέω[1회] **아르게오**
G692에서 유래; '게으르다', 즉 (상징적으로) '지연시키다':—지체하다〈벧후2:3〉. 동

G0692 ἀργός[8회] **아르고스**
G1(부정적 불변사로서)과 G2041에서 유래; '활동치 않는', 즉 '고용되지 않은'; (함축적으로) '게으른', '무익한':—불모의, 게으른, 느린〈마12:36〉. 형

G0693 ἀργύρεος[3회] **아르귀레오스**
G696에서 유래; '은'으로 만든:—은의〈행19:24〉. 형

G0694 ἀργύριον[20회] **아르귀리온**
G696의 추정된 파생어의 중성; '은', 즉 (함축적으로) '현금'; 특히 '은화'(즉 드라크마나 세겔):—돈, 은(조각)〈마25:18; 행19:19〉 중명

G0695 ἀργυροκόπος[1회] **아르귀로코포스**
G696과 G2875에서 유래; '은을 치는 사람(즉 '장색')':—은세공사〈행19:24〉 남명

G0696 ἄργυρος[5회] **아르귀로스**
ἀργός 아르고스('빛나는')에서 유래; '은'(금속, 물건 또는 동전으로):—은〈고전3:12〉. 남명

0697 Ἄρειος Πάγος[2회] **아레이오스 파고스**
ἄρης 아레스(그리이스의 전쟁신의 이름)와 G4078의 파생어에서 유래; '아

레스의 반석', 아테네의 지명:—아레오바고, 마르스의 언덕〈행17:19〉. 고명 1세기 아테네에 있던 가장 중요한 재판법정의 이름 장소

G0698 ʼΑρεοπαγίτης[1회] **아레오파기테스**
G697에서 유래; 아레오바고의 재판관 또는 마르스 언덕에서 열린 법정의 구성원:—아레오바고의 재판관〈행17:34〉. 남명

G0699 ἀρέσκεια[1회] **아레스케이아**
G700의 파생어에서 유래; '사근사근함':—기쁘게 함〈골1:10〉. 여명

G0700 ἀρέσκω[17회] **아레스코**
아마도 G142('흥분된' 감정의 개념을 통하여)에서 유래; '기분이 좋다'(혹은 함축적으로 '그렇게 되기를 추구하다'):—기쁘게 하다〈마14:6; 갈1:10〉. 동

G0701 ἀρεστός[4회] **아레스토스**
G700에서 유래; '기분 좋은', 함축적으로 '(꼭)맞는, 마땅한':—기쁘게 하는 (일들), 즐거운, (이유)〈요8:29〉. 형

G0702 ʼΑρέτας[1회] **아레타스**
기원은 외래어; '아레다', 아라비아인:—아레다〈고후11:32〉. 고명

G0703 ἀρετή[5회] **아레테**
G730과 동일한 어근에서 유래; 정확히는 '남자다움'('용맹'), 즉 '탁월함'(본질적으로 또는 남의 탓으로):—칭찬, 덕〈벧후1:3〉. 여명

G0704 ἀρήν[1회] **아렌**
아마 G730과 동일; '어린양'(수컷):—어린양〈눅10:3〉. 남명

G0705 ἀριθμέω[3회] **아리쓰메오**
G706에서 유래; '열거하다' 또는 '계산하다':—세다〈마10:30〉. 동

G0706 ἀριθμός[18회] **아리쓰모스**
G142에서 유래; '수'(계산된):—수효〈요6:10〉. 남명

G0707 ʼΑριμαθαία[4회] **아리마싸이아**
기원은 히브리어 [H7414]; '아리마대'(혹은 '라마'), 팔레스타인의 한 도시:—아리마대〈마27:57〉. 고명

G0708 ʼΑρίσταρχος[5회] **아리스타르코스**
G712 또 G757와 같은 어근으로부터 유래; '최선의 통치'; 마게도니아 사람, '아리스다고':—아리스다고〈행19:29〉. 고명

G0709 ἀριστάω[3회] **아리스타오**
G712에서 유래; '주요 식사를 들다':—정찬을 들다〈요21:12〉. 동

G0710 ἀριστερός[4회] **아리스테로스**
명백히 G712와 동일한 어근의 복합어; '왼'손의('둘째로 좋은'):—좌편의〈눅23:33〉 형

G0711 ʼΑριστόβουλος[1회] **아리스토불로스**
G712의 동일어와 G1012에서 유래; '최선의 조언'; 기독교인 '아리스도불로':—아리스도불로〈롬16:10〉. 고명

G0712 ἄριστον[3회] **아리스톤**
명백히 G730과 같은 어근에서 파생한 최상급의 중성형; '성찬' [또는 '조반'; 아마 ἦρι 에리('이른')에서 유래], 즉 '오찬':—정찬〈마22:4〉. 중명

G0713 ἀρκετός[3회] **아르케토스**
G714에서 유래; '만족스런':—충분한, 넉넉한〈마6:34〉. 형

G0714 ἀρκέω[8회] **아르케오**
명백히 기본어 [그러나 아마 장애물을 '들어 올리다'라는 개념에서 G142와 유사]; 정확히는 '격퇴하다', 즉 (함

축적으로) '소용에 닿다'(상징적으로):—만족스럽다, 충분하다, 넉넉하다, 만족하다〈마25:9〉. 동

G0715 ἄρκτος[1회] **아르크토스**
아마도 **G714**에서 유래; '곰'(광포한 행동에 의한 방해로서):—곰〈계13:2〉. 남명

G0716 ἅρμα[4회] **하르마**
아마도 **G142** [아마 전치된 **G1**(결합의 불변사로서)과 함께]에서 유래; '전차(戰車)'('높여지거나' 조립된 [**G719**와 비교]):—전차〈행8:28〉. 중명

G0717 Ἀρμαγεδδών[1회] **아르마겟돈**
기원은 히브리어 [**H2022**와 **H4023**]; '아마겟돈'(혹은 '하르-므깃도'), 상징적 이름:—아마겟돈〈계16:16〉. 고명

G0718 ἁρμόζω[1회] **하르모조**
G719에서 유래; '결합하다', 즉 (상징적으로) '구혼하다' (재귀형 '약혼시키다'):—장가들다[시집보내다]〈고후11:2〉. 동

G0719 ἁρμός[1회] **하르모스**
G716와 동일어에서 유래; (인체의) '관절':—접합부분〈히4:12〉. 남명

G0720 ἀρνέομαι[33회] **아르네오마이**
아마도 **G1**(부정적 불변사로서)과 **G4483**의 중간태에서 유래; '부정(否定)하다', 즉 '거부하다', '거절하다', '포기하다':—부인하다, 거절하다〈마10:33; 행7:35〉. 동

G0721 ἀρνίον[30회] **아르니온**
G704의 지소형; '새끼 양':—어린양〈계5:6〉. 중명

G0722 ἀροτριάω[3회] **아로트리아오**
G723에서 유래; '(쟁기로) 갈다':—갈아 일구다〈눅17:7〉. 동

G0723 ἄροτρον[1회] **아로트론**
ἀρόω 아로오('땅을 갈다')에서 유래; '쟁기':—쟁기〈눅9:62〉. 중명

G0724 ἁρπαγή[3회] **하르파게**
G726에서 유래; '약탈'(정확히는 추상명사):—강탈, 탐욕, 약탈〈마23:25〉. 여명

G0725 ἁρπαγμός[1회] **하르파그모스**
G726에서 유래; '약탈품'(정확히는 구상명사):—강도행위〈빌2:6〉. 남명

G0726 ἁρπάζω[14회] **하르파조**
G138의 파생어에서 유래; '잡다'(다양한 적용으로):—날치기 하다, 잡아채다, 잡아 뽑다, 끌어내다, (강제로) 취하다〈행23:10〉. 동 to seize; a)도적질하다(마11:12) b)영적인 의미로, 끌려 올라가다(고후12:2)

G0727 ἅρπαξ[5회] **하르팍스**
G726에서 유래; '강탈하는':—강탈, 노략질하는〈눅18:11〉. 형

G0728 ἀρραβών[3회] **아르ㅎ라본**
기원은 히브리어 [**H6162**]; '보증', 즉 구매대금의 일부분 또는 잔금의 '보증'으로서 미리 주는 재화:—담보〈고후1:22〉. 남명

G0729 ἄρραφος[1회] **아르ㅎ라ㅎ포스**
G1(부정적 불변사로서)과 **G4476**의 동일어의 추정된 파생어에서 유래; '꿰매지 않은', 즉 한 필로 된:—솔기가 없는, 호지 아니한〈요19:23〉. 형

G0730 ἄρρην[3회] **아르ㅎ렌**
또는 ἄρσην **아르센**
아마도 **G142**에서 유래; '남성'('들어올리는데' 있어서 보다 강한 자로서):—남성, 남자〈롬1:27; 갈3:28〉. 남명

G0731 ἄρρητος[1회] **아르ㅎ레토스**
G1(부정적 불변사로서)과 **G4490**의 같은 어근에서 유래; '말하지 않은',

즉 (함축적으로) '표현할 수 없는':—말할 수 없는〈고후12:4〉. [형]

G0732 ἄρρωστος[5회] **아르ㅎ로스토스**
G1(부정적 불변사로서)과 **G4517**의 추정된 파생어에서 유래; '허약한':—병든 (사람), 병약한〈마14:14〉. [형]

G0733 ἀρσενοκοίτης[2회] **아르세노코이테스**
G730과 **G2845**에서 유래; '남색하는 자':—사람과 더불어 자신을 더럽히는 일을 하는 남용[오용]자〈고전6:9〉. [남명]

G0734 Ἀρτεμᾶς[1회] **아르테마스**
G735와 **G1435**의 합성어에서 유래한 압축형; '아데미의 선물'; 기독교인 '아데마'(또는 '아데미도루스'):—아데마〈딛3:12〉. [고명]. 니고볼리에 사는 바울의 동료

G0735 Ἄρτεμις[5회] **아르테미스**
아마도 **G736**과 동일어에서 유래; '신속한'; '아데미', 아시아의 여신에게서 빌어온 그리이스 여신의 이름:—다이아나, 아데미〈행19:24〉. [고명] 에베소에서 모든 생명의 어머니로서 숭배된 여신의 이름

G0736 ἀρτέμων[1회] **아르테몬**
G737의 파생어에서 유래; 정확히는 준비된 무엇 [혹은 **G142**(**G740**과 비교)에서 매우 멀게 유래된; 올려진 것], 즉 (특히) 배의 '중간 돛'(오히려 앞 돛이나 이물의 삼각돛):—큰 돛대의 돛〈행27:40〉. [남명]

G0737 ἄρτι[36회] **아르티**
'매달기'의 개념으로 **G142**(**G740**과 비교)의 파생어에서 유래한 부사; 바로지금:—'이날'('때'), 지금으로부터, 여기, 금후로는, 이쪽으로, 이제(라도), 현재〈마3:15; 23:39; 고전4:11〉. [부]

G0738 ἀρτιγέννητος[1회] **아르티겐네토스**
G737과 **G1084**에서 유래; '갓난', 즉 (상징적으로) '새신자':—새로 태어난〈벧전2:2〉. [형]

G0739 ἄρτιος[1회] **아르티오스**
G737에서 유래; '신선한', 즉 (함축적으로) '완전한':—온전한〈딤후3:17〉. [형]

G0740 ἄρτος[97회] **아르토스**
G142에서 유래; '떡'('부풀어 오른') 혹은 '떡 한 덩이':—(진설)병, 떡 덩어리〈마4:3; 막2:26〉. [남명]

G0741 ἀρτύω[3회] **아르튀오**
G142의 추정된 파생어에서 유래; '준비하다', 즉 '양념을 치다'('자극적인 조미료로):—맛을 내다〈눅14:34〉. [동]

G0742 Ἀρφαξάδ[1회] **아르ㅎ팍사드**
기원은 히브리어 [**H775**]; 노아홍수 이후의 족장, '아박삿':—〈눅3:36〉. [고명]

G0743 ἀρχάγγελος[2회] **아르캉겔로스**
G757과 **G32**에서 유래; '우두머리 천사':—천사장〈살전4:16〉. [남명]

G0744 ἀρχαῖος[11회] **아르카이오스**
G746에서 유래; '본래의' 혹은 '원시의':—옛(시대의 것)〈고후5:17〉. [형]

G0745 Ἀρχέλαος[1회] **아르켈라오스**
G757과 **G2994**에서 유래; '국민통치', 유대의 왕 '아켈라오':—아켈라오〈마2:22〉. [고명] Archelaus; 헤롯 I 세의 아들

G0746 ἀρχή[55회] **아르케**
G756에서 유래; (정확히는 추상명사) '시작', 혹은 (구상명사)(질서, 시

간, 장소, 계급 등 다양한 용례에서) '우두머리':—시초, 모퉁이, 첫(자리), 방백, 권세, 주권, 원리, 통치〈요1:1; 롬8:38; 히5:12〉. 여명 a)시작, 기원 b)지배, 권세 c)끝, 말단, 모퉁이

G0747 ἀρχηγός[4회] **아르케고스**
G746과 **G71**에서 유래; '창시자':—창조자, 장(長), 군주〈행3:15; 히12:2〉. 남명

G0748 ἀρχιερατικός[1회] **아르키에라티코스**
G746과 **G2413**의 파생어에서 유래; '대제사장의':—대제사장의〈행4:6〉. 형

G0749 ἀρχιερεύς[122회] **아르키에류스**
G746과 **G2409**에서 유래; '대제사장'(문자적으로 유대인의, 표상적으로 그리스도):—대제사장〈마2:4〉. 남명

G0750 ἀρχιποίμην[1회] **아르키포이멘**
G746과 **G4166**에서 유래; '목자장':—목자장〈벧전5:4〉. 남명

G0751 "Ἄρχιππος[2회] **아르킵포스**
G746과 **G2462**에 유래; '말 관리인'; 기독교인 '아킵보':—아킵보〈골4:17〉. 고명 바울에게서 사역을 잘 감당하도록 권유받은 인물

G0752 ἀρχισυνάγωγος[9회] **아르키쉬나고고스**
G746과 **G4864**에서 유래; '회당장':—회당의 (으뜸) 관리인〈막5:22〉. 남명

G0753 ἀρχιτέκτων[1회] **아르키텍톤**
G746과 **G5045**에서 유래; '현장감독', 즉 "건축 감독자":—건축자〈고전3:10〉. 남명

G0754 ἀρχιτελώνης[1회] **아르키텔로네스**
G746과 **G5057**에서 유래; '세리장':—수세리(收稅吏)의 장〈눅19:2〉. 남명

G0755 ἀρχιτρίκλινος[3회] **아르키트리클리노스**
G746과 **G5140**의 합성어와 **G2827**(세 개의 기대는 의자가 달린 '정찬상')에서 유래; 연회장:—잔치의 주관자〈요2:8〉. 남명

G0756 ἄρχομαι[84회] **아르코마이**
G757('선재'의 함축으로서)의 중간태; '시작하다'(시간의 순서상으로):—시작하다, 처음(부터 연습하다)〈마4:17; 행11:4〉. 동

G0757 ἄρχω[86회] **아르코**
기본 동사; '첫째가 되다'(정치적 계급이나 세력에서):—다스리다(주관하다)〈롬15:12〉. 동

G0758 ἄρχων[37회] **아르콘**
G757의 현재분사; '첫째'(계급이나 권세에 있어서):—주(통치자), 방백, 왕, 통치자〈마9:18; 막3:22〉. 남명

G0759 ἄρωμα[4회] **아로마**
G142(향기를 '발하다'라는 의미에서)에서 유래; '향료':—(감미로운) 향신료〈막16:1; 요19:40〉. 중명

G0760 Ἀσά[2회] **아사**
기원은 히브리어 **[H609]**; 이스라엘인 '아사':—아사〈마1:7〉. 고명

G0761 ἀσάλευτος[2회] **아살류토스**
G1(부정적 불변사로서)과 **G4531**의 파생어에서 유래; '흔들리지 않는', 즉 (함축적으로) '부동의'(상징적으로):—흔들리지 않는, 움직일 수 없는〈행27:41〉. 형

G0762 ἄσβεστος[3회] **아스베스토스**
G1(부정적 불변사로서)과 **G4570**의 파생어에서 유래; '꺼지지 않는', 즉 (함축적으로) '영구한':—꺼지지 않는, 끌 수 없는〈마3:12〉. 형

G0763 ἀσέβεια[6회] **아세베이아**
G765에서 유래; '불경', 즉 (함축적으로) '사악함':—사악한 사람들, 경건하지 않음〈롬1:18〉. 여명

G0764 ἀσεβέω[2회] **아세베오**
G765에서 유래; '경건치 아니하다', 또는 '사악하다'(함축적으로 (그렇게) '행동하다'):—불경건을 (살아야 하는 법도를 떠나) 범하다(-하게 살다)〈벧후2:6〉. 동

G0765 ἀσεβής[9회] **아세베스**
G1(부정적 불변사로서)과 **G4576**의 추정된 파생어에서 유래; '경외하지 않는', 즉 (확대된 의미로) '불경건한' 혹은 '사악한':—경건치 아니한 (사람)〈롬4:5〉. 형

G0766 ἀσέλγεια[10회] **아셀게이아**
G1(부정적 불변사로서)과 추정된 σελγής **셀게스**(불확실한 파생어, 그러나 명백히 '자제하는'의 의미)의 합성어에서 유래; '방탕'(이따금 다른 악덕도 포함):—불결한, 음탕함, 호색〈막7:22; 롬13:13〉. 여명

G0767 ἄσημος[1회] **아세모스**
G1(부정적 불변사로서)과 **G4591**의 어간에서 유래; '눈에 띄지 않는', 즉 (상징적으로) '비천한':—하잘 것 없는〈행21:39〉. 형

G0768 Ἀσήρ[2회] **아세르**
기원은 히브리어 [**H836**]; 이스라엘 지파 '아셀':—아셀〈눅2:36〉. 고명

G0769 ἀσθένεια[24회] **아스쎄네이아**
G772에서 유래; '약함'(몸이나 마음의), 함축적으로 '질병', 도덕적으로 '유혹에 약함':—질병, 허약, 병, 연약〈눅5:15; 행28:9〉. 여명

G0770 ἀσθενέω[33회] **아스쎄네오**
G772에서 유래; (어떤 의미에서든) '연약하다':—병들다, 무력한 (사람), 병약(하다), 허약(하다, 하게 만들다)〈마25:36; 행20:35〉. 동

G0771 ἀσθένημα[1회] **아스쎄네마**
G770에서 유래; 양심의 '망설임':—연약〈롬15:1〉. 중명

G0772 ἀσθενής[26회] **아스쎄네스**
G1(부정적 불변사로서)과 **G4599**의 어간에서 유래; '무력한'(문자적으로, 상징적으로 그리고 도덕적으로 등 다양한 용례에서):—더욱 연약한, 무력한, 병든, 힘이 없는, 나약한 (~자, 함, 일)〈막14:38; 히7:18〉. 형

G0773 Ἀσία[18회] **아시아**
불확실한 파생어; '아시아', 즉 '소아시아', 또는 (보통) 단지 그 서부 해안:—아시아〈행2:9〉. 고명 즉 소아시아의 서해안에 위치 한 로마령

G0774 Ἀσιανός[1회] **아시아노스**
G773에서 유래; '아시아인' 또는 아시아 거주민:—아시아의 사람〈행20:4〉. 남명

G0775 Ἀσιάρχης[1회] **아시아르케스**
G773과 **G746**에서 유래; '아시아 관리', 혹은 소아시아 어느 도시에서 열리는 민중의 축제 집행자:—아시아의 고관〈행19:31〉. 남명

G0776 ἀσιτία[1회] **아시티아**
G777에서 유래; '금식'(상태):—절제〈행27:21〉. 여명

G0777 ἄσιτος[1회] **아시토스**
G1(부정적 불변사로서)과 **G4621**에서 유래; '음식을 먹지 않는':—금식하는〈행27:33〉. 형

G0778 ἀσκέω[1회] **아스케오**
아마도 **G4632**와 동일어에서 유래;

'정성들여 만들다', 즉 (상징적으로) '훈련하다'(함축적으로 '노력하다'): ―실천하다〈행24:16〉. 동

G0779 ἀσκός[12회] **아스코스**
G778과 동일어에서 유래; 병으로 사용된 가죽 '부대':―병〈눅5:37〉. 남명

G0780 ἀσμένως[1회] **아스메노스**
G2237의 어간의 파생어에서 유래한 부사; '기꺼이':―즐거이〈행2:41〉. 부

G0781 ἄσοφος[1회] **아소ㅎ포스**
G1(부정적 불변사로서)과 G4680에서 유래; '지혜 없는':―어리석은〈엡5:15〉. 형

G0782 ἀσπάζομαι[59회] **아스파조마이**
G1(결합을 나타내는 불변사로서)과 G4685의 추정된 형에서 유래; '팔을 접다', 즉 (함축적으로) '경례하다', (상징적으로) '환영하다':―포옹하다, 인사하다, 작별하다〈마5:47; 행20:1〉. 동

G0783 ἀσπασμός[10회] **아스파스모스**
G782에서 유래; '인사'(인편이나 서신으로):―문안, 인사〈막12:38; 눅11:43〉. 남명

G0784 ἄσπιλος[4회] **아스필로스**
G1(부정적 불변사로서)과 G4695에서 유래; '흠 없는'(육체적으로 혹은 도덕적으로):―점 없는〈딤전6:14〉. 형

G0785 ἀσπίς[1회] **아스피스**
불확실한 파생어; '조그마한 원형의 방패'(혹은 '둥근' 방패), (스스로 감는) 뱀의 일종으로 사용, 아마 "독사":―독사〈롬3:13〉. 여명

G0786 ἄσπονδος[1회] **아스폰도스**
G1(부정적 불변사로서)과 G4689의 파생어에서 유래; 문자적으로 '헌주(獻酒) 없는'(협상시 보통 수반되는), 즉 (함축적으로) '휴전 없는':―화해할 수 없는, 원통함을 풀지 아니하는, 휴전을 깨는 (자)〈딤후3:3〉. 형

G0787 ἀσσάριον[2회] **앗사리온**
기원은 라틴어; 로마 동전의 일종, '앗사리온':―앗사리온〈마10:29〉. 중명

G0788 ἆσσον[1회] **앗손**
G1451의 어간의 중성 비교급; '더 가까이', 즉 '매우 가까이':―밀접하여〈행27:13〉. 부

G0789 Ἄσσος[2회] **앗소스**
아마도 기원은 외래어; 소아시아의 한 도시, '앗소':―앗소〈행20:13〉. 고명

G0790 ἀστατέω[1회] **아스타테오**
G1(부정적 불변사로서)과 G2476의 파생어에서 유래; '정주하지 못하다', 즉 (상징적으로) '집이 없다':―정처가 없다〈고전4:11〉. 동

G0791 ἀστεῖος[2회] **아스테이오스**
ἄστυ 아스튀('도시')에서 유래; '세련된', 즉 (함축적으로) '잘생긴':―아름다운〈행7:20〉. 형

G0792 ἀστήρ[24회] **아스테르**
아마도 G4766의 어간에서 유래; (하늘에 흩뿌려진) '별'(문자적으로 혹은 상징적으로):―별〈마2:2; 계22:16〉. 남명

G0793 ἀστήρικτος[2회] **아스테릭토스**
G1(부정적 불변사로서)과 G4741의 추정된 파생어에서 유래; '흔들리는', 즉 (상징적으로) '망설이는':―불안정한〈벧후2:14〉. 형

G0794 ἄστοργος[2회] **아스토르고스**
G1(부정적 불변사로서)과 στέργω 스테르고('애정을 가지고' 소중히 하다)

의 추정된 파생어에서 유래; 친족을 향하여 '몰인정[무정]한':—자연스런 애정이 없는〈롬1:31〉.형

G0795 ἀστοχέω[3회] **아스토케오**
G1(부정적 불변사로서)과 στόιχος 스토이코스(목표)의 합성어에서 유래; 표적에 '빗나가다', 즉 (상징적으로) 진리에서 '벗어나다':—그릇되다, 빗나가다〈딤전6:21; 딤후2:18〉.동

G0796 ἀστραπή[9회] **아스트라페**
G797에서 유래; '번개'; 유추적으로 '섬광':—번개, 밝게 빛남〈마24:27〉.여명

G0797 ἀστράπτω[2회] **아스트랍토**
아마도 G792에서 유래; 번개처럼 '번쩍이다':—비추다, 빛나다〈눅17:24〉.동

G0798 ἄστρον[4회] **아스트론**
G792에서 유래한 중성형; 정확히는 '성좌'; (자연적으로 혹은 인공적으로) 한 '별'을 두다:—별〈행7:43〉.중명

G0799 Ἀσύγκριτος[1회] **아슁크리토스**
G1(부정적 불변사로서)과 G4793의 파생어에서 유래; '비교할 수 없는'; 한 기독교인, '아순그리도':—아순그리도〈롬16:14〉.고명

G0800 ἀσύμφωνος[1회] **아쉼ㅎ포노스**
G1(부정적 불변사로서)과 G4859에서 유래; '조화가 되지 않는'(상징적으로):—의견이 맞지 않는〈행28:25〉.형

G0801 ἀσύνετος[5회] **아쉬네토스**
G1(부정적 불변사로서)과 G4908에서 유래; '지각없는', 함축적으로 '사악한':—어리석은, 몰이해한〈마15:16〉.형

G0802 ἀσύνθετος[1회] **아쉰쎄토스**
G1(부정적 불변사로서)과 G4934의 파생어에서 유래; 정확히는 '일치하지 않는', 즉 '계약을 어기는':—계약을 위반하는〈롬1:31〉.형

G0803 ἀσφάλεια[3회] **아스ㅎ팔레이아**
G804에서 유래; '안전'(문자적으로 혹은 상징적으로):—확실, 안전〈행5:23〉.여명

G0804 ἀσφαλής[5회] **아스ㅎ팔레스**
G1(부정적 불변사로서)과 σφάλλω 스ㅎ팔로("실패하다")에서 유래; '안전한'(문자적으로 혹은 상징적으로):—확실한(-함), 안전한, 튼튼한〈행21:34〉.형

G0805 ἀσφαλίζω[4회] **아스ㅎ팔리조**
G804에서 유래; '안전하게 하다':—단단히(확실히) 만들다〈행16:24〉.동

G0806 ἀσφαλῶς[3회] **아스ㅎ팔로스**
G804에서 유래한 부사; '안전하게'(문자적으로 혹은 상징적으로):—확실하게, 안전하게〈행16:23〉.부

G0807 ἀσχημονέω[2회] **아스케모네오**
G809에서 유래; '어울리지 않다'(즉 -게 행하다):—아름답지 못하게(어울리지 않게) 처신하다〈고전7:36〉.동

G0808 ἀσχημοσύνη[2회] **아스케모쉬네**
G809에서 유래; '외설'; 함축적으로 '외음부':—부끄러움, 모양이 흉한 일〈롬1:27〉.여명

G0809 ἀσχήμων[1회] **아스케몬**
G1(부정적 불변사로서)과 G2193 (G4976과 같은 의미로)의 추정된 파생어에서 유래; 정확히는 '볼품없는', 즉 (상징적으로) '우아하지 못한':—아름답지 못한〈고전12:23〉.형

G0810 ἀσωτία[3회] **아소티아**

G1(부정적 불변사로서)과 **G4982**의 추정된 파생어의 합성어에서 유래; 정확히는 '아끼지 않음', 즉 (함축적으로) '허랑 방탕':—부절제, 방탕〈엡 5:18; 딛1:6〉. 여명

G0811 ἀσώτως[1회] **아소토스**
G810과 동일어에서 유래한 부사; '허랑방탕하게':—떠들썩하게〈눅 15:13〉. 부

G0812 ἀτακτέω[1회] **아탁테오**
G813에서 유래; '불규칙적이다'(즉 '불규칙적으로 행하다'):—무질서하게 행하다〈살후3:7〉. 동

G0813 ἄτακτος[1회] **아탁토스**
G1(부정적 불변사로서)과 **G5021**의 파생어에서 유래; '정돈되지 않은', 즉 (함축적으로, 종교적으로) '복종하지 않는':—제멋대로 하는〈살전5:14〉. 형

G0814 ἀτάκτως[2회] **아탁토스**
G813에서 유래한 부사; '불규칙하게'(도덕적으로):—무질서하게〈살후 3:6〉. 부

G0815 ἄτεκνος[2회] **아텍노스**
G1(부정적 불변사로서)과 **G5043**에서 유래; '자식이 없는':—무자한〈눅 20:28〉. 형

G0816 ἀτενίζω[14회] **아테니조**
G1(결합을 나타내는 불변사로서)과 τείνω **테이노**('내 뻗치다')의 합성어에서 유래; 열심히 '지켜보다':—열심히(똑바로) 쳐다보다, (눈을) 고정시키다, (열심히, 똑바로, 위로) 쳐다보다, 주목하다〈행6:15; 11:6〉. 동

G0817 ἄτερ[2회] **아테르**
불변사. 아마도 **G427**과 유사; '떨어져서', 즉 '따로'(문자적으로 혹은 상징적으로):—~없이〈눅22:6〉. 전

G0818 ἀτιμάζω[7회] **아티마조**
G820에서 유래; '수치스럽게 만들다', 즉 (함축적으로) '경멸하다' 또는 '학대하다':—경멸하다, 굴욕을 주다, 부끄럽게 하다, 부끄럽게 탄원하다〈요 8:49; 행5:41〉. 동

G0819 ἀτιμία[7회] **아티미아**
G820에서 유래; '불명예', 즉 (주관적으로) 비교급 '무례', (객관적으로) '망신':—치욕, 비난, 부끄러움, 비열〈롬 9:21〉. 여명

G0820 ἄτιμος[4회] **아티모스**
G1(부정적 불변사로서)과 **G5092**에서 유래; (소극적으로) '존경받지 못한' 또는 (적극적으로) '불명예스러운':—경멸받는, 불명예의, 덜 귀히 여기는 ['비교하는 정도']〈마13:57〉. 형

G0821 ἀτιμόω[1회] **아티모오**
G820에서 유래; **G818**처럼 사용; '학대하다':—모욕을 주다〈막12:4〉. 동

G0822 ἀτμίς[2회] **아트미스**
G109와 동일어에서 유래; '안개':—증기〈행2:19〉 여명

G0823 ἄτομος[1회] **아토모스**
G1(부정적 불변사로서)과 **G5114**의 어간에서 유래; '자르지 않은', 즉 (함축적으로) '분리할 수 없는'["극히 짧은" 시간]:—순간, 단시간〈고전15:52〉. 형

G0824 ἄτοπος[4회] **아토포스**
G1(부정적 불변사로서)과 **G5117**에서 유래; '제자리에 놓이지 않는', 벗어난, 즉 (상징적으로) '부당한', '해로운', '사악한':—어긋난, 해로운, 이치에 맞지 않는〈눅23:41; 행28:6〉. 형

G0825 Ἀττάλεια[1회] **앗탈레이아**

῎Ατταλος **앗탈로스**(버가모의 왕)에서 유래; 밤빌리아의 한 곳 '앗달리아':—앗달리아〈행14:25〉. 고명

G0826 αὐγάζω[1회] **아우가조**
G827에서 유래; '빛을 내다'(상징적으로):—비치다〈고후4:4〉. 동

G0827 αὐγή[1회] **아우게**
불확실한 파생어; '일광', 즉 (함축적으로) '광채', '새벽':—날이 샘〈행20:11〉. 여명

G0828 Αὔγουστος[1회] **아우구스토스**
라틴어 ["존엄한"]에서 유래; 로마 황제의 칭호:—'아구스도'〈눅2:1〉. 고명

G0829 αὐθάδης[2회] **아우싸데스**
G846과 **G2237**의 어간에서 유래; '혼자 즐거운', 즉 '거만한':—제멋대로의〈딛1:7; 벧후2:10〉. 형

G0830 αὐθαίρετος[2회] **아우싸이레토스**
G846과 **G140**의 동일어에서 유래; '스스로 택한', 즉 (함축적으로) '자발적인':— 자원하는〈고후8:3〉. 형

G0831 αὐθεντέω[1회] **아우쎈테오**
G846과 폐어가 된 ἕντης **헨테스**('일꾼')의 합성어에서 유래; '스스로 행하다', 즉 (상징적으로) '지배하다':—권위를 침범하다〈딤전2:12〉. 동

G0832 αὐλέω[3회] **아울레오**
G836에서 유래; '플루트'를 연주하다:—피리를 불다〈마11:17〉. 동

G0833 αὐλή[12회] **아울레**
G109와 동일어에서 유래; ('바람'에 노출된) '마당'; 함축적으로 '저택':—뜰, [양]우리, 응접실, 궁전〈마26:3〉. 여명

G0834 αὐλητής[2회] **아울레테스**
G832에서 유래; '피리 연주자':—음유시인, 피리 부는 사람〈마9:23〉. 남명

G0835 αὐλίζομαι[2회] **아울리조마이**
G833에서 유래한 중간태; '밤을 지내다'(정확히는 옥외에서):—거주하다, 머무르다〈마21:17〉. 동

G0836 αὐλός[1회] **아울로스**
G109와 동일어에서 유래; '피리'(부는):—피리〈고전14:7〉. 남명

G0837 αὐξάνω[23회] **아욱사노**
기본동사의 연장형; '기르다'("달이 차다"), 즉 '커지다'(문자적으로 혹은 상징적으로, 능동태 혹은 수동태):—자라다, 증가(하게 하다)〈엡4:15〉. 동

G0838 αὔξησις[2회] **아욱세시스**
G837에서 유래; '성장':—증가〈엡4:16〉. 여명

G0839 αὔριον[14회] **아우리온**
G109('산들바람', 즉 아침 '공기')와 동일어의 파생어에서 유래; 정확히는 '새로이', 즉 (부사적으로 **G2250**의 생략과 함께) '내일':—내일, 이튿날〈눅12:28〉. 부

G0840 αὐστηρός[2회] **아우스테로스**
G109('부풀은'의 의미)와 동일어의 (추정된) 파생어에서 유래; '거친'(정확히는 '질풍 같은'), 즉 (상징적으로) '엄격한':—엄한〈눅19:21〉. 형

G0841 αὐτάρκεια[2회] **아우타르케이아**
G842에서 유래; '자기만족', 즉 (추상명사) '만족하고 있음', 또는 (구체적으로) '상당한 자산':—만족, 충분한 상태[수량]〈고후9:8; 딤전6:6〉. 여명

G0842 αὐτάρκης[1회] **아우타르케스**
G846과 **G714**에서 유래; '자기만족의', 즉 '만족한':—만족하는〈빌4:11〉. 형

G0843 αὐτοκατάκριτος[1회]

아우토카타크리토스
G846과 G2632의 파생어에서 유래; '스스로 정죄된':—양심의 가책을 받는〈딛3:11〉.형

G0844 αὐτόματος[2회] **아우토마토스**
G846과 G3155와 동일어에서 유래; '스스로 움직이는'["자동의"], 즉 '자발적인':—저절로, 스스로〈막4:28〉.형

G0845 αὐτόπτης[1회] **아우톱테스**
G846과 G3700에서 유래; '현장목격', 즉 '목격(자)':—목격자〈눅1:2〉.남명

G0846 αὐτός[5601회] **아우토스**
불변사 αὖ 아우[아마 일정한 '방향 없는' 바람의 개념으로 G109의 어간과 유사]('뒤편'으로)에서 유래; (재귀대명사) '자신', 3인칭(홀로 혹은 G1438과 합성어로)으로 사용, 역시 기타 인칭(정확히는 인칭대명사와 함께)으로 사용:—바로 그. G848과 비교〈마3:11; 눅3:23; 행10:26〉 대 self, him, it, her, the same; a)강조적 용법; 자신(self) b)인칭대명사의 3인칭; 그, 그녀, 그것 c)한정적인 용법; 동일한, 바로 그

G0847 αὐτοῦ[4회] **아우투**
G846의 속격(즉 소유격); 위치의 부사로 사용; 정확히는 '동일한' 장소에 속하는, 즉 '이'(또는 '저') '곳에':—여기(저기)〈마26:36〉.부 here, there; 위치의 부사로 사용

G0848 αὑτοῦ[659회] **하우투**
G1438의 압축형; '자신'(사격(斜格)의 경우 또는 재귀형과 관계하여):—그 자신의, 그녀 자신의, 그것 자체의〈마1:21; 막6:1〉.대

G0849 αὐτόχειρ[1회] **아우토케이르**
G846과 G5495에서 유래; '자기 손으로', 즉 '개별적으로 하는':—손수, 직접〈행27:19〉.형.부

G0850 αὐχμηρός[1회] **아우크메로스**
αὐχμός 아우크모스[아마 G109에 유사한 어근에서 유래](바람에 '말려진' '먼지')에서 유래; 정확히는 '더러운', 즉 함축적으로 '어두운':—어두운〈벧후1:19〉.형

G0851 ἀφαιρέω[10회] **아ㅎ파이레오**
G575와 G138에서 유래; '제거하다'(문자적으로 혹은 상징적으로):—베어버리다(때리다), 떼어버리다〈눅1:25; 22:50〉.동

G0852 ἀφανής[1회] **아ㅎ파네스**
G1(부정적 불변사로서)과 G5316에서 유래; '보이지 않는':—나타나지 않는〈히4:13〉.형

G0853 ἀφανίζω[5회] **아ㅎ파니조**
G852에서 유래; '명백하지 않게 만들다', 즉 (능동) '소모하다'('모호하게 하다'), 또는 (수동) '사라지다'('파괴되다'):—부패하다, 모양을 손상하다, 멸망하다, 사라지다〈마6:19; 행13:41〉.동

G0854 ἀφανισμός[1회] **아ㅎ파니스모스**
G853에서 유래; '소멸', 즉 (상징적으로) '폐지':—사라짐〈히8:13〉남명

G0855 ἄφαντος[1회] **아ㅎ판토스**
G1(부정적 불변사로서)과 G5316의 파생어에서 유래; '드러나지 않은', 즉 '보이지 않는':—시야에서 사라지는〈눅24:31〉.형

G0856 ἀφεδρών[2회] **아ㅎ페드론**
G575와 G1476의 어간과의 합성어에서 유래; '떨어져 앉는 곳', 즉 '변소, 뒷간':—뒤〈마15:17〉.남명

G0857 ἀφειδία[1회] **아ㅎ페이디아**

G1(부정적 불변사로서)과 G5339의 합성어에서 유래; '엄격함', 즉 '내핍생활'('고행생활'):—소홀히 함〈골2:23〉. 여명

G0858 ἀφελότης[1회] 아ㅎ펠로테스
G1(부정적 불변사로서)과 φέλλος ㅎ펠로스(발을 '걸리게' 하는 '돌'이라는 의미에서)의 합성어에서 유래; '평탄', 즉 (상징적으로) '순전':—성실〈행2:46〉. 여명

G0859 ἄφεσις[17회] 아ㅎ페시스
G863에서 유래; '자유'; (상징적으로) '특사':—구출, 용서, 해방, 사면〈마26:28; 눅4:18〉. 여명

G0860 ἁφή[2회] 하ㅎ페
G680에서 유래; 아마도 '띠'(결박의 의미로):—관절〈엡4:16〉. 여명

G0861 ἀφθαρσία[7회] 아ㅎ프싸르시아
G862에서 유래; '썩지 않음', 일반적으로 '끝이 없는 존재', (상징적으로) '진짜임':—불멸, 부패하지 않음, 순수함〈고전15:42〉. 여명

G0862 ἄφθαρτος[8회] 아ㅎ프싸르토스
G1(부정적 불변사로서)과 G5351의 파생어에서 유래; '썩지 않는'(본질 또는 영속성에 있어):—부패하지 않는, 죽지 않는〈고전15:52〉. 형

G0863 ἀφίημι[146회] 아ㅎ피에미
G575와 ἵημι 히에미('보내다'; εἶμι 에이미('가다')의 강세적 형태)에서 유래; '보내다'(다음과 같이 다양하게):—울부짖다, 용서하다, 버리다, 곁에 두다, 떠나다, 하게 하다(혼자, 있다, 가다, 갖다), 생략하다, 따로 내놓다(보내다), 면제하다, 고생하다, 포기하다〈마4:11; 막2:5; 눅8:51〉. 동

G0864 ἀφικνέομαι[1회] 아ㅎ피크네오마이
G575와 G2425의 어간에서 유래; (소문으로) 앞으로 '가다'('퍼지다'):—퍼져서 가다〈롬16:19〉. 동

G0865 ἀφιλάγαθος[1회] 아ㅎ필라가쏘스
G1(부정적 불변사로서)과 G5358에서 유래; '덕에 대해 호의적이 아닌':—선한 것을 경멸하는〈딤후3:3〉. 형

G0866 ἀφιλάργυρος[2회] 아ㅎ필라르귀로스
G1(부정적 불변사로서)과 G5366에서 유래; '탐심이 없는':—탐욕이 없는, 더러운 이익을 탐하지 않는〈딤전3:3〉. 형

G0867 ἄφιξις[1회] 아ㅎ피크시스
G864에서 유래; 정확히는 '출현', 즉 (함축적으로) '출발':—떠남〈행20:29〉. 여명

G0868 ἀφίστημι[14회] 아ㅎ피스테미
G575와 G2476에서 유래; '떼어놓다', 즉 (능동) '반란을 선동하다', 보통 (재귀형) '단념하다', '버리다', 등등:—떠나다, 빼다(떨어뜨리다), 삼가다, 철회하다〈눅2:37; 행5:38〉. 동

G0869 ἄφνω[3회] 아ㅎ프노
G852(압축형)에서 유래한 부사; '부지중에', 즉 '기대하지도 않는데':—갑자기〈행2:2〉. 부

G0870 ἀφόβως[4회] 아ㅎ포보스
G1(부정적 불변사로서)과 G5401의 합성어에서 유래한 부사; '두려움 없이':—무서워하지 않고〈눅1:74〉. 부

G0871 ἀφομοιόω[1회] 아ㅎ포모이오오
G575와 G3666에서 유래; 가깝게 '동화시키다':—같게 만들다, 닮다〈히7:3〉. 동

G0872 ἀφοράω 2회 아ㅎ포라오
G575와 **G3 G708**에서 유래; '주의 깊게 생각하다':—보다〈히12:2〉.[동]

G0873 ἀφορίζω 10회 아ㅎ포리조
G575와 **G3724**에서 유래; 경계선에 의해 '가르다', 즉 (상징적으로) '제한하다', 제외하다, 지정하다, 등등:—나누다, 분리하다, 단절하다〈마25:32〉.[동]

G0874 ἀφορμή 7회 아ㅎ포르메
G575와 **G3729**에서 유래; '출발점', 즉 (상징적으로) '기회':—경우〈롬7:8〉.[여명]

G0875 ἀφρίζω 2회 아ㅎ프리조
G876에서 유래; (간질로) '입에 거품을 뿜다':—거품이 일다〈막9:18〉.[동]

G0876 ἀφρός 1회 아ㅎ프로스
명백히 기본어; '거품', 즉 '군침':—거품〈눅9:39〉.[남명]

G0877 ἀφροσύνη 4회 아ㅎ프로쉬네
G878에서 유래; '무감각', 즉 (완곡어법) '자기중심'; (도덕적으로) '무분별함':—어리석음, 미련함〈고후11:17〉.[여명]

G0878 ἄφρων 11회 아ㅎ프론
G1(부정적 불변사로서)과 **G5424**에서 유래; 정확히는 '정신없는', 즉 '어리석은', (함축적으로) '무지한', (특히) '자기중심적인', (실제적으로) '무분별한', 또는 (도덕적으로) '불신하는':—미련한, 지혜롭지 못한〈눅11:40; 엡5:17〉.[형]

G0879 ἀφυπνόω 1회 아ㅎ퓌프노오
G575와 **G5258**의 합성어에서 유래; 정확히는 '깨어나다', 즉 (함축적으로) '잠에 빠져들다':—잠들다〈눅8:23〉.[동]

G0880 ἄφωνος 4회 아ㅎ포노스
G1(부정적 불변사로서)과 **G5456**에서 유래; '소리 없는', 즉 (선천적으로 혹은 선택적으로) '무언의'; 상징적으로 '무의미한':—말 못하는, 의미 없는〈행8:32〉.[형]

G0881 Ἀχάζ 2회 아카즈
기원은 히브리어 [**H271**]; 이스라엘인 '아하스':—아하스〈마1:9〉.[고명]

G0882 Ἀχαΐα 10회 아카이아
불확실한 파생어; '아가야'(즉 그리스), 유럽의 한 나라:—아가야〈행18:12〉.[고명]

G0883 Ἀχαϊκός 1회 아카이코스
G882 5회에서 유래; '아가야 사람', 기독교인 '아가이고':—아가이고〈고전18:17〉.[고명]

G0884 ἀχάριστος 2회 아카리스토스
G1(부정적 불변사로서)과 **G5483**의 추정된 파생어에서 유래; '감사하지 않는', 즉 '은혜를 모르는':—고마워하지 않는〈눅6:35〉.[형]

G0885 Ἀχείμ 2회 아케임
아마 기원은 히브리어 [**H3137**과 비교]; 이스라엘인 '아킴':—아킴〈마1:14〉.[고명]

G0886 ἀχειροποίητος 3회 아케이로포이에토스
G1(부정적 불변사로서)과 **G5499**에서 유래; '제조하지 않은', 즉 '인공적이 아닌':—손으로 만들어지지 않은〈막14:58〉.[형]

G0887 ἀχλύς 1회 아클뤼스
불확실한 파생어; '시야가 몽롱함', 즉 (아마) 백내장:—안개〈행13:11〉.[여명]

G0888 ἀχρεῖος 1회 아크레이오스
G1(부정적 불변사로서)과 **G5534**의

파생어[**G5532**와 비교]에서 유래; '쓸모없는', 즉 (완곡어법) '가치 없는':—무익한〈마25:30〉.형

G0889 ἀχρειόω[1회] **아크레이오오**
G888에서 유래; '쓸모없는' 것이 되게 하다, 즉 '못쓰게 하다':—무익하게 되다 〈롬3:12〉.동

G0890 ἄχρηστος[1회] **아크레스토스**
G1(부정적 불변사로서)과 **G5543**에서 유래; '효과없는', 즉 (함축적으로) '유해한':—무익한〈몬1:11〉.형

G0891 ἄχρι[49회] **아크리**
또는 ἄχρις **아크리스**
G206에 유사('종점'의 개념으로서); (시간의) '까지' 또는 (장소의) '까지':—~한, 동안, 안에(으로), 까지. **G3360**과 비교〈마24:38; 행20:11; 히3:13〉.전 until; a)속격지배; ~까지 b) 접속사로서; ~전에, ~하는 동안

G0892 ἄχυρον[2회] **아퀴론**
아마 χέω **케오**('뿌리다')와 근소하게 관련; '겨'(널리 퍼지는 것으로):—왕겨〈마3:12〉.중명

G0893 ἀψευδής[1회] **아프슈데스**
G1(부정적 불변사로서)과 **G5579**에서 유래; '진실을 말하는':—거짓말 할 수 없는〈딛1:2〉.형

G0894 Ἄψινθος[2회] **아프신쏘스**
불확실한 파생어; '쓴 쑥'('쓴 맛'의 한 형태로서, 즉 [상징적으로] '재난'):—쓴 쑥〈계8:11〉.여명

G0895 ἄψυχος[1회] **아프쉬코스**
G1(부정적 불변사로서)과 **G5590**에서 유래; '생명이 없는', 즉 '무생물의'(기계적인):—생명 없는〈고전14:7〉.형

트롱헬라어사전

β

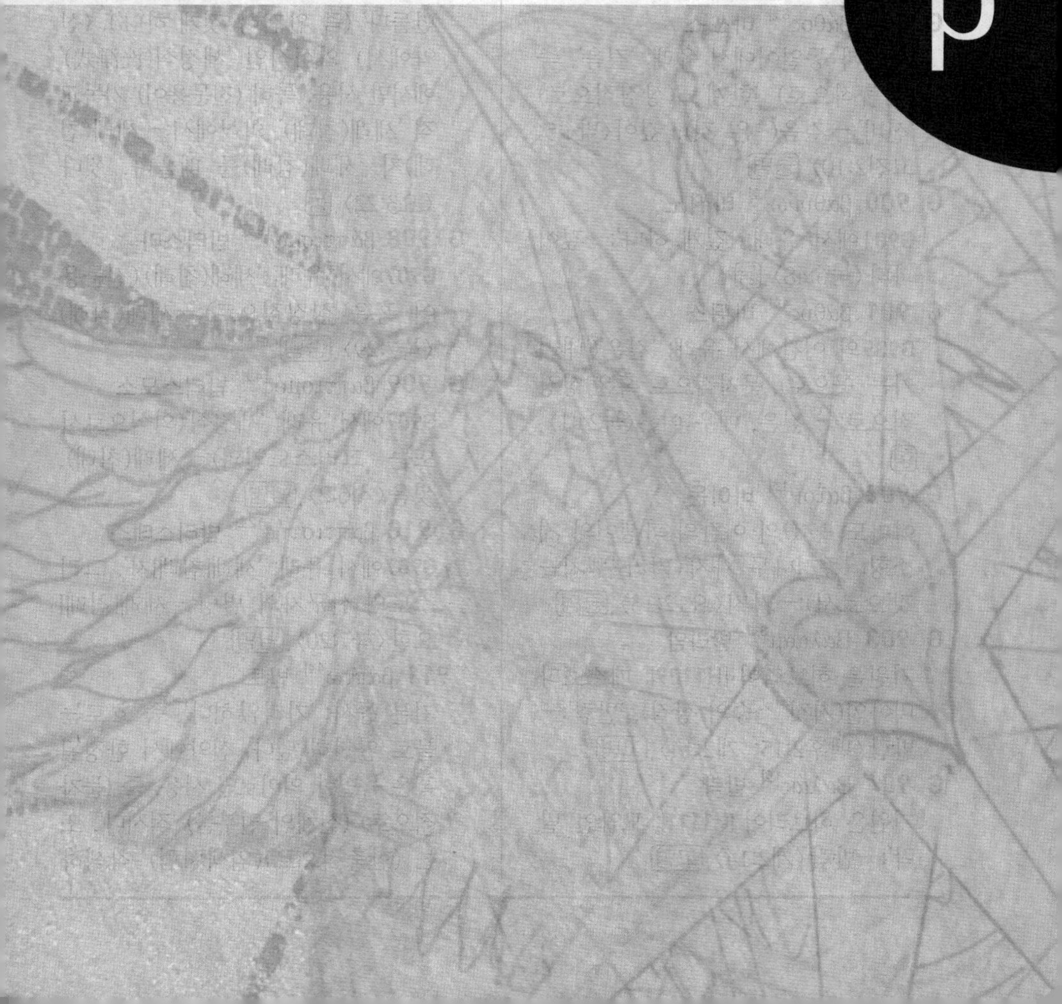

G0896 Βάαλ[1회] **바알**
기원은 히브리어 [**H1168**]; '바알', (우상의 상징으로 사용된) 페니키아의 신:—바알〈롬11:4〉. 고명

G0897 Βαβυλών[12회] **바빌론**
기원은 히브리어 [**H894**〉]; 갈대아의 수도, '바벨론'(문자적으로 혹은 상징적으로 [전제정치의 상징으로]):—바벨론〈행7:43; 벧전5:13〉. 고명

G0898 βαθμός[1회] **바쓰모스**
G899와 동일어에서 유래; '계단', 즉 (상징적으로) '등급'(위엄의):—지위〈딤전3:13〉. 남명

G0899 βάθος[8회] **바쏘스**
G901과 동일어에서 유래; '깊음', 즉 (함축적으로) '한계', (상징적으로) '신비':—깊음(~은 것), 깊이〈막4:5; 고전2:10〉. 중명

G0900 βαθύνω[1회] **바쒸노**
G901에서 유래; '깊게 하다':—깊이 파다〈눅6:48〉. 동

G0901 βαθύς[4회] **바쒸스**
G939의 어간에서 유래; '깊은'('내려가는' 곳으로), 문자적으로 혹은 상징적으로:— 깊은, 매우 이른〈눅24:1〉. 형

G0902 βαΐον[1회] **바이온**
아마도 **G939**의 어간의 파생어의 지소형; '종려나무 가지'(멀리 '뻗치는 것'으로서):—가지〈요12:13〉. 중명

G0903 Βαλαάμ[3회] **발라암**
기원은 히브리어 [**H1109**]; 메소포타미아인(거짓 스승의 상징), '발람':—발람〈벧후2:15; 계2:14〉. 고명

G0904 Βαλάκ[1회] **발락**
기원은 히브리어 [**H1111**]; 모압인 '발락':—발락〈계2:14〉. 고명

G0905 βαλάντιον[4회] **발란티온**
아마도 **G906**('저장장소로서')에서 근소하게 관련된; (돈을 위한) '작은 주머니':—자루, 전대〈눅10:4〉. 중명

G0906 βάλλω[122회] **발로**
기본 동사; '던지다'(다소 난폭하거나 격렬한 행위에 있어 다양하게 사용): —일어나다, 던지다, 눕다, 눕히다, 붓다, 두다(위에), 보내다, 파업하다, (아래로) 던지다, 밀다. 〈**4496**〉과 비교. 〈마3:10; 눅14:35〉. 동

G0907 βαπτίζω[77회] **밥티조**
G911의 파생어에서 유래; '가라앉게 만들다' (즉 완전히 '젖게 하다'), (신약에서) 의식적인 '세정식(洗淨式)'에서만 사용, 특히 (전문용어) 기독교적 '세례(침례)' 의식에서:—세례(침례)자, 세례(침례)를 베풀다, 씻다〈요3:22〉. 동

G0908 βάπτισμα[19회] **밥티스마**
G907에서 유래; '세례(침례)'(전문용어 혹은 상징적으로):—세례(침례)〈눅7:29〉. 중명

G0909 βαπτισμός[4회] **밥티스모스**
G907에서 유래; '세정식'(의식으로서 또는 그리스도인의):—세례(침례), 씻음〈히6:2〉. 남명

G0910 βαπτιστής[12회] **밥티스테스**
G907에서 유래; '세례[침례]자', 그리스도의 선구자의 별명:—세례[침례] 요한〈눅7:20〉. 남명

0911 βάπτω[4회] **밥토**
기본 동사; '가라앉히다', 즉 흐르는 물로 완전히 덮다, 신약에서 한정된 혹은 특별한 의미로만 사용, 즉 (문자적으로) (신체의 일부를) '적시다', 또는 (함축적으로)(염색처럼) '착색하

다':—담그다〈요13:26; 계19:13〉.[동]

G0912 Βαραββᾶς[11회] **바랍바스**
기원은 아람어 [**H1347**과 **G5**]; '압바'의 아들; 이스라엘인, '바라바':—바라바〈마27:16〉.[고명] 예수 대신 방면된 죄수

G0913 Βαράκ[1회] **바락**
기원은 히브리어 [**H1301**]; 이스라엘인 '바락':—바락〈히11:32〉.[고명]

G0914 Βαραχίας[1회] **바라키아스**
기원은 히브리어 [**H1296**]; 이스라엘인 '바라갸':—바라갸〈마23:35〉.[고명] 스가랴의 아버지

G0915 βάρβαρος[6회] **바르바로스**
불확실한 파생어; '외국인'(즉 '헬라인'이 아닌):—야만인, 미개한〈롬1:14〉.[형]

G0916 βαρέω[6회] **바레오**
G926에서 유래; (상징적으로) '내리눌리다':—'짐을 지다', '부담시키다', 무겁게 눌리다〈막14:40; 고후1:18〉.[동]

G0917 βαρέως[2회] **바레오스**
G926에서 유래한 부사; (상징적으로) '무겁게':—무디게, 둔하게〈마13:15〉.[부]

G0918 Βαρθολομαῖος[4회] **바르쏠로마이오스**
기원은 아람어 [**H1247**과 **H8526**]; '돌매의 아들'; 바돌로매, 기독교의 사도:—바돌로매〈막13:18; 행1:13〉.[고명] 12제자 중 1인

G0919 Βαριησοῦς[1회] **바리에수스**
기원은 아람어 [**H1247**과 **H3091**]; '예수'(또는 '요수아')의 아들, 이스라엘인 '바예수':—바예수〈행13:6〉.[고명]

G0920 βαριωνᾶς[1회] **바리오나스**
기원은 아람어 [**H1247**과 **H3124**]; '요나'의 아들; 이스라엘인 '바요나':—바요나〈마16:17〉.[고명]

G0921 Βαρναβᾶς[28회] **바르나바스**
기원은 아람어 [**H1247**과 **H5029**]; '나바'(즉 예언)의 아들; 이스라엘인, '바나바':—바나바〈행9:27; 갈2:1〉.[고명] 바울의 선교 동역자

G0922 βάρος[6회] **바로스**
아마도 **G939**('내려가다'의 개념을 통하여; **G899**와 비교)와 동일어에서 파생; '무게'; 신약에서는 단지 상징적으로 '짐', '풍부', '권위':—무거운 짐, 무거운 짐이 되는, 중요함〈마20:12〉.[중명]

G0923 Βαρσαβᾶς[2회] **바르사바스**
기원은 아람어 [**H1247**과 아마도 **H6634**]; '사바'(또는 '짜바')의 아들, 두 이스라엘인의 이름, '바사바':—바사바〈행1:23〉.[고명]

G0924 Βαρτιμαῖος[1회] **바르티마이오스**
기원은 아람어 [**H1247**와 **H2931**]; '디메오'(또는 불결한)의 아들; 이스라엘인 '바디매오':—바디메오〈막10:46〉.[고명] 예수에게서 고침 받아 눈뜬 여리고의 거지

G0925 βαρύνω[4회] **바뤼노**
G926에서 유래; (상징적으로) '짐을 지우다':—부당한 요구를 하다〈눅21:34〉.[동]

G0926 βαρύς[6회] **바뤼스**
G922와 동일어에서 유래; '무거운', 즉 (상징적으로) '짐스러운', '중대한':—부담이 되는, 무거운, 더 중요한〈마23:4; 행20:29〉.[형]

G0927 βαρύτιμος[1회] **바뤼티모스**
G926과 **G5092**에서 유래; '높이 평가

되는':—매우 귀한〈마26:7〉. 형

G0928 βασανίζω 12회 **바사니조**

G931에서 유래; '고문하다':—고통을 주다, 수고하다, 괴롭히다, 흔들다, 성가시게 굴다〈마8:6; 눅8:28〉. 동

G0929 βασανισμός 6회 **바사니스모스**

G928에서 유래; '고문':—고통〈계9:5〉. 남명

G0930 βασανιστής 1회 **바사니스테스**

G928에서 유래; '고문하는 사람':—괴롭히는 사람〈마18:34〉. 남명

G0931 βάσανος 3회 **바사노스**

아마 G939('밑바닥으로 가다'라는 개념을 통하여)와 동일어와 근소하게 관련; '시금석', 즉 (유추적으로) '고문':—고통〈마4:24〉. 남명

G0932 βασιλεία 162회 **바실레이아**

G935에서 유래; 정확히는 '왕권', 즉 (추상적으로) '통치', 또는 (구체적으로) '왕국'(문자적으로 혹은 상징적으로):—왕국, 통치〈막4:8; 6:10; 막1:15; 눅4:43; 롬14:17〉. 여명 a)물리적인 왕국 b)현재적 혹은 미래적으로 하나님의 왕국

G0933 βασίλειον 1회 **바실레이온**

G934의 중성형; '왕궁':—어전(御殿)〈눅7:25〉. 중명

G0934 βασίλειος 2회 **바실레이오스**

G935에서 유래; (본질상) '왕다운':—왕의〈벧전2:9〉. 형

G0935 βασιλεύς 115회 **바실류스**

아마도 G939(힘의 '기초'의 개념으로)에서 유래; '주권자'(추상적, 비교상의 혹은 상징적으로):—왕〈마1:6; 5:35; 행7:10〉. 남명

G0936 βασιλεύω 21회 **바실류오**

G935에서 유래; '다스리다'(문자적으로 혹은 상징적으로):—왕이 되다, 통치하다〈마2:22; 롬5:14〉. 동

G0937 βασιλικός 5회 **바실리코스**

G935에서 유래; '왕의'(관계에서), 즉 (문자적으로) 주권자에게 속한(어울리는)(땅, 의복, 또는 '신하'들처럼), 혹은 (상징적으로) '뛰어난':—왕에 속한, 귀족, 왕의〈요4:46; 행12:21〉. 형

G0938 βασίλισσα 4회 **바실릿사**

G936에서 유래한 여성형; '여왕':—여왕〈마12:42; 계18:7〉. 여명

G0939 βάσις 1회 **바시스**

βαίνω 바이노('걷다')에서 유래; 걸음("기초"), 즉 (함축적으로) '발':—발〈행3:7〉. 여명

G0940 βασκαίνω 1회 **바스카이노**

G5335와 유사; '중상하다', 즉 (확대된 의미로)(그릇된 표현에 의해) '매혹시키다':—호리다〈갈3:1〉. 동

G0941 βαστάζω 27회 **바스타조**

아마 G939('제거'의 개념으로)의 어간의 파생어와 근소하게 관련; '들어 올리다', 문자적으로 혹은 상징적으로 ('참다', '선포하다', '지탱하다', '받아들이다', 등등):— 운반하다, 나르다, 집어 올리다〈마3:11; 눅10:4〉. 동

G0942 βάτος 5회 **바토스**

불확실한 파생어; '찔레나무' 관목:—가시나무 떨기, 관목〈눅16:6〉. 남명

G0943 βάτος 1회 **바토스**

기원은 히브리어 [H1324]; '바트', 또는 액체를 재는 단위:—말〈막12:26; 눅6:44〉. 남명

G0944 βάτραχος 1회 **바트라코스**

불확실한 파생어; '개구리':—개구리〈계16:13〉. 남명

G0945 βαττολογέω[1회] **밧톨로게오**
βάττος **밧토스**(소문난 말더듬이)와 **G3056**에서 유래; '말을 더듬다', 즉 (함축적으로) '지루하게 재잘거리다':—공허하게 되풀이하다〈마6:7〉. 동

G0946 βδέλυγμα[6회] **브델뤼그마**
G948에서 유래; '혐오', 즉 (특히) '우상숭배':—증오〈마24:15; 계17:4〉. 중명

G0947 βδελυκτός[1회] **브델뤽토스**
G948에서 유래; '혐오할', 즉 (특히) '우상 숭배하는':—가증한〈딛1:16〉. 형

G0948 βδελύσσω[2회] **브델륏소**
βδέω **브데오**('고약한 냄새가 나다')의 추정된 파생어에서 유래; '지긋지긋하게 싫어하다', 즉 (함축적으로) '몹시 싫어하다'(특히 우상숭배에 대하여):—소름끼칠 정도로 싫어하다, 혐오스럽다〈롬2:22〉. 동

G0949 βέβαιος[8회] **베바이오스**
G939('기초'라는 개념으로서)의 어간에서 유래; '안정된'(문자적으로 혹은 상징적으로):—굳은, 강력한, 견고한, 확실한〈롬4:16; 고후1:7〉. 형

G0950 βεβαιόω[8회] **베바이오오**
G949에서 유래; '견고하게 하다'(상징적으로):—확증하다, 확립하다〈막16:20; 고후1:21〉. 동

G0951 βεβαίωσις[2회] **베바이오시스**
G950에서 유래; '안정시킴':—확정〈빌1:7; 히6:16〉. 여명

G0952 βέβηλος[5회] **베벨로스**
G939의 어간과 βηλός **벨로스**('문지방')에서 유래; '접근하기 쉬운'(문간을 넘어가는 것처럼), 즉 (함축적으로 유대인의 개념으로) '이방의', '사악한':—불경스런 (자)〈딤전1:9; 히12:16〉. 형

G0953 βεβηλόω[2회] **베벨로오**
G952에서 유래; '신성을 모독하다':—(신성을) 더럽히다〈마12:5〉. 동

G0954 Βεελζεβούλ[7회] **베엘제불**
기원은 아람어 [**H1176**에 대한 풍자로서]; '이방신'; '바알세불', 사탄의 이름:—바알세붑〈마10:25; 눅11:15〉. 고명 의미는 파리의 대왕

G0955 Βελίαλ[1회] **벨리알**
기원은 히브리어 [**H1100**]; '무가치함'; '벨리알', 사탄의 별명:—벨리알〈고후6:15〉. 고명

G0956 βέλος[1회] **벨로스**
G906에서 유래; '날아가는 무기', 즉 '창'이나 '화살':—던지는 창〈엡6:16〉. 중명

G0957 βελτίων[1회] **벨티온**
G906(**G18**의 비교급으로 사용)의 파생어의 합성어의 중성; '보다 좋은':—매우 잘〈딤후1:18〉. 형. 부

G0958 Βενιαμίν[4회] **베니아민**
기원은 히브리어 [**H1144**]; 이스라엘인 '베냐민':—베냐민〈행13:21; 계7:8〉. 고명

G0959 Βερνίκη[3회] **베르니케**
G5342와 **G3529**의 방언의 형태에서 유래; '승리를 거둔'; 헤롯 왕가의 일원, '버니게':—버니게〈행25:13〉. 고명

G0960 Βέροια[2회] **베로이아**
아마 **G4008**[베뢰아 즉 해안선 '너머'의 지역]의 파생어의 방언; 마케도니아의 한 장소, '베뢰아':—베뢰아〈행17:10〉. 고명

G0961 Βεροιαῖος[1회] **베로이아이오스**

G960에서 유래; '베뢰아인' 또는 '베뢰아 원주민':—베뢰아의〈행20:4〉.형

G0962 Βηθαβαρα[1회] **베싸바라**
기원은 히브리어 [**H1004**와 **H5679**]; '나룻배 업자의 집'; '베다니', 요단의 한 곳:—베다니〈요1:28〉.고명

G0963 Βηθανία[12회] **베싸니아**
기원은 아람어; '대추야자의 집'; 팔레스타인의 한 곳, '베다니':—베다니〈마21:17; 요11:1〉.고명

G0964 Βηθεσδά[1회] **베쎼스다**
기원은 히브리어 [**H1004**와 **H2617**과 비교]; '친절의 집'; 예루살렘의 한 연못, '베데스다':—베데스다〈요5:2〉.고명

G0965 Βηθλεέμ[8회] **베쓸레엠**
기원은 히브리어 [**H1036**]; '베들레헴'(즉 '떡의 집'), 팔레스타인의 한 곳:—베들레헴〈눅2:4〉.고명

G0966 Βηθσαϊδά[7회] **벳사이다**
기원은 아람어 [**H1004**와 **H6719**와 비교]; '고기 잡는 집'; 벳새다, 팔레스타인의 한 곳:—벳새다〈마11:21; 요1:44〉.고명

G0967 Βηθφαγή[3회] **벳ㅎ파게**
기원은 아람어 [**H1004**와 **H6291**과 비교]; '무화과의 집'; 벳바게, 팔레스타인의 한 곳:—벳바게〈마21:1; 눅19:29〉.고명

G0968 βῆμα[12회] **베마**
G939의 어간에서 유래; '단', 즉 '디딤판'; 함축적으로 '강단', 즉 '재판소':—재판석, 의자[발등상], 왕좌〈요19:13〉.중명 Step; 강사의 연단

G0969 βήρυλλος[1회] **베륄로스**
불확실한 파생어; '녹주석':—녹주석〈계21:20〉.남명.여명

G0970 βία[4회] **비아**
아마 **G979**('생기 있는' 활동의 개념으로)와 유사; '힘':—폭력〈행5:26〉.여명

G0971 βιάζω[2회] **비아조**
G970에서 유래; '강제하다', 즉 (재귀형) '강제로 들어가다', 또는 (수동형) '빼앗기다':—강요하다, 폭행을 당하다〈마11:12〉.동

G0972 βίαιος[1회] **비아이오스**
G970에서 유래; '격렬한':—강력한〈행2:2〉.형

G0973 βιαστής[1회] **비아스테스**
G971에서 유래; '강제자', 즉 (상징적으로) '원기왕성한 사람':—폭력〈마11:12〉.남명

G0974 βιβλιαρίδιον[3회] **비블리아리디온**
G975의 지소형; '소책자':—작은 책〈계10:2〉.중명

G0975 βιβλίον[34회] **비블리온**
G976의 지소형; '두루마리':—목록, 책, 두루마리, 문서〈눅4:17; 계6:14〉.중명

G0976 βίβλος[10회] **비블로스**
정확히는 파피루스 식물의 안 '껍질', 즉 (함축적으로) 기록물의 '종이' 또는 '두루마리':—책〈눅3:4; 계22:19〉.여명

G0977 βιβρώσκω[1회] **비브로스코**
폐어가 된 기본동사의 연장형이며 중복형 [아마 **G1006**의 사역동사]; '먹다':—먹다〈요6:13〉.동

G0978 Βιθυνία[2회] **비쒸니아**
불확실한 파생어; 아시아의 한 지역, '비두니아':—비두니아〈행16:7〉.고명 소아시아 북쪽에 있는 로마령

G0979 βίος[10회] **비오스**

기본어; '생명', 즉 (문자적으로) 존재하는 현상태; 함축적으로 '생계의 수단':—선, 삶, 생활〈막12:44; 요일3:17〉. 남명

G0980 βιόω[1회] **비오오**
G979에서 유래; 존재를 '살아가다':—살다〈벧전4:2〉. 동

G0981 βίωσις[1회] **비오시스**
G980에서 유래; '생활'(정확히는 그 행위, 함축적으로 그 양태):—생활의 방법〈행26:4〉. 여명

G0982 βιωτικός[3회] **비오티코스**
G980의 파생어에서 유래; '현존재'에 '관계하는':—이생의(을 유지하는, 지탱하는 일들)〈고전6:4〉. 형

G0983 βλαβερός[1회] **블라베로스**
G984에서 유래; '해가 되는':—해로운〈딤전6:9〉. 형

G0984 βλάπτω[2회] **블랍토**
기본 동사; 정확히는 '방해하다', 즉 (함축적으로) '상처를 입히다':—상하게 하다〈막16:18〉. 동

G0985 βλαστάνω[4회] **블라스타노**
βλαστός 블라스토스('싹')에서 유래; '싹트게 하다', 함축적으로 '열매를 맺다':—나게 하다, 싹이 나다, 움이 트다〈마13:26; 약5:18〉. 동

G0986 Βλάστος[1회] **블라스토스**
아마 G985의 어간과 동일어; 헤롯 아그립바 왕의 시종관, '블라스도':—블라스도〈행12:20〉. 고명

G0987 βλασφημέω[34회] **블라스ㅎ페메오**
G989에서 유래; '중상하다'; 특히 '불경건하게 말하다':—모독하다, 모독자, 모독적인 말을 하다, 비방하다, 욕을 퍼붓다, 욕하다, 악담하다〈마27:39; 요10:36〉. 동

G0988 βλασφημία[18회] **블라스ㅎ페미아**
G989에서 유래; '비방'(특히 하나님께 대항하는):—하나님에 대한 불경, 모독, 악담, 욕설〈막14:64; 엡4:31〉. 여명

G0989 βλάσφημος[4회] **블라스ㅎ페모스**
G984와 G5345의 파생어에서 유래; '상스러운', 즉 '중상적인'(사람에 대하여), 또는 (특히) 불경한(하나님에 대하여):—모독자, 불경한, 욕설하는〈행6:11〉. 형

G0990 βλέμμα[1회] **블렘마**
G991에서 유래; '환상'(정확히는 구체적인; 함축적으로는 추상적인):—보는 것〈벧후2:8〉. 중명

G0991 βλέπω[133회] **블레포**
기본 동사. '보다'(문자적으로 혹은 상징적으로):—보다, 조심하다, 눕다, 구경하다, 감시하다, 감지하다, 주목해서 보다, 관망하다, 주의하다. 〈3700〉과 비교. 〈마6:4; 눅6:41〉. 동

G0992 βλητέος[1회] **블레테오스**
G906에서 유래; '던지기에 적합한'(즉 '적용된'):—넣어져야 하는〈막2:22〉. 형

G0993 Βοανηργές[1회] **보아네르게스**
기원은 아람어 [H1123과 H7266]; '소동의 아들'; 사도 중 2인의 별명, '보아너게':—보아너게〈막3:17〉. 고명

G0994 βοάω[12회] **보아오**
명백히 기본 동사의 연장형; '어이', 즉 '소리치다'(도움을 위하거나 소란스러운 방법으로):—부르짖다, 외치다〈마3:3〉. 동

G0995 βοη[1회] **보에**
G994에 유래; '여보세요(외침소리)', 즉 부름(도움, 등을 위하여):—부르

짖음, 소리지름〈약5:4〉. 여명

G0996 βοήθεια[2회] **보에쎄이아**
G998에서 유래; '도움', 특히 배를 안전하게 '묶어두기' 위한 밧줄이나 사슬:—도움〈행27:17, 히4:16〉. 여명

G0997 βοηθέω[8회] **보에쎄오**
G998에서 유래; '도와주다' 또는 '구원하다':—돕다, 구제하다〈마15:25; 고후6:2〉. 동

G0998 βοηθός[1회] **보에쏘스**
G995와 θέω 쎄오('달리다')에서 유래; '구조자':—돕는 자〈히13:6〉. 남명

G0999 βόθυνος[3회] **보쒸노스**
G900과 유사; '구멍'(땅의), 특히 저수조:—도랑, 구덩이〈마15:14〉. 남명

G1000 βολή[1회] **볼레**
G906에서 유래; (거리의 척도로) '돌 던질 거리':—던짐〈눅22:41〉. 여명

G1001 βολίζω[2회] **볼리조**
G1002에서 유래; '측연(測鉛)을 들어 올리다':—수심을 재다〈행27:28〉. 동

G1002 βολίς[1회] **볼리스**
G906에서 유래; '던지는 무기', 즉 '투창':—던지는 창〈히12:20〉. 여명

G1003 Βοόζ[1회] **보오즈**
기원은 히브리어 [H1162]; 이스라엘인 '보아스':—보아스〈마1:5〉. 고명

G1004 βόρβορος[1회] **보르보로스**
불확실한 파생어; '진흙':—진창〈벧후2:22〉. 남명

G1005 βορρᾶς[2회] **보르ㅎ라스**
불확실한 파생어; '북쪽'(정확하게는 바람):—북〈눅13:29, 계21:13〉. 남명

G1006 βόσκω[9회] **보스코**
기본 동사의 연장형 [G977, G1016과 비교]; '방목하다'; 확대된 의미로 '꼴을 주다'; 재귀형 '풀을 뜯어 먹(게 하)다':—먹이를 먹이다, 기르다〈요21:15〉. 동

G1007 Βοσόρ[1회] **보소르**
기원은 히브리어 [H1160]; '보솔', 모압인:—브올〈벧후2:15〉. 고명

G1008 βοτάνη[1회] **보타네**
G1006에서 유래; '목초'(방목을 위한):—풀〈히6:7〉. 여명

G1009 βότρυς[1회] **보트뤼스**
불확실한 파생어; (포도)'송이':—(포도) 송이〈계14:18〉. 남명

G1010 βουλευτής[2회] **불류테스**
G1011에서 유래; '조언자', 즉 (특히) '의원' 또는 유대인 산헤드린 공회회원 〈막15:43〉:—공회원〈막15:43, 눅23:50〉. 남명

G1011 βουλεύω[8회] **불류오**
G1012에서 유래; '조언하다', 즉 (재귀형) '숙고하다', 또는 (함축적으로) '결의하다':—의논하다, 조언을 받아들이다, 결정하다, 주의를 기울이다, 계획하다〈눅14:31; 행15:37〉. 동

G1012 βουλή[12회] **불레**
G1014에서 유래; '의지력', 즉 (객관적으로) '조언', 혹은 (함축적으로) '결의':—충고, 모의, 뜻〈행2:23; 27:12〉. 여명

G1013 βούλημα[3회] **불레마**
G1014에서 유래; '결의':—의도, 뜻〈행27:43; 롬9:19〉. 중명

G1014 βούλομαι[37회] **불로마이**
기본 동사의 중간태; "결의하다", 즉 (재귀형) '기꺼이 하다':—처리하다, 유념하다, 의도하다, 열거하다, 뜻하다. G2309와 비교.〈마11:27; 행17:20〉. 동

G1015 βουνός[2회] **부노스**

아마도 기원은 외래어; '작은 언덕':—언덕〈눅3:5〉. 남명

G1016 βοῦς[8회] **부스**
아마도 **G1006**의 어간에서 유래; ('사육하는') '소', 즉 소 종류의 동물("소고기"):—수소〈눅13:15〉. 남명. 여명

G1017 βραβεῖον[2회] **브라베이온**
βραβεύς **브라뷰스**('심판자'; 불확실한 파생어)에서 유래; (중재의) '상급', 즉 (특히) 공중오락의 '상':—상〈고전9:24〉. 중명

G1018 βραβεύω[1회] **브라뷰오**
G1017과 동일어에서 유래; '중재하다', 즉 (일반적으로) '주장[지배]하다'(상징적으로 '우세하다'):—다스리다〈골3:15〉. 동

G1019 βραδύνω[2회] **브라뒤노**
G1021에서 유래; '지연되다':—더디다, 지체하다〈딤전3:15〉. 동

G1020 βραδυπλοέω[1회] **브라뒤플로에오**
G1021과 **G4126**의 연장형에서 유래; '천천히 항해하다':—(배가) 더디 가다〈행27:7〉. 동

G1021 βραδύς[3회] **브라뒤스**
불확실한 유사어에서 유래; '느린', 상징적으로 '무딘':—더딘〈약1:19〉. 형

G1022 βραδύτης[1회] **브라뒤테스**
G1021에서 유래; '느림':—더딤〈벧후3:9〉. 여명

G1023 βραχίων[3회] **브라키온**
정확히는 **G1024**의 비교급, 그러나 명백히 βράσσω **브랏소**('휘두르다')의 의미에서; '팔', 즉 (상징적으로) '힘, 권능':—팔〈눅1:51〉. 남명

G1024 βραχύς[7회] **브라퀴스**
불확실한 유사어에서 유래; '짧은, 간결한'(시간, 장소, 양, 또는 수의):—적은 말수, 작은(공간, 순간)〈눅22:58; 히2:7〉. 형

G1025 βρέφος[8회] **브레ㅎ포스**
불확실한 유사어에서 유래; 문자적으로 혹은 상징적으로 '유아'(정확히는 아직 나지 않은 태아):—갓난아이, (어린)아이, 유아〈눅1:41; 딤후3:15〉. 중명

G1026 βρέχω[7회] **브레코**
기본 동사; '적시다'(특히 소나기에):—비(를 보내다), 씻다〈눅17:29〉. 동

G1027 βροντή[12회] **브론테**
βρέμω **브레모**('포효하다')와 유사; '천둥':—우레, 천둥침〈막3:17〉. 여명

G1028 βροχή[2회] **브로케**
G1026에서 유래; '비':—비〈마7:25〉. 여명

G1029 βρόχος[1회] **브로코스**
불확실한 파생어; '올가미':—덫〈고전7:35〉. 남명

G1030 βρυγμός[7회] **브뤼그모스**
G1031에서 유래; (이를) '갊':—이를 갊〈마8:12〉. 남명

G1031 βρύχω[1회] **브뤼코**
기본 동사; '이를 갈다'(고통이나 분노로):—이를 갈다〈행7:54〉. 동

G1032 βρύω[1회] **브뤼오**
기본 동사; '부풀어 나오다', 즉 (함축적으로) '쏟아져 나오다':—내다〈약3:11〉. 동

G1033 βρῶμα[17회] **브로마**
G977의 어간에서 유래; (문자적으로 혹은 상징적으로) '음식', 특히 (의례적으로) 유대법에 의해 허락되거나 금지된 품목:—고기, 음식물〈마14:15; 롬14:15〉. 중명

G1034 βρώσιμος[1회] **브로시모스**

G1035에서 유래; '먹을 수 있는':—먹을 수 있는 (부분)〈눅24:41〉. 형

G1035 βρῶσις[11회] **브로시스**

G977의 어간에서 유래; (추상적으로)(문자적으로 혹은 상징적으로) '먹음', 확대된 의미로 (구체적으로)(문자적으로 혹은 상징적으로) '음식':—먹음, 음식, 고기〈요4:32〉. 여명

G1036 βυθίζω[2회] **뷔띠조**

G1037에서 유래; '가라앉다, 잠기게 되다', 함축적으로 '물에 빠지다[빠뜨리다]':—가라앉기 시작하다, 빠지다〈눅5:7〉. 동

G1037 βυθός[1회] **뷔쏘스**

G899의 변화형; '깊은 곳', 즉 (함축적으로) '바다':—깊음, 심연〈고후11:25〉. 남명

G1038 βυρσεύς[3회] **뷔르슈스**

βύρσα 뷔르사('짐승의 가죽')에서 유래; '무두장이':—무두장이〈행9:43〉. 남명

G1039 βύσσινος[5회] **뷧시노스**

G1040에서 유래; '베로 만든'(중성형, '베옷'):—세마포의〈계18:16〉. 형

G1040 βύσσος[1회] **뷧소스**

기원은 히브리어 [H948]; '흰 베옷':—고운 베옷, 세마포〈눅16:19; 계18:12〉. 여명

G1041 βῶμος[1회] **보모스**

G939의 어간에서 유래; 정확히는 '대(臺)', 즉 (특히) '제단':—제단〈행17:23〉. 남명

트롱헬라어사전

γ

G1042 Γαββαθά[1회] **갑바싸**
기원은 아람어 [**H1355**와 비교]; '작은 언덕'; '가바다', 예루살렘에 있는 로마법정에 사용된 지방방언:—가바다〈요19:13〉. 고명

G1043 Γαβριήλ[2회] **가브리엘**
기원은 히브리어 [**H1403**]; '가브리엘', 천사장:—가브리엘〈눅1:19〉. 고명

G1044 γάγγραινα[1회] **강그라이나**
γραίνω **그라이노**('갉아 먹다')에서 유래; '궤양'("괴저(壞疽), 창질"):—악성 종양〈딤후2:17〉. 여명

G1045 Γάδ[1회] **가드**
기원은 히브리어 [**G1410**]; 이스라엘의 지파 '갓':—갓〈계7:5〉. 고명

G1046 Γαδαρηνός[1회] **가다레노스**
Γαδαρά **가다라**(요르단의 동쪽 도시)에서 유래; '가다라' 지방 또는 가다라 주민:—가다라 사람〈막5:1〉. 고명

G1047 γάζα[1회] **가자**
기원은 외래어; '보물':—국고〈행8:27〉. 여명

G1048 Γάζα[1회] **가자**
기원은 히브리어 [**H5804**]; '가자'(즉 아자), 팔레스타인의 한 고을:—가사〈행8:26〉. 고명

G1049 γαζοφυλάκιον[5회]
가조ㅎ퓔라키온
G1047과 **G5438**에서 유래; '보고(寶庫)', 즉 수집 궤를 위한 성전에 있는 안마당:—금고(헌금함)〈막12:41〉. 중명

G1050 Γάϊος[5회] **가이오스**
기원은 라틴어; 기독교인, '가이오'(즉 카이우스):—가이오〈롬16:23〉. 고명 a)마케도니아의 b)더베의 c)고린도의 d)요한 3서의 수신자

G1051 γάλα[5회] **갈라**
불확실한 유사어에서 유래; (상징적으로) '젖':—우유〈히5:12〉. 중명

G1052 Γαλάτης[1회] **갈라테스**
G1053에서 유래; '갈라디아' 지방 혹은 갈라디아 주민:—갈라디아인〈갈3:1〉. 남명

G1053 Γαλατία[4회] **갈라티아**
기원은 외래어; 아시아의 한 지역, '갈라디아':—갈라디아〈고전16:1〉. 고명 a)가울인이 정착한 소아시아 지역 b)소아시아의 한 로마령

G1054 Γαλατικός[2회] **갈라티코스**
G1053에서 유래; '갈라디아의' 혹은 갈라디아에 관련된:—갈라디아의〈행16:6〉. 형

G1055 γαλήνη[3회] **갈레네**
불확실한 파생어; '평온':—잔잔함〈막4:39〉. 여명

G1056 Γαλιλαία[61회] **갈릴라이아**
기원은 히브리어 [**H1551**]; '갈릴리'(즉 이방지역), 팔레스타인의 한 지역:—갈릴리〈마19:1; 눅5:17〉. 고명

G1057 Γαλιλαῖος[11회] **갈릴라이오스**
G1056에서 유래; '갈릴리인' 혹은 갈릴리에 속하는:—갈릴리 사람, 갈릴리의〈막14:70〉. 형

G1058 Γαλλίων[3회] **갈리온**
기원은 라틴어; '갈리온'(즉 '갈리오'), 로마의 장군:—갈리오〈행18:12〉. 고명

G1059 Γαμαλιήλ[2회] **가말리엘**
기원은 히브리어 [**H1583**]; 이스라엘인, '가말리엘'(즉 감리엘):—가말리엘〈행5:34〉. 고명 랍비로서 바울의 스승

G1060 γαμέω[28회] **가메오**
G1062에서 유래; (이성과) '결혼하

다':—(아내와) 결혼하다〈마5:32〉. [동]

G1061 γαμίσκω[1회] **가미스코**
G1062에서 유래; (딸을 남편에게) '시집보내다':—결혼시키다〈막12:25〉. [동]

G1062 γάμος[16회] **가모스**
불확실한 유사어에서 유래; '결혼식':—결혼, 혼례〈마22:2; 눅12:36〉. [남명]

G1063 γάρ[1042회] **가르**
기본불변사; 정확히는 (논쟁, 설명, 강조에 사용되는; 흔히 다른 불변사와 함께) '이유'를 말하는:—그리고, ~로써, (그것) 때문에, 그러나, 심지어, 왜냐하면, 정말로, 의심 없이, ~인 까닭에, 그러니까, 그러므로, 진실로, 무엇, 왜〈마1:20; 눅10:7; 롬1:9〉. [접] indeed, then, what; a)원인 혹은 설명, 그런즉 b)추론 혹은 강조, 그러므로, 확실히, 진정 c)질문, 그러면, 무엇

G1064 γαστήρ[9회] **가스테르**
불확실한 파생어; '위(胃)', 유추적으로 '자궁', 상징적으로 '대식가':—'복부', 잉태, 자궁〈막13:17〉. [여명]

G1065 γέ[28회] **게**
'강조'나 '자격'을 나타내는 기본 불변사; 자주 다른 불변사의 접두사와 함께 사용:—더군다나, 의심 없이, 적어도, 그러나〈눅11:8〉. [불]

G1066 Γεδεών[1회] **게데온**
기원은 히브리어 [**H1439**]; 이스라엘인 '기드온':—기드온〈히11:32〉. [고명]

G1067 γέεννα[12회] **게엔나**
기원은 히브리어 [**H1516**과 **H2011**]; '힌놈(의 아들)의 골짜기', '게헨나'(혹은 '게-힌놈'), 예루살렘의 골짜기, (상징적으로) 영원한 형벌의 장소(나상태)에 대한 이름으로서 사용:—지옥〈마5:29; 약3:6〉. [여명]

G1068 Γεθσημανῆ[2회] **겟세마네**
기원은 아람어 [**H1660**과 **H8081**과 비교]; '기름 짜는 틀, 착유기(搾油機)'; '겟세마네', 예루살렘의 가까운 동산:—겟세마네〈마26:36〉. [고명]

G1069 γείτων[4회] **게이톤**
G1093에서 유래; (그의 '땅'에 인접한) '이웃', 함축적으로 '친구':—이웃〈요9:8〉. [남명]. [여명]

G1070 γελάω[2회] **겔라오**
불확실한 유사어에서 유래; (기쁨이나 만족의 표시로서) '웃다':—웃다〈눅6:21〉. [동]

G1071 γέλως[1회] **겔로스**
G1070에서 유래; (만족의 표시로서) '웃음':—웃음〈약4:9〉. [남명]

G1072 γεμίζω[8회] **게미조**
G1073에서 유래한 타동사; 완전히 '채우다':—채우다, 가득하다〈눅14:23〉. [동]

G1073 γέμω[11회] **게모**
기본 동사; '부풀다', 즉 '가득하다':—가득하다〈롬3:14〉. [동]

G1074 γενεά[43회] **게네아**
G1085의 추정된 파생어에서 유래; '세대', 함축적으로 '시대'(기간이나 사람들):—시대, 세대, 민족, 시간〈마1:17〉. [여명]

G1075 γενεαλογέω[1회] **게네알로게오**
G1074와 **G3056**에서 유래; '세대를 세다', 즉 '가계를 추적하다':—족보에 들다〈히7:6〉. [동]

G1076 γενεαλογία[2회] **게네알로기아**
G1075와 동일어에서 유래; '세대를 따라 추적함', 즉 "가계":—족보〈딤전

1:4〉. 여명

G1077 γενέσια[2회] **게네시아**

G1078의 파생어의 중성복수; '생일 축하':—생일〈마14:6〉. 중명

G1078 γένεσις[5회] **게네시스**

G1074와 동일어에서 유래; '출생', 상징적으로 '본질':—세대, 본성, 계보〈마1:1; 약3:6〉. 여명

G1079 γενετή[1회] **게네테**

G1074의 어간의 추정된 파생어의 여성; '출생':—탄생〈요9:1〉. 여명

G1080 γεννάω[97회] **겐나오**

G1085의 변형에서 유래; '(자식을) 보다'(정확히는 아버지에게서, 그러나 확대된 의미로 어머니에게서); 상징적으로 '거듭나다':—낳다, (아이를) 보다, 태어나다, 내놓다, 임신하다, (아이)를 낳다, 만들다, 발생하다〈마1:2; 갈4:24〉. 동

G1081 γέννημα[4회] **겐네마**

G1080에서 유래; '자손', 유추적으로 (문자적으로 혹은 상징적으로) '새끼':—열매, 세대〈막14:25〉. 중명

G1082 Γεννησαρέτ[3회] **겐네사렛**

기원은 히브리어 [H3672와 비교]; '게네사렛', (즉 긴네렛), 팔레스타인의 호수와 평원:—게네사렛〈눅5:1〉. 고명

G1083 γέννησις[3회] **겐네시스**

G1080에서 유래; '출생':—탄생〈마1:18〉. 여명

G1084 γεννητός[2회] **겐네토스**

G1080에서 유래; '태어난':—낳은〈마11:11〉. 형

G1085 γένος[21회] **게노스**

G1096에서 유래; (추상적으로 혹은 구체적으로, 문자적으로 혹은 상징적으로, 개인적으로 혹은 집합적으로) "친족":—태어난 자, 시골(사람), 다양성, 세대, 종족, 친척, 친족, 민족, 자손, 혈통〈행4:6; 고전12:10〉. 중명

G1086 Γεργεσηνός[3회] **게르게세노스**

기원은 히브리어 [H1622]; '거라사인', 혹은 팔레스타인 원주민의 하나:—거라사 사람〈마8:28〉. 여명

G1087 γερουσία[1회] **게루시아**

G1088에서 유래; '장로의 직', 즉 (집합적으로) 유대의 '산헤드린':—원로〈행5:21〉. 여명

G1088 γέρων[1회] **게론**

불확실한 유사어에서 유래 [G1094와 비교]; '노인':—늙은이〈요3:4〉. 남명

G1089 γεύομαι[15회] **규오마이**

기본 동사; '맛보다'; 함축적으로 '먹다'; 상징적으로 (선이나 악을) '경험하다':—먹다, 맛보다〈마16:28; 행10:10〉. 동

G1090 γεωργέω[1회] **게오르게오**

G1092에서 유래; (땅을) '갈다':—가꾸다〈히6:7〉. 동

G1091 γεώργιον[1회] **게오르기온**

G1092의 추정된 파생어의 중성; '경작할 수 있는 것', 즉 '농장':—경작〈고전3:9〉. 중명

G1092 γεωργός[19회] **게오르고스**

G1093과 G2041의 어간에서 유래; '경작자', 즉 '농부':—농사꾼〈마21:33〉. 남명

G1093 γῆ[250회] **게**

기본어로부터 유래된 압축형; '흙'; 확대된 의미로 '지방', 혹은 '지구의' 딱딱한 부분이나 전체(모든 면의 거주민을 포함):—나라, 흙, 땅, 육지, 세상〈롬9:17; 히8:9〉. 여명

G1094 γῆρας[1회] **게라스**

G1088과 유사; '노쇠':—노년〈눅1:36〉.[중명]

G1095 γηράσκω[2회] **게라스코**
G1094에서 유래; '늙다':—낡아지다〈요21:18〉.[동]

G1096 γίνομαι[670회] **기노마이**
기본 동사의 연장형과 중간태; ('발생하게') '되는 원인이 되다', 즉 (재귀형) '되다'('되기 시작하다'), (문자적으로, 상징적으로, 강조의미로) 아래와 같이 폭넓게 사용됨:—일어나다, 모이다, 되다, ~에 일어나다, 스스로 행하다, (지나가기 위해) 가져오다, (지나가기 위해) 오게 되다, 계속하다, 나누이다, 되어졌다, 끌어내다, 끝맺게 되다, 떨어지다, 끝내다, 따르다, 발견되다, 이루어지다, 하나님이 금하시다, 자라다, 일어나다, 가지다, 지키다, 만들다, 결혼하다, 되도록 정해지다, 착수하다, 지나다, 수행되다, 출판되다, 요구하다, 보이다, 보여지다, 취해지다, 변화하다, 사용하다, ~이 되다, ~일 것이다, ~할 작정이다, 쓰여지다〈마5:45; 눅1:8; 롬3:19〉.[동]

G1097 γινώσκω[222회] **기노스코**
기본 동사의 연장형; (절대형) "알다", 매우 다양하게 적용되고, 많은 함축어와 함께(다음 같이 아주 명백하게 표현되지 않는 다른 것과 함께):—허락하다, 알게 되다, 느끼다, 인식(하다), 알아차리다, 분석하다, 말할 수 있다, 확신하다, 이해하다〈마13:11; 롬7:1〉.[동]

G1098 γλεῦκος[1회] **글류코스**
G1099와 유사; '달콤한' 포도주, 즉 (정확히는) 포도액, 그러나 더 많은 당질의 (그러므로 더욱 취하게 하는) 발효된 '포도주'로 사용:—새 포도주〈행2:13〉.[중명]

G1099 γλυκύς[4회] **글뤼퀴스**
불확실한 유사어에서 유래; '달콤한' (즉 쓰거나 짜지 않은):—단, 신선한〈약3:11; 계10:9〉.[형]

G1100 γλῶσσα[50회] **글롯사**
불확실한 유사어에서 유래; '혀'; 함축적으로 '언어'(특히 자연적으로 얻어지지 않은 것):—방언〈행2:4; 고전14:5〉.[여명]

G1101 γλωσσόκομον[2회] **글롯소코몬**
G1100과 G2899의 어간에서 유래; 정확히는(관악기의 주둥이를 보호하기 위한) '상자', 즉 (확대된 의미로) '손궤' 혹은 (특히) '지갑':—가방, 돈궤〈요12:6〉.[중명]

G1102 γναφεύς[1회] **그나ㅎ퓨스**
κνάπτω **크납토**('옷을 집적거리다')에서 유래된 파생어의 변화; '의상 담당자':—빨래하는 자〈막9:3〉.[남명]

G1103 γνήσιος[4회] **그네시오스**
G1077과 동일어에서 유래; (출생의) '적법의', 즉 '진짜의':—자신의, 진실한, 참된〈고후8:8〉.[형]

G1104 γνησίως[1회] **그네시오스**
G1103에서 유래한 부사; '진짜로', 즉 '참으로':—자연히〈빌2:20〉.[부]

G1105 γνόφος[1회] **그노ㅎ포스**
G3509와 유사; (폭풍과 같이) '어둑어둑함':—흑암〈히12:18〉.[남명]

G1106 γνώμη[9회] **그노메**
G1097에서 유래; '인식', 즉 (주관적으로) '의견', 혹은 (객관적으로) '결의'('조언', '동의' 등):—충고, 승낙, 판단, 마음, 결심, 뜻〈고전1:10; 고후8:10〉.[여명]

G1107 γνωρίζω[25회] **그노리조**
G1097의 파생어에서 유래; '알리다'; '알게 하다':—확인하다, 선언하다, 알리다, 이해시키다, 알게 하다, 알고 있다〈요15:15〉.[동]

G1108 γνῶσις[29회] **그노시스**
G1097에서 유래; (행위를) '아는 것', 즉 (함축적으로) '지식':—학식, 학문〈고후10:5〉.[여명]

G1109 γνώστης[1회] **그노스테스**
G1097에서 유래; '아는 자':—전문가〈행26:3〉.[남명]

G1110 γνωστός[15회] **그노스토스**
G1097에서 유래; '잘 알려진':—아는, 알 만한, 저명한〈요18:15〉.[형]

G1111 γογγύζω[8회] **공귀조**
불확실한 파생어; '불평하다':—투덜대다〈마20:11〉.[동]

G1112 γογγυσμός[4회] **공귀스모스**
G1111에서 유래; '불평함':—인색함, 투덜댐〈행6:1〉.[남명]

G1113 γογγυστής[1회] **공귀스테스**
G1111에서 유래; '불평하는 사람':—투덜대는 사람〈유1:16〉.[남명]

G1114 γόης[1회] **고에스**
γοάω **고아오**('통곡하다')에서 유래; 정확히는(주문을 '중얼거리는') '마술사', 즉 (함축적으로) '사기꾼':—유혹자〈딤후3:13〉.[남명]

G1115 Γολγοθᾶ[3회] **골고싸**
기원은 아람어 [H1538과 비교]; '해골'; 골고다, 예루살렘 근처의 둥그런 언덕:—골고다〈마27:33〉.[고명]

G1116 Γόμορρα[4회] **고모ㅎ라**
기원은 히브리어 [H6017]; '고모라'(즉 아모라), 사해 근처의 곳:—고모라〈롬9:29〉.[고명]

G1117 γόμος[3회] **고모스**
G1073에서 유래; (속이 '채워진') '무거운 짐', 즉 (특히) '화물', 혹은 (확대된 의미로) '상품':—짐, 상품〈계18:11〉.[남명]

G1118 γονεύς[20회] **고뉴스**
G1096의 어간에서 유래; '부모':—양친〈눅2:27〉.[남명]

G1119 γονύ[12회] **고뉘**
불확실한 유사어에서 유래; "무릎":—무릎, 무릎을 꿇음〈행7:60; 롬11:4〉.[중명]

G1120 γονυπετέω[4회] **고뉘페테오**
G1119의 합성어와 G4098의 대체어에서 유래; '무릎을 꿇다':—무릎 꿇어 절하다, 무릎 꿇다〈마17:14〉.[동]

G1121 γράμμα[14회] **그람마**
G1125에서 유래; '기록', 즉 '편지', 주(해), 서신, '책' 등; (복수) '학문':—증서, 학문, 편지, 성경, 기록, 기록됨〈롬2:27〉.[중명]

G1122 γραμματεύς[64회] **그람마튜스**
G1121에서 유래; '기록자', 즉 (전문적인) '서기관' 또는 '비서':—서기관, 서기장〈마8:19; 눅5:21〉.[남명]

G1123 γραπτός[1회] **그라프토스**
G1125에서 유래; (상징적으로) '새겨진':—씌어진〈롬2:15〉.[형]

G1124 γραφή[51회] **그라ㅎ페**
G1125에서 유래; '서류', 즉 '성경'(혹은 그 속에 있는 내용이나 진술):—성경〈롬1:2; 갈3:8〉.[여명]

G1125 γράφω[191회] **그라ㅎ포**
기본 동사; "새기다", 특히 '기록하다'; 상징적으로 '그리다':—묘사하다, 쓰다〈계1:19〉.[동]

G1126 γραώδης[1회] **그라오데스**

γραῦς 그라우스('늙은 여인')과 **G1491** 에서 유래; '쭈그렁 할멈 같은', 즉 '어리석은':—늙은 아내들의〈딤전4:7〉. 형

G1127 γρηγορέω[22회] **그레고레오**
G1453에서 유래; '깨어 있다', 즉 (문자적으로 혹은 상징적으로) '정신 차리다':— 경계하다, 깨어있다, 지켜보다, 주의하다〈막13:34〉. 동

G1128 γυμνάζω[4회] **귐나조**
G1131에서 유래; (놀이에서) '벌거벗고 운동하다', 즉 (상징적으로) '연단하다':— 훈련하다〈딤전4:7〉. 동

G1129 γυμνασία[1회] **귐나시아**
G1128에서 유래; '훈련', 즉 (상징적으로) '금욕주의':—연습〈딤전4:8〉. 여명

G1130 γυμνητεύω[1회] **귐네튜오**
G1131의 파생어에서 유래; '벗다', 즉 (재귀형) '옷을 빈약하게 입다':—헐벗다〈고전4:11〉. 동

G1131 γυμνός[15회] **귐노스**
불확실한 유사어에서 유래; (절대적으로 혹은 상대적으로, 문자적으로 혹은 상징적으로) '벌거벗은':—벗은〈마25:36〉. 형

G1132 γυμνότης[3회] **귐노테스**
G1131에서 유래; (절대적으로 혹은 비교적으로) '벌거숭이':—벌거벗음〈롬8:35〉. 여명

G1133 γυναικάριον[1회] **귀나이카리온**
G1135에서 유래한 지소사; '작은 (즉 '어리석은') 여자':—어리석은 여자〈딤후3:6〉. 중명

G1134 γυναικεῖος[1회] **귀나이케이오스**
G1135에서 유래; '여자의':—아내의〈벧전3:7〉. 형

G1135 γυνή[215회] **귀네**
아마도 **G1096**의 어간에서 유래; '여자', 특히 '아내':—아내, 여자〈마5:28; 눅1:5〉. 여명

G1136 Γώγ[1회] **고그**
기원은 히브리어 [**H1463**]; '곡', 어떤 미래의 적그리스도의 상징적 이름:—곡〈계20:8〉. 고명

G1137 γωνία[9회] **고니아**
아마도 **G1119**와 유사; '모퉁이':—구석, 방면〈마21:42〉. 여명

트롱헬라어사전

δ

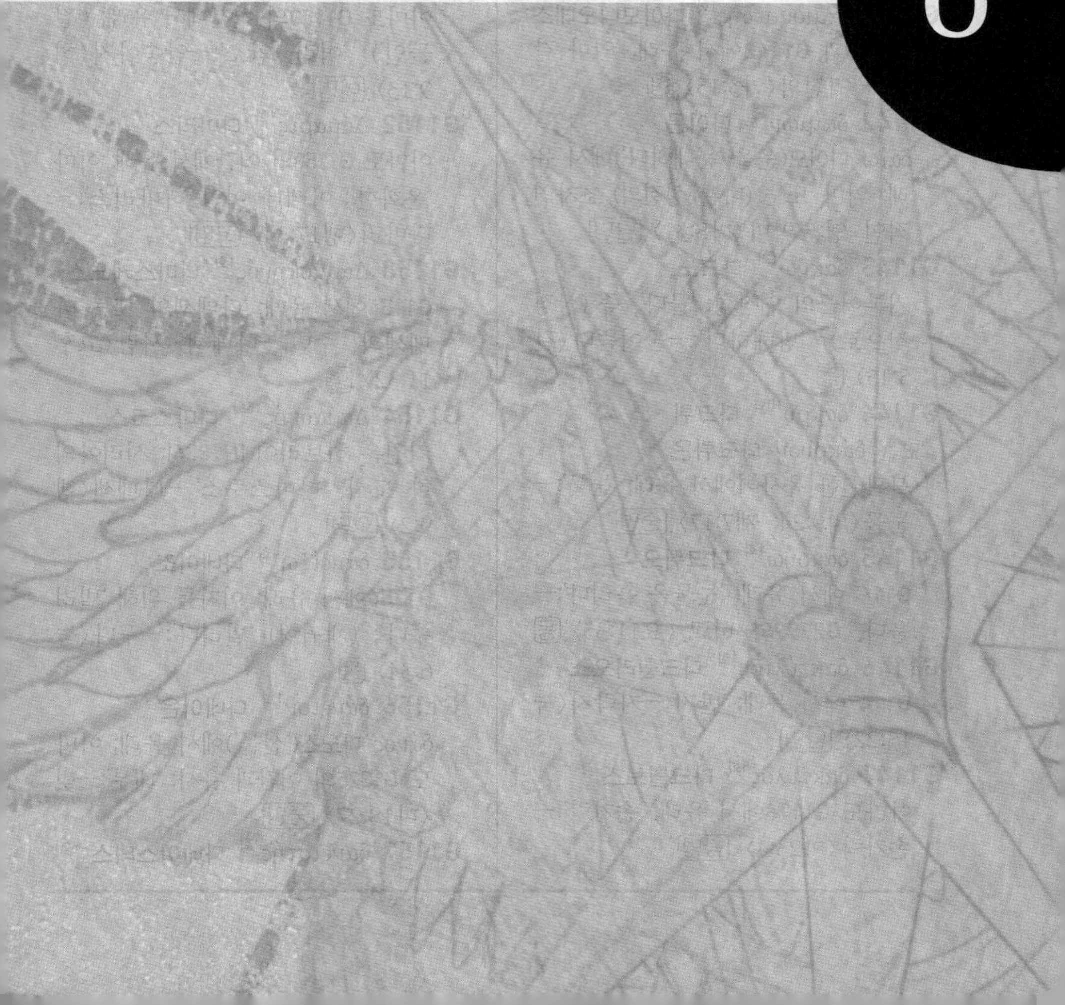

G1138 Δαβ(υ)ίδ 59회 **다비드(다윗)**
기원은 히브리어 [H1732]; '다윗', 이스라엘 왕:—다윗〈행4:25〉. 고명

G1139 δαιμονίζομαι 13회 **다이모니조마이**
G1142에서 유래한 중간태; '악마에 의해 괴롭힘을 받다':—악귀 들리다(괴롭힘을 당하다, 사로잡히다)〈막5:18〉. 동

G1140 δαιμόνιον 63회 **다이모니온**
G1142의 파생어의 중성; '악마 같은 존재', (확대된 의미로) '신':—악마, 신〈마7:22〉. 중명

G1141 δαιμονιώδης 1회 **다이모니오데스**
G1140과 **G1142**에서 유래; '악마 같은':—귀신의〈약3:15〉. 형

G1142 δαίμων 1회 **다이몬**
δαίω **다이오**(운을 '분배하다')에서 유래; '악마' 또는 (나쁜 성질의) 초자연적인 영:—악마〈마8:31〉. 남명

G1143 δάκνω 1회 **다크노**
기본어근의 연장형; '물다', 즉 (상징적으로) '방해하다':—물어뜯다〈갈5:15〉. 동

G1144 δάκρυ 10회 **다크뤼**
또는 δάκρυον **다크뤼온**
불확실한 유사어에서 유래; '눈물':—눈물〈막9:24; 계7:17〉. 중명

G1145 δακρύω 1회 **다크뤼오**
G1144에서 유래; '눈물을 흘리다':—울다. **G2799**와 비교.〈요11:35〉. 동

G1146 δακτύλιος 1회 **다크튈리오스**
G1147에서 유래; '반지':—가락지〈눅15:22〉. 남명

G1147 δάκτυλος 8회 **다크튈로스**
아마도 **G1176**에서 유래; '손가락':—손가락〈마23:4〉 남명

G1148 Δαλμανουθά 1회 **달마누싸**
아마도 기원은 아람어; 팔레스타인의 한 지방, '달마누다':—달마누다〈막8:10〉. 고명

G1149 Δαλματία 1회 **달마티아**
아마도 외래어의 파생어에서 유래; '달마디아', 유럽의 한 지방:—달마디아〈딤후4:10〉. 고명

G1150 δαμάζω 4회 **다마조**
폐어가 된 기본어와 같은 뜻의 변화형; '길들이다':—길들이다, 복종시키다〈약3:7〉. 동

G1151 δάμαλις 1회 **다말리스**
아마도 **G1150**의 어간에서 유래; ('길들인') '어린 암소':—암송아지〈히9:13〉. 여명

G1152 Δάμαρις 1회 **다마리스**
아마도 **G1150**의 어간에서 유래; 아마 '온화한'; 아테네 여인 '다마리스':—다마리〈행17:34〉. 고명

G1153 Δαμασκηνός 1회 **다마스케노스**
G1154에서 유래; '다메섹의' 또는 다메섹의 주민:—다메섹 사람〈고후11:32〉. 형

G1154 Δαμασκός 15회 **다마스코스**
기원은 히브리어 [H1834]; 시리아의 한 도시, '다마스쿠스':—다메섹〈행9:2〉. 고명

G1155 δανείζω 4회 **다네이조**
G1156에서 유래; 이자를 위해 '빌려주다'; (재귀형) '빌리다':—꾸다〈눅6:34〉. 동

G1156 δάνειον 1회 **다네이온**
δάνος **다노스**('선물')에서 유래; 아마도 **G1325**의 어간과 유사; '대부':—빚〈마18:27〉. 중명

G1157 δανειστής 1회 **다네이스테스**

G1155에서 유래; '빚 주는 사람':—채권자〈눅7:41〉. 남명

G1158 Δανιήλ1회 **다니엘**
기원은 히브리어 [**H1840**]; '다니엘', 이스라엘인:—다니엘〈마24:15〉. 고명

G1159 δαπανάω5회 **다파나오**
G1160에서 유래; '소비하다', 즉 (좋은 의미로) '비용이 들다', 혹은 (나쁜 의미로) '낭비하다':—비용을 내[대]다, 소비하다, 쓰다〈막5:26〉. 동

G1160 δαπάνη1회 **다파네**
δάπτω **답토**('게걸스레 먹다')에서 유래; ('소비하는' 것으로서) '지출':—비용〈눅14:28〉. 여명

G1161 δέ2801회 **데**
기본 불변사(반의 접속사나 계속사); '그러나', '그리고', 등등:—또한, 그리고, 그러나, 더구나, 지금〈마6:16〉. 접

G1162 δέησις18회 **데에시스**
G1189에서 유래; '청원':—기도, 간구, 탄원〈눅1:13; 행1:14〉. 여명

G1163 δεῖ101회 **데이**
G1210의 현재능동태 3인칭 단수; 또한 δεόν **데온** **G1210**의 중성 능동태분사; 둘 다 비인칭으로 사용; (의무적으로) '필요하다'('했다'):—~할 의무[필요]가 있다, 합당하다, 해야 한다, ~하는 것이 당연하다, 필요하다〈마16:21〉. 동

G1164 δεῖγμα1회 **데이그마**
G1166의 어간에서 유래; ('보여준 바와 같은') '견본':—모본〈유1:7〉. 중명

G1165 δειγματίζω2회 **데이그마티조**
G1164에서 유래; '나타[드러]내다':—보이다〈골2:15〉. 동

G1166 δεικνύω33회 **데이크뉘오**
폐어가 된 같은 뜻의 기본어의 연장형; (문자적으로 혹은 상징적으로) '지시하다':—보이다, 가르치다〈막1:44; 계22:8〉. 동

G1167 δειλία1회 **데일리아**
G1169에서 유래; '겁':—두려움〈딤후1:7〉. 여명

G1168 δειλιάω1회 **데일리아오**
G1167에서 유래; '겁을 먹다':—두려워하다〈요14:27〉. 동

G1169 δειλός3회 **데일로스**
δέος **데오스**(공포)에서 유래; '겁 많은', 즉 (함축적으로) '믿음이 없는':—두려워하는〈계21:8〉. 형

G1170 δεῖνα1회 **데이나**
아마도 **G1171**('무서움으로' 즉 '생소하여' 이름을 잊는 개념으로)과 동일어에서 유래; '아무 아무개'(사람이 지명되지 않을 때):—그런 사람〈마26:18〉. 남명

G1171 δεινῶς2회 **데이노스**
G1169의 파생어와 동일어에서 유래한 부사; '무섭게', 즉 '과도하게':—심하게, 격렬하게〈마8:6〉. 부

G1172 δειπνέω4회 **데이프네오**
G1173에서 유래; '식사하다', 즉 주된(혹은 저녁) 식사를 하다:—저녁[만찬]을 먹다〈고전11:25〉. 동

G1173 δεῖπνον16회 **데이프논**
G1160과 동일어에서 유래; '정찬', 즉 (보통 저녁에) '주된 식사':—잔치, 저녁식사[만찬]〈눅14:12〉. 중명

G1174 δεισιδαιμονέστερος1회 **데이시다이모네스테로스**
G1169의 어간의 파생어와 **G1142**의 복합어; 다른 이 보다 '종교심이 더

많은':—너무 미신적인〈행17:22〉. 형

G1175 δεισιδαιμονία[1회] **데이시다이모니아**

G1174와 동일어에서 유래; 종교:—미신〈행25:19〉. 여명

G1176 δέκα[24회] **데카**

기본수사; '열':—열, 십(十)의 뜻(13-19의 수에 덧붙여 씀)〈마20:24〉. 수

G1177 δεκαδύο[2회] **데카뒤오**

G1176과 G1417에서 유래; '열'과 '둘', 즉 '열둘':—12〈행19:7〉. 수

G1178 δεκαπέντε[3회] **데카펜테**

G1176과 G4002에서 유래; '열'과 '다섯', 즉 '열다섯':—15〈요11:18〉. 수

G1179 Δεκάπολις[3회] **데카폴리스**

G1176과 G4172에서 유래; '열 도시로 된 지방'; '데가볼리', 시리아의 한 지역:—데가볼리〈마4:25〉. 고명

G1180 δεκατέσσαρες[5회] **데카텟사레스**

G1176과 G5064에서 유래; '열'과 '넷', 즉 '열넷':—14〈마1:17; 갈2:1〉. 수

G1181 δεκάτη[4회] **데카테**

G1182의 여성형; '열째', 즉 비율 또는 (전문용어로) '십일조':—열 번째 (부분), 십일조〈히7:8〉. 여명

G1182 δέκατος[3회] **데카토스**

G1176에서 유래된 서수; '열째의':—열 번째의〈요1:39〉. 형

G1183 δεκατόω[2회] **데카토오**

G1181에서 유래; '십일조 하다', 즉 '십일조를 주거나 받다':—십일조를 지불하다(받다)〈히7:6,9〉. 동

G1184 δεκτός[5회] **덱토스**

G1209에서 유래; '시인(是認)된'; (상징적으로) '호의를 가진':—환영을 받은, 받을 만한〈눅4:24; 빌4:18〉. 형

G1185 δελεάζω[3회] **델레아조**

G1388의 어간에서 유래; '함정에 빠뜨리다', (즉 상징적으로) '속이다':—유혹하다, 현혹시키다, 꾀다〈약1:14; 벧후2:18〉. 동

G1186 δένδρον[25회] **덴드론**

아마도 δρύς **드뤼스**('상수리나무')에서 유래; '나무':—나무〈막8:24〉. 중명

G1187 δεξιολάβος[1회] **덱시올라보스**

G1188과 G2983에서 유래; '경비병' (권리를 가진 것 같은) 혹은 경무장한 군인:— 창병(槍兵)〈행23:23〉. 남명

G1188 δεξιός[54회] **덱시오스**

G1209에서 유래; '오른'편이나 (여성형) '오른'손(보통 '쥐는'):—오른 (손, 편)〈행2:25; 3:7〉. 형

G1189 δέομαι[22회] **데오마이**

G1210의 중간태; ('스스로 졸라매듯') '빌다', 즉 '탄원':—간청하다, 기도하다, 청원하다. G4441과 비교.〈롬1:10; 고후10:2〉. 동

G1190 Δερβαῖος[1회] **데르바이오스**

G1191에서 유래; '더베의' 또는 '더베의 주민':—더베의〈행20:4〉. 형

G1191 Δέρβη[3회] **데르베**

기원은 외래어; '더베', 소아시아의 한 지방:—더베〈행20:4〉. 고명

G1192 δέρμα[1회] **데르마**

G1194에서 유래; '피혁':—가죽〈히11:37〉. 중명

G1193 δερμάτινος[2회] **데르마티노스**

G1192에서 유래; '가죽으로' 만든:—가죽의〈마3:4; 막1:6〉. 형

G1194 δέρω[15회] **데로**

기본 동사; 정확히는 '가죽을 벗기다', 즉 (함축적으로) '징벌하다', 혹은 (유추적으로) '채찍질하다':—때리다, 세게 치다〈마21:35〉. 동

G1195 δεσμεύω[3회] **데스뮤오**
G1196의 (가정된) 파생어에서 유래; '묶는 사람(체포자)가 되다', 즉 (죄수를) '사슬로 묶다', (짐)을 묶다:—결박하다〈마23:4〉.동

G1196 δεσμέω[1회] **데스메오**
G1199에서 유래; '묶다', 즉 '쇠고랑을 채우다, 가두다':—매다〈눅8:29〉.동

G1197 δεσμή[1회] **데스메**
G1196에서 유래; '묶음':—단〈마13:30〉.여명

G1198 δέσμιος[16회] **데스미오스**
G1199에서 유래; ('묶인') '포로':—갇힌 자, 죄수〈행16:25; 딤후1:8〉.남명

G1199 δεσμόν[16회] **데스몬** 중성 또는 남성 δεσμός **데스모스**
G1210에서 유래; '맨 것', 즉 (몸에 대한) '끈' 또는 (죄수에 대한) '쇠고랑'; (상징적으로) '방해'(물) 또는 '무능':—매임, 갇힘, 사슬, 줄〈눅13:16; 빌1:7; 유1:6〉.남명

G1200 δεσμοφύλαξ[3회] **데스모ㅎ필락스**
G1199와 G5441에서 유래; ('죄수들을 지키는') '옥리(獄吏)':—간수, 감옥을 지키는 사람〈행16:27〉.남명

G1201 δεσμωτήριον[4회] **데스모테리온**
G1199(G1196과 동의어)의 파생어에서 유래; '감금하는 곳', 즉 '토굴 감옥':—감옥〈행5:21〉.중명

G1202 δεσμώτης[2회] **데스모테스**
G1201과 동일어에서 유래; (수동태) '사로잡힌 자':—죄수〈행27:1〉.남명

G1203 δεσπότης[10회] **데스포테스**
아마도 G1210과 πόσις 포시스(남편)에서 유래; 절대적 '통치자'("전제군주"):—주님(주재 主宰), 주인〈행4:24〉.남명

G1204 δεῦρο[9회] **듀로**
불확실한 유사어에서 유래; '여기'; 또한 명령형으로 사용될 때 '여기로!'; 그리고 시간적으로 '지금까지':—(이리로) 오라, 여기[까지]〈눅18:22; 롬1:13〉.부

G1205 δεῦτε[12회] **듀테**
G1204와 εἶμι 에이미('가다')의 명령형에서 유래; '이리로 오라!':—오라, 뒤따르라〈막1:17; 계19:17〉.부

G1206 δευτεραῖος[1회] **듀테라이오스**
G1208에서 유래; '다음의' 즉 (특히) '둘째 날':—이튿날〈행28:13〉.형

G1207 δευτερόπρωτος[1회] **듀테로프로토스**
G1208과 G4413에서 유래; 두 번째의 첫째, 즉 (특히) 유월절 주간 직후의 안식일을 가리킴 (유월절 후 두 번째부터 오순절까지의 사이에 끼어 있는 일곱 안식일 중의 첫째 안식일):—첫 번째 지나 두 번째〈눅6:1〉.형

G1208 δεύτερος[43회] **듀테로스**
G1417의 비교급; (시간, 장소 또는 지위에 있어서; 또한 부사적으로)(서수) '두 번째':—그 후, 재차의, 두 번(째)〈고전15:47; 고후13:2〉.형

G1209 δέχομαι[56회] **데코마이**
기본 동사의 중간태; (문자적으로 혹은 상징적으로 여러 면에서) '받다':—영접하다, 받다, 취하다. G2983과 비교.〈요4:45; 고후8:17〉.동

G1210 δέω[43회] **데오**
기본 동사; (문자적으로 혹은 상징적으로 여러 면에서) '묶다':—동이다, 매다, 조이다, 감다. 또한 G1163, G1189를 보라〈마13:30; 롬7:2〉.동

G1211 δή[5회] **데**

아마도 **G1161**과 유사; 강조와 명백함의 불변사; '지금, 그때', 등등:—또한, 그리고, 의심 없이, 이제, 그러므로〈마13:23〉. 불

G1212 δῆλος[3회] **델로스**
불확실한 파생어; '분명한':—(무심코) 폭로하는, 확실한, 뚜렷한, 명백한〈고전15:27〉. 형

G1213 δηλόω[7회] **델로오**
G1212에서 유래; (말로서) '분명하게 하다':—선언하다, 보여주다, 나타내다〈고전1:11; 히9:8〉. 동

G1214 Δημᾶς[3회] **데마스**
아마도 **G1216** 참조; '데마', 기독교인:—데마〈딤후4:10〉. 고명

G1215 δημηγορέω[1회] **데메고레오**
G1218과 **G58**의 합성어에서 유래; '사람을 모이게 하는 자가 되다', 즉 '공중 회합에서 연설하다':—연설하다〈행12:21〉. 동

G1216 Δημήτριος[3회] **데메트리오스**
Δημήτηρ **데메테르**(케레스, 농업의 여신)에서 유래; '데메드리오', 에베소 기독교인의 이름:—데메드리오〈행19:24〉. 고명

G1217 δημιουργός[1회] **데미우르고스**
G1218과 **G2041**에서 유래; '사람을 위해 일하는 사람', 즉 (창조자를 말하는) '숙련공':—제조자〈히11:10〉. 남명

G1218 δῆμος[4회] **데모스**
G1210에서 유래; (사회적으로 함께 '묶인') '공중(公衆)':—백성〈행12:22〉. 남명

G1219 δημόσιος[4회] **데모시오스**
G1218에서 유래; '공중(公衆)의'; (부사로서 여성 단수 여격) '공중 앞의':—일반의, 공개적으로, 공공연히〈행5:18; 18:28〉. 형

G1220 δηνάριον[16회] **데나리온**
기원은 라틴어; '데나리온'(노동자 하루 임금에 해당):—데나리온〈마20:2; 막6:37〉. 중명

G1221 δήποτε[1회] **데포테**
G1211과 **G4218**에서 유래; 일반화한 불변사; '참으로', '어느 때든지':—무엇이든지〈요5:4〉. 부

G1222 δήπου[1회] **데푸**
G1211과 **G4225**에서 유래; 단언의 불변사, '참으로 의심없이':—진실로, 확실히〈히2:16〉. 부

G1223 διά[668회] **디아**
행위의 '경로'를 가리키는 기본적 전치사; (매우 광범위한 적용, 지역, 원인 또는 경우에 있어서) '통하여':—후에, 항상, 가운데, ~에, 피하다, (그것) 때문에, 간단히 ~에 의해서 (원인을) 위해, …으로부터, 안에, 경우에 따라서, 때문에, ~를 위해, 그것, 그것에 의해, 그러므로, 비록, 통해서, ~에게, 무슨 이유로, ~와 함께〈요1:3; 롬6:4〉. 전 a)소유격 지배시, '통하여', '말미암아' b)목적격 지배시, '때문에' c)합성어에서 종종 완전성을 나타낸다.

G1224 διαβαίνω[3회] **디아바이노**
G1223과 **G939**의 어간에서 유래; '건너다':—건너오다, (통과해) 지나가다〈눅16:26〉. 동

G1225 διαβάλλω[1회] **디아발로**
G1223과 **G906**에서 유래; (상징적으로) '비방하다':—고발하다〈눅16:1〉. 동

G1226 διαβεβαιόομαι[2회]
디아베바이오오마이

G1223과 G950의 합성어의 중간태; (말로서) '철저하게 확인하다', 즉 '단언하다':—끊임없이 확언하다〈딤전 1:7〉. 동

G1227 διαβλέπω[3회] **디아블레포**

G1223과 G991에서 유래; '꿰뚫어보다', 즉 완전히 '시력을 회복하다':—똑똑히 보다〈눅6:42〉. 동

G1228 διάβολος[37회] **디아볼로스**

G1225에서 유래; '중상자'; 특히 '사탄' [H7854와 비교]:—거짓 비방자, 악마, 중상자〈눅4:2; 딤전3:11〉. 형. 명

G1229 διαγγέλλω[3회] **디앙겔로**

G1223과 G32의 어간에서 유래; '철저하게 알리다':—선언하다, 전파하다, 나타내다〈눅9:60; 행21:26〉. 동

G1230 διαγίνομαι[3회] **디아기노마이**

G1223과 G1096에서 유래; '그 사이에 시간이 경과하다':—지나다, 지내다, 보내다〈막16:1〉. 동

G1231 διαγινώσκω[2회] **디아기노스코**

G1223과 G1097에서 유래; '철저하게 알다', 즉 '정확하게 확인하다':—묻다, 최대한도로 알다〈행23:15〉. 동

G1232 διαγνωρίζω[1회] **디아그노리조**

G1223과 G1107에서 유래; '널리 말하다':—알게 하다, 전하다〈눅2:17〉. 동

G1233 διάγνωσις[1회] **디아그노시스**

G1231에서 유래; (권위 있는) '심문', ("진단"):—공판〈행25:21〉. 여명

G1234 διαγογγύζω[2회] **디아공귀조**

G1223과 G1111에서 유래; 군중 '전체에 걸쳐서 불평하다':—수군거리다〈눅15:2〉. 동

G1235 διαγρηγορέω[1회] **디아그레고레오**

G1223과 G1127에서 유래; '완전히 깨다':—깨어 있다〈눅9:32〉. 동

G1236 διάγω[2회] **디아고**

G1223과 G71에서 유래; 시간이나 생애를 '지내다':—생활을 보내다, 생계를 이끌다〈딤전2:2〉. 동

G1237 διαδέχομαι[1회] **디아데코마이**

G1223과 G1209에서 유래; '차례로 받다', 즉 (상징적으로) '계승하다':—뒤를 잇다〈행7:45〉. 동

G1238 διάδημα[3회] **디아데마**

G1223과 G1210의 합성어에서 유래; (머리를 '둘러 감는') "왕관 대신의 머리띠":—왕관, 면류관. G4735와 비교.〈계12:3〉. 중명

G1239 διαδίδωμι[4회] **디아디도미**

G1223과 G1325에서 유래; 군중 '전체에 걸쳐서 주다', 즉 '나누어주다'; 또한 ('계승자에게') '넘겨주다':—분배하다, 나누어주다, 나누다, 주다〈눅18:22; 행4:35〉. 동

G1240 διάδοχος[1회] **디아도코스**

G1237에서 유래; 공직의 '계승자':—방〈행24:27〉. 남명

G1241 διαζώννυμι[3회] **디아존뉘미**

G1223과 G2224에서 유래; '꽉 졸라매다':—허리를 졸라매다〈요13:4〉. 동

G1242 διαθήκη[33회] **디아떼케**

G1303에서 유래; 정확히는 '처분', 즉 (특별히) '계약'(특히 유증할 수 있는 유언):— 언약, 유언〈히9:16; 계11:19〉. 여명

G1243 διαίρεσις[3회] **디아이레시스**

G1244에서 유래; '구별' 혹은 (구상명사) '변화':—차이, 다양성〈고전12:4〉. 여명

G1244 διαιρέω[2회] **디아이레오**

G1223과 **G138**에서 유래; '분리하다', 즉 '나누어주다':—나누다〈눅15:12〉. [동]

G1245 διακαθαρίζω[1회] **디아카따리조**
G1223과 **G2511**에서 유래; '아주 깨끗하게 하다', 즉 (특히) '까부르다':—완전히 깨끗이 하다〈마3:12〉. [동]

G1246 διακατελέγχομαι[1회] **디아카텔렝코마이**
G1223과 **G2596**과 **G1651**의 합성어에서 유래한 중간태; '명백하게 입증하다', 즉 '논박하다':—납득시키다〈행18:28〉. [동]

G1247 διακονέω[37회] **디아코네오**
G1249에서 유래; '수행원이 되다', 즉 (정신적으로 또는 주인, 친구 또는 [상징적으로] 선생으로) 시중들다; 전문적으로 기독교 '집사로 행하다':—봉사하다, 관리하다, 섬기다, 집사의 일을 보다〈행6:2; 딤후1:18〉. [동]

G1248 διακονία[34회] **디아코니아**
G1249에서 유래; (종 등으로서의) '시중'; 상징적으로 (자선적인) '도움', (공무상의) '봉사'(특히 기독교인 선생, 혹은 전문용어로 '집사직'의):—관리(하는 것, 행정, 자), 직무, 구원, 봉사〈고후4:1; 8:4〉. [여명]

G1249 διάκονος[29회] **디아코노스**
아마도 폐어가 된 διάκω **디아코**(심부름을 하다; **G1377**과 비교)에서 유래; '시중드는 사람', 즉 (일반적으로)(식탁이나 다른 천한 일에) '심부름꾼'; 특히 기독교인 '선생'과 '목사'(전문용어로 '집사'나 '여집사'):—집사, 사역자, 종〈롬13:4; 16:1〉. [남명]

G1250 διακόσιοι[5회] **디아코시오이**
G1364와 **G1540**에서 유래; '이백':—200〈막6:27; 계11:3〉. [수]

G1251 διακούομαι[1회] **디아쿠오마이**
G1223과 **G191**에서 유래한 중간태; '죽 듣다', 즉 (죄수의 탄원을) '끈기 있게 듣다':—듣다〈행23:35〉. [동]

G1252 διακρίνω[19회] **디아크리노**
G1223과 **G2919**에서 유래; '철저히 분리하다', 즉 (문자적으로 또한 재귀형) '철수하다', 혹은 (함축적으로) '반대하다'; 상징적으로 '식별하다', (함축적으로 '결정하다'), 혹은 (재귀형) '주저하다':—다투다, 구별하다, 분별하다, 의심하다, 판단하다, 불공평하다, 비틀거리다, 흔들리다〈롬14:23; 고전6:5〉. [동]

G1253 διάκρισις[3회] **디아크리시스**
G1252에서 유래; '사법적 평가':—분별함, 논쟁〈고전12:10〉. [여명]

G1254 διακωλύω[1회] **디아콜뤼오**
G1223과 **G2967**에서 유래; '아주 방해하다', 즉 '완전히 금하다':—금지하다〈마3:14〉. [동]

G1255 διαλαλέω[2회] **디알랄레오**
G1223과 **G2980**에서 유래; 동료들 '전체에 걸쳐서 말하다', 즉 '대화하다' 혹은 (일반적으로) '공표하다':—(친하게) 이야기하다, 널리 퍼뜨리다〈눅6:11〉. [동]

G1256 διαλέγομαι[13회] **디알레고마이**
G1223과 **G3004**에서 유래한 중간태; '충분히 말하다', 즉 (논쟁이나 훈계에서) '토론하다':—논쟁하다, 강론하다, 변론하다, 말하다〈행17:17; 20:7〉. [동]

G1257 διαλείπω[1회] **디알레이포**
G1223과 **G3007**에서 유래; '중간에 그치다', 즉 '일시 멈추다':—그치다

〈눅7:45〉. 동

G1258 διάλεκτος[16회] **디알렉토스**

G1256에서 유래; '담화'(-의 한 방식), 즉 "방언":—언어, 방언〈행1:19; 2:6〉. 여명

G1259 διαλλάσσω[1회] **디알랏소**

G1223과 G236에서 유래; '철저하게 변화시키다', 즉 (정신적으로) '달래다':—화해시키다〈마5:24〉. 동

G1260 διαλογίζομαι[16회] **디알로기조마이**

G1223과 G3049에서 유래; '철저하게 세다', 즉 (일반적으로)(반성이나 토의에 의해) '숙고하다':—마음에 간직하다, 숙고하다, 논쟁하다, 묵상하다, 추론하다, 생각하다〈마16:7〉. 동

G1261 διαλογισμός[14회] **디알로기스모스**

G1260에서 유래; '토론', 즉 (내적으로) '고려' (함축적으로 '목적'), 혹은 (외적으로) '토론':—논쟁, 의심, 상상, 추리, 사고〈눅2:35; 롬14:1〉. 남명

G1262 διαλύω[1회] **디알뤼오**

G1223과 G3089에서 유래; '완전히 해체하다':—흩어지다〈행5:36〉. 동

G1263 διαμαρτύρομαι[15회] **디아마르튀로마이**

G1223과 G3140에서 유래; 진지하게 혹은 (함축적으로) '권고로' '증명하다' 또는 '항의하다':—명하다, 확증하다, 증언하다〈행2:40; 20:23〉. 동

G1264 διαμάχομαι[1회] **디아마코마이**

G1223과 G3164에서 유래; (언쟁에서) '격렬하게 싸우다':—다투다〈행23:9〉. 동

G1265 διαμένω[5회] **디아메노**

G1223과 G3306에서 유래; (존재나 관계에서) '꾸준히 머무르다':—계속하다, 머물러 있다〈갈2:5〉. 동

G1266 διαμερίζω[11회] **디아메리조**

G1223과 G3307에서 유래; (문자적으로 분배에서, 상징적으로 의견 차이에서) '철저하게 분할하다':—분열하다, 나누다, 갈라지다〈눅23:34〉. 동

G1267 διαμερισμός[1회] **디아메리스모스**

G1266에서 유래; (의견과 행동의) '분열':—불화〈눅12:51〉. 남명

G1268 διανέμω[1회] **디아네모**

G1223과 G3551의 어간에서 유래; '분배하다', 즉 (지식을) '널리 퍼뜨리다':—퍼지다〈행4:17〉. 동

G1269 διανεύω[1회] **디아뉴오**

G1223과 G3506에서 유래; 가로 놓인 공간을 '건너' '끄덕거리다'(혹은 신호로 '표시하다'):—몸짓으로 뜻을 표시하다〈눅1:22〉. 동

G1270 διανόημα[1회] **디아노에마**

G1223과 G3539의 합성어에서 유래; '생각해 낸 것', 즉 '감정':—생각〈눅11:17〉. 중명

G1271 διάνοια[12회] **디아노이아**

G1223과 G3536에서 유래; '깊은 사고', 정확히는 ('마음' 혹은 그 기질) 기능, 함축적으로 그 작용:—생각, 마음, 지각(知覺)〈엡2:3; 4:18〉. 여명

G1272 διανοίγω[8회] **디아노이고**

G1223과 G455에서 유래; 문자적으로 (초태생처럼) '완전히 열다' 또는 상징적으로 ('해설하다'):—열다〈막7:34〉. 동

G1273 διανυκτερεύω[1회] **디아뉘크테류오**

G1223과 G3571의 파생어에서 유래; '온밤을 지새우다':—온밤을 계속하다〈눅6:12〉. [동]

G1274 διανύω[1회] **디아뉘오**

G1223과 ἀνύω 아뉘오('영향을 주다')에서 유래; '완전히 성취하다':—마치다〈행21:7〉. [동]

G1275 διαπαντός[7회] **디아판토스**

G1223과 G3956의 속격에서 유래; '모든 시간을 통해서', 즉 (부사) '끊임없이':— 항상, 늘, 계속적으로〈막5:5; 히13:15〉. [부]

G1276 διαπεράω[6회] **디아페라오**

G1223과 G4008의 파생어 어간에서 유래; '완전히 건너다':—건너가다, 지나가다, 배로 건너가다〈막5:21; 눅16:26〉. [동]

G1277 διαπλέω[1회] **디아플레오**

G1223과 G4126에서 유래; '도항하다':—배타고 건너다〈행27:5〉. [동]

G1278 διαπονέω[2회] **디아포네오**

G1223과 G4192의 파생어에서 유래; '아주 수고하다', 즉 (수동태) '걱정하다':—몹시 슬퍼하다 〈행4:2〉 [동]

G1279 διαπορεύομαι[5회] **디아포류오마이**

G1223과 G4198에서 유래; '여행하여 지나가다':—쭉 가다, 여행하다, 지나가다〈행16:4; 롬15:24〉. [동]

G1280 διαπορέω[4회] **디아포레오**

G1223과 G639에서 유래; '심히 난처하다':—의심하게 (되다), (몹시) 당황해하다〈행5:24〉. [동]

G1281 διαπραγματεύομαι[1회] **디아프라그마튜오마이**

G1223과 G4231에서 유래; '철저하게 종사하다', 즉 (타동사와 함축적으로) '장사하여 벌다':—장사하여 이익을 얻다〈눅19:15〉. [동]

G1282 διαπρίω[2회] **디아프리오**

G1223과 G4249의 어간에서 유래; '조각조각 톱질하다', 즉 (상징적으로) '노하게 하다':—(마음을) 찌르다〈행5:33〉. [동]

G1283 διαρπάζω[3회] **디아르파조**

G1223과 G726에서 유래; '강탈하다', 즉 '약탈하다':—노략질하다〈마12:29〉. [동]

G1284 διαρρήσσω[5회] **디아르흐렛소**

G1223과 G4486에서 유래; '조각조각으로 찢다':—끊다, 째다〈눅8:29; 행14:14〉. [동]

G1285 διασαφέω[2회] **디아사ㅎ페오**

G1223과 σαφής 사ㅎ페스('깨끗한')에서 유래; '철저하게 깨끗이 하다', 즉 (상징적으로) '선언하다':—말하다〈마18:31〉. [동]

G1286 διασείω[1회] **디아세이오**

G1223과 G4579에서 유래; '철저하게 흔들다', 즉 (상징적으로) '협박하다':—폭행을 가하다〈눅3:14〉. [동]

G1287 διασκορπίζω[9회] **디아스코르피조**

G1223과 G4650에서 유래; '흩뜨리다', 즉 (일반적으로) '참패시키다' 또는 잘라서 떼어놓다, 특히 '까부르다'; (상징적으로) '낭비하다':—흩뜨리다, (널리) 뿔뿔히 흩어버리다, 흩뿌리다, 낭비하다〈마25:4; 눅15:13〉. [동]

G1288 διασπάω[2회] **디아스파오**

G1223과 G4685에서 유래; '당겨서 떼어놓다', 즉 '절단하다' 또는 '분할하다':—잡아 뽑아 흩어버리다, 당겨

산산조각 내다〈막5:4〉. 동

G1289 διασπείρω[3회] **디아스페이로**
G1223과 G4687에서 유래; '두루 뿌리다', 즉 (상징적으로) '외국 땅에 분배하다':—널리 흩어지다〈행8:1〉. 동

G1290 διασπορά[3회] **디아스포라**
G1289에서 유래; '이산(離散)', 즉 (특별히 그리고 구체적으로) (개종한) 이스라엘인의 이방 나라 거류민:—(외국에) 흩어짐. 여명

G1291 διαστέλλομαι[8회] **디아스텔로마이**
G1223과 G4724에서 유래한 중간태; '따로 놓다'(상징적으로 '구별하다'), 즉 (함축적으로) '명령하다':—지시하다, 경계하다, 율법을 주다〈막5:43〉 동

G1292 διάστημα[1회] **디아스테마**
G1339에서 유래; '간격':—공간〈행5:7〉. 중명

G1293 διαστολή[3회] **디아스톨레**
G1291에서 유래; '변화':—차별, 구별〈롬3:22〉. 여명

G1294 διαστρέφω[7회] **디아스트레ㅎ포**
G1223과 G4982에서 유래; '왜곡하다', 즉 (상징적으로) '잘못 해석하다', 혹은 (도덕적으로) '부패하다':—성미가 비꼬인(벗어나게 하다), 돌아서다〈눅9:41; 행13:8〉. 동

G1295 διασώζω[8회] **디아소조**
G1223과 G4982에서 유래; '철저하게 구원하다', 즉 (함축적으로, 혹은 유추적으로) '치료하다', '보존하다', '구하다':—안전하게 살려내다, (안전히) 도망하다, 고치다, 완전히 흠 없게 만들다, 구원하다〈행28:1〉. 동

G1296 διαταγή[2회] **디아타게**
G1299에서 유래; '정돈', 즉 '제정':—방편〈행7:53〉. 여명

G1297 διάταγμα[1회] **디아타그마**
G1299에서 유래; '정돈', 즉 (권위적인) '칙령':—명령〈히11:23〉. 중명

G1298 διαταράσσω[1회] **디아타랏소**
G1223과 G5015에서 유래; '전부 방해하다', 즉 (경보로) '자극하다':—교란하다, 걱정하다〈눅1:29〉. 동

G1299 διατάσσω[16회] **디아탓소**
G1223과 G5021에서 유래; '철저하게 정돈하다', 즉 (특히) '제정하다', '명령하다':—지정하다, 명령하다, 주다, 바로 잡다, 정하다〈마11:1; 갈3:19〉. 동

G1300 διατελέω[1회] **디아텔레오**
G1223과 G5055에서 유래; '완전히 이루다', 즉 (주관적으로) '지속하다':—계속하다 〈행27:33〉 동

G1301 διατηρέω[2회] **디아테레오**
G1223과 G5083에서 유래; '철저하게 지키다', 즉 (적극적 그리고 타동사) '엄격하게 지키다', 혹은 (소극적 그리고 재귀형) '완전히 피하다':—지키다〈눅2:51〉. 동

G1302 διατί[27회] **디아티**
G1223과 G5101에서 유래; '무슨 이유로?', 즉 '왜?':—무엇 때문에, 왜〈행5:3; 계17:7〉. 의

G1303 διατίθεμαι[7회] **디아티ㅆ에마이**
G1223과 G5087에서 유래한 중간태; '따로 떼어 두다', 즉 (상징적으로)(할당, 계약 또는 유증에 의해) '처분하다':—지정하다, 만들다, 유언하다〈히8:10; 9:16,17〉. 동

G1304 διατρίβω[9회] **디아트리보**
G1223과 G5147의 어간에서 유래;

(시간을) '이럭저럭 보내다', 즉 '여전히 ~이다':— 머무르다, 있다, 계속하다, 묵다〈행12:19; 15:35〉. 동

G1305 διατροφή[1회] **디아트로ㅎ페**
G1223과 G5142의 합성어에서 유래; '자양물':—식품〈딤전6:8〉. 여명

G1306 διαυγάζω[1회] **디아우가조**
G1223과 G826에서 유래; '희미하게 빛나다', 즉 ('날이') '새다':—(동이) 트다〈벧후1:19〉. 동

G1307 διαφανής[1회] **디아ㅎ파네스**
G1223과 G5316에서 유래; '꿰뚫고 나타나는', 즉 "내비치는":—투명한〈계21:21〉. 형

G1308 διαφέρω[13회] **디아ㅎ페로**
G1223과 G5342에서 유래; '통하여 나르다', 즉 (문자적으로) '운반하다'; 보통 '협력하다', 즉 (객관적으로) '들까불다' (상징적으로 '고자질하다'); 주관적으로 "의견이 다르다", 혹은 (함축적으로) '능가하다':—보다 낫다, 운반하다, ~와 다르다, 이러 저리 몰다, (더욱) 뛰어나다, 일어나다, 발행하다, 더 가치가 있다〈마6:26〉. 동

G1309 διαφεύγω[1회] **디아ㅎ퓨고**
G1223과 G5343에서 유래; '빠져 달아나다', 즉 '도망하다':—달아나다〈행27:42〉. 동

G1310 διαφημίζω[3회] **디아ㅎ페미조**
G1223과 G5345의 파생어에서 유래; '철저하게 보고하다', 즉 '폭로하다':—널리 포고(布告)하다, 상스럽게 알리다, 널리 퍼뜨리다, ~라고 전하다〈마9:31〉. 동

G1311 διαφθείρω[6회] **디아ㅎ프쎄이로**
G1225와 G5351에서 유래; '아주 못쓰게 만들다', 즉 (함축적으로) '파괴하다', (수동태 철저히 '썩다', 상징적으로 '벗어나게 하다'):—부패하다, 파괴하다, 멸망하다〈딤전6:5; 계8:9〉. 동

G1312 διαφθορά[6회] **디아ㅎ프쏘라**
G1311에서 유래; '부식':—부패〈행2:27〉. 여명

G1313 διάφορος[4회] **디아ㅎ포로스**
G1308에서 유래; '가지각색의'; 또한 '능가하는':—다른 여러 가지의, 몇몇의, 더 탁월한〈히1:4〉. 형

G1314 διαφυλάσσω[1회] **디아ㅎ퓔랏소**
G1223과 G5442에서 유래; '철저하게 지키다', 즉 '보호하다':—지키다〈눅4:10〉. 동

G1315 διαχειρίζομαι[2회] **디아케이리조마이**
G1223과 G5495의 파생어에서 유래; '철저히 다루다', 즉 '폭행을 가하다':—죽이다, 살해하다〈행5:30〉. 동

G1316 διαχωρίζομαι[1회] **디아코리조마이**
G1223과 G5563의 중간태에서 유래; '완전히 제거하다', 즉 '물러나다':—떠나다〈눅9:33〉. 동

G1317 διδακτικός[2회] **디닥티코스**
G1318에서 유래; '교훈적인'("가르치기 위한"):—가르치기를 잘하는〈딤전3:2〉. 형

G1318 διδακτός[3회] **디닥토스**
G1321에서 유래; (주관적으로) '가르침을 받는' 혹은 (객관적으로) 가르침에 의해 '전달되는':—가르침을 받는, 가르치는〈고전2:13〉. 형

G1319 διδασκαλία[21회] **디다스칼리아**
G1320에서 유래; '교훈'(기능이나 지식):—교리, 학문, 가르침〈롬12:7; 골

2:22〉 여명

G1320 διδάσκαλος[97회] **디다스칼로스**
G1321에서 유래; '교사'(일반적으로 혹은 특별하게):—박사, 주인, 선생〈요3:10; 13:13〉. 남명

G1321 διδάσκω[97회] **디다스코**
기본 동사 δάω 다오('배우다')의 사역적 연장형; (동일한 폭넓은 적용으로) '가르치다':—가르치다〈마28:15〉. 동

G1322 διδαχή[30회] **디다케**
G1321에서 유래; '교훈'(행위나 내용):—교리, 가르침〈고전14:6〉. 여명

G1323 δίδραχμον[2회] **디드라크몬**
G1364와 **G1406**에서 유래; '두 드라크마':—반 세겔〈마17:24〉. 중명

G1324 Δίδυμος[3회] **디뒤모스**
G1364에서 유래한 연장형; '두 배', 즉 '쌍둥이'; 기독교인, '디두모':—디두모〈요11:16〉. 고명

G1325 δίδωμι[415회] **디도미**
기본 동사(대부분의 시제에서 대체어로서 사용되는 것)의 연장형; (매우 폭넓은 적용으로써 본래적 의미로, 혹은 함축적으로, 혹은 상징적으로 연관되어 크게 변화됨) '주다':—모험하다, 발생하다, 위탁하다, 넘겨주다, 허락하다, 방해하다, 만들다, 관리하다, 제공하다, 힘을 갖다, 놓다, 받다, 앉히다, 보이다, (+손으로) 때리다, (손바닥으로) 때리다, 겪다, 취하다, 발언하다, 생산하다〈막8:6; 눅12:32; 행2:19〉. 동

G1326 διεγείρω[6회] **디에게이로**
G1223과 **G1453**에서 유래; '완전히 깨다', 즉 (문자적으로 혹은 상징적으로) '잠을 깨우다':—일어나다, 깨우다, 일으키다, 분기시키다〈눅8:24; 벧후1:13〉. 동

G1327 διέξοδος[1회] **디에크소도스**
G1223과 **G1841**에서 유래; '빠져나가는 곳' 즉 (아마도) '열린 광장'(그곳으로부터 길이 갈라지다):—큰길〈마22:9〉. 여명

G1328 διερμηνευτής[6회] **디에르메뉴테스**
G1329에서 유래; '설명하는 사람':—통역자〈고전14:28〉. 남명

G1329 διερμηνεύω[6회] **디에르메뉴오**
G1223과 **G2059**에서 유래; '철저하게 설명하다', (함축적으로) '번역하다':—상술하다, 번역하다, 통역하다〈눅24:27; 고전14:5〉. 동

G1330 διέρχομαι[43회] **디에르코마이**
G1223과 **G2064**에서 유래; (문자적으로) '가로지르다':—오다, 떠나나다, 가다(돌아다니다, 해외로, 어디든지, 통과하다, 건너다, 빠져나가다), 지나가다, 관통하다, 여행하다, 적당히 하다. 동

G1331 διερωτάω[1회] **디에로타오**
G1223과 **G2065**에서 유래; '전체에 걸쳐서 질문하다', 즉 '질문에 의해 확인하다':— 문의하다〈행10:17〉. 동

G1332 διετής[1회] **디에테스**
G1364와 **G2094**에서 유래; (나이로) '두 살 된':—두 살의〈마2:16〉. 형

G1333 διετία[2회] **디에티아**
G1332에서 유래; '2년의 간격'('2년간'):—2년〈행24:27〉. 여명

G1334 διηγέομαι[8회] **디에게오마이**
G1223과 **G2233**에서 유래; '충분히 이야기하다':—선언하다, 보여주다, 말하다〈행8:33〉. 동

G1335 διήγησις[1회] **디에게시스**

G1334에서 유래; '상술(詳述)':—발표〈눅1:1〉. 여명

G1336 διηνεκής[4회] **디에네케스**
G1223의 합성어의 중성형과 G5342의 대체어의 파생어에서 유래; '일관된', 즉 (부사적으로 G1519와 G3588 접두사와 함께) '영구히':—계속적으로, 영원히〈히7:3; 10:12〉. 형.부

G1337 διθάλασσος[1회] **디쌀랏소스**
G1364와 G2281에서 유래; '두 바다를 가진', 즉 '두 출구를 가진 해협':—두 바다가 만나는〈행27:41〉. 형

G1338 διϊκνέομαι[1회] **디이크네오마이**
G1223과 G2425의 어간에서 유래; '꿰뚫다', 즉 관통하다:—찌르다〈히4:12〉. 동

G1339 διΐστημι[3회] **디이스테미**
G1223과 G2476에서 유래; '떨어져 위치하다', 즉 (재귀형) '이동하다', '사이에 일어나다':—더 나아가다, 헤어지다, 간격을 띠다〈눅22:59〉. 동

G1340 διϊσχυρίζομαι[2회] **디이스퀴리조마이**
G1223과 G2478의 파생어에서 유래; '끝까지 확실하게 하다', 즉 '단언하다':—자신 있게 (끊임없이) 확언하다〈눅22:59; 행12:15〉. 동

G1341 δικαιοκρισία[1회] **디카이오크리시아**
G1342와 G2920에서 유래; '옳바른 판결':—의로운 판단〈롬2:5〉. 여명

G1342 δίκαιος[79회] **디카이오스**
G1349에서 유래; (성격이나 행위에) '공정한', 함축적으로 '무죄한', '거룩한'(절대적으로 혹은 비교적):—의로운, 적당한, 바른, 올바른〈롬3:10; 갈3:11〉. 형

G1343 δικαιοσύνη[92회] **디카이오쉬네**
G1342에서 유래; (성격이나 행위에) '공정', 특히 (기독교인의) '칭의':—의로움〈마3:15; 빌3:6〉. 여명

G1344 δικαιόω[39회] **디카이오오**
G1342에서 유래; '의롭다고 간주하다', 혹은 '흠 없다고 여기다', 의롭고 흠없다(고 보이다, 간주하다):—자유롭게 하다, 의롭다 하다, 의롭게 되다〈롬5:1; 갈3:8〉. 동

G1345 δικαίωμα[10회] **디카이오마**
G1344에서 유래; '공정한 행위', 함축적으로 '법령'이나 결정:—심판, 칭의, 규례, 의로움〈롬2:26; 히9:1〉. 중명

G1346 δικαίως[79회] **디카이오스**
G1342에서 유래한 부사; '공정하게':—올바르게, 정당하게, 의롭게〈눅23:41〉. 부

G1347 δικαίωσις[2회] **디카이오시스**
G1344에서 유래; (그리스도 때문에) '면죄':—의롭다 함(칭의)〈롬4:25〉. 여명

G1348 δικαστής[2회] **디카스테스**
G1349의 파생어에서 유래; '재판관':—재판장〈행7:27〉. 남명

G1349 δίκη[3회] **디케**
아마도 G1166에서 유래; ('자명한' 것으로) '정의', 즉 '공의'(원칙, 판결, 그 집행):—심판, 형벌, 복수〈행28:4〉. 여명

G1350 δίκτυον[12회] **딕튀온**
아마도 기본 동사 δίκω 디코('던지다')에서 유래; (고기잡이를 위한) '예인망(曳引網)':—그물〈마4:20〉. 중명

G1351 δίλογος[1회] **딜로고스**
G1364와 G3056에서 유래; '모호한',

즉 '다른 이야기를 말하는':—일구이언하는〈딤전3:8〉. 형

G1352 διό[53회] **디오**

G1223과 **G3739**에서 유래; 그것을 '통해서', 즉 '그 결과로서':—때문에, 그러므로, 무엇 때문에〈눅7:7; 빌2:9〉. 접

G1353 διοδεύω[2회] **디오듀오**

G1223과 **G3593**에서 유래; '거쳐 여행하다':—두루 다니다, 통과하다〈눅8:1〉. 동

G1354 Διονύσιος[1회] **디오뉘시오스**

Διόνυσος **디오뉘소스**('바커스' 酒神)에서 유래; '술 마시고 떠드는 사람'; '디오누시오', 아덴사람:—디오누시오〈행17:34〉. 고명

G1355 διόπερ[2회] **디오페르**

G1352와 **G4007**에서 유래; '바로 이 때문에':—그러므로〈고전8:13〉. 접

G1356 διοπετής[1회] **디오페테스**

G2203의 변형과 **G4098**의 변형에서 유래; '하늘에서 떨어진'(즉 '운석'):—쥬피터신으로부터 떨어진〈행19:35〉. 형

G1357 διόρθωσις[1회] **디오르쏘시스**

G1223의 합성어와 **G3717**의 파생어에서 유래; '철저하게 바로잡다'는 뜻; '교정', 즉 (특히) 메시아적 '회복':—개혁〈히9:10〉. 여명

G1358 διορύσσω[4회] **디오뤼쏘**

G1223과 **G3736**에서 유래; 밤도둑처럼 '침투하다':—뚫다〈마6:19〉. 동

G1359 Διόσκουροι[1회] **디오스쿠로이**

G2203의 대체어와 **G2877**의 어간형에서 유래; '쥬피터신의 아들들', 즉 쌍둥이 '디오스구로':—디오스구로〈행28:11〉. 고명 알렉산드리아 뱃머리의 조각물 또는 그 배의 수호신

G1360 διότι[23회] **디오티**

G1223과 **G3754**에서 유래; '바로 그 때문에', 혹은 '~이므로':—때문에, 왜냐하면, 그러므로〈롬1:19; 살전4:6〉. 접

G1361 Διοτρέφης[1회] **디오트레ㅎ페스**

G2203과 **G5142**의 대체어에서 유래; 쥬피터가 양육한; '디오드레베', 기독교의 대적:—디오드레베〈요삼1:9〉. 고명

G1362 διπλοῦς[4회] **디플루스**

G1364와 (아마도) **G4119**의 어간에서 유래; '이중의':—갑절의, 두 배 더〈딤전5:17〉. 형

G1363 διπλόω[1회] **디플로오**

G1362에서 유래; '두 배로 주다':—갑절을 갚아주다〈계18:6〉. 동

G1364 δίς[6회] **디스**

G1417에서 유래한 부사; '두 번':—다시, 두 번씩〈눅18:12〉. 부

G1365 διστάζω[2회] **디스타조**

G1364에서 유래; 정확히는 '이중으로 하다', 즉 (정신적으로)(견해에 있어) '흔들리다':—의심하다〈막14:31〉. 동

G1366 δίστομος[3회] **디스토모스**

G1364와 **G4750**에서 유래; '두 날을 가진':—양쪽에 날선〈계1:16〉. 형

G1367 δισχίλιοι[1회] **디스킬리오이**

G1364와 **G5507**에서 유래; '이천':—2,000〈막5:13〉. 수

G1368 διϋλίζω[1회] **디윌리조**

G1223과 ὑλίζω **휠리조**('여과하다')에서 유래; '걸러내다':—잡아당기다〈마23:24〉. 동

G1369 διχάζω[1회] **디카조**

G1364의 파생어에서 유래; '떨어지게 하다', 즉 '가르다'(상징적으로 '소외시키다'):—이간질하다〈마10:35〉 동

G1370 διχοστασία[2회] **디코스타시아**
G1364와 G4714의 파생어에서 유래; '불화' 즉 (상징적으로) '분쟁':—분열, 선동〈롬16:17; 갈5:20〉. 여명

G1371 διχοτομέω[2회] **디코토메오**
G1364의 파생어와 τέμνω **템노**('자르다')의 파생어의 합성어에서 유래; '두 동강을 내다', 즉 (확대된 의미로) 심히 '매질하다':—(산산이) 동강을 내다〈마24:51〉. 동

G1372 διψάω[16회] **딥사오**
G1373의 변화에서 유래; (문자적으로 혹은 상징적으로) '갈급해 하다':—목마르다〈롬12:20〉. 동

G1373 δίψος[1회] **딥소스**
불확실한 유사어에서 유래; '목마름':—갈증〈고전11:27〉. 중명

G1374 δίψυχος[2회] **딥쉬코스**
G1364와 G5590에서 유래; '두 마음을 가진', 즉 (견해나 목적에 있어) '흔들리는':—두마음을 품은〈약1:8〉. 형

G1375 διωγμός[10회] **디오그모스**
G1377에서 유래; '박해':—핍박〈롬8:35〉. 남명

G1376 διώκτης[1회] **디옥테스**
G1377에서 유래; '박해자':—핍박자〈딤전1:13〉. 남명

G1377 διώκω[45회] **디오코**
기본 동사 δίω **디오**('도망하다'; G1169의 어간과 G1249와 비교)의 연장형 (그리고 사역형); (문자적으로 혹은 상징적으로) '추구하다'; 함축적으로 '박해하다':—결과로서 일어나다, 따라가다, 탐닉하다, 박해하다(박해를 견디다), 박해, 밀어붙이다〈행9:4〉. 동

G1378 δόγμα[5회] **도그마**
G1380의 어간에서 유래; '법, 규례'(시민의, 의례적으로 혹은 '교회법상의'):—칙령, 법령, 교리〈행16:4; 골2:14〉. 중명

G1379 δογματίζω[1회] **도그마티조**
G1378에서 유래; 성문율에 의해 '규정하다', 즉 (재귀형) 의례적인 '법규'에 '복종하다':—규례에 순종하다〈골2:20〉. 동

G1380 δοκέω[63회] **도케오**
같은 의미인 기본 동사 δόκω **도코**(어떤 시제에서는 대체어로서만 사용; G1166의 어간과 비교)의 연장형; '생각하다'; 함축적으로 (참으로 혹은 불확실하게) '~처럼 보이다':—여겨지다, (자신이) 기뻐하다, 명성이 높다, (좋게) 보이다, 상상하다, 생각하다, 믿다〈마18:12; 히10:29〉. 동

G1381 δοκιμάζω[22회] **도키마조**
G1384에서 유래; (문자적으로 또는 상징적으로) '시험하다'; 함축적으로 '입증하다':—허락하다, 분간하다, 조사하다, 좋아하다, 증명하다, 입증하다, 시도하다〈롬12:2; 엡5:10; 살전2:4〉. 동

G1382 δοκιμή[7회] **도키메**
G1384와 동일어에서 유래; '시험, 연단'(추상적 또는 구체적으로); 함축적으로 '믿을 만함':—경험, 실험, 증거, 시련〈롬5:4; 빌2:22〉. 여명

G1383 δοκίμιον[2회] **도키미온**
G1382의 추정된 파생어의 중성형; '시험', 함축적으로 '믿음직함':—시

련, 시도〈약1:3〉. 중명

G1384 δόκιμος[7회] **도키모스**
G1380에서 유래; 정확히는 '받을만한'(시험 후에 널리 행해지고 있는), 즉 '인정된':—입증된, 시험 필(畢)의(믿을 만한)〈롬14:18; 약1:12〉. 형

G1385 δοκός[6회] **도코스**
G1209('떠받치다'는 의미를 통해서)에서 유래; '재목의 토막':—들보〈마7:3〉. 여명

G1386 δόλιος[1회] **돌리오스**
G1388에서 유래; '교활한':—속이는〈고후11:3〉. 형

G1387 δολιόω[1회] **돌리오오**
G1386에서 유래; '교활하다':—속이다〈롬3:13〉. 동

G1388 δόλος[11회] **돌로스**
폐어가 된 기본어 δέλλω **델로**(아마도 '꾀어내다'를 의미; **G1185**와 비교)에서 유래; '계교'('미끼'), 즉 (상징적으로) '간계':—휼계, 속임, 교활, 교묘〈요1:47; 롬1:29〉. 남명

G1389 δολόω[1회] **돌로오**
G1388에서 유래; '올가미에 걸다', 즉 (상징적으로) '섞음질을 하다':—거짓되게 취급하다〈고후4:2〉. 동

G1390 δόμα[4회] **도마**
G1325의 어간에서 유래; '선물':—선물〈눅11:13〉. 중명

G1391 δόξα[166회] **독사**
G1380의 어간에서 유래; (매우 '분명한') 폭넓은 적용으로 (문자적으로 혹은 상징적으로, 객관적으로 혹은 주관적으로) '영광':—위엄, 영광(스러운), 영예, 찬양, 경배〈롬1:23; 고후6:8〉. 여명

G1392 δοξάζω[61회] **독사조**
G1391에서 유래; (폭넓은 적용으로) '영광스럽게 하다'(혹은 '여기다'):—찬미하다, 영광스럽게 만들다, 영광으로 가득차다, 영예를 주다, 크게 보이게 하다〈요13:31; 롬11:13〉. 동

G1393 Δορκάς[2회] **도르카스**
가젤영양; '도르가', 여성도(聖徒):—도르가〈행9:36,39〉. 고명

G1394 δόσις[2회] **도시스**
G1325의 어간에서 유래; '주는 것', 함축적으로 (구체적으로) '선물':—선물, 줌〈빌4:1〉. 여명

G1395 δότης[1회] **도테스**
G1325의 어간에서 유래; '주는 사람':—내는 사람〈고후9:7〉. 남명

G1396 δουλαγωγέω[1회] **둘라고게오**
G1401과 **G71**의 추정된 합성어에서 유래; '노예감독이 되다', 즉 '노예로 삼다'(상징적으로 '예속시키다'):—복종하게 하다〈고전9:27〉. 동

G1397 δουλεία[5회] **둘레이아**
G1398에서 유래; (의례적으로 혹은 상징적으로) '종살이':—속박〈롬8:15〉. 여명

G1398 δουλεύω[25회] **둘류오**
G1401에서 유래; (문자적으로 또는 상징적으로, 비자발적으로 또는 자발적으로) '종이 되다':—종노릇하다, 섬기다, 수고하다〈행20:19〉. 동

G1399 δούλη[3회] **둘레**
G1401의 여성형; (비자발적인 또는 자발적인) '여자 노예':—여종, 하녀〈눅1:48〉. 여명

G1400 δοῦλον[1회] **둘론**
G1401의 중성형; '비굴한':—종〈롬6:19〉. 형. 중명

G1401 δοῦλος[124회] **둘로스**

G1210에서 유래; (문자적으로 혹은 상징적으로, 비자발적으로 혹은 자발적으로; 그러므로 복종과 도움의 제한된 의미로) '노예':—속박, 노예, 종〈엡6:5; 유1〉.남명

G1402 δουλόω 8회 **둘로오**
G1401에서 유래; (문자적으로 혹은 상징적으로) '노예로 삼다':—예속시키다, 종이 되다, 종노릇하다, 종으로 삼다〈롬6:18; 고전9:19〉.동

G1403 δοχή 2회 **도케**
G1209에서 유래; '응접', 즉 '연회의 초대':—잔치〈눅5:29〉.여명

G1404 δράκων 13회 **드라콘**
아마도 δέρκομαι 데르코마이('보다')의 대체형으로부터 유래; (아마도 '매혹시킨다'고 생각하는) '뱀'의 전설상의 종류:—용〈계12:3〉.남명

G1405 δράσσομαι 1회 **드랏소마이**
아마도 G1404('잡는다'는 의미에서)의 어간과 유사; '붙잡다', 즉 (상징적으로) '올가미에 걸다, 빠져들게 하다':—취하다〈고전3:19〉 동

G1406 δραχμή 3회 **드라크메**
G1405에서 유래; 드라크마, 혹은 ('사용하는') (은)전:—(은의) 조각〈눅15:8〉.여명

G1407 δρέπανον 8회 **드레파논**
δρέπω 드레포('잡아 뜯다')에서 유래; (특히 추수를 위해) 모으는 '갈고리':—낫〈계14:14〉.중명

G1408 δρόμος 3회 **드로모스**
G5143의 대체형에서 유래; '인생행로', 즉 (상징적으로) '생애':—행로〈행13:25〉.남명

G1409 Δρούσιλλα 1회 **드루실라**
드루수스(로마인의 이름)의 여성 지소사(指小詞); '드루실라', 헤롯가의 일원:—드루실라〈행24:24〉.고명

G1410 δύναμαι 210회 **뒤나마이**
불확실한 유사어에서 유래; '할 수 있다' 혹은 '가능하다':—할 수 있다, 능히 하다, 해도 좋다, 가능하다, 능력 있다〈요9:4; 행26:32〉.동

G1411 δύναμις 119회 **뒤나미스**
G1410에서 유래; (문자적으로 혹은 상징적으로) '힘'; 특별히 이적적인 '능력'(보통 함축적으로 '이적' 그 자체):—능력, 풍부, 의미 있음, 힘 있음, 강력하게, 강력한 행동, 기적(의 일꾼), 이적적인 일꾼, 권능, 강력, 폭력, 힘 있는(놀라운) 일〈롬9:17; 살후1:7〉.여명

G1412 δυναμόω 2회 **뒤나모오**
G1411에서 유래; '힘을 주다':—강하게 하다〈골1:11〉.동

G1413 δυνάστης 3회 **뒤나스테스**
G1410에서 유래; '통치자'나 '관리':—큰 권위를 가진 자, 강력한 자, 주권자〈눅1:52〉.남명

G1414 δυνατέω 3회 **뒤나테오**
G1415에서 유래; (상징적으로) '효과적이다':—강력하다〈고후13:3〉.동

G1415 δυνατός 32회 **뒤나토스**
G1410에서 유래; (문자적으로 혹은 상징적으로) '강력한' 또는 '할 수 있는'; 중성형 '가능한':—할 수 있는, 힘 있는 (사람), 가능한, 힘, 강한〈롬12:18; 약3:2〉.형

G1416 δύνω 2회 **뒤노** 또는 δῦμι **뒤미**
폐어가 된 기본어 δύω 뒤오('가라앉다')의 연장형; '내려가다':—(해가) 지다〈마1:32〉.동

G1417 δύο 132회 **뒤오**

기본수사; "둘":—둘 다, 쌍, 둘〈갈4:22〉.수

G1418 δυς̂ 8회 **뒤스-**

불확실한 파생어의 기본적인 비분리 불변사; 복합어에서 오직 접두어로서 사용; '어려운', 즉 '간신히':—힘든, 심한.불 좋은 의미를 없애거나 나쁜 의미(반대, 어려움, 방해, 곤란, 해로움)를 증가시키는 접두어, 고난, 나쁜, 불행, 위험 등

G1419 δυσβάστακτος 2회 **뒤스바스탁토스**

G1418과 G941의 파생어에서 유래; '압제적인':—지기[견디기] 어려운, 부담이 되는〈눅11:46〉.형

G1420 δυσεντερία 1회 **뒤센테리아**

G1418과 G1787('창자'를 의미)의 합성어에서 유래; "이질":—혈액의 병적 유출〈행28:8〉.여명

G1421 δυσερμήνευτος 1회 **뒤세르메뉴토스**

G1418과 G2059의 추정된 파생어에서 유래; '설명하기 어려운':—말로 나타내기 어려운〈히5:11〉.형

G1422 δύσκολος 1회 **뒤스콜로스**

G1418과 κόλον **콜론**('음식')에서 유래; 정확히는 '먹는데 까다로운'('성마른'), 즉 (일반적으로) '실행 불가능한':—어려운〈막10:24〉.형

G1423 δυσκόλως 3회 **뒤스콜로스**

G1422에서 유래한 부사; '실행할 수 없게':—어렵게〈마19:23〉.부

G1424 δυσμή 5회 **뒤스메**

G1416에서 유래; 해가 '짐', (함축적으로) '서쪽 지방':—서쪽〈마8:11; 계21:13〉.여명

G1425 δυσνόητος 1회 **뒤스노에토스**

G1418과 G3539의 파생어에서 유래; '인식하기 어려운':—이해하기 어려운〈벧후3:16〉.형

G1426 δυσφημία 1회 **뒤스ㅎ페미아**

G1418과 G5345의 합성어에서 유래; '중상':—악평〈고후6:8〉.중명

G1427 δώδεκα 75회 **도데카**

G1417과 G1176에서 유래; '둘'과 '열', 즉 '한 다스':—열둘〈행6:2; 계7:5〉.수

G1428 δωδέκατος 15회 **도데카토스**

G1427에서 유래; '열두 번째의':—열두 번째의〈계21:20〉.형

G1429 δωδεκάφυλον 1회 **도데카ㅎ필론**

G1427과 G5443에서 유래; 이스라엘 '국민 전체':—열두 지파〈행26:7〉.중명

G1430 δῶμα 7회 **도마**

δέμω **데모**('세우다')에서 유래; 정확히는 '건물', 즉 (특히) '지붕':—꼭대기〈마10:27〉.중명

G1431 δωρεά 11회 **도레아**

G1435에서 유래; '선물':—은사〈행2:38〉.여명

G1432 δωρεάν 9회 **도레안**

부사로서 G1431의 대격; '무료로'(문자적으로 혹은 상징적으로):—이유 없이, 값없이, 무가치하게, 헛되이〈마10:8; 갈2:21〉.부

G1433 δωρέομαι 3회 **도레오마이**

G1435에서 유래한 중간태; '무료로 주다':—주다〈벧후1:3,4〉.동

G1434 δώρημα 2회 **도레마**

G1433에서 유래; '증여':—선물〈롬5:16〉 중명

G1435 δῶρον 19회 **도론**

'예물'; 특히 '희생제물':—선물, 헌금〈엡2:8〉.중명

트롱헬라어사전

ε

G1436 ἔα[1회] **에아**
명백히 **G1439**의 명령형; 정확히는 '내버려두다', 즉 (감탄사로서) '아!':—~은 말 할 것도 없고〈막1:24; 눅4:34〉.㉮

G1437 ἐάν[351회] **에안**
G1487과 **G302**에서 유래; '조건적' 불변사; 만일 ~이라면, ~을 조건으로, 등등; 자주 '불명확함'이나 '불확실'을 나타내기 위해 다른 불변사와 연결하여 사용된다:— 전에, 그러나, ~제외하고, 만약 ~이라면, (만약) 그렇다면, 무엇이든지, 어디로든지, 비록 ~일지라도, 언제든지 ~인지 어떤지, 누구에게, 누구든지. **G3361**을 보라. 〈고전4:19; 8:; 요삼1:10〉.㉯

G1438 ἑαυτοῦ[321회] **헤아우투**
(다른 모든 격을 포함); 달리는 폐어가 된 재귀대명사와 **G846**의 속격(여격 혹은 대격)에서 유래; '그 자신을' ('그녀 자신을', '그것 자체를', '그들 자체를', 또한 [다른 인칭의 인칭대명사와 연결하여] '나 자신의', '그대 자신의', '우리 자신의', '당신 자신의'), 등등:—홀로, 그녀 자신, 서로서로, 우리 자신, 그녀가 가진 것을, 그들 자신, 그들의 것, 그들 스스로, 그들이, 그대 자신, 너, 너 자신, 네 딴에는 〈눅10:29; 행5:35〉.㉰

G1439 ἐάω[11회] **에아오**
불확실한 유사어에서 유래; '버려두다', 즉 '허락하다' 또는 '혼자 내버려두다':—맡기다, 놓아두다, (혼자) 두다, 참다. 또한 **G1436**을 보라〈계2:20〉.㉱

G1440 ἑβδομήκοντα[3회] **헵도메콘타**
G1442와 **G1176**의 수정된 형태에서 유래; '칠십':—일흔〈행23:23〉.㉲

G1441 ἑβδομηκοντάκι[1회] **헵도메콘타키스**
G1442에서 유래한 배수 부사; '칠십 번':—일흔 번〈마18:22〉.㉳

G1442 ἕβδομος[9회] **헵도모스**
G2033에서 유래한 서수; '일곱째의':—일곱 번째의〈요4:52〉.㉴

G1443 Ἔβερ[1회] **에베르**
기원은 히브리어 [**H5677**]; '에벨', 족장:—에벨〈눅3:35〉.㉵

G1444 Ἑβραϊκός[1회] **헤브라이코스**
G1443에서 유래; '히브리 사람의' 혹은 '유대인' 언어:—히브리어의〈눅23:38〉.㉴

G1445 Ἑβραῖος[4회] **헤브라이오스**
G1443에서 유래; '히브리인의', (즉 히브리의) 혹은 '유대인의':—히브리인의〈행6:1〉.㉴

G1446 Ἑβραΐς[3회] **헤브라이스**
G1443에서 유래; '히브리의'(즉 히브리어) 혹은 '유대의'('아람의') 언어:—히브리어〈행21:40〉.㉶

G1447 Ἑβραϊστί[7회] **헤브라이스티**
G1446에서 유래한 부사; '히브리식으로' 혹은 '유대(아람)말로':—히브리어(방언)으로〈요5:2; 계9:11〉.㉳

G1448 ἐγγίζω[42회] **엥기조**
G1451에서 유래; '가까이하다', 즉 (재귀형) '접근하다':—가까이하다, 가까이 이르다(다가가다), 가깝다〈마15:8; 눅18:40〉.㉱

G1449 ἐγγράφω[3회] **엥그라ㅎ포**
G1722와 **G1125**에서 유래; '새기다', 즉 '적다':—쓰다〈고후3:2〉.㉱

G1450 ἔγγυος[1회] **엥귀오스**
G1722와 γυῖον **귀온**('손발')에서 유

래; (마치 구성원에 의해 '표현된') '보장이 된', 즉 '보증인':—보증〈히7:22〉. 형

G1451 ἐγγύς[31회] **엥귀스**
기본 동사 ἄγχω **앙코**('죄다' 또는 '목을 조르다'; **G43**의 어간과 유사)에서 유래; (문자적으로 혹은 상징적으로, 장소나 시간적으로) '가까이':—으로부터, 바로 가까이에, 가까이, 준비되어〈눅19:11; 계1:3〉. 부

G1452 ἐγγύτερον[1회] **엥귀테론**
G1451의 비교급의 중성형; '더 가까이':—더 가까이〈롬13:11〉. 부

G1453 ἐγείρω[144회] **에게이로**
아마도 **G58**(사람의 기능을 '모으다'는 의미로)의 어간과 유사; (타동사 혹은 자동사) '깨우다', 즉 눈을 뜨게 하다(문자적으로 잠에서, 누운 것에서, 병에서, 죽음에서, 혹은 상징적으로 불분명, 비활동, 파멸, 비존재에서):—깨우다, 올리다, (다시) 일으키다, 세우다, 자리를 차고 일어나다, (다시) 일어나다, 서다, 들어 올리다〈요12:1; 고전15:20〉. 동

G1454 ἔγερσις[1회] **에게르시스**
G1453에서 유래; (죽음에서) '소생':—부활〈마27:53〉. 여명

G1455 ἐγκάθετος[1회] **엥카쎄토스**
G1722와 **G2524**의 파생어에서 유래; '아래로 꾀는', 즉 숨어 기다리는 자로 비밀히 '매수된':—정탐꾼〈눅20:20〉 형

G1456 ἐγκαίνια[1회] **엥카이니아**
G1722와 **G2537**로부터 추정된 합성어의 복수 중성형; '혁신', 즉 (특히 안디옥 중지 이후 종교 예식의) '회복':—수전절, 봉헌〈요10:22〉. 중명

G1457 ἐγκαινίζω[2회] **엥카이니조**
G1456에서 유래; '새롭게 하다', 즉 '낙성식을 열다':—신성하게 하다, 봉헌하다〈히9:18〉. 동

G1458 ἐγκαλέω[7회] **엥칼레오**
G1722와 **G2564**에서 유래; (빚 또는 요구로서) '불러들이다', 즉 '책망하다'(비난하다, 고발하다 등):—고소하다, 이의를 제기하다, 고발하다, 아무의 책임으로 하다〈행21:28〉. 동

G1459 ἐγκαταλείπω[10회] **엥카탈레이포**
G1722와 **G2641**에서 유래; 어떤 곳에 '뒤에 남겨두다', 즉 (좋은 의미로) '남겨놓다', (나쁜 의미로) '버리다':—버리다, 남기다〈마27:46; 롬9:29〉. 동

G1460 ἐγκατοικέω[1회] **엥카토이케오**
G1722와 **G2730**에서 유래; '한 곳에 정주하다', 즉 '거주하다':—사이에 살다〈벧후2:8〉. 동

G1461 ἐγκεντρίζω[6회] **엥켄트리조**
G1722와 **G2759**의 파생어에서 유래; '찔러 심다', 즉 '접목하다':—에 접붙이다〈롬11:17〉. 동

G1462 ἔγκλημα[2회] **엥클레마**
G1458에서 유래; '고소', 즉 주장된 '위법':—저지른 범죄, 고소사건〈행23:29〉. 중명

G1463 ἐγκομβόομαι[1회] **엥콤보오오마이**
G1722와 κομβόω **콤보오**('허리를 동이다')에서 유래한 중간태; (일을 위해) 자신의 '허리띠를 졸라매다', 즉 상징적으로 (노역의 표지인 앞치마를) '입다'(상호 복종의 표로):—옷 입다〈벧전5:5〉. 동

G1464 ἐγκοπή[1회] **엥코페**
G1465에서 유래; '방해물':—장애, 방해〈고전9:12〉. 여명

G1465 ἐγκόπτω[5회] **엥콥토**
G1722와 G2875에서 유래; '끼어들다', 즉 (상징적으로) '방해하다', '억류하다':—방해하다, ~에게 지루하다〈롬15:22; 벧전3:7〉. [동]

G1466 ἐγκράτεια[4회] **엥크라테이아**
G1468에서 유래; '자기통제'(특히 '금욕'):—절제〈갈5:23〉. [여명]

G1467 ἐγκρατεύομαι[2회] **엥크라튜오마이**
G1468에서 유래한 중간태; (음식물과 순결에) '자제를 발휘하다':—안으로 억누를 수 있다, 절제하다〈고전7:9〉. [동]

G1468 ἐγκρατής[1회] **엥크라테스**
G1722와 G2904에서 유래; '어떤 일에 강한'('능란한'), 즉 (상징적으로 또한 재귀형)(식욕 등에) 자제하는:—절제하는〈딛1:8〉. [형]

G1469 ἐγκρίνω[1회] **엥크리노**
G1722와 G2919에서 유래; '~라고 판단하다', 즉 ~을 …의 부류에 넣다:—동료로 만들다〈고후10:12〉. [동]

G1470 ἐγκρύπτω[2회] **엥크뤼프토**
G1722와 G2928에서 유래; '안에 숨기다', 즉 '~와 섞다':—감추다〈마13:33〉. [동]

G1471 ἔγκυος[1회] **엥퀴오스**
G1722와 G2949의 어간에서 유래; '안쪽이 부푼', 즉 '임신한':—잉태된〈눅2:5〉. [형]

G1472 ἐγχρίω[1회] **엥크리오**
G1722와 G5548에서 유래; (기름으로) '문지르다', 즉 '뒤바르다':—기름을 바르다〈계3:18〉. [동]

G1473 ἐγώ[1802회] **에고**
1인칭의 기본 대명사; 오직 강조할 때만 표현 된다:—나, 나를. 다른 격과 복수를 위해 G1691, G1698, G1700, G2249, G2254, G2257, 등을 보라〈갈1:12; 요이1:1〉. [대]

G1474 ἐδαφίζω[1회] **에다ㅎ피조**
G1475에서 유래; '무너뜨리다':—땅에 납작하게 하다, 메어치다〈눅19:44〉. [동]

G1475 ἔδαφος[1회] **에다ㅎ포스**
G1476의 어간에서 유래; '기초'('밑바닥'), 즉 '흙':—땅〈행22:3〉. [중명]

G1476 ἑδραῖος[3회] **헤드라이오스**
ἕζομαι 헤조마이('앉다')의 파생어에서 유래; '앉은 채 있는', 즉 (함축적으로) '움직이지 않는':—안정된, 견고한, 확고부동한〈고전7:37〉. [형]

G1477 ἑδραίωμα[1회] **헤드라이오마**
G1476의 파생어에서 유래; '토대', 즉 (상징적으로) '기초':—대지〈딤전3:15〉. [중명]

G1478 Ἐζεκίας[2회] **에제키아스**
기원은 히브리어 [H2396]; '히스기야', 이스라엘인:—히스기야〈마1:9〉. [고명]

G1479 ἐθελοθρησκεία[1회] **에쎌로쓰레스케이아**
G2309와 G2356에서 유래; '자의적인' (임의로 그리고 보증이 없는) '경건', 즉 '신앙이 깊은 체함':—제멋대로의 경배〈골2:23〉. [여명]

G1480 ἐθίζω[1회] **에씨조**
G1485에서 유래; '익숙케 하다', 즉 (중성 수동태 분사) '습관적인':—관례가 되다〈눅2:27〉. [동]

G1481 ἐθνάρχης[1회] **에쓰나르케스**
G1484와 G746에서 유래; (왕이 아닌) '지역의 총독':—고관〈고후11:32〉.

남명

G1482 ἐθνικός[4회] **에쓰니코스**
G1484에서 유래; '국가의'('인종의'), 즉 (특히) '이방인':—이교도의〈마6:7〉. 형

G1483 ἐθνικῶς[1회] **에쓰니코스**
G1482에서 유래한 부사; '이방인처럼':—이방인의 방식에 따라〈갈2:14〉. 부

G1484 ἔθνος[162회] **에쓰노스**
아마도 G1486에서 유래; (같은 '습관'을 가진 자서) '민족', 즉 '지파'; 특히 (유대인이 아닌) '외국사람' (보통 함축적으로 '이교도'):—이방인, 이교도, 나라, 백성〈롬3:29; 갈3:8; 계7:9〉. 중명

G1485 ἔθος[12회] **에쏘스**
G1486에서 유래; (습관이나 법에 의해 규정된) '관습':—관례, 태도, 상습〈눅1:9; 요19:40〉. 중명

G1486 ἔθω[4회] **에쏘**
기본 동사; (습관이나 관례에 의해) '익숙하다'; 중성완료분사 '관습':—전례대로 하다, 규례대로 하다, 관습이 있다〈마27:15〉. 동

G1487 εἰ[507회] **에이**
조건을 나타내는 기본불변사, '만약', '~인지 아닌지', '~라는 것', ~이므로, ~만약 …이라면, 비록 …일지라도. 종종, 특히 G1489, G1490, G1499, G1508, G1509, G1512, G1513, G1536, G1537과 같은 다른 불변사들과 함께 연결이나 복합어에서 사용된다:—~인 까닭에, 만일, ~라는 것을, 비록, 인지 아닌지. 또한 G1437을 보라.〈요8:19; 9:25; 행26:8〉. 접

G1488 εἶ[92회] **에이**
G1510의 2인칭 단수 현재; '당신은 …이다':—이다〈마2:6〉. 동

G1489 εἴγε[5회] **에이게**
G1487과 G1065에서 유래; '만약 참으로', '~인 까닭에', '~하지 않는 한', (부정형과 함께) '만약 그렇지 않으면':—만약 ~이라면(그렇다면, 그러나)〈고후5:3〉. 접

G1490 εἰ δὲ μή,γε.[14회] **에이 데 메(게)**
G1487, G1161, G3361(때때로 G1065가 첨가되어)에서 유래; '그러나 만일 …이 아니라면':—그렇지 않다면, 만약 (다르다면), 만약 그렇지 않으면〈계2:5〉. 접

G1491 εἶδος[5회] **에이도스**
G1492에서 유래; '보이는 것', 즉 (문자적으로 혹은 상징적으로) '형상':—외견, 모양, 형태, 견지〈요5:37〉 중명

1492 εἴδω[346회] **에이도**
기본 동사; 어떤 과거 시제에만 사용, 다른 곳은 동일한 G3700과 G3708에서 빌려 옴; 정확하게는 '보다'(문자적으로 또는 상징적으로); 함축적으로 (완료형에서만) '알다':—알다, 보다, 생각할 수 있다, 지식을 가지다, 바라보다, 감지하다, 확인하다, 이야기하다, 이해하다, 바라다. G3700과 비교하라. 동

G1493 εἰδωλεῖον[1회] **에이돌레이온**
G1497의 가정된 파생어의 중성형, '우상 전각':—우상 성전〈고전8:10〉. 중명

G1494 εἰδωλόθυτον[9회] **에이돌로쒸톤**
G1497의 합성어의 중성형과 G2380의 가정된 파생어에서 유래; '우상의 제물', 즉 우상에게 바쳐지는 '제물'의 부분:—우상에게 바쳐지는(희생의,

희생되는) 고기, 물건〈고전8:1; 계 2:14〉. 형

G1495 εἰδολολατρεία[4회] **에이돌롤라트레이아**
G1497과 G2999에서 유래; (문자적으로 혹은 상징적으로) '우상에 대한 예배':—우상숭배〈고전10:14; 벧전 4:3〉. 여명

G1496 εἰδωλολάτρης[7회] **에이돌롤라트레스**
G1497과 G3000의 어간에서 유래; (문자적으로 혹은 상징적으로) '우상 예배자(종)':—우상숭배자〈고전 5:10〉. 남명

G1497 εἴδωλον[11회] **에이돌론**
G1491에서 유래; (경배를 위한) '형상'; 함축적으로 이교도 '신', 또는 (복수) 그러한 것에 대한 '숭배':—우상〈롬2:22〉. 중명

G1498 εἴην[1회] **에이엔**
G1510의 기원법 현재형(즉, 영어의 가정법); 할 수 있다, 그럴 수 있다, 그래야만 한다:—의미하다, 멸망하다, ~인가, ~이라면〈눅1:29〉. 동

G1499 εἰ καί[19회] **에이 카이**
G1487과 G2532에서 유래; '만약 또한'(혹은 '심지어'):—만약 ~이라면, 비록 ~일지라도〈눅11:18; 히6:9〉. 접

G1500 εἰκῆ[6회] **에이케**
아마도 G1502('실패'라는 의미에서)에서 유래; '하는 일 없이', 즉 '이유(혹은 '효과')없이':—이유가 없이, 헛되이〈롬13:4〉. 부

G1501 εἴκοσι[2회] **에이코시**
불확실한 유사어에서 유래; '스물':—이십〈계4:4〉. 수

G1502 εἴκω[1회] **에이코**
명백히 기본 동사; 정확히는 '약하다', 즉 '굴복하다':—자리를 양보하다〈갈 2:5〉. 동

G1503 εἴκω[2회] **에이코**
명백히 기본 동사(아마도 복사본이어서 '희미함'이라는 개념으로 G1502와 유사); '닮다':—같다〈약1:6〉. 동

G1504 εἰκών[23회] **에이콘**
G1503에서 유래; '비슷함', 즉 (문자적으로) '상', '모습', 또는 (상징적으로) '초상', '유사':—형상, 우상〈롬 1:23; 계19:20〉. 여명

G1505 εἰλικρίνεια[3회] **에일리크리네이아**
G1506에서 유래; '맑음', 즉 (함축적, 상징적으로) '순전함':—진실함〈고전5:8〉. 여명

G1506 εἰλικρινής[2회] **에일리크리네스**
εἵλη 헤일레(태양의 '광선')과 G2919에서 유래; '태양빛에 의해 판단되는', 즉 (상징적으로) '진품'으로 검사받은:—순결한, 진실한〈빌1:10〉. 형

G1507 εἱλίσσω[1회] **헤일릿소**
기본 동사이지만 결여동사인 εἴλω 헤일로(같은 의미)의 연장형; '둘둘 말다' 또는 '감싸다':—함께 말다. 또한 G1667을 보라. 〈계6:14〉. 동

G1508 εἰ μή[89회] **에이 메**
G1487과 G3361에서 유래; '만약 ~아니라면':—그러나, 제외하고, 만일 아니라면, 보다 더욱, (오직) 제외하고는, ~외에는, 까지는〈눅5:21; 롬7:7〉. 접

G1509 εἰ μή τι[141회] **에이 메 티**
G1508과 G5100의 중성형에서 유래; '만약 얼마쯤 아니라면':—~이 아니면, ~이외에는〈고전7:5〉. 접

G1510 εἰμί[2461회] **에이미**

현재 직설법 1인칭 단수; 기본 동사이며 결여동사의 연장형; (오직 강조할 때만 사용되는) '나는 존재한다':—나는 ~이다(이어왔다), 그것은 나다(였다). 또한 **G1488**, **G1498**, **G1511**, **G1527**, **G2258**, **G2070**, **G2071**, **G2075**, **G2076**, **G2468**, **G2771**, **G5600**을 보라.〈요1:20〉.동

G1511 εἶναι[126회] **에이나이**

G1510에서 유래한 현재 부정사; '존재하다':—이다, 오다, 갈망하다, 잘 만족시키다, ~이 있다, 이었다〈행13:25〉.동

G1512 εἴ περ[6회] **에이 페르**

G1487과 **G4007**에서 유래; '만일 ~이라면':—만약 그렇게 된다면, ~인 바에는, 비록 ~일지라도〈롬8:9〉.접

G1513 εἴ πως[4회] **에이 포스**

G1487과 **G4458**에서 유래; '여하간 만일~이라면':—만약 아무리 해도〈행27:12〉.접

G1514 εἰρηνεύω[4회] **에이레뉴오**

G1515에서 유래; '화평하다'(평화롭게 행동하다):—평화롭게(지내다, 살다), 화평하게 살다〈막9:50; 롬12:18〉.동

G1515 εἰρήνη[92회] **에이레네**

아마도 기본 동사 εἴρω **에이로**('결합하다')에서 유래; (문자적으로 혹은 상징적으로) '평화'; 함축적으로 '번영':—하나가 됨, 평안, 고요, 안식, 다시 하나가 됨〈롬1:7; 고후13:11〉.여명

G1516 εἰρηνικός[2회] **에이레니코스**

G1515에서 유래; '평화스러운', 함축적으로 '건전한':—화평한〈히12:11〉.형

G1517 εἰρηνοποιέω[1회] **에이레노포이에오**

G1518에서 유래; '화평케 하는 자가 되다', 즉 (상징적으로) '조화시키다':—화평을 이루다〈골1:20〉.동

G1518 εἰρηνοποιός[1회] **에이레노포이오스**

G1515와 **G4160**에서 유래; '화해적인', 즉 (주관적으로) '평화로운':—화평케 하는 (자)〈마5:9〉.형

G1519 εἰς[1768회] **에이스**

기본전치사; (도달되거나 들어가는 지점을 지적하는) '~에로' 또는 '안으로', 장소, 시간, 또는 (상징적으로) 목적지 (결과 등)의; 또한 부사절로:—풍부한, 풍부히, ~대하여, ~중에, ~로서, ~에, [후]방에, 전에, 까지, ~관하여, 계속되는, 훨씬 더 지나친, 왜냐하면 [의도, 목적], ~의 정도로, 한마음으로, 결코 ~아니, 그러므로, 거기에, ~을 통하여. 지주 같은 일반적인 중요성을 가진 복합어로 사용, 그러나 운동을 나타내는 동사와 함께만 복합어에서 사용된다(문자적으로 혹은 상징적으로)〈갈3:27; 요이1:7〉.전

G1520 εἷς[346회] **헤이스**

중성형 ἕν등을 포함

기본수사; '하나':—어느, 어떤, 풍부히, 서로, 오직, 다른, 누군가. 또한 **G1527**, **G3667**, **G3391**, **G3762**를 보라〈갈5:14; 엡2:14〉.수

G1521 εἰσάγω[11회] **에이스아고**

G1519와 **G71**에서 유래; (문자적으로 혹은 상징적으로) '도입하다':—데리고 들어가다[오다], 끌어들이다〈요18:16〉.동

G1522 εἰσακούω[5회] **에이스아쿠오**
G1519와 G191에서 유래; '귀를 기울이다'.—듣다〈행10:31〉.동

G1523 εἰσδέχομαι[1회] **에이스데코마이**
G1519와 G1209에서 유래; '영접하다'.—받아들이다〈고후6:17〉.동

G1524 εἴσειμι[4회] **에이스에이미**
G1519와 εἶμι 에이미('가다')에서 유래; '들어가다'.—들어오다〈히9:6〉.동

G1525 εἰσέρχομαι[198회] **에이스에르코마이**
G1519와 G2064에서 유래; (문자적으로 혹은 상징적으로) '들어가다'.—일어나다, 들어오다[가다], (통하여) 가다〈마10:5; 막5:39〉.동

G1526 εἰσί[163회] **에이시**
G1510의 현재 직설법 3인칭 복수; '그들은 ~이다'.—동의하다, 이다, 견디다, 지속하다〈눅7:25〉.동

G1527 εἷς καθ' εἷς[2회] **헤이스 카쓰 헤이스**
G2596의 삽입과 함께 G1520 반복으로 부터 유래; '각자에'.—하나씩 하나씩〈막14:19〉.부

G1528 εἰσκαλέω[1회] **에이스칼레오**
G1519와 G2564에서 유래; '초대하다'.—불러들이다〈행10:23〉.동

G1529 εἴσοδος[5회] **에이스오도스**
G1519와 G3598에서 유래; (문자적으로 혹은 상징적으로) '들어감'.—옴, 들어감〈행13:24; 히10:19〉.여명

G1530 εἰσπηδάω[1회] **에이스페다오**
G1519와 πηδάω 페다오('뛰다')에서 유래; '달려들다'.—뛰어 들어가다, 뛰어오르다〈행14:14〉.동

G1531 εἰσπορεύομαι[18회] **에이스포류오마이**
G1519와 G4198에서 유래; (문자적으로 혹은 상징적으로) '들어가다'.—들어오다〈막6:56; 눅8:16〉.동

G1532 εἰστρέχω[1회] **에이스트레코**
G1519와 G5143에서 유래; '안으로 서둘러 들어가다'.—달려 들어가다〈행12:14〉.동

G1533 εἰσφέρω[8회] **에이스ㅎ페로**
G1519와 G5342에서 유래; (문자적으로 혹은 상징적으로) '안쪽으로 나르다'.—데리고[가지고] 들어가다, 안으로 인도하다〈행17:20〉.동

G1534 εἶτα[15회] **에이타**
불확실한 유사어에서 유래; (시간이나 논리적인 계산에서) '계속'을 나타내는 불변사, '그 위에, 더욱이'.—그 후에, 뒤에, 게다가, 그런 다음. 또한 G1899〉를 보라.〈고전12:28〉.부

G1535 εἴτε[65회] **에이테**
G1487과 G5037에서 유래; '또 …한다면'.—만약 ~이라면, 그렇지 않으면, …인지 …아닌지〈롬12:7; 빌1:18〉.접

G1536 εἴ τις[44회] **에이 티스**
G1487과 G5100에서 유래; '만약 ~이라면'.—만약 누가 ~한다면, 어떠한지, 누구든지〈막4:23〉.접

G1537 ἐκ[916회] **에크** 또는 ἐξ **엑스**
'기원'(동작이나 활동이 '시작하는 시점')을 나타내는 기본전치사; (장소, 시간, 원인, 문자적으로 혹은 상징적으로; 직접적이거나 관계가 적은) '~로부터', '밖으로'. 종종 동일한 일반적 의미를 가지고, 복합어로 사용됨. 종종 '성취'에 관하여 사용:— 후에, ~중에, ~에 의하여, 엄청나게, ~에게서, ~로 말미암아, ~으로 만든〈눅1:5;

골4:11〉. 전

G1538 ἕκαστος[82회] **헤카스토스**
마치 ἕκας **헤카스**('멀리')의 최상급; '각기' 혹은 '모두':—각자, 모든(남자, 사람, 여자), 낱낱이〈고후9:7〉. 형

G1539 ἑκάστοτε[1회] **헤카스토테**
마치 **G1538**과 **G5119**에서 유래한 듯; '어느 때든지':—언제나, 항상〈벧후1:15〉. 부

G1540 ἑκατόν[11회] **헤카톤**
불확실한 유사어에서 유래; '일백':—백〈요19:39〉. 수

G1541 ἑκατονταέτης[3회] **헤카톤타에테스**
G1540과 **G2094**에서 유래; '백세의':—백 살의〈롬4:19〉. 형

G1542 ἑκατονταπλασίων[3회] **헤카톤타플라시온**
G1540과 **G4111**의 추정된 파생어에서 유래; '일백 배':—백배〈마19:29〉. 형

G1543 ἑκατοντάρχης[16회] **헤카톤타르케스** 또는 ἑκατόνταρχος **헤카톤타르코스**
G1540과 **G757**에서 유래; '백사람의 대장':—백부장〈행10:1〉. 남명

G1544 ἐκβάλλω[81회] **에크발로**
G1537과 **G906**에서 유래; (문자적으로 혹은 상징적으로) '쫓아내다':—내놓다, 내쫓다, 쫓아버리다, 떠나다, 잡아 빼다, 잡아당기다, 몰아내다, 빼내다, 내맡기다, 내밀다, 보내다, 보내버리다.〈눅6:22〉. 동

G1545 ἔκβασις[2회] **에크바시스**
G1537의 합성어와 **G939**의 어간('나가다'를 의미)에서 유래; (문자적으로 혹은 상징적으로) '출구':—끝(결말), 피할 길〈고전10:13〉. 여명

G1546 ἐκβολή[1회] **에크볼레**
G1544에서 유래; '방출', 즉 (특히) '짐을 바다에 던지기':—배를 가볍게 하기〈행27:18〉. 여명

G1547 ἐκγαμίζω[5회] **에크가미조**
G1537과 **G1061**의 한 형태에서 유래 [**G1548**과 비교]; 딸을 '시집보내다':—시집가다〈눅17:27〉. 동

G1548 ἐκγαμίσκω[2회] **에크가미스코**
G1537과 **G1061**에서 유래; **G1547**과 같음:—시집가다〈눅20:34,35〉. 동

G1549 ἔκγονον[1회] **에크고논**
G1537과 **G1096**의 합성어의 파생어에서 유래한 중성형; '자손', 즉 (특히) '손자':— 조카〈딤전5:4〉. 형.명

G1550 ἐκδαπανάω[1회] **에크다파나오**
G1537과 **G1159**에서 유래; (전부) '소비하다', 즉 (상징적으로) '탕진하다':—허비하다〈고후12:15〉. 동

G1551 ἐκδέχομαι[6회] **에크데코마이**
G1537과 **G1209**에서 유래; 어떤 출처로부터 '받다', 즉 (함축적으로) '기다리다':—기대하다, 찾다, 바라다〈요5:3; 히10:13〉. 동

G1552 ἔκδηλος[1회] **에크델로스**
G1537과 **G1212**에서 유래; '완전히 명확한':—명백한〈딤후3:9〉. 형

G1553 ἐκδημέω[3회] **에크데메오**
G1537과 **G1218**의 합성어에서 유래; '이주하다', 즉 (상징적으로) '물러나다' 또는 '떠나다':—자리를 비우다〈고후5:6〉. 동

G1554 ἐκδίδωμι[4회] **에크디도미**
G1537과 **G1325**에서 유래; '내주다', 즉 (특히) '빌려주다':—세로 주다〈마21:33〉. 동

G1555 ἐκδιηγέομαι[2회]

에크디에게오마이
G1537과 G1223과 G2233의 합성어에서 유래; 모두 '말하다':—선언하다〈행13:41〉. 동

G1556 ἐκδικέω[6회] **에크디케오**
G1558에서 유래; '변호하다', '보복하다', '벌하다':—복수하다, 벌〈롬12:19〉. 동

G1557 ἐκδίκησις[9회] **에크디케시스**
G1556에서 유래; '변호', '보복':—복수, 징벌〈롬12:19〉. 여명

G1558 ἔκδικος[2회] **에크디코스**
G1537과 G1349에서 유래; '공의를 실천하는', 즉, '벌 주는':—보응하는, 신원(伸寃)하여 주는〈롬13:4; 살전4:6〉. 형

G1559 ἐκδιώκω[1회] **에크디오코**
G1537과 G1377에서 유래; '몰아내다', 즉 '내쫓다' 혹은 '무자비하게 박해하다':— 박해하다〈눅11:49〉. 동

G1560 ἔκδοτος[1회] **에크도토스**
G1537과 G1325의 파생어에서 유래; '배부하는' 또는 '할당하는', 즉 '내어준':—전해준〈행2:23〉. 형

G1561 ἐκδοχή[1회] **에크도케**
G1551에서 유래; '기대':—기다림〈히10:27〉. 여명

G1562 ἐκδύω[6회] **에크뒤오**
G1537과 G1416의 어간에서 유래; '에 가라앉게 하다', 즉 (특히 옷에 관해) '벗기다':—(옷을) 벗다〈마27:28〉. 동

G1563 ἐκεῖ[105회] **에케이**
불확실한 유사어에서 유래; '거기'; 확대된 의미로 '저쪽에':—거기, 그쪽에, 그쪽으로, 저쪽 편에〈마5:24; 롬9:26〉. 부

G1564 ἐκεῖθεν[37회] **에케이쎈**
G1563에서 유래; '그곳에서부터':—그곳으로부터, 거기서부터, 거기〈눅9:4〉. 부

G1565 ἐκεῖνος[265회] **에케이노스**
G1563에서 유래; '저사람'(혹은 [중성형] 저것), 자주 접두관사에 의해 강세된다:—그, 그것, 다른(같은) 자, 꼭 같은 자, 바로 그 자, 그들의, 그들을, 그들이, 이것, 그것들. 또한 G3778을 보라.〈요1:39; 행2:41〉. 대

G1566 ἐκεῖσε[2회] **에케이세**
G1563에서 유래; '저쪽에(으로)':—거기(서)〈행21:3〉. 부

G1567 ἐκζητέω[7회] **에크제테오**
G1537과 G2212에서 유래; '찾아내다', 즉 (상징적으로) '조사하다', '갈망하다', '요구하다', (히브리어로는) '예배하다':—묻다, 요구하다, (주의 깊게, 부지런히) 얻으려고 애쓰다〈눅11:50〉. 동

G1568 ἐκθαμβέω[4회] **에크쌈베오**
G1569에서 유래; 몹시 '놀라다':—두려워하게 하다, 매우 놀라다〈막16:5〉. 동

G1569 ἔκθαμβος[1회] **에크쌈보스**
G1537과 G2285에서 유래; '몹시 놀라는':—매우 의아하게 여기는〈행3:11〉. 형

G1570 ἔκθετος[1회] **에크쎄토스**
G1537과 G5087의 파생어에서 유래; '내어 버려진', 즉 벌로 '내어 쫓긴':—내던져진〈행7:19〉. 형

G1571 ἐκκαθαίρω[2회] **엑카싸이로**
G1537과 G2508에서 유래; '철저하게 정결하게 하다':—깨끗이 하다〈고전5:7〉. 동

G1572 ἐκκαίω[1회] **엑카이오**

G1537과 G2545에서 유래; 심하게 '태우다':—불타다〈롬1:27〉. 동

G1573 ἐκκακέω[6회] 엑카케오
G1537과 G2556에서 유래; '약하게(나쁘게) 되다', 즉 (함축적으로)(마음에) '낙심(낙망)하다':—무기력해지다, 피로하다〈고후4:1〉. 동

G1574 ἐκκεντέω[2회] 엑켄테오
G1537과 G2759의 어간에서 유래; '꿰찌르다':—꿰뚫다〈요19:37〉. 동

G1575 ἐκκλάω[3회] 엑클라오
G1537과 G2806에서 유래; '잘라내다':—꺾어지다〈롬11:17〉. 동

G1576 ἐκκλείω[2회] 엑클레이오
G1537과 G2808에서 유래; (문자적으로 혹은 상징적으로) '내쫓다':—배제시키다〈롬3:27〉. 동

G1577 ἐκκλησία[114회] 엑클레시아
G1537의 합성어와 G2564의 파생어에서 유래; '불러냄', 즉 (구체적으로) 대중 '회합', 특히 종교적 '회중'(유대회당, 혹은 세상에서 기독교인, 사회 구성원이나 하늘의 성도, 혹은 둘 다):—모인 무리, 교회〈마16:18; 엡1:22; 몬1:2〉. 여명

G1578 ἐκκλίνω[3회] 엑클리노
G1537과 G2827에서 유래; '벗어나다', 즉 (절대적으로, 문자적으로 혹은 상징적으로) '피하다', 또는 (상대적으로, 경건으로부터) '퇴보하다':—피하다, 삼가다, 길에서부터 떠나다〈롬16:17〉. 동

G1579 ἐκκολυμβάω[1회] 엑콜륌바오
G1537과 G2860에서 유래; '헤엄쳐서 도망하다':—헤엄쳐 나오다〈행27:42〉. 동

G1580 ἐκκομίζω[1회] 엑코미조
G1537과 G2865에서 유래; (시체를 묻기 위해) '메고 나오다':—운반해 나오다〈눅7:12〉. 동

G1581 ἐκκόπτω[10회] 엑콥토
G1537가 G2875에서 유래; '잘라내다', (상징적으로) '좌절시키다':—베어내다, 베어 넘기다, 찍어버리다, 방해하다〈롬11:22〉. 동

G1582 ἐκκρέμαμαι[1회] 엑크레마마이
G1537과 G2910에서 유래한 중간태; '말하는 자의 입술에 매달리다', 즉 '주의 깊게 듣다':—매우 주의 깊다〈눅19:48〉. 동

G1583 ἐκλαλέω[1회] 에클랄레오
G1537과 G2980에서 유래; '누설하다':—이야기하다〈행23:22〉. 동

G1584 ἐκλάμπω[1회] 에클람포
G1537과 G2989에서 유래; '반짝반짝 빛나다:—빛을 내다〈마13:43〉. 동

G1585 ἐκλανθάνομαι[1회] 에클란싸노마이
G1537과 G2990에서 유래한 중간태; '아주 잊어버리다':—잊다〈히12:5〉. 동

G1586 ἐκλέγομαι[22회] 에클레고마이
G1537과 G3004(기본적인 의미)에서 유래한 중간태; '선택하다':—택하다, 골라내다, 택함을 받다〈눅6:13〉. 동

G1587 ἐκλείπω[4회] 에클레이포
G1537과 G3007에서 유래; '빠뜨리다', 즉 (함축적으로) '그치다'('죽다'):—약해지다, 없어지다〈히1:12〉. 동

G1588 ἐκλεκτός[22회] 에클렉토스
G1586에서 유래; '뽑힌', (함축적으로) '마음에 드는':—택함을 받은, 선출된〈막13:20〉. 형

G1589 ἐκλογή[7회] 에클로게

G1586에서 유래; (추상명사 혹은 구상명사)(거룩한) '선택':—택하심을 입음, 하나님의 택하심〈롬9:11〉. 여명

G1590 ἐκλύω[5회] **에클뤼오**

G1537과 G3089에서 유래; (문자적으로 혹은 상징적으로) '약해지다':—실신하다, 용기를 잃다〈갈6:9〉. 동

G1591 ἐκμάσσω[5회] **에크맛소**

G1537과 G3145의 어간에서 유래; '닦다', 즉 (유추적으로) '마르게 훔치다':—씻다〈눅7:38〉. 동

G1592 ἐκμυκτηρίζω[2회] **에크뮈크테리조**

G1537과 G3456에서 유래; (터놓고) '냉소하다':—비웃다〈눅16:14〉. 동

G1593 ἐκνεύω[1회] **에크뉴오**

G1537과 G3506에서 유래; (유추적으로) '가만히 떠나가다', 즉 '조용히 물러가다':—자신을 피하게 하다〈요5:13〉. 동

G1594 ἐκνήφω[1회] **에크네ㅎ포**

G1537과 G3525에서 유래; (상징적으로) '혼수상태에서 일어나다':—깨어나다〈고전15:34〉. 동

G1595 ἑκούσιον[1회] **헤쿠시온**

G1635의 파생어에서 유래한 중성형; '자발적인':—자진해서 하는〈몬1:14〉. 형

G1596 ἑκουσίως[1회] **헤쿠시오스**

G1595와 동일어에서 유래한 부사; '자발적으로':—고의로, 자원해서〈히10:26〉. 부

G1597 ἔκπαλαι[2회] **에크팔라이**

G1537과 G3819에서 유래; '오래 전에', '오랫동안':—오랜 때에, 옛적부터〈벧후2:3〉. 부

G1598 ἐκπειράζω[4회] **에크페이라조**

G1537과 G3985에서 유래; '철저하게 시험하다':—시험(유혹)하다〈고전10:9〉. 동

G1599 ἐκπέμπω[2회] **에크펨포**

G1537과 G3992에서 유래; '급송하다':—보내다, 파견하다〈행13:4〉. 동

G1600 ἐκπετάννυμι[1회] **에크페탄뉘미**

G1537과 G4072의 한 형태에서 유래; '갑자기 뛰어 나가다', 즉 (유추적으로) '확장하다':—크게 벌리다〈롬10:21〉. 동

G1601 ἐκπίπτω[10회] **에크핍토**

G1537과 G4098에서 유래; '한 방울씩 떨어지다', 특히 과정으로부터 '떨어져 나가다'; (상징적으로) '잃다', '쓸모없게 되다':—던져지다, 떨어지다, 저버리다, 떨어져 나가다, 이반(離反)하다, 효과를 못 얻다〈롬9:6; 약1:11〉. 동

G1602 ἐκπλέω[3회] **에크플레오**

G1537과 G4126에서 유래; '배로 떠나다':—출항하다, (그곳에서부터) 항해하다〈행15:39〉. 동

G1603 ἐκπληρόω[1회] **에크플레로오**

G1537과 G4137에서 유래; 완전히 '성취하다':—이루다〈행13:33〉. 동

G1604 ἐκπλήρωσις[1회] **에크플레로시스**

G1603에서 유래; '(기간의) 만료':—완성〈행21:26〉. 여명

G1605 ἐκπλήσσω[13회] **에크플렛소**

G1537과 G4141에서 유래; '깜짝 놀라다':—아연케 하다, 놀라게 하다〈마7:28〉. 동

G1606 ἐκπνέω[3회] **에크프네오**

G1537과 G4154에서 유래; '숨을 거두다':—죽다〈눅23:46〉. 동

G1607 ἐκπορεύομαι[34회]

에크포류오마이
G1537과 G4198에서 유래; '떠나다', 놓아주다, 나가다, 내밀다:—나오다, (~으로부터) 나오다, 떠나다, 출입하다, 발행하다, (~으로부터) 나아가다 〈마4:4; 15:11〉. 동

G1608 ἐκπορνεύω[1회] **에크포르뉴오**
G1537과 G4203에서 유래; 완전히 '행실이 나쁘다':—음란에 빠지다〈유1:7〉. 동

G1609 ἐκπτύω[1회] **에크프튀오**
G1537과 G4429에서 유래; '내뱉다', 즉 (상징적으로) '퇴짜 놓다, 걷어차다':—거절하다〈갈4:14〉. 동

G1610 ἐκριζόω[4회] **에크리조오**
G1537과 G4492에서 유래; '뿌리 뽑다':—뿌리 채 뽑아내다〈마13:29〉. 동

G1611 ἔκστασις[7회] **에크스타시스**
G1839에서 유래; '마음의 변환', 즉 '당황', "무아경":—깜짝 놀람, 경악, 황홀〈행10:10〉. 여명

G1612 ἐκστρέφω[1회] **엑스트레ㅎ포**
G1537과 G4762에서 유래; (상징적으로) '(상도(常道)에서) 벗어나다':—전도(顚倒)되다〈딛3:11〉. 동

G1613 ἐκταράσσω[1회] **에크타랏소**
G1537과 G5015에서 유래; '심히 혼란시키다':—심히 교란하다〈행16:20〉. 동

G1614 ἐκτείνω[16회] **에크테이노**
G1537과 τείνω 테이노('뻗치다')에서 유래; '뻗다':—던지다, 내밀다, 내뻗다〈마12:13〉. 동

G1615 ἐκτελέω[2회] **에크텔레오**
G1537과 G5055에서 유래; '완전히 완성하다':—끝마치다〈눅14:29〉. 동

G1616 ἐκτένεια[1회] **에크테네이아**
G1618에서 유래; '열중':—열심〈행26:7〉. 여명

G1617 ἐκτενέστερον[5회] **에크테네스테론**
G1618의 합성어에서 유래한 중성형; '더욱 열심히':—더욱 진심으로〈눅22:44〉. 부

G1618 ἐκτενής[1회] **에크테네스**
G1614에서 유래; '간절한':—끊임없는, 뜨거운〈12:5〉. 형

G1619 ἐκτενῶς[3회] **에크테노스**
G1618에서 유래한 부사; '열심히':—뜨겁게〈벧전1:22〉. 부

G1620 ἐκτίθημι[4회] **에크티쎄미**
G1537과 G5087에서 유래; '집 밖에 버리다', (상징적으로) '밝히다':—상술하다〈행11:4〉. 동

G1621 ἐκτινάσσω[4회] **에크티낫소**
G1537과 τινάσσω 티낫소('흔들다')에서 유래; '거칠게 흔들다':—떨어 버리다〈행13:51〉. 동

G1622 ἐκτός[14회] **엑토스**
G1537에서 유래; '겉에'; 상징적으로 (전치사로서) '~외에', '그 이외에':—그러나, 제외하고, 달리, ~으로부터, 밖에, 없다면, 없이〈마23:36〉. 부

G1623 ἕκτος[8회] **헥토스**
G1803에서 유래된 서수; '여섯째의':—제 6의〈눅23:44〉 형

G1624 ἐκτρέπω[5회] **에크트레포**
G1537과 G5157의 어간에서 유래; '빗나가다', 즉 (문자적으로 혹은 상징적으로) '외면하다':—피하다, 얼굴을 돌리다, 밖으로 나가다〈딤전5:15〉. 동

G1625 ἐκτρέφω[2회] **에크트레ㅎ포**

G1537과 G5142에서 유래; 장성하기까지 '키우다', 즉 (일반적으로) 소중히 '기르다' 또는 '훈련시키다':—양육하다, 영양을 공급하다〈엡5:29〉. 동

G1626 ἔκτρωμα[1회] **에크트로마**
G1537의 합성어와 τιτρώσκω **티트로스코**('상하게 하다')에서 유래; '유산'('낙태'), 즉 (유추적으로) '조산':—만삭되지 못하여 태어난 자〈고전15:8〉. 중명

G1627 ἐκφέρω[8회] **에크ㅎ페로**
G1537과 G5343에서 유래; (문자적으로 혹은 상징적으로) '메고 나가다':—메다, 가지고 가다, 내어가다〈행5:6〉. 동

G1628 ἐκφεύγω[8회] **에크ㅎ퓨고**
G1537과 G5343에서 유래; '도망하다':—벗어나다, 피하다〈롬2:3〉. 동

G1629 ἐκφοβέω[1회] **에크ㅎ포베오**
G1537과 G5399에서 유래; '아주 놀라게 하다':—겁나게 하다〈고후10:9〉. 동

G1630 ἔκφοβος[2회] **에크ㅎ포보스**
G1537과 G5401에서 유래; 제 정신을 잃고 '놀라는':—매우 두려운, 굉장히 무서워하는〈막9:6〉. 형

G1631 ἐκφύω[2회] **에크ㅎ퓌오**
G1537과 G5453에서 유래; '싹이 트다':—(잎사귀를) 내다〈마24:32〉. 동

G1632 ἐκχέω[16회] **엑케오**
또는 ἐκχύνω **엑퀴노**
G1537과 χέω **케오**('붓다')에서 유래; '쏟다', (상징적으로) '(부어)주다':—쏟아지다, 쏟아내다, 욕심내어 달리다, (널리) 뿌리다, 흘리다〈행2:17; 계16:1〉. 동

G1633 ἐκχωρέω[1회] **엑코레오**
G1537과 G5562에서 유래; '떠나다':—떠나가다〈눅21:21〉. 동

G1634 ἐκψύχω[3회] **에크프쉬코**
G1537과 G5594에서 유래; '숨을 거두다':—혼이 떠나다, 죽다〈행5:5〉. 동

G1635 ἑκών[2회] **헤콘**
불확실한 유사어에서 유래; '자발적인':—자진해서 하는〈롬8:20〉. 형

G1636 ἐλαία[13회] **엘라이아**
폐어가 된 기본어로부터 추정된 파생어의 여성형; (나무나 열매) '올리브':—감람(열매, 나무)〈마21:1〉. 여명

G1637 ἔλαιον[11회] **엘라이온**
G1636과 동일어의 중성; '감람유':—기름〈막6:13〉. 중명

G1638 ἐλαιών[3회] **엘라이온**
G1636에서 유래; '올리브 밭', 즉 (특히) '감람산':—감람원〈행1:12〉. 남명

G1639 Ἐλαμίτης[1회] **엘라미테스**
기원은 히브리어 [H5867]; '엘람인' 또는 '바사인':—엘람인〈행2:9〉. 남명

G1640 ἐλάσσων[4회] **엘랏손**
또는 ἐλάττων **엘랏톤**
G1646과 동일어의 비교급; (크기, 양, 나이, 질에서) '더 작은':—더 적은, 아래의, 더 나쁜, 더 젊은〈요2:10〉. 형

G1641 ἐλαττονέω[1회] **엘랏토네오**
G1640에서 유래; '줄이다', 즉 '부족하다':—모자라다〈고후8:15〉. 동

G1642 ἐλαττόω[3회] **엘랏토오**
G1640에서 유래; (지위나 영향력이) '작아지다':—줄어들다, 더 낮아지게 하다〈요3:30〉. 동

G1643 ἐλαύνω[5회] **엘라우노**
불확실한 유사어의 기본 동사의 연장형, 이것의 대체어도 어떤 시제에서 사용을 제외하고는 폐어가 됨; (바람,

노, 마력적인 힘으로서) '밀다':—나르다, 운전하다, 노를 젓다〈막6:48〉. 동

G1644 ἐλαφρία[1회] **엘라ㅎ프리아**
G1645에서 유래; (상징적으로) '경솔', 즉 '변하기 쉬움':—가벼움〈고후1:17〉. 여명

G1645 ἐλαφρός[2회] **엘라ㅎ프로스**
아마도 G1643과 G1640의 어간과 유사; '가벼운', 즉 '쉬운':—경(輕)한〈마11:30〉. 형

G1646 ἐλάχιστος[14회] **엘라키스토스**
ἔλαχυς **엘라퀴스**('짧은')의 최상급; G3398과 동의어로서 사용; (크기, 양, 위엄, 등에 있어) '가장 작은':—가장 적은, 아주 작은(적은), 가장 작은〈고전15:9〉. 형

G1647 ἐλαχιστότερος[1회] **엘라키스토테로스**
G1646의 비교급; '훨씬 적은':—가장 작은 것보다 더 작은〈엡3:8〉. 형

G1648 Ἐλεάζαρ[2회] **엘레아자르**
기원은 히브리어 [H499]; '엘르아살', 이스라엘인:—엘르아살〈마1:15〉. 고명

G1649 ἔλεγξις[1회] **엘렝크시스**
G1651에서 유래; '논박', 즉 '책망':—비난〈벧후 2:16〉. 여명

G1650 ἔλεγχος[1회] **엘렝코스**
G1651에서 유래; '증거', '확신':—증거, 책망〈딤후3:16〉. 남명

G1651 ἐλέγχω[17회] **엘렝코**
불확실한 유사어에서 유래; '논박하다', '훈계하다':—죄를 깨닫게 하다, 납득시키다, 잘못을 말하다, 책망하다, 꾸짖다〈요3:20〉. 동

G1652 ἐλεεινός[2회] **엘레에이노스**
G1656에서 유래; '측은한':—불쌍한〈고전15:19〉. 형

G1653 ἐλεέω[29회] **엘레에오**
G1656에서 유래; (말이나 행동으로, 특히 하나님의 은혜로) '불쌍히 여기다':—동정하다, 불쌍히 여기다, 긍휼히 여기다, 자비를 얻다(나타내다)〈눅16:24〉. 동

G1654 ἐλεημοσύνη[13회] **엘레에모쉬네**
G1656에서 유래; '동정', 즉 (가난한 자에게 나타내는) '자선', 혹은 (구체적으로) '은혜를 베풂':—적선(積善), 자선행위〈마6:1〉. 여명

G1655 ἐλεήμων[2회] **엘레에몬**
G1653에서 유래; (능동적으로) '긍휼히 여기는':—자비한〈마5:7〉. 형

G1656 ἔλεος[27회] **엘레오스**
불확실한 유사어에서 유래; (사람이나 하나님, 특히 능동적인) '긍휼':—(온화한) 자비〈눅1:50〉. 중명

G1657 ἐλευθερία[11회] **엘류쎄리아**
G1658에서 유래; (합법적이거나 방탕한, 주로 도덕적으로 혹은 의례적으로) '자유':—자유함〈고전10:29〉. 여명

G1658 ἐλεύθερος[23회] **엘류쎄로스**
아마도 G2064의 대체어에서 유래; (가고 싶은 대로 '가는') '억제되지 않은', 즉 (시민으로서) '노예가 아닌'(자유롭게 '태어나거나' '해방된'), 혹은 (일반적으로)(책무나 의무로부터) '면제된':—자유로운 (남자, 여자), 속박당하지 않은〈요8:33〉. 형

G1659 ἐλευθερόω[7회] **엘류쎄로오**
G1658에서 유래; '해방하다', 즉 (상징적으로)(도덕적으로 의례적으로 혹은 인간적인 책임에서) '면제하다':

—해방시키다, 자유롭게 하다〈롬6:18〉. 동

G1660 ἔλευσις[1회] **엘류시스**
G2064의 대체어에서 유래; '도래(到來)':—오심〈행7:52〉. 여명

G1661 ἐλεφάντινος[1회] **엘레ㅎ판티노스**
ἔλεφας 엘레ㅎ파스('코끼리')에서 유래; '코끼리의', 즉 (함축적으로) '상아'로 만든:— 상아의〈계18:12〉. 형

G1662 Ἐλιακείμ[3회] **엘리아케임**
기원은 히브리어 [**H471**]; '엘리아김', 이스라엘인:—엘리아김〈마1:13〉. 고명

G1663 Ἐλιέζερ[1회] **엘리에제르**
기원은 히브리어 [**H461**]; '엘리에셀', 이스라엘인:—엘리에셀〈눅3:29〉. 고명

G1664 Ἐλιούδ[2회] **엘리우드**
기원은 히브리어 [**H410**과 **H1935**]; '위엄의 하나님'; '엘리웃', 이스라엘인:—엘리웃〈마1:14〉. 고명

G1665 Ἐλισάβετ[9회] **엘리사벳**
기원은 히브리어 [**H472**]; '엘리사벳', 이스라엘 여인:—엘리사벳〈눅1:5〉. 고명

G1666 Ἐλισσαῖος[1회] **엘릿사이오스**
기원은 히브리어 [**H477**]; '엘리사', 이스라엘인:—엘리사〈눅4:27〉. 고명

G1667 ἑλίσσω[2회] **헬릿소**
G1507의 한 형태; '뚤뚤 말다' 또는 '감싸다':—걷어 올리다〈히1:12〉. 동

G1668 ἕλκος[3회] **헬코스**
아마도 **G1670**에서 유래; '궤양':—헌데, 종기〈계16:2〉. 중명

G1669 ἑλκόω[8회] **헬코오**
G1668에서 유래; '궤양을 일으키다', 즉 (수동태) '궤양을 갖게 되다':—헌데가 가득하다〈눅16:20〉. 동

G1670 ἑλκύω[2회] **헬퀴오** 또는 ἕλκω **헬코**
아마도 **G138**과 유사; (문자적으로 혹은 상징적으로) '끌다':—당기다. **G1667**과 비교. 〈요6:44〉. 동

G1671 Ἑλλάς[1회] **헬라스**
불확실한 유사어에서 유래; '헬라'(혹은 '그리스'), 유럽의 한나라:—헬라〈행20:2〉. 고명

G1672 Ἕλλην[25회] **헬렌**
G1671에서 유래; '헬라사람'('그리스 사람') 또는 헬라 주민; 확대된 의미 '헬라어 말하는 사람', 특히 '유대인이 아닌 자':—이방인, 헬라인〈행19:10〉. 남명

G1673 Ἑλληνικός[1회] **헬레니코스**
G1672에서 유래; '헬라의', 즉 (언어에 있어서) '그리스어의':—헬라어의〈계9:11〉. 형

G1674 Ἑλληνίς[2회] **헬레니스**
G1672의 여성형; '헬라'(즉 '유대인이 아닌') 여자:—헬라 여인〈행17:12〉. 여명

G1675 Ἑλληνιστής[3회] **헬레니스테스**
G1672의 파생어에서 유래; '헬라말 사용자', 혹은 '헬라어를 말하는 유대인':—헬라파 사람〈행6:1〉. 남명

G1676 Ἑλληνιστί[2회] **헬레니스티**
G1675와 동일어에서 유래한 부사; '헬라적으로', 즉 '헬라말로':—헬라어로〈요19:20〉. 부

G1677 ἐλλογέω[1회] **엘로게오**
G1722와 **G3056**('계산'의 의미에서)에서 유래; '계산에 넣다', 즉 '속하는 것으로 하다':—~탓이라고 하다, ~간주하다〈롬5:13〉. 동

G1678 Ἐλμωδάμ[1회] **엘모담**

기원은 히브리어 [아마 **H486**의 대체어]; '엘마담', 이스라엘인:—엘마담〈눅3:28〉. 고명

G1679 ἐλπίζω[31회] **엘피조**
G1680에서 유래; '기대하다' 또는 '털어놓다':—바라다, 소망을 두다, 신뢰하다〈고전13:7〉. 동

G1680 ἐλπίς[53회] **엘피스**
기본어 ἔλπω **엘포**(보통 즐겁게 '예기하다')에서 유래; (추상명사 혹은 구상명사) '기대' 혹은 '확신':—믿음, 소망〈고전13:13〉. 여명

G1681 Ἐλύμας[1회] **엘뤼마스**
기원은 외래어; '엘루마', 마법사:—엘루마〈행13:8〉. 고명

G1682 ἐλωΐ[2회] **엘로이**
기원은 아람어 [대명 접미사가 붙은 **H426**]; '나의 하나님':—엘리〈막15:34〉. 남명

G1683 ἐμαυτοῦ[37회] **엠아우투**
G1700과 **G846**의 일반적인 합성어; '나 자신의' (그와 똑같이 여격) ἐμαυτῷ **엠아우토**와 대격 ἐμαυτόν **엠아우톤**:—스스로, 나 자신〈요5:31〉. 대

G1684 ἐμβαίνω[17회] **엠바이노**
G1722와 **G939**의 어간에서 유래; '올라가다', 즉 (배에) '타다', (웅덩이에) '도달하다':—들어가다, 들어오다, 걸어 들어가다, 배를 타다〈막6:45〉. 동

G1685 ἐμβάλλω[1회] **엠발로**
G1722와 **G906**에서 유래; '위에 던지다', 즉 (상징적으로)(영원한 형벌을) '받다':— 던져 넣다〈눅12:5〉. 동

G1686 ἐμβάπτω[2회] **엠밥토**
G1722와 **G911**에서 유래; '가라앉히다', 즉 (사람의 일부분)을 유체(流體)와 접촉해서 '적시다':—담가 넣다〈요13:26〉. 동

G1687 ἐμβατεύω[1회] **엠바튜오**
G1722와 **G939**의 어간의 추정된 파생어에서 유래; **G1684**의 동의어; (상징적으로) '밀어 넣다':—밀고 들어가다〈골2:18〉. 동

G1688 ἐμβιβάζω[1회] **엠비바조**
G1722와 βιβάζω **비바조**('오르다'; **G1684**의 사역동사)에서 유래; '올려놓다', 즉 (배로) '옮기다':—안으로 오르게 하다〈행27:6〉. 동

G1689 ἐμβλέπω[12회] **엠블레포**
G1722와 **G991**에서 유래; '구경하다', 즉 (비교적으로) 뚫어지게 '관찰하다', 혹은 (절대적으로) 똑똑히 '분별하다':—보다, 주목하다, 쳐다보다, 볼(수) 있다〈막10:21; 행1:11〉. 동

G1690 ἐμβριμάομαι[5회] **엠브리마오마이**
G1722와 βριμάομαι **브리마오마이**(분노로 '씩씩거리다')에서 유래; '분개하다', 즉 (타동사) '나무라다', (자동사) 분함으로 '한탄하다', (특히) 엄격하게 '명하다':—엄중하게 비난하다, 으르렁거리다, ~에 대하여 불평하다〈막1:43〉. 동

G1691 ἐμέ[90회] **에메**
G3165의 연장형; '나를':—나, 나를, 나의, 나 자신〈롬1:15〉. 대

G1692 ἐμέω[1회] **에메오**
불확실한 유사어에서 유래; '토하다':—토해내다〈계3:16〉. 동

G1693 ἐμμαίνομαι[1회] **엠마이노마이**
G1722와 **G3105**에서 유래; '사납게 날뛰다', 즉 '격노하다':—격분하다〈행26:11〉. 동

G1694 Ἐμμανουήλ[1회] **엠마누엘**

기원은 히브리어 [**H6005**]; '하나님이 우리와 함께 하심', '임마누엘', 그리스도의 이름:—임마누엘〈마1:23〉. 고명

G1695 Ἐμμαούς[1회] **엠마우스**
아마도 기원은 히브리어 [**H3222**와 비교]; '엠마오', 팔레스타인의 한 장소:—엠마오〈눅24:13〉. 고명

G1696 ἐμμένω[4회] **엠메노**
G1722와 **G3306**에서 유래; 같은 곳에 '머무르다', 즉 (상징적으로) '유지하다':—계속하다〈행14:22〉. 동

G1697 Ἐμμώρ[1회] **엠모르**
기원은 히브리어 [**H2544**]; '하몰', 가나안인:—하몰〈행7:16〉. 고명

G1698 ἐμοί[95회] **에모이**
G3427의 연장형; '나에게':—나, 나를, 나의 것, 나의〈롬7:8; 히10:30〉. 대

G1699 ἐμός[76회] **에모스**
G1473(**G1698**, **G1700**, **G1691**)의 사격(斜格)에서 유래; '나의':—나(자신)의 것, 나의〈요8:16〉. 대

G1700 ἐμοῦ[19회] **에무**
G3449의 연장형; '나의':—나를, 나의 것, 나의〈요14:6〉. 대

G1701 ἐμπαιγμός[1회] **엠파이그모스**
G1702에서 유래; '조소':—조롱〈히11:36〉. 남명

G1702 ἐμπαίζω[13회] **엠파이조**
G1722와 **G3815**에서 유래; '조소하다', 즉 '조롱하다':—조롱하다〈마2:16〉. 동

G1703 ἐμπαίκτης[2회] **엠파이크테스**
G1702에서 유래; '조소하는 자', 즉 (함축적으로) '거짓선생':—조롱하는 자, 비웃는 사람〈유1:18〉. 남명

G1704 ἐμπεριπατέω[1회] **엠페리파테오**
G1722와 **G4043**에서 유래; 한 장소를 '배회하다', 즉 (상징적으로) 사람들 사이를 '차지하다':—두루 다니다〈고후6:16〉. 동

G1705 ἐμπίπλημι[5회] **엠피플레미** 또는 ἐμπλήθω **엠피플레쏘**
G1722와 **G4118**의 어간에서 유래; '채우다', 즉 (함축적으로)(문자적으로 혹은 상징적으로) '만족시키다':—배불리다(배부르다)〈요6:12〉. 동

G1706 ἐμπίπτω[7회] **엠핍토**
G1722와 **G4098**에서 유래; '빠지다', 즉 (문자적으로) 덫에 걸리다, 혹은 (상징적으로) 압도당하다:—떨어지다, 빠져 들어가다〈딤전3:6〉. 동

G1707 ἐμπλέκω[2회] **엠플레코**
G1722와 **G4120**에서 유래; '얽히게 하다', 즉 (상징적으로) '휘감기다':—엉클어지게 하다, 얽매이다〈딤후2:4〉. 동

G1708 ἐμπλοκή[1회] **엠플로케**
G1707에서 유래; 머리를 공들여 '땋기':—땋은 머리〈벧전3:3〉. 여명

G1709 ἐμπνέω[1회] **엠프네오**
G1722와 **G4154**에서 유래; '들이 마시다', 즉 (상징적으로)(~에 열중하여) '생기가 돌다':—(기분 따위를) 나타내다〈행9:1〉. 동

G1710 ἐμπορεύομαι[2회] **엠포류오마이**
G1722와 **G4198**에서 유래; (행상인으로 나라를) '여행하다', 즉 (함축적으로) '장사하다':—매매하다, 제품(이득)을 만들다〈약4:13〉. 동

G1711 ἐμπορία[1회] **엠포리아**
G1713에서 유래한 여성형; '통상':—장사〈마22:5〉. 여명

G1712 ἐμπόριον[1회] **엠포리온**
G1713에서 유래한 중성형; '시장'('상업중심지'):—장사하는 곳〈요2:16〉. 중명

G1713 ἔμπορος[5회] **엠포로스**
G1722와 G4198의 어간에서 유래; (도매) '상인':—장사꾼〈계18:3〉. 남명

G1714 ἐμπρήθω[1회] **엠프레쏘**
G1722와 πρήθω **프레**쏘(불꽃을 '불다')에서 유래; (불을) '타오르게 하다', 즉 '불붙이다':—불사르다〈마22:7〉. 동

G1715 ἔμπροσθεν[48회] **엠프로스쎈**
G1722와 G4314에서 유래; (장소 [문자적으로 혹은 상징적으로] 혹은 시간에서) '앞에':—대항해서, 전에, 보는 앞에, 면전에〈눅5:19〉. 부

G1716 ἐμπτύω[6회] **엠프튀오**
G1722와 G4429에서 유래; '~에 침 뱉다':—침 뱉음 받다〈막10:34〉. 동

G1717 ἐμφανής[2회] **엠ㅎ파네스**
G1722와 G5316의 합성어에서 유래; '명백한':—분명한, 공공연한〈행10:4〉. 형

G1718 ἐμφανίζω[10회] **엠ㅎ파니조**
G1717에서 유래; (사람에 있어서) '나타내다' 혹은 (말에 의해) '발표하다':—나타나다, (명백히) 선언하다, 알리다, 의견을 공표하다, 보이다, 표시하다〈행24:1〉. 동

G1719 ἔμφοβος[5회] **엠ㅎ포보스**
G1722와 G5401에서 유래; '무서워하는', 즉 '깜짝 놀란':—두려워하는, 떨리는〈행22:9〉. 형

G1720 ἐμφυσάω[1회] **엠ㅎ퓌사오**
G1722와 φυσάω ㅎ**퓌**사오('훅 불다') [G5453과 비교]에서 유래; '불다':—숨을 내쉬다〈요20:22〉. 동

G1721 ἔμφυτος[1회] **엠ㅎ퓌토스**
G1722와 G5453의 파생어에서 유래; (상징적으로) '심어진':—새겨진〈약1:21〉. 형

G1722 ἐν[2757회] **엔**
(장소, 시간, 상태에서)(지정된) '위치', 그리고 (함축적으로)(중간적으로 혹은 연계적으로) '수단'을 나타내는 기본전치사, 즉 (G1519와 G1537의 중간에) '중간 휴지(休止)'의 관계; "안에", '~에', '위에', '곁에', 등등. 종종 드물게 동작의 동사와 함께, 그리고 방향을 가리키지 않고, (생략적으로) 별도의 (다른) 전치사에 의한 경우를 제외하고, 실질적으로 같은 의미로, 복합적으로 사용됨:—근처에, 뒤에, 대하여, 거의, 함께, 사이에, 로서, 에, 앞에, 사이에, 곁에, 여기에, 위하여, 자신을 전적으로 에게 주는, 안에, 안으로, 내면적으로, 힘차게, 왜냐하면, 위에, 표면적으로, 빨리, 곧, 통하여, 일관되게, 에게, 아래에, 때에, 어디에, 동안에, 함께, 내부에〈요15:4; 롬8:29; 계8:13〉. 전

G1723 ἐναγκαλίζομαι[2회] **에낭칼리조마이**
G1722와 G43의 파생어에서 유래; '팔로 안다', 즉 '껴안다':—안다〈막9:36〉. 동

G1724 ἐνάλιος[1회] **에날리오스**
G1722와 G251에서 유래; '바다의', 즉 '바다에 사는':—바다의 (생물)〈약3:7〉. 형

G1725 ἔναντι[2회] **에난티**
G1722와 G473에서 유래; '앞에'(즉 상징적으로 '면전에'):—앞에〈눅1:8〉.

[부]

G1726 ἐναντίον[8회] **에난티온**
G1727의 중성형; (부사적으로) '면전에'(보이는 곳에):—앞에, ~의 면전에 〈눅24:19〉. [전]

G1727 ἐναντίος[8회] **에난티오스**
G1725에서 유래; '반대편의', 상징적으로 '적대의':—대적하는, 거스르는 〈행27:4〉. [형]

G1728 ἐνάρχομαι[2회] **엔아르코마이**
G1722와 G756에서 유래; '시작하다':—[G757에 대한 착오에 의해] 다스리다〈갈3:3〉. [동]

G1729 ἐνδεής[1회] **엔데에스**
G1722와 G1210의 합성어('결핍'의 의미에서)에서 유래; '~이 모자라는':—부족한(가난한)〈행4:34〉. [형]

G1730 ἔνδειγμα[1회] **엔데이그마**
G1731에서 유래; (구상명사) '표시':—명백한 표〈살후1:5〉. [중명]

G1731 ἐνδείκνυμι[11회] **엔데이크뉘미**
G1722와 G1166에서 유래; (말이나 행위로) '가리키다':—행하다, 보이다, 나타내다〈딛2:10〉. [동]

G1732 ἔνδειξις[4회] **엔데이크시스**
G1731에서 유래; (추상명사) '지시':—선언, 분명한 표, 증거〈롬3:25〉. [여명]

G1733 ἕνδεκα[6회] **헨데카**
G1520과 G1176의 중성형에서 유래; '하나'와 '열', 즉 '열하나':—열하나 〈눅24:9〉. [수]

G1734 ἑνδέκατος[3회] **헨데카토스**
G1733에서 유래한 서수; '열한째':—열한째의〈계21:20〉. [형]

G1735 ἐνδέχεται[1회] **엔데케타이**
G1722와 G1209의 합성어의 3인칭 단수 현재; (비인칭적으로) '받아들이다', 즉 ('가능하다고') '인정되다':—~일 수 있다, 가능하다〈눅13:33〉. [동]

G1736 ἐνδημέω[3회] **엔데메오**
G1722와 G1218의 합성어에서 유래; '고향에 있다', (상징적으로) '집에 있다':—편히 있다, 거하다〈고후5:6〉. [동]

G1737 ἐνδιδύσκω[2회] **엔디뒤스코**
G1746의 연장형; (옷을) '입히다':—옷을 입다, 입고 있다〈눅8:27〉. [동]

G1738 ἔνδικος[2회] **엔디코스**
G1722와 G1349에서 유래; '옳은', 즉 '공정한':—정당한〈히2:2〉. [형]

G1739 ἐνδόμησις[1회] **엔도메시스**
G1722의 합성어와 G1218의 어간의 파생어에서 유래; '유숙'('거주'), 즉 '건조물':— 건축물〈계21:18〉. [여명]

G1740 ἐνδοξάζω[2회] **엔독사조**
G1741에서 유래; '영광을 더하다':—영광을 돌리다〈살후1:10〉. [동]

G1741 ἔνδοξος[4회] **엔독소스**
G1722와 G1391에서 유래; '영광 가운데 있는', 즉 '화려한', (상징적으로) '존귀한':—영광스러운, 호화로운, 영예스러운〈눅13:17〉. [형]

G1742 ἔνδυμα[8회] **엔뒤마**
G1746에서 유래; '의복' (특히 '외투'):—옷, 겉옷, 예복〈마3:4〉. [중명]

G1743 ἐνδυναμόω[7회] **엔뒤나모오**
G1722와 G1412에서 유래; '권능을 부여하다':—힘을 얻다, 힘세게 하다, 강하게 하다, 강하다, 강건케 하다 〈롬4:20〉. [동]

G1744 ἐνδύνω[1회] **엔뒤노**
G1722와 G1416에서 유래; '가라앉

다'(함축적으로 '감싸다'[**G1746**과 비교]), 즉 (상징적으로) '가만히 들어가다':—기어[들어]가다〈딤후3:6〉. 동

G1745 ἔνδυσι[1회] **엔뒤시스**
G1746에서 유래; '옷을 착용함':—옷을 입음〈벧전3:3〉. 여명

G1746 ἐνδύω[27회] **엔뒤오**
G1722와 **G1416**(옷 속에 '파묻히다'라는 의미에서)에서 유래; (문자적으로 혹은 상징적으로) 옷을 '입다':—차려 입히다, 의복을 걸치다, 입다, 붙이다〈마6:25〉. 동

G1747 ἐνέδρα[2회] **에네드라**
G1722와 **G1476**의 어간에서 유래한 여성형; '매복', 즉 (상징적으로) 살인의 '의도':—잠복하여 기다림. 또한 **G1749**를 보라. 〈행25:3〉. 여명

G1748 ἐνεδρεύω[2회] **에네드류오**
G1747에서 유래; '숨어 기다리다', 즉 (상징적으로) 암살을 '도모하다':—노리고 기다리다〈행23:21〉. 동

G1749 ἔνεδραν[2회] **에네드론**
G1747과 동일어에서 유래한 중성형; '매복', 즉 (상징적으로) 살인할 '계획':—복병〈행23:16〉. 중명

G1750 ἐνειλέω[1회] **에네일레오**
G1722와 **G1507**의 어간에서 유래; '감싸다':—싸다〈막15:46〉. 동

G1751 ἔνειμι[1회] **엔에이미**
G1722와 **G1510**에서 유래; '안에 (들어)있다'(중성형, 분사, 복수):—갖고 있는 것. 또한 **G1762**를 보라. 〈눅11:41〉. 동

G1752 ἕνεκα[4회] **헤네카** 또는 ἕνεκεν **헤네켄** 또는 εἵνεκεν **헤이네켄**
불확실한 유사어에서 유래; ' 때문에':—왜냐하면, ~를 위하여, 무슨 이유로, 이유로, 그래서〈막8:35; 행19:32〉. 전

G1753 ἐνέργεια[8회] **에네르게이아**
G1756에서 유래; '능력'("정력"):—작용, 강함, (효력 있는) 작업〈빌3:21〉. 여명

G1754 ἐνεργέω[21회] **에네르게오**
G1756에서 유래; '활동적이다', '효율적이다':—행하다, 효과적이다, 열렬하다, 능력 있다, 자신을 나타내다, 효과적으로 일하다〈롬7:5〉. 동

G1755 ἐνέργημα[2회] **에네르게마**
G1754에서 유래; '효과':—작용, 작업〈고전12:6〉. 중명

G1756 ἐνεργής[3회] **에네르게스**
G1722와 **G2041**에서 유래; '활동적인', '작용하는':—효과적인, 능력 있는〈고전16:9〉. 형

G1757 ἐνευλογέω[2회] **에뉼로게오**
G1722와 **G2127**에서 유래; '은혜를 베풀다':—축복하다〈갈3:8〉. 동

G1758 ἐνέχω[3회] **에네코**
G1722와 **G2192**에서 유래; '붙들다', 즉 '함정에 빠뜨리다'; 함축적으로 '원한을 품다':—뒤얽히게 하다, 대항하여 싸우다, 몰아대다〈막6:19〉. 동

G1759 ἐνθάδε[8회] **엔싸데**
G1722의 연장형에서 유래; 정확히는 '안에', 즉 (장소의) '여기', '이리로':—이곳에, 거기에, 이쪽으로〈요4:15〉. 부

G1760 ἐνθυμέομαι[2회] **엔쒸메오마이**
G1722와 **G2372**의 합성어에서 유래; '영감이 떠오르다', 즉 '숙고하다':—생각하다〈행10:19〉. 동

G1761 ἐνθύμησις[4회] **엔쒸메시스**
G1760에서 유래; '숙고':—고안, 생각

〈마9:4; 행17:29〉.여명

G1762 ἔνι[6회] **에니**

G1751의 현재 직설법 3인칭 단수의 압축형; 비인칭 안에 또는 사이에 '있다':—~이다, 있다〈갈3:28〉.동

G1763 ἐνιαυτός[14회] **에니아우토스**

기본적 ἔνος 에노스('일년')의 연장형; '한 해':—년〈요11:49〉.남명

G1764 ἐνίστημι[7회] **에니스테미**

G1722와 G2476에서 유래; '가까이 두다', 즉 (재귀형) '절박하다', (분사) '즉각적인':—이르다, 가깝다, 현존하다〈갈1:4〉.동

G1765 ἐνισχύω[2회] **에니스퀴오**

G1722와 G2480에서 유래; '원기를 돋구다'(타동사 또는 재귀형):—강건하여지다〈행9:19〉.동

G1766 ἔννατος[10회] **엔나토스**

G1767에서 유래한 서수; '아홉째의':—제 9〈마27:45〉.형

G1767 ἐννέα[1회] **엔네아**

기본수사; '아홉':—아홉〈눅17:17〉.수

G1768 ἐννενηκονταεννέα[5회] **엔네네콘타엔네아**

G1767과 G1767의 열배를 합한 수; '아흔 아홉':—아흔과 아홉〈눅15:4〉.수

G1769 ἐννεός[1회] **엔네오스**

G1770에서 유래; (신호하는 것으로) '말을 못하는', 즉 놀라서 '침묵하는':—말이 안 나오는〈행9:7〉.형

G1770 ἐννεύω[1회] **엔뉴오**

G1772와 G3506에서 유래; '끄덕이다', 즉 '손짓으로 부르다' 또는 '몸짓으로 의사를 통하다':—신호를 보내다〈눅1:62〉.동

G1771 ἔννοια[2회] **엔노이아**

G1722와 G3563의 합성어에서 유래; '생각이 깊음', 즉 도덕적인 '이해':—의도, 마음〈히4:12〉.여명

G1772 ἔννομος[2회] **엔노모스**

G1722와 G3551에서 유래; (주관적으로) '합법적인', 혹은 (객관적으로) '복종하는':—적법한, 법 아래 있는〈행19:39〉.형

G1773 ἔννυχον[1회] **엔뉘콘**

G1722와 G3571의 합성어의 중성형; (부사적으로) '밤에':—날새기 전〈막1:35〉.부

G1774 ἐνοικέω[5회] **에노이케오**

G1722와 G3611에서 유래; (상징적으로) '거주하다':—거하다〈롬8:11〉.동

G1775 ἑνότης[2회] **헤노테스**

G1520에서 유래; '하나 됨', 즉 (상징적으로) '만장일치':—연합〈엡4:3〉.여명

G1776 ἐνοχλέω[2회] **에노클레오**

G1722와 G3791에서 유래; '강요하다', 즉 (상징적으로) '괴롭히다':—괴롭게 하다〈히12:15〉.동

G1777 ἔνοχος[10회] **에노코스**

G1758에서 유래; (조건, 형벌, 혹은 허물의) '책임이 있는':—위험성이 있는, 유죄의, (심판을) 받게 되는〈마5:21; 히2:15〉.형

G1778 ἔνταλμα[3회] **엔탈마**

G1781에서 유래; '명령', 즉 종교적 '교훈':—계명〈골2:22〉.중명

G1779 ἐνταφιάζω[2회] **엔타ㅎ피아조**

G1722와 G5028의 합성어에서 유래; 매장을 위해 수의로 '싸다':—매장하다〈마26:12〉.동

G1780 ἐνταφιασμός[2회] **엔타ㅎ피아스모스**
G1779에서 유래; 매장 '준비':—장례 〈요12:7〉. 남명

G1781 ἐντέλλομαι[15회] **엔텔로마이**
G1722와 G5056의 어간에서 유래; '명령하다':—분부하다, 명령하다, 계명을 주다, 금하다〈요8:5〉. 동

G1782 ἐντεῦθεν[10회] **엔튜쎈**
G1759와 동일어에서 유래; (문자적으로 혹은 상징적으로) '지금으로부터', (반복된) '양편에':—여기에서, 어느 한쪽에〈요19:18〉. 부

G1783 ἔντευξις[2회] **엔튜크시스**
G1793에서 유래; '회견', 즉 (특히) '간구':—도고, 기도〈딤전2:1〉. 여명

G1784 ἔντιμος[5회] **엔티모스**
G1722와 G5092에서 유래; (상징적으로) '가치 있는':—친애하는, 더욱 존경할만한, 귀한, 덕망 있는〈벧전2:4〉. 형

G1785 ἐντολή[67회] **엔톨레**
G1781에서 유래; '명령', 즉 권위 있는 '규정':—계명, 계율〈마5:19〉. 여명

G1786 ἐντόπιος[1회] **엔토피오스**
G1722와 G5117에서 유래; '거주하는':—그곳의〈행21:12〉. 형

G1787 ἐντός[2회] **엔토스**
G1722에서 유래; (부사 혹은 명사) '안쪽에':—안에〈눅17:21〉. 부

G1788 ἐντρέπω[9회] **엔트레포**
G1722와 G5157의 어간에서 유래; '거꾸로 하다', 즉 (상징적으로 그리고 재귀형) 좋은 의미에서 '존경하다'; 또는 나쁜 의미에서 '혼동하다':—중시하다, 존중하다, 부끄러워하다〈눅20:13〉. 동

G1789 ἐντρέφω[9회] **엔트레ㅎ포**
G1722와 G5142에서 유래; (상징적으로) '교육하다':—양육하다〈딤전4:6〉. 동

G1790 ἔντρομος[3회] **엔트로모스**
G1722와 G5156에서 유래; '놀란':—떨리는, 무서워 떠는〈행7:32; 히12:21〉. 형

G1791 ἐντροπή[2회] **엔트로페**
G1788에서 유래; '혼동':—수치〈고전6:5〉. 여명

G1792 ἐντρυφάω[1회] **엔트뤼ㅎ파오**
G1722와 G5171에서 유래; '주연을 베풀다':—스스로 즐겁게 보내다〈벧후2:13〉. 동

G1793 ἐντυγχάνω[5회] **엔튕카노**
G1722와 G5177에서 유래; '우연히 만나다', 즉 (함축적으로) '협의하다', 확대된 의미로 (편들거나 반대하여) '간청하다':—다루다, 중재하다〈롬8:27〉. 동

G1794 ἐντυλίσσω[3회] **엔튈릿소**
G1772와 τυλίσσω 튈릿소('비틀다'; 아마도 G1507과 유사)에서 유래; '얽히게 하다', 즉 '감다':—(함께) 감싸다〈마27:59〉. 동

G1795 ἐντυπόω[1회] **엔튀포오**
G1722와 G5179의 파생어에서 유래; '새겨 넣다' 즉 '조각하다':—새기다〈고전3:7〉. 동

G1796 ἐνυβρίζω[1회] **에뉘브리조**
G1722와 G5195에서 유래; '모욕을 주다':—욕되게 하다〈히10:29〉. 동

G1797 ἐνυπνιάζομαι[2회] **에뉘프니아조마이**
G1798에서 유래한 중간태; '꿈꾸다':—꿈꾸다 (꿈꾸는 사람)〈행2:17〉. 동

G1798 ἐνύπνιον[1회] **에뉘프니온**
G1722와 G5258에서 유래; 꿈에 보이는 '어떤 것', 즉 '꿈'(꿈속에 '환상'):—꿈〈행2:17〉.[중명]

G1799 ἐνώπιον[94회] **에노피온**
G1722의 합성어와 G3700의 파생어에서 유래한 중성형; (문자적으로 혹은 상징적으로) '정면에서':—앞에, 면전에, ~에〈갈1:20〉.[부]

G1800 Ἐνώς[1회] **에노스**
기원은 히브리어 [H583]; '에노스', 족장:—에노스〈눅3:38〉.[고명] 히브리 이름, 아담의 손자이고 셋의 아들

G1801 ἐνωτίζομαι[1회] **에노티조마이**
G1722와 G3775의 합성어에서 유래한 중간태; '귀 담아 듣다', 즉 '경청하다':—귀를 기울이다〈행2:14〉.[동]

G1802 Ἐνώχ[3회] **에녹**
기원은 히브리어 [H2585]; '에녹', 대홍수 이전의 사람:—에녹〈히11:5〉.[고명] 변화되어서 하늘로 살아서 간 자 에녹(야렛의 아들)

G1803 ἕξ[10회] **헥스**
기본수사; '여섯':—육〈눅4:25〉.[수]

G1804 ἐξαγγέλλω[2회] **엑상겔로**
G1537과 G32의 어간에서 유래; '발표하다', 즉 '세상에 알리다':—선포하다〈벧전2:9〉.[동]

G1805 ἐξαγοράζω[4회] **엑사고라조**
G1537과 G59에서 유래; '매점하다', 즉 '속량하다', 상징적으로 상실로부터 '구출하다'(기회를 '활용하다'):—구속(救贖)하다〈갈3:13〉.[동]

G1806 ἐξάγω[12회] **엑사고**
G1537과 G71에서 유래; '인도해 나가다':—이끌어내다(나가다), 데리고 나가다〈눅24:50〉.[동]

G1807 ἐξαιρέω[8회] **엑사이레오**
G1537과 G138에서 유래; 능동태, '뜯어내다'; 중간태, '선발하다'; 상징적으로 '풀어 놓다':—구해내다, 잡아 빼다, 구출하다〈행7:10〉.[동]

G1808 ἐξαίρω[1회] **엑사이로**
G1537과 G142에서 유래; '제거하다':—쫓아내다, 내쫓다〈고전5:2〉.[동]

G1809 ἐξαιτέομαι[1회] **엑사이테오마이**
G1537과 G154에서 유래한 중간태; '요구하다'(법정에서):—소원하다〈눅22:31〉.[동]

G1810 ἐξαίφνης[5회] **엑사이ㅎ프네스**
G1537과 G160의 어간에서 유래; '홀연히'('뜻밖에'):—갑자기. G1819와 비교.〈행9:3〉.[부]

G1811 ἐξακολουθέω[3회] **엑사콜루쎄오**
G1537과 G190에서 유래; '철저히 추구하다', 즉 (상징적으로) '모방하다', '순종하다', '복종하다':—따르다〈벧후1:16〉.[동]

G1812 ἑξακόσιοι[1회] **헥사코시오이**
G1803과 G1540에서 유래한 복수형 서수; '육백':—육백〈계13:18〉.[수]

G1813 ἐξαλείφω[5회] **엑살레이ㅎ포**
G1537과 G218에서 유래; '더러움을 없애다', 즉 '지우다'(눈물을 '닦다', 상징적으로 죄를 '용서하다'):—얼룩을 지우다, 닦아 없이하다〈행3:19〉.[동]

G1814 ἐξάλλομαι[1회] **엑살로마이**
G1537과 G242에서 유래; '튀어나가다':—뛰어 오르다〈행3:8〉.[동]

G1815 ἐξανάστασις[1회] **엑사나스타시스**
G1817에서 유래; '죽음에서 일어남':—부활〈빌3:11〉.[여명]

G1816 ἐξανατέλλω[2회] **엑사나텔로**
G1537과 G393에서 유래; 땅으로부

터 갑자기 '나타나다', 즉 '발아하다': —돋아나다〈마13:5〉.동

G1817 ἐξανίστημι[3회] **엑사니스테미**
G1537과 **G450**에서 유래; 객관적으로 '생산해 내다', 즉 (상징적으로) '자식을 보다', 주관적으로 '일어나다', 즉 (상징적으로) '반대하다':—일으키다(일어나다)〈막12:19〉.동

G1818 ἐξαπατάω[6회] **엑사파타오**
G1537과 **G538**에서 유래; '완전히 부추기다':—미혹하다, 속이다〈롬7:11〉. 동

G1819 ἐξάπινα[1회] **엑사피나**
G1537과 **G160**과 동일어의 파생어에서 유래; '갑자기', 즉 '뜻밖에':—문득. **G1810**과 비교.〈막9:8〉.부

G1820 ἐξαπορέομαι[2회] **엑사포레오마이**
G1537과 **G639**에서 유래한 중간태; '극도로 당황해 하다', 즉 '낙심하다': —절망하다〈고후1:8〉.동

G1821 ἐξαποστέλλω[13회] **엑사포스텔로**
G1537과 **G649**에서 유래; '멀리 보내다', 즉 (사명을 주어) '파송하다', 혹은 (선수를 쳐서) '해고하다':—멀리 보내다, 발송하다, 내보내다〈눅1:53〉. 동

G1822 ἐξαρτίζω[2회] **엑사르티조**
G1537과 **G739**의 파생어에서 유래; '(날을) 끝마치다'(시간), 상징적으로 (교사로서) '충분히 갖추다':—완성하다, 완전히 갖추다〈행21:5〉.동

G1823 ἐξαστράπτω[1회] **엑사스트랍토**
G1537과 **G797**에서 유래; '밝아지다', 즉 (상징적으로; 매우 흰 옷이) '빛나다':—번쩍이다〈눅9:29〉.동

G1824 ἐξαυτῆς[6회] **엑사우테스**
G1537과 **G846**의 총칭적 단수 여성형 (**G5610**의 뜻 참조)에서 유래; '바로 그 시간에', 즉 '즉시로':—이윽고, 곧, 이내, 마침〈막6:25; 행10:33〉.부

G1825 ἐξεγείρω[2회] **엑세게이로**
G1537과 **G1453**에서 유래; '완전히 깨우다', 즉 (상징적으로; 죽음에서) '소생시키다', (형벌에서) '풀어주다': —일으키다〈롬9:17〉.동

G1826 ἔξειμι[4회] **엑세이미**
G1537과 εἶμι 에이미('가다')로부터 유래; '나오다', 즉, (한 장소를) '떠나다', (바닷가로) '도피하다':—떠나다, (육지에) 도달하다, 밖으로 나가다. 동

G1827 ἐξελέγχω[1회] **엑셀렝코**
G1537과 **G1651**에서 유래; '완전히 정죄하다', 즉 (함축적으로) '벌하다': —납득시키다〈유1:15〉.동

G1828 ἐξέλκω[1회] **엑셀코**
G1537과 **G1670**에서 유래; '끌어내다', 즉 (상징적으로; 죄짓도록) '꾀다':—끌어가버리다〈약1:14〉.동

G1829 ἐξέραμα[1회] **엑세라마**
G1537과 추정된 ἐράω **에라오**('토해내다')의 합성어에서 유래; '구토물', 즉 '토한 음식':—토한 것〈벧후2:22〉. 중명

G1830 ἐξερευνάω[1회] **엑세류나오**
G1537과 **G2045**에서 유래; (상징적으로) '탐구하다':—부지런히 탐색하다〈벧전1:10〉.동

G1831 ἐξέρχομαι[218회] **엑스에르코마이**
G1537과 **G2064**에서 유래; (문자적으로 혹은 상징적으로) '발행하다':—나오다, 나가다, 떠나다, 피하다, 외국으로 가다, 가버리다, (그곳으로부터) 가다, 널리 퍼져 나가다〈마20:1;

막8:11; 요삼1:7〉. 동

G1832 ἔξεστι[32회] **엑세스티**

G1537과 **G1510**의 합성어의 현재 직설법 3인칭 단수; 또한 ἐξόν **엑손**(**G1510**의 어떤 형이 수반되거나 또는 없거나) 중성 현재 분사; 비인칭 '~은 옳다'(공중 앞에 '나타나다'의 상징적 개념으로):—합당하다, 가하다, 가능하다〈마14:4〉. 동

G1833 ἐξετάζω[3회] **엑세타조**

G1537과 ἐτάζω **에타조**('조사하다')에서 유래; (의문에 의해) '철저하게 시험하다', 즉 '확인하다' 또는 '심문하다':—묻다, 조사하다, 찾다〈마2:8〉. 동

G1834 ἐξηγέομαι[6회] **엑세게오마이**

G1537과 **G2233**에서 유래; '생각해 내다', 즉 '자세히 이야기하다', '나타내다':—선언하다, 이야기하다〈요1:18〉. 동

G1835 ἑξήκοντα[6회] **헥세콘타**

G1803의 열배; '육십':—육십, 60배, 예순〈마13:23〉. 수

G1836 ἑξῆς[5회] **헥세스**

G2192('잡다', 즉 '인접된'이라는 의미에서)에서 유래; '연속하여':—후에, 다음에, 이튿날, 다음〈행27:18〉. 부

G1837 ἐξηχέομαι[1회] **엑세케오마이**

G1537과 **G2278**에서 유래한 중간태; "메아리쳐" '나가다', 즉 '울려 퍼지다'(일반적으로 전해져):—들리다〈살전1:8〉. 동

G1838 ἕξις[1회] **헥시스**

G2192에서 유래; '습관', 즉 (함축적으로) '연습':—사용〈히5:14〉. 여명

G1839 ἐξίστημι[17회] **엑시스테미**

G1537과 **G2476**에서 유래; '정신을 잃게 하다', 즉 '놀라게 하다', 혹은 (재귀형) '놀라게 되다', '미치다':—깜짝 놀라게 하다, 정신을 잃다, 매혹하다, 놀라다〈막2:12; 행8:9〉. 동

G1840 ἐξισχύω[1회] **엑시스퀴오**

G1537과 **G2480**에서 유래; '충분한 힘이 갖다', 즉 '완전한 능력 있다':—할 수 있다〈엡3:18〉. 동

G1841 ἔξοδος[3회] **엑소도스**

G1537과 **G3598**에서 유래; '퇴장', 즉 (상징적으로) '죽음':—사망, 떠남〈벧후1:15〉. 남명

G1842 ἐξολεθρεύω[1회] **엑솔레쓰류오**

G1537과 **G3645**에서 유래; '박멸하다':—멸망시키다〈행3:23〉. 동

G1843 ἐξομολογέω[10회] **엑소몰로게오**

G1537과 **G3670**에서 유래; '인정하다' 혹은 (함축적으로) '전적으로 동의하다', 자백하다:—고백하다, 공언하다, 약속하다〈롬14:11〉. 동

G1844 ἐξορκίζω[1회] **엑소르키조**

G1537과 **G3726**에서 유래; '맹세를 강요하다', 즉 '탄원하다':—간원하다〈마26:63〉. 동

G1845 ἐξορκιστής[1회] **엑소르키스테스**

G1844에서 유래; '맹세(혹은 주문)에 의해 묶인 자', 즉 (함축적으로) '무당'(귀신 쫓는 사람, 축사가 逐邪家):—구마사(驅魔師)〈행19:13〉. 남명

G1846 ἐξορύσσω[2회] **엑소륏소**

G1537과 **G3736**에서 유래; '파내다', 즉 (확대된 의미로)(눈을) '빼내다', (지붕 이는 재료를) '제거하다':—분쇄하다, 잡아 빼다〈막2:4〉. 동

G1847 ἐξουδενόω[1회] **엑수데노오**

G1537과 **G3762**의 중성형의 파생어에서 유래; '완전히 경멸하다', 즉 '멸

시하다':—무시하다. 또한 **G1848**을 보라.〈막9:12〉. 동

G1848 ἐξουθενέω[11회] **엑수쎄네오**
G1847의 변화형으로 같은 의미:—멸시하다, 경멸하다, 업신여기다, 무시하다〈롬14:3〉. 동

G1849 ἐξουσία[102회] **엑수시아**
G1832('능력'의 의미에서)에서 유래; '특권', 즉 (주관적으로) '힘', '재능', '능력', '자유', 혹은 (객관적으로) '지배'(구상명사; '행정장관', '초능력 인간', '군주', '통제의 상징'), 대표되는 '영향력':—권위, 사법권, 자유, 권능, 권리, 힘〈고전9:12; 행26:12〉. 여명

G1850 ἐξουσιάζω[4회] **엑수시아조**
G1849에서 유래; '지배하다':—권위를 행사하다, 권세 아래 가져오다〈고전7:4〉. 동

G1851 ἐξοχή[1회] **엑소케**
G1537과 **G2192**('뛰어나다'라는 뜻)의 합성어에서 유래; 상징적으로 '두드러짐':— 장(長), 높은 사람들〈행25:23〉. 여명

G1852 ἐξυπνίζω[1회] **엑쉬프니조**
G1853에서 유래; '깨우다':—잠에서 깨우다〈요11:11〉. 동

G1853 ἔξυπνος[1회] **엑쉬프노스**
G1537과 **G5258**에서 유래; '깨어 있는':—잠에서 깬〈행16:27〉. 형

G1854 ἔξω[63회] **엑소**
G1537에서 유래한 부사; '밖에', '곁에', '문밖에'(문자적으로 혹은 상징적으로):—멀리, 밖으로, 없이, 벗어나, 바깥쪽으로, 이상하게〈눅1:10〉. 부

G1855 ἔξωθεν[13회] **엑소쎈**
G1854에서 유래; '외부적'(으로):—밖에서, 밖으로, 외적으로, ~없이〈눅11:40〉 부 외부적으로, 밖으로부터, 외적으로, ~이 없이 a)명 outside; 외부 b)형 external; 외부의 c)전치사로서 속격을 동반하여. outside;

G1856 ἐξωθέω[2회] **엑소쎄오**
또는 ἐξώθω **엑소쏘**
G1537과 ὠθέω **오쎄오**('밀다')에서 유래; '추방하다', 함축적으로 추진하다:—몰아내다, 밀어 넣다〈행7:45〉. 동

G1857 ἐξώτερος[3회] **엑소테로스**
G1854의 비교급; '외부의':—바깥의〈마8:12〉. 형

G1858 ἑορτάζω[1회] **헤오르타조**
G1859에서 유래; '명절을 지키다':—잔치를 하다〈고전5:8〉. 동

G1859 ἑορτή[26회] **헤오르테**
불확실한 유사어; '명절':—축제, 절기〈요6:4; 골2:16〉. 여명

G1860 ἐπαγγελία[52회] **에팡겔리아**
G1861에서 유래; (지식, 동의 또는 서약에 대해; 특히 선에 대한 신적인 '확신'을) '알림':—소식, 약속〈행2:33; 엡6:2〉. 여명

G1861 ἐπαγγέλλω[15회] **에팡겔로**
G1909와 **G32**의 어간에서 유래; (재귀형) '예고하다', 즉 (함축적으로) 무엇을 하기로 '약속하다', 자신에 관한 것을 '주장하다':—공언하다, 약속하다〈롬4:21〉. 동

G1862 ἐπάγγελμα[2회] **에팡겔마**
G1861에서 유래; (선한 것에 대한 '확신'에 의해) '공약':—약속〈벧후1:4〉. 중명

G1863 ἐπάγω[3회] **에파고**
G1909와 **G71**에서 유래; '덧붙이다',

즉 ('악을') '가하다', (죄를) '~에 돌리다':— 에게 초래하다〈행5:28〉.동

G1864 ἐπαγωνίζομαι[1회] **에파고니조마이**
G1909와 **G75**에서 유래; '싸우다':— 힘써 싸우다〈유1:3〉.동

G1865 ἐπαθροίζω[1회] **에파쓰로이조**
G1909와 ἀθροίζω **아쓰로이조**(모으다)에서 유래; '축적하다':—함께 빽빽하게 모이다〈눅11:29〉.동

G1866 Ἐπαίνετος[1회] **에파이네토스**
G1867에서 유래; '찬양받는', '에배네도', 기독교인:—에배네도〈롬16:5〉.고명

G1867 ἐπαινέω[6회] **에파이네오**
G1909와 **G134**에서 유래; '박수갈채하다':—칭찬하다, 기리다, 찬양하다〈고전11:2〉.동

G1868 ἔπαινος[11회] **에파이노스**
G1909와 **G134**의 어간에서 유래; '찬미'; 구체적으로 '칭찬할 만한' 것:—칭찬〈빌1:11〉.남명

G1869 ἐπαίρω[19회] **에파이로**
G1909와 **G142**에서 유래; (문자적 혹은 상징적으로) '들어 올리다':—높이다, 들리어 올라가다〈행2:14〉.동

G1870 ἐπαισχύνομαι[11회] **에파이스퀴노마이**
G1909와 **G153**에서 유래; 무언가에 대해 '부끄럽게 여기다':—부끄러워하다〈롬1:16〉.동

G1871 ἐπαιτέω[2회] **에파이테오**
G1909와 **G154**에서 유래; '간청하다':—빌어먹다〈눅16:3〉.동

G1872 ἐπακολουθέω[4회] **에파콜루쎄오**
G1909와 **G190**에서 유래; '동반하다':—뒤따르다〈막16:20〉.동

G1873 ἐπακούω[1회] **에파쿠오**
G1909와 **G191**에서 유래; (호의를 가지고) '귀를 기울이다':—듣다〈고후6:2〉.동

G1874 ἐπακροάομαι[1회] **에파크로아오마이**
G1909와 **G202**의 어간에서 유래; (열심히) '경청하다':—듣다〈행16:25〉.동

G1875 ἐπάν[3회] **에판**
G1909와 **G302**에서 유래; 부정(不定) 동시대성 불변사; '~할 때는 언제든지', '~하자마자':—~할 때〈눅11:22〉.접

G1876 ἐπάναγκες[1회] **에파낭케스**
G1909와 **G318**의 추정된 합성어에서 유래한 중성형; (부사적으로) '필요하여', 즉 '필연적으로':—필요(요긴)한〈행15:28〉.형

G1877 ἐπανάγω[3회] **에파나고**
G1909와 **G321**에서 유래; '인도해 올리다', 즉 (전문용어로; 바다로) '나아가다, 출범하다'; (자동사) '돌아오다':—물 위에 띄우다, 밀어(떼어)내다, 돌아오다〈마21:18〉 동

G1878 ἐπαναμιμνήσκω[1회] **에파나밈네스코**
G1909와 **G363**에서 유래; '기억나게 하다':—생각나게 하다〈롬15:15〉.동

G1879 ἐπαναπαύομαι[2회] **에파나파우오마이**
G1909와 **G363**에서 유래한 중간태; '~에 자리 잡다', 문자적으로 ('머물다') 또는 상징적으로 ('의지하다'):—신뢰를 두다〈눅10:6〉.동

G1880 ἐπανέρχομαι[2회] **에파네르코마이**
G1909와 **G424**에서 유래; '올라오다', 즉 '돌아오다':—다시(돌아) 오다〈눅

10:35〉.동

G1881 ἐπανίσταμαι[2회] **에파니스타마이**
G1909와 **G450**에서 유래한 중간태; '거역하다', 즉 (상징적으로) '공격하다':—대적하다〈마10:21〉.동

G1882 ἐπανόρθωσις[1회] **에파노르쏘시스**
G1909와 **G461**의 합성어에서 유래; '다시 정리함', 즉 (상징적으로) '교정(개혁)':—바르게 함〈딤후3:16〉.여명

G1883 ἐπάνω[19회] **에파노**
G1909와 **G507**에서 유래; '위에', 즉 (장소, 양, 지위의) '상위' 또는 '위':—위쪽에, ~을 넘어(餘), 위에, 이상(以上)〈눅4:39〉.뭐

G1884 ἐπαρκέω[3회] **에파르케오**
G1909와 **G714**에서 유래; '소용에 닿다', 즉 '돕다':—구제하다〈딤전5:10〉.동

G1885 ἐπαρχία[2회] **에파르키아**
G1909와 **G757**(한 지역의 '통치자', 주지사를 의미)의 합성어에서 유래; 통치의 '특별지역', 즉 로마의 '영지'(주):—도〈행23:34〉.여명

G1886 ἔπαυλις[1회] **에파울리스**
G1909와 **G833**의 동의어에서 유래; '오두막', 즉 '주거':—거처〈행1:20〉.여명

G1887 ἐπαύριον[17회] **에파우리온**
G1909와 **G839**에서 유래; '다음날'에 일어나는, 즉 (**G2250**이 함축되어) '내일':—다음날, 이튿날〈마27:62; 요1:43〉.뭐

G1888 ἐπαυτοφώρῳ[1회] **에파우토ㅎ포로**
G1909와 **G846**과 φώρ ㅎ포르('도둑')의 파생어(의 여격 단수)에서 유래; '도둑질 자체에 있어서', 즉 (유추적으로) '실제범죄에서':—바로 그 행동에서(현장에서)〈요8:4〉.뭐

G1889 Ἐπαφρᾶς[3회] **에파ㅎ프라스**
G1891에서 유래한 압축형; '에바브라', 기독교인:—에바브라〈골1:7; 몬1:23〉.고명

G1890 ἐπαφρίζω[1회] **에파ㅎ프리조**
G1909와 **G875**에서 유래; '거품을 내다', 즉 (상징적으로; 비열한 열정을) '드러내다':—거품을 뿜다〈유13〉.동

G1891 Ἐπαφρόδιτος[2회] **에파ㅎ프로디토스**
G1909('헌신하다'는 의미에서)와 Ἀφροδίτη **아ㅎ프로디테**(비너스)에서 유래; '에바브로디도', 기독교인:—에바브로디도. **G1889**와 비교하라.〈빌2:25〉.남명

G1892 ἐπεγείρω[2회] **에페게이로**
G1909와 **G1453**에서 유래; '선동하다', 즉 (상징적으로) '흥분시키다':—일으키다, 분발시키다〈행13:50; 14:2〉.동

G1893 ἐπεί[26회] **에페이**
G1909와 **G1487**에서 유래; '그래서', 즉 (시간이나 원인의) '그 이래':—왜냐하면, 그렇지 않으면, 그것 때문에, ~인 까닭에, 그렇지 않으면, ~을 볼 때, ~이래로, ~의 때〈마18:32; 눅1:34〉.접

G1894 ἐπειδή[10회] **에페이데**
G1893과 **G1211**에서 유래; '지금 이래로', 즉 (시간의) '~때' 혹은 (원인의) '~까닭에':—그 후, 왜냐하면, 그 때문에, ~인 까닭에, ~를 보아서, ~이니까〈마21:46; 고전14:16〉.접

G1895 ἐπειδήπερ[1회] **에페이데페르**
G1894와 **G4007**에서 유래; (원인의)

'과연 …이므로':—…인 까닭에〈눅 1:1〉.[접]

G1896 ἐπεῖδον[2회] **에페이돈**
같은 시제의 다른 법과 인칭 포함; **G1909**와 **G1492**에서 유래; (호의를 가지거나 달리) '주목해서 보다':—보다, 굽어보다〈눅1:25〉.[동]

G1897 ἐπείπερ[1회] **에페이페르**
G1893과 **G4007**에서 유래; (원인의) 참으로 '~이므로':—~한 것을 보면〈롬3:30〉.[접]

G1898 ἐπεισαγωγή[1회] **에페이사고게**
G1909와 **G1521**의 합성어에서 유래; '추가적으로 도입됨':—끌어들임〈히 7:19〉.[여명]

G1899 ἔπειτα[16회] **에페이타**
G1909와 **G1534**에서 유래; '그 후에':—그 다음에, 그 뒤에, 그런 다음〈막 7:5〉.[부]

G1900 ἐπέκεινα[1회] **에페케이나**
G1909와 **G1565**(중성 대격복수)에서 유래; '그편 위에', 즉 '저편에':—~을 넘어서, 밖에〈행7:43〉.[부]

G1901 ἐπεκτείνομαι[1회] **에페크테이노마이**
G1909와 **G1614**에서 유래한 중간태; 손을 앞으로 '뻗치다':—(어떤 물건을 잡으려고) 손`발을 앞으로 뻗치다〈빌3:13〉.[동]

G1902 ἐπενδύομαι[2회] **에펜뒤오마이**
G1909와 **G1746**에서 유래한 중간태; '위에 입히다':—옷을 덧입다〈고후 5:2〉.[동]

G1903 ἐπενδύτης[1회] **에펜뒤테스**
G1902에서 유래; '싸는 것', 즉 겉옷:—어부의 옷〈요21:7〉.[남명]

G1904 ἐπέρχομαι[9회] **에페르코마이**
G1909와 **G2064**에서 유래; '잇달아 일어나다', 즉 '다다르다', '발생하다', '임박하다', '공격하다', (상징적으로) '영향을 끼치다':—오다, 미치다〈행 1:8〉.[동]

G1905 ἐπερωτάω[56회] **에페로타오**
G1909와 **G2065**에서 유래; '구하다', 즉 '묻다', '찾다':—안부를 묻다, 질문하다, 요구하다, 바라다, 신문하다〈눅18:18; 고전14:35〉.[동]

G1906 ἐπερώτημα[1회] **에페로테마**
G1905에서 유래; '문의':—간구, 응답, 고백, 서약〈벧전3:21〉.[중명]

G1907 ἐπέχω[5회] **에페코**
G1909와 **G2192**에서 유래; 굳게 '잡다', 즉 (함축적으로) '보유하다', (확대된 의미로) '못 떠나게 붙들다', (**G3563**의 뜻이 함축되어) '주의하다':—조심하다, 꼭 붙잡다, 주의를 기울이다, 머무르다〈행3:5〉.[동]

G1908 ἐπηρεάζω[2회] **에페레아조**
G1909의 합성어와 (아마도) ἀρειά 아레이아('협박')에서 유래; '모욕하다', '비난하다':—심술궂게 다루다, 잘못되게 고소하다〈눅6:28; 벧전3:6〉.[동]

G1909 ἐπί[891회] **에피**
기본 전치사, 정확하게는 (시간, 장소, 순서 등에) '위에 덧붙임'을 의미; '분배'의 관계 [속격과 함께], 즉 '~위에', '휴지'의 관계 (여격과 함께) '~에', '위에'; '방향'의 관계 (대격과 함께) '향하여', '위에'. 복합어에 있어서 본질적으로 동일한 의미를 보유하는데, '~에', '위에' 등 (문자적으로 또는 상징적으로):—(시간의) 근처에, 위에, 옆에, 지우다, 앞에, 그러므로, 안에(장소, 시간), 안으로, (때문에), 대

신에, 통하여, 일관되게, 향하여, 함께〈막4:31; 행3:10; 롬1:18〉.전

G1910 ἐπιβαίνω[6회] **에피바이노**
G1909와 G939의 어간에서 유래; '걸어 오르다', 즉 '오르다', '올라가다', '승선하다', '도착하다':—들어가다, 들다, 해외로 나가다, 올라앉다, 배를 타다〈마21:5〉.동

G1911 ἐπιβάλλω[18회] **에피발로**
G1909와 G906에서 유래; (문자적 혹은 상징적으로, 타동사 또는 재귀형; 보통 다소 강세적으로) '위에 던지다', 특히 (G1438의 뜻이 함축되어) '반영하다', 비인칭적으로 '속하다':—때려 넣다, 위에 던지다, 떨어지다, 위에 놓다, 채워 넣다, 뻗치다, 생각해 내다〈눅20:19〉.동

G1912 ἐπιβαρέω[3회] **에피바레오**
G1909와 G916에서 유래; '무겁게 하다', 즉 (금전적으로) '비싸다'; 상징적으로 '~에 대하여 엄격하다':—부담지울 수 있다, 부당하게 요구하다〈고후2:5〉.동

G1913 ἐπιβιβάζω[3회] **에피비바조**
G1909와 G939의 어간의 중복파생어 [G307과 비교]에서 유래; (짐승에) '타게 하다':—태우다〈행23:24〉.동

G1914 ἐπιβλέπω[3회] **에피블레포**
G1909와 G991에서 유래; (은혜, 연민, 편애를 가지고) '응시하다':—굽어 살피다, 주목해서 보다, 돌보아 주다〈눅1:48〉.동

G1915 ἐπίβλημα[4회] **에피블레마**
G1911에서 유래; '헝겊조각':—조각〈눅5:36〉.중명

G1916 ἐπιβοάω[1회] **에피보아오**
G1909와 G994에서 유래; '~에 대하여 외치다':—부르짖다〈행25:24〉.동

G1917 ἐπιβουλή[4회] **에피불레**
G1909와 G1014의 추정된 합성어에서 유래; 누군가에 '반대하는 계획', 즉 '음모':— 숨어서 기다리기〈행20:19〉.여명

G1918 ἐπιγαμβρεύω[1회] **에피감브류오**
G1909와 G1062의 파생어에서 유래; '인척관계를 이루다', 즉 (특히) 수혼(嫂婚)(과부가 고인의 형제와 결혼하는 관습)에서:—결혼하다, 장가들다〈마22:24〉.동

G1919 ἐπίγειος[7회] **에피게이오스**
G1909와 G1093에서 유래; (육체적으로 혹은 도덕적으로) '세상적인':—이 세상의, 땅에 있는, 지구상의〈고전15:40〉.형

G1920 ἐπιγίνομαι[1회] **에피기노마이**
G1909와 G1096에서 유래; '위에 도달하다', 즉 (바람이) '일어나다':—불다〈행28:3〉.동

G1921 ἐπιγινώσκω[44회] **에피기노스코**
G1909와 G1097에서 유래; 어떤 표식을 '알다', 즉 '인식하다', (함축적으로) '완전히 알게 되다', '인정하다':—(잘) 알다, 자인하다, 지식을 가지다, 깨닫다〈롬1:32〉.동

G1922 ἐπίγνωσις[20회] **에피그노시스**
G1921에서 유래; '인식', 즉 (함축적으로) 완전한 '식별', '인정':—지식, 승인〈골1:9〉.여명

G1923 ἐπιγραφή[5회] **에피그라ㅎ페**
G1924에서 유래; '비문':—표제〈눅20:24〉.여명

G1924 ἐπιγράφω[5회] **에피그라ㅎ포**
G1909와 G1125에서 유래; (육체적 혹은 정신적으로) '새기다':—적다,

(위에) 써넣다〈히8:10〉.동
G1925 ἐπιδείκνυμι[7회] 에피데이크뉘미
G1909와 G1166에서 유래; (육체적 혹은 정신적으로) '나타내다':—보이다〈행9:3,9〉.동
G1926 ἐπιδέχομαι[2회] 에피데코마이
G1909와 G1209에서 유래; (손님이나 [상징적으로] 선생으로서) '영접하다':—맞아들이다〈요삼1:9〉.동
G1927 ἐπιδημέω[2회] 에피데메오
G1909의 합성어와 G1218에서 유래; '편하게 하다', 즉 (확대된 의미로) '거주하다'(외국에서):—그곳에 거주하다, 나그네가 되다〈행17:21〉.동
G1928 ἐπιδιατάσσομαι[1회] 에피디아탓소마이
G1909와 G1299에서 유래한 중간태; 추가 조항을 붙이다, 즉 '보충하다'(추가조항으로):—더하다〈갈3:15〉.동
G1929 ἐπιδίδωμι[9회] 에피디도미
G1909와 G1325에서 유래; '내어주다'(손수 혹은 포기하다):—건네주다, 주다, 하게 하다, 제공하다〈눅11:11〉.동
G1930 ἐπιδιορθόω[1회] 에피디오르쏘오
G1909와 G3717의 파생어에서 유래; '한층 더 바르게 하다', 즉 (상징적으로) '추가적으로 정리하다':—바로 잡다〈딛1:5〉.동
G1931 ἐπιδύω[1회] 에피뒤오
G1909와 G1416에서 유래; 완전히 '지다'(해가):—내려가다〈엡4:26〉.동
G1932 ἐπιείκεια[2회] 에피에이케이아
G1933에서 유래; '적당함', 즉 (함축적으로) '공정', '온화':—관대, 관용함〈행24:4〉.여명
G1933 ἐπιεικής[5회] 에피에이케스
G1909와 G1503에서 유래; '적절한', 즉 (함축적으로) '온화한':—너그러운, 절제하는, 인내하는〈딤전3:3〉.형
G1934 ἐπιζητέω[13회] 에피제테오
G1909와 G2212에서 유래; '탐색(질문)하다'; 강세적으로 '요구하다', '열망하다':— 원하다, 묻다, 찾다, 추구하다〈막8:12〉.동
G1935 ἐπιθανάτιος[1회] 에피싸나티오스
G1909와 G2288에서 유래; '사형을 언도 받은':—죽이기로 작정한〈고전4:9〉.형
G1936 ἐπίθεσις[4회] 에피쎄시스
G2007에서 유래; '얹음'(공식적으로 손을):—안수〈딤전4:14〉.여명
G1937 ἐπιθυμέω[16회] 에피쒸메오
G1909와 G2372에서 유래; '마음을 두다', 즉 '갈망하다', (정당하게 또는 달리):— 탐하다, 바라다, 기꺼이 ~하다, 열망하다〈롬7:7〉.동
G1938 ἐπιθυμητής[1회] 에피쒸메테스
G1937에서 유래; '열망하는 자':—욕망〈고전10:6〉.남명
G1939 ἐπιθυμία[38회] 에피쒸미아
G1937에서 유래; '동경'(특히 금지된 것을):—강한 욕망, 욕구, 색욕〈엡4:22〉.여명
G1940 ἐπικαθίζω[1회] 에피카씨조
G1909와 G2523에서 유래; '올라앉다':—타다〈마21:7〉.동
G1941 ἐπικαλέομαι[30회] 에피칼레오마이
G1909와 G2564에서 유래한 중간태; '이름을 붙이다', 함축적으로 '호소하다'(도움, 예배, 증거, 결정 등을):—간청하다, 부르다, 일컫다〈행2:21; 10:18〉.동

G1942 ἐπικάλυμα[1회] **에피칼뤼마**
G1943에서 유래; 덮는 것, 즉 (상징적으로) '핑계':—가리는 것, 구실〈벧전 2:16〉. 중명

G1943 ἐπικαλύπτω[1회] **에피칼륍토**
G1909와 **G2572**에서 유래; '숨기다', 즉 (상징적으로) '용서하다':—덮다〈롬4:7〉. 동

G1944 ἐπικατάρατος[2회] **에피카타라토스**
G1909와 **G2672**의 파생어에서 유래; '저주받은', 즉 '저주할':—저주받은〈갈3:10〉. 형

G1945 ἐπίκειμαι[7회] **에피케이마이**
G1909와 **G2749**에서 유래; 위에 놓이다(문자적 또는 상징적으로):—강요하다, 절박하다, 놓이다(그 위에), 몰려들다〈눅5:1; 고전9:16〉. 동

G1946 Ἐπικούρειος[1회] **에피쿠레이오스**
Ἐπίκουρος **에피쿠로스**[**G1947**과 비교](유명한 철학자)에서 유래; '쾌락주의자' 혹은 에피쿠로스의 추종자:—에피쿠로스파 사람〈행17:18〉. 남명

G1947 ἐπικουρία[1회] **에피쿠리아**
G1909와 **G2877**('종'의 의미로)의 어간의 연장형의 합성어에서 유래; '원조':—도움〈행26:22〉. 여명

G1948 ἐπικρίνω[1회] **에피크리노**
G1909와 **G2919**에서 유래; '판결하다':—언도하다〈눅23:24〉. 동

G1949 ἐπιλαμβάνομαι[19회] **에필람바노마이**
G1909와 **G2983**에서 유래한 중간태; '잡다'(도움, 해, 목표달성 또는 그 밖의 목적물을; 문자적 혹은 상징적으로):—잡다, 붙잡다, 붙들다, 데리고 가다〈눅9:47; 행9:27〉. 동

G1950 ἐπιλανθάνομαι[8회] **에필란따노마이**
G1909와 **G2990**에서 유래한 중간태; '소홀히 하다'; 함축적으로 '게을리 하다':— 잊다, 잊어버리다〈빌3:13〉. 동

G1951 ἐπιλέγομαι[2회] **에필레고마이**
G1909와 **G3004**에서 유래한 중간태; '성을 붙이다', '선택하다':—~라고 부르다, 택하다〈요5:2; 행15:40〉. 동

G1952 ἐπιλείπω[1회] **에필레이포**
G1909와 **G3007**에서 유래; '~한 채로 놔두다', 즉 (상징적으로) '불충분하다':—부족하다〈히11:32〉. 동

G1953 ἐπιλησμονή[1회] **에필레스모네**
G1950의 파생어에서 유래; '태만':—잊어버림〈약1:25〉. 여명

G1954 ἐπίλοιπος[1회] **에필로이포스**
G1909와 **G3062**에서 유래; '남겨진', 즉 '남아 있는':—나머지의〈벧전4:2〉. 형

G1955 ἐπίλυσις[1회] **에필뤼시스**
G1956에서 유래; '설명', 즉 '적용':—해석〈벧후1:20〉. 여명

G1956 ἐπιλύω[2회] **에필뤼오**
G1909와 **G3089**에서 유래; '더 깊이 해석하다', 즉 (상징적으로) '설명하다', '결정하다':—결단하다, 상술하다〈막4:34; 행19:39〉. 동

G1957 ἐπιμαρτυρέω[1회] **에피마르튀레오**
G1909와 **G3140**에서 유래; '더욱 증명하다', 즉 '확증하다':—증언하다〈벧전5:12〉. 동

G1958 ἐπιμέλεια[1회] **에피멜레이아**
G1959에서 유래; '조심스러움', 즉 친절한 '관심'(호의):—기운 나게 함〈행

27:3〉. 여명
G1959 ἐπιμελέομαι[3회] **에피멜레오마이**
G1909와 **G3199**와 동일어에서 유래한 중간태; '돌보다'(육체적으로, 혹은 그 밖의 방도로):—돌보아주다〈눅10:34〉. 동
G1960 ἐπιμελῶς[1회] **에피멜로스**
G1959의 파생어에서 유래한 부사; '주의 깊게':—부지런히〈눅15:8〉. 부
G1961 ἐπιμένω[17회] **에피메노**
G1909와 **G3306**에서 유래; '위에 머무르다', 즉 '남다'(상징적으로, '인내하다'):— 머무르다(안에), 계속하다, 체재하다〈행10:48; 롬11:23〉. 동
G1962 ἐπινεύω[1회] **에피뉴오**
G1909와 **G3506**에서 유래; '고개를 끄덕이다', 즉 (함축적으로) '동의하다':—허락하다〈행18:20〉. 동
G1963 ἐπίνοια[1회] **에피노이아**
G1909와 **G3563**에서 유래; 마음의 '고려', 즉 (함축적으로) '의지':—생각〈행8:22〉. 여명
G1964 ἐπιορκέω[1회] **에피오르케오**
G1965에서 유래; '위증을 범하다':—거짓맹세하다〈마5:33〉. 동
G1965 ἐπίορκος[1회] **에피오르코스**
G1909와 **G3727**에서 유래; '맹세하는', 즉 (거짓으로) '맹세하는 자':—거짓 맹세하는〈딤전1:10〉. 형
G1966 ἐπιοῦσα[5회] **에피우사**
G1909의 합성어와 εἶμι 에이미('가다')의 여성 단수 분사; '잇달아 일어나는', 즉 (**G2250** 혹은 **G3571**의 뜻이 함축되어) '이튿날'(낮 또는 밤):—따라오는, 다음의〈행16:11〉. 분
G1967 ἐπιούσιος[2회] **에피우시오스**
아마도 **G1966**과 동일어에서 유래; '내일의'; 그러나 더 가능성 있는 것은 **G1909**와 **G1510**의 현재분사 여성형의 파생어에서 유래된 듯; '생존을 위한', 즉 '필요한':—일용할〈마6:11〉. 형
G1968 ἐπιπίπτω[11회] **에피핍토**
G1909와 **G4098**에서 유래; (사랑으로) '포옹하다' 또는 '붙잡다'(다소 폭력으로; 문자적 혹은 상징적으로):—하기 시작하다, 닥치다, 덮다, 엎드리다, 몰려들다〈눅1:12〉. 동
G1969 ἐπιπλήσσω[1회] **에피플렛소**
G1909와 **G4141**에서 유래; '응징하다', 즉 (말로) '신랄하게 비판하다':—꾸짖다〈딤전5:1〉. 동
G1970 ἐπιπνίγω[1회] **에피프니고**
G1909와 **G4155**에서 유래; '목을 조르다', 즉 (상징적으로) '(다른 식물을) 살지 못하게 할 만큼 무성해지다':—기운을 막다〈눅8:7〉. 동
G1971 ἐπιποθέω[9회] **에피포쎄오**
G1909와 ποθέω 포쎄오(동경하다)에서 유래; '사랑에 빠지다', 즉 갖기를 '열망하다'(합법적으로 혹은 부당하게):—(열심으로, 심히) 원하다, 간절히 사모하다, 갈망하다〈고후5:2〉. 동
G1972 ἐπιπόθησις[2회] **에피포쎄시스**
G1971에서 유래; '사모함':—진지한 (격렬한) 욕구〈고후7:7〉. 여명
G1973 ἐπιπόθητος[1회] **에피포쎄토스**
G1909와 **G1971**의 후반부의 파생어에서 유래; '동경 받는', 즉 대단히 '사랑받는':— 사모하는〈빌4:1〉. 형
G1974 ἐπιποθία[1회] **에피포씨아**
G1971에서 유래; '간절한 소망':—큰 욕구〈롬15:23〉. 여명
G1975 ἐπιπορεύομαι[1회]
에피포류오마이

G1909와 G4198에서 유래; '멀리 여행가다', 즉 '여행하다'(도착하다):—오다〈눅8:4〉.동

G1976 ἐπιῤῥάπτω[1회] **에피르흐랍토**
G1909와 G4476의 어근에서 유래; '꿰매다', 즉 바늘로 '깁다':—바느질해 붙이다〈막2:21〉.동

G1977 ἐπιῤῥίπτω[2회] **에피르흐립토**
G1909와 G4496에서 유래; '위에 던지다'(문자적으로 혹은 상징적으로):—맡기다〈눅19:35〉.동

G1978 ἐπίσημος[2회] **에피세모스**
G1909와 G4591의 어근과 같은 형에서 유래; '괄목할만한', 즉 (상징적으로) '특출한':—저명한, 유명한〈마27:16〉.형

G1979 ἐπισιτισμός[1회] **에피시티스모스**
G1909와 합성어와 G4621의 파생어에서 유래; '식량 공급', 즉 (구체적으로) '식품':—먹을 것〈눅9:12〉.남명

G1980 ἐπισκέπτομαι[11회] **에피스켑토마이**
G1909와 G4649의 어간에서 유래한 중간태; '조사하다', 즉 (함축적으로) 선택하다; 확대된 의미로 '보러가다', '돌아보다':—돌보다, 방문하다〈눅1:68〉.동

G1981 ἐπισκηνόω[1회] **에피스케노오**
G1909와 G4637에서 유래; '장막을 치다', 즉 (상징적으로) '머무르다':—쉬게 하다〈고후12:9〉.동

G1982 ἐπισκιάζω[5회] **에피스키아조**
G1909와 G4639의 파생어에서 유래; '그림자를 던지다', 즉 (유추적으로) 광택의 아지랑이로 '싸다'; 상징적으로 초자연적인 영향력으로 '입히다':—가리다, 덮다〈눅1:35〉.동

G1983 ἐπισκοπέω[2회] **에피스코페오**
G1909와 G4648에서 유래; '감독하다', 함축적으로 '조심하다':—열심히 보다, 감독을 하다〈히12:15, 벧전5:2〉.동

G1984 ἐπισκοπή[4회] **에피스코페**
G1980에서 유래; '조사'(구원을 위한), 함축적으로 '감독', 특히 기독교의 '감독':—"감독, 주교"의 직무, 감독의 교구, 방문〈행1:20; 벧전2:12〉.여명

G1985 ἐπίσκοπος[5회] **에피스코포스**
G1909와 G4649(G1983의 의미에서)에서 유래; '감독', 즉 교회의 일반적 책임을 맡는 기독교의 직분자(문자적으로 또는 상징적으로):—주교, 감독〈빌1:1〉.남명

G1986 ἐπισπάομαι[1회] **에피스파오마이**
G1909와 G4685에서 유래; '끌어당기다', 즉 [G203의 뜻이 함축되어] '할례'의 표시를 '지우다'(포피를 재생하여):—무할례자가 되다〈고전7:18〉.동

G1987 ἐπίσταμαι[14회] **에피스타마이**
명백히 G2186(G3563의 뜻이 함축되어)의 중간태; '마음에 두다', 즉 '이해하다', 혹은 '익숙하다':—알다, 깨닫다〈행20:18〉.동

G1988 ἐπιστάτης[7회] **에피스타테스**
G1909와 G2476의 추정된 파생어에서 유래; '임명된 자', 즉 '사령관(교사)':—주인〈눅5:5〉.남명

G1989 ἐπιστέλλω[3회] **에피스텔로**
G1909와 G4724에서 유래; '명령하다'(글로), 즉 (일반적으로) '편지로 전달하다'(어떤 목적으로든지):—쓰다(편지를, ~에게)〈행21:25; 히13:22〉.동

G1990 ἐπιστήμων[1회] **에피스테몬**
G1987에서 유래; '지적(知的)인':—지식을 갖춘〈약3:13〉.[형]

G1991 ἐπιστηρίζω[4회] **에피스테리조**
G1909와 G4741에서 유래; '더욱 지지하다', 즉 '재건하다':—굳게 하다, 강하게 하다〈행14:22〉.[동]

G1992 ἐπιστολή[24회] **에피스톨레**
G1989에서 유래; '서신':—"서간(書簡)", 편지〈롬16:22〉.[여명]

G1993 ἐπιστομίζω[1회] **에피스토미조**
G1909와 G4750에서 유래; '입에 무엇을 씌우다', 즉 (상징적으로) 침묵시키다:—입을 막다〈딛1:11〉.[동]

G1994 ἐπιστρέφω[36회] **에피스트레ㅎ포**
G1909와 G4762에서 유래; '본래상태로 되돌아가다'(문자적, 상징적으로 혹은 도덕적으로):—다시 오다(가다), 개종하다, (되)돌아가다〈눅1:16; 2:20〉.[동]

G1995 ἐπιστροφή[1회] **에피스트로ㅎ페**
G1994에서 유래; '복귀', 즉 도덕적 '개혁':—개종, 돌아옴〈행15:3〉.[여명]

G1996 ἐπισυνάγω[8회] **에피쉬나고**
G1909와 G4863에서 유래; 동일한 장소에서 '모으다':—(함께) 모으다(모이다)〈마24:31〉.[동]

G1997 ἐπισυναγωγή[2회] **에피쉬나고게**
G1996에서 유래; 완전한 '수집', (특히) 기독교적 '회집'(예배를 위한):—모임, 함께 모이기〈살후2:1〉.[여명]

G1998 ἐπισυντρέχω[1회] **에피쉰트레코**
G1909와 G4936에서 유래; 한 장소로 (혹은 특정한 때에) 모이도록 '재촉하다':—달려와 모이다〈막9:25〉.[동]

G1999 ἐπισύστασις[2회] **에피쉬스타시스**
G1909와 G4921의 합성어의 중간태에서 유래; '음모', 즉 '군집'(폭동의, 혹은 호의로):—모으는 것, 소동, 반란〈고후11:28〉.[여명]

G2000 ἐπισφαλής[1회] **에피스ㅎ팔레스**
G1909와 σφάλλω 스ㅎ팔로('여행하다')의 합성어에서 유래; 상징적으로 '불안정한':—위태한〈행27:9〉.[형]

G2001 ἐπισχύω[1회] **에피스퀴오**
G1909와 G2480에서 유래; '더 이롭게 하다', 즉 (상징적으로) 강력히 주장하다:—더욱 맹렬해지다〈눅23:5〉.[동]

G2002 ἐπισωρεύω[1회] **에피소류오**
G1909와 G4987에서 유래; '더 모으다', 즉 (상징적으로) 추가적으로 '찾다':—쌓다〈딤후4:3〉.[동]

G2003 ἐπιταγή[7회] **에피타게**
G2004에서 유래; '명령' 혹은 '법령'; 함축적으로 '권위':—권세, 계명〈고전7:6〉.[여명]

G2004 ἐπιτάσσω[10회] **에피탓소**
G1909와 G5021에서 유래; '조정하다', 즉 '명하다':—지령을 내리다, 명령하다, 요구하다〈행23:2〉.[동]

G2005 ἐπιτελέω[10회] **에피텔레오**
G1909와 G5055에서 유래; '더'(또는 '완전히') '채우다', 즉 '실행하다'; 함축적으로 '종결하다', '경험하다':—이루다, 행하다, 마치다, (완전히) 성취하다〈고후8:11〉.[동]

G2006 ἐπιτήδειος[1회] **에피테데이오스**
ἐπιτηδές 에피테데스('충분한')에서 유래; '유용한', 즉 (함축적으로) '없어서는 안 될':—필요한〈약2:16〉.[형]

G2007 ἐπιτίθημι[39회] **에피티쎄미**
G1909와 G5087에서 유래; '부과하다'(호의로 혹은 악의로):—(손을) 얹다, 지우다, 안수하다, 입다, 더하다,

고정시키다, 씌우다, 올리다, 성을 붙이다, 상처를 입히다〈눅4:40〉.[동]

G2008 ἐπιτιμάω[29회] **에피티마오**
G1909와 **G5091**에서 유래; '비난하다', 즉 '책망하다' 또는 '훈계하다'; 함축적으로 '금하다':—(엄격하게) 명하다, 꾸짖다〈딤후4:2〉.[동]

G2009 ἐπιτιμία[1회] **에피티미아**
G1909와 **G5092**의 합성어에서 유래; 정확하게는 '존중', 즉 '시민권'; (**G2008**의 의미로서) '형벌'로 사용:—처벌〈고후2:6〉.[여명]

G2010 ἐπιτρέπω[18회] **에피트레포**
G1909와 **G5157**의 어간에서 유래; '돌아서다(전환하다)', 즉 '허락하다':—휴가(자유, 면허를) 주다, 하게 하다, 허락하다, 하게 내버려 두다〈마8:21; 행21:40〉.[동]

G2011 ἐπιτροπή[1회] **에피트로페**
G2010에서 유래; '허락', 즉 (함축적으로) 완전한 '능력':—위임〈행26:12〉.[여명]

G2012 ἐπίτροπος[3회] **에피트로포스**
G1909와 **G5158**(**G2011**의 의미로)에서 유래; '위임받은 자', 즉 가정의 '지배인', '관리인':—청지기, 가정교사〈마20:8〉.[남명]

G2013 ἐπιτυγχάνω[5회] **에피튕카노**
G1909와 **G5177**에서 유래; '우연히 만나다', 즉 (함축적으로) '도달하다':—얻다, 받다〈롬11:7〉.[동]

G2014 ἐπιφαίνω[4회] **에피ㅎ파이노**
G1909와 **G5316**에서 유래; '위에 바치다', 즉 '보이게 되다'(문자적으로), 혹은 '알려지다'(상징적으로):—나타나다, 빛을 비추다〈행27:20〉.[동]

G2015 ἐπιφάνεια[6회] **에피ㅎ파네이아**
G2016에서 유래; '현현', 즉 (특히) 그리스도의 '강림'(과거 혹은 미래의):—나타남, 광채〈딤전6:14〉.[여명]

G2016 ἐπιφανής[1회] **에피ㅎ파네스**
G2014에서 유래; '눈에 띄는', 즉 (상징적으로) '기억할만한':—주목할 만한〈행2:20〉.[형]

G2017 ἐπιφαύω[1회] **에피ㅎ파우오**
G2014의 한 형태; '조명하다'(상징적으로):—빛을 비추다〈엡5:14〉.[동]

G2018 ἐπιφέρω[2회] **에피ㅎ페로**
G1909와 **G5342**에서 유래; '압박하다', 즉 '예증을 들다'(개인적으로 혹은 사법상으로 [고소하다, 상해하다]), '추가적으로 일으키다':—더하다, 가져오다, 받다〈행19:12〉.[동]

G2019 ἐπιφωνέω[4회] **에피ㅎ포네오**
G1909와 **G5455**에서 유래; '무엇을 부르다', 즉 '외치다':—(반대하여) 부르짖다, 소리치다〈행12:22〉.[동]

G2020 ἐπιφώσκω[2회] **에피ㅎ포스코**
G2017의 한 형태; '빛이 밝아지기 시작'하다:—동이 트기 시작하다, 시작에 가까워지다〈눅23:54〉.[동]

G2021 ἐπιχειρέω[3회] **에피케이레오**
G1909와 **G5495**에서 유래; '손을 대다', 즉 '착수하다':—시도하다, 떠맡다〈눅1:1〉.[동]

G2022 ἐπιχέω[1회] **에이케오**
G1909와 χέω **케오**('붓다')에서 유래; '위에 붓다':—부어넣다〈눅10:34〉.[동]

G2023 ἐπιχορηγέω[5회] **에피코레게오**
G1909와 **G5524**에서 유래; '~외에도 공급하다', 즉 '충분히 공급하다', (상징적으로) '원조하다' 또는 '기부하다':—더하다, 봉사하다〈고후9:10; 벧후1:5〉.[동]

G2024 ἐπιχορηγία[2회] **에피코레기아**
G2023에서 유래; '기여':—공급〈엡4:16〉. 여명

G2025 ἐπιχρίω[2회] **에피크리오**
G1909와 G5548에서 유래; '바르다':—기름을 붓다〈요9:11〉. 동

G2026 ἐποικοδομέω[7회] **에포이코도메오**
G1909와 G3618에서 유래; '무엇 위에 건축하다', 즉 (상징적으로) '들어 올리다':—그 위에 세우다〈행20:32〉. 동

G2027 ἐποκέλλω[1회] **에포켈로**
G1909와 ὀκέλλω 오켈로('몰아내다')에서 유래; '해변 위로 몰아내다', 즉 배를 육지로 '밀어 올리다':—좌초시키다〈행27:41〉. 동

G2028 ἐπονομάζω[1회] **에포노마조**
G1909와 G3687에서 유래; '이름을 덧붙이다', 즉 '명명하다':—부르다〈롬2:17〉. 동

G2029 ἐποπτεύω[2회] **에포프튜오**
G1909와 G3700의 파생어에서 유래; '조사하다', 즉 '감시하다':—보다〈벧전2:12〉. 동

G2030 ἐπόπτης[1회] **에포프테스**
G1909와 G3700의 추정된 파생어에서 유래; '구경꾼':—목격자〈벧후1:16〉. 남명

G2031 ἔπος[1회] **에포스**
G2036에서 유래; '말':—말할 수 있음〈히7:9〉. 중명

G2032 ἐπουράνιος[19회] **에푸라니오스**
G1909와 G3772에서 유래; '하늘 위':—천체의, 하늘의, 높은〈고전15:48〉. 형

G2033 ἑπτά[88회] **헵타**
기본수; 일곱:—칠〈눅11:26〉. 수

G2034 ἑπτάκις[4회] **헵타키스**
G2033에서 유래한 부사; 일곱 번:—일곱 번〈마18:21〉. 부

G2035 ἑπτακισχίλιοι[1회] **헵타키스킬리오이**
G2034와 G5507에서 유래; '천의 일곱 배':—칠천〈롬11:4〉. 수

G2036 ἔπω[3회] **에포**
기본 동사(한정된 과거 시제로만 사용, 다른 변화형은 G2046, G4483, G5346에서 빌려옴); '이야기하다' 혹은 '말하다'(말이나 글로써):—대답하다, 명령하다, 말을 전하다, 부르다, 지시하다, 수여하다, 말하다, 이야기하다. G3004와 비교.〈마5:11; 눅6:26; 행11:12〉. 동

G2037 Ἔραστος[3회] **에라스토스**
ἐράω 에라오('사랑하다')에서 유래; '사랑받는'; '에라스도', 기독교인명:—에라스도〈롬6:23〉. 고명

G2038 ἐργάζομαι[41회] **에르가조마이**
G2041에서 유래한 중간태; '수고하다'(의무, 직업으로서), (함축적으로) '효과를 나타내다', '종사하다':—저지르다, 행하다, 위하여 노력하다, 봉사하다, 장사하다, 일하다〈행10:35; 히11:33〉. 동

G2039 ἐργασία[6회] **에르가시아**
G2040에서 유래; '직업', 함축적으로 '이익', '노고':—기능, 근면, 벌이, 일〈엡4:19〉. 여명

G2040 ἐργάτης[16회] **에르가테스**
G2041에서 유래; '노동자', 상징적으로 '교사':—일꾼, 품꾼, 직공〈마9:37〉. 남명

G2041 ἔργον[169회] **에르곤**
(폐어가 된) 기본어 ἔργω 에르고('일하다')에서 유래; '노고'(노력 또는 직

업으로서);함축적으로 '소행':—행실, 행위, 행함, 수고, 일〈행5:38〉.중명

G2042 ἐρεθίζω2회 **에레씨조**
G2054의 추정된 연장형에서 유래; '자극하다'(특히 화나게 하다):—성나게 하다〈고후9:2〉.동

G2043 ἐρείδω1회 **에레이도**
불확실한 유사어에서 유래; '버티다', 즉 (재귀형) 든든히 하다:—단단히 고정시키다〈행27:41〉.동

G2044 ἐρεύγομαι1회 **에류고마이**
불확실한 유사어에서 유래; '폭언을 하다', 즉 (상징적으로) '큰 소리로 이야기하다':—발언하다〈마13:35〉.동

G2045 ἐρευνάω6회 **에류나오**
명백히 G2046('문의'의 개념으로)에서 유래; '찾다', 즉 (상징적으로) '조사하다':—살피다〈롬8:27〉.동

G2046 ἐρέω2회 **에레오**
아마도 G4483의 보다 완전한 형태; 어떤 시제에서는 G2036의 대체형; '발언하다', 즉 '이야기하다' 또는 '말하다':—부르다, 말하다, 이야기하다〈요4:18; 계17:7〉.동

G2047 ἐρημία4회 **에레미아**
G2048에서 유래; '고독'(구상명사):—황야, 광야〈마15:33〉.여명

G2048 ἔρημος48회 **에레모스**
불확실한 유사어에서 유래; '고독한', 즉 (함축적으로) '버려진'(보통 명사로 사용, G5561의 뜻이 함축):—황량한, 황폐한, 쓸쓸한, 광야〈막1:3; 요6:31〉.형

G2049 ἐρημόω5회 **에레모오**
G2048에서 유래; '버려두다'(문자적으로 혹은 상징적으로):—황폐하게 하다, 황폐, 실패로 돌아가다, 망쳐놓다〈마12:25; 계18:19〉.동

G2050 ἐρήμωσις3회 **에레모시스**
G2049에서 유래; '약탈':—황폐시킴〈마24:15〉.여명

G2051 ἐρίζω1회 **에리조**
G2054에서 유래; '말다툼하다':—다투다〈마12:19〉.동

G2052 ἐριθεία7회 **에리쎄이아**
아마 G2042와 동일어에서 유래; 정확하게는 '음모', 즉 (함축적으로) '파벌싸움':—다툼(다투는), 투쟁〈고후12:20〉.여명

G2053 ἔριον2회 **에리온**
불확실한 유사어에서 유래; '양털':—양털〈히9:19〉.중명

G2054 ἔρις9회 **에리스**
불확실한 유사어에서 유래; '다툼', 즉 (함축적으로) '언쟁':—분쟁, 논쟁, 다툼, 불화〈롬13:13〉.여명

G2055 ἐρίφιον1회 **에리ㅎ피온**
G2056에서 유래; '작은 새끼염소', 즉 (일반적으로) 염소 (상징적으로 '악한' 사람):—염소〈마25:33〉.명

G2056 ἔριφος2회 **에리ㅎ포스**
아마 G2053('털 투성'이라는 의미에서)과 동일어에서 유래; '새끼염소' 또는 (일반적으로) '염소':—염소, 새끼염소〈마25:32〉.남명

G2057 Ἑρμᾶς1회 **헤르마스**
아마도 G2060에서 유래; '허마', 기독인명:—헤르마스〈롬16:14〉.고명

G2058 ἑρμηνεία2회 **헤르메네이아**
G2059와 동일어에서 유래; '번역':—통역〈고전12:10〉.여명

G2059 ἑρμηνεύω3회 **헤르메뉴오**
G2060(언어의 신으로서)의 추정된 파생어에서 유래; '번역하다':—통역

하다〈요1:42; 히7:2〉.[동]

G2060 Ἑρμῆς[2회] **헤르메스**
아마도 **G2046**에서 유래; '허메', 그리이스신의 사자의 이름, 또한 기독교인명:—헤르메스, 머큐리신〈행14:12; 롬16:14〉.[고명]

G2061 Ἑρμογένης[1회] **헤르모게네스**
G2060과 **G1096**에서 유래; '헤르메스에게서 난'; '허모게네', 변절한 기독교인명:—허모게네〈딤후1:15〉.[고명]

G2062 ἑρπετόν[4회] **헤르페톤**
ἕρπω **헤르포**('기다')의 파생어의 중성; '파충류', 즉 (히브리어에 의해 [**H7431**과 비교]) 작은 '동물':—기는 것, 뱀〈행10:12〉.[중명]

G2063 ἐρυθρός[2회] **에뤼쓰로스**
불확실한 유사어에서 유래; '붉은', 즉 [**G2281**과 함께] '홍해':—홍〈행7:36〉.[형]

G2064 ἔρχομαι[636회] **에르코마이**
기본 동사의 중간태(현재와 미완료 시제에만 사용, 다른 시제에는 유사어 [중간태] ἐλεύθομαι **엘류쏘마이** 또는 [능동태] ἔλθω **엘쏘**가 첨가되고 달리는 나타나지 않음); '오다' 또는 '가다'(여러 가지 다양한적용으로, 문자적 혹은 상징적으로):—동반하다, 나타나다, 가져오다, 오다, 들어오다, 떨어져나가다, 가다, 자라다, 내리다, 다음, 지나가다, 의지하다, 자리 잡다〈롬9:9; 갈1:21〉.[동]

G2065 ἐρωτάω[63회] **에로타오**
명백히 **G2046**[**G2045**와 비교]에서 유래; '심문하다', 함축적으로 '질문하다':—묻다, 간청하다, 원하다, 탄원하다, 기도하다. **G4441**과 비교.〈마16:13〉.[동]

G2066 ἐσθής[8회] **에스쎄스**
ἕννυμι **헨뉘미**('옷 입다')에서 유래; '의상':—복장, 옷, 의류, 긴 겉옷〈행1:10〉.[여명]

G2067 ἔσθησις[1회] **에스쎄시스**
G2066의 파생어에서 유래; '옷'(구상명사):—의복〈눅24:4〉.[여명]

G2068 ἐσθίω[158회] **에스씨오**
기본 동사 ἔδω **에도**('먹다')의 강세형; 어떤 시제들에만 사용, 다른 경우는 **G5315**의 보충을 받음; '먹다'(보통 문자적으로):—게걸스럽게 먹다, 먹다, 살다〈행27:35〉.[동]

G2069 Ἐσλί[1회] **에슬리**
기원은 히브리어 [아마 **H454** 참조]; '에슬리', 이스라엘인:—에슬리〈눅3:25〉.[고명]

G2070 ἐσμέν[53회] **에스멘**
G1510의 직설법 1인칭 복수; '우리는 ~이다':—이다, 있다, 존재하다〈요9:40〉.[동]

G2071 ἔσομαι[193회] **에소마이**
G1510의 미래형; '될(일) 것이다':—일 것이다, 올(일어날) 것이다, 가질 수도 있다, 떨어지다, 따를 것이다, 오래 살다, 머무르다〈마5:21; 눅1:14〉.[동]

G2072 ἔσοπτρον[2회] **에소프트론**
G1519와 **G3700**의 추정된 파생어에서 유래; '거울'('들여다보기' 위한):—유리. **G2734**와 비교.〈약1:23〉.[중명]

G2073 ἑσπέρα[3회] **헤스페라**
ἕσπερος **헤스페로스**('저녁')의 여성형; '전야'(**G5610**의 뜻이 포함되어):—저녁(때)〈눅24:29〉.[여명]

G2074 Ἐσρώμ[3회] **에스롬**
기원은 히브리어 [**H2696**]; '헤스론',

이스라엘인:—헤스론〈마1:3〉 고명

G2075 ἐστέ[92회] **에스테**

G1510의 현재 직설법 2인칭 복수; '너희는 ~이다':—이다, 있다, 속하다〈고전1:30〉. 동

G2076 ἐστί[906회] **에스티**

G1510의 현재 직설법 3인칭 단수; 그는(그녀, 그것은) '~이다, 있다'; 또한 (중성 복수형으로) 그들은 '이다, 있다':—이다, 속하다, 부르다〈마1:20; 눅24:6〉. 동

G2077 ἔστω[16회] **에스토**

G1510의 현재 명령형 2인칭 단수; '너는 ~이 되라' 또한 ἔστωσαν 에스토산 3인칭 복수; '그들이 ~되게 하라':—이다〈마5:37〉. 동

G2078 ἔσχατος[52회] **에스카토스**

아마도 G2192('접근'이란 의미에서)에서 유래한 최상급; '가장 먼', '마지막의'(장소 또는 시간의):—~의 끝의, 마지막의, 뒤 끝의, 가장 낮은, 가장 멀리 떨어진〈마19:30; 고전15:45〉. 형

G2079 ἐσχάτως[1회] **에스카토스**

G2078에서 유래한 부사형; '마지막으로', 즉 (G2192와 함께) 인생의 '끝에':—죽음의 시점에〈막5:23〉. 부

G2080 ἔσω[9회] **에소**

G1519에서 유래; '안쪽'(전치사 혹은 형용사로서):—안에, ~중에, 속에, 안으로, 내부로〈요20:26〉. 부

G2081 ἔσωθεν[12회] **에소쏀**

G2080에서 유래; '안쪽으로부터'; 또한 G2080('안쪽에')과 동의어로 사용:—안으로는, 안에, 속에서(부터), 없이〈고후7:5〉. 부

G2082 ἐσώτερος[2회] **에소테로스**

G2080의 비교급; '안의':—속의, 깊은〈행16:24〉. 형

G2083 ἑταῖρος[4회] **헤타이로스**

ἔτης 에테스('같은 씨족의 사람')에서 유래; '동료':—친구, 동무〈마20:13〉. 남명

G2084 ἑτερόγλωσσος[1회] **헤테로글롯소스**

G2087과 G1100에서 유래; '다른 방언을 말하는', 즉 '외국인':—외국어를 쓰는 (사람)〈고전14:21〉. 형

G2085 ἑτεροδιδασκαλέω[2회] **헤테로디다스칼레오**

G2087과 G1320에서 유래; '다르게 가르치다':—다른 교훈을 (달리) 가르치다〈딤전1:3〉. 동

G2086 ἑτεροζυγέω[1회] **헤테로쥐게오**

G2087과 G2218의 합성어에서 유래; '다르게 멍에를 메다', 즉 (상징적으로) '조화되지 않게 교제하다':—멍에를 같이 메지 않다〈고후6:14〉. 동

G2087 ἕτερος[99회] **헤테로스**

불확실한 유사어에서 유래; '다른':—바뀐, 그 밖의, 다음의 (날), 또 하나의, 다른, 그 밖의, 어떤, 낯선〈마8:21〉. 형

G2088 ἑτέρως[1회] **헤테로스**

G2087에서 유래한 부사; '다르게':—달리〈빌3:15〉. 부

G2089 ἔτι[93회] **에티**

아마 G2094와 유사; '아직', '아직도'(시간, 또는 정도의):—그 이후에, 또한, 언제나, (어느 정도) 먼, 지금까지, 그때부터, 지금부터는, 더 이상, 더, 지금, 아직〈마12:46〉. 부

G2090 ἑτοιμάζω[40회] **헤토이마조**

G2092에서 유래; '준비하다':—예비

하다, 마련하다. **G2680**과 비교.〈눅 3:4; 계21:2〉. 동

G2091 ἑτοιμασία[1회] **헤토이마시아**
G2090에서 유래; '준비':—예비〈엡 6:15〉. 여명

G2092 ἕτοιμος[17회] **헤토이모스**
옛 명사인 ἕτεος **헤테오스**('적합함')에서 유래; '조정된', 즉 '준비된':—갖춘, 예비된〈마22:4〉. 형

G2093 ἑτοίμως[3회] **헤토이모스**
G2092에서 유래한 부사; '준비를 갖추고':—예비하여〈행21:13〉. 부

G2094 ἔτος[49회] **에토스**
명백히 기본어; '일 년':—해, 년, 세(歲), 연대〈요2:20〉. 중명

G2095 εὖ[6회] **유**
기본어 εὖς **유스**('좋은')의 중성; (부사) 잘:—훌륭히, 적절히〈눅19:17〉. 부

G2096 Εὖα[2회] **유아**
기원은 히브리어 **[H2332]**; '이와', 최초의 여인:—하와〈고후11:3〉. 고명

G2097 εὐαγγελίζω[54회] **유앙겔리조**
G2095와 **G32**에서 유래; '좋은 소식을 알리다'("복음을 전하다") 특히 복음을:—선언하다, 기쁜(좋은) 소식을 가져오다(보이다), (복음을) 전파하다〈마11:5; 행8:25; 롬10:15〉. 동

G2098 εὐαγγέλιον[76회] **유앙겔리온**
G2097과 동일어에서 유래; '좋은 소식', 즉 '복음':—복음〈롬1:1; 갈1:6〉. 중명

G2099 εὐαγγελιστής[3회] **유앙겔리스테스**
G2097에서 유래; 복음의 '전파자':—전도자〈행21:8〉. 남명

G2100 εὐαρεστέω[3회] **유아레스테오**
G2101에서 유래; '완전히 만족시키다':—기쁘게 하다, 기쁘다, (매우) 기뻐하다〈히11:5〉. 동

G2101 εὐάρεστος[9회] **유아레스토스**
G2095와 **G701**에서 유래; '완전히 마음에 드는':—용납할만한(된), 일반에게 인정된, 기꺼운〈롬12:1〉. 형

G2102 εὐαρέστως[1회] **유아레스토스**
G2101에서 유래한 부사; '아주 기꺼이':—기꺼이 받아들일 수 있게, 매우 기쁘게〈히12:28〉. 부

G2103 Εὔβουλος[1회] **유불로스**
G2095와 **G1014**에서 유래; '호의를 베푸는 자', '으불로', 기독교인명:—으불로〈딤후4:21〉. 고명

G2104 εὐγενής[3회] **유게네스**
G2095와 **G1096**에서 유래; '문벌 좋은', 즉 (문자적으로) 계급이 '높은', 또는 (상징적으로) '관대한':—더욱 고귀한(귀족)〈눅19:12〉. 형

G2105 εὐδία[1회] **유디아**
G2095와 **G2203**(날씨의 신으로서)의 변형에서 유래한 여성형; '맑은 하늘', 즉 '맑은 날씨':—맑게 갠 날씨〈마16:2〉. 여명

G2106 εὐδοκέω[21회] **유도케오**
G2095와 **G1380**에서 유래; '좋게 생각하다', 즉 (행위를) '인정하다'; 특히 (사람 또는 사물을) '인정하다':—좋게 여기다, 기뻐하다, 즐겨하다, 원하다〈골1:19〉. 동

G2107 εὐδοκία[9회] **유도키아**
G2095와 **G1380**의 어간의 추정된 합성어에서 유래; '만족', 즉 (주관적으로) '기쁨', 또는 (객관적으로) '친절', '호의', '의도':—바라는 것, 기쁜 뜻, 좋게 봄〈눅2:14〉. 여명

G2108 εὐεργεσία[3회] **유에르게시아**
G2110에서 유래; '자선행위'(일반적으로 혹은 특별하게):—유익, 선행〈행4:9; 딤전6:2〉.[여명]

G2109 εὐεργετέω[1회] **유에르게테오**
G2110에서 유래; '인정이 많다':—선한 일을 행하다〈행10:38〉.[동]

G2110 εὐεργέτης[1회] **유에르게테스**
G2095와 **G2041**의 어간에서 유래; '선행자', 즉 (특히) '박애가':—은인〈눅22:25〉.[남명]

G2111 εὔθετος[3회] **유쎄토스**
G2095와 **G5087**의 파생어에서 유래; '잘 놓인', 즉 (상징적으로) '합당한':—알맞은, 적합한〈눅9:62〉.[형]

G2112 εὐθέως[36회] **유쎄오스**
G2117에서 유래한 부사; '직접적으로', 즉 '곧' 또는 '바로':—하자마자, 즉시, 곧장, 이내, 직접〈마4:22; 막1:39〉.[부]

G2113 εὐθυδρομέω[2회] **유쒸드로메오**
G2117과 **G1408**에서 유래; '곧게 길을 잡다', 즉 배가 '바로 가다':—직행하다〈행16:11〉.[동]

G2114 εὐθυμέω[3회] **유쒸메오**
G2115에서 유래; '기쁘게 하다', 즉 (자동사) '기뻐하다'; 중성 비교급 (부사적으로) '더욱 기쁘게':—매우 기뻐(즐거워)하다〈행27:22〉.[동]

G2115 εὔθυμος[1회] **유쒸모스**
G2095와 **G2372**에서 유래; '유쾌한', 즉 '기분 좋은':—매우 기뻐하는, 더욱 기뻐하는〈행27:36〉.[형]

G2116 εὐθύνω[2회] **유쒸노**
G2117에서 유래; '곧게 하다', (전문적 용어) '키를 잡다':—제어하다, 곧게 하다〈요1:23; 약3:4〉.[동]

G2117 εὐθύς[8회] **유쒸스**
아마 **G2095**와 **G5087**에서 유래; '곧은', 즉 (문자적으로) '평탄한', 또는 (상징적으로) '진실한'; 부사적으로 (시간의) '곧':—이내, 얼마 안 있어, 즉시, (똑)바른〈마3:3; 막1:3〉.[형]

G2118 εὐθύτης[1회] **유쒸테스**
G2117에서 유래; '정직':—의(義), 공정〈히1:8〉.[여명]

G2119 εὐκαιρέω[3회] **유카이레오**
G2121에서 유래; '좋은 시간을 갖다', 즉 '기회' 또는 '틈'이 있다:—여가(안온한 시간)를 갖다, 시간을 보내다〈막6:31〉.[동]

G2120 εὐκαιρία[2회] **유카이리아**
G2121에서 유래; '유리한 때':—기회〈마26:16〉.[여명]

G2121 εὔκαιρος[2회] **유카이로스**
G2095와 **G2540**에서 유래; '시기가 좋은', 즉 '시의(時宜)에 알맞은':—(시간이) 형편이 좋은, 필요한 때의〈막6:21〉.[형]

G2122 εὐκαίρως[2회] **유카이로스**
G2121에서 유래한 부사; '시의(時宜)에 맞게':—형편 좋게, 때맞추어〈막14:11〉.[부]

G2123 εὐκοπώτερος[7회] **유코포테로스**
G2095와 **G2873**의 합성어의 비교급; '수고하기에 더 좋은', 즉 '보다 손쉬운':—더 쉬운〈마9:5〉.[형]

G2124 εὐλάβεια[2회] **율라베이아**
G2126에서 유래; 정확하게는 '조심', 즉 (종교적으로) '경외'(경건); (함축적으로) '공포'(구체적으로):—경외함, 두려움〈히12:28〉.[여명]

G2125 εὐλαβέομαι[1회] **율라베오마이**
G2126에서 유래한 중간태; '주의 깊

다', 즉 (함축적으로) '염려하다'; 종교적으로 경외하다:—두려워(경외)하다〈행23:10〉. 동

G2126 εὐλαβής[4회] **율라베스**

G2095와 **G2983**에서 유래; '잘(조심스럽게) 다루는', 즉 '주의 깊은'(종교적으로, '독실한'):—경건한〈눅2:25〉. 형

G2127 εὐλογέω[42회] **율로게오**

G2095와 **G3056**의 합성어에서 유래; '칭찬하다', 즉 (종교적으로) '축복하다'('감사하다' 또는 '복을 빌다', '번영을 빌다'):—축사하다, 찬송하다〈막6:41〉. 동

G2128 εὐλογητός[8회] **율로게토스**

G2127에서 유래; '존경할 만한':—찬송(복) 받을〈막14:61; 고후1:3〉. 형

G2129 εὐλογία[16회] **율로기아**

G2127과 동일어에서 유래; '훌륭한 말', 즉 '언어의 우아함'; '칭찬'('찬미'), 즉 (경건하게) '찬송'; 종교적으로 '축도'; 함축적으로 '성별'; 확대적 의미로 '은전' 또는 '부조':—축복, 연보, 아첨〈롬15:29; 엡1:3〉. 여명

G2130 εὐμετάδοτος[1회] **유메타도토스**

G2095와 추정된 **G3330**의 파생어에서 유래; '나누어주기 좋아하는', 즉 '인색하지 않은':—분배할 준비가 된〈딤전6:18〉. 형

G2131 Εὐνίκ[1회] **유니케**

G2095와 **G3529**에서 유래; '승리를 거둔'; '유니게', 유대 여인:—유니게〈딤후1:5〉. 고명

G2132 εὐνοέω[1회] **유노에오**

G2095와 **G3563**의 합성어에서 유래; '호의를 품다', 즉 '화해하다':—합의하다〈마5:25〉. 동

G2133 εὔνοια[1회] **유노이아**

G2132와 동일어에서 유래; '친절', 완곡어법으로 '부부의 의무':—자비심, 호의〈엡6:7〉. 여명

G2134 εὐνουχίζω[2회] **유누키조**

G2135에서 유래; '거세하다'(상징적으로 '독신으로 살다'):—고자로 만들다〈마19:12〉. 동

G2135 εὐνοῦχος[8회] **유누코스**

εὐνή 유네('침대')와 **G2192**에서 유래; '거세된' 사람(동양의 내시와 같은), 확대된 의미로 '성교불능자' 또는 '미혼남자'; 함축적으로 '시종'(의전관):—고자, 내시〈마19:12; 행8:27〉. 남명

G2136 Εὐοδία[1회] **유오디아**

G2137과 동일어에서 유래; '멋진 여행'; '유오디아', 여자 기독교인:—유오디아〈빌4:2〉. 고명

G2137 εὐοδόω[4회] **유오도오**

G2095와 **G3598**의 합성어에서 유래; '노상에서 돕다', 즉 (수동태) '도달하는 데에 성공하다'; 상징적으로 사업에서 '성공하다':—번영하다, 성공적인 여행을 하다〈고전16:2〉. 동

G2138 εὐπειθής[1회] **유페이쎄스**

G2095와 **G3982**에서 유래; '신조에 따르는', 즉 (자동사) '고분고분한':—순종 잘하는〈약3:7〉. 형

G2139 εὐπερίστατος[1회] **유페리스타토스**

G2095와 **G4012**와 **G2476**의 추정된 합성어의 파생어에서 유래; '쉽게 둘러싸는', 즉 ('경쟁자가') 모든 방면에서 (경주자를) 훼방하는(상징적으로 일반적으로 죄에 있어서):—쉽게 에워싸는〈히12:1〉. 형

G2140 εὐποιΐα[1회] **유포이이아**

G2095와 **G4160**의 합성어에서 유래; '선행', 즉 '자선':—선을 행함〈히13:16〉. 여명

G2141 εὐπορέω[1회] **유포레오**

G2090의 합성어와 **G4197**의 어간에서 유래; (자동사) '통과할 만하다', 즉 (상징적으로) 금전상의 '방법을 가지고 있다':—재력이 있다〈행11:29〉. 동

G2142 εὐπορία[1회] **유포리아**

G2141의 동일어에서 유래; '재원(財源)':—풍부한 재산〈행19:25〉. 여명

G2143 εὐπρέπεια[1회] **유프레페이아**

G2095와 **G4241**의 합성어에서 유래; '잘 어울림', 즉 '우아함':—아름다움〈약1:11〉. 여명

G2144 εὐπρόσδεκτος[5회] **유프로스덱토스**

G2095와 **G4327**의 파생어에서 유래; '잘 받아들일 수 있는', 즉 '입증된', '찬성하는':—받아들일 만한, 받을〈고후6:2〉. 형

G2145 εὐπρόσεδρος[1회] **유프로세드로스**

G2095와 **G4332**의 동일어에서 유래; '향하여 잘 앉아 있는', 즉 (상징적으로) '근면한'(중성형 '부지런한 섬김'):—언제나 섬기는〈고전7:35〉. 형

G2146 εὐπροσωπέω[1회] **유프로소페오**

G2095와 **G4383**의 합성어에서 유래; '외관을 좋게 하다', 즉 (상징적으로) '진열하다':—좋게 보이게 만들다〈갈6:12〉. 동

G2147 εὑρίσκω[176회] **휴리스코**

기본어 εὕρω **휴로**의 연장형; (또 다른 어원인 εὑρέω **휴레오**와 함께) 현재와 미완료를 제외한 모든 시제에서 사용; '발견하다'(문자적으로 혹은 상징적으로):—찾다, 얻다, 획득하다, 깨닫다, 보다〈행7:11〉. 동

G2148 Εὐροκλύδων[1회] **유로클뤼돈**

Εὖρος **유로스**('동풍')과 **G2830**에서 유래; '동쪽(혹은 남동)에서 부는 폭풍우', 즉 (현대 용어로는) '레반터'(지중해의 강한 동풍):—유라굴로〈행27:14〉. 남명

G2149 εὐρύχωρος[1회] **유뤼코로스**

εὐρύς **유뤼스**('넓은')와 **G5561**에서 유래; '널찍한':—폭이 넓은〈마7:13〉. 형

G2150 εὐσέβεια[15회] **유세베이아**

G2152에서 유래; '경건', 특히 '복음'의 개요:—경신(敬神), 신성〈딤전2:2〉. 여명

G2151 εὐσεβέω[2회] **유세베오**

G2152에서 유래; '경건하다', 즉 (하나님을 향하여) '경배하다', 또는 (부모를 대하여) '존경하다'(부양하다):—효심을 보이다, 예배하다〈행17:23〉. 동

G2152 εὐσεβής[3회] **유세베스**

G2095와 **G4576**에서 유래; '참으로 공손한', 즉 '경건한':—독실한, 하나님을 공경하는〈행10:2〉. 형

G2153 εὐσεβῶς[2회] **유세보스**

G2152에서 유래한 부사; '경건하게':—신앙심 깊게〈딤후3:12〉. 부

G2154 εὔσημος[1회] **유세모스**

G2095와 **G4591**의 어간에서 유래; '잘 지적된', 즉 (상징적으로) '의미 심장한':—이해하기 쉬운〈고전14:9〉. 형

G2155 εὔσπλαγχνος[2회] **유스플랑크노스**

G2095와 **G4698**에서 유래; '자비심이 많은', 즉 '동정적인':—불쌍히 여기는, 다정한〈엡4:32〉. 형

G2156 εὐσχημόνως[3회] **유스케모노스**

G2158에서 유래한 부사; '예의 바르게':—단정하게, 정직하게〈롬13:13〉. 부

G2157 εὐσχημοσύνη[1회] **유스케모쉬네**
G2158에서 유래; '예의 바름':—아름다운 것〈고전12:23〉. 여명

G2158 εὐσχήμων[5회] **유스케몬**
G2095와 G4976에서 유래; '볼품 있는', 즉 (상징적으로) '예의바른', '고귀한'(계급에서):—아름다운, 존경할 만한〈행13:50〉. 형

G2159 εὐτόνως[2회] **유토노스**
G2095의 합성어와 τείνω 테이노('뻗치다')의 파생어에서 유래한 부사; '잘 배열된 방법으로', 즉 (상징적으로) '일사분란하게'(좋은 의미에서, '적절하게'; 나쁜 의미에서 '맹렬하게'):—힘차게, 힘껏〈눅23:10〉. 부

G2160 εὐτραπελία[1회] **유트라펠리아**
G2095의 합성어와 G5157(잘 돌아가는, 즉 재치 있는 응답을 하는, 익살맞은)의 어간의 파생어에서 유래; 의미, '재치 있는 말', 즉 (통속적 의미에서) '상스러운 말':—희롱, 시시덕거림, 저질농담〈엡5:4〉. 여명

G2161 Εὔτυχος[1회] **유튀코스**
G2095와 G5177의 파생어에서 유래; '운 좋은', 즉 '행운의'; '유두고', 청년의 이름:—유두고〈행20:9〉. 고명

G2162 εὐφημία[1회] **유ㅎ페미아**
G2163에서 유래; '좋은 말'("완곡어"), 즉 '칭찬'('명성'):—좋은 소문〈고후6:8〉. 여명

G2163 εὔφημος[1회] **유ㅎ페모스**
G2095와 G5345에서 유래; '칭찬하는', 즉 '칭찬할 만한':—좋은 소문의〈빌4:8〉. 형

G2164 εὐφορέω[1회] **유ㅎ포레오**
G2095와 G5409에서 유래; '열매를 풍성히 내다', 즉 '비옥하다':—소출이 풍성하다〈눅12:16〉. 동

G2165 εὐφραίνω[14회] **유ㅎ프라이노**
G2095와 G5424에서 유래; '즐거워하다'(중간태 혹은 수동태), 즉 '기뻐하다':—잘되어가다, 기쁘게 하다, 즐기다, 즐거워하다〈롬15:10〉. 동

G2166 Εὐφράτης[2회] **유ㅎ프라테스**
기원은 외래어[H6578과 비교]; '유프라테스', 아시아의 강 이름:—유브라데〈계9:14〉 고명

G2167 εὐφροσύνη[2회] **유ㅎ프로쉬네**
G2165와 동일어에서 유래; '즐거움':—기쁨, 환희〈행2:28〉. 여명

G2168 εὐχαριστέω[38회] **유카리스테오**
G2170에서 유래; '감사하다', 즉 (능동태) '사례하다'(~에게), 특히 식사 때 '은혜를 말하다':—감사드리다〈롬14:6〉. 동

G2169 εὐχαριστία[15회] **유카리스티아**
G2170에서 유래; '감사', 능동태 '감사한 말'(하나님께 대한, 예배의 한 행위로서):— 감사(드림)〈고전14:16〉. 여명

G2170 εὐχάριστος[1회] **유카리스토스**
G2095와 G5483의 파생어에서 유래; '큰 은혜를 입은', 즉 (함축적으로) '감사하는':—감사하고 있는〈골3:15〉. 형

G2171 εὐχή[3회] **유케**
G2172에서 유래; 정확하게는 '소원', 하나님에 대한 '간구'로서, 또는 '봉헌의' 의무에서 표현된:—기도, 서원〈행18:18〉. 여명

G2172 εὔχομαι[7회] **유코마이**

기본 동사의 중간태; '소원하다', 함축적으로 '하나님께 기도하다':—기도하다, 간구하다, 원하다〈고후13:9〉. 동

G2173 εὔχρηστος[3회] **유크레스토스**
G2095와 **G5543**에서 유래; '쉽게 사용되는', 즉 '유용한':—유익한, 쓰임에 합당한〈딤후4:11〉. 형

G2174 εὐψυχέω[1회] **유프쉬케오**
G2095와 **G5590**의 합성어에서 유래; '좋은 기분 중에 있다', 즉 '격려를 느끼다':—안위를 받다〈빌2:19〉. 동

G2175 εὐωδία[3회] **유오디아**
G2095의 합성어와 **G3605**의 어간의 합성어에서 유래; '좋은 냄새', 즉 '향내':—달콤한 맛(냄새), 향기〈빌4:18〉. 여명

G2176 εὐώνυμος[9회] **유오뉘모스**
G2095와 **G3686**에서 유래; 정확하게는 '유명한'('좋은 징조의'), 즉 '왼편'(그리스 이교들 사이에서 '행운의' 측면인); 부사로서 중성형 '왼'손쪽에:—왼(쪽)의〈행21:3〉. 형

G2177 ἐφάλλομαι[1회] **에ㅎ팔로마이**
G1909와 **G242**에서 유래; '솟아나다':—뛰어 오르다〈행19:16〉. 동

G2178 ἐφάπαξ[5회] **에ㅎ파팍스**
G1909와 **G530**에서 유래; '일시에'(오직):—단번(에)〈롬6:10〉. 부

G2179 Ἐφεσῖνος[5회] **에ㅎ페시노스**
G2181에서 유래; '에베소인의', 또는 '에베소에 위치한':—에베소의〈계2:1〉. 형

G2180 Ἐφέσιος[5회] **에ㅎ페시오스**
G2181에서 유래; '에베소인' 또는 '에베소 주민':—에베소의〈행19:28〉. 형

G2181 Ἔφεσος[15회] **에ㅎ페소스**
아마도 기원은 외래어; '에베소', 소아시아의 도시:—에베소〈행18:19〉. 고명

G2182 ἐφευρετής[1회] **에ㅎ퓨레테스**
G1909와 **G2147**의 합성어에서 유래; '발견자', 즉 '고안자':—발명가〈롬1:30〉. 남명

G2183 ἐφημερία[2회] **에ㅎ페메리아**
G2184에서 유래; '매일의 배치', 즉 (특히) 성전에서의 유대 제사장의 직무에 있어서의 매일의 '윤번' 또는 '반', 가족에 따라 배분된:—(제사장의) 반열(조)〈눅1:5〉. 여명

G2184 ἐφήμερος[1회] **에ㅎ페메로스**
G1909와 **G2250**에서 유래; '하루 동안의'('하루밖에 못가는'), 즉 '나날의':—일용할〈약2:15〉. 형

G2185 ἐφικνέομαι[2회] **에ㅎ피크네오마이**
G1909와 **G2240**의 같은 어원에서 유래; '도착하다', 즉 '~까지 뻗다':—이르다〈고후10:13〉. 동

G2186 ἐφίστημι[21회] **에ㅎ피스테미**
G1909와 **G2476**에서 유래; '위에 서다', 즉 '현존하다'(다양한 적용에서, 우호적이거나 기타의 의미에서, 보통 문자적으로):—습격하다, 가까이 오다, (즉시) 나타나다, 곁에 서다, 임박하다〈행4:1〉. 동

G2187 Ἐφραΐμ[1회] **에ㅎ프라임**
기원은 히브리어 [**H669** 혹은 더 낫게는 **H6085**]; '에브라임', 팔레스타인의 지명:—에브라임〈요11:54〉. 고명

G2188 ἐφφαθά[1회] **엡ㅎ파싸**
기원은 아람어 [**H6606**]; '열리라!':—에바다〈막7:34〉. 동

G2189 ἔχθρα[6회] **에크쓰라**
G2190의 여성형; '적의(敵意)', 함축

적으로 '반대'의 이유:—증오, 원한〈롬8:7〉. 여명

G2190 ἐχθρός[32회] **에크쓰로스**
기본어 ἔχθω **에크**쏘('미워하다')에서 유래; '미운'(수동태 '밉살스러운', 능동태 '적의가 있는'); 보통 명사로서, 적(특히 '사탄'):—적, 원수〈롬5:10〉. 형

G2191 ἔχιδνα[5회] **에키드나**
기원은 불확실함; '살무사' 또는 '다른 독사'(문자적으로 혹은 상징적으로): —독사〈마3:7〉. 여명

G2192 ἔχω[711회] **에코**
(어떤 시제에서만 사용된) σχέω **스케**오의 변형을 포함함; 기본 동사; '갖고 있다'(다양한 용도로 사용, 문자적으로 혹은 상징적으로, 직접 또는 간접으로; '소유', '능력', '연속', '관계' 또는 '조건' 같은):—가능하다, 붙잡다, 소유하다, 동반하다, 고치기 시작하다, 병들다, 행하다, 먹다, 즐기다, 두려워하다, 가지다, 잡다, 지키다, 부족하다, 법에 호소하다, 눕다, 필요하다, 회복하다, 통치하다, 안식하다, 돌아오다, 대신하다, 떨다, 할례 받지 않다, 사용하다〈빌2:29; 히6:13〉. 동

G2193 ἕως[146회] **헤오스**
불확실한 유사어에서 유래; 계속을 나타내는 접속사, 전치사와 부사, '까지'(시간과 장소):—때까지, 곳까지, 멀리, 여기부터, 동안〈마2:9〉. 접, 전

트롱헬라어사전

ζ

G2194 Ζαβουλών[3회] **자불론**
기원은 히브리어 [**H2074**]; '스불론', 팔레스타인의 지명:—스불론〈계7:8〉. 고명

G2195 Ζακχαῖος[3회] **작카이오스**
기원은 히브리어 [**H2140**과 비교]; '삭개오'. 이스라엘인:—삭개오〈눅19:2〉. 고명

G2196 Ζαρά[1회] **자라**
기원은 히브리어 [**H2226**]; '세라', 이스라엘인:—세라〈마1:3〉. 고명

G2197 Ζαχαρίας[11회] **자카리아스**
기원은 히브리어 [**H2148**]; '사가랴', 두 이스라엘인명:—사가랴〈눅1:5〉. 고명

G2198 ζάω[142회] **자오**
기본 동사; '살다'(문자적으로 혹은 상징적으로):—생명(생애), 살다, 살아 있는, 생기에 넘친〈롬6:2; 갈3:11〉. 동

G2199 Ζεβεδαῖος[12회] **제베다이오스**
기원은 히브리어 [**H2067**과 비교]; '세베대', 이스라엘인:—세베대〈마4:21〉. 고명

G2200 ζεστός[3회] **제스토스**
G2204에서 유래; '끓는', 즉 (함축적으로) 더운(상징적으로 '뜨거운'):—더운〈계3:15〉. 형

G2201 ζεῦγος[2회] **쥬고스**
G2218과 동일어에서 유래; '한 쌍', 즉 '조, 팀'(함께 멍에를 멘 소의) 또는 (함께 묶인 새들의) '(사냥물의) 한 쌍':—멍에, 겨리〈눅2:24; 14:19〉. 중명

G2202 ζευκτηρία[1회] **쥬크테리아**
G2218의 동일어에서 유래한 파생어(2단계에서)의 여성형; '잡아맴'('키의 손잡이 줄'):—줄〈행27:40〉. 여명

G2203 Ζεύς[2회] **쥬스**
불확실한 유사어에서 유래; 동일 어근으로서 Δίς **디스**라는 이름이 사용됨, 기타는 폐어; '제우스', 그리스 제신 중 최고신:—쓰스〈행14:12〉. 고명

G2204 ζέω[2회] **제오**
기본 동사; '뜨겁다'(액체가 '끓다', 고체가 '빨갛게 타다'), 즉 (상징적으로) '열정적이다'('열렬하다'):—열심을 내다〈행18:25〉. 동

G2205 ζῆλος[16회] **젤로스**
G2204에서 유래; 정확히는 '열', 즉 (상징적으로) '열심'(좋은 의미에서, '열정', 나쁜 의미에서 남편의 [상징적으로 하나님의] '질투', 또는 적, '악'):—경쟁, 시기(함), 열렬한 마음, 분개, 질투, 열심〈롬10:2; 고후7:7〉. 남명

G2206 ζηλόω[11회] **젤로오**
G2205에서 유래; 찬성 또는 반대의 느낌이 주는 '따뜻함을 갖다':—감동시키다, 몹시 탐내다, 열망하다, 시기(로 움직이다), 질투하다, 열심이다, 열정적으로 영향을 주다〈갈4:17〉. 동

G2207 ζηλωτής[8회] **젤로테스**
G2206에서 유래; '열광자':—열심 있는 자, 사모하는 자〈갈1:14〉. 남명

G2208 Ζηλωτής[2회] **젤로테스**
G2207과 동일어에서 유래; '열심당원', 즉 (특히) 유대의 정치적 독립을 추구하는 '일당':—셀롯〈눅6:15〉. 남명

G2209 ζημία[4회] **제미아**
아마도 **G1150**('난폭'이란 개념으로)의 어간과 유사; '손상':—손해, 손실〈행27:21; 빌3:7〉. 여명

G2210 ζημιόω[6회] **제미오오**
G2209에서 유래; '상처를 입히다', 즉

(재귀형 혹은 수동태) '손상을 경험하다':— 던져지다, 해를 받다, 잃다, 손실을 경험하다〈빌3:8〉.동

G2211 Ζηνᾶς 1회 **제나스**
아마도 **G2203**과 **G1435**의 시적 형태의 압축형; '신에게 바쳐진'; '세나', 기독교인명〈딛3:13〉.고명

G2212 ζητέω 117회 **제테오**
불확실한 유사어에서 유래; '찾다'(문자적으로 혹은 상징적으로); 특히 (히브리인이) (하나님을) '예배하다', 또는 (나쁜 의미에서) '계획하다'(생명을 빼앗기 위해):— 하려하다, 열망하다, 노력하다, 물어보다, 질문하다, 추구하다. **G4441**과 비교.〈행10:19〉.동

G2213 ζήτημα 5회 **제테마**
G2212에서 유래; '탐색'(정확히는 구상명사), 즉 (말로서 하는) '논쟁':— 문제〈행18:15〉.중명

G2214 ζήτησις 7회 **제테시스**
G2212에서 유래; '탐색함'(정확히는 탐색하는 행위), 즉 '토론' 또는 그 '주제':— 심문〈행25:20〉.여명

G2215 ζιζάνιον 8회 **지자니온**
기원은 불확실함; '독보리' 또는 〈0114〉 부실한 곡식:—가라지〈마13:25〉.중명

G2216 Ζοροβαβέλ 3회 **조로바벨**
기원은 히브리어 [**H2216**]; '스룹바벨', 이스라엘인:—스룹바벨〈눅3:27〉.고명

G2217 ζόφος 5회 **조ㅎ포스**
G3509의 어간과 유사; '어둠'('구름'처럼 덮는 것):—암흑, 어둠, 안개〈벧후2:4,17〉.남명

G2218 ζυγός 6회 **쥐고스**
ζεύγνυμι 쥬그뉘미('결합하다', 특히 '멍에'로)의 어근에서 유래; '연결', 즉 (상징적으로) '예속'('법' 또는 '의무'), 또한 (문자적으로) '저울대'(저울을 '연결'하는 것으로서):—저울의 한 벌, 멍에〈마11:29〉.남명

G2219 ζύμη 13회 **쥐메**
아마도 **G2204**에서 유래; '발효'(마치 '물이 끓는 듯이'):—효모, 누룩〈고전5:6〉.여명

G2220 ζυμόω 4회 **쥐모오**
G2219에서 유래; '발효하게 하다':— 띠우다, 부풀리다〈눅13:21〉.동

G2221 ζωγρέω 2회 **조그레오**
G2226의 동일어와 **G64**에서 유래; '생포하다'('전쟁포로로 만들다'), 즉 (상징적으로) '체포하다' 또는 '함정에 빠뜨리다':—포로로 하다, 사로잡다〈눅5:10〉.동

G2222 ζωή 135회 **조에**
G2198에서 유래; '생명'(문자적으로 혹은 상징적으로):—생(애). **G5590**과 비교.〈요3:16〉.여명

G2223 ζώνη 8회 **조네**
아마도 **G2218**의 어간과 유사; '허리띠', 함축적으로 '주머니':—띠, 전대(錢臺)〈마3:4〉.여명

G2224 ζώννυμι 3회 **존뉘미**
G2223에서 유래; '둘러 묶다'(특히 허리띠로):—띠를 띠다〈요21:18〉.동

G2225 ζωογονέω 3회 **조오고네오**
G2226의 동일어와 **G1096**의 파생어에서 유래; '소생시키다', 즉 (유추적으로) '죽음에서 구해내다'(수동태 '구원받다'):—살다, 보존하다〈눅17:33〉.동

G2226 ζῶον 23회 **조온**

G2198의 파생어의 중성형; '살아있는 것', 즉 '동물':—짐승〈히13:11〉. [중명]

G2227 ζωοποιέω[11회] **조오포이에오**

G2226의 동일어와 **G4160**에서 유래; (다시) '생명을 주다'(문자적으로 혹은 상징적으로):—살리다, 살려주다, 살게 하다〈고전15:36,45〉.[동]

트롱헬라어사전

η

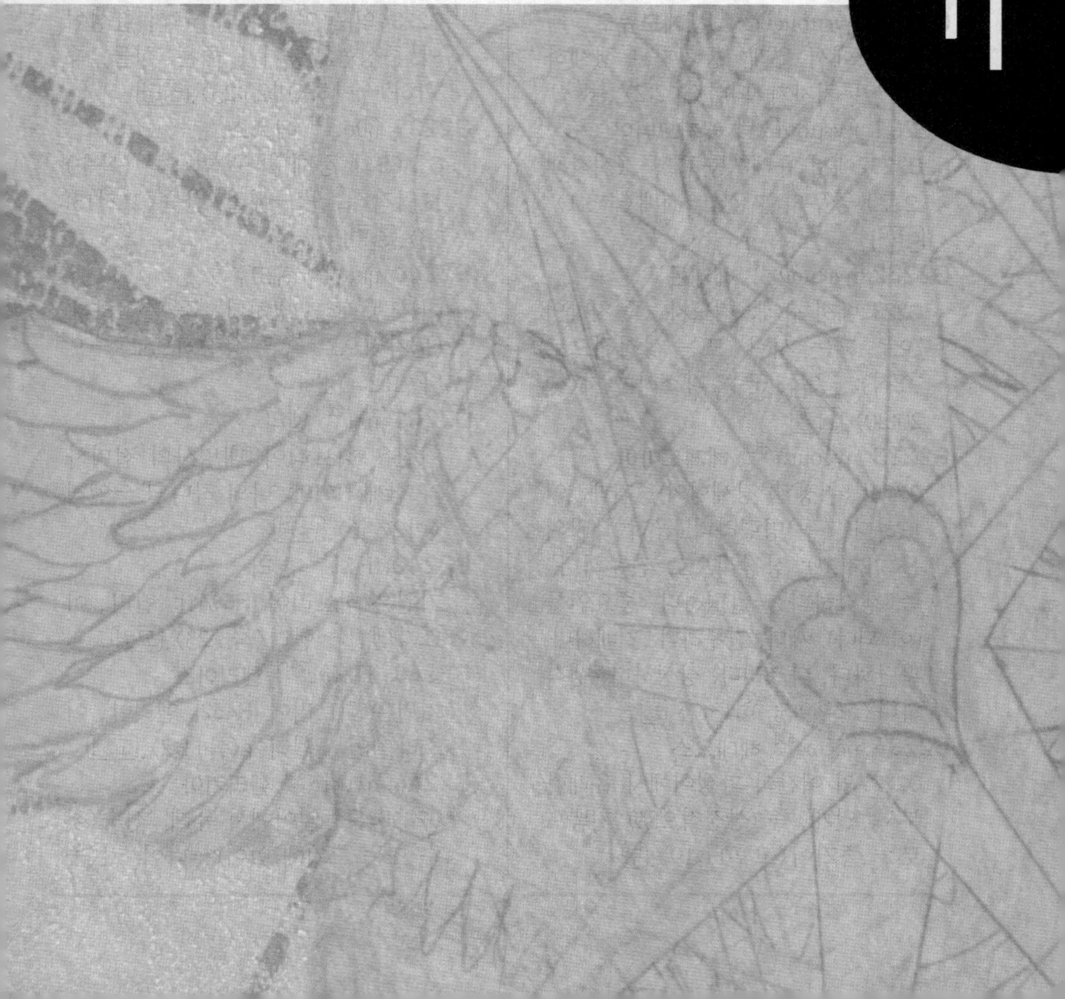

G2228 ἤ[344회] **에**
두 연결된 단어의 구별을 나타내는 기본 불변사; '또는'; 비교급, '…보다'. 종종 다른 불변사와 연결되어 사용: —그리고, 그러나(~도 않다), ~도 또한, ~을 제외하고, 혹은, 오히려, ~을 빼고, ~보다, ~인 것, 그렇다. 특히 **G2235**, **G2260**, **G2273**과 비교〈눅5:23; 행4:19〉. 불

G2229 ἦ[3회] **에**
'확인'의 부사; 아마 **G2228**의 강세형; 오직 (신약에서) **G3303** 앞에서만 사용; '확실히':—틀림없이〈히6:14〉. 부

G2230 ἡγεμονεύω[2회] **헤게모뉴오**
G2232에서 유래; '통치자로 행세하다':—통치자가 되다〈눅2:2〉. 동

G2231 ἡγεμονία[9회] **헤게모니아**
G2232에서 유래; '통치', 즉 (시간적으로) 공무의 '기간':—지배〈눅3:1〉. 여명

G2232 ἡγεμών[20회] **헤게몬**
G2233에서 유래; '지도자', 즉 지방의 '으뜸 되는' 사람 (또는 상징적으로 '요직'):—총독, 군주, 다스리는 자〈눅20:20〉. 남명

G2233 ἡγέομαι[28회] **헤게오마이**
G71의 (추정된) 강세형의 중간태; '인도하다', 즉 '명령하다'(공적인 권위를 가지고); 상징적으로 '간주하다', 즉 '생각하다':—설명하다, 중요인물(이 되다), 세다, 간주하다, 지배하다, 판단하다, 다스리다, 상상하다, 생각하다〈고후9:5; 히13:7〉. 동

G2234 ἡδέως[5회] **헤데오스**
G2237의 어간의 파생어에서 유래한 부사; '달게', 즉 (상징적으로) '기쁨으로':—즐거이〈고후11:19〉. 부

G2235 ἤδη[61회] **에데**
명백히 **G2228**(또는 **G2229**도 가능함)과 **G1211**에서 유래; '지금도':—벌써, 이제, 마침내〈마15:32〉. 부

G2236 ἥδιστα[1회] **헤디스타**
G2234의 동일어의 최상급의 중성 복수; '큰 기쁨을 가지고':—가장(매우) 기쁘게〈고후12:9〉. 부

G2237 ἡδονή[5회] **헤도네**
ἁνδάνω **한다노**('기뻐하다')에서 유래; 감각적인 '기쁨'; 함축적으로 '욕망':—정욕, 향락, 행락〈딛3:3〉. 여명

G2238 ἡδύοσμον[2회] **헤뒤오스몬**
G2234의 동일어와 **G3744**의 합성어의 중성형; '향기가 좋은' 식물, 즉 '박하':—박하〈마23:23〉. 중명

G2239 ἦθος[1회] **에또스**
G1485의 강세형; '용법', 즉 (복수) 도덕적 '습관':—예절, 관습〈고전15:33〉. 중명

G2240 ἥκω[26회] **헤코**
기본 동사; '도착하다', 즉 '출석하다' (문자적으로 혹은 상징적으로):—오다〈요2:4〉. 동

G2241 ἠλί[2회] **엘리**
기원은 히브리어 [대명사의 접미사와 함께 **H410**]; '나의 하나님':—엘리〈마27:46〉. 남명

G2242 Ἡλί[1회] **헬리**
기원은 히브리어 [**H5941**]; '헬리', 이스라엘인:—헬리〈눅3:23〉. 고명

G2243 Ἡλίας[29회] **헬리아스**
기원은 히브리어 [**H452**] '엘리야', 이스라엘인:—엘리야〈롬11:2〉. 고명

G2244 ἡλικία[8회] **헬리키아**
G2245와 동일어에서 유래; '성숙'(햇수 또는 크기에 있어):—나이, 키〈눅

12:25〉. 여명

G2245 ἡλίκος[3회] **헬리코스**

ἧλιξ **헬릭스**('동료', 즉 '동년배')에서 유래; '~만큼 큰', 즉 (감탄조로) '얼마나 많이':—얼마나 큰〈골2:1〉. 형

G2246 ἥλιος[32회] **헬리오스**

ἕλη **헬레**('광선'; 아마 **G138**의 변형과 유사)에서 유래; '태양', 함축적으로 '빛':—동쪽, 해〈행2:20; 계1:16〉. 남명

G2247 ἧλος[2회] **헬로스**

불확실한 유사어에서 유래; '장식 못', 즉 '긴 못':—못〈요20:25〉. 남명

G2248 ἡμᾶς[178회] **헤마스**

G1473의 대격 복수; '우리를':—우리의, 우리를, 우리〈마6:13; 고후5:5〉. 대

G2249 ἡμεῖς[864회] **헤메이스**

G1473의 주격 복수; '우리'(강조할 때만 사용):—우리를, 우리(자신)〈행2:8〉. 대

G2250 ἡμέρα[389회] **헤메라**

'길들이다', 즉 '온순한'을 의미하는 ἧμαι **헤마이**('앉다'; **G1476**의 어간과 유사)의 파생어의 여성형(**G5610**의 뜻이 함축됨); '낮', 즉 (문자적으로) 새벽부터 저녁까지 사이의 시간대, 또는 전체 24시간(그러나 유대인들은 보통 두 극단의 부분들을 포함하여 여러 날들을 생각하였다); 상징적으로 '기간'(항상 문맥에 의하여 다소 분명하게 결정되었다):—세대, 항상, 날, 날마다, 한낮, 영원, 판단, 시간, 동안, 햇수〈마3:1; 눅2:1〉. 여명

G2251 ἡμέτερος[8회] **헤메테로스**

G2249에서 유래; '우리의':—우리의, 너희의 [다른 읽기로]〈행2:11〉. 대

G2252 ἤμην[17회] **에멘**

G2358의 연장형; '나는 ~였다' [이따금 표현되지 않음]:—이다, 이었다〈행10:30〉. 동

G2253 ἡμιθανής[1회] **헤미따네스**

G2255의 어간과 **G2348**의 추정된 합성어에서 유래; '반죽음 상태의', 즉 '완전히 기진한':—거의 죽은〈눅10:30〉. 형

G2254 ἡμῖν[177회] **헤민**

G1473의 여격 복수, '우리에게'(또는 '우리를 위하여', '우리와 함께', '우리에 의하여'):—우리의, 우리를 위하여, 우리〈눅1:1〉. 대

G2255 ἥμισυ[5회] **헤미쉬**

G260(연결로 얽힌 것을 분리하는 개념으로)과 유사하고 '절반'을 의미하는 비분리 접두사로부터 온 파생어의 중성형; (명사로서) '절반':—반의〈계11:9〉. 형

G2256 ἡμιώριον[1회] **헤미오리온**

G2255의 어간과 **G5610**으로부터 유래; '반시간':—반 시〈계8:1〉. 중명

G2257 ἡμῶν[410회] **헤몬**

G1473의 속격복수; '우리의'(또는 로부터):—우리의, 우리를, 우리〈요3:11; 고후3:2〉. 대

G2258 ἦν **엔**

G1510의 미완료; '나(당신, 등)는 ~였다':—일치하다, 이다, 가지다, 잡다, 사용하다, 이었다〈막1:6; 요1:1〉. 동

G2259 ἡνίκα[2회] **헤니카**

불확실한 유사어에서 유래; '그때에':—…때에는〈고후3:15〉. 부

G2260 ἤπερ[1회] **에페르**

G2228과 **G4007**에서 유래; '~보다':—~보다 더〈요12:43〉. 불

G2261 ἤπιος[1회] **에피오스**

아마도 **G2031**에서 유래; 정확히는 '붙임성 있는', 즉 '온화한' 또는 '친절한':—유순한, 온유한〈살전2:7〉.[형]

G2262 Ἤρ[1회] **에르**
기원은 히브리어 [**H6147**]; '에르', 이스라엘인:—에르〈눅3:28〉.[고명]

G2263 ἤρεμος[1회] **에레모스**
아마 **G2048**('고요'의 개념으로)에서 유래한 치환에 의해; '조용한':—고요한〈딤전2:2〉.[형]

G2264 Ἡρώδης[43회] **헤로데스**
ἥρως **헤로스**('영웅')과 **G1491**의 합성어; '영웅의'; '헤롯', 유대의 4왕의 이름:—헤롯〈마14:1; 눅1:5; 행13:1〉.[고명]

G2265 Ἡρῳδιανοί[3회] **헤로디아노이**
G2264의 파생어의 복수; '헤롯 당원들', 즉 '헤롯의 일파':—헤롯 당원들〈마22:16〉.[남명]

G2266 Ἡρῳδιάς[6회] **헤로디아스**
G2264에서 유래; '헤로디아', 헤롯 왕가의 여인:—헤로디아〈마14:3〉.[고명]

G2267 Ἡρῳδίων[1회] **헤로디온**
G2264에서 유래; '헤로디온', 기독교인명:—헤로디온〈롬16:11〉.[고명]

G2268 Ἡσαΐας[22회] **헤사이아스**
기원은 히브리어 [**H3470**]; '이사야', 이스라엘인:—이사야〈눅3:4; 롬9:27〉.[고명]

G2269 Ἠσαῦ[3회] **에사우**
기원은 히브리어 [**H6215**]; '에서', 에돔 사람:—에서〈롬9:13〉.[고명]

G2270 ἡσυχάζω[5회] **헤쉬카조**
G2272와 동일어에서 유래; '고요를 유지하다'(자동사), 즉 (노동, 참견, 담화에서) 물러나다:—그치다, 평화를 지키다, 조용하다, 휴식하다〈눅14:4〉.[동]

G2271 ἡσυχία[4회] **헤쉬키아**
G2272의 여성형; (명사로서) '고요', 즉 소란 또는 담화로부터의 '중지':—조용함, 정숙〈행22:2〉.[여명]

G2272 ἡσύχιος[2회] **헤쉬키오스**
아마 **G1476**의 어간의 파생어와 아마 **G2192**의 합성어의 연장형; 정확히는 '자기 자리를 유지하는(앉아있는)', 즉 (함축적으로) '고요한(방해되지 않는, 방해하지 않는)':—평안한, 조용한〈벧전3:4〉.[형]

G2273 ἤτοι[1회] **에토이**
G2228과 **G5104**에서 유래; '정말로 ~이거나 또는 ~이거나':—~이든지〈롬6:16〉.[접]

G2274 ἡττάω[2회] **헷타오**
G2276의 동일어에서 유래; '악화시키다', 즉 '정복하다'(문자적으로 혹은 상징적으로), 함축적으로 '더 낮게 평가하다':—열등하다, 이기다〈벧후2:19〉.[동]

G2275 ἥττημα[2회] **헷테마**
G2274에서 유래; '악화', 즉 (객관적으로) '실패' 또는 (주관적으로) '손실':—감소, 허물〈롬11:12〉.[중명]

G2276 ἧττον[2회] **헷톤**
G2556을 위해 사용된 ἧκα **헤카**('약간')의 비교급의 중성; '보다 나쁜'(명사로서); 함축적으로 '보다 적은'(부사로서):—더 적은, 보다 나쁜〈고전11:17〉.[형]

G2277 ἤτω[2회] **에토**
G1510의 3인칭 단수 명령형: 그가[그것이] ~이게 하라:—~이게 하라, (받을)지어다〈고전16:22, 약5:12〉.[동]

G2278 ἠχέω[1회] 에케오
G2279에서 유래; '큰 소음을 내다', 즉 '울려 퍼지다':—포효하다, 소리 내다〈눅21:25〉. 동

G2279 ἦχος[4회] 에코스
불확실한 유사어에서 유래; 큰 또는 혼잡한 '소음'('울림'), 즉 '포효'; 상징적으로 '소문':—명성, 소리〈행2:2〉. 남명

트롱헬라어사전

Θ

G2280 Θαδδαῖος[2회] **쌋다이오스**
기원은 불확실함; '다대오', 사도중 한 사람:—다대오〈마10:3〉. 고명

G2281 θάλασσα[91회] **쌀랏사**
아마도 **G251**의 연장형; '바다'(일반적으로 혹은 특별히):—바다〈마8:24〉. 여명

G2282 θάλπω[2회] **쌀포**
아마도 θάλλω 쌀로('따뜻하게 하다')와 유사; '알을 품다', 즉 (상징적으로) '기르다':—소중히 하다〈엡5:29〉. 동

G2283 Θάμαρ[1회] **싸마르**
기원은 히브리어 [**H8559**]; '다말', 이스라엘 여인:—다말〈마1:3〉. 고명

G2284 θαμβέω[3회] **쌈베오**
G2285에서 유래; (놀라게 해서) '망연케 하다', 즉 '놀라게 하다':—깜짝 놀라게 하다, (수동) 놀라다〈막1:27〉 동

G2285 θάμβος[3회] **쌈보스**
폐어가 된 τάφω 타ㅎ포('말문이 막히다')와 유사; (놀라움으로 인한) '망연자실', 즉 '경악':—깜짝 놀람, 경이〈눅4:36〉. 중명

G2286 θανάσιμος[1회] **싸나시모스**
G2288에서 유래; '치명적인', 즉 '독성 있는':—죽음에 이르게 할 만한〈막16:18〉. 형

G2287 θανατηφόρος[1회] **싸나테ㅎ포로스**
G2288의 여성형과 **G5342**에서 유래; '죽음을 가져오는', 즉 '치명적인':—죽이는 〈약3:8〉. 형

G2288 θάνατος[120회] **싸나토스**
G2348에서 유래; (정확히는 명사로 사용된 형용사) '죽음'(문자적으로 혹은 상징적으로):—치명적인, 사망〈롬5:10〉. 남명

G2289 θανατόω[11회] **싸나토오**
G2288에서 유래; '죽이다'(문자적으로 혹은 상징적으로):—죽게 되다, 죽음에 처하다(죽게 하다), 죽이다, 억제하다〈마26:59〉. 동

G2290 θάπτω[11회] **쌉토**
기본 동사; '장례식을 치르다', 즉 '매장하다':—장사하다〈마14:12〉. 동

G2291 Θάρα[1회] **싸라**
기원은 히브리어 [**H8646**]; '데라', 아브라함의 아버지:—데라〈눅3:34〉. 고명

G2292 θαρρέω[7회] **싸르흐레오**
G2293의 다른 형태; '용기를 보이다':—담대하다, 자신을 갖다, 자신만만하다. **G5111**과 비교.〈고후10:1; 히13:6〉. 동

G2293 θαρσέω[7회] **싸르세오**
G2294에서 유래; '용기를 갖다':—원기를 차리다. **G2292**와 비교〈마9:2〉. 동

G2294 θάρσος[1회] **싸르소스**
θράσος 쓰라소스('감히')에 유사; (주관적으로) '담대함':—용기〈행28:15〉. 중명

G2295 θαῦμα[2회] **싸우마**
명백히 **G2300**의 한 형태에서 유래; '경이'(정확히는 구상명사; 그러나 함축적 의미로는 추상명사):—감탄, 놀랍게 여김〈계17:6〉. 중명

G2296 θαυμάζω[43회] **싸우마조**
G2295에서 유래; '이상히 여기다', 함축적으로는 '감탄하다':—경탄하다, 감복하다, 놀라다, 의아하게 여기다〈눅7:9; 행7:31〉. 동

G2297 θαυμάσιος[1회] **싸우마시오스**
G2295에서 유래; '이상한', 즉 (명사

로서 중성) '기적':—놀랄만한 (일) 〈마21:15〉. 형

G2298 θαυμαστός[6회] **싸우마스토스**
G2296에서 유래; '놀란', 즉 (함축적으로) '놀라운':—이상한, 불가사의한 〈마21:42〉. 형

G2299 θεά[1회] **쎄아**
G2316의 여성형; '여성 신':—여신 〈행19:27〉. 여명

G2300 θεάομαι[22회] **쎄아오마이**
기본 동사의 연장형; '가까이서 보다', 즉 (함축적으로) '지각(知覺)하다'(문자적으로 혹은 상징적으로); 확대된 의미로 '방문하다':—보다, 바라보다(쳐다보다). G3700과 비교. 〈마6:1; 요4:35〉. 동

G2301 θεατρίζω[1회] **쎄아트리조**
G2302에서 유래; '구경거리로 노출시키다':—구경거리가 되다〈히10:33〉. 동

G2302 θέατρον[3회] **쎄아트론**
G2300에서 유래; '민중극을 위한 장소'('극장'), 즉 일반적인 '관람실'; 함축적으로'극' 자체(상징적으로):—구경거리, 극장〈행19:29〉. 중명

G2303 θεῖον[7회] **쎄이온**
아마도 G2304〉의 중성형(원뜻 '번쩍임'에서); '유황':—황〈계14:10〉. 중명

G2304 θεῖος[3회] **쎄이오스**
G2316에서 유래; '신과 같은'(명사로서 중성, '신성'):—신의, 신격〈벧후1:3〉. 형

G2305 θειότης[2회] **쎄이오테스**
G2304에서 유래; '신성'(추상명사):—신격〈롬1:20〉. 여명

G2306 θειώδης[1회] **쎄이오데스**
G2303과 G1491에서 유래; '유황 같은', 즉 '유황의':—유황의〈계9:17〉. 형

G2307 θέλημα[62회] **쎌레마**
G2309의 연장형; '결정'(정확하게는 결정하는 일), 즉 (능동태) '선택'(특히 '의도', '신의(神意)'; 추상명사 '의지'), 혹은 (수동태) '경향':—원하는 것, 기쁨, 뜻〈롬2:18; 엡5:17〉. 중명

G2308 θέλησις[1회] **쎌레시스**
G2309에서 유래; '결정'(정확하게는 결정하는 행동), 즉 '취사선택':—뜻 〈히2:4〉. 여명

G2309 θέλω[209회] **쎌로** 또는 ἐθέλω **에쎌로** 어떤 시제에서는 θελέω **쎌레오** 그리고 ἐθελέω **에쎌레오 (폐어)**
명백히 G138의 변형에서 유래한 강세형; '결정하다'(주관적인 충동으로부터의 능동적인 '선택'에 따른; 반면에 G1014는 정확하게는 객관적인 고려에서 오히려 수동적인 '묵종'을 나타낸다), 즉, '선택하다' 또는 '선호하다'(문자적으로 혹은 상징적으로); 함축적으로 '원하다', 즉 '기울어지다'(이따금 부사로 '기쁘게'); 비인칭, 미래시제로 '막 ~하려고 하다'; 히브리어로는 '기뻐하다':—바라다, 할 마음이 내키다, ~하려하다, 목록을 작성하다, 사랑하다, 의미하다, 기뻐하다, 오히려 갖다, 뜻하다, 기꺼이 하려하다〈롬7:15; 갈1:7〉. 동

G2310 θεμέλιος[15회] **쎄멜리오스**
G5087의 파생어에서 유래; '밑에 둔' 어떤 것, 즉 (건물 등의) '기초'(문자적으로 혹은 상징적으로):—기초, 토대 〈계21:14〉. 남명

G2311 θεμελιόω[5회] **쎄멜리오오**
G2310에서 유래; '기초를 놓다', 즉

(문자적으로) '세우다', 또는 (상징적으로) '굳게 하다':—기초를 두다, 기초를 놓다, 터를 닦다, 자리 잡게 하다〈눅6:48〉. 동

G2312 θεοδίδακτος[1회] **쎄오디닥토스**
G2316과 G1321에서 유래; '하나님께 가르치심을 받은':—하나님께 배운〈살전4:9〉. 형

G2312' θεολόγος[1회] **쎄오로고스**
G2316과 G3004에서 유래; "신학자":—하나님의 사신. 남명

G2313 θεομαχέω[1회] **쎄오마케오**
G2314에서 유래; '신에 저항하다':—하나님께 대적하다〈행23:9〉. 동

G2314 θεομάχος[1회] **쎄오마코스**
G2316과 G3164에서 유래; '하나님에 대항하는':—하나님을 대적하는〈행5:39〉. 형

G2315 θεόπνευστος[1회] **쎄오프뉴스토스**
G2316과 추정된 G4154의 파생어에서 유래; '하나님의 숨결이 불어넣어진':—하나님의 감동으로 주어진〈딤후3:16〉. 형

G2316 θεός[1318회] **쎄오스**
불확실한 유사어에서 유래; '신격', 특히 (G3588과 함께) '최고 신', 상징적으로 '행정장관', 히브리어로는 '매우':—뛰어나신 분, 하나님, 신(을 공경하는, 에게 향한)〈요1:1; 롬1:1; 계1:1〉. 남명

G2317 θεοσέβεια[1회] **쎄오세베이아**
G2318에서 유래; '독실함', 즉 '경건':—하나님을 공경함〈딤전2:10〉. 여명

G2318 θεοσεβής[1회] **쎄오세베스**
G2316과 G4576에서 유래; '하나님을 경외하는', 즉 경건한:—하나님을 공경하는〈요9:31〉. 형

G2319 θεοστυγής[1회] **쎄오스튀게스**
G2316과 G4767의 어간에서 유래; '하나님이 미워하시는', 즉 '불경건한':—하나님의 미워하시는 (자)〈롬1:30〉. 형

G2320 θεότης[1회] **쎄오테스**
G2316에서 유래; '신성'(추상명사):—신격〈골2:9〉. 여명

G2321 Θεόφιλος[2회] **쎄오ㅎ필로스**
G2316과 G5384에서 유래; '하나님의 친구'; '데오빌로', 기독교인명:—데오빌로〈눅1:3; 행1:1〉. 고명

G2322 θεραπεία[3회] **쎄라페이아**
G2323에서 유래; '시중'(특히 의약의, 즉 '치료'); 상징적으로 그리고 집합적으로 '하인들':—치료, 집사람들〈마24:45〉. 여명

G2323 θεραπεύω[43회] **쎄라퓨오**
G2324와 동일어에서 유래; 하인으로서 '시중들다', 즉 (상징적으로)(하나님을) '받들다', 또는 (특히)(병에서) '구제하다':—치료하다, 고치다, 경배하다〈마10:1; 행17:25〉. 동

G2324 θεράπων[1회] **쎄라폰**
명백하게 G2330(폐어)의 어간의 파생어의 분사형; 하인으로서의 '시중드는 사람'(마치 '소중히 하듯'):—종〈히3:5〉. 남명

G2325 θερίζω[21회] **쎄리조**
G2330('농작물'이란 의미로서)에서 유래; '추수하다':—거두다〈마6:26〉. 동

G2326 θερισμός[13회] **쎄리스모스**
G2325에서 유래; '거둠', 즉 '수확':—추수〈마9:38〉. 남명

G2327 θεριστής[2회] **쎄리스테스**
G2325에서 유래; '추수꾼':—거두는

자〈마13:30〉. 남명

G2328 θερμαίνω[6회] **쎄르마이노**

G2329에서 유래; (스스로) '덥히다': ―따뜻하다(해지다), 스스로 덥히다〈막14:54〉. 동

G2329 θέρμη[1회] **쎄르메**

G2330의 어간에서 유래; '따뜻함': ―뜨거움〈행28:3〉. 여명

G2330 θέρος[3회] **쎄로스**

기본 동사 θέρω 쎄로('뜨거워지다')에서 유래; 정확하게 '더위', 즉 '여름': ―여름〈마24:32〉. 중명

G2331 Θεσσαλονικεύς[4회] **쎗살로니큐스**

G2332에서 유래; '데살로니가 사람', 즉 '데살로니가 주민': ―데살로니가 사람〈행20:4〉. 남명

G2332 Θεσσαλονίκη[5회] **쎗살로니케**

Θεσσαλός 쎗살로스(테살리아 사람)와 G3529에서 유래; '데살로니가', 아시아의 한 도시: ―데살로니가〈행17:1〉. 고명

G2333 Θευδᾶς[1회] **쓔다스**

기원은 불확실함; '드다', 이스라인: ―드다〈행5:36〉. 고명

G2334 θεωρέω[58회] **쎄오레오**

G2300(아마도 G3708이 첨가되어)의 파생어에서 유래; '구경꾼이 되다', 즉 '식별하다'(문자적으로, 상징적으로 ['경험'] 또는 강세적 의미로 ['인지']): ―보다, 숙고하다, 구경하다, 지각(知覺)하다. G3700과 비교. 〈행3:16; 17:22〉. 동

G2335 θεωρία[1회] **쎄오리아**

G2334와 동일어에서 유래; '구경꾼 신분', 즉 (구상명사) '구경거리': ―구경〈눅23:48〉. 여명

G2336 θήκ[1회] **쎄케**

G5087에서 유래; '그릇', 즉 '칼집': ―칼집〈요18:11〉. 여명

G2337 θηλάζω[5회] **쎌라조**

θηλή 쎌레('젖꼭지')에서 유래; '젖먹이다'; 함축적으로 '빨다': ―젖을 빨리다, 젖먹이〈눅21:23〉. 동

G2338 θῆλυς[5회] **쎌뤼스**

G2337과 동일어에서 유래; '여성': ―여인, 여자〈롬1:29; 갈3:28〉. 여명

G2339 θήρα[1회] **쎄라**

θήρ 쎄르(사냥감으로서의 야생 '동물')에서 유래; '사냥', 즉 (상징적으로) '파괴': ―덫〈롬11:19〉. 여명

G2340 θηρεύω[1회] **쎄류오**

G2339에서 유래; (동물을) '사냥하다', 즉 (상징적으로) '흠을 잡다': ―잡다〈눅11:54〉. 동

G2341 θηριομαχέω[1회] **쎄리오마케오**

G2342와 G3164의 합성어에서 유래; '맹수와 싸우는 사람이 되다'(검투극에서), 즉 (상징적으로)(격렬한 사람들을) '대항하다': ―맹수와 더불어 싸우다〈고전15:32〉. 동

G2342 θηρίον[46회] **쎄리온**

G2339와 동일어에서 유래한 지소사(指小辭); '위험한 동물': ―(독이 있는, 들) 짐승〈행28:5〉. 중명

G2343 θησαυρίζω[8회] **쎄사우리조**

G2344에서 유래; '축적하다' 또는 '비축하다'(문자적으로 혹은 상징적으로): ―(보물을) 모으다, 창고에 (보관하다), 보물(을 함께 쌓아두다)〈마6:19〉. 동

G2344 θησαυρός[17회] **쎄사우로스**

G5087에서 유래; '저축', 즉 '부'(문자적으로 혹은 상징적으로): ―보물〈막

10:21; 눅12:33〉. 남명

G2345 θιγγάνω[3회] **씽가노**

폐어가 된 기본 동사 θίγω **씨고**('손가락')의 연장형; '조작하다', 즉 '관계하다'; 함축적으로 '상해하다':—손을 대다, 어루만지다〈골2:21; 히11:28〉. 동

G2346 θλίβω[10회] **쓸리보**

G5147의 어간과 유사; '모여들다'(문자적으로 혹은 상징적으로):—괴롭히다, 좁아지다, 좁히다, 에워싸다, 밀려들다, 환난을 당하다, 고통을 주다〈고후4:8; 딤전5:10〉. 동

G2347 θλῖψις[45회] **쓸립시스**

G2346에서 유래; '압박'(문자적으로 혹은 상징적으로):—고난, 고통, 괴로움, 핍박, 환난, 곤고〈마13:21; 요16:21〉. 여명

G2348 θνήσκω[9회] **쓰네스코**

보다 단순한 기본 동사 θάνω **싸노**(어떤 시제들에만 대신 사용됨)의 강세형; '죽다'(문자적으로 혹은 상징적으로):—죽다〈눅8:49〉. 동

G2349 θνητός[6회] **쓰네토스**

G2348에서 유래; '죽기 쉬운':—죽을〈롬6:12〉. 형

G2350 θορυβέω[4회] **쏘뤼베오**

G2351에서 유래; '소란 중에 있다', 즉 '방해하다', '소란케 하다':—야단법석을 떨다, 떠들다, 스스로 괴롭히다, 소동을 일으키다〈막5:39〉. 동

G2351 θόρυβος[7회] **쏘뤼보스**

G2360의 어간에서 유래; '소동':—소요, 소음〈마27:24; 행20:1〉. 남명

G2352 θραύω[1회] **쓰라우오**

기본 동사; '눌러서 뭉개다':—찌부러뜨리다. 〈**4486**〉과 비교. 〈눅4:18〉. 동

G2353 θρέμμα[1회] **쓰렘마**

G5142에서 유래; (농장에서 길러진) '가축':—가축〈요4:12〉. 중명

G2354 θρηνέω[4회] **쓰레네오**

G2355에서 유래; '통곡하다':—애통하다, 애곡하다〈마11:17〉. 동

G2355 θρῆνος[1회] **쓰레노스**

G2360의 어간에서 유래; '통곡':—슬퍼함〈마2:18〉. 남명

G2356 θρησκεία[4회] **쓰레스케이아**

G2357의 파생어에서 유래; 의식의 '거행':—종교, 예배〈행26:5; 골2:18〉. 여명

G2357 θρῆσκος[1회] **쓰레스코스**

아마도 **G2360**의 어간에서 유래; 예배에 있어서의 '의식(儀式)의'('시위적인 것으로'), 즉 '경건한':—종교적인〈약1:26〉. 형

G2358 θριαμβεύω[2회] **쓰리암뷰오**

G2360의 어간과 **G680**(바카스 신의 찬가에 나타난 '소란스런 억양'을 의미)의 파생어의 연장된 합성어에서 유래; '환호의 행진을 하다', 즉 (상징적으로) '정복하다' 또는 (히브리어로는) '승리를 하다':—승리를 거두다(게 하다)〈고후2:14〉. 동

G2359 θρίξ[15회] **쓰릭스**

속격 τριχός **트리코스**; 불확실한 파생어에서 유래; '털':—머리털. **G2864**와 비교. 〈마3:4; 벧전3:3〉. 여명

G2360 θροέω[3회] **쓰로에오**

θρέομαι **쓰레오마이**('울부짖다')에서 유래; '시끄럽게 굴다', 즉 (함축적으로) '두렵다':—두려워하다〈마24:6〉. 동

G2361 θρόμβος[1회] **쓰롬보스**

아마도 **G5142**('두껍게 하는'의 의미로)에서 유래; '덩어리':—큰 방울〈눅

22:44〉.남명

G2362 θρόνος[62회] **쓰로노스**
θράω 쓰라오('앉다')에서 유래; 국가의 '권좌'('보좌'), 함축적으로 '권세' 또는 (구체적으로) '권력가':—위(位), 보좌〈행2:30〉.남명

G2363 Θυάτειρα[4회] **쒸아테이라**
불확실한 파생어에서 유래; '두아디라', 소아시아의 한 도시:—두아디라〈계1:11〉.고명

G2364 θυγάτηρ[28회] **쒸가테르**
명백히 기본어['딸'과 비교]; '여아', 또는 (히브리어로는) '자손'(또는 '거민'):—딸〈마9:18; 행7:21〉.여명

G2365 θυγάτριον[2회] **쒸가트리온**
G2364에서 유래; '작은 딸':—작은(어린) 딸〈막5:23〉.중명

G2366 θύελλα[1회] **쒸엘라**
G2380('부는'의 의미에서)에서 유래; '폭풍우':—태풍〈히12:18〉.여명

G2367 θύϊνος[1회] **쒸이노스**
G2380('부는'의 의미에서; 어떤 '향기나는' 나무를 지칭)의 파생어에서 유래; '시트론(레몬 비슷한 식물)'나무로 만들어진:—향목의〈계18:12〉.형

G2368 θυμίαμα[6회] **쒸미아마**
G2370에서 유래; '향기', 즉 종교의식에서 태우는 '향 가루', 함축적으로 그 '태우는' 자체:—향, 향내〈계8:3〉.중명

G2369 θυμιατήριον[1회] **쒸미아테리온**
G2370의 파생어에서 유래; '향을 피우는 곳', 즉 '분향단'(성전의):—향로〈히9:4〉.중명

G2370 θυμιάω[1회] **쒸미아오**
G2380('연기를 내는'의 의미에서)의 파생어에서 유래; '분향하다', 즉 '향연을 피우다':—향을 태우다〈눅1:9〉.동

G2371 θυμομαχέω[1회] **쒸모마케오**
G2372와 G3164의 추정된 합성어에서 유래; '격렬한 싸움에 가담하다', 즉 '노여워하다':—대단히 노여워하다〈행12:20〉.동

G2372 θυμός[18회] **쒸모스**
G2380에서 유래; '격정'(마치 '거친 숨'을 쉬듯):—맹렬함, 분개, 격노. G5590과 비교.〈눅4:28〉.남명

G2373 θυμόω[1회] **쒸모오**
G2372에서 유래; '격정에 빠지다', 즉 '노하다':—격노하다〈마2:16〉.동

G2374 θύρα[39회] **쒸라**
명백히 기본어['문'과 비교]; '정문' 또는 '입구'(개문 또는 폐문; 문자적으로 혹은 상징적으로):—문, 대문〈막13:29; 행14:27〉.여명

G2375 θυρεός[1회] **쒸레오스**
G2374에서 유래; 큰 '방패'('문' 모양의):—방패〈엡6:16〉.남명

G2376 θυρίς[2회] **쒸리스**
G2374에서 유래; '빼끔히 벌어진 데', 즉 '창문':—들창문〈행20:9〉.여명

G2377 θυρωρός[4회] **쒸로로스**
G2374와 οὖρος **우로스**('파수군')에서 유래; '대문 관리자':—문지기, 문지키는 여자〈막13:34〉.남명.여명

G2378 θυσία[28회] **쒸시아**
G2380에서 유래; '희생'(제사 또는 희생 제물, 문자적으로 혹은 상징적으로):—제사, 제물〈롬12:1; 빌2:17〉.여명

G2379 θυσιαστήριον[23회]
쒸시아스테리온
G2378의 파생어에서 유래; '제물 드

리는 곳', 즉 '제단'(특별히 혹은 일반적으로, 문자적으로 혹은 상징적으로):—제단〈히7:13; 계9:13〉. 중명

G2380 θύω[14회] **쒸오**

기본 동사; 정확히는 '돌진하다'('거친 숨을 쉬다', '불다', '연기 내다'), 즉 (함축적으로) '희생 제사를 드리다'(정확히는 불로, 그러나 일반적으로); 확대된 의미로 '희생으로 바치다'(어떤 목적을 위해 '도살'하다):—죽이다, 제물을 드리다, 살해하다〈눅15:23〉. 동

G2381 Θωμᾶς[11회] **또마스**

기원은 아람어[**H8380**과 비교]; '쌍둥이', '도마', 기독교인:—도마〈요11:16; 21:2〉. 고명

G2382 θώραξ[5회] **또락스**

불확실한 유사어에서 유래; '가슴'('흉곽'), 즉 (함축적으로) 흉배(허리에 두르는 갑옷):—흉갑(가슴받이)〈엡6:14〉. 남명

트롱헬라어사전

ι

G2383 Ἰάειρος[2회] 이아에이로스
기원은 히브리어 [**H2971**]; '야이로', 이스라엘인:—야이로〈막5:22〉. [고명]

G2384 Ἰακώβ[27회] 이아콥
기원은 히브리어 [**H3290**]; '야곱', 이스라엘의 족장, 또한 한 이스라엘 사람:—야곱〈마8:11〉. [고명]

G2385 Ἰάκωβος[42회] 이아코보스
G2384의 그리이스화된 동일인명; '야고보', 세 이스라엘 사람의 이름:—야고보〈눅5:10; 갈1:19〉. [고명]

G2386 ἴαμα[3회] 이아마
G2390에서 유래; '치료'(그 효과):—병고침〈고전12:9〉. [중명]

G2387 Ἰαμβρῆς[1회] 이암브레스
기원은 애굽어; '얌브레', 애굽 사람:—얌브레〈딤후3:8〉. [고명]

G2388 Ἰαννά[1회] 이안나
아마도 기원은 히브리어 [**H3238**과 비교]; '얀나', 이스라엘인:—얀나〈눅3:24〉. [고명]

G2389 Ἰαννῆς[1회] 이안네스
기원은 애굽어; '얀네', 애굽 사람:—얀네〈딤후3:8〉. [고명]

G2390 ἰάομαι[26회] 이아오마이
명백히 기본 동사의 중간태; (문자적으로 상징적으로) '치료하다':—병 고치다, 건강하게 하다〈눅4:18〉. [동]

G2391 Ἰαρέδ[1회] 이아레드
기원은 히브리어 [**H3382**]; '야렛', 노아 홍수 이전 사람:—야렛〈눅3:37〉. [고명]

G2392 ἴασις[3회] 이아시스
G2390에서 유래; '치료'(치료행위):—치유, 병을 낫게 함, 병이 나음〈눅13:32〉. [여명]

G2393 ἴασπις[4회] 이아스피스
아마도 기원은 외래어[**H3471**을 보라]; '벽옥', 보석의 하나:—벽옥〈계4:3〉. [여명]

G2394 Ἰάσων[5회] 이아손
G2390의 미래 능동태 분사 남성; '막 치료하려는'; '야손', 기독교인:—야손〈행17:5〉. [고명]

G2395 ἰατρός[7회] 이아트로스
G2390에서 유래; '의사':—의사〈막2:17〉. [남명]

G2396 ἴδε[34회] 이데
G1492의 미완료 능동태 2인칭 단수; '놀람'을 나타내기 위한 감탄사로 사용; '보라!':—보라〈요3:26; 롬2:17〉. [불]

G2397 ἰδέα[5회] 이데아
G1492에서 유래; '시각(視覺)'[상징적으로 '관념'과 비교], 즉 '모습':—생김새〈마28:3〉. [여명]

G2398 ἴδιος[114회] 이디오스
불확실한 유사어에서 유래; '자기에게 관한', 즉 '자기 자신의', 함축적으로 '개별적인' 또는 '독립된':—면식이 있는, 혼자 있는, 떨어진, 옆의, 합당한, 그의, 그 자신의, 본, 친히, 사사로이, 각각의〈요1:11; 롬10:3; 약1:14〉. [형]

G2399 ἰδιώτης[5회] 이디오테스
G2398에서 유래; '평범한' 사람, 즉 (함축적으로) '무식쟁이'('백치'와 비교):—무지한 사람, 무례한 사람, 무식한 사람〈고전14:16〉. [남명]

G2400 ἰδού[200회] 이두
G1492의 미완료 중간태 2인칭 단수; 명령법으로 사용 '보라!':—보라! 보다〈롬9:33〉. [불]

G2401 Ἰδουμαία[1회] 이두마이아

기원은 히브리어 [H123]; '이두매'(즉 '에돔'), 팔레스타인의 동부(그리고 남부)지역:—이두매〈막3:8〉.고명

G2402 ἱδρώς[1회] **히드로스**
기본 동사 ἴδος 이도스('땀 흘리다')의 강세형; '땀 흘림':—땀〈눅22:44〉.남명

G2403 Ἰεζάβελ[1회] **이에자벨**
기원은 히브리어 [H348]; '이세벨', 두로 여인(잔소리가 심한 여자 또는 거짓 선생의 동의어로 사용):—이세벨〈계2:20〉.고명

G2404 Ἱεράπολις[1회] **히에라폴리스**
G2413과 G4172에서 유래; '거룩한 성'; '히에라볼리', 소아시아의 도시:—히에라볼리〈골4:13〉.고명

G2405 ἱερατεία[2회] **히에라테이아**
G2407에서 유래; '제사장직', 즉 '제사장의 직무':—제사장 직분〈눅1:9〉.여명

G2406 ἱεράτευμα[2회] **히에라튜마**
G2407에서 유래; '제사장의 단체', 즉 '제사장직의 서열'(상징적으로):—제사장〈벧전2:5〉.중명

G2407 ἱερατεύω[1회] **히에라튜오**
G2409의 연장형; '제사장이 되다', 즉 '그의 직분을 수행하다':—제사장직을 수행하다〈눅1:8〉.동

G2408 Ἱερεμίας[3회] **히에레미아스**
기원은 히브리어 [H3414]; '예레미야', 이스라엘인:—예레미야〈마16:14〉.고명

G2409 ἱερεύς[31회] **히에류스**
G2413에서 유래; '제사장'(문자적으로 혹은 상징적으로):—(대)제사장〈마8:4; 눅1:5〉.남명

G2410 Ἱεριχώ[7회] **히에리코**
기원은 히브리어 [H3405]; '여리고', 팔레스타인의 한 성읍:—여리고〈마20:29〉.고명

G2411 ἱερόν[71회] **히에론**
G2413의 중성형; '성소', 즉 '성전'의 (예루살렘에 있는, 또는 다른 곳의) 전체 경내 (반면에 G3485는 '지성소' 자체를 가리킴):—성전〈막11:11〉.중명

G2412 ἱεροπρεπής[1회] **히에로프레페스**
G2413과 G4241의 동일어에서 유래; '공경하는':—거룩하게 되는〈딛2:3〉.형

G2413 ἱερός[4회] **히에로스**
불확실한 유사어에서 유래; '신성한':—거룩한〈고전9:13〉.형

G2414 Ἱεροσόλυμα[62회] **히에로솔뤼마**
기원은 히브리어 [H3389]; '히에로솔뤼마'(즉 예루살렘), 팔레스타인의 수도:—예루살렘. G2419과 비교.〈마20:17; 갈2:1〉.고명

G2415 Ἱεροσολυμίτης[2회] **히에솔뤼미테스**
G2414에서 유래; '히에로솔뤼마의 거민', 즉 예루살렘의 주민:—예루살렘 사람〈막1:5〉.남명

G2416 ἱεροσυλέω[1회] **히에로쉴레오**
G2417에서 유래; '성전 도둑이 되다'(상징적으로):—신전 물건을 도둑질하다〈롬2:22〉.동

G2417 ἱερόσυλος[1회] **히에로쉴로스**
G2411과 G4813에서 유래; '성전 약탈자':—신전의 물건을 도둑질하는〈행19:37〉.형

G2418 ἱερουργέω[1회] **히에루르게오**
G2411과 G2041의 어간의 합성어에서 유래; '성전 사역자가 되다', 즉 '제사장의 직무를 맡다'(상징적으로):—제사장 직무를 수행하다〈롬15:16〉.

동

G2419 Ἱερουσαλήμ[77회] **히에루살렘**
기원은 히브리어 [**H3389**]; '예루살렘', 팔레스타인의 수도:—예루살렘. **G2414**와 비교. 〈롬15:19; 계21:2〉. 고명

G2420 ἱερωσύνη[3회] **히에로쉬네**
G2413에서 유래; '신을 모심', 즉 (함축적으로) '제사장의 직무':—제사장 직분〈히7:11〉. 여명

G2421 Ἰεσσαί[5회] **이엣사이**
기원은 히브리어 [**H3448**]; '이새', 이스라엘인:—이새〈눅3:32〉. 고명

G2422 Ἰεφθάε[1회] **이에ㅎ프싸에**
기원은 히브리어 [**H3316**]; '입다', 이스라엘인:—입다〈히11:32〉. 고명

G2423 Ἰεχονίας[2회] **이에코니아스**
기원은 히브리어 [**H3204**]; '여고냐', 이스라엘인:—여고냐〈마1:11〉. 고명

G2424 Ἰησοῦς[919회] **이에수스**
기원은 히브리어 [**H3091**]; '예수'(즉 '여호수아'), 우리 주님과 두셋 이스라엘 사람의 이름:—예수〈마1:21; 요1:17; 유1:1〉. 고명

G2425 ἱκανός[39회] **히카노스**
G2240('도착하다')와 유사한 ἵκω **히코** 또는 ἱκάνω **히카노** 또는 ἱκνέομαι **히그네오마이**에서 유래; '유능한'(마치 때에 맞춰 '오는'), 즉 '넉넉한'(양적으로), 또는 '적당한'(성격에 있어서):—할 수 있는, 만족하는, 충분한, 좋은, 위대한, 큰, 긴, 많은, 적합한, 안전한, 아픈, 넉넉한, 가치 있는〈행9:23; 고후2:6〉. 형

G2426 ἱκανότης[1회] **히카노테스**
G2425에서 유래; '능력':—만족〈고후3:5〉. 여명

G2427 ἱκανόω[2회] **히카노오**
G2425에서 유래; '할 수 있게 하다', 즉 '자격을 갖추다':—가능하게 하다, 만족케 하다〈고후3:6〉. 동

G2428 ἱκετηρία[1회] **히케테리아**
G2425의 어간의 파생어에서 유래(도움을 받기 위하여 '접근'하는 것이란 의미에서) '탄원':—기원〈히5:7〉. 여명

G2429 ἰκμάς[1회] **히크마스**
불확실한 유사어에서 유래; '습기':—습기〈눅8:6〉. 여명

G2430 Ἰκόνιον[6회] **이코니온**
아마 **G1504**에서 유래; '형상을 닮음', '이고니온', 소아시아의 도시:—이고니온〈행13:51〉. 고명

G2431 ἱλαρός[1회] **힐라로스**
G2436의 동일어에서 유래; '순조로운' 또는 '즐거운'('들뜬'), 즉 '신속한' 또는 '기꺼이 하는':—유쾌한〈고후9:7〉. 형

G2432 ἱλαρότης[1회] **힐라로테스**
G2431에서 유래; '민첩함':—즐거움〈롬12:8〉. 여명

G2433 ἱλάσκομαι[2회] **힐라스코마이**
G2436의 동일어에서 유래한 중간태; '달래다', 즉 (타동사) (죄를) 속(贖)하다, 또는 (자동사) '자비롭다':—자비를 베풀다, 화해시키다〈눅18:13〉. 동

G2434 ἱλασμός[2회] **힐라스모스**
'속죄', 즉 (구체적으로) '속죄자':—화목제(물)〈요일2:2〉. 남명

G2435 ἱλαστήριον[2회] **힐라스테리온**
G2433의 파생어에서 유래한 중성형; '속죄의'(장소 또는 물건), 즉 (구체적으로) '속죄제물', 또는 (특히) (성전에 있는) 법궤의 '덮개':—시은좌(施恩座), 속죄〈롬3:25〉. 중명

G2436 ἵλεως[2회] **힐레오스**
아마 **G138**의 변형에서 유래; '즐거운'('매력 있는' 의미로), 즉 '속죄의', 부사적으로(히브리어로는) 하나님이여 '은혜를!', 즉 (어떤 재난을 피함에 있어서) '결코' 일어나지 않는:—결코 있지 않는, 자비로운〈마16:22〉. 형

G2437 Ἰλλυρικόν[1회] **일뤼리콘**
불확실한 파생어의 이름에서 온 형용사의 중성형; '일루리곤의' (해변), 즉 (이름 자체로서) '일루리곤', 유럽의 한 도시:—일루리곤〈롬15:19〉. 고명

G2438 ἱμάς[4회] **히마스**
아마 **G260**의 동일어에서 유래; '가죽 끈', 즉 (특히) '끈'(신발의) 또는 '끈'(채찍의):—구두끈, 가죽 줄〈막1:7〉. 남명

G2439 ἱματίζω[2회] **히마티조**
G2440에서 유래; '옷을 입다':—옷을 입다〈마5:15〉. 동

G2440 ἱμάτιον[60회] **히마티온**
ἕννυμι **헨뉘미**(입히다)의 추정된 파생어의 중성형; '옷'(내복 또는 외투): —의류, 망토, 의복, 의류, 의상, 길고 품이 넓은 겉옷, 감싸는 것〈막6:56; 요19:2〉. 중명

G2441 ἱματισμός[5회] **히마티스모스**
G2439에서 유래; '옷':—의복, 의장(衣裝), 의상, 의류〈마27:35〉. 남명

G2442 ἱμείρομαι[5회] **히메이로마이**
ἵμερος **히메로스**('동경(憧憬)'; 불확실한 유사어)에서 유래한 중간태; '간절히 바라다':—애정을 다하여 열망하다〈살전2:8〉. 동

G2443 ἵνα[663회] **히나**
아마도 **G1438**('시위적'이란 개념으로; **G3588**과 비교)의 전반부의 동일어에서 유래; '~을 위하여'('목적' 또는 '결과'를 나타내는):—비록 ~이기는 하나, ~때문에, ~하려는, ~하지 않도록, 그와 같이, ~라는 것을, 그렇게 하여. **G3363**과 비교. 〈살전2:16; 히3:13〉. 접

G2444 ἱνατί[6회] **히나티**
G2443과 **G5101**에서 유래; '무슨 이유로?', 즉 '왜?':—무엇 때문에?, 왜?〈마27:46〉. 부

G2445 Ἰόππη[10회] **이옵페**
기원은 히브리어 [**H3305**]; '욥바', 팔레스타인의 한 도시:—욥바〈행9:36〉. 고명

G2446 Ἰορδάνης[15회] **이오르다네스**
기원은 히브리어 [**H3383**]; '요단', 팔레스타인의 강 이름:—요단〈막1:5〉. 고명

G2447 ἰός[3회] **이오스**
아마 εἶμι **에이미**('가다') 또는 ἵημι **히에미**('보내다')에서 유래; '녹'(마치 금속에서 '방출된'); 또한 '독'(뱀이 '방출한'):—독, 녹〈롬3:13〉. 남명

G2448 Ἰουδά[3회] **이우다**
기원은 히브리어 [**H3603** 혹은 아마 **H3194**]; '유다', 팔레스타인의 한 지방(혹은 도시):—유다〈눅1:39〉. 고명

G2449 Ἰουδαία[44회] **이우다이아**
G2453(함축된 **G1093**과 함께)의 여성형; '유대 땅'(즉 '유대'), 팔레스타인의 한 지방:—유대〈눅2:4〉. 고명

G2450 Ἰουδαΐζω[1회] **이우다이조**
G2453에서 유래; '유대인이 되다', 즉 '유대화 하다':—유대인처럼 살다〈갈2:14〉. 동

G2451 Ἰουδαϊκός[1회] **이우다이코스**

G2453에서 유래; '유대의', 즉 '유대인을 닮은':—유대인의〈딛1:14〉. 형

G2452 Ἰουδαϊκῶς[1회] **이우다이코스**
G2451에서 유래한 부사; '유대적으로' 또는 '유대인과 유사한 풍속으로':—유대인이 하듯이〈갈2:14〉. 부

G2453 Ἰουδαῖος[195회] **이우다이오스**
G2448(나라로서 G2455의 의미로)에서 유래; '유대의', 즉 '유다에 속한':—유대인, 유대여인, 유대의〈행11:19; 갈2:13〉. 형

G2454 Ἰουδαϊσμός[2회] **이우다이스모스**
G2450에서 유래; '유대주의', 즉 '유대인의 신앙과 관습':—유대교〈갈1:13〉. 남명

G2455 Ἰούδας[45회] **이우다스**
기원은 히브리어 [H3063]; '유다', 10명의 이스라엘 인명, 또한 유다라는 이름을 가진 자의 자손들 혹은 그 지명:—유다〈마10:4; 눅6:16〉. 남명

G2456 Ἰουλία[1회] **이울리아**
G2457과 동일어의 여성형; '율리아', 여성도:—율리아〈롬16:15〉. 고명

G2457 Ἰούλιος[2회] **이울리오스**
기원은 라틴어; '율리오', 백부장:—율리오〈행27:1,3〉. 고명

G2458 Ἰουνιᾶς[1회] **이우니아스**
기원은 라틴어; '유니아', 기독교 인명:—유니아〈롬16:7〉. 고명

G2459 Ἰοῦστος[3회] **이우스토스**
기원은 라틴어('의로운'); '유스도', 세 명의 기독교인명:—유스도〈행1:23〉. 고명

G2460 ἱππεύς[2회] **힙퓨스**
G2462에서 유래; '말 타는 사람', 즉 '기병대'의 일원:—기병〈행23:23〉. 남명

G2461 ἱππικον[1회] **힙피콘**
G2462의 파생어의 중성형; '기병대' 군사력:—군마, 기병〈계9:16〉. 중명

G2462 ἵππος[17회] **힙포스**
불확실한 유사어에서 유래; '말':—말〈약3:3〉. 남명

G2463 ἶρις[2회] **이리스**
G2046(이방신의 여성 '대언자'의 상징으로서)에서 유래; '무지개'("이리스"):—무지개〈계4:3〉. 여명

G2464 Ἰσαάκ[20회] **이사아크**
기원은 히브리어 [H3327]; '이삭', 아브라함의 아들:—이삭〈갈4:28〉. 남명

G2465 ἰσάγγελος[20회] **이상겔로스**
G2470과 G32에서 유래; '천사 같은', 즉 '천사의':—천사와 동등한〈눅20:36〉. 형

G2466 Ἰσαχάρ[1회] **이사카르**
기원은 히브리어 [H3485]; '잇사갈', 즉 야곱의 아들(상징적으로 그의 자손):—잇사갈〈계7:7〉. 남명

G2467 ἴσημι[1회] **이세미**
G1492의 어떤 불규칙적인 형의 어간과 같은 말에서 추정; '알다':—알다〈행26:4〉. 동

G2468 ἴσθι[1회] **이스씨**
G1510의 2인칭 현재 명령형; '네가 되라':—일치하라, 있으라, 네 자신을 전부 드리라〈마2:13〉. 동

G2469 Ἰσκαριώτης[8회] **이스카리오테스**
기원은 히브리어 [아마도 H377과 H7149]; '가룟의 거민'; '가룟인', 배반자 유다의 별명:—가룟〈마16:14〉. 남명

G2470 ἴσος[8회] **이소스**
아마도 G1492('외관'의 의미로)에서 유래; '유사한'(양 또는 종류에 있어

서):—일치한, 만큼, 동일한, 비슷한 〈마20:12〉. 형

G2471 ἰσότης[3회] **이소테스**
'유사함'(조건이나 비율에 있어서); 함축적으로 '동일':—동등한(함)〈고후8:14〉. 여명

G2472 ἰσότιμος[1회] **이소티모스**
G2470과 **G5092**에서 유래; '동일한 가치의' 또는 '영광의':—마찬가지로 귀중한〈벧후1:1〉. 형

G2473 ἰσόψυχος[1회] **이소프쉬코스**
G2470과 **G5590**에서 유래; '동일한 정신의':—같은 마음의〈빌2:20〉. 형

G2474 Ἰσραήλ[68회] **이스라엘**
기원은 히브리어 [**H3478**]; '이스라엘', 야곱의 별칭, 그의 자손을 포함(문자적으로 혹은 상징적으로):—이스라엘〈마2:20〉. 고명

G2475 Ἰσραηλίτης[9회] **이스라엘리테스**
G2474에서 유래; '이스라엘 사람', 즉 '이스라엘의 자손'(문자적으로 혹은 상징적으로):—이스라엘 사람〈행2:22; 롬9:4〉. 남명

G2476 ἵστημι[154회] **히스테미**
기본 동사 στάω **스타오**(동일한 의미의, 그리고 어떤 시제에서 대신 사용)의 연장형; '서다'(타동사 또는 자동사), 다양한 용례로 사용(문자적으로 혹은 상징적으로):— 머무르다, 정하다, 가져오다, 계속하다, 계약하다, 설립하다, 떠받치다, 두다, 존재하다, 놓다, 멈추게 하다, 서다(방관하다, 대표하다, 지속하다). **G5087**과 비교. 〈눅7:38〉. 동

G2477 ἱστορέω[1회] **히스토레오**
G1492의 파생어에서 유래; '알려지다' '(배우다)', 즉 (함축적으로) 정보를 위하여 '방문하다'(인터뷰하다):—보다〈갈1:18〉. 동

G2478 ἰσχυρός[29회] **이스퀴로스**
G2479에서 유래; '강제적인'(문자적으로 혹은 상징적으로):—몹시 사나운, 강력한, 더 강한, 유력한, 강한, 더 강한, 용감한〈눅3:16; 고후10:10〉. 형

G2479 ἰσχύς[10회] **이스퀴스**
ἰς 히스('힘'; **G2192**의 한 유형인 ἔσχον **에스콘**과 비교)의 파생어에서 유래; '강력함'(문자적 또는 상징적으로):—능력, 권세, 권능, 힘〈눅10:27〉. 여명

G2480 ἰσχύω[28회] **이스퀴오**
G2479에서 유래; '힘을 갖다'(또는 '힘을 행사하다')(문자적으로 혹은 상징적으로):—할 수 있다, 유용하다, 할 수 있었다, 선하다, 원하면 할 수 있다, 우세하다, 힘이 강하다, 완전하다, 많은 일을 하다〈요21:6〉. 동

G2481 ἴσως[1회] **이소스**
G2470에서 유래한 부사; '아마', 즉 '혹시':—어쩌면, 그럴 수도〈눅20:13〉. 부

G2482 Ἰταλία[4회] **이탈리아**
아마도 기원은 외래어; '이탈리아'(이태리), 유럽의 나라:—이탈리아〈행27:1〉. 고명

G2483 Ἰταλικός[1회] **이탈리코스**
G2482에서 유래; '옛 이탈리아의', 즉 이탈리아에 속한:—이탈리아의〈행10:1〉. 형

G2484 Ἰτουραΐα[1회] **이투라이아**
기원은 히브리어 [**H3195**]; '이두래의', 팔레스타인의 한 지방:—이두래의〈눅3:1〉. 형

G2485 ἰχθύδιον[2회] **익쒸디온**
G2486에서 유래한 지소(指小)사; '사소한 물고기':—작은(조그만) 생선〈마15:34〉. 중명

G2486 ἰχθύς[20회] **익쒸스**
불확실한 유사어에서 유래; '물고기'〈마15:36〉:—생선〈마7:10〉. 남명

G2487 ἴχνος[3회] **이크노스**
ἱκνέομαι **이크네오마이**('도착하다'; G2240과 비교)에서 유래; '지나간 자국'(상징적으로):—보조〈롬4:12〉. 중명

G2488 Ἰωαθάμ[2회] **이오아쌈**
기원은 히브리어 [H3147]; '요담', 이스라엘인:—요담〈마1:9〉. 고명

G2489 Ἰωάννα[2회] **이오안나**
G2491과 동일어의 여성형; '요안나', 여성도:—요안나〈눅8:3〉. 고명

G2490 Ἰωαννᾶς[135회] **이오안나스**
G2491의 한 형태; '요아난', 이스라엘인:—요아난〈눅3:27〉. 고명

G2491 Ἰωάννης[135회] **이오안네스**
기원은 히브리어 [H3110]; '요한', 네 이스라엘인의 이름:—요한〈마3:1; 막3:17; 행12:25〉. 고명

G2492 Ἰώβ[1회] **이옵**
기원은 히브리어 [H347]; '욥', 족장:—욥〈약5:11〉. 고명

G2493 Ἰωήλ[1회] **이오엘**
기원은 히브리어 [H3100]; '요엘', 이스라엘인:—요엘〈행2:16〉. 고명

G2494 Ἰωνάν[1회] **이오난**
아마도 G2491 혹은 G2495의 대용; '요난', '요남', 이스라엘인:—요남〈눅3:30〉. 남명

G2495 Ἰωνᾶς[4회] **이오나스**
기원은 히브리어 [H3124]; '요나', 두 이스라엘인의 이름:—요나〈마12:40〉. 고명

G2496 Ἰωράμ[2회] **이오람**
기원은 히브리어 [H3141]; '요람', 이스라엘인:—요람〈마1:8〉. 고명

G2497 Ἰωρείμ[1회] **이오레임**
아마 G2496의 대용; '요림', 이스라엘인:—요림〈눅3:29〉. 고명

G2498 Ἰωσαφάτ[2회] **이오사ㅎ팟**
기원은 히브리어 [H3092]; '여호사밧', 이스라엘인:—여호사밧〈마1:8〉. 고명

G2499 Ἰωσή[3회] **이오세**
G2500의 속격; '요세', 이스라엘인:—요세의〈막15:40,47〉. 고명

G2500 Ἰωσῆς[3회] **이오세스**
아마도 G2501의 대용; '요세스', 두 이스라엘인의 이름:—요셉〈마13:55〉. G2499와 비교. 고명

G2501 Ἰωσήφ[35회] **이오세ㅎ프**
기원은 히브리어 [H3130]; '요셉', 일곱 이스라엘인의 이름:—요셉〈눅1:27; 19:28〉. 고명

G2502 Ἰωσίας[2회] **이오시아스**
기원은 히브리어 [H2977〉]; '요시야', 이스라엘인:—요시야〈마1:10〉. 고명

G2503 ἰῶτα[1회] **이오타**
기원은 히브리어 [히브리어 알파벳의 10번째 글자]; '이오타', 헬라어 알파벳의 8번째 글자, 어떤 것의 매우 작은 부분을 지칭(상징적으로):—조금, 점〈마5:18〉. 중명

트롱헬라어사전

κ

G2504 κἀγώ[84회] **카고**
G2532와 **G1473**에서 유래; 또한 여격은 κἀμοί **카모이**, 대격은 κἀμέ **카메**; '그리고 내가' (혹은 '또한 내가', '나까지도', '그래서 내가', '나'(에게):—그리고 나, 나 역시, 그래서 나, 나를 또한.[대]

G2505 καθά[1회] **카따**
G2596과 **G3739**의 중성 복수에서 유래; '~것에 따라', 즉 '똑같이':—꼭 ~같이〈마27:10〉.[부] 혹은 [접]

G2506 καθαίρεσις[3회] **카따이레시스**
G2507에서 유래; '폭파', 상징적으로, '소멸':—파괴, 분쇄〈고후10:8〉.[여명]

G2507 καθαιρέω[9회] **카따이레오**
G2596과 **G138**(변형도 포함)에서 유래; (강제로) '낮아지게 하다', '파괴하다'(문자적으로 혹은 상징적으로):—아래로 던지다, 내리다, 끌어내리다, 내리치다, 파멸하다〈막15:36〉.[동]

G2508 καθαίρω[1회] **카따이로**
G2513에서 유래; '깨끗하게 하다', 즉 (특히) (가지, 뿌리 등을) '잘라내다'; 상징적으로, '속죄하다':—정결케 하다〈요15:2〉.[동]

G2509 καθάπερ[13회] **카따페르**
G2505와 **G4007**에서 유래; '꼭 ~처럼':—마침[바로] ~할 때에, ~와 마찬가지로〈롬14:4; 히4:2〉.[부]

G2510 καθάπτω[1회] **카땁토**
G2596과 **G680**에서 유래; '~을 붙잡다':—~에 매달리다〈행28:3〉.[동]

G2511 καθαρίζω[31회] **카따리조**
G2513에서 유래; '깨끗하게 하다'(문자적으로 혹은 상징적으로):—깨끗하다, 정결케 하다, 정결케 되다〈마10:8; 눅5:12〉.[동]

G2512 καθαρισμός[7회] **카따리스모스**
G2511에서 유래; '세척', 즉 (의례적으로) '목욕재계', (도덕적으로) 속죄:—깨끗케 함, 정결케 하는 일, 정화, 결례(潔禮)〈요2:6〉.[남명]

G2513 καθαρός[27회] **카따로스**
불확실한 유사어에서 유래; '깨끗한'(문자적으로 혹은 상징적으로):—정결한, 깨끗한, 맑은, 청결한, 정한〈마5:8; 롬14:20〉.[형]

G2514 καθαρότης[1회] **카따로테스**
G2513에서 유래; '정결'(의례적으로):—정화〈히9:13〉.[여명]

G2515 καθέδρα[3회] **카쎄드라**
G2596과 **G1476**과 동일어에서 유래; '긴 의자'(문자적으로 혹은 상징적으로):— 자리〈마21:12〉.[여명]

G2516 καθέζομαι[7회] **카쎄조마이**
G2596과 **G1476**의 어간에서 유래; '앉다':—앉다〈마26:55〉.[동]

G2517 καθεξῆς[5회] **카쎅세스**
G2596과 **G1836**에서 유래; '그 후에', 즉 '순서대로', (명사로서; 명사의 생략에 의해) '계속해서 이어지는' 사람 또는 시간:—후에, 뒤에, 차례대로〈눅1:3〉.[부]

G2518 καθεύδω[22회] **카쓔도**
G2596과 εὕδω **휴도**('자다')에서 유래; 휴식하기 위해 '눕다', 즉 (함축적으로) '잠에 떨어지다'(문자적으로 혹은 상징적으로):—자다〈마13:25; 엡5:14〉.[동]

G2519 καθηγητής[2회] **카쎄게테스**
G2596과 **G2233**의 합성어에서 유래; '안내자', 즉 (상징적으로) '선생':—지도자〈마23:8〉.[남명]

G2520 καθήκω[2회] **카쎄코**

G2596과 G2240에서 유래; '도달하다', 즉 (현재 능동태 분사의 중성, 상징적으로, 형용사로) '적당한':—편리한, 합당한〈롬1:28〉.동

G2521 κάθημαι[91회] 카쎄마이

G2596과 ἧμαι 헤마이('앉다'; G1476의 어간과 유사)에서 유래; '주저앉다', 상징적으로 '남다', '거주하다':—거하다, (곁에, 주저)앉다〈막5:15; 눅22:55〉.동

G2522 καθημερινός[1회] 카쎄메리노스

G2596과 G2250에서 유래; '매일의':—일상의, 날마다의〈행6:1〉.형

G2523 καθίζω[46회] 카씨조

G2516의 다른 (능동태)형; '주저앉다', 즉 자리 잡아 앉히다(상징적으로 '정하다'); 자동사 '(주저)앉다'; 상징적으로 '정착하다(방황하다, 거하다)':—계속하다, 설치하다, 유하다〈눅19:30〉.동

G2524 καθίημι[4회] 카씨에미

G2596과 ἵημι 히에미('보내다')에서 유래; '낮추다':—내려 보내다〈행11:5〉.동

G2525 καθίστημι[21회] 카씨스테미

G2596과 G2476에서 유래; '아래에 두다'(영구히), 즉 (상징적으로) '지명하다', '구성하다', '호위하다':—지정하다, 있다, 인도하다, 만들다, 임명하다, 배치하다〈눅12:4; 히5:1〉.동

G2526 καθό[3회] 카쏘

G2596과 G3739에서 유래; '~에 따라서', 즉 '~만큼 정확하게', '~와 같은 비율로':—~대로, ~만큼, ~이므로〈롬8:26〉.부

G2526' καθολικός[5회] 카쏠리코스

G2527에서 유래; '보편적인':—일반적인.형

G2527 καθόλου[1회] 카쏠루

G2596과 G3650에서 유래; '전체적으로', 즉 '완전히':—전혀〈행4:18〉.부

G2528 καθοπλίζω[1회] 카쏘플리조

G2596과 G3695에서 유래; 갑옷으로 완전하게 '무장하다':—무장하다〈눅11:21〉.동

G2529 καθοράω[1회] 카쏘라오

G2596과 G3708에서 유래; '완전히 보다', 즉 (상징적으로) '분명히 이해하다':—분명히 보다〈롬1:20〉.동

G2530 καθότι[6회] 카쏘티

G2596과 G3739와 G5100에서 유래; '어떤 것에 따라', 즉 '~만큼', '~하므로':—~에 따라, ~이므로, ~때문에〈눅1:7〉.부

G2531 καθώς[182회] 카쏘스

G2596과 G5613에서 유래; '마치 ~같이', '~대로', '~이므로':—따라서, ~처럼, ~만큼, ~바, ~때에〈요5:30; 빌2:12〉.부

G2532 καί[9164회] 카이

명백히 기본 불변사, '계합 접속사' 그리고 때로는 '축적적' 효과를 가짐; '그리고', '또한', '~조차', '그래서', '그 위에', '역시' 등; 가끔 다른 불변사 또는 간단한 단어들과 연결(혹은 합성)되어 사용:—그리고, 또한, 둘 다, 그러나, 조차, 왜냐하면, 만일, 또는, 그래서, ~는 것을, 그 위에, 그러므로, ~때에, 더 한층〈마27:44; 막4:25; 눅2:46; 요15:8〉.접

G2533 Καϊάφας[9회] 카이아ㅎ파스

기원은 아람어; '작은 골짜기'; '가야바', 이스라엘인:—가야바〈마26:3〉.고명

G2534 καίγε[1회] **카이게**
G2532와 **G1065**에서 유래; '그리고 적어도(또는 '조차', '참으로')':—그리고, 적어도〈눅19:42㉦〉. 접

G2535 Κάϊν[3회] **카인**
기원은 히브리어 [**H7014**]; '가인', 아담의 아들:—가인〈히11:4〉. 고명

G2536 Καϊνάν[2회] **카이난**
기원은 히브리어 [**H7018**]; '가이난', 두 족장의 이름:—가이난〈눅3:37〉. 고명

G2537 καινός[42회] **카이노스**
불확실한 유사어에서 유래; '새로운'(특히 신선함에 있어; 반면에 **G3501**은 정확히는 '나이'와 관련됨):—새, 새로 되는〈고후3:6; 5:17; 벧후3:13〉. 형

G2538 καινότης[2회] **카이노테스**
G2537에서 유래; '새롭게 하기'(상징적으로):—새로움〈롬6:4〉. 여명

G2539 καίπερ[5회] **카이페르**
G2532와 **G4007**에서 유래; '그리고 진실로', 즉 '그럼에도 불구하고' 또는 '~이라 해도':—그리고 그런데도, 비록 ~일지라도〈빌3:4〉. 접

G2540 καιρός[86회] **카이로스**
불확실한 유사어에서 유래; '경우', 즉 '정해진' 또는 '적절한' 때:—항상, 기회, (편리한, 적당한) 시기, (적당한, 짧은) 때, 동안. **G5550**과 비교.〈롬8:18; 고후6:2; 살전5:1〉. 남명

G2541 Καῖσαρ[29회] **카이사르**
기원은 라틴어; '가이사', 로마황제의 칭호:—가이사〈마22:17〉. 남명

G2542 Καισάρεια[17회] **카이사레이아**
G2541에서 유래; '가이사랴', 팔레스타인의 두 장소의 이름:—가이사랴〈행8:40〉. 고명

G2543 καίτοι[3회] **카이토이**
G2532와 **G5104**에서 유래; '그런데도', 즉 '그럼에도 불구하고':—비록 ~일지라도〈히4:3〉. 불

G2544 καίτοιγε[1회] **카이토이게**
G2543과 **G1065**에서 유래; '그런데도 정말', 즉 '비록 ~일지라도 참으로':—그럼에도 불구하고, 비록〈요4:2〉 불

G2545 καίω[12회] **카이오**
명백히 기본 동사; '불을 붙이다', 즉 '뜨거워지다' 또는 (함축적으로) '다 태워버리다':—타다, 불이 붙다〈눅12:35; 히12:18〉 동

G2546 κἀκεῖ[10회] **카케이**
G2532와 **G1563**에서 유래; '그 장소에서와 같이':—그리고 거기서, 그곳에서도 역시〈마10:11; 행17:13〉. 부

G2547 κἀκεῖθεν[10회] **카케이쎈**
G2532와 **G1564**에서 유래; '그 장소(또는 시간)로 부터 마찬가지로':—(거기로부터) 그 후에, 그 후에 역시〈행7:4〉. 부

G2548 κἀκεῖνος[22회] **카케이노스**
G2532와 **G1565**에서 유래; 그'(그들)와 같이':—그리고 그를(다른 이를, 그들을), 그 역시, 그에게 역시, 그들(역시), (그리고) 그들이〈눅11:7〉. 대

G2549 κακία[11회] **카키아**
G2556에서 유래; '나쁨', 즉 (주관적으로) '악행', 또는 (능동적) '악의', 또는 (수동적) '고생':—악, 악독, 악의 있음, 사악함, 악함〈롬1:29〉. 여명

G2550 κακοήθεια[1회] **카코에쎄이아**
G2556과 **G2239**의 합성어에서 유래; '나쁜 성격', 즉 (특히) '유해함':—악의〈롬1:29〉. 여명

G2551 κακολογέω[4회] **카콜로게오**
G2556과 **G3056**의 합성어에서 유래; '욕하다':—저주하다, ~의 험담을 하다〈마15:4〉. 동

G2552 κακοπάθεια[1회] **카코파쎄이아**
G2556과 **G3806**의 합성어에서 유래; '고난':—괴로운 고통〈약5:10〉. 여명

G2553 κακοπαθέω[3회] **카코파쎄오**
G2552와 동일어에서 유래; '고난을 겪다':—괴로움을 당하다, 고통(고난)을 참다, 고난을 당하다〈약5:13〉. 동

G2554 κακοποιέω[4회] **카코포이에오**
G2555에서 유래; '행악자가 되다', 즉 (대상을) '해하다', 혹은 (일반적으로) '죄짓다':—악을 행하다〈눅6:9〉. 동

G2555 κακοποιός[3회] **카코포이오스**
G2556과 **G4160**에서 유래; (실명사로) '행악자'; (특히) '범죄자':—악행자, 못된 짓, 악행 하는, 비방하는〈벧전2:12〉. 형

G2556 κακός[50회] **카코스**
명백히 기본어; '무가치한'(본질적으로 그러한; 반면에 **G4190**은 정확하게는 그 결과에 언급), 즉 (주관적으로) '타락한', 또는 (객관적으로) '유해한':—나쁜, 악한, 해로운, 불건전한, 유독한, 사악한〈막7:21; 눅16:25; 요삼1:11〉. 형

G2557 κακοῦργος[4회] **카쿠르고스**
G2556과 **G2041**의 어간에서 유래; (실명사로) '행악자', 즉 '범죄의':—악행자, 죄인〈눅23:32〉. 형

G2558 κακουχέω[2회] **카쿠케오**
G2556과 **G2192**의 추정된 합성어에서 유래; '학대하다':—역경을 당하다, 고문하다〈히11:37〉. 동

G2559 κακόω[6회] **카코오**
G2556에서 유래; '해를 끼치다', 상징적으로 '노하게 하다':—악한 영향을 미치다, 악하게 대하다, 해롭게 하다, 상해하다, 괴롭히다〈행7:6〉. 동

G2560 κακῶς[16회] **카코스**
G2556에서 유래한 부사; '나쁘게'(육체적으로 혹은 도덕적으로):—잘못하여, 병들어, 악하게, 통탄스럽게, 불쌍하게, 쓰라리게〈행23:5〉. 부

G2561 κάκωσις[1회] **카코시스**
G2559에서 유래; '학대':—고통〈행7:34〉. 여명

G2562 καλάμη[1회] **칼라메**
G2563의 여성형; '곡식의 줄기', 즉 (집합명사) '그루터기':—짚〈고전3:12〉. 여명

G2563 κάλαμος[12회] **칼라모스**
불확실한 유사어에서 유래; '갈대'(그 식물 또는 그 줄기, 또는 유사 식물의 줄기); 함축적으로 '펜':—붓, 갈대〈마11:7; 요삼1:13〉 남명

G2564 καλέω[148회] **칼레오**
G2753의 어간과 유사; '부르다'(정확히는 크게, 그러나 다양한 용례로 사용, 직접적으로 또는 달리):—명하다, 부르다(일으키다), (누구, 누구의 특별한 이름이) 불리다 〈요1:42; 고전10:27〉. 동

G2565 καλλιέλαιος[1회] **칼리엘라이오스**
G2566의 어간과 **G1636**에서 유래; '재배된 감람나무', 즉 '집에서 키운' 또는 '개량된' 것:—좋은 감람나무〈롬11:24〉. 여명

G2566 κάλλιον[1회] **칼리온**
G2570의 합성어(불규칙)의 중성; (부사적으로) 많은 것보다 '더 좋게':

—매우(더) 잘〈행25:10〉. 부 G2570의 비교급 형용사로 부사적으로 사용. G2573 참조.

G2567 καλοδιδάσκαλος1회 **칼로디다스칼로스**
G2570과 G1320에서 유래; '바른 선생':—좋은(선한) 것을 가르치는 (선생)〈딛2:3〉. 형

G2568 Καλοὶ Λιμένες1회 **칼로이 리메네스**
G2570과 G3040의 복수; '좋은 항구들', 즉 '미항(美港)', 그레데의 한 만(灣):—미항〈행27:8〉. 고명

G2569 καλοποιέω1회 **칼로포이에오**
G2570과 G4160에서 유래; '잘 행하다', 즉 덕스럽게 살다:—선을 행하다〈살후3:13〉. 동

G2570 καλός101회 **칼로스**
불확실한 유사어에서 유래; 정확히는 '아름다운', 그러나 주로 (상징적으로) '좋은'(문자적으로 혹은 도덕적으로), 즉 '가치 있는' 또는 '덕스러운'('외모'나 '사용하기에', 그리고 그래서 정확히 '본질적' 것을 의미하는 G18과는 구별됨):—보다나은, 아름다운, 좋은(좋게), 정직한, 적합한, 가치 있는〈요10:11; 롬12:17〉. 형

G2571 κάλυμμα4회 **칼륌마**
G2572에서 유래; '덮개', 즉 '휘장':—베일〈고후3:13〉. 중명

G2572 καλύπτω8회 **칼륍토**
G2813과 G2928에 유사; '덮다'(문자적으로 혹은 상징적으로):—덮어 가리다, 숨다〈고후4:3; 벧전4:8〉. 동

G2573 καλῶς37회 **칼로스**
G2570에서 유래한 부사; '잘'(보통 도덕적으로):—선하게, 정직하게, 회복하다, (매우) 잘〈마12:12; 요13:13〉. 부

G2574 κάμηλος6회 **카멜로스**
기원은 히브리어 [H1581]; "낙타":—낙타〈마3:4〉. 남명

G2575 κάμινος4회 **카미노스**
정확하게는 G2545에서 유래; '아궁이':—풀무〈마13:42〉. 여명

G2576 καμμύω2회 **캄뮈오**
G2596과 G3466의 어간의 합성어의 대용; '닫아 내리다', 즉 '눈을 감다':—(눈을) 감다〈마13:15〉. 동

G2577 κάμνω2회 **캄노**
명백히 기본 동사; 정확히는 '수고하다' 즉 (함축적으로) '피곤하다'(상징적으로 '허약해지다', '병이 나다'):—약해지다, 병들다, 피로하다〈히12:3〉. 동

G2578 κάμπτω4회 **캄프토**
명백히 기본 동사; '(무릎을) 굽히다':—(무릎을) 꿇다〈롬11:4〉. 동

G2579 κἄν17회 **칸**
G2532와 G1437에서 유래; '그리고'(또는 '심지어') '만일':—그리고(또한) 만약(만큼), 혹시, 적어도, 비록 ~일지라도, 더욱〈마26:35; 막5:28〉. 불

2580 Κανᾶ4회 **카나**
기원은 히브리어 [H7071과 비교]; '가나', 팔레스타인의 한 장소〈요2:1〉:—가나〈요2:1〉. 고명

G2581 Κανανίτης2회 **카나니테스**
기원은 아람어 [H7076과 비교]; '열심 있는'; 가나안인, 한 별명:—가나안인〈마10:4〉. 고명

G2582 Κανδάκη1회 **칸다케**
기원은 외래어; '간다게', 에티오피아

여왕:—간다게〈행8:27〉. 고명

G2583 κανών[4회] **카논**

κάνη **카네**(곧은 '갈대', 즉 '장대'); 자("정경"), 즉 (상징적으로) (믿음과 행함의) '표준'; 함축적으로 '한계', 즉 (상징적으로)(행동의) '영역':—선, 규례〈고후10:13〉 남명

2584 Καπερναούμ[16회] **카페르나움**

기원은 히브리어 [아마도 **H3723**과 **H5151**]; '가버나움', 팔레스타인의 한 장소〈마8:5〉. 고명

G2585 καπηλεύω[1회] **카펠류오**

κάπηλος **카펠로스**('소상인')에서 유래; '소매하다', 즉 (함축적으로) (섞음질 하여) 질을 떨어뜨리다(상징적으로):—타락시키다, 불순화하다〈고후2:17〉. 동

G2586 καπνός[13회] **카프노스**

불확실한 유사어에서 유래; '연기':—연기〈행2:19; 계8:4〉. 남명

G2587 Καππαδοκία[2회] **캅파도키아**

기원은 외래어; '갑바도기아', 소아시아의 한 지방〈행2:9; 벧전1:1〉. 고명

G2588 καρδία[157회] **카르디아**

기본어 κάρ **카르**(라틴어 *cor*, "마음")에서 유래된 연장형; '마음', 즉 (상징적으로) '생각' 또는 (마음의) '느낌'; 또한 (유추적으로) '중심':—마음, (상처받은) 마음〈눅3:15; 살전3:13〉. 여명

G2589 καρδιογνώστης[2회] **카르디오그노스테스**

G2588과 **G1097**에서 유래; '마음을 아시는 이':—마음을 아시는 이〈행1:24〉. 남명

G2590 καρπός[66회] **카르포스**

아마도 **G726**의 어간에서 유래; '과실'(재취된; 문자적으로 혹은 상징적으로):—열매〈마3:8; 롬15:28〉. 남명

G2591 Κάρπος[1회] **카르포스**

아마 **G2590**의 대용; '가보', 아마도 기독교인:—가보〈딤후4:13〉. 고명

G2592 καρποφορέω[8회] **카르포ㅎ포레오**

G2593에서 유래; '다산(多産)이다'(문자적으로 혹은 상징적으로):—열매(를 많이) 맺다〈막4:20〉. 동

G2593 καρποφόρος[1회] **카르포ㅎ포로스**

G2590과 **G5342**에서 유래; '열매 맺는'(상징적으로):—결실이 풍부한〈행14:17〉. 형

G2594 καρτερέω[1회] **카르테레오**

G2904(전환법)의 파생어에서 유래; '굳세다', 즉 (상징적으로) 확고부동하다(잘 견디다):—참다〈히11:27〉. 동

G2595 κάρφος[6회] **카르ㅎ포스**

κάρφω **카르ㅎ포**(시들다)에서 유래; 마른 '나무 가지' 또는 '짚':—티〈눅6:41〉. 중명

G2596 κατά[476회] **카타**

기본 불변사; (전치사) '아래로' (장소 또는 시간에 있어서), 다양한 관계에서 (그것이 연결된 격[속격, 여격, 대격]에 따라). 합성어에서 많은 응용을 보유한다, 그리고 자주 '반대', '분배' 또는 '강세'를 나타낸다:—~에 대하여, ~에 따라, 후에, 반하여, (그들이 ~이었을 때)만, 사이에, 그리고, 떠나서, 곁에, 관하여, ~에 속하는, 앞에, 넘어, 옆에, ~의 담당으로, 더 탁월하게, 로부터, ~이므로, 안으로, ~의 방식에 따라, 더욱, 자연히, 위에, 밖으로, 다시, 특히, 그래서, 통하여, 일관하여, 에게로, 함께, 가장, 어디에, 함께〈마9:29; 눅6:23〉. 전

G2597 καταβαίνω 82회 **카타바이노**
G2596과 **G939**의 어간에서 유래; '내려가다'(문자적으로 혹은 상징적으로):—아래로 오다(향하다, 가다, 멈추다), 내려오다, (아래로) 떨어지다〈마8:1; 눅22:44〉. 동

G2598 καταβάλλω 2회 **카타발로**
G2596과 **G906**에서 유래; '아래로 던지다, 넘어뜨리다':—내던지다, 옆으로 넘어뜨리다〈고후4:9〉. 동

G2599 καταβαρέω 1회 **카타바레오**
G2596과 **G916**에서 유래; '부과하다':—짐을 지우다〈고후12:16〉. 동

G2600 κατάβασις 1회 **카타바시스**
G2597에서 유래; '내리받이':—내리막 길〈눅19:37〉. 여명

G2601 καταβιβάζω 2회 **카타비바조**
G2596과 **G939**의 어간의 파생어에서 유래; '내려가게 하다', 즉 '거꾸로 떨어뜨리다':—아래로 끌어내리다(밀어내다)〈마11:23〉. 동

G2602 καταβολή 11회 **카타볼레**
G2598에서 유래; '아래에 놓음', 즉 '창조, 창세', 상징적으로 '수태':—잉태, 창설〈마13:35〉. 여명

G2603 καταβραβεύω 1회 **카타브라뷰오**
G2596과 **G1018**(그 원래 의미로)에서 유래; '상을 빼앗다', 즉 (상징적으로)('구원을') '속여 빼앗다':—포상을 속여 빼앗다〈골2:18〉. 동

G2604 καταγγελεύς 1회 **카탕겔류스**
G2605에서 유래; '선포자':—전하는 사람〈행17:18〉. 남명

G2605 καταγγέλλω 18회 **카탕겔로**
G2596과 **G32**의 어간에서 유래; '포고하다', '반포하다':—선언하다, 전도하다, 보여주다, 전하다, 가르치다〈행4:2; 고전11:26〉. 동

G2606 καταγελάω 3회 **카타겔라오**
'비웃다', 즉 '조롱하다':—경멸하여 비웃다〈마9:24〉. 동

G2607 καταγινώσκω 3회 **카타기노스코**
G2596과 **G1097**에서 유래; '반대를 표시하다', 즉 '나무라다':—비난하다, 정죄하다〈요일3:20〉. 동

G2608 κατάγνυμι 4회 **카타그뉘미**
G2596과 **G4486**의 어간에서 유래; '산산 조각 내다', 즉 '분쇄하다':—뼈를 부러뜨리다, 꺾다〈마12:20〉 동

G2609 κατάγω 9회 **카타고**
G2596과 **G71**에서 유래; 끌고 내려가다, (특히) 배를 정박시키다:—(아래로, 앞으로) '데려가다', 상륙하다, (손을) 대다〈행9:30; 21:3〉. 동

G2610 καταγωνίζομαι 1회
카타고니조마이
G2596과 **G75**에서 유래; '대항하여 싸우다', 즉 (함축적으로) '이겨내다':—정복하다〈롬11:33〉. 동

G2611 καταδέω 1회 **카타데오**
G2596과 **G1210**에서 유래; '잡아매다', 즉 (상처에) '붕대를 매다':—싸매다〈눅10:34〉. 동

G2612 κατάδηλος 1회 **카타델로스**
G2596의 강세어와 **G1212**에서 유래; '명백한':—아주 분명한〈히7:15〉. 형

G2613 καταδικάζω 5회 **카타디카조**
G2596과 **G1349**의 파생어에서 유래; '불리한 선고를 하다', 즉 '유죄 판결하다':—정죄하다〈마12:7〉. 동

G2614 καταδιώκω 1회 **카타디오코**
G2596과 **G1377**에서 유래; '사냥하다', 즉 '수색하다':—뒤를 따라가다〈막1:36〉. 동

G2615 καταδουλόω[2회] **카타둘로오**
G2596과 G1402에서 유래; '완전히 노예로 하다':—종을 삼다〈고후11:20; 갈2:4〉.동

G2616 καταδυναστεύω[2회]
카타뒤나스튜오
G2596과 G1413의 파생어에서 유래; '지배권을 행사하다', 즉 '압제하다':—눌리다〈행10:38〉.동

G2617 καταισχύνω[13회] **카타이스퀴노**
G2596과 G153에서 유래; '수치를 당하다', 즉 '망신시키다' 또는 (함축적으로) '얼굴을 붉히게 하다':—당황케 하다, 욕되게 하다, 부끄러워하다〈롬5:5〉.동

G2618 κατακαίω[12회] **카타카이오**
G2596과 G2545에서 유래; '태워버리다', 즉 '다 태워버리다':—타다, 사르다〈마13:30; 히13:11〉.동

G2619 κατακαλύπτω[3회] **카타칼륍토**
G2596과 G2572에서 유래; '온전히 덮다', 즉 '휘장을 가리다':—(뒤집어) 쓰다, 덮어 가리다〈고전11:6〉.동

G2620 κατακαυχάομαι[4회]
카타카우카오마이
G2596과 G2744에서 유래; '크게 기뻐하다'(즉 '승리를 뽐내다'):—(대하여) 자랑하다, 자랑으로 여기다, ~에 대하여 기뻐하다〈롬11:18; 약2:13〉.동

G2621 κατάκειμαι[12회] **카타케이마이**
G2596과 G2749에서 유래; '눕다', 즉 (함축적으로) '병이 들다'; 특히 식사 때 '비스듬히 기대다':—유지하다, 눕다, 식탁에 앉다〈막1:30〉.동

G2622 κατακλάω[2회] **카타클라오**
G2596과 G2806에서 유래; '부숴버리다', 즉 '쪼개다':—떼다, 뜯다〈막6:41〉.동

G2623 κατακλείω[2회] **카타클레이오**
G2596과 G2808에서 유래; (구덩이 안에) '가두다', 즉 '감금하다':—가두어버리다〈눅3:20〉.동

G2624 κατακληροδοτέω[1회]
카타클레로도테오
G2596 및 G2819와 G1325의 합성어의 파생어에서 유래; '할당분을 각자에게 주는 자가 되다', 즉 (함축적으로) '재산을 배분하다':—제비뽑아 나누다〈행13:19〉.동

G2625 κατακλίνω[5회] **카타클리노**
G2596과 G2827에서 유래; '기대어 앉다', 즉 (특히) 식탁에 '자리를 잡다':—(식사자리에) 앉다(앉히다)〈눅14:8〉.동

G2626 κατακλύζω[1회] **카타클뤼조**
G2596과 G2830의 어간에서 유래; '세차게 (씻어) 내리다', 즉 (함축적으로) '범람하다':—넘치다〈벧후3:6〉.동

G2627 κατακλυσμός[4회] **카타클뤼스모스**
G2626에서 유래; '범람':—홍수〈마24:38〉.남명

G2628 κατακολουθέω[2회] **카타콜루쎄오**
G2596과 G190에서 유래; '가까이 함께 가다':—(뒤를) 좇다〈눅23:55〉.동

G2629 κατακόπτω[1회] **카타콥토**
G2596과 G2875에서 유래; '잘라 떨어뜨리다', 즉 '난도질하다':—베다〈막5:5〉.동

G2630 κατακρημνίζω[1회] **카타크렘니조**
G2596과 G2911의 파생어에서 유래; '거꾸로 떨어뜨리다':—거꾸로 내리 던지다〈눅4:29〉.동

G2631 κατάκριμα[3회] **카타크리마**
G2632에서 유래; '불리한 선고(평결)':

—정죄, 유죄 판결〈롬5:16〉. 중명

G2632 κατακρίνω[18회] **카타크리노**
G2596과 **G2919**에서 유래; '불리한 판결을 내리다', 즉 '선고하다':—정죄하다, 저주하다〈롬8:3; 벧후2:6〉. 동

G2633 κατάκρισις[2회] **카타크리시스**
G2632에서 유래; '불리한 선고'(그 행위):—정죄함, 유죄 선고〈고후3:9〉. 여명

G2634 κατακυριεύω[4회] **카타퀴리유오**
G2596과 **G2961**에서 유래; '주인 행세하다', 즉 '통제하다', '복종시키다':—지배권(주권)을 행사하다, 군림하다, 압도하다〈마20:25; 행19:16〉. 동

G2635 καταλαλέω[5회] **카탈랄레오**
G2637에서 유래; '비방자가 되다', 즉 '비방하다':—(악담) 나쁘게 말하다〈약4:11〉. 동

G2636 καταλαλιά[2회] **카탈랄리아**
G2637에서 유래; '비난':—중상, 악담〈고후12:20〉. 여명

G2637 κατάλαλος[1회] **카탈랄로스**
G2596과 **G2980**의 어간에서 유래; '비난을 많이 하는', 즉 (실명사로)'중상가':—비방하는〈롬1:30〉. 형

G2638 καταλαμβάνω[15회] **카탈람바노**
G2596과 **G2983**에서 유래; '간절히 붙잡다', 즉 '잡다', '획득하다', 등등 (문자적으로 혹은 상징적으로):—(붙)잡다, 얻다, 다가오다, 깨닫다, 찾아내다, 얻다, 지각(知覺)하다, 취(取)하다, 갑자기 덮쳐오다〈요8:3; 엡3:18〉. 동

G2639 καταλέγω[1회] **카탈레고**
G2596과 **G3004**(원래의 뜻으로)에서 유래; '적어두다', 즉 (상징적으로) '명부에 기재하다':—수에 넣다〈딤전5:9〉. 동

G2640 κατάλειμμα[1회] **카탈레임마**
G2641에서 유래; '나머지', 즉 (함축적으로) '소수':—남은 자〈롬9:27〉. 중명

G2641 καταλείπω[24회] **카탈레이포**
G2596과 **G3007**에서 유래; '버리다', 즉 '뒤에 남기다'; 함축적으로 '버려두다', '남기다':—내버리다, 남겨두다, 떼어두다〈마4:13〉. 동

G2642 καταλιθάζω[1회] **카탈리싸조**
G2596과 **G3034**에서 유래; 돌로 내리치다, 즉 '죽이다':—돌로 치다〈눅20:6〉. 동

G2643 καταλλαγή[4회] **카탈라게**
G2644에서 유래; '교환'(상징적으로 '조정'), 즉 (하나님의) '은총으로 회복':—속죄, 화해, 화해시킴〈롬5:11; 고후5:18〉. 여명

G2644 καταλλάσσω[6회] **카탈랏소**
G2596과 **G236**에서 유래; '상호교환하다', 즉 (상징적으로) 불화를 '화해시키다':— 화목케 하다〈롬5:10; 고후5:18〉. 동

G2645 κατάλοιπος[1회] **카탈로이포스**
G2596과 **G3062**에서 유래; (뒤에) '남은', 즉 '나머지의'(복수 '나머지'):—남은 (사람)〈행15:17〉. 형

G2646 κατάλυμα[3회] **카탈뤼마**
G2647에서 유래; 정확히는 '해소'(여행의 중지), 즉 (함축적으로) '유숙소':—객실, 여관〈막14:14〉. 중명

G2647 καταλύω[17회] **카탈뤼오**
G2596과 **G3089**에서 유래; '무너뜨리다'(붕괴시키다), 즉 (함축적으로) '부수다'(문자적으로 혹은 상징적으로); 특히 [**G2646**과 비교] 밤을 지내

기 위해 '멈추다':—폐하다, 해체하다, 손님이 되다, 유숙하다, 실패로 돌아가다, 뒤엎다, 내던지다〈마5:17; 눅19:7〉.동

G2648 καταμανθάνω[1회] **카타만싸노**
G2596과 G3129에서 유래; '철저히 배우다', 즉 (함축적으로) '주의 깊게 주의하다':—깊이 생각하다〈마6:28〉.
동

G2649 καταμαρτυρέω[3회]
카타마르튀레오
G2596과 G3140에서 유래; '불리한 증언을 하다':—반대 증언을 하다, 고소하다〈마26:62〉.동

G2650 καταμένω[1회] **카타메노**
G2596과 G3306에서 유래; '완전히 머무르다', 즉 '살다(주재하다)':—묵다, 유하다〈행1:13〉.동

G2651 καταμόνας[2회] **카타모나스**
G2596과 G3441의 대격 복수 여성형(함축된 G5561과 함께)에서 유래; '홀로의 곳에 따라', 즉 (부사) '따로':—홀로〈막4:10〉.부

G2652 κατανάθεμα[1회] **카타나쎄마**
G2596(강의어)과 G331에서 유래; '재앙을 빌음':—저주〈계22:3〉.중명

G2653 καταναθεματίζω[1회]
카타나쎄마티조
G2596(강의어)과 G332에서 유래; '재난이 있기를 빌다':—저주하다〈마26:74〉.동

G2654 καταναλίσκω[1회] **카타날리스코**
G2596과 G355에서 유래; '완전히 소모시키다':—소멸시키다〈히12:29〉.
동

G2655 καταναρκάω[3회] **카타나르카오**
G2596과 ναρκάω 나르카오(무감각하게 되다)에서 유래; '완전히 움직이지 않게 되다', 즉 (함축적으로) '나태하다'(상징적으로 '값비싼'):—무거운 짐이 되다, 폐를 끼치다〈고후12:13〉.동

G2656 κατανεύω[1회] **카타뉴오**
G2596과 G3506에서 유래; '고개를 아래로 (향하여) 끄덕이다', 즉 (유추적으로) '~에게 신호하다':—손짓으로 부르다〈눅5:7〉.동

G2657 κατανοέω[14회] **카타노에오**
G2596과 G3539에서 유래; '완전히 알아보다':—보다, 깊이 생각하다, 깨닫다, 지각(知覺)하다〈마7:3〉.동

G2658 καταντάω[13회] **카탄타오**
G2596과 G473의 파생어에서 유래; '만나다', 즉 '이르다(임하다)'(문자적으로 상징적으로):—얻다, 오다〈행18:19; 빌3:11〉.동

G2659 κατάνυξις[1회] **카타뉘크시스**
G2660에서 유래; '쑤심'(감각이, 수족이 마비되어), 즉, (함축적으로) 무감각(혼수상태):—혼미〈롬11:8〉.여명

G2660 κατανύσσω[1회] **카타뉫소**
G2596과 G3572에서 유래; '철저히 찌르다' 즉 (상징적으로) 격렬하게 '동요시키다'("골수에 사무치게 찌르다"):—찔리다.동

G2661 καταξιόω[3회] **카탁시오오**
G2596과 G515에서 유래; '합당하다고 여기다':—가치 있다고 생각하다, 가치 있다고 보다〈눅20:35〉.동

G2662 καταπατέω[5회] **카타파테오**
G2596과 G3961에서 유래; '짓밟다', 상징적으로 경멸하여 '거절하다':—밟아 뭉게다, (발밑에) 밟다.동

G2663 κατάπαυσις[9회] **카타파우시스**
G2664에서 유래; '휴식을 취함', 즉

(히브리어로) '거주':—안식〈히3:11〉. 여명

G2664 καταπαύω[4회] **카타파우오**
동 **G2596**과 **G3973**에서 유래; '정주하다', 즉 (문자적으로) '이주시키다', 또는 (비유적으로) '그만 두다(두게 하다)':—그치다, 안식하다(을 주다), 제지하다. 동

G2665 καταπέτασμα[6회] **카타페타스마**
G2596과 **G4072**의 동류에서 유래; '완전히 펼쳐진' 어떤 것, 즉, (특히) 유대인 성전에 있는 문의 '휘장'(지성소의):—베일, 휘장〈마27:51〉. 중명

G2666 καταπίνω[7회] **카타피노**
G2596과 **G4095**에서 유래; '들이켜다', 즉, '완전히 삼켜버리다'(문자적으로 또는 비유적으로):—삼키다, 물에 빠지다, 꿀꺽 삼키다〈마23:24〉. 동

G2667 καταπίπτω[3회] **카타핍토**
G2596과 **G4098**에서 유래; '땅에 엎드러지다':—(아래로) 떨어지다〈행26:14〉. 동

G2668 καταπλέω[1회] **카타플레오**
G2596과 **G4126**에서 유래; 어떤 장소로 '항해하여 내려가다', 즉 '상륙하다':—도착하다〈눅8:26〉. 동

G2669 καταπονέω[2회] **카타포네오**
G2596과 **G4192**의 파생어에서 유래; '쓸데없는 부담을 지우다' 즉 '힘 드는 일로 지치게 하다' (비유적으로 '괴롭히다'):—압박하다, 고통을 주다〈행7:24〉. 동

G2670 καταποντίζω[2회] **카타폰티조**
G2596과 **G4192**와 같은 파생어에서 유래; '물에 빠뜨리다' 즉 '물에 잠그다':—물에 빠지다, 가라앉다〈마14:30〉. 동

G2671 κατάρα[6회] **카타라**
G2596(강의적으로)과 **G685**에서 유래; '불행이 있기를 빌기', '통렬한 비난':—저주, 저주받은, 저주하는〈갈3:10〉. 여명

G2672 καταράομαι[5회] **카타라오마이**
G2671에서 유래한 중간태, '통렬히 비난하다', 유추적으로 '사형선고를 내리다':—저주하다〈막11:21〉. 동

G2673 καταργέω[27회] **카타르게오**
G2596과 **G691**에서 유래; '완전히 쓸모없이 만들다', (문자적으로 또는 비유적으로):—폐지하다, 그치다, 방해하다, 타격을 주다, 파괴하다, 없이하다, 효력 없이 되다(만들다), 실패하다, 잃다, 무가치하게 만들다(되다), 치워버리다, 사라지게 만들다, 무효로 하다〈눅13:7〉. 동

G2674 καταριθμέω[1회] **카타리쓰메오**
G2596과 **G705**에서 유래; '셈에 넣다':—수에 포함되다〈행1:17〉. 동

G2675 καταρτίζω[13회] **카타르티조**
G2596과 **G739**의 파생어에서 유래; '완전히 마치다', 즉, 바로잡다(문자적으로 또는 비유적으로) 또는 '조정하다':—맞추다, 짜 맞추다, 수리하다, 완전하게 만들다, 완전히 함께 연결하다, 준비하다, 회복하다〈눅6:40〉. 동

G2676 κατάρτισις[1회] **카타르티시스**
G2675에서 유래; '완전한 준비'(주관적으로):—완전하게 되는 것, 완성〈고후13:9〉. 명

G2677 καταρτισμός[1회] **카타르티스모스**
G2675에서 유래; '완전히 갖춤'(객관적으로):—완전케 함〈엡4:12〉. 남명

G2678 κατασείω4회 **카타세이오**
G2596과 G4579에서 유래; '아래쪽으로 흔들다', 즉, '신호를 보내다':—손짓으로 부르다〈행12:17〉.동

G2679 κατασκάπτω2회 **카타스캅토**
G2596과 G4626에서 유래; '밑을 파다', 즉 (함축적으로) '파괴하다':—파 내려가다, 허물어버리다〈행15:16〉.동

G2680 κατασκευάζω11회 **카타스큐아조**
G2596과 G4632의 파생어에서 유래; '철저히 준비하다', (정확하게는 외적 '장비', 그러나 G2090은 내적 '맞춤'을 말함); 함축적으로 '건설하다', '창작하다':—짓다, 만들다, 제정하다, 준비하다〈눅6:40〉.동

G2681 κατασκηνόω4회 **카타스케노오**
G2596과 G4637에서 유래; '깃들이다', 즉 '자리 잡고 살다'; 상징적으로 '머물다':— 숙박하다, 안식하다〈행2:26〉.동

G2682 κατασκήνωσις2회 **카타스케노시스**
G2681에서 유래; '진을 침', 즉 (비유적으로) '편안한 자리':—보금자리〈마8:20〉.여명

G2683 κατασκιάζω1회 **카타스키아조**
G2596과 G4639의 파생어에서 유래; '그늘 지우다', 즉 '덮다':—그늘지게 하다〈히9:5〉.동

G2684 κατασκοπέω1회 **카타스코페오**
G2685에서 유래; '보초가 되다', 즉 틈을 엿보아 '시찰하다':—몰래 조사하다, 엿보다〈갈2:4〉.동

G2685 κατάσκοπος1회 **카타스코포스**
G2596(강의적으로)과 G4649(감시자의 의미에서)에서 유래; '정탐꾼':—스파이〈히11:31〉.남명

G2686 κατασοφίζομαι1회 **카타소ㅎ피조마이**
G2596과 G4679에서 유래한 중간태; '교활한 방법을 쓰다', 즉 '함정에 빠뜨리다':— 교활하게 다루다〈행7:19〉.동

G2687 καταστέλλω2회 **카타스텔로**
G2596과 G4724에서 유래; '진정시키다', 즉 '가라앉히다':—달래다, 누그러지게 하다〈행19:35〉.동

G2688 κατάστημα1회 **카타스테마**
G2525에서 유래; 정확하게는 '태도' 또는 '상태', 즉 (주관적으로) '품행':—행실〈딛2:3〉.중명

G2689 καταστολή1회 **카타스톨레**
G2687에서 유래; '피복물', 즉 (특히) '복장':—의복〈딤전2:9〉.여명

G2690 καταστρέφω2회 **카타스트레ㅎ포**
G2596과 G4762에서 유래; '뒤집어엎다', 즉 '전복시키다':—둘러엎다〈마21:12〉.동

G2691 καταστρηνιάω1회 **카타스트레니아오**
G2596과 G4763에서 유래; '육욕에 빠져 배반하다':—음탕함이 늘어 거스르기 시작하다〈딤전5:11〉.동

G2692 καταστροφή2회 **카타스트로ㅎ페**
G2690에서 유래; '멸망'("파멸"), 즉 '파괴', (비유적으로) '배교':—타도, 뒤엎음〈딤후2:14〉.여명

G2693 καταστρώννυμι1회 **카타스트론뉘미**
G2596과 G4766에서 유래; '흩뿌리다', 즉 (함축적으로) '넘어뜨리다(살해하다):—뒤집어엎다〈고전10:5〉.동

G2694 κατασύρω[1회] **카타쉬로**
G2596과 G4951에서 유래; '끌고 가다' 즉 사법적으로 '체포하다':—거칠게 잡아끌다〈눅12:58〉. [동]

G2695 κατασφάττω[1회] **카타스ㅎ팟토**
G2596과 G4969에서 유래; '학살하다', 즉 '도살하다':—죽이다〈눅19:27〉. [동]

G2696 κατασφραγίζω[1회] **카타스ㅎ프라기조**
G2596과 G4972에서 유래; '단단히 봉하다':—인봉하다〈계5:1〉. [동]

G2697 κατάσχεσις[2회] **카타스케시스**
G2722에서 유래; '억제', 즉 '점령':—소유〈행7:5〉. [여명]

G2698 κατατίθημι[2회] **카타티쎄미**
G2596과 G5087에서 유래; '내려두다', 즉 '아래에 놓다'(문자적으로 또는 비유적으로):—행하다, 두다, 진열하다〈막15:46〉. [동]

G2699 κατατομή[1회] **카타토메**
G2596과 τέμνω **템노**(자르다)의 복합어에서 유래; '절단', 즉 '훼손', '상해하는 일'(빈정대어):—절단. G609와 비교.〈빌3:2〉. [여명]

G2700 κατατοξεύω[1회] **카타톡슈오**
G2596과 G5115의 파생어에서 유래; 화살 같은 것으로 '쏘아 넘어뜨리다':—밀어젖히고 나아가다〈히12:20〉. [동]

G2701 κατατρέχω[1회] **카타트레코**
G2596과 G5143에서 유래; '달려 내려가다', 즉 탑에서 '서둘러 내려가다':—달려 내려가다〈행21:32〉. [동]

G2702 καταφέρω[4회] **카타ㅎ페로**
G2596과 G5342(그 대역을 포함하여)에서 유래; '압도하다', 즉 (비유적으로) '이기지 못하다'(졸음에); (특히) 한 표를 '던지다':—떨어지다, 주다, 가라앉다〈행20:9〉. [동]

G2703 καταφεύγω[2회] **카타ㅎ퓨고**
G2596과 G5343에서 유래; '도망하다':—달아나다〈행14:6〉. [동]

G2704 καταφθείρω[2회] **카타ㅎ프쎄이로**
G2596과 G5351에서 유래; '완전히 망쳐놓다', 즉 (문자적으로) '파괴하다'; 또는 (비유적으로) '부패시키다':—타락시키다, 철저히 멸망하다〈딤후3:8〉. [동]

G2705 καταφιλέω[6회] **카타ㅎ필레오**
G2596과 G5368에서 유래; '열렬히 입 맞추다':—입 맞추다〈마26:49〉. [동]

G2706 αταφρονέω[9회] **카타ㅎ프로네오**
G2596과 G5426에서 유래; '거슬러 생각하다', 즉 '얕잡아보다, 경시하다':—경멸하다〈마6:24〉. [동]

G2707 καταφρονητής[1회] **카타ㅎ프로네테스**
G2706에서 유래; '경멸을 느끼는 자':—멸시하는 사람〈행13:41〉. [남명]

G2708 καταχέω[2회] **카타케오**
G2596과 χέω **케오**(붓다)에서 유래; 쏟아 붓다:—붓다〈마26:7〉. [동]

G2709 καταχθόνιος[1회] **카타크쏘니오스**
G2596과 χθών **크쏜**(땅)에서 유래; '땅 밑의', 즉 '지옥의'(세상을 떠난 영들의 세계에 속하는):—땅 아래의〈빌2:10〉. [형]

G2710 καταχράομαι[2회] **카타크라오마이**
G2596과 G5530에서 유래; '지나치게 쓰다', 즉 '잘못 쓰다':—남용하다〈고전7:31〉. [동]

G2711 καταψύχω[1회] **카타프쉬코**

G2596과 G5594에서 유래; '서늘하게 하다', 즉 '상쾌하게 하다':—시원하게 하다〈눅6:24〉. 동

G2712 κατείδωλος[1회] **카테이돌로스**
G2596(강의적으로)과 G1497에서 유래; '우상이 가득한':—우상에게 전적으로 바쳐진〈행17:16〉. 형

G2713 κατέναντι[8회] **카테난티**
G2596과 G1725에서 유래; '바로 반대편에':—앞에서, 맞은편에〈막11:2〉. 부

G2714 κατενώπιον[3회] **카테노피온**
G2596과 G1799에서 유래; '바로 앞에':—앞에서(면전에서), 보는 앞에서〈고후2:17〉. 부

G2715 κατεξουσιάζω[2회] **카테크수시아조**
G2596과 G1850에서 유래; '최대한의 특권을 가지다(휘두르다)':—권세를 부리다〈마20:25〉. 동

G2716 κατεργάζομαι[22회] **카테르가조마이**
G2596과 G2038에서 유래; '성취하다', 즉 '완수하다'; 함축적으로 '끝마치다', '모양을 만들다':—일으키다, 행하다, 수행하다, 이루어내다〈롬1:27〉. 동

G2717 (지정된 낱말이 없음)

G2718 κατέρχομαι[16회] **카테르코마이**
G2596과 G2064(그 대체어를 포함하여)에서 유래; '내려오다(가다) (문자적으로 또는 비유적으로)':—내려가다, 떠나다, 내려오다, 상륙하다〈눅9:37〉. 동

G2719 κατεσθίω[15회] **카테스씨오**
G2596과 G2068(그 대체어를 포함하여)에서 유래; '먹어버리다', 즉 '삼키다'(문자적으로 또는 비유적으로):—먹어치우다〈마13:4〉. 동

G2720 κατευθύνω[3회] **카튜쒸노**
G2596과 G2116에서 유래; '완전히 똑바르게 하다', 즉 (비유적으로) '지도하다':—인도하다, 길을 가리키다〈눅1:79〉. 동

G2721 κατεφίστημι[1회] **카테ㅎ피스테미**
G2596과 G2186에서 유래; '일어나 대적하다', 즉 '돌진하다'(공격하다):—반란을 일으키다〈행18:12〉. 동

G2722 κατέχω[18회] **카테코**
G2596과 G2192에서 유래; '제지하다', '억제하다'(다양한 응용으로, 문자적으로 또는 비유적으로):—차지하다, 취하다, 지키다, 하게 하다, 향하게 하다, 소유하다, 보류하다, 붙잡다, 머물다, 잡다, 만류하다〈눅4:42〉. 동

G2723 κατηγορέω[23회] **카테고레오**
G2725에서 유래; '고발하다', '고소하다':—참소하다, 반대하다〈마12:10〉. 동

G2724 κατηγορία[3회] **카테고리아**
G2725에서 유래; '불평'("범주"), 즉 '고발':—비방, 고소〈딤전5:19〉. 여명

G2725 κατήγορος[5회] **카테고로스**
G2596과 G58에서 유래; '집회'에서 '고발하는' 사람, 즉 법률상 '원고'; (특히) 사탄:—비난자〈행25:16〉. 남명

G2726 κατήφεια[1회] **카테ㅎ페이아**
G2596과 아마 G5316(보기에 '기가 꺾인'의 의미로)의 어간의 파생어의 복합어에서 유래; '새침 뗌', 즉 (함축적으로) 슬픔:—낙담, 근심〈약4:9〉. 여명

G2727 κατηχέω[8회] **카테케오**

G2596과 G2279에서 유래; 귀에 '알리다', 즉 (함축적으로) '주입하다'("문답식으로 가르치다") 또는 (일반적으로) '통지하다':—알리다, 지시하다, 가르치다〈행21:21〉.동

G2728 κατιόω[1회] **카티오오**
G2596과 G2447의 파생어에서 유래; '녹슬다', 즉 '부식하다':—부패시키다〈약5:3〉동

G2729 κατισχύω[3회] **카티스퀴오**
G2596과 G2480에서 유래; '눌러버리다':—이기다, 우세하다〈마16:18〉.동

G2730 κατοικέω[44회] **카토이케오**
G2596과 G3611에서 유래; '영주하다', 즉 '살다'(문자적으로 또는 비유적으로):—거주하다, 거주자, 주민〈마2:23〉.동

G2731 κατοίκησις[1회] **카토이케시스**
G2730에서 유래; '거처'(정확히는 거주하는 행동; 그러나 함축적으로 '주거'):—집〈막5:3〉.여명

G2732 κατοικητήριον[2회] **카토이케테리온**
G2730의 파생어에서 유래; '거주하는 장소':—처소〈엡2:22〉.중명

G2733 κατοικία[1회] **카토이키아**
'거주'(정확히는 그 상태, 그러나 함축적으로 거주 자체):—거주〈행17:26〉.여명

G2734 κατοπτρίζομαι[1회] **카톱트리조마이**
G2596과 G3700의 파생어의 복합어에서 온 중간태 [G2072와 비교]; '거울로 자신을 보다', 즉 (비유적으로) '비쳐보다':—유리로 보는 것처럼 보다〈고후3:18〉.동

G2735 κατόρθωμα[1회] **카토르쏘마**
G2596과 G3717의 파생어에서 유래 [G1357과 비교]; '완전히 똑바로 선' 어떤 것, 즉 (비유적으로) '개선', (특히 '좋은' 공공의 '행정'):—아주 가치 있는 행위〈행24:2〉.중명

G2736 κάτω[9회] **카토** 또한 비교급 κατωτέρω **카토테로** [G2737과 비교]
G2596으로부터 온 부사; '아래로':—아래에, 밑바닥에, 밑으로, 아래〈마2:16〉.부

G2737 κατώτερος[1회] **카토테로스**
G2736에서 온 비교급; '아래쪽의'(지역적으로, 하데스):—더 아래의〈엡4:9〉.형

G2738 καῦμα[2회] **카우마**
G2545에서 유래; 정확히는 '태움'(구체적으로), 그러나 (추상적으로) '달아오름':—열, 뜨거움〈계7:16〉.중명

G2739 καυματίζω[4회] **카우마티조**
G2738에서 유래; '태우다':—그슬리다〈계16:8〉.동

G2740 καῦσις[1회] **카우시스**
G2545에서 유래; '불사름'(그 행동):—불살라짐〈히6:8〉.여명

G2741 καυσόω[2회] **카우소오**
G2740에서 유래; '불태우다':—뜨거운 열로 불타다〈벧후3:10〉.동

G2742 καύσων[3회] **카우손**
G2741에서 유래; '불탐':—(태우는) 열, 더위〈마20:12〉.남명

G2743 καυτηριάζω[1회] **카우테리아조**
G2545의 파생어에서 유래; '낙인을 찍다'("소작(燒灼)하다"), 즉 (함축적으로) '무감각하게 만들다'(비유적으로):—뜨거운 쇠로 낙인을 찍다(화인(火印) 맞다)〈딤전4:2〉.동

G2744 καυχάομαι[37회] **카우카오마이**

αὐχέω 아우케오(뽐내다)의 동류에 기초한 어떤 것(폐어)와 G2172에서 유래; '자랑하다'(좋은 의미 또는 나쁜 의미에서):—뽐내다, 칭찬하다, 기뻐하다, 즐거워하다〈롬2:17〉. 동

G2745 καύχημα[11회] **카우케마**
G2744에서 유래; '자랑', (정확히는 그 대상; 함축적으로 그 행동), (좋은 의미에서 또는 나쁜 의미에서):—자랑하기, 칭찬하기, 기쁨, 기뻐하기〈롬4:2〉. 중명

G2746 καύχησις[11회] **카우케시스**
G2744에서 유래; '자랑하기'(정확히는 그 행동; 함축적으로는 그 대상), 좋은 의미에서 또는 나쁜 의미에서:—자랑하기, 칭찬하기, 기뻐하기〈고후11:10〉. 여명

G2747 Κεγχρεαί[2회] **켕크레아이**
아마 κέγχρος 켕크로스(기장, 수수)에서 유래; '겐그리아', 고린도의 한 항구:—겐그리아〈행18:18〉. 고명

G2748 Κεδρών[1회] **케드론**
어원은 히브리어 [H6939]; '기드론', 예루살렘 근처의 시내:—기드론〈요18:1〉. 고명

G2749 κεῖμαι[24회] **케이마이**
기본 동사의 중간태; 쭉 뻗고 '눕다'(문자적으로 또는 비유적으로):—지정되다, 놓이다, 세움을 입다, 처하다, 눕히다, 눕다, 누이다. G5087과 비교.〈마3:10〉. 동

G2750 κειρία[1회] **케이리아**
불확실한 유사어에서, '싸는 천', 즉, '감는 천':—수의〈요11:44〉. 여명

G2751 κείρω[4회] **케이로**
기본 동사, '털을 깎다':—털을 깎다, 털 깎는 사람〈행8:32〉. 동

G2752 κέλευσμα[1회] **켈류스마**
G2753에서 유래; 격려의 '고함':—외침, 호령〈살전4:16〉. 중명

G2753 κελεύω[26회] **켈류오**
기본적인 κέλλω 켈로(재촉하다)에서 유래; '큰 소리로 부르다'; 말로 '격려하다', 즉 '명령하다':—명하다, 분부하다〈마8:18〉. 동

G2754 κενοδοξία[1회] **케노독시아**
G2755에서 유래; '허영', 즉 '자만':—허영〈빌2:3〉. 여명

G2755 κενόδοξος[1회] **케노독소스**
G2756과 G1391에서 유래; '헛되이 칭찬하는', 즉 '자만하는':—헛된 영광을 구하는〈갈5:26〉. 형

G2756 κενός[18회] **케노스**
명백히 기본 어휘; '빈'(문자적으로 또는 비유적으로):—공허한, 헛된〈눅12:3〉. 형

G2757 κενοφωνία[2회] **케노ㅎ포니아**
명백히 G2756과 G5456의 추정된 복합어에서 유래; '헛된 소리', 즉 '실적 없는 토론':—허한 말〈딤전6:20〉. 여명

G2758 κενόω[5회] **케노오**
G2756에서 유래; '비게 하다', 즉 (비유적으로) 깎아내리다, 무력하게 하다, 속이다:—효력[명성]없이 만들다, 무효하게 만들다, 헛되다〈빌2:7〉. 동

G2759 κέντρον[4회] **켄트론**
κεντέω 켄테오(찌르다)에서 유래; '뾰족한 끝'("중심"), 즉 '쏘는 것'(비유적으로 '독') 또는 '몰이 막대기, 자극물'(비유적으로 하나님의 '충격'):—찌르는 물건, 쏘는 살〈계9:10〉. 중명

G2760 κεντυρίων[3회] **켄튀리온**
어원은 라틴어, '백부장', 즉 백 명의

군인의 지휘관:—백부장〈막15:39〉. 남명

G2761 κενῶς[1회] **케노스**
G2756에서 온 부사; '헛되이', 즉 '전연 효과 없이':—공연히〈약4:5〉. 부

G2762 κεραία[2회] **케라이아**
G2786에 기초한 파생어로 추정되는 여성형 명사; '뿔처럼 생긴 것', 즉 (특히) 히브리어 글자의 '정점'(비유적으로 가장 작은 '조각'):—글자 위의 작은 점, 획〈눅16:17〉. 여명

G2763 κεραμεύς[3회] **케라뮤스**
G2766에서 유래; '도공(陶工)':—토기장이〈마27:7〉. 남명

G2764 κεραμικός[1회] **케라미코스**
G2766에서 유래; '진흙으로 만들어진', 즉 '토기의':—토기장이의〈계2:27〉. 형

G2765 κεράμιον[2회] **케라미온**
G2766의 파생어로 추정되는 중성 명사; '토기' 그릇, 즉 '항아리, 동이':—물주전자〈눅22:10〉. 중명

G2766 κέραμος[1회] **케라모스**
아마 G2767에 기초한 것에서 유래 (진흙과 물을 '섞는'다는 생각에서); '토기', 즉 '기와'(얇은 '지붕' 또는 '차일'의 유추에 의해):—타일면(面)〈눅5:19〉. 남명

G2767 κεράννυμι[3회] **케란뉘미**
더 기본형인 κεράω **케라오**(어떤 시제에서 사용됨)의 연장형; '섞다', 즉 (함축적으로) 쏟아 '붓다'(마시기 위하여):—채우다, 쏟아 붓다. G3396과 비교.〈계14:10〉. 동

G2768 κέρας[11회] **케라스**
기본형 κάρ **카르**('머리카락')에서 유래; '뿔'(문자적으로 또는 비유적으로):—뿔〈계5:6〉. 중명

G2769 κεράτιον[1회] **케라티온**
G2768의 추정 파생어의 중성형, '뿔달린' 어떤 것, 즉 (특히) 쥐엄나무의 '꼬투리':—꼬투리, 옥수수 껍데기〈눅15:16〉. 중명

G2770 κερδαίνω[17회] **케르다이노**
G2771에서 유래; '얻다'(문자적으로 또는 비유적으로):—획득하다, 벌다, 이익을 얻다, 손에 넣다〈마16:26〉. 동

G2771 κέρδος[3회] **케르도스**
불확실한 유사어; '유익'(금전상 또는 일반적):—이익, 이득〈빌1:21〉. 중명

G2772 κέρμα[1회] **케르마**
G2751에서 유래; '잔돈', 즉 (특히) '동전':—돈〈요2:15〉. 중명

G2773 κερματιστής[1회] **케르마티스테스**
G2772의 파생어에서 유래; '동전 취급자', 즉 '환전상':—돈 바꾸는 사람〈요2:14〉. 남명

G2774 κεφάλαιον[2회] **케ㅎ팔라이온**
G2776의 파생어의 중성형; '주요한' 것, 즉 '요점', 특히 돈의 '총계':—금액〈히8:1〉. 중명

G2775 κεφαλαιόω[1회] **케ㅎ팔라이오오**
G2774와 동일한 것에서 유래; (특히) '머리를 때리다':—머리에 상처를 내다〈막12:4〉. 동

G2776 κεφαλή[75회] **케ㅎ팔레**
아마 기본어 κάπτω **캅토**('쥐다'의 의미에서)에서 유래; '머리'(가장 잘 제어하는 것으로서),문자적으로 또는 비유적으로:—머리〈마5:36〉. 여명

G2777 κεφαλίς[1회] **케ㅎ팔리스**
G2776에서 유래; 정확히는 '매듭', 즉 (함축적으로) '두루마리'(확대해서

서류를 둘둘 감은 막대기의 (둥그런) '끝'에서 유래):—두루마리, 권(卷) 〈히10:7〉. 여명

G2778 κῆνσος[4회] **켄소스**
어원은 라틴어; 정확히는 '등록부'("인구조사"), 즉 (함축적으로) '세':—조세〈마17:25〉. 남명

G2779 κῆπος[5회] **케포스**
불확실한 유사어; '정원':—동산〈눅13:19〉. 남명

G2780 κηπουρός[1회] **케푸로스**
G2779와 οὖρος **우로스**(관리자)에서 유래; '정원지기', 즉 '동산지기':—동산지기〈요20:15〉. 남명

G2781 κηρίον[1회] **케리온**
κηός **케오스**(밀랍)의 지소사; 꿀의 '작은 방', 즉 (집합적으로) '벌집':—벌집〈눅24:42㊅〉. 중명

G2782 κήρυγμα[9회] **케뤼그마**
G2784에서 유래; '선포'(특히 복음의; 함축적으로는 '복음' 그 자체):—설교, 전도, 전파함〈마12:41〉. 중명

G2783 κῆρυξ[3회] **케뤽스**
G2784에서 유래; '선포자', 즉 하나님의 진리의(특히 복음의):—설교자, 전도자, 전파하는 자〈딤후1:11〉. 남명

G2784 κηρύσσω[61회] **케륏소**
불확실한 유사어; '포고하다'(공중에게 '외치는 자'로서), 특히 하나님의 진리를(복음을):—설교(전도, 전파)하다, 설교자, 선포하다, 공포하다〈막1:45〉. 동

G2785 κῆτος[1회] **케토스**
아마 **G5490**의 어간에서 유래; 거대한 '물고기'(먹이를 '몹시 먹고 싶어 하는'):—고래〈마12:40〉. 중명

G2786 Κηφᾶς[9회] **케ㅎ파스**
어원은 아람어 [**H3710**과 비교]; '바위', '게바', 베드로의 이명(異名):—게바〈요1:42〉. 고명

G2787 κιβωτός[6회] **키보토스**
불확실한 파생어; '상자', 즉 신성한 '언약궤'와 노아의 방주:—방주, (언약)궤〈마24:38〉. 여명

G2788 κιθάρα[4회] **키따라**
불확실한 유사어; '수금(竪琴)':—하프(거문고)〈고전14:7〉. 여명

G2789 κιθαρίζω[2회] **키따리조**
G2788에서 유래; '수금(竪琴)을 타다':—하프(거문고)를 타다〈고전14:7〉. 동

G2790 κιθαρῳδός[2회] **키따로도스**
G2788와 **G5603**의 같은 말의 파생어에서 유래; '수금 타는 자', 즉 '하프 연주자':—거문고 타는 자〈계14:2〉. 남명

G2791 Κιλικία[8회] **킬리키아**
아마 외래 어원; '길리기아', 소아시아의 한 지역:—길리기아〈행6:9〉. 고명

G2792 κιννάμωμον[1회] **키나모몬**
외래 어원 [**H7076**과 비교]; '육계':—계피〈계18:13〉. 중명

G2793 κινδυνεύω[4회] **킨뒤뉴오**
G2794에서 유래; '위험에 처하다':—위험에 놓이다, 위태롭게 되다〈눅8:23〉. 동

G2794 κίνδυνος[9회] **킨뒤노스**
불확실한 파생어; '위험':—위험〈롬8:35〉. 남명

G2795 κινέω[8회] **키네오**
κιω **키오**(εἶμι **에이미**('가다')의 시어 詩語)에서 유래; '휘젓다'(타동사), (문자적으로 또는 비유적으로):—움직이다, 옮기다, 움직이는 자, 방법

〈마23:4〉. 동

G2796 κίνησις[1회] **키네시스**
G2795에서 유래; '휘젓기':—움직임〈요5:3〉. 여명

G2797 Κίς[1회] **키스**
히브리 어원 [H7027]; '기스', 한 이스라엘 인:—기스〈행13:21〉. 고명

G2798 κλάδος[11회] **클라도스**
G2806에서 유래; '잔가지' 또는 '큰 가지'(꺾어진 듯한):—가지〈마13:32〉. 남명

G2799 κλαίω[40회] **클라이오**
불확실한 유사어; '흐느껴 울다', 즉 크게 '소리 내어 울다' (반면에 G1145는 오히려 조용히 '울다'임):—통곡하다, 몹시 슬퍼하다, 울다〈막14:72〉. 동

G2800 κλάσις[2회] **클라시스**
G2806에서 유래; '부숨'(그 행동):—떼어 냄〈눅24:35〉. 여명

G2801 κλάσμα[9회] **클라스마**
G2806에서 유래; '조각'(작은 조각):—부스러기, 조각〈마14:20〉. 중명

G2802 Κλαύδη[1회] **클라우데**
불확실한 파생어; '클라우드', 그레데 가까운 한 섬:—가우다〈행27:16〉. 고명

G2803 Κλαυδία[1회] **클라우디아**
G2804의 여성형; '글라우디아', 한 그리스도인 여성:—글라우디아〈딤후4:21〉. 고명

G2804 Κλαύδιος[3회] **클라우디오스**
어원은 라틴어; '글라우디오', 두 로마인 이름:—글라우디오〈행11:28〉. 고명

G2805 κλαυθμός[9회] **클라우쓰모스**
G2799에서 유래; '비탄':—통곡, 울음〈마2:18〉. 남명

G2806 κλάω[14회] **클라오**
기본 동사; '깨뜨리다', (특히 떡을 '떼다'):—떼다〈마14:19〉. 동

G2807 κλείς[6회] **클레이스**
G2808에서 유래; '열쇠'(자물쇠를 '잠그는' 것으로서) 문자적으로 또는 비유적으로:—열쇠〈마16:19〉. 여명

G2808 κλείω[16회] **클레이오**
기본 동사; '닫다', '잠그다'(문자적으로 또는 비유적으로):—닫다, 잠그다〈마6:6〉. 동

G2809 κλέμμα[1회] **클렘마**
G2813에서 유래; '훔침'(정확히는 훔친 물건, 그러나 그 행동에 사용):—도둑질〈계9:21〉. 중명

G2810 Κλεόπας[1회] **클레오파스**
아마 Κλεόπατρος **클레오파트로스** (G2811과 G3962의 복합어)의 단축어; '글로바', 한 그리스도인:—글로바〈눅24:18〉. 고명

G2811 κλέος[1회] **클레오스**
G2564의 단축형; '명성'(마치 '불리어진 것'처럼):—영광, 영예, 칭찬〈벧전2:20〉. 중명

G2812 κλέπτης[16회] **클렙테스**
G2813에서 유래; '훔치는 자'(문자적으로 또는 비유적으로):—도둑. G3027과 비교.〈마6:19〉. 남명

G2813 κλέπτω[13회] **클렙토**
기본 동사; '좀도둑질하다':—훔치다, 도둑질하다〈마27:64〉. 동

G2814 κλῆμα[4회] **클레마**
G2806에서 유래; '갈라진 가지' 또는 '어린 가지'(꺾어진 듯한):—가지〈요15:2〉. 중명

G2815 Κλήμης[1회] **클레메스**
어원은 라틴어; '자비로운', '글레멘드', 한 그리스도인:—글레멘드〈빌

4:3〉. 고명

G2816 κληρονομέω[18회] **클레로노메오**
G2818에서 유래; '상속자가 되다'(문자적으로 또는 비유적으로):—상속하다, 유업을 얻다, 유업(상속)으로 받다, 상속〈마19:29〉. 동

G2817 κληρονομία[14회] **클레로노미아**
G2818에서 유래; '유산', 즉 (구체적으로) '세습재산' 또는 (일반적으로) '소유'—상속, 상속 재산〈마21:38〉. 여명

G2818 κληρονόμος[15회] **클레로노모스**
G2819와 G3551의 어간에서 유래(그 '분배'의 원래의 의미, 즉 [재귀적으로] 배당에 의해 '얻음'의 의미에서); '할당에 의한 후사', 즉 '상속자'(문자적으로 또는 비유적으로); 함축적으로 '소유자':—상속인, 후사〈마21:38〉. 남명

G2819 κλῆρος[11회] **클레로스**
아마 G2806〉에서 유래(나무 '조각' 등을 사용한다는 생각에서), '주사위'(기회들을 뽑기 위한); 함축적으로 '몫', 확대해석해서 '취득물'(특히 '세습 재산', 비유적으로):—상속재산, 유산, 제비, 적은 양〈마27:35〉. 남명

G2820 κληρόω[1회] **클레로오**
G2819에서 유래; '할당하다', 즉 (비유적으로) '배당하다' (은전을):—상속 재산을 획득하다〈엡1:11〉. 동

G2821 κλῆσις[11회] **클레시스**
G2564의 단축형; '초대'(비유적으로):—부름〈롬11:29〉. 여명

G2822 κλητός[10회] **클레토스**
G2821과 같은 유래; '청함을 받은', 즉 '지명 받은' 또는 (특히) '성도':—부름을 받은〈롬1:1〉. 형

G2823 κλίβανος[2회] **클리바노스**
불확실한 파생어; 굽는 토기 '항아리':—화덕, 아궁이〈마6:30〉. 남명

G2824 κλίμα[3회] **클리마**
G2827에서 유래; '(대양을 향해 경사진) 대륙내의 지역, 사면', 즉 (특히) '지방' 또는 '나라의 한 지역':—지방, 지역〈롬15:23〉. 중명

G2825 κλίνη[9회] **클리네**
G2827에서 유래; '침상'(잠, 아플 때, 앉을 때 또는 식사할 때 쓰는):—침대, 식탁〈마9:2〉. 여명

G2826 κλινίδιον[2회] **클리니디온**
G2825의 추정된 파생어의 중성형; '침상' 또는 '들 것':—침대〈눅5:19〉. 중명

G2827 κλίνω[7회] **클리노**
기본 동사; '기울이다' 또는 '경사지게 하다', 즉 '기대다' 또는 '의지하다'(문자적으로 또는 비유적으로):—숙이다, 눕히다, 도주하기 위하여 몸을 돌리다, 저물다(기울어지다)〈눅24:5〉. 동

G2828 κλισία[1회] **클리시아**
G2827의 파생어에서 유래; 정확히는 '기울임', 즉 (구체적으로 그리고 특히) 식사 때의 '한 무리':—떼, 모인 사람들〈눅9:14〉. 여명

G2829 κλοπή[2회] **클로페**
G2813에서 유래; '훔침':—도둑질〈마15:19〉. 여명

G2830 κλύδων[2회] **클뤼돈**
κλύζω **클뤼조**('큰 파도가 일다' 또는 '끼얹다')에서 유래; 바다의 '큰 파도'(문자적으로 또는 비유적으로):—거친 물결, 물결〈눅8:24〉. 남명

G2831 κλυδωνίζομαι[1회]
클뤼도니조마이
G2830의 중간태; '큰 파도가 일다', 즉 (비유적으로) '파동하다':—이리저리 뒤흔들리다〈엡4:14〉. 동

G2832 Κλωπᾶς[1회] **클로파스**
어원은 아람어(**G256**과 일치); '글로바', 한 이스라엘인:—글로바〈요19:25〉. 고명

G2833 κνήθω[1회] **크네쏘**
기본 κνάω **크나오**(문지르다)에서 유래; '긁다', 즉 (함축적으로) '간지럽다':—가려움을 느끼다〈딤후4:3〉. 동

G2834 Κνίδος[1회] **크니도스**
아마 외국 어원; '니도', 소아시아의 한 장소:—니도〈행27:7〉. 고명

G2835 κοδράντης[2회] **코드란테스**
어원은 라틴어; '고드란트', 즉 청동화(12온스)의 4분의 1:—호리(毫釐), 파딩(4분의 1페니)〈막12:42〉. 남명

G2836 κοιλία[22회] **코일리아**
κοῖλος **코일로스**(우묵한 곳)에서 유래; '구멍', (특히) '복부'; 함축적으로 '자궁'; (비유적으로) '심장':—배, 모태〈마15:17〉. 여명

G2837 κοιμάω[18회] **코이마오**
G2749에서 유래; '재우다', 즉 (수동적 또는 재귀적으로) '꾸벅꾸벅 졸다', 비유적으로 '사망하다':—자다, 졸리다, 잠에 떨어지다, 죽다〈마27:52〉. 동

G2838 κοίμησις[1회] **코이메시스**
G2737에서 유래; '잠자기', 즉 (함축적으로) '휴식':—휴식을 취함〈요11:13〉. 여명

G2839 κοινός[14회] **코이노스**
아마 **G4862**에서 유래; '보통의', 즉 (문자적으로) 모두 또는 여럿으로 나누어진, 또는 (의식(儀式)적으로) '세속적인':—통용하는, 더럽혀진, 깨끗하지 아니한, 거룩하지 않은〈행2:44〉. 형

G2840 κοινόω[14회] **코이노오**
G2839에서 유래; '속되게 하다[생각하다]'(의식(儀式)적으로):—속된 것으로 부르다, 더럽히다, 오염시키다, 부정(不淨)하다〈마15:11〉. 동

G2841 κοινωνέω[8회] **코이노네오**
G2844에서 유래; 다른 이들과 '나누다'(객관적으로 또는 주관적으로):—의사를 서로 통하다, 분배하다, 함께하다〈롬12:13〉. 동

G2842 κοινωνία[19회] **코이노니아**
G2844에서 유래; '협력', 즉 (문자적으로) '참여', 또는 (사회적으로) '교제', 또는 (금전상의) '희사':—친교, 분배, 기여, 사귐〈고전1:9〉. 여명

G2843 κοινωνικός[1회] **코이노니코스**
G2844에서 유래; '터놓은', 즉 (금전적인 의미에서) '후한':—나눠주기를 좋아하는〈딤전6:18〉. 형

G2844 κοινωνός[10회] **코이노노스**
G2839에서 유래; '나누는 자', 즉 '동업자':—동무, 친구임, 동참자, 동역자〈눅5:10〉. 남명. 여명

G2845 κοίτη[4회] **코이테**
G2749에서 유래; '침상', 확대하여 '동거', 함축적으로 수컷의 '정자':—침대, 침실 제공, 잉태〈눅11:7〉. 여명

G2846 κοιτών[1회] **코이톤**
G2845에서 유래; '침실':—시종〈행12:20〉. 남명

G2847 κόκκινος[6회] **콕키노스**
G2848에서 유래('낟알' 모양의 벌레

에서 유래); '진홍'색의:—주홍(색, 색의)〈히9:19〉. 형

G2848 κόκκος[7회] **콕코스**
명백히 기본 낱말; 씨의 '인, 알갱이':—낟알, 알곡〈마13:21〉. 남명

G2849 κολάζω[2회] **콜라조**
κόλος 콜로스(난쟁이)에서 유래; 정확히는 '박탈하다', 즉 (비유적으로) '매질하여 벌하다'(또는 처벌을 위해 '유보하다'):—벌하다〈행4:21〉. 동

G2850 κολακεία[1회] **콜라케이아**
κόλαξ **콜락스**(아양 부리는 자)의 파생어에서 유래; '아첨':—아양 떨기〈살전2:5〉. 여명

G2851 κόλασις[2회] **콜라시스**
G2849에서 유래; 형벌을 '가함':—벌, 고문〈마25:46〉. 여명

G2852 κολαφίζω[5회] **콜라ㅎ피조**
G2849에 기초한 파생어에서 유래; 주먹으로 '톡톡 두드리다':—치다〈마26:67〉. 동

G2853 κολλάω[12회] **콜라오**
κόλλα **콜라**("아교")에서 유래; '아교로 붙이다', 즉 (수동적 또는 재귀적으로) '달라붙다'(비유적으로):—굳게 결합하다, 합하다, 교제하다, 사귀다〈눅10:11〉. 동

G2854 κολλούριον[1회] **콜루리온**
κολλύρα **콜뤼라**('과자'; 아마 **G2853**의 어간에 유사)의 추정된 파생어의 중성형; 정확히는 '찜질약'(크래커 모양으로 만들어지거나 모양을 한), 즉 (유추적으로) '고약':—안약〈계3:18〉. 중명

G2855 κολλυβιστής[3회] **콜뤼비스테스**
κόλλυβος **콜뤼보스**(작은 '동전'; 아마 **G2854**와 유사)의 추정된 파생어에서 유래; '동전 상인':—환전상, 돈 바꾸는 사람〈마21:12〉. 남명

G2856 κολοβόω[4회] **콜로보오**
G2849에 기초한 파생어에서 유래; '짧게 자르다', 즉 (비유적으로) '줄이다':—삭감하다'〈마24:22〉. 동

G2857 Κολοσσαί[1회] **콜롯사이**
명백히 Κολοσσός **콜롯소스**('거대한')의 여성 복수형; '골로새', 소아시아의 한 장소:—골로새〈골1:2〉. 고명

G2858 Κολοσσαεύς **콜롯사유스**
G2857에서 유래; '골로새인', 즉 '골로새의 주민':—골로새의, 골로새인. 고명

G2859 κόλπος[6회] **콜포스**
명백히 기본어; '품'; 유추적으로 '만(灣)':—포옹, 항만〈눅6:38〉. 남명

G2860 κολυμβάω[1회] **콜륌바오**
κόλυμβος **콜륌보스**('물에 뛰어드는 사람')에서 유래; 물속에 '첨벙 들어가다':—헤엄치다〈행27:43〉. 동

G2861 κολυμβήθρα[1회] **콜륌베ㅆ라**
G2860에서 유래; '다이빙 장소', 즉 '목욕(또는 수영)장':—연못, 못〈요5:2, 9:7〉. 여명

G2862 κολωνία[1회] **콜로니아**
기원은 라틴어; 로마의 퇴역군인을 위한 "식민지":—식민지〈행16:12〉. 여명

G2863 κομάω[2회] **코마오**
G2864에서 유래; '땋은 머리를 하다':—긴 머리를 하다〈고전11:14〉. 동

G2864 κόμη[1회] **코메**
명백히 **G2865**와 동일어에서 유래; '머리의 털'(타래, 장식용으로, 또 **G2359**와는 다르게, 정확히는 단순히 머리가죽을 나타냄):—머리털〈고전

11:15〉. 여명

G2865 κομίζω[10회] **코미조**

기본어 κομέω **코메오**('이바지하다', 즉 돌보다)에서 유래; 정확히는 '위하여 준비하다', 즉 (함축적으로) '획득하다'(마치 손해로부터; 일반적으로 '얻다'):—가져오다, 받다〈마25:27〉. 동

G2866 κομψότερον[1회] **콤프소테론**

G2865(정확히는 '잘 입은', 즉 '좋은'의 의미)의 어간의 파생어의 중성 비교급; 상징적으로 '회복기에':—나아지기 시작하여〈요4:52〉. 부

G2867 κονιάω[2회] **코니아오**

κονία **코니아**('먼지'; 유추적으로 '석회')에서 유래; '회칠하다':—하얗게 하다〈마3:27〉. 동

G2868 κονιορτός[5회] **코니오르토스**

G2867과 ὄρνυμι **오르뉘미**('휙 날게 하다')의 어간에서 유래; '가루'(흩날리는):—먼지, 티끌〈행13:51〉. 남명

G2869 κοπάζω[3회] **코파조**

G2873에서 유래; '피로하다', 즉 (상징적으로) '늦추다':—그치다〈마14:32〉. 동

G2870 κοπετός[1회] **코페토스**

G2875에서 유래; '비탄'(정확히는 '가슴을 치는 것'):—통곡〈행8:2〉. 남명

G2871 κοπή[1회] **코페**

G2875에서 유래; '베는 것', 즉 '살육':—학살〈히7:1〉. 여명

G2872 κοπιάω[23회] **코피아오**

G2873의 파생어에서 유래; '피로를 느끼다', 함축적으로 '열심히 일하다':—노력하다, 수고하다, 피곤하다〈마11:28〉 동

G2873 κόπος[18회] **코포스**

G2875에서 유래; '벤 상처', 즉 (유추적으로) '수고'(힘을 '떨어뜨리는' 것으로), 문자적으로 또는 상징적으로; 함축적으로 '괴로움':—(힘드는) 일, 번거로움, 노력〈요4:38〉. 남명

G2874 κοπρία[1회] **코프리아**

κόπρος **코프로스**('오물'; 아마도 **G2875**와 유사)에서 유래; '거름':—똥, 똥더미〈눅14:35〉. 여명

G2875 κόπτω[8회] **콥토**

기본 동사; "팍팍 찍다"; 특히 슬픔으로 가슴을 '치다':—베어 넘기다, 비탄하다, 슬퍼하다, 애곡하다, 통곡하다. **G5114**의 어간과 비교.〈계18:9〉. 동

G2876 κόραξ[1회] **코락스**

아마 **G2880**에서 유래; '까마귀'(그의 '탐욕'에서):—갈가마귀〈눅12:24〉. 남명

G2877 κοράσιον[8회] **코라시온**

κόρη **코레**('처녀')의 추정된 파생어의 중성형; (작은) '소녀':—처녀, 소녀〈막5:41〉. 중명

G2878 κορβᾶν[1회] **코르반** 그리고 κορβανᾶς **코르바나스**

기원은 히브리어와 아람어 [**H7133**]; '봉헌한 예물' 그리고 '제물'; (성전 금고에) '성스럽게 바쳐진 예물'; 확대된 의미로 (후자의 용어) '보고(寶庫)' 그 자체, 즉 '헌물(금)함이 있는 방':—고르반, 금고〈마27:6; 막7:11〉. 남명

G2879 Κορέ[1회] **코레**

기원은 히브리어 [**H7141**]; '고라', 이스라엘인:—고라〈유1:11〉. 고명

G2880 κορέννυμι[2회] **코렌뉘미**

기본 동사; '배가 터지도록 먹이다', 즉 '배불리 먹이다' 또는 '충분히 만족

시키다':—충분히 먹다, 배부르다〈행27:38〉. 동

G2881 Κορίνθιος[2회] **코린씨오스**
G2882에서 유래; '고린도인', 즉 '고린도의 주민':—고린도 사람〈행18:8〉. 고명

G2882 Κόρινθος[6회] **코린쏘스**
불확실한 파생어; '고린도', 그리스의 한 도시:—고린도〈행18:1〉. 고명

G2883 Κορνήλιος[8회] **코르넬리오스**
기원은 라틴어; '고넬료', 로마인:—고넬료〈행10:1〉. 고명

G2884 κόρος[1회] **코로스**
기원은 히브리어 [H3734]; '코르', 즉 특별한 도량 단위:—석, 고르〈눅16:7〉. 남명

G2885 κοσμέω[10회] **코스메오**
G2889에서 유래; 올바른 '순서대로 놓다', 즉 '꾸미다'(문자적으로 혹은 상징적으로); 특히 '없애다'(악한 자를):—단장하다, 장식하다, 손질하다〈딛2:10; 계21:19〉. 동

G2886 κοσμικός[2회] **코스미코스**
G2889(그것의 이차적 의미에 있어서)에서 유래; '세속의'("우주적"), 문자적으로 '세상적인' 혹은 상징적으로 '부패한':—세상에 속한〈딛2:12〉. 형

G2887 κόσμιος[2회] **코스미오스**
G2889(그것의 일차적 의미에 있어서)에서 유래; '정돈된', 즉 '단정한':—선한 행동의, 정숙한〈딤전2:9〉. 형

G2888 κοσμοκράτωρ[1회] **코스모크라토르**
G2889와 G2902에서 유래; '세상 통치자', 사탄의 별명:—주권자〈엡6:12〉. 남명

G2889 κόσμος[186회] **코스모스**
아마 G2865의 어간에서 유래; 질서 있는 '정돈', 즉 '장식'; 함축적으로 '세계'(넓고 좁은 의미에서, 그 주민을 포함, 문자적으로 혹은 상징적으로 [도덕적으로]):—단장, 세상〈요3:16〉. 남명

G2890 Κούαρτος[1회] **쿠아르토스**
기원은 라틴어('제4의'); '구아도', 기독교인:—구아도〈롬16:23〉. 고명

G2891 κοῦμι[1회] **쿠미**
기원은 아람어 [H6966]; '구미'('일어나라!'):—일어나라!〈막5:41〉. 동. ※ 달리다굼 G5008 G2891 ταλιθά κοῦμι **탈리싸 쿠미** 소녀야 일어나라.

G2892 κουστωδία[3회] **쿠스토디아**
기원은 라틴어; "보호 관리", 즉 '로마의 파수':—파수꾼〈마27:65〉. 여명

G2893 κουφίζω[1회] **쿠ㅎ피조**
κοῦφος **쿠ㅎ포스**(무게가 '가벼운')에서 유래; '짐을 내리다':—가볍게 하다〈행27:38〉. 동

G2894 κόφινος[6회] **코ㅎ피노스**
불확실한 파생어에서 유래; (작은) '바구니':—바구니〈마14:20〉. 남명. G4711(광주리) 참조.

G2895 κράββατος[11회] **크랍바토스**
아마도 기원은 외래어; '침대요, 매트리스':—침대〈막2:4〉. 남명

G2896 κράζω[56회] **크라조**
기본 동사; 정확히는 (까마귀처럼) '깍깍 울다' 또는 '소리치다', 즉 (일반적으로) 크게 '부르다'('날카로운 소리를 지르다', '외치다', '탄원하다'):—부르짖다〈마9:27〉. 동

G2897 κραιπάλη[1회] **크라이팔레**
아마도 G726과 동일어에서 유래; 정

확히는 술 취함으로 인한 ('통증'에 사로잡힌) '두통', 즉 (함축적으로) '방탕' (유추적으로 '과식'):—과음, 포만〈눅21:34〉. 여명

G2898 κρανίον[4회] **크라니온**
G2768의 어간의 파생어의 지소형; '두개골':—갈보리, 해골〈마27:33〉. 중명

G2899 κράσπεδον[5회] **크라스페돈**
불확실한 파생어에서 유래; '가장자리', 즉 (특히) '가장자리 장식' 또는 '술 장식':—옷술, 옷가〈막6:56〉. 중명

G2900 κραταιός[1회] **크라타이오스**
G2904에서 유래; '힘 있는':—강력한〈벧전5:6〉. 형

G2901 κραταιόω[4회] **크라타이오오**
G2900에서 유래; '능력을 주다', 즉 (수동태) '힘이 강해지다':—강하여지다, 강건하게 되다〈눅1:80; 엡3:16〉. 동

G2902 κρατέω[47회] **크라테오**
G2904에서 유래; '힘을 쓰다', 즉 '붙잡다' 또는 '보유하다'(문자적으로 또는 상징적으로):—(단단히) 붙들다, 간직하다, 손을 두다(잡다), 획득하다, 유지하다, 취하다〈막7:3〉. 동

G2903 κράτιστος[4회] **크라티스토스**
G2904의 파생어의 최상급; '가장 강한', 즉 (위엄이 있어) '매우 존경스러운':—가장 탁월하신(고상하신), 각하〈눅1:3; 행24:3〉. 형

G2904 κράτος[12회] **크라토스**
아마도 기본어; '힘'["큰"](문자적으로 혹은 상징적으로):—권력, 세력(있게), 능력, 강력〈엡1:19; 딤전6:16〉. 중명

G2905 κραυγάζω[9회] **크라우가조**
G2906에서 유래; '시끄럽게 떠들다, 들레다':—소리 지르다, 소리쳐 부르다〈마12:19〉. 동

G2906 κραυγή[6회] **크라우게**
G2896에서 유래; '부르짖음, 고함소리'(통지로, 떠들썩함 또는 비통):—왁자지껄 떠듬, 통곡, 곡함〈마25:6; 히5:7〉. 여명

G2907 κρέας[2회] **크레아스**
아마도 기본어; (정육점의) '고기':—살〈롬14:21〉. 중명

G2908 κρεῖσσων[19회] **크레잇손**
G2909의 대체형에서 유래된 중성형; (명사로서) '더 좋은 것', 즉 '더 큰 이점':—더 나은(잘하는)〈고전7:38〉. 형

G2909 κρείττων[19회] **크레잇톤**
G2904의 파생어의 비교급; '더 강한', 즉 (상징적으로) '더 나은', 즉 '더 고상한':—가장 좋은, 더 좋은〈고전7:9〉 형

G2910 κρεμάννυμι[7회] **크레만뉘미**
기본 동사의 연장형; '매달다':—매달리다〈마18:6〉. 동

G2911 κρημνός[3회] **크렘노스**
G2910에서 유래; '돌출', 즉 '절벽':—가파른 비탈〈마8:32〉. 남명

G2912 Κρής[2회] **크레스**
G2914에서 유래; '그레데인', 즉 '그레데 섬의 주민':—그레데 사람〈행2:11〉. 고명

G2913 Κρήσκης[1회] **크레스케스**
기원은 라틴어; '성장', '그레스게', 기독교인:—그레스게〈딤후4:10〉. 고명

G2914 Κρήτη[5회] **크레테**
불확실한 파생어; '그레데', 지중해에

있는 섬:—그레데〈행27:7〉. 고명

G2915 κριθή[1회] **크리쎄**

불확실한 파생어; '보리':—보리〈계6:6〉. 여명

G2916 κρίθινος[2회] **크리씨노스**

G2915에서 유래; '보리로 된':—보리의〈요6:9〉. 형

G2917 κρίμα[28회] **크리마**

G2919에서 유래; '판결'(["범죄"]에 끼치는 선악간의 기능 또는 영향):—복수, 정죄, 심판, 비판, 송사, 심판〈롬2:2; 히6:2〉. 중명

G2918 κρίνον[2회] **크리논**

아마도 기본어인 듯; '백합':—백합화〈마6:28〉. 중명

G2919 κρίνω[115회] **크리노**

정확하게는 '식별하다', 즉 (마음으로 또는 사법상으로) '결심하다'; 함축적으로 '재판하다', '판결하다', '벌하다':—복수하다, 결단하다, 정죄하다, 비난하다, 판결하다, 간주하다, 판단하다, 고소하다, 정하다, 심문하다, 선고하다, 생각하다〈고전5:3; 딛3:12〉. 동

G2920 κρίσις[47회] **크리시스**

'결정'(주관적 혹은 객관적, 위하는 또는 반대하는), 확대된 의미로 '재판소'; 함축적으로 '공의'(특히 하나님의 '율법'):—고발, 정죄, 비난, 재판, 심판, 판결〈행8:33〉. 여명

G2921 Κρίσπος[2회] **크리스포스**

기원은 라틴어; "힘찬"; '그리스보', 고린도인:—그리스보〈행18:8〉. 고명

G2922 κριτήριον[3회] **크리테리온**

G2923의 추정된 파생어의 중성형; 재판하는 '규칙'('기준'), 즉 (함축적으로) '법정':—판결, 재판(정)〈고전6:2〉. 중명

G2923 κριτής[19회] **크리테스**

G2919에서 유래; (일반적으로 또는 특별한 의미에서) '재판관':—재판장, 사사, 심판자, 판단하는 자〈행13:20〉. 남명

G2924 κριτικός[1회] **크리티코스**

G2923에서 유래; '결정하는'('비판력 있는'), 즉 '식별력이 있는':—분별하는〈히4:12〉. 형

G2925 κρούω[9회] **크루오**

명백히 기본 동사; '톡톡 두드리다':—두드리다〈마7:7〉. 동

G2926 κρυπτή[1회] **크뤼프테**

G2927의 여성형; '감춘 곳', 즉 '움'(토굴):—비밀〈눅11:33〉. 여명

G2927 κρυπτός[17회] **크뤼프토스**

G2928에서 유래; '숨은', 즉 '비밀의':—숨긴, 감춘, 은밀한, 은밀히, 묻힌〈마6:4〉. 형

G2928 κρύπτω[19회] **크뤼프토**

기본 동사; 숨기다 (정확히는 '덮음으로'):—감추다, 가리다, 비밀로 하다〈마13:44〉. 동

G2929 κρυσταλλίζω[1회] **크뤼스탈리조**

G2930에서 유래; '얼음을 만들다'(즉 자동사로서 '닮다') ("결정(結晶)하다"):—수정같이 맑다〈계21:11〉. 동

G2930 κρύσταλλος[2회] **크뤼스탈로스**

κρύος **크뤼오스**('서리')의 파생어에서 유래; '얼음', 즉 (유추적으로) 돌 같은 '수정':—수정〈계22:1〉. 남명

G2931 κρυφῆ[1회] **크뤼ㅎ페**

G2928에서 유래한 부사; '은밀히':—비밀히, 몰래〈엡5:12〉. 부

G2932 κτάομαι[7회] **크타오마이**

기본 동사; '얻다', 즉 '획득하다'(어떤

수단으로, '소유하다'):—손에 넣다, 가지다, 주다, 사다〈눅18:12〉.동

2933 κτῆμα[4회] 크테마

G2932에서 유래; '취득', 즉 '재산':—소유〈마19:22〉.중명

G2934 κτῆνος[4회] 크테노스

G2932에서 유래; '재산', 즉 (특히) '가축':—짐승〈눅10:34〉.중명

G2935 κτήτωρ[1회] 크테토르

G2932에서 유래; '임자':—소유자〈행4:34〉.남명

G2936 κτίζω[15회] 크티조

아마도 **G2932**와 유사어 ('제조자'의 '소유권'의 의미에서); '제조하다', 즉 '기초를 두다'(처음으로 '만들다'):—창조하다, 창조자, 만들다, 짓다〈고전11:9; 골1:16〉.동

G2937 κτίσις[19회] 크티시스

G2936에서 유래; 최초의 '형성'(정확하게는 그 '행동'; 함축적으로는 그 물건, 문자적으로 혹은 비유적으로):—지으신 것, 창조, 피조물, 의식(儀式)〈고후5:17〉.여명

G2938 κτίσμα[4회] 크티스마

G2936에서 유래; 최초의 '형성물'(구상명사), 즉 창작품(창조된 것):—피조물〈딤전4:4〉.중명

G2939 κτίστης[1회] 크티스테스

G2936에서 유래; '창조자', 즉 '하나님'(만물의 조물주로서):—조물주〈벧전4:19〉.남명

G2940 κυβεία[1회] 퀴베이아

κύβος **퀴보스**('육면체', 즉 놀이를 위한 '주사위')에서 유래; 노름, 즉 (상징적으로) '술책' 또는 '사기':—속임수〈엡4:14〉.여명

G2941 κυβέρνησις[1회] 퀴베르네시스

κυβερνάω **퀴베르나오** (기원은 라틴어, '조종하다')에서 유래; '조종', 즉 (비유적으로) '지도자의 직'(교회에서):—관리(管理)〈고전12:28〉.여명

G2942 κυβερνήτης[2회] 퀴베르네테스

G2941과 동일어에서 유래; '키잡이', 즉 (함축적으로) 선장:—(배의) 장〈행27:11〉.남명

G2943 κυκλόθεν[3회] 퀴클로쎈

G2945와 동일어에서 유래한 부사; '원둘레로 부터', 즉 '주위에':—둘레에〈계4:3〉.부

G2944 κυκλόω[4회] 퀴클로오

G2945와 동일어에서 유래; '에워싸다', 즉 '둘러싸다':—두르다, 두루 다니다〈히11:30〉.동

G2945 κύκλῳ[8회] 퀴클로

κύκλος **퀴클로스**(고리, '원'; **G2947**과 유사)의 여격인 듯; 즉 '근처에'(**G1722**의 함축), 즉 (부사적으로) '두루':—주위에〈막3:34〉.부, 형, 전

G2946 κύλισμα[1회] 퀼리스마

G2947에서 유래; '뒹굶'('굴림'의 결과), 즉 '불결':—뒹굴기〈벧후2:22〉.중명

G2947 κυλιόω[1회] 퀼리오오

G2949(둥글음의 의미에서 유래; **G2945**, **G1507**과 비교)의 어간에서 유래; '구르다':—뒹굴다〈막9:20〉.동

G2948 κυλλός[4회] 퀼로스

G2947과 동일어에서 유래; '흔들거리는', 즉 '불구의'(발이나 손이 '불구가 된'):—상한〈마15:30〉.형

G2949 κῦμα[5회] 퀴마

κύω **퀴오**([젊음으로] '부풀다', 즉 '구부리다', '곡선을 그리다')에서 유래; ('뿜어 나오거나 뒤집어씌우는 것으

로서의') '큰 물결':—파도〈마14:24〉. 중명

G2950 κύμβαλον[1회] **큄발론**
G2949의 어간의 파생어에서 유래; (우묵하게 들어간 것으로) '심벌즈':—꽹과리〈고전13:1〉. 중명

G2951 κύμινον[1회] **퀴미논**
기원은 외래어 [G3646과 비교]; '시라(蒔蘿)'(잎과 열매가 향료로 쓰임) 또는 '회향풀'("커민"):—커민(미나릿과의 요리용 향료, 약용 식물)〈마23:23〉. 중명

G2952 κυνάριον[4회] **퀴나리온**
G2965의 추정된 파생어의 중성형; '강아지':—개〈마15:26〉. 중명

G2953 Κύπριος[3회] **퀴프리오스**
G2954에서 유래; '구브로인', 즉 '구브로에 거주하는 사람':—구브로의〈행4:36〉. 고명

G2954 Κύπρος[5회] **퀴프로스**
기원은 불확실함; '구브로', 지중해의 한 섬:—구브로〈행13:4〉. 고명

G2955 κύπτω[2회] **큅토**
아마 G2949의 어간에서 유래; '앞으로 구부리다':—몸을 꾸부리다〈요8:6〉. 동

G2956 Κυρηναῖος[6회] **퀴레나이오스**
G2957에서 유래; '구레네인', 즉 '구레네에 거주하는 사람':—구레네의, 구레네 사람〈마27:32〉. 고명

G2957 Κυρήνη[1회] **퀴레네**
불확실한 파생어에서 유래; '구레네', 아프리카 한 지역〈행2:10〉. 고명

G2958 Κυρήνιος[1회] **퀴레니오스**
기원은 라틴어; '구레뇨', 로마인:—구레뇨〈눅2:2〉. 고명

G2959 Κυρία[2회] **퀴리아**
G2962의 여성형; '구리아', 여성도:—숙녀〈요이1:1〉. 여명

G2960 κυριακός[2회] **퀴리아코스**
G2962에서 유래; '주(여호와 또는 예수)께 속하는':—주님의, 주(主)의〈계1:10〉. 형

G2961 κυριεύω[7회] **퀴리유오**
G2962에서 유래; '다스리다':—통제하다, 주인 행세하다, 주(主)가 되다, 주관하다〈롬6:9〉. 동

G2962 κύριος[719회] **퀴리오스**
κῦρος 퀴로스('주권')에서 유래; 권위에 있어서 '최고의', 즉 (명사로서) '관리인'; 함축적으로 '님'(경의를 표하는 칭호로서):—하나님, 주님, 주인, 선생(님)〈마16:22; 롬8:39〉. 남명

G2963 κυριότης[4회] **퀴리오테스**
G2962에서 유래; '지배', 즉 (구상명사와 집합명사로) '통치자들':—주관자, 통치(권)〈엡1:21〉. 여명

G2964 κυρόω[2회] **퀴로오**
G2962와 동일어에서 유래; '권위 있게 만들다', 즉 '비준하다':—확인하다〈고후2:8〉. 동

G2965 κύων[5회] **퀴온**
기본어; '개 ["사냥개"]'(문자적으로 혹은 상징적으로):—개〈마7:6〉. 남명

G2966 κῶλον[1회] **콜론**
G2849의 어간에서 유래; (베어 놓은 것 같은) 몸의 '사지':—시체〈히3:17〉. 중명

G2967 κωλύω[23회] **콜뤼오**
G2849의 어간에서 유래; '방해하다', 즉 (말이나 행동으로) '막다':—금하다, 방해하다, 못하게 하다, 훼방하다, 참지 못하다, 저항하다〈마19:14; 살전2:16〉. 동

G2968 κώμη[27회] **코메**
G2749에서 유래; '작은 마을'(세워진 것 같은):—촌, 마을〈눅8:1〉.[여명]

G2969 κωμόπολις[1회] **코모폴리스**
G2968과 G4172에서 유래; 성벽이 없는 '성읍':—촌락, 마을〈막1:38〉.[여명]

G2970 κῶμος[3회] **코모스**
G2749에서 유래; ('해이해진 것처럼') '떠들석한 큰 술잔치':—주연을 베풀기, 방탕〈갈5:21〉.[남명]

G2971 κώνωψ[1회] **코노프스**
명백히 G2759의 어간의 파생어와 G3700의 파생어에서 유래; '모기'(그것의 '쏘는 주둥이'에서):—하루살이〈마23:24〉.[남명]

G2972 Κῶς[1회] **코스**
기원은 불확실함; '고스', 지중해의 한 섬:—고스〈행21:1〉.[고명]

G2973 Κωσάμ[1회] **코삼**
기원은 히브리어 [H7081과 비교]; '고삼', 이스라엘인:—고삼〈눅3:28〉.[고명]

G2974 κωφός[14회] **코ㅎ포스**
G2875에서 유래; '둔감한', 즉 (상징적으로) 듣는 것('귀머거리') 또는 말하는 것('벙어리')에 '둔한':—귀머거리의, 벙어리의, 어눌한〈마9:22〉.[형]

트롱헬라어사전

λ

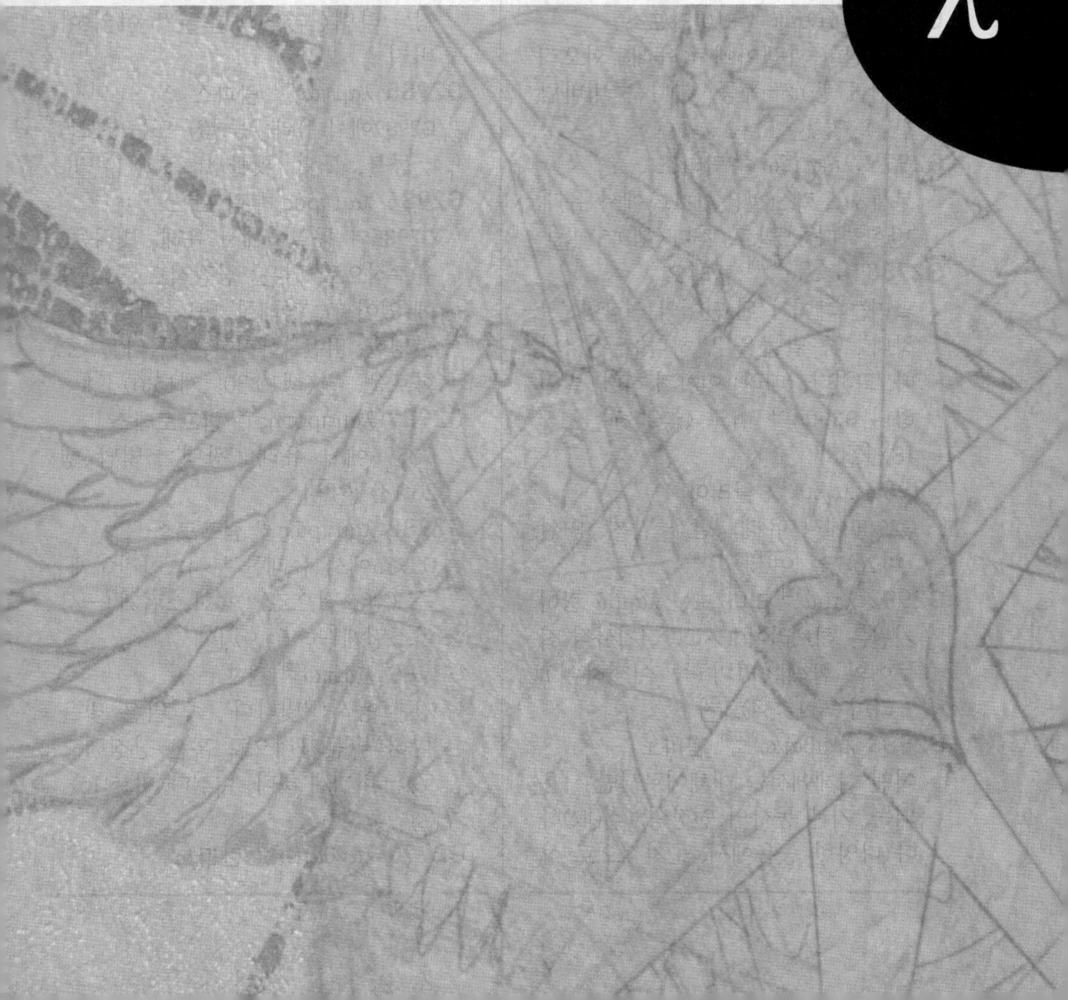

G2975 λαγχάνω4회 **랑카노**
어떤 시제에서는 대체어로만 사용되는, 기본어의 연장형; '제비뽑다', 즉 (함축적으로 '받다') 특히 제비뽑기로 '결정하다':—그의 몫이 되다, 제비 뽑다, 획득하다〈행1:17〉.동

G2976 Λάζαρος15회 **라자로스**
아마 기원은 히브리어 [H499]; '나사로' 두 이스라엘인(하나는 가상적 인물)의 이름:—나사로〈요11:1〉.고명

G2977 λάθρα4회 **라쓰라**
G2990에서 유래한 부사; '내밀히':—몰래, 비밀히〈막1:19〉.부

G2978 λαῖλαψ3회 **라이라프스**
불확실한 파생어에서 유래; '회오리바람(돌풍)':—폭풍, 사나운 비바람〈막4:37〉.여명

G2979 λακτίζω1회 **락티조**
부사 λάξ **락스**('발을 가지고')에서 유래; '반항하다':—발로 차다〈행9:5〉.동

G2980 λαλέω296회 **랄레오**
달리는 폐어가 된 단어의 연장형; '말하다', 즉 말들을 '발하다':—전파하다, 고하다, (따라) 이야기 하다, 발언하다. G3004와 비교.〈눅2:33; 롬15:18〉.동

G2981 λαλιά3회 **랄리아**
G2980에서 유래; '말':—말씨, 연설〈마26:73〉.여명

G2982 λαμά1회 **라마** 또는 λαμμᾶ **람마**
기원은 히브리어 [H4100 전치사적 접두어와 함께]; '라마'(즉 '어찌하여'):—라마〈막15:34〉.부

G2983 λαμβάνω260회 **람바노**
어떤 시제에서는 대체어로서만 사용되는, 기본 동사의 연장형; '취(取)하다'(다양한 응용에서, 문자적으로 상징적으로 [정확히는 객체를 또는 능동적으로 '~을 잡다'; 반면에 그러나 G1209는 오히려 주체적으로 또는 수동적으로, 어떤 사람에게 '제공하다'; 한편 G138은 더욱 난폭함을 표시, '붙잡다' 또는 '옮기다']):—받아들이다, 놀라다, 시도하다, 잊다, 가지다, 잡다, 획득하다, 받다, 가져가버리다, 사로잡다〈마17:24; 롬7:8〉.동 a)취하다, 꽉 잡다, 받다 b)시도하다 c)권세가 주어지다

G2984 Λάμεχ1회 **라메크**
기원은 히브리어 [H3929]; '라멕', 족장:—라멕〈눅3:36〉.고명 노아의 아버지

G2985 λαμπάς9회 **람파스**
G2989에서 유래; '등(燈)' 또는 '횃불':—등불, 불빛, 횃불〈마25:1〉.여명

G2986 λαμπρός1회 **람프로스**
G2985와 동일어에서 유래; '빛나는', 유추적으로 '맑은'; 상징적으로 (모양에 있어서), '장대한' 또는 '화려한':—광명한, 맑은, 화려한, 아름다운, 호화로운, 흰〈행10:30; 계15:6〉.형

G2987 λαμπρότης1회 **람프로테스**
G2896에서 유래; '광택':—빛남〈행26:13〉.여명

G2988 λαμπρῶς1회 **람프로스**
G2986에서 유래한 부사; '찬란하게', 즉 (상징적으로) '호화스럽게':—사치스럽게〈눅16:19〉.부

G2989 λάμπω7회 **람포**
기본 동사; '빛나다', 즉 밝은 빛을 '발하다'(문자적으로 혹은 상징적으로):—비취게 하다, 비취다〈마5:16〉.동

G2990 λανθάνω6회 **란싸노**

어떤 시제에서는 대체어로 사용되는, 기본 동사의 연장형; '숨어 있다'(문자적으로 또는 상징적으로); 가끔 부사적으로 사용하여 '부지중에':—숨기다, 알지 못하다, 눈치 채지 못하다〈막7:24〉. 동

G2991 λαξευτός[1회] **락슈토스**
λᾶς **라스**(돌)와 **G3584**('긁다'는 본래의 의미로)의 어간의 합성어에서 유래; 돌을 떠내는':—돌을 깎아낸〈눅23:53〉. 형

G2992 λαός[142회] **라오스**
명백히 기본어; '백성, 국민'(일반적으로; 어떤 '특정한' 민중이란 의미의 **G1218**과는 다름):—사람, 일족〈롬9:25〉 남명 people; a)국가족속 b)무리 c)백성 d)하나님의 사람들

G2993 Λαοδίκεια[6회] **라오디케이아**
G2992와 **G1349**의 합성어에서 유래; '라오디게아', 소아시아의 한 장소:—라오디게아〈골2:1; 계1:11〉. 고명 소아시아의 피르기아의 한 도시

G2994 Λαοδικεύς[1회] **라오디큐스**
G2993에서 유래; '라오디게아인', 즉 '라오디게아에 거주하는 사람':—라오디게아 사람〈계3:14〉. 고명

G2995 λάρυγξ[1회] **라륑크스**
불확실한 파생어; '목구멍'("후두"):—목구멍〈롬3:13〉. 남명

G2996 Λασαία[1회] **라사이아**
기원은 불확실함; '라새아', 그레데섬의 한 장소:—라새아〈행27:8〉. 고명

G2997 λάσχω[1회] **라스코**
기본 동사의 강세형; 어떤 시제에서는 대체어로 여기서와 그리고 다른 연장형에서 나타남; (떨어져) '터지다':—산산이 파열하다〈행1:18〉. 동

G2998 λατομέω[2회] **라토메오**
G2991의 첫 부분과 동일어에서 그리고 **G5114**의 어간에서 유래; '(돌을) 파내다':—깎아내다〈마27:60〉. 동

G2999 λατρεία[5회] **라트레이아**
G3000에서 유래; '하나님을 섬김', 즉 '예배':—(하나님에 대한) 전례(典禮)〈롬9:4; 히9:6〉. 여명

G3000 λατρεύω[21회] **라트류오**
λάτρις **라트리스**(고용된 '하인')에서 유래; (하나님께) '봉사하다', 즉 '종교적인 예를 표하다':—섬기다, 예배하다〈롬1:25; 히9:14〉. 동

G3001 λάχανον[4회] **라카논**
λαχαίνω **라카이노**('파다')에서 유래; '채소':—풀잎, 나물〈눅11:42〉. 중명

G3002 Λεββαῖος[4회] **렙바이오스**
기원은 불확실함; '렙배오', 기독교인:—렙배오〈마10:3〉. 고명

G3003 λεγεών[4회] **레게온**
기원은 라틴어; '레기온, 군단', 즉 로마의 '연대'(상징적으로):—영(營), 군대〈막5:9〉. 남명

G3004 λέγω[2262회] **레고**
기본 동사; 정확히는 앞에 '놓다', 즉 (상징적으로) '이야기하다' (말로서 [보통 조직적이거나 또 논리를 써서; 반면에 **G2036**과 **G5366**은 일반적으로 '개개의' 표현이나 말 각각에 대해 언급한다; 한편 **G4483**은 정확하게는 단순히 '침묵을 깨뜨리다', 그리고 **G2980**은 '확장된' 또는 되는 대로의 장광설(長廣舌)을 의미한다]); 함축적으로 '의미하다':—묻다, 명령하다, 자랑하다, 부르다, 묘사하다, 준다, ~라고 부르다, 발표하다, 말하다, 보이다, 이야기하다, 표현하다〈롬4:3;

엡5:14〉. 동

G3005 λεῖμμα[1회] **레임마**
G3007에서 유래; '나머지':—남은 자〈롬11:5〉. 중명

G3006 λεῖος[1회] **레이오스**
명백히 기본어; '평탄한', 즉 '평평한':—평탄한〈눅3:5〉. 형

G3007 λείπω[6회] **레이포**
기본 동사; '떠나다', 즉 (자동사 혹은 수동태) '모자라다' 또는 '부족하다':—결핍되다, 모자라다〈약1:5; 2:15〉. 동

G3008 λειτουργέω[3회] **레이투르게오**
G3011에서 유래; 공무원이 되다, 즉 (유추적으로) 종교적인 일이나 자선하는 '직무(예배, 순종, 구제)를 수행하다':—섬기다〈롬15:27〉. 동

G3009 λειτουργία[6회] **레이투르기아**
G3008에서 유래; '공적인 직무'(제사장 ["전례(典禮)"], 또는 자선가로서):—봉사, 직분, 섬기는 일, 직무〈빌2:17,30〉. 여명

G3010 λειτουργικός[1회] **레이투르기코스**
G3008과 동일어에서 유래; '공적으로 일하는'("전례(典禮)의"), 즉 '은혜 베푸는':—봉사하는〈히1:14〉. 형

G3011 λειτουργός[5회] **레이투르고스**
G2992의 파생어와 G2041에서 유래; '공적인 일꾼', 즉 성전 또는 복음을 위한 일꾼, 또는 (일반적으로) (하나님을) '경배하는 자' 또는 (사람에서) '은혜 베푸는 자':—사역자, 종〈롬13:6〉. 남명

G3012 λέντιον[2회] **렌티온**
기원은 라틴어; '아마포' 직물, 즉 '앞치마':—수건〈요13:4,5〉. 중명

G3013 λεπίς[1회] **레피스**
λέπω 레포('껍질을 벗기다')에서 유래; '얇은 조각':—비늘〈행9:18〉. 여명

G3014 λέπρα[4회] **레프라**
G3013과 동일어에서 유래; '비늘이 있음', 즉 '문둥병':—나병〈마8:3〉. 여명

G3015 λεπρός[9회] **레프로스**
G3014와 동일어에서 유래; '비늘이 있는', 즉 '나병 걸린'(나병환자):—나병환자〈마8:2〉. 형

G3016 λεπτόν[3회] **렙톤**
G3013과 동일어의 파생어의 중성형; '줄어든 어떤 것'(가벼운), 즉 '작은 동전':—잔돈, 렙돈, 호리(毫釐)〈눅12:59〉. 형

G3017 Λευΐ[6회] **류이**
기원은 히브리어 [H3878]; '레위', 이스라엘인들의 이름:—레위. G3018과 비교.〈히7:5; 계7:7〉. 고명 a)야곱의 아들 b)멜기의 아들 c)시므온의 아들 d)예수의 제자

G3018 Λευΐς[6회] **류이스**
G3017에서 유래; '레위', 한 기독교인:—레위〈막2:14〉. 고명

G3019 Λευΐτης[3회] **류이테스**
G3017에서 유래; '레위인', 즉 '레위의 자손':—레위인〈눅10:32〉. 남명

G3020 Λευϊτικός[1회] **류이티코스**
G3019에서 유래; '레위적', 즉 '레위인과 관계 되는 것':—레위 계통의〈히7:11〉. 형

G3021 λευκαίνω[2회] **류카이노**
G3022에서 유래; '희게 하다':—하얗게 만들다, 희게 하다〈막9:3〉. 동

G3022 λευκός[25회] **류코스**
λύκη 뤼케('빛나다')에서 유래; '하얀':—흰〈마5:36; 요20:12〉. 형

G3023 λέων[9회] **레온**
기본어; '사자(獅子)':—사자〈딤후4:17〉. 남명

G3024 λήθη[1회] **레떼**
G2990에서 유래; '건망증':—잊어버림〈벧후1:9〉. 여명

G3025 ληνός[5회] **레노스**
명백히 기본어; '물통', 즉 '포도주 큰 통':—포도주 짜는 틀〈계14:19〉. 여명

G3026 λῆρος[1회] **레로스**
명백히 기본어; '실없는 소리', 즉 '신빙성 없는' 이야기:—무익한(헛된, 쓸데없는) 이야기〈눅24:11〉. 남명

G3027 λῃστής[15회] **레스테스**
ληΐζομαι **레이조마이**('약탈하다')에서 유래; '산적':—강도, 도둑〈마26:55〉. 남명

G3028 λῆψις[1회] **레프시스**
G2983에서 유래; '받음(그 행동)':—받는 것〈빌4:15〉. 여명

G3029 λίαν[12회] **리안**
불확실한 유사어에서 유래; '많이'(부사적으로):—매우, 크게, 심히, 지극히〈마4:8; 눅23:8〉. 부

G3030 λίβανος[2회] **리바노스**
기원은 외래어 [**H3828**]; '향나무', 즉 (함축적으로) '향' 그 자체:—유향〈계18:13〉. 남명

G3031 λιβανωτός[2회] **리바노토스**
G3030에서 유래; '유향', 즉 (확대된 의미로) 그것을 태우는 '향로':—향로〈계8:3〉. 남명

G3032 Λιβερτῖνος[1회] **리베르티노스**
기원은 라틴어; 로마의 '자유인':—리버디노〈행6:9〉. 남명

G3033 Λιβύη[1회] **리뷔에**
아마 **G3047**에서 유래; '리비아', 아프리카의 한 지방:—리비아〈행2:10〉. 고명

G3034 λιθάζω[9회] **리싸조**
G3037에서 유래; '돌로 세차게 때리다':—돌을 던지다〈행5:26〉. 동 구약성경에서 주요한 처벌 방법의 하나로 규정. 신약성경에서 몇몇 유대인들이 사적(私的)으로 제재를 가하는 방법으로 사용됨.

G3035 λίθινος[3회] **리씨노스**
G3037에서 유래; '돌의', 즉 '돌로 만든':—돌로 된〈고후3:3〉. 형

G3036 λιθοβολέω[7회] **리쏘볼레오**
G3037과 **G906**의 합성어에서 유래; '돌을 던지다', 즉 '돌로 치다':—돌로 치다, 돌을 던지다〈요8:5〉. 동

G3037 λίθος[59회] **리쏘스**
명백히 기본어; '돌'(문자적으로 혹은 상징적으로):—돌, 맷돌, 거치는 돌〈눅11:11; 롬9:32〉. 남명

G3038 λιθόστρωτος[1회] **리쏘스트로토스**
G3037과 **G4766**의 파생어에서 유래; '돌을 깐', 즉 로마법정이 있는 곳에 '돌을 모자이크 식으로 깐 것':—돌로 포장한〈요19:13〉. 형

G3039 λικμάω[2회] **릭마오**
λικμός **릭모스**[λίκνον **릭논**('까부르는 키', 또는 바구니)의 동등어]에서 유래; '까부르다', 즉 (유추적으로) '가루로 만들다':—가루로 갈다〈마21:44〉. 동

G3040 λιμήν[3회] **리멘**
명백히 기본어; '항구':—항구. **G2568**과 비교.〈행27:12〉. 남명

G3041 λίμνη[11회] **림네**
아마 **G3040**(해변에 가깝다는 의미

로)에서 유래; '못'(큰 것 또는 작은 것):—호수〈계19:20〉. 여명

G3042 λιμός[12회] **리모스**
아마 **G3007**('결핍'의 의미로)에서 유래; 식량의 '기근':—부족, 흉년, 굶주림〈마24:7〉. 남명

G3043 λίνον[2회] **리논**
아마도 기본어; '아마(亞麻)', 즉 (함축적으로) '린넬':—(등불의) 심지, 세마포〈마12:20〉. 중명

G3044 Λῖνος[1회] **리노스**
아마도 **G3043**에서 유래; '리노', 기독교인:—리노〈딤후4:21〉. 고명

G3045 λιπαρός[1회] **리파로스**
λίπος **리포스**('지방질 脂肪質')에서 유래; '기름진', 즉 (상징적으로) '사치스러운':—맛있는〈계18:14〉. 형

G3046 λίτρα[2회] **리트라**
기원은 라틴어[*리브라*]; 무게에 있어서 '파운드':—근〈요12:3〉 여명 12온스에 해당, 또는 327.45그램

G3047 λίψ[1회] **립스**
λείβω **레이보**('헌주(獻酒)'를 붓다)에서 유래; (비를 몰고 오는) '남쪽(남서쪽) 바람', 즉 (확대된 의미로) '남쪽' 방면:—남서쪽(풍)〈행27:12〉. 남명

G3048 λογία[2회] **로기아**
G3056(상업적 의미에서)에서 유래; '기부금':—헌금, 수금〈고전16:1,2〉. 여명

G3049 λογίζομαι[41회] **로기조마이**
G3056에서 유래한 중간태; '목록을 작성하다', 즉 '견적하다'(문자적 혹은 상징적으로):—결말을 짓다, 계산하다, ~라고 생각하다, 경멸하다, 간주하다, ~에게 돌리다, 정하다, 헤아리다, 논리적으로 생각하다, 세다, 가정하다, 생각하다〈롬2:3; 4:6; 고후3:5〉. 동

G3050 λογικός[2회] **로기코스**
G3056에서 유래; '합리적인'("논리적인"):—온당한, 말이 되는〈롬12:1〉. 형

G3051 λόγιον[4회] **로기온**
G3052의 중성형; (하나님의) '말씀':—신탁, 하나님의 계시(도 道)〈행7:38〉. 중명

G3052 λόγιος[1회] **로기오스**
G3056에서 유래; '유창한', 즉 '연설가':—설득력 있는, 학식이 있는〈행18:24〉. 형

G3053 λογισμός[2회] **로기스모스**
G3049에서 유래; '계산', 즉 (상징적으로) '논의'(양심, 자만):—상상, 생각〈롬2:15〉. 남명

G3054 λογομαχέω[1회] **로고마케오**
G3056와 **G3164**의 합성어에서 유래; '논쟁하다'(하찮은 것으로):—말다툼하다〈딤후2:14〉. 동

G3055 λογομαχία[1회] **로고마키아**
G3054와 동일어에서 유래; 하찮은 것에 관한 '논쟁'("말다툼"):—언쟁〈딤전6:4〉. 여명

G3056 λόγος[330회] **로고스**
G3004에서 유래; (생각을 포함하여) '말해진 어떤 것'; 함축적으로 '논제'(강연의 제목), 또한 '논의'(정신 집중) 또는 '동기'; 확대된 의미로 '계산'; 특히 (요한의 논제) '하나님의 현현'(즉 그리스도):—계산, 이유, 교제, 관심, 교리, 명예, 해야 하는 것, 의도, 문제, 입, 설교, 문제, 생각, 이야기, 말, 말하는 자, 통지, 논문, 발언, 말씀, 일〈요1:1; 2:22; 행6:5; 요일1:1; 계19:13〉. 남명

G3057 λόγχη[1회] **롱케**
아마 기본어; '창(槍), 작살':—창〈요19:34〉. 여명

G3058 λοιδορέω[4회] **로이도레오**
G3060에서 유래; '비난하다', 즉 '욕하다':—욕설하다〈고전4:12〉. 동

G3059 λοιδορία[3회] **로이도리아**
G3060에서 유래; '중상' 또는 '욕설':—폭언, 비난, 책망〈벧전3:9〉. 여명

G3060 λοίδορος[2회] **로이도로스**
λοιδός **로이도스**(해악)에서 유래; '욕질하는 (자)', 즉 '불량한 (자)':—욕을 퍼붓는 (자), 욕하는 (자)〈고전5:11〉. 형. 명

G3061 λοιμός[2회] **로이모스**
불확실한 유사어에서 유래; '역병(疫病), 전염병'(문자적으로 '질병', 혹은 상징적으로 '페스트'):—악역(惡疫), 유행병, 전염성의〈마24:7〉. 남명

G3062 λοιποί[55회] **로이포이**
G3007의 파생어의 남성 복수; '남은 자들':—다른 사람(것), 남아 있는 자, 잔여, 나머지〈마27:49; 계11:13〉. 남명

G3063 λοιπόν[55회] **로이폰**
G3062와 동일어의 중성 단수; '남아 있는' 어떤 것(부사):—외에도, 마지막으로, 더욱이, 이후로는, 더욱, 지금, 나머지, 그때〈고후13:11〉. 형, 명, 부

G3064 λοιποῦ[1회] **로이푸**
G3062와 동일어의 속격 단수; '앞으로, 남은 시간에':—이후로는〈갈6:17〉. 부

G3065 Λουκᾶς[3회] **루카스**
라틴어 *Lucanus*에서 유래한 압축형; '누가', 기독교인:—누가〈골4:14; 딤후4:11〉. 고명

G3066 Λούκιος[2회] **루키오스**
기원은 라틴어; '조명해 주는'; '루기오', 기독교인:—루기오〈행13:1; 롬16:21〉. 고명

G3067 λουτρόν[2회] **루트론**
G3068에서 유래; '목욕', 즉 (상징적으로) '세례(침례)':—씻음〈엡5:26〉. 중명

G3068 λούω[5회] **루오**
기본 동사; '목욕하다'(몸 전체; 그러나 **G3538**은 오직 부분만 젖는 것을 의미한다, 그리고 **G4150**은 예외적으로 옷을 빨고 깨끗이 하는 것을 나타낸다):—씻다〈행9:37〉. 동

G3069 Λύδδα[3회] **룻다**
기원은 히브리어 [**H3850**]; '룻다'(즉 '롯'), 팔레스타인의 한 도시:—룻다〈행9:32〉. 고명

G3070 Λυδία[2회] **뤼디아**
정확히는 Λύδιος **뤼디오스**[외래어](소아시아의 루디아 사람)의 여성형; '루디아', 여성도:—루디아〈행16:14〉. 고명

G3071 Λυκαονία[1회] **뤼카오니아**
아마 **G3074**에서 유래된 듯; '루가오니아', 소아시아의 한 지방:—루가오니아〈행14:6〉. 고명

G3072 Λυκαονιστί[1회] **뤼카오니스티**
G3071에서 파생한 부사; '루가오니아적으로', 즉 '루가오니아 언어로':—루가오니아 말로〈행14:11〉. 부

G3073 Λυκία[1회] **뤼키아**
아마 **G3074**와 희미하게 관련; '루기아', 소아시아의 한 지방:—루기아〈행27:5〉. 고명

G3074 λύκος[6회] **뤼코스**
아마 **G3022**〉('흰' 털에서 유래)의 어

간과 유사; '이리':—이리〈마7:15〉.남명

G3075 λυμαίνομαι[1회] **뤼마이노마이**
아마 **G3089**의 파생어에서 유래된 중간태('더러움'을 의미); 정확하게는 '더럽히다', 즉 (상징적으로) '모욕하다'(학대하다):—사정없이 때려 부수다, 파멸시키다〈행8:3〉.동

G3076 λυπέω[26회] **뤼페오**
G3077에서 유래; '괴롭히다'; 재귀적 혹은 수동태 '슬퍼하다':—슬프게 하다, 몹시 슬퍼하다, 근심하다, 딱하게 여기다〈마19:22; 엡4:30〉.동

G3077 λύπη[16회] **뤼페**
명백히 기본어; '슬픔':—비탄, 슬픈, 억지로, 근심, 유감〈요16:6; 히12:11〉.여명

G3078 Λυσανίας[1회] **뤼사니아스**
G3080과 ἀνία **아니아**(고통)에서 유래; '슬픔을 쫓아버리는'; '루사니아', 아벨레네의 통치자:—루사니아〈눅3:1〉.고명

G3079 Λυσίας[3회] **뤼시아스**
불확실한 유사형에서 유래; '루시아', 로마인:—루시아〈행23:26〉.고명

G3080 λύσις[1회] **뤼시스**
G3089에서 유래; '놓아줌', 즉 (특히) '이혼':—놓이기〈고전7:27〉.여명

G3081 λυσιτελεῖ[1회] **뤼시텔레이**
G3080과 **G5056**의 합성어의 파생어로 3인칭 단수 현재 직설법 능동태; 비인칭적으로, '목적에 합치하다', 즉 '유익하다':—그것이 더 낫다〈눅17:2〉.동

G3082 Λύστρα[6회] **뤼스트라**
불확실한 기원; '루스드라', 소아시아의 한 장소:—루스드라〈행14:6〉.고명

G3083 λύτρον[2회] **뤼트론**
G3089에서 유래; '가지고 풀어주는' 어떤 것, 즉 속전 '값'(상징적으로 '속죄'):—속전, 대속물〈마20:28〉.중명

G3084 λυτρόω[3회] **뤼트로오**
G3083에서 유래; '속량하다'(문자적으로 혹은 상징적으로):—구속(救贖)대속)하다〈눅24:21〉.동

G3085 λύτρωσις[3회] **뤼트로시스**
G3084에서 유래; '구속함'(상징적으로):—속량, 속죄, 구속(救贖)〈눅2:28; 히9:12〉.여명

G3086 λυτρωτής[1회] **뤼트로테스**
G3084에서 유래; '구속(救贖)자'(상징적으로):—구원자, 속량하는 자〈행7:35〉.남명

G3087 λυχνία[12회] **뤼크니아**
G3088에서 유래; '등경(燈檠)'(문자적 혹은 상징적으로):—촛대〈눅8:16; 계1:12〉.여명

G3088 λύχνος[14회] **뤼크노스**
G3022의 어간에서 유래; 들고 다닐 수 있는 '등', 또는 다른 '조명기구'(문자적 혹은 상징적으로):—양초, 등불〈마5:15; 계21:23〉.남명

G3089 λύω[42회] **뤼오**
기본 동사; '풀다'(문자적 혹은 상징적으로):—깨뜨리다, 파괴하다, 해제(체)하다, 풀어놓다(잡다), 녹이다, 벗어버리다. **G4486**과 비교.〈요2:19; 행13:43〉.동

G3090 Λωΐς[1회] **로이스**
불확실한 기원; '로이스', 여성도:—로이스〈딤후1:5〉.고명

G3091 Λώτ[4회] **롯**
기원은 히브리어 **[H3876]**; '롯', 족장:—롯〈눅17:28〉.고명

트롱헬라어사전

μ

G3092 Μαάθ[1회] **마아쓰**
아마 기원은 히브리어; '마앗', 이스라엘인:—마앗〈눅3:26〉. 고명

G3093 Μαγδαλά[1회] **막달라**
아람어에서 유래 [**H4026**과 비교]; '탑'; '막달라', 팔레스타인의 한 고을:—막달라〈마15:39〉. 고명

G3094 Μαγδαληνή[12회] **막달레네**
G3093의 파생어의 여성형; 막달라의 여성형, 즉 '막달라에 거주하는 자':—막달라인(의)〈요19:25〉. 고명

G3095 μαγεία[1회] **마게이아**
G3096에서 유래; '마법':—마술〈행8:11〉. 여명

G3096 μαγεύω[1회] **마규오**
G3097에서 유래; '마법을 행하다':—마술을 사용하다〈행8:9〉. 동

G3097 μάγος[6회] **마고스**
외래어에서 유래 [**H7248**]; '마술사', 즉 동양의 '과학자', 함축적으로 '마법사':—마술사, 현자(賢者 박사)〈마2:1〉. 남명

G3098 Μαγώγ[1회] **마곡**
기원은 히브리어 [**H4031**]; '마곡', 외국나라, 즉 (상징적으로) 적그리스도의 무리:—마곡〈계20:8〉. 고명

G3099 Μαδιάν[1회] **마디안**
기원은 히브리어 [**H4080**]; '마디안' (즉 미디안), 아라비아의 한 지역:—미디안〈행7:29〉. 고명

G3100 μαθητεύω[4회] **마쎄튜오**
G3101에서 유래; 자동사 '제자가 되다', 타동사 '제자로 삼다', 즉 학자로 등록하다:—제자이다, 교훈하다, 가르치다〈마28:19〉. 동

G3101 μαθητής[261회] **마쎄테스**
G3129에서 유래; '배우는 사람', 즉 '학생':—제자〈마5:1; 행1:15〉. 남명

G3102 μαθήτρια[1회] **마쎄트리아**
G3101에서 유래한 여성형; '여학생':—여제자〈행9:36〉. 여명

G3103 Μαθουσαλά[1회] **마쑤살라**
기원은 히브리어 [**H4968**]; 므두셀라, 노아홍수 이전의 사람:—므두셀라〈눅3:37〉. 고명

G3104 Μαϊνάν[1회] **마이난**
아마 기원은 히브리어; '멘나', 이스라엘인:—멘나〈눅3:31〉. 고명

G3105 μαίνομαι[5회] **마이노마이**
기본형 μάω **마오**(이성이 결여된 '갈망'이라는 개념을 통하여; '열망하다')에서 유래한 중간태; "미치광이"처럼 '사납게 날뛰다':—제 정신을 잃어버리다(미치다)〈요10:20〉. 동

G3106 μακαρίζω[2회] **마카리조**
G3107에서 유래; '축복하다', 즉 '복이 있다고 선언하다'(생각하다):—복되다 하다, 행복하다고 생각하다〈눅1:48〉. 동

G3107 μακάριος[50회] **마카리오스**
시형인 μάκαρ **마칼**(같은 의미)의 연장형; 최고로 '복 받은'; 확대된 의미로 '행운의', '복된':—복 받은, 행복한(-사람)〈마5:3; 롬 14:22〉. 형

G3108 μακαρισμός[3회] **마카리스모스**
G3106에서 유래; '축복', 즉 '행복을 돌림':—행복, 복〈갈4:15〉. 남명

G3109 Μακεδονία[22회] **마케도니아**
G3110에서 유래; '마케도니아', 그리스의 한 지역:—마게도냐〈행16:9〉. 고명

G3110 Μακεδών[5회] **마케돈**
불확실한 파생어; '마케도니아사람', 즉 마케도니아에 거주하는 사람:—

마게도냐인〈고후9:2〉. 고명

G3111 μάκελλον[1회] **마켈론**

기원은 라틴어 [*macellum*]; '정육점', '고기시장' 또는 '식품 가게':—도살장, 고기 파는 대(臺)〈고전10:25〉. 중명

G3112 μακράν[10회] **마크란**

G3117(**G3598**을 함축)의 여성 대격 단수; '멀리서'(문자적 혹은 상징적으로):—먼데서, 멀리, 상당히 떨어져〈막12:34; 엡2:17〉. 부

G3113 μακρόθεν[14회] **마크로쎈**

G3117에서 유래한 부사; '멀리서부터' 또 '멀리서':—멀찍이, 먼데서부터〈눅23:49〉. 부

G3114 μακροθυμέω[10회] **마크로쒸메오**

G3116과 동일어에서 유래; '길이 참다', 즉 (객관적으로) '참다' 또는 (주관적으로) '인내하다':—오래 견디다(참다), 인내심을 가지다, 인내심 깊게 견디다〈마18:26; 눅18:7〉. 동

G3115 μακροθυμία[14회] **마크로쒸미아**

G3116과 동일어에서 유래; '오래 참음', (객관적으로) '인내' 또는 (주관적으로) '꿋꿋함':—길이 참음, 인내〈딤후3:10〉. 여명

G3116 μακροθύμως[1회] **마크로쒸모스**

G3117과 **G2372**의 합성어의 부사; '오래(견딤) 참음으로', 즉 '관대하게, 너그러이':—참을성 있게〈행26:3〉. 부

G3117 μακρός[5회] **마크로스**

G3372에서 유래; '긴'(장소[거리]에서 또는 시간에서 [중성 복수]):—먼, 긴〈막12:40〉. 형

G3118 μακροχρόνιος[1회] **마크로크로니오스**

G3117과 **G5550**에서 유래; '오랜 시간의', 즉 '오래 산':—장수하는〈엡6:3〉. 형

G3119 μαλακία[3회] **말라키아**

G3120에서 유래; '부드러움', 즉 '쇠약(허약)'(육체적인 약함):—병〈마10:1〉. 여명

G3120 μαλακός[4회] **말라코스**

불확실한 유사어에서 유래; '부드러운', 즉 '좋은 (옷)'; 상징적으로 '미동(美童)'(catamite):—나약한, 유약한, 부드러운〈눅7:25〉. 형

G3121 Μαλελεήλ[1회] **말렐레엘**

기원은 히브리어 [**H4111**]; '마할랄렐', 노아홍수 이전의 사람:—마할랄렐〈눅3:37〉. 고명

G3122 μάλιστα[12회] **말리스타**

명백히 기본 부사인 μάλα **말라**(아주)의 중성 복수 최상급; (부사적으로) '가장'(최고의 수준) 또는 '특별히':—주로, 무엇보다도, 특히, 특별히〈행20:38〉. 부

G3123 μᾶλλον[81회] **말론**

G3122와 동일어의 비교급의 중성형; (부사적으로) '더욱'(더 큰 정도) 또는 '오히려':—더 잘, 멀리, 더욱(더), (아주) 많이, 차라리〈마6:30; 고전9:15〉. 부

G3124 Μάλχος[1회] **말코스**

기원은 히브리어 [**H4429**]; '말고', 이스라엘인:—말고〈요18:10〉. 고명

G3125 μάμμη[1회] **맘메**

토착 어원에서 유래["엄마"]; '할머니':—외할머니〈딤후1:5〉. 여명

G3126 μαμωνᾶς[4회] **마모나스**

아람어에서 유래('신용', 즉 상징적으로 '부', 의인화된); '배금(拜金)주의', 즉 '탐욕'(신처럼 공경받는):—부(富),

배금(拜金)〈마6:24〉.[남명]

G3127 Μαναήν[1회] **마나엔**
불확실한 기원; '마나엔', 기독교인: ―마나엔〈행13:1〉.[고명]

G3128 Μανασσῆς[3회] **마낫세스**
기원은 히브리어 [**H4519**]; '므낫세', 이스라엘인: ―므낫세〈마1:10〉.[고명]

G3129 μανθάνω[25회] **만싸노**
기본 동사에서 유래한 연장형, 그 다른 형태로는 μανθάνω **마쎄오**가 어떤 시제에서는 대체어로 사용됨; (어떤 방법으로든지) '배우다': ―배우다, 이해하다〈고전4:6〉.[동]

G3130 μανία[1회] **마니아**
G3105에서 유래; '발광': ―미침〈행26:24〉.[여명]

G3131 μάννα[4회] **만나**
기원은 히브리어 [**H4478**]; '만나'(즉 '만'), 먹을 수 있는 고무: ―만나〈히9:4〉.[중명]

G3132 μαντεύομαι[1회] **만튜오마이**
G3105('영감'으로 '헛소리를 하는' 것으로 생각되는 '예언자'를 의미하는)의 파생어에서 유래; '점치다', 즉 (예언의 가장 아래) '주문을 내뱉다': ―점하다〈행16:16〉.[동]

G3133 μαραίνω[1회] **마라이노**
불확실한 유사형에서 유래; (불이) '꺼지다', 즉 (상징적으로 그리고 수동태) '소멸하다': ―사라져 없어지다〈약1:11〉.[동]

G3134 μαρὰν ἀθά[1회] **마란 아싸**
아람어에서 유래('우리 주님이 오셨다'는 의미); '마라나타', 즉 '하나님의 심판'이 가까이 오고 있음에 대해 외치는 소리: ―주여 오시옵소서〈고전16:22〉.[동]

G3135 μαργαρίτης[9회] **마르가리테스**
μάργαρος **마르가로스**(진주 '조개')에서 유래; '진주': ―진주〈계17:4〉.[남명]

G3136 Μάρθα[13회] **마르싸**
아마 아람어('여주인'의 의미)에서 유래; '마르다', 그리스도인 여자: ―마르다〈눅10:38〉.[고명]

G3137 Μαρία[27회] **마리아**
또는 Μαριάμ **마리암**
기원은 히브리어 [**H4813**]; '마리아' 또는 '마리암(즉 미리암)', 여섯 그리스도인 여성의 이름: ―마리아〈마1:16; 요11:1〉.[고명]

G3138 Μάρκος[8회] **마르코스**
기원은 라틴어 '마르쿠스', 기독교인: ―마가〈골4:10〉.[고명]

G3139 μάρμαρος[1회] **마르마로스**
〈μαρμαίρω **마르마이로**('번쩍이다')에서 유래; 대리석('하얗게' 번쩍임으로): ―대리석〈계18:12〉.[남명]

G3140 μαρτυρέω[76회] **마르튀레오**
G3144에서 유래; '증인이 되다', 즉 '증언하다'(문자적 혹은 상징적으로): ―경계하다, (증거)내보이다, 기록해 놓다, 선한(정직한) 보고를 하다, 칭찬하다, 증명하다, 입증하다, 확증하다〈요18:23; 행22:12〉 [동]

G3141 μαρτυρία[37회] **마르튀리아**
G3144에서 유래; (법적으로 혹은 일반적으로) '주어진 증거': ―기록, 보고, 증거, 증언〈요일5:9; 계1:9〉.[여명]

G3142 μαρτύριον[19회] **마르튀리온**
G3144의 추정된 파생어의 중성형; '증거가 되는' 어떤 것, 즉 (일반적으로) 주어진 '증거', 또는 (특히) (성별된 성막 안에 있는) '십계명': ―증명, 증거, 증언〈마8:4; 약5:3〉.[중명]

G3143 μαρτύρομαι[1회] **마르튀로마이**
G3144에서 유래한 중간태; '증거로서 제시되다', 즉 (상징적으로; 증명 또는 권고로서) '증명(증언)하다':—기록을 제시하다, 증언(증명)하다〈행20:26〉. 동

G3144 μάρτυς[35회] **마르튀스**
불확실한 유사어에서 유래; '증인'(문자적[법정적으로] 또는 상징적으로[일반적으로]); 유추적으로 '순교자':—순교자, 기록, 증인〈행6:13; 22:20〉. 남명

G3145 μασσάομαι[1회] **맛사오마이**
기본형 μάσσω **맛소**('취급하다' 또는 '압착하다')에서 유래; '씹다':—깨물다〈계16:10〉. 동

G3146 μαστιγόω[7회] **마스티고오**
G3148에서 유래; '매질하다'(문자적, 혹은 상징적으로):—채찍질하다〈요19:1〉. 동

G3147 μαστίζω[1회] **마스티조**
G3149에서 유래; '채찍으로 때리다'(문자적으로):—채찍질하다〈행22:25〉. 동

G3148 μάστιξ[6회] **마스틱스**
아마 G3145('접촉'의 개념으로)의 어간에서 유래; '채찍'(문자적으로 죄인을 위해 준비한 로마의 '채찍'; 상징적으로 '병'):—역병, 고통, 채찍질〈행22:24〉 여명

G3149 μαστός[3회] **마스토스**
G3145의 어간에서 유래; (정확하게는 여성의) '가슴'(마치 빚어 만든 것 같은):—젖꼭지〈눅11:27〉. 남명

G3150 ματαιολογία[1회] **마타이올로기아**
G3151에서 유래; '닥치는 대로 하는 이야기', 즉 '허튼 소리':—헛된 잡담〈딤전1:6〉. 여명

G3151 ματαιολόγος[1회] **마타이올로고스**
G3152와 G3004에서 유래; '무익한(즉 '의미 없는' 또는 '유해한') 말하는', 즉 '논쟁자':—헛된 말 하는〈딛1:10〉. 형

G3152 μάταιος[6회] **마타이오스**
G3155의 어간에서 유래; '빈', 즉 (문자적으로) '무익한', 또는 (특히) '우상':—헛된, 헛된 것 〈고전3:20〉 형

G3153 ματαιότης[3회] **마타이오테스**
G3152에서 유래; '무익'; 상징적으로 '무상'; 도덕적으로 '타락':—허무, 헛됨, 덧없음〈롬8:20〉. 여명

G3154 ματαιόω[1회] **마타이오오**
G3152에서 유래; '어리석게 만들다'(수동태 '~되다'), 즉 (도덕적으로) '악하게 되다' 또는 (특히) '우상숭배 하게 되다':—허망하게 되다〈롬1:21〉. 동

G3155 μάτην[2회] **마텐**
G3145(시험적 '조작', 즉 실패한 '추구', 또는 '처벌'의 개념으로)의 어간의 파생어의 대격; '공연히', 즉 (부사적으로) '아무 소용없이':—헛되이〈막7:7〉. 부

G3156 Ματθαῖος[5회] **맛싸이오스**
G3161의 단축형; '마태', 이스라엘인 그리고 기독교인:—마태〈마9:9〉. 고명

G3157 Ματθάν[2회] **맛싼**
기원은 히브리어 [H4977]; '맛단', 이스라엘인:—맛단〈마1:15〉. 고명

G3158 Ματθάτ[2회] **맛싸트**
아마 G3161의 단축형; '맛닷', 두 이스라엘인의 이름:—맛닷〈눅3:24〉. 고명

G3159 Ματθίας[1회] **맛씨아스**
명백히 G3161의 단축형; '맛디아', 이

스라엘인:—맛디아〈행1:23〉. 고명

G3160 Ματταθά[1회] **맛타싸**
아마 **G3161**의 단축형 [**H4992**와 비교]; '맛다다', 이스라엘인:—맛다다〈눅3:31〉. 고명

G3161 Ματταθίας[2회] **맛타씨아스**
기원은 히브리어 [**H4993**]; '맛다디아', 이스라엘인 그리고 기독교인:—맛다디아〈눅3:25〉. 고명

G3162 μάχαιρα[29회] **마카이라**
아마 **G3163**의 추정된 파생어의 여성형; '칼', 즉 '단검', 상징적으로 '전쟁', 사법적으로 '형벌':—검(劍)〈요18:10; 계6:4〉. 여명

G3163 μάχη[4회] **마케**
G3164에서 유래; '전투', 즉 (상징적으로) '논쟁':—싸움, 다툼, 쟁투〈고후7:5〉. 여명

G3164 μάχομαι[4회] **마코마이**
명백히 기본 동사의 중간태; '전쟁하다', 즉 (상징적으로) '싸우다', '논쟁하다':—싸우다, 다투다〈약4:2〉. 동

G3165 μέ[8회] **메**
G1691의 단축형(그리고 아마도 원래 형인 듯); '나를':—나, 나를, 나의〈요15:9; 계21:10〉. 인대

G3166 μεγαλαυχέω[1회] **메갈라우케오**
G3173과 αὐχέω **아우케오**(자랑하다; **G837**과 **G2744**에서 유사)의 합성어에서 유래; '큰소리치다, 허풍떨다', 즉 '과장하다'(거만하다, 자기본위이다):—큰 것을 자랑하다〈약3:5〉. 동

G3167 μεγαλεῖος[1회] **메갈레이오스**
G3173에서 유래; '장엄한, 굉장한', 즉 (명사로서 중성 복수) 눈에 띄는 '호의' 또는 (주관적으로) '완전':—큰(일), 놀라운 (일)〈행2:11〉. 형

G3168 μεγαλειότης[3회] **메갈레이오테스**
G3167에서 유래; '위엄', 즉 '영광' 또는 '장대':—장엄, 위엄, 강력한 힘〈벧후1:16〉. 여명

G3169 μεγαλοπρεπής[1회] **메갈로프레페스**
G3173과 **G4241**에서 유래; '어울리게 (지극히) 큰' 또는 '장대한'(장엄한):—뛰어난〈벧후1:17〉. 형

G3170 μεγαλύνω[8회] **메갈뤼노**
G3173에서 유래; '크게 만들다'(또는 '위대하다 선언하다'), 즉 '확대하다' 또는 (상징적으로), '칭송하다':—크게 하다, 찬미하다, 위대하다〈고후10:15〉. 동

G3171 μεγάλως[1회] **메갈로스**
G3173에서 유래한 부사; '매우':—위대하게, 크게〈빌4:10〉. 부

G3172 μεγαλωσύνη[3회] **메갈로쉬네**
G3173에서 유래; '위대함', 즉 (상징적으로) '신성'(가끔 '하나님' 자신):—위엄, 장엄〈유1:25〉 여명

G3173 μέγας[243회] **메가스** 연장형 여성형 μεγάλη 복수형 μεγάλοι 등을 포함하여 또한 **G3176**과 **G3187** 비교; '큰'(문자적 혹은 상징적으로, 아주 넓은 적용으로):—대단한, 큰, 가장 위대한, 높은, 넓은, 큰소리의, 강력한, 아픈, 심한(두려움이), 강한〈요21:11; 계11:8〉. 형

G3174 μέγεθος[1회] **메게쏘스**
G3173에서 유래; '크기'(상징적으로):—위대함〈엡1:19〉. 명

G3175 μεγιστάνες[3회] **메기스타네스**
G3176에서 유래한 복수; '고관들':—높은 사람들, 귀(왕)족들〈계6:15〉. 남명

G3176 μέγιστος[1회] **메기스토스**
G3173의 최상급; '가장 훌륭한', 또는 '아주 큰':—지극히 큰〈벧후1:4〉.[형]

G3177 μεθερμηνεύω[8회] **메쎄르메뉴오**
G3326과 G2059에서 유래; '설명하다', 즉 '번역하다':—해석하다, 통역하다〈요1:41〉.[동]

G3178 μέθη[3회] **메쎄**
명백히 기본어; '취하게 하는 것', 즉 (함축적으로) '취하게 함':—술 취함〈갈5:21〉.[여명]

G3179 μεθίστημι[5회] **메씨스테미** 또는 μεθιστάνω **메씨스타노**
G3326과 G2476에서 유래; '옮기다', 즉 '(~의 목숨을) 빼앗다', '면직(罷)하다' 또는 (상징적으로) '바꾸다', '부추기다':—내쫓다, 옮기다, 이동시키다, 돌보지 않다〈고전13:2〉.[동]

G3180 μεθοδεία[2회] **메쏘데이아**
G3326과 G3593 ["방법"과 비교]의 합성어에서 유래; '순회 영업', 즉 '졸렬한 모조품(속임수)':—간계, 음모〈엡4:14〉.[여명]

G3181 μεθόριος[1회] **메쏘리오스**
G3326과 G3725에서 유래; '나란히 인접한 곳', 즉 '인접한'(명사로서 중성복수, '변경(邊境)':—경계(국경 지방)〈막7:24〉.[중명]

G3182 μεθύσκω[3회] **메쒸스코**
G3184의 연장형(타동사); '취하게 하다':—술에 취하다, 취하게 되다〈눅12:45〉.[동]

G3183 μέθυσος[2회] **메쒸소스**
G3184에서 유래; '술 취한', 즉 (명사로서) '주정뱅이':—술고래, 술 취하는 자〈고전5:11〉.[남명]

G3184 μεθύω[7회] **메쒸오**
G3178의 다른 형태에서 유래; '취하도록 마시다', 즉 '술 취하다':—잘 마시다, 취하게 하다, 취하게 되다〈딤전5:7〉.[동]

G3185 μεῖζον[1회] **메이존**
G3187의 중성; (부사적으로) '더 큰' 정도로:—더욱〈마20:31〉.[부]

G3186 μειζότερος[1회] **메이조테로스**
G3187의 계속적인 비교급; '여전히 더 큰'(상징적으로):—더 큰〈요삼1:4〉.[형]

G3187 μείζων[45회] **메이존**
G3173의 불규칙 비교급; '더 다수의'(문자적 혹은 상징적으로, 특히 나이에 있어서):—손위(연장)의, 더 큰, 가장 큰, 더욱〈마11:11; 고전13:13〉.[형]

G3188 μέλαν[6회] **멜란**
명사로서 G3189의 중성형; '먹물':—잉크, 먹〈고후3:3〉.[중명]

G3189 μέλας[6회] **멜라스**
명백히 기본어; '검은':—검은〈계6:5〉.[형]

G3190 Μελεᾶς[1회] **멜레아스**
불확실한 기원; '멜레아', 이스라엘인:—멜레아〈눅3:3〉.[고명]

G3191 μελετάω[2회] **멜레타오**
G3199의 추정된 파생어에서 유래; '돌보다', 즉 (함축적으로) 마음에 '맴돌다':—마음에 그리다, 계획하다, 미리 생각(연구)하다〈막13:11〉.[동]

G3192 μέλι[4회] **멜리**
명백히 기본어; '꿀':—꿀〈계10:9〉.[중명]

G3193 μελίσσιος[1회] **멜릿시오스**
G3192에서 유래; '꿀에 관계된', 즉 '벌의(벌집의)':—벌집 모양의〈눅24:42TR〉.[형]

G3194 Μελίτη[1회] **멜리테**
불확실한 기원; '멜리데', 지중해의 한 섬:—멜리데〈행28:1〉. 고명

G3195 μέλλω[109회] **멜로**
G3199('기대'의 개념으로)의 강세형; '의도하다', 즉 '임박하다', '~하려고 하다', 또는 '어떤 일을 감당하다'(사람이나 사물, 특별히 사건, 목적, 의무, 필요, 기대값, 가능성, 또는 분주함에서), 대하여, ~를 따라, 오다, 의도하다, 의미하다, 생각하다, ~하려고 하다, 준비하다, 돌아가다〈마16:27; 눅3:7; 롬8:38〉. 동 부정사와 함께 쓰임 a)의도하다, ~하려고 하다 b)의도하다, 목적하다 c)~을 해야만 한다 d)미래의 의미로 사용됨

G3196 μέλος[34회] **멜로스**
불확실한 유사어에서 유래; '몸의 사지' 또는 '부분':—지체(肢體)〈롬6:13〉. 중명

G3197 Μελχί[2회] **멜키**
기원은 히브리어 [대명사 접미어와 함께 **H4428**, '나의 왕']; '멜기', 두 이스라엘인의 이름:—멜기〈눅3:24〉. 고명

G3198 Μελχισεδέκ[8회] **멜키세덱**
기원은 히브리어 [**H4442**]; '멜기세덱', 제사장:—멜기세덱〈히5:6〉. 고명

G3199 μέλω[10회] **멜로**
기본 동사; '관심 있다', 즉 '관계하다'(오직 3인칭 단수 현재 직설법, 비인칭 동사로 사용될 때 '-은 중요하다'):—돌(아)보다〈마22:16〉. 동

G3200 μεμβράνα[1회] **멤브라나**
기원은 라틴어("양피지"); (기록된) 양가죽:—양피지의 문서〈딤후4:13〉. 여명

G3201 μέμφομαι[2회] **멤ㅎ포마이**
명백히 기본 동사의 중간태; '나무라다':—흠잡다〈히8:8〉. 동

G3202 μεμψίμοιρος[1회] **멤프시모이로스**
G3201과 μοῖρα 모이라(운명; **G3313**의 어간과 유사)의 추정된 파생어에서 유래; '운명을 불평하는', 즉 (불만족하여) '불평을 하는':—불만을 토하는〈유1:16〉. 형

G3203부터 **G3302**까지 사용 안 됨

G3303 μέν[180회] **멘**
기본 불변사; 정확하게는 '긍정' 또는 '용인'의 표시 ('사실상, 실제로는'); 보통 **G1161**('이' 것, '이전의 것', 등)과 함께 '대조적인' 구절이 따라옴. 종종 '강의적' 또는 '단언적' 의미로 다른 불변사와 합성됨:—심지어, 참으로, 매우, 어떤, 진실로, 과연, 실로〈눅3:16; 히3:5〉. 불

G3304 μενοῦνγε[3회] **메눈게**
G3303과 **G3767**과 **G1065**에서 유래; '적어도 그때':—아니고 오직, 참으로, 의심 없이(오히려, 참으로)〈롬9:20〉. 불

G3305 μέντοι[8회] **멘토이**
G3303과 **G5104**에서 유래; '참으로 비록 ~일지라도', 즉 '하지만':—또한, 그러나 ~라고는 하지만, 그럼에도 불구하고, 아직〈요4:27〉. 불

G3306 μένω[180회] **메노**
기본 동사; (주어진 장소, 상황, 관계 또는 기대 속에서) '머물다':—머물러 있다, 계속하다, 거하다, 견디다, 출석하다, 남아있다, 서다, 체재하다〈요15:4; 벧전1:25〉. 동

G3307 μερίζω[14회] **메리조**
G3313에서 유래; '나누다', 즉 (문자적으로) '할당하다', '부여하다', '나누

어지다', 또는 (상징적으로) '분리하다', '다르다':—분배하다, 분별하다, 분류하다, 떼다, 나누어 주다〈마12:25; 고전7:17〉. 동

G3308 μέριμνα[6회] **메림나**
G3307('심란'의 의미에서)에서 유래; '염려':—근심, 걱정〈눅21:34〉. 여명

G3309 μεριμνάω[19회] **메림나오**
G3308에서 유래; '근심하다':—염려하다, 돌아보다, 생각하다〈마6:34〉. 동

G3310 μερίς[5회] **메리스**
G3313의 여성형; 몫, 즉 '지역', '일부분', 또는 (추상명사) '관계':—편, 관계자들〈골1:12〉. 여명

G3311 μερισμός[2회] **메리스모스**
G3307에서 유래; '분리' 또는 '분배':—조각조각 나눔, 선물〈히2:4〉. 남명

G3312 μεριστής[1회] **메리스테스**
G3307에서 유래; '분배하는 자'(관리자):—나누는 자〈눅12:14〉. 남명

G3313 μέρος[42회] **메로스**
폐어이지만 μείρομαι **메이로마이**('부분' 또는 '분깃'으로서 '얻다')의 더 기본 형태에서 유래; '부분' 또는 '몫'(문자적 혹은 상징적으로, 넓게 적용하여):—측, 연안, 기능, 특별한(특별하게), 부분(부분적으로), 조각, 몫, 관계, 편, 얼마, 정도〈막8:10; 고후3:10〉. 중명

G3314 μεσημβρία[2회] **메셈브리아**
G3319와 G2250에서 유래; '한낮'; 함축적으로 '남쪽':—정오, 남〈행8:26〉. 여명

G3315 μεσιτεύω[1회] **메시튜오**
G3316에서 유래; '중재하다'(중재자로서), 즉 (함축적으로, 보증으로) '비준하다':—유효함을 확인하다〈히6:17〉. 동

G3316 μεσίτης[6회] **메시테스**
G3319에서 유래; '중개인', 즉 (단순히) 중개자, 또는 (함축적으로) '화해자'(조정자):—중보자〈딤전2:5〉. 남명

G3317 μεσονύκτιον[4회] **메소뉘크티온**
G3391와 G3571의 합성어의 중성형; '한밤중'(특히 밤을 4구분한 것의 하나로서):—한밤중〈행16:25〉. 중명

G3318 Μεσοποταμία[2회] **메소포타미아**
G3319와 G4215에서 유래; '메소포타미아'(유프라테스와 티그리스 사이에 위치함; H763과 비교), 아시아의 한 지방:—메소보다미아〈행2:9〉. 고명

G3319 μέσος[58회] **메소스**
G3326에서 유래; '중간'(형용사로서 혹은 [중성]명사로서):—~중, 앞, 사이, 앞으로, 정오, 한밤중, 한 가운데, 길〈눅2:46; 행27:27〉. 형. 중명

G3320 μεσότοιχον[1회] **메소토이콘**
G3319와 G5109에서 유래; '격벽(隔壁)'(상징적으로):—중간(에 막힌) 담〈엡2:14〉. 중명

G3321 μεσουράνημα[3회] **메수라네마**
G3319와 G3772의 추정된 파생어에서 유래; '중천':—하늘의 한 중간, 공중〈계14:6〉. 중명

G3322 μεσόω[1회] **메소오**
G3319에서 유래; '중간을 형성하다'(시간의 관점에서), '절반이 지나다':—중간이 되다〈요7:14〉. 동

G3323 Μεσσίας[2회] **멧시아스**
기원은 히브리어 [H4899]; '메시아', 또는 그리스도:—메시야〈요1:41〉. 남명

G3324 μεστός[9회] **메스토스**
불확실한 파생어; '가득 찬'(문자적

혹은 상징적으로):—가득한〈약3:8〉. 형

G3325 μεστόω[1회] **메스토오**
G3324에서 유래; '채우다', 즉 (함축적으로) '취(醉)하게 하다':—가득하게 하다〈행2:13〉. 동

G3326 μετά[473회] **메타**
기본전치사(자주 부사적으로 사용); 정확히는 '따르는 것, 부수물'을 나타냄; "~의 한가운데에"(위치적으로 또는 인과관계에서); 연결되는 단어의 격에 따라 다양하게 수식됨(속격 '연합, 함께', 혹은 대격 '연속, 후에, 뒤에'); G575 또는 G1537과 G1519 또는 G4314 사이의 중간지점을 차지함; G1722 보다 덜 친밀하고 G4862 보다 덜 가까움. 종종 합성하여, 실체상 '참여' 또는 '근접', 그리고 '이동' 또는 '연속'의 같은 관계에 사용됨:—후에, 뒤에, 다시, 대하여, 사이에, 그리고, 따라서, 지금부터, 이후로, 안에, 의, 위에, 우리의, 하므로, 에게, 같이, 때에, 함께, 없이〈마4:21; 막9:8; 눅23:43; 요11:16〉. 전

G3327 μεταβαίνω[12회] **메타바이노**
G3326과 G939의 어간에서 유래; '장소를 바꾸다':—떠나다, 가다, 지나다, 옮기다〈마11:1〉. 동

G3328 μεταβάλλω[1회] **메타발로**
G3226과 G906에서 유래; '벗어 던지다, 저버리다, 파기하다', 즉 (중간태, 상징적으로) 의견을 바꾸다:—생각을 바꾸다(달리하다)〈행28:6〉 동

G3329 μετάγω[2회] **메타고**
G3326과 G71에서 유래; '인도하다', 즉 '옮기다'(똑바로):—방향 전환하다〈약3:3〉. 동

G3330 μεταδίδωμι[5회] **메타디도미**
G3326과 G1325에서 유래; '넘겨주다', 즉 '나누어 주다':—주다, 전하다〈롬1:11〉. 동

G3331 μετάθεσις[3회] **메타쎄시스**
G3346에서 유래; '옮김', 즉 (하늘로) '승천', (법의) '폐지':—변경, 옮김, 변동〈히11:5〉. 여명

G3332 μεταίρω[2회] **메타이로**
G3326과 G142에서 유래; '~로 향하다', 즉 (위치적으로) '옮기다':—떠나다〈마19:1〉. 동

G3333 μετακαλέω[4회] **메타칼레오**
G3326과 G2564에서 유래; '딴 곳으로 부르다', 즉 '소환하다':—부르다(청하다, 이쪽으로)〈행20:17〉. 동

G3334 μετακινέω[1회] **메타키네오**
G3326과 G2795에서 유래; '딴' 곳으로 '움직이다', 즉 '옮기다'(상징적으로):—떠나다, 물러나다〈골1:23〉. 동

G3335 μεταλαμβάνω[7회] **메탈람바노**
G3326과 G2983에서 유래; '참여하다'; 일반적으로 '받아들이다'(그리고 사용하다):—먹다, 가지다, 참가자가 되다, 받다, 얻다〈행2:46; 히12:10〉. 동 a)받아들이다 b)나누다 c)찾다

G3336 μετάληψις[1회] **메탈레프시스**
G3335에서 유래; '참여':—받음〈딤전4:3〉. 여명

G3337 μεταλλάσσω[6회] **메탈랏소**
G3326과 G236에서 유래; '교환하다':—바꾸다〈롬1:25〉. 동

G3338 μεταμέλομαι[6회] **메타멜로마이**
G3326과 G3199의 중간태에서 유래; '후에 걱정하다', 즉 '후회하다':—뉘우치다〈마21:29〉. 동

G3339 μεταμορφόω[4회] **메타모르ㅎ포오**

G3326과 G3445에서 유래; '변형하다'(문자적 또는 상징적으로 "변태하다"):—변화하다, 형상을 바꾸다, 변형하다〈롬12:2〉.[동]

G3340 μετανοέω34회 **메타노에오**

G3326과 G3539에서 유래; ['달리' 또는 '후에'] '생각하다', '재고하다'(도덕적으로 '양심의 가책을 느끼다'):—회개(후회)하다〈마3:2; 행2:38〉 [동]

G3341 μετάνοια22회 **메타노이아**

G3340에서 유래; (주관적으로) '후회'(죄책에 대하여, '개심'을 포함); 함축적으로 ([타인의] 결심을) '반전시킴':—회개〈롬2:4〉.[여명]

G3342 μεταξύ9회 **메타크쉬**

G3326과 G4862의 한 형태에서 유래; (장소 또는 사람의) '사이에'; (시간의) 형용사로서 '사이에 드는', 또는 (함축적으로) '인접한':—사이에, 그 동안에, 다음에〈요4:31; 행12:6〉.[부]

G3343 μεταπέμπω9회 **메타펨포**

G3326과 G3992에서 유래; '어떤 다른 곳에서 보내다', 즉 (중간태) '호출하다' 또는 '초청하다':—부르다(부르러 보내다)〈행10:22〉.[동]

G3344 μεταστρέφω2회 **메타스트레ㅎ포**

G3326과 G4762에서 유래; '변화시키다', 즉 '변형시키다' 또는 (상징적으로) '타락시키다, 왜곡하다':—벗어나게 하다, 방향을 바꾸게 하다〈갈1:7〉.[동]

G3345 μετασχηματίζω5회 **메타스케마티조**

G3326과 G4976의 파생어에서 유래; '변형하다' 또는 '가장하다'; 상징적으로(편의에 따라) '적용하다':—변화시키다, (자신을) 변형시키다〈고후11:14〉.[동]

G3346 μετατίθημι6회 **메타티쎄미**

G3326과 G5087에서 유래; '옮기다', 즉 (문자적으로) '운반하다', (함축적으로) '바꾸다', (재귀적으로) 위치를 변경하다, 또는 (상징적으로) 벗어나게 하다:—넘겨주다, 바꾸다, 옮기다, 돌리다〈행7:16; 히11:5〉.[동]

G3347 μετέπειτα1회 **메테페이타**

G3326과 G1899에서 유래; '그 후':—후에〈히12:17〉.[부]

G3348 μετέχω8회 **메테코**

G3326과 G2192에서 유래; '나누다' 또는 '참여하다'; 함축적으로 '~에 속하다', '먹다'(또는 '마시다'):—함께하는 사람이 되다, 속하다, 관계하다, 쓰다〈고전10:17〉.[동]

G3349 μετεωρίζω1회 **메테오리조**

G3326과 G142의 방계형과 또는 아마도 G109("대기현상"과 비교)의 합성어에서 유래; '공중으로 올리다', 즉 (상징적으로) '불안하게 하다'(수동태 '파동하다' 또는 '근심하다'):—의심하는 마음이 되다〈눅12:29〉.[동]

G3350 μετοικεσία4회 **메토이케시아**

G3326과 G3624의 합성어의 파생어에서 유래; '거주 이전', 즉 (특히) '국외추방':—사로잡혀(끌려)감, 멀리(휩쓸어) 옮김〈마1:17〉.[여명]

G3351 μετοικίζω2회 **메토이키조**

G3350과 동일형에서 유래; '정착자'로서 또는 '포로'로서 '이주하다', 즉 '식민지로 만들다' 또는 '추방하다':—멀리 옮기다, ~로 옮기다.〈행7:4〉.[동]

G3352 μετοχή1회 **메토케**

G3348에서 유래; '참여', 즉 '교제':—같이하기〈고전6:14〉.[여명]

G3353 μέτοχος^6회 **메토코스**
G3348에서 유래; '참여하는', 즉 (명사로서) '나누는 자', 함축적으로 '동료':—친구, 동참자, 동반자〈히3:14〉. 형.명

G3354 μετρέω^11회 **메트레오**
G3358에서 유래; '측량하다'(즉 고정된 표준에 의한 치수로 확인하다); 함축적으로 '계량하다(즉 규정에 의해서 할당하다); (상징적으로) 어림잡다:—측량하다, 측정하다〈계11:1〉. 동

G3355 μετρητής^1회 **메트레테스**
G3354에서 유래; '계량기', 즉 (특히) 액체의 용량에 대한 '측량' 단위:—조그만 나무통〈요2:6〉. 남명

G3356 μετριοπαθέω^1회 **메트리오파쎄오**
G3357과 **G3806**의 어간의 합성어에서 유래; '감정을 완화하다', 즉 '마음을 누그러뜨리다'('관대하게 대하다'):—동정심을 갖다.〈히5:2〉. 동

G3357 μετρίως^1회 **메트리오스**
G3358의 파생어에서 유래한 부사; '적당하게', 즉 '약간':—조금〈행20:12〉. 부

G3358 μέτρον^14회 **메트론**
명백히 기본어; '분량'("계량기"), 문자적, 혹은 상징적으로; 함축적으로 한정된 '부분'(정도):—측량〈엡4:7〉. 중명

G3359 μέτωπον^8회 **메토폰**
G3326과 ὤψ 오프스('얼굴')에서 유래; ('생김새'에 대해서) '앞쪽':—이마〈계9:4〉. 중명

G3360 μέχρι^17회 **메크리** 또는 μεχρίς **메크리스**
G3372에서 유래; '~하는 한', 즉 (정도['종점'을 나타내는, 반면에 **G891**은 특히 끼어 있는 시간이나 장소의 '간격'을 말한다]의 전치사로서 또는 추측으로) '어떤 점에 이르기까지':—~까지, ~에, ~때까지〈마28:15; 히3:6〉. 불 as far as, until; a)전 속격을 동반함, 공간을 나타낼 때 사용한다, ~하는 한 b)접 ~할 때까지 전,접

G3361 μή^1043회 **메**
제한적 '부정'을 나타내는 기본 불변사(반면에 **G3756**은 절대적인 부정을 나타낸다); (부사) '아니', (접속사) ~않도록; 또한 ('부정적' 대답[반면에 **G3756**은 '확언적인' 것을 기대한다]을 함축하는 의문사로서) '~인지 아닌지'. 종종 실질적으로 같은 관계에서 복합적으로 사용된다:—어느, 그러나, 억제하여, 결코 그런 일이 없도록, 모자라, ~않도록, ~도 아니다, 결코 ~아니, 아니, 부~, ~없이. 또한 **G3362**, **G3363**, **G3364**, **G3372**, **G3373**, **G3375**, **G3378**을 보라〈마1:19; 막4:5; 눅18:1; 요15:2〉. 불. 접.전

G3362 ἐὰν μέ^60회 **에안 메**
G1437과 **G3361**; '만일 ~아니면', 즉 '~않는 한':—전에, 그러나, ~을 제외하고, 만일 ~아니하면, 아니하거든, 없으면〈요3:2; 고전14:11〉. 불. 접

G3363 ἵνα μέ^214회 **히나 메**
G2443과 **G3361**; '~하지 않도록':—~비록 ~아닐지라도, ~않도록, ~인 것은 아니다, 아니하려거든, 말라, 못하게, 않고, 않게, 면케〈눅8:12; 고후1:9〉. 불.접

G3364 οὐ μέ^94회 **우 메**
G3756과 **G3361**; 강한 부정을 나타내

는 이중 부정사; '전혀 ~아니다':—~더 이상, 전연, 아무리 해도, 도무지, 어느 쪽도 아니다, 결코 ~아니다, (전연) 아니다, 어떤 경우(때)에도 아니다, 결코 아니다, 전혀 아니다, 아무리 해도 ~아니다. G3378과 비교. 〈눅6:37〉. 부

G3365 μηδαμῶς[2회] **메다모스**
G3361과 ἀμός 아모스(어떤 사람)의 합성어에서 유래한 부사; '결코 ~아니':—그럴 수 없다〈행10:14〉. 부

G3366 μηδέ[56회] **메데**
G3361과 G1161에서 유래; '그러나 ~아니', '조차 ~아니'; 계속적인 부정에서, ~도 또한 ~않다:—어느 쪽의 ~도 ~아니다, (아직) ~도 또한 ~않다, ~도 아니다, 않도록〈눅3:14〉. 부

G3367 μηδείς[89회] **메데이스**
불규칙 여성형 μηδεμία 메데미아와 중성형 μηδέν 메덴을 포함하여 G3361과 G1520에서 유래; '한 (사람, 여자, 가지)도 아닌':—어떤 (사람, 것) 아닌, 아무도 ~않은, (전연, 누구도, 조금도) ~아닌, 아무것도 ~않은, 지체하지 않은〈마8:4; 행4:21〉. 형. 대

G3368 μηδέποτε[1회] **메데포테**
G3366과 G4218에서 유래; '도대체 ~조차도 아니':—결코 ~아니〈딤후3:7〉. 부

G3369 μηδέπω[1회] **메데포**
G3366과 G4452에서 유래; '아직 조차도 ~아니':—아직도 ~아니다〈히11:7〉. 부

G3370 Μῆδος[1회] **메도스**
외래어에서 유래 [H4074과 비교]; '메대 사람', 또는 '메대의 거주인':—메대인〈행2:9〉. 고명

G3371 μηκέτι[22회] **메케티**
G3361과 G2089에서 유래; '더 이상 ~아니':—더 이상, 이제부터 (~아니), 지금부터, 이제부터는(더 이상, 더, 곧) ~아니〈엡4:28; 살전3:1〉. 부

G3372 μῆκος[3회] **메코스**
아마도 G3173과 유사; (문자적 혹은 상징적으로) '길이':—길이(長)〈계21:16〉. 중명

G3373 μηκύνω[1회] **메퀴노**
G3372에서 유래; '길게 하다', 즉 (중간태) '크게 하다':—자라다〈막4:27〉. 동

G3374 μηλωτή[1회] **멜로테**
μῆλον 멜론('양')에서 유래; '양의 가죽':—양의 가죽〈히11:37〉. 여명

G3375 μήν[18회] **멘**
G3303의 강세형; 확인(오직 G2229와 더불어)의 불변사; '확실히':—반드시〈히6:14〉. 불. 부

G3376 μήν[1회] **멘**
기본어; '월':—달, 개월〈행7:20〉. 남명

G3377 μηνύω[4회] **메뉘오**
아마도 G3145의 동일 어간과 G3415(즉 μάω 마오 '노력하다')에서 유래; (정신적 '노력'과 그래서 '마음'에 떠오른다 생각을 통하여) '나타(드러)내다', 즉 '보고하다', '알리다', '공표하다':—보이다, 말하다〈요11:57〉. 동

G3378 μὴ οὐκ[5회] **메 우크**
즉 G3361과 G3756; 의문사와 부정사로서 '~이 아닌가?':—어느 쪽의 ~도 ~아니다('아니'가 따라옴), 결코 ~아니다, 아니다. G3364와 비교. 〈고전9:4〉. 불. 부

G3379 μήποτε[25회] **메포테**
또는 μή ποτε 메 포테

G3361과 G4218에서 유래; '결코 ~아니다', 또한 '만일' (또는 '~않도록') '조차' ('아마'):—혹시 ~하는 일이 있으면, (아무 때이든지, 우연히) ~않도록, 전혀 ~않다, ~이든지 또는 아니든지〈마7:6; 눅4:11〉. 불

G3380 μήπω^2회 **메포**

G3361과 G4452에서 유래; '아직 ~아니다':—아직 ~아니하다〈히9:8〉. 부

G3381 μήπως^11회 **메포스**

또는 μή πως 메 포스

G3361과 G4458에서 유래; '어쨌든 ~않도록':—(어떤 경우에서든지, 어쨌든지, 필시, 아마도) ~하지 않게〈고전8:9〉. 접 lest

G3382 μηρός^1회 **메로스**

아마도 기본어; '허벅다리':—넓적다리〈계19:16〉. 남명

G3383 μήτε^34회 **메테**

G3361과 G5037에서 유래; 역시 ~아니다, 즉 (계속적 부정으로서) '~도 아니고 ~도 아니다'; 또한, '~조차 않다':—어느 쪽의 ~도 ~아니다, 혹은, ~도 또한 않다, 그렇게 많이〈행23:12; 약5:12〉

G3384 μήτηρ^83회 **메테르**

명백히 기본어; "어머니" (문자적 혹은 상징적으로, 가깝거나 혹은 먼):—어머니〈마1:18; 요19:25〉. 여명

G3385 μήτι^1회 **메티**

G3361과 G5100의 중성에서 유래; '도대체 ~이든지(아니든지)':—아닌가? [보통 표현되지 않는 불변사, 질문의 형태를 제외하고는]〈요4:29〉. 불

G3386 μήτιγε^1회 **메티게**

G3385와 G1065에서 유래; '그렇다면 전연 아니다', 즉 '말할 것도 없이'(더군다나):—얼마나 더 많이〈고전6:3〉. 부

G3387 μήτις^2회 **메티스** 또는 μή τις 메 티스

G3361과 G5100에서 유래; 도대체 누가?:—어느? [단순한 의문형의 문장을 빼고는 때때로 표현 안 됨. 부정불변사.

G3388 μήτρα^2회 **메트라**

G3384에서 유래; '모체, 자궁':—태〈롬4:19〉. 여명

G3389 μητρολῴας^1회 **메트랄로아스**

G3384와 G257의 어간에서 유래; '어머니를 때리는 자', 즉 '어머니를 죽이는 자':—어머니 살인자〈딤전1:9〉. 남명

G3390 μητρόπολις^1회 **메트로폴리스**

G3384와 G4172에서 유래; '수도', 즉 '대도시':—가장 주요 도시. 여명

G3391 μία **미아**

G1520의 불규칙 여성형; '하나' 또는 '첫째':—한(어떤), 동의, 첫째, 하나, 다른〈눅9:33; 계6:1〉. 수

G3392 μιαίνω^4회 **미아이노**

아마도 기본 동사; '오손하다' 또는 '오염시키다', 즉 '더럽히다'(의례적으로 또는 도덕적으로):—더럽히다〈딛1:15〉. 동

G3393 μίασμα^1회 **미아스마**

G3392('독기')에서 유래; (도덕적으로) '더러움'(정확히는 그 결과):—오염〈벧후2:20〉. 중명

G3394 μιασμός^1회 **미아스모스**

G3392에서 유래; (도덕적으로) '더러움'(정확히는 그 행동):—불결〈벧후2:10〉. 남명

G3395 μίγμα^1회 **미그마**

G3396에서 유래; '혼합물':—섞은 것〈요19:39〉. 중명

G3396 μίγνυμι[4회] **미그뉘미**
기본 동사; '혼합하다':—섞다〈계8:7〉. 동

G3397 μικρόν[16회] **미크론**
G3398(명사로서)의 남성 혹은 중성 단수; '시간' 혹은 '정도'의 '적은' 간격:—조금, 잠시〈요16:16; 히10:37〉. 형. 명

G3398 μικρός[46회] **미크로스** 비교급 μικρότερος **미크로테로스**를 포함
명백히 기본어; (칫수, 양, 수 또는 [상징적으로] 위엄에 있어서) '적은':—가장 작은, 더 작은, 작은, 적은〈마18:6; 계11:18〉. 형

G3399 Μίλητος[3회] **밀레토스**
불확실한 기원; '밀레도', 소아시아의 한 도시:—밀레도〈행20:15〉. 고명

G3400 μίλιον[1회] **밀리온**
기원은 라틴어; '일천 걸음', 즉 '마일':—오리〈마5:41〉. 중명 1마일은 1478.5m

G3401 μιμέομαι[4회] **미메오마이**
μῖμος **미모스**('흉내 내는')에서 유래한 중간태; '모방하다':—따르다〈살후3:7〉. 동

G3402 μιμητής[6회] **미메테스**
G3401에서 유래; '모방자':—추종자, 본받는 자〈고전11:1〉. 남명

G3403 μιμνήσκω[23회] **밈네스코**
G3415의 연장형; '생각나게 하다', 즉 (중간태) '마음에 상기하다':—마음에 두다, 기억하다〈히13:3〉. 동

G3404 μισέω[40회] **미세오**
기본어 μῖσος **미소스**('증오')에서 유래; '몹시 싫어하다' (특히 '박해하다'); 확대된 의미로 '덜 사랑하다':—미워하다(미워하는)〈요7:7; 계2:6〉. 동

G3405 μισθαποδοσία[3회] **미스싸포도시아**
G3406에서 유래; (좋은 또는 나쁜) '보답, 보응':—포상의 보상〈히2:2〉. 여명

G3406 μισθαποδότης[1회] **미스싸포도테스**
G3409와 G591에서 유래; '보상자':—상주시는 이〈히11:6〉. 남명

G3407 μίσθιος[2회] **미스씨오스**
G3408에서 유래; '삯꾼':—고용된 품꾼〈눅15:17〉. 명

G3408 μισθός[29회] **미스쏘스**
명백히 기본어; 봉사에 대한 '임금'(문자적 혹은 상징적으로), 좋은 또는 나쁜:—삯, 보상, 품값〈마6:1; 행1:18〉. 남명

G3409 μισθόω[2회] **미스쏘오**
G3408에서 유래; 임금을 '지불하다', 즉 (중간태) '고용하다':—품꾼으로 쓰다〈마20:1〉. 동

G3410 μίσθωμα[1회] **미스쏘마**
G3409에서 유래; '세낸 건물':—셋집〈행28:30〉. 중명

G3411 μισθωτός[3회] **미스쏘토스**
G3409에서 유래; (좋은 또는 나쁜) '삯꾼':—고용된 일꾼, 품꾼〈요10:12〉. 남명

G3412 Μιτυλήνη[1회] **미튈레네**
μυτιλήνη **뮈틸레네**(조개가 많은)에서 유래; '미둘레네', 레스보스섬의 한 동네:—미둘레네〈행20:14〉. 고명

G3413 Μιχαήλ[2회] **미카엘**
기원은 히브리어 [H4317]; '미가엘', 천사장:—미가엘〈계12:7〉. 고명

G3414 μνᾶ[9회] **므나**
기원은 라틴어; '므나', 어떤 '무게':—므나〈눅19:13〉. 여명

G3415 μνάομαι[21회] **므나오마이**
G3306의 파생어 또는 아마 **G3145**(마음의 '정착' 또는 정신적 '이해'의 개념으로)의 어간의 중간태; '마음에 위치하다', 즉 '생각해내다'; 함축적으로 '보상하다' 또는 '벌주다':—마음에 두다, 기억하다, 기억해내다〈눅1:72〉. 동

G3416 Μνάσων[1회] **므나손**
불확실한 기원; '나손', 기독교인:—나손〈행21:16〉. 고명

G3417 μνεία[7회] **므네이아**
G3415 또는 **G3403**에서 유래; '상기'; 함축적으로 '암송':—진술, 기억〈살전3:6〉. 여명

G3418 μνῆμα[8회] **므네마**
G3415에서 유래; '기념비', 즉 묘의 '기념물'(매장지):—무덤, 묘, 묘비〈눅23:53〉. 중명

G3419 μνημεῖον[40회] **므네메이온**
G3420에서 유래; '기억', 즉 '기념비'(매장지):—무덤, 묘, 묘비〈요12:17〉. 중명

G3420 μνήμη[1회] **므네메**
G3403에서 유래; '기억':—생각나게 함〈벧후1:5〉. 여명

G3421 μνημονεύω[21회] **므네모뉴오**
G3420의 파생어에서 유래; '기억을 더듬다', 즉 '회상하다', 함축적으로 '벌주다'; 또한 '연습하다':—언급하다, 마음에 두다(생각하다), 기억하다〈요15:20; 히11:15〉. 동

G3422 μνημόσυνον[3회] **므네모쉬논**
G3421에서 유래; '생각나게 하는 사람(것)'(메모), '기록':—기념물(기념비)〈행10:4〉. 중명

G3423 μνηστεύω[3회] **므네스튜오**
G3415의 파생어에서 유래; '기념품(약혼선물)을 주다', 즉 '약혼하다':—아내로 삼다〈눅2:5〉. 동

G3424 μογιλάλος[1회] **모길랄로스**
G3425와 **G2980**에서 유래; '어렵게 말하는', 즉 '말을 못하는'(혀가 짧은):—말 더듬는〈막7:32〉. 형

G3425 μόγις[1회] **모기스**
기본어 μόγος 모고스('힘드는 일')에서 유래한 부사; '어려움을 가지고':—가까스로, 간신히〈눅9:39〉. 부

G3426 μόδιος[3회] **모디오스**
기원은 라틴어; '건량의 측정도'(양 또는 그 용기 容器):—부셸, 말(약 8.75리터)〈마5:15〉. 남명

G3427 μοί[95회] **모이**
G1698의 간소형; '나에게':—나, 나를, 나의 것, 나의〈마9:9; 요13:36; 행1:8〉. 인대

G3428 μοιχαλίς[7회] **모이칼리스**
G3432의 여성형의 연장형; '간음하는 여인(姦婦)'(문자적 혹은 상징적으로):—음부(淫婦), 음란한, 음란하게〈롬7:3〉. 여명

G3429 μοιχάω[4회] **모이카오**
G3432에서 유래; (중간태) '간음하다':—음행하다〈마19:9〉. 동

G3430 μοιχεία[3회] **모이케이아**
G3431에서 유래; '간음':—음란, 음행〈갈5:19〉. 여명

G3431 μοιχεύω[15회] **모이큐오**
G3432에서 유래; '간음하다':—(영적으로) 간음(우상숭배)하다〈눅16:18〉. 동

G3432 μοιχός[3회] **모이코스**
아마 기본어인 듯; (남자) '정부(情夫)', 상징적으로 '배교자':—간음하는 자〈고전6:9〉. 남명

G3433 μόλις[6회] **몰리스**
아마도 **G3425**의 변형인 듯; '어렵게':—간신히, 드물게, 겨우, 많은 힘을 들여〈행14:18〉. 부

G3434 Μολόχ[1회] **몰록**
기원은 히브리어 [**H4432**]; '몰록', 한 우상:—몰록〈행7:43〉 암몬족속이 아이들을 제물로 바쳤던 잡신. 고명

G3435 μολύνω[3회] **몰뤼노**
아마도 **G3189**에서 유래; '더러워지다'(상징적으로):—더럽히다〈계14:4〉. 동

G3436 μολυσμός[1회] **몰뤼스모스**
G3435에서 유래; '더럼', 즉 (상징적으로) '부도덕':—더러운 것〈고후7:1〉. 남명

G3437 μομφή[1회] **몸ㅎ페**
G3201에서 유래; '허물', 즉 (함축적으로) '과실':—불평〈골3:13〉. 여명

G3438 μονή[2회] **모네**
G3306에서 유래; '체류', 즉 '거주'(그 행위 또는 그 장소):—거처, 거하는 곳〈요14:2〉. 여명

G3439 μονογενής[9회] **모노게네스**
G3441과 **G1096**에서 유래; '독생한', 즉 유일한:—독(생, 생자)〈눅9:38; 요1:14; 3:16〉. 형

G3440 μόνον[55회] **모논**
부사로서 **G3441**의 중성; '다만':—다만 ~뿐, 단지, ~만의, 오직〈행8:16; 롬4:23〉. 부

G3441 μόνος[115회] **모노스**
아마도 **G3306**에서 유래한 듯; '남아있는', 즉 '오직 하나' 또는 '유일한'; 함축적으로 '~에 불과한':—다만 홀로, ~만의, 홀로〈요6:15〉. 형

G3442 μονόφθαλμος[2회] **모노ㅎ프쌀모스**
G3441과 **G3788**에서 유래; '애꾸눈의':—한 눈만 가진〈막9:47〉형

G3443 μονόω[5회] **모노오**
G3441에서 유래; '고립시키다', 즉 '앗아가다':—외롭다〈딤전5:5〉. 동

G3444 μορφή[3회] **모르ㅎ페**
아마도 **G3313**의 어간(부분들의 '조정'의 개념으로)에서 유래; '모양', 상징적으로 '본질':—형상〈빌2:6〉. 여명

G3445 μορφόω[1회] **모르ㅎ포오**
G3444와 동일어에서 유래; '모양 짓다'(상징적으로):—형상을 이루다〈갈4:19〉. 동

G3446 μόρφωσις[2회] **모르ㅎ포시스**
G3445에서 유래; '형성(물)', 즉 (함축적으로) '외관'('유사' 또는 [구체적] 공식):—모양〈딤전3:5〉. 여명

G3447 μοσχοποιέω[1회] **모스코포이에오**
G3448과 **G4160**에서 유래; '송아지의 형상을 만들다':—송아지를 만들다〈행7:41〉. 동

G3448 μόσχος[6회] **모스코스**
아마도 ὄσχος 오스코스(새로 나온 가지)의 강세형인 듯; '어린 황소':—송아지〈눅15:23〉. 남명

G3449 μόχθος[3회] **목쏘스**
G3425의 어간에서 유래; '수고', 즉 (함축적으로) '슬픔':—공을 들임, 노고〈딤후3:8〉 남명

G3450 μοῦ[564회] **무**
G1700의 간소형; '나의':—나, 나를, 나(자신)의 것, 나의〈눅9:35; 행11:

8〉.대

G3451 μουσικός[1회] **무시코스**
Μοῦσα **무사**(뮤즈신)에서 유래; '음악의', 즉 (명사로써) '풍류 하는 자':—음악가〈계8:22〉.형

G3452 μυελός[1회] **뮈엘로스**
아마도 기본어; '골수(骨髓)':—골수〈히4:12〉.남명

G3453 μυέω[1회] **뮈에오**
G3466의 어간에서 유래; '초보를 가르치다', 즉 (함축적으로) '가르치다':—교육하다〈빌4:12〉.동

G3454 μῦθος[5회] **뮈또스**
아마도 **G3453**('교수'의 개념으로)과 동일어에서 유래; '이야기', 즉 '꾸민 이야기'("신화"):—우화〈딤전4:7〉.남명

G3455 μυκάομαι[1회] **뮈카오마이**
μύζω **뮈조**("음매하고 울다")의 추정된 파생어에서 유래; '큰소리로 울다(포효하다)':—소리 지르다〈계10:3〉동

G3456 μυκτηρίζω[1회] **뮈크테리조**
G3455('소의 울음소리를 낼' 때의 '삐죽한 코'의 의미)의 어간의 파생어에서 유래; '입을 삐쭉거리다', 즉 '비웃다':—조롱하다〈갈6:7〉.동

G3457 μυλικός[2회] **뮐리코스**
G3458에서 유래; '맷돌에 속한':—맷돌의, 연자 맷돌〈막9:42〉.형

G3458 μύλος[4회] **뮐로스**
아마도 **G3433**('고난'의 개념으로)의 어간에서 궁극적으로 유래; '맷돌', 즉 (함축적으로) '가는 기구(연자 맷돌)':—연자 맷돌〈계18:21〉.남명

G3459 μύλων[1회] **뮐론**
G3458에서 유래; '방앗간':—맷돌〈마24:41〉.남명

G3460 Μύρα[1회] **뮈라**
불확실한 파생어; '무라', 소아시아의 한 장소:—무라〈행27:5〉.고명

G3461 μυριάς[8회] **뮈리아스**
G3463에서 유래; '일만', 확대된 의미로 "무수" 또는 무한 수:—일만〈계5:11〉.여명

G3462 μυρίζω[1회] **뮈리조**
G3464에서 유래; (향기 나는) '연고를 바르다':—기름붓다〈막14:8〉.동

G3463 μύριοι[3회] **뮈리오이**
명백히 기본어(아마 '매우 많은'의 뜻)의 복수; '일만'; 확대된 의미로 '무수히' 많은:—일만〈고전4:15〉.수. 형

G3464 μύρον[14회] **뮈론**
아마도 기원은 외래어인 듯 [**H4753**, **G4666**와 비교]; '몰약', 즉 함축적으로 '향유':—고약〈요12:3〉.중명

G3465 Μυσία[2회] **뮈시아**
불확실한 기원에서 유래; '무시아', 소아시아의 한 지역〈행16:7〉:—무시아〈행16:7,8〉.고명

G3466 μυστήριον[28회] **뮈스테리온**
μύω **뮈오**(입을 '다물다')의 파생어에서 유래; '비밀' 또는 '신비'(종교의식에 '초대'될 때 부과되는 '침묵'의 개념으로):—비밀(신비)〈롬16:25; 계1:20〉.중명

G3467 μυωπάζω[1회] **뮈오파조**
G3466의 어간과 ὤψ **오프스**('얼굴'; **G3700**에서 유래)의 합성어에서 유래; '눈을 감다', 즉 '깜박거리다'(명확히 보지 못하다):—멀리 볼 수 없다〈벧후1:9〉.동

G3468 μώλωψ[1회] **몰로프스**
μῶλος **몰로스**('힘 드는 일'; 아마

G3433의 어근과 유사)와 아마 ὤψ **오프스**('얼굴'; **G3700**에서 유래)에서 유래; '어두운 곳에서 일하는 사람' ('멍든 눈') 또는 '맞은 자국':—채찍 자국〈벧전2:24〉.[남명]

G3469 μωμάομαι[2회] **모마오마이**
G3470에서 유래; '흠을 잡다', 즉 '비난하다'(불신하다):—비방하다〈고전6:3〉.[동]

G3470 μῶμος[1회] **모모스**
아마 **G3201**에서 유래; '흠' 또는 '오점', 즉 (비유적으로) '수치스러운' 사람:—흠〈벧후2:13〉.[남명]

G3471 μωραίνω[4회] **모라이노**
G3474에서 유래; '맛없게 되다'; 상징적으로 '숙맥처럼 되다'(수동태; '~처럼 행동하다'):—어리석게 되다, 미련하게 만들다, 맛을 잃다〈롬1:22〉.[동]

G3472 μωρία[5회] **모리아**
G3474에서 유래; '어리석음', 즉 '불합리':—미련함〈고전1:18〉.[여명]

G3473 μωρολογία[1회] **모롤로기아**
G3474와 **G3004**의 합성어에서 유래; '분별없는 말', 즉 '익살':—어리석은 말〈엡5:4〉.[여명]

G3474 μωρός[12회] **모로스**
아마 **G3466**의 어간에서 유래; '둔한' 또는 '어리석은'(마치 '꽉 막힌'), 즉 '부주의한', (도덕적으로) '얼간이', (명백히) '불합리한':—바보(스러운, 스러움)〈마25:2〉.[형]

G3475 Μωσεύς[80회] **모슈스** 또는 Μωσῆς **모세스** 또는 Μωϋσῆς **모위세스**
기원은 히브리어 [**H4872**]; '모세', 히브리의 율법제정자〈행3:22; 히3:2〉.[고명]

트롱헬라어사전

ν

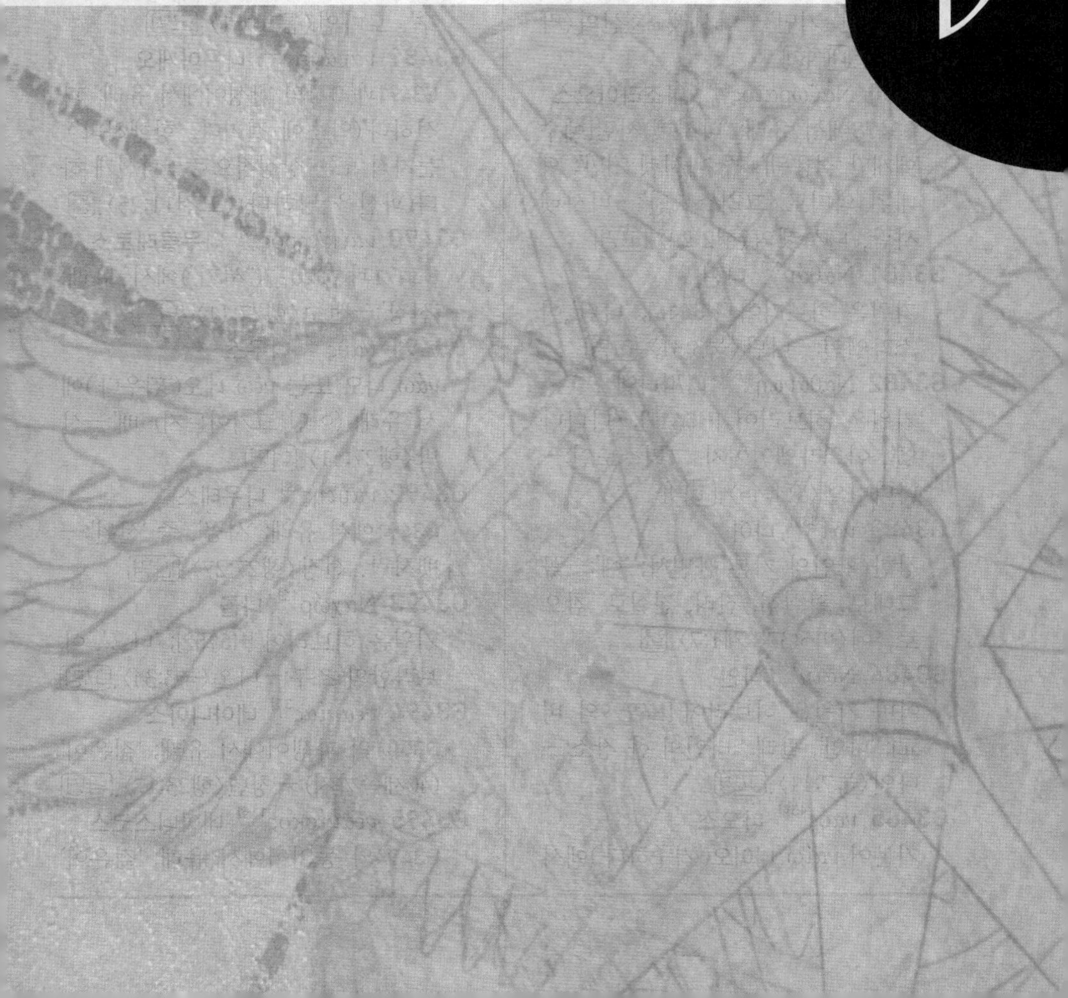

G3476 Ναασσών[3회] **나앗손**
기원은 히브리어 [**H5177**]; '나손', 이스라엘인:—나손〈마1:4〉. [고명]

G3477 Ναγγαί[1회] **낭가이**
아마 기원은 히브리어 [**H5052**와 비교]; '낙개', 이스라엘인:—낙개〈눅3:25〉. [고명]

G3478 Ναζαρέθ[2회] **나자레쓰** 또는 Ναζαρέτ **나자레트**
불확실한 파생어; '나사렛', 팔레스타인의 한 장소:—나사렛〈눅2:4〉. [고명]

G3479 Ναζαρηνός[6회] **나자레노스**
G3478에서 유래; '나사렛 사람', 즉 '나사렛 거민':—나사렛 출신의〈막1:24〉. [대]. [형]

G3480 Ναζωραῖος[13회] **나조라이오스**
G3478에서 유래; '나사렛 사람[예수에게만 적용됨]', 즉 '나사렛 거민'; 확대된 의미로 '그리스도인':—나사렛 사람, 나사렛의〈행2:22〉. [고명]

G3481 Ναθάν[1회] **나싼**
기원은 히브리어 [**H5416**]; '나단',이스라엘인:—나단〈눅3:31〉. [고명]

G3482 Ναθαναήλ[6회] **나싸나엘**
기원은 히브리어 [**H5417**]; '나다나엘', 이스라엘인이자 그리스도인:—나다나엘〈요1:45〉. [고명]

G3483 ναί[33회] **나이**
강한 확인의 기본 불변사; '예':—꼭 그대로, 확실히, 진리, 진실로, 참으로, 예〈마5:37; 계1:7〉. [불]

G3484 Ναΐν[1회] **나인**
아마 기원은 히브리어 [**H4999**와 비교]; '나인', 팔레스타인의 한 장소:—나인〈눅7:11〉. [고명]

G3485 ναός[45회] **나오스**
기본어 ναίω **나이오**('거주하다')에서 유래; '신전', '성소', '성전':—전, 성전. **G2411**과 비교. 〈마27:5; 행17:24〉. [남명]

G3486 Ναούμ[1회] **나움**
기원은 히브리어 [**H5151**]; '나훔', 이스라엘인:—나훔〈눅3:25〉. [고명]

G3487 νάρδος[2회] **나르도스**
기원은 외국어 [**H5873**과 비교]; '나드'[감송]:—나드, 감송향〈요12:3〉. [여명]

G3488 Νάρκισσος[1회] **나르킷소스**
동일명의 꽃나무 ναρκη **나르케**('마취', "최면약"으로서)에서 유래; '나깃수', 로마인〈롬16:11〉. [고명]

G3489 ναυαγέω[2회] **나우아게오**
G3491과 **G71**의 합성어에서 유래; '파선하다'(암초에 걸리다, '항행하다'), 문자적 또는 상징적으로:—파선케 하다(파선을 당하다)〈고전11:25〉. [동]

G3490 ναύκληρος[1회] **나우클레로스**
G3491과 **G2819**("서기")에서 유래; '선장':—선주〈행27:11〉. [남명]

G3491 ναῦς[1회] **나우스**
νάω **나오** 또는 νέω **네오**('띄우다')에서 유래; (어떤 크기이든지) '배':—선박〈행27:41〉. [여명]

G3492 ναύτης[3회] **나우테스**
G3491에서 유래; '사공', 즉 '선원':—뱃사람, 선장〈행27:27〉. [남명]

G3493 Ναχώρ[1회] **나콜**
기원은 히브리어 [**H5152**]; '나홀', 아브라함의 조부:—나홀〈눅3:34〉. [고명]

G3494 νεανίας[3회] **네아니아스**
G3501의 파생어에서 유래; '젊은이'(40세쯤까지):—청년〈행23:17〉. [남명]

G3495 νεανίσκος[11회] **네아니스코스**
G3494와 동일어에서 유래; '젊은이'

(40세 이하):—청년〈막14:51〉.남명

G3496 Νεάπολις[1회] **네아폴리스**
G3501과 G4172에서 유래; '새 도시'; '네압볼리', 마케도니아의 한 장소:—네압볼리〈행16:11〉.고명

G3497 Νεεμάν[1회] **네에만**
기원은 히브리어[H5283]; '나아만', 시리아 사람:—나아만〈눅4:27〉.고명

G3498 νεκρός[128회] **네크로스**
명백히 기본어인 νέκυς **네퀴스**('시체')에서 유래; '죽은'(문자적 또는 상징적으로; 또한 명사로서):—죽은〈행3:15; 롬6:4〉.형

G3499 νεκρόω[3회] **네크로오**
G3498에서 유래; '죽이다', 즉 (상징적으로) '진압하다':—죽다, 억제하다〈롬4:19〉.동

G3500 νέκρωσις[2회] **네크로시스**
G3499에서 유래: '사망'; 상징적으로 '무기력':—죽은(인) 것(상태, 무감각), 죽음〈고후4:10〉.여명

G3501 νέος[24회] **네오스**
비교급 νεώτερος **네오테로스** 포함; 기본어 '새로운', 즉 (사람의) '젊은', 또는 (사물의) '신선한'; 상징적으로 '개심한':—새, 젊은〈눅5:37〉.형

G3502 νεοσσός[1회] **네옷소스**
G3501에서 유래; '어린 것'(갓깬 새끼새):—새 새끼〈눅2:24〉.남명

G3503 νεότης[4회] **네오테스**
G3501에서 유래; '새로움', 즉 '젊음':—연소함〈딤전4:12〉.여명

G3504 νεόφυτος[1회] **네오ㅎ퓌토스**
G3501과 G5453의 파생어에서 유래; '새로이 심은', 즉 (상징적으로) 새로이 개종한('초심자'):—신참자〈딤전3:6〉.형

G3505 Νέρων[1회] **네론**
기원은 라틴어; '네로', 로마의 황제:—네로〈딤후4:23〉.고명

G3506 νεύω[2회] **뉴오**
명백히 기본 동사; '고개를 끄덕이다', 즉 (상징적으로) '신호하다':—손짓[고갯짓]으로 부르다〈요13:24〉.동

G3507 νεφέλη[25회] **네ㅎ펠레**
G3509에서 유래; 정확하게는 '흐린 하늘', 즉 [구체적으로] '구름':—구름〈계14:14〉 여명

G3508 Νεφθαλείμ[3회] **네ㅎ프쌀레임**
기원은 히브리어 [H5321]; '납달리', 팔레스타인에 있던 한 지파:—납달리〈마4:13〉.고명

G3509 νέφος[1회] **네ㅎ포스**
명백히 기본어; '구름':—구름〈히12:1〉.중명

G3510 νεφρός[1회] **네ㅎ프로스**
불확실한 유사어에서; '콩팥'(복수), 즉 (상징적으로) 가장 깊은 '마음':—고삐〈계2:23〉.남명

G3511 νεωκόρος[1회] **네오코로스**
G3485와 κορέω **코레오**(쓸다)에서 유래; '신전 봉사자', 즉 (함축적으로) '열성적 신자':—예배자〈행19:35〉.남명

G3512 νεωτερικός[1회] **네오테리코스**
G3501의 비교급에서 유래; '젊은 사람과 관련되는', 즉 '젊은':—청년의〈딤전2:22〉.형

G3513 νή[1회] **네**
아마 G3483의 강조형; 증언의 불변사(확인에 있어서 기원하거나 호소하는 대상이 따라옴); '만큼 확실한':—~을 두고 단언하노니〈고전15:31〉.불.부

G3514 νήθω[2회] **네쏘**
νέω 네오(같은 의미의)에서 유래; '방적하다':—실을 잣다〈눅12:27〉.동

G3515 νηπιάζω[1회] **네피아조**
G3516에서 유래; '아기처럼 행동하다', 즉 (상징적으로) '천진난만하게 행동하다':—아기가 되다〈고전14:20〉.동

G3516 νήπιος[15회] **네피오스**
폐어된 불변사 νη- 네-('부정'의 뜻 포함)와 **G2031**에서 유래; '말 못하는', 즉 '유아'(작은); (상징적으로) '단순한 마음의' 소유자, '미성숙한' 그리스도인:—갓난아기, 어린(아이), 어린애 같은〈고전13:11〉.형

G3517 Νηρεύς[1회] **네류스**
명백히 **G3491**('젖은'의 뜻)의 어간의 파생어에서 유래; '네레오', 그리스도인:—네레오〈롬16:15〉.고명

G3518 Νηρί[1회] **네리**
기원은 히브리어 [**H5374**]; '네리', 이스라엘인:—네리〈눅3:27〉.고명

G3519 νησίον[1회] **네시온**
G3520의 지소형; '작은 섬':—섬〈행27:16〉.중명

G3520 νῆσος[9회] **네소스**
아마 **G3491**의 어간에서 유래한 듯; '섬':—섬, 작은 섬〈행28:1〉.여명

G3521 νηστεία[6회] **네스테이아**
G3522에서 유래; '금식'(식량 부족, 또는 자의적 이거나 종교적 입장에서); 특히 대속죄일의 '금식':—금식, 먹지 못함〈행14:23〉.여명

G3522 νηστεύω[20회] **네스튜오**
G3523에서 유래; (종교적으로) '음식을 삼가다':—금식하다〈마6:16〉.동

G3523 νῆστις[2회] **네스티스**
비분리 부정 불변사 νη- 네-('아니')와 **G2068**에서 유래; '먹지 않는', 즉 '음식을 절제하는'(종교적으로):—굶은〈막8:3〉.형

G3524 νηφάλεος[3회] **네ㅎ팔레오스** 또는 νηφάλιος **네ㅎ팔리오스**
G3525에서 유래; '술 취하지 않은', 즉 (상징적으로) '신중한':—착실한〈딛2:2〉.형

G3525 νήφω[6회] **네ㅎ포**
불확실한 유사어에서; '금주하다'('술 취하지 않다'), 즉 (상징적으로) '신중하다':—착실하다, 지켜보다〈벧전1:13〉.동

G3526 Νίγερ[1회] **니게르**
기원은 라틴어; '검은'; '니게르', 그리스도인:—니게르〈행13:1〉.고명

G3527 Νικάνωρ[1회] **니카노르**
아마 **G3528**에서 유래; '승리를 거둔'; '니가노르', 그리스도인:—니가노르〈행6:5〉.고명

G3528 νικάω[28회] **니카오**
G3529에서 유래; '정복하다'(문자적 또는 상징적으로):—이겨내다, 극복하다, 우세하다, 승리를 얻다〈계2:7〉.동

G3529 νίκη[1회] **니케**
명백히 기본어; '정복'(추상명사), 즉 (상징적으로) '성공의 수단':—승리〈요일5:4〉.여명

G3530 Νικόδημος[5회] **니코데모스**
G3534와 **G1218**에서 유래; '백성 중에서 승리하는'; '니고데모', 이스라엘인:—니고데모〈요3:1〉.고명

G3531 Νικολαΐτης[2회] **니콜라이테스**
G3532에서 유래; '니골라 당', 즉 '니골라의 신봉자':—니골라 당〈계2:6〉.

고명

G3532 Νικόλαος[1회] **니콜라오스**
G3534와 **G2992**에서 유래; '백성위에 승리하는'; '니골라', 이교도:—니골라〈행6:5〉. 고명

G3533 Νικόπολις[1회] **니코폴리스**
G3534와 **G4172**에서 유래; '승리의 성'; '니고볼리', 마케도니아의 도시:—니고볼리〈딛3:12〉. 고명

G3534 νῖκος[4회] **니코스**
G3529에서 유래; '정복'(구체적으로), 즉 (함축적으로) '승리':—이김〈고전15:54〉. 중명

G3535 Νινευΐ[5회] **니뉴이**
기원은 히브리어 [**H5210**]; '니느웨', 앗수르의 수도:—니느웨〈눅11:32〉. 고명

G3536 Νινευΐτης[3회] **니뉴이테스**
G3535에서 유래; '니느웨 사람', 즉 '니느웨 거민':—니느웨의, 니느웨 사람〈마12:41〉. 남명

G3537 νιπτήρ[1회] **닢테르**
G3538에서 유래; '물 항아리':—대야〈요13:5〉. 남명

G3538 νίπτω[17회] **닢토**
'깨끗하게 하다'(특히 손, 발 또는 얼굴); 의식에서 결례(潔禮)를 행하다':—씻다. **G3068**과 비교. 〈요9:7〉. 동

G3539 νοέω[14회] **노에오**
G3563에서 유래; '마음을 활동시키다'(관찰하다), 즉 (상징적으로) '이해하다', '주의하다':—숙고하다, 인식하다, 생각하다, 깨닫다〈마15:17; 딤후2:7〉. 동

G3540 νόημα[6회] **노에마**
G3539에서 유래; '인지', 즉 '의지', 또는 (함축적으로) '지성', '성질':—계책, 마음, 생각〈고후3:14〉. 중명

G3541 νόθος[1회] **노쏘스**
불확실한 유사어; '비적출(非摘出)의' 또는 '서출(庶出)'의 아들:—사생아의〈히12:8〉. 형

G3542 νομή[2회] **노메**
G3551과 동형에서 유래; '목장', 즉 (행위) '풀 뜯기기'(상징적으로 부패의 '파급'), 또는 (먹이) '목초지':—꼴, 목장〈요10:9〉. 여명

G3543 νομίζω[15회] **노미조**
G3551에서 유래; 정확히는 '법(-용도)에 따라 행하다', 즉 '익숙하다'(수동태 '일상이 되다'); 확대한 의미로 '생각하다' 또는 '간주하다':—가정하다, 생각하다, 익숙하다〈마5:17; 행7:25〉. 동

G3544 νομικός[9회] **노미코스**
G3551에서 유래; '법에 따른'(또한 '적합한'), 즉 '합법적인' (의식(儀式)상), (명사로서; 모세의) '율법에 능한 자':—율법에 관한, 율법사〈눅7:30〉. 형

G3545 νομίμως[2회] **노미모스**
G3551의 파생어에서 유래한 부사; '합법적으로'(특히 목록으로 된 규칙에 일치하게):—율법대로〈딤전1:8〉. 부

G3546 νόμισμα[1회] **노미스마**
G3543에서 유래; 가치있는 것으로서 '인식되어 지는 것', 즉 통용되는 '주화':—돈〈마22:19〉. 중명

G3547 νομοδιδάσκαλος[3회] **노모디다스칼로스**
G3551과 **G1320**에서 유래; (유대) '율법의 해석가', 즉 '랍비':—율법사(교법사)〈눅5:17〉. 남명

G3548 νομοθεσία[1회] **노모쎄시아**

G3550에서 유래; '율법을 세우심'(특히 모세 법전의 제정):—율법 수여〈롬9:4〉. 여명

G3549 νομοθετέω[2회] **노모쎄테오**
G3550에서 유래; '법을 세우다', 즉 (수동태) '(모세의) 율법의 제정하심을 받다', (율법의 명에 의해) '재가를 받다':—세우다, 율법을 받다〈히7:11〉. 동

G3550 νομοθέτης[1회] **노모쎄테스**
G3551과 G5087의 파생어에서 유래; '입법자':—율법 수여자〈약4:12〉. 남명

G3551 νόμος[195회] **노모스**
기본어 νέμω 네모('분배하다', 특히 짐승에게 먹이를 주거나 방목하다)에서 유래; '율법'(규범적 '관습'의 개념으로), 일반적 (규칙), 특히 (모세의[책 포함], 또는 복음의), 또는 상징적으로 (원칙):—율법, 법〈마5:17; 행6:13; 롬3:19〉. 남명

G3552 νοσέω[1회] **노세오**
G3554에서 유래; '병들어 있다', 즉 (함축적으로 병적인 식욕으로) '갈망하다' (상징적으로 '같은 말을 되풀이하다'):—맹목적으로 좋아(사랑)하다〈딤전6:4〉. 동

G3553 νόσημα[1회] **노세마**
G3552에서 유래; '우환':—병〈마5:4〉. 중명

G3554 νόσος[11회] **노소스**
불확실한 유사어; '병'(드물게 [상징적으로 또는 도덕적으로] '무능'):—질병, 허약, 병〈마4:23〉. 여명

G3555 νοσσία[1회] **놋시아**
G3502에서 유래; (병아리) '한 배 새끼':—새끼〈눅13:34〉. 여명

G3556 νοσσίον[1회] **놋시온**
G3502의 지소형; '새 새끼':—병아리〈마23:37〉. 중명

G3557 νοσφίζομαι[3회] **노스ㅎ피조마이**
νοσφί 노스ㅎ피('떨어져' 또는 '남몰래')에서 유래한 중간태; 자기를 위해 '떼어놓다', 즉 '착복하다':—뒤에 감추다, 훔치다〈딛2:10〉. 동

G3558 νότος[7회] **노토스**
불확실한 유사어; '남(-서)풍'; 확대된 의미로 '남쪽 방면' 그 자체:—남(풍)〈행27:13〉. 남명

G3559 νουθεσία[3회] **누쎄시아**
G3563과 G5087의 파생어에서 유래; 주의를 '불러일으킴', 즉 (함축적으로) 온건한 '책망' 또는 '경고':—훈계〈엡6:4〉. 여명

G3560 νουθετέω[8회] **누쎄테오**
G3559와 동일어에서 유래; '마음에 두다', 즉 (함축적으로) '주의하다' 또는 온건하게 '책망하다':—훈계하다, 경고하다〈고전4:14〉. 동

G3561 νουμηνία[1회] **누메니아**
G3501과 G3376(G2250)의 함축적 의미의 명사로)의 합성어의 여성형; '초승달' 축제:—초승달〈골2:16〉. 여명

G3562 νουνεχῶς[1회] **누네코스**
G3563의 대격과 G2192의 합성어에서 유래한 부사; '마음먹은' 방법으로, 즉 '신중하게':—분별 있게〈막12:34〉. 부

G3563 νοῦς[24회] **누스**
아마 G1097의 어간에서 유래; '지능', 즉 '마음'(하나님 또는 인간의; 사고(思考), 감각, 또는 의지에 있어서); 함축적으로 '의미':—마음, 이해. G5590과 비교.〈고전14:14〉. 남명

G3564 Νυμφᾶς[1회] **뉨ㅎ파스**

아마 **G3565**와 **G1435**의 합성어의 압축형; '요정이 점지한'(-태생의); '눔바', 그리스도인:—눔바〈골4:15〉.[고명]

G3565 νύμφη[8회] **뉨ㅎ페**

기본어이지만 폐어인 동사 νύπτω **뉩토**(신부처럼 '베일로 가리다'; 라틴어 "*nupto*," '결혼하다'와 비교)에서 유래; 젊은 '신부'(베일을 쓴), '정혼한' 여인도 포함; 함축적으로 '며느리':—신부, 며느리〈계18:23〉.[여명]

G3566 νυμφίος[16회] **뉨ㅎ피오스**

G3565에서 유래; '신랑'(문자적 또는 상징적으로):—신랑〈마9:15〉.[남명]

G3567 νυμφών[3회] **뉨ㅎ폰**

G3565에서 유래; '신방':—신부 방〈막2:19〉.[남명]

G3568 νῦν[148회] **뉜**

현재를 나타내는 기본 불변사; '지금'(시간의 부사로서, 변환 또는 강조), 또한 명사와 형용사로 '현재' 또는 '즉각적인':—여기서, 이후로, 늦게, 곧, 현재, 이(때). 또한 **G3569**, **G3570**을 보라.〈요2:8; 행7:4〉.[부]

G3569 τανῦν[5회] **타뉜**

또는 τὰ νῦν **타 뉜**

G3588과 **G3568**의 중성 복수에서 유래; '지금의 일', 즉 (부사) '이제':—지금〈행4:29〉.[부]

G3570 νυνί[20회] **뉘니**

강조를 위한 **G3568**의 연장형; '지금 당장':—이제, 지금, 그런즉〈고전5:11〉.[부]

G3571 νύξ[61회] **뉙스**

기본어; '밤'(문자적 또는 상징적으로):—(한-)밤〈행5:19; 딤전5:2〉.[여명]

G3572 νύσσω[1회] **뉘쏘**

명백히 기본어; '따끔하게 찌르다'("쿡 찌르다"):—찌르다〈요19:34〉.[동]

G3573 νυστάζω[2회] **뉘스타조**

G3506의 추정된 파생어에서 유래; '끄덕이다', 즉 (함축적으로) '잠이 들다'; 상징적으로 '지연시키다':—졸다, 자다〈마25:5〉.[동]

G3574 νυχθήμερον[1회] **뉘크쎄메론**

G3571과 **G2250**에서 유래; '주야', 즉 '24시간의 하루':—일주야〈고후11:25〉.[중명]

G3575 Νῶε[8회] **노에**

기원은 히브리어 [**H5146**]; '노아', 족장:—노아〈눅3:36〉.[고명]

G3576 νωθρός[2회] **노쓰로스**

G3541의 파생어에서 유래; '굼뜬', 즉 (문자적으로) '게으른', 또는 (상징적으로) '우둔한':—둔한, 게으른〈히5:11〉.[형]

G3577 νῶτος[1회] **노토스**

불확실한 유사어; '뒷잔등':—등〈롬11:10〉.[남명]

트롱헬라어사전

ξ

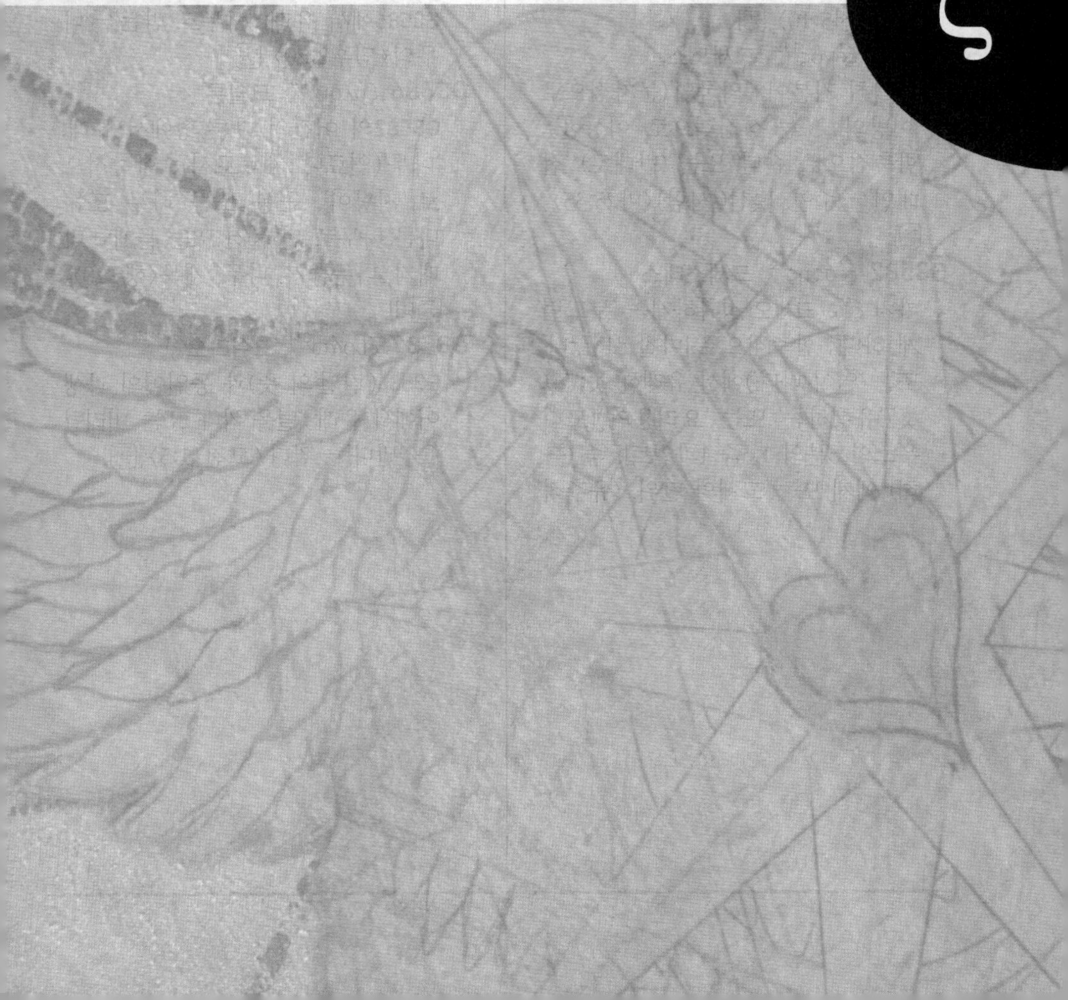

G3578 ξενία[2회] **크세니아**
G3581에서 유래; '후한 접대', 즉 (함축적으로) '접대장소':—숙박소, 유숙하는 집〈몬1:22〉.여명

G3579 ξενίζω[10회] **크세니조**
G3581에서 유래; '접대하다'(수동태; '손님으로 환대받다'), [함축적으로] 이상한 것으로 여기다(보이다):—접대하다, 유숙하다, 이상한 것으로 생각하다〈행10:6〉.동

G3580 ξενοδοχέω[1회] **크세노도케오**
G3581과 G1209의 합성어에서 유래; '후히 대접하다':—손님을 투숙시키다〈딤전5:10〉.동

G3581 ξένος[14회] **크세노스**
명백히 기본어; '외국의'(문자적으로 '이방의', 또는 상징적으로 '이상한'); 함축적으로 '손님' 또는 (반대로) '접대인':—주인, 낯선(-사람)〈마25:35〉.형

G3582 ξέστης[1회] **크세스테스**
마치 ξέω **크세오**(정확하게는 '부드럽게 하다'; 함축적으로 [마찰로] '끓다' 또는 '열이 나다')에서 유래한 듯; '그릇'('유행하는' 또는 '요리용의')[모디우스의 6분의 1, 즉 1파인트], 즉 (특히) 액체 또는 고체의 단위, (유추적으로 '물주전자'):—원통형의 그릇〈막7:4〉.남명

G3583 ξηραίνω[15회] **크세라이노**
G3584에서 유래; '건조시키다', 함축적으로 '주름살지다', '익히다':—마르다, 파리해지다, 성숙하다, 시들어가다〈막5:29 계14:15〉.동

G3584 ξηρός[8회] **크세로스**
G3582('그슬림'의 개념으로)의 어간에서 유래; '건조한'; 함축적으로 '오그라든', '육지'(물에 상대적으로):—마른, 땅, 시든〈마23:15; 눅6:6〉.형

G3585 ξύλινος[2회] **크쉴리노스**
G3586에서 유래; '나무로 만든':—나무의〈딤후2:20〉.형

G3586 ξύλον[20회] **크쉴론**
G3582의 어간의 다른 형에서 유래; '나무'(연료나 재료로서); 함축적으로 '지팡이', '곤봉' 또는 '나무' 또는 다른 나무로 된 물건 또는 물체:—막대기, 나무줄기, 나무, 재목〈행5:20〉.중명

G3587 ξυράω[3회] **크쉬라오**
G3586('칼날'의 뜻)과 동일어의 파생어에서 유래; '털을 깎다' 또는 머리털을 '밀다':—깎다〈고전11:5〉.동

트롱헬라어사전

O

G3588 ὁ[6977회] **호** 모든 어형변화로 여성형 ἡ와 중성형 τό를 **포함**
정관사; '그':—그, 이, 저, 것, 그이, 그녀, 그것, 등〈마9:8; 눅22:19〉. 관

G3589 ὀγδοήκοντα[1회] **옥도에콘타**
G3590에서 유래; '여든':—팔십〈눅2:37〉. 수

G3590 ὄγδοος[5회] **옥도오스**
G3638에서 유래; '제8의':—여덟 번째〈행7:8〉. 형

G3591 ὄγκο[1회] **옹코스**
정확히는 **G43**과 동일어에서 유래; '덩어리'(그 짐으로 '휘거나 부푸는'), 즉 '짐(장애)':—무거운 것, 무게〈히12:1〉. 남명

G3592 ὅδε[10회] **호데** 여성형 ἥδε **헤데**와 중성형 τόδε **토데**를 포함하여
G3588과 **G1161**에서 유래; '같은 것', 즉 '이것', 또는 '저것'(복수 '이들' 또는 '저들'); 가끔 인칭대명사로도 사용:—그, 그녀, 그러한 것, 이들, 이(그, 저)와 같은〈계2:1〉. 지대

G3593 ὁδεύω[1회] **호듀오**
G3598에서 유래; '여행하다':—여행하다〈눅10:33〉. 동

G3594 ὁδηγέω[5회] **호데게오**
G3598에서 유래; '길을 보여 주다'(문자적 또는 상징적으로 ['가르치다']):—지도하다, 인도하다〈요16:13; 행8:31〉. 동

G3595 ὁδηγός[5회] **호데고스**
G3598과 **G2233**에서 유래; '안내자'(문자적 또는 상징적으로 ['교사']):—인도자, 인도하는 자〈마23:16〉. 남명

G3596 ὁδοιπορέω[1회] **호도이포레오**
G3598과 **G4198**의 합성어에서 유래; '여행자가 되다', 즉 '여행하다':—여행을 가다〈행10:9〉. 동

G3597 ὁδοιπορία[2회] **호도이포리아**
G3596과 동일어에서 파생; '여행':—여행, 행로(길을 감)〈고후11:26〉. 여명

G3598 ὁδός[101회] **호도스**
명백히 기본어; '길', 함축적으로 '진로'(그 통로, 그 행위, 그 거리); 상징적으로 '형태' 또는 '수단':—여행, 길, 대로〈눅1:76; 요14:4,6; 행1:12〉. 여명

G3599 ὀδούς[12회] **오두스**
아마 **G2068**의 어간에서 유래; '치아':—이〈마5:38〉. 남명

G3600 ὀδυνάω[4회] **오뒤나오**
G3601에서 유래; '몹시 슬퍼하다':—슬퍼하다, 괴롭히다〈눅2:48〉. 동

G3601 ὀδύνη[2회] **오뒤네**
G1416에서 유래; '슬픔'(낙담하여):—고통〈딤전6:10〉. 여명

G3602 ὀδυρμός[2회] **오뒤르모스**
G1416의 어간의 파생어에서 유래; '슬퍼함', 즉 '통곡':—애도〈마2:18〉. 남명

G3603 ὅ ἐστι[9회] **호 에스티**
G3739의 중성과 **G1510**의 현재직설법 3인칭 단수에서 유래; '이는 곧':—소위, 이것이 곧 ~이다(이루다), 말하자면 ~이다〈막7:11; 골1:24〉. 부

G3604 Ὀζίας[2회] **오지아스**
기원은 히브리어 [**H5818**]; '웃시야', 이스라엘인:—웃시야〈마1:8〉. 고명

G3605 ὄζω[1회] **오조**
기본어(강세형); '냄새를 풍기다'(보통 악'취'):—고약한 냄새가 나다〈요11:39〉. 동

G3606 ὅθεν[15회] **호쎈**
출처를 나타내는 전접어와 함께

G3739에서 유래; '~로부터' (장소, 근원, 원인) (부사 혹은 접속사):—거기서, ~로부터, ~에, ~에 의하여, 그러므로, 그 위에〈마25:24; 히2:17〉. 부

G3607 ὀθόνη[2회] **오또네**

불확실한 유사어에서; '베옷' 즉 (특히) '돛':—홑이불, 보자기〈행10:11〉. 여명

G3608 ὀθόνιον[5회] **오또니온**

G3607의 추정된 파생어의 중성형; (특히 시체를 싸는) 베로 된 '붕대':—베옷 〈요20:5〉. 중명

G3609 οἰκεῖος[3회] **오이케이오스**

G3624에서 유래; '가정의', 즉 (명사로서) '친척', '딸린 사람':—권속의, 가족의〈갈6:10〉. 형

G3610 οἰκέτης[4회] **오이케테스**

G3611에서 유래; '함께 사는 동료', 즉 '집안의 하인':—(집안의) 종〈눅16:13〉. 남명

G3611 οἰκέω[9회] **오이케오**

G3624에서 유래; '집을 차지하다', 즉 '거주하다'(상징적으로 '살다', '머물다', '귀속되다'); 함축적으로 '동거하다':—거하다. 또한 G3625를 보라. 〈롬8:9〉. 동

G3612 οἴκημα[1회] **오이케마**

G3611에서 유래; '셋집', 즉 (특히) '감옥':—옥〈행12:7〉. 중명

G3613 οἰκητήριον[2회] **오이케테리온**

G3611(G3612의 동의어)의 추정된 파생어의 중성형; '거주'(문자적 또는 상징적으로):—처소, 집〈유1:6〉. 중명

G3614 οἰκία[94회] **오이키아**

G3624에서 유래; 정확히는 '거주'(추상적으로), 그러나 보통 (구체적으로) 거주지(문자적 또는 상징적으로); 함축적으로 '일가족' (특히 '하인들'):—집안, 집, 가족〈마2:11; 눅11:5〉. 여명

G3615 οἰκιακός[2회] **오이키아코스**

G3614에서 유래; '친구', 즉 (명사로서) '친척':—집안사람, 식구〈마10:25〉. 남명

G3616 οἰκοδεσποτέω[1회] **오이코데스포테오**

G3617에서 유래; '가정의 장(즉, 규칙)이 되다':—집을 다스리다〈딤전5:14〉. 동

G3617 οἰκοδεσπότης[12회] **오이코데스포테스**

G3624와 G1203에서 유래; '가장(家長)':—집주인, 세대주, 가장〈마13:27〉. 남명

G3618 οἰκοδομέω[40회] **오이코도메오**

G3619와 동일어에서 유래; '건축자가 되다' 즉 '건축하다' 또는 (상징적으로) '세우다':—세우다, 품성을 높이다, 대담하게 하다〈눅4:29〉. 동

G3619 οἰκοδομή[18회] **오이코도메**

G3624와 G1430의 어간의 합성어의 여성형(추상명사); '건축', 즉 (구체적으로) '건축물'; 상징적으로 '세움':—건물, 교화〈고전14:5〉. 여명

G3620 οἰκοδομία[9회] **오이코도미아**

G3619와 동일어에서 유래; '확립':—세움〈딤전1:4TR〉. 여명

G3621 οἰκονομέω[1회] **오이코노메오**

G3623에서 유래; '관리하다'(집, 즉 재산을):—청지기가 되다〈눅16:2〉. 동

G3622 οἰκονομία[9회] **오이코노미아**

G3623에서 유래; '관리'(집 또는 재산의); 특히 (종교적인) '섭리':—경륜,

청지기직〈엡1:10〉. 여명

G3623 οἰκονόμος[10회] **오이코노모스**
G3624와 **G3551**의 어간에서 유래; '가정 관리자'(즉 집사), 또는 '감독', 즉 이 방면의 능력 있는 고용인; 확대한 의미로 '국고 대리인'(재무관); 비유적으로 '설교가'(복음의):—시종, 총독, 청지기〈눅12:42〉. 남명

G3624 οἶκος[114회] **오이코스**
불확실한 유사어에서; '거주'(다소 포괄적, 문자적 또는 상징적); 함축적으로 '가족'(다소 연관된; 문자적 또는 상징적으로):—집안, 집, 식구, 신전〈눅1:23; 행7:10〉. 남명

G3625 οἰκουμένη[15회] **오이쿠메네**
G3611의 여성분사 현재 수동태(명사로서, 함축적으로 **G1093**에서 유래); '땅', 즉 '지구상의 육지부분'; 특히 로마제국:—지구상, 세상〈행11:28〉. 여명

G3626 οἰκουρός[1회] **오이쿠로스**
G3624와 οὖρος 우로스('보초'; '방심하지 않는')에서 유래; '집에 머무르는 사람', 즉 '집안일을 하는'('가사에 충실한'):—집지키는 (사람)〈딛2:5〉. 형

G3627 οἰκτείρω[2회] **오이크테이로** 또한 (어떤 시제에서) 연장형 οἰκτερέω **오이크테레오**
οἶκτος 오이크토스 (동정)에서 유래; '동정을 베풀다':—불쌍히 여기다〈롬9:15〉. 동

G3628 οἰκτιρμός[5회] **오이크티르모스**
G3627에서 유래; '불쌍히 여김':—자비〈롬12:1〉. 남명

G3629 οἰκτίρμων[3회] **오이크티르몬**
G3627에서 유래; '동정심 있는':—자비로운, 온유한 자비의〈눅6:36〉. 형

G3630 οἰνοπότης[2회] **오이노포테스**
G3631과 **G4095**의 대체어의 파생어에서 유래; '술고래':—모주꾼〈마11:19〉. 동

G3631 οἶνος[34회] **오이노스**
기본어(또는 아마 기원이 히브리어 [**H3196**]); '포도주'(문자적 또는 상징적으로):—포도주〈요2:3; 계18:3〉. 남명

G3632 οἰνοφλυγία[1회] **오이노ㅎ플뤼기아**
G3631과 **G5397**의 어간에서 유래; '술의 넘침'(또는 과잉), 즉 '술 취함':—술이 지나침〈벧전4:3〉. 여명

G3633 οἴομαι[3회] **오이오마이** 또는 (단축형) οἶμαι **오이마이** 중간태
명백히 **G3634**에서 유래; (누구와) '닮게 만들다', 즉 '상상하다'(그 의견이 '되다'):—가정하다, 생각하다〈빌1:16〉. 동

G3634 οἷος[15회] **호이오스**
아마 **G3588**, **G3739**와 **G3745**와 유사; '그러한' 또는 '어떤 종류'(상관 접속사 또는 감탄사로); 특히 (부사적으로) 부정적 '그렇지' 않다와 함께 중성:—그렇게, 그러한, 그와 같은, 어떤(방법의), 어느 것〈고전15:48〉. 관대

G3635 ὀκνέω[1회] **오크네오**
ὄκνος 오크노스)(주저)에서 유래; '느리다'(상징적으로 '몹시 싫어하다'):—지체하다〈행9:38〉. 동

G3636 ὀκνηρός[3회] **오크네로스**
G3635에서 유래; '느린' 즉 '게으른'; 상징적으로 '지루한':—무거운, 나태한〈롬12:11〉. 형

G3637 ὀκταήμερος[1회] **옥타에메로스**
G3638과 **G2250**에서 유래; '여드레'

난 아기 또는 할례:—제 팔일의〈빌 3:5〉. 형

G3638 ὀκτώ 6회 **옥토**
기본수사; '여덟':—팔〈눅13:4; 요5:5〉. 수

G3639 ὄλεθρος 4회 **올레쓰로스**
기본어 ὄλλυμι **올뤼미**(파괴하다; 연장형)에서 유래; '파멸', 즉 '죽음', '형벌':—멸망〈살전5:3〉. 남명

G3640 ὀλιγόπιστος 5회 **올리고피스토스**
G3641과 **G4102**에서 유래; '쉽사리 믿지 않는', 즉 (그리스도에 대한) '신뢰가 부족한':—믿음이 적은〈마6:30〉. 여명

G3641 ὀλίγος 41회 **올리고스**
불확실한 유사어; '자그마한'(범위, 정도, 수, 기간 또는 가치에 있어서); 특히 중성(부사) '약간':—거의, 간단한, 간단히, 거의 없는, 적은, 긴, 한때, 짧은, 작은, 잠시〈마7:14; 행12:18〉. 형

G3642 ’λιγόψυχος 1회 **올리고프쉬코스**
G3641과 **G5590**에서 유래; '소심한' 즉 '겁이 많은':—마음이 약한〈살전5:14〉. 형

G3643 ὀλιγωρέω 1회 **올리고레오**
G3641과 ὤρα **오라**('돌보다')에서 유래; '관심을 거의 갖지 않다', 즉 '얕보다':—경멸하다〈히12:5〉. 동

G3644 ὀλοθρευτής 1회 **올로쓰류테스**
G3645에서 유래; '파괴자', 즉 (특히) '독사':—멸망시키는 자〈고전10:10〉. 남명

G3645 ὀλοθρεύω 1회 **올로쓰류오**
G3639에서 유래; '망치다', 즉 '죽이다':—멸하다〈히11:28〉. 동

G3646 ὁλοκαύτωμα 3회 **홀로카우토마**
G3650과 **G2545**의 파생어의 합성어의 파생어에서 유래; '전체로 드리는 제물'('전번제 全燔祭'):—전체로 드리는 번제〈히10:6〉. 중명

G3647 ὁλοκληρία 1회 **홀로클레리아**
G3648에서 유래; '완전', 즉 육체적인 '완전함':—완전한 건강〈행3:16〉. 여명

G3648 ὁλόκληρος 2회 **홀로클레로스**
G3650과 **G2819**에서 유래; '모든 부분이 완전한', 즉 (몸이) 완벽하게 '건강한':—온전한, 건전한〈약1:4〉. 형

G3649 ὀλολύζω 1회 **올롤뤼조**
중복 기본동사; "울부짖다" 또는 "큰 소리로 외치다", 즉 '비명을 지르다':—악을 쓰며 말하다〈약1:4〉. 동

G3650 ὅλος 110회 **홀로스**
기본어; '전체의' 또는 '모든', 즉 '완전한'(범위, 수, 회수 또는 정도에 있어서), 특히 (중성) 명사나 부사로서:—모두, 전부, 전혀, 전체, 온전히〈요7:23; 행2:2〉. 형 혹은 부

G3651 ὁλοτελής 1회 **홀로텔레스**
G3650과 **G5056**에서 유래; '끝까지 완전한', 즉 '절대적으로 완벽한':—온전한〈살전5:23〉. 형

G3652 Ὀλυμπᾶς 1회 **올륌파스**
아마 Ὀλυμπιόδωρος **올륌피오도로스**('올림피아 산에서 수여된', 즉 '하늘이 내려주신')에서 유래한 압축형; '올름바', 그리스도인:—올름바〈롬16:15〉. 고명

G3653 ὄλυνθος 1회 **올륀쏘스**
불확실한 파생어; (철 지나) '익지 않고 떨어지는 무화과':—제철 아닌 무화과〈계6:13〉. 남명 겨울 동안 자라나지만 완전히 익지 못하고 떨어져버리는 무화과

G3654 ὅλως[4회] **홀로스**
G3650에서 유래한 부사; '완전하게', 즉 '아주', (유추적으로) '어느 곳이나'; (부정적 의미로) '어떤 방법으로도 안 되는':—도무지, 일반적으로, 전혀〈고전5:1〉. 부

G3655 ὄμβρος[1회] **옴브로스**
불확실한 유사어; '뇌우(雷雨)':—소나기〈눅12:54〉. 남명

G3656 ὁμιλέω[4회] **호밀레오**
G3658에서 유래; '~와 함께 있다', 즉 (함축적으로) '서로 이야기 하다':—(친하게) 이야기 하다, 말하다〈눅24:15〉. 동

G3657 ὁμιλία[1회] **호밀리아**
G3658에서 유래; '교제'(훈계), 즉 (함축적으로) '상호교통':—친밀한 관계〈고전15:33〉. 여명

G3658 ὅμιλος[1회] **호밀로스**
G3674의 어간과 G138('군중'이란 의미)의 대체어의 파생어에서 유래; '함께한 연합', 즉 '다수':—모인 사람들〈계18:17〉. 남명

G3659 ὄμμα[2회] **옴마**
G3700에서 유래; '시각(視覺)', 즉 (함축적으로) '눈':—눈〈막8:23〉. 중명

G3660 ὀμνύω[26회] **옴뉘오**
기본어이지만 폐어가 된 ὄμω 오모의 연장형, 다른 연장형 ὀμόω 오모오는 다른 시제에서 사용; '맹세하다', 즉 '선서하다', 또는 선언하다:—맹세하다〈마23:16〉. 동

G3661 ὁμοθυμαδόν[11회] **호모쒸마돈**
G3674의 어간과 G2372의 합성어에서 유래한 부사; '만장일치로':—(마음이) 하나가 되어〈행1:14; 롬15:6〉. 부

G3662 ὁμοιάζω[2회] **호모이아조**
G3664에서 유래; '닮다':—일치하다〈막14:70〉. 동

G3663 ὁμοιοπαθής[2회] **호모이오파쎄스**
G3664와 G3958의 대체어에서 유래; '유사하게 영향 받은':—같은 열정의(~에 속하는)〈약5:17〉. 형

G3664 ὅμοιος[45회] **호모이오스**
G3674의 어간에서 유래; '비슷한'(외모나 성격에서):—같은, 태도〈눅6:47〉. 형

G3665 ὁμοιότης[2회] **호모이오테스**
G3664에서 유래; '닮음':—같음, 유사〈히4:15〉. 여명

G3666 ὁμοιόω[15회] **호모이오오**
G3664에서 유래; '동화시키다', 즉 '비유하다'; (수동태) '비슷하게 되다':—같다(~게 하다), 닮다, 비하다〈마7:24〉. 동

G3667 ὁμοίωμα[6회] **호모이오마**
G3666에서 유래; '모양'; 추상적으로 '닮음':—본받음, 유사, 형상, 비슷함〈약3:9〉. 중명

G3668 ὁμοίως[30회] **호모이오스**
G3664에서 유래한 부사; '유사하게':—같이, 그렇게〈눅3:11; 히9:21〉. 부

G3669 ὁμοίωσις[1회] **호모이오시스**
G3666에서 유래; '동화', 즉 '닮음':—유사 〈약3:9〉. 여명

G3670 ὁμολογέω[26회] **호몰로게오**
G3674의 어간과 G3056에서 합성어에서 유래; '동의하다', 즉 '계약하다', '인정하다':—자백하다, 고백하다, 고백이 만들어지다, 감사하다, 약속하다〈마14:7; 요일1:9〉. 동

G3671 ὁμολογία[6회] **호몰로기아**
G3670과 동일어에서 유래; '인정':—

고백, 공언, 공언된〈히3:1〉 여명
G3672 ὁμολογουμένως[1회] **호몰로구메노스**
G3670의 현제 수동태 분사의 부사; '자백에 의하여':—논쟁의 여지없이〈딤전3:16〉. 부
G3673 ὁμότεχνος[1회] **호모테크노스**
G3674의 어간과 G5078에서 유래; '동료 장인(匠人)':—같은 기술직업의〈행18:3〉. 형
G3674 ὁμοῦ[4회] **호무**
ὁμός **호모스**('동일한 것'; G260과 유사)의 속격 부사로서; '동일한 장소' 또는 '시간'에:—함께, 같이〈요20:4〉. 부
G3675 ὁμόφρων[1회] **호모ㅎ프론**
G3674의 어간과 G5424에서 유래; '같은 생각의', 즉 '조화된':—한 마음의〈벧전3:8〉. 형
G3676 ὅμως[3회] **호모스**
G3674의 어간에서 유래한 부사; '동시에', 즉 (접속사) '에도 불구하고', '아직':—그리고 조차도, 그럼에도 불구하고, 비록, 그러나〈요12:42〉. 부
G3677 ὄναρ[6회] **오나르**
불확실한 파생어; '꿈':—꿈〈마2:12〉. 중명
G3678 ὀνάριον[1회] **오나리온**
G3688의 추정된 파생어의 중성형; '나귀 새끼':—어린 나귀〈요12:14〉. 중명
G3679 ὀνειδίζω[9회] **오네이디조**
G3681에서 유래; '비방하다', 즉 '욕을 퍼붓다', '꾸짖다', '비웃다':—짓씹다, 비난하다(~을 당하다), 욕하다, 비판하다〈마27:44; 딤전4:10〉. 동
G3680 ὀνειδισμός[5회] **오네이디스모스**
G3679에서 유래; '오만불손':—비난〈히13:13〉. 남명
G3681 ὄνειδος[1회] **오네이도스**
아마 G3686의 어간과 유사; '악명 높음', 즉 '비웃음'('불명예'):—비난〈눅1:25〉. 중명
G3682 Ὀνήσιμος[2회] **오네시모스**
G3685에서 유래; '유익한', '오네시모', 그리스도인:—오네시모〈몬1:10〉. 고명
G3683 Ὀνησίφορος[2회] **오네시ㅎ포로스**
G3685의 파생어와 G5411에서 유래; '유익한 자', '오네시보로', 그리스도인:—오네시보로〈딤후1:16〉. 고명
G3684 ὀνικός[2회] **오니코스**
G3688에서 유래; '나귀에게 딸린', 즉 (나귀에 의해 돌아갈 만큼) '큰':—연자 맷돌〈눅17:2〉. 형
G3685 ὀνίνημι[1회] **오니네미**
명백히 기본 동사(ὄνομαι **오노마이** '연결하다')의 연장형; 다른 연장형 ὀνάω **오나오**는 동일한 시제에서 대체어로 사용 [만일 그것이 '유명'이란 개념으로 G3686의 어간과 일치하지 않는다면]; '기쁘게 하다', 즉 (중간태) '~으로부터 '기쁨' 또는 '이익을 끌어내다':—기쁨을 가지다〈몬1:20〉. 동
G3686 ὄνομα[231회] **오노마**
G1097(G3685와 비교)의 어간의 추정된 파생어에서 유래; '이름'(문자적 또는 비유적으로)[권위, 성격]:—불리는 것, 이름, 명칭〈마1:21; 행5:1; 계3:4〉. 중명
G3687 ὀνομάζω[10회] **오노마조**
G3686에서 유래; '이름을 부르다', 즉 '명칭을 부여하다'; 확대된 의미로 '발언하다', '언급하다', '칭하다':—부르

다, 이름을 붙이다〈엡1:21〉. 동

G3688 ὄνος 5회 **오노스**
명백히 기본어; '당나귀':—나귀〈눅13:15〉. 남명. 여명

G3689 ὄντως 10회 **온토스**
G5607의 사격(斜格)의 부사; '참으로':—반드시, 깨끗이, 정녕, 진실로, 과연〈고전14:25; 딤전5:3〉 형 혹은 부

G3690 ὄξος 6회 **옥소스**
G3691에서 유래; '식초', 즉 '신포도주':—식초〈요19:29〉. 중명

G3691 ὀξύς 8회 **옥쉬스**
아마 G188["산(酸)"]의 어간과 유사; '날카로운'; 유추적으로 '빠른':—날선, 신속한〈계1:16〉. 형

G3692 ὀπή 2회 **오페**
아마 G3700에서 유래; '구멍'(빛을 위한), 즉 '동굴', 유추적으로 (물의) '샘':—굴, 장소〈히11:38〉. 여명

G3693 ὄπισθεν 7회 **오피스센**
근원의 전접어와 함께 ὄπις 오피스('간주하다'; G3700에서 유래)에서 유래; '뒤에서 부터'(안전한 '모습'으로); 즉 '뒤에서'(장소나 시간의 부사와 전치사):—뒤에, 뒤편에, 뒤로〈마15:23; 계5:1〉. 부

G3694 ὀπίσω 35회 **오피소**
방향을 나타내는 전접어와 함께 G3693과 동일어에서 유래; '뒤로', 즉 '뒤에'(시간에나 장소를 나타내는 부사 또는 전치사로; 또는 명사로):—후에, 뒤(로), 뒤에 (자리하다), 따라〈마3:1; 요6:66〉. 부

G3695 ὁπλίζω 1회 **호플리조**
G3696에서 유래; '갖추다'(무기로 [중간태와 상징적으로]):—무장하다〈벧전4:1〉. 동

G3696 ὅπλον 6회 **호플론**
아마 기본어 ἕπω 헤포('~에 바쁘다')에서 유래; '기구' 또는 '도구' 또는 '연장'(문자적 또는 상징적으로, 특히 공격용 무기):—갑옷, 기구, 무기〈요18:3〉. 중명

G3697 ὁποῖος 5회 **호포이오스**
G3739와 G4169에서 유래; '어떤 종류의', 즉 '얼마나 큰'(뛰어난)(특히 질(質)의 앞선 한정적 G5108에 대한 부정(不定)의 상호관계로서):—어떤 방법(종류)으로, 어떠한, ~하는 모든〈갈2:6〉. 형

G3698 ὁπότε 1회 **호포테**
G3739와 G4218에서 유래; '~때에', 즉 (시간의) '하자마자':—때에〈눅6:3 ⓢ〉. 부

G3699 ὅπου 84회 **호푸**
G3739와 G4225에서 유래; '어디든지', 즉 '어느 장소든지':—어느 곳에서든지, 어느 곳에, ~임에 반하여, 어디로, 어디로든지〈마24:28; 요7:34〉. 부

G3700 ὀπτάνομαι 58회 **옵타노마이**
어떤 시제에서 대신 사용되는 기본어 ὄπτομαι 옵토마이(중간태)의 연장형; 두 단어 모두 G3708의 변형; '응시하다'(크게 뜬 눈으로, 눈에 띄는 어느 것을 향하는 것처럼; 그런 의미에서 단지 '임의의' 관찰을 표시하는 G991과 구별; 단지 기계적이고 수동적이거나 우연한 응시를 표현하는 G1492와도 구별; 반면 G2300은 진지하나 보다 계속적인 '검사'를 의미하고 G2334는 보다 정도가 강함; G4648은 원거리에서 관망):—나타나다, 보이

다, 보다, 자기를 보이다〈롬15:21; 히 9:28〉. 동

G3701 ὀπτασία[4회] **옵타시아**
G3700의 추정된 파생어에서 유래; '환상', 즉 (구체적으로) '환영(幻影)':—보이는 것〈눅24:23〉. 여명

G3702 ὀπτός[1회] **옵토스**
ἕψω **헤프소**(담그다)에 유사한 폐어 동사에서 유래; '요리한', 즉 '구운':—불에 구워진〈눅4:42〉. 형

G3703 ὀπώρα[1회] **오포라**
명백히 G3796의 어간과 G5610에서 유래; 정확히는 (여름)철 ('삼복')의 '저녁 무렵', 즉 (함축적으로) '익은 열매':—과실〈계18:14〉. 여명

G3704 ὅπως[53회] **호포스**
G3739와 G4459에서 유래; '무엇', '어떠게 하든지', '어떻게', 즉 '~의 방법으로'(일치의 의미를 가진 부사나 추측으로서, 의도적이거나 실제적인):—때문에, 어떻게, 그리하여, ~하기 위하여, ~로, ~때〈마12:14; 행8:15〉. 부. 접

G3705 ὅραμα[12회] **호라마**
G3708에서 유래; '응시하는 어떤 것', 즉 '광경'(특히 초자연적인):—본 것, 환상〈행9:10〉. 중명

G3706 ὅρασις[4회] **호라시스**
G3708에서 유래; '응시하는 행위', 즉 (표면적으로) '양상' 또는 (내면적으로) '영감된 모습':—광경, 환상〈행2:17〉. 여명

G3707 ὁρατός[1회] **호라토스**
G3708에서 유래; '응시되는', 즉 (함축적으로) '보일 수 있는':—볼 수 있는〈골1:16〉. 형

G3708 ὁράω[449회] **호라오**
정확히는 '지그시 보다' [G3700과 비교], 즉 (함축적으로) 분명히 '분별하다'(육체적으로 또는 정신적으로); 확대된 의미로 '주의하다'; 히브리어의 의미로 '경험하다'; 수동형으로 '나타나다':—보다, 지각하다, 주의하다〈요6:2〉. 동

G3709 ὀργή[36회] **오르게**
G3713에서 유래; 정확하게는 '욕구'('내뻗는' 또는 마음의 '흥분'에서), 즉 (유추적으로) 격렬한 '흥분'('분노', 또는 [타당한] '혐오'); 함축적으로 '징계':—노, 분개, 복수, 진노〈마3:7; 롬1:18; 3:5〉. 여명

G3710 ὀργίζω[8회] **오르기조**
G3709에서 유래; '성나게 하다' 또는 '노하게 하다', 즉 (수동태) '노하다':—화를 내다(격노하다)〈눅14:21〉. 동

G3711 ὀργίλος[1회] **오르길로스**
G3709에서 유래; '화를 잘 내는':—급히 분내는〈딛1:7〉. 형

G3712 ὀργυιά[2회] **오르귀아**
G3713에서 유래; '팔을 뻗침', 즉 '길(1.83m)':—길(6피트)〈행27:28〉. 여명

G3713 ὀρέγομαι[3회] **오레고마이**
폐어가 된 기본어의 분명히 연장형의 중간태 [G3735와 비교]; '자신을 뻗치다', 즉 (열망하여) '접촉하려 하다':—몹시 바라다, 열망하다〈딤전6:10〉. 동

G3714 ὀρεινός[2회] **오레이노스**
G3735에서 유래; '산이 많은', 즉 (G5561의 함축적 의미에 의한 여성형) (유대의) '산중의':—산골의〈눅1:39〉. 형

G3715 ὄρεξις[1회] **오렉시스**

G3713에서 유래; '마음의 흥분', 즉 '간절히 바람':—음욕〈롬1:27〉.[여명]

G3716 ὀρθοποδέω[1회] 오르쏘포데오

G3717과 G4228의 합성어에서 유래; '바르게 걷다' 즉 (상징적으로) '똑바로 전진하다':—바르게 행하다〈갈2:14〉.[동]

G3717 ὀρθός[2회] 오르쏘스

아마 G3735의 어간에서 유래; '똑바로'(일어날 때), 즉 (수직으로) '똑바로 선'(비유적으로 '정직한'), 또는 (수평적으로) '평평한' 또는 '똑바른':—곧은, 직립한〈행14:10〉.[형] 혹은 [부]

G3718 ὀρθοτομέω[1회] 오르쏘토메오

G3717과 G5114의 어간의 합성어에서 유래; '바르게 베다', 즉 (상징적으로)(하나님의 말씀을) '정확하게 분석하다'(해설하다):—옳게 분별하다〈딤전2:15〉.[동]

G3719 ὀρθρίζω[1회] 오르쓰리조

G3722에서 유래; '새벽을 사용하다', 즉 (함축적으로) '일찍 회복하다':—아침 일찍 나아가다〈눅21:38〉.[동]

G3720 ὀρθρινός[1회] 오르쓰리노스

G3722에서 유래; '새벽에 관련된' 즉 '이른 아침의'(특히 새벽에 빛나는 금성의 별명으로):—아침의〈계22:16〉.[형]

G3721 ὄρθριος[1회] 오르쓰리오스

G3722에서 유래; '새벽에', 즉 '해 뜰 때의':—일찍〈눅24:22〉.[형].[부]

G3722 ὄρθρος[3회] 오르쓰로스

G3735와 동일어에서 유래; '새벽'(일출로, 빛의 올라옴으로); 확대된 의미로 '아침':—이른 아침〈요8:2〉.[남명]

G3723 ὀρθῶς[4회] 오르쏘스

G3717에서 유래한 부사; '바른 방법'으로, 즉 (상징적으로) '올바르게' (또한 도덕적으로):—분명하게, 바로, 바르게〈눅7:43〉.[부]

G3724 ὁρίζω[8회] 호리조

G3725에서 유래; '표시하다' 또는 '경계를 짓다'("수평선"), 즉 (비유적으로) '지정하다', '정하다', '상술하다':—선언하다, 결정하다, 제한하다, 규정하다〈눅22:22; 행10:42〉.[동]

G3725 ὅριον[12회] 호리온

명백히 기본어인 ὅρος 호로스(경계 또는 한계)의 파생어의 중성형; '경계선', 즉 (함축적으로) '국경'(지대):—경계, 연안〈마2:16〉.[중명]

G3726 ὁρκίζω[2회] 호르키조

G3727에서 유래; '서원하다' 즉 '맹세하다'; 유추적으로 엄숙하게 '명하다':—엄명하다, (의무, 책임을) 지우다〈행19:13〉.[동]

G3727 ὅρκος[10회] 호르코스

ἕρκος 헤르코스(담장; 아마 G3725와 유사)에서 유래; '한계', 즉 (거룩한) '제한' (특히 '서원'):—맹세〈마26:72〉.[남명]

G3728 ὁρκωμοσία[4회] 호르코모시아

G3727과 G3660의 파생어의 복합어에서 유래; '맹세로 하는 단언':—맹세〈히7:20〉.[여명]

G3729 ὁρμάω[5회] 호르마오

G3730에서 유래; '출발하다', '박차를 가하다' 또는 '재촉하다', 즉 (재귀적으로) '세차게 ~하다' 또는 '뛰어들다':—(격렬하게) 달리다, 돌진하다〈눅8:33〉.[동]

G3730 ὁρμή[2회] 호르메

불확실한 유사어; '격렬한 충동', 즉 '습격':—강습〈행14:5〉.[여명]

G3731 ὅρμημα[1회] **호르메마**
G3730에서 유래; '공격', 즉 (추상적으로) '황급함':—격렬함〈계18:21〉. 중명

G3732 ὄρνεον[3회] **오르네온**
G3733의 추정된 파생어의 중성형; '작은 새':—새, 가금류〈계19:17〉. 중명

G3733 ὄρνις[2회] **오르니스**
아마 G3735의 어간의 연장형에서 유래; '새'(공중에 오르는), 즉 (특히) '암탉' (또는 암컷 가금류):—암탉〈마23:37〉. 남명

G3734 ὁροθεσία[1회] **호로쎄시아**
G3725의 어간과 G5087의 파생어의 합성어에서 유래; '한계 지음', 즉 (구체적으로) '경계선':—경계〈행17:26〉. 여명

G3735 ὄρος[63회] **오로스**
아마 폐어인 ὄρω 오로('일어나다' 또는 "기르다"; 아마 G142와 유사; G3733과 비교)에서 유래; '산'(자체가 평지위에 '돌출한' 것으로):—언덕, 산, 산악〈마5:1; 계6:14〉. 중명

G3736 ὀρύσσω[3회] **오륏소**
명백히 기본 동사; 땅에 '굴을 파다', 즉 '파다':—파다〈마21:33〉. 동

G3737 ὀρφανός[2회] **오르ㅎ파노스**
불확실한 유사어; '육친을 잇긴'("고아의"), 즉 '부모를 잃은':—위안이 없는, 아버지가 없는〈약1:27〉. 형

G3738 ὀρχέομαι[4회] **오르케오마이**
ὄρχος 오르코스('줄' 또는 '원형')에서 유래한 중간태; '춤추다'('정렬한' 또는 '규칙적인' 동작에서 유래):—춤추다〈마11:17〉. 동

G3739 ὅς[1365회] **호스** 여성형 ἥ **헤**와 중성형 ὅ **호**를 포함하여
아마 기본어(또는 아마 관사 G3588의 한 형태); 관계(이따금 지시)대명사, '누구', '어느', '무엇', '것':—~하는 바(사람, 다른, 어떤, 저, 것). G3757을 보라.〈요17:4; 행9:39; 몬3:20〉. 관대

G3740 ὁσάκις[3회] **호사키스**
G3739에서 유래한 배수 부사; '보다 몇 배 더'(즉 G302와 함께):—만큼 자주, ~때마다, ~때든지〈고전11:26〉. 부

G3741 ὅσιος[8회] **호시오스**
불확실한 유사어에서; 정확히는 '의로운'(고유의 또는 하나님의 성품에 따른; 그래서 '인간적' 상태나 관계를 언급하는 G1342와 구별; 형식적인 '정화'를 표현하는 G2413과 구별; 더러움으로부터 '정결케 하다'를 나타내는 G40과 구별), 즉 '하나님께 바쳐진'(경건한, 신성한, 분명한):—거룩한, 자비로운, 될찌어다〈행13:34; 히7:26〉. 형

G3742 ὁσιότης[2회] **호시오테스**
G3741에서 유래; '경건':—거룩함〈엡4:24〉. 여명

G3743 ὁσίως[1회] **호시오스**
G3741에서 유래한 부사; '경건하게':—거룩하게〈살전2:10〉. 부

G3744 ὀσμή[6회] **오스메**
G3605에서 유래; '향기'(문자적 또는 상징적으로):—냄새, 향기〈고후2:14〉. 여명

G3745 ὅσος[110회] **호소스**
중복에 의하여 G3739에서 유래; '만큼'('많은', '큰', '긴' 등):—모두, 얼마나 큰(많은), 더 많이, 일들, 매우(큰, 든지), 어디든지〈마14:36; 막5:19; 히

1:4〉. 부

G3746 ὅσπερ[1회] **호스페르**
G3739와 G4007에서 유래; '특히 누구':—누구에게나〈막15:6〉. 관대, 의대

G3747 ὀστέον[4회] **오스테온** 또는 축약형 ὀστοῦν **오스툰**
불확실한 유사어에서; '뼈':—뼈〈눅24:39〉. 중명

G3748 ὅστις[148회] **호스티스** 여성형 ἥτις **헤티스**와 중성형 ὅ τι **호 티**를 포함하여
G3739와 G5100에서 유래; '어느 것', 또한 (제한적) '같은 것:—무엇이든지, 누구든지. G3754와 비교.〈마5:39; 행7:35; 갈4:24〉. 관대

G3749 ὀστράκινος[2회] **오스트라키노스**
ὄστρακον **오스트라콘** ["굴 oyster"] ('벽돌', 즉 '테라코타' [점토의 질그릇])에서 유래; '질그릇', 즉 '흙으로 만든'; 함축적으로 '부서지기 쉬운':—흙의, 흙으로 만든〈고후4:7〉. 형

G3750 ὄσφρησις[1회] **오스ㅎ프레시스**
G3605의 파생어에서 유래; '냄새(그 감각):—냄새 맡기〈고전12:17〉. 여명

G3751 ὀσφύς[8회] **오스ㅎ퓌스**
불분명한 유사형에서 유래; '허리'(외부적으로), 즉 '엉덩이'; 내부적으로 (확대된 의미로) '출산력':—허리〈히7:5〉. 여명

G3752 ὅταν[123회] **호탄**
G3753과 G302에서 유래; '언제든지'('가정(假定)' 또는 다소의 '불확실성'을 포함); 또한 사역형 (접속사) '~이므로':—~하는 한, 하자마자, ~하는 것, 까지, ~때에, ~때마다, ~동안〈막14:7, 눅14:8〉. 부

G3753 ὅτε[103회] **호테**
G3739와 G5037에서 유래; '그것에 역시', 즉, '~때에:—(그) 뒤에, 하자마자, ~것, ~때, ~동안. ὅ τε **호 테** 또한 여성형 ἥ τε **헤 테** 그리고 중성형 τό τε **토 테**는 단순히 G5037에 따르는 관사 G3588; (어떤 번역본에서는) G3752와 G5119에서 구별하기 위해 쓰여짐〈요4:21〉. 부

G3754 ὅτι[1297회] **호티**
추측의 뜻으로 G3748의 중성형; 지시사로 '저'(때로는 과다한); 사역형으로 '왜냐하면':—~에 관하여, 비록 만큼, (그)때문에, 왜냐하면, 어떻게, 그래서, 비록 할지라도, 왜〈요14:10; 고전1:15〉. 접

G3755 ὅτου[5회] **호투**
G3748의 속격(부사로서); '그 같은' 시간 동안에, 즉 '~동안':—~하는 한, ~때에〈눅22:16〉. 부

G3756 οὐ[17회] **우** 또한 (모음 앞에서) οὐκ **우크** 그리고 (h음 같은 기식(氣息)음 앞에서) οὐχ **우크**
기본어; 절대 부정 부사 [G3361과 비교]; '아니' 또는 '아니다':—길게, 아니오, ~도 아닌, 결코 아니다, 아닌 (사람), 아무도, 아니, [할 수] 없다, 아무것도 아니, 특히, (부정 접두어), 때, 없이, 그러나 아직. G3364, G3372를 보라.〈마21:21; 요11:10〉. 부

G3757 οὗ[24회] **후**
부사로서 G3739의 속격; '~장소'에서, 즉 '~곳에서':—~곳, ~곳으로(그곳에), ~하는 곳에는 어디든지〈행16:13〉. 부

G3758 οὐά[1회] **우아**
놀람의 기본 감탄사; "아":—아!〈막15:29〉. 감

G3759 οὐαί[47회] **우아이**
슬픔(비탄)의 기본 감탄사; '슬프다!':—오호라, 화가 미칠 진저, 화로다, 화 있을 진저〈눅11:42〉. [감]

G3760 οὐδαμῶς[1회] **우다모스**
G3762(의 여성형)에서 유래한 부사; '결코 ~하지 않다':—아니다〈마2:6〉. [부]

G3761 οὐδέ[144회] **우데**
G3756과 **G1161**에서 유래; '여하튼 아니', 즉 '~도 아닌', '마저 아닌', '조차도 아닌':—~도(참으로) 아닌, 결코 아니다, (더 이상) 아닌, (~도 또한) 아닌, 아무 것도 ~아닌, 그 만큼〈마16:9; 행7:5〉. [접]

G3762 οὐδείς[227회] **우데이스** 여성형 οὐδεμία **우데미아** 중성형 οὐδέν **우덴**을 포함하여
G3761과 **G1520**에서 유래; '하나조차도 아닌'(남자, 여자 혹은 사물), 즉 '아무(것)도 아닌':—어떤 것(일)도 아닌, ~도 아닌, 아무도 아닌, 없는, 조금도 ~않다〈요7:4〉. [형], [명]

G3763 οὐδέποτε[16회] **우데포테**
G3761과 **G4218**에서 유래; '어느 때도 아니', 즉 '전혀 아니':—한번도 ~아니, 결코 아니, 아무 때이고 아무 것도 없이〈마21:16〉. [부]

G3764 οὐδέπω[4회] **우데포**
G3761과 **G4452**에서 유래; '아직까지도 아니':—전에 결코 없는, 아직 한번도 아니, 아직(아니)〈요20:9〉. [부]

G3765 οὐκέτι[47회] **우케티** 또한 (분리하여) οὐκ ἔτι **우크 에티**
G3756과 **G2089**에서 유래; '아직 아니', '더 이상 ~아니':—그 뒤에는 (아니), 더 이상 (아니), 지금부터는(이후로는) 아니, (더이상) 없는, (지금) 아직까지는 아니, 이제 더 이상 (아니), 아직 (아니)〈눅15:19; 갈3:25〉. [부]

G3766 οὐκοῦν[1회] **우쿤**
G3756과 **G3767**에서 유래; '그러므로 ~은 아니냐', 즉 (단언) '그러므로' 또는 '그래서':—그렇다면, 그러면, 따라서〈요18:37〉. [부]

G3767 οὖν[501회] **운**
정확히는 기본어; (부사) '확실히', 또는 (접속사) '따라서':—그리고(그래서, 진실로), 그러나, 이제(그때), 그렇게(그와 같이), 그때, 그러므로, 정말, 왜〈마24:15; 요11:12〉. [불], [접]

G3768 οὔπω[26회] **우포**
G3756과 **G4452**에서 유래; '아직 아니':—여기까지 아니, 아무도 ~아니, 아직 아니〈요7:6〉. [부]

G3769 οὐρά[5회] **우라**
명백히 기본어; '꼬리':—꼬리〈계9:10〉. [여명]

G3770 οὐράνιος[9회] **우라니오스**
G3772에서 유래; '하늘의', 즉 하늘에 속한 또는 하늘로 부터 오는:—하늘의〈마6:14; 행26:19〉. [형]

G3771 οὐρανόθεν[2회] **우라노쎈**
G3772와 근원의 전접어에서 유래; '하늘로부터':—하늘로부터〈행14:17〉. [부]

G3772 οὐρανός[274회] **우라노스**
아마 **G3735**와 동일어에서 유래('올리기'라는 개념으로); '하늘'; 확대된 의미로 '천국'(하나님의 처소로서); 함축적으로 '행복', '권능', '영원'; 특히 복음(기독교):—공기, 하늘, 하늘의, 공중〈마18:1; 계12:1〉. [남명]

G3773 Οὐρβανός[1회] **우르바노스**
기원은 라틴어에서; '우르바노' ('도시의', "점잖은"), 그리스도인:—우르바노〈롬16:9〉. 고명

G3774 Οὐρίας[1회] **우리아스**
기원은 히브리어 [H223]; '우리야', 헷 사람:—우리야〈마1:6〉. 고명

G3775 οὖς[37회] **우스**
명백히 기본어; '귀'(육체적 또는 정신적인):—귀〈눅4:21〉. 중명

G3776 οὐσία[2회] **우시아**
G5607의 여성형에서 유래; '물질', 즉 '재산'(소유물):—물건, 재산〈눅15:12〉. 여명

G3777 οὔτε[87회] **우테**
G3756과 G5037에서 유래; '역시 아니다', 즉 '또한 아니' 또는 '~도 아니'; 비유적으로 '조차 아니':—도 아닌, 아무도 아닌, 아니, 아무 것도 아니〈롬8:38〉. 부

G3778 οὗτος[1391회] **후토스** 주격 남성 복수 οὗτοι **후토이** 주격 여성 단수 αὕτη **하우테** 주격 여성 복수 αὗται **하우타이**를 포함하여
관사 G3588과 G846에서 유래; '그이'(그녀 또는 그것), 즉 '이' 또는 '저'(가끔 관사와 함께 반복):—그이, 여기의, 그것, 그녀, 그와 같은, 동일한 것, 이들, 그들, 이(사람, 동일한, 여인), 어느 것, 누구〈마14:2; 요9:2; 행17:6; 요일3:11〉. 지대

G3779 οὕτω[208회] **후토** 또는 (모음 앞에서) οὕτως **후토스**
G3778에서 유래한 부사; '이 길로'(선행하는 것 또는 따르는 것에 대에 언급하여):—그 후에, 이 방법을 따라, 처럼, 심지어(그렇게), 힘껏, 마찬가지로, 더 이상 아니, 이런 방법으로, 그렇게(같은 방법으로), 그래서, 무엇〈고전11:12〉. 부

G3780 οὐχί[54회] **우키**
G3756의 강세형; '정말 아니':—~아니오, 아니〈눅12:6〉. 부

G3781 ὀφειλέτης[7회] **오ㅎ페일레테스**
G3784에서 유래; '빚진 자', 즉 '채무자', 상징적으로 '직무태만자'; 도덕적으로 (하나님에 대한) '죄인':—빚진 자, 빚진 것, 죄인〈롬8:12〉. 남명

G3782 ὀφειλή[3회] **오ㅎ페일레**
G3784에서 유래; '빚짐', 즉 (구체적으로) 빚진 '금액'; 비유적으로 '책임', 즉 (부부간의) '의무':—빚, 빚돈〈마18:32〉. 여명

G3783 ὀφείλημα[2회] **오ㅎ페일레마**
G3784(의 대체어)에서 유래; '빚진 어떤 것' 즉 (상징적으로) '부과금'; 도덕적으로 과실:—빚〈롬4:4〉. 중명

G3784 ὀφείλω[35회] **오ㅎ페일로** 또는 (어떤 시제에서) 연장형 ὀφειλέω **오ㅎ페일레오**
아마 G3786('이자가 붙는다'는 개념으로)의 어간에서 유래; '빚지다'(금전상으로); 상징적으로 '채무 하에 있다', 도덕적으로 의무를 '다하지 못하다':—~는 ~할 의무가 있다, 얽매어 있다, 빚지다, 채무자가 되다, 마땅히 ~해야 하다, 과실이 있다(부채가 있다), 필요(하다), 해야 하다, 빚지다, 당연히 하다. 또한 G3785를 보라.〈마23:18; 고후12:11〉. 동

G3785 ὄφελον[4회] **오ㅎ펠론**
G3784의 과거 1인칭 단수; '내가 해야만 하다'(원하다), 즉 (감탄사) '오 저런':—원컨대〈고후11:1〉. 동

G3786 ὄφελος[3회] **오ㅎ펠로스**
ὀφέλλω **오ㅎ펠로**('쌓아올리다', 즉 '축적하다' 또는 '이익을 얻다')에서 유래; '이익':—유리, 유익〈약2:14〉. 중명

G3787 ὀφθαλμοδουλία[2회] **오ㅎ프쌀모둘리아**
G3788과 **G1397**에서 유래; '눈앞에서의 수고', 즉 '자세히 볼 필요가 있는 것'('태만한 것'):—눈가림 봉사〈엡6:6〉. 여명

G3788 ὀφθαλμός[100회] **오ㅎ프쌀모스**
G3700에서 유래; '눈(문자적 또는 상징적으로); 함축적으로 '시각(視覺)'; 비유적으로 '부러움'(질투어린 곁눈질에서):—눈, 안목〈눅6:20〉. 남명

G3789 ὄφις[14회] **오ㅎ피스**
아마 **G3700**(시각(視覺)의 '날카로움'의 개념으로)에서 유래; '뱀', 비유적으로 (음흉한 교활의 전형으로서) 교활한 '악의 있는' 자, 특히 '사단':—뱀〈계12:9〉. 남명

G3790 ὀφρύς[1회] **오ㅎ프뤼스**
아마 **G3700**('시각(視覺)' 기관에 그늘을 지움 또는 가까움의 개념으로)에서 유래; 눈'썹' 또는 '이마', 즉 (비유적으로) 절벽의 '가장자리':—눈썹, 벼랑의 가〈눅4:29〉. 여명

G3791 ὀχλέω[1회] **오클레오**
G3793에서 유래; '떼 지어 습격하다', 즉 (함축적으로) '괴롭히다':—고통을 주다〈행5:16〉. 동

G3792 ὀχλοποιέω[1회] **오클로포이에오**
G3793과 **G4160**에서 유래; '무리를 짓다', 즉 민중의 '소동'을 일으키다:—떼를 짓다〈행17:5〉. 동

G3793 ὄχλος[175회] **오클로스**
G2192의 파생어('탈것'의 뜻)에서 유래; (함께 데려와진 것으로) '군중'; 함축적으로 '오합지졸'; 확대된 의미로 사람의 '종류'; 비유적으로 '폭도':—무리, 다중, (사람의) 숫자, 백성, 밀어닥침〈마14:5; 행8:6〉. 남명

G3794 ὀχύρωμα[1회] **오퀴로마**
G2192('요새화하다'는 뜻, 안전하게 '유지함'의 개념으로)의 먼 파생어에서 유래; '성채'(비유적으로 '논증'):—요새, 견고한 진〈고후10:4〉. 중명

G3795 ὀψάριον[5회] **옵사리온**
G3702의 어간의 추정된 파생어의 중성형; 다른 음식에 넣는 '조미료'(마치 '소스'를 만들듯이), 즉 (특히) '물고기'(추측컨대 조미료로서 소금치고 말린):—생선〈요21:9〉. 중명

G3796 ὀψέ[3회] **옵세**
G3694('뒤편'의 개념으로)와 동일어에서 유래; (부사) 그날의 '늦게'; 확대된 의미로 그 날이 '끝난 뒤에':—저녁 때, (그날의) 끝에〈마28:1〉. 부

G3797 ὄψιμος[1회] **옵시모스**
G3796에서 유래; '늦은' 즉 '봄의' (소나기 옴):—뒤쪽의〈약5:7〉. 형

G3798 ὄψιος[1회] **옵시오스**
G3796에서 유래; '늦은'; 여성형 (명사로서) '오후'(초저녁) 또는 '해질녘'(더 늦은 저녁):—(명사로) 저녁, 저녁 무렵〈마20:8〉. 형

G3799 ὄψις[3회] **옵시스**
G3700에서 유래; 정확히는 '보는 것'(그 행위), 즉 (함축적으로) '얼굴', 외면적 '보이기':—외모, 용모, 얼굴〈요11:44〉. 여명

G3800 ὀψώνιον[4회] **옵소니온**
G3795와 동일어의 추정된 파생어의

중성형; 군인의 '식량', 즉 (확대된 의미로) 그의 '급료' 또는 '봉급':—삯〈롬 6:23〉. 중명

G3801 ὁ ὢν καὶ ὁ ἦν καὶ ὁ ἐρχόμενος 5회
호 온 카이 호 엔 카이 호 에르코메노스
G2532을 써서 G1510의 현재 분사 미완료와 G2064의 현재 분사가 G3588와 결합된 구; '존재하시고 존재하셨고 오실 분, 즉 영원하신 분', 그리스도의 하나님으로서의 별칭:—이제도 계시고 전에도 계셨고 장차 오실 분〈계1:4,8〉.

트롱헬라어사전

π

G3802 παγιδεύω1회 **파기듀오**
G3803에서 유래; '올가미에 걸다'(상징적으로):—함정에 빠뜨리다〈마22:15〉. 동

G3803 παγίς5회 **파기스**
G4078에서 유래; (올가미 또는 V형틀로 단단히 한) 덫; 상징적으로 '계교' 또는 '계략'(유혹):—올무〈딤전3:7〉. 여명

G3804 πάθημα16회 **파쎄마**
G3806의 추정된 파생어에서 유래; '겪는 어떤 일', 즉 '고난' 또는 '괴로움'; 주관적으로 '감정' 또는 '영향':—애정, 고통, 동작, 고생〈히2:9〉. 중명

G3805 παθητός1회 **파쎄토스**
G3804와 동일어에서 유래; '고통을 면할 수 없는' (즉 운명 지어진):—고난을 받는〈행26:23〉. 형

G3806 πάθος3회 **파쏘스**
G3958의 대체형에서 유래; 정확히는 '괴로움'("연민을 자아내는 힘"), 즉 (주관적으로) '정욕' (특히 '색욕'):—(무절제한) 애정, (강한) 욕망〈롬1:26〉. 중명

G3807 παιδαγωγός3회 **파이다고고스**
G3816과 G71의 중복형에서 유래; '소년 선도자', 즉 아이를 학교에 데려가는 직책의 종; (함축적으로 [상징적으로] '가정교사' ["교사"]):—스승, 초등교사〈갈3:24〉. 남명

G3808 παιδάριον1회 **파이다리온**
G3816의 추정된 파생어의 중성형; '어린 소년':—아이, 젊은이〈요6:9〉. 중명

G3809 παιδεία6회 **파이데이아**
G3811에서 유래; '가정교사의 직', 즉 '교육' 또는 '훈련'; 함축적으로 징계로 '바르게함':—징계, 응징, 교훈, 양육〈히12:5〉. 여명

G3810 παιδευτής2회 **파이듀테스**
G3811에서 유래; 훈련사, 즉 '교사' 또는 (함축적으로) '훈련시키는 사람':—바르게 되는 일, 선생〈롬2:20〉. 남명

G3811 παιδεύω13회 **파이듀오**
G3816에서 유래; 아이를 '훈련시키다', 즉 '교육하다', 또는 (함축적으로)(책벌로) '훈련하다':—징계하다, 매질하여 벌하다, 교육하다, 배우다, 가르치다〈행22:3; 히12:6〉. 동

G3812 παιδιόθεν1회 **파이디오쎈**
G3813에서 유래한 (근원의) 부사; '어려서부터':—아이의〈막9:21〉. 부

G3813 παιδίον52회 **파이디온**
G3816의 중성형 지소사; '작은 아이(어느 성이든지), 즉 (정확하게는) '유아', 또는 (확대된 의미로) 반쯤 자란 '소년' 혹은 '소녀'; 비유적으로 '성숙하지 않은' 그리스도인:—(작은, 어린) 아이, 처녀〈눅1:59〉. 중명

G3814 παιδίσκη13회 **파이디스케**
G3816의 여성 지소사; '소녀', 즉 (특히) '여성 노예'나 '종':—하녀, 처녀, 소녀〈갈4:23〉. 여명

G3815 παίζω1회 **파이조**
G3816에서 유래; (소년처럼) '놀다':—뛰놀다〈고전10:7〉. 동

G3816 παῖς24회 **파이스**
아마 G3817에서 유래; '소년' (가끔 벌이 아닌 것으로 '맞는'), 또는 (유추적으로) '소녀', 그리고 (일반적으로) '아이'; 특히 '노예' 또는 '종' (특히 왕에 대한 '시종'; 그리고 하나님 앞에 두드러진):—아이, 소녀, (남) 종, 아

들, 젊은이〈마12:18; 요4:51〉. 여명 또는 남명

G3817 παίω[5회] **파이오**

기본 동사; '때리다'(마치 일격으로 그리고 **G5180**보다 덜 난폭하게); 특히 '쏘다'(전갈처럼):—치다, 때리다〈마26:68〉. 동

G3818 Πακατιανή[1회] **파카티아네**

불확실한 파생어의 형용사의 여성형; 파카티아나 사람, 부루기아의 한 지방의:—파카티아나의〈딤전6:22 ㉮〉. 형

G3819 πάλαι[7회] **팔라이**

정확히는 **G3825**('후퇴'의 개념으로)의 다른 형; (부사적으로) '이전에', 또는 (관계에 의하여) '~이래 때때로'; (형용사로서 생략적으로) '고대의':—어느 동안, 이전에 아주 오래 동안, 옛, 옛적에〈눅10:13〉. 부

G3820 παλαιός[19회] **팔라이오스**

G3819에서 유래; '묵은', 즉 '최근의 것이 아닌', '낡은':—옛〈눅5:36〉. 형

G3821 παλαιότης[1회] **팔라이오테스**

G3820에서 유래; '낡아빠짐':—묵은 것〈롬7:6〉. 여명

G3822 παλαιόω[4회] **팔라이오오**

G3820에서 유래; '낡아지게 하다'(수동태; ~되다), 또는 '진부하다고 선언하다':—부패하다, 낡게 만들다(점점 낡아지다)〈히1:11〉. 동

G3823 πάλη[1회] **팔레**

πάλλω 팔로('진동하다'; **G906**의 다른 형)에서 유래; '씨름':—씨름〈엡6:12〉. 여명

G3824 παλιγγενεσία[2회] **팔링게네시아**

G3825와 **G1078**에서 유래; (영적인) '거듭 남'(그 상태 또는 그 행위), 즉 (상징적으로) 영적인 '혁신', 특히 메시아적인 '회복':—중생〈마19:28; 딛3:5〉. 여명

G3825 πάλιν[141회] **팔린**

정확하게는 **G3823**('진동하는' 반복이라는 개념으로)과 동일어에서 유래; (부사) '새롭게', 즉 (장소의) 뒤에, (시간의) '다시 한 번', 또는 (접속사) '다시금' 또는 '또 (다른) 한편으로는':—또〈요19:4〉. 부

G3826 παμπληθεί[1회] **팜플레쎄이**

G3956과 **G4128**의 합성어의 여격(부사); '군중으로 꽉 차서', 즉 '일제히' 또는 '동시적으로':—모두 동시에〈눅23:18〉. 부

G3827 πάμπολυς[1회] **팜폴뤼스**

G3956과 **G4183**에서 유래; '매우 많은', 즉 '막대한':—매우 큰〈마8:1〉. 형

G3828 Παμφυλία[5회] **팜ㅎ퓔리아**

G3956과 **G5443**의 합성어에서 유래; 모든 종족의, 즉 '이종의'(**G5561**의 함축적 의미), '밤빌리아', 소아시아의 지역명:—밤빌리아〈행13:13〉. 고명

G3829 πανδοχεῖον[1회] **판도케이온**

G3956과 **G1209**의 파생어의 추정된 합성어의 중성형; '모두 받아들이는', 즉 공중 '유숙소'(대상(隊商)의 숙소):—여인숙, 주막〈눅10:34〉. 중명

G3830 πανδοχεύς[1회] **판도큐스**

G3829와 동일어에서 유래; '여관집 주인'(대상(隊商) 숙소의 관리자):—주인〈눅10:35〉. 남명

G3831 πανήγυρις[1회] **파네귀리스**

G3956과 **G58**의 파생어에서 유래; '집단적 회합', 즉 (상징적으로) '광범위한 교우 관계':—총회〈히12:23〉. 여명

G3832 πανοικί[1회] **파노이키**

G3956과 G3624에서 유래; '전 가족이 함께':—그의 집의 모든 자와 함께〈행16:34〉.부

G3833 πανοπλία[3회] **파노플리아**
G3956과 G3696의 합성어에서 유래; '완전무장'('완전한 장비'):—(전신) 갑주〈엡6:11〉.여명

G3834 πανουργία[5회] **파누르기아**
G3835에서 유래; '교묘함', 즉 (나쁜 의미에서) '속임수' 또는 '궤변':—(교활한) 간악함, 간계〈고전3:19〉.여명

G3835 πανοῦργος[1회] **파누르고스**
G3956과 G2041에서 유래; '최선의 작업의', 즉 '교묘한'('빈틈없는'):—교활한〈고후12:16〉.형

G3836 πανταχόθεν[1회] **판타코센**
G3837에서 유래한 (근원의) 부사; '모든 방향으로부터':—사방에서〈마1:45〉.부

G3837 πανταχοῦ[7회] **판타쿠**
G3956의 추정된 파생어의 속격 (장소의 부사로서); '도처에':—어디든지, 어느 곳에나〈행17:30〉.부

G3838 παντελής[2회] **판텔레스**
G3956과 G5056에서 유래; '완전히 끝난', 즉 '완전한'(중성 명사로서 '완전'):—결코 ~아닌, 최대한도의〈히7:25〉.형

G3839 πάντη[1회] **판테**
G3956에서 유래한 (방법의) 부사; '전적으로':—항상〈행2:3〉.부

G3840 πάντοθεν[3회] **판토센**
G3956에서 유래한 (근원의) 부사; '사면으로부터':—사면에, 사방으로〈눅19:43〉.부

G3841 παντοκράτωρ[10회] **판토크라토르**
G3956과 G2904에서 유래; '주권자', 즉 '하나님'(절대적이고 우주적 통치자):—전능자, 전능하신 이〈계1:8〉.남명

G3842 πάντοτε[41회] **판토테**
G3956과 G3753에서 유래; '언제나', 즉 '항상':—항상, 늘〈요12:8〉.부

G3843 πάντως[8회] **판토스**
G3956에서 유래한 부사; '완전히', 특히 '좌우간, 여하튼', (부정사가 뒤따라) '전혀':—반드시, 아주, 도무지, 어떻게든지, 의심할 바 없이, 결코~아니다, 확실히〈행18:21〉.부

G3844 παρά[194회] **파라**
기본전치사; 정확하게는 '가까이', 즉 (속격과 함께) '곁에서부터'(문자적으로 또는 상징적으로), (여격과 함께) '부근에'(객관적으로나 주관적으로), (대격과 함께) '에 가깝게'(지역적으로 [특히 '너머에' 또는 반대편에] 또는 원인적으로 [때문에]). 합성어로 동일한 적용의 다양성을 지님:—위에, 대하여, 중에, 전에, 의하여, 반대편에, 친구, 으로부터, 주다[그들과 유사한 물건들을], [그녀가] 가졌던 것, 그의, 안에, 보다 더 많이, 에 가까이, 지난, 저축하다, 곁에…, 목전에, 보다, 그러므로, 함께〈요4:9; 행9:14; 롬2:11〉.전

G3845 παραβαίνω[3회] **파라바이노**
G3844와 G939의 어간에서 유래; '~반대로 가다', 즉 명령을 '어기다':—범하다, 위반에 의하여〈15:2〉.동

G3846 παραβάλλω[1회] **파라발로**
G3844와 G906에서 유래; '나란히 던지다', 즉 (재귀적으로) 어떤 장소에 '이르다' 또는 (상징적으로) '비유하다':—도달하다, 비교하다〈행20:15〉.

동

G3847 παράβασις[7회] **파라바시스**
G3845에서 유래; '위반':—파괴, 범함〈롬4:15〉. 여명

G3848 παραβάτης[5회] **파라바테스**
G3845에서 유래; '위반자':—파괴자, 범죄(자)〈약2:9〉. 남명

G3849 παραβιάζομαι[2회] **파라비아조마이**
G3844와 G971의 중간태에서 유래; '(본성)을 거슬러 강요하다', 즉 '(간청으로) 강권하다':—강제[강요]하다〈행16:15〉. 동

G3850 παραβολή[50회] **파라볼레**
G3846에서 유래; '직유'('비유'), 즉 (상징적으로) '가공적인 이야기'(도덕성을 전달하는 일상생활의), '격언' 또는 '금언':—비교, 비유적 표현, 비유, 잠언〈마13:3; 막4:30; 히11:19〉. 여명

G3851 παραβουλεύομαι[1회] **파라불류오마이**
G3844와 G1011의 중간태에서 유래; '고려하지 않다', 즉 '무시하다':—관심두지 않다〈빌2:30〉. 동

G3852 παραγγελία[5회] **파랑겔리아**
G3853에서 유래; '명령':—지시, 명령〈딤전1:5〉. 여명

G3853 παραγγέλλω[32회] **파랑겔로**
G3844와 G32의 어간에서 유래; '전언하다', 즉 (함축적으로) '명하다, 금하다':— 명령(하다), 선언하다〈행4:18〉. 동

G3854 παραγίνομαι[37회] **파라기노마이**
G3844와 G1096에서 유래; '가깝게 되다', 즉 '접근하다'(도착하다); 함축적으로 공적으로 '나타나다':—오다, 가다, 참석하다〈눅7:4〉. 동

G3855 παράγω[10회] **파라고**
G3844와 G71에서 유래; '가까이 끌어들이다', 즉 (재귀적 또는 자동사적으로) '따라' 또는 '멀리가다':—떠나다, 지나가다〈막2:14〉. 동

G3856 παραδειγματίζω[1회] **파라데이그마티조**
G3844와 G1165에서 유래; (민중) '곁에 보이다', 즉 '불명예'에 노출시키다':—본보기로 만들다, 공개적 부끄러움에 내놓다〈히6:6〉. 동

G3857 παράδεισος[3회] **파라데이소스**
동양의 어원을 가진 [H6508과 비교]; '공원', 즉 (특히) '낙원'(미래의 행복의 장소):—낙원〈눅23:43〉. 남명

G3858 παραδέχομαι[6회] **파라데코마이**
G3844와 G1209에서 유래; '가까이 받아들이다', 즉 '용납하다', 혹은 (함축적으로) '매우 기뻐하다':—받다〈행16:21〉. 동

G3859 παραδιατριβή[1회] **파라디아트리베**
G3844와 G1304의 합성어에서 유래; '오용', 즉 '간섭하기 좋아함':—심술궂은 말다툼〈딤전6:5〉. 여명

G3860 παραδίδωμι[119회] **파라디도미**
G3844와 G1325에서 유래; '내어주다', 즉 '양보하다', '맡기다', '보내다':—배신하다, 폭로하다, 던지다, 맡기다, 인도하다, 넘겨주다, 모험하다, 투옥하다, 추천하다〈마26:2; 행12:4〉. 동

G3861 παράδοξος[1회] **파라독소스**
G3844와 G1391('외관'의 의미로)에서 유래; '기대에 어긋난', 즉 '놀라운'('역설'):—기이한〈눅5:26〉. 형

G3862 παράδοσις[13회] **파라도시스**
G3860에서 유래; '전달', 즉 (구체적으로) '교훈'; 특히 유대의 '전통적인 율법':—법령, 전통〈마15:2; 막7:3〉. 여명

G3863 παραζηλόω[4회] **파라젤로오**
G3844와 **G2206**에서 유래; '옆에서 자극하다', 즉 '경쟁자를 흥분시키다':—경쟁의식(질투)을 일으키다〈롬11:11〉. 동

G3864 παραθαλάσσιος[1회] **파라쌀랏시오스**
G3844와 **G2281**에서 유래; '바닷가에 있는', 즉 '바다의'(호수의):—해변에 있는〈마4:13〉. 형

G3865 παραθεωρέω[1회] **파라쎄오레오**
G3844와 **G2334**에서 유래; '간과하다' 혹은 '무시하다':—소홀히 하다〈행6:1〉. 동

G3866 παραθήκη[4회] **파라쎄케**
G3908에서 유래; '기탁물', 즉 (상징적으로) '위탁':—의탁한 것〈딤후1:12〉. 여명

G3867 παραινέω[2회] **파라이네오**
G3844와 **G134**에서 유래; '달리 칭찬하다', 즉 '추천하다' 혹은 '충고하다'(다른 방향으로):—훈계하다, 권하다〈행27:9〉. 동

G3868 παραιτέομαι[12회] **파라이테오마이**
G3844와 **G154**의 중간태에서 유래; '변명하여 거절하다', 즉 '~이 없도록 간원하다', '정중히 거절하다', '피하다':—회피하다, 변명하다, 탄원하다, 거부하다, 거역하다〈딤전4:7〉. 동

G3869 παρακαθίζω[1회] **파라카씨조**
G3844와 **G2523**에서 유래; '가까이 앉다':—앉다〈눅10:39〉. 동

G3870 παρακαλέω[109회] **파라칼레오**
G3844와 **G2564**에서 유래; '가까이 부르다', 즉 '초청하다', '기원하다'('탄원', '충고' 또는 '위로'에 의해):—간절히 원하다, 요청하다, 위로하다, 원하다, 권고하다, 간곡한 권유를 하다, 탄원하다, 빌다〈행13:42; 살전4:10〉. 동

G3871 παρακαλύπτω[1회] **파라칼륍토**
G3844와 **G2572**에서 유래; '곁에 덮다', 즉 '감추다'(상징적으로):—숨기다〈눅9:45〉. 동

G3872 παρακαταθήκη[2회] **파라카타쎄케**
G3844와 **G2698**의 합성어에서 유래; '옆에 놓은 어떤 것', 즉 '기탁물'(신탁):—맡긴 것, 위탁(부탁)한 것〈딤전1:14〉. 여명

G3873 παράκειμαι[2회] **파라케이마이**
G3844와 **G2749**에서 유래; '가까이 있다', 즉 '바로 옆에 있다'(상징적으로 '신속하다' 또는 '쉽다'):—함께 있다〈롬7:18〉. 동

G3874 παράκλησις[29회] **파라클레시스**
G3870에서 유래; '애원', '간곡한 권유', '위로':—위안, 위로, 충고, 간절한 부탁〈고후1:5; 히12:5〉. 여명

G3875 παράκλητος[5회] **파라클레토스**
G3870에서 유래; '중재자', '위로자':—옹호자, 위안자(성령)〈요14:16; 요일2:1〉. 남명

G3876 παρακοή[3회] **파라코에**
G3878에서 유래; '부주의', 즉 (함축적으로) '불순종':—불복종〈롬5:19〉. 여명

G3877 παρακολουθέω[4회] **파라콜루쎄오**
G3844와 **G190**에서 유래; '가까이 따

르다', 즉 (비유적으로) '수반하다'(결과로서), '뒤좇다', '순응하다':—도달하다, 따르다, 충분히 알다, 이해하다〈딤전4:6〉.동

G3878 παρακούω[3회] **파라쿠오**
G3844와 G191에서 유래; '잘못 듣다', 즉 (함축적으로) '불순종하다':—소홀히 듣다〈마18:17〉.동

G3879 παρακύπτω[5회] **파라큅토**
G3844와 G2955에서 유래; '옆으로 구부리다', 즉 '기대다'('안을 들여다보려고):—들여다보다, 아래로 꾸부리다〈요:20:5〉.동

G3880 παραλαμβάνω[50회] **파랄람바노**
G3844와 G2983에서 유래; '가까이 받아들이다', 즉 (어떤 친숙한 또는 긴밀한 관계가 있는 행동 또는 관계로) '어떤 사람과 교제하다'; 유추적으로 어떤 임무를 '떠맡다'; 상징적으로 '배우다':—받다, 취하다〈마27:27; 고전15:1〉.동

G3881 παραλέγομαι[2회] **파랄레고마이**
G3844와 G3004(본래적 의미로)의 중간태에서 유래; (특히) '해안을 끼고 항해하다', 즉 '옆으로 항해하다':—지나가다, 해변 옆을 항해하다〈행27:8〉.동

G3882 παράλιος[1회] **파랄리오스**
G3844와 G251에서 유래; '소금(바다) 옆의', 즉 '해변의':—해안의〈눅6:17〉.형

G3883 παραλλαγή[1회] **파랄라게**
G3844와 G236의 합성어에서 유래; (국면이나 궤도의) '변화', 즉 (상징적으로) '변덕스러움':—변하기 쉬움〈약1:17〉.여명

G3884 παραλογίζομαι[2회] **파랄로기조마이**
G3844와 G3049에서 유래; '잘못 계산하다', 즉 '미혹시키다':—현혹시키다, 속이다〈골2:4〉.동

G3885 παραλυτικός[10회] **파랄뤼티코스**
G3886의 파생어에서 유래; 마치 '힘을 잃은 듯한', 즉 '마비된':—중풍병자의, 중풍병을 가진〈마4:24〉.형

G3886 παραλύω[5회] **파랄뤼오**
G3844와 G3089에서 유래; '옆으로 늘어지다', 즉 '느슨해지다'(완료 수동태 분사, '마비된' 또는 '약해진'):—약하게 하다, 중풍에 걸리다〈눅5:18〉.동

G3887 παραμένω[4회] **파라메노**
G3844와 G3306에서 유래; '곁에 머물다', 즉 '남다'(문자적으로 '체재하다'; 또는 상징적으로 '영원하다', '견디다'):—머무르다, 계속하다〈히7:23〉.동

G3888 παραμυθέομαι[4회] **파라뮈쎄오마이**
G3844와 G3454의 파생어의 중간태에서 유래; '가까이 이야기하다', 즉 함축적으로'격려하다', '위로하다':—위문하다〈요11:19〉.동

G3889 παραμυθία[1회] **파라뮈씨아**
G3888에서 유래; '위로'(정확히는 추상명사):—위안〈고전14:3〉.여명

G3890 παραμύθιον[1회] **파라뮈씨온**
G3889의 중성형; '위로'(정확히는 구상명사):—위안〈빌2:1〉.중명

G3891 παρανομέω[1회] **파라노메오**
G3844와 G3551의 합성어에서 유래; '율법을 거스르다', 즉 '율법을 어기다':—율법에 반대되다〈행23:3〉.동

G3892 παρανομία[1회] **파라노미아**

G3891과 동일어근에서 유래; '위반':—불법〈벧후2:16〉. 여명

G3893 παραπικραίνω[1회] **파라피크라이노**
G3844와 G4087에서 유래; '격분시키다', 즉 (상징적으로) '노하게 하다':—격노케 하다〈히3:16〉. 동

G3894 παραπικρασμός[2회] **파라피크라스모스**
G3893에서 유래; '성나게 함':—노함〈히3:8〉. 남명

G3895 παραπίπτω[1회] **파라핍토**
G3844와 G4098에서 유래; '옆으로 떨어지다', 즉 (상징적으로) '변절하다':—타락하다〈히6:6〉. 동

G3896 παραπλέω[1회] **파라플레오**
G3844와 G4126에서 유래; '가까이 항해하다':—항해하여 지나가다〈행20:16〉. 동

G3897 παραπλήσιον[1회] **파라플레시온**
G3844와 G4139의 어간의 합성어에서 유래(부사로); '가까이', 즉 (상징적으로) '거의':—접근하여〈빌2:27〉. 부

G3898 παραπλησίως[1회] **파라플레시오스**
G3897과 동일어에서 유래한 부사; '가까운 모양으로' 즉 (상징적으로) '비슷하게':—마찬가지로〈히2:14〉. 부

G3899 παραπορεύομαι[5회] **파라포류오마이**
G3844와 G4198에서 유래; '가까이 여행하다':—가다, 지나가다〈막11:20〉. 동

G3900 παράπτωμα[20회] **파라프토마**
G3895에서 유래; '옆으로 미끄러짐'('실책' 혹은 '탈선'), 즉 (고의가 아닌) '과실' 또는 (계획적인) '범죄':—넘어짐, 허물, 위법, 죄, 범죄〈마6:14; 롬5:15〉. 중명

G3901 παραρρυέω[1회] **파라르흐뤼에오**
G3844와 G4482의 대체어에서 유래; '흘러가다', 즉 (상징적으로) '부주의하게 지나다'('놓치다'):—미끄러지게 하다〈히2:1〉. 동

G3902 παράσημος[1회] **파라세모스**
G3844와 G4591의 어간에서 유래; '옆에 기호를 붙인', 즉 (배의 휘장 '이물 장식'으로) '명칭이 붙여진':—기호를 단〈행28:11〉. 형

G3903 παρασκευάζω[4회] **파라스큐아조**
G3844와 G4632의 파생어에서 유래; '옆에 비치하다', 즉 '준비하다':—스스로 준비하다, 예비하다〈행10:10〉. 동

G3904 παρασκευή[6회] **파라스큐에**
마치 G3903에서 유래된 듯; '준비':—예비(일)〈요19:14〉. 여명

G3905 παρατείνω[1회] **파라테이노**
G3844와 τείνω 테이노('뻗치다')에서 유래; '늘이다', 즉 (시간에 관하여서는) '연장하다':—계속하다〈행20:7〉. 동

G3906 παρατηρέω[6회] **파라테레오**
G3844와 G5083에서 유래; '곁에서 (세밀히) 조사하다', 즉 '틈을 엿보아 또는 빈틈없이 적어두다':—지키다, 지켜보다〈눅6:7〉. 동

G3907 παρατήρησις[1회] **파라테레시스**
G3906에서 유래; '조사', 즉 '목격에 의한 증거':—관찰〈눅17:20〉. 여명

G3908 παρατίθημι[19회] **파라티쎄미**
G3844와 G5087에서 유래; '나란히

놓다', 즉 (음식, 진리를) '제공하다', 함축적으로 (보관 또는 보호를 위해) '맡기다':—단언하다, 명령하다, (보관을) 위임하다, 제안하다(내밀다), 앞에 놓다〈막6:41; 행14:23〉. 동

G3909 παρατυγχάνω[1회] **파라튕카노**
G3844와 G5177에서 유래; '우연히 가까이에서 만나다', 즉 '우연히 만나다':—만나다〈행17:17〉. 동

G3910 παραυτίκα[1회] **파라우티카**
G3844와 G846의 파생어에서 유래; '아주 즉각적으로', 즉 '순간적으로':—잠시 동안〈고후4:17〉. 부

G3911 παραφέρω[4회] **파라ㅎ페로**
G3844와 G5342(대체 형태를 포함)에서 유래; '가지고 나르다', 혹은 '옆으로 가져가다', 즉 (문자적 혹은 상징적으로) '빼앗아 가다'; 함축적으로 '피하다':—옮기다, 나르다〈눅22:42〉. 동

G3912 παραφρονέω[1회] **파라ㅎ프로네오**
G3844와 G5426에서 유래; '정신이 나가다', 즉 '미치다'(바보스럽게):—바보 같다 〈고후11:23〉. 동

G3913 παραφρονία[1회] **파라ㅎ프로니아**
G3912에서 유래; '미친 짓', 즉 '무모함':—광기(狂氣)〈벧후2:16〉. 여명

G3914 παραχειμάζω[4회] **파라케이마조**
G3844와 G5492에서 유래; '겨울을 지내다', 즉 '비오는 계절을 나다':—겨울을 지내다〈행28:11〉. 동

G3915 παραχειμασία[1회] **파라케이마시아**
G3914에서 유래; '겨울나기':—겨울을 지내기〈행27:12〉. 여명

G3916 παραχρῆμα[10회] **파라크레마**
G3844와 G5536(본래적 의미로)에서 유래; '그 일 자체로', 즉 '당장에':—즉시로, 곧, 이내, 방금〈눅8:44〉. 부

G3917 πάρδαλις[1회] **파르달리스**
πάρδος 파르도스(퓨마)의 여성형; '표범':—표범〈계13:2〉. 여명

G3918 πάρειμι[5회] **파레이미**
G3844와 G1510(여러 가지 형태를 포함)에서 유래; '가까이 하다', 즉 '옆에 있다; 현재분사 중성 (단수) '당시', 또는 (복수) '재산':—오다, 가지다, 이르다, 결핍하다, (여기에 있다) 나타나다〈고후10:2; 히13:5〉. 동

G3919 παρεισάγω[24회] **파레이사고**
G3844와 G1521에서 유래; '따로 이끌어 들이다', 즉 '내밀히 소개하다':—몰래 끌어들이다〈벧후2:1〉. 동

G3920 παρείσακτος[1회] **파레이삭토스**
G3919에서 유래; '몰래 들여온':—슬그머니 들여(어)온〈갈2:4〉. 형

G3921 παρεισδύω[1회] **파레이스뒤노**
G3844와 G1519, G1416의 합성어에서 유래; '곁에 자리 잡다', 즉 '남의 눈을 피하여 숙박하다':—몰래 기어 들어오다〈유1:4〉. 동

G3922 παρεισέρχομαι[2회] **파레이세르코마이**
G3844와 G1525에서 유래; '곁에 들어오다', 즉 '추가적으로 또는 비밀히 잇따라 일어나다':—몰래 들어오다, 들어오다〈롬5:20〉. 동

G3923 παρεισφέρω[1회] **파레이스ㅎ페로**
G3844와 G1533에서 유래; '곁에 가져오다', 즉 '동시에 소개하다':—주다〈벧후1:5〉. 동

G3924 παρεκτός[3회] **파렉토스**
G3844와 G1622에서 유래; '바깥 가까운 데에', 즉 '그 밖에':—~외에는, ~을

제외하고는, ~없이〈행26:29〉.[부]

G3925 παρεμβολή[10회] **파렘볼레**
G3844와 **G1685**의 합성어에서 유래; '곁에 던짐' (나란히 놓기), 즉 (특히) '전투대형', '야영' 또는 '병영(兵營)' (안토니아 탑):—군대, 진, 성〈행23:10〉.[여명]

G3926 παρενοχλέω[1회] **파레노클레오**
G3844와 **G1776**에서 유래; '더 괴롭히다', 즉 '귀찮게 굴다':—괴롭히다〈행15:19〉.[동]

G3927 παρεπίδημος[3회] **파레피데모스**
G3844와 **G1927**의 어간에서 유래; '곁에 있는' 외국인, 즉 '거류하는' 외국인:—나그네, 낯선 사람〈벧전2:11〉.[형]

G3928 παρέρχομαι[30회] **파레르코마이**
G3844와 **G2064**에서 유래; '가까이 오다', 혹은 '곁에 오다', 즉 '접근하다'('도착하다'), '옆을 지나다'(혹은 '떠나다'), (상징적으로) '멸망하다' 혹은 '방치하다', (사역동사) '비키다':—(나아)오다, 가다, 지나가다, 넘어가다, 지나다, 어기다〈마5:18; 눅12:37〉.[동]

G3929 πάρεσις[1회] **파레시스**
G2935에서 유래; '간과(看過)', 즉 '관용':—용서〈롬3:25〉.[여명]

G3930 παρέχω[16회] **파레코**
G3844와 **G2192**에서 유래; '가까이 갖고 있다', 즉 '베풀다', '제공하다', '보이다', '기회를 제공하다':—가져오다, 하다, 주다, 유지하다, 섬기다, 보이다, 괴롭히다〈눅11:7〉.[동]

G3931 παρηγορία[1회] **파레고리아**
G3844와 **G58**(집회에서 '열변을 토하다'는 의미)의 파생어의 합성어에서 유래; '곁에서 하는 제언', 즉 (특히) '위안':—위로〈골4:11〉.[여명]

G3932 παρθενία[1회] **파르쎄니아**
G3933에서 유래; '처녀성':—처녀임〈눅2:36〉.[여명]

G3933 παρθένος[15회] **파르쎄노스**
기원은 불분명; '처녀', 함축적으로 결혼하지 않은 '딸':—처녀〈마1:23; 눅1:27〉.[여명]

G3934 Πάρθος[1회] **파르쏘스**
기원이 외국어인 듯; '파르티아 사람', 즉 파르티아 주민:—바대인〈행2:9〉.[고명]

G3935 παρίημι[2회] **파리에미**
G3844와 ἵημι **히에미**('보내다')에서 유래; '눈감아 주다', 즉 '긴장을 풀다':—늘어지다.〈히12:12〉.[동]

G3936 παρίστημι[41회] **파리스테미**
G3844와 **G2476**에서 유래; '옆에 서다', 즉 (타동사) '보이다', '내밀다', (특히) '추천하다', (상징적으로) '실증하다', 혹은 (자동사) '바로 가까이에 있다'(혹은 '준비하다'), '도와주다':—돕다, 먼저 가져오다, 명령하다, 권하다, 선물을 주다, 증명하다, 준비하다, 보이다, (옆에, 곁에, 여기에, 우뚝, 함께) 서다, 양보하다〈막14:47; 행9:41〉.[동]

G3937 Παρμενᾶς[1회] **파르메나스**
Παρμενίδης **파르메니데스** (**G3844**와 **G3306**의 합성어의 파생어)의 축약형인 듯; '변치 않는'; '바메나'. 기독교인:—바메나〈행6:5〉.[고명] 예루살렘 일곱 집사 중 한 사람

G3938 πάροδος[1회] **파로도스**
G3844와 **G3598**에서 유래; '샛길' 즉 (능동적으로) '통로':—길〈고전16:7〉.

여명

G3939 παροικέω[2회] **파로이케오**
G3844와 G3611에서 유래; '가까이 거주하다', 즉 '외국인으로 거주하다':—거류하다, 객(客)이 되다〈히11:9〉. 동

G3940 παροικία[2회] **파로이키아**
G3941에서 유래; '낯선 곳에 거주':—(나그네로) 거류함, 나그네로 있음〈벧전1:17〉. 여명

G3941 πάροικος[4회] **파로이코스**
G3844와 G3624에서 유래; '가까이에 주거를 가짐', 즉 (명사형으로서) '나그네'('외국 거주'):—외인, 거류자, 손님〈엡2:19〉. 남명

G3942 παροιμία[5회] **파로이미아**
G3844와 G3633의 추정된 파생어의 합성어에서 유래; 명백히 '가정(假定)에 따른' 상태, 즉 (구체적으로) '속담'; 특히 수수께끼 같은 또는 가공적인 '실례(實例)':—우화, 비유, 속담〈요16:25〉. 여명

G3943 πάροινος[2회] **파로이노스**
G3844와 G3631에서 유래; '술에 가까이 머무는', 즉 '술에 젖어 사는'('술고래'):—술을 즐기는〈딛1:7〉. 형

G3944 παροίχομαι[1회] **파로이코마이**
G3844와 οἴχομαι **오이코마이**('출발하다')에서 유래; '달아나다', 즉 '가버리다':—지나가다〈행14:16〉. 동

G3945 παρομοιάζω[1회] **파로모이아조**
G3946에서 유래; '닮다':—~와 같다〈마23:27〉. 동

G3946 παρόμοιος[1회] **파로모이오스**
G3844와 G3664에서 유래; '거의 비슷한', 즉 '닮은':—~와 같은〈막7:8〉. 형

G3947 παροξύνω[2회] **파록쉬노**
G3844와 G3691의 파생어에서 유래; '나란히 날카롭게 하다', 즉 (상징적으로) '노하게 하다':—쉽게 성내다, 휘젓다〈고전13:5〉. 동

G3948 παροξυσμός[2회] **파록쉬스모스**
G3947(발작)에서 유래; (좋게) '격려', 혹은 (분노한) '논쟁':—말다툼, 성냄〈행15:39〉. 남명

G3949 παροργίζω[2회] **파로르기조**
G3844와 G3710에서 유래; '같이 노하다', 즉 '격노케 하다':—노하게 하다, 격노하도록 자극하다〈롬10:19〉. 동

G3950 παροργισμός[1회] **파로르기스모스**
G3949에서 유래; '격노':—분노〈엡4:26〉. 남명

G3951 παροτρύνω[1회] **파로트뤼노**
G3844와 ὀτρύνω **오트뤼노**('박차를 가하다')에서 유래; '재촉하다', 즉 '자극하다'(적대적으로):—선동하다〈행13:50〉. 동

G3952 παρουσία[24회] **파루시아**
G3918의 현재분사에서 유래; '가까이 있음', 즉 '도래, 출현'(종종 '재림'; 특히 예루살렘을 벌주시기 위한 그리스도의 강림, 혹은 마지막으로 사악한 자들을 멸하시기 위한 강림); (함축적으로) 육체적인 '모습':—임하심(오심), 나타나심〈살전2:19; 5:23〉. 여명

G3953 παροψίς[1회] **파롭시스**
G3844와 G3795의 어간에서 유래; '반찬 접시'(그릇):—큰 접시, 대접〈마23:25〉. 여명

G3954 παρρησία[31회] **파르흐레시아**
G3956과 G4483의 파생어에서 유래; '전혀 거리낌 없음', 즉 '솔직함', '무뚝뚝함', '널리 알려짐'; 함축적으로 '확

신':—담대함, 담대히, 말의 담대함, 확신, 자유로움, 공개적임, 명백함 〈행4:13; 28:31〉. 여명

G3955 παῤῥησιάζομαι[9회] **파르흐레시아조마이**
G3954에서 유래된 중간태; '솔직하게 말하다', 또는 정신적으로 그리고 태도에 있어서 '확신하다':—담대하다(~해지다), 담대히 전파하다, 담대히 말하다〈엡6:20〉. 동

G3956 πᾶς[1244회] **파스**
모든 격변화를 포함; 명백히 기본어; '모든', '어떤', '매', '전체의':—모든 종류(방법)의, 항상, 어떤, 매일, 언제나, 각자, 모든 길, ~만큼 많은, 아무것도, 철저히, 무엇이든지, 전체의, 누구든지〈행1:1; 롬15:11; 약1:2〉. 형

G3957 πάσχα[29회] **파스카**
기원은 아람어 [H6453과 비교]; '유월절'(그 음식, 그 날, 그 축제 혹은 그것과 연관된 특별한 희생제물):—부활절, 유월절〈마26:2〉. 중명

G3958 πάσχω[49회] **파스코** πάθω **파또**와 어떤 시제에서만 쓰이는 πένθω **펜또**의 형태를 포함하여
명백히 기본동사; 어떤 '감각' 또는 '느낌'(보통 고통스러운)을 '경험하다':—느끼다, 정열을 느끼다, 고난당하다, 고통을 받다〈막9:12〉. 동

G3959 Πάταρα[1회] **파타라**
아마도 기원은 외래어인 듯; '바다라', 소아시아의 한 곳:—바다라〈행21:1〉. 고명

G3960 πατάσσω[10회] **파탓소**
아마 G3817에서 유래한 연장형; '치다' (온화하게 혹은 무기로 혹은 치명적으로):—세게 때리다, 치다. G5180과 비교하라. 〈마26:31〉. 동

G3961 πατέω[5회] **파테오**
G3817('길'의 의미)의 추정된 파생어에서 유래; '짓밟다'(문자적으로 혹은 상징적으로):—(내리, 발 밑에) 밟다〈계14:20〉. 동

G3962 πατήρ[414회] **파테르**
명백히 기본어; '아버지'(문자적으로 상징적으로, 가까운 또는 더 먼):—아버지, 부모〈요5:17〉. 남명

G3963 Πάτμος[1회] **파트모스**
불확실한 파생어에서 유래; 지중해의 한 섬, '밧모':—밧모〈계1:9〉. 고명 사도 요한이 유배당한 곳

G3964 πατραλῴας[1회] **파트랄로아스**
G3962와 G3389의 뒷 부분과 같은 어근에서 유래; '어버이 살해':—아버지를 죽이는 자〈딤전1:9〉. 남명

G3965 πατριά[3회] **파트리아**
마치 G3962의 파생어의 여성형인 듯; 아버지의 '가계', 즉 (구체적으로) '가족의 한 무리 또는 전 '인종'('민족'):—가족, 친족, 혈통〈눅2:4〉. 여명

G3966 πατριάρχης[4회] **파트리아르케스**
G3965와 G757에서 유래; '조상'('족장'):—족장〈행2:29〉. 남명

G3967 πατρικός[1회] **파트리코스**
G3962에서 유래; '아버지의', 즉 '조상의':—조상의〈갈1:14〉. 형

G3968 πατρίς[8회] **파트리스**
G3962에서 유래; '조국', 즉 '고향', (상징적으로) '하늘의 집':—(조)국〈마13:54; 요4:44〉. 여명

G3969 Πατρόβας[1회] **파트로바스**
아마 Πατρόβιος **파트로비오스**(G3962와 G979의 합성어)의 단축형; '아버지의 생애', 기독교인, '바드로바':—

바드로바〈롬16:14〉. 고명

G3970 πατροπαράδοτος 1회 **파트로파라도토스**

G3962와 **G3860**('물려줌'의 의미)의 파생어에서 유래; '전통적인':—조상으로부터 전승에 의해 받은〈벧전1:18〉. 형

G3971 πατρῷος 3회 **파트로오스**

G3962에서 유래; '아버지의' 즉 '부모한테 물려받은':—조상들의〈행24:14〉. 형

G3972 Παῦλος 158회 **파울로스**

기원은 라틴어; ('작은'; 그러나 멀리 같은 뜻인 **G3973**의 파생어와 관련); 로마인명으로 사도의 이름, '바울':—바울〈롬1:1; 갈1:1〉. 고명

G3973 παύω 15회 **파우오**

기본 동사('휴식'); '멈추다'(타동사 혹은 자동사), 즉 '제지하다', '그치다', '그만두다', '끝이 오다':—마치다, 떠나다, 삼가다〈눅11:1; 행21:32〉. 동

G3974 Πάφος 2회 **파ㅎ포스**

불확실한 파생어에서 유래; 구브로섬의 한 도시, '바보':—바보〈행13:6〉. 고명

G3975 παχύνω 2회 **파퀴노**

G4078 ('두꺼운'의 뜻)의 파생어에서 유래; '두껍게 하다', 즉 (함축적으로) '살찌게 하다', (상징적으로 '마춰시키다' 혹은 '굳게 하다'):—막돼먹게 되다〈행28:27〉. 동

G3976 πέδη 3회 **페데**

궁극적으로 **G4228**에서 유래; 발에 채우는 '쇠고랑':—족쇄, 차꼬〈막5:4, 눅8:29〉. 여명

3977 πεδινός 1회 **페디노스**

G4228('땅'의 뜻)의 파생어에서 유래; '평평한'('발'을 편하게 하는):—평지의〈눅6:17〉. 형

G3978 πεζεύω 1회 **페쥬오**

G3979의 동일한 어근에서 유래; '도보 여행하다', 즉 육로로 '여행하다':—도보로 가다〈행20:13〉. 동

G3979 πεζῇ 2회 **페제**

G4228(부사로서)의 파생어에서 유래된 여성 여격; '걸어서', 즉 '도보로':—걸어서, 도보로〈마14:13〉. 부

G3980 πειθαρχέω 4회 **페이싸르케오**

G3982와 **G757**의 합성어에서 유래; '통치자에 의해 설득되다', 즉 (일반적으로) 권위에 '복종하다'; 유추적으로 '충고를 따르다':—귀를 기울이다, (행정장관에) 순종하다〈행5:29〉. 동

G3981 πειθός 1회 **페이쏘스**

G3982에서 유래; '설득력 있는':—마음을 끄는〈고전2:4〉. 형

G3982 πείθω 52회 **페이쏘**

기본 동사; '확신하다'(논쟁으로, 참이나 거짓을); 유추적으로 '달래다' 또는 '화해시키다 (다른 공정한 방법으로); 재귀적으로 혹은 수동태 '동의하다'(증거나 권위에), (내적인 확신으로) '의지하다':—동의하다, 확신하다, 믿다, 신뢰하다, 친해지다, 순종하다, 설득하다, 의뢰하다, 양보하다〈롬8:38; 갈3:1〉. 동

G3983 πεινάω 23회 **페이나오**

G3993(끄집는 '고생'의 개념으로; '갈망')과 동일어에서 유래; '굶주리다'(절대적으로 또는 비교적으로); 상징적으로 '열망하다':—시장하다, 배고프다〈마5:6〉. 동

G3984 πεῖρα 2회 **페이라**

G4008〉('찌르기'의 개념으로)의 어

간에서 유래; '시험', 즉 '시도', '경험':—분석 시험, 시련〈히11:29〉. 여명

G3985 πειράζω[38회] **페이라조**
G3984에서 유래; (객관적으로) '시험하다', 즉 '애쓰다', '자세히 조사하다', '유혹하다', '훈련하다':—평가하다, 시험하다, 힘쓰다, 증명하다, 유혹하다, 시도하다, 해보다〈마4:1〉. 동

G3986 πειρασμός[21회] **페이라스모스**
G3985에서 유래; '증거' 제시([선의] 실험으로, [악의] 경험으로, '유혹', '훈련' 또는 '도전'); 함축적으로 '불행':—유혹, 시험〈마6:13〉. 남명

G3987 πειράω[1회] **페이라오**
G3984에서 유래; '시험하다'(주관적으로), 즉 (재귀형) '시도하다':—꾀하다〈행9:26〉. 동

G3988 πεισμονή[1회] **페이스모네**
G3982의 추정된 파생어에서 유래; '설득의 편함', 즉 '쉽사리 믿음':—설득〈갈5:8〉. 여명

G3989 πέλαγος[2회] **펠라고스**
불확실한 유사어에서 유래; '깊음' 또는 광활한 '바다', 즉 '대양':—깊음, 바다〈마18:6〉. 중명

G3990 πελεκίζω[1회] **펠레키조**
G4141('도끼'의 뜻)의 파생어에서 유래; (머리를) '베어내다', 즉 '꼭대기를 자르다':—목을 베다〈계20:4〉. 동

G3991 πέμπτος[4회] **펨프토스**
G4002에서 유래; '다섯 번째':—다섯째〈계6:9〉. 형

G3992 πέμπω[79회] **펨포**
명백히 기본 동사; '급히 보내다'(주관적 견해에서 또는 '출발'점에서, 반면에 ἵημι **히에미**[εἶμι **에이미**의 더 강한 형태]는 오히려 객관적인 점 또는 '귀착점'을 말하고, **G4724**는 정확하게는 '규율 있는' 동작을 포함하는 것을 나타낸다), 특히 임시적 심부름에 관한 것이다; 또한 '보내다', '수여하다', 또는 '휘두르다':—보내다, 신뢰하다〈마11:2〉. 동

G3993 πένης[1회] **페네스**
기본어 πένω **페노**(날마다의 생존을 위하여 '고생하다')에서 유래; '굶주리는', 즉 '곤궁한':—가난한. **G4434**와 비교. 〈고후9:9〉. 형

G3994 πενθερά[6회] **펜쎄라**
G3995의 여성형; '아내의 어머니':—장모, 아내의 어머니〈마10:35〉. 여명

G3995 πενθερός[1회] **펜쎄로스**
불확실한 유사어에서 유래; '아내의 아버지':—장인〈요18:13〉. 남명

G3996 πενθέω[10회] **펜쎄오**
G3997에서 유래; '몹시 슬퍼하다'(감정이나 행동):—한탄하다, 울부짖다, 통곡하다〈마5:4〉. 동

G3997 πένθος[5회] **펜쏘스**
G3958의 대체어에서 유래된 강세형; '슬픔':—애도, 슬픔〈계18:7〉. 중명

G3998 πενιχρός[1회] **페니크로스**
G3993의 어간에서 유래된 연장형; '궁핍한':—가난한〈눅21:2〉. 형

G3999 πεντάκις[1회] **펜타키스**
G4002에서 유래된 배수부사; '다섯 번':—다섯 번〈고후11:24〉. 부

G4000 πεντακισχίλιοι[6회] **펜타키스킬리오이**
G3999와 **G5507**에서 유래; '천의 다섯 배':—오천〈마14:21〉. 수

G4001 πεντακόσιοι[2회] **펜타코시오이**
G4002와 **G1540**에서 유래; '오백':—오백〈고전15:6〉. 형, 수

G4002 πέντε[36회] **펜테**
기본수사; '다섯':—다섯〈눅9:13〉. ㊅

G4003 πεντεκαιδέκατος[1회] **펜테카이데카토스**
G4002와 **G2532**와 **G1182**에서 유래; '다섯과 열':—열 다섯〈눅3:1〉. 형, 수

G4004 πεντήκοντα[5회] **펜테콘타**
G4002의 배수; '오십':—쉰〈요8:57〉. 형, 수

G4005 πεντηκοστή[3회] **펜테코스테**
G4004의 서수의 여성형; 유월절로부터 '50번째'(**G2250**을 포함), 즉 '오순절' 축제:—오순절〈행2:1〉. 여명

G4006 πεποίθησις[6회] **페포이쎄시스**
G3958의 대체어의 완료형에서 유래; '신뢰':—확신, 믿음〈고후1:15〉. 여명

G4007 περ[4회] **페르**
G4008의 어간에서 유래; '풍부'('완전함')를 의미하는 전접어 불변사, 즉 '강조'; '많은', '매우', 혹은 '언제나':—전적으로, 참으로, 실로, [누구]든지〈히3:6TR〉. 불

G4008 πέραν[23회] **페란**
명백히 πείρω 페이로(꿰뚫다)의 페어가 된 파생어의 대격; '통해서'(부사 혹은 전치사로), 즉 '건너서':—저편, 더 먼 (다른) 쪽, 건너〈막5:1〉. 부

G4009 πέρας[4회] **페라스**
G4008의 동일어에서 유래; '말단':—끝, 가장, 최대한도의, 가장 끝 부분〈눅11:31〉. 중명

G4010 Πέργαμος[2회] **페르가모스**
G4444에서 유래; '요새화 된', 소아시아에 있는 한 도시, '버가모':—버가모〈계1:11〉. 고명

G4011 Πέργη[3회] **페르게**
아마도 **G4010**과 동일어에서 유래; '탑', 소아시아의 한 도시, 버가:—버가〈행13:13〉. 고명

G4012 περί[334회] **페리**
G4008의 어간에서 유래; 정확히는 '통해서', 즉 '주위에'; 상징적으로 '~에 관하여'; 장소, 원인 또는 시간에 관하여 다양한 적용으로 사용 (속격과 함께는 '주제' 또는 ' 경우' 또는 '최상급'의 점을 나타냄; 대격과 함께는 '위치', '주위', '사건', '환경' 또는 일반적인 '기간'을 나타냄). 합성어에서는 실제적으로 둘레(근처), 초과(너머), 또는 완성(통하여)의 뜻을 지닌다:—〈속격〉관하여, 대하여, 위하여, 〈대격〉주위에, 둘레에, 가까운, 근처, 〈시간〉경, 쯤, ~으로, ~에, ~관한〈요1:7; 행1:16〉 전

G4013 περιάγω[6회] **페리아고**
G4012와 **G71**에서 유래; (동반자로) '데리고 다니다'; 재귀형 '돌아다니다':—주위를 돌다(두루 다니다), 이리저리 다니다, 데리고 다니다〈마4:23〉. 동

G4014 περιαιρέω[4회] **페리아이레오**
G4012와 **G138**(대체어를 포함)에서 유래; '주위의 것들을 제거하다', 즉 '베일을 벗기다', (닻을) '풀어놓다'; 상징적으로 '속죄하다':—제거하다, 집어 올리다〈히10:11〉. 동

G4015 περιαστράπτω[2회] **페리아스트랍토**
G4012와 **G797**에서 유래; '둘러 비추다', 즉 '빛 가운데 싸이다':—둘러 빛나다〈행9:3〉. 동

G4016 περιβάλλω[2회] **페리발로**
G4012와 **G906**에서 유래; '주위에 던지다', (울타리나 옷을) '입히다, 싸

다':—차려 입히다, 입다〈마25:36〉. 동

G4017 περιβλέπω[22회] **페리블레포**
G4012와 G991에서 유래; '둘러보다':—둘러보다〈막9:8〉. 동

G4018 περιβόλαιον[2회] **페리볼라이온**
G4016의 추정된 파생어의 중성형; '주위에 던져진 것', 즉 '외투', '휘장':—쓰는 것, 의복〈고전11:15〉. 중명

G4019 περιδέω[1회] **페리데오**
G4012와 G1210에서 유래; '두루 싸다', 즉 '싸다':—둘레를 묶다〈요11:44〉. 동

G4020 περιεργάζομαι[1회] **페리에르가조마이**
G4012와 G2038에서 유래; '돌아다니며 일하다', 즉 '크게 소동하다'('쓸데없이 참견하다'):—참견하기 좋아하는 사람이 되다〈살후3:11〉. 동

G4021 περίεργος[2회] **페리에르고스**
G4012와 G2041에서 유래; '돌아다니며 일하는', 즉 '(쓸데없이) 참견하는'('간섭하기 좋아하는, 중성 복수; '마법의'):—참견하기 좋아하는, 마술을 행하는〈행19:19〉. 형

G4022 περιέρχομαι[4회] **페리에르코마이**
G4012와 G2064(대체어를 포함)에서 유래; '둘러오다', 즉 '산책하다', '망설이다', '전향하다':—돌아서 가다, 방랑하다, 헤매다〈딤전5:13〉. 동

G4023 περιέχω[2회] **페리에코**
G4012와 G2192에서 유래; '둘러싸다', 즉 '포함하다', (상징적으로) '꽉 잡다':—놀라다, 담고 있다, 이 방법에 따르다〈눅5:9〉. 동

G4024 περιζώννυμι[6회] **페리존뉘미**
G4012와 G2224에서 유래; '둘러 띠다', 즉 (중간태 혹은 수동태) '띠를 조이다'(문자적으로 혹은 상징적으로):—동이다, 띠를 띠다〈눅17:8〉. 동

G4025 περίθεσις[1회] **페리쎄시스**
G4060에서 유래; '둘러차는 것', 즉 '~로 몸을 꾸미는 것':—입는 것〈벧후3:3〉. 여명

G4026 περιΐστημι[4회] **페리이스테미**
G4012와 G2476에서 유래; '둘러서다', 즉 (가까이) '곁에 서다', 또는 (멀리서) '~로부터 떨어져 있다':—피하다, 비키다, 곁에 있다, 방관하다〈행25:7; 딛3:9〉. 동

G4027 περικάθαρμα[1회] **페리카싸르마**
G4012와 G2508의 합성어에서 유래; 주위를 '깨끗이 치운' 어떤 것, 즉 '찌꺼기'(상징적으로):—더러운 것〈고전4:13〉. 중명

G4028 περικαλύπτω[3회] **페리칼뤼프토**
G4012와 G2572에서 유래; '주위를 덮다', 즉 (얼굴이나 표면을) '완전히 덮다':—눈가리개를 하다, 싸다, 들씌우다〈막14:65〉. 동

G4029 περίκειμαι[5회] **페리케이마이**
G4012와 G2749에서 유래; '주위에 놓여 있다', 즉 '둘러싸다', '에워싸다', '방해하다'(문자적으로 혹은 상징적으로):—둘러싸이다, 매달리다〈눅17:2〉. 동

G4030 περικεφαλαία[2회] **페리케ㅎ팔라이아**
G4012와 G2776의 합성어의 여성형; '머리에 둘러쓴 것', 즉 '투구':—투구〈엡6:17〉. 여명

G4031 περικρατής[1회] **페리크라테스**
G4012와 G2904에서 유래; '두루 강력한', 즉 '주인'('지배인'):—손에 넣은

스〈행27:16〉 형

G4032 περικρύπτω[1회] **페리크뤼프토**
G4012와 G2928에서 유래; '주위를 숨기다', 즉 '완전히 감추다':—숨기다〈눅1:24〉. 동

G4033 περικυκλόω[1회] **페리퀴클로오**
G4012와 G2944에서 유래; '둘러싸다', 즉 '완전히 봉쇄하다':—(담 등을) 두르다〈눅19:43〉. 동

G4034 περιλάμπω[2회] **페릴람포**
G4012와 G2989에서 유래; '두루 비추다', 즉 '후광을 입다':—두루 비치다〈행26:13〉. 동

G4035 περιλείπω[2회] **페릴레이포**
G4012와 G3007에서 유래; '주위에 남아있다', 즉 (수동태) '살아남다':—남다〈살전4:15〉. 동

G4036 περίλυπος[5회] **페릴뤼포스**
G4012와 G3077에서 유래; (주위가) '슬픈', 즉 '매우 슬픈':—심히 유감스러운, 심히 슬픈〈눅18:23〉. 형

G4037 περιμένω[1회] **페리메노**
G4012와 G3306에서 유래; '머물러 있다', 즉 '기다리다':—기다리다〈행1:4〉. 동

G4038 πέριξ[1회] **페릭스**
G4012에서 유래; '두루', 즉 (형용사로서) '주위의':—근처에〈행5:16〉. 부

G4039 περιοικέω[1회] **페리오이케오**
G4012와 G3611에서 유래; '주변에 살다', 즉 '이웃이 되다':—근처에 살다〈눅1:65〉. 동

G4040 περίοικος[1회] **페리오이코스**
G4012와 G3624에서 유래; '주위에 사는', 즉 '이웃에 사는'(명사로서 생략):—이웃〈눅1:58〉. 형

G4041 περιούσιος[1회] **페리우시오스**
G4012와 G1510의 합성어의 현재분사 여성에서 유래; '보통이 아닌', 즉 (개인적으로) '특별한':—독특한〈딛2:14〉. 형

G4042 περιοχή[1회] **페리오케**
G4023에서 유래; '주위에 유지된 것들', 즉 (구체적으로) 구절 (성경의, 둘레에 선을 그은 것으로):—한 구절〈행8:32〉. 여명

G4043 περιπατέω[95회] **페리파테오**
G4012와 G3961에서 유래; '주위를 두루 밟다', 즉 '마음대로 걷다'(특히 능력의 입증으로서); 상징적으로(동료나 신봉자로써) '살다', '처신하다', '따르다':—가다, 종사하다, 걷다, 걸어 다니다〈요5:8; 엡4:1〉. 동

G4044 περιπείρω[1회] **페리페이로**
G4012와 G4008의 어간에서 유래; '완전히 꿰뚫다', 즉 '찌르다'(상징적으로):—관통하다〈딤전6:10〉. 동

G4045 περιπίπτω[3회] **페리핍토**
G4012와 G4098에서 유래; '주변에 있는 것과 우연히 만나다', 즉 '둘러싸이다':—우연히 ~에 빠져 들어가다, (도둑 따위를) 만나다〈행27:41〉. 동

G4046 περιποιέομαι[3회] **페리포이에오마이**
G4012와 G4160에서 유래된 중간태; '만나다', 즉 '얻다'('사다'):—(도르래 지렛대 따위로) 끌어올리다〈딤전3:13〉. 동

G4047 περιποίησις[5회] **페리포이에시스**
G4046에서 유래; (행위나 물건의) '획득'; 확대된 의미로 '보존':—얻음, 특별한 것, 끌어올려짐, 소유, 재산, 구원함〈엡1:14; 히10:39〉. 여명

G4048 περιρήγνυμι[1회] **페리흐레그뉘미**

G4012와 G4486에서 유래; '찢어 버리다', 즉 '완전히 버리다':—찢어버리다〈행16:22〉.동

G4049 περισπάω[1회] **페리스파오**

G4012와 G4685에서 유래; '끌어당기다', 즉 (상징적으로; 걱정으로) '마음이 어수선 하다':—방해하다, 괴롭히다〈눅10:40〉.동

G4050 περισσεία[4회] **페릿세이아**

G4052에서 유래; '과잉', 즉 '과다량':—풍부, 넘침〈고후8:2〉.여명

G4051 περίσσευμα[5회] **페릿슈마**

G4052에서 유래; '나머지', 또는 '여분':—풍부, 남은 것, 넘치는 것〈마12:34〉.중명

G4052 περισσεύω[39회] **페릿슈오**

G4053에서 유래; (질과 양에서) '남아돌다', '넘치게 되다', '남게 되다'; 또한 (위치를 바꾸어) '남아돌게 하다' 또는 '능가하다':—풍부하게 만들다, 풍부하게 가지다, (더) 풍부하다, 더 낫다, 충분하고 남다, 넘다, 능가하다, 증가하다, 남다, 초래하다, (넘치게) 남아 있다〈마5:20; 고후8:2〉.동

G4053 περισσός[6회] **페릿소스**

G4012('너머'의 뜻)에서 유래; (양적으로) '넘치는', 또는 (질적으로) '우월한'; 함축적으로 '과다한', 부사로 (G1537을 포함해서) '난폭하게'; (중성명사) '탁월':—풍부하게 넘치는, 더 풍부한, 우월한, 뛰어난, 매우 높은, 측량할 수 없는, 과잉의, 격렬한〈막6:51; 딤전5:13〉.형

G4054 περισσότερον[4회] **페릿소테론**

G4055의 중성 (부사로); '더 여유 있는 방법으로':—더욱 풍성하게, 매우 많은, 훨씬 더 많은〈고전15:10〉.형

G4055 περισσότερος[4회] **페릿소테로스**

G4053의 비교급; (수, 정도, 성격에서) '더욱 남아 돌아가는':—더욱 풍부한, 더 큰(많은), 과도한〈고전12:23〉.형

G4056 περισσοτέρως[12회] **페릿소테로스**

G4055에서 유래한 부사; '더욱 넘치게':—더 풍부하게, 더 진지하게, 더 넘치게, 더 자주, 훨씬 더, 오히려〈고후11:23〉.부

G4057 περισσῶς[3회] **페릿소스**

G4053에서 유래한 부사; '남아돌아가게':—몹시, 측량할 수 없이, 더욱〈막10:26〉.부

G4058 περιστερά[1회] **페리스테라**

불확실한 파생어에서 유래; '비둘기':—비둘기〈마3:16〉.여명

G4059 περιτέμνω[17회] **페리템노**

G4012와 G5114의 어간에서 유래; '둘레를 베다', 즉 (특히) '할례를 행하다':—할례를 행하다〈행15:1〉.동

G4060 περιτίθημι[8회] **페리티쎄미**

G4012와 G5087에서 유래; '두르다'; 함축적으로 '주다':—씌우다, 울타리를 치다, 입히다, 주위에 놓다〈마27:28〉.동

G4061 περιτομή[36회] **페리토메**

G4059에서 유래; '할례'(종족, 상태, 민족, 문자적으로 혹은 상징적으로):—할례 받은 자, 할례〈롬2:25; 갈2:7〉.여명

G4062 περιτρέπω[1회] **페리트레포**

G4012와 G5157의 어간에서 유래; '돌리다', 즉 (정신적으로) '미치다':—미치게 하다〈행26:24〉.동

G4063 περιτρέχω[1회] **페리트레코**

G4012와 G5143(대체어를 포함)에서

유래; '뛰어 돌아다니다', 즉 '돌아다니다':—뛰어다니다〈막6:55〉. 동

4064 περιφέρω[3회] **페리ㅎ페로**
G4012와 G5342에서 유래; '지니고 다니다', 즉 '여기저기 운반하다':—짊어지다, 나르다〈엡4:14〉. 동

G4065 περιφρονέω[1회] **페리ㅎ프로네오**
G4012와 G5426에서 유래; '넘어 생각하다', 즉 '얕보다'('비난하다'):—멸시하다〈딛2:15〉. 동

G4066 περίχωρος[9회] **페리코로스**
G4012와 G5561에서 유래; '인근지방의', 즉 '이웃의'(명사로서, '인접지'의 뜻이 포함된 G1093과 함께):—주변의, 근방의, 부근의〈막1:28〉. 형

G4067 περίψημα[1회] **페리프세마**
G4012와 ψάω 프사오('문지르다')의 합성어에서 유래; '주변을 솔질한 것', 즉 '떨어진 부스러기'(상징적으로 '찌끼'):—(긁어낸) 찌끼〈고전4:13〉. 중명

G4068 περπερεύομαι[1회] **페리페류오마이**
중간태. πέρπερος 페르페로스('허풍선이'; 아마도 G4008의 어간의 중복형)에서 유래; '자랑하다':—스스로 뽐내다〈고전13:4〉. 동

G4069 Περσίς[1회] **페르시스**
'페르시아'의 여인; '버시', 여자 그리스도인:—버시〈롬16:12〉. 고명

G4070 πέρυσι[2회] **페뤼시**
G4009에서 유래한 부사; '지나버린 것', (명사로서) '작년':—일 년 전에〈고후8:10〉. 부

G4071 πετεινόν[14회] **페테이논**
G4072의 파생어의 중성형; '날아다니는' 동물, 즉 '새':—새, 가금류〈마6:26〉. 중명

G4072 πέτομαι[5회] **페토마이** 또는 연장형 πετάομαι **페타오마이** 또는 단축형 πτάομαι **프타오마이**
기본 동사의 중간태; '날다':—날다, 나는〈계12:14〉. 동

G4073 πέτρα[15회] **페트라**
G4074와 동일어의 여성형; '바위'(덩어리; 문자적 혹은 상징적으로):—바위, 반석 〈마7:24〉 여명

G4074 Πέτρος[156회] **페트로스**
명백히 기본어; '바위'(조각; G3037보다 큰 것); 사도이름, '베드로':—베드로, 바위G2786과 비교〈마16:16〉. 고명

G4075 πετρώδης[5회] **페트로데스**
G4073과 G1491에서 유래; '바위 같은', 즉 '바위가 많은':—돌이 많은〈막4:5〉. 형

G4076 πήγανον[1회] **페가논**
G4078에서 유래; '운향'('두껍고 신선한' 잎에서 유래):—운향〈눅11:42〉 중명

G4077 πηγή[11회] **페게**
아마도 G4078(거세게 '분출'한다는 개념으로)에서 유래; '샘'(문자적으로 혹은 상징적으로), 즉 (물, 피, 기쁨의) '근원', '공급원':—샘, 우물〈요4:6〉. 여명

G4078 πήγνυμι[1회] **페그뉘미**
기본 동사의 연장형(간소형은 어떤 시제에서만 대체형으로 나타남); '('말뚝') 고정시키다', 즉 (특히 천막을) '세우다'(치다):—(천막을) 치다〈히8:2〉. 동

G4079 πηδάλιον[2회] **페달리온**
πηδόν 페돈(노의 '깃'; G3976과 동일어에서 유래)의 (추정된) 파생어에서

유래한 중성형; '페달', 즉 '키':—(배의) 키〈약3:4〉. 중명

G4080 πηλίκος[2회] **펠리코스**
G4225의 어간의 수량형 (여성형); (부정(不定)의 뜻으로) '얼마나 많이', 즉 크기 또는 (상징적으로) 위엄에 있어서:—얼마나 위대한(큰)〈히7:4〉. 부

G4081 πηλός[6회] **펠로스**
아마도 기본어인 듯; '진흙':—진흙〈요9:6〉. 남명

G4082 πήρα[6회] **페라**
불확실한 유사어에서 유래; '전대' 또는 음식을 넣는 가죽 '주머니':—(거지·순례자의) 보따리〈눅9:3〉. 여명

G4083 πῆχυς[4회] **페퀴스**
불확실한 유사어에서 유래; '앞 팔', 즉 (측정단위로) '규빗'(약 18인치):—규빗〈요21:8〉. 남명

G4084 πιάζω[12회] **피아조**
아마도 G971의 다른 형; '꽉 쥐다', 즉 '잡다'(손으로 살며시 ['누르다'], 공적으로 [체포하다], 혹은 사냥에서 [잡다]):—붙잡다, 잡다, 손을 대다, 취하다. G4085와 비교.〈요7:30〉. 동

G4085 πιέζω[1회] **피에조**
G4084의 다른 형; '묶다':—내리누르다〈눅6:38〉. 동

G4086 πιθανολογία[1회] **피싸놀로기아**
G3982와 G3056의 파생어의 합성어에서 유래; '설득력 있는 말':—유혹하는 말〈골2:4〉. 여명

G4087 πικραίνω[4회] **피크라이노**
G4089에서 유래; '더 쓰게 하다'(문자적으로 혹은 상징적으로):—쓰다, 쓰게 만들다〈계8:11〉. 동

G4088 πικρία[4회] **피크리아**
G4089에서 유래; '쓴 맛' (특히 '독'), 문자적으로 혹은 상징적으로:—쓴 맛〈엡4:31〉. 여명

G4089 πικρός[2회] **피크로스**
아마도 G4078('꿰뚫는'의 개념으로)에서 유래; '날카로운'('신랄한'), 즉 '쓴' (문자적으로 혹은 상징적으로):—쓴〈약3:11〉. 형

G4090 πικρῶς[2회] **피크로스**
G4089에서 유래한 부사; '쓰게', 즉 (상징적으로) '세차게':—몹시〈마26:75〉. 부

G4091 Πιλᾶτος[55회] **필라토스**
기원은 라틴어; '꽉 눌러진', 즉 '확고한'; 로마인, '빌라도':—빌라도〈마27:2〉. 고명

G4092 πίμπρημι[1회] **핌프레미**
기본형 πρέω **프레오**(어떤 시제에서는 대체어로만 나타남)의 연장형과 중복형; '불타다', 즉 '태우다'(상징적으로 그리고 수동태; 열로 '새빨개지게 되다'):—부풀어[부어] 오르다〈행28:6〉. 동

G4093 πινακίδιον[1회] **피나키디온**
G4094의 지소형; (글을 쓰는) '서판(書板)':—서판〈눅1:63〉. 중명

G4094 πίναξ[5회] **피낙스**
명백히 G4109의 한 형태; '접시':—큰 접시, 소반, 대접〈눅1:63〉. 여명

G4095 πίνω[73회] **피노**
πίω 피오(다른 형 πόω **포오**와 함께, 어떤 시제에서는 대체어로만 나타남)의 연장에서 유래; '흡수하다'(문자적으로 혹은 상징적으로):—마시다〈눅1:15〉. 동

G4096 πιότης[1회] **피오테스**
πίων 피온('살진'; 아마도 '가득 찼다'

는 의미에서 **G4095**의 대체어와 유사)에서 래; '살이 잘 찜', 즉 (함축적으로) '비옥'(기름짐):—풍부함〈롬11:17〉. 여명

G4097 πιπράσκω[9회] **피프라스코**
πράω **프라오**(어떤 시제에서는 대체어로만 나타남)의 연장형과 중복형; περάω **페라오**('가로지르다'; **G4008**의 어간에서 유래)에서 유래한 압축형; ('여행 중에') '거래하다', 즉 상품으로 '처분하다' 또는 노예로 '처분하다'(문자적으로 혹은 상징적으로):—팔다〈마13:46〉. 동

G4098 πίπτω[90회] **핍토**
πέτω **페토**(어떤 시제에서는 대체어로만 나타남)의 압축형과 중복형; 아마 '내리다'는 개념으로 **G4072**와 유사함; '떨어지다'(문자적으로 혹은 상징적으로):—실패하다, 넘어지다, 내리다〈막4:4; 행5:5〉. 동

G4099 Πισιδία[2회] **피시디아**
아마도 기원은 외래어; '비시디아', 소아시아의 한 지방:—비시디아〈행13:14〉. 고명

G4100 πιστεύω[243회] **피스튜오**
G4102에서 유래; (사람이나 사물에 대해) '믿음을 갖다', 즉 '신용하다'; 함축적으로(특히 영적인 안녕을 그리스도에게) 맡기다:—믿다, 위임하다, 신뢰하다〈요3:12; 롬3:22〉. 동

G4101 πιστικός[2회] **피스티코스**
G4102에서 유래; '믿을 만한', 즉 '진짜의'('섞인 것이 없는'):—감송향의〈막14:3〉. 형

G4102 πίστις[243회] **피스티스**
G3982에서 유래; '설득', 즉 '신용'; 도덕적인 '확신'('종교적' 진리의, 또는 하나님의 신실하심에 대한 또는 신앙의 선생에 대한), 특히 구원에 대해 그리스도를 '신뢰함'; 추상적으로 그러한 고백에서의 '불변성'; 확대된 의미로 종교적(복음) '진리' 자체의 체계:—확신, 신앙, 믿음, 충성〈막11:22; 롬3:3〉. 여명

G4103 πιστός[67회] **피스토스**
G3982에서 유래; 객관적으로 '믿을 만한'; 주관적으로 '신뢰하는':—믿는, 신실한, 신뢰하는, 충성하는, 확신하는, 진실한〈마25:21; 딤전4:12〉. 형

G4104 πιστόω[1회] **피스토오**
G4103에서 유래; '확신하다':—확신하다〈딤후3:14〉. 동

G4105 πλανάω[39회] **플라나오**
G4106에서 유래; (안전, 진리, 도덕에서부터) '방황하다' (정확하게는 '방황하게 하다'):—길을 잃다, 속다, 잘못하다, 미혹하다[되다], 헤매다, 길을 벗어나다〈마24:4; 계20:3〉. 동

G4106 πλάνη[10회] **플라네**
G4108(추상명사로서)의 여성형; 객관적 '사기'; 주관적 정통이나 신앙에서 '이탈':— 기만, 미혹, 그릇됨〈벧후2:18〉. 여명

G4107 πλανήτης[1회] **플라네테스**
G4108에서 유래; '배회하는 자'('선각자'), 즉 (상징적으로) '변덕스러운' 스승:—방황〈유1:13〉. 남명

G4108 πλάνος[5회] **플라노스**
불확실한 유사어에서 유래; (방랑자로) '배회하는', 즉 (함축적으로) '사기꾼' 또는 '그릇 인도하는 자':—속이는(자), 유혹[미혹]하는〈마27:63〉. 형, 명

G4109 πλάξ[3회] **플락스**

G4111에서 유래; '넓적한 판', 즉 '평평한' 표면('접시' 또는 '판', 문자적으로 혹은 상징적으로):—돌판〈고후3:3〉.[여명]

G4110 πλάσμα[1회] **플라스마**
G4111에서 유래; '빚어진 것':—지음받은 물건〈롬9:20〉.[중명]

G4111 πλάσσω[2회] **플랏소**
기본 동사; '빚다', 즉 '모양을 만들다' 또는 '제조하다':—짓다〈딤전2:13〉.[동]

G4112 πλαστός[1회] **플라스토스**
G4111에서 유래; '만들어진', 즉 (함축적으로) '인조의' 또는 (상징적으로) '가공의'('거짓의'):—꾸며내어진〈벧후2:3〉.[형]

G4113 πλατεῖα[9회] **플라테이아**
G4116의 여성형; '넓은 토지 또는 장소', 즉 개방된 '광장':—거리〈계11:8〉.[여명]

G4114 πλάτος[4회] **플라토스**
G4116에서 유래; '넓이':—폭〈계21:16〉.[중명]

G4115 πλατύνω[3회] **플라튀노**
G4116에서 유래; '넓히다'(문자적으로 혹은 상징적으로):—넓게 하다, 확대하다〈고후6:11〉.[동]

G4116 πλατύς[1회] **플라튀스**
G4111에서 유래; '평평하게' 펼친('책략'), 즉 '넓은':—넓은〈마7:13〉.[형]

G4117 πλέγμα[1회] **플레그마**
G4120에서 유래; (머리카락을) '땋은 것':—꾸민 머리〈딤전2:9〉.[중명]

G4118 πλεῖστος[4회] **플레이스토스**
G4183의 불규칙적인 최상급; '가장 큰 수' 또는 '매우 큰':—매우 큰, 대부분의〈마11:20〉.[형]

G4119 πλείων[55회] **플레이온** 중성형 πλεῖον **플레이온** 또는 πλέον **플레온**
G4183의 비교급; 양·수·질에서 '더 많은'; 또한 (복수로) '대부분의':—더 많은, 뛰어난, 더욱 우수한, 더 (아주) 큰, 더욱 긴, (매우) 많은, 더 훌륭한, 더 큰 부분, 그러나 아직〈마12:41〉.[형]

G4120 πλέκω[3회] **플레코**
기본어; '꼬다' 또는 (머리를) 땋다, 꾸미다:—엮다〈마27:29〉.[동]

G4121 πλεονάζω[9회] **플레오나조**
G4119에서 유래; '더 많이 행하다[만들다, 더 많다, 즉 '더하다' (타동사 혹은 자동사); 확대된 의미로 '초과하다':—풍성하다, 증가시키다, 넘치다〈롬5:20〉 [동]

G4122 πλεονεκτέω[5회] **플레오넥테오**
G4123에서 유래; '탐욕스럽게 되다', 즉 (함축적으로) '기만하다':—이득을 취하다, 편취하다, 이익을 만들다〈고후12:17〉.[동]

G4123 πλεονέκτης[4회] **플레오넥테스**
G4119와 G2192에서 유래; '욕심을 내는 것'(탐하는 것), 즉 '이익을 위해 열심인 자'(탐욕적인 자, 편취자):—탐욕스러운 자〈고전5:10〉.[남명]

G4124 πλεονεξία[10회] **플레오넥시아**
G4123에서 유래; '탐욕', 즉 (함축적으로) '사기', '강탈':—탐욕적인 행동, 탐욕, 욕심〈엡5:3〉.[여명]

G4125 πλευρά[5회] **플류라**
불확실한 유사어에서 유래; '늑골', '옆구리', 즉 (확대된 의미로) '옆':—옆〈요20:20〉.[여명]

G4126 πλέω[6회] **플레오**
어떤 시제에서는 대체어로만 사용되는 πλεύω 플류오의 다른 형; 아마도

G4150(물에서 '던져 넣다'는 개념에서)의 한 형; 배를 타고 '지나가다':—항해[행선]하다. 또한 G4130을 보라〈행27:2〉. 동

G4127 πληγή[22회] **플레게**
G4141에서 유래; '때림', 함축적으로 '상처'; 상징적으로 '재난':—재앙, 채찍 자국(매질), 상처, 상함〈계16:9〉. 여명

G4128 πλῆθος[31회] **플레쏘스**
G4130에서 유래; '가득 참', 즉 '큰 숫자', '무리', '민중':—다발, 떼, 다수, 군중〈행2:6〉. 중명

G4129 πληθύνω[12회] **플레쒸노**
G4128의 다른 형태에서 유래; '증가하다'(타동사 혹은 자동사):—많이 있다, 늘다, 증식하다〈행6:1〉. 동

G4130 πλήθω[24회] **플레쏘**
기본어 πλέω **플레오**(어떤 시제에서는 대체어로, 그리고 중복형 πίμπλημι **핌플레미**로만 나타나는)의 연장형; '채우다'(문자적으로 혹은 상징적으로 ['감화시키다', '영향을 주다', '공급하다']); 특히 (시간을) '채우다':—이루다, 가득 채우다, 갖추다〈눅1:15〉. 동

G4131 πλήκτης[2회] **플렉테스**
G4141에서 유래; '치는 자', 즉 '싸움을 좋아하는 자'('싸움꾼'):—구타하는 자〈딤전3:3〉. 남명

G4132 πλημμύρα[1회] **플렘뮈라**
G4130의 연장형; '만조' 즉 (유추적으로) '큰 물':—홍수〈눅6:48〉. 여명

G4133 πλήν[31회] **플렌**
G4119에서 유래; '더욱이'('그 밖에'), 즉 '비록 ~일지라도', 그것을 제외하고는, 오히려', '더 한층':—그러나 (오히려), 그 외에, ~에도 불구하고, ~외에, 보다 더.〈눅22:21〉. 부

G4134 πλήρης[16회] **플레레스**
G4130에서 유래; '가득 찬', 또는 '덮힌'; 또는 유추적으로 '완전한':—가득한〈행6:3〉. 형

G4135 πληροφορέω[6회] **플레로ㅎ포레오**
G4134와 G5409에서 유래; '완전히 수행하다'(증거에 있어서), 즉 '완전히 확신하다'(혹은 '확신시키다), '완전히 성취하다':—가장 확실히 믿다, 충분히 알다(인식하다), 충분히 입증하다〈롬4:21〉. 동

G4136 πληροφορία[4회] **플레로ㅎ포리아**
G4135에서 유래; 완전한 '신뢰':—(완전한) 확신〈히6:11〉. 여명

G4137 πληρόω[87회] **플레로오**
G4134에서 유래; '가득 차게 하다', 즉 (문자적으로; 그물에) '채워 넣다', (웅덩이를) '평평하게 하다', 또는 (상징적으로) '갖추다'(또는 '불어넣다', '확산시키다', '영향을 미치다'), '만족시키다', (직무를) '수행하다', (기간 또는 임무를) '마치다', '진실임을 증명하다' (또는 '예언'과 '부합하다'), 등등:—성취하다, 완성하다, 끝내다, 만기가 되다, (가득) 채우다, 충만하다, 충족하다, 충분히 타이르다, 온전하다, 공급하다〈마2:15; 요12:3; 골2:10〉. 동

G4138 πλήρωμα[17회] **플레로마**
G4137에서 유래; '충만' 혹은 '완성', 즉 (주관적으로), (내용물, 공급물, 지식, 군중의) '가득 찬 것', 또는 (객관적으로) (그릇, 실행, 시간 등이) '가득 채워진 것':—가득 채워진 것, 메워진 조각, 채움, 참, 충만함〈요1:16〉. 중명

G4139 πλησίον[17회] **플레시온**
πέλας 펠라스('가까운')의 파생어의 중성형; (부사적으로) '가까이', 명사로서 '이웃', 즉 '동료' (사람, 국민, 기독교인 또는 친구로서):—가까이, 이웃〈롬13:9〉.부

G4140 πλησμονή[1회] **플레스모네**
G4130의 추정된 파생어에서 유래; '가득 채움', 즉 (상징적으로) '충족':—만족시킴〈골2:23〉.여명

G4141 πλήσσω[1회] **플렛소**
명백히 **G4111**('평평하게 하다'는 개념에서)의 다른 형; '탕탕 치다', 즉 (상징적으로) (재난으로) '타격을 주다':—치다. **G5180**과 비교.〈계8:12〉.동

G4142 πλοιάριον[5회] **플로이아리온**
G4143의 추정된 파생어의 중성형; '작은 배':—배, 작은 배〈요6:22〉.중명

G4143 πλοῖον[68회] **플로이온**
G4126에서 유래; '범선', 즉 '배':—배, 선적〈행27:2〉.중명

G4144 πλόος[3회] **플로오스**
G4126에서 유래; '항해', 즉 '운항':—항행로, 행선, 항해〈행21:7〉.남명

G4145 πλούσιος[28회] **플루시오스**
G4149에서 유래; '부유한'; 상징적으로 '풍부한':—부(富)한〈눅16:1〉.형

G4146 πλουσίως[4회] **플루시오스**
G4145에서 유래한 부사; '풍부하게':—풍성하게, 충분히〈골3:16〉.부

G4147 πλουτέω[12회] **플루테오**
G4148에서 유래; '부하다' ('부하게 되다') (문자적으로 혹은 상징적으로):—물질이 많아지다, 부요하게 되다[되어가다]〈계18:15〉.동

G4148 πλουτίζω[3회] **플루티조**
G4149에서 유래; (상징적으로) '부유하게 만들다':—풍족하게 만들다, 부요하다[만들다]〈고후9:11〉.동

G4149 πλοῦτος[22회] **플루토스**
G4130의 어간에서 유래; '부유함'(충만으로), 즉 (문자적으로) '재물', '소유' 또는 (상징적으로) '풍성', '부함', (특히) 가치 있는 '물품':—부(富)〈롬11:12〉.남명

G4150 πλύνω[3회] **플뤼노**
폐어가 된 πλύω 플뤼오('흐르다')의 연장형; '던져 넣다', 즉 '옷을 빨다':—씻다. **G3068**, **G3538**과 비교.〈계7:14〉.동

G4151 πνεῦμα[379회] **프뉴마**
G4154에서 유래; 공기의 '흐름', 즉 '숨'(한바탕의 바람) 또는 '미풍'; 유추적으로 혹은 상징적으로 '영', 즉 (인간의) 이성적인 '영혼', (함축적으로) '생명의 본질', 정신적 '기질', 등등, 또는 (초인간적인 것) '천사', '마귀', 또는 '하나님', '그리스도의 영', '성령':—영혼, 생명, 영, 영적인 것, 마음. **G5590**과 비교〈요3:6; 고전15:45〉.중명

G4152 πνευματικός[26회] **프뉴마티코스**
G4151에서 유래; '육적이 아닌', 즉 (인간적으로) '영적인'(천한 것과 반대로), 또는 (마귀적으로) '유령'(구상명사), 또는 (신적으로) '초자연적인', '갱생한', '종교적인':—신령한. **G5591**과 비교.〈고전15:44〉.형

G4153 πνευματικῶς[2회] **프뉴마티코스**
G4152에서 유래한 부사; '비육체적으로', 즉 '신성하게', '비유적으로':—영적으로〈계11:8〉.부

G4154 πνέω[7회] 프네오
기본어; 거칠게 '숨 쉬다', 즉 (바람이) 불다:—불다〈**5594**〉와 비교 〈마7:25〉 동

G4155 πνίγω[3회] 프니고
G4154에서 유래된 강세형; '숨을 헐떡이며 말하다', 즉 (사역동사, 함축적으로) '목을 조르다' 또는 '교살하다'(익사시키다):—숨이 막히다, 목을 잡다〈마18:28〉. 동

G4156 πνικτός[3회] 프닉토스
G4155에서 유래; '목이 졸린', 즉 (중성 구상명사; 피 흘림이 없이) '목매어 죽인' 동물:—목 졸려 죽은〈행15:20〉. 형

G4157 πνοή[2회] 프노에
G4154에서 유래; '호흡', '미풍':—숨, 바람〈행2:2〉. 여명

G4158 ποδήρης[1회] 포데레스
G4228과 불확실한 유사어의 다른 요소에서 유래; (**G2066**의 뜻이 함축되어) '발목까지 내려오는 옷':—발에 끌리는 (옷)〈계1:13〉. 형

G4159 πόθεν[29회] 포쎈
기원을 나타내는 전접 부사와 함께 **G4213**의 어간에서 유래; (의문사로서) '무엇으로부터' 또는 (관계사로서) '어떤 장소, 상태, 근원 또는 원인':—어디서, 어찌하여〈요7:27〉. 의대, 부

G4160 ποιέω[568회] 포이에오
명백히 폐어가 된 기본어의 연장형; '만들다' 또는 '행하다' (폭 넓은 적용으로, 다소 직접적으로):—머무르다, 동의하다, 지적하다, 앙갚음하다, 같이 묶다, 있다, 버티다, (외적사물에 대하여) 제조하다, 산출하다, 창조하다(상태에 대하여) 행하다, 누설하다, 폭로하다, 내던지다, 일으키다, 위탁하다, 만족을 주다, 계속하다, 다루다, 지체 없이 시행하다, 행하다, 실행하다, 시행하다, 채우다, 얻다, 주다, 가지다, 잡다, 여행하다, 유지하다, 기다리게 하다, 배를 가볍게 하다, 만들다, 의미하다, 관찰하다, 제정하다, 완수하다, 마련하다, 깨끗이 하다, 의도하다, 놓다, 끌어올리다, 안전하게 하다, 보이다, 쏘아버리다, 쓰다, 취하다, 체재하다, 법을 어기다, 일하다, 생산하다. **G4238**과 비교. 〈눅3:10; 요5:11; 계3:9〉. 동

G4161 ποίημα[2회] 포이에마
G4160에서 유래; '만든 것', 즉 '건조물'(문자적 혹은 상징적으로):—만들어진 것, 솜씨〈롬1:20〉. 중명

G4162 ποίησις[1회] 포이에시스
G4160에서 유래; '행동', 즉 (법의) '수행':—행위〈약1:25〉. 여명

G4163 ποιητής[6회] 포이에테스
G4160에서 유래; 수행자, 특히 '시인(詩人)':—행하는 자, 시인〈약1:22〉. 남명

G4164 ποικίλος[10회] 포이킬로스
불확실한 파생어에서 유래; '잡색의', 즉 성격에 있어서 '여러 가지의':—다양한, 잡다한〈히2:4〉. 형

G4165 ποιμαίνω[11회] 포이마이노
G4166에서 유래; 목자로서(혹은 상징적으로 '감독자로서') '돌보다':—(양을) 치다, 다스리다〈요21:16〉. 동

G4166 ποιμήν[18회] 포이멘
불확실한 유사어에서 유래; '목자'(문자적으로 혹은 상징적으로):—목자, 목사〈요10:2〉. 남명

G4167 ποίμνη[5회] **포임네**
G4165에서 유래된 압축형; '양떼'(문자적 혹은 상징적으로):—떼, 무리, 양떼〈고전9:7〉. 여명

G4168 ποίμνιον[5회] **포임니온**
G4167의 추정된 파생어의 중성형; '양떼', 즉 (상징적으로; 신자의) '무리':—무리, 양떼, 양 무리〈행20:28〉. 중명

G4169 ποῖος[33회] **포이오스**
G4226의 어간과 G3634에서 유래; (인물의) 개별화하는 의문사로 '어떤 종류의', 또는 (수의) 어느 '것':—무엇, 어느 것, 어떤〈눅6:32〉. 의대

G4170 πολεμέω[7회] **폴레메오**
G4171에서 유래; '참전하다', 즉 '싸우다'(문자적으로 혹은 상징적으로):—싸우다, 전쟁하다(을 일으키다)〈계12:7〉. 동

G4171 πόλεμος[18회] **폴레모스**
πέλομαι **펠로마이**('크게 소동하다')에서 유래; '전쟁'(문자적으로 혹은 상징적으로; 한번 교전 또는 연속적인 전투):—전투, 싸움, 전쟁〈계9:7〉. 남명

G4172 πόλις[164회] **폴리스**
아마도 G4171과 동일어에서 유래되거나 혹은 G4183에서 유래; (정확히는 성벽으로 둘러싸인, 크든지 작든지) '읍':—도시〈눅2:3; 행8:5〉. 여명

G4173 πολιτάρχης[2회] **폴리타르케스**
G4172와 G757에서 유래; '읍장', '시장':—도시의 통치자〈행17:6〉. 남명

G4174 πολιτεία[2회] **폴리테이아**
G4177('정치조직')에서 유래; '시민권'; 구체적으로 '공동체':—국가, 자유〈행22:28〉. 여명

G4175 πολίτευμα[1회] **폴리튜마**
G4176에서 유래; '공동체', 즉 (추상명사) '시민권'(상징적으로):—교제〈빌3:20〉. 중명

G4176 πολιτεύομαι[2회] **폴리튜오마이**
G4172의 파생어의 중간태; 시민으로 '행동하다'(상징적으로):—교제가 있게 하다, 생활하다〈빌1:27〉. 동

G4177 πολίτης[4회] **폴리테스**
G7142에서 유래; '읍민':—시민〈눅15:15〉. 남명

G4178 πολλάκι[18회] **폴라키스**
G4183에서 유래한 배수부사; '여러 번', 즉 '자주':—가끔〈고후11:26〉. 부

G4179 πολλαπλασίων[1회] **폴라플라시온**
G4183과 아마도 G4120의 파생어에서 유래; '여러 가지의', 즉 (중성명사로) '아주 더 많이':—여러 배의〈눅18:30〉. 형

G4180 πολυλογία[1회] **폴뤼로기아**
G4183과 G3056의 합성어에서 유래; '수다', 즉 '장황함':—말을 많이 함〈마6:7〉. 여명

G4181 πολυμέρως[1회] **폴뤼메로스**
G4183과 G3313의 합성어에서 유래한 부사; '많은 부분으로', 즉 (시간이나 행위에서) '다양하게'(조각조각으로):—갖가지의 시간에〈히1:1〉. 부

G4182 πολυποίκιλος[1회] **폴뤼포이킬로스**
G4173과 G4164에서 유래; '아주 다채로운', 즉 '가지가지의':—다양한〈엡3:10〉. 형

G4183 πολύς[418회] **폴뤼스**
대체어 πολλός **폴로스**에서 유래된 형을 포함; (단수) '양이 많은'(어떤 점에서든지) 또는 (복수) '수가 많은'; 중성(단수)부사로 '크게'; 중성(복수)부사

나 명사로 '자주', '대개', '크게':—풍부한, 아주, 보통, 멀리, 큰(나이, 거래, 동안), 긴, 많은(수), 많은(양), 가끔, 풍부한, 아픈, 답답한. **G4118**, **G4119**와 비교.〈마24:5; 행6:7〉. 형

G4184 πολύσπλαγχνος[1회] **폴뤼스플랑코노스**

G4183과 **G4698**(상징적으로)에서 유래; '가장 자비로운':—아주 동정적인〈약5:11〉. 형

G4185 πολυτελής[3회] **폴뤼텔레스**

G4183과 **G5056**에서 유래; '매우 비싼':—값진, 매우 귀한, 고가의〈딤전2:9〉. 형

G4186 πολύτιμος[3회] **폴뤼티모스**

G4183과 **G5092**에서 유래; '극히 가치 있는':—매우 값진, 고가의〈요12:3〉. 형

G4187 πολυτρόπως[1회] **폴뤼트로포스**

G4183과 **G5158**의 합성어에서 유래; '많은 방법으로', 즉 방법 또는 형태에 있어서 '여러 가지로':—다양한 방법으로〈히1:1〉. 부

G4188 πόμα[2회] **포마**

G4095의 대체어에서 유래; '음료':—마시는 것〈고전10:4〉. 중명

G4189 πονηρία[7회] **포네리아**

G4190에서 유래; '악행', 즉 (특히) '악의'; 복수 (구상명사) '음모', '죄악':—부정, 악함〈롬1:29〉. 여명

G4190 πονηρός[78회] **포네로스**

G4192의 파생어에서 유래; '해로운', 즉 '악한'(정확히는 효과나 영향에 있어서, 그리고 그래서 '본질적인' 성품을 가리키는 **G2556**과 또한 본래적 덕성으로부터의 '타락'을 가리키는 **G4550**과 다름); 상징적으로 '재난의'; 또한 (수동태) '아픈', 즉 '병든'; 그러나 특히 (도덕적으로) '비난 받을 만한', 즉 '버려진', '사악한', '악한'; (중성 단수) '해악', '악의', 또는 (복수) '죄가 있는'; (남성 단수) '마귀', 또는 (복수) '죄인들':—나쁜, 악한, 슬픈, 해로운, 추잡한, 악의 있는, 사악한(함). 또한 **G4191**을 보라.〈마12:45; 눅6:22〉. 형

G4191 πονηρότερος[1회] **포네로테로스**

G4190의 비교급; '더욱 악한':—더욱 사악한〈마123:45〉. 형

G4192 πόνος[4회] **포노스**

G3993의 어간에서 유래; '수고', 즉 (함축적으로) '고통':—아픔〈계16:10〉. 남명

G4193 Ποντικός[1회] **폰티코스**

G4195에서 유래; '본도인', 즉 본도의 원주민:—본도에서 태어난〈행18:2〉. 형, 대

G4194 Πόντιος[3회] **폰티오스**

기원은 라틴어; 명백히 '다리를 놓은'; 로마인, '본디오':—본디오〈행4:27〉 고명

G4195 Πόντος[2회] **폰토스**

'바다'; 소아시아의 지방, '본도':—본도〈행2:9〉. 고명

G4196 Πόπλιος[2회] **포플리오스**

기원은 라틴어; 명백히 '인기 있는'; '보볼리오', 로마인:—보블리오〈행28:7〉. 고명

G4197 πορεία[2회] **포레이아**

G4198에서 유래; (육지로) '여행'; 상징적으로 (복수) '나아감', 즉 '경력':—여행, 방식〈눅13:22〉. 여명

G4198 πορεύομαι[154회] **포류오마이**

G3984와 동일어의 파생어에서 유래

한 중간태; '횡단하다', 즉 '여행하다'(문자적으로 혹은 상징적으로, 특히 '옮기다'[상징적으로는 죽다] '살다', 등):—떠나가다, (앞으로, 멀리, 올라) 가다, 여행하다, 걷다〈눅7:6; 행20:1〉.동

G4199 πορθέω[3회] **포르쎄오**
πέρθω **페르쏘**('약탈하다')의 연장형; '빼앗다'(상징적으로):—파괴하다, 황폐케 하다〈행9:21〉.동

G4200 πορισμός[2회] **포리스모스**
πόρος **포로스**('길', 즉 '방법')의 파생어에서 유래; '공급하는 것'('획득하는 것'), 즉 (함축적으로) '돈을 얻는 것'(취득):—이익〈딤전6:5〉.남명

G4201 Πόρκιος[1회] **포르키오스**
기원은 라틴어; 명백히 '돼지 같은', 로마인, '보르기오':—보르기오〈행24:27〉.고명

G4202 πορνεία[25회] **포르네이아**
G4203에서 유래; '매음'('간통'과 '근친상간'을 포함); 상징적으로 '우상숭배':—간음 〈고전5:1〉.여명

G4203 πορνεύω[8회] **포르뉴오**
G4204에서 유래; '매음을 하다', 즉 (문자적으로) 비합법적인 '색욕에 빠지다'(어느 성(性)이든지간에), 또는 (상징적으로) '우상숭배를 행하다':—간음을 범하다〈고전6:18〉 동

G4204 πόρνη[12회] **포르네**
G4205의 여성형; '매춘부'; 상징적으로 '우상숭배자':—창기, 매춘부〈마21:31〉.여명

G4205 πόρνος[10회] **포르노스**
πέρνημι **페르네미**(팔다; **G4097**의 어간과 유사)에서 유래; '남창'(돈을 위한), 즉 (유추적으로) '난봉군'('방탕자'):—간음자, 밀통하는 사내〈고전5:9〉.남명

G4206 πόῤῥω[4회] **포르흐로**
G4253에서 유래한 부사; '앞으로', 즉 '멀리 떨어져':—멀리, 많이 떨어져. 또한 **G4207**을 보라.〈눅14:32〉.부

G4207 πόῤῥωθεν[2회] **포르흐로쏀**
근원의 전접어 부사와 함께 **G4206**에서 유래; '멀리서 부터', 또는 (함축적으로) '멀리서', 즉 '멀리':—멀리〈눅17:2〉.부

G4208 πoῤῥωτέρω[1회] **포르흐로테로**
G4206의 부사적 비교급; '더 멀리', 즉 '더 먼 거리':—더 나가가서〈눅24:28〉.부

G4209 πορφύρα[4회] **포르ㅎ퓌라**
기원은 라틴어; '자주 빛' 조개, 즉 (함축적으로) '자주색', '자주색 옷감':—자주 빛〈막15:17〉.여명

G4210 πορφυροῦς[4회] **포르ㅎ퓌루스**
G4209에서 유래; '자줏빛을 띤', 즉 '자주색의':—(옛날 고위 고관이 착용한) 자줏빛 옷〈요19:2〉.형

G4211 πορφυρόπωλις[1회] **포르ㅎ퓌로폴리스**
G4209와 **G4453**의 합성어의 여성형; '여성 자색 옷감 장사':—자색 옷 파는 사람〈행16:14〉.여명

G4212 ποσάκις[3회] **포사키스**
G4214에서 유래한 배수사; '몇 번이나':—얼마나 자주〈마23:37〉.부

G4213 πόσις[3회] **포시스**
G4095의 대체어에서 유래; '마시기'(행동), 즉 (구체적으로) '한 모금':—마시는 것〈골2:16〉.여명

G4214 πόσος[27회] **포소스**
폐어가 된 πός **포스**(누구, 무엇)와

G3739에서 유래; (양에 대한) 의문대명사 '얼마나 많은'(큰, 긴 또는 [복수] 많은):—얼마나 큰(긴, 많은), 무엇〈눅16:5〉. 대

G4215 ποταμός[17회] **포타모스**
아마도 G4095(G4224와 비교)의 대체어의 파생어에서 유래; '흐르는 물', '시내' 또는 '큰 물'(마실 수 있는), 유수(流水):—홍수, 강, 흐름, 물〈계8:10〉. 남명

G4216 ποταμοφόρητος[1회] **포타모ㅎ포레토스**
G4215와 G5409의 파생어에서 유래; '강물에 떠내려간', 즉 '강물에 압도된':—홍수에 쓸려간〈계12:15〉. 형

G4217 ποταπός[7회] **포타포스**
명백히 G4219와 G4226의 어간에서 유래; 의문사 '도대체 무엇을', 즉 '어떤 종류의':—어떠한 (방법의)〈눅1:29〉. 의문형

G4218 ποτέ[29회] **포테**
G4225의 어간과 G5037에서 유래; 부정(不定) 부사, '언젠가', '일찌기':—아무 때에도, 이전에, 그때에, 이전에, 전에, 한때, 어느 때에〈갈1:13; 히1:5〉. 불, 부

G4219 πότε[19회] **포테**
G4226과 G5037에서 유래; 의문부사, '어느 때에':—얼마나 오래, 언제〈마25:37〉. 의문부

G4220 πότερον[1회] **포테론**
G4226의 어간의 비교급의 중성형; 의문부사, (둘 중) '어느 것', 즉 '그것이' 이것인가 또는 저것인가:—~인지 어떤지〈요7:17〉. 의문부

G4221 ποτήριον[31회] **포테리온**
G4095의 대체어의 파생어의 중성형; '마시는 그릇'; 확대된 의미로 마시는 그릇의 내용물, 즉 '컵에 가득 찬 것'; 상징적으로 '몫' 또는 '죽음':—잔〈마23:25〉. 중명

G4222 ποτίζω[15회] **포티조**
G4095의 대체어의 파생어에서 유래; '마실 것을 공급하다', '물을 대다':—마시게 하다, 먹이다, 물을 주다〈마25:35〉. 동

G4223 Ποτίολοι[1회] **포티올로이**
기원은 라틴어; '작은 우물', 즉 '광물샘'; 이탈리아에 있는 한 장소, '보디올':—보디올〈행23:13〉. 고명

G4224 πότος[1회] **포토스**
G4095의 대체어에서 유래; '주연(酒宴)' 또는 '큰 술잔치':—연회〈벧전4:3〉. 남명

G4225 πού[4회] **푸**
다른 경우에는 폐어가 된 부정대명사 πός 포스(어떤)의 속격(G4214와 비교); 장소의 부사로 '어디엔가', 즉 '근처에':—~쯤, 어떤 장소〈히2:6〉. 부, 대

G4226 ποῦ[48회] **푸**
다른 경우에는 폐어가 된 의문대명사 πός 포스(무엇; 아마도 의문이 점증될 때 사용되는 G4225와 같은)의 속격; 장소의 부사로서; 무슨 장소에:—어디(에, ~, ~로, ~든지), 데를, 바를〈요8:14; 고전12:17〉. 의문부

G4227 Πούδης[1회] **푸데스**
기원은 라틴어; '겸손한', 기독교인, '부데':—부데〈딤후4:21〉. 고명

G4228 πούς[93회] **푸스**
기본어; '발'(상징적으로 또는 문자적으로):—발, 발판〈눅7:38; 행2:35〉. 남명

G4229 πρᾶγμα[11회] **프라그마**
G4238에서 유래; '행위'; 함축적으로 '사건'; 확대된 의미로 '대상'(물질적으로):—이루어진 일, 사실, 내력, 일, 행위〈롬16:2; 히10:1〉. 중명

G4230 πραγματεία[1회] **프라그마테이아**
G4231에서 유래; '거래', 즉 '교섭':—업무, 일상생활〈딤후2:4〉. 여명

G4231 πραγματεύομαι[1회] **프라그마튜오마이**
G4229에서 유래; '~로 바쁘다', 즉 '장사하다':—종사하다〈눅19:13〉. 동

G4232 πραιτώριον[8회] **프라이토리온**
기원은 라틴어; 통치자의 재판 장소, '브라이도리온'(때때로 '건물전체'와 '주둔지'도 포함):—보통 관정(官庭), 재판정, 궁, '브라이도리온'이라는 뜰〈요18:28〉. 중명

G4233 πράκτωρ[2회] **프락토르**
G4238의 파생어에서 유래; '집행관', 즉 (특히) '세무'공무원:—관리〈눅12:58〉. 남명

G4234 πρᾶξις[6회] **프락시스**
G4238에서 유래; '실행', 즉 (구체적으로) '행위'; 확대된 의미로 '직분':—행실, 직무, 일〈마16:27〉. 여명

G4235 πρᾷος[4회] **프라오스**
어떤 부분에 사용된 **G4239**의 한 형태; '온화한', 즉 '겸손한':—온유한〈마11:29〉. 형

G4236 πρᾳότης[11회] **프라오테스**
G4235에서 유래; '온순'; (함축된 의미로) '겸손':—온유〈엡4:2〉. 여명

G4237 πρασιά[2회] **프라시아**
아마도 πράσον 프라손('부추', 그리고 '양파'의 일종)에서 유래된 듯; 정원 '부지', 즉 (함축적으로 일반적 '화단'을 가르침) '열, 줄'(히브리어의 용법으로는 정돈을 가리키기 위해 복수를 반복):—떼(행렬)〈막6:40〉. 여명

G4238 πράσσω[39회] **프랏소**
기본 동사; '행하다', 즉 '계속적으로 혹은 습관적으로 수행하다'(따라서 정확히는 단일한 행위를 지칭하는 **G4160**과는 다름); 함축적으로 '실행하다', '성취하다', 등등; 특히 세금을 '징수하다', (개인적으로) '요금을 내다':—범하다, 행하다, 일하다, 거두다, 지키다, 요구하다, 기술을 쓰다〈행26:9; 롬2:2〉. 동

G4239 πραΰς[4회] **프라우스**
명백히 기본어; '온순한', 즉 (함축적으로) '겸손한':—온유한. **G4235**를 보라.〈벧전3:4〉. 형

G4240 πραΰτης[11회] **프라우테스**
G4239에서 유래; '온순', 즉 (함축적으로) '겸손':—온유〈약1:21〉. 여명

G4241 πρέπω[7회] **프레포**
명백히 기본 동사; '우뚝 솟다'('눈에 띄다'), 즉 (함축적으로) '적당하다' 혹은 '타당하다'(현재직설법 3인칭단수, 종종 비인칭으로 사용됨, '합당하다' 또는 '바르다'):—어울리다, 알맞다〈히2:10〉. 동

G4242 πρεσβεία[2회] **프레스베이아**
G4243에서 유래; '윗어른'(장로직), 즉 (함축적으로) 대사관 (구체적으로 '대사'):—사자(使者), 사신(使臣)〈눅14:32〉. 여명

G4243 πρεσβεύω[2회] **프레스뷰오**
G4245의 기본어간에서 유래; '손위가 되다', 즉 (함축적으로) '대표로서 일을 하다' (상징적으로 '전파하는 일

을 하다'):—대사(大使)가 되다〈고후 5:20〉. 동

G4244 πρεσβυτέριον[3회] **프레스뷔테리온**
G4245의 추정된 파생어의 중성형; '장로의 서열', 즉 (특히) 이스라엘의 '산헤드린' 또는 기독교의 '장로회':—장로(의 계급), 장로회〈딤전4:14〉. 중명

G4245 πρεσβύτερος[66회] **프레스뷔테로스**
πρέσβυς **프레스뷔스**(나이 많은)의 비교급; '더 나이 많은'; '손윗사람'(명사로); 특히 이스라엘의 산헤드린 회원(또한 상징적으로, 천상회의의 일원) 혹은 기독교의 '장로':—더 나이 많은, 가장 나이 많은, 늙은〈마27:1〉. 형

G4246 πρεσβύτης[3회] **프레스뷔테스**
G4245와 동일어에서 유래; '늙은 남자':—나이든 (남자), 늙은이〈눅1:18〉. 남명

G4247 πρεσβῦτις[1회] **프레스뷔티스**
G4246의 여성형; '늙은 여자':—나이든 여자〈딛2:3〉. 여명

G4248 πρηνής[1회] **프레네스**
G4253에서 유래; '앞으로 기댐'('앞으로 넘어짐')("거꾸로 떨어지는"), 즉 '곤두박질하는':—곤두박질하는〈행1:18〉. 형

G4249 πρίζω[1회] **프리조**
기본어 πρίω **프리오**('톱질하다')의 강세형; 둘로 '톱질하다':—톱으로 켜서 두 동강내다〈히11:37〉. 동

G4250 πρίν[13회] **프린**
G4253에서 유래한 부사; '이전에', '더 빨리':—~전, ~에 앞서〈요8:58〉. 부

G4251 Πρίσκα[3회] **프리스카**
기원은 라틴어; Priscus의 여성형, '고대의'; 여성도, '브리스가':—브리스가. 또한 **G4252**를 보라.〈딤후4:19〉. 고명

G4252 Πρίσκιλλα[3회] **프리스킬라**
G4251의 지소사; 여성도, '브리스길라'(즉 '작은 브리스가'):—브리스길라〈행18:2〉. 고명

G4253 πρό[47회] **프로**
기본전치사; '~앞에', 즉 '전에', '앞서'(상징적으로 최상의). 합성될 때 같은 의미를 가짐:—~위에, 이전에, ~앞에. ~밖에〈행5:23〉. 전

G4254 προάγω[20회] **프로아고**
G4253과 **G71**에서 유래; '앞으로 이끌다'(권위 있게); (자동사로서) '앞서다'(장소나 시간에 있어서[분사; '이전의']):—데리고 나아가다, 앞서 가다〈마21:9; 행12:6〉. 동

G4255 προαιρέομαι[1회] **프로아이레오마이**
G4253과 **G138**에서 유래; '다른 것 앞서 스스로를 위해 택하다'('선호하다'), 즉 (함축적으로) '제안하다', ('~하려고 하다'):—의도하다〈고후9:7〉. 동

G4256 προαιτιάομαι[1회] **프로아이티아오마이**
G4253과 **G156**의 파생어에서 유래; '이미 고소하다', 즉 '먼저 고발하다':—앞서 증명하다〈롬3:9〉. 동

G4257 προακούω[1회] **프로아쿠오**
G4253과 **G191**에서 유래; '이미 듣다', 즉 '예기(豫期)하다':—전에 듣다〈골1:5〉. 동

G4258 προαμαρτάνω[2회] **프로아마르타노**

G4253과 G264에서 유래; '전에 죄짓다'(회개해야 할):—이미 죄짓다, 지금까지 죄짓다〈고후12:21〉. 동

G4259 προαύλιον[1회] **프로아울리온**
G4253과 G833의 추정된 합성어의 중성형; '앞마당', '앞뜰'(골목길):—입구〈막14:68〉. 중명

G4260 προβαίνω[5회] **프로바이노**
G4253과 G939의 어간에서 유래; '앞으로 걸어가다', 즉 '전진하다'(문자적으로나 햇수로):—나이가 많아지다, 멀리 나아가다, 잘 두드려 만들어지다〈막1:19〉. 동

G4261 προβάλλω[2회] **프로발로**
G4253과 G906에서 유래; '앞으로 던지다', 즉 '앞으로 밀다', '싹이 트게 하다':—앞으로 내어밀다, 싹이 나다〈눅21:30〉. 동

G4262 προβατικός[1회] **프로바티코스**
G4263에서 유래; '양에 관련된', 양들이 예루살렘으로 인도된 ('문'):—양의 (시장)〈요5:2〉. 형

G4263 πρόβατον[39회] **프로바톤**
정확히는 G4260의 추정된 파생어의 중성형; '앞으로 걷는 어떤 것'('네발짐승'), 즉 (특히) '양', (문자적으로 혹은 상징적으로):—양, 양 우리〈요10:2〉. 중명

G4264 προβιβάζω[1회] **프로비바조**
G4253과 G971의 중복된 형에서 유래; '앞으로 밀다', 즉 '앞으로 끌어내다', '부추기다':—이끌다, 앞에서 지시하다〈마14:8〉. 동

G4265 προβλέπω[1회] **프로블레포**
G4253과 G991에서 유래; '미리 내다보다', 즉 '미리 공급하다':—예비하다〈히11:40〉. 동

G4266 προγίνομαι[1회] **프로기노마이**
G4253과 G1096에서 유래; '이미 있다', 즉 '전에 일어나다':—지나가다〈롬3:25〉. 동

G4267 προγινώσκω[5회] **프로기노스코**
G4253과 G1097에서 유래; '미리 알다', 즉 '예견하다':—예지하다(정하다), 알다(미리)〈롬8:29〉. 동

G4268 πρόγνωσις[2회] **프로그노시스**
G4267에서 유래; '선견':—미리 아심(예지)〈벧전1:2〉. 여명

G4269 πρόγονος[2회] **프로고노스**
G4266에서 유래; '선조', '부모', '조부모':—조상, 부모〈딤전5:4〉. 남명

G4270 προγράφω[4회] **프로그라ㅎ포**
G4253과 G1125에서 유래; '전에 기록하다'; 상징적으로 '알리다', '규정하다':—앞서 정하다, 분명히 제시하다, 기록하다(앞에, 앞서)〈롬15:4〉. 동

G4271 πρόδηλος[3회] **프로델로스**
G4253과 G1212에서 유래; 모든 사람 '앞에 분명한', 즉 '명백한':—분명한, 미리 드러난(공개된)〈히7:14〉. 형

G4272 προδίδωμι[1회] **프로디도미**
G4253과 G1325에서 유래; 다른 사람이 주기 전에 '주다':—먼저 주다, 넘겨주다〈롬11:35〉. 동

G4273 προδότης[3회] **프로도테스**
G4272(다른 사람[적의] 손에 '넘겨주다'는 의미에서)에서 유래; '항복하는 자':—배신자, 배반자〈행7:52〉. 남명

G4274 πρόδρομος[1회] **프로드로모스**
G4390의 대체어에서 유래; '앞에 가는', '앞서 가는', '선두주자', 즉 '정찰병'(상징적으로 '선구자'):—전주(前走)자〈히6:20〉. 형, 남명

G4275 προείδω[2회] **프로에이도**

G4253과 G1492에서 유래; '미리보다':—예견하다, 미리 알다〈행2:31〉. 동

G4276 προελπίζω[1회] **프로엘피조**
G4253과 G1697에서 유래; '다른 확신에 앞서 바라다':—먼저 신뢰하다, 미리 바라다〈엡1:12〉. 동

G4277 προέπω[3회] **프로에포**
G4253과 G2036에서 유래; '이미 말하다', '예언하다':—미리 경고하다, 미리 말하다. G4280과 비교.〈갈5:21〉. 동

G4278 προενάρχομαι[2회] **프로에나르코마이**
G4253과 G1728에서 유래; '이미 시작하다':—(앞서) 시작하다〈고후8:6〉. 동

G4279 προεπαγγέλλομαι[2회] **프로에팡겔로마이**
G4253과 G1861에서 유래한 중간태; '이전에 약속을 하다':—미리 약속하다〈롬1:2〉. 동

G4280 προερέω[9회] **프로에레오**
G4253과 G2046에서 유래; G4277의 대체어로 사용; '이미 말하다', '예언하다':—예언하다, 미리(전에) 말하다〈히10:15〉. 동

G4281 προέρχομαι[9회] **프로에르코마이**
G4253과 G2064(대체어를 포함하여)에서 유래; '앞으로 나아가다', '전진하다'(시간과 장소에 있어서):—앞서 (더 멀리, 앞으로) 가다, 능가하다, 나아가다〈눅1:17〉. 동

G4282 προετοιμάζω[2회] **프로에토이마조**
G4253과 G2090에서 유래; '미리 준비하다'(문자적으로 또는 상징적으로):—앞서 정하다, 예비하다〈롬9:23〉. 동

G4283 προευαγγελίζομαι[1회] **프로유앙겔리조마이**
G4253과 G2097에서 유래한 중간태; '먼저 기쁜 소식을 '전하다':—앞서 복음을 전하다〈갈3:8〉. 동

G4284 προέχομαι[1회] **프로에코마이**
G4253과 G2192에서 유래한 중간태; '다른 이들 앞에서 자신을 유지하다', 즉 (상징적으로) '능가하다':—더 낫다〈롬3:9〉. 동

G4285 προηγέομαι[1회] **프로에게오마이**
G4253과 G2233에서 유래; 타인을 위하여 '길을 이끌다', 즉 '존경을 보이다':—(오히려) ~을 좋아하다〈롬12:10〉. 동

G4286 πρόθεσις[12회] **프로쎄시스**
G4388에서 유래; '내어놓음', 즉 상징적으로 '제안'('의향'); 특별히 (성전에서) 하나님 앞에 드리는 제단의 '진설병(陳設餠)':—의도, 보이기, 진설병〈롬8:28〉. 여명

G4287 προθέσμιος[1회] **프로쎄스미오스**
G4253과 G5087의 파생어에서 유래; '미리부터 고정된', 즉 (G2250의 의미가 함축된 여성형) '지정된 날':—정한 때〈갈4:2〉. 여명

G4288 προθυμία[5회] **프로쒸미아**
G4289에서 유래; '경향', 즉 '민첩함':—마음의 기울어짐, 마음의 준비, 준비가 된 마음, 자발적인 마음〈고후9:2〉. 여명

G4289 πρόθυμος[3회] **프로쒸모스**
G4253과 G2372에서 유래; '영이 지향하는', 즉 '미리 기우는'; (중성 명사로서) '주저 없이 선선함':—마음에 준비

된, 기꺼이 하고자 하는〈롬1:15〉. 형

G4290 προθύμως[1회] **프로쒸모스**
G4289에서 유래한 부사; '주저 없이 선선히':—기꺼이〈벧전5:2〉. 부

G4291 προΐστημι[8회] **프로이스테미**
G4253과 G2476에서 유래; '~앞에 서다', 즉 (서열상) '통할하다', 또는 (함축적으로) '실행하다':—유지하다, 지배하다, 다스리다〈딤전3:4〉. 동

G4292 προκαλέομαι[1회] **프로칼레오마이**
G4253과 G2564에서 유래한 중간태; '자신에게 불러일으키다'('도전하다'), 즉 (함축적으로) '노하게 하다':—성나게 하다〈갈5:26〉. 동

G4293 προκαταγγέλλω[2회] **프로카탕겔로**
G4253과 G2605에서 유래; '미리 알리다', 즉 '예언하다', '약속하다':—예언하다, 미리 알다, 앞서 보이다〈행3:18〉. 동

G4294 προκαταρτίζω[1회] **프로카타르티조**
G4253과 G2749에서 유래; '미리 준비하다':—미리 착수하다〈고후9:5〉. 동

G4295 πρόκειμαι[5회] **프로케이마이**
G4253과 G2675에서 유래; 보는 앞에 '놓여 있다', 즉 (상징적으로) (마음에) 있다, (본보기나 보상으로) 앞에 있다:—맨 먼저 있다, 앞에 놓다〈히6:18〉. 동

G4296 προκηρύσσω[1회] **프로케뤼소**
G4253과 G2784에서 유래; '미리 알리다' (즉 '미리 포고하다'):—앞서(맨 먼저) 전파하다〈행3:20〉. 동

G4297 προκοπή[3회] **프로코페**
G4298에서 유래; '전진', 즉 (주관적으로 또는 객관적으로) '진전':—촉진, 이익〈빌1:12〉. 여명

G4298 προκόπτω[6회] **프로콥토**
G4253과 G2875에서 유래; (때려서 몰듯) '앞으로 몰다', 즉 (상징적으로, 자동사) '전진하다'(양에서의 '자라나다', 시간에서 '전진하다'):—증가하다, 나아가다, 유익하다, 훨씬 지나다, 커지다〈눅2:52〉. 동

G4299 πρόκριμα[1회] **프로크리마**
G4253과 G2919의 합성어에서 유래; '심리 전(前) 판결'('편견'), 즉 '선입관':—다른 이 앞서 누구를 더 좋아함〈딤전5:21〉. 중명

G4300 προκυρόω[1회] **프로퀴로오**
G4253과 G2964에서 유래; '미리 재가하다':—앞서 확실히 하다〈갈3:17〉. 동

G4301 προλαμβάνω[3회] **프롤람바노**
G4253과 G2983에서 유래; '미리 취(取)하다', 즉 (문자적으로) '다른 사람들이 기회를 갖기 전에 먼저 먹다'; (상징적으로) '예기하다', '놀라다':—앞서 가다, 따라잡다, 앞서 가지다〈고전11:21〉. 동

G4302 προλέγω[15회] **프롤레고**
G4253과 G3004에서 유래; '미리 말하다', 즉 '예언하다', '미리 경계하다':—예고하다, 앞서 말하다〈고후13:2〉. 동

G4303 προμαρτύρομαι[1회] **프로마르튀로마이**
G4253과 G3143에서 유래; '미리 증거가 되다', 즉 '예언하다':—앞서 증언하다〈벧전1:11〉. 동

G4304 προμελετάω[1회] **프로멜레타오**
G4253과 G3191에서 유래; '미리 연구하다':—앞서 숙려하다〈눅21:14〉. 동

G4305 προμεριμνάω[1회] **프로메림나오**
G4253과 **G3309**에서 유래; '미리 (걱정하여) 염려하다':—미리 걱정하다〈막13:11〉.동

G4306 προνοέω[3회] **프로노에오**
G4253과 **G3539**에서 유래; '미리 숙고하다', 즉 '미리 주의하다'([능동태] 다른 사람을 위해 '부양'할 목적으로; [중간태] 자신을 위하여 '주의'할 목적으로):—부양하다〈고후8:21〉.동

G4307 πρόνοια[2회] **프로노이아**
G4306에서 유래; '선견', 즉 선견지명이 있는 '배려' 혹은 '공급':—섭리, 예비〈행24:2〉.여명

G4308 προοράω[4회] **프로오라오**
G4253과 **G3708**에서 유래; '미리보다', 즉 (능동태) '미리'(어떤 다른 것을) '알아채다', 또는 (중간태) '눈앞에 지키다':—예견하다, 앞서 보다〈행2:25〉.동

G4309 προορίζω[6회] **프로오리조**
G4253과 **G3724**에서 유래; '미리 제한하다', 즉 (상징적으로) '미리 결정하다':—미리 결정하다, 정하다, 예정하다〈엡1:5〉.동

G4310 προπάσχω[1회] **프로파스코**
G4253과 **G3958**에서 유래; '미리 고난을 당하다':—앞서 고통을 경험하다〈살전2:2〉.동

G4311 προπέμπω[9회] **프로펨포**
G4253과 **G3992**에서 유래; '보내다', 즉 여행할 때에 '호위하다' 또는 '돕다':—동반하다, 전송하다, 앞으로 인도하다〈행15:3〉.동

G4312 προπετής[2회] **프로페테스**
G4253과 **G4098**의 합성어에서 유래; '앞으로 넘어지는', 즉 '곤두박질하는'(상징적으로 '거꾸로 떨어뜨리는'):—성급한, 경솔한(경솔하게)〈행19:36〉.형

G4313 προπορεύομαι[2회] **프로포류오마이**
G4253과 **G4198**에서 유래; '선도하다'(안내자로서 또는 전언자로서):—앞서 가다〈행7:40〉.동

G4314 πρός[699회] **프로스**
G4253의 강세형; 방향을 나타내는 전치사; '향하여', 즉 '~을 향해' (속격과 함께), ~의 쪽에; 즉 ~에 관한; (여격과 함께), ~의 곁에, 즉 '가까이에', (일반적으로 대격과 함께), 향하여 가까이에 ~동안, 합성어로도 근본적으로 같은 의미를 포함(~을 향한, ~가까이에):—쯤, 따라, 대하여, 사이에, 에, 때문에, 앞에, 곁에, 함께〈눅1:13; 요11:19〉.전

G4315 προσάββατον[1회] **프로스압바톤**
G4253과 **G4521**에서 유래; 안식일 전, 즉 '안식일의 전날 밤':—안식일 전날. **G3094**와 비교.〈막15:42〉.중명

G4316 προσαγορεύω[1회] **프로스아고류오**
G4314와 **G58**('열변을 토하다'는 의미)의 파생어에서 유래; 말을 걸다, 즉 '이름을 불러 인사하다':—일컫다〈히5:10〉.동

G4317 προσάγω[4회] **프로스아고**
G4314와 **G71**에서 유래; '~향해 인도하다', 즉 (타동사) '가까이 안내하다'('소환하다', '소개하다'), 또는 (자동사로) '접근하다':—데리고 오다, 가까워지다〈눅9:41〉.동

G4318 προσαγωγή[3회] **프로스아고게**
G4317(**G72**와 비교)에서 유래; '입

장':—접근〈엡2:18〉. 여명

G4319 προσαιτέω[1회] **프로스아이테오**
G4314와 G154에서 유래; '반복해서 청하다'('끈질기게 조르다'), 즉 '간청하다':—구걸하다〈막10:46〉. 동

G4320 προσαναβαίνω[1회] **프로스아나바이노**
G4314와 G305에서 유래; '더 올라가다', 즉 '승진되다'('더 높은 [더 명예로운] 자리를 취득하다'):—올라가다〈눅14:10〉. 동

G4321 προσαναλίσκω[1회] **프로스아날리스코**
G4314와 G355에서 유래; '더 소비하다':—쓰다〈눅8:43〉. 동

G4322 προσαναπληρόω[2회] **프로스아나플레로오**
G4314와 G378에서 유래; '더욱 채우다', 즉 '충분히 공급하다':—보충하다〈고후9:12〉. 동

G4323 προσανατίθημι[2회] **프로스아나티쎄미**
G4314와 G394에서 유래; '더하여 쌓아올리다', 즉 (중간태와 상징적으로) '나누어 주다' 또는 (함축적으로) '상의하다':—협의하여 더하다, 의논하다〈갈1:16〉. 동

G4324 προσαπειλέω[1회] **프로스아페일레오**
G4314와 G546에서 유래; '더욱 위협하다':—더욱 협박하다〈행4:21〉. 동

G4325 προσδαπανάω[1회] **프로스다파나오**
G4314와 G1159에서 유래; '그 위에 더 소비하다':—더 쓰다〈눅10:35〉. 동

G4326 προσδέομαι[1회] **프로스데오마이**
G4314와 G1189에서 유래; '추가하여 요구하다', 즉 '더 원하다':—필요하다〈행17:25〉. 동

G4327 προσδέχομαι[14회] **프로스데코마이**
G4314와 G1209에서 유래; '허용하다'(교제, 환대, 신용 또는 [상징적으로] 인내를), 함축적으로 '기다리다'(신뢰 또는 인내를 가지고):—받아들이다, 허락하다, 찾다, 기다리다, 취(取)하다〈눅2:25; 딛2:13〉. 동

G4328 προσδοκάω[16회] **프로스도카오**
G4314와 δοκεύω 도큐오('지켜보다')에서 유래; '예기하다'(생각, 희망 또는 두려움으로); 함축적으로 '기다리다':—기대하다, 바라보다, 체재하다, 기다리다〈마11:3; 행28:6〉. 동

G4329 προσδοκία[2회] **프로스도키아**
G4328에서 유래; (악에 대한) '우려'; 함축적으로 예상된 '고통':—기대, 관심을 가짐〈행12:11〉. 여명

G4330 προσεάω[1회] **프로스에아오**
G4314와 G1439에서 유래; '더욱 전진하는 것을 허락하다':—견디다〈행27:7〉. 동

G4331 προσεγγίζω[1회] **프로스엥기조**
G4314와 G1448에서 유래; '가까이 접근하다':—가까이 오다〈막2:4〉. 동

G4332 προσεδρεύω[1회] **프로스에드류오**
G4314와 G1476의 어간의 합성어에서 유래; '가까이 앉다', 즉 종으로서 '시중들다':—모시다〈고전9:13〉. 동

G4333 προσεργάζομαι[1회] **프로스에르가조마이**
G4314와 G2038에서 유래; '더 일하다', 즉 (함축적으로) '~외에도 획득하다':—벌다〈눅19:16〉. 동

G4334 προσέρχομαι[86회]

프로스에르코마이
G4314와 G2064(대체어를 포함)에서 유래; '접근하다', 즉 (문자적으로) '가까이 오다', '방문하다', 또는 (상징적으로) '경배하다', '동의하다':—오다, 거기에 오다, 동감하다, 가까이 접근하다, 가까이 가다, ~에게 가다〈마25:20〉. 동

G4335 προσευχή[37회] 프로슈케
G4336에서 유래; '기도'('예배'), 함축적으로 '기도실'('채플'):—진지한 기도, 기도〈행16:13,16〉. 여명

G4336 προσεύχομαι[86회] 프로슈코마이
G4314와 G2172에서 유래; 하나님께 '기도하다', 즉 '간구하다', '예배하다':— 기도하다(진지하게, 위하여)〈마26:39〉. 동

G4337 προσέχω[24회] 프로스에코
G4314와 G2192에서 유래; (상징적으로) 마음을(G3563이 함축되어) '~에 두다', 즉 '주의하다', '조심하다', '전념하다', '집착하다':—유의하다, 주목하다, 관심을 가지다, 종사하다, 따르다, 주의하다, ~에 마음을 쓰다〈마15:6〉. 동

G4338 προσηλόω[1회] 프로셀로오
G4314와 G2247의 파생어에서 유래; '쐐기를 박다', 즉 '큰 못으로 단단히 박다':—못 박다〈골2:14〉. 동

G4339 προσήλυτος[4회] 프로셀뤼토스
G4334의 대체어에서 유래; 외국 지역으로부터의 '도착자', 즉 (특히) 유대교로의 '개종자':—유대교에 들어온(개종한, 입교한) 사람〈행2:10〉. 남명

G4340 πρόσκαιρος[4회] 프로스카이로스
G4314와 G2540에서 유래; '그 경우만을 위한', 즉 '일시적인':—잠시, 잠깐, 잠시 동안, 잠시의〈고후4:18〉. 형

G4341 προσκαλέομαι[29회]
프로스칼레오마이
G4314와 G2564에서 유래한 중간태; '부르다', 즉 '소환하다', '초청하다':—~을 청하다, 불러 시키다〈막3:13〉. 동

G4342 προσκαρτερέω[10회]
프로스카르테레오
G4314와 G2594에서 유래; '~대해 진지하다', 즉 (어떤 것에 대해) '견디다', '꾸준히' 애쓰다, 또는 (한 장소에서) 모든 일에 있어서 '근실하게 일하다', 또는 (한 사람에게) 가까이 '달라붙어 있다'(종복으로서):—꾸준히 시중들다, 계속하다, (꾸준히) 모시다〈행1:14〉. 동

G4343 προσκαρτέρησις[1회]
프로스카르테레시스
G4342에서 유래; '지속성':—인내〈엡6:18〉 여명

G4344 προσκεφάλαιον[1회]
프로스케ㅎ팔라이온
G4314와 G2776의 추정된 합성어의 중성형; '머리를 위한' 어떤 것, 즉 '베개':—베개〈막4:38〉. 중명

G4345 προσκληρόω[1회] 프로스클레로오
G4314와 G2820에서 유래; 공통의 '몫'을 '주다', 즉 (상징적으로) '교제하다':—사귀다〈행17:4〉. 동

G4346 πρόσκλισις[1회] 프로스클리시스
G4314와 G2827의 합성어에서 유래; '~로 기울어짐', 즉 (상징적으로) '경향' ('편애'):—편파〈딤전5:21〉. 여명

G4347 προσκολλάω[2회] 프로스콜라오
G4314와 G2853에서 유래; '~에 밀착하다', 즉 (상징적으로) '~에 집착하

다':—달라붙다, 결합하다〈마19:5〉. 동

G4348 πρόσκομμα[6회] **프로스콤마**
G4350에서 유래; '그루터기', 즉 (상징적으로) '배교의 기회':—위반, 비틀거림, 장애물, 걸림돌〈롬9:32〉. 중명

G4349 προσκοπή[1회] **프로스코페**
G4350에서 유래; '비틀거림', 즉 (상징적으로 그리고 구체적으로) '죄를 지을 기회':—위반〈고후6:3〉. 여명

G4350 προσκόπτω[8회] **프로스콥토**
G4314와 G2875에서 유래; '치다', 즉 (물이) '큰 파도가 일다'; 특히 '그루터기 돌 따위에 채다', 즉 '걸려서 넘어지게 하다 (문자적으로 또는 상징적으로)':—부딪치다, 부딪뜨리다, (실족하여) 넘어지다〈요11:9〉. 동

G4351 προσκυλίω[2회] **프로스퀼리오**
G4314와 G2947에서 유래; '~향하여 굴리다', 즉 '~대해 막다':—굴러내다〈마27:60〉. 동

G4352 προσκυνέω[60회] **프로스퀴네오**
G4314와 아마 G2965(의미는 '키스하다', 주인의 손을 '핥는' 개처럼)에서 유래; '아첨하다' 또는 '굽실거리다', 즉 (문자적으로 상징적으로) 존경의 표시로 '엎드리다'('경의를 표하다', '숭배하다'):—예배하다〈마4:9; 계13:4〉. 동

G4353 προσκυνητής[1회] **프로스퀴네테스**
G4352에서 유래; '숭배자':—예배자〈요4:23〉. 남명

G4354 προσλαλέω[2회] **프로스랄레오**
G4314와 G2980에서 유래; '~에게 말하다', 즉 '~와 대화하다':—~에게 말하다, 함께 이야기 하다〈행13:43〉. 동

G4355 προσλαμβάνω[12회] **프로스람바노**
G4314와 G2983에서 유래; 자신에게 '취하다' 즉 (음식을) '먹다', (옆으로) '인도하다', (우정, 친절을) '받아들이다':—받다, 데려가다〈롬15:7〉. 동

G4356 πρόσληψις[1회] **프로스렙시스**
G4355에서 유래; '용인':—받아들임〈롬11:15〉. 여명

G4357 προσμένω[7회] **프로스메노**
G4314와 G3306에서 유래; '더 머물다', 즉 (한 장소에, 한 사람과 함께) '남아있다'; 상징적으로 '붙어 있다', '견디다':—움직이지 않고 거주하다, 함께 있다, 굳게 결합하다, ~에(~와 더불어) 계속 머물다〈마15:32〉. 동

G4358 προσορμίζω[1회] **프로소르미조**
G4314와 G3730(뜻은 [닻을] '묶다', '정박하다' 또는 '가라앉히다')과 같은 파생어에서 유래; '정박시키다', 즉 (함축적으로) '상륙하다':—해안에 배를 대다〈막6:53〉. 동

G4359 προσοφείλω[1회] **프로소ㅎ페일로**
G4314와 G3784에서 유래; '그 위에 또 빚지다':—그밖에 넘다〈몬1:19〉. 동

G4360 προσοχθίζω[2회] **프로소크씨조**
G4314와 ὀχθέω[5회] **오크쎄오**(지루한 것에 '짜증나다')에서 유래; '분노를 느끼다':—슬픔을 당하다〈히3:10〉. 동

G4361 πρόσπεινος[1회] **프로스페이노스**
G4314와 G3983과 동일어에서 유래; '더 배가 고픈', 즉 '매우 시장한':—매우 배고픈〈행10:10〉. 형

G4362 προσπήγνυμι[1회] **프로스페그뉘미**
G4314와 G4078에서 유래; '꼭 묶다',

즉 (특히) (십자가에) '꿰찌르다':—십자가에 못 박다〈행2:23〉. 동

G4363 προσπίπτω[8회] **프로스핍토**
G4314와 **G4098**에서 유래; '~앞에 엎드리다', 즉 (온순하게) '엎드리다'(탄원하거나 존경의 표시로), 혹은 (격렬하게) '돌진하다'(폭풍가운데):—부딪치다, (앞에) 엎드리다〈막8:28〉. 동

G4364 προσποιέομαι[1회] **프로스포이에오마이**
G4314와 **G4160**에서 유래한 중간태; '스스로 드러나게 일하다', 즉 '~인 체 하다'(일을 하려는 듯):—마치 ~인 것 같이 하다〈눅24:28〉. 동

G4365 προσπορεύομαι[1회] **프로스포류오마이**
G4314와 **G4198**에서 유래; '향하여 여행하다', 즉 '다가가다' [**G4313**과 같지 않음]:—앞서가다〈막10:35〉. 동

G4366 προσρήγνυμι[2회] **프로스레그뉘미**
G4314와 **G4486**에서 유래; '향하여 질주하다', (역병이나 홍수가) '터지다':—격렬하게 부딪치다〈눅6:48〉. 동

G4367 προστάσσω[7회] **프로스탓소**
G4314와 **G5021**에서 유래; '~에 대해 배열하다', 즉 (상징적으로) '명령하다':—명하다〈마8:4〉. 동

G4368 προστάτις[1회] **프로스타티스**
G4291의 파생어의 여성형; '여성 보호자', 즉 '조력자':—구조자〈롬16:2〉. 여명

G4369 προστίθημι[18회] **프로스티쎄미**
G4314와 **G5087**에서 유래; '더 놓다', 즉 '옆에 놓다', '부가하다', '반복하다':—덧붙이다, 더 주다, 증가하다, ~에다 놓다, 더 나아가다, 더 이야기하다〈눅12:25〉. 동

G4370 προστρέχω[3회] **프로스트레코**
G4314와 **G5143**(대체어를 포함하여)에서 유래; '~향해 달려가다', 즉 만나거나 합세하기 위해 '서두르다':—(그곳으로) 달려가다(~오다)〈막9:15〉. 동

G4371 προσφάγιον[1회] **프로스ㅎ파기온**
G4314와 **G5315**의 합성어의 추정된 파생어의 중성형; 빵에 '첨가하여 먹는 것', 즉 '기호식품'(특히 '물고기'; **G3795**와 비교):—고기〈요21:5〉. 중명

G4372 πρόσφατος[1회] **프로스ㅎ파토스**
G4253과 **G4969**의 파생어에서 유래; '전에'(최근에) '잡은' (새로운), 즉 (상징적으로) '최근에 만들어진':—새로운〈히10:20〉. 형

G4373 προσφάτως[1회] **프로스ㅎ파토스**
G4372에서 유래한 부사; '최근에':—요즈음〈행18:2〉. 부

G4374 προσφέρω[47회] **프로스ㅎ페로**
G4314와 **G5342**(대체어를 포함하여)에서 유래; '데려가다', 즉 '인도하다', '바치다'(특히 하나님께 대하여), '취급하다':—가져오다, 다루다, 하다, 드리다, 올리다, 놓다〈마22:19; 히9:7〉. 동

G4375 προσφιλής[1회] **프로스ㅎ필레스**
G4314와 **G5368**의 추정된 합성어에서 유래; ~대하여 '친절한', 즉 '받음직한':—사랑스러운〈빌4:8〉. 형

G4376 προσφορά[9회] **프로스ㅎ포라**
G4374에서 유래; '예물'; 구체적으로 (피 없는) '제사' 또는 '제물':—제사드림〈히10:5〉. 여명

G4377 προσφωνέω[7회] **프로스ㅎ포네오**

G4314와 G5455에서 유래; '대하여 소리내다', 즉 '~에게 말을 걸다', '외치다', '부르다':—부르다, ~에게 말하다〈눅6:13〉.동

G4378 πρόσχυσις[1회] **프로스퀴시스**
G4314와 χέω **케오**('붓다')의 합성어에서 유래; '뿌리기', 즉 '~위에 붓기':—뿌리기〈히11:28〉.여명

G4379 προσψαύω[1회] **프로스프사우오**
G4314와 ψαύω **프사우오**('만지다')에서 유래; '부딪히다', 즉 (구하기 위해) '손가락을 놓다':—대다〈눅11:46〉.동

G4380 προσωποληπτέω[1회] **프로소폴렙테오**
G4381에서 유래; '한 개인에 호감을 갖다', 즉 '편애를 보이다':—사람들을 차별대우하다〈약2:9〉.동

G4381 προσωπολήπτης[1회] **프로소폴렙테스**
G4383과 G2983에서 유래; '사람의 외모를 보는 자', 즉 (특히) '편애를 보이는 자':—차별대우하는 자〈행10:34〉.남명

G4382 προσωποληψία[4회] **프로소폴렙시아**
G4381에서 유래; '편파', 즉 '편애':—차별대우, 외모로 취하는 일〈롬2:11〉.여명

G4383 πρόσωπον[76회] **프로소폰**
G4314와 ὤψ **옵스**('얼굴'; G3700에서 유래)에서 유래; ('보이는 쪽'으로서) '앞면', 즉 '용모', '양상', '외모', '겉면'; (함축적으로), '존재', '인격':—(바깥쪽) 외관, 앞, 용모, 얼굴, 모양, (남자들의) 풍채, 낯〈눅9:51; 행2:28; 계4:7〉.중명

G4384 προτάσσω[1회] **프로탓소**
G4253과 G5021에서 유래; '미리 배정하다', 즉 '미리 결정하다':—앞서 정하다〈행17:26〉.동

G4385 προτείνω[1회] **프로테이노**
G4253과 τείνω **테이노**('뻗치다')에서 유래; '뻗게 하다', 즉 (매질하기 위해) '엎어 매다':—묶다〈행22:25〉.동

G4386 πρότερον[10회] **프로테론**
부사로서 G4387의 중성(장관사와 함께 혹은 정관사 없이); '이전에':—전에, 먼저, 처음에〈히4:6〉.부

G4387 πρότερος[11회] **프로테로스**
G4253의 비교급; '앞의' 또는 '이전의':—옛〈엡4:22〉.형

G4388 προτίθεμαι[3회] **프로티쎄마이**
G4253과 G5087에서 유래한 중간태; '앞에 놓다', 즉 (자기를 위하여) '전시하다'; (자기에게) '제시하다'('결정하다'):—의도하다, 세우다〈롬1:13〉.동

G4389 προτρέπομαι[1회] **프로트레포마이**
G4253과 G5157의 어간에서 유래한 중간태; '용기를 북돋우다', 즉 '격려하다':—권고하다〈행18:27〉.동

G4390 προτρέχω[2회] **프로트레코**
G4253과 G5143(대체어를 포함하여)에서 유래; '앞으로 달려가다', 즉 '앞지르다', '앞서다':—보다 빨리 달리다, 앞서 달리다〈눅19:4〉.동

G4391 προϋπάρχω[2회] **프로위파르코**
G4253과 G5225에서 유래; '선재하다', 즉 (부사적으로) 전에는 '~이다' 또는 전에는 '~을 하고 있었다':—전에는 ~이다, 옛날에는 ~이다〈행8:9〉.동

G4392 πρόφασις[7회] **프로ㅎ파시스**
G4253과 G5316의 합성어에서 유래; '겉으로 보이기', 즉 '핑계':—구실, 겉

치레, 가면, 과시, 외식, 외모〈마23:14〉. 여명

G4393 προφέρω[2회] **프로ㅎ페로**
G4253과 G5342에서 유래; '낳다', 즉 '생산하다':—내놓다〈눅6:45〉. 동

G4394 προφητεία[19회] **프로ㅎ페테이아**
G4396(예언)에서 유래; '예언'(성경적 혹은 다른):—예언, 예언하기〈계22:7〉. 여명

G4395 προφητεύω[28회] **프로ㅎ페튜오**
G4396에서 유래; '사건을 예언하다', '영감으로 말하다', 예언적 '직무를 실행하다':—예언하다〈고전14:5〉. 동

G4396 προφήτης[144회] **프로ㅎ페테스**
G4253과 G5346의 합성어에서 유래; '예고자'('예언자'); 유추적으로 '영감을 말하는 자'; 확대된 의미로 '시인':—선지자〈마1:22; 행3:21〉. 남명

G4397 προφητικός[2회] **프로ㅎ페티코스**
G4396에서 유래; '예언자에 관계되는'('예언의'):—예언의, 선지자들의〈롬16:26〉. 형

G4398 προφῆτις[2회] **프로ㅎ페티스**
G4396의 여성형; '여자 예언자' 또는 '영감된 여자':—여선지자〈계2:20〉. 여명

G4399 προφθάνω[1회] **프로ㅎ프싸노**
G4253과 G5348에서 유래; '미리 시작하다', 즉 '앞서다':—선수를 쓰다〈마17:25〉. 동

G4400 προχειρίζομαι[3회] **프로케이리조마이**
G4253과 G5495에서 유래한 중간태; 자신을 위하여 '미리 손을 대다', 즉 (상징적으로) '의도하다':—택하다, 만들다(삼다)〈행22:14〉. 동

G4401 προχειροτονέω[1회] **프로케이로토네오**
G4253과 G5500에서 유래; '미리 택하다':—앞서 선택하다〈행10:41〉. 동

G4402 Πρόχορος[1회] **프로코로스**
G4253과 G5525에서 유래; '무도회의 사회자'; 기독교인 '브로고로':—브로고로〈행6:5〉. 고명

G4403 πρύμνα[3회] **프륌나**
πρυμνύς 프륌뉘스('가장 뒷쪽의')의 여성형; 배의 '고물':—뒷부분, 고물〈마4:28〉. 여명

G4404 πρωι[12회] **프로이**
G4253에서 유래한 부사; '새벽에', (함축적으로) '해 돋을 때':—(아침) 일찍이, 아침에〈막11:20〉. 부

G4405 πρωΐα[2회] **프로이아**
명사로서 G4404의 파생어의 여성형; '새벽':—이른, 아침〈마21:18〉. 여명

G4406 πρώϊμος[1회] **프로이모스**
G4404에서 유래; '날이 새는', 즉 (유추적으로) '가을의' (소나기 오는, 우기(雨期)의 처음):—이른〈약5:7〉. 형

G4407 πρωϊνός[2회] **프로이노스**
G4404에서 유래; '새벽'에 관계되는, 즉 '이른 아침의':—아침의〈계2:28〉. 형

G4408 πρώρα[2회] **프로라**
명사로서 G4253의 추정된 파생어의 여성형; '뱃머리', 즉 '배의 앞부분':—앞부분, 이물〈행27:41〉. 여명

G4409 πρωτεύω[1회] **프로튜오**
G4413에서 유래; (서열이나 영향력에 있어서) '으뜸이 되다':—탁월하다〈골1:18〉. 동

G4410 πρωτοκαθεδρία[4회] **프로토카쎄드리아**
G4413과 G2515에서 유래; (앞줄에) '제일 먼저 앉기'(앞줄에), 즉 회의에

서 '상석':—상좌(가장 높은, 최상의)〈막12:39〉. 여명

G4411 πρωτοκλισία[5회] 프로토클리시아
G4413과 G2828에서 유래; 식사자리에서 (영예로운 자리에) 먼저 기울여 앉기, 즉 식탁에서의 '상좌':—상석(가장 높은, 최상의)〈눅14:8〉. 여명

G4412 πρῶτον[60회] 프로톤
부사로서 G4413의 중성(G3588과 함께 혹은 없이); '첫째로'(시간, 장소, 순서, 또는 중요성이 있어서):—일찍, 시초에, 주로, (무엇보다도) 처음에〈마5:24〉. 부

G4413 πρῶτος[156회] 프로토스
G4253의 축약된 최상급; '맨 먼저의'(시간, 장소, 순서 또는 중요성이 있어서):—앞선, 처음의, 제일의, (가장) 으뜸되는, (무엇보다도) 먼저의, 시작, 주요한, (모든 것보다) 먼저인, 이전의〈마20:8〉. 형

G4414 πρωτοστάτης[1회] 프로토스타테스
G4413과 G2476에서 유래; 서열상 '앞에 서는' 자, 즉 '장'('챔피언'):—우두머리〈행24:5〉. 남명

G4415 πρωτοτόκια[1회] 프로토토키아
G4416에서 유래; (특권으로서) '장자의 명분':—장자 상속권〈히12:16〉. 중명

G4416 πρωτότοκος[8회] 프로토토코스
G4413과 G5088의 대체어에서 유래; '맨 처음 태어난' (일반적으로 명사로, 문자적으로 혹은 상징적으로):—처음으로 태어난, 맏이의〈롬8:29; 골1:15〉. 형

G4417 πταίω[5회] 프타이오
G4098의 한 형태; '발이 걸려 넘어지다', 즉 (상징적으로) '잘못하다', '죄를 짓다', '실패하다' (구원에 대해):—실족하다, 거스르다, (실족하여) 넘어지다〈약3:2〉. 동

G4418 πτέρνα[1회] 프테르나
불확실한 파생어에서 유래; '발뒤꿈치'(상징적으로):—뒤꿈치〈요13:18〉. 여명

G4419 πτερύγιον[2회] 프테뤼기온
G4420의 추정된 파생어에서 유래한 중성형; '작은 날개', 즉 (상징적으로) '말단'(정상 부분):—꼭대기〈마4:5〉. 중명

G4420 πτέρυξ[5회] 프테뤽스
G4072('깃털'의 뜻)의 파생어에서 유래; '날개':—날개〈계4:8〉. 여명

G4421 πτηνόν[1회] 프테논
G4471의 축약형; '새':—새〈고전15:39〉. 중명

G4422 πτοέω[2회] 프토에오
아마도 G4098('떨어짐'의 원인이 되는 개념으로) 혹은 G4072(멀리 '날아감'의 원인의 개념으로)의 대체어와 유사; '놀라다':—두려워하다〈눅21:9〉. 동

G4423 πτόησις[1회] 프토에시스
G4422에서 유래; '놀람':—경악(깜짝 놀람)〈벧전3:6〉. 여명

G4424 Πτολεμαΐς[1회] 프톨레마이스
Πτολεμαῖος 프톨레마이오스(프톨레마이오스(BC 4-3세기에 이집트를 지배한 왕조의 역대 왕)의 이름을 따라 명명)에서 유래; 팔레스타인 한 장소, '돌레마이':—돌레마이〈행21:7〉. 고명

G4425 πτύον[2회] 프튀온

G4429에서 유래; '곡식 까부르는 삼지창'(곡물을 골라내는):—키〈마3:12〉. 중명

G4426 πτύρω[1회] **프튀로**

G4429(G4422와 유사)의 추정된 파생어에서 유래; '두려워하게 하다':—겁나게 하다〈빌1:28〉. 동

G4427 πτύσμα[1회] **프튀스마**

G4429에서 유래; '타액':—침(唾)〈요9:6〉. 중명

G4428 πτύσσω[1회] **프튓소**

아마 πετάννυμι 페탄뉘미('넓히다'; 따라서 '확장'의 개념으로 G4072와, 그리고 '평평하게 한다'는 뜻으로 G4429와 명백히 동류; G3961과 비교)와 유사; '접다', 즉 두루마리를 '말아 건다':—(책을) 덮다〈눅4:20〉. 동

G4429 πτύω[3회] **프튀오**

기본 동사(G4428과 비교); '침 뱉다':—침을 뱉다〈막7:33〉. 동

G4430 πτῶμα[7회] **프토마**

G4098의 대체형에서 유래; '폐허', 즉 (특히) 생명이 없는 '몸'('시체', '썩은 고기'):—죽은 몸, 시체, 주검〈계11:8〉. 중명

G4431 πτῶσις[2회] **프토시스**

G4098의 대체형에서 유래; '붕괴', 즉 '무너짐'(문자적으로, 상징적으로):—함락〈눅2:34〉. 여명

G4432 πτωχεία[3회] **프토케이아**

G4433에서 유래; '거지신세', 즉 '가난'(문자적으로, 상징적으로):—궁핍〈고후8:2〉. 여명

G4433 πτωχεύω[1회] **프토큐오**

G4434에서 유래; '거지가 되다', 즉 (함축적으로) '가난하게 되다'(상징적으로):—가난하게 되다〈고후8:9〉. 동

G4434 πτωχός[34회] **프토코스**

πτώσσω 프톳소('쭈그리다'; G4422와 G4098의 대체어와 유사)에서 유래; '거지'('굽실거리는'), 즉 '빈민의'(비록 또한 제한적 또는 상대적 의미로 사용되기는 하여도, 엄격하게는 절대적 또는 공개적 '구걸'을 나타냄, 반면에 G3993은 정확하게는 단지 개인적으로 '괴롭힘 당하는' 상황을 의미), 문자적으로 (종종 명사로서) 또는 상징적으로 ('고뇌에 지친'):—거지, 거지처럼 가난한〈눅14:13; 계3:17〉. 형

G4435 πυγμή[1회] **퓌그메**

기본어 πύξ 픽스(무기로서 사용하는 '주먹')에서 유래; 꽉 쥔 '손', 즉 (단지 부사로서 여격으로) '주먹'으로(거칠게 '문지르는'):—주먹〈막7:3〉. 여명

G4436 Πύθων[1회] **퓌쏜**

Πυθώ 퓌쏘(유명한 신탁의 자리인 델피가 위치한 장소의 이름)에서 유래; '무당 등에 붙는 귀신', 즉 (유추적으로 거기 '점치는 사람'과 함께 하는) '영감'('점'):—점〈행16:16〉. 남명

G4437 πυκνός[3회] **퓌크노스**

G4635과 동일어에서 유래; '걸쇠로 걸린'(빽빽한), 즉 (상징적으로) '잦은'; 중성복수(부사로서) '자주':—종종, 더 자주〈행24:26〉. 형

G4438 πυκτεύω[1회] **퓍튜오**

G4435와 동일어의 파생어에서 유래; (주먹으로) '때리다', 즉 (권투선수로서) 시합에서 '싸우다'(상징적으로):—싸우다〈고전9:26〉. 동

G4439 πύλη[10회] **퓔레**

명백히 기본어; '대문', 즉 접도록 된

'출입구'의 문짝 (문자적으로 혹은 상징적으로):—대문(성문)〈마7:13〉. 여명

G4440 πυλών[18회] **필론**
G4439에서 유래; '문', 빌딩이나 도시의 '출입구'; 함축적으로 '정문' 또는 '현관':—대문, 현관〈계21:12〉. 남명

G4441 πυνθάνομαι[12회] **퓐따노마이**
기본어 πύθω 퓌또(어떤 시제에서는 대체형으로만 나타남)의 연장형 중간태; '묻다', 즉 질문으로 '확인하다'(단순히 '정보'로써; 그래서 정확하게는 호의를 '요청하다'는 G2065와 어떤 의무를 엄격하게 '요구하다'는 G154와는 구별됨. 또한 어떤 감추어진 것을 '찾는다'는 의미를 함축한 G2212와 긴급한 '필요'의 관념을 포함하는 G1189와도 구별됨); 함축적으로 (그때그때의 정보로) '배우다':—요청하다, 요구하다, 묻다, 이해하다〈마2:4; 행10:18〉. 동

G4442 πῦρ[73회] **퓌르**
기본어; '불'(문자적으로 혹은 상징적으로; 특히 '번개'):—불같은, 불〈마13:40; 행2:3; 계8:5〉. 중명

G4443 πυρά[2회] **퓌라**
G4442에서 유래; (구상명사) '불':—불〈행28:2〉. 여명

G4444 πύργος[4회] **퓌르고스**
명백히 기본어('자치도시'); '탑' 또는 '성':—망대〈눅13:4〉. 남명

G4445 πυρέσσω[2회] **퓌렛소**
G4443에서 유래; '불이 붙다', 즉 (특히) '열이 있다':—열병을 앓다〈마8:14〉. 동

G4446 πυρετός[6회] **퓌레토스**
G4445에서 유래; '불붙은', 즉 (함축적으로), '열이 있는'(명사로 '열'):—열병〈눅4:38〉. 남명

G4447 πύρινος[1회] **퓌리노스**
G4443에서 유래; '불길의', 즉 (함축적으로) '타오르는':—불의〈계9:17〉. 형

G4448 πυρόω[6회] **퓌로오**
G4442에서 유래; '불을 붙이다', 즉 (수동태) '불이 붙다', '빨갛게 타다'(문자적으로), '제련되다'(함축적으로), 또는 (상징적으로) (분노, 슬픔, 정욕 등으로) 불타오르다:—타다, 불같이 타다, 불붙다, 시련하다〈고전7:9; 계3:18〉. 동

G4449 πυῤῥάζω[2회] **퓌르흐라조**
G4450에서 유래; '붉어지다'(자동사):—빨갛게 되다〈마16:2〉. 동

G4450 πυῤῥός[2회] **퓌르흐로스**
G4442에서 유래; '불같은', 즉 (특히) '불꽃같은 색깔의':—붉은〈계6:4〉. 형

G4451 πύρωσις[3회] **퓌로시스**
G4448에서 유래; '점화', 즉 (특히) '제련'(상징적으로, '시험'으로서 '큰 불', '재난'):—불탐, 불 시험〈계18:9〉. 여명

G4452 -πω[5회] **-포**
G4458의 어간의 다른 형; 부정(不定)의 전접어 불변사; '아직', '조차도'; 합성으로만 사용됨:—G3369, G3380, G3764, G3768, G4455를 보라. 불

G4453 πωλέω[22회] **폴레오**
아마 궁극적으로는 πέλομαι 펠로마이(바쁘다, 거래하다)에서 유래; (행상인으로서) '교역하다', 즉 '팔다':—(팔릴 것은 무엇이든지) 팔다〈눅12:6〉. 동

G4454 πῶλος[12회] **폴로스**

명백히 기본어; '(말˙나귀 따위의) 새끼' 또는 '암망아지', 즉 (특히) '어린 나귀':—망아지〈눅19:30〉.[남명]

G4455 πώποτε[6회] **포포테**

G4452와 **G4218**에서 유래; '언제든지', 즉 (부정불변사로) '한번도 ~없다':—어느 때든지, 결코 (어떤 사람에게도) 아니, 아직 아무도 아니〈요5:37〉.[부]

G4456 πωρόω[5회] **포로오**

명백히 πῶρος 포로스('돌'의 일종)에서 유래; '돌처럼 굳어지다', 즉 (상징적으로) '완고하게 하다' ('우둔하게 하다' 또는 '무감각해지다'):—눈멀게 하다, 딱딱해지다〈막6:52〉.[동]

G4457 πώρωσις[3회] **포로시스**

G4456에서 유래; '어리석음' 또는 '완악함':—맹목, 굳어짐.〈롬11:25〉.[여명]

G4458 πώς[15회] **포스**

G4225의 어간에서 유래한 부사; 방법에 대한 부정(不定)의 전접어 불변사; '어떻게든지' 또는 '여하튼'; 합성어로만 사용됨:—우연히, 아마, 어떠하든지. **G1513**, **G3381**을 보라. **G4459**와 비교.〈롬11:14; 고후9:4〉.[불]

G4459 πῶς[103회] **포스**

G4226의 어간에서 유래한 부사; 방법에 대한 의문불변사; '어떻게 하여'(때때로 간접 질문에 사용; '어떻게?'); 또한 감탄사로서, '얼마나 많은지!':—어떻게, 무슨 방법을 따라, ~는 것을〈요9:10〉.[불]

트롱헬라어사전

ρ

G4460 Ῥαάβ[2회] **흐라압**
기원은 히브리어 [**H7343**]; 가나안 여인, '라합':—라합. 또한 **G4477**을 보라. 〈히11:31〉. 고명

G4461 ῥαββί[15회] **흐랍비**
기원은 히브리어 [대명 접미어와 함께 **H7227**]; 공적 존칭어로 '나의 선생님', 즉 '랍비':—선생님, 랍비〈요3:2〉. 남명

G4462 ῥαββονί[2회] **흐랍보니** 또는 ῥαββουνί **흐랍부니**
기원은 아람어; **G4461**과 상응함:—주님, 랍오니〈요20:16〉. 남명

G4463 ῥαβδίζω[2회] **흐랍디조**
G4464에서 유래; '막대기로 때리다', 즉 '매로 치다':—(막대기로) 때리다〈고후11:25〉. 동

G4464 ῥάβδος[12회] **흐랍도스**
G4474의 어간에서 유래; '막대기' 또는 '지팡이'('곤봉', '단장' 또는 권위의 '지휘봉'으로서):—매, 왕의 규(圭)(왕홀), 지휘봉. 여명

G4465 ῥαβδοῦχος[2회] **흐랍두코스**
G4464와 **G2192**에서 유래; 몽둥이로 때리는 사람, '집정관'(라틴어, 형리의 막대기), 즉 로마의 '형리'('보안관' 또는 '집행관'):—아전〈행16:35〉. 남명

G4466 Ῥαγαῦ[1회] **흐라가우**
기원은 히브리어 [**H7466**]; 족장의 한 사람, '르우':—르우〈눅3:35〉. 고명

G4467 ῥᾳδιούργημα[1회] **흐라디우르게마**
ῥᾴδιος **흐라디오스**('쉬운', 즉 '분별없는')와 **G2041**의 합성어에서 유래; '태평한 행동', 즉 (확대된 의미로) '범죄':—추잡함〈행18:14〉. 중명

G4468 ῥᾳδιουργία[1회] **흐라디우르기아**
G4467과 동일어에서 유래; '분별없음', 즉 (확대된 의미로) '악행':—해악〈행13:10〉. 여명

G4469 ῥακά[1회] **흐라카**
기원은 아람어 [**H7386**과 비교]; '머리가 텅 빈 사람', 즉 '너, 무가치한 놈'(비방하는 말):—라가〈마5:22〉. 남명

G4470 ῥάκος[2회] **흐라코스**
G4486에서 유래; '누더기 옷', 즉 '천 조각':—베〈막2:21〉. 중명

G4471 Ῥαμᾶ[1회] **흐라마**
기원은 히브리어 [**H7414**]; '라마', 팔레스타인의 한 장소:—라마〈마2:18〉. 고명

G4472 ῥαντίζω[2회] **흐란티조**
ῥαίνω **흐라이노**(뿌리다)의 파생어에서 유래; '뿌려지게 하다', 즉 (의식(儀式)에서 또는 상징적으로) '물을 뿌리다'(의례적으로 혹은 상징적으로):—뿌리다〈히12:64〉. 동

G4473 ῥαντισμός[2회] **흐란티스모스**
G4472에서 유래; '물 뿌림'(의식(儀式)적 또는 상징적):—뿌림〈히12:64〉. 남명

G4474 ῥαπίζω[2회] **흐라피조**
기본어 ῥέπω **흐레포**('떨어지게 하다', '톡톡 두드리다')의 파생어에서 유래; 찰싹 때리다:—(손바닥으로) 세게 때리다[치다]. **G5180**과 비교. 〈마5:39〉. 동

G4475 ῥάπισμα[3회] **흐라피스마**
G4474에서 유래; '손바닥으로 때림':—손바닥으로 침, 손으로 침〈막14:65〉. 중명

G4476 ῥαφίς[2회] **흐라ㅎ피스**
기본어 ῥάπτω **흐랍토**('바느질하다'; 아마 '찌르다'는 의미에서 **G4474**의

어간과 유사)에서 유래; '바늘':—바늘〈눅18:25〉. 여명

G4477 Ῥαχάβ[1회] **흐라캅**
G4460과 동일어에서 유래; 가나안 여인, '라합':—라합〈마1:5〉. 고명

G4478 Ῥαχήλ[1회] **흐라켈**
기원은 히브리어 [H7354]; 야곱의 아내, '라헬':—라헬〈마2:18〉. 고명

G4479 Ῥεβέκκα[1회] **흐레벡카**
기원은 히브리어 [H7259]; 이삭의 아내, '리브가':—리브가〈롬9:10〉. 고명

G4480 ῥέδα[1회] **흐레다**
기원은 라틴어; '레다', 즉 네 바퀴 달린 '수레'(타기 위한 '4륜차'):—4륜 경마차〈계18:13〉. 여명

G4481 Ῥεμφάν[1회] **흐렘ㅎ판**
히브리어 [H3594]를 잘못 음역한 것; 애굽의 신, 레판:—레판〈행7:43〉. 고명

G4482 ῥέω[1회] **흐레오**
기본 동사; 어떤 시제에서는 연장형 ῥεύω **흐류오**가 사용됨; '흐르다'(물이 '흘러내리다'):—흐르다〈요7:38〉. 동

G4483 ῥέω[24회] **흐레오**
어떤 시제에서는 연장형 ἐρέω **에레오**가 사용됨; 그리고 두 단어 모두 G2036의 대체어로서 사용; 아마 G4482와 ('붓다'라는 관념을 통하여) 유사함(또는 동일함); '발언하다', 즉 '말하다' 또는 '이야기하다':—명령하다, ~하게 만들다, 말하다, 이야기하다. G3004와 비교. 〈마5:21〉. 동

G4484 Ῥήγιον[1회] **흐레기온**
기원은 라틴어; 이탈리아의 한 장소, '레기온':—레기온〈행28:13〉. 고명

G4485 ῥῆγμα[1회] **흐레그마**
G4486에서 유래; '찢어진 것', 즉 '파편'(함축적으로 그리고 추상적으로 '떨어짐'):—파괴됨〈눅6:49〉. 중명

G4486 ῥήγνυμι[7회] **흐레그뉘미** 또는 ῥήσσω **흐렛소**
둘 다 ῥήκω **흐레코**(어떤 형태로만 나타나며, 아마도 ἄγνυμι **아그뉘미** [G2608을 보라]의 강세형)의 연장형; '깨뜨리다', '파괴하다' 또는 '부수다', 즉 (특히)(조각들이 '분리'됨으로) '끊어지다'; G2608의 강세의 뜻으로 [합성어에서 전치사와 함께], 그리고 적은 조각으로 '산산이 부수다'라는 G2352의 뜻으로, 그러나 G3089처럼 구성된 조각들의 '감소'를 의미하지 않음) 또는 '분쇄되다', '찢어내다'; 함축적으로 ('경련'으로) 진동시키다; 상징적으로 즐거운 감정을 '표출하다':—깨어지다, 터지다, 찢다, 찢어지다〈마9:17; 막9:18〉. 동

G4487 ῥῆμα[68회] **흐레마**
G4483에서 유래; '말'(개인적으로, 집합적으로 혹은 특히); 함축적으로(특히 해설, 명령, 토론의) '논제' 또는 '주제'; 무엇이건 부정(否定)적인 '무(無)':—악, 아무 것도 아님, 말, 말씀〈눅1:65; 롬10:8〉. 중명

G4488 Ῥησά[1회] **흐레사**
아마도 기원은 히브리어 [명백히 H7509 해당]; 이스라엘인, '레사':—레사〈눅3:27〉. 고명

G4489 ῥήτωρ[1회] **흐레토르**
G4483에서 유래; '연사', 즉 (함축적으로) 법정의 '변호사':—웅변가〈행24:1〉. 남명

G4490 ῥητῶς[1회] **흐레토스**
G4483의 파생어에서 유래한 부사; '분명하게', 즉 '똑똑하게':—밝히〈딤

전4:1〉. 부

G4491 ῥίζα[17회] **흐리자**
명백히 기본어; '뿌리'(문자적으로 혹은 상징적으로):—뿌리〈엡3:17〉. 여명

G4492 ῥιζόω[2회] **흐리조오**
G4491에서 유래; '뿌리를 박다', (상징적으로 '안정되다'):—뿌리가 박히다〈엡3:17〉. 동

G4493 ῥιπή[1회] **흐리페**
G4496에서 유래; '급격한 움직임' (눈의, 즉 [유추적으로] '순간'):—눈 깜빡할 사이〈고전15:32〉. 여명

G4494 ῥιπίζω[2회] **흐리피조**
G4496('부채' 또는 '풀무'의 뜻)의 파생어에서 유래; '바람이 세어지다', 즉 (유추적으로) '휘젓다' (파도가 일게):—흔들리다, 요동하다〈약1:6〉. 동

G4495 ῥιπτέω[1회] **흐립테오**
G4496의 파생어에서 유래; '흔들다':—벗어던지다〈행22:23〉. 동

G4496 ῥίπτω[7회] **흐립토**
기본 동사(갑작스런 '동작'의 의미로 **G4474**의 어간과 유사); '던지다'(정확히는 '빠른 던짐'의 뜻으로 '계획적으로 집어던지다'를 가리키는 **G906**과는 다름; 그리고 '연장된' 투영(投影)의 뜻인 τείνω **테이노**[**G1614**를 보라]에서 유래); 자격부여에 의해 '맡기다'(무거운 짐처럼); 확대된 의미로 '흩뜨리다':—(아래나 밖으로) 던지다, 널리 흩어버리다, 내던지다〈마15:30; 눅4:35〉. 동

G4497 Ῥοβοάμ[2회] **흐로보암**
기원은 히브리어 [**H7346**]; 이스라엘 왕, '르호보암':—르호보암〈마1:7〉. 고명

G4498 Ῥόδη[1회] **흐로데**
아마도 ῥοδή **흐로데**('장미')에서 유래; 여종의 이름, '로데':—로데〈행12:13〉. 고명

G4499 Ῥόδος[1회] **흐로도스**
아마도 ῥόδον **흐로돈**('장미')에서 유래; 지중해의 한 섬, '로도':—로도〈행12:13〉. 고명

G4500 ῥοιζηδόν[1회] **흐로이제돈**
ῥοῖζος **흐로이조스**('휙하는 소리')의 파생어에서 유래한 부사; '윙 소리가 나게', 즉 '갑자기 나는 요란한 소리로':—큰 소리와 함께〈벧후3:10〉. 부

G4501 ῥομφαία[7회] **흐롬ㅎ파이아**
아마도 기원은 '외래어'; 기병도(刀) (군인용 칼의 일종), 즉 길고 날이 넓은 '칼'(일종의 '무기' 문자적으로 혹은 상징적으로):—칼, 검〈계2:12〉. 여명

G4502 Ῥουβήν[1회] **흐루벤**
기원은 히브리어 [**H7205**]; 이스라엘인, '르우벤':—르우벤〈계7:5〉. 고명

G4503 Ῥούθ[1회] **흐루쓰**
기원은 히브리어 [**H7827**]; 모압 여인, '룻':—룻〈마1:5〉. 고명

G4504 Ῥοῦφος[2회] **흐루ㅎ포스**
기원은 라틴어; '붉은', 기독교인, '루포':—루포〈롬16:13〉. 고명

G4505 ῥύμη[4회] **흐뤼메**
본래적 의미로 **G4506**에서 유래한 연장형; (사람들이 붐비는) '좁은 거리' 또는 '길':—골목, 거리〈행9:11〉. 여명

G4506 ῥύομαι[17회] **흐뤼오마이**
G4482('흐름'의 개념으로; **G4511**과 비교)와 유사한 폐어가 된 동사의 중간태; (스스로) '돌진하다' 또는 '끌어내다', 즉 '구조하다':—구원하다(구원자) 〈마6:13; 롬7:24〉. 동

G4507 ῥυπαρία[1회] **흐뤼파리아**
G4508에서 유래; (도덕적인) '불결': —비열〈약1:21〉. 여명

G4508 ῥυπαρός[2회] **흐뤼파로스**
G4509에서 유래; '더러운', 즉 (비교적) '값싼' 또는 '초라한'; 도덕적으로 '악한':—비열한〈약2:2〉. 형

G4509 ῥύπος[1회] **흐뤼포스**
불확실한 유사어에서 유래; '불결한 것', 즉 (도덕적) '부패함':—외설, 더러움〈벧전3:21〉. 남명

G4510 ῥυπόω[1회] **흐뤼포오**
G4509에서 유래; '더럽히다', 즉 (자동사)(도덕적으로) '더러워지다':—불결하게 되다〈계22:11〉. 동

G4511 ῥύσις[3회] **흐뤼시스**
그 동류 **G4482**의 뜻으로 **G4506**에서 유래; (피의) '유출':—혈루증〈눅8:43〉. 여명

G4512 ῥυτίς[1회] **흐뤼티스**
G4506에서 유래; '주름'(함께 '끌어당긴' 것으로서), 즉 '주름살'(특히 얼굴에서):—주름 잡힌 것〈엡5:27〉. 여명

G4513 Ῥωμαϊκός[1회] **흐로마이코스**
G4514에서 유래; '로마의', 즉 '라틴의':—라틴의〈눅23:38〉. 형

G4514 Ῥωμαῖος[12회] **흐로마이오스**
G4516에서 유래; '로마의', 즉 '로마인'(명사로서):—로마 사람, 로마의〈행16:21〉. 형

G4515 Ῥωμαϊστί[1회] **흐로마이스티**
G4516의 추정된 파생어에서 유래한 부사; '로마 말로', 즉 '라틴말로':—라틴말로〈요19:20〉. 부

G4516 Ῥώμη[8회] **흐로메**
G4517의 어간에서 유래; '힘', 이탈리아의 수도, '로마':—로마〈행18:2〉. 고명

G4517 ῥώννυμι[1회] **흐론뉘미**
ῥώομαι 흐로오마이([창을] '던지다'; 아마도 **G4506**과 유사)에서 유래한 연장형; '강하게 하다', 즉 (수동 명령) '건강하기를!' (이별의 인사로 '안녕히 계셔요'):—안녕!(오랫동안 헤어질 때)〈행15:29〉. 동

트롱헬라어사전

σ

G4518 σαβαχθανί[2회] **사박싸니**
기원은 아람어 [**H7662** 대명접미사와 함께]; '당신이 나를 버렸나이다'; '사박다니', 비탄의 외침:—사박다니〈마27:46〉.[불]

G4519 Σαβαώθ[2회] **사바오쓰**
기원은 히브리어 [**H6635**의 여성, 복수]; '군대', '사바오트'(즉 '체바오트'), 하나님의 군대의 통칭:—만군〈롬9:29〉.[명]

G4520 σαββατισμός[1회] **삽바티스모스**
G4521의 파생어에서 유래; '안식일의 휴식', 즉 (상징적으로) '기독교의 휴식'(천국의 모형으로서):—안식〈히4:9〉.[남명]

G4521 σάββατον[68회] **삽바톤**
기원은 히브리어 [**H7676**]; '안식일', 또는 세속적 직업에서 매주 취하는 '휴식'(또한 관례 또는 제도 그 자체로서); 확대된 의미로 '1주간', 즉 두 안식일 사이의 기간; 마찬가지로 위 모든 적용에서 복수형:—안식(일), 주간, 일주일, 이레〈마12:1〉.[중명]

G4522 σαγήνη[1회] **사게네**
'가구'라는 의미, 특히 (동양에서는 그물로 된 로프 주머니인) '그물망'을 의미하는 σάττω **삿토**('장비를 갖추다')의 파생어에서 유래; 고기 잡는 '예인망(曳引網)':—그물〈마13:47〉.[여명]

G4523 Σαδδουκαῖος[14회] **삿두카이오스**
아마도 **G4524**에서 유래; '사두개인', 어떤 이단적인 유대인의 추종자:—사두개인〈마16:1〉.[남명]

G4524 Σαδώκ[2회] **사독**
기원은 히브리어 [**H6659**]; 이스라엘인, '사독':—사독〈마1:14〉.[고명]

G4525 σαίνω[1회] **사이노**
G4579와 유사; (개가 꼬리를) '흔들다', 즉 (일반적으로) '흔들다'(상징적으로 '방해하다'):—움직이다〈살전3:3〉.[동]

G4526 σάκκος[4회] **삭코스**
기원은 히브리어 [**H8242**]; '거친 삼베', 즉 '모헤어'(앙골라 염소의 털)(슬픔의 표시로 닳아빠진 그것으로 만든 '재료'나 '옷'):—부대용 거친 마포(뉘우치는 표시로 입던), 삼베옷〈계6:12〉.[남명]

G4527 Σαλά[2회] **살라**
기원은 히브리어 [**H7974**]; 족장의 이름, '살라':—살라, 살몬〈눅3:35〉.[고명]

G4528 Σαλαθιήλ[3회] **살라씨엘**
기원은 히브리어 [**H7597**]; 이스라엘인, '스알디엘':—스알디엘〈마1:12〉.[고명]

G4529 Σαλαμίς[1회] **살라미스**
아마도 **G4535**(해변의 '큰 파도'에서 유래)에서 유래; 구브로섬의 한 장소, '살라미':—살라미〈행13:5〉.[고명]

G4530 Σαλείμ[1회] **살레임**
아마도 **G4531**과 동일어에서 유래; 팔레스타인의 한 장소, '살렘':—살렘〈요3:23〉.[고명]

G4531 σαλεύω[15회] **살류오**
G4535에서 유래; '흔들리다', 즉 '심하게 움직이다', '진동하다', '비틀거리다' 또는 (함축적으로) '파괴하다'; 상징적으로 '방해하다', '선동하다':—움직이다, 흔들다(함께), 흔들릴 수 있는[없는], 분발케 하다〈행4:31〉.[동]

G4532 Σαλήμ[2회] **살렘**
기원은 히브리어 [**H8004**]; '살렘', 팔레스타인의 한 장소:—살렘〈히7:1〉.

고명

G4533 Σαλμών[2회] **살몬**
기원은 히브리어 [**H8012**]; 이스라엘인, '살몬':—살몬〈마1:4〉. 고명

G4534 Σαλμώνη[1회] **살모네**
아마도 **G4529**와 비슷한 기원에서 유래; '살모네', 크레타 섬의 한 장소:—살모네〈행27:7〉. 고명

G4535 σάλος[1회] **살로스**
아마도 **G4525**의 어간에서 유래; '진동', 즉 (특히) '큰 물결':—파도〈눅21:25〉. 남명

G4536 σάλπιγξ[11회] **살핑크스**
아마도 **G4535**('떨림' 또는 '반향'의 의미에서)에서 유래; 나팔:—나팔 소리, 나팔〈계8:2〉. 여명

G4537 σαλπίζω[12회] **살피조**
G4536에서 유래; '나팔 불다', 즉 '나팔소리가 나다'(문자적으로 혹은 상징적으로):—나팔 소리가 나다〈계8:6〉. 동

G4538 σαλπιστής[1회] **살피스테스**
G4537에서 유래; '나팔수':—나팔 부는 자〈계18:22〉. 남명

G4539 Σαλώμη[2회] **살로메**
아마도 기원은 히브리어 [**H7965**의 여성형]; 이스라엘 여자, '살로메':—살로메〈막15:40〉. 고명

G4540 Σαμάρεια[11회] **사마레이아**
기원은 히브리어 [**H8111**]; 팔레스타인의 도시와 지방, '사마리아':—사마리아〈행8:1〉. 고명

G4541 Σαμαρίτης[9회] **사마리테스**
G4540에서 유래; '사마리아인', 즉 사마리아의 주민':—사마리아인〈눅9:52〉. 남명

G4542 Σαμαρεῖτις[2회] **사마레이티스**
G4541의 여성형; '사마리아 여인', 즉 사마리아의 여자〈요4:9〉. 여명

G4543 Σαμοθρᾴκη[1회] **사모쓰라케**
G4544와 Θρᾴκη **쓰라케**('트라키아'[발칸 반도 동부에 있던 고대 국가])에서 유래; '사모드라게'('트라키아의 사모스'), 지중해의 한 섬:—사모드라게〈행16:11〉. 고명

G4544 Σάμος[1회] **사모스**
불확실한 유사어에서 유래; '사모', 지중해의 한 섬:—사모〈행20:15〉. 고명

G4545 Σαμουήλ[3회] **사무엘**
기원은 히브리어 [**H8050**]; 이스라엘인, '사무엘':—사무엘〈히11:32〉. 고명

G4546 Σαμψών[1회] **삼프손**
기원은 히브리어 [**H8123**]; 이스라엘인, '삼손':—삼손〈히11:32〉. 고명

G4547 σανδάλιον[2회] **산달리온**
σάνδαλον **산달론**('샌들'; 기원은 불확실함)의 파생어의 중성형; '슬리퍼' 또는 '발바닥 받침':—샌들, 신발〈막6:9〉. 중명

G4548 σανίς[1회] **사니스**
불확실한 유사어에서 유래; '널빤지, 두꺼운 판자':—널조각〈행27:44〉. 여명

G4549 Σαούλ[9회] **사울**
기원은 히브리어 [**H7586**]; '사울', '바울'의 유대이름:—사울. **G4569**와 비교.〈행9:17〉. 고명

G4550 σαπρός[8회] **사프로스**
G4595에서 유래; '썩은', 즉 '무가치한'(문자적으로 도덕적으로):—나쁜, 부패한. **G4190**과 비교.〈마12:32〉. 형

G4551 Σάπφειρα[1회] **삽ㅎ페이레**
G4552의 여성; 이스라엘 여인, '삽비라':—삽비라〈행5:1〉. 고명

G4552 σάπφειρος[1회] **삽ㅎ페이로스**

기원은 히브리어 [H5601]; '사파이어' 또는 '청금석(靑金石)' 보석:—사파이어〈계21:19〉. 여명

G4553 σαργάνη[1회] **사르가네**
명백히 기원은 히브리어 [H8276]; ('엮어 만든' 또는 '고리버들 세공') '광주리':—광주리〈고후11:33〉. 여명

G4554 Σάρδεις[3회] **사르데이스**
불확실한 파생어에서 복수형; 소아시아의 한 장소, '사데':—사데〈계3:1〉. 고명

G4555 σάρδινος[2회] **사르디노스**
G4556의 동일어에서 유래; '홍옥수(紅玉髓)'(**G3037**이 함축되어), 즉 그렇게 불리는 보석의 일종:—홍보석〈계4:3〉. 남명

G4556 σάρδιος[2회] **사르디오스**
정확히는 불확실한 어간으로 부터의 형용사; '홍옥수(紅玉髓)의'(**G3037**이 함축되어), 즉 (명사로서) 그렇게 불리는 '보석':—홍보석〈계21:20〉. 형

G4557 σαρδόνυξ[1회] **사르도뉙스**
G4556의 어간과 ὄνυξ 오뉙스('손톱'; 여기에서 '얼룩마노' 보석)에서 유래; '붉은 줄무늬가 있는 마노', 즉 그렇게 불리는 보석:—홍마노〈계21:20〉. 남명

G4558 Σάρεπτα[1회] **사렙타**
기원은 히브리어 [H6886]; 팔레스타인의 한 장소, '사렙다':—사렙다〈눅4:26〉. 고명

G4559 σαρκικός[7회] **사르키코스**
G4561에서 유래; '육체에 관련된', 즉 (확대된 의미로) '육체의', '속세의', 또는 (함축적으로) '동물적인', '중생치 못한':—육체의, 세속적인〈고전3:1〉. 형

G4560 σάρκινος[4회] **사르키노스**
G4561에서 유래; '살과 같은', 즉 (유추적으로) '부드러운':—육체의〈고후3:3〉. 형

G4561 σάρξ[147회] **사르크스**
아마도 **G4563**의 어간에서 유래; '살'(피부를 '벗긴 것'으로서), 즉 (엄격하게) '동물의 고기'(음식으로), 또는 (확대된 의미로) '몸'(영혼과 반대되는 것으로, 혹은 인간의 외적인 상징으로, 또는 혈연의 수단으로서), 또는 (함축적으로) '인간본성'([육체적이나 도덕적으로] 연약함과 열정을 지닌), 또는 (특히) '인간'(그러한):—육체(의, 적으로), 육정을 가진, 골육, 육욕의〈롬6:19; 엡2:3; 히9:10〉. 여명

G4562 Σαρούχ[1회] **사룩**
기원은 히브리어 [H8286]; 족장의 한 사람, '스룩':—스룩〈눅3:35〉. 고명

G4563 σαρόω[3회] **사로오**
σαίρω **사이로**('털어내다'; **G4951**과 유사, '빗자루'를 의미)의 파생어에서 유래; '비로 쓸다':—청소하다〈눅2:25〉. 동

G4564 Σάῤῥα[4회] **사르흐라**
기원은 히브리어 [H8283]; 아브라함의 아내, '사라':—사라〈롬4:19〉. 고명

G4565 Σάρων[1회] **사론**
기원은 히브리어 [H8289]; 팔레스타인의 한 지역, '샤론':—사론〈행9:35〉. 고명

G4566 Σατᾶν[36회] **사탄**
기원은 히브리어 [H7854]; '사탄', 즉 '마귀':—사탄. **G4567**과 비교. 〈고후12:7〉. 고명

G4567 Σατανᾶς[36회] **사타나스**
기원은 아람어. **G4566**과 동일(한정접사(接辭)와 함께); '고소자', 즉 '마

귀':—사탄〈마4:10; 계2:13〉.남명

G4568 σάτον[2회] **사톤**
기원은 히브리어 [**G5429**]; 건량측정 단위, '말':—되〈마13:33〉.중명

G4569 Σαῦλος[15회] **사울로스**
기원은 히브리어. **G4549**와 동일; '사울', 바울의 유대이름:—사울〈행9:1〉. 고명

G4570 σβέννυμι[8회] **스벤뉘미**
명백히 기본 동사의 연장형; ('불을') '끄다' (문자적으로 또는 상징적으로):—소멸하다, 꺼지다〈막9:44〉 동

G4571 σέ[190회] **세**
G4771의 대격 단수; '당신을':—너를, 너, 너의 집〈눅14:9〉.대

G4572 σεαυτοῦ[43회] **세아우투**
G4751과 **G846**에서 유래한 속격; 또한 여격 σεαυτῷ **세아우토**, 대격 σεαυτόν **세아우톤**; 축약형 속격 σαυτοῦ **사우투**, 여격 σαυτῷ **사우토**, 대격 σαυτόν **사우톤**; '너 자신의'(~과 함께, ~에게):—너 자신을, 네 스스로, 너의, 너 자신이〈눅4:9; 행9:34〉.대

G4573 σεβάζομαι[1회] **세바조마이**
G4576의 파생어에서 유래한 중간태; '존경하다', 즉 '숭배하다':—예배[경배]하다〈롬1:25〉.동

G4574 σέβασμα[2회] **세바스마**
G4573에서 유래; '숭배물', 즉 '예배의 대상'(신, 제단, 등):—헌신, 숭배함을 받는 것〈행17:23, 살후2:4〉.중명

G4575 σεβαστός[3회] **세바스토스**
G4573에서 유래; 존경할 만한(존엄한), 즉 (명사로) 로마 '황제'의 칭호, 또는 (형용사로) '존엄한':—아구스도의〈행25:21〉.형

G4576 σέβομαι[10회] **세보마이**
명백한 기본 동사의 중간태; '숭배하다', 즉 '경배하다':—공경하다, 경건하다, 예배하다〈행17:4〉.동 a)타동사: 숭배하다, 경배하다 b)자동사: 경건하게 되다

G4577 σειρά[1회] **세이라**
아마도 εἴρω **에이로**('묶다'; **G138**과 유사)와 동류로서 **G4951**에서 유래; ('묶는' 또는 '끄는') '사슬':—속박, 족쇄〈벧후2:4〉.여명

G4578 σεισμός[5회] **세이스모스**
G4579에서 유래; '동요', 즉 (공기의) '질풍', (땅의) '지진':—지진, 폭풍우〈계11:13〉.남명

G4579 σείω[1회] **세이오**
명백히 기본 동사; ('진동하다', 정확히는 옆쪽으로 또는 앞뒤로) '흔들리다', 즉 (일반적으로)(어떤 방향으로; '떨리게' 만들다) '심하게 움직이다'; 상징적으로 (두려움과 걱정으로 인한) '떨림'으로 몰아넣다:—움직이다, 흔들리다, 진동하다〈마28:4〉.동

G4580 Σεκοῦνδος[1회] **세쿤도스**
기원은 라틴어; '두 번째'; '세군도', 기독교인:—세군도〈행20:4〉.고명

G4581 Σελεύκεια[1회] **셀류케이아**
Σέλευκος **셀류코스**(시리아의 왕명)에서 유래; 시리아의 한 장소, '실루기아':—실루기아〈행3:4〉.고명

G4582 σελήνη[9회] **셀레네**
σέλας **셀라스**('광휘'; 아마도 **G138**의 대체어와 유사, '매력적임'이란 개념으로)에서 유래; '달':—달〈계8:12〉. 여명

G4583 σεληνιάζομαι[2회]
셀레니아조마이
G4582의 추정된 파생어에서 유래한

중간태 또는 수동태; '발광하다', 즉 '미치다':—발광하다〈마4:24〉. 동

G4584 Σεμεΐ[1회] **세메이**

기원은 히브리어 [H8096]; 이스라엘인, '서머인':—서머인〈눅3:26〉. 고명

G4585 σεμίδαλις[1회] **세미달리스**

아마도 기원은 외래어; 고운 '밀가루':—고운 밀가루〈계18:13〉. 여명

G4586 σεμνός[4회] **셈노스**

G4576에서 유래; '존경할 만한', 즉 '명예 있는':—진지한, 정직한〈딤전3:8〉. 형

G4587 σεμνότης[3회] **셈노테스**

G4586에서 유래; '존경할 만함', 즉 '성실':—진지함, 정직〈딛2:7〉. 여명

G4588 Σέργιος[1회] **세르기오스**

기원은 라틴어; 로마인, '서기오':—서기오〈행13:7〉. 고명

G4589 Σήθ[1회] **세쓰**

기원은 히브리어 [H8352]; 족장이름, '셋':—셋〈눅3:38〉. 고명

G4590 Σήμ[1회] **셈**

기원은 히브리어 [H8035]; 족장이름, '셈':—셈〈눅3:36〉. 고명

G4591 σημαίνω[6회] **세마이노**

σῆμα **세마**('표'; 불확실한 파생어)에서 유래; '가리키다, 지시하다':—보이다〈요2:33〉. 동

G4592 σημεῖον[77회] **세메이온**

G4591의 어간의 추정된 파생어의 중성형; '징조', 특히 의례적으로 또는 초자연적으로):—기적, 군호, 표, 이적〈마16:1; 행4:16〉. 중명

G4593 σημειόω[1회] **세메이오오**

G4592에서 유래; '구별하다', 즉 '표를 하다'(회피를 위하여):—주목하다〈살전3:14〉. 동

G4594 σήμερον[41회] **세메론**

관사 **G3588**(τ가 σ로 바뀜)와 **G2250**의 추정된 합성어의 중성형(부사로서); '오늘'(지금 또는 막 지난 '밤'); 일반적으로 '지금' (즉 '현재', 지금까지):—오늘날, 오늘〈마6:11〉. 부

G4595 σήπω[1회] **세포**

명백히 기본 동사; '썩이다', 즉 (상징적으로) '멸망하다':—썩다〈약5:2〉. 동

G4596 σηρικός[1회] **세리코스**

Σήρ **세르**(명주가 생산되는 인도의 종족, 따라서 '명주 누에'의 이름)에서 유래; '명주의', 즉 '비단의'(중성명사로 '비단 직물'):—비단〈계18:12〉. 형

G4597 σής[3회] **세스**

명백히 기원은 히브리어 [H5580]; '좀':—좀〈마6:19〉. 남명

G4598 σητόβρωτος[1회] **세톱로토스**

G4597과 **G977**의 파생어에서 유래; '좀먹는':—좀먹는〈약5:2〉. 형

G4599 σθενόω[1회] **스쎄노오**

σθένος **스쎄노스**(육체적으로 '힘센'; 아마도 **G2476**의 어간에 유사)에서 유래; '강하게 하다', 즉 (상징적으로; 영적인 지식과 힘에 있어서) '확실히 하다':—강하게 하다〈벧전5:10〉. 동

G4600 σιαγών[2회] **시아곤**

불확실한 파생어에서 유래; '턱뼈', 즉 (함축적으로) '뺨' 또는 옆 얼굴:—뺨〈마5:39〉. 여명

G4601 σιγάω[10회] **시가오**

G4602에서 유래; '침묵을 지키다'(자동사 혹은 타동사):—입을 다물다, 비밀을 지키다, 조용하다, 잠잠하다〈고전14:28〉. 동

G4602 σιγή[2회] **시게**

명백히 σίζω **시조**('쉿 소리를 내다',

즉 '쉬잇 하다' 또는 '조용하게 하다')에서 유래; '조용함':—고요함. **G4623**과 비교. 〈행21:40〉. 여명

G4603 σιδήρεος[5회] **시데레오스**
G4604에서 유래; '쇠로 만든':—쇠[철](의)〈계9:9〉. 형

G4604 σίδηρος[1회] **시데로스**
불확실한 파생어에서 유래; '쇠':—철〈계18:12〉. 남명

G4605 Σιδών[9회] **시돈**
기원은 히브리어 [**H6721**]; 팔레스타인의 한 장소, '시돈':—시돈〈눅4:26〉. 고명

G4606 Σιδώνιος[2회] **시도니오스**
G4605에서 유래; '시돈사람', 즉 '시돈의 주민':—시돈의〈행12:20〉. 형

G4607 σικάριος[1회] **시카리오스**
기원은 라틴어; '단도 쓰는 사람' 또는 '자객', '약탈자'(로마인에 의해 불법화된 유대 '광신자'):—살인자〈행21:38〉. 남명

G4608 σίκερα[1회] **시케라**
기원은 히브리어 [**H7941**]; '취하게 하는 것', 즉 '독한 술':—독주〈눅1:15〉. 중명

G4609 Σίλας[13회] **실라스**
G4610의 압축형; 기독교인, '실라':—실라〈행15:22〉. 고명 바울의 로마인 동역자

G4610 Σιλουανός[4회] **실루아노스**
기원은 라틴어; 기독교인, '실루아노':—실루아노. **G4609**와 비교. 〈고후1:19〉. 고명

G4611 Σιλωάμ[3회] **실로암**
기원은 히브리어 [**H7975**]; 예루살렘의 연못이름, '실로암':—실로암〈눅13:4〉. 고명

G4612 σιμικίνθιον[1회] **시미킨씨온**
기원은 라틴어; '반쯤 가리는 앞치마':—앞치마〈행19:12〉. 중명

G4613 Σίμων[75회] **시몬**
기원은 히브리어 [**H8095**]; 9명의 이스라엘 인명, '시몬':—시몬. **G4826**과 비교. 〈마4:18; 눅7:40〉. 고명

G4614 Σινᾶ[4회] **시나**
기원은 히브리어 [**H5514**]; 아라비아의 산 이름, '시내'산:—시내 산〈행7:30〉. 고명

G4615 σίναπι[5회] **시나피**
아마도 σίνομαι **시노마이**('상처를 입하다', 즉 '쏘다')에서 유래; (식물이름) '겨자':—겨자씨〈눅13:19〉. 중명

G4616 σινδών[6회] **신돈**
기원은 불확실함(아마 외래어인 듯); '고대의 삼베', 즉 표백한 아마포(그 옷감 또는 그것의 의류):—세마포, 베〈막14:51〉. 여명

G4617 σινιάζω[1회] **시니아조**
σινίον **시니온**('체')에서 유래; '체질하다'(상징적으로):—체로 치다, 가려내다〈눅2:31〉. 동

G4618 σιτευτός[3회] **시튜토스**
G4621의 파생어에서 유래; '기름진', 즉 '살진':—살진〈눅15:23〉. 형

G4619 σιτιστός[1회] **시티스토스**
G4621의 파생어에서 유래; '알찬', 즉 '살진':—살진 (짐승)〈마22:4〉. 형

G4620 σιτομέτριον[1회] **시토메트리론**
G4621과 **G3358**에서 유래; '곡식의 측정치', 즉 (함축적으로) 곡식의 '배급량':—고기의 몫〈눅12:42〉. 중명

G4621 σῖτος[14회] **시토스**
불규칙 중성 복수 σῖτα **시타**; 불확실한 파생어에서 유래; '곡식', 특히 '밀':

—알곡, 밀〈마13:25〉. 남명

G4622 Σιών[7회] **시온**
기원은 히브리어 [H6726]; '시온', 예루살렘의 언덕; 상징적으로 '교회' (전투적 혹은 승리적):—시온〈롬9:33〉. 고명

G4623 σιωπάω[10회] **시오파오**
σιωπή **시오페**('침묵', 즉 '조용함'; 정확히는 '벙어리 됨', 즉 '본의 아닌' 침묵, 혹은 '말할 능력이 없음', 따라서 그 용어가 가끔 동의어로 사용되지만 자발적인 '거절'을 의미하는 **G4602**와는 다름)에서 유래; '벙어리가 되다' (그러나 정확히는 또한 **G2974**처럼 '귀머거리'는 아님); 상징적으로 ('잔잔한' 물처럼) 잠잠하다:—벙어리가 되다, 잠자코 있다〈막3:4〉. 동

G4624 σκανδαλίζω[29회] **스칸달리조**
G4625에서 유래; '올가미에 걸다', 즉 '걸려 넘어지게 하다'(상징적으로 '실족하게 하다' [타동사] 또는 죄 짓도록 '꾀다', 배교하다 또는 불쾌하게 하다):—죄를 범하게 하다〈마18:6〉. 동

G4625 σκάνδαλον[15회] **스칸달론**
아마도 **G2578**의 파생어에서 유래; '걸려 넘어지게 하는 것'('구부러진' 묘목), 즉 '덫' (상징적으로 불만 또는 죄의 '원인'):—(걸려) 넘어지게 하는 기회, 죄의 원인, 실족케 하는 것, 걸림돌〈롬11:9〉. 중명

G4626 σκάπτω[3회] **스캅토**
명백히 기본 동사; '파다':—파다〈눅6:48〉. 동

G4627 σκάφη[3회] **스카ㅎ페**
'작은 배' (마치 통나무를 '파낸 것 같은'), 또는 배에 실은 보트(상륙을 위해 큰 배에 싣고 다니는):—거룻배〈행27:16〉. 여명

G4628 σκέλος[3회] **스켈로스**
명백히 σκέλλω **스켈로**('바싹 말리다'; '여위다'는 의미로)에서 유래; (여윈) '다리':—다리〈요9:31〉. 중명

G4629 σκέπασμα[1회] **스케파스마**
σκέπας **스케파스**('덮는 것'; 아마 '눈의 띄는 것'이란 의미에서 **G4649**의 어간과 유사)의 파생어에 유래; '의류':—입을 것, 의상〈딤전6:8〉. 중명

G4630 Σκευᾶς[1회] **스큐아스**
명백히 기원은 라틴어; '왼손잡이', 이스라엘인, '스게와':—스게와〈행19:14〉. 고명

G4631 σκευή[1회] **스큐에**
G4632에서 유래; '가구', 즉 보조 '연장':—(배의) 기구[삭구(索具)]〈행27:19〉. 여명

G4632 σκεῦος[23회] **스큐오스**
불확실한 유사어에서 유래; '그릇', '도구', '장비' 또는 '기구'(문자적 또는 상징적으로, [특히 남편에게 내조를 잘하는 '아내']):—물건, 봇, 재료, 그릇〈행10:11; 롬9:21〉. 중명

G4633 σκηνή[20회] **스케네**
명백히 **G4632**와 **G4639**와 유사; (문자적 또는 상징적으로) '천막' 또는 '초막':—처소, 장막〈히7:2〉. 여명

G4634 σκηνοπηγία[1회] **스케노페기아**
G4636과 **G4078**에서 유래; '장막절' (임시로 장막을 세우는 관례에 따른 것):—초막절〈요7:2〉. 여명

G4635 σκηνοποιός[1회] **스케노포이오스**
G4633과 **G4160**에서 유래; '천막을 만드는 자':—천막제조자〈행18:3〉. 남명

G4636 σκῆνος[2회] **스케노스**
G4633에서 유래; '오두막집' 또는 임시거주지, 즉 (상징적으로) (영혼의 거처로써의) 인간의 '몸':—장막〈고후5:1〉. 중명

G4637 σκηνόω[5회] **스케노오**
G4636에서 유래; '장막을 치다' 또는 '야영하다', 즉 (상징적으로) (주거지로) '차지하다' 또는 (특히) '거하다' (마치 구약에서 하나님이 보호와 교제의 상징인 성막에서 하셨듯이):—거하다〈계12:12〉. 동

G4638 σκήνωμα[3회] **스케노마**
G4637에서 유래; '진을 침', 즉 (상징적으로) (하나님이 계신) '성전', (영혼의 집으로서의) '몸':—장막〈벧후1:13〉. 중명

G4639 σκιά[7회] **스키아**
명백히 기본어; '그늘' 또는 그림자 (문자적으로 또는 상징적으로 ['잘못'의 어두운 면 또는 '윤곽을 나타냄']):—그림자〈히10:1〉. 여명

G4640 σκιρτάω[3회] **스키르타오**
σκαίρω 스카이로('껑충 뛰다')와 유사; '도약하다', 즉 (태아가 태동하는 것처럼) 감응하여 '움직이다':—(기뻐서) 뛰놀다〈눅1:41〉. 동

G4641 σκληροκαρδία[3회] **스클레로카르디아**
G4642와 G2588의 합성어의 여성형; '굳은 마음', 즉 (특히) (영적) '지각(知覺)의 결핍':—완악함〈막10:5〉. 여명

G4642 σκληρός[5회] **스클레로스**
G4628의 어간에서 유래; '마른', 즉 '굳은' 또는 '완악한'(상징적으로 '거친', '어려운'):—흉포한, 굳은〈행9:5〉. 형

G4643 σκληρότης[1회] **스클레로테스**
G4642에서 유래; '무감각', 즉 (상징적으로) '완고함':—고집, 굳음〈롬2:5〉. 여명

G4644 σκληροτράχηλος[1회] **스클레로트라켈로스**
G4642와 G5137에서 유래; '굳은 목덜미를 가진', 즉 (상징적으로) '완고한':—목이 뻣뻣해진〈행7:51〉. 형

G4645 σκληρύνω[6회] **스클레뤼노**
G4642에서 유래; '굳어지다', 즉 (상징적으로) '완악하게 하다':—(마음이) 굳다〈히3:8〉. 동

G4646 σκολιός[4회] **스콜리오스**
G4628의 어간에서 유래; '휘어진', 즉 '굽은'; 상징적으로 '심술궂은':—마음이 비뚤어진, 완고한, 고집이 센〈빌2:15〉. 형

G4647 σκόλοψ[1회] **스콜로프스**
아마도 G4628과 G3700의 어간에서 유래; '앞쪽이 마른 것', 즉 '뾰족한 끝' 또는 '가시' (상징적으로 육체적 '괴로움'이나 '불구'):—가시〈고후12:7〉. 남명

G4648 σκοπέω[6회] **스코페오**
G4649에서 유래; '주목하다'(감시하다), 즉 (상징적으로) '주목해서 보다':—고려하다, 주의하다, 보다, 표하다. G3700과 비교.〈롬16:17〉. 동

G4649 σκοπός[1회] **스코포스**
σκέπτομαι 스켑토마이([의심을 가지고] '자세히 보다'; 아마도 '숨김'의 뜻으로 G4626와 유사; G4629와 비교)에서 유래; '파수꾼'('보초' 또는 '정찰병'), 즉 (함축적으로) '목표':—표적〈빌3:14〉. 남명

G4650 σκορπίζω[5회] **스코르피조**
명백히 ('꿰뚫다'는 개념으로) G4651

과 동일어에서 유래; '흩뜨리다', 즉 (상징적으로) '날려버리다', '낭비하다', '관대하다':—널리 뿌리다, 뿔뿔이 흩어버리다〈요10:12〉. 동

G4651 σκορπίος[5회] **스코르피오스**
아마도 폐어가 된 σκέρπω **스케르포** (아마도 **G4649**의 어간의 강세형에서 '꿰뚫다'는 뜻으로)에서 유래; '전갈' (그 '쏘는' 것에서):—전갈〈계9:3〉. 남명

G4652 σκοτεινός[3회] **스코테이노스**
G4655에서 유래; '불투명한', 즉 (상징적으로) '밤이 된':—어두운, 어둠에 찬〈눅11:34〉. 형

G4653 σκοτία[16회] **스코티아**
G4655에서 유래; '어스름', '어두컴컴함'(문자적으로 또는 상징적으로):—어두움, 어두운 데〈요일2:8〉. 여명

G4654 σκοτίζω[5회] **스코티조**
G4655에서 유래; '흐리게 하다'(문자적으로 또는 상징적으로):—어두워지다 〈롬11:10〉. 동

G4655 σκότος[31회] **스코토스**
G4639의 어간에서 유래; '그늘짐', 즉 '어두컴컴함'(문자적으로 또는 상징적으로):—어둠〈마8:12〉. 중명

G4656 σκοτόω[3회] **스코토오**
G4655에서 유래; '어둡게 하다' 또는 '눈멀게 하다'(문자적으로, 상징적으로):—어둠이 가득하게 되다〈계16:10〉. 동

G4657 σκύβαλον[1회] **스퀴발론**
G1519와 **G2965**와 **G906**의 추정된 파생어의 중성형; 개에게 '던져지는 것', 즉 '찌꺼기'('배설물'):—똥〈빌3:8〉. 중명

G4658 Σκύθης[1회] **스퀴쎄스**
아마도 기원은 외래어; '스구디아인', 즉 (함축적으로) '야만인':—스구디아인〈골3:11〉. 고명

G4659 σκυθρωπός[2회] **스퀴쓰로포스**
σκυθρωπός **스퀴쓰로스**(찌무룩한)과 **G3700**의 파생어에서 유래; '얼굴 모습이 화난', 즉 '우울한' 또는 '슬픈 빛을 띤':—슬픈 안색의〈마6:16〉. 형

G4660 σκύλλω[4회] **스퀼로**
명백히 기본 동사; '껍질을 벗기다', 즉 (상징적으로) 괴롭히다:—수고하다〈눅8:49〉. 동

G4661 σκῦλον[1회] **스퀼론**
G4660의 중성형; (가죽처럼) 벗겨진 것, 즉 '노획물':—약탈품〈눅11:22〉. 중명

G4662 σκωληκόβρωτος[1회] **스콜레코브로토스**
G4663과 **G977**의 파생어에서 유래; '벌레 먹은', 즉 '구더기 끼어 병든':—벌레 먹은〈행12:23〉. 형

G4663 σκώληξ[3회] **스콜렉스**
불확실한 파생어에서 유래; '유충', '구더기' 또는 '지렁이':—벌레 〈막9:44〉. 남명

G4664 σμαράγδινος[1회] **스마라그디노스**
G4665에서 유래; '에메랄드'로 된:—에메랄드의, 취옥(翠玉)의〈계4:3〉. 형

G4665 σμάραγδος[1회] **스마라그도스**
불확실한 파생어에서 유래; '에메랄드' 또는 소위 '녹보석':—녹보석〈계21:19〉. 여명

G4666 σμύρνα[2회] **스뮈르나**
명백히 **G3464**의 강세형; '몰약':—몰약〈마2:11〉. 여명

G4667 Σμύρνα[2회] **스뮈르나**
G4666과 같음; '서머나', 소아시아의

한 장소〈계1:11〉. [고명]

G4668 Σμυρναῖος[1회] **스뮈르나이오스**
G4667에서 유래; '서머나 사람':—서머나의〈계2:8〉. [형]

G4669 σμυρνίζω[1회] **스뮈르니조**
G4667에서 유래; '몰약을 바르다', 즉 (마취제로서) '더 쓰게 하다':—몰약을 타다〈막15:23〉. [동]

G4670 Σόδομα[9회] **소도마**
기원은 히브리어 [H5467]의 복수형; '소돔', 팔레스타인의 한 장소〈마11:23〉. [고명]

G4671 σοί[221회] **소이**
G4771의 여격; '당신에게':—너를, 너 자신, 너, 너의〈눅10:13〉. [대]

G4672 Σολομών[12회] **솔로몬**
기원은 히브리어 [H8010]; 다윗의 아들, '솔로몬':—솔로몬〈마1:6〉. [고명]

G4673 σορός[1회] **소로스**
아마도 G4987의 어간과 유사; '장례식용 용기(容器)'(납골(納骨)단지, 관), 즉 (유추적으로) '상여':—상여〈눅7:14〉. [여명]

G4674 σός[27회] **소스**
G4771에서 유래; '당신의 (것)':—너의, 당신의 (친구)〈마7:22〉 [대]

G4675 σοῦ[498회] **수**
G4771의 속격; '당신의', '너의':—집, 너를, 너의 것, 너, 너의〈눅4:8〉. [대]

G4676 σουδάριον[4회] **수다리온**
기원은 라틴어; '손수건'(땀 닦이 천), 즉 '수건'(얼굴의 땀을 닦거나 시체의 얼굴을 싸는데 쓰는):—손수건, 작은 수건〈요11:44〉. [중명]

G4677 Σουσάννα[1회] **수산나**
기원은 히브리어 [H7799의 여성형]; '백합', 이스라엘 여인, '수산나':—수산나〈눅8:3〉. [고명]

G4678 σοφία[51회] **소ㅎ피아**
G4680에서 유래; '지혜'(높거나 낮은, 또는 세상적이거나 영적):—지혜〈고전1:17〉. [여명]

G4679 σοφίζω[2회] **소ㅎ피조**
G4680에서 유래; '지혜롭게 만들다'; 못된 통념에서, '궤변'을 꾸미다, 즉 그럴듯한 잘못을 계속하다:—교묘하게 고안하다, 지혜롭게 만들다〈딤후3:15〉. [동]

G4680 σοφός[20회] **소ㅎ포스**
σαφής 사ㅎ페스('깨끗한')과 유사; (가장 일반적인 적용에서) '지혜로운':—지혜 있는. G5429와 비교.〈고1:19〉. [형]

G4681 Σπανία[2회] **스파니아**
아마도 기원은 외래어; '스페인', 유럽의 한 지역:—서버나〈롬15:24〉. [고명]

G4682 σπαράσσω[3회] **스파랏소**
σπαίρω 스파이로('헐떡거리다'; 명백히 '발작적인' 수축의 개념을 통하여 G4685에서 유래한 강세형)서 유래된 연장형; '토막토막 베다', 즉 '간질로 경련을 일으키다':—찢다, 쥐어뜯다〈막1:26〉. [동]

G4683 σπαργανόω[2회] **스파르가노오**
σπάργανον 스파르가논('길고 가느다란 조각'; '끈으로 매다' 또는 길고 가느다란 조각으로 '싸다'의 의미인 G4682의 어간의 파생어에서 유래)에서 유래; (동양의 관습에 따라 유아를) '싸다':—강보에 싸다〈눅2:7〉. [동]

G4684 σπαταλάω[2회] **스파탈라오**
σπατάλη 스파탈레('사치')에서 유래; '육욕에 빠지다':—향락을 좋아하다, 방종하다〈딤전5:6〉. [동]

G4685 σπάω[2회] **스파오**
기본 동사; '끌어당기다':—빼다〈막 14:47〉. 동

G4686 σπεῖρα[7회] **스페이라**
직접적인 기원은 라틴어, 그러나 궁극적으로 **G1507**의 같은 어원의 의미에서 **G138**의 파생어에서 유래; '똘똘 감음'(뱀족탑), 즉 (상징적으로) 사람의 한 '무리'(로마 '군대[보병대]'; 또한 [유추적으로] 레위지파 문지기의 한 '조[組]'):—대(隊)〈행10:1〉. 여명

G4687 σπείρω[52회] **스페이로**
아마도 **G4685**('확장'의 개념으로)의 강세형; '흩뜨리다', 즉 (씨를) '뿌리다'(문자적으로 또는 상징적으로):—씨를 뿌리다, 씨를 받다〈마13:19; 막 4:3〉. 동

G4688 σπεκουλάτωρ[1회] **스페쿨라토르**
기원은 라틴어; '사색가', 즉 군대의 '정찰병'('정탐꾼' [확대된 의미로] '근위 기병(騎兵)'):—집행관〈막6:27〉. 남명

G4689 σπένδω[2회] **스펜도**
명백히 기본 동사; 관제(灌祭, 奠祭, 獻酒)로 '부어드리다', 즉 (상징적으로) (자신의 생명 또는 피를, 희생제물로) '바치다', ('소비하다'):—바쳐 드리다(드릴 준비가 되다)〈딤후4:6〉. 동

G4690 σπέρμα[42회] **스페르마**
G4687에서 유래; '뿌려진 것', 즉 '씨'('정충'도 포함); 함축적으로 '후손'; 특히 (상징적으로 경작을 위해 보관한) 종자:—자손, 씨〈마13:34; 롬 9:7〉. 중명

G4691 σπερμολόγος[1회] **스페르몰로고스**
G4690과 **G3004**에서 유래; (까마귀 같이) '씨를 쪼는 자', 즉 (상징적으로) '식객', '게으름뱅이'(특히 '수다쟁이'나 '희롱[말]하는 사람'):—(실명사로) 수다쟁이, 말쟁이〈행17:18〉. 형

G4692 σπεύδω[6회] **스퓨도**
아마도 **G4228**에서 유래된 강세형; '서두르다'('마음을 쓰다'), 즉 (부지런히 또는 열심히) '하도록 재촉하다'; 함축적으로 '간절히 기다리다':—서두르다, 급히 ~하다〈행22:18〉. 동

G4693 σπήλαιον[6회] **스펠라이온**
σπέος **스페오스**('동굴')의 추정된 파생어의 중성형; '동굴'; 함축적으로 '숨는 곳' 또는 '유흥지':—동굴, 소굴〈계 6:15〉. 중명

G4694 σπιλάς[1회] **스필라스**
불확실한 파생어에서 유래; 바다에서의 바위의 '암초'나 '모래톱':—지점 [**G4696**과 혼동되어 사용]〈유1:12〉. 여명

G4695 σπιλόω[2회] **스필로오**
G4696에서 유래; (문자적으로 또는 상징적으로) '얼룩이 지다' 또는 '더럽히다':—더럽히다, 반점을 찍다〈엡 5:27〉. 동

G4696 σπίλος[2회] **스필로스**
불확실한 파생어에서 유래; '더럼' 또는 '흠, 오점', 즉 (상징적으로) '결함', '창피':—점〈약3:6〉. 남명

G4697 σπλαγχνίζομαι[12회] **스플랑크니조마이**
G4698의 중간태; '동정하는 마음을 가지다', 즉 (상징적으로) '동정심을 느끼다', '불쌍히 여기다':—측은히 여기다〈마15:32〉. 동

G4698 σπλάγχνον[11회] **스플랑크논**
아마도 σπλήν **스플렌**('지라, 비장(脾

臟)')에서 유래된 강세형; (복수로) '내장'; 상징적으로 '긍휼' 또는 '동정':—창자, 내면적 애정, 부드러운 자비 〈눅1:78; 몬1:7〉. 중명

G4699 σπόγγος[3회] **스퐁고스**
아마 기원은 외래어; '스펀지':—해면 〈막15:36〉. 남명

G4700 σποδός[3회] **스포도스**
불확실한 파생어에서 유래; '재':—재 〈히9:13〉. 여명

G4701 σπορά[1회] **스포라**
G4687에서 유래; '(씨를) 뿌림', 즉 (함축적으로) '태생':—씨〈벧전1:23〉. 여명

G4702 σπόριμος[3회] **스포리모스**
G4703에서 유래; '뿌려진', 즉 (중성 복수로) 파종한 '밭':—곡식(밭)〈막2:23〉. 형

G4703 σπόρος[6회] **스포로스**
G4687에서 유래; (씨를) '뿌리는 것', 즉 (구체적으로)('뿌려진') '씨':—씨(뿌려진)〈눅8:5〉. 남명

G4704 σπουδάζω[11회] **스푸다조**
G4710에서 유래; '서둘러 ~하다', 즉 '노력하다', '신속히' 또는 '성실히 하다':—부지런히 하다, 힘쓰다, 수고하다, 공부하다〈갈2:10; 딤후4:9〉. 동

G4705 σπουδαῖος[3회] **스푸다이오스**
G4710에서 유래; '신속한', '정력적인', '진지한':—부지런한〈고후8:22〉. 형

G4706 σπουδαιότερον[4회] **스푸다이오테론**
부사로서 **G4704**의 중성형; (다른 사람보다) '더 성실하게', 즉 '매우 신속하게':—매우 부지런히〈딤후1:17〉. 형

G4707 σπουδαιότερος[3회] **스푸다이오테로스**
G4705의 비교급; 부사로서 '더욱 신속하게', '더욱 성실하게':—더욱 부지런히〈고후8:17〉. 형

G4708 σπουδαιοτέρως[1회] **스푸다이오테로스**
G4707에서 유래한 부사; '더 빠르게', 즉 '다른 것보다 더 급히':—더욱 조심스럽게〈빌2:28〉. 부

G4709 σπουδαίως[4회] **스푸다이오스**
G4705에서 유래한 부사; '성실하게', '신속히':—부지런히, 즉시〈딛3:13〉. 부

G4710 σπουδή[12회] **스푸데**
G4692에서 유래; '속도', 즉 (함축적으로) '신속한 조치', '열심', '성실함':—열심, (성실한) 돌봄, 부지런함, 재빠름, 서두름〈눅1:39; 롬12:8〉. 여명

G4711 σπυρίς[5회] **스퓌리스**
G4687(짠 것으로서)에서 유래; (식료품`의복 따위를 담는) '바구니' 또는 '점심 도시락':—광주리〈막8:8〉. 여명

G4712 στάδιον[7회] **스타디온** 또는 남성 (복수) στάδιος **스타디오스**
G2476('고정된' 것으로서)의 어간에서 유래; '스타디온' 또는 어떤 거리 측정단위;함축적으로 '경기장' 또는 '경주장':—리(길이의 단위; 1마일의 1/8, 약 201.17m), 경주(競走)〈요6:19〉. 중명

G4713 στάμνος[1회] **스탐노스**
G2476(고정된 것으로서)의 어간에서 유래; '항아리' 또는 토기 '수조(水槽)':—단지〈히9:4〉. 여명

G4714 στάσις[9회] **스타시스**
G2476의 어간에서 유래; '기립'(정확히는 그 행동), 즉 (유추적으로) '위

치'('존재'), 함축적으로 민중의 '반란'; 상징적으로 '논쟁':—분쟁, 폭동, 일어남, 소요(騷擾, 소란)〈눅23:19; 히9:8〉. 여명

G4715 στατήρ[1회] **스타테르**
G2746의 어간에서 유래; '가치의 기준', 즉 (특히) '스타테르(고대 그리스의 금화[은화]) 또는 어떤 '동전':—은전, 돈 조각〈마17:27〉. 남명

G4716 σταυρός[27회] **스타우로스**
G2476의 어간에서 유래; (곧추 '세운') '화형주(火刑柱)' 또는 '기둥', 즉 (특히) '장대' 또는 '십자가'(극형을 집행하는 도구로서); 상징적으로 '죽음에 노출', 즉 '자기 부인'; 함축적으로 그리스도의 '속죄':—십자가〈눅9:23; 요19:17〉. 남명

G4717 σταυρόω[46회] **스타우로오**
G4716에서 유래; 십자가에 '못 박다'; 상징적으로 정욕 또는 이기심을 '소멸시키다'(억제하다):—십자가에 못 박다〈갈3:1〉. 동

G4718 σταφυλή[3회] **스타ㅎ퓔레**
아마도 G4735의 어간에서 유래; 포도 '송이'(엉킨 것 같은):—포도〈마7:16〉. 여명

G4719 στάχυς[5회] **스타퀴스**
G2476의 어간에서 유래; 곡식의 '이삭'(줄기에서 '삐져나온'):—(곡식의) 이삭〈막2:23〉. 남명

G4720 Στάχυς[1회] **스타퀴스**
G4719와 동일; 기독교인, '스다구':—스다구〈롬16:9〉. 고명

G4721 στέγη[3회] **스테게**
기본어 τέγος 테고스(건물의 '초가지붕' 또는 '납작한 지붕')에서 유래된 강세형; '지붕':—지붕〈마8:8〉. 여명

G4722 στέγω[4회] **스테고**
G4721에서 유래; '지붕을 덮다', 즉 (상징적으로) 침묵으로 '덮다'(꾹 '참다'):—참다, 억제하다, 견디다〈살전3:1〉. 동

G4723 στεῖρος[5회] **스테이로스**
G4731('뻣뻣한', 또는 '부자연스러운')에서 유래된 압축형; '불임의':—잉태하지 못하는〈눅1:7〉. 형

G4724 στέλλω[2회] **스텔로**
아마도 G2476의 어간에서 유래된 강세형; 정확히는 단단히 '두다'('마구간에 넣어두다'), 즉 (상징적으로) '억누르다'(재귀형, 관계를 '끊다'):—피하다, 물러나다〈살후3:6〉. 동

G4725 στέμμα[1회] **스템마**
G4735의 어간에서 유래; 보여주기 위한 '화환':—화관(花冠)〈롬8:26〉. 중명

G4726 στεναγμός[6회] **스테낙모스**
G4727에서 유래; '한숨, 탄식':—신음소리〈롬8:26〉. 남명

G4727 στενάζω[3회] **스테나조**
G4728에서 유래; '답답하게 만들다'(자동사 '답답하다'), 즉 (함축적으로) '탄식하다', '불평하다', 들리지 않게 '기도하다':—슬픔으로 신음하다, 불평하다, 한탄하다〈롬8:23〉. 동

G4728 στενός[3회] **스테노스**
아마도 G2476의 어간에서 유래; (장애물이 가까이 '서있음으로') '좁은':—답답한〈마7:13〉. 형

G4729 στενοχωρέω[3회] **스테노코레오**
G4730과 동일어에서 유래; 가까이 '에워싸다', 즉 (상징적으로) '속박하다':—괴롭히다, 좁히다〈고후6:12〉. 동

G4730 στενοχωρία[4회] **스테노코리아**
G4728과 **G5561**의 합성어에서 유래; '방의 좁음', 즉 (상징적으로) '재난':—고통, 고난〈고후6:4〉. 여명

G4731 στερεός[4회] **스테레오스**
G2476에서 유래; '뻿뻿한', 즉 '견고한', '견실한'(문자적으로 또는 상징적으로):—확고부동한, 강한, 확실한〈히5:12〉. 형

G4732 στερεόω[3회] **스테레오오**
G4731에서 유래; '굳게 하다', 즉 '확실히 하다'(문자적으로 또는 상징적으로):— 확립하다, 힘을 얻다, 강하게 하다〈행3:7〉. 동

G4733 στερέωμα[1회] **스테레오마**
G4732에서 유래; '확립된' 어떤 것, 즉 (추상적으로) '확정'('안정'):—확고부동함〈골2:5〉. 중명

G4734 Στεφανᾶς[1회] **스테ㅎ파나스**
아마도 στεφανωτός **스테ㅎ파노토스**('면류관을 쓰다'; **G4737**에서 유래)의 압축형; '스데바나', 기독교인:—스데바나〈고전1:16〉. 고명

G4735 στέφανος[18회] **스테ㅎ파노스**
명백히 기본어 στέφω **스테ㅎ포**('화환을 엮다' 또는 '화환으로 장식하다')에서 유래; '화관'(왕의 휘장, 대중적 게임에서의 상 또는 일반적인 영예의 상징; 그러나 단순한 '머리띠' **G1238**보다는 눈에 띄고 정성들인 것), 문자적으로 혹은 상징적으로:—관, 면류관〈요19:2; 계4:4〉. 남명

G4736 Στέφανος[7회] **스테ㅎ파노스**
G4735와 동일형; '스데반', 기독교인:—스데반〈행6:5〉. 고명

G4737 στεφανόω[3회] **스테ㅎ파노오**
G4735에서 유래; 영광스러운 '화환으로 장식하다'(문자적으로 혹은 상징적으로):—(면류)관을 쓰다〈히2:7〉. 동

G4738 στῆθος[5회] **스테쏘스**
G2476(돌출하여 '서있다'는 점에서)에서 유래; (완전히 외부의) '흉부', 즉 '가슴':—품〈눅18:13〉. 중명

G4739 στήκω[10회] **스테코**
G2476의 완료형 시제에서 유래; '움직이지 않다', 즉 (상징적으로) '참다' '견디다':—(굳게) 서다〈빌1:27〉. 동

G4740 στηριγμός[1회] **스테리그모스**
G4741에서 유래; '안정성'(상징적으로):—확고부동함〈벧후3:17〉. 남명

G4741 στηρίζω[13회] **스테리조**
G2476(**G4731**과 같이) 추정된 파생어에서 유래; '굳게 두다', 즉 (문자적으로) 어떤 방향으로 '단호히 돌리다', 혹은 (상징적으로) '확실히 하다':—고정하다, 확립하다, 확고부동하게 세우다, 강하게 하다〈롬16:25; 벧후1:12〉. 동

G4742 στίγμα[1회] **스티그마**
기본어 στίζω **스티조**('찌르다', 즉 '꽂다')에서 유래; 절개하거나 혹은 구멍을 뚫은 '표'(소유권의 인정을 위해), 즉 (상징적으로) '일하다 얻은 상처':—흔적〈갈6:17〉. 중명

G4743 στιγμή[1회] **스티그메**
G4742의 여성형; 시간선상의 한 '점', 즉 '순간':—순식간〈눅4:5〉. 여명

G4744 στίλβω[1회] **스틸보**
명백히 기본 동사; '번쩍이다', 즉 즉각적으로 강렬하게 '빛나다':—광채가 나다〈막9:3〉. 동

G4745 στοά[4회] **스토아**
아마도 **G2476**에서 유래; '주랑(柱廊)'

혹은 실내 '회랑':—행각(行閣)〈요5:2〉. 여명

G4746 στοιβάς[1회] **스토이바스**
기본어 στείβω **스테이보**('디디다' 혹은 '짓밟다')에서 유래; (납작하게 '짓밟힌 것' 같은) 은신처를 위한 흐트러진 재료들의 '퍼짐', 즉 (함축적으로) 그렇게 쓰인 나무의 '가지':—나무 가지〈막11:8〉. 여명

G4747 στοιχεῖον[7회] **스토이케이온**
G4748의 어간에서 추정된 파생어의 중성형; 배열에 있어 '순서 바른' 어떤 것, 즉 (함축적으로) (기초의, 기본적인, 시초의) '연속물', 구성적(문자적으로), 계획상의 (상징적으로):—초보, 원리, 기초〈갈4:3〉. 중명

G4748 στοιχέω[5회] **스토이케오**
στείχω **스테이코**(규정된 선에 '정열하다')의 파생어에서 유래; '행진하다'(군대가 걸음을 맞추어), 즉 (상징적으로) 덕과 경건을 '좇다':—(질서 있게) 행하다〈행21:24〉. 동

G4749 στολή[9회] **스톨레**
G4724에서 유래; '채비', 즉 (특히) '길고 헐거운 여성용 겉옷' 또는 길게 어울리는 '긴 웃옷'(위엄의 표로서):—긴 옷(의복), (긴) 길고 품이 넓은 겉옷〈막12:38; 계7:9〉. 여명

G4750 στόμα[78회] **스토마**
아마도 **G5114**의 어간의 추정된 파생어에서 유래된 강세형; '입'(마치 얼굴의 갈라진 틈 같이); 함축적으로 '언어'(와 그와 관계되는 것들); 상징적으로 '열린 구멍'(땅에 있는); 특히 (무기의) '앞부분' 또는 '끝':—끝머리, 얼굴, 입〈마15:8; 요이1:12〉. 중명

G4751 στόμαχος[1회] **스토마코스**
G4750에서 유래; 구멍(식도), 즉 (특히) '위(胃)':—위장(胃腸)〈딤전5:23〉. 남명

G4752 στρατεία[2회] **스트라테이아**
G4754에서 유래; 군 '복무', 즉 (상징적으로) 사도의 '생애'(힘든 일이나 위험한 일의 하나로서):—싸움〈고후10:4〉. 여명

G4753 στράτευμα[8회] **스트라튜마**
G4754에서 유래; '군사력', 즉 (함축적으로) '군병'(다소 광대하고 조직적인):—군대, 군병, 군인, 군사〈눅23:11〉. 중명

G4754 στρατεύομαι[7회] **스트라튜오마이**
G4756의 어간에서 유래한 중간태; '군사적 활동에 봉사하다'; 상징적으로 '사도직을 수행하다'(분투적 의무와 기능을 가지고), 세속적인 성향에 대해 '투쟁하다':—군 복무를 하다, 병사로 복무하다, 싸우다, 전투행위를 하다〈딤전1:18〉. 동

G4755 στρατηγός[10회] **스트라테고스**
G4756과 **G71** 또는 **G2233**의 기본형에서 유래; '장군', 즉 (함축적으로 혹은 유추적으로) (군대의) '대장(隊長)'(치안관), ('레위인') '성전 관리인의 장'(장관):—대장, 행정관장〈행5:24〉. 남명

G4756 στρατιά[2회] **스트라티아**
στρατός **스트라토스**(군대; **G4766**의 어간에서 유래; 야영하는 무리로)의 파생의 여성형; '야영지 같은 것', 즉 '군대', 즉 (상징적으로) '천사들', 하늘의 '지도자들':—천군〈눅2:13〉. 여명

G4757 στρατιώτης[26회] **스트라티오테스**
G4756의 동일어에서 추정된 파생어에서 유래; '야영자', 즉 (일반) '전사

(戰士)'(문자적으로 혹은 상징적으로):—군병〈마28:12〉. 남명

G4758 στρατολογέω[1회] **스트라톨로게오**
G4756의 기본형과 **G3004**(본래적 의미에서)의 합성어에서 유래; '전사(戰士)로서 모으다'(또는 '택하다'), 즉 '군적(軍籍)에 올리다':—군인으로 선발하다〈딤후2:4〉. 동

G4759 στρατοπεδάρχης[1회] **스트라토페다르케스**
G4760과 **G757**에서 유래; '군대의 통솔자', (특히) 친위대의 장관:—수비대장〈행28:16〉. 남명

G4760 στρατόπεδον[1회] **스트라토페돈**
G4756의 어간과 **G3977**의 동일어에서 유래; '야영지', 즉 (함축적으로) '병력':—군대〈눅21:20〉. 중명

G4761 στρεβλόω[1회] **스트레블로오**
G4762의 파생어에서 유래; '비틀다', 즉 (특히)(고문으로) '괴롭히다', 그러나 단지 상징적으로 '곡해하다':—억지로 빼앗다[풀다]〈벧후3:16〉. 동

G4762 στρέφω[21회] **스트레ㅎ포**
G5157의 어간에서 유래된 강세형; '뒤틀다', 즉 완전히 빙 '돌리다' 또는 '거꾸로 하다' (문자적으로 혹은 상징적으로):—전환하다, (다시, 뒤로, 자신을) 돌리다〈눅7:44〉. 동

G4763 στρηνιάω[2회] **스트레니아오**
G4764의 추정된 파생어에서 유래; '사치스럽다':—유쾌하게 살다〈계18:7,9〉. 동

G4764 στρῆνος[1회] **스트레노스**
G4731과 유사; '잡아당김', '정력적임' 혹은 '힘', 즉 (상징적으로) '사치'('육욕에 빠짐'):—섬세함〈계18:3〉. 중명

G4765 στρουθίον[4회] **스트루씨온**
στρουθός **스트루쏘스**('참새')의 지소형; '작은 참새':—참새〈마10:29〉. 중명

G4766 στρώννυμι[6회] **스트론뉘미** 또는 더 간소형 στρωννύω **스트론뉘오**
더욱 간소한 형 στρόω **스트로오**의 연장형 (어떤 시제에서는 대체어로만 사용; 아마도 '놓다'라는 개념으로 **G4731**과 유사); '흩뿌리다', 즉 '펼치다'(융단 혹은 침대같이):—(자리를) 펴다, 제공하다, 깔다, 흩뿌리다〈마21:8; 눅22:12〉. 동

G4767 στυγητός[1회] **스튀게토스**
폐어가 된 명백히 기본어 στύγω **스튀고**('미워하다')의 파생어에서 유래; '미움 받는', 즉 '싫은':—가증스러운〈딛3:3〉. 형

G4768 στυγνάζω[2회] **스튀그나조**
G4767과 동일어에서 유래; '우울하게 만들다', 즉 (함축적으로) '언짢은 얼굴을 하다' (구름으로 또는 말의 '음침함'으로 '덮인 듯'):—(음성을) 낮추다, 슬픈 기색을 띠다〈마16:3〉. 동

G4769 στύλος[4회] **스퇼로스**
στύω **스튀오**('빳빳하게 하다'; 정확하게는 **G2476**의 어간과 유사)에서 유래; '기둥'(풍채), 즉 (상징적으로) '지주(支柱)':—기둥〈계10:1〉. 남명

G4770 Στωϊκός[1회] **스토이코스**
G4745에서 유래; '스토아학파'(아테네에서 철학자 Zeno가 제자들에게 강의한 회당의 특별한 복도를 차지한), 즉 어떤 철학의 추종자:—스토아 철학자〈행17:18〉. 고명

G4771 σύ[1066회] **쉬**
2인칭 단수의 인칭대명사; '당신':—너. 또한 **G4571**, **G4671**, **G4675**를 보

라. 복수는 **G5209**, **G5210**, **G5213**, **G5216**을 참조.〈요1:21〉.[대]

G4772 συγγένεια[3회] **쉉게네이아**
G4773에서 유래; '관계', 즉 (구체적으로) '친척':—친족〈행7:3〉.[여명]

G4773 συγγενής[9회] **쉉게네스**
G4862와 **G1085**에서 유래; '친족의'(혈연); 확대된 의미로 '동포':—사촌, 친족, 친척, 혈족의 사람〈롬9:3〉.[형]

G4774 συγγνώμη[1회] **쉉그노메**
G4862와 **G1097**의 합성어에서 유래; '동무 지식', 즉 '양보':—허락〈고전7:6〉.[여명]

G4775 συγκάθημαι[2회] **쉉카쎄마이**
G4862와 **G2521**에서 유래; '~와 함께 자리하다':—함께 앉다〈행26:30〉.[동]

G4776 συγκαθίζω[2회] **쉉카씨조**
G4862와 **G2523**에서 유래; '함께 자리를 주다[잡다]':—함께 앉(히)다〈엡2:6〉.[동]

G4777 συγκακοπαθέω[2회] **쉉카코파쎄오**
G4862와 **G2553**에서 유래; '함께 어려움을 겪다':—고난에 동참하다〈딤후1:8〉.[동]

G4778 συγκακουχέω[1회] **쉉카쿠케오**
G4862와 **G2558**에서 유래; '함께 학대하다', 즉 (수동태) '함께 박해를 견디다':—함께 고통을 받다〈히11:25〉.[동]

G4779 συγκαλέω[8회] **쉉칼레오**
G4862와 **G2564**에서 유래; '소집하다':—같이 부르다〈눅15:6〉.[동]

G4780 συγκαλύπτω[1회] **쉉칼립토**
G4862와 **G2572**에서 유래; '아주 숨기다':—덮다〈눅15:6〉.[동]

G4781 συγκάμπτω[1회] **쉉캄프토**
G4862와 **G2578**에서 유래; '함께 굽히다', 즉 (상징적으로) '괴롭히다':—절하다〈롬11:10〉.[동]

G4782 συγκαταβαίνω[1회] **쉉카타바이노**
G4862와 **G2597**에서 유래; '같이 내려가다':—함께 내려가다〈행25:5〉.[동]

G4783 συγκατάθεσις[1회] **쉉카타쎄시스**
G4784에서 유래; 함께 (감정의) '폐기', 즉 (상징적으로) '일치':—합치〈고후6:16〉.[동]

G4784 συγκατατίθεμαι[1회]
쉉카타티쎄마이
G4862와 **G2698**에서 유래한 중간태; 함께 (투표나 의견을) 맡기다, 즉 (상징적으로) '일치하다':—찬성하다〈눅23:51〉.[동]

G4785 συγκαταψηφίζω[1회]
쉉카탑세ㅎ피조
G4862와 **G2596**, **G5585**의 합성어에서 유래; '같이 세다', 즉 '사이에 등록하다':—수에 들어가다〈행1:26〉.[동]

G4786 συγκεράννυμι[2회] **쉉케란뉘미**
G4862와 **G2767**에서 유래; '혼합하다', 즉 (상징적으로) '결합하다' 또는 '흡수하다':—함께 섞다, 함께 조화시키다〈고전12:24〉.[동]

G4787 συγκινέω[1회] **쉉키네오**
G4862와 **G2795**에서 유래; '함께 감동시키다', 즉 (특히) 집단적으로 '흥분시키다'(폭동으로):—선동하다〈행6:12〉.[동]

G4788 συγκλείω[4회] **쉉클레이오**
G4862와 **G2808**에서 유래; '같이 가두다', 즉 '포함시키다' 또는 (상징적으로) 공동 주제로 '받아들이다':—결론짓다, 둘러싸다, 감금하다〈갈3:22〉.[동]

G4789 συγκληρονόμος[4회]
쉉클레로노모스
G4862와 **G2818**에서 유래; '공동 상속

인', 즉 (유추적으로) '공동참가자':—함께 한 (상속자), 유업으로 함께 받은, 함께 상속받은〈엡3:6〉. 형

G4790 συγκοινωνέω[3회] **쉉코이노네오**
G4862와 G2841에서 유래; '함께 나누다', 즉 '공동으로 참여하다':—교제하다, 참여자가 되다〈엡5:11〉. 동

G4791 συγκοινωνός[4회] **쉉코이노노스**
G4862와 G2844에서 유래 '공동참여자':—동료, 동참하는 자〈롬11:17〉. 남명

G4792 συγκομίζω[1회] **쉉코미조**
G4862와 G2865에서 유래; '함께 나르다', 즉 '다른 사람과 같이 모으다' 또는 '나르다':—운반하다, 장사(葬事)하다〈행8:2〉. 동

G4793 συγκρίνω[3회] **쉉크리노**
G4862와 G2919에서 유래; 다른 것과 연관하여 한 사실을 '판단하다', 즉 '결합하다'(영적인 개념을 적당한 표현으로) 또는 '대조하다'(대비와 유사의 개념으로 한 사람을 다른 사람과):—비교하다〈고전2:13〉. 동

G4794 συγκύπτω[1회] **쉉큅토**
G4862와 G2955에서 유래; '아주 몸을 꾸부리다', 즉 '완전히 정복당하다':—활 모양으로 휘어지다〈눅13:11〉. 동

G4795 συγκυρία[1회] **쉉퀴리아**
G4862와 κυρέω 퀴레오('빛을 비추다' 또는 '발생하다'; G2962의 어간에서 유래)의 합성어에서 유래; '동시발생', 즉 '우연':—기회〈눅10:31〉. 여명

G4796 συγχαίρω[7회] **쉉카이로**
G4862와 G5463에서 유래; '기쁨으로 공감하다', '축하하다':—함께 기뻐하다〈빌2:17〉. 동

G4797 συγχέω[5회] **쉉케오**
또는 συγχύνω **쉉퀴노**
G4862와 χέω **케오**('붓다') 혹은 그 대체어에서 유래; 뒤죽박죽으로 '뒤섞다', 즉 (상징적로; 집회가) '소요에 빠지다', (마음을) 당혹하게 하다:—뒤죽박죽이 되다, 혼란시키다, 충동하다, 요란하다〈행21:27〉. 동

G4798 συγχράομαι[1회] **쉉크라오마이**
G4862와 G5530에서 유래; '연합하여 사용하다', 즉 (함축적으로) '공동으로 교제를 갖다':—상종하다〈요4:9〉. 동

G4799 σύγχυσις[1회] **쉉퀴시스**
G4797에서 유래; '혼합'('물'), 즉 (상징적으로) 떠들썩한 '소동':—혼란〈행19:29〉. 여명

G4800 συζάω[3회] **쉬자오**
G4862와 G2198에서 유래; '함께 살기'를 계속하다, 즉 '공동으로 생존하다'(문자적으로 혹은 상징적으로):—함께 살다〈롬6:8〉. 동

G4801 συζεύγνυμι[2회] **쉬쥬그뉘미**
G4862와 G2201의 어간에서 유래; '함께 멍에를 얹다' 즉 (상징적으로) (결혼으로) '결합하다':—짝지어 주다〈마19:6〉. 동

G4802 συζητέω[10회] **쉬제테오**
G4862와 G2212에서 유래; '함께 조사하다', 즉 '토의하다', '논의하다', '흠잡다':—(~와) 논쟁하다, 묻다, 문의하다, 변론하다〈막8:11; 눅24:15〉. 동

G4803 συζήτησις[1회] **쉬제테시스**
G4802에서 유래; '상호 질문', 즉 '토론':—변론, 논쟁, 추리〈행15:2〉. 여명

G4804 συζητητής[1회] **쉬제테테스**
G4802에서 유래; '논쟁자', 즉 '궤변가':—변론가〈고전1:20〉. 남명

G4805 σύζυγος[1회] **쉬쥐고스**
G4801에서 유래; '멍에를 같이 한', 즉 (상징적으로) 명사로, '동료'; 아마도 오히려 고유명사로; '쉬쥐구스', 기독교인:—멍에를 같이한 자〈빌4:3〉. 형

G4806 συζωοποιέω[2회] **쉬조오포이에오**
G4862와 G2227에서 유래; '결합하여 소생시키다'(상징적으로):—함께 살리다〈엡2:5〉. 동

G4807 συκάμινος[1회] **쉬카미노스**
기원은 히브리어. G4809를 모방한 [H8256]; '무화과나무':—뽕나무〈눅17:6〉. 여명

G4808 συκῆ[16회] **쉬케**
G4810에서 유래; '무화과나무':—무화과나무〈마21:19〉. 여명

G4809 συκομωραία[1회] **쉬코모라이아**
G4810과 μόρον 모론(뽕나무)에서 유래; '무화과나무':—무화과나무. G4807과 비교. 여명

G4810 σῦκον[4회] **쉬콘**
명백히 기본어; '무화과':—무화과〈마7:16〉. 중명

G4811 συκοφαντέω[2회] **쉬코ㅎ판테오**
G4810과 G5316의 파생어의 합성어에서 유래; '무화과 알리는 자'(그리스에서 무화과 수출을 금하는 법을 알리는 자), '아첨꾼', 즉 (일반적으로 그리고 확대된 의미로) '속여 빼앗다'('불법적으로 강요하다', '강탈하다'):—거짓으로 고소하다, 그릇된 고발로 취하다〈눅3:14〉. 동

G4812 συλαγωγέω[1회] **쉴라고게오**
G4813의 어간과 G71(의 중복형)에서 유래; '노획물로 끌고 가다', (상징적으로) '속이다':—망쳐놓다〈골2:8〉. 동

G4813 συλάω[1회] **쉴라오**
σύλλω 쉴로('벗기다'; 아마도 G138과 유사; G4661과 비교)의 파생어에서 유래; '탈취하다':—강탈하다〈고후11:8〉. 동

G4814 συλλαλέω[6회] **쉴랄레오**
G4862와 G2980에서 유래; '함께 이야기하다', 즉 '대화하다':—(친하게) 이야기하다(의논하다, 더불어 말하다), 상의하다〈막9:4; 행25:12〉. 동

G4815 συλλαμβάνω[16회] **쉴람바노**
G4862와 G2983에서 유래; '꽉 잡다', 즉 '잡다'(체포하다, 붙잡다); 특히 '잉태하다'(문자적으로 혹은 상징적으로); 함축적으로 '돕다':—잡다, 수태하다, 돕다, 취(取)하다〈눅5:7; 행12:3〉. 동

G4816 συλλέγω[8회] **쉴레고**
G4862와 원래의 의미에서 G3004에서 유래; '모으다':—거두다, 주워 모으다〈마13:40〉. 동

G4817 συλλογίζομαι[1회] **쉴로기조마이**
G4862와 G3049에서 유래; '함께 셈하다', 즉 '숙고하다':—의논하다〈눅20:5〉. 동

G4818 συλλυπέω[1회] **쉴리페오**
G4862와 G3076에서 유래; '연합하여 괴롭히다', 즉 (수동태) '~ 때문에 슬퍼하다':—몹시 슬퍼하다〈막3:5〉. 동

G4819 συμβαίνω[8회] **쉼바이노**
G4862와 G939의 어간에서 유래; '함께 걷다'(상징적으로 '발생하다'), 즉 '동시에 발생하다(일어나다):—되다, 닥치다(응하다), 당하다〈고전10:11〉. 동

G4820 συμβάλλω[6회] **쉼발로**
G4862와 G906에서 유래; '결합하다',

즉 (말로) '대화하다', 의논하다, 쟁론하다, (정신적으로) 숙고하다, (함축적으로) '돕다', (개인적으로) 연합하다, 공격하다:—베풀다, 마주치다, 돕다, 만들다, 만나다, 깊이 생각하다〈행20:14〉.동

G4821 συμβασιλεύω[2회] **쉼바실류오**
G4862와 G936에서 유래; '함께 왕노릇 하다'(상징적으로):—함께 군림하다'〈고전4:8〉.동

G4822 συμβιβάζω[7회] **쉼바비조**
G4862와 βιβάζω 비바조('강제하다'; G939의 어간의 사역동사[중복에 의해])에서 유래; '같이 몰다', 즉 '결합하다'(연관 지워 또는 애정으로), (정신적으로) '추리하다', '보이다', '가르치다':—죄다, 확실히 모으다, 맡기다, 함께 짜다, 증명하다〈골2:2〉.동

G4823 συμβουλεύω[4회] **쉼불류오**
G4862와 G1011에서 유래; '같이 충고하다', 즉 '권고하다', '숙고하다' 혹은 '결정하다':—의논하다, (함께) 모의하다〈요18:14〉.동

G4824 συμβούλιον[8회] **쉼불리온**
G4825의 추정된 파생어의 중성형; '의논', 특히 '심의'체, 즉 지방 '배석판사' 또는 '법관':—상담, 상의, 회의〈마27:1〉.중명

G4825 σύμβουλος[1회] **쉼불로스**
G4862와 G1012에서 유래; '상담자', 즉 '조언자':—모사(謀士)〈롬11:34〉.남명

G4826 Συμεών[7회] **쉬메온**
G4613과 동일어에서 유래; '시므온'(즉 시몬), 다섯 이스라엘인:—시므온, 시몬〈눅2:25〉.고명

G4827 συμμαθητής[1회] **쉼마쎄테스**
G4862와 G3129의 합성어에서 유래; '같이 배우는 자'(기독교의):—동료제자〈요11:16〉.남명

G4828 συμμαρτυρέω[3회] **쉼마르튀레오**
G4862와 G3140에서 유래; '같이 증언하다', 즉 (일치하는) 증거에 의해 확증하다:—증언하다, 증인이[증거가] 되다〈롬2:15〉.동

G4829 συμμερίζομαι[1회] **쉼메리조마이**
G4862와 G3307에서 유래한 중간태; '함께 나누다', 즉 '참여하다':—참가자가 되다〈고전9:13〉.동

G4830 συμμέτοχος[2회] **쉼메토코스**
G4862와 G3353에서 유래; '같이 관여하는':—참여하는〈엡3:6〉.형

G4831 συμμιμητής[1회] **쉼미메테스**
G4862와 G3401의 추정된 합성어에서 유래; '같이 모방하는 사람', 즉 '동료신자':—함께 따르는 자〈빌3:17〉.남명

G4832 συμμορφός[2회] **쉼모르ㅎ포스**
G4862와 G3444에서 유래; '같은 모양을 한', 즉 (상징적으로) '비슷한':—따르는, 본받는〈롬8:29〉.형

G4833 συμμορφόω[1회] **쉼모르ㅎ포오**
G4832에서 유래; '같이 만들다', 즉 (상징적으로) '동화시키다':—본받다〈빌3:10〉.동

G4834 συμπαθέω[2회] **쉼파쎄오**
G4835에서 유래; '동정심을 느끼다', 즉 (함축적으로) 동정하다:—동정심을 가지다, 감정에 와 닿다〈히10:34〉.동

G4835 συμπαθής[1회] **쉼파쎄스**
G4841에서 유래; '동료의식을 가지는'('동정적인'), 즉 (함축적으로) '서로 불쌍히 여기는':—다른 사람에 대

해 동정심을 가지는〈벧전3:8〉. 형

G4836 συμπαραγίνομαι[1회]
쉼파라기노마이
G4862와 G3854에서 유래; '함께 참석하다', 즉 '모이다'; 함축적으로 '도우러 나타나다':—함께 오다, 함께 하다〈눅23:48〉. 동

G4837 συμπαρακαλέω[1회] 쉼파라칼레오
G4862와 G3870에서 유래; '연합하여 위로하다':—같이 위로하다〈롬1:12〉. 동

G4838 συμπαραλαμβάνω[4회]
쉼파랄람바노
G4862와 G3880에서 유래; '동반해서 데리고 가다':—데리고 가다〈행15:37〉. 동

G4839 συμπαραμένω[1회] 쉼파라메노
G4862와 G3887에서 유래; '함께 머무르다', 즉 '여전히 살다':—함께 존속하다〈빌1:25〉. 동

G4840 συμπάρειμι[1회] 쉼파레이미
G4862와 G3918에서 유래; '함께 가까이 있다', 즉 '이제 출석하다':—여기에 같이 있다〈행25:24〉. 동

G4841 συμπάσχω[2회] 쉼파스코
G4862와 G3958(그 대체형을 포함하여)에서 유래; '함께 또는 같은 종류의 고통 (특히 '핍박'; '동정하다')을 경험하다':—함께 고난을 받다〈고전12:26〉. 동

G4842 συμπέμπω[2회] 쉼펨포
G4862와 G3992에서 유래; '함께 파송하다':—함께 보내다〈고후8:18〉. 동

G4843 συμπεριλαμβάνω[1회]
쉼페릴람바노
G4862와 G4012, G2983의 합성어에서 유래; '아주 둘러싸서 받아들이다', 즉 '진심으로 껴안다':—얼싸안다〈행21:10〉. 동

G4844 συμπίνω[1회] 쉼피노
G4862와 G4095에서 유래; '함께 음료수를 들다':—함께 마시다〈행10:41〉. 동

G4845 συμπληρόω[3회] 쉼플레로오
G4862와 G4137에서 유래; '완전히 채우다', 즉 (공간적으로) '물에 잠기게 하다'(배를), 혹은 (시간적으로) '완성하다'(수동태 '완전하다'):—(완전히) 이르다, 차다, 가득하게 되다〈눅8:23〉. 동

G4846 συμπνίγω[5회] 쉼프니고
G4862와 G4155에서 유래; '완전히 질식시키다', 즉 (문자적으로) '익사하다', 또는 (상징적으로) '밀어닥치다':—숨이 막히다, 밀려들다〈막4:7〉. 동

G4847 συμπολίτης[1회] 쉼폴리테스
G4862와 G4177에서 유래; '같은 도시의 원주민', 즉 (상징적으로) '동료 신자'('같은 기독교인'):—같은 시민〈엡2:19〉. 남명

G4848 συμπορεύομαι[4회] 쉼포류오마이
G4862와 G4198에서 유래; '함께 여행하다', (함축적으로) '모이다':—함께 가다, 의지하다〈눅14:25〉. 동

G4849 συμπόσιον[2회] 쉼포시온
G4844의 대체어의 파생어의 중성형; '음주' 파티('주연[酒宴]'), 즉 (확대된 의미로) '객실':—떼(모인 사람들)〈막6:39〉. 중명

G4850 συμπρεσβύτερος[1회]
쉼프레스뷔테로스
G4862와 G4245에서 유래; '협동장로':—(초대교회의) 장로, 또한 (장로

교회의) 장로〈벧전5:1〉.남명

G4851 συμφέρω[15회] **쉼ㅎ페로**
G4862와 G5342(대체어를 포함해서)에서 유래; '함께 지탱하다'('기여하다'), 즉 (문자적으로) '모으다', 또는 (상징적으로) '도움이 되다', 특히 (명사로서 중성 분사) '유익':—더 낫다, 함께 가져오다, 편리[유리]하다, 좋다, 유익하게 하다, 유익하다〈요11:50; 행20:20〉.동

G4852 σύμφημι[1회] **쉼ㅎ페미**
G4862와 G5346에서 유래; '공동으로 말하다', 즉 '동의하다':—시인하다〈롬7:16〉.동

G4853 συμφυλέτης[1회] **쉼ㅎ퓔레테스**
G4862와 G5443의 파생어에서 유래; '동족', 즉 '같은 나라의 원주민':—동포〈살전2:14〉.남명

G4854 σύμφυτος[1회] **쉼ㅎ퓌토스**
G4862와 G5453의 파생어에서 유래; '같이 자란' (혈족 관계의), 즉 (상징적으로) 밀접하게 '연합된':—함께 심기어진〈롬6:5〉.형

G4855 συμφύω[1회] **쉼ㅎ퓌오**
G4862와 G5453에서 유래; 수동태로 '함께 자라다':—함께 뛰어오르다[일어나다]〈눅8:7〉.동

G4856 συμφωνέω[6회] **쉼ㅎ포네오**
G4859에서 유래; '조화되다', 즉 (상징적으로) '일치하다'(적합하다, 협력하다) 혹은 (계약에 의해서) '규정하다':—합[심]하다, 약속하다〈마18:19〉.동

G4857 συμφώνησις[1회] **쉼ㅎ포네시스**
G4856에서 유래; '일치':—조화〈고후6:15〉.여명

G4858 συμφωνία[1회] **쉼ㅎ포니아**
G4859에서 유래; 소리의 '조화'('협화음'), 즉 (조화 있는 '음색의') 악기들의 '합주':—풍악[음악]〈눅15:25〉.여명

G4859 σύμφωνος[1회] **쉼ㅎ포노스**
G4862와 G5456에서 유래; '함께(닮은) 소리 내는', 즉 (상징적으로) '일치하는'(명사로서 중성, '동의'):—합의[동의]하는〈고전7:5〉.형

G4860 συμψηφίζω[1회] **쉼프세ㅎ피조**
G4862와 G5585에서 유래; '함께 계산하다':—세다〈행19:19〉.동

G4861 σύμψυχος[1회] **쉼푸쉬코스**
G4862와 G5590에서 유래; '영적으로 합치된', 즉 '감정상 유사한':—같은 마음의 〈빌2:2〉.형

G4862 σύν[128회] **쉰**
'결합'을 나타내는 기본 전치사; '~와' 또는 '함께' (그러나 G3362 혹은 G3844보다 훨씬 더 밀접하게), 즉 동참, 교제, 진행, 유사, 소유, 도움, 부가 등에 의해서. 합성어에서도 '완전'을 포함하여 유사한 적용:—곁에, 함께[더불어]〈행1:14; 고전16:4〉.전

G4863 συνάγω[59회] **쉰아고**
G4862와 G71에서 유래; '함께 인도하다', 즉 '모으다' 또는 '소집하다'; 특히 (호의적으로) '대접하다':—동반하다, (자기들끼리, 함께) 모이다, 수여하다, 함께 오다, 거두다, 쌓[아두]다, 끌어들이다, 의지하다, 받아들이다〈마25:24; 요20:19〉.동

G4864 συναγωγή[56회] **쉰아고게**
G4863(의 중복형)에서 유래; 사람들의 '집회'; 특히 유대인의 '회당'(그 모임 또는 그 장소); (유추적으로) 기독교인의 '교회':—회합, 회중, 회당〈눅4:15〉.여명

G4865 συναγωνίζομαι[1회] **쉰아고니조마이**
G4862와 G75에서 유래; '함께 분투하다', 즉 (상징적으로) 협동자(보조자)가 되다:—함께 노력하다, 힘을 같이 하다〈롬15:30〉 동

G4866 συναθλέω[2회] **쉰아쓸레오**
G4862와 G118에서 유래; '함께 씨름하다', 즉 (상징적으로) '함께 추구하다':—함께 힘쓰다, 협력하여 노력하다〈빌1:27〉. 동

G4867 συναθροίζω[2회] **쉰아쓰로이조**
G4862와 ἀθροίζω 아쓰로이조(저장하다)에서 유래; '모으다':—불러 모으다, 모이다〈눅24:33〉동

G4868 συναίρω[3회] **쉰아이로**
G4862와 G142에서 유래; '함께 맞추다', 즉 (상징적으로) (계좌를) '계산하다':—셈하다, 회계하다〈마18:23〉 동

G4869 συναιχμάλωτος[3회] **쉰아이크말로토스**
G4862와 G164에서 유래; '같이 포로된 (자)':—함께 갇힌 (자)〈롬16:7〉. 형

G4870 συνακολουθέω[3회] **쉰아콜루쎄오**
G4862와 G190에서 유래; '동반하다':—따라오다〈막5:37〉. 동

G4871 συναλίζω[1회] **쉰알리조**
G4862와 ἁλίζω 할리조(모여들다)에서 유래; '모이다', 즉 '소집하다':—같이 모이다〈행1:4〉. 동

G4872 συναναβαίνω[2회] **쉰아나바이노**
G4862와 G305에서 유래; '함께 올라가다':—함께 올라오다(따라잡다)〈막15:41〉. 동

G4873 συνανάκειμαι[7회] **쉰아나케이마이**
G4862와 G345에서 유래; (식사 때) '함께 식사자리에 기대다':—앉다, (식사에, 식탁에) 함께 앉다〈눅14:10〉. 동

G4874 συναναμίγνυμι[3회] **쉰아나믹뉘미**
G4862와 G303, G3396의 합성어에서 유래; '함께 섞다', 즉 (상징적으로) '교제하다':—사귀다〈고전5:9〉. 동

G4875 συναναπαύομαι[1회] **쉰아나파우오마이**
G4862와 G373에서 유래한 중간태; 함께 '원기를 회복하다':—함께 쉬다〈롬15:32〉. 동

G4876 συναντάω[6회] **쉰안타오**
G4862와 G473의 파생어에서 유래; '~와 만나다'; (상징적으로) '일어나다':—닥치다[생기다], 만나다〈눅9:37〉. 동

G4877 συνάντησις[2회] **쉰안테시스**
G4876에서 유래; '~와 만남':—만남〈마8:34〉. 여명

G4878 συναντιλαμβάνομαι[2회] **쉰안티람바노마이**
G4862와 G482에서 유래; '맞은편을 같이 잡다', 즉 '협력(협조)하다':—돕다〈눅10:40〉. 동

G4879 συναπάγω[3회] **쉰아파고**
G4862와 G520에서 유래; '함께 옮기다', 즉 '같이 운반하다'('유혹하다', 수동태 '굴복하다'):—이끌리다, 자신을 낮추다〈갈2:13〉. 동

G4880 συναποθνήσκω[3회] **쉰아포쓰네스코**
G4862와 G599에서 유래; (문자적으로) '함께 죽다':—같이 죽다〈마14:31〉. 동

G4881 συναπόλλυμι[1회] **쉰아폴뤼미**
G4862와 **G622**에서 유래; '함께 파괴하다'(중간태 또는 수동태; '함께 죽임을 당하다'):—함께 멸망하다〈히11:31〉. 동

G4882 συναποστέλλω[1회] **쉰아포스텔로**
G4862와 **G649**에서 유래; (심부름을) '같이 보내다':—함께 보내다〈고후12:18〉. 동

G4883 συναρμολογέω[2회] **쉰아르몰로게오**
G4862와 **G719**, **G3004**('쌓기'라는 그 원래의 의미로)의 합성어의 파생어에서 유래; '밀접하게 연결시키다', 즉 '치밀하게 조직하다':—꼭 맞게 함께 짜다[서로 연결하다]〈엡2:21〉. 동

G4884 συναρπάζω[4회] **쉰아르파조**
G4862와 **G726**에서 유래; '함께 잡아채다', 즉 '붙잡다':—붙들다〈행19:29〉. 동

G4885 συναυξάνω[1회] **쉰아욱사노**
G4862와 **G837**에서 유래; '함께 증가하다(자라다)':—함께 자라다〈마13:30〉. 동

G4886 σύνδεσμος[4회] **쉰데스모스**
G4862와 **G1199**에서 유래; '매는 끈', 즉 '줄', (상징적으로) '연합시키는 원리', '통제력':—띠, 묶는 것〈골3:14〉. 남명

G4887 συνδέω[1회] **쉰데오**
G4862와 **G1210**에서 유래; '같이 묶다', 즉 (수동태, 상징적으로) '함께 갇힌 자가 되다':—함께 갇히다〈히13:3〉. 동

G4888 συνδοξάζω[1회] **쉰독사조**
G4862와 **G1392**에서 유래; 함께 (즉 비슷하게) 존엄에 '높임을 받다':—함께 영광을 받다〈롬8:17〉. 동

G4889 σύνδουλος[10회] **쉰둘로스**
G4862와 **G1401**에서 유래; '함께 종된 자', 즉 '같은 주인을 섬기는 자'(인간 또는 하나님에 대해):—동료 종, 동관〈마18:28〉. 남명

G4890 συνδρομή[1회] **쉰드로메**
G4936(의 대체어)에서 유래; '같이 달림', 즉 (군중들이 사납게) '달려와 모임':—함께 달림〈행21:30〉. 여명

G4891 συνεγείρω[3회] **쉰에게이로**
G4862와 **G1453**에서 유래; (죽음에서) '함께 일으키다', 즉 (상징적으로) 함께 (영적으로) 소생시키다:—함께 살리다, 함께 일어나다〈골2:12〉. 동

G4892 συνέδριον[22회] **쉰에드리온**
G4862와 **G1476**의 어간의 합성어에서 추정된 파생어의 중성형; '공동의 회', 즉 (특히) 유대인의 '산헤드린' 공회, 유추적으로 예하의 '법정':—공회〈막13:9〉. 중명

G4893 συνείδησις[30회] **쉰에이데시스**
G4894의 연장형에서 유래; '공통된 지각(知覺)', 즉 도덕적 '의식':—양심〈고전8:7〉. 여명

G4894 συνείδω[4회] **쉰에이도**
G4862와 **G1492**에서 유래; '완전히 보다'; (원형과 마찬가지로) 두 과거 시상에만 쓰이며, 그 뜻은 각각 '이해하다' 또는 '알게 되다', 그리고 '깨닫다' 또는 (은밀하게) 알게 되다':—숙고하다, 알다, 내밀히 관여하다, 깨닫다〈행12:12〉. 동

G4895 σύνειμι[2회] **쉰에이미**
G4862와 **G1510**(다양한 어형변화 포함)에서 유래; '동반하다', 즉 그 시각에 '있다':—함께 있다〈눅9:18〉. 동

G4896 σύνειμι[1회] **쉰에이미**
G4862와 εἶμι 에이미('가다')에서 유래; '모이다':—함께 모이다〈눅8:4〉. [동]

G4897 συνεισέρχομαι[1회] **쉰에이스에르코마이**
G4862와 G1525에서 유래; '함께 들어가다':—같이 들어가다, 안으로 함께 가다〈요6:22〉. [동]

G4898 συνέκδημος[2회] **쉰에크데모스**
G4862와 G1553의 어간에서 유래; '함께 집을 떠난 사람', 즉 '함께 여행하는 사람':—여행 동행자, 같이 다니는 사람〈행19:29〉. [남명]

G4899 συνεκλεκτός[2회] **쉰에클렉토스**
G4862와 G1586의 합성어에서 유래; '함께 택함을 받은', 즉 '함께 뽑힌'(동료 기독교인):—함께 선택 받은〈벧전5:13〉. [형]

G4900 συνελαύνω[1회] **쉰엘라우노**
G4862와 G1643에서 유래; '함께 몰고 가다', 즉 (상징적으로) (화해하도록) 권고하다:—다시 하나로 놓다〈행7:26〉. [동]

G4901 συνεπιμαρτυρέω[1회] **쉰에피마르튀레오**
G4862와 G1957에서 유래; '함께 더 증언하다', 즉 '증거를 더하여 합치다':—똑같이 증언하다〈히2:4〉. [동]

G4902 συνέπομαι[1회] **쉰에포마이**
G4862와 기본어 ἕπω 헤포(따르다)에서 유래한 중간태; '같이 참여(여행)하다:—함께 가다〈행20:4〉. [동]

G4903 συνεργέω[5회] **쉰에르게오**
G4904에서 유래; '동역자가 되다', 즉 '합력하다':—함께 돕다(일하다), 함께 역사(役事)하다〈약2:22〉. [동]

G4904 συνεργός[13회] **쉰에르고스**
G4862와 G2041의 어간의 추정된 합성어에서 유래; '함께 수고하는', 즉 '보좌인':—동역하는, 돕는, 함께 일하는, (명사로서) 동역자, 동료, 일꾼, 조수〈빌4:3〉. [형]

G4905 συνέρχομαι[30회] **쉰에르코마이**
G4862와 G2064에서 유래; '모이다', '함께 떠나다', '사귀다', 또는 (특히) '동거하다', (부부간으로):—동반하다, 모여오다, (함께) 오다, (함께) 가다, 데리고 가다, 잘가다〈행9:39; 고전7:5〉. [동]

G4906 συνεσθίω[5회] **쉰에스씨오**
G4862와 G2068(대체어를 포함)에서 유래; '함께 음식을 들다':—같이 먹다〈행10:41〉. [동]

G4907 σύνεσις[7회] **쉰에시스**
G4920에서 유래; 정신적 '집중', 즉 '지혜' 또는 (구체적으로) '깨달은 것':—지식, 이해〈딤후2:7〉. [여명]

G4908 συνετός[4회] **쉰에토스**
G4920에서 유래; 정신적으로 '집중하는', 즉 '총명한':—분별 있는. G5429와 비교. 〈마11:25〉. [형]

G4909 συνευδοκέω[6회] **쉰유도케오**
G4862와 G2106에서 유래; '공통적으로 좋게 생각하다', 즉 '찬성하다', '기쁘게 여기다':—허락하다, 동의하다, 기뻐하다, 좋아하다〈고전7:12〉. [동]

G4910 συνευωχέω[2회] **쉰유오케오**
G4862와 G2095, G2192('좋은 상태에 있다', 즉 [함축적으로] '잘 대접받다', 또는 '축연을 베풀다')의 파생어의 추정된 합성어의 파생어에서 유래; 사치스럽게 함께 '대접하다', 즉 (중간태 또는 수동태) '함께 주연을

베풀다':—함께 연회하다〈벧후2:13〉. 동

G4911 συνεφίστημι[1회] **쉰에ㅎ피스테미**
G4862와 **G2186**에서 유래; '함께 일어서다', 즉 '연합하여 저항(공격)하다':—일제히 일어나다〈행16:22〉. 동

G4912 συνέχω[12회] **쉰에코**
G4862와 **G2192**에서 유래; '함께 잡다', 즉 '압착하다'(귀를, 무리 또는 포위 공격으로) 또는 (죄수를) '체포하다'; 비유적으로 '강요하다', '혼란에 빠뜨리다', '괴롭히다', '마음을 빼앗다':—구속하다, 붙잡다, 지키다, 억압하다, 앓아눕다, 멈추다, 답답하다, 괴롭히다, 붙잡히다, 밀려들다〈눅4:38; 행18:5〉. 동

G4913 συνήδομαι[1회] **쉰에도마이**
G4862와 **G2237**의 어간에서 유래한 중간태; '즐거워하다', 즉 어떤 것에 '만족을 느끼다':—기뻐하다〈롬7:22〉. 동

G4914 συνήθεια[3회] **쉰에쎄이아**
G4862와 **G2239**의 합성어에서 유래; '상호의 버릇', 즉 용례:—관행(전례[前例]), 관습〈요18:39〉. 여명

G4915 συνηλικιώτης[1회] **쉰엘리키오테스**
G4862와 **G2244**의 파생어에서 유래; '동년배', 즉 '연갑자':—동갑내기〈갈1:14〉. 남명

G4916 συνθάπτω[2회] **쉰쌉토**
G4862와 **G2290**에서 유래; '함께 장사(葬事)되다', 즉 (비유적으로) 영적으로 (죄에 대하여 죽음으로써 그리스도와) '동화되다':—함께 장사(葬事)하다〈롬6:4〉. 동

G4917 συνθλάω[2회] **쉰쓸라오**
G4862와 θλάω **쓸라오**(으깨다)에서 유래; '산산 조각나다', 즉 '깨어지다':—부서지다〈마21:44〉. 동

G4918 συνθλίβω[2회] **쉰쓸리보**
G4862와 **G2346**에서 유래; '압착하다', 즉 사방에서 '밀어닥치다':—밀려들다〈막5:24〉. 동

G4919 συνθρύπτω[1회] **쉰쓰륍토**
G4862와 θρύπτω **쓰륍토**(부서지다)에서 유래; '서로 짓밟다', 즉 (상징적으로) '낙담시키다':—상하게 하다〈행21:13〉. 동

G4920 συνίημι[26회] **쉰이에미**
G4862와 ἵημι **히에미**(보내다)에서 유래; '함께 놓다', 즉 (정신적으로) '이해하다'; (함축적으로) '경건하게 행동하다':—숙고하다, 깨닫다, 지혜가 있다〈마13:13; 고후10:12〉. 동

G4921 συνιστάω[16회] **쉰이스타오** 또는 강세형 συνιστανώ **쉰이스타노** 또는 συνίστημι **쉰이스테미**
G4862와 **G2476**(그 집합의 형태를 포함)에서 유래; '함께 두다', 즉 (함축적으로) (호의적으로) '소개하다', 또는 (비유적으로) '드러내다'; 자동사로 '가까이 서다', 또는 (상징적으로) '성립시키다':—승인하다, 추천하다, 구성하다, 만들다, 함께 서다〈고후4:2; 고후3:1〉. 동

G4922 συνοδεύω[1회] **쉰오듀오**
G4862와 **G3593**에서 유래; '함께 여행하다':—같이 가다〈행9:7〉. 동

G4923 συνοδία[1회] **쉰오디아**
G4862와 **G3598**('대회')에서 유래; 여행자 '무리', 즉 (함축적으로) '대상(隊商)':—동행〈눅2:14〉. 여명

G4924 συνοικέω[1회] **쉰오이케오**

G4862와 G3611에서 유래; (가족으로) 동거하다:—함께 거주하다〈벧전 3:7〉. 동

G4925 συνοικοδομέω[1회] **쉰오이코도메오**
G4862와 G3618에서 유래; '건설하다', 즉 (수동태) '구성하다'(다른 기독교인들과 함께, 상징적으로):—함께 짓다〈엡2:22〉. 동

G4926 συνομιλέω[1회] **쉰오밀레오**
G4862와 G3656에서 유래; '서로 대화하다':—더불어 말하다〈행10:27〉. 동

G4927 συνομορέω[1회] **쉰오모레오**
G4862와 G3674의 어간과 G3725의 어간의 합성어의 파생어에서 유래; '경계를 같이하다', 즉 '인접하다':—견실하게 결합하다〈행18:7〉. 동

G4928 συνοχή[2회] **쉰오케**
G4912에서 유래; '억제', 즉 (비유적으로) '걱정':—고통, 곤궁〈눅21:25〉. 여명

G4929 συντάσσω[3회] **쉰탓소**
G4862와 G5021에서 유래; '함께 정돈하다', 즉 (상징적으로) '명령하다':—지시하다〈마26:19〉. 동

G4930 συντέλεια[6회] **쉰텔레이아**
G4931에서 유래; '완전한 성취', 즉 (세대의) '완성':—끝〈마13:39〉. 여명

G4931 συντελέω[6회] **쉰텔레오**
G4862와 G5055에서 유래; '완전히 마치다'; 일반적으로 '실행하다'(문자적으로 또는 비유적으로):—끝내다, 다하다, 성취하다, 만들다〈마13:4〉. 동

G4932 συντέμνω[1회] **쉰템노**
G4862와 G5114의 어간에서 유래; 끊어서 '줄이다', 즉 (상징적으로) '간략하게'(신속하게) 행하다:—(짧게) 줄이다〈롬3:28〉. 동

G4933 συντηρέω[3회] **쉰테레오**
G4862와 G5083에서 유래; '꼭 맞게 함께 유지하다', 즉 (함축적으로) (파멸로부터) '보존하다'; 정신적으로 '기억하다'(또한 '순종하다'):—지키다, 준수하다, 보전하다〈눅5:38〉. 동

G4934 συντίθεμαι[3회] **쉰티떼마이**
G4862와 G5087에서 유래한 중간태; '함께 놓다', 즉 (상징적으로) '동의하다'('약속을 하다', '규정하다'), '진술이 같다':—의견이 같다, 찬성하다, 계약하다〈행23:20〉. 동

G4935 συντόμως[2회] **쉰토모스**
G4932의 파생어에서 유래한 부사; '간결하게'('간단히'):—대강〈행24:4〉. 부

G4936 συντρέχω[3회] **쉰트레코**
G4862와 G5143(대체어를 포함)에서 유래; 함께 '달려가다'(급히 '모이다') 또는 '허둥지둥 달려가다'(비유적으로):—(함께) 달리다〈막6:33〉. 동

G4937 συντρίβω[7회] **쉰트리보**
G4862와 G5147의 어간에서 유래; '완전히 짓밟다', 즉 '산산이 부수다'(문자적으로 또는 비유적으로):—(조각으로) 깨뜨리다, 상하여 떨다, 상심하다, 상하게 하다〈막5:4〉. 동

G4938 σύντριμμα[1회] **쉰트림마**
G4937에서 유래; '충격' 또는 완전히 '부숨'(정확히는 구체적으로), 즉 완전한 '파멸':—파괴〈롬3:16〉. 중명

G4939 σύντροφος[1회] **쉰트로ㅎ포스**
G4862와 G5162(수동의 의미로)에서 유래; '함께 양육 받는', 즉 '동료':—함께 길러지는 (젖형제)〈행13:1〉. 형

G4940 συντυγχάνω[1회] **쉰튕카노**
G4862와 **G5177**에서 유래; '함께 우연히 만나다', 즉 '함께 만나다'('연락이 되다'):—다가가다(가까이 하다)〈눅 8:19〉. 동

G4941 Συντύχη[1회] **쉰튀케**
G4940에서 유래; '우연한 일', '순두게', 여성도:—순두게〈빌4:2〉. 고명

G4942 συνυποκρίνομαι[1회] **쉰위포크리노마이**
G4862와 **G5271**에서 유래; '일제히 위선적으로 행동하다':—외식하다, 속이다(시치미 떼다)〈갈2:13〉. 동

G4943 συνυπουργέω[1회] **쉰위푸르게오**
G4862와 **G5259**, **G2041**의 어간의 합성어의 파생어에서 유래; '공동 보조인이 되다', 즉 '조력하다':—함께 돕다〈고후1:11〉. 동

G4944 συνωδίνω[1회] **쉰오디노**
G4862와 **G5605**에서 유래; 함께 (동시에) '(출산의) 고통을 갖다', 즉 (상징적으로) '동정하다'(고통이 덜어질 것을 기대하며):—함께 고[진]통을 겪다〈롬8:22〉. 동

G4945 συνωμοσία[1회] **쉰오모시아**
G4862와 **G3660**의 합성어에서 유래; '함께 맹세함', 즉 (함축적으로) '음모':—공모〈행23:13〉. 여명

G4946 Συράκουσαι[1회] **쉬라쿠사이**
불분명한 파생어의 복수; '수라구사', 시실리의 수도:—수라구사〈행28:12〉. 고명

G4947 Συρία[8회] **쉬리아**
기원은 히브리어인 듯 [H6865]; '시리아'(즉 '두로'), 아시아에 있는 한 지역:—수리아〈행15:23〉. 고명

G4948 Σύρος[1회] **쉬로스**
G4947과 동일어에서 유래; '시리아인'(즉 아마도 '두로 사람'), 수리아 원주민:—수리아인〈눅4:27〉. 고명

G4949 Συροφοίνισσα[1회] **쉬로ㅎ포이닛사**
G4948과 **G5403**의 동일한 합성어의 여성형; '시로-페니키아 여인', 즉 시리아에 있는 페니키아의 여성원주민:—수로보니게〈막7:26〉. 여명

G4950 σύρτις[1회] **쉬르티스**
G4951에서 유래; (파도에 의해 운반된 모래로 만들어진) '여울목', 즉 '스르디스' 또는 아프리카의 북쪽 해안에 있는 큰 만(灣):—스르디스, 유사(流砂)〈행27:17〉. 고명

G4951 σύρω[5회] **쉬로**
아마도 **G138**과 유사; (질질) '끌다':—끌어당기다, 끌다, 끌고 오다〈행14:19〉. 동

G4952 συσπαράσσω[2회] **쉬스파랏소**
G4862와 **G4682**에서 유래; '완전히 찢어버리다', 즉 (유추적으로) 격렬하게 '경련을 일으키게 하다':—넘어뜨리다〈눅9:42〉. 동

G4953 σύσσημον[1회] **쉿세몬**
G4862와 **G4591**의 어간의 합성어의 중성형; '통용되는 신호', 즉 미리 약정된 '신호':—신호(군호)〈막14:44〉. 중명

G4954 σύσσωμος[1회] **쉿소모스**
G4862와 **G4983**에서 유래; '같은 몸에 속한', 즉 (상징적으로) 기독교 공동체의 '동료':—함께 지체가 되는〈엡3:6〉. 형

G4955 συστασιαστής[1회] **쉬스타시아스테스**
G4862와 **G4714**의 파생어의 합성어

에서 유래; '함께 폭동을 일으키는 사람':—반란(민란)〈막15:7〉. 남명

G4956 συστατικός[1회] **쉬스타티코스**
G4921의 파생어에서 유래; '소개의', 즉 '추천의':—천거하는〈고후3:1〉. 형

G4957 συσταυρόω[5회] **쉬스타우로오**
G4862와 G4717에서 유래; '함께 못 박다'(문자적 또는 비유적으로):—함께 십자가에 못 박다〈요19:32〉. 동

G4958 συστέλλω[3회] **쉬스텔로**
G4862와 G4724에서 유래; '함께 보내다(끌다)', 즉 '싸다'(매장하기 위해 시체를 천 등으로 '싸다'), (간격을) '단축하다':—줄이다, 둘러 감다〈행5:6〉. 동

G4959 συστενάζω[1회] **쉬스테나조**
G4862와 G4727에서 유래; '함께 신음하다', 즉 (상징적으로) '공통된 재난을 경험하다':—함께 탄식하다〈롬8:22〉. 동

G4960 συστοιχέω[1회] **쉬스토이케오**
G4862와 G4748에서 유래; (군인으로서 계급상) '같이 줄지어 행진하다, 동급에 오르다', 즉 (비유적으로) '일치하다':—부합하다〈갈4:25〉. 동

G4961 συστρατιώτης[2회] **쉬스트라티오테스**
G4862와 G4757에서 유래; '동료 종군자', 즉 (상징적으로) 그리스도인으로서의 수고에 동참하는 사람:—함께 군사 된 자〈빌2:25〉. 남명

G4962 συστρέφω[2회] **쉬스트레ㅎ포**
G4862와 G4762에서 유래; '함께 얽히게 하다', 즉 (꾸러미, 군중을) '모으다':—거두다〈행28:3〉. 동

G4963 υστροφή[2회] **쉬스트로ㅎ페**
G4962에서 유래; '함께 얽히게 함', 즉 (상징적으로) 비밀 '제휴', 폭동에 가담하는 '군중':—한 무리의 사람들, 군집〈행19:40〉. 여명

G4964 συσχηματίζω[2회] **쉬스케마티조**
G4862와 G4976의 파생어에서 유래; '비슷하게 모양 짓다', 즉 같은 모양으로 '따르다'(상징적으로):—같은 모양이 되게 하다, ~에 따라 자신을 맞추다(본받다)〈벧전1:14〉. 동

G4965 Συχάρ[1회] **쉬카르**
기원은 히브리어 [H7941]; '수가', 팔레스타인의 한 장소:—수가〈요4:5〉. 고명

G4966 Συχέμ[2회] **쉬켐**
어원은 히브리어 [H7927]; '쉬켐'(즉 '세겜'), 한 가나안인의 이름과 팔레스타인의 한 장소:—세겜〈행7:16〉. 고명

G4967 σφαγή[3회] **스ㅎ파게**
G4969에서 유래; (음식 또는 희생제물용으로 짐승을, 또는 [상징적으로] 사람을 ['파멸']) '도살(학살)':—도살(자), 살육〈행8:32〉. 여명

G4968 σφάγιον[1회] **스ㅎ파기온**
G4967의 파생어의 중성형; (제사에서의) '희생물':—죽인 짐승〈행7:42〉. 명

G4969 σφάζω[10회] **스ㅎ파조**
기본 동사; (특히 음식 또는 제물용으로 동물을) '도살하다' 또는 (일반적으로) '살육하다', 또는 (특히) (난폭하게) '불구로 만들다':—죽이다, 살해하다, 상처를 입하다〈계5:6〉. 동

G4970 σφόδρα[11회] **스ㅎ포드라**
부사로서 σφοδρός **스ㅎ포드로스**('난폭한'; 불확실한 파생어)의 중성 복수형; '격렬하게', 즉 '높은 정도로', '많이':—대단히, 크게, 심히, 매우〈마2:

10〉. 부

G4971 σφοδρῶς[1회] **스ㅎ포드로스**
G4970과 동일어에서 유래한 부사; '매우 많이':—대단히, 심히, 몹시〈행 27:18〉. 부

G4972 σφραγίζω[15회] **스ㅎ프라기조**
G4973에서 유래; 안전 또는 보존을 위해 (도장들을) '찍다'(문자적 또는 상징적으로); 함축적으로 '비밀을 지키다', '증명하다':—인봉하다, 막히다〈계7:3〉. 동

G4973 σφραγίς[16회] **스ㅎ프라기스**
아마도 **G5420**에서 유래된 강세형; (도용 등을 '방지' 또는 보호하기 위한) '인장'; 함축적으로 (사적 소유 또는 진품의 표로서) 찍은 '인(도장)':—인봉, 인침〈계5:1〉. 여명

G4974 σφυδρόν[1회] **스ㅎ퓌드론**
아마도 σφαῖρα **스ㅎ파이라**(공, '영역'; 여성형 σφῦρα **스ㅎ퓌라** [망치]와 비교)와 동일어의 추정된 파생어의 중성형; '발목'(작은 공 모양으로서):—발목뼈〈행3:7〉. 중명

G4975 σχεδόν[3회] **스케돈**
부사로서 **G2192**의 대체어에서 추정된 파생어의 중성형; '가까이', 즉 '거의':—거의〈행19:26〉. 부

G4976 σχῆμα[2회] **스케마**
G2192의 대체어에서 유래; '형상'('양식' 또는 '환경'으로서), 즉 (함축적으로) 외부적인 '조건':—외형, 모양〈빌 2:8〉. 중명

G4977 σχίζω[11회] **스키조**
명백히 기본 동사; '찢다' 또는 '가르다'(문자 또는 비유적으로):—부수다, 나누다, 열다, 찢다, 열다, 갈라진 사이를 만들다〈요21:11〉. 동

G4978 σχίσμα[8회] **스키스마**
G4977에서 유래; '분열' 또는 '틈'('분리'), 문자적 또는 비유적으로:—분할, 갈라진 사이, 불화〈고전1:10〉. 중명

G4979 σχοινίον[2회] **스코이니온**
σχοῖνος **스코이노스**('골풀', 혹은 '창포'; 불확실한 파생어)의 지소형; '풀'의 '잔가지', 즉 '풀의 가는 가지' 또는 '끈'(일반적으로):—노끈, 밧줄〈행27: 32〉. 중명

G4980 σχολάζω[3회] **스콜라조**
G4981에서 유래; '휴일을 얻다', 즉 '여가를 갖다'(함축적으로 '완전히 몰두하다'); 상징적으로 '비어 있다':—비어 있다, 틈이 나다〈고전7:5〉. 동

G4981 σχολή[1회] **스콜레**
G2192의 대체어의 추정된 파생어의 여성형인 듯; 정확히는 '빈둥거림'(일로부터 손을 뗀 것과 같이) 또는 '여가', 즉 (함축적으로) '수양'(육체적인 고용으로부터의 휴가와 같은):—학교, 서원〈행19:9〉. 여명

G4982 σώζω[107회] **소조**
기본형 σῶς **소스**(폐어된 σάος **사오스** '안전'의 압축형)에서 유래; '구하다', 즉 '구원하다' 또는 '보호하다'(문자적 비유적으로):—고치다, 보존하다, 구하다, 잘하다, 완전하다[하게 만들다]〈마27:40; 막5:34; 눅8:36〉. 동

G4983 σῶμα[142회] **소마**
G4982에서 유래; '신체'('건강한' 총체로서), 매우 다양하게 적용, 문자적 또는 비유적으로:—육체 그대로. 몸, 시체, 종〈마6:22; 고전12:12; 고후10: 10〉. 중명

G4984 σωματικός[2회] **소마티코스**

G4983에서 유래; '육체의' 또는 '신체의':—유형의〈딤전4:8〉. 형

G4985 σωματικῶς[2회] **소마티코스**
G4984에서 유래한 부사; '육체적으로' 또는 '물리적으로':—육체 그대로〈골2:9〉. 부

G4986 Σώπατρος[1회] **소파트로스**
G4982와 G3962의 어간에서 유래; '안전한 아버지의'; 그리스도인, '소바더':—소바더. G4989와 비교.〈행20:4〉. 고명

G4987 σωρεύω[2회] **소류오**
G4673의 다른 형태에서 유래; '쌓아 놓다'(문자적, 비유적으로):—쌓다, 짐을 싣다〈롬12:20〉. 동

G4988 Σωσθένης[2회] **소스쎄네스**
G4982와 G4599의 어간에서 유래; '안전한 힘의'; '소스데네', 그리스도인:—소스데네〈행18:17〉. 고명

G4989 Σωσίπατρος[1회] **소시파트로스**
G4986의 연장형; '소시바더', 그리스도인:—소시바더〈롬16:21〉. 고명

G4990 σωτήρ[24회] **소테르**
G4982에서 유래; '구원자', 즉 '하나님' 또는 '그리스도':—구주〈요4:42〉. 남명

G4991 σωτηρία[46회] **소테리아**
명사로서 G4990(정확히는 추상명사)의 파생어의 여성형; '구출' 또는 '안전'(육체적 또는 도덕적):—구출, 건강, 구원, 구원하여 주시는 것〈행27:34; 롬10:10〉. 여명

G4992 σωτήριον[1회] **소테리온**
명사로서 G4991(정확히는 구상명사)과 동일어의 중성형; '방어자' 또는 (함축적으로) '방어':—구원을 주시는, 구원하심〈눅3:6〉. 형

G4993 σωφρονέω[6회] **소ㅎ프로네오**
G4998에서 유래; '정신이 온전하다', 즉 '제정신이다', (상징적으로) '절제하다':—바른 정신이다, 술 취하지 않다〈막5:15〉. 동

G4994 σωφρονίζω[1회] **소ㅎ프로니조**
G4998에서 유래; '건전한 마음을 만들다', 즉 (상징적으로) '훈련하다' 또는 '교정하다':—건전하게 되게 가르치다〈딛2:4〉. 동

G4995 σωφρονισμός[1회] **소ㅎ프로니스모스**
G4994에서 유래; '훈련', 즉 '자제':—건전한 마음〈딤후1:7〉. 남명

G4996 σωφρόνως[1회] **소ㅎ프로노스**
G4998에서 유래한 부사; '건전한 마음을 가지고', 즉 '삼가서':—냉정하게〈딛2:12〉. 부

G4997 σωφροσύνη[3회] **소ㅎ프로쉬네**
G4998에서 유래; '마음의 건전함', 즉 (문자적으로) '제정신' 또는 (상징적으로) '자제':—진지함, 절제〈딤전2:9〉. 여명

G4998 σώφρων[4회] **소ㅎ프론**
G4982의 어간과 G5424의 어간에서 유래; '마음이 안정된'('건전한'), 즉 '자제하는'(의견이나 열정에 대해 '온건한'):—분별 있는, 착실한, 삼가는〈딛1:8〉. 형

트롱헬라어사전

τ

G4999 Ταβέρναι[1회] **타베르나이**
라틴어 기원의 복수형; '오두막' 또는 '목조' 건물; '타베르네':—여인숙〈행28:15〉. 여명

G5000 Ταβιθά[2회] **타비싸**
기원은 아람어 [**H6646**과 비교]; '가젤 영양(羚羊)'; 여성도, '다비다':—다비다〈행9:36〉. 고명

G5001 τάγμα[1회] **타그마**
G5021에서 유래; (군대의) '배진'에서의 순서 바른 어떤 것, 즉 (상징적으로) '일련' 또는 '연속':—차례〈고전15:23〉. 중명

G5002 τακτός[1회] **탁토스**
G5021에서 유래; '정돈된', 즉 '지정된' 또는 '정해진':—택한〈행12:21〉. 형

G5003 ταλαιπωρέω[1회] **탈라이포레오**
G5005에서 유래; '비참해지다', 즉 '자신의 불행을 깨닫다':—괴롭힘을 받다, 슬퍼하다〈약4:9〉. 동

G5004 ταλαιπωρία[2회] **탈라이포리아**
G5005에서 유래; '비참', 즉 '재난':—불행, 고통〈약5:1〉. 여명

G5005 ταλαίπωρος[2회] **탈라이포로스**
G5007의 어간과 **G3984**의 어간의 파생어에서 유래; '지속되는 시련', 즉 '불쌍한':—비참한〈롬7:24〉. 형

G5006 ταλαντιαῖος[1회] **탈란티아이오스**
G5007에서 유래; '무게가 달란트와 같은':—무게가 한 달란트 되는〈계16:21〉. 형

G5007 τάλαντον[14회] **탈란톤**
τλάω **틀라오**('버티다'; **G5342**와 동일)의 원형의 추정된 파생어의 중성형; '균형'(무게를 '지탱하는' 것으로서), 즉 (함축적으로) 어떤 '무게'(그리고 거기서부터 '동전' 또는 차라리 돈의 '금액') 또는 '달란트':—달란트〈마25:15〉. 중명

G5008 ταλιθα[1회] **탈리싸**
기원은 아람어 [**H2924**와 비교]; '신선한', 즉 어린'소녀', '달리다' 〈막5:41〉 여명

G5009 ταμεῖον[4회] **타메이온**
ταμίας **타미아스**('약사' 또는 '분배자'; τέμνω **템노**('자르다')와 유사)의 추정된 파생어의 중성 압축형; '약국' 또는 '곳간', 즉 1층의 침실 혹은 동양식 가옥의 실내(일반적으로 '저장'이나 '사생활'을 위해 쓰이는', 은거를 위한 장소):—밀실, 사실(私室), 창고, 골방〈마6:6〉. 중명

G5010 τάξις[9회] **탁시스**
G5021에서 유래; 규칙적인 '배열', 즉 (시간에 있어서) 고정된 '연속' (서열의 또는 인물의), 직무상의 '위계(位階)':—반차, 차례, 질서〈히5:6〉. 여명

G5011 ταπεινός[8회] **타페이노스**
불확실한 파생어에서 유래; '내리눌린', 즉 (상징적으로) '비천한'(환경이나 배열에 있어서):—천한, 낙담시키는, 겸손한, 낮은 등급(신분)의, 낮은〈롬12:16〉. 형

G5012 ταπεινοφροσύνη[7회] **타페이노ㅎ프로쉬네**
G5011과 **G5242**의 어간의 합성어에서 유래; '마음의 굴욕', 즉 '겸손':—마음의 겸손, 겸양, (마음의) 낮춤〈골2:18〉. 여명

G5013 ταπεινόω[14회] **타페이노오**
G5011에서 유래; '내리 누르다'; 상징적으로 '굴욕을 주다'(지위나 마음에 있어):— 낮추다, 낮아지다, 비천에

처하다, 겸손하다〈눅14:11; 빌2:8; 벧전5:6〉. 동

G5014 ταπείνωσις4회 **타페이노시스**
G5013에서 유래; '내리누름'(지위나 감정에 있어):—굴욕, 낮아짐, 낮은 상태, 비천함〈약1:10〉. 여명

G5015 ταράσσω18회 **타랏소**
불확실한 유사어에서 유래; '휘젓다' 또는 '흔들어대다'(물을 '휘저어 흐리게 하다'):—괴롭히다, 교란하다〈요5:4〉. 동

G5016 ταραχή1회 **타라케**
G5015에서 유래된 여성형; '소동', 즉 (물을) '휘저어 흐리게 함', 또는 (폭도의) '선동':—시끄러운 일, 어지럽힘〈막13:8〉. 여명

G5017 τάραχος2회 **타라코스**
G5015에서 유래된 남성형; '소동', 즉 (보통) '법석':—휘저음〈행12:18〉. 남명

G5018 Ταρσεύς2회 **타르슈스**
G5019에서 유래; '다소 사람', 즉 다소의 원주민:—다소의〈행9:11〉. 고명

G5019 Ταρσός3회 **타르소스**
아마도 ταρσός **타르소스**('평평한' 바구니)와 동일어; '다소', 소아시아의 한 장소:—다소〈행9:30〉. 고명

G5020 ταρταρόω1회 **타르타로오**
Τάρταρος **타르타로스**(음부의 가장 깊은 '심연')에서 유래; 영원한 고통 속에 '감금하다':—지옥에 던지다〈벧후2:4〉. 동

G5021 τάσσω8회 **탓소**
기본 동사(후대에는 오직 어떤 시제들에만 나타나는)의 연장형; 순서 바른 방법으로'정하다', 즉 '지정하다' 또는 (어떤 지위나 몫으로) '배치하다':—몰두시키다, 지명하다, 결정하다, 작정하다, 정하다〈행22:10〉. 동

G5022 ταῦρος4회 **타우로스**
명백히 기본어 [H8450과 비교, '수송아지']; '수소':—황소, 소〈히9:13〉. 남명

G5023 ταῦτα239회 **타우타**
G3778의 중성 복수의 주격 또는 대격; '이'것들:—나중에, 따르는, 장차, 그를, 같은 것, 그렇게, 그 같은, 그것, 그리고 나서, 이것들, 그들, 이것, 저것들, 그러므로〈눅1:20; 요9:6; 행28:29〉. 대

G5024 ταὐτά4회 **타우타**
G3588과 부사로서의 G846의 중성복수; '같은' 방법으로:—그와 같은 것조차, 이와 같이, 그렇게〈눅6:23〉. 부

G5025 ταύταις11회 **타우타이스**
여격 여성 복수와 G3778의 대격 여성복수 ταύτας **타우타스**; '이들'('에게' 또는 '과 함께' 또는 '에 의해', 등등):—여기에서, 것, 그 때, 이것들, 저것들〈눅24:18; 행1:5〉. 지대

G5026 ταύτῃ88회 **타우테** G3778의 여격 여성 단수 그리고 ταύτην **타우텐** 대격 여성 단수 그리고 ταύτης **타우테스** 속격 여성 단수형 동명
이것('을 향하여' 또는 '~의'):—그 여자의(에게), 이것의, 그것, 저것, 그것에 의해서, 그 (같은), 이(같은)〈눅11:30; 고전7:20〉. 지대

G5027 ταφή1회 **타ㅎ페**
G2290에서 유래된 여성형; '매장'(그 행동):—묘지〈마27:7〉. 여명

G5028 τάφος7회 **타ㅎ포스**
G2290에서 유래된 남성형; '무덤'(매장지):—묘, 무덤〈마27:61〉. 남명

G5029 τάχα2회 **타카**
G5036(부사)의 중성 복수형 같은; '잠

시', 즉 (상징적으로) '혹':—아마, 혹시〈롬5:7〉. 副

G5030 ταχέως[15회] **타케오스**

G5036에서 유래된 부사; '간단히', 즉 (시간적으로) '빨리', 또는 (방법상으로) '신속히':—경솔히, 급히, 곧, 쉽게, 갑자기〈눅14:21〉. 副

G5031 ταχινός[2회] **타키노스**

G5034에서 유래; '짧은', 즉 '임박한':—즉시의, 신속한〈벧후1:14〉. 形

G5032 τάχιον[5회] **타키온**

G5036(부사로서)의 비교급의 중성 단수; '더 빨리', 즉 (방법상) '더 속히', 또는 (시간상) '더 빨리':—빨리, 곧, 더 빨리〈요13:27〉. 副

G5033 τάχιστα[1회] **타키스타**

G5036(부사로서)의 최상급의 중성 복수; '가장 빨리', 즉 (G5613 접두사와 함께) '가능한 한 빨리':—전속력으로〈행17:15〉. 副

G5034 τάχος[8회] **타코스**

G5036과 동일어에서 유래; '짧은 간격'(시간의), 즉 (G1722 접두사와 같이) '서둘러':—빨리, 곧, 급히〈행12:7; 계1:1, 22:6〉. 中名, 副

G5035 ταχύ[13회] **타퀴**

G5036의 중성 단수(부사로서); '곧', 즉 '지체함 없이', '빨리', 또는 (놀라서) '갑자기', 또는 (함축적으로 홀가분한) '선뜻':—가볍게, 급히〈계2:5〉. 副

G5036 ταχύς[13회] **타퀴스**

불확실한 유사어에서 유래; '빠른', 즉 (상징적으로) '신속한' 또는 '준비된':—날랜〈약1:19〉. 形

G5037 τε[215회] **테**

연결이나 추가의 기본 불변사(전접어); '둘 다' 또는 '또한' (정확히는 G2532와 상호관계로서). 자주 복합어에 사용되며, 보통은 뒷부분에:—또한, 그리고, 둘 다, 조차, 그 위에, 이든지〈눅2:16; 행1:13〉. 不, 接

G5038 τεῖχος[9회] **테이코스**

G5088의 어간에 유사; '벽'(집을 '구성하는' 것으로서):—성벽〈계21:12〉. 中名

G5039 τεκμήριον[1회] **테크메리온**

τεκμάρ **테크마르**('목표' 또는 정해진 '한계')의 추정된 파생어의 중성형; '표'(사실을 '명확히 하는 것'으로서), 즉 '확실성'의 '기준':—확실한 증거〈행1:3〉. 中名

G5040 τεκνίον[8회] **테크니온**

G5043의 지소형; '유아', 즉 (복수, 상징적으로) '가장 사랑하는 사람들'(기독교 '개종자들'):—소자, 자녀들〈요일2:12〉. 中名

G5041 τεκνογονέω[1회] **테크노고네오**

G5043과 G1096의 어간의 합성어에서 유래; '아이를 낳는 사람이 되다', 즉 '부모'(어머니)가 되다':—아이를 낳다〈딤전5:14〉. 動

G5042 τεκνογονία[1회] **테크노고니아**

G5041의 동일어에서 유래; '분만'('태생'), 즉 (함축적으로) '모성'('어머니로서의 의무'를 수행):—해산함〈딤전2:15〉. 女名

G5043 τέκνον[99회] **테크논** 등

G5098의 어간에서 유래; '어린 아이'('낳아진 것'으로서):—자식, 딸, 아들〈마21:28; 눅3:8〉. 中名

G5044 τεκνοτροφέω[1회]

테크노트로ㅎ페오

G5043과 G5142의 합성형에서 유래;

'어린이를 기르다', 즉 '어머니의 의무를 이행하다':—자녀를 양육하다〈딤전5:10〉.[동]

G5045 τέκτων[2회] **텍톤**

G5098의 어간에서 유래; '기술공'(섬유류의 '생산자'로서), 즉 (특히) '목공의 장인':—목수〈막6:3〉.[남명]

G5046 τέλειος[19회] **텔레이오스**

G5056에서 유래; '완전한'(노동, 성장, 정신적이고 도덕적인 성격을 나타내는 다양한 적용에 있어서); 중성(명사로서 G3588과 함께) '완전':—장성한, 온전한(남자)〈고전14:20; 약1:4〉.[형]

G5047 τελειότης[2회] **텔레이오테스**

G5046에서 유래; (상태의) '완전'(정신적이거나 도덕적으로):—온전함, 완성〈골3:14〉.[여명]

G5048 τελειόω[3회] **텔레이오오**

G5046에서 유래; '완전하게 하다', 즉 (문자적으로) '성취하다', 혹은 (상징적으로) '완성하다'(성격상):—성화하다, 마치다, 성취하다, 완료하다, 완전하게 만들다〈히2:10〉.[동]

G5049 τελείως[1회] **텔레이오스**

G5046에서 유래한 부사; '완전히', 즉 (희망의) '흔들림 없이':—끝까지〈벧전1:13〉.[부]

G5050 τελείωσις[2회] **텔레이오시스**

G5448에서 유래; (행위) '성취', 즉 (예언의) '입증', 또는 (속죄의) '사죄':—완전함, 실행(이룸)〈눅1:45〉 [여명]

G5051 τελειωτής[1회] **텔레이오테스**

G5048에서 유래; '완성하는 사람', 즉 '성취하는 이':—완성자(온전케 하시는 이)〈히12:2〉.[남명]

G5052 τελεσφορέω[1회] **텔레스ㅎ포레오**

G5056과 G5342의 합성어에서 유래; '완전(성숙)으로 열매 맺는 자가 되다', 즉 과실을 '익게 하다'(상징적으로):—온전히 결실하다〈눅8:14〉.[동]

G5053 τελευτάω[13회] **텔류타오**

G5055의 추정된 파생어에서 유래; '생을 마치다'(G979의 함축적 의미에서), 즉 '숨을 거두다'(양위(讓位)하다):—죽어 있다, 사망하다, 죽다〈막9:44〉.[동]

G5054 τελευτή[1회] **텔류테**

G5053에서 유래; '사망':—죽음〈마2:15〉.[여명]

G5055 τελέω[28회] **텔레오**

G5056에서 유래; '마치다', 즉 '완성하다', '실행하다', '결론짓다', (빚을) '갚다':—이루다, 끝마치다, 끝나다, 채우다, 완성하다, 넘다, 지불하다, 실행하다〈눅12:50; 계15:8〉.[동]

G5056 τέλος[40회] **텔로스**

기본어 τέλλω **텔로**(명확한 요점이나 목적을 위해 '제한하다')에서 유래; 정확히는 '한계'로서의 도달점, 즉 (함축적으로) 행위 또는 상태의 '결말'('종착'[문자적 상징 혹은 불명확하게], '결과'[지체 없는; 궁극적인 혹은 예언적인], '목적'); 특별히 '부과금' 또는 '징수액'(지불된):—계속되는 관세, 마침, 마지막, 끝, 결국, 말세. G5411과 비교.〈마24:6; 롬13:7〉.[중명]

G5057 τελώνης[21회] **텔로네스**

G5056과 G5608에서 유래; '세금 징수원', 즉 '국고세입의 징수인':—세리〈마5:46〉.[남명]

G5058 τελώνιον[3회] **텔로니온**

G5057의 추정된 파생어의 중성형; '세무서':—세관〈막2:14〉.[중명]

G5059 τέρας[16회] **테라스**
불확실한 유사어에서 유래; '경이' 또는 '징조':—기사(奇事)〈행2:19〉. 중명

G5060 Τέρτιος[1회] **테르티오스**
기원은 라틴어; '제3의'; '더디오', 그리스도인:—더디오〈롬16:22〉. 고명

G5061 Τέρτυλλος[2회] **테르튈로스**
불확실한 파생어에서 유래; '더둘로', 로마인:—더둘로〈행24:1〉. 고명

G5062 τεσσαράκοντα[15회] **텟사라콘타**
G5064의 10배; '사십':—마흔〈행4:22〉. 형, 수

G5063 τεσσαρακονταετής[2회] **텟사라콘타에테스**
G5062와 **G2094**에서 유래; '나이 사십 년의':—꽉 찬 사십 년(살)〈행7:23〉. 형, 명

G5064 τέσσαρες[30회] **텟사레스**
중성은 τέσσαρα **텟사라**; 복수사(複數辭); '사(四)':—넷, 4〈계4:4〉. 형, 수

G5065 τεσσαρεσκαιδέκατος[2회] **텟사레스카이데카토스**
G5064와 **G2532**와 **G1182**에서 유래; '14번째':—열나흘 째의〈행27:27〉. 형

G5066 τεταρταῖος[1회] **테타르타이오스**
G5064에서 유래; '나흘째'에 속한:—나흘째의〈요11:39〉. 형

G5067 τέταρτος[10회] **테타르토스**
G5064에서 유래한 서수; '네 번째':—넷째, 나흘, 사(四)〈계6:7〉. 형

G5068 τετράγωνος[1회] **테트라고노스**
G5064와 **G1137**에서 유래; '네 개의 모서리를 가진', 즉 '정방형':—네모〈계21:16〉. 형

G5069 τετράδιον[1회] **테트라디온**
τέτρας **테트라스**('넷 한 벌'; **G5064**에서 유래)의 추정된 파생어의 중성형; '4인조' 또는 혹은 네 명의 로마 군인들의 분대(경계초 警戒哨):—넷 한 짝〈행12:4〉. 중명

G5070 τετρακισχίλιοι[5회] **테트라키스킬리오이**
G5064와 **G5507**의 배수 부사에서 유래; '천의 네 배':—4천〈마15:38〉. 형, 수

G5071 τετρακόσιοι[2회] **테트라코시오이**
중성은 τετρακόσια **테트라코시아**; **G5064**와 **G1540**에서 유래한 복수형; '사백':—4백〈행5:36〉. 형, 수

G5072 τετράμηνον[1회] **테트라메논**
G5064와 **G3376**의 합성어의 중성형; '4달'의 기간:—넉 달〈요4:35〉. 형

G5073 τετραπλόος[1회] **테트라플로오스**
G5064와 **G4118**의 어간의 파생어에서 유래; '4배의':—네 겹의〈눅19:8〉. 형

G5074 τετράπους[3회] **테트라푸스**
G5064와 **G4228**에서 유래; 네 발 가진(짐승):—네 발 짐승〈행10:12〉. 형

G5075 τετραρχέω[1회] **테트라르케오**
G5076에서 유래; '사분령(四分領)의 영주가 되다':—분봉왕이 되다〈눅3:1〉. 동

G5076 τετράρχης[4회] **테트라르케스**
G5064와 **G757**에서 유래; 한나라의 '1/4의 통치자'('사분령(四分領)의 영주'):—분봉왕〈눅3:19〉. 남명

G5077 τεφρόω[1회] **테ㅎ프로오**
τέφρα **테ㅎ프라**(재)에서 유래; '태워서 재로 만들다', 즉 '소비하다':—재가 되게 하다〈벧후:6〉. 동

G5078 τέχνη[3회] **테크네**
G5088의 어간에서 유래; '기술'(생산적인 것으로서), 즉 (특히) '업', 또는 (일반적으로) '숙련':—기술, 기능, 직

업〈행17:29〉. 여명

G5079 τεχνίτης[4회] **테크니테스**
G5078에서 유래; '기술공'; 비유적으로 '설립자'(창조주):—건축업자, 장인(匠人 세공업자)〈히11:10〉. 남명

G5080 τήκω[1회] **테코**
명백히 기본 동사; '녹이다':—녹다〈벧후3:12〉. 동

G5081 τηλαυγῶς[1회] **텔라우고스**
G5056과 G827의 파생어의 복합어에서 유래한 부사; '분명히', 즉 '명백히':—밝히〈막8:25〉. 부

G5082 τηλικοῦτος[4회] **텔리쿠토스** 여성형 τηλικαύτη **텔리카우테**
G2245가 부가된 G3588과 G3778의 복합어에서 유래; '이와 같은', ([비유적으로] 크기에 있어서) '매우 거대한':—이같이 큰, 이렇게 강력한〈고전1:10〉. 지대

G5083 τηρέω[70회] **테레오**
τηρός 테로스('감시'; 아마 G2334와 유사)에서 유래; '지키다'(손실이나 해로부터, 정확히는 시선을 계속 둠으로써; 정확히 도망가는 것을 '방지'하는 것인 G5442와 다르며; 요새나 진의 방어선을 의미하는 G2892와는 다른), 즉 '주의하다'(예언을; 비유적으로, 명령을 '성취하다'); 함축적으로 '억류하다'(보호상; 상징적으로 '유지하다'); 확대된 의미로 '억제하다'(개인적인 목적을 위해; 비유적으로 '결혼하지 않은 상태를 유지하다'):—굳게 붙잡다, 지키다, 섬기다, 보전하다, 예비해 두다, 조심하다〈마23:3; 요14:15; 살전5:23〉. 동

G5084 τήρησις[3회] **테레시스**
G5083에서 유래; '지켜 봄', 즉 (비유적으로) '지킴', 혹은 (구체적으로) '감옥':—감금〈행5:18〉. 여명

G5085 Τιβεριάς[3회] **티베리아스**
G5086에서 유래; '디베랴', 팔레스타인에 있는 도시와 호수의 이름:—디베랴〈요6:1〉. 여명

G5086 Τιβέριος[1회] **티베리오스**
기원은 라틴어; 아마 '티베리스' 또는 '티베르' 강에 관계된; '디베료', 로마 황제:—디베료〈눅3:1〉. 고명

G5087 τίθημι[100회] **티쎄미**
기본형 θέω 쎄오(어떤 시제에서 대체어로만 사용되는)의 연장형; '두다'(광범위한 적용에 사용, 문자적으로 비유적으로; 정확하게는 수동태와 수평적인 자세에 사용, 그래서 정확히는 수직적이며 능동의 위치를 의미하는 G2476과 다르며, 재귀적이고 극한 패배를 표현하는 한편 G2749는 정확히는 재귀적이고 철저히 패배적임):—충고하다, 지적하다, 절하다, 맡기다, 이해하다, 주다, 무릎 꿇다, 두다(옆에, 아래에, 위에), 만들다, 규정하다, 의도하다, 진열하다, 자리 잡게 하다, 내려앉다〈마24:51; 눅5:18〉. 동

G5088 τίκτω[18회] **틱토**
기본어 τέκω 테코(이것은 어떤 시제에서 대체어로만 쓰임)의 강세형; '생산하다'(씨로부터, 어머니, 식물, 흙 등으로서), 문자적 또는 상징적으로:—낳다, 태어나다, 해산하다, 잉태하다, 산고를 겪다〈마1:21; 갈4:27〉. 동

G5089 τίλλω[3회] **틸로**
G138의 대체어와 유사하며, G4951과 유사; '떼어내다':—뜯다, 잡아 뽑다〈막2:23〉. 동

G5090 Τίμαιος[1회] **티마이오스**
아마 기원은 아람어 [**H2931**과 비교]; '디매오', 이스라엘인:—디매오〈막10:46〉. 고명

G5091 τιμάω[21회] **티마오**
G5093에서 유래; '높이 평가하다', 즉 '가치를 두다'; 함축적으로 '존경하다':—공경하다, 존중하다〈요5:23〉. 동

G5092 τιμή[41회] **티메**
G5099에서 유래; '가격', 즉 지불된 '돈', 또는 (구체적이고 집합적인) '귀중품'; 유추적으로 '존경'(특히 최고 수준의), 또는 '위엄' 그 자체:—존귀, 귀함, 값, 존경〈행5:3; 히2:7〉. 여명

G5093 τίμιος[13회] **티미오스**
비교급 τιμιώτερος **티미오테로스** 최상급 τιμιώτατος **티미오타토스**; **G5092**에서 유래; '귀중한', 즉 (객관적으로) '값비싼', 또는 (주관적으로) '명예로운', '존경받는', 또는 (상징적으로) '사랑하는':—귀한, 고귀한, (더욱, 가장) 가치가 있는, 명성이 있는〈히13:4; 계17:4〉. 형

G5094 τιμιότης[1회] **티미오테스**
G5093에서 유래; '값이 비쌈', 즉 (함축적으로) '장엄':—사치스러운 상품〈계18:19〉. 여명

G5095 Τιμόθεος[24회] **티모쎄오스**
G5092와 **G2316**에서 유래; '하나님께 사랑받는'; '디모데', 그리스도인:—디모데〈행16:1〉. 고명

G5096 Τίμων[1회] **티몬**
G5092에서 유래; '가치 있는'; '디몬', 그리스도인:—디몬〈행6:5〉. 고명

G5097 τιμωρέω[2회] **티모레오**
G5092와 οὖρος **우로스**('파수군')의 복합어에서 유래; 정확히는 '명예'를 지키다', 즉 '복수하다'('형벌을 과하다'):—벌하다〈행22:5〉. 동

G5098 τιμωρία[1회] **티모리아**
G5097에서 유래; '변호', 즉 (함축적으로) '형벌':—벌〈히10:29〉. 여명

G5099 τίνω[1회] **티노**
기본형 τίω **티오**(어떤 시제에서 대체어로만 사용)의 강세형; '값을 치르다', 즉 '형벌로써 벌을 받다':—벌 받다〈살후1:9〉. 동

G5100 τὶς[555회] **티스**
전접 부정대명사; '어떤'(사람 또는 사물):—어떤 (종류의), 어떤 (사람, 물건, 사물 일체), 어떤 (것), 다양한 것, 그, 한 (가지), 부분적으로, 누군가, 어떤 것, 다소, 아무 것도 아닌 것, 무엇, 무엇이든지, 그것을 가지고, 누구를, 누구든지를, 누구의, 누구든지〈눅11:1; 행5:15〉. 대

G5101 τίς[526회] **티스**
아마도 **G5100**의 강세형; 의문대명사; '누구', '어느 것' 또는 '무엇'(직접적인 혹은 간접적인 질문에 있어):—모든 사람, 어떻게(많이), 아무도 아니, 아무 것도 아니, 무엇, 어떤 (태도, 것), 무엇에 의하여, 이든지 아니든지, 누구, 누구를, 누구의, 왜〈마11:7; 막3:33; 눅6:2; 요14:22〉. 대

G5102 τίτλος[2회] **티틀로스**
기원은 라틴어; '표제', '명패'(플래카드):—제목, 패(牌)〈요19:19〉. 남명

G5103 Τίτος[13회] **티토스**
기원은 라틴어; 의미는 불확실함, '디도', 그리스도인:—디도〈고후7:6〉. 고명

G5104 τοί[1회] **토이**

G3588의 여격의 대용; 대조로서 '단언'의 의미를 가진 전접 불변사; '실로, 참으로':—[G2544, G3305(그러나〈딤후2:19〉), G5105, G5106 등과 같은 합성어에서 다른 불변사들과 함께만 쓰인다]. 불

G5105 τοιγαροῦν[2회] **토이가룬**
G5104, G1063과 G3767에서 유래; '참으로 그래서', 즉 '그 결과로서':—그러므로, 이러므로〈딤전4:8〉. 불, 부

G5106 τοίνυν[3회] **토이뉜**
G5104와 G3568에서 유래; '참으로 이제', 즉 '따라서':—그런즉, 그러므로〈고전9:26〉. 불, 부

G5107 τοιόσδε[1회] **토이오스데**
(다른 어형변화를 포함); G5104와 G1161의 파생어에서 유래; '그때와 같은', 즉 '매우 위대한':—이러한〈벧후1:17〉. 형

G5108 τοιοῦτος[57회] **토이우토스**
(다른 어형변화를 포함); G5104와 G3778에서 유래; '바로 이러한', 즉 '이러한 종류의'(성격이나 개성을 나타내는):—이런, 이 같은, 이렇게, 그런, 이와 같이〈고전5:1; 고후10:11〉. 형

G5109 τοῖχος[2회] **토이코스**
G5038의 다른 형태; '벽':—담〈행23:3〉. 남명

G5110 τόκος[2회] **토코스**
G5088의 어간에서 유래; 빌려 주었던 원금에 대한 '이자':—고리대금〈마25:27〉. 남명

G5111 τολμάω[16회] **톨마오**
τόλμα **톨마**('대담'; 아마 '극한' 행위의 개념으로서 G5056의 어간에서 유래)에서 유래; '위험을 무릅쓰고 하다'(객관적이거나 '행동 상에' 있어서; 반면에 G2292는 오히려 주관적이거나 '감정적인 면에' 사용); 함축적으로 '용감히 ~하다':—담대히 ~하다, 감히 ~하다〈행5:13; 고후11:21〉. 동

G5112 τολμηρότερον[1회] **톨메로테론**
부사 G5111의 어간의 파생어의 비교급의 중성형; '더 대담하게', 즉 다른 것보다 '더 큰 확신을 가지고':—더욱 담대히〈롬15:15〉. 부

G5113 τολμητής[1회] **톨메테스**
G5111에서 유래; '용감한'('담대한') 사람:—주제넘은(당돌한) 자〈벧후2:10〉. 남명

G5114 τομώτερος[1회] **토모테로스**
기본어 τέμνω **템노**('자르다', G2875보다 더 이해력이 있거나 결단력이 있는, 단 한 번에 내려치는 것처럼; 그런데 그것은 '난도질하는 것'과 같은 반복되는 강타의 의미를 담고 있다)의 파생어의 비교급; '더 날카로운':—더 예리한〈히4:12〉 형

G5115 τόξον[1회] **톡손**
G5088의 어간에서 유래; '활'(명백히 가장 간단한 구조로서):—활〈계6:2〉. 중명

G5116 τοπάζιον[1회] **토파지온**
τόπαζος **토파조스**('황옥'; 불확실한 기원의)의 추정된 파생어(대체어)의 중성형; '어떤 보석', 아마 '귀감람석':—황옥(토파즈)〈계21:20〉. 중명

G5117 τόπος[94회] **토포스**
명백히 기본어; '지점'(일반적으로 '공간'을 가진, 그러나 점거에 의해 제한된; 반면에 G5561은 더 넓거나 특정한 '장소'), 즉 '장소'(위치, 집, 흔적 등과 같은); 비유적으로 '조건', '기

회'; 특별히 '칼집':—연안, 면허, 곳, 평지, 지역, 바위, 방, 어디〈마14:13; 눅2:7; 행27:2〉. 남명

G5118 τοσοῦτος[20회] **토수토스**
τόσος **토소스**('매우 많이'; 명백히 **G3588**과 **G3739**에서 유래)와 **G3778** (그 변형들도 포함)에서 유래; 이처럼 '광대한', 즉 '이만한'(질, 양, 숫자 혹은 공간에 있어서):—~만큼 큰, 매우 큰(긴, 많은), 이렇게 많은〈요6:9; 계21:16〉. 형

G5119 τότε[160회] **토테**
G3588(의 중성)과 **G3753**에서 유래; '그때에', 즉 '그 당시'(과거나 미래의, 또한 연속에서):—이때에, 그제야, 그 후에〈마2:7; 행4:8〉. 관부

G5120 τοῦ[2517회] **투**
G3588의 속격; 때때로 **G5127**의 대용; '이 사람의':—그의〈행17:28〉. 관

G5121 τοὐναντίον[3회] **투난티온**
G3588의 중성과 **G1726**의 축약형; '반대로':—이에 반하여, 도리어〈갈2:7〉. 부

G5122 τοὔνομα[1회] **투토마**
G3588의 중성과 **G3686**의 축약형; '이름'이 ~라 하는:—~이라하는〈마27:57〉. 부

G5123 τουτέστι[17회] **투테스티**
G5124와 **G2076**의 축약형; '이는 곧':—말하자면, 곧〈마27:46; 히2:14〉. 접

G5124 τοῦτο[319회] **투토**
G3778의 중성 단수 주격 혹은 대격; '그것이':—여기, 이것에, 그것, 부분적으로, 같은 것, 그러므로, 이것, 그래서, 어디에〈마6:25; 눅22:15; 롬5:12〉. 지대

G5125 τούτοις[19회] **투토이스**
G3778의 남성 혹은 중성 복수 여격; '이들(사람, 혹은 사물)에게':—그러한, 그들에게, 거기에, 이것들, 이것, 그것들〈행4:16; 벧후2:20〉. 지대

G5126 τοῦτον[60회] **투톤**
G3778의 남성 단수 대격; '이를(사람, 동사 혹은 전치사의 목적어로서)':—그를, 그 같은 것을, 저것을, 이것을. 지대

G5127 τούτου[69회] **투투**
G3778의 남성 중성 단수 속격; '이의'(혹은 사물의)(로부터 혹은 에 관하여):—여기의, 그를, 그와 같은 태도의〈요12:31〉. 지대

G5128 τούτους[28회] **투투스**
G3788의 남성 복수 대격; '이들을'(사람들을, 동사 혹은 전치사의 목적어로):—그러한 것들을, 그들을, 이들을, 이것을〈눅9:28〉. 지대

G5129 τούτῳ[89회] **투토**
G3778의 남성 혹은, 중성 단수 여격; '이(사람이거나 사물)에게'(~에 있어서, 과 함께 혹은 ~에 의해서):—여기에, 그에게, 같은 것에, 거기에, 이것에〈행1:6〉. 지대

G5130 τούτων[72회] **투톤**
G3778의 남성 또는 중성 복수 속격; '이들의(사람들이거나 사물들의)(로부터 혹은 ~에 관해서):—이같은 것들의, 그들의, 이것들의, 이런 종류의, 그것들의〈눅7:18; 행25:20〉. 지대

G5131 τράγος[4회] **트라고스**
G5176의 어간에서 유래; '숫염소'(갉아먹는 동물로서):—염소〈히9:12〉. 남명

G5132 τράπεζα[15회] **트라페자**
아마 **G5064**와 **G3979**에서 유래된 축

약형; '식탁'이나 '걸상'(네 개의 다리를 가진 것으로서), 보통 음식에 대해(상징적으로 '식사'); 또한 돈을 세기 위한 '계산대'(상징적으로, 이자 받는 대부하기 위한 중개인 '사무실'):—은행, 식사, 상〈마15:27; 눅19:23; 행16:34〉.[여명]

G5133 τραπεζίτης[1회] **트라페지테스**
G5132에서 유래; '환전업자' 또는 '은행가':—환전상〈마25:27〉.[남명]

G5134 τραῦμα[1회] **트라우마**
τιτρώσκω **티트로스코**('상하게 하다'; G2352와 G5147, G5149 등의 어간과 유사)에서 유래; '상처':—상처〈눅10:34〉.[중명]

G5135 τραυματίζω[2회] **트라우마티조**
G5134에서 유래; '상처를 주다':—상하다, 상하게 하다〈행19:16〉.[동]

G5136 τραχηλίζω[1회] **트라켈리조**
G5137에서 유래; '목구멍' 또는 '목을 붙잡다', 즉 죽음의 제물의 '식도를 노출하다'(일반적으로 '발가벗기다'):—드러나다〈히4:13〉.[동]

G5137 τράχηλος[7회] **트라켈로스**
아마 G5143('이동성'의 개념으로)에서 유래; '목구멍'(목), 즉 (상징적으로) '생명':—목〈막9:42〉.[남명]

G5138 τραχύς[2회] **트라퀴스**
아마 G4486(갈라진 틈에 의해 '깔쭉깔쭉한')의 어간에서 유래한 강세형; '울퉁불퉁한', '바위 많은'('모래톱 같은'):—바위 많은(험한), 거친〈눅3:5〉.[형]

G5139 Τραχωνῖτις[1회] **트라코니티스**
G5138의 파생어에서 유래; '거친' 지역; '드라고닛', 시리아의 한 지방:—드라고닛〈눅3:1〉.[고명]

G5140 τρεῖς[67회] **트레이스**
중성은 τρία **트리아**; 기본(복수) 수사; '셋':—3〈마12:40〉.[형], [수]

G5141 τρέμω[3회] **트레모**
기본어 τρέω **트레오**('무섭다', '무섭게 하다')의 강세형; '떨다' 또는 '두려워하다':—두려워하다, 떨다〈눅8:47〉.[동]

G5142 τρέφω[9회] **트레ㅎ포**
기본 동사(정확하게는 θρέφω **쓰레ㅎ포** 그러나 아마 '소용돌이'의 개념으로서 G5157의 어간에서 유래된 강세형); 정확하게는 '보강하다', 즉 '살찌우다' (함축적으로 '자비를 베풀다'[음식 등으로], '실컷 먹이다', '기르다'):—양육하다, 먹이다, 영양분을 공급하다〈눅12:24〉.[동]

G5143 τρέχω[20회] **트레코**
명백히 기본 동사(정확히는 θρέχω **쓰레코** G2359와 비교); 어떤 시제에서는 대체어로서 δρέμω **드레모**(G1408의 어간)를 사용; '성급히 달리다' 또는 '바삐 걷다'(문자적 또는 비유적으로):—경기장을 달리다, 달려가다〈고전9:24; 갈2:2〉.[동]

G5144 τριάκοντα[9회] **트리아콘타**
G5410의 10배; '삼십':—30〈마27:3〉.[형], [수]

G5145 τριακόσιοι[2회] **트리아코시오이**
G5140과 G1540에서 유래된 복수; '삼백':—300〈막14:5〉.[형], [수]

G5146 τρίβολος[2회] **트리볼로스**
G5140과 G956에서 유래; 정확히는 '까마귀 발'(전쟁에 있어 세 개로 된 찌르는 무기), 즉 (유추적으로) '가시 있는' 식물(마름쇠):—찔레, 엉겅퀴〈마7:16〉.[남명]

G5147 τρίβος[3회] **트리보스**
τρίβω **트리보**('문지르다'; τείρω **테이로** 또는 τρύω **트뤼오**와 **G5131**, **G5134**의 어간과 유사)에서 유래; '바퀴자국' 또는 닳아빠진 '흔적':—길〈마3:3〉. 여명

G5148 τριετία[1회] **트리에티아**
G5140과 **G2094**의 합성어에서 유래; '3년의 기간':—삼 년간〈행20:31〉. 여명

G5149 τρίζω[1회] **트리조**
명백히 기본 동사; '삐걱거리다'(찍찍거리다), 즉 (유추적으로) 이를 '갈다'(격앙해서):—이를 갈다〈막9:18〉. 동

G5150 τρίμηνον[1회] **트리메논**
명사로서 **G5140**과 **G3376**의 합성어의 중성형; '석 달간의':—석 달의〈히11:23〉. 형

G5151 τρίς[12회] **트리스**
G5140에서 유래한 부사; '세 번':—세 번, 3회〈마26:34〉. 부

G5152 τρίστεγον[1회] **트리스테곤**
명사로서 **G5140**과 **G4721**의 복합어의 중성형; '세 번째 지붕'(층):—삼층루 〈행20:9〉 형, 중명

G5153 τρισχίλιοι[1회] **트리스킬리오이**
G5151과 **G5507**에서 유래; '천의 세 배':—삼천〈행2:41〉. 형, 수

G5154 τρίτος[56회] **트리토스**
G5140에서 유래한 서수; '세 번째'; (중성명사) '세 번째 부분', 혹은 (부사로서) '셋째로':—셋째의, 셋째로〈눅9:22; 고전12:28〉. 형, 수

G5155 τρίχινος[1회] **트리키노스**
G2359에서 유래; 털이 '많은', 즉 '털'로 만든('모헤어, 앙골라 염소의 털):—털의〈계6:12〉. 형

G5156 τρόμος[5회] **트로모스**
G5141에서 유래; '떨림', 즉 '공포'로 인한 전율:—떪, 떨림〈고전2:3〉. 남명

G5157 τροπή[1회] **트로페**
명백히 기본어인 τρέπω **트레포**('돌다')에서 유래; '돌림'('비유적 용법'), 즉 '회전'(비유적으로 '변화'):—회전〈약1:17〉. 여명

G5158 τρόπος[13회] **트로포스**
G5157과 동일어에서 유래; '돌아감', 즉 (함축적으로) '방식' 또는 '양식'(특히 전치사와 함께 또는 부사로서 관계 전접사와 함께 '처럼'); 비유적으로 '행동' 또는 '특성':—대화, 태도, 방도, 수단〈눅13:34; 행1:11〉. 남명

G5159 τροποφορέω[1회] **트로포ㅎ포레오**
G5158과 **G5409**에서 유래; 누구의 '습관을 견디다':—소행을 참다〈행13:18〉. 동

G5160 τροφή[16회] **트로ㅎ페**
G5142에서 유래; '자양물'(문자적이거나 상징적으로); 함축적으로 '식량'('임금'):—음식, 먹을 것〈마3:4; 행14:17〉. 여명

G5161 Τρόφιμος[3회] **트로ㅎ피모스**
G5160에서 유래; '영양분이 있는', '드로비모', 그리스도인:—드로비모〈행20:4〉. 고명 예루살렘으로의 마지막 여행에서의 바울의 동역자,

G5162 τροφός[1회] **트로ㅎ포스**
G5142에서 유래; '유모', 즉 '보모':—유모〈살전2:7〉. 여명

G5163 τροχιά[1회] **트로키아**
G5164에서 유래; '흔적'(바퀴자국 같은), 즉 (상징적으로) 행위의 '진로':—길〈히12:13〉. 여명

G5164 τροχός1회 **트로코스**
G5143에서 유래; '수레바퀴'(달리는 것으로서), 즉 (상징적으로) 신체조직의 '회로':—진로〈약3:6〉.[중명]

G5165 τρύβλιον2회 **트뤼블리온**
불확실한 유사어의 추정된 파생어의 중성형; '사발':—접시, 그릇〈마26:23〉.[중명]

G5166 τρυγάω3회 **트뤼가오**
τρύγω **트뤼고**('말리다')의 파생어('말린' 것 같은 익은 '과일')에서 유래; 포도 수확을 '거두다':—따다〈계4:18〉.[동]

G5167 τρυγών1회 **트뤼곤**
τρύζω **트뤼조**('중얼거리다'; G5149의 유사; 그러나 '더 둔한' 소리를 나타냄)에서 유래; '호도애'(우는 것으로서):—산비둘기〈눅2:24〉.[여명]

G5168 τρυμαλιά1회 **트뤼말리아**
τρύω **트뤼오**(닳아빠지다; G5134, G5147과 G5176의 어간과 유사)의 파생어에서 유래; '구멍', 즉 '바늘의 구멍':—바늘귀. G5169와 비교.〈막10:25〉.[여명]

G5169 τρύπημα1회 **트뤼페마**
G5168의 어간의 파생어에서 유래; '틈', 즉 '바늘의 구멍':—바늘귀〈마19:24〉.[중명]

G5170 Τρύφαινα1회 **트뤼ㅎ파이나**
G5172에서 유래; '사치스러운', '드루배나', 여성도:—드루배나〈롬16:12〉.[고명]

G5171 τρυφάω1회 **트뤼ㅎ파오**
G5172에서 유래; '사치에 빠지다':—쾌락 속에 살다, 사치하다〈약5:5〉.[동]

G5172 τρυφή2회 **트뤼ㅎ페**
θρύπτω **쓰뤼프토**('깨뜨리다' 또는 [상징적으로] 방종에 의해 특히 마음과 몸을 '약하게 하다')에서 유래; '나약', 즉 '사치' 또는 '방탕':—우아(사치)하게 지냄, 방탕하게(흥청망청) 지내는 것〈눅7:25〉.[여명]

G5173 Τρυφῶσα1회 **트뤼ㅎ포사**
G5172에서 유래; '호사하게 지냄', '드루보사', 여성도:—드루보사〈롬16:12〉.[고명]

G5174 Τρῳάς6회 **트로아스**
Τρός **트로스**(트로이 사람)에서 유래; '드로아'(또는 트로이 평원), 즉 '드로아', 소아시아에 있는 한 장소:—드로아〈행16:8〉.[고명]

G5175 Τρωγύλλιον1회 **트로귈리온**
불확실한 파생어에서 유래; '트로굴리움', 소아시아의 한 도시 (한글성경에 번역 안 됨):—트로굴리움〈행20:15〉.[고명]

G5176 τρώγω6회 **트로고**
아마 '침식'이나 '마모'의 개념으로서 G5134와 G5147의 어간의 방계형에서 강세형; 혹은 아마 '우두둑 깨무는' 소리라는 개념으로 G5167과 G5149의 어간의 강세형; '갉아먹다' 또는 '씹다', 즉 (일반적으로) '먹다':—먹다〈요6:54〉.[동]

G5177 τυγχάνω12회 **튕카노**
아마 폐어가 된 τύχω **튀코**(어떤 시제에서는 다른 대체어 τεύχω **튜코** [준비하다' 또는 '야기시키다']의 중간태가 사용)의 대응어; '초래함'의 개념으로 G5088의 어근과 유사; 정확히는 '영향을 끼치다'; 특히 (특히) (도달해야 할 표적을) '맞히다' 또는 '위를 밝게 하다', 즉 (타동사로) 목적 또는 목표를 '달성하다' 혹은 '확보하다', 또는

(자동사로) ('당한' 것처럼) '일어나다'; 그러나 자동사의 용례에서는 (**G1487**과 함께) 비인칭, 즉 '우연히 발생하다'; 또는 형용사(현재 분사)로서 '보통의' (일반적으로 **G3756**과 함께 '특별히 만나다'), (부사로서) 중성은 '아마'; 또는 (다른 동사와 함께) 부사로서 '우연히':—우연히 있다, 누리다, 얻다, 새롭게 하다. **G5180**과 비교. 〈눅20:35; 고전16:6〉. 동

G5178 τυμπανίζω1회 **튐파니조**
G5180('북', '진동판'의 뜻)의 파생어에서 유래; 북과 유사한 '고문대에 눕히다', 그리고 죽도록 '때리다':—고문하다 〈히11:35〉. 동

G5179 τύπος15회 **튀포스**
G5180에서 유래; '거푸집'(두들겨 만들어진), 즉 (함축적으로) '도장' 또는 '상처자국'; 유추적으로 '모형', 즉 '조상(彫像)', (비유적으로) '양식' 또는 '초상화'; 특히 '견본'('본'), 즉 '모형' (모사를 위한) 또는 '본보기'(경고를 위한):—예, 유행양식, 형체, 형태, 태도, 귀감, 인쇄〈행7:43; 고전10:11〉. 남명

G5180 τύπτω13회 **튑토**
기본 동사(강세형으로); '(탁)치다', 즉 '몽둥이로 치다' 또는 '(연달아) 주먹으로 치다' (정확히는 막대기로 또는 '곤장'으로), 그러나 어떤 경우이든 '연타'로; 그래서 손이나 도구로 한번 때리는 것을 의미하는 **G3817**과 **G3960**, 주먹[또는 망치]으로 [보통 한번] 때리는 **G4141**, 손바닥으로 때리는 **G4474**와는 다르고; **G5177**과 같은 '우연한' 충돌과도 다르다); 함축적으로 '벌하다'; 상징적으로 (양심을) '해치다':—때리다, 치다, 두드리다, 상하게 하다〈막15:19; 행18:17〉. 동

G5181 Τύραννος1회 **튀란노스**
G2962의 어간의 파생어의 방언형; '폭군'; '두란노', 에베소 사람의 이름:—두란노〈행19:9〉. 고명

G5182 τυρβάζω1회 **튀르바조**
τύρβη **튀르베**(라틴어 *turba*, '군중'; **G2351**의 유사형)에서 유래; '혼란하게 만들다', 즉 '어지럽히다':—괴롭히다, 걱정하다〈눅10:41〉. 동

G5183 Τύριος1회 **튀리오스**
G5184에서 유래; '두로 사람', 즉 두로의 거민:—두로인〈행12:20〉. 남명

G5184 Τύρος11회 **튀로스**
기원은 히브리어에서 유래 [**H6865**]; '두로', 팔레스타인의 한 장소:—두로 〈마11:21〉. 고명

G5185 τυφλός50회 **튀ㅎ플로스**
G5187에서 유래; 불투명한(연기 낀 것 같은), 즉 (유추적으로) '눈 먼'(육체적이나, 정신적으로):—눈 먼, [명사로] 맹인〈마15:14〉. 형

G5186 τυφλόω3회 **튀ㅎ플로오**
G5185에서 유래; '눈을 멀게 하다', 즉 (상징적으로) '흐리게 하다':—눈멀게 하다, 덮어 가리다(혼미하게 하다)〈요12:40〉. 동

G5187 τυφόω3회 **튀ㅎ포오**
G5188의 파생어에서 유래; '연막을' 치다, 즉 (비유적으로) 자만으로 '우쭐하다':— 교만하다, 교만으로 들뜨다, 거만하다〈딤전3:6〉. 동

G5188 τύφω1회 **튀ㅎ포**
명백히 기본 동사; '연기를 피우다', 즉 불꽃 없이 천천히 '다 타버리다':—연기를 내다, 꺼져가다〈마12:20〉. 동

G5189 τυφωνικός[1회] **튀ㅎ포니코스**
G5188의 파생어에서 유래; '폭풍우의'(연기가 나는 것 같은):—사나운 비바람의, 광풍의〈행27:14〉.[형]

G5190 Τυχικός[5회] **튀키코스**
G5177의 파생어에서 유래; '뜻밖의', 즉 '행운의'; '두기고', 그리스도인:—두기고〈행20:4〉.[고명]

트롱헬라어사전

υ

G5191 ὑακίνθινος[1회] **휘아킨씨노스**
G5192에서 유래; '히아신스의', 즉 '감청색의':—자줏빛의〈계9:17〉. 형

G5192 ὑάκινθος[1회] **휘아킨쏘스**
불확실한 파생어에서 유래; 히아신스 또는 '야신스', 즉 '감청색'의 어떤 보석, 아마 '풍신자석(風信子石)':—청옥〈계21:20〉. 남명

G5193 ὑάλινος[3회] **휘알리노스**
G5194에서 유래; '유리로 된', 즉 '투명한':—유리의〈계4:6〉. 형

G5194 ὕαλος[2회] **휘알로스**
아마 G5250('비'처럼 투명한 것으로서)의 동일어에서 유래; '유리':—유리〈계21:18〉. 남명

G5195 ὑβρίζω[5회] **휘브리조**
G5196에서 유래; '폭력을 행하다', 즉 '능욕하다':—심술궂게 대우하다, 비난하다, 부끄럽게(악의가 있게) 다루다〈눅18:32; 행14:5〉. 동

G5196 ὕβρις[3회] **휘브리스**
G5228에서 유래; '오만'(위압함으로써), 즉 '모욕', '상해':—해악, 상처, 비난〈행27:10〉. 여명

G5197 ὑβριστής[2회] **휘브리스테스**
G5195에서 유래; '모욕하는' 자, 즉 '학대하는' 자:—악의 있는 자, 해를 끼치는 자〈롬1:30〉남명

G5198 ὑγιαίνω[12회] **휘기아이노**
G5199에서 유래; 확실한 '건강을 갖다', 즉 '온전하다'(신체적으로), 비유적으로 '타락하지 않다'(교리에 있어 '진실된'):—강건하다, (안전하고) 바르다, 완전하다, 건전하다〈딛1:9〉. 동

G5199 ὑγιής[12회] **휘기에스**
G837의 어간에서 유래; '건강한', 즉 '성한' (신체상); 비유적으로 '진실한' (교리에 있어서):—건전한, 온전한〈요5:4〉. 형

G5200 ὑγρός[1회] **휘그로스**
G5205의 어간에서 유래; '젖은'(비를 맞은 것처럼), 즉 (함축적으로) '물기가 많은'(신선한):—푸른〈눅23:31〉. 형

G5201 ὑδρία[3회] **휘드리아**
G5204에서 유래; '물 항아리', 즉 가족 공급용의 '그릇':—물동이〈요2:6〉. 여명

G5202 ὑδροποτέω[1회] **휘드로포테오**
G5204와 G4095의 파생어의 합성어에서 유래; '물[만] 마시는 사람이 되다', 즉 '포도주를 삼가다':—물을 마시다〈딤전5:23〉. 동

G5203 ὑδρωπικός[1회] **휘드로피코스**
G5204와 G3700('물기 많은 것처럼 보이는')의 파생어의 합성어에서 유래; '수종(水腫)'에 걸린:—수종(水腫)병 든〈눅14:2〉. 형

G5204 ὕδωρ[78회] **휘도르**
속격은 ὕδατος **휘다토스** 등; G5205의 어간에서 유래; '물'(비오는 것 같은) 문자적이거나 비유적으로:—물〈요2:7〉. 중명

G5205 ὑετός[5회] **휘에토스**
기본어 ὕω **휘오**('비오다')에서 유래; '비', 특히 '소나기':—비〈행14:17〉. 남명

G5206 υἱοθεσία[5회] **휘오쎄시아**
G5207과 G5087의 파생어의 추정된 합성어에서 유래; '아들로 받아들임', 즉 '양자 결연'(상징적으로 하나님에 대해서 기독교인이 '아들 됨'):—양자, 양자의 명분(양자됨)〈롬8:15; 엡

1:5〉. 여명

G5207 υἱός[379회] **휘오스**
명백히 기본어; '아들'(이따금 동물에도 사용), 직계, 먼 또는 비유적 친족 관계의 매우 폭넓은 사용:—자식, 새끼, 아들〈마4:3; 눅9:22; 요3:36; 롬8:14〉. 남명

G5208 ὕλη[1회] **휠레**
아마 **G3586**의 유사형; '숲', 즉 (함축적으로) '연료':—물체〈약3:5〉. 여명

G5209 ὑμᾶς[435회] **휘마스**
G5210의 대격; (동사나 전치사의 목적어로서) '당신들을':—너희, 너희들을, 너희들[당신들 자신을]〈마5:44〉. 대

G5210 ὑμεῖς[1847회] **휘메이스**
G4771의 불규칙 복수; '너희'(동사의 주어로서):—당신들(당신들 스스로), 너희들〈요8:14〉. 인대

G5211 Ὑμεναῖος[2회] **휘메나이오스**
Ὑμήν **휘멘**(혼인의 신)에서 유래; '결혼식'; '후메내오', 기독교의 반대자:—후메내오〈딤1:20〉. 고명

G5212 ὑμέτερος[11회] **휘메테로스**
G5210에서 유래; '너희들의 것', 즉 '너희들에게 속하는':—너희의(자신의)〈요7:6〉. 인대

G5213 ὑμῖν[608회] **휘민**
G5210의 불규칙한 여격; '너희들에게'(함께, 의해):—너희를, 너희들(스스로)〈갈1:3〉. 대

G5214 ὑμνέω[4회] **휨네오**
G5215에서 유래; '찬송하다', 즉 종교적인 송시(頌詩)를 노래하다; 함축적으로 노래로 (하나님을) '찬양하다':—찬송을 부르다(찬미하다)〈히2:12〉. 동

G5215 ὕμνος[2회] **휨노스**
명백히 ὑδέω **휘데오**('찬양하다'; 아마 **G103**의 유사형; **G5567**과 비교)의 간소(폐어)형; '찬송', 혹은 종교적인 송시(頌詩)(시편중의 하나):—찬송, 찬양〈엡5:19〉. 남명

G5216 ὑμῶν[583회] **휘몬**
G5210의 속격; '너희들의'('~로부터' 또는 '~에 관하여'):—너희들, 너희들(자신의, 스스로의)〈마5:12〉. 대

G5217 ὑπάγω[79회] **휘파고**
G5259와 **G71**에서 유래; '아래로(스스로를) 이끌다', 즉 '물러나다' 또는 '은퇴하다'(시야에서 사라져 '가라앉은 것'처럼), 문자적으로 혹은 비유적으로:—떠나다, 여기서 나가다, 가버리다, (돌아)가다〈요8:14; 계17:8〉. 동

G5218 ὑπακοή[15회] **휘파코에**
G5219에서 유래; '경청', 즉 (함축적으로) '승락' 또는 '복종':—순종〈고후10:5〉. 여명

G5219 ὑπακούω[21회] **휘파쿠오**
G5259와 **G191**에서 유래; '아래에서 듣다'(하급자로써), 즉 '주의 깊게 귀를 기울이다', 함축적으로 명령이나 권위에 '주의하다' 또는 '따르다':—경청하다, 순종하다, 복종하다〈롬6:12〉. 동

G5220 ὕπανδρος[1회] **휘판드로스**
G5259와 **G435**에서 유래; '사람 아래에서' 종속 상태에 있는, 즉 '결혼한'(여자):—남편이 있는〈롬7:2〉. 형

G5221 ὑπαντάω[10회] **휘판타오**
G5259와 **G473**의 파생어에서 유래; '아래에서 맞은편으로 가다(만나다)(조용히), 즉 '우연히 만나다':—만나

다(만나러 가다)〈요11:20〉. 동

G5222 ὑπάντησις[3회] **휘판테시스**
G5221에서 유래; '조우' 또는 '일치'(부정사를 대신하여 **G1519**와 함께, '일치하기' 위하여):—만남〈요12:13〉. 여명

G5223 ὕπαρξις[2회] **휘파르크시스**
G5225에서 유래; '존재' 또는 '소유권', 즉 (구체적으로) '소유물', '부':—물건, 재산〈히10:34〉. 여명

G5224 ὑπάρχοντα[14회] **휘파르콘타**
명사로서 **G5225**의 현재분사 능동태 중성 복수; '현존하거나 손안에 있는' 것, 즉 '재산'이나 '소유':—재물, 가지고 있는 것, 소유한 것, 재산〈눅11:21〉. 중명

G5225 ὑπάρχω[60회] **휘파르코**
G5295와 **G756**에서 유래; 아래에서 (조용히) 시작하다, 즉 '생기다'('존재하다' 또는 '가까이 있다'); 덧붙여, '존재하다'(연결사 또는 부사, 분사, 형용사, 전치사에 종속적인 것으로, 혹은 주동사에 속한 보조어로서):—있다, 행동하다, 살다〈행16:3〉. 동

G5226 ὑπείκω[1회] **휘페이코**
G5259와 εἴκω **에이코**('굴복하다', '나약하다')에서 유래; '항복하다':—복종하다〈히13:17〉. 동

G5227 ὑπεναντίος[2회] **휘페난티오스**
G5259와 **G1727**에서 유래; '아래의'('남몰래'), '반대하는', 즉 '거스르는' 또는 (명사로) '대적자':—반대하는, 대적하는〈골2:14〉. 형

G5228 ὑπέρ[149회] **휘페르**
기본 전치사; '위에', 즉 (속격과 함께) 장소의, '위의', '너머', '가로질러서', 또는 원인을 나타내는 '위하여', '대신에', '…에 관해서(대하여)'; 대격과 함께 '~위에', '이상의'. 복합어에서도 위의 용례들로 많이 사용:—(훨씬 많이) 위에, ~대신에, 넘어, 의하여, 아주 싸게, 관하여, 아주 (위에), 더욱 더, 아주 높이, 보다 더, 의, 능가하여, 편에서, 보다도, 향하여, 아주〈고후1:6; 빌1:13〉. 전

G5229 ὑπεραίρομαι[3회] **휘페라이로마이**
G5228과 **G142**에서 유래된 중간태; '스스로를 위로 올리다', 즉 (상징적으로) '거만하게 되다':—자신을 높이다, 지나치게 높아지다〈고후12:7〉. 동

G5230 ὑπέρακμος[1회] **휘페라크모스**
G5228과 **G188**의 어간에서 유래; '전성기'를 지난, 즉 비유적으로 (딸의) '젊음의 한창 때(절정)가 지나간':—꽃다운 시절이 지난(혼기가 지난)〈고전7:36〉. 형

G5231 ὑπεράνω[3회] **휘페라노**
G5228과 **G507**에서 유래; '위에', 즉 '매우 더 높이'(장소나 위치상):—훨씬 위에, 넘어〈엡1:21〉. 부

G5232 ὑπεραυξάνω[1회] **휘페라욱사노**
G5228과 **G837**에서 유래; 보통 정도를 넘어 '증가하다':—더욱 자라다〈살후1:3〉. 동

G5233 ὑπερβαίνω[1회] **휘페르바이노**
G5228과 **G939**의 어간에서 유래; (한계를) '넘다', 즉 (상징적으로) '너무 뻗다':—분수를 넘다〈살전4:6〉. 동

G5234 ὑπερβαλλόντως[1회]
휘페르발론토스
G5235의 현재 능동태 분사에서 유래한 부사; '과도하게':—분량을 넘어(수없이)〈고후11:23〉. 부

G5235 ὑπερβάλλω[5회] **휘페르발로**

G5228과 G906에서 유래; 보통의 표적 '너머로 던지다', 즉 (상징적으로) '능가하다'(오직 능동분사에서 '탁월한'):—지극히 (크다, 풍성하다), 더 크다, 지나다〈엡1:19〉. 동

G5236 ὑπερβολή[8회] **휘페르볼레**
G5235에서 유래; '다른 것들 너머로 던짐', 즉 (상징적으로) '탁월'; 부사로 (G1519나 G2596과 함께) '탁월하게':—풍부, (훨씬 더) 초과함, (남보다) 우수함, 더 우수함, 잴 수 없음〈갈1:13〉. 여명

G5237 ὑπερείδω[1회] **휘페르에이도**
G5228과 G1492에서 유래; '간과하다', 즉 '벌하지 않다':—눈감아주다〈행17:30〉. 동

G5238 ὑπερέκεινα[1회] **휘페르에케이나**
G5228과 G1565의 중성복수에서 유래; 이 지경을 '넘어', 즉 '더욱 멀리':—넘어〈고후10:16〉. 부

G5239 ὑπερεκτείνω[1회] **휘페르엑테이노**
G5228과 G1614에서 유래; '과도하게 뻗어나가다':—지나치게 내뻗다〈고후10:14〉. 동

G5240 ὑπερεκχύννομαι[1회] **휘페르엑퀴노**
G5228과 G1632의 대체어에서 유래; '넘치도록 붓다', 즉 (수동적으로) '넘쳐흐르다':—(그릇을) 넘치다〈눅6:38〉. 동

G5241 ὑπερεντυγχάνω[1회] **휘페르엔튕카노**
G5228과 G1793에서 유래; '…을 위하여 중재하다':—~를 위한 기도를 하다〈롬8:26〉. 동

G5242 ὑπερέχω[5회] **휘페르에코**
G5228과 G2192에서 유래; '스스로를 위쪽으로 유지하다', 즉 (비유적으로) '뛰어나다'; 분사(형용사나 중성명사로서) '우수한', '우수성':—더 낫다, 뛰어나다, 고상하다, 지나다, 극상이다〈빌3:8〉. 동

G5243 ὑπερηφανία[1회] **휘페르에ㅎ파니아**
G5244에서 유래; '거만':—교만〈막7:22〉. 여명

G5244 ὑπερήφανος[5회] **휘페르에ㅎ파노스**
G5228과 G5316에서 유래; 다른 것들 위로 나타난(눈에 띄는), 즉 (상징적으로) '오만한':—교만한〈눅1:51〉. 형

G5245 ὑπερνικάω[1회] **휘페르니카오**
G5228과 G3528에서 유래; '넘치게 이기다', 즉 결정적인 '승리를 거두다':—넉넉히 이기다〈롬8:37〉. 동

G5246 ὑπέρογκος[2회] **휘페르옹코스**
G5228과 G3591에서 유래; '지나치게 부풀은, 즉 (상징적으로) '거만한':—크게 부풀어 오른〈벧후2:18〉. 형

G5247 ὑπεροχή[2회] **휘페로케**
G5242에서 유래; '탁월', (비유적으로) '우월'(계급 혹은 성격 면에서):—권위, 높은 지위〈고전2:1〉. 여명

G5248 ὑπερπερισσεύω[2회] **휘페르페릿슈오**
G5228과 G4052에서 유래; '넘치게 그득하다':—훨씬 많이 있다, 넘치다〈롬5:20〉. 동

G5249 ὑπερπερισσῶς[1회] **휘페르페릿소스**
G5228과 G4075에서 유래; '너무 많이', 즉 '대단히':—잴 수 없을 만큼(심히)〈막7:37〉. 부

G5250 ὑπερπλεονάζω[1회]

휘페르플레오나조
G5228과 G4121에서 유래; '넘치게 많다':—대단히 풍부하다〈딤전1:14〉. 동

G5251 ὑπερυψόω[1회] 휘페르윕소오
G5228과 G5312에서 유래; 다른 것들 '위로 높이다', 즉 '가장 높은' 위치로 '올리다':—지극히 높이다〈빌2:9〉. 동

G5252 ὑπερφρονέω[1회]
휘페르ㅎ프로네오
G5228과 G5426에서 유래; 자신을 '과도하게 평가하다', 즉 '자만하다' 또는 '거만하다':—더 높이 생각하다〈롬12:3〉. 동

G5253 ὑπερῷον[4회] 휘페르오온
G5228의 파생어의 중성형; 집의 '더 높은' 부분, 즉 '3층'에 있는 방:—다락방〈행9:37〉. 중명

G5254 ὑπέχω[1회] 휘페코
G5259와 G2192에서 유래; 자신을 '아래에 억누르다', 즉 인내심으로 '참다':—벌을 받다〈유1:7〉. 동

G5255 ὑπήκοος[3회] 휘페코오스
G5219에서 유래; '경청하는', 즉 (함축적으로) '복종하는':—순종하는〈고후2:9〉. 형

G5256 ὑπηρετέω[3회] 휘페레테오
G5257에서 유래; '부하가 되다', 즉 (함축적으로) '아랫사람으로 섬기다':—봉사하다, 채우다, 도움이 되다〈행13:36〉. 동

G5257 ὑπηρέτης[20회] 휘페레테스
G5259와 ἐρέσσω 에렛소('노를 젓다')의 파생어에서 유래; '하위 뱃사공', 즉 (일반적으로) '하속'(조수, 교회의 머슴, 시종):—부하, 일꾼, 종〈요7:32; 행26:16〉 남명

G5258 ὕπνος[6회] 휩노스
폐어가 된 기본어(아마 '잠재의식'의 개념에서 G5259와 유사)에서 유래; '잠', 즉 (비유적으로) 영적인 '무감각':—잠〈눅9:32〉. 남명

G5259 ὑπό[220회] 휘포
기본 전치사; '아래에', 즉 (속격과 함께) 장소의 (밑에), 또는 동사와 함께 (대리 또는 수단, '통하여'); (대격과 함께) 장소의 (그곳에 [~의 아래에] 또는 어디에 [밑에]) 또는 또는 시간의 (때에). 합성어에서 동일한 의미를 유지, 특히 '열등한' 위치 또는 상태, 그리고 특히 '남몰래' 또는 '적당하게':—사이에, 의하여, ~로부터, 안에, ~의, 아래에, 함께〈마1:22; 막13:13; 눅13:34; 행16:14〉. 전 〈속격〉 의하여, 말미암아, 〈대격〉 아래, 밑에

G5260 ὑποβάλλω[1회] 휘포발로
G5259와 G906에서 유래; '비밀히 던지다', 즉 공모에 의해 '이끌어 들이다':—매수하다. 〈행6:11〉. 동

G5261 ὑπογραμμός[1회] 휘포그람모스
G5259와 G1125의 합성어에서 유래; 밑에 대고 쓰는 '원본', 즉 모사를 위한 '본'(상징적으로):—견본〈벧전2:21〉. 남명

G5262 ὑπόδειγμα[6회] 휘포데이그마
G5263에서 유래; 모방이나 경고를 위한 '본보기'(상징적으로 '견본', '예시'):—본, 모형〈히4:11〉. 중명

G5263 ὑποδείκνυμι[6회] 휘포데이크뉘미
G5259와 G1166에서 유래; 눈 아래에 '보이다', 즉 (상징적으로) '예증하다'('가르치다', '훈계하다'):—보여주다, 경고하다, 미리 주의하다〈행9:16〉. 동

G5264 ὑποδέχομαι[4회] **휘포데코마이**
G5259와 **G1209**에서 유래; '집안으로 들이다', 즉 호의로써 맞이하여 '대접하다':—영접하다〈눅10:38〉. 동

G5265 ὑποδέω[3회] **휘포데오**
G5259와 **G1210**에서 유래; 발아래에 '매다', 즉 신발 혹은 샌들을 '신다':—묶다, 신발을 신다〈엡6:15〉. 동

G5266 ὑπόδημα[10회] **휘포데마**
G5256에서 유래; 발 '아래에 매는' 것, 즉 '신발' 또는 '샌들':—신〈눅3:16〉. 중명

G5267 ὑπόδικος[1회] **휘포디코스**
G5259와 **G1349**에서 유래; '선고(판결) 아래 있는', 즉 (함축적으로) '유죄의 선고를 받은':—유죄의〈롬3:19〉. 형

G5268 ὑποζύγιον[2회] **휘포쥐기온**
G5259와 **G2218**의 합성어의 중성형; '멍에를 멘' 동물('짐을 끄는 짐승'), 즉 (특히) '당나귀':—당나귀〈마21:5〉. 중명

G5269 ὑποζώννυμι[1회] **휘포존뉘미**
G5259와 **G2224**에서 유래; '아래를 둘러 감다', 즉 '묶다'(용골(龍骨), 선측과 갑판을 가로지르는 굵은 밧줄을 가지고 배를):—밑 둘레를 둘러 감다〈행27:17〉. 동

G5270 ὑποκάτω[11회] **휘포카토**
G5259와 **G2736**에서 유래; '아래에' 즉 '바로 밑에':—아래〈계5:3〉. 부

G5271 ὑποκρίνομαι[1회] **휘포크리노마이**
G5259와 **G2919**에서 유래한 중간태; 그릇된 요소 '아래에서 (말이나 행동을) 결정하다', 즉 (상징적으로) '시치미를 떼다'('가장하다'):—~인 체하다〈눅20:20〉. 동

G5272 ὑπόκρισις[6회] **휘포크리시스**
G5271에서 유래; 가장된 요소 '아래에서 행동하기', 즉 (상징적으로) '속임'('위선'):—비난, 시치미 뗌, 위선〈마23:28; 약5:12〉. 여명

G5273 ὑποκριτής[18회] **휘포크리테스**
G5271에서 유래; 맡겨진 인물에 따라 연기하는 '배우'('무대 연기자'), 즉 (상징적으로) '가면을 쓴 사람'('위선자'):—위선자〈마6:2〉. 남명

G5274 ὑπολαμβάνω[5회] **휘포람바노**
G5259와 **G2983**에서 유래; '아래로부터 가져오다', 즉 '위로 옮기다'; 비유적으로 '집어 올리다', 즉 강연이나 화제를 '계속하다'; 정신적으로 '추측하다'('상상하다'):— 대답하다, 받아들이다, 생각(가정)하다〈눅7:43〉. 동

G5275 ὑπολείπω[1회] **휘폴레이포**
G5295와 **G3007**에서 유래; '(뒤에) 남겨두다', 즉 (수동적으로) '남다'('살아남다'):—남다〈롬11:3〉. 동

G5276 ὑπολήνιον[1회] **휘폴레니온**
G5259와 **G3025**의 추정된 복합어의 중성형; '포도즙 틀 아래에 놓인' 용기(容器) 또는 그릇, 즉 아래 쪽의 '포도즙 받는 큰 통':—포도주 짜는 기구〈막12:1〉. 중명

G5277 ὑπολιμπάνω[1회] **휘폴림파노**
G5275에서 유래된 연장형; '뒤에 남기다', 즉 '유언으로 증여하다':—끼치다〈벧전2:21〉. 동

G5278 ὑπομένω[17회] **휘포메노**
G5259와 **G3306**에서 유래; '밑에 (뒤에) 머무르다', 즉 '남다'; 비유적으로 '견디다', 즉 '참다'(시련을), '불굴의 정신을 지니다', '인내하다':—머물다, 견디다, 인내하다, 참다, 뒤에 체

재하다〈행17:16; 히12:2〉.동

G5279 ὑπομιμνῄσκω[7회] **휘포밈네스코**
G5259와 G3403에서 유래; '조용히 상기하다', 즉 (중간태; 자신의) '기억을 떠오르게 하다':—상기시키다, 기억하다, 생각나[하]다〈눅22:61〉.동

G5280 ὑπόμνησις[3회] **휘포므네시스**
G5279에서 유래; '상기' 또는 (재귀적) '회상':—기억〈벧후3:1〉.여명

G5281 ὑπομονή[32회] **휘포모네**
G5278에서 유래; 즐거운(혹은 희망찬) '인내', '절조':—견딤, 참음, 인내, 인내하는 계속(기다림)〈계2:2〉.여명

G5282 ὑπονοέω[3회] **휘포노에오**
G5259와 G3539에서 유래; '속으로'(개인적으로) 생각하다', 즉 '짐작하다' 또는 '추측하다':—생각하다, 상상하다, 간주하다〈행13:25〉.동

G5283 ὑπόνοια[1회] **휘포노이아**
G5282에서 유래; '혐의':—추측, 생각〈딤전6:4〉.여명

G5284 ὑποπλέω[2회] **휘포플레오**
G5259와 G4126에서 유래; 바람이 불어가는 쪽으로 '항해하다':—아래로 항해하다〈행27:4〉.동

G5285 ὑποπνέω[1회] **휘포프네오**
G5259와 G4154에서 유래; '부드럽게 바람이 불다', 즉 '산들바람이 불다':—순하게 불다〈행27:13〉.동

G5286 ὑποπόδιον[7회] **휘포포디온**
G5259와 G4228의 합성어의 중성형; '발아래의' 것, 즉 (비유적으로) '발판':—발등상〈마5:35〉.중명

G5287 ὑπόστασις[5회] **휘포스타시스**
G5259와 G2476의 합성어에서 유래; '('지탱하는') 설정', 즉 (비유적 의미에서) 구체적으로 '본질, 실상[체]', 또는 추상적으로 '확신'(객관적이거나 주관적으로):—신뢰, 믿는 것(사람), 본체〈고후11:17〉.여명

G5288 ὑποστέλλω[4회] **휘포스텔로**
G5259와 G4724에서 유래; (안 보이게) '밑에 억누르다', 즉 (재귀적으로) '움츠러들다' 또는 '위축되다', (상징적으로) '숨기다'('유보하다'):—물러서다, 삼가다, 피하다, 멀리하다, 물러나다〈행20:20〉.동

G5289 ὑποστολή[1회] **휘포스톨레**
G5288에서 유래; 움츠림(겁냄), 즉 (함축적으로) '배교':—뒤로 물러감〈히10:39〉.여명

G5290 ὑποστρέφω[35회] **휘포스트레ㅎ포**
G5259와 G4762에서 유래; '아래(뒤)로 돌리다', 즉 '되돌리다'(문자적으로 상징적으로):—돌아오다, 돌아가다, (다시) 돌아서다〈눅1:56; 행14:21〉.동

G5291 ὑποστρώννυμι[1회]
휘포스트론뉘미
G5259와 G4766에서 유래; '아래에 깔다'(양탄자와 같은 것):—펴다〈눅19:36〉.동

G5292 ὑποταγή[4회] **휘포타게**
G5293에서 유래; '종속시키기':—복종, 순종〈딤전2:11〉.여명

G5293 ὑποτάσσω[38회] **휘포탓소**
G5259와 G5021에서 유래; '종속하다', 재귀적으로 '복종하다':—복종하다, 항복하다, 굴복하다, 순종하다〈눅10:17; 고전15:27〉.동

G5294 ὑποτίθημι[2회] **휘포티쎄미**
G5259와 G5087에서 유래; '지배하에 두다', 즉 (상징적으로) '모험하다', (재귀적으로) '생각나게 하다':—내

어 놓다, 깨우치다〈롬16:4〉. 동

G5295 ὑποτρέχω[1회] **휘포트레코**
G5259와 G5143(대체어를 포함)에서 유래; '아래로 달리다', 즉 (특히) '항해하여 지나가다':—아래로 지나다〈행27:16〉. 동

G5296 ὑποτύπωσις[2회] **휘포튀포시스**
G5259와 G5179의 파생어의 합성어에서 유래; '유형화', 즉 (구체적으로) 모방을 위한 '밑그림' (상징적으로): —원형, 본〈딤전1:16〉. 여명

G5297 ὑποφέρω[3회] **휘포ㅎ페로**
G5259와 G5342에서 유래; '~의 아래에서', '참다', 즉 (상징적으로) 고난을 '겪다':—견디다, 지탱하다〈딤후3:11〉. 동

G5298 ὑποχωρέω[2회] **휘포코레오**
G5259와 G5562에서 유래; '아래로 물러나다', 즉 조용히 '물러가다':—떨어져 가다, 스스로 물러나다〈눅5:16〉. 동

G5299 ὑπωπιάζω[2회] **휘포피아조**
G5259와 G3700의 파생어의 합성어에서 유래; '눈 밑을 치다'(권투 선수로서 적수를 '치거나' '무능하게 만들다'), 즉 (비유적으로) '괴롭히다' 또는 '귀찮게 굴다'(순종하도록), (격정을) '억제하다':—억누르다, 지치게 하다〈고전9:27〉. 동

G5300 ὗς[1회] **휘스**
명백히 기본어; '돼지':—암돼지〈벧후2:22〉. 여명

G5301 ὕσσωπος[2회] **휫소포스**
기원은 외래어 [H231]; '히솝풀':—우슬초〈요19:29〉. 남명. 여명. 중명 옛날 약으로 썼던 향기로운 꿀풀과(科)의 식물, 유대인의 의식 때에 그 가지를 귀신과 재앙을 물리치는 데 썼음(시51:7; 출12:22)

G5302 ὑστερέω[16회] **휘스테레오**
G5306에서 유래; '늦게 되다', 즉 (함축적으로) '열등하다'; 일반적으로 '부족하다'('모자라다'):—뒤쳐지다, 모자라게 되다, 빈곤하다, 실패하다, 부족하다, 궁핍하다, 더 못하다〈마19:20; 고전1:7〉. 동

G5303 ὑστέρημα[9회] **휘스테레마**
G5302에서 유래; '부족'; 특히 '가난': —뒤떨어진 것, 결핍, 부족한 것, 빈곤, 곤궁〈고후8:14〉. 중명

G5304 ὑστέρησις[2회] **휘스테레시스**
G5302에서 유래; '부족하게 됨', 즉 (특히) '궁핍':—가난〈막12:44〉. 여명

G5305 ὕστερον[12회] **휘스테론**
부사로서 G5306의 중성형; '보다 최근에', 즉 '최후에':—나중에, 끝내〈눅20:32〉. 부

G5306 ὕστερος[12회] **휘스테로스**
G5259('뒤'라는 의미에서)에서 유래된 비교급; '더 늦은, 더 뒤의':—뒤쪽의, 후자의〈딤전4:1〉. 형

G5307 ὑφαντός[1회] **휘ㅎ판토스**
ὑφαίνω **휘ㅎ파이노**('짜다, 뜨다, 엮다')에서 유래; '짠', 즉 (아마) '뜬':—엮은〈요19:23〉. 형

G5308 ὑψηλός[11회] **휩셀로스**
G5311에서 유래; '높은'(장소나 성격면에서):—높은, 더 높은, 높이(높임을 받는)〈마4:8; 눅16:15〉. 형

G5309 ὑψηλοφρονέω[1회]
휩셀로ㅎ프로네오
G5308과 G5424에서 유래; '마음을 높이다', 즉 '거만하다':—교만하다〈롬11:20〉 동

G5310 ὕψιστος[13회] **휩시스토스**
G5311 이 어간에서 유래된 최상급; '가장 높은', 즉 (남성단수) '지극히 높으신 (이)'(하나님), 또는 (중성 복수) '천국':—지극히 높으신, 가장 높은〈눅1:32〉.형

G5311 ὕψος[6회] **휩소스**
G5228의 파생어에서 유래; '높이기', 즉 (추상적으로) '높이', (특히) '하늘', 또는 (상징적으로) '위엄':—높음, 높이, 위〈약1:9〉.중명

G5312 ὑψόω[20회] **휩소오**
G5311에서 유래; '높이다' (문자적으로, 상징적으로):—올리다, 들어 올리다〈눅14:11〉.동

G5313 ὕψωμα[2회] **휩소마**
G5312에서 유래; '높은' 장소나 사물, 즉 (추상적으로) '높음', 또는 (함축적으로) '울타리'(상징적으로):—높이, 높은 것〈롬8:39〉.중명

트롱헬라어사전

φ

G5314 φάγος 2회 ㅎ**파고스**
G5315에서 유래; '대식가':—먹기를 탐하는 자〈마11:19〉. 남명

G5315 φάγω 97회 ㅎ**파고**
기본 동사(어떤 시제에서 G2068의 대체어로 사용); '먹다'(문자적으로 상징적으로):—먹다, 식사하다〈눅24:43〉. 동

G5316 φαίνω 31회 ㅎ**파이노**
G5457의 어간의 연장형; '밝게(빛나게)하다', 즉 '보이다'(타동사나 자동사, 문자적으로 혹은 상징적으로):—나타나다, 보이다, ~처럼 보이다, 비춰다, 생각하다〈마2:7〉. 동

G5317 Φάλεκ 1회 ㅎ**팔렉**
기원은 히브리어 [H6389]; '벨렉', 한 족장:—벨렉〈눅3:35〉. 고명

G5318 φανερός 18회 ㅎ**파네로스**
G5316에서 유래; '빛나는', 즉 '명백한'(문자적으로 혹은 상징적으로); 중성(부사로서) '공개적으로', '외부적으로':—널리, 나타난, 알려진, 드러난, 열린, 공공연히, 표면적〈막4:22; 행7:13〉. 형

G5319 φανερόω 49회 ㅎ**파네로오**
G5318에서 유래; '명백하게 표현하다'(문자적이거나 상징적으로):—나타나다, 명백히 선언하다, 드러내다, 보이다, 알려지다, 나타내다〈고후3:3〉. 동

G5320 φανερῶς 3회 ㅎ**파네로스**
G5318에서 유래한 부사; '명백히', 즉 '똑똑히' 또는 '공개적으로':—분명히, 드러나게〈행10:3〉. 부

G5321 φανέρωσις 2회 ㅎ**파네로시스**
G5319에서 유래; '전시', 즉 (상징적으로) '표현', (확대된 의미로) '수여':—나타냄[남]〈고전12:7〉. 여명

G5322 φανός 1회 ㅎ**파노스**
G5316에서 유래; '밝히는 것', 즉 '횃불'; '등잔':—등〈요18:3〉. 남명

G5323 Φανουήλ 1회 ㅎ**파누엘**
기원은 히브리어 [H6439]; '바누엘', 이스라엘인:—바누엘〈눅2:36〉. 고명

G5324 φαντάζω 1회 ㅎ**판타조**
G5316의 파생어에서 유래; '명백하게 만들다', 즉 (수동적으로) '나타나다'(명사로서 중성분사, '광경'):—보이다〈히12:21〉. 동

G5325 φαντασία 2회 ㅎ**판타시아**
G5324의 파생어에서 유래; (정확히는 추상적으로) (헛된) '보이기'('환상'):—과시, 허세, 화려한 행렬〈행25:23〉 여명

G5326 φάντασμα 2회 ㅎ**판타스마**
G5324에서 유래; (정확히는 구체적으로)(단순히) '보이기'('환영(幻影)'), 즉 '유령':—영〈마14:26〉. 중명

G5327 φάραγξ 1회 ㅎ**파랑크스**
정확히는 G4008 또는 오히려 G4486의 어간에서 유래된 강세형; '간격' 또는 '깊게 갈라진 틈', 즉 '협곡'(겨울비가 급류하는):—골짜기〈눅3:5〉. 여명

G5328 Φαραώ 5회 ㅎ**파라오**
기원은 외래어 [H6547] '바로', 애굽의 왕:—바로〈행7:10〉. 남명

G5329 Φαρές 3회 ㅎ**파레스**
기원은 히브리어[H6557]에서 유래; '베레스', 이스라엘인:—베레스〈마1:3〉. 고명

G5330 Φαρισαῖος 99회 ㅎ**파리사이오스**
기원은 히브리어 [H6567과 비교]; '분

리주의자', 즉 배타적인 '신앙의'(사람들); '바리새인', 즉 유대교의 한 종파:—바리새인〈마12:2; 빌3:5〉. 남명

G5331 φαρμακεία[2회] ㅎ**파르마케이아**
G5332에서 유래; '약물 치료'('조제술'), 즉 (확대된 의미로) '마법'(문자적으로 상징적으로):—복술, 주술〈계9:21〉. 여명

G5332 φαρμακεύς[1회] ㅎ**파르마큐스**
φάρμακον ㅎ**파르마콘**('약', 즉 일회분의 (특히 마력 있는) 마시는 약)에서 유래; '약제사'('조제사') 또는 '해독을 주는 사람', (확대된 의미로) '마법사':—마[점]술사〈계21:8〉. 남명

G5333 φαρμακός[2회] ㅎ**파르마코스**
G5332와 동의어; '마법사':—마[점]술사〈계22:15〉. 남명

G5334 φάσις[1회] ㅎ**파시스**
G5346(G5316에서 유래한 '국면'과 동의어가 아닌)에서 유래; '진술', 즉 '보고':—소식〈행21:31〉. 여명

G5335 φάσκω[3회] ㅎ**파스코**
G5346의 동의어에서 유래된 연장형; '주장하다':—확언하다, 공언하다, 말하다〈행25:19〉. 동

G5336 φάτνη[4회] ㅎ**파트네**
πατέομαι **파테오마이**('먹다')에서 유래; '구유'(마초를 위한):—여물통, 외양간〈눅2:7〉. 여명

G5337 φαῦλος[6회] ㅎ**파울로스**
명백히 기본어; '더러운' 또는 '결함이 있는', 즉 (상징적으로) '사악한':—악한〈요3:20〉. 형

G5338 φέγγος[2회] ㅎ**펭고스**
아마 G5457[G5350과 비교]의 어간과 유사; '광택':—빛〈마24:29〉. 중명

G5339 φείδομαι[10회] ㅎ**페이도마이**
불확실한 유사어에서 유래; '조심스러워 하다', 즉 (주관적으로) '삼가다' 또는 (객관적으로) '관대히 대우하다':—아끼다, 용서하다〈롬11:21〉. 동

G5340 φειδομένως[2회] ㅎ**페이도메노스**
G5339의 분사에서 유래한 부사; '절제하여', 즉 '인색하게':—검약하여〈고후9:6〉. 부

G5341 φελόνης[1회] ㅎ**펠로네스**
G5316(다른 옷 위에 있는 것처럼 '보이는')의 파생어에서 전환한 듯; '망토'('외투'):—겉옷〈딤후4:13〉. 남명

G5342 φέρω[66회] ㅎ**페로**
기본 동사 (어떤 시제에서만 다른 그리고 명백히 같은 어원이 아닌 것들, 즉 οἴω **오이오**와 ἐνέγκω **에넹코**가 사용); '데려가다' 또는 '나르다' (아주 폭넓은 적용으로, 문자적으로 그리고 상징적으로):—이다, 참다, 가지고 오다, 견디다, 오다, 몰게 하다, 이끌리다, 지탱하다, 계속하다, 두다, 이끌다, 움직이다, 도달하다, 돌진하다, 지지하다〈마14:11; 눅23:26; 요15:2〉. 동

G5343 φεύγω[29회] ㅎ**퓨고**
명백히 기본 동사; '도망하다'(문자적으로 또는 상징적으로); 함축적으로 '피하다'; 유추적으로 '사라[없어]지다':—도주하다, 달아나다〈마26:56〉. 동

G5344 Φῆλιξ[9회] ㅎ**펠릭스**
기원은 라틴어; '행복한', '벨릭스', 로마인:—벨릭스〈행23:24〉. 고명

G5345 φήμη[2회] ㅎ**페메**
G5346에서 유래; '진술', 즉 '소문'('평판'):—명성〈마9:26〉. 여명

G5346 φημί[66회] ㅎ**페미**

정확히는 G5457의 어간과 G5316과 동일; 사람의 생각을 '보여주다' 또는 '알게 하다', 즉 '말하다' 혹은 '이야기하다':—확언하다, 말하다. G3004와 비교.〈행10:28〉. 동

G5347 Φῆστος13회 ㅎ페스토스
리틴어의 파생어에서 유래; '축제의', '베스도', 로마인:—베스도〈행25:1〉. 고명

G5348 φθάνω7회 ㅎ프싸노
명백히 기본 동사; '앞서다', 즉 '예기하다' 또는 '선행하다'; 확대된 의미로 '도착하다':—(이미) 이르다, 오다, 예방하다〈빌3:16〉. 동

G5349 φθαρτός6회 ㅎ프싸르토스
G5351에서 유래; '썩은', 즉 (함축적으로) '썩을':—썩어질〈고전15:53〉. 형

G5350 φθέγγομαι3회 ㅎ프쎙고마이
아마 G5338과 G5346과 유사; 분명한 소리로 '말하다', 즉 (일반적으로) '선언하다':—말하다〈벧후2:16〉. 동

G5351 φθείρω9회 ㅎ프쎄이로
아마 φθίω ㅎ프씨오('파리해지다' 또는 '쇠약해지다')에서 유래된 강세형; 정확히는 '주름지다' 또는 '시들다'; 즉 '썩다, 부패하다'(어떤 과정으로든) 혹은 (일반적으로) '파멸하다'(특히 도덕적인 영향에 의해서 상징적으로 '타락시키다'):—(자신을) 더럽히다, 모독하다, 해치다〈고후7:2〉. 동

G5352 φθινοπωρινός1회 ㅎ프씨노포리노스
φθίνω ㅎ프씨노('이지러지다'; G5351의 어간과 유사)의 파생어와 G3703('늦가을')에서 유래; '가을의'(나뭇잎들이 떨어지는 것으로):—열매가 시드는〈유1:12〉 형

G5353 φθόγγος2회 ㅎ프쏭고스
G5350에서 유래; '발언', 즉 '음악적인' 선율(성악의 또는 악기의):—소리, 음〈롬10:18〉. 남명

G5354 φθονέω1회 ㅎ프쏘네오
G5355에서 유래; '질투하다':—투기(妬忌)하다〈갈5:26〉. 동

G5355 φθόνος9회 ㅎ프쏘노스
아마 G5351의 어간과 유사; '악의'('비난'하는), 즉 '질투'('앙심'):—투기, 시기〈빌1:15〉. 남명

G5356 φθορά9회 ㅎ프쏘라
G5351에서 유래; '부패', 즉 '파멸'(자연적인 것이거나 가해진 것으로, 문자적이거나 상징적으로):—부패, 멸망, 썩어짐(썩을 것)〈벧후1:4〉. 여명

G5357 φιάλη12회 ㅎ피알레
불확실한 유사어에서 유래; 넓고 얕은 '컵'('작은 유리병'):—대접〈계16:1〉. 여명

G5358 φιλάγαθος1회 ㅎ필아가쏘스
G5384와 G18에서 유래; '선행을 좋아하는', 즉 '덕의 장려자':—선한 사람을 사랑하는〈딛1:8〉. 형

G5359 Φιλαδέλφεια2회 ㅎ필라델ㅎ페이아
Φιλάδελφος ㅎ필라델ㅎ포스(G5361의 동일형, 버가모의 왕)에서 유래; '필라델피아', 소아시아의 한 장소:—빌라델비아〈계1:11〉. 고명

G5360 φιλαδελφία6회 ㅎ필라델ㅎ피아
G5361에서 유래; '형제애':—형제의 사랑(우애), 형제를 사랑함〈롬12:10〉. 여명

G5361 φιλάδελφος1회 ㅎ필라델ㅎ포스
G5384와 G80에서 유래; '형제를 사랑

하는', 즉 '우애의':—형제로서 사랑하는〈벧전3:8〉.[형]

G5362 φίλανδρος[1회] ㅎ**필란드로스**
G5384와 G435에서 유래; '남자를 좋아하는', 즉 부인으로서의 '사랑':—남편을 사랑하는〈딛2:4〉.[형]

G5363 φιλανθρωπία[2회] ㅎ**필란쓰로피아**
G5364와 G444의 동형에서 유래; '사람을 좋아함' ('박애주의'), 즉 '자비로움':—친절〈행28:2〉.[여명]

G5364 φιλανθρώπως[1회] ㅎ**필란쓰로포스**
G5384와 G444의 합성어에서 유래된 부사; '사람에게 친절히'('인자하게'), 즉 '자비롭게':—예의바르게〈행27:3〉.[부]

G5365 φιλαργυρία[1회] ㅎ**필라르귀리아**
G5366에서 유래; '탐욕':—돈을 사랑함〈딤전6:10〉.[여명]

G5366 φιλάργυρος[2회] ㅎ**필라르귀로스**
G5384와 G696에서 유래; '은(돈)을 좋아하는', 즉 '욕심 사나운':—탐욕스러운〈눅16:14〉.[형]

G5367 φίλαυτος[1회] ㅎ**필아우토스**
G5384와 G846에서 유래; '자신을 좋아하는', 즉 '이기적인':—자신을 사랑하는 (사람)〈딤후3:2〉.[형]

G5368 φιλέω[25회] ㅎ**필레오**
G5384에서 유래; 친구가 되다([개인이나 물질]을 좋아하는), 즉 '애정을 가지다'(감정이나 느낌이라는 문제로 개인의 '애착'을 표시하는; 반면 G25는 원리, 의무 그리고 예절 같은 문제로 특히 판단과 '사려 깊은' 의지의 동의를 포함하여 더 광범위한 것임: 그래서 두 단어는 G2309와 G1014, 또는 G2372와 G3563과 각각 아주 많이 연관되어 있음; 전자는 주로 '가슴'의 것이고 후자는 '머리'의 것임); 특히 '입 맞추다'(부드러움의 표시로서):—입 맞추다, 사랑하다〈요21:15; 고전16:22〉.[동]

G5369 φιλήδονος[1회] ㅎ**필레도노스**
G5384와 G2237에서 유래; '쾌락을 좋아하는' 즉 '육욕에 빠지는':—쾌락을 사랑하는 (사람)〈딤후3:4〉.[형]

G5370 φίλημα[7회] ㅎ**필레마**
G5368에서 유래; 입맞춤:—입맞춤〈눅22:48〉.[중명]

G5371 Φιλήμων[1회] ㅎ**필레몬**
G5368에서 유래; '친한'; '빌레몬', 그리스도인:—빌레몬〈몬1:1〉.[고명]

G5372 Φιλητός[1회] ㅎ**필레토스**
G5368에서 유래; '붙임성 있는', '빌레도', 기독교의 반대자:—빌레도〈딤후2:17〉.[고명]

G5373 φιλία[1회] ㅎ**필리아**
G5384에서 유래; '다정함':—벗 됨, 친구로서의 사귐〈약4:4〉.[여명]

G5374 Φιλιππήσιος[1회] ㅎ**필립페시오스**
G5375에서 유래; '빌립보인', 즉 '빌립보의 원주민':—빌립보인〈빌4:15〉.[남명]

G5375 Φίλιπποι[4회] ㅎ**필립포이**
G5376의 복수형; '빌립보', 마케도니아의 한 장소:—빌립보〈행16:12〉.[고명]

G5376 Φίλιππος[36회] ㅎ**필립포스**
G5384와 G2462에서 유래; '말(馬)을 좋아하는'; '빌립', 네 명의 이스라엘인의 이름:—빌립〈요1:43〉.[고명]

G5377 φιλόθεος[1회] ㅎ**필로쎄오스**
G5384와 G2316에서 유래; '하나님을 좋아하는', 즉 '경건한':—하나님을 사

랑하는 (사람)〈딤후3:4〉.형

G5378 Φιλόλογος[1회] ㅎ필롤로고스
G5384와 G3056에서 유래; '말을 좋아하는', 즉 '수다스러운'('논쟁을 좋아하는', '박학한', '언어학적인'), '빌롤로고', 그리스도인:—빌롤로고〈롬16:15〉.고명

G5379 φιλονεικία[1회] ㅎ필로네이키아
G5380에서 유래; '싸우기를 좋아함', 즉 '논쟁':—다툼〈눅22:24〉.여명

G5380 φιλόνεικος[1회] ㅎ필로네이코스
G5384와 νεῖκος 네이코스('말다툼'; 아마 G3534와 유사)에서 유래; '다툼을 좋아하는', 즉 '논쟁적인':—토론하기 좋아하는〈고전11:16〉.형

G5381 φιλονεξία[2회] ㅎ필로넥시아
G5382에서 유래; '환대':—손 대접하기, 후한 대접〈롬12:13〉.여명

G5382 φιλόξενος[3회] ㅎ필록세노스
G5384와 G3581에서 유래; '손님을 좋아하는', '호의로써 맞이하는':—환대를 좋아하는〈딛1:8〉.형

G5383 φιλοπρωτεύω[1회]
ㅎ필로프로튜오
G5384와 G4413의 합성어에서 유래; '으뜸이 되는 것을 좋아하다', 즉 탁월함에 대해 '야망이 있다':—걸출하기를 좋아하다〈요삼1:9〉.동

G5384 φίλος[29회] ㅎ필로스
정확히는 '친애하는', 즉 '친구'; 능동적으로 '좋아하는', 즉 '친한'(명사로서는, '동료', '이웃', 등):—친구, 벗〈눅11:5〉.형.명

G5385 φιλοσοφία[1회] ㅎ필로소ㅎ피아
G5386에서 유래; '철학', 즉 (특히) 유대인의 '궤변':—철학〈골2:8〉.여명

G5386 φιλόσοφος[1회] ㅎ필로소ㅎ포스
G5384와 G4680에서 유래; '지혜로운 것을 좋아하는', 즉 '철학자':—철학자〈행17:18〉.남명

G5387 φιλόστοργος[1회]
ㅎ필로스토르고스
G5384와 στοργή 스토르게(친족, 특히 부모 또는 자녀를 '소중히 하는')에서 유래; 자연적인 '인척관계를 좋아하는', 즉 동료 그리스도인을 향한 '우애의':—진심으로 사랑 받는[하는]〈롬42:10〉.형

G5388 φιλότεκνος[1회] ㅎ필로테크노스
G5384와 G5043에서 유래; '자녀들을 좋아하는', 즉 '모성의':—자녀들을 사랑하는 〈딛2:4〉.형

G5389 φιλοτιμέομαι[3회]
ㅎ필로티메오마이
G5384와 G5092의 합성어에서 유래된 중간태; '명예를 좋아하다', 즉 '경쟁심이 강하다' (어떤 것을 하기에 '열심이거나 진지하다'):—힘쓰다, 노력하다, 연구하다〈고후5:9〉.동

G5390 φιλοφρόνως[1회]
ㅎ필로ㅎ프로노스
G5391에서 유래된 부사; '마음의 친절함을 가지고', 즉 '친절하게':—예의바르게〈행28:7〉 부

G5391 φιλόφρων[1회] ㅎ필로ㅎ프론
G5384와 G5424에서 유래; '마음으로 친한', 즉 '친절한':—예의바른〈벧전3:8〉.형

G5392 φιμόω[7회] ㅎ피모오
φιμός ㅎ피모스('재갈')에서 유래; '재갈 물리다':—말 못하게 하다, 잠잠하게 하다〈벧전23:15〉.

G5393 Φλέγων[1회] ㅎ플레곤
G5395의 어간의 능동태 분사; '타오

르는'; '블레곤', 그리스도인:—블레곤〈롬16:14〉.고명

G5394 φλογίζω2회 ㅎ**플로기조**
G5395에서 유래; '불꽃을 일으키다', 즉 '점화하다'(상징적으로 열정을 가지고 '불을 붙이다'):—불사르다〈약3:6〉.동

G5395 φλόξ7회 ㅎ**플록스**
기본어 φλέγω ㅎ**플레고**('번쩍이다' 또는 '타오르다')에서 유래; '불길':—불꽃, 타오름〈계1:14〉.여명

G5396 φλυαρέω1회 ㅎ**플뤼아레오**
G5397에서 유래; '수다쟁이가 되다' 또는 '희롱하는 사람이 되다', 즉 (함축적으로) '무익하게' 또는 '장난기가 있게' '호되게 꾸짖다':—쓸데없는 소리하다〈요삼1:10〉.동

G5397 φλύαρος1회 ㅎ**플뤼아로스**
φλύω ㅎ**플뤼오**('거품을 일으키다')에서 유래; '수다스러운 (사람)', 즉 '수다쟁이':—잡담을 늘어놓는 (사람)〈딤전 5:13〉.형

G5398 φοβερός3회 ㅎ**포베로스**
G5401에서 유래; '무서운', 즉 (객관적으로) '만만찮은':—두려운, 가공할〈히10:27〉.형

5399 φοβέω3회 ㅎ**포베오**
G5401에서 유래; '무서워하다', 즉 (수동적으로) '놀램을 당하다'; 유추적으로, '두려워하다', 즉 '경외하다':—두렵다, 무서워하다(대단히), 경외하다〈마2:22; 행10:2〉.동

G5400 φόβητρον1회 ㅎ**포베트론**
G5399의 파생어의 중성형; '무서운' 일, 즉 '무시무시한' 징조:—무서운 광경〈눅21:11〉.중명

G5401 φόβος48회 ㅎ**포보스**
기본어 φήβομαι ㅎ**페보마이**('두려움' 가운데 놓여 있다)에서 유래; '놀람' 혹은 '공포':—무서워함, 두려움, 공포〈행5:5〉.남명

G5402 Φοίβη1회 ㅎ**포이베**
φοῖβος ㅎ**포이보스**('빛나는'; 아마 G5457의 어간과 유사)의 여성형; '뵈뵈', 여성도:—뵈뵈〈롬16:1〉.고명

G5403 Φοινίκη3회 ㅎ**포이니케**
G5404에서 유래; '종려나무'의 지방; '페니키아', 팔레스타인의 한 지역:—베니게〈행11:19〉.고명

G5404 φοῖνιξ2회 ㅎ**포이닉스**
불확실한 파생어에서 유래; '종려'나무:—종려(나무)〈요12:13〉.남명

G5405 Φοῖνιξ1회 ㅎ**포이닉스**
아마 G5404와 동일; '피닉스', 크레타 섬의 한 장소:—뵈닉스〈행27:12〉.고명

G5406 φονεύς7회 ㅎ**포뉴스**
G5408에서 유래; '살인자'(항상 '범죄적인 [또는 적어도 '의도적인'] 살인자; G443은 반드시 그런 뜻을 함축하고 있지는 않음; 반면 G4607은 '공적인' 악한을 지칭하는 특별한 용어임):—살인하는 자〈행7:52〉.남명

G5407 φονεύω12회 ㅎ**포뉴오**
G5406에서 유래; '(~의) 살인자가 되다':—죽이다, 살인을 하다, 살해하다〈약2:11〉.동

G5408 φόνος9회 ㅎ**포노스**
폐어인 기본어 φένω ㅎ**페노**('살해하다')에서 유래; '살인':—살인, 죽임, 도살〈막7:21〉.남명

G5409 φορέω6회 ㅎ**포레오**
G5411에서 유래; '짐을 지다', 즉 (분석적으로) 옷 또는 일정한 부수물로 '입다':—지니다, 입다〈고전15:49〉.동

G5410 Φόρον[1회] ㅎ**포론**
기원은 라틴어; '공회용의 광장' 또는 '시장'; **G675**와만 합성; 압비오 가도(街道)의 한 장소:—광장〈행28:15〉. 고명

G5411 φόρος[5회] ㅎ**포로스**
G5342에서 유래; '무거운 짐'('져야 하는 것'으로서), 즉 (상징적으로) '세금'(정확히는 사람이나 재산에 부과하는 개인적인 '세액'; 반면 **G5056**은 보통 물건이나 여행에 대한 포괄적인 '통행세'):—조세〈롬13:6〉. 남명

G5412 φορτίζω[2회] ㅎ**포르티조**
G5414에서 유래; '짐을 싣다'(정확히는 배나 짐승에게), 즉 (비유적으로) 의식(儀式)(영적 근심)으로 '과중한 짐을 지우다':—짐 지다, 무거운 짐을 지다〈마11:28〉. 동

G5413 φορτίον[6회] ㅎ**포르티온**
G5414의 지소형; '송장(送狀)'('화물'의 부분으로서), 즉 (상징적으로) '과업' 또는 '봉사':—짐〈눅11:46〉. 중명

G5414 φόρτος[1회] ㅎ**포르토스**
G5342에서 유래; '운반되는' 것, 즉 '뱃짐':—선하물(船荷物)〈행27:10〉. 남명

G5415 Φορτουνάτος[1회] ㅎ**포르투나토스**
기원은 라틴어; '행운의'; '브드나도', 그리스도인:—브드나도〈고전16:17〉. 고명

G5416 φραγέλλιον[1회] ㅎ**프라겔리온**
G5417의 어간에서 유래된 파생어의 중성형; '채찍', 즉 공개적 형벌인 로마의 '태형':—천벌〈요2:15〉. 중명

G5417 φραγελλόω[2회] ㅎ**프라겔로오**
라틴어의 추정된 동의어에서 유래; '채찍질하다', 즉 공개적 형벌로서 '태형을 가하다':—채찍질하다〈막15:15〉. 동

G5418 φραγμός[4회] ㅎ**프라그모스**
G5420에서 유래; '울타리', 또는 둘러싸인 '장벽'(문자적이거나 상징적으로):—산울타리, 칸막이〈눅14:23〉. 남명

G5419 φράζω[1회] ㅎ**프라조**
아마도 **G5420**('규정하다'는 개념으로)과 유사; '가리키다'(말 또는 행동으로), 즉 (특히) '상세히 설명하다':—선언하다〈마15:15〉. 동

G5420 φράσσω[3회] ㅎ**프랏소**
명백히 **G5424**의 어간의 강세형; '울타리 치다' 또는 둘러막다, 즉 (특히) '막다'(상징적으로 '침묵시키다'):—막다, 막히다〈롬3:19〉. 동

G5421 φρέαρ[7회] ㅎ**프레아르**
불확실한 파생어에서 유래; 땅속의 '구덩이'(물을 얻거나 저장하거나 또는 다른 목적을 위하여 판), 즉 '웅덩이' 또는 '우물'; 상징적으로 '심연(深淵)'('감옥'으로서):—우물, 구덩이, 구멍〈계9:1〉. 중명

G5422 φρεναπατάω[1회] ㅎ**프레나파타오**
G5423에서 유래; '심적으로 잘못 인도하다', 즉 '미혹시키다':—속이다〈갈6:3〉. 동

G5423 φρεναπάτης[1회] ㅎ**프레나파테스**
G5424와 **G539**에서 유래; '심적으로 잘못 인도하는 사람', 즉 '유혹자':—속이는 자〈딛1:10〉. 남명

G5424 φρήν[2회] ㅎ**프렌**
아마 폐어인 φράω ㅎ**프라오**('고삐를 매다' 또는 '재갈을 먹이다'; **G5420**과 비교)에서 유래; '횡격막'(몸의 '칸막

이'로서), 즉 (비유적으로 그리고 함축적으로 '동정(同情)'의) '감정'(또는 민감한 본성; 확대된 의미로 [또한 복수형으로] '지성' 또는 인식능력): ―이해, 깨달음〈고전14:20〉. 여명

G5425 φρίσσω[1회] ㅎ**프릿소**
명백히 기본 동사; '털을 곤두세우다' 또는 '오싹해지다', 즉 '전율하다'('두려워하다'): ―떨다〈약2:19〉. 동

G5426 φρονέω[26회] ㅎ**프로네오**
G5424에서 유래; '마음을 쓰다', 즉 '마음에 품다' 또는 '감정이나 의견을 가지다'; 함축적으로 (정신적으로) '마음이 내키게 하다' (다소 진지하게 어떤 방향으로); 강의적으로 '스스로를 끌어넣다' (관심 또는 순종을 가지고): ―~에 애착을 가지다, 관심을 갖다, 주의하다, 뜻을 같게 하다, 같은 마음을 가지다, ~로 생각하다, 기미가 있다, 생각하다〈마16:23; 롬14:6; 빌1:7〉. 동

G5427 φρόνημα[4회] ㅎ**프로네마**
G5426에서 유래; (정신적인) '경향' 또는 '의도': ―마음, (육적으로 또는 영적으로) 주의를 기울임〈롬8:7〉. 중명

G5428 φρόνησις[2회] ㅎ**프로네시스**
G5426에서 유래; 정신적인 '행동' 또는 '활동', 즉 지적이거나 도덕적인 '통찰력': ―분별, 지혜〈눅1:17〉. 여명

G5429 φρόνιμος[14회] ㅎ**프로니모스**
G5424에서 유래; '사려 깊은', 즉 '총명한' 또는 '분별 있는'('조심성 있는' 성격을 내포; 반면에 **G4680**은 '실제적인' 기술이나 예민함을 표시하고; **G4908**은 오히려 '지성'이나 '정신적인 재능'을 가리킨다); 나쁜 의미에서는 '자만심이 강한'(또한 비교급으로): ―지혜로운, 더 지혜로운〈마25:2〉. 형

G5430 φρονίμως[1회] ㅎ**프로니모스**
G5429에서 유래한 부사; '신중하게': ―지혜롭게〈눅16:8〉. 부

G5431 φροντίζω[1회] ㅎ**프론티조**
G5424의 파생어에서 유래; '생각을 활동시키다', 즉 '염려하다': ―조심하다〈딛3:8〉. 동

G5432 φρουρέω[4회] ㅎ**프루레오**
G4253과 **G3708**의 합성어에서 유래; '앞서 지키는 사람이 되다', 즉 보초(정문 '수비대')로서 '지키다'(정문 수비대), 상징적으로 '에워싸다', '보호하다': ―지키다(수비대로). **G5083**과 비교. 〈고후11:32〉. 동

G5433 φρυάσσω[1회] ㅎ**프뤼앗소**
G1032, **G1031**과 유사; '콧김을 뿜다'(힘찬 말같이), 즉 (상징적으로) '법석을 피우다': ―격노하다〈행4:25〉. 동

G5434 φρύγανον[1회] ㅎ**프뤼가논**
φρύγω ㅎ**프뤼고**('굽다' 또는 '볶다'; **G5395**의 어간과 유사)의 추정된 파생어의 중성형; '건조된' 어떤 것, 즉, 마른 '잔가지': ―잘라낸 나뭇가지〈행28:3〉. 중명

G5435 Φρυγία[3회] ㅎ**프뤼기아**
아마 기원이 외래어; '브루기아' 소아시아의 한 지방: ―브루기아〈행2:10〉. 고명

G5436 Φύγελος[1회] ㅎ**퓌겔로스**
아마 **G5343**에서 유래; '도망자'; '부겔로', 배신한 그리스도인: ―부겔로〈딤후1:15〉. 고명

G5437 φυγή[1회] ㅎ**퓌게**
G5343에서 유래; '도망하는 일', 즉

'도피':—도주〈마24:20〉. 여명

G5438 φυλακή[47회] ㅎ**필라케**

G5442에서 유래; '감시함' (또는 구체적으로 '파수꾼'), 그 행동, 그 사람; 상징적으로 그 장소, 그 상태, 또는 특히 그 시간(낮 또는 밤의 구분으로서), 문자적이거나 상징적으로:—옥사, 감금, 감옥, 투옥, 감방, 경(밤을 4구분한 것의 하나)〈눅2:8; 행5:19〉. 여명

G5439 φυλακίζω[1회] ㅎ**필라키조**

G5441에서 유래; '투옥하다':—감금하다〈행22:19〉. 동

G5440 φυλακτήριον[1회] ㅎ**필라크테리온**

G5442의 파생어의 중성형; '수호함', 즉 '성구함(聖句函)' (성경의 구절을 기록한 양피지를 넣은 작은 가죽 상자):—부적(符籍), 경문(經文)〈마23:5〉. 중명

G5441 φύλαξ[1회] ㅎ**필락스**

G5442에서 유래; '지키는 사람' 또는 '보초':—파수꾼〈행12:6〉. 남명

G5442 φυλάσσω[3회] ㅎ**필랏소**

아마 '격리'의 개념으로 G5443에서 유래; '지키다', 즉 '경계하다'(문자적이나 상징적으로); 함축적으로 '보존하다', '복종하다', '피하다':—조심하다, 지키다(스스로를), 관습을 지키다, 구하다. G5083과 비교. 〈행22:20〉. 동

G5443 φυλή[31회] ㅎ**필레**

G5453(G5444와 비교)에서 유래; '지파', 즉 '종족' 또는 '씨족':—친족, 족속〈계7:4〉. 여명

G5444 φύλλον[31회] ㅎ**필론**

G5443의 동일어에서 유래; '싹', 즉 '잎':—잎사귀〈막11:13〉. 중명

G5445 φύραμα[6회] ㅎ**퓌라마**

φύρω ㅎ퓌로(액체를 고체와 '섞다'; 아마 덩어리로 '부풀어 오르다'라는 개념으로 G5453과 유사, '반죽하다'의 의미)의 연장형에서 유래; 반죽 '덩어리':—덩이〈롬9:21〉. 중명

G5446 φυσικός[3회] ㅎ**퓌시코스**

G5449에서 유래; '자연의', 즉 (함축적으로) '본능적인':—자연스러운. G5591과 비교. 〈롬1:26〉. 형

G5447 φυσικῶς[1회] ㅎ**퓌시코스**

G5446에서 유래한 부사; '자연적으로', 즉 (함축적으로) '본능적으로':—자연스럽게〈유1:10〉. 부

G5448 φυσιόω[7회] ㅎ**퓌시오오**

일차적으로 '입김을 내뿜는'의 의미로 G5449에서 유래; '부풀리다', (비유적으로) '교만하다'('거만하다'):—자만심을 일으키다〈고전4:6〉. 동

G5449 φύσις[14회] ㅎ**퓌시스**

G5453에서 유래; '성장'('발아'나 '확장'에 의한), 즉 (함축적으로) 자연적 '생산'(일련의 '가계'); 확대된 의미로 '종류' 또는 '성질'; 상징적으로 타고난 '성벽', '본질' 또는 '습관':—본성, 인류, 본래의 모습, 본질상〈고전11:14〉. 여명

G5450 φυσίωσις[1회] ㅎ**퓌시오시스**

G5448에서 유래; '부풀림', 즉 (상징적으로) '거만함':—부풂〈고후12:20〉. 여명

G5451 φυτεία[1회] ㅎ**퓌테이아**

G5452에서 유래; '심음' 또는 '이식', 즉 (구체적으로) '관목' 또는 '채소':—식물(植物)〈마15:13〉. 여명

G5452 φυτεύω[11회] ㅎ**퓌튜오**

G5453의 파생어에서 유래; 땅에 '사이를 두고 심다', 즉 '심다'; 상징적으로 신조를 '주입시키다':—심다〈눅13:6〉.동

G5453 φύω[3회] ㅎ**퓌오**
기본 동사; 아마 원래 '내뿜다' 또는 '불다', 즉 '부풀어 오르다'; 그러나 오직 함축적인 의미인 '발아하다' 또는 '자라다'(싹트다, 생산되다)로만 사용, 문자적이나 상징적으로:—(싹이) 나다〈눅8:8〉.동

G5454 φωλεός[2회] ㅎ**폴레오스**
불확실한 파생어에서 유래; '굴' 또는 '잠복하는 장소':—굴〈마8:20〉.남명

G5455 φωνέω[43회] ㅎ**포네오**
G5456에서 유래; '소리를' 내다(동물, 인간 또는 기구가); 함축적으로 말로 또는 이름을 불러 '이야기를 걸다', 또한 모방으로:—부르다, 울다, 소리를 지르다〈눅8:8; 요4:16〉.동

G5456 φωνή[139회] ㅎ**포네**
아마 '폭로'의 개념으로 G5316과 유사; '음조'(분명히 발음된, 짐승의 또는 인공적인), 함축적으로 '연설'(어떤 목적으로든지), '말' 또는 '언어':—소음, 소리, 음성〈마2:18; 막1:3〉.여명

G5457 φῶς[73회] ㅎ**포스**
폐어된 φάω ㅎ**파오**('반짝이다' 또는 특히 빛에 의해 '드러나게 하다'; G5316, G5346과 비교)에서 유래; '광명'(광범위한 적용으로, 자연적이거나 인공적으로, 추상적이거나 구체적으로, 문자적이거나 상징적으로):—불빛〈요1:4; 3:9〉.중명

G5458 φωστήρ[2회] ㅎ**포스테르**
G5457에서 유래; '조명기', 즉 (구체적으로) '발광체', 또는 (추상적으로) '광휘':—빛〈계21:11〉.남명

G5459 φωσφόρος[1회] ㅎ**포스**ㅎ**포로스**
G5457과 G5342에서 유래; '빛을 가져오는'(인[燐]), 즉 (특히) '샛별'(상징적으로):—빛을 가져오는 (샛별)〈벧후1:19〉.형

G5460 φωτεινός[5회] ㅎ**포테이노스**
G5457에서 유래; '빛나는', 즉 '투명한' 또는 '잘 비추는'(상징적으로):—밝은, 빛이 꽉 찬〈눅11:34〉.형

G5461 φωτίζω[11회] ㅎ**포티조**
G5457에서 유래; '광선을 발하다', 즉 '빛나다' 또는 (타동사로) '밝히다'(문자적이거나 상징적으로):—비추다, 밝게 하다, 빛을 가져오다, 비춰다, 보게 만들다(드러내다)〈눅11:36; 계18:1〉.동

G5462 φωτισμός[2회] ㅎ**포티스모스**
G5461에서 유래; '조명'(상징적으로):—빛〈고후4:6〉.남명

트롱헬라어사전

χ

G5463 χαίρω[74회] **카이로**
기본 동사; '기뻐하다', 즉 온화하게 '행복하다' 또는 '유복하다'; 비인칭으로 특히 인사로 (만났을 때 또는 헤어질 때) '안녕':—안녕! 기쁘다, 성공을 빕니다! 문안하다, 환영하다, 즐겁다, 기뻐하다〈눅10:20; 빌4:4〉. 동

G5464 χάλαζα[4회] **칼라자**
G5465에서 유래된 듯 '우박':—우박〈계16:21〉. 여명

G5465 χαλάω[7회] **칼라오**
G5490의 어간에서 유래; '낮추다'('공허'로):—내리다, 치다〈행9:25〉. 동

G5466 Χαλδαῖος[1회] **칼다이오스**
아마 기원은 히브리어 [H3778]; '갈대아인', 유프라테스 강 하류지역의 원주민:—갈대아인〈행7:4〉. 고명

G5467 χαλεπός[2회] **칼레포스**
아마 힘의 '줄임'의 개념으로 G5465에서 유래; '어려운', 즉 '위험한', 또는 (함축적으로) '광포한':—사나운, 위험한〈마8:28〉. 형

G5468 χαλιναγωγέω[2회] **칼리나고게오**
G5469와 G71의 중복형의 합성어에서 유래; '재갈 물리는 자'가 되다', 즉 (상징적으로) '재갈을 먹이다':—굴레 씌우다〈약3:2〉. 동

G5469 χαλινός[2회] **칼리노스**
G5465에서 유래; '재갈' 또는 '머리굴레'(영을 속박하는 것으로서):—재갈, 굴레〈계14:20〉. 남명

G5470 χάλκεος[1회] **칼케오스**
G5475에서 유래; '구리의':—놋쇠로 만든〈계9:20〉. 형

G5471 χαλκεύς[1회] **칼큐스**
G5475에서 유래; '구리 세공업자' 또는 '놋갓장이':—구리세공업자〈딤후4:14〉. 남명

G5472 χαλκηδών[1회] **칼케돈**
G5475와 아마 G1491에서 유래; '구리 같은', 즉 '옥수(玉髓)':—옥수〈계21:19〉. 남명

G5473 χαλκίον[1회] **칼키온**
G5475에서 유래된 지소형; '구리접시':—놋그릇 〈막7:4〉. 중명

G5474 χαλκολίβανον[2회] **칼콜리바논**
G5475와 G3030('백색' 또는 '광휘'의 의미를 함축함)의 합성어의 중성형; '불타는 듯한 구리', 빛나는 광택을 가진 구리(또는 금)와 은의 합금:—빛난 주석〈계1:15〉. 중명

G5475 χαλκός[5회] **칼코스**
그릇처럼 '속이 빈' 의미로서 G5465에서 유래한 듯 (이 금속은 주로 그 용도로 사용); '구리' (금속 자체, 또는 그것으로 만든 기명이나 화폐):—황동, 돈〈마10:9〉. 남명

G5476 χαμαί[2회] **카마이**
아마 땅에 있는 '갈라진 틈'이란 의미로서 G5490의 어간에서 유래한 부사; '지면을 향해', 즉 '엎어져':—땅에〈요9:6〉. 부

G5477 Χαναάν[2회] **카나안**
기원은 히브리어 [H3667]에서 유래; '가나안', 팔레스타인의 초기의 이름:—가나안〈행7:11〉. 고명

G5478 Χαναναῖος[1회] **카나아나이오스**
G5477에서 유래; '가나안인', 또는 이방 팔레스타인의 원주민:—가나안의〈마15:22〉. 형

G5479 χαρά[59회] **카라**
G5463에서 유래; '유쾌함', 즉 고요한 '기쁨':—기쁨, 즐거움, 희락〈눅15:7; 요16:20; 빌1:4〉. 여명

G5480 χάραγμα[8회] **카라그마**
G5482와 동일어에서 유래; '긁은 자국', 또는 '부식동판술', 즉 '인(印)'(노예상태의 '표지'로서), 또는 '조각된' 모양('동상'):—새긴 것, 표〈계13:16〉. 중명

G5481 χαρακτήρ[1회] **카락테르**
G5482의 동일어에서 유래; '조각칼[가]'(기구나 사람), 즉 (함축적으로) '조각'([사람], 인친 '모습', 즉 정확한 '복사본' 또는 [상징적으로] '재 묘사':—형상〈히1:3〉. 남명

G5482 χάραξ[1회] **카락스**
χαράσσω **카랏소**(뾰족하도록 '날카롭게 하다'; '긁다'는 의미로서 **G1125**의 유사)에서 유래; '말뚝', 즉 (함축적으로) '울타리' 또는 '누벽(壘壁)'(포위공격에서 군사적 '토둔(土屯)' 또는 둘러싸는 누벽):—참호〈눅19:43〉. 남명

G5483 χαρίζομαι[23회] **카리조마이**
G5485에서 유래된 중간태; '호의로서 허가하다', 즉 호의로, 친절로, 용서로 또는 구조하는 의미에서 사하다:—구해내다, (솔직히) 용서하다, (값없이) 주다, (솔직하게) 용서하다, (무료로) 주다, 수여하다〈행25:11; 고후2:7〉. 동

G5484 χάριν[9회] **카린**
전치사로서 **G5485**의 대격; '호의를 인하여', 즉 ' 때문에':—이러므로, ~을 위하여, 연고로, 이유로, 나무라듯이〈엡3:1〉 전

G5485 χάρις[156회] **카리스**
G5463에서 유래; '호의'(만족스런), 그 행위와, 태도, (추상적이거나 구체적으로; 문자적, 상징적인 영적인, 특히 마음에 주는 신성한 영향과 생의 직접적인 반영, 감사를 포함):—은혜, 호의, 선물, 자비(로운), 너그러움, 기쁨, 감사(할 가치가 있는)〈롬5:2; 히4:16〉. 여명

G5486 χάρισμα[17회] **카리스마**
G5483에서 유래; (하나님의) '선물', 즉 (위험 또는 고난으로부터의) '구출', (특히) (영적인) '타고난 재능', 즉 (주관적으로) 종교적인 '자질부여', 혹은 (객관적으로) 신비한 '능력':—(값없는) 은사〈고전12:4〉. 중명

G5487 χαριτόω[2회] **카리토오**
G5485에서 유래; '우아하게 하다', 즉 특별한 '영예'를 나누어주다:—은혜를 받다, 높이 은혜를 베풀다〈눅1:28〉 동

G5488 Χαῤῥάν[2회] **카르흐란**
기원은 히브리어 [**H2771**]; '하란', 메소포타미아의 한 장소:—하란〈행7:2〉. 고명

G5489 χάρτης[1회] **카르테스**
G5482와 동일어에서 유래; (그 위에 쓰는) 필기하는 '서판':—종이〈요이1:12〉. 남명

G5490 χάσμα[1회] **카스마**
폐어된 기본어 χάω **카오**('입을 크게 벌리다' 또는 '하품하다')에서 유래; '깊게 갈라진 틈' 또는 '공간'(지나갈 수 없는 '간격'):—큰 구렁〈눅16:26〉. 중명

G5491 χεῖλος[7회] **케일로스**
G5490의 동일어의 한 형태에서 유래; '입술'('부어넣는' 곳으로서); 상징적으로 물'가':—입술, 해변〈마15:8〉. 중명

G5492 χειμάζω[1회] **케이마조**

G5494와 동일어에서 유래; '폭풍우가 일다', 즉 (수동적으로) '폭풍으로 애쓰다':—사나운 비바람으로 들까불리다〈행27:18〉.[동]

G5493 χείμαῤῥος[1회] **케이마르흐로스**
G5494의 어간과 G4482에서 유래; '폭풍우 만난 시내', 즉 '겨울의 급류':—시내〈요18:1〉.[남명]

G5494 χειμών[6회] **케이몬**
폭풍우,쏟아붓는 비.를 의미하는 χέω **케오**('붓다'; '수도'의 개념으로서 G5490의 어간과 유사)의 파생어에서 유래; 함축적으로 '비가 많은' 계절, '겨울':—사나운 비바람, 몹시 나쁜 날씨, 겨울〈요10:22〉.[남명]

G5495 χείρ[178회] **케이르**
(붙잡기 위한 '속이 빔'의 개념으로) G5490의 어간과 동일 어원의 의미에서 G5494의 어간에서 유래된 듯; '손'(문자적 또는 상징적으로 [힘]; 특히 [히브리어에 의해] '수단' 또는 '도구'):—손〈눅1:66; 행12:1〉.[여명]

G5496 χειραγωγέω[2회] **키이라고게오**
G5497에서 유래; '손을 이끄는 사람이 되다', 즉 (장님을) '안내하다':—손으로 이끌다〈행9:8〉.[동]

G5497 χειραγωγός[1회] **키이라고고스**
G5495와 G71의 중복형에서 유래; '손으로 이끄는 자', (소경의) 개인적 '안내자':—손으로 인도할 사람〈행13:11〉.[남명]

G5498 χειρόγραφον[1회] **케이로그라ㅎ폰**
G5495와 G1125의 합성어의 중성형; '손으로 쓴' 것('자필증서'), 즉 (인쇄에 대하여) '수서(手書)'(특히 법적인 '서류'나 '증서'[상징적으로]):—필사물(筆寫物, 손으로 쓴 것)〈골2:14〉.[중명]

G5499 χειροποίητος[6회] **케이로포이에토스**
G5495와 G4160의 파생어에서 유래; '제조된', 즉 '사람이 건조한':—손으로 지은[만든]〈행17:24〉.[형]

G5500 χειροτονέω[2회] **케이로토네오**
G5495와 τείνω **테이노**('뻗치다')의 합성어에서 유래; '손을 뻗치다' 또는 '투표하다'(손을 들어), 즉 (일반적으로) '선택하다' 또는 '지명하다':—택하다, 임명하다〈행14:23〉.[동]

G5501 χείρων[11회] **케이론**
G2556의 불규칙 비교급; 폐어된 동의어 χέρης **케레스**(불확실한 파생어의)에서 유래; '더 악한' 또는 '더 심하게 [악화]된'(신체적, 정신적, 또는 도덕적으로):—더 아픈, 더 나쁜〈마27:64; 히10:29〉.[형]

G5502 Χερουβίμ[1회] **케루빔**
기원은 히브리어 [H3742] 복수; '그룹'(천사들의 무리):—그룹〈히9:5〉.[중명]

G5503 χήρα[27회] **케라**
'부족'의 개념으로서 명백히 G5490의 어간에서 유래한 추정된 파생어의 여성형; '과부'(남편이 '없는'), 문자적으로 상징적으로:—과부〈눅4:25〉.[여명]

G5504 χθές[1회] **크세스**
불확실한 파생어에서 유래; '어제'; 확대된 의미로 '지나간 시간에' 또는 '지금까지':—어제〈요4:52〉.[부]

G5505 χιλιάς[23회] **킬리아스**
G5507에서 유래; '일 천'('일천 년'):—천〈계7:4〉.[여명]

G5506 χιλίαρχος[22회] **킬리아르코스**

G5507과 G757에서 유래; '천 명의 군인들의 지휘관'('천부장'), 즉 '연대장':—(으뜸되는, 높은) 두령〈행21:31〉. 남명

G5507 χίλιοι 8회 **킬리오이**
불확실한 유사어에서 유래한 복수형; '일 천':—천〈계20:2〉. 형

G5508 Χίος 1회 **키오스**
불확실한 파생어에서 유래; '키오스', 지중해의 한 섬:—기오〈행20:15〉. 고명

G5509 χιτών 11회 **키톤**
기원은 히브리어 [H3801]; '튜닉'(군인 등의 웃옷의 일종으로 짧은 오버스커트) 또는 '셔츠':—옷, 겉옷, 의복〈마5:40〉. 남명

G5510 χιών 2회 **키온**
아마 G5490(G5495)의 어간 또는 G5494〉('내려오는' 또는 '텅빈')와 유사; '눈(雪)':—눈〈마28:3〉. 여명

G5511 χλαμύς 2회 **클라뮈스**
불확실한 파생어에서 유래; 군인 '겉옷, 외투':—길고 품이 넓은 겉옷(포)〈마27:28〉. 여명

G5512 χλευάζω 1회 **클류아조**
아마 G5491의 파생어에서 유래; '입술을 삐죽이다', 즉 '조소하다':—조롱하다〈행2:13〉. 동

G5513 χλιαρός 1회 **클리아로스**
χλίω 클리오('따뜻하게 하다')에서 유래; '열의 없는':—미지근한〈계3:16〉. 형

G5514 Χλόη 1회 **클로에**
명백히 기본어의 여성형; '초록의'; '글로에', 여성도:—글로에〈고전1:11〉. 고명

G5515 χλωρός 4회 **클로로스**
G5514와 동일어에서 유래; '녹색을 띤', 즉 '푸릇푸릇한', '암갈색의':—초록색의, 창백한〈계8:7〉. 형

G5516 χξς 1회 **키 크시 스티그마**
수사로 사용된 헬라어 철자의 22번째, 14번째와 폐어된 글자('교차'의 뜻으로 G4742, 5번째와 6번째 글자 사이에 있었던); 각각 육백, 육십 그리고 육을 나타내어; 수사로 육백 육십 육:—육백 육십 육〈계13:18〉. 수

G5517 χοϊκός 4회 **코이코스**
G5522에서 유래; '먼지투성이의' 또는 '더러운'('흙' 같이), 즉 (함축적으로) '흙의, 세속의':—흙에 속한〈고전15:47〉. 형

G5518 χοῖνιξ 2회 **코이닉스**
불확실한 파생어에서 유래; 마른 물건을 재는 척도:—되〈계6:6〉. 여명

G5519 χοῖρος 12회 **코이로스**
불확실한 파생어에서 유래; '돼지':—돼지〈마8:30〉 남명

G5520 χολάω 1회 **콜라오**
G5521에서 유래; '까다롭다', (함축적으로) '성미가 급하다' ('노하다'):—노여워하다〈요7:23〉. 동

G5521 χολή 2회 **콜레**
G5514('초록'색조에서)와 동일어에 유사한 동의어의 여성형; '쓸개' 또는 '짜증', 즉 (유추적으로), '독물' 또는 '진통제'(쑥, 양귀비, 등):—쓸개〈마27:34〉. 여명

G5522 χόος 2회 **코오스**
G5494의 어간에서 유래; '더미'('쏟아져' 나온), 즉 '쓰레기'; 푸석푸석한 '먼지':—티끌〈계18:19〉. 남명

G5523 Χοραζίν 2회 **코라진**
불확실한 파생어에서 유래; '고라신',

팔레스타인의 한 장소:—고라신〈눅10:13〉.고명

G5524 χορηγέω[2회] **코레게오**
G5525와 G71의 합성어에서 유래; '춤을 이끄는 사람이 되다', 즉 (일반적으로) '공급하다':—주다, 봉사하다〈고후9:10〉.동

G5525 χορός[1회] **코로스**
불확실한 파생어에서 유래; '고리', 즉 원형 '춤'('합창단'):—춤추는 것〈눅15:25〉.남명

G5526 χορτάζω[16회] **코르타조**
G5528에서 유래; '꼴을 먹이다', 즉 (일반적으로) '배불리 먹다'('음식을 풍성하게 공급하다'):—먹을 것을 주다, 채우다, 만족시키다〈마15:35; 막8:4〉.동

G5527 χόρτασμα[1회] **코르타스마**
G5526에서 유래; '꼴', 즉 '음식':—양식〈행7:11〉.중명

G5528 χόρτος[15회] **코르토스**
명백히 기본어; '안뜰' 또는 '정원', 즉 (함축적으로 '목장의') '목초' 또는 '식물':—싹, 풀, 잔디, 건초〈벧전1:24〉.남명

G5529 Χουζᾶς[1회] **쿠자스**
불확실한 기원에서 유래; '구사', 헤롯의 무관:—구사〈눅8:3〉.고명

G5530 χράομαι[11회] **크라오마이**
기본동사(아마 오히려 G5495, '다루다'에서 유래한 듯)의 중간태; 필요한 것을 '공급하다', ('신탁'을 주다, 살짝 '스치다', 위에 '불을 밝히다' 등), 즉 (함축적으로) '사용하다' 또는 (확대된 의미로) 주어진 방식대로 '사람을 대하다':—탄원하다, 쓰다. G5531, G5534와 비교〈고전9:12〉.동

G5531 χράω[1회] **크라오**
G5530의 어간과 동일형인 듯; '빌려주다':—빌리다〈눅11:5〉.동

G5532 χρεία[49회] **크레이아**
G5530 또는 G5534의 어간에서 유래; '사용', 즉 '직무'; 또한 (함축적으로) '필요', '소용', '요구' 또는 '궁핍함':—일, 부족함, 필요한 것, 필요성, 쓸데, 핍절〈눅5:31; 히5:12〉.여명

G5533 χρεοφειλέτης[2회] **크레오ㅎ페일레테스**
G5531의 파생어와 G3781에서 유래; '채무자', 즉 '빚진' 사람:—빚진 자〈눅7:41〉.남명

G5534 χρή[1회] **크레**
비인칭으로 사용된 G5530 또는 G5531과 동일어의 3인칭 단수; '~하는 것이 필요하다':—마땅하다〈약3:10〉.동

G5535 χρῄζω[5회] **크레조**
G5532에서 유래; '필요하게 하다(즉 필요가 있다)', 즉 '소용되다':—필요가 있다〈눅12:30〉.동

G5536 χρῆμα[6회] **크레마**
'유용한' 또는 '필요한' 것, 즉 '부', '값':—돈, 재물〈행8:18〉.중명

G5537 χρηματίζω[9회] **크레마티조**
G5536에서 유래; '신탁(G5530의 원 의미와 비교)을 말하다', 즉 신성하게 '공표하다'; 함축적으로 (G5532의 세속적 의미와 비교) 사업을 위해 '회사'를 설립하다, 즉 (일반적으로) '칭호로 지니다':—일컬음을 받다, 하나님의 권고[경고]를 받다, 계시하다, 말하다〈마2:12; 히8:5〉.동

G5538 χρηματισμός[1회] **크레마티스모스**
G5537에서 유래; 하나님의 '응답' 또

는 '계시':—하나님의 대답〈롬11:4〉. 남명

G5539 χρήσιμος[1회] **크레시모스**
G5540에서 유래; '쓸모 있는':—유익한〈딤후2:14〉. 형

G5540 χρῆσις[2회] **크레시스**
G5530에서 유래; '사용', 즉 (특히) '성교'(신체의 '점유'라는 의미에서):—쓸 것, 쓰기〈롬1:26〉. 여명

G5541 χρηστεύομαι[1회] **크레스튜오마이**
G5543에서 유래된 중간태; '자신의 유용함을 보여주다', 즉 '자비롭게 행동하다':—친절하다, 온유하다〈고전13:4〉. 동

G5542 χρηστολογία[1회] **크레스톨로기아**
G5543과 G3004의 합성어에서 유래; '그럴듯한 말', 즉 '그럴듯함':—교활한 말〈롬16:18〉. 여명

G5543 χρηστός[7회] **크레스토스**
G5530에서 유래; '사용된', 즉 (함축적으로) '유용한'(태도나 도덕에 있어서):—더 나은, 쉬운, 좋은, 선한, 인자한, 친절한, 자비로운〈마11:30; 벧전2:3〉. 형

G5544 χρηστότης[10회] **크레스토테스**
G5543에서 유래; '유용함', 즉 도덕적으로 '탁월함'(성격이나 품행에 있어서):—인자, 자비, 선, 친절〈롬11:22〉. 여명

G5545 χρίσμα[3회] **크리스마**
G5548에서 유래; '연고' 또는 '바르는 것', 즉 (상징적으로) 성령의 특별하신 '부어주심'('기름부음'):—기름부음〈요일2:27〉. 중명

G5546 Χριστιανός[3회] **크리스티아노스**
G5547에서 유래; '그리스도인', 즉 그리스도를 따르는 사람:—그리스도인〈행11:26〉. 고명

G5547 Χριστός[531회] **크리스토스**
G5548에서 유래; '기름 부음 받은', 즉 '메시야', 예수의 칭호:—그리스도〈마1:1; 롬1:1〉. 고명

G5548 χρίω[5회] **크리오**
아마 '접촉'의 개념으로 G5530과 유사; '기름을 바르다' 또는 기름으로 '문지르다', 즉 (함축적으로) 공직 또는 종교적 직무에 '임명하다':—기름을 붓다〈행4:27〉. 동

G5549 χρονίζω[5회] **크로니조**
G5550에서 유래; '시간이 걸리다', 즉 '오래 머무르다':—지체하다, 늦어지다〈마24:48〉. 동

G5550 χρόνος[53회] **크로노스**
불확실한 파생어에서 유래; '시간'의 간격(일반적으로, 그리고 그래서 정확하게는 '고정된' 또는 특별한 경우를 가리키는 G2540과는 구별; 그리고 특별한 '기간'을 나타내는 G165와도 구별) 또는 '간격'; 확대된 의미로는 개인적인 '기회'; 함축적으로 '지체':—때, 계절, 간격, 가끔, 동안, 시대, 얼마간〈행7:17; 히5:12; 계2:21〉. 남명

G5551 χρονοτριβέω[1회] **크로노트리베오**
G5550과 G5147의 어간의 추정된 합성어에서 유래; '늑장 부리는 사람이 되다', 즉 '지연하다'('오래 머무르다'):—지체하다〈행20:16〉. 동

G5552 χρύσεος[18회] **크뤼세오스**
G5557에서 유래; '금으로 만든':—금의, 금으로 된〈계8:3〉. 형

G5553 χρυσίον[12회] **크뤼시온**
G5557의 축약형; '금' 붙이, 즉 금 도금, 금장식, 또는 금화:—금〈행20:33〉. 중명

G5554 χρυσοδακτύλιος[1회]
크뤼소닥튈리오스
G5557과 G1146에서 유래; '금가락지를 낀', 즉 '금가락지' 또는 유사한 '보석류를 낀':—금가락지를 낀〈약2:2〉. 형

G5555 χρυσόλιθος[1회] **크뤼솔리또스**
G5557과 G3037에서 유래; '금돌', 즉 '노란 보석'('귀감람석'):—황옥〈계21:20〉. 남명

G5556 χρυσόπρασος[1회]
크뤼소프라소스
G5557과 πράσον 프라손('부추')에서 유래; '녹색을 띤 노란색 보석'('녹옥수(綠玉髓)'):—비취옥〈계21:20〉. 남명

G5557 χρυσός[10회] **크뤼소스**
(금속의 '유용성'의 개념으로) G5530의 어간에서 유래한 듯; '금'; 확대된 의미로 '금'붙이, 장식물이나 금화로서:—금, 황금〈행17:29〉. 남명

G5558 χρυσόω[2회] **크뤼소오**
G5557에서 유래; '도금하다', 즉 금장식물로 '장식하다':—꾸미다〈계17:4〉. 동

G5559 χρώς[1회] **크로스**
아마 '손을 댐'의 개념으로 G5530의 어간과 유사; '몸'(정확하게는 그 '표면' 또는 '피부'):—몸〈행19:12〉. 남명

G5560 χωλός[14회] **콜로스**
명백히 기본어; '절름발이의', 즉 '절뚝거리는':—불구의, 절름발이의, 절룩거리는〈마15:30〉. 형

G5561 χώρα[28회] **코라**
'빈' 공간의 개념으로 G5490의 어간의 파생어의 여성형; '방', 즉 '영토'의 공간 (다소 광대한; 종종 그 주민을 포함):—육지, 나라, 시골, 들판, 밭, 땅, 지역, 지방, 촌. G5117과 비교.〈마4:16; 요11:54〉. 여명

G5562 χωρέω[10회] **코레오**
G5561에서 유래; '공간에 자리하다' 즉 (자동사) '지나가다', '들어가다', (타동사) '갖고 있다', '받아들이다' (문자적으로 상징적으로):—오다(이르다), 담고 있다(타고나다), 가다, 두다, 영접하다〈마19:12〉. 동

G5563 χωρίζω[13회] **코리조**
G5561에서 유래; 사이에 '공간을 두다', 즉 '나누다'; (재귀적으로) '가버리다':—떠나다, 떼어놓다, 가르다, 끊다〈고전7:10〉. 동

G5564 χωρίον[10회] **코리온**
G5561의 지소형; 지면의 한 '지점' 또는 '소 구획':—밭, 땅, 토지의 한 구획, 소유〈행1:18〉. 중명

G5565 χωρίς[41회] **코리스**
G5561에서 유래한 부사; '공간에서', 즉 '갈라져' 또는 '~을 떠나서'(가끔 전치사로):—~외에, 홀로, ~없이〈롬7:8〉. 부

G5566 χῶρος[1회] **코로스**
기원은 라틴어; '북서풍':—북서〈행27:12〉. 남명

트롱헬라어사전

ψ

G5567 ψάλλω[5회] **프살로**
아마 ψάω **프사오**(표면을 '문지르다' 또는 '닿다'; **G5597**과 비교)에서 유래된 강세형; '홱 잡아당기다' 또는 '윙하고 울리다', 즉 현악기를 '연주하다'('음악'과 함께 그리고 송시를 동반하여 신에 대한 경배로 '찬양하다'):—찬송하다, (시편을) 노래하다, 찬미하다〈고전14:15〉. [동]

G5568 ψαλμός[7회] **프살모스**
G5567에서 유래; '음악'의 일집, 즉 거룩한 '송시'(육성, 하프 또는 다른 악기의 반주 있는; '시편'); 집합적으로 '시편'의 책:—시편, 찬송시. **G5603**과 비교. 〈엡5:19〉. [남명]

G5569 ψευδάδελφος[2회] **프슈다델ㅎ포스**
G5571과 **G80**에서 유래; '겉치레의 형제', 즉 '위장한 동료':—거짓 형제〈고후11:26〉. [남명]

G5570 ψευδαπόστολος[1회]
프슈다포스톨로스
G5571과 **G652**에서 유래; '거짓 사도', 즉 '위장한 전도자':—거짓 스승〈고후11:13〉. [남명]

G5571 ψευδής[3회] **프슈데스**
G5574에서 유래; '거짓된', 즉 '잘못된', '사람을 속이는'; '사악한':—거짓의, 거짓말하는〈계2:2〉. [형]

G5572 ψευδοδιδάσκαλος[1회]
프슈도디다스칼로스
G5571과 **G1320**에서 유래; '가짜 스승', 즉 '그릇된 기독교 교리 전파자':—거짓 선생〈딤전4:2〉. [남명]

G5573 ψευδολόγος[1회] **프슈돌로고스**
G5571과 **G3004**에서 유래; '허위의', 즉 '그릇된 기독교 교리를 반포하는':—거짓말하는〈딤전4:2〉. [형]

G5574 ψεύδομαι[12회] **프슈도마이**
명백히 기본 동사의 중간태; '거짓을 말하다' 또는 거짓으로 '속이려고' 시도하다:—거짓말하다, 속이다〈롬9:1〉. [동]

G5575 ψευδομάρτυρ[3회]
프슈도마르튀르
G5571과 **G3144**의 동족어에서 유래; '거짓 증언', 즉 '거짓된 증거를 가진 자':—거짓 증언〈마26:60〉. [남명]

G5576 ψευδομαρτυρέω[5회]
프슈도마르튀레오
G5575에서 유래; '거짓 증언자가 되다', 즉 '거짓 것을 증거로' 제공하다:—거짓 증인이 되다〈막14:56〉 [동]

G5577 ψευδομαρτυρία[2회]
프슈도마르튀리아
G5575에서 유래; '거짓 증거':—거짓 증거〈마15:19〉. [여명]

G5578 ψευδοπροφήτης[11회]
프슈도프로ㅎ페테스
G5571과 **G4396**에서 유래; '가짜의 예언자', 즉 '위장한 예언자' 또는 종교적 사기꾼:—거짓 선지자〈계16:13〉. [남명]

G5579 ψεῦδος[10회] **프슈도스**
G5574에서 유래; '거짓':—거짓말, 거짓 것〈요8:44〉. [중명]

G5580 ψευδόχριστος[2회]
프슈도크리스토스
G5571과 **G5547**에서 유래; '가짜 메시야':—거짓 그리스도〈마24:24〉. [남명]

G5581 ψευδώνυμος[1회] **프슈도뉘모스**
G5571과 **G3686**에서 유래; '거짓의 이름의':—거짓되게 불리어지는〈딤전6:20〉. [형]

G5582 ψεῦσμα[1회] **프슈스마**

G5574에서 유래; '날조', 즉 '거짓말':—거짓말〈롬3:7〉. 중명

G5583 ψεύστης[10회] **프슈스테스**
G5574에서 유래; '위조자':—거짓말쟁이〈요일1:10〉. 남명

G5584 ψηλαφάω[4회] **프셀라ㅎ파오**
G5567(G5586과 비교)의 어간에서 유래; '조종하다', 즉 접촉으로 '확인하다'; 상징적으로 '찾다':—더듬다, 손을 대다, 만지다〈요일1:1〉. 동

G5585 ψηφίζω[2회] **프세ㅎ피조**
G5586에서 유래; 셈하는 데 '자갈을 사용하다', 즉 (일반적으로) '계산하다':—세다〈눅14:28〉. 동

G5586 ψῆφος[3회] **프세ㅎ포스**
G5584와 동일어에서 유래; '조약돌'(손으로 만져 둥글게 닳은), 즉 ('계산대' 또는 '투표'에서 함축적인 의미로) '평결' (석방의) 또는 '표' (입장의); '투표':—돌〈행26:10〉. 여명

G5587 ψιθυρισμός[1회] **프시쒸리스모스**
ψίθος **프시쏘스**('속삭이는 자'; 함축적으로 '중상'; 아마 G5574 유사)의 파생어에서 유래; '속삭임', 즉 비밀스런 '비난':—수군거림〈고후12:20〉. 남명

G5588 ψιθυριστής[1회] **프시쒸리스테스**
G5587과 동일어에서 유래; '은밀한 중상자':—수군수군하는 자〈롬1:29〉. 남명

G5589 ψιχίον[2회] **프시키온**
G5567('부스러기'의 뜻)의 어간의 파생어에서 유래된 지소형; '작은 조각' 또는 '적은 양':—빵부스러기〈마15:27〉. 중명

G5590 ψυχή[103회] **프쉬케**
G5594에서 유래; '호흡', 즉 (함축적으로) '영', 추상적 또는 구체적으로 ('동물적' 감각력이 있는 원리로만; 그래서 한편으로 이성적이며 불변하는 '영혼'을 의미하는 G4151과 구별되고, 다른 한편으로 단순한 '생명력'을 가진 식물을 묘사하는 G2222과도 구별됨: 이 세 단어는 그래서 히브리어의 H5315, G7307, G2416에 각각 정확하게 상응함):—목숨, 마음, 영혼, 생명, 너, 우리〈마6:25; 행2:27〉. 중명

G5591 ψυχικός[6회] **프쉬키코스**
G5590에서 유래; '감각적인', 즉 '활기있는'(한편으로는 더 높거나 '새롭게 된' 본성을 나타내는 G4152와 구별되며; 다른 면으로는 보다 저급하거나 '야만적' 본성의 G5446과 구별):—자연 그대로의, 관능적인, 세속적인, 육욕의〈고전15:44〉. 형

G5592 ψῦχος[6회] **프쉬코스**
G5594에서 유래; '차가움':—추위〈요18:18〉. 중명

G5593 ψυχρός[4회] **프쉬크로스**
G5592에서 유래; '차가운'(문자적 또는 상징적으로):—찬, 추운〈계3:15〉. 형

G5594 ψύχω[1회] **프쉬코**
기본 동사; '호흡하다'('자발적'이나 '부드럽게'; 그래서 한편으로는 정확하게 '강한' 호흡을 의미하는 G4154와 구별되며; 다른 면으로는 정확히 생명력이 없는 '산들 바람'을 묘사하는 G109의 어간과 구분됨), 즉 (함축적으로 수분 증발로 인한 온도 저하의) '냉각되다'(상징적으로):—식어지다〈마24:12〉. 동

G5595 ψωμίζω[2회] **프소미조**

G5596의 어간에서 유래; 소량으로 '공급하다', 즉 (일반적으로) '영양을 공급하다':—먹이다, 먹이려고 주다〈고전13:3〉. 동

G5596 ψωμίον[4회] **프소미온**

G5597의 어간의 파생어에서 유래한 지소사; '부스러기' 또는 '소량'(문지르면 없어지는), 즉 '한 입':—조각〈요13:26〉. 중명

G5597 ψώχω[1회] **프소코**

G5567의 동일 어간에서 유래한 연장형; '가루로 빻다' 즉 (유추적으로) '문지르다'(손바닥 손가락으로 문질러 껍질을 벗기는):—비비다〈눅6:1〉 동

트롱헬라어사전

ω

G5598 Ω4회 **오** 즉 **오메가**
헬라어 알파벳의 마지막 글자, 즉 (상징적으로) '종국':—오메가〈계1:8〉

G5599 ὦ17회 **오**
기본적 감탄사; 호격의 표시로서 '오'; 탄성의 표로서 '오!':—오!〈행1:1〉.감

G5600 ὦ12회 **오**
ἧς **에스**나 ἧ **에**와 마찬가지로, 사격(斜格) 형태들을 포함; **G1510**의 가정법('인지 모른다', '일 것이다', '할 수 있다', '해야만 한다', '임에 틀림이 없다', 등; 또한 **G1487**과 그 비교급과 함께, 마찬가지로 다른 불변사와 더불어) '이다, 있다':—나타나다, 이다, (인지 모른다, 일 것이다, 가지다, 그녀의 꽃다운 나이를 지나다, 버티어야 한다, 말하자면〈마6:22; 눅11:34〉.동

G5601 'Ωβήδ1회 **오벳**
기원은 히브리어 [**H5744**]; '오벳', 이스라엘인:—오벳〈마1:5〉.고명

G5602 ὧδε61회 **호데**
G3592의 부사형에서 유래; '이 같은 점에서', 즉 '여기' 또는 '여기에':—이곳, 이쪽으로, 이 장소(에서), 거기〈눅4:23; 히7:8〉.부

G5603 ᾠδή7회 **오데**
G103에서 유래; '노래' 또는 '송시'(노래 불리는 어떤 말들을 위한 일반적인 용어; 반면에 **G5215**는 특히 '종교적' 운율의 작곡을 나타내고, **G5568**은 더욱 특별히 히브리 운율의 작곡(영창)을 의미함):—노래〈엡5:19〉.여명

G5604 ὠδίν4회 **오딘**
G3601과 유사; '고통' 또는 '진통', 특히 '해산의 고통':—고통, 슬픔, 산고(産苦)〈마24:8; 살전5:3〉.여명

G5605 ὠδίνω3회 **오디노**
G5604에서 유래; 해산의 '고통을 겪다'(문자적 또는 상징적으로):—진통을 겪다〈갈4:19〉.동

G5606 ὦμος2회 **오모스**
아마 **G5342**의 대체어에서 유래; '어깨'(짐을 지는 신체의 부위로서):—어깨〈눅15:5〉.남명

G5607 ὤν8회 **온**
여성형 οὖσα **우사**와 중성형 ὄν **온**을 포함; **G1510**의 현재분사; '있는':—이다, 있다, 되다, 가지다〈요4:9; 행16:21〉

G5608 ὠνέομαι1회 **오네오마이**
명백히 기본어 ὦνος 오노스('총계' 또는 '가격')에서 유래한 중간태; '구입하다'(초기의 **G4092**와 동의어):—사다〈행7:16〉.동

G5609 ᾠόν1회 **오온**
명백히 기본어; '계란':—알〈눅11:12〉.중명

G5610 ὥρα106회 **호라**
명백히 기본어; '때'(문자적 또는 상징적으로):—날, 시, 순간, 철, 때, 잠시, 시간〈마8:13; 막6:35〉.여명

G5611 ὡραῖος4회 **호라이오스**
G5610에서 유래; 바른 '시간' 또는 '시절에 속한', 즉 (함축적으로) '화려한'('황홀할 정도로 아름다운' [상징적으로]):—아름다운〈마23:27〉.형

G5612 ὠρύομαι1회 **오뤼오마이**
명백히 기본 동사의 중간태; '포효하다':—으르렁거리다〈벧전5:8〉.동

G5613 ὡς504회 **호스**
G3739에서 유래한 비교의 부사인 듯; '어떤 방법으로', 즉 '그런 방법으로'

(매우 다양하게 사용):—약, 따라서, 처럼, 곧, 같이, 대로, 거의, 만큼, 진대, 되매, 때, 동안〈눅9:54; 요4:1〉. 부

G5614 ὡσαννά[6회] **호산나**
기원은 히브리어 [**H3467**과 **H4994**]; '오 구하소서!', '호산나'(즉 호시아-나), 예찬의 외치는 소리:—호산나〈마21:9〉. 감

G5615 ὡσαύτως[17회] **호사우토스**
G5613과 **G846**에서 유래한 부사에서 유래; '그와 같이', 즉 '그 같은 방법으로':—마찬가지로, 그같이, 같은 방법을 따라서, 그렇게, 이같이, 이와 같이〈마20:4; 딤전2:9〉. 부

G5616 ὡσεί[21회] **호세이**
G5613과 **G1487**에서 유래; '마치 ~처럼':—약, 쯤, 같이, 처럼, 거의, 듯이〈마14:21; 눅3:22〉. 부

G5617 Ὡσηέ[1회] **호세에**
기원은 히브리어 [**H1954**]; '호세아', 이스라엘인:—호세아〈롬9:25〉. 고명

G5618 ὥσπερ[36회] **호스페르**
G5613과 **G4007**에서 유래; '꼭 같이', 즉 '정확하게 같이':—처럼, 그렇게〈마12:40〉. 부

G5619 ὡσπερεί[1회] **호스페레이**
G5618과 **G1487**에서 유래; '꼭 ~인 것처럼', 즉 '말하자면':—~같은, 마치 ~같이〈고전15:8〉. 부

G5620 ὥστε[83회] **호스테**
G5613과 **G5037**에서 유래; '역시 그러하게', 즉 '그러므로 그와 같이'('일치'의 다양한 관계에서):—~만큼, 이러므로, 그러므로, 그런즉, 이러한 즉, 심지어, 이같이, ~하기 위하여〈마8:28; 고전3:21〉. 접

G5621 ὠτίον[3회] **오티온**
G3775의 지소형; '작은 귀', 즉 '한쪽 귀', 또는 아마 '귓불':—귀〈마26:51〉. 중명

G5622 ὠφέλεια[2회] **오ㅎ펠레이아**
G5624의 어간의 파생어에서 유래; '유용함', 즉 '유익':—이익, 이득〈롬3:1〉. 여명

G5623 ὠφελέω[15회] **오ㅎ펠레오**
G5622와 동일어에서 유래; '유용하다', 즉 '유익하다':—이익을 가져오다, 더 낫다, 효과가 나타나다, 이익이 되다〈마15:5; 요12:19〉. 동

G5624 ὠφέλιμος[4회] **오ㅎ펠리모스**
G3786의 한 형태에서 유래; '도움이 되는' 또는 '쓸모 있는', 즉 '유리한':—유익한, 유익이 있는〈딤전4:8; 딤후3:16〉. 형

스트롱코드 히,헬 원어사전

초 판 1쇄 발행 2023년 5월 25일
초 판 1쇄 발행 2023년 6월 22일

편 찬 : 라형택
발행인 : 김민선
발행처 : 도서출판 O.N.O
주 소 : 경기 의정부시 백석로 68번길 24 B1
전 화 : 02-922-6872
등 록 : 제 2019-000005호
등록일자 : 2019년 2월 13일
공급처 : (주)비전북

잘못된 책은 바꾸어 드립니다.

ISBN : 979-11-91047-24-0